Ihr kostenloses Schwerpunkte-ebook exklusiv unter
www.cfmueller.de/ebook-download

Mit dem Kauf dieses Buches erwerben Sie gleichzeitig ohne weiteres Entgelt das integrierte ebook. Es besteht aus:

- dem vollständigen Lehrbuchtext verlinkt mit
- höchstrichterlichen Entscheidungen im Volltext und den
- zitierten Normen im Wortlaut

So erhalten Sie Ihr ebook:

Unter **www.cfmueller.de/ebook-download** geben Sie den unten stehenden **Code**, Ihren Namen und Ihre E-Mail-Adresse ein. Sie erhalten einen Download-Link und können das ebook nach dem Herunterladen auf Ihrem Endgerät (Tablet, Laptop/PC, Smartphone) nutzen.

Code: 7S348-NZJVH-6EUE4

Für PC oder Notebook benötigen Sie einen Reader (z.B. Acrobat Digital Editions). Laden Sie das ebook auf Tablet PC oder Smartphone, brauchen Sie in der Regel keine weitere Software, da hier ein Reader (iBooks App, Bluefire Reader App, DL Reader) vorinstalliert ist. Bei Fragen informieren Sie sich bitte unter www.cfmueller.de/hilfe/FAQ/. Sollten Sie bei Ihrem ebook-Download auf Probleme stoßen, wenden Sie sich bitte an ebook-support@cfmueller.de.

W/Hillenk StrafR BT2

Schwerpunkte Pflichtfach   Wessels/Hillenkamp/Schuhr · Strafrecht Besonderer Teil 2

Schwerpunkte

Eine systematische Darstellung der wichtigsten Rechtsgebiete anhand von Fällen
Begründet von Professor Dr. Harry Westermann †

Strafrecht
Besonderer Teil 2

Straftaten gegen Vermögenswerte

Mit ebook: Lehrbuch, Entscheidungen, Gesetzestexte

begründet von
Prof. Dr. Johannes Wessels †

fortgeführt von
Dr. Dr. h.c. Thomas Hillenkamp
o. Professor em. an der Universität Heidelberg

und
Dr. Jan C. Schuhr
o. Professor an der Universität Heidelberg

42., neu bearbeitete Auflage

 C.F. Müller

Bibliografische Information der Deutschen Nationalbibliothek

Die Deutsche Nationalbibliothek verzeichnet diese Publikation in der Deutschen Nationalbibliografie; detaillierte bibliografische Daten sind im Internet über <http://dnb.d-nb.de> abrufbar.

ISBN 978-3-8114-4829-2

E-Mail: kundenservice@cfmueller.de
Telefon: +49 89 2183 7923
Telefax: +49 89 2183 7620

www.cfmueller.de
www.cfmueller-campus.de

© 2019 C.F. Müller GmbH, Waldhofer Straße 100, 69123 Heidelberg

Dieses Werk, einschließlich aller seiner Teile, ist urheberrechtlich geschützt. Jede Verwertung außerhalb der engen Grenzen des Urheberrechtsgesetzes ist ohne Zustimmung des Verlages unzulässig und strafbar. Dies gilt insbesondere für Vervielfältigungen, Übersetzungen, Mikroverfilmungen und die Einspeicherung und Verarbeitung in elektronischen Systemen.

Satz: preXtension, Grafrath
Druck: CPI books, Leck

Vorwort

In der 42. Auflage hat – wie schon in der Vorauflage – die Neubearbeitung des § 1 IV und der §§ 13 bis 21 *Jan Schuhr* übernommen. Die Neuauflage berücksichtigt Literatur und Rechtsprechung bis Mitte Juni 2019. Bei der Aktualisierung von Literatur und Rechtsprechung ist die **Dokumentation aller ausbildungsrelevanten Entscheidungen** angestrebt. Weiterführende Beiträge in Fest- und Fachzeitschriften sind wie neuere Monografien nachgewiesen.

Die **elektronische Fassung als ebook** enthält den Lehrbuchtext sowie die einschlägigen **Gesetzestexte** und die **zitierten Entscheidungen**. Dies erlaubt dem Leser, aufgrund der Verlinkungen bei der Lektüre mit einem Mausklick unmittelbar zu den im Lehrbuchtext enthaltenen Normen und Urteilen zu gelangen. Die aus der amtlichen Sammlung BGHSt zitierten Entscheidungen sind mit freundlicher Genehmigung der *Wolters Kluwer Deutschland GmbH*, die aus anderen Quellen zitierten mit freundlicher Genehmigung der *juris GmbH* veröffentlicht. Die **Hinweise** auf der ersten Seite des Buches erläutern Download und Nutzung des kostenlosen ebooks auf PC, Tablet oder Smartphone.

Die mit der 34. Auflage neu eingeführte und auch textlich besonders hervorgehobene **Rubrik „Die aktuelle Entscheidung"** hat sich bewährt und ist auch in dieser Auflage fortgeführt worden. Sie repräsentiert neueste **Rechtsprechungs-Entwicklungen** im Bereich der Vermögensdelikte, die noch im Fluss sind und – auch im Hinblick auf ein bald anstehendes Examen – besondere Aufmerksamkeit verdienen. Schon in weiter zurückliegende Auflagen aufgenommene **aktuelle Entscheidungen** sind, soweit man sie zwar nicht mehr als „aktuell", gleichwohl aber als bedeutsam und lehrreich bezeichnen kann, in leicht veränderter Form als **Rechtsprechungsbeispiele** beibehalten worden.

Übersichten zu den wichtigsten Tatbeständen stehen am Ende der Behandlung des jeweiligen Delikts. Sie geben dem Leser Orientierung und dienen dazu, sich nach der Lektüre zu vergewissern, ob die Merkmale des Delikts und dazu beispielhaft aufgeführte besonders gewichtige, mit einem Ⓟ gekennzeichnete Fragestellungen aufgenommen und richtig zugeordnet sind. Sie eignen sich zugleich als **Aufbauschemata für Falllösungen**. Die abzuprüfenden gesetzlichen Merkmale sind jeweils durch einen • gekennzeichnet und gleichsam an einer Kette untereinander aufgereiht. Mit einem → versehene Hinweise enthalten im Gesetzestext selbst nicht explizit benannte Bestandteile des darüber stehenden Merkmals. Wer mit einem Merkmal, Bestandteil oder Problem nichts (mehr) anzufangen weiß, sollte zurückblättern und die entsprechende Lektüre wiederholen.

Frau *Alexandra Burrer* vom C.F. Müller Verlag danken wir für die mit der Vorauflage begonnene Begleitung des Übergangs des Werks auf *Jan Schuhr* (s. dazu das Vorwort zur 41. Auflage) und die kompetente wie freundliche Bewältigung der mit ihm verbundenen Mühen. Nicht minder herzlich danken wir den Mitarbeitern in Heidelberg, namentlich *Sven Jäger, Martin Drossos, Leonardo Matamoros* sowie *John Allkemper.*

Heidelberg/Göttingen, im Juni 2019 *Thomas Hillenkamp*
Jan Schuhr

Vorwort der 21. Auflage

Der Entschluss, die Weiterführung meines Werkes in der *Schwerpunkte*-Reihe jüngeren Kollegen anzuvertrauen, wurde mir vor allem dadurch erleichtert, dass für diese Aufgabe Nachfolger gefunden werden konnten, die ihre herausragenden fachlichen und pädagogischen Fähigkeiten bereits in zahlreichen Veröffentlichungen unter Beweis gestellt haben. Dies gilt in besonderem Maße auch für Herrn Professor Dr. Dr. h.c. Thomas Hillenkamp, der die Neubearbeitung des vorliegenden Bandes zu den Straftaten gegen das Eigentum und gegen das Vermögen übernommen hat. Ich bin sicher, dass dieser Teil meines Lebenswerkes bei ihm in guten Händen liegt.

Aufrichtigen Dank sage ich bei dieser Gelegenheit erneut meinen früheren Mitarbeiterinnen und Mitarbeitern, meinem Sohn Hans Ulrich sowie allen, die in vielfältiger Weise zum Erfolg meiner Arbeit beigetragen haben.

Münster, im Februar 1999 *Johannes Wessels*

Johannes Wessels hat die Neubearbeitung seines Werkes abgegeben, nicht aber sein Werk: Es bleibt, es gilt es zu bewahren. Didaktisches Geschick, die Achtung der Meinung anderer in souveräner Darstellung und Kritik, die abgewogene Begründung oft richtungweisender Standpunkte, das alles hat dem Werk eine Leserschar versammelt, die es zu erhalten gilt. Mehr als Bemühen kann ich – mit der Nachfolge in diesem Band betraut und geehrt – nicht versprechen.

Die Auflage ist umfangreicher geworden. Das liegt nicht ausschließlich an textlicher Anreicherung. Eine übersichtlichere äußere Gestaltung – vom Verlag für alle drei Bände angeregt – hat Raum beansprucht. Dazu trat freilich die Notwendigkeit, die durch das 6. Strafrechtsreformgesetz vom 26.01.1998 (BGBl I, S. 164) eingetretenen Änderungen aufzunehmen. Sie ließen sich oft nicht vermitteln, ohne die Wiedergabe vormaliger Streitstände beizubehalten. Neben dem 6. Strafrechtsreformgesetz sind die Änderungen berücksichtigt, die durch das Gesetz zur Bekämpfung der Korruption vom 13.08.1997 (BGBl I, S. 2038), durch das Gesetz zur Verbesserung der Bekämpfung der Organisierten Kriminalität vom 04.05.1998 (BGBl I, S. 845) und durch die am 01.01.1999 in Kraft getretene Insolvenzordnung vom 05.10.1994 (BGBl I, S. 2866, 2911, 2941) eingetreten sind. Auch habe ich manches angefügt und nachgetragen, wo ich der Meinung war, es könnte dem Leser nutzen. Rechtsprechung und Literatur sind bis einschließlich Dezember 1998 berücksichtigt.

Für vielfältige Mithilfe danke ich meinen wissenschaftlichen Mitarbeitern *Dr. Ralph Ingelfinger* und *Dr. Brigitte Tag* sowie meinen studentischen Hilfskräften *Andreas Brilla, Simone Hartwig, Sybille Knörzer, Rolf Mack* und *Michael Rothenhöfer*. Vor allem aber danke ich meiner Sekretärin Frau *Brigitte Seib*, die mit großer Geduld und Können die Satzvorlage hergestellt hat.

Heidelberg, im Februar 1999 *Thomas Hillenkamp*

Vorwort der 1. Auflage

Dieses Buch enthält die *Straftaten gegen Vermögenswerte*. Es ergänzt den bereits vorliegenden Band 8 der Titelreihe, in welchem die *Straftaten gegen Persönlichkeits- und Gemeinschaftswerte* behandelt sind. Die Darstellung beschränkt sich auch hier auf solche Schwerpunkte, die das Bild der Strafrechtspraxis bestimmen und die erfahrungsgemäß für den akademischen Unterricht wie für die Anforderungen im Examen von Bedeutung sind. Die Wuchertatbestände (§ 302a), die bislang über ein Schattendasein nicht hinausgekommen sind, wurden daher ausgeklammert; zu ihrer Neufassung durch das 1. WiKG vom 29.7.1976 wird auf die Abhandlung von *Sturm* verwiesen (JZ 77, 84). Die Rechtsprechung zu den einzelnen Vermögensdelikten ist umfassend eingearbeitet. Bei den Literaturangaben musste aus Raumgründen auf Vollständigkeit verzichtet werden; sie sind so ausgewählt, dass dem Lernenden möglichst über Einzelschriften und neuere Abhandlungen das reichhaltige Quellenmaterial erschlossen wird.

Meinen Beitrag innerhalb der *Schwerpunkte*-Reihe widme ich dem Andenken meiner Eltern, deren Geburtstag sich in Kürze zum einhundertsten Male jährt. In ihrem arbeitsreichen Leben, das von unermüdlicher Pflichterfüllung geprägt war, galt ihr ganzes Streben dem Wohl ihrer sechs Kinder. Ihr Vorbild hat mir die Kraft gegeben, dieses Werk neben meiner starken dienstlichen Beanspruchung zu vollenden.

Dank schulde ich meinen Mitarbeitern, den Herren *Franz Josef Flacke, Heinz Hagemeier* und *Dr. Ulrich Womelsdorf*. In ihren Händen lag das Lesen der Korrekturen und die Erstellung des Sachregisters. Ihre Anregungen waren für mich eine wertvolle Unterstützung.

Münster, im März 1977 *Johannes Wessels*

Inhaltsverzeichnis

	Rn	Seite
Vorwort		V
Vorwort der 21. Auflage		VII
Vorwort der 1. Auflage		VIII
Abkürzungsverzeichnis		XXI
Literaturverzeichnis		XXVII
Fest- und Gedächtnisschriftenverzeichnis		XXX

Einleitung
Straftaten gegen Vermögenswerte

	Rn	Seite
I. Straftaten gegen das Eigentum und gegen einzelne Vermögenswerte	2	1
II. Straftaten gegen das Vermögen als Ganzes	3	2
III. Gesetzliche Neuerungen	11	5

Teil I
Straftaten gegen das Eigentum

1. Kapitel
Sachbeschädigungs- und Computerdelikte

	Rn	Seite
§ 1 Die einzelnen Straftatbestände	12	6
I. Einfache Sachbeschädigung	13	6
1. Rechtsnatur und Reform	13	6
2. Geschütztes Rechtsgut	16	7
3. Täter und Gegenstand der Tat	17	8
4. Tathandlungen	21	9
a) Beschädigen	23	10
b) Zerstören	36	16
c) Verändern des Erscheinungsbildes	37	16
5. Abgrenzung zur bloßen Sachentziehung	41	19
6. Subjektiver Tatbestand	42	20
7. Prüfungsaufbau: Sachbeschädigung, § 303	43a	21
II. Zerstörung von Bauwerken und von wichtigen Arbeitsmitteln . .	44	22
1. Zerstörung von Bauwerken	44	22
2. Zerstörung wichtiger Arbeitsmittel	47	22
III. Gemeinschädliche Sachbeschädigung	48	23
1. Schutzgut und Schutzzweck	49	23
2. Unrechtstatbestand	50	24

	IV.	Datenveränderung und Computersabotage	58	26
		1. Datenveränderung	59	28
		2. Prüfungsaufbau: Datenveränderung, § 303a	61a	32
		3. Computersabotage	62	32
		4. Prüfungsaufbau: Computersabotage, § 303b	67a	35

2. Kapitel
Diebstahl und Unterschlagung

§ 2	**Der Grundtatbestand des Diebstahls**		68	35
	I. Systematischer Überblick		69	36
		1. Gegenüberstellung von Diebstahl und Unterschlagung	69	36
		2. Qualifizierte und privilegierte Diebstahlsfälle	72	37
	II. Das Diebstahlsobjekt		73	37
		1. Begriff der Sache	74	38
		2. Beweglichkeit	78	40
		3. Fremdheit	79	40
	III. Die Wegnahme		82	43
		1. Wegnahme und Gewahrsamsbegriff	82	43
		2. Eigentum und Gewahrsam	85	44
		3. Einzelprobleme und Erscheinungsformen des Gewahrsams	86	45
		a) Gewahrsamswille	87	46
		b) Tatsächliche Sachherrschaft und Verkehrsauffassung ..	90	47
		c) Besitz und Gewahrsam	93	48
		d) Mitgewahrsam	96	49
		e) Abgrenzungskriterium zur Unterschlagung	97	50
		f) Gewahrsam bei verschlossenen Behältnissen	105	53
		g) Gewahrsamsverlust	109	55
		4. Vollendung der Wegnahme	111	56
		a) Bruch fremden Gewahrsams	115	57
		b) Begründung neuen Gewahrsams	121	59
		5. Vollendung und Beendigung des Diebstahls	131	64
	IV. Der subjektive Unrechtstatbestand des Diebstahls		133	65
		1. Tatbestandsvorsatz	136	66
		2. Entwicklung des Zueignungsbegriffs in Wissenschaft und Rechtsprechung	140	67
		a) Bedeutung der Erweiterung durch das 6. StRG	140	67
		b) Substanz-, Sachwert- und Vereinigungstheorie	142	68
		c) Eigene Stellungnahme	148	70
		3. Einzelelemente des Zueignungsbegriffs	150	70
		a) Aneignung	151	71
		b) Enteignung	156	73
		4. Absichtsbegriff im Diebstahlstatbestand	163	75
		a) Handeln mit animus rem sibi habendi	164	76
		b) Handeln mit Drittzueignungsabsicht	166	76
		5. Problematische Fallgestaltungen	171	80
		a) Rückveräußerung an den Eigentümer	172	80
		b) Entwendung von Legitimationspapieren	174	82

		c) Entwendung von Ausweispapieren	176	83
		d) Entwendung von Geldautomatenkarten	177	84
		e) Grenzen der Sachwerttheorie	185	87
		f) Hinweise zum Selbststudium	192	89
	6.	Rechtswidrigkeit der erstrebten Zueignung	200	91
	7.	Maßgeblicher Zeitpunkt in subjektiver Hinsicht	204	93
V.	Prüfungsaufbau: Diebstahl, § 242	204a	94

§ 3 Besonders schwere Fälle des Diebstahls ... 205 ... 95

- I. Die Reform des § 243 und die Bedeutung der Regelbeispielsmethode ... 206 ... 96
  1. Von der Qualifikation zu Regelbeispielen ... 206 ... 96
  2. Regelbeispiele als Strafzumessungsregeln ... 207 ... 96
  3. Problematik des Versuchs ... 211 ... 98
     a) Versuch als besonders schwerer Fall ... 212 ... 99
     b) Versuchsbeginn ... 219 ... 102
  4. Vorsatzerfordernis und Teilnahme ... 220 ... 103
- II. Die einzelnen Regelbeispiele des § 243 I ... 221 ... 103
  1. Einbruchs-, Einsteige-, Nachschlüssel- und Verweildiebstahl (Nr 1) ... 222 ... 103
     a) Geschützte Räumlichkeiten ... 223 ... 104
     b) Handlungsmodalitäten ... 225 ... 105
     c) Zeitpunkt des Diebstahlsvorsatzes ... 232 ... 108
  2. Überwindung besonderer Schutzvorrichtungen (Nr 2) ... 233 ... 108
  3. Gewerbsmäßiger Diebstahl (Nr 3) ... 239 ... 112
  4. Kirchendiebstahl (Nr 4) ... 240 ... 112
  5. Gemeinschädlicher Diebstahl (Nr 5) ... 241 ... 113
  6. Ausnutzung fremder Notlagen (Nr 6) ... 242 ... 113
  7. Waffen- und Sprengstoffentwendung (Nr 7) ... 243 ... 114
  8. Konkurrenzen ... 244 ... 114
- III. Die Ausschlussklausel des § 243 II ... 248 ... 116
  1. Voraussetzungen des Geringwertigkeitsbezugs ... 249 ... 117
  2. Geringwertigkeitsbegriff ... 252 ... 119
  3. Problematik des Vorsatzwechsels ... 255 ... 120
- IV. Prüfungsaufbau: Besonders schwerer Fall des Diebstahls, § 243 ... 261a ... 124

§ 4 Diebstahl mit Waffen, Wohnungseinbruchs- und Bandendiebstahl ... 262 ... 125

- I. Diebstahl mit Waffen ... 263 ... 125
  1. Beisichführen von Waffen oder anderen gefährlichen Werkzeugen ... 264 ... 125
     a) Beisichführen von Waffen ... 265 ... 126
     b) Beisichführen eines anderen gefährlichen Werkzeugs ... 272 ... 131
  2. Diebstahl mit sonstigen Werkzeugen und Mitteln ... 284 ... 140
- II. Wohnungseinbruchsdiebstahl ... 289 ... 143
- III. Bandendiebstahl ... 295 ... 147
  1. Bandenbegriff ... 297 ... 148
  2. Bandenmäßige Begehung ... 301 ... 151

		3. Schwerer Bandendiebstahl	303	153
	IV.	Prüfungsaufbau: Diebstahlsqualifikationen, § 244	304a	154
§ 5	**Unterschlagung und Veruntreuung**		305	156
	I. Einfache Unterschlagung		306	156
		1. Struktur, Rechtsgut und Tatobjekt	307	156
		2. Tathandlung	309	157
		a) Manifestation des Zueignungswillens	309	157
		b) Beispiele	313	159
		3. Besitz oder Gewahrsam	316	162
		4. Rechtswidrigkeit der Zueignung und Vorsatz	320	165
	II.	Veruntreuende Unterschlagung	321	165
	III.	Mehrfache Zueignung und Subsidiaritätsklausel	325	167
		1. „Gleichzeitige" Zueignung	326	168
		2. „Wiederholte" Zueignung	328	170
	IV.	Prüfungsaufbau: Unterschlagung, § 246	332a	173
§ 6	**Privilegierte Fälle des Diebstahls und der Unterschlagung** ..		333	174
	I. Haus- und Familiendiebstahl		334	174
		1. Privilegierungsgrund und Anwendungsbereich	334	174
		2. Beziehung zwischen Täter und Verletztem	336	175
	II.	Diebstahl und Unterschlagung geringwertiger Sachen	338	177
	III.	Irrtumsfragen	340	178

3. Kapitel
Raub   342   179

§ 7	**Der Grundtatbestand des Raubes**		342	179
	I. Die Unrechtsmerkmale des Raubes		343	179
		1. Grundstruktur und Schutzgüter des Raubes	344	180
		2. Qualifizierte Nötigungsmittel	346	180
		a) Gewalt gegen eine Person	347	180
		b) Drohung mit gegenwärtiger Gefahr für Leib oder Leben	353	184
		3. Subjektiver Tatbestand, Tatbeteiligung und Versuch	355	186
		a) Subjektiver Tatbestand	355	186
		b) Beteiligung.................................	356	187
		c) Versuch	359	189
	II.	Sachentwendung bei fortwirkenden, nicht zu Raubzwecken geschaffenen Zwangslagen	361	190
		1. Fortdauer der Gewaltanwendung	362	191
		2. Ausnutzung der Gewaltwirkung	363	191
	III.	Prüfungsaufbau: Raub, § 249	365a	193
§ 8	**Raubqualifikationen**		366	194
	I. Schwerer Raub		367	195
		1. Überblick über die Neufassung des § 250	367	195

	2.	Einfache Raubqualifikationen	369	195
		a) Beisichführen von Waffen oder anderen gefährlichen Werkzeugen	369	195
		b) Raub mit sonstigen Werkzeugen oder Mitteln	372	197
		c) Gesundheitsgefährdender Raub	376	200
		d) Bandenraub	378	201
	3.	Schwere Raubqualifikationen	379	201
		a) Verwendung von Waffen oder gefährlichen Werkzeugen	380	202
		b) Bewaffneter Bandenraub	384	205
		c) Schwere körperliche Misshandlung und Lebensgefährdung	385	206
	4.	Prüfungsaufbau: Schwerer Raub, § 250	385a	207
II.	Raub mit Todesfolge		386	208
	1.	Folge und raubspezifische Gefahr	387	209
	2.	Leichtfertigkeit	389	210
	3.	Versuch und Rücktritt	391	211
	4.	Prüfungsaufbau: Raub mit Todesfolge, § 251	392a	213

4. Kapitel
Raubähnliche Sonderdelikte

§ 9	Räuberischer Diebstahl und räuberischer Angriff auf Kraftfahrer		393	214
I.	Räuberischer Diebstahl		393	214
	1.	Rechtsnatur	394	214
	2.	Objektiver Tatbestand	396	215
		a) Vortat und Anwendungsbereich	396a	215
		b) Betreffen und Nötigungsmittel	401	218
	3.	Subjektiver Tatbestand	403	220
	4.	Beteiligungsfälle	406	221
	5.	Erschwerungsgründe und Abgrenzungsfragen	409	223
	6.	Prüfungsaufbau: Räuberischer Diebstahl, § 252	413a	226
II.	Räuberischer Angriff auf Kraftfahrer		414	227
	1.	Struktur des Delikts	415	227
	2.	Tatbestand	417	229
		a) Verübung eines Angriffs	417	229
		b) Ausnutzung der besonderen Verhältnisse des Straßenverkehrs	420	232
		c) Subjektive Merkmale	424	235
	3.	Vollendung, Versuch und Rücktritt	425	237
	4.	Prüfungsaufbau: Räuberischer Angriff auf Kraftfahrer, § 316a	428a	240

Teil II
Straftaten gegen sonstige spezialisierte Vermögenswerte

5. Kapitel
Gebrauchs- und Verbrauchsanmaßung

§ 10 Unbefugter Gebrauch von Fahrzeugen und Pfandsachen sowie Entziehung elektrischer Energie 430 241
    I. Unbefugter Gebrauch eines Fahrzeugs 431 242
        1. Schutzzweck, Schutzobjekt und Berechtigter 431 242
        2. Ingebrauchnehmen des Fahrzeugs 434 243
        3. Verhältnis zu den Zueignungsdelikten 439 245
        4. Prüfungsaufbau: Unbefugter Gebrauch eines Fahrzeugs, § 248b 442a 248
    II. Unbefugter Gebrauch von Pfandsachen 443 248
    III. Entziehung elektrischer Energie 444 249

6. Kapitel
Verletzung von Aneignungsrechten

§ 11 Jagd- und Fischwilderei 447 251
    I. Jagdwilderei 448 251
        1. Rechtsgut und Schutzfunktion 448 251
        2. Objektiver Tatbestand 450 252
            a) Tatobjekte und Tathandlungen 450 252
            b) Verletzung fremden Jagd- oder Jagdausübungsrechts .. 452 253
        3. Zueignung gefangenen oder erlegten Wildes durch Dritte .. 455 254
        4. Vorsatz und Irrtumsfälle 457 255
        5. Strafantragserfordernis 461 256
        6. Besonders schwere Fälle der Wilderei 462 257
    II. Fischwilderei 466 258
    III. Prüfungsaufbau: Jagdwilderei, § 292 .... 466a 259

7. Kapitel
Vereiteln und Gefährden von Gläubigerrechten

§ 12 Pfandkehr und Vollstreckungsvereitelung 467 260
    I. Pfandkehr 467 260
        1. Schutzfunktion, Täterkreis und Tathandlung 468 260
        2. Subjektiver Tatbestand 472 262
    II. Vereiteln der Zwangsvollstreckung 474 263
        1. Schutzgut und Gläubigerbegriff 475 263
        2. Objektiver Tatbestand 476 264
            a) Drohen der Zwangsvollstreckung und Tathandlung 477 264
            b) Täterschaft und Teilnahme 480 265
        3. Subjektiver Tatbestand und Antragserfordernis 481 266
        4. Prüfungsaufbau: Vereiteln der Zwangsvollstreckung, § 288 . 484a 267

Teil III
Straftaten gegen das Vermögen als Ganzes

8. Kapitel
Betrug und betrugsverwandte Tatbestände

§ 13 Betrug	485	269
I. Schutzgut und Tatbestandsaufbau des Betrugs	485	269
II. Der objektive Tatbestand des § 263	489	271
1. Täuschung über Tatsachen	490	272
a) Tatsachenbegriff	493	274
b) Täuschung durch aktives Tun	496	276
c) Täuschung durch Unterlassen	503	286
2. Erregen oder Unterhalten eines Irrtums	510	290
3. Vermögensverfügung	515	295
a) Begriff und Funktion der Verfügung	515	295
b) Verfügungsbewusstsein	518	297
c) Ursächlicher und funktionaler Zusammenhang	521	298
d) Wissensdiskrepanzen und Wissenszurechnung	527	300
4. Vermögensbeschädigung	529	301
a) Vermögensbegriff	530	301
b) Vermögensschaden	538	307
5. Schadensberechnung	539	308
a) Eingehungs- und Erfüllungsbetrug	539	308
b) Vermögensschutz und Dispositionsfreiheit	544	314
c) Schadenskompensation durch gesetzliche Ansprüche und Rechte	548	315
d) Individueller Schadenseinschlag	550	316
e) Soziale Zweckverfehlung	553	319
f) Einsatz von Vermögenswerten zu missbilligten Zwecken	564	323
g) Ansprüche aus gesetz- oder sittenwidrigen Geschäften	568	327
h) Schadensgleiche Vermögensgefährdung (Gefährdungsschaden)	572	328
i) Weitere Einzelfälle	580	334
III. Subjektiver Tatbestand	581	338
1. Vorsatz	581	338
2. Absicht rechtswidriger Bereicherung	583	340
a) Absicht	583	340
b) Rechtswidrigkeit des erstrebten Vorteils	585	340
c) Unmittelbarkeitsbeziehung (sog. „Stoffgleichheit")	588	342
d) Bereicherungsabsicht, Teilnahme und Versuch	590	343
IV. Regelbeispiele und Qualifikation	591	344
1. Regelbeispiele	591	344
2. Qualifikation	598	348
V. Sicherungsbetrug und Verfolgbarkeit	599	348
1. Sicherungsbetrug	599	348
2. Verfolgbarkeit	600	349
VI. Prüfungsaufbau: Betrug, § 263	600a	349

§ 14 Computerbetrug ... 600b 350
I. Zweck, Rechtsgut und Einordnung der Vorschrift ... 601 351
II. Tatbestand ... 604 352
1. Zwischenfolge, Erfolg und Bereicherungsabsicht ... 604 352
2. Tathandlungen ... 608 355
III. Prüfungsaufbau: Computerbetrug, § 263a ... 621a 367

§ 15 Abgrenzung zwischen Betrug und Diebstahl ... 622 368
I. Sachbetrug und Trickdiebstahl ... 623 368
1. Ausschlussverhältnis ... 623 368
2. Abgrenzungskriterien ... 624 369
    a) Unmittelbarkeit ... 625 369
    b) Freiwilligkeit ... 631 371
    c) Verfügungsbewusstsein ... 639 375
II. Diebstahl in mittelbarer Täterschaft und sog. Dreiecksbetrug ... 640 377
1. Dreipersonenverhältnisse ... 641 377
2. Abgrenzungskriterien ... 642 378
3. Folgerungen ... 646 380

§ 16 Versicherungsmissbrauch, Vortäuschen eines Versicherungsfalls und Erschleichen von Leistungen ... 654 382
I. Versicherungsmissbrauch ... 654 382
1. Struktur und Schutzgut ... 656 383
2. Tatobjekt und Tathandlungen ... 657 384
3. Subjektiver Tatbestand ... 659 385
4. Vollendung und Versuch ... 660 385
II. Vortäuschen eines Versicherungsfalls ... 661b 387
1. Das Regelbeispiel des § 263 III 2 Nr 5 ... 662 387
    a) Tatobjekte und Vorbereitungshandlungen ... 663 387
    b) Vortäuschung eines Versicherungsfalls ... 664 387
2. Zum Verhältnis von § 265 zu § 263 I, II, III 2 Nr 5 ... 667 388
3. Prüfungsaufbau: Versicherungsmissbrauch, § 265 ... 668a 390
III. Erschleichen von Leistungen ... 669 390
1. Tatbestandsüberblick ... 670 390
2. Erschleichen als Ausführungshandlung ... 673 392
3. Leistungs- und Warenautomaten sowie Einrichtungen ... 678 395
4. Vorsatz, Versuch und Verfolgbarkeit ... 680 397
5. Prüfungsaufbau: Erschleichen von Leistungen, § 265a ... 682a 398

§ 17 Subventions-, Kapitalanlage-, Kredit- und Submissionsbetrug ... 683 398
I. Subventionsbetrug ... 684 398
1. Schutzzweck und Deliktsnatur ... 684 398
2. Subventionsbegriff ... 688 400
3. Tathandlungen und Strafbarkeit ... 692 401
II. Kapitalanlagebetrug ... 696 402
III. Kreditbetrug ... 698 404
IV. Submissionsbetrug ... 701 405

1. Submissionsabsprachen und Submissionsbetrug		701	405
2. Wettbewerbsbeschränkende Absprachen bei Ausschreibungen		703	405
3. Bestechlichkeit und Bestechung im geschäftlichen Verkehr		704	407

9. Kapitel
Erpressung, räuberische Erpressung und erpresserischer Menschenraub

§ 18 Erpressung und räuberische Erpressung 705 408

    I. Erpressung 705 408
        1. Deliktsstruktur und Schutzgüter 706 408
        2. Objektiver Tatbestand 707 409
            a) Nötigungsmittel 708 409
            b) Vermögensverfügung 709 411
            c) Vermögensnachteil 716 415
        3. Subjektiver Tatbestand 718 418
        4. Rechtswidrigkeit und Vollendung 721 420
        5. Konkurrenzen 723 421
        6. Prüfungsaufbau: Erpressung, § 253 .... 724a 422
    II. Räuberische Erpressung 725 423
        1. Tatbestandsstruktur und Nötigungsmittel 726 423
        2. Abgrenzung zum Raub 728 424
        3. Rechtsprechungsbeispiele 734 427
        4. Prüfungsaufbau: Räuberische Erpressung, § 255 .... 737a 429

§ 19 Erpresserischer Menschenraub 738 430

    I. Tatbestandsstruktur und Schutzgut 739 430
    II. Tatbestand 741 431
    III. Prüfungsaufbau: Erpresserischer Menschenraub, § 239a 745a 435

10. Kapitel
Untreue und untreueähnliche Delikte

§ 20 Untreue 746 436

    I. Übersicht zu § 266 .... 747 436
        1. Schutzgut und Deliktscharakter 747 436
        2. Tatbestandliche Ausgestaltung 749 439
    II. Missbrauchstatbestand 751 441
        1. Verfügungs- und Verpflichtungsbefugnis 751 441
        2. Vermögensbetreuungspflicht 752 441
        3. Missbrauchshandlung 753 442
        4. Nachteilszufügung 767 452
    III. Treubruchstatbestand 768 452
        1. Treueverhältnis, Vermögensbetreuungspflicht und Pflichtverletzung 769 453

		Rn.	Seite
	2. Nachteilszufügung	775	458
	3. Vorsatz	781	464
	4. Fragen des Allgemeinen Teils und Regelbeispiele	786	467
	IV. Prüfungsaufbau: Untreue, § 266	786a	469

§ 21 Untreueähnliche Delikte ... 787 · 470

		Rn.	Seite
	I. Vorenthalten und Veruntreuen von Arbeitsentgelt	787	470
	1. Vorenthalten von Sozialversicherungsbeiträgen	787	470
	2. Heimliches Nichtabführen einbehaltenen Arbeitsentgelts an Dritte	790	473
	II. Missbrauch von Scheck- und Kreditkarten	791	474
	1. Zweck der Vorschrift	793	474
	2. Tatbestand	795	474
	3. Prüfungsaufbau: Missbrauch von Scheck- und Kreditkarten, § 266b	801a	479

11. Kapitel
Begünstigung, Hehlerei und Geldwäsche

§ 22 Begünstigung ... 802 · 479

		Rn.	Seite
	I. Schutzgut und Deliktseinordnung	803	480
	II. Tatbestand	805	481
	1. Merkmale der Vortat	805	481
	2. Tathandlung	808	483
	3. Vorsatz und Begünstigungsabsicht	812	484
	a) Vorsatz	812	484
	b) Begünstigungsabsicht	813	485
	4. Tatvollendung	817	487
	III. Selbstbegünstigung und Begünstigung durch Vortatbeteiligte	818	487
	1. Selbstbegünstigung	818	487
	2. Auswirkungen der Vortatbeteiligung	819	488
	IV. Verfolgbarkeit	820	489
	V. Prüfungsaufbau: Begünstigung, § 257	822a	490

§ 23 Hehlerei ... 823 · 490

		Rn.	Seite
	I. Schutzgut und Wesen der Hehlerei	823	490
	II. Gegenstand und Vortat der Hehlerei	825	491
	1. Tatobjekt	826	491
	2. Zusammenhang zwischen Vortat und Hehlerei	828	493
	3. Fortbestehen der rechtswidrigen Vermögenslage	835	496
	III. Hehlereihandlungen	843	498
	1. Sich oder einem Dritten verschaffen	845	498
	a) Einvernehmliche Erlangung der Verfügungsgewalt	846	499
	b) Problemfälle	851	500
	2. Absetzen und Absetzenhelfen	857	503
	a) Begriffliche Abgrenzung	859	503
	b) Vollendung und Absatzerfolg	862	504
	c) Bedeutung im Einzelnen	865	507

IV. Subjektiver Tatbestand	871	510
1. Vorsatz	871	510
2. Bereicherungsabsicht	873	511
V. Vollendung und Versuch	875	512
VI. Vortatbeteiligung und Hehlerei	879	514
1. Vortäterschaft und Hehlerei	880	514
2. Vortatteilnahme und Hehlerei	881	514
3. Rückerwerb der Beute durch den Vortäter	882	515
VII. Verfolgbarkeit und Strafschärfung	885	515
1. Verweisung auf §§ 247, 248a	885	515
2. Qualifikationen	886	516
VIII. Prüfungsaufbau: Hehlerei, § 259	888a	517
§ 24 Geldwäsche und Verschleierung unrechtmäßig erlangter Vermögenswerte	889	518
I. Entstehung, Zweck und Rechtsgut	890	518
II. Tatbestand	892	520
1. Tatobjekt, Vortat und Täter	892	520
2. Tathandlungen	897	524
3. Tatbestandseinschränkungen	899	525
III. Prüfungsaufbau: Geldwäsche, § 261	903	530
Sachverzeichnis		531

Abkürzungsverzeichnis

aA	anderer Ansicht
AG	Die Aktiengesellschaft
aaO	am angegebenen Ort
ABl.	EU Amtsblatt der Europäischen Union
abl.	ablehnend
Abs.	Absatz
abw.	abweichend
AE	Alternativ-Entwurf eines Strafgesetzbuches
aF	alte Fassung
AG	Amtsgericht
AktG	Aktiengesetz
Alt.	Alternative
Anm.	Anmerkung
AO	Abgabenordnung
ArbG	Arbeitsgericht
Art.	Artikel
ArztR	Arztrecht
AT	Allgemeiner Teil (Strafrecht)
Aufl.	Auflage
BayObLG	Bayerisches Oberstes Landesgericht
BayObLGSt	Entscheidungen des Bayerischen Obersten Landesgerichts in Strafsachen
BB	Betriebsberater
BBG	Bundesbeamtengesetz
Bd.	Band
BeckRS	Beck-Rechtsprechung
Begr.	Begründung
Bespr.	Besprechung
BeurkG	Beurkundungsgesetz
BGB	Bürgerliches Gesetzbuch
BGBl	Bundesgesetzblatt (Teil,Seite)
BGH	Bundesgerichtshof
BGHSt	Entscheidungen des Bundesgerichtshofes in Strafsachen
BGHZ	Entscheidungen des Bundesgerichtshofes in Zivilsachen
BJagdG	Bundesjagdgesetz
BKR	Zeitschrift für Bank- und Kapitalmarktrecht
BND	Bundesnachrichtendienst
BNotO	Bundesnotarordnung
BR-Ds	Bundesrats-Drucksache
BT	Besonderer Teil (Strafrecht)
BT-Ds	Bundestags-Drucksache
BtMG	Betäubungsmittelgesetz
BT-Prot.	Bundestags-Protokolle

BVerfG	Bundesverfassungsgericht
BVerfGE	Entscheidungen des Bundesverfassungsgerichts
BVerwG	Bundesverwaltungsgericht
BVerwGE	Entscheidungen des Bundesverwaltungsgerichts
CB	Compliance Berater
CCZ	Corporate Compliance Zeitschrift
CR	Computer und Recht
D	Dallinger
DAR	Deutsches Autorecht
ders.	derselbe
diff.	differenzierend
Diss.	Dissertation
DJT	Deutscher Juristentag
DJZ	Deutsche Juristenzeitung
DR	Deutsches Recht
DRiZ	Deutsche Richterzeitung
DStR	Deutsches Steuerrecht
DZWIR	Deutsche Zeitschrift für Wirtschafts- und Insolvenzrecht
E 1962	Entwurf eines Strafgesetzbuches 1962
EG	Einführungsgesetz
EGStGB	Einführungsgesetz zum Strafgesetzbuch
EGV	Vertrag zur Gründung der Europäischen Gemeinschaft
Einl.	Einleitung
einschr.	einschränkend
Erg.	Ergebnis
EU	Europäische Union
EuGRZ	Europäische Grundrechte, Zeitschrift
EUV	Vertrag über die Europäische Union
EWiR	Entscheidungen zum Wirtschaftsrecht
EzSt	Entscheidungen zum Straf- und Ordnungswidrigkeitenrecht
FamRZ	Zeitschrift für das gesamte Familienrecht
FD-StrafR	Fachdienst Strafrecht
Fn	Fußnote
FS	Festschrift
GA	Goltdammer's Archiv für Strafrecht
GewO	Gewerbeordnung
GG	Grundgesetz für die Bundesrepublik Deutschland
GmbH	Gesellschaft mit beschränkter Haftung
GmbHG	Gesetz betreffend die Gesellschaften mit beschränkter Haftung
GmbHR	GmbH-Rundschau
GrS	Großer Senat für Strafsachen
GRUR-RR	Gewerblicher Rechtsschutz und Urheberrecht Rechtsprechungs-Report
GS	Gedächtnisschrift
GVG	Gerichtsverfassungsgesetz
GWB	Gesetz gegen Wettbewerbsbeschränkungen
GWG	Geldwäschegesetz

GWR		Gesellschafts- und Wirtschaftsrecht
H		Holtz
HESt		Höchstrichterliche Entscheidungen in Strafsachen
HGB		Handelsgesetzbuch
hL		herrschende Lehre
hM		herrschende Meinung
HRR		Höchstrichterliche Rechtsprechung (zitiert nach Jahr und Nummer)
HRRS		Onlinezeitschrift für Höchstrichterliche Rechtsprechung zum Strafrecht
Hrsg.		Herausgeber
idF		in der Fassung
idR		in der Regel
iE		im Ergebnis
ieS		im engeren Sinn
InsO		Insolvenzordnung
iR		im Rahmen
iS		im Sinne
iVm		in Verbindung mit
iwS		im weiteren Sinn
JA		Juristische Arbeitsblätter
JA-R		JA-Rechtsprechung
JGG		Jugendgerichtsgesetz
JK		Jura-Kartei
JMBl NW		Justizministerialblatt für das Land Nordrhein-Westfalen
JR		Juristische Rundschau
Jura		Juristische Ausbildung
juris PR-ITR		juris Praxisreport IT-Recht
JuS		Juristische Schulung
JW		Juristische Wochenschrift
JZ		Juristenzeitung
KG		Kammergericht
KriPoZ		Kriminalpolitische Zeitschrift
krit.		kritisch
KTS		Konkurs-, Treuhand- und Schiedsgerichtswesen
L		Lernbogen
LAG		Landesarbeitsgericht
Lb		Lehrbuch (Strafrecht)
LG		Landgericht
LJagdG NW		Landesjagdgesetz Nordrhein-Westfalen
LM		Entscheidungen des Bundesgerichtshofes im Nachschlagewerk von Lindenmaier, Möhring ua
LPartG		Lebenspartnerschaftsgesetz
LZ		Leipziger Zeitschrift
MDR		Monatsschrift für Deutsches Recht
MedR		Medizinrecht
medstra		Zeitschrift für Medizinstrafrecht

MMR	MultiMedia und Recht
MRK	Konvention zum Schutze der Menschenrechte und Grundfreiheiten
mwN	mit weiteren Nachweisen
NdsRpfl	Niedersächsische Rechtspflege
nF	neue Fassung
NJ	Neue Justiz
NJOZ	Neue Juristische Online Zeitschrift
NJW	Neue Juristische Wochenschrift
NK	Neue Kriminalpolitik
NStE	Neue Entscheidungssammlung für Strafrecht
NStZ	Neue Zeitschrift für Strafrecht
NStZ-RR	NStZ-Rechtsprechungs-Report
NZG	Neue Zeitschrift für Gesellschaftsrecht
NZI	Neue Zeitschrift für das Recht der Insolvenz und Sanierung
NZV	Neue Zeitschrift für Verkehr
NZWehrR	Neue Zeitschrift für Wehrrecht
NZWiSt	Neue Zeitschrift für Wirtschafts-, Steuer- und Unternehmensstrafrecht
OGHSt	Entscheidungen des Obersten Gerichtshofes für die Britische Zone in Strafsachen
OHG	Offene Handelsgesellschaft
ÖJZ	Österreichische Juristenzeitung
OLG	Oberlandesgericht
OLGSt	Entscheidungen der Oberlandesgerichte zum Straf- und Strafverfahrensrecht
OrgKG	Gesetz zur Bekämpfung des illegalen Rauschgifthandels und anderer Erscheinungsformen der Organisierten Kriminalität vom 15.7.1992
öStGB	österreichisches Strafgesetzbuch
OWiG	Gesetz über Ordnungswidrigkeiten
ProstG	Prostitutionsgesetz
Prot.	Protokoll
RefE	Referentenentwurf
Reg.E	Regierungsentwurf
RG	Reichsgericht
RGBl	Reichsgesetzblatt (Teil, Seite)
RGSt	Entscheidungen des Reichsgerichts in Strafsachen
RGZ	Entscheidungen des Reichsgerichts in Zivilsachen
Rn	Randnummer
RPflG	Rechtspflegergesetz
Rs.	Rechtssache(n)
S	Satz
S.	Seite
s.	siehe
ScheckG	Scheckgesetz
SchlHA	Schleswig-Holsteinische Anzeigen
SchlHOLG	Schleswig-Holsteinisches Oberlandesgericht
SchwZStr	Schweizerische Zeitschrift für Strafrecht

SJZ		Süddeutsche Juristenzeitung
SpuRt		Zeitschrift für Sport und Recht
StGB		Strafgesetzbuch
StPO		Strafprozessordnung
StraFo		Strafverteidigerforum
StrÄndG		Gesetz zur Änderung des Strafrechts
StrRG		Gesetz zur Reform des Strafrechts
StV		Strafverteidiger
SubvG		Gesetz gegen missbräuchliche Inanspruchnahme von Subventionen (Subventionsgesetz)
TierSchG		Tierschutzgesetz
uU		unter Umständen
UWG		Gesetz gegen den unlauteren Wettbewerb
VersR		Versicherungsrecht
VG		Verwaltungsgericht
Vorbem.		Vorbemerkung
VRS		Verkehrsrechts-Sammlung
VUR		Verbraucher und Recht
VVG		Gesetz über den Versicherungsvertrag
WaffG		Waffengesetz
WEG		Wohnungseigentumsgesetz
WiKG		Gesetz zur Bekämpfung der Wirtschaftskriminalität
wistra		Zeitschrift für Wirtschafts- und Steuerstrafrecht
WuB		Entscheidungsanmerkungen zum Wirtschafts- und Bankrecht
WuW		Wirtschaft und Wettbewerb
ZfBR		Zeitschrift für deutsches und internationales Bau- und Vergaberecht
ZfWb		Zeitschrift für Wett- und Glücksspielrecht
ZInsO		Zeitschrift für das gesamte Insolvenz- und Sanierungsrecht
ZiP		Zeitschrift für Wirtschaftsrecht
ZIS		Zeitschrift für Internationale Strafrechtsdogmatik
ZJS		Zeitschrift für das Juristische Studium
ZMR		Zeitschrift für Miet- und Raumrecht
ZPO		Zivilprozessordnung
ZRP		Zeitschrift für Rechtspolitik
ZStW		Zeitschrift für die gesamte Strafrechtswissenschaft
zT		zum Teil
ZUM		Zeitschrift für Urheber- und Medienrecht
zusf.		zusammenfassend
zust.		zustimmend
zutr.		zutreffend
ZVersWiss		Zeitschrift für die gesamte Versicherungswissenschaft
ZVG		Gesetz über die Zwangsversteigerung und Zwangsverwaltung
ZWH		Zeitschrift für Wirtschaftsstrafrecht und Haftung im Unternehmen

Literaturverzeichnis

Achenbach/Ransiek/ Rönnau	Handbuch Wirtschaftsstrafrecht, 4. Auflage 2015. Zitiert: A/R-*Bearbeiter*
AnK-StGB	Anwaltkommentar StGB Strafgesetzbuch, 2. Auflage 2015. Zitiert: AnK-*Bearbeiter*
Arzt/Weber/Heinrich/ Hilgendorf	Strafrecht, Besonderer Teil, 3. Auflage 2015. Zitiert: A/W-*Bearbeiter*, BT
BE	Bochumer Erläuterungen zum 6. Strafrechtsreformgesetz, 1998 (Hrsg. *E. Schlüchter*). Zitiert: BE-*Bearbeiter*
Beulke/Zimmermann	Klausurenkurs im Strafrecht II, 4. Auflage 2019. Zitiert: *Beulke*, II
Beulke	Klausurenkurs im Strafrecht III, 5. Auflage 2018. Zitiert: *Beulke*, III
Binding	Lehrbuch des gemeinen deutschen Strafrechts, Besonderer Teil I, 2. Auflage 1902. Zitiert: *Binding*, BT I
Blei	Strafrecht II, Besonderer Teil, 12. Auflage 1983. Zitiert: *Blei*, BT
Bock	Strafrecht Besonderer Teil 2, Vermögensdelikte, 1. Auflage 2018. Zitiert: Bock, BT II
Bock	Wiederholungs- und Vertiefungskurs Strafrecht Besonderer Teil – Vermögensdelikte, 2. Auflage 2016. Zitiert: *Bock*, WV-BT2
Bockelmann	Strafrecht, Besonderer Teil/1, Vermögensdelikte, 2. Auflage 1982. Zitiert: *Bockelmann*, BT I
Darleder/Knops/ Bamberger	Deutsches und europäisches Bank- und Kapitalmarktrecht, Band 2, 3. Auflage 2017. Zitiert: *Darleder/Knops/Bamberger-Waßmer*
Eisele	Strafrecht – Besonderer Teil II, Eigentumsdelikte und Vermögensdelikte, 4. Auflage 2017. Zitiert: *Eisele*, BT II
Eser	Strafrecht IV, Vermögensdelikte, 4. Auflage 1983. Zitiert: *Eser*, Strafrecht IV
Esser/Rübenstahl/ Saliger/Tsambikakis	Kommentar zum Wirtschaftsstrafrecht, 2017. Zitiert: E/R/S/T-*Bearbeiter*
Fischer	Strafgesetzbuch, 66. Auflage 2019. Zitiert: *Fischer*
Fischer u. a.	Dogmatik und Praxis des strafrechtlichen Vermögensschadens, Baden-Badener Strafrechtsgespräche Bd. 1, 2015. Zitiert: Fischer-*Autor*
Gössel	Strafrecht, Besonderer Teil, Band 2, Straftaten gegen materielle Rechtsgüter des Individuums, 1996. Zitiert: *Gössel*, BT II
Graf/Jäger/Wittig	Wirtschafts- und Steuerstrafrecht, 2. Auflage 2017. Zitiert: G/J/W-*Bearbeiter*
Haft/Hilgendorf	Strafrecht, Besonderer Teil I, 9. Auflage 2009. Zitiert: *Haft/Hilgendorf*, BT
Hauf	Strafrecht, Besonderer Teil 1, Vermögensdelikte, 2. Auflage 2002. Zitiert: *Hauf*, BT I
Heghmanns	Strafrecht für alle Semester, Besonderer Teil, 2009. Zitiert: *Heghmanns*
v. Heintschel-Heinegg	Strafgesetzbuch, Kommentar, 3. Auflage 2018. Zitiert: BK-*Bearbeiter*
Hellmann	Wirtschaftsstrafrecht, 5. Auflage 2018. Zitiert: *Hellmann*
Hilgendorf/Valerius	Strafrecht, Besonderer Teil II, 2017. Zitiert: *Hilgendorf/Valerius*

Literaturverzeichnis

Hillenkamp/Cornelius	Examenswichtige Klausurprobleme, Strafrecht Allgemeiner Teil, 15. Auflage 2017. Zitiert: *Hillenkamp/Cornelius*, AT
Hillenkamp	Examenswichtige Klausurprobleme, Strafrecht Besonderer Teil, 12. Auflage 2013. Zitiert: *Hillenkamp*, BT
HK-GS	Gesamtes Strafrecht, Handkommentar, 4. Auflage 2017. Zitiert: HK-GS/*Bearbeiter*
Hoffmann-Holland	Strafrecht, Besonderer Teil, 2015. Zitiert: H-H-*Bearbeiter*
Hohmann/Sander	Strafrecht, Besonderer Teil 1, Eigentums- und Vermögensdelikte, 3. Auflage 2011. Zitiert: *Hohmann/Sander*, BT I
Hoven/Kubiciel	Korruption im Sport, Schriftenreihe zum deutschen, europäischen und internationalen Wirtschaftsstrafrecht, Bd. 35, 2018. Zitiert: Hoven/Kubiciel-*Autor*
Jäger	Examens-Repetitorium Strafrecht Besonderer Teil, 8. Auflage 2019. Zitiert: *Jäger*, BT
Joecks/Jäger	Strafgesetzbuch, Studienkommentar, 12. Auflage 2018. Zitiert: *Joecks/Jäger*
Kilian/Heussen	Computerrechts-Handbuch, Stand Mai 2018. Zitiert: K/H-*Bearbeiter*
Kindhäuser	Strafgesetzbuch, Lehr- und Praxiskommentar, 7. Auflage 2017. Zitiert: *Kindhäuser*
Kindhäuser/Böse	Strafrecht, Besonderer Teil II, Straftaten gegen Vermögensrechte, 10. Auflage 2019. Zitiert: *Kindhäuser/Böse*, BT II
Klesczewski	Strafrecht, Besonderer Teil, 2016. Zitiert: *Klesczewski*, BT
Kohlrausch/Lange	Strafgesetzbuch, 43. Auflage 1961. Zitiert: *Kohlrausch/Lange*
Krey/Hellmann/ Heinrich	Strafrecht, Besonderer Teil/2, Vermögensdelikte, 17. Auflage 2015 Zitiert: *Krey/Hellmann/Heinrich*, BT II
Kudlich	Prüfe dein Wissen: Strafrecht, Besonderer Teil 1 – Vermögensdelikte, 4. Auflage 2016. Zitiert: *Kudlich*, PdW BT I
Kudlich/Oğlakcıoğlu	Wirtschaftsstrafrecht, 2. Auflage 2014. Zitiert: *Kudlich/Oğlakcıoğlu*
Küper/Zopfs	Strafrecht, Besonderer Teil, Definitionen mit Erläuterungen, 10. Auflage 2018. Zitiert: *Küper/Zopfs*, BT
Lackner/Kühl	Strafgesetzbuch, 29. Auflage 2018. Zitiert: *Lackner/Kühl* bzw. *Lackner/Kühl/Heger*
LK-StGB	Leipziger Kommentar zum Strafgesetzbuch, 10. Auflage 1978–89; 11. Auflage 1992 ff; 12. Auflage 2006 ff. Zitiert: LK-*Bearbeiter*
Leipziger Praxiskommentar	Praxiskommentar Untreue – § 266 StGB, 2017. Zitiert: LPK-*Schünemann*
Matt/Renzikowski	Kommentar zum Strafgesetzbuch, 1. Auflage 2013. Zitiert: M/R-*Bearbeiter*
Maurach/Schroeder/ Maiwald	Strafrecht, Besonderer Teil, Teilb. 1, Straftaten gegen Persönlichkeits- und Vermögenswerte, 10. Auflage 2009. Zitiert: *Maurach/Schroeder/Maiwald*, BT I
Maurach/Schroeder/ Maiwald	Strafrecht, Besonderer Teil, Teilb. 2, Straftaten gegen Gemeinschaftswerte, 10. Auflage 2012. Zitiert: *Maurach/Schroeder/Maiwald*, BT II
Mitsch	Strafrecht, Besonderer Teil 2, Vermögensdelikte, 3. Auflage 2015. Zitiert: *Mitsch*, BT II
MK-StGB	Münchner Kommentar zum Strafgesetzbuch, Band 4 (§§ 185–262), 3. Auflage 2017; Band 5 (§§ 263–358), 3. Auflage 2019. Zitiert: MK-*Bearbeiter*

Müller-Gugenberger	Wirtschaftsstrafrecht, 6. Auflage 2015. Zitiert: M-G-*Bearbeiter*
NK-StGB	Nomos-Kommentar zum Strafgesetzbuch, 5. Auflage 2017. Zitiert: NK-*Bearbeiter*
NK-WSS	Leitner/Rosenau, Wirtschafts- und Steuerstrafrecht, 2017. Zitiert: NK-WSS-*Bearbeiter*
Otto	Grundkurs Strafrecht, Die einzelnen Delikte, 7. Auflage 2005. Zitiert: *Otto*, BT
Rengier	Strafrecht, Besonderer Teil I, Vermögensdelikte, 21. Auflage 2019. Zitiert: *Rengier*, BT I
Rengier	Strafrecht, Besonderer Teil II, Delikte gegen die Person und die Allgemeinheit, 20. Auflage 2019. Zitiert: *Rengier*, BT II
Roxin	Strafrecht, Allgemeiner Teil, Band 1, 4. Auflage 2006. Zitiert: *Roxin*, AT I
Roxin	Strafrecht, Allgemeiner Teil, Band 2, 2003. Zitiert: *Roxin*, AT II
Satzger/Schluckebier/ Widmaier	Strafgesetzbuch, Kommentar, 4. Auflage 2019. Zitiert: S/S/W-*Bearbeiter*
Schmidhäuser	Strafrecht, Besonderer Teil, 2. Auflage 1983. Zitiert: *Schmidhäuser*, BT
Schmidt	Strafrecht, Besonderer Teil II (Vermögensdelikte), 19. Auflage 2018. Zitiert: *Schmidt*, BT II
Schramm	Strafrecht, Besonderer Teil I – Eigentums- und Vermögensdelikte, 2017. Zitiert: *Schramm*, BT I
Schönke/Schröder	Strafgesetzbuch, 30. Auflage 2019, bearbeitet von *Eser, Perron, Sternberg-Lieben, Eisele, Hecker, Kinzig, Bosch, Schuster, Weißer und Schittenhelm*. Zitiert: S/S-*Bearbeiter*
Schroth	Strafrecht, Besonderer Teil, 5. Auflage 2010. Zitiert: *Schroth*, BT
Seelmann	Grundfälle zu den Eigentums- und Vermögensdelikten, 1988. Zitiert: *Seelmann*
SK-StGB	Systematischer Kommentar zum Strafgesetzbuch, Loseblatt, Band 2, Besonderer Teil, 1995 ff, von *Rudolphi, Horn*, mitbegründet von *Samson* und *Schreiber*, fortgeführt von *Deiters, Greco, Hoyer, Jäger, Noltenius, Rogall, Schall, Sinn, Stein, Wolter, Wolters* und *Zöller*. Gebunden Bd. V, 9. Auflage 2019, Bd. VI, 9. Auflage 2016. Zitiert: SK-*Bearbeiter*
Spickhoff	Medizinrecht Kurz-Kommentar, 3. Auflage 2018. Zitiert: Spickhoff-*Bearbeiter*
Tiedemann	Wirtschaftsstrafrecht, 5. Auflage 2017. Zitiert: *Tiedemann*, WirtschaftsstrafR
Wabnitz/Janovsky	Handbuch des Wirtschafts- und Steuerstrafrechts, 4. Auflage 2014. Zitiert: W/J-*Bearbeiter*
Welzel	Das deutsche Strafrecht, 11. Auflage 1969. Zitiert: *Welzel*
Wessels	Strafrecht, Besonderer Teil/2, Straftaten gegen Vermögenswerte, 20. Auflage 1997. Zitiert: *Wessels*, BT II
Wessels/Beulke/Satzger	Strafrecht, Allgemeiner Teil, 49. Auflage 2019. Zitiert: *Wessels/Beulke/Satzger*, AT
Wessels/Hettinger/ Engländer	Strafrecht, Besonderer Teil 1, Straftaten gegen Persönlichkeits- und Gemeinschaftswerte, 43. Auflage 2019. Zitiert: *Wessels/Hettinger/Engländer*, BT I
Wittig	Wirtschaftsstrafrecht, 4. Auflage 2017. Zitiert: *Wittig*
Zöller	Strafrecht, Besonderer Teil I, Vermögensdelikte, 2. Auflage 2015. Zitiert: *Zöller*, BT

Fest- und Gedächtnisschriftenverzeichnis

Im Text zitiert sind Beiträge aus den Fest- (zitiert: Name-FS) und Gedächtnisschriften (zitiert: Name-GS) für

Hans Achenbach	Heidelberg 2011
Knut Amelung	Grundlagen des Straf- und Strafverfahrensrechts, Berlin 2009
Günther Bemmann	Baden-Baden 1997
Werner Beulke	Ein menschenwürdiges Strafrecht als Lebensaufgabe, Heidelberg 2015
Hans Erich Brandner	Köln 1996
Hans-J. Bruns	Köln, Berlin, Bonn, München 1978
Rudolf Bruns	Gedächtnisschrift, München 1980
Bundesgerichtshof	50 Jahre Bundesgerichtshof Band IV, München 2000
Hans Dahs	Köln 2005
Friedrich Dencker	Tübingen 2012
Eduard Dreher	Berlin, New York 1977
Ulrich Eisenberg I	München 2009
Ulrich Eisenberg II	Für die Sache, Berlin 2019
Albin Eser	Menschengerechtes Strafrecht, München 2005
Thomas Fischer	München 2018
Wolfgang Frisch	Grundlagen und Dogmatik des gesamten Strafrechtssystems, Berlin 2013
Wilhelm Gallas	Berlin, New York 1973
Friedrich Geerds	Kriminalistik und Strafrecht, Lübeck 1995
Gerd Geilen	Bochumer Beiträge zu aktuellen Strafrechtsthemen, Köln, Berlin, Bonn, München 2003
Klaus Geppert	Berlin 2011
Karl Heinz Gössel	Heidelberg 2002
Gerald Grünwald	Baden-Baden 1999
Rainer Hamm	Berlin 2008
Ernst-Walter Hanack	Berlin, New York 1999
Winfried Hassemer	Heidelberg 2010
Günter Heine	Strafrecht als ultima ratio, Tübingen 2016
Bernd v. Heintschel-Heinegg	München 2015
Hans Joachim Hirsch	Berlin, New York 1999
Heidelberg	Festschrift der Juristischen Fakultät Heidelberg zur 600 Jahr-Feier der Ruprecht-Karls Universität Heidelberg, Heidelberg 1986
Ernst Heinitz	Berlin 1972
Wolfgang Heinz	Baden-Baden 2012
Rolf Dietrich Herzberg	Strafrecht zwischen System und Telos, Tübingen 2008
Richard M. Honig	Göttingen 1970
Günther Jakobs	Köln, Berlin, München 2007
Wolfgang Joecks	Gedächtnisschrift – Strafrecht, Wirtschaftsstrafrecht, Steuerrecht, München 2018
Heike Jung	Baden-Baden 2007

Walter Kargl	Berlin 2015
Rolf Keller	Gedächtnisschrift, Tübingen 2003
Günter Kohlmann	Köln 2003
Volker Krey	Stuttgart 2010
Ulrich Klug	Köln 1983
Kristian Kühl	München 2014
Hans-Heiner Kühne	Heidelberg 2013
Wilfried Küper	Heidelberg 2007
Karl Lackner	Berlin, New York 1987
Ernst-Joachim Lampe	Jus humanum, Berlin 2003
Theodor Lenckner	München 1998
Otfried Lieberknecht	München 1997
Klaus Lüderssen	Baden-Baden 2002
Manfred Maiwald	Fragmentarisches Strafrecht, Frankfurt a.M., Berlin 2003
Manfred Maiwald	Gerechte Strafe und legitimes Strafrecht, Berlin 2010
Reinhart Maurach	Karlsruhe 1972
Hartmut Maurer	Staat, Kirche, Verwaltung, München 2001
Hellmuth Mayer	Beiträge zur gesamten Strafrechtswissenschaft, Berlin 1966
Volkmar Mehle	Baden-Baden 2009
Dieter Meurer	Gedächtnisschrift, Berlin 2002
Koichi Miyazawa	Baden-Baden 1995
Egon Müller	Baden-Baden 2008
Peter-Christian Müller-Graff	Privatrecht, Wirtschaftsrecht, Verfassungsrecht, Baden-Baden 2015
Ulfrid Neumann	Rechtsstaatliches Strafrecht, Heidelberg 2017
Harro Otto	Köln, Berlin, Bonn, München 2007
Hans-Ullrich Paeffgen	Strafe und Prozess im freiheitlichen Rechtsstaat, Berlin 2015
Rainer Paulus	Würzburg 2009
Karl Peters	Einheit und Vielfalt des Strafrechts, Tübingen 1974
Ingeborg Puppe	Strafrechtswissenschaft als Analyse und Konstrukt, Berlin 2011
Rudolf Rengier	München 2018
Ruth Rissing-van Saan	Berlin 2011
Dieter Rössner	Über allem: Menschlichkeit, Baden-Baden 2015
Klaus Rogall	Systematik in Strafrechtswissenschaft und Gesetzgebung, Berlin 2018
Claus Roxin I	Berlin, New York 2001
Claus Roxin II	Strafrecht als Scientia Universalis, Bd. 1 und 2, Berlin, New York 2011
Imme Roxin	Heidelberg 2012
Hans-Joachim Rudolphi	Neuwied 2004
Erich Samson	Recht – Wirtschaft – Strafe, Heidelberg 2010
Wolf Schiller	Baden-Baden 2014
Reinhold Schlothauer	München 2018
Ellen Schlüchter	Freiheit und Verantwortung in schwieriger Zeit, Baden-Baden 1998
Ellen Schlüchter	Gedächtnisschrift, Köln, Berlin, Bonn, München 2002
Heinz Schöch	Verbrechen – Strafe – Resozialisierung, Berlin 2010
Hans-Ludwig Schreiber	Strafrecht, Biorecht, Rechtsphilosophie, Heidelberg 2003
Friedrich-Christian Schroeder	Heidelberg 2006
Bernd Schünemann	Streitbare Strafrechtswissenschaft, Berlin/Boston 2014

Hans-Dieter Schwind	Kriminalpolitik und ihre wissenschaftlichen Grundlagen, Heidelberg 2006
Manfred Seebode	Berlin 2008
Jürgen Sonnenschein	Gedächtnisschrift, Berlin 2003
Günter Spendel	Berlin, New York 1992
Gernot Steinhilper	Kriminologie und Medizinrecht, Heidelberg 2013
Heinz Stöckel	Strafrechtspraxis und Reform, Berlin 2010
W. Stree/J. Wessels	Beiträge zur Rechtswissenschaft, Heidelberg 1993
Franz Streng	Heidelberg 2017
Andrzej J. Szwarc	Vergleichende Strafrechtswissenschaft, Berlin 2009
Klaus Tiedemann	Strafrecht und Wirtschaftsstrafrecht, Köln, München 2008
Otto Triffterer	Wien 1996
Herbert Tröndle I	Berlin, New York 1989
Herbert Tröndle II	Gedächtnisschrift, Berlin 2019
Klaus Volk	In dubio pro libertate, München 2009
Rudolf Wassermann	Neuwied, Darmstadt 1985
Ulrich Weber	Bielefeld 2004
Jürgen Wessing	Unternehmensstrafrecht, München 2015
Jürgen Weitzel	Recht im Wandel – Wandel des Rechts, Köln, Weimar, Wien 2014
Hans Welzel	Berlin, New York 1974
Gunter Widmaier	Strafverteidigung, Revision und die gesamten Strafrechtswissenschaften, Köln 2008
Jürgen Wolter	Gesamte Strafrechtswissenschaft in internationaler Dimension, Berlin 2013
Keiichi Yamanaka	Rechtsstaatliches Strafen, Berlin 2017
Heinz Zipf	Gedächtnisschrift, Heidelberg 1999
ZIS	10 Jahre Zeitschrift für Internationale Strafrechtsdogmatik, Baden-Baden 2018

Einleitung
Straftaten gegen Vermögenswerte

Als **Vermögensdelikte** bezeichnet man diejenigen Straftaten, die sich gegen das Vermögen oder gegen einzelne Vermögenswerte eines anderen richten. Diese Bezeichnung wird in einem *engeren* und in einem *weiteren* Sinn gebraucht, je nachdem, ob der Eintritt eines **Vermögensschadens** bei den angesprochenen Deliktsgruppen zu den Voraussetzungen der Strafbarkeit gehört (wie etwa beim Betrug, bei der Erpressung und der Untreue) oder nur eine *regelmäßige* Begleiterscheinung des tatbestandlichen Verhaltens, *nicht* aber dessen *notwendige* Folge ist[1]. Letzteres trifft für die **Eigentumsdelikte** zu, deren Besonderheit gegenüber den Vermögensdelikten ieS sich vor allem darin zeigt, dass sie (wie etwa der Diebstahl und die Sachbeschädigung) auch den Schutz *wirtschaftlich wertloser* Sachen mit einschließen (**Beispiel:** Entwendung von Liebesbriefen, Zerreißen fremder Erinnerungsfotos usw). Während also zB beim Betrug das Opfer notwendig *wirtschaftlich ärmer* wird, ist das beim Diebstahl oder Raub nur idR, also nicht notwendig so[2]. Demgemäß lässt sich die **Einteilung** der Vermögensstraftaten iwS nicht frei von Überschneidungen durchführen[3]; bei ihrer Zusammenfassung in Form einer Übersicht *kann* man zwei große Gruppen unterscheiden:

1

I. Straftaten gegen das Eigentum und gegen einzelne Vermögenswerte

Eigentumsdelikte		Straftaten gegen einzelne Vermögenswerte		
Zueignungsdelikte	Sachbeschädigung (§§ 303 ff)	Entziehung elektr. Energie (§ 248c) und Gebrauchsanmaßung (§§ 248b, 290)	Straftaten gegen Aneignungsrechte (§§ 292 ff)	Insolvenzdelikte (§§ 283 ff) und Straftaten gegen Gläubiger-, Nutzungs-, Gebrauchs- und Sicherungsrechte (§§ 288, 289)
Diebstahl (§§ 242 ff), Unterschlagung (§ 246), Raub und räuberischer Diebstahl (§§ 249-252)				

2

Neben dem spezifischen Eigentumsschutz ist für die vorstehend genannten Deliktsgruppen kennzeichnend, dass das Vermögen dort nicht als Ganzes, sondern nur in seinen **einzelnen Erscheinungsformen** – als *Gebrauchsrecht*, als *Aneignungsrecht* oder dergleichen – und unabhängig davon Schutz genießt, ob es zu einem Vermögensschaden kommt. Einreihen ließe sich hier auch das Vermögensgefährdungsdelikt des unerlaubten Entfernens vom Unfallort (§ 142), das wegen seiner Sachnähe zu den Verkehrsdelikten aber dort behandelt wird[4].

---
1 Krit. dazu *Rönnau*, JuS 16, 114; *Fischer-Rönnau*, S. 31.
2 S. BGH HRRS 18, 495.
3 *A/W-Heinrich*, § 11 Rn 5–7; *Schramm*, BT I § 1 Rn 13.
4 *Wessels/Hettinger/Engländer*, BT I § 22 VI.

II. Straftaten gegen das Vermögen als Ganzes

3

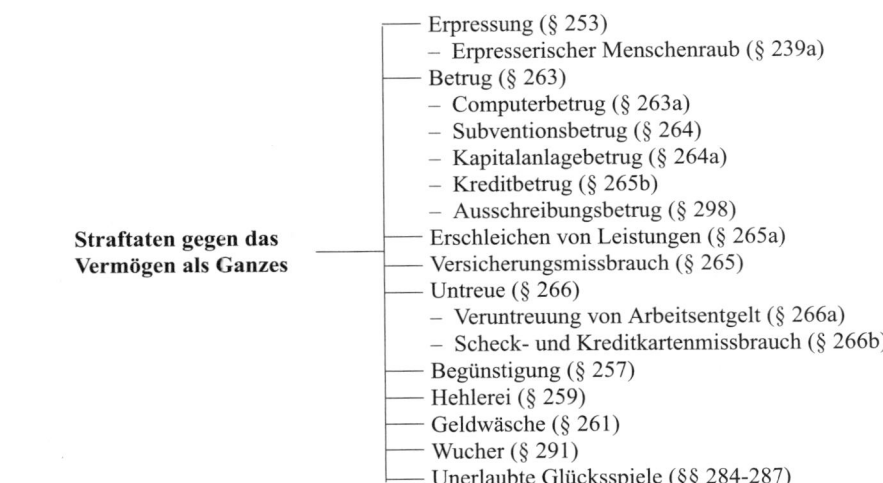

In diesem Bereich wird das **Vermögen in seiner Gesamtheit** als *Inbegriff aller wirtschaftlichen Güter* eines Rechtssubjekts geschützt, sodass im Regelfall (insbesondere bei der Erpressung und beim Betrug) beliebige Vermögensbestandteile den Gegenstand der Tat bilden können, wie zB Sachen, Forderungen, Rechte, Anwartschaften und andere Positionen wirtschaftlicher Art.

4 In dieser zweiten Gruppe finden sich mit Betrug, Erpressung, Untreue ua Vermögensdelikte ieS, die eine wirtschaftliche Schädigung des Opfers voraussetzen, mit dem Subventions-, dem Kapitalanlage- und dem Kreditbetrug ua aber auch Vermögensdelikte iwS, bei denen der Schaden nur die Regel, nicht aber Strafbarkeitsvoraussetzung ist. Die Zuordnung zu den Vermögensdelikten ist nicht bei allen unproblematisch. Das gilt etwa für die Begünstigung, weil die ihr zu Grunde liegende Vortat sich nicht unbedingt gegen fremdes Vermögen gerichtet haben muss und als Begünstigungsobjekte nicht nur Vermögensvorteile in Betracht kommen, auch wenn dies zumeist der Fall ist, *ein* Grund, sie hier mitzubehandeln. Ähnliches gilt für den Tatbestand der Geldwäsche (§ 261). Subventions-, Kapitalanlage- und Kreditbetrug schützen dagegen *neben* dem Vermögen gleichrangig Interessen der Allgemeinheit. Diese sind aber mit dem Vermögensschutz so verzahnt, dass sie die Einordnung als Vermögensdelikte nicht hindern.

5 Während der Schutz des Eigentums im StGB neben seiner wirtschaftlichen Funktion auch das Interesse des Eigentümers an der freien Verfügungsmöglichkeit über die Sache umfasst, wird der Vermögensinhaber im Bereich der Vermögensdelikte ieS nur vor der **Zufügung wirtschaftlicher Nachteile** durch bestimmt umschriebene Verhaltensweisen geschützt. Die Verfügungsfreiheit als solche erfährt durch die dort getroffene Regelung keinen Schutz; für sie verbleibt es bei § 240, der die Freiheit der Willensbetätigung lediglich gegen Gewalt und Drohungen abschirmt. So kommt es beim Betrug (§ 263) entscheidend auf den Eintritt eines **Vermögensschadens** als Folge der irrtumsbedingten Verfügung an; es genügt nicht, dass der Getäuschte zu einer Vermögensverfügung veranlasst wird, die er ohne die Täuschung nicht vorgenommen hätte[5] (näher Rn 544 ff).

Einen *lückenlosen* Eigentums- und Vermögensschutz kennt das Gesetz nicht. Die bloße Besitzentziehung ist zB gar nicht, die Gebrauchsanmaßung nur teilweise mit Strafe bedroht (s. dazu Rn 41 und 431 ff). Reine Vertragsverletzungen werden auch bei Schädigung des Vertragspartners nicht bestraft. Das ist hinzunehmen, weil für den Gesetzgeber das Strafrecht als Mittel des Rechtsgüterschutzes nur *fragmentarisch, subsidiär* und als *ultima ratio* einsetzbar ist, eine Einsicht, die in der europäischen Kriminalpolitik[6] und auch dort zu wenig beachtet wird, wo das Schließen einer Lücke schon für sich genommen als Gewinn gelten soll[7]. 6

Der Anteil der Vermögensstraftaten iwS an der **Gesamtkriminalität** ist überaus hoch; allein beim Diebstahl beträgt er um die 40 % aller *registrierten* Rechtsverletzungen. Bezieht man das *Dunkelfeld* mit ein, dürfte sich der Anteil eher noch erhöhen[8]. Für das Jahr 2015 weist die Polizeiliche Kriminalstatistik in der Bundesrepublik Deutschland dazu Folgendes aus: 7

Straftaten	erfasste Fälle	Anteil in %	Aufklärungsquote
insgesamt (ohne Staatsschutz- und Verkehrsdelikte)	6 330 649	100,00	56
Diebstahl unter erschwerenden Umständen	1 134 739	17,92	14
Diebstahl ohne erschwerende Umstände	1 348 955	21,30	38
Betrug	966 326	14,31	76
Sachbeschädigung	577 017	9,11	25
Unterschlagung	110 801	1,75	52
Raub, räuberische Erpressung und § 316a	44 666	0,70	52
Begünstigung, Strafvereitelung, Hehlerei und Geldwäsche	29 890	0,47	95
Veruntreuung	21 602	0,34	98
Erpressung	6 980	0,11	68
Wilderei	3 652	0,05	76
Insolvenzstraftaten	4 658	0,07	100

Bei den **Straftaten gegen Persönlichkeits- und Gemeinschaftswerte** liegt der Anteil an der Gesamtkriminalität erheblich niedriger. Er betrug im Jahr 2015 bei Straftaten gegen das Leben 0,04 %, bei Körperverletzungen 8,35 %, bei Straftaten gegen die persönliche Freiheit 3,02 %, bei Beleidigungen 3,45 %, bei Hausfriedensbruch 1,21 %, bei Straftaten gegen die sexuelle Selbstbestimmung 0,70 %, bei Urkundenfälschungen 0,97 % sowie bei Widerstand gegen Staatsgewalt und Straftaten gegen die öffentliche Ordnung 2,14 %. 8

---

5 BGHSt 16, 321, 325; BGH BeckRS 16, 16028. Nach BGH NStZ 18, 107 ist auch durch § 266 „die allgemeine Dispositionsfreiheit" nicht geschützt, s. dazu Rn 747.
6 Zur gegenläufigen Tendenz in EU-Vorgaben s. *Duttge*, Weber-FS S. 309; *Vogel*, GA 02, 527.
7 S. dazu *Hillenkamp*, in: Kube ua, Leitgedanken des Rechts 2013, S. 1356 ff; *Kühl*, Tiedemann-FS S. 31, 36 ff; ferner *Hefendehl*, JA 11, 401; *Maiwald*, Maurach-FS S. 9; teils krit. *Kindhäuser/Böse*, BT II § 1 Rn 8; zusammenfassend *Roxin*, AT § 2 Rn 38 ff.
8 *Kaiser*, Kriminologie, 3. Aufl. 1996, § 67 Rn 7; § 68 Rn 2; für 2017 deutet sich eine erhebliche Rückläufigkeit der erfassten Gesamtkriminalität an, auch durch einen Rückgang der (Wohnungseinbruchs-) Diebstähle; s. dazu *Hillenkamp*, Eisenberg-FS II S. 655.

9 Inwieweit sich von den Straftaten gegen Vermögenswerte von **Wirtschaftsstraftaten** – der Begriff findet sich in § 30 IV Nr 5b AO – und damit von **Wirtschaftskriminalität** reden lässt, ist deshalb nicht sicher bestimmbar, weil sich die Zuordnung von Deliktstypen zu diesem Bereich vor allem danach richtet, ob man sie aus rechtspolitischer, kriminalistischer, kriminologischer oder straf- bzw strafprozessrechtlicher Sicht vornimmt[9]. Selbst bei einer Verengung auf einen der Blickwinkel bleiben die Grenzen oft fließend[10]. Von der Zuordnung hängt freilich für die hier im Vordergrund stehende Auslegung der einzelnen Tatbestände in aller Regel nur soviel ab, dass „zur Bearbeitung des Falles besondere Kenntnisse des Wirtschaftslebens erforderlich" sein können. Ist das so, zählt § 74c I Nr 6 GVG auch Fälle des Betrugs, der Untreue und des Wuchers zu den in die Zuständigkeit der Wirtschaftsstrafkammer fallenden Wirtschaftsstraftaten und setzt das für den Computer-, Subventions-, Kapitalanlage- und Kreditbetrug, die wichtigsten Insolvenzdelikte, die wettbewerbsbeschränkenden Absprachen bei Ausschreibungen (§ 298) und die Bestechlichkeit und Bestechung im geschäftlichen Verkehr (§ 299) stillschweigend voraus. Man kann infolgedessen solche Fallgestaltungen und Delikte mit guten Gründen zu den Wirtschaftsstraftaten zählen, ohne deshalb alle übrigen die wirtschaftliche Ordnung oder das Vertrauen der Allgemeinheit auf die Redlichkeit des geschäftlichen Verkehrs (§ 30 IV Nr 5b AO) nicht selten erheblich gefährdenden, in § 74c GVG aber nicht aufgeführten Deliktsarten wie zB bestimmte Fallgestaltungen des Bandendiebstahls oder der Bandenhehlerei ausklammern zu müssen. Wie die Aufzählung zeigt, finden sich unter den Wirtschaftsdelikten Straftaten, die sich gegen die Wirtschaft richten, aber auch solche, die den Einzelnen vor Beeinträchtigungen durch Wirtschaftssubjekte schützen[11]. Einen in seiner Bedeutung vielfach unterschätzten[12] Bereich der Wirtschaftskriminalität eröffnen die zahlreichen einschlägigen Tatbestände des Nebenstrafrechts[13], die hier ausgeklammert bleiben müssen.

10 Ebenfalls dem Wirtschaftsstrafrecht zuzuordnen sind die Bereiche, in denen die **Europäische Union** seit einiger Zeit bemüht ist, gegen ihre finanziellen Interessen gerichtete Verhaltensweisen – voran den (Subventions-)Betrug und die Geldwäsche – unter Strafe zu stellen. Dazu ist hervorzuheben, dass es bislang kein „echtes" (also supranationales) europäisches Strafrecht gibt. Mit dem Inkrafttreten des Vertrags von Lissabon wurde allerdings der EU die Tür zu einer Kompetenz geöffnet, zumindest punktuell supranationales Kriminalstrafrecht zu setzen. Insbesondere zum Zweck der Bekämpfung von Betrügereien gegen die finanziellen Interessen der EU besteht die Möglichkeit, auf der Grundlage des Art. 325 IV AEUV unmittelbar anwendba-

---

9 S. dazu *Kudlich/Oğlakcıoğlu*, Rn 1 ff; *Schramm*, BT I § 1 Rn 21 ff; *Tiedemann*, Rn 72 ff; *Wittig*, § 2 Rn 1 ff.
10 S. dazu nur A/W-*Heinrich*, § 19 Rn 1–21 einerseits; *Otto*, BT § 60 Rn 3 f andererseits; ferner *Achenbach*, Schwind-FS S. 177 ff; G/J/W-*Wittig*, Einf. Rn 2 ff; *Hefendehl*, ZStW 119 (2007), 816, 818; *Rönnau*, ZStW 119 (2007), 887, 894 ff; W/J-*Dannecker/Bülte*, 1/5 ff.
11 S. zusf. *Heinz*, in: Gropp, Wirtschaftskriminalität und Wirtschaftsstrafrecht 1998, S. 14 ff; zum Strafrecht als Mittel der Wirtschaftslenkung s. *Achenbach*, ZStW 119 (2007), 789 ff.
12 S. M-G/B-*Müller-Gugenberger*, § 1 Rn 11.
13 Vgl dazu die Auflistung in § 74c I Nrn 1–4 GVG; ferner die Rechtsprechungsübersichten von *Achenbach*, NStZ 97, 536; 98, 560; 99, 549; 00, 524; 01, 525; 02, 523; 03, 520; 04, 549; 05, 621; 06, 614; 07, 566; 08, 503; 09, 621; 10, 621; 11, 615; 12, 682; 13, 697; 14, 695; 15, 629; 16, 715; 17, 689; 18, 698; *ders.*, BGH-FS S. 593; zum Ordnungswidrigkeitenrecht *ders.*, GA 04, 569 ff; G/J/W-*Wittig*, Einf. Rn 6.

re, originär europäische Strafvorschriften zu erlassen[14]. Parallel zu legislativen Aktivitäten auf europäischer und nationaler Ebene fehlt es nicht an Vorarbeiten für ein künftiges supranationales europäisches Strafrecht. So hat eine 1995 ins Leben gerufene Arbeitsgruppe im Auftrag des Europäischen Parlaments das so genannte *„Corpus Juris der strafrechtlichen Regelungen zum Schutz der finanziellen Interessen der Europäischen Gemeinschaft"* entworfen[15], dessen materiellrechtlicher Teil acht Straftatbestände für einen wirksamen Schutz des Gemeinschaftshaushalts enthält (Betrug, Ausschreibungsbetrug, Bestechlichkeit und Bestechung, Missbrauch von Amtsbefugnissen, Amtspflichtverletzung, Verletzung des Dienstgeheimnisses, Geldwäsche und Hehlerei sowie Bildung krimineller Vereinigungen). Daneben finden sich dort diese Bereiche betreffende Regelungen eines Allgemeinen Teils. Zwar ist das Corpus Juris bislang nicht geltendes Recht. Die bisherigen Harmonierungsbemühungen umreißen jedoch bereits diejenigen Straftatbestände, die den Nukleus eines künftigen Wirtschaftsstrafrechts auf europäischer Ebene bilden könnten.

III. Gesetzliche Neuerungen

Seit der noch von *Wessels* bearbeiteten 20. Auflage dieses Buches aus dem Jahr 1997 hat sich das geltende Recht verändert. Vor allem hat der Gesetzgeber durch das **6. StrRG** vom 26. Januar 1998 (BGBl I 164) den Besonderen Teil des StGB erheblich umgestaltet. Das Gesetz ist seit dem 1. April 1998 in Kraft. Von seiner Zielsetzung, Strafrahmen zu harmonisieren und Strafvorschriften so zu ändern, dass der Strafschutz verbessert und die Rechtsanwendung erleichtert wird, sind auch die *Vermögensdelikte* erfasst. Wichtige Auslegungshilfen zum seither geltenden Recht bieten die *Gesetzesmaterialien*, die im Entwurf der Bundesregierung nebst Begründung, der Stellungnahme des Bundesrates und der Gegenäußerung der Bundesregierung (BT-Ds 13/8587, S. 1–54; 55–77; 78–90), dem Bericht des Rechtsausschusses (BT-Ds 13/9064) und dem Protokoll über die Öffentliche Anhörung des Rechtsausschusses in seiner Sitzung vom 4. Juni 1997 (BT-Prot. 13/88) enthalten sind. Daneben hat der Gesetzgeber häufig auf den E 1962 zurückgegriffen. *Rechtsprechung* und *Literatur zum zuvor geltenden Recht* behalten zwar vielfach Bedeutung, sind aber nur noch mit Vorsicht verwertbar. Mit dem 39. StrÄndG vom 1. September 2005 (BGBl I 2674) hat der Gesetzgeber die **§§ 303, 304** um einen neuen Abs. 2 namentlich in der Absicht erweitert, die Strafbarkeit von Graffiti von Zweifeln zu befreien[16]. Auf weitere, für das Studium weniger bedeutende Neuerungen ist im Text verwiesen.

11

---

14 *Satzger*, Internationales und Europäisches Strafrecht, 8. Aufl. 2018, § 8 Rn 18 ff; s. zur Europäisierung und Internationalisierung des Wirtschaftsstrafrechts auch G/J/W-*Wittig*, Einf. Rn 12 ff.
15 S. *Delmas-Marty*, Corpus Juris der strafrechtlichen Regelungen zum Schutz der finanziellen Interessen der Europäischen Union, 1998; zur überarbeiteten Fassung 2000 s. die Nachw. bei *Satzger*, Die Europäisierung des Strafrechts 2001, S. 8; *ders.*, Internationales und Europäisches Strafrecht, 8. Aufl. 2018, § 8 Rn 32 ff; zur Fortschreibung des Schutzes s. auch *Grünewald*, JR 15, 245.
16 S. zur Entstehungsgeschichte und zur kriminalpolitischen Bewertung dieses „Nofitti-Gesetzes" *Hillenkamp*, Schwind-FS S. 927 ff.

Teil I
Straftaten gegen das Eigentum

1. Kapitel
Sachbeschädigungs- und Computerdelikte

§ 1 Die einzelnen Straftatbestände

12 **Fall 1:** Der Anlieger A ärgert sich seit Langem über mehrere Bewohner eines Studentenwohnheims, die ihre Kraftwagen dicht gedrängt auf dem Bürgersteig vor seinem Haus zu parken pflegen und dadurch den Zugang behindern. Eines Nachts rächt er sich in der Weise, dass er bei allen auf dem Bürgersteig abgestellten Wagen die Luft aus den Reifen lässt, sie aus Sprühdosen mit „tags" versieht und durch „Car-Walking" gegen das Falschparken protestiert. Dabei entsteht an einem Fahrzeug eine Delle im Dach.
Hat A sich strafbar gemacht? **Rn 43**

I. Einfache Sachbeschädigung

1. Rechtsnatur und Reform

13 § 303 enthält den Tatbestand der einfachen **Sachbeschädigung**. Die Vorschrift ist durch das 39. StrÄndG vom 1.9.2005[1] um einen neuen Absatz 2 ergänzt worden. Die bisher in Absatz 2 angeordnete Versuchsstrafbarkeit findet sich jetzt in Absatz 3.

14 Die Reform bezweckt, eine dem Gestaltungswillen des Eigentümers (oder eines sonst Berechtigten) zuwiderlaufende Veränderung der äußeren Erscheinung und Form einer Sache unter den in Absatz 2 näher beschriebenen Voraussetzungen den Tathandlungen des Absatzes 1 gleichzusetzen. Das geschieht in der Absicht, den Begriff des Beschädigens um die Problematik des nur das Erscheinungsbild der Sache (belangreich) verändernden Verhaltens zu entlasten. Hierzu war die bisherige Rechtsprechung nach der zum wilden Plakatieren getroffenen Grundsatzentscheidung BGHSt 29, 129 sehr zurückhaltend. Ihr soll es durch die das Beschädigen ergänzende Tathandlung nunmehr ermöglicht werden, namentlich das Auftragen von **Graffiti** auf Hauswände, öffentliche Bauten, Verkehrseinrichtungen usw ohne konstruktive Probleme und ohne die durch sie nach der vormaligen Rechtsprechung notwendig werdende Einholung kost-

---

[1] BGBl I 2674; die Änderung geht auf den am 17. Juni 2005 vom Deutschen Bundestag unverändert angenommenen Entwurf eines 39. Strafrechtsänderungsgesetzes zu §§ 303, 304 StGB der Fraktionen SPD und BÜNDNIS 90/DIE GRÜNEN (BT-Ds 15/5313) zurück. Anlass einer ersten Initiative des Landes Berlin (BR-Ds 805/98) war das Urteil KG NJW 99, 1200; s. zur Entstehungsgeschichte und zur kriminalpolitischen Bewertung *Hillenkamp*, Schwind-FS S. 927 ff; LK-*Wolff*, § 303 Entstehungsgeschichte; der Vorhalt nicht hinreichender Bestimmtheit (so *Wüstenhagen/Pfab*, StraFo 06, 190, 194) ist überzogen.

spieliger Gutachten zum Entfernungs- und Reinigungsaufwand unter den Tatbestand der Sachbeschädigung zu subsumieren[2]. Damit hat sich die kriminalpolitisch umstrittene Auffassung[3] durchgesetzt, dass die „Bekämpfung" des „Graffiti-Unwesens" und die damit einhergehende Verbesserung des Eigentumsschutzes gerade auf das Mittel des Strafrechts setzen sollte.

Die Sachbeschädigung ist ein *Erfolgsdelikt*. Ihr Versuch ist – anders als der der Körperverletzung, der erst seit 1998 unter Strafe steht – schon seit 1871 strafbar[4]. § 303 bedroht nur die *vorsätzliche* Sachbeschädigung mit Strafe. Das Gleiche gilt außerhalb des 27. Abschnitts im StGB für die in §§ 133, 274 I Nr 1 genannten Beschädigungshandlungen[5]. Lediglich bei der einfachen Brandstiftung (§ 306 I), die einen speziellen Fall der Sachbeschädigung betrifft, lässt das Gesetz im Rahmen des § 306d auch *fahrlässiges* Handeln genügen[6]. 15

2. Geschütztes Rechtsgut

Das durch § 303 **geschützte Rechtsgut** ist das **Eigentum**. Hieran hat sich durch die Neufassung (Rn 13 f) im Grundsatz nichts geändert[7]. In den Entwürfen verstreute Überlegungen, ein durch Graffiti vermeintlich bedrohtes „Sicherheitsgefühl der Bevölkerung" oder ein gleichfalls gefährdetes, durch „Ästhetik" geschaffenes „Lebensgefühl" als weitere Rechtsgüter einzubeziehen[8], hat sich der der Gesetzesänderung zugrunde liegende Entwurf zu Recht nicht zueigen gemacht. Er hat allerdings den namentlich von der Rechtsprechung[9] auf die **körperliche Unversehrtheit** oder **bestimmungsgemäße Brauchbarkeit** der Sache verengten **Schutz erweitert**. Denn neben die substanzverletzenden oder die die Gebrauchsfähigkeit der Sache beeinträchtigenden Tathandlungen des Absatzes 1 tritt mit der nunmehr „ebenso" unter Strafe gestellten Veränderung des Erscheinungsbildes der Schutz vor einer dem Gestaltungswillen des Eigentümers widersprechenden **Zustandsveränderung**[10]. Der Gefahr einer hierdurch drohenden Verwässerung des Rechtsguts lässt sich dadurch begeg- 16

---

2 S. die Begründung zum Entwurf des 39. Strafrechtsänderungsgesetzes, BT-Ds 15/5313, S. 1, 3.
3 S. dazu die Nachweise bei *Ingelfinger*, Graffiti und Sachbeschädigung 2003, S. 11 ff, 35 ff; *Schnurr*, Graffiti als Sachbeschädigung 2006, S. 112 ff, 221 ff; *I. Wolf*, Graffiti als kriminologisches und strafrechtsdogmatisches Problem 2004, S. 183 ff; ferner *Hefendehl*, NJ 02, 459; *Kühl*, Weber-FS S. 413; *Weber*, Meurer-GS S. 283; eine iE positive Bewertung der Reform findet sich bei *Dölling*, Küper-FS S. 21 ff; *Hillenkamp*, Schwind-FS S. 939 ff; krit. *Neubacher*, ZStW 118 (2006), 873 f; zu erheblichem Leerlauf wegen Beweisschwierigkeiten s. *Schnurr*, StraFo 07, 318.
4 S. dazu *Maurach/Schroeder/Maiwald*, BT I § 36 Rn 24 und krit. *Fischer*, § 303 Rn 22.
5 Vgl *Wessels/Hettinger/Engländer*, BT I Rn 688 ff und 905 ff.
6 Näher *Wessels/Hettinger/Engländer*, BT I Rn 1009.
7 Ebenso *Dölling*, Küper-FS S. 26 f; *Krüger*, NJ 06, 248; *Lackner/Kühl/Heger*, § 303 Rn 1; NK-*Zaczyk*, § 303 Rn 1; *Satzger*, Jura 06, 429; SK-*Hoyer*, § 303 Rn 4; S/S-*Hecker*, § 303 Rn 1; S/S/W-*Saliger*, § 303 Rn 1.
8 S. den Entwurf eines Graffiti-Bekämpfungsgesetzes des Bundesrates, BT-Ds 15/404, S. 6, 7. Vgl dazu und zu weiteren „Rechtsgütern" krit. *Hefendehl*, NJ 02, 460 f; *Hillenkamp*, Schwind-FS S. 941; *Kühl*, Weber-FS S. 422; *Schnurr*, Graffiti als Sachbeschädigung 2006, S. 124 ff; zur denkbaren **Auswirkung** der Sachbeschädigung auf andere Rechtsgüter s. *Mitsch*, BT II S. 205.
9 BGHSt 29, 129, 132; 44, 34, 38.
10 *Satzger*, Jura 06, 429 und SK-*Hoyer*, § 303 Rn 4 sprechen zutreffend von einer neuen „Schutzrichtung"; s. auch BK-*Weidemann*, § 303 Rn 3. Durch das „Beschädigen" miterfasst sah diese Fälle schon zuvor die „Zustandsveränderungstheorie", vgl *Gössel*, JR 80, 184; *Krey/Hellmann/Heinrich*, BT II, Rn 348, 353 f; *Otto*, BT § 47 Rn 9; *F.C. Schroeder*, JR 87, 359; JZ 78, 72; S/S-*Stree*, 27. Aufl. 2006, § 303 Rn 8c mwN.

nen, dass man unter dem Gestaltungswillen nicht das durch die Verfassung gewährleistete allgemeine Selbstbestimmungsrecht, sondern die aus dem Eigentum selbst fließende und mit ihm verbundene sachbezogene personale Gestaltungsmacht des Eigentümers bezüglich des äußeren Zustands der Sache versteht[11].

3. Täter und Gegenstand der Tat

17 **Gegenstand** der Sachbeschädigung iS des § 303 sind **fremde Sachen** ohne Rücksicht darauf, ob sie beweglich oder unbeweglich (zB Wiesen, die von einer Schafherde abgefressen, zertreten und verkotet wurden; Gen-Weizenpflanzen auf einem Versuchsfeld sowie das Versuchsfeld selbst)[12] sind. Weil das Tatobjekt *fremd* sein muss, scheidet der Eigentümer als **Täter** aus. Das gilt für § 303 II auch dann, wenn er sein Recht, den Zustand der Sache zu bestimmen, durch Gesetz oder Vertrag an einen Dritten verloren hat[13].

18 **Sachen** (s. dazu auch Rn 74 ff) sind alle körperlichen Gegenstände. Im Rahmen des strafrechtlichen Eigentumsschutzes zählen dazu auch Tiere, da § 90a S 1 BGB („Tiere sind keine Sachen") sich nur auf die Rechtsstellung von Tieren im Zivilrecht bezieht, der Sachbegriff des Strafrechts aber allein durch dessen Zielsetzung und die hier maßgebende Regelungsmaterie bestimmt wird[14]. Einer „entsprechenden" Anwendung des § 303 bedarf es daher nicht. Wer kontaminiertes Tierfutter an Massentierhaltungen liefert und damit die Unverwertbarkeit der Tierprodukte hervorruft, verwirklicht den Tatbestand der Sachbeschädigung[15]. Zur **Körperlichkeit** gehört, dass der Gegenstand eine Begrenzung aufweist, ein selbstständiges, individuelles Dasein führt und so aus seiner Umwelt hervortritt. Daran fehlt es bei der freien atmosphärischen Luft, dem Meereswasser, frei umherliegendem Schnee, nicht aber bei einer auf ihm gezogenen Skilanglaufspur[16].

19 Auf den **Geldwert** des Gegenstandes kommt es nicht an, da der Schutz des § 303 sich auch auf wirtschaftlich wertlose Sachen bezieht[17]. Ein altes, vergilbtes Familienfoto kann daher ebenso schutzwürdig sein wie ein fabrikneuer Kraftwagen. Dass überhaupt kein oder kein „vernünftiges" Erhaltungsinteresse besteht, ist keine Frage der Sachqualität oder der generellen Schutzwürdigkeit[18], sondern – wie bei der Tötung eines tollwütigen Hundes – der Rechtfertigung (im

---

11 In diesem Sinne auch *Ingelfinger*, Graffiti und Sachbeschädigung 2003, S. 29 f; *Kühl*, Weber-FS S. 421 f.
12 LG Karlsruhe NStZ 93, 543; OLG Naumburg BeckRS 13, 08144; LG Neubrandenburg BeckRS 12, 17238 mit Anm. *Jahn*, JuS 12, 1140; s. auch *Fahl*, JuS 05, 809 f; S/S/W-*Saliger*, § 303 Rn 2; M/R-*Altenhain*, § 303 Rn 2; zu einem Behindertenparkplatz als Tatobjekt s. *Mitsch*, NZV 02, 155; zum Begriff „Sache" s. auch *Küper/Zopfs*, BT Rn 431.
13 *Fischer*, § 303 Rn 4; S/S-*Hecker*, § 303 Rn 6; anderes gilt für § 248b, der vom „Berechtigten" spricht.
14 S. dazu §§ 324a I Nr 1, 325 IV Nr 1 und grundlegend RGSt 32, 165, 179; zu § 90a BGB s. *Fahl*, Jura 05, 274; *Graul*, JuS 00, 215; *Kretschmer*, JA 15, 105 f; *Küper*, JZ 93, 435; LK-*Wolff*, § 303 Rn 3, 5; *Mitsch*, Jura 17, 1394; MK-*Wieck-Noodt*, § 303 Rn 9; *Wessels/Beulke/Satzger*, AT Rn 88; zum speziellen Schutz durch § 17 TierSchG s. HK-GS/*Weiler*, § 303 Rn 11 ff.
15 *Fischer*, § 303 Rn 11.
16 *Rengier*, BT I § 24 Rn 5; krit. S/S-*Bosch*, § 242 Rn 9; aA AnK-*Popp*, § 303 Rn 3; *Heghmanns*, Rn 865 f; *Schramm*, BT I § 6 Rn 13; *Wessels*, BT II Rn 15 und BayObLG JR 80, 429 mit abl. Anm. *Schmid*; s. auch H-H-*Voigt*, BT Rn 1232; *Hilgendorf/Valerius*, BT II § 23 Rn 7 (Schneemann).
17 OLG Köln NJW 88, 1102.
18 AA RGSt 10, 120, 122; BK-*Weidemann*, § 303 Rn 5; LK-*Wolff*, § 303 Rn 4; *Rengier*, BT I § 24 Rn 1; *Waszczynski*, JA 15, 261; *Wessels*, BT II Rn 16.

Beispiel nach § 17 Nr 1 TierSchG)¹⁹. Auch eine schon beschädigte Sache kann daher Objekt einer Sachbeschädigung sein[20].

Fremd ist eine Sache, wenn sie im (*Allein-*, *Mit-* oder *Gesamthands-*) **Eigentum eines anderen** steht. Ob das der Fall ist, richtet sich nicht nach eigenständig strafrechtlichen Kriterien (s. Rn 80), sondern nach den Vorschriften des bürgerlichen Rechts (vgl §§ 873, 929 ff, 1370, 1922 BGB). Nicht fremd sind *herrenlose* Sachen, die niemandem gehören (vgl §§ 959 ff BGB), sowie Sachen, die *ausschließlich im Eigentum des „Täters"* selbst stehen. Folglich kann der Eigentümer in keiner Variante Täter sein. *Drogen* sind eigentums- und verkehrsfähig. Sie gelten daher als taugliche Tatobjekte[21]. Unterliegen sie aber dem Vernichtungsgebot (§ 16 BtMG) oder befinden sie sich in strafbarem Besitz, gibt es gute Gründe, sie vom Schutz des § 303 auszunehmen[22].   20

Liefert ein Unternehmer einem Verbraucher eine unbestellte Sache, steht der Eigentumsübergang unter dem Vorbehalt der Annahme des Kaufangebots und der Zahlung des Kaufpreises. Beschädigt oder zerstört der annahme- und zahlungsunwillige Verbraucher die Sache, begeht er tatbestandlich eine Sachbeschädigung. Da § 241a BGB diese zwar nicht „billigt", wohl aber für den Verbraucher folgenlos zulässt, wird man hieraus auch für das Strafrecht gegenüber diesem Eingriff eine rechtliche Duldungspflicht des Unternehmers ableiten müssen, die die Rechtswidrigkeit beseitigt[23]. Das gilt auch für einen eine Zueignung iS des § 246 darstellenden Verbrauch, für eine Unterschlagung durch Weiterveräußerung aber nur, wenn § 241a BGB auch diese gestattet[24].

4. Tathandlungen

Tathandlung in § 303 I ist das **Beschädigen** oder **Zerstören**, in § 303 II das **Verändern des Erscheinungsbildes** der Sache. Alles drei kann in einem aktiven Tun wie in einem Unterlassen bestehen (zB im Nichtfüttern fremder Tiere oder dem Nichtverhindern einer Veränderung durch einen dazu verpflichteten Garanten).   21

Im E 1962 (§ 249) war vorgesehen, den Tatbestand der Sachbeschädigung um die Begehungsformen des **Unbrauchbarmachens** und des **Verunstaltens** (vgl §§ 133 I, 134 StGB) zu erwei-   22

---

19   S. BayObLG NJW 93, 2760; *Mitsch*, BT II S. 209 f; *Schmidt*, BT II Rn 883; S/S-*Hecker*, § 303 Rn 6.
20   *Schmidt*, BT II Rn 883; auch iR des § 303 II: s. OLG Hamm BeckRS 11, 09907.
21   S. BGH NJW 06, 72; das gilt auch dann, wenn man ihren Besitz mit §§ 242, 249 (s. Rn 73) oder §§ 253, 263 (Rn 535) nicht schützt, s. *Hillenkamp*, Achenbach-FS S. 189, 196; *Mitsch*, BT II S. 210; M/R-*Altenhain*, § 303 Rn 4; diff. *Ziemann/Ziethen*, JR 11, 66.
22   S. *Ladiges*, JuS 18, 657 f.
23   Für § 241a BGB als Rechtfertigungsgrund *Fischer*, § 303 Rn 16a; *Haft/Eisele*, Meurer-GS S. 245, 254 ff; *Lackner/Kühl/Heger*, § 303 Rn 9; LK-*Wolff*, § 303 Rn 8; *Matzky*, NStZ 02, 458; NK-*Zaczyk*, § 303 Rn 21; S/S-*Hecker*, § 303 Rn 22; *Wessels/Beulke/Satzger*, AT Rn 425; krit. dazu *Otto*, Jura 04, 389 f; für Strafbarkeit *Schwarz*, NJW 01, 1453 f; Fall lösung bei *Fahl*, JA 12, 911 f.
24   Abl. *Haft/Eisele*, Meurer-GS S. 259; für *Otto*, Jura 04, 389 – erläuternd dazu *Otto*, Beulke-FS S. 508 ff, 512 ff – ist die Sache für den Verbraucher mit der Folge seiner Straflosigkeit schon nicht „fremd"; ähnlich *Kohlheim*, Ein neuer wirtschaftlicher Fremdheitsbegriff im Strafrecht 2007, S. 90 ff (s. zu diesem von der hL abweichenden Begriffsverständnis Rn 80); zum Ganzen s. auch *Dornheim*, Sanktionen und ihre Rechtsfolgen im BGB unter besonderer Berücksichtigung des § 241a BGB 2003, S. 220 ff, der § 241a BGB als Rechtfertigungsgrund sieht, sowie *Tachau*, Ist das Strafrecht strenger als das Zivilrecht? 2005, S. 140 ff; 220 ff, der Zueignungsdelikte mangels Enteignungsmöglichkeit schon tatbestandlich verneint und § 303 durch Einwilligung (nicht durch § 241a BGB) als gerechtfertigt ansieht; ebenso *Reichling*, JuS 09, 113.

tern, „um gewisse Strafbarkeitslücken zu schließen" (Begr. S. 420). Dieser zum Unbrauchbarmachen überflüssigen und mit dem Verunstalten den Eigentumsschutz mit heiklen ästhetischen Fragen belastenden Ausdehnung ist das 6. StrRG (Rn 11) zu Recht nicht gefolgt. Dass bloßen Verunstaltungen und Verunreinigungen mit dem Zivil- und dem Ordnungswidrigkeitenrecht angemessener und hinreichend begegnet werden kann (so zB durch §§ 1004, 823 BGB, § 118 OWiG; § 64a I Nr 4 Eisenbahn-Bau- und Betriebsordnung sowie kommunale Polizeiverordnungen), ist aber eine Auffassung, die den Gesetzgeber nicht überzeugt hat. Aus diesen Gründen sind zwar Gesetzesvorschläge, die §§ 303, 304 zur „Bekämpfung" des Graffiti-Unwesens um das Merkmal des „Verunstaltens" (BR-Ds 805/98; BT-Ds 14/546; 14/569; 15/63; 15/302) ergänzen wollten, nicht, wohl ist aber der Vorschlag Gesetz geworden, die Veränderung des Erscheinungsbildes unter Strafe zu stellen (s. Rn 13 f)[25].

a) Beschädigen

23 Was unter der Tathandlung des Beschädigens zu verstehen ist, war unter der Geltung des § 303 aF (s. Rn 13) sehr umstritten[26]. Dabei geriet die Ergänzung der im Kern des Begriffs stehenden Substanzverletzung um die Brauchbarkeitsminderung schnell außer Streit. Da im deutschen, anders als im österreichischen Strafgesetzbuch[27], das Verunstalten als Tathandlung fehlte, kehrte aber keine Einigkeit darüber ein, inwieweit eine dem (berechtigten) Interesse des Eigentümers widerstreitende (nachteilige) Veränderung des äußeren Zustandes bzw der Erscheinungsform einer Sache unter den Begriff des Beschädigens fallen sollte. Hierauf gibt § 303 II nF die dort zu findende Antwort. Die Frage, wie weit sie reicht und was sie für die Tathandlung des Beschädigens bedeutet, kann nur auf dem Hintergrund des überkommenen Streits beantwortet werden.

24 Die Rechtsprechung hat den Begriff des Beschädigens zunächst eng ausgelegt und das Vorliegen einer *substanzverletzenden* Einwirkung gefordert[28]. Später ließ das Reichsgericht eine *belangreiche Veränderung* der Sache in ihrer äußeren Erscheinung und Form genügen (zB durch Besudelung einer weißen Marmorbüste mit roter Farbe oder durch Beschmutzen eines Kleides mit Urin)[29]. Bei Manipulationen an zusammengesetzten Sachen erblickte es das Wesen der Sachbeschädigung zumeist in einer *Minderung der Gebrauchsfähigkeit* zu dem bestimmungsgemäßen Zweck[30]. Diesem Gesichtspunkt gab es schließlich ganz allgemein den Vorzug[31]; auf ihn greift auch die Rechtsprechung des Bundesgerichtshofs zurück[32]. Im Gegensatz zu neueren Auffassungen, wonach jede dem Eigentümerinteresse zuwiderlaufende **Zustandsveränderung**, wie etwa das Bekleben von Wänden, Mauern oder Telefonverteilerkästen mit fest haf-

---

25 Mit unterschiedlichen Vorschlägen für eine Graffiti eindeutig erfassende Reform zB *Ingelfinger*, Graffiti und Sachbeschädigung 2003, S. 14 f, 34, 35 ff mit der Empfehlung, die nachhaltige Beeinträchtigung der Gestaltung der Sache in § 303 aufzunehmen; *Kühl*, Weber-FS S. 419 ff; *I. Wolf*, Graffiti als kriminologisches und strafrechtsdogmatisches Problem 2004, S. 209 ff; zum Subsidiaritätsgedanken aaO S. 184 ff; zur Rechtslage im Ausland aaO S. 169 ff; s. dazu auch *Moos*, JR 01, 93; abl. *Schnurr*, Graffiti als Sachbeschädigung 2006, S. 221 ff.
26 Zum Streit s. *Hillenkamp*, BT, 10. Aufl. 2004, 27. Problem; *Küper/Zopfs*, BT Rn 436 ff.
27 S. zu § 125 öStGB *I. Wolf*, Graffiti als kriminologisches und strafrechtsdogmatisches Problem 2004, S. 170 ff.
28 RGSt 13, 27, 28; s. zum Folgenden auch *Beulke*, II Rn 104.
29 RGSt 43, 204; RG HRR 1936, 853.
30 RGSt 55, 169; 64, 250, 251.
31 Zusf. RGSt 74, 13, 14.
32 BGHSt 13, 207, 208; 29, 129, 133; BGHSt 44, 34, 38 mit iE zust. Bespr. von *Dietmeier*, JR 98, 470; *Krüßmann*, JA 98, 626; *Otto*, NStZ 98, 513.

tenden Plakaten oder das Besprühen mit Farbzeichen und -bildern eine Sachbeschädigung darstellen sollte (= *Zustandsveränderungstheorie*)³³, nur weil und wenn sie dem Gestaltungs- und Sachherrschafts*willen* des Eigentümers widerstreitet, nahm der BGH wieder einen *restriktiven* Standpunkt ein³⁴. Wo es im Einzelfall an einer Substanzverletzung oder an einer Brauchbarkeitsminderung fehlt, sollte hiernach die bloße Veränderung des äußeren Erscheinungsbildes einer Sache (in BGHSt 29, 129 eines Verteilerkastens der Bundespost) von der Tathandlung des Beschädigens grundsätzlich nicht erfasst werden. Hiervon ist der BGH auch für die Beurteilung von Farbsprühaktionen nicht abgerückt³⁵. Die Einbeziehung des **Verunstaltens** in den Beschädigungsbegriff blieb danach bisher auf eng zu begrenzende Ausnahmefälle beschränkt³⁶.

BGHSt 29, 129, 132 ff führte dazu aus, der Schutz des Eigentums in § 303 aF beziehe sich (anders als in § 1004 BGB) allein auf das Interesse des Eigentümers an der **körperlichen Unversehrtheit** seiner Sache. Die bloße Veränderung ihrer äußeren Erscheinungsform sei in aller Regel keine Sachbeschädigung, und zwar auch dann nicht, wenn diese Veränderung auffällig (belangreich) sei. Das Kriterium der Brauchbarkeitsminderung werde entleert und als Hilfsmittel der Gesetzesauslegung untauglich, wenn man die vom Eigentümer beabsichtigte äußere Erscheinung seiner Sachen stets als deren *bestimmungsgemäße Brauchbarkeit* verstehe. Die Auslegung des § 303 entferne sich damit in unzulässiger Weise vom Wortsinn des Merkmals „beschädigen" und gehe auch daran vorbei, dass das StGB zwischen der **Verunstaltung** (§ 134) und der **Beschädigung** von Sachen (§ 303) unterscheide³⁷. Ob das Tatobjekt nach *ästhetischen* Gesichtspunkten gestaltet worden sei und nach seiner Zweckbestimmung über eine eigene Ansehnlichkeit verfüge, sei bei *Gebrauchsgegenständen* und *technischen Anlagen* ohne Bedeutung. Eine Ausnahme sei lediglich für den in RGSt 43, 204, 205 f erwähnten Fall anzuerkennen, dass die Gebrauchsbestimmung des Gegenstandes, wie etwa einer Statue, eines Gemäldes oder eines Baudenkmals, *offensichtlich* mit seinem ästhetischen Zweck zusammenhänge; nur hier genüge im Rahmen des § 303 eine „belangreiche Veränderung der äußeren Erscheinung und Form".

25

Das **Verunstalten** oder **Verunreinigen** fremder Sachen verwirklichte den Tatbestand des § 303 aF hiernach nur dann, wenn es zu einer *Substanzverletzung* oder *Brauchbarkeitsminderung* führte³⁸, mochte dies auch erst die zwangsläufige Folge der durch den Eingriff veranlassten Reinigungsmaßnahmen sein. Dann war im Zeitpunkt der Verunstaltung nach der auch hier (27. Aufl. Rn 28) vertretenen Auffassung schon ein „beschädigungsgleicher" Zustand eingetreten, der bereits als Beschädigung der Sache begriffen und gegen dessen Gleichstellung mit einer unmittelbaren Substanzverletzung nicht eingewendet werden konnte, dass es im Belieben des Eigentümers liegt, eine Reinigung durchzuführen. Solche Wiederherstellungsfolgen wurden nach allgemeinen Grundsätzen für zurechenbar gehalten³⁹. Beispiele dafür bildeten das Beschmieren von Wänden, Mauern oder Litfaßsäulen mit Teer oder durch Aufrufe und Parolen, die mit Ölfarbe angebracht bzw aufgesprüht werden⁴⁰ sowie das Besudeln einer Statue, eines

26

---

33 Vgl zu § 303 aF *Gössel*, JR 80, 184; *Krey/Hellmann*, BT II, 15. Aufl. 2008, Rn 240, 245 f; *Otto*, BT § 47 Rn 9; *F.C. Schroeder*, JR 87, 359 und JZ 78, 72; S/S-*Stree*, 27. Aufl. 2006, § 303 Rn 8c mwN.
34 BGHSt 29, 129, 133; BGH NJW 80, 601; zust. *Fischer*, § 303 Rn 8 f.
35 So aber OLG Düsseldorf NJW 99, 1199 unter Berufung auf BGHSt 41, 47, 55, eine Entscheidung, die ein solches Abrücken nicht ergibt; zutr. KG NJW 99, 1200; OLG Karlsruhe StV 99, 544.
36 Ebenso OLG Celle NStZ 81, 223; OLG Frankfurt NJW 90, 2007; OLG Dresden NJW 04, 2843.
37 Zust. HansOLG Hamburg StV 99, 545.
38 Grundlegend dazu BGHSt 29, 129, 132.
39 S. dazu *Ingelfinger*, Graffiti und Sachbeschädigung, 2003, S. 21 ff; *Wilhelm*, JuS 96, 425; Bedenken dagegen bei *Maiwald*, JZ 80, 259; *Momsen*, Anm. JR 00, 172; *Seelmann*, JuS 85, 200.
40 RG HRR 1933, 350; OLG Celle StV 81, 129; OLG Düsseldorf NJW 82, 1167; OLG Oldenburg JR 84, 35 mit Anm. *Dölling*; LG Bremen NJW 83, 56.

Gemäldes oder eines anderen Kunstwerkes, das ästhetischen Zwecken dient und gerade durch seine Schönheit auf den Betrachter wirken soll[41].

27 Beim Bekleben von Häusern, Mauern, Schalt- und Verteilerkästen usw mit *fest haftenden Plakaten* ging es dagegen wie bei *leicht entfernbaren Schmiereien* in aller Regel *nur um Zustandsveränderungen*, denen nach der auch hier (27. Aufl. Rn 29) für richtig gehaltenen Ansicht hinreichend mit dem Ordnungs- und dem Zivilrecht (§§ 1004, 823 BGB) zu begegnen war. Das Überkleben von Wahlplakaten mit anderen Plakaten führte dagegen bei fester Verbindung regelmäßig zu einer Sachbeschädigung[42].

28 In der Rechtslehre, die zum Teil an der *Zustandsveränderungstheorie* festhielt, ist die Auslegung des § 303 aF durch den BGH verbreitet auf Kritik gestoßen[43]. Soweit sie wegen des Gegensatzes zwischen Beschädigen (§ 303) und Verunstalten (§ 134) das Bedenken aus dem Wortsinn teilte, hatte sie sich mit der Forderung nach Reform iS des E 1962 (Rn 22) verbunden[44].

29 Auf diesem **Hintergrund** ist es die erklärte und in der Gesetzesänderung auch unmissverständlich zum Ausdruck gekommene Absicht des Gesetzgebers, die „Fälle der Substanzverletzung und der Beeinträchtigung der technischen Brauchbarkeit" mit den Tathandlungen des § 303 I und „den darüber hinausgehenden Schutz des äußeren Erscheinungsbildes" in einem neuen Absatz 2 zu erfassen. Dabei ist in erster Linie an die Erstreckung auf Graffiti gedacht, eine andere Art der Veränderung des Erscheinungsbildes aber nicht ausgeschlossen[45]. Hiernach drängt es sich auf, die Veränderung des Erscheinungsbildes nicht nur in den Fällen, die die Zustandsveränderungslehre über die Rechtsprechung hinaus der Beschädigung zuschlagen wollte (s. Rn 24), in den Absatz 2 zu verweisen. Vielmehr sollte man die **Beschädigungsalternative** auch um die Fälle zugunsten einer Anwendung der neuen Tathandlung **entlasten**, in denen erst die bei einer Wiederherstellung des Ausgangszustandes eintretenden Substanzschäden über das Konstrukt eines „beschädigungsgleichen Zustands" (27. Aufl. Rn 28) oder einer „mittelbaren" Sachbeschädigung auch nach der Rechtsprechung die Tathandlung des Beschädigens erfüllen konnte (s. Rn 26)[46]. Dafür, dass es für diese Konstellationen bei der Beschädigungsalternative bleiben sollte[47], beruft sich die Gegenansicht zu Unrecht auf die Gesetzesbegründung. Sie geht – was bei gleicher Strafdrohung auch nicht einleuchtend wäre – weder von einer Subsidiarität der neuen Tatalternative[48], noch von einer *nur* ergänzenden Funktion aus. Vielmehr will sie die in den „Altfällen" für eine Subsumtion unter § 303 I entstehende Notwendigkeit oft

---

41 RGSt 43, 204, 205; BGHSt 29, 129, 134.
42 BGH NStZ 82, 508; lehrreich dazu *Wilhelm*, JuS 96, 424.
43 Vgl *Dölling*, NJW 81, 207; *Maiwald*, JZ 80, 256; dem BGH zust. *Behm*, JR 88, 360; *Katzer*, NJW 81, 2036; *Seelmann*, JuS 85, 199.
44 So *Hauf*, BT I S. 77; *Wessels*, BT II Rn 22.
45 S. BT-Ds 15/5313, S. 3; der Hinweis auf Befugnisnormen, die in den seltensten Fällen (s. Rn 40) Graffiti rechtfertigen können, zeigt, dass auch alle anderen Veränderungen gemeint sind.
46 S. dazu OLG Düsseldorf NJW 93, 869; KG NJW 99, 1200, OLG Dresden NJW 04, 2843; wie hier *Hohmann/Sander*, BT I § 10 Rn 10 f; *Klesczewski*, BT § 8 Rn 11; *Kreß/Baenisch*, JA 06, 710; *Küper/Zopfs*, BT Rn 440; SK-*Hoyer*, § 303 Rn 15 f und wohl auch NK-*Zaczyk*, § 303 Rn 28; S/S-*Stree*, 27. Aufl. 2006, § 303 Rn 9a.
47 So *Jäger*, BT Rn 532a; *Krey/Hellmann/Heinrich*, BT II Rn 346, 354; *Rengier*, BT I § 24 Rn 20 f, 25 f; *Schuhr*, JA 09, 171 f.
48 So aber KG NStZ 07, 223, 224; *Beneke*, III, Rn 146; *Eisele*, BT II Rn 463 ff; *Hilgendorf/Valerius*, BT II § 23 Rn 3; *Rengier*, BT I § 24 Rn 25 f; wohl auch *Schmidt*, BT II Rn 894; *Zöller*, BT Rn 576 (Auffangtatbestand).

„kostenträchtiger Gutachten" gerade vermeiden[49]. Das kann aber nur mit der hier vorgenommenen Zuordnung erreicht werden.

Hiernach setzt der **Beschädigungsbegriff** in § 303 I zweierlei voraus: eine **unmittelbare Einwirkung** auf die betroffene Sache selbst und eine dadurch (gleichfalls unmittelbar) verursachte **Beeinträchtigung** ihrer **körperlichen Unversehrtheit** oder **bestimmungsgemäßen Brauchbarkeit**. 30

Keine Zustimmung verdient danach die im Schrifttum vereinzelt vertretene **Funktionsvereitelungstheorie**, die eine Einwirkung auf die Sachsubstanz für entbehrlich hält (also in einer Unterbrechung der Stromzufuhr eine *Beschädigung* der dadurch stillgelegten Maschinen erblicken müsste) und die sogar eine durch *schlichte Sachentziehung* bewirkte Aufhebung der Verwendungsfähigkeit genügen lässt[50]. Diese Auffassung wird von der hM mit Recht abgelehnt, weil sie den begrenzten Schutzzweck des § 303 und die Subsidiarität des Strafrechts gegenüber dem Zivilrecht missachtet[51]. Sie wird unter Verkennung des Merkmals der unmittelbaren Einwirkung wiederbelebt, wenn das Verhindern einer Aufnahme des Fahrers durch die Kamera einer **Verkehrsüberwachungsanlage** mit Hilfe von im Fahrzeug eingebauten **Reflektoren** nicht anders als das **Beschmieren** der Kamera mit Senf als Sachbeschädigung ausgegeben wird. Während der Täter mit dem Beschmieren auf die Sache selbst einwirkt, wird mit den Reflektoren wie mit einer „Gegenblitzanlage" die Funktion der Kamera ohne eine solche Einwirkung beeinträchtigt. Das reicht für eine Sachbeschädigung nicht aus[52]. 31

Die Art der Einwirkung ist dagegen gleichgültig (**Beispiel:** Bösartigmachen von Tieren durch nachhaltige Beeinflussung ihres Nervensystems, RGSt 37, 411, 412; Anbringung eines Hindernisses auf Bahngleisen, BGHSt 44, 34, 38). Vorausgesetzt wird nur, dass die *Einwirkungsfolgen* nicht ganz unbedeutend oder belanglos, sondern **erheblich** sind. Das sind sie regelmäßig dann, wenn sie nicht zu beheben oder nur mit einem nicht nur geringfügigen Aufwand an Zeit, Mühe oder Kosten zu beseitigen sind[53]. Dabei ist der Wiederherstellungsaufwand nur ein Indiz für die Erheblichkeit der Sachbeschädigung und ändert nichts daran, dass diese selbst zunächst festgestellt werden muss[54]. 32

Zu einer **Substanz***verletzung* muss der Eingriff des Täters nicht unbedingt führen[55]. So kann die Brauchbarkeit einer zusammengesetzten Sache selbst dann aufgehoben oder gemindert sein, wenn ihre Einzelteile unversehrt bleiben, wie etwa beim Zerlegen einer Uhr, beim Abmontieren der Vorderräder eines PKW[56] oder beim Blockieren einer Maschine durch Einlegen eines Holzkeils[57]. Wer diese Fälle mit einer zu eng verstandenen *Substanz*theorie § 303 wieder 33

---

49 BT-Ds 15/5313, S. 1; iE wie hier AnK-*Popp*, § 303 Rn 17; zögernd S/S/W-*Saliger*, § 303 Rn 8; für „erwägenswert" wird die hier vertretene Ansicht von S/S-*Hecker*, § 303 Rn 10 gehalten.
50 So *Kohlrausch/Lange*, § 303 Anm. III; *Maurach*, BT 5. Aufl. S. 191 für das Fliegenlassen eines Vogels; s. dazu § 251 E 1962 mit Begr. S. 421 f.
51 Näher RGSt 20, 182, 185; A/W-*Heinrich*, § 12 Rn 24 ff, 27 f; SK-*Hoyer*, § 303 Rn 8, 9; S/S/W-*Saliger*, § 303 Rn 5.
52 Anders OLG München NZV 06, 435 mit abl. Bespr. von *Gaede*, JR 08, 97; *Kudlich*, JA 07, 72 und *Mann*, NStZ 07, 271; wie hier *Eisele*, BT II Rn 460; *Lackner/Kühl/Heger*, § 303 Rn 4; M/R-*Altenhain*, § 303 Rn 5; *Rengier*, BT I § 24 Rn 22; *Schmidt*, BT II Rn 891; *Schramm*, BT I § 6 Rn 21; S/S/W-*Saliger*, § 303 Rn 9; zur – zu verneinenden – Sachbeschädigung des **Kennzeichens** nach §§ 303, 304 durch **Überkleben** mit reflektierender Folie s. *Walter/Uhl*, JA 09, 34.
53 BGHSt 13, 207, 208; BGH NStZ 82, 508; OLG Düsseldorf NJW 93, 869; OLG Düsseldorf NJW 99, 1199; LK-*Wolff*, § 303 Rn 7; SSW-*Saliger*, § 303 Rn 6 sowie hier Rn 35.
54 BayObLG StV 97, 80; HansOLG Hamburg StV 99, 544; *Behm*, NStZ 99, 511.
55 OLG Köln NJW 99, 1042.
56 BGH BeckRS 16, 19423 mit Anm. *Bosch*, Jura (JK) 17, 360.
57 Lehrreich dazu RGSt 20, 182, 183 f.

entzieht[58], dreht das Rad der Entwicklung zu weit zurück und macht durch die Vernachlässigung des sich in der Brauchbarkeit niederschlagenden *Sachwertes* einen wesentlichen Teil des Eigentumsschutzes zunichte (zur Parallele beim Diebstahl s. Rn 146).

34 Hiernach liegt eine **Beschädigung** iS des § 303 I vor, wenn der Täter auf die Sache als solche in der Weise körperlich **eingewirkt** hat, dass ihre **Unversehrtheit** oder **bestimmungsgemäße Brauchbarkeit** mehr als nur unerheblich beeinträchtigt[59] und im Vergleich zu ihrer bisherigen Beschaffenheit *nachteilig* verändert worden ist, was auch bei Verstärkung eines schon vorhandenen Mangels der Fall sein kann[60].

Wer dagegen eine schadhafte Sache ordnungsgemäß **repariert** und so ihren Zustand verbessert, *beschädigt* sie nicht. Das gilt selbst dort, wo der Eigentümer (etwa zu Beweiszwecken) ein Interesse am Fortbestand des mangelhaften Zustandes hat, denn ein solches Interesse wird vom Schutzzweck des § 303 I nicht mehr gedeckt[61]. In solchen Fällen kann allerdings nun § 303 II erfüllt sein (s. Rn 39).

35 Beim Überkleben eines Verkehrsschildes mit einem anderen Zeichen ergibt sich die Beschädigung aus der nachhaltigen Beeinträchtigung der bestimmungsgemäßen Brauchbarkeit. Hier kommt es darauf, ob sich die aufgebrachte Folie leicht entfernen lässt, naturgemäß nicht an, wohl aber auf die Dauer der Beeinträchtigung[62]. Wird das Diensthemd eines Polizeibeamten mit Bier durchtränkt[63], ist die **Unerheblichkeit** der Brauchbarkeitsminderung zu erwägen. IdR darum (Ausschluss von **Bagatellen**)[64], wird es auch beim **Ablassen von Luft** aus den Reifen eines Kraftfahrzeuges oder eines Fahrrades gehen. Zu verneinen ist eine Sachbeschädigung hier nicht schon deshalb, weil der einzelne Reifen durch diese Einwirkung nicht stofflich verändert oder gebrauchsunfähig, sondern nur vorübergehend in seiner Gebrauchsbereitschaft beeinträchtigt wird[65]. Ausschlaggebend ist vielmehr, ob das Kraftfahrzeug oder Fahrrad als zusammengesetzte Sache nach einem solchen Eingriff noch bestimmungsgemäß als Fortbewegungsmittel verwendet werden kann. Diese Funktionsfähigkeit wird aber schon dann aufgehoben oder zumindest beeinträchtigt, wenn auch nur ein einzelner Reifen die Luft verliert. Selbst wenn die Ventile oder die stoffliche Substanz der Reifen nicht beschädigt werden, verwirklicht das vollständige Ablassen der Luft aus einem oder mehreren Reifen deshalb den Tatbestand des § 303 I. Ist das Wiederauffüllen der Luft freilich an Ort und Stelle ohne ins Gewicht fallenden Aufwand an Zeit und Mühe möglich, ist eine Sachbeschädigung mangels **Erheblichkeit**[66] zu verneinen. Dass unerhebliche Beeinträchtigungen auch nach § 303 I nF wie bisher aus dem

---

58 *Kargl*, JZ 97, 289.
59 BGHSt 13, 207, 208; 29, 129, 132; BGH NJW 80, 601; OLG Celle NJW 88, 1101; OLG Hamburg NJW 82, 395; LK-*Wolff*, § 303 Rn 9, 10.
60 Vgl OLG Celle StV 81, 129.
61 Vgl BGHSt 29, 129, 132; *Hohmann/Sander*, BT I § 10 Rn 9; *Krey/Hellmann/Heinrich*, BT II Rn 348; NK-*Zaczyk*, § 303 Rn 13; S/S-*Hecker*, § 303 Rn 13; anders RGSt 33, 177, 180; A/W-*Heinrich*, BT § 12 Rn 22; BK-*Weidemann*, § 303 Rn 15; *Eisele*, BT II Rn 459; *Rengier*, BT I § 24 Rn 14; diff. S/S/W-*Saliger*, § 303 Rn 12.
62 S. OLG Köln NJW 99, 1042; *Baier*, JuS 04, 59 f.
63 OLG Frankfurt NJW 87, 389; H-H-*Voigt*, BT Rn 1239; *Stree*, JuS 88, 187.
64 S. dazu *Behm*, StV 99, 570.
65 So aber OLG Düsseldorf NJW 57, 1246 Nr 20.
66 Abl. hierzu *Kargl*, JZ 97, 290; näher dazu BGHSt 13, 207; *Behm*, Anm. NStZ 88, 275; *Geerds*, Anm. JR 88, 218; HK-GS/*Weiler*, § 303 Rn 5 (Tatfrage); *Rengier*, BT I § 24 Rn 12 f.

Tatbestand ausscheiden, ist zweifelsfrei. Die Erwähnung dieser Voraussetzung in § 303 II nF dient dort nur der Verdeutlichung dessen, was in der großen Bandbreite möglicher Veränderungen des Erscheinungsbildes tatbestandliches Unrecht sein kann, lässt aber **keinesfalls den Umkehrschluss** zu, dass die rechtsstaatlich gebotene Ausscheidung von Bagatellunrecht aus § 303 I nunmehr hinfällig sein soll.

Rechtsprechungsbeispiele: (1) Zu weit geht **BayObLG JR 88, 217**, das im Ablassen der Luft aus einem Fahrradreifen sogar dann eine strafbare Sachbeschädigung erblickt, wenn sich an dem betreffenden Fahrrad eine funktionsfähige Luftpumpe befindet[67]. Was ärgerlich ist, ist nicht schon deshalb strafbar. Angesichts der „Alltäglichkeit des Reifenwechsels" das Abmontieren der Vorderräder eines PKWs selbst dann für eine nur unerhebliche Beeinträchtigung der Funktionsfähigkeit zu erklären, wenn die Täter mit den Vorderrädern verschwinden, geht demgegenüber zu weit. Ob die Wiederherstellung des ursprünglichen Zustands nur einen „unerheblichen Aufwand" erfordert, ist nicht abstrakt, sondern nach den konkreten Umständen des jeweiligen Falls zu beurteilen[68].

(2) Noch nicht geklärte Probleme bereiten Fälle, in denen es um den Protest gegen Freilandversuche mit gentechnisch veränderten Pflanzen geht. Dabei handelt es sich im Fall des **OLG Naumburg BeckRS 13, 08144** allerdings unter dem Blickwinkel der Sachbeschädigung um eine unproblematische Konstellation. Hier hatten sich selbst so nennende „Feldbefreier" unter Begleitung eines Kamerateams über 7000 auf dem Halm stehende Gen-Weizenpflanzen mit Hacken und Harken zerstört und damit § 303 I eindeutig verwirklicht (s. Rn 17, 36). Genauer beschäftigt sich das Gericht dort mit der iE verneinten Frage, ob sie dazu nach § 34 berechtigt gewesen sein könnten. Im Fall des **LG Brandenburg BeckRS 12, 17238** geht es dagegen neben einer (verneinten) Nötigung darum, ob ein für den Anbau der Gen-Kartoffel „Amflora" bestimmtes Versuchsfeld von ca. 20 Hektar Größe dadurch im Sinne des § 303 I beschädigt wird, dass Aktivisten die Einbringung der Amflora-Kartoffeln auf einer Anteilsfläche von 0,25% verhinderten, indem sie 20 kg „Fremd-Kartoffeln" auf diese Fläche schleuderten und etwa 10 kg so vergruben, dass sie nicht mehr verlässlich aufgefunden werden konnten. Dadurch war diese Teilfläche für die Amflora-Aussaat unbrauchbar geworden, weil sie nach dem Genehmigungsbescheid nur in strikter Trennung von normalen Saatkartoffeln ausgeführt werden durfte. Dass eine solche „Freisetzungsfläche" taugliches Objekt einer Sachbeschädigung ist (Rn 17), ist richtig gesehen, dass es nicht um Substanzverletzung geht, auch. Das Gericht nimmt mit BGHSt 44, 34 weiterhin zu Recht an, dass eine Beschädigung auch in einer nachhaltigen Beeinträchtigung der bestimmungsmäßigen Brauchbarkeit liegen kann. Bei deren Verneinung stellt es nicht (ausdrücklich) auf den denkbaren Einwand ab, es fehle bei einer nur 0,25%igen (immerhin eine Fläche von 50 x 50 Metern!) Beeinträchtigung an der Erheblichkeit. Vielmehr verneint es die Beeinträchtigung der bestimmungsmäßigen Brauchbarkeit mit der zweifelhaften (und etwas unklaren) Begründung, für sie komme es auf eine „objektiv-retrospektive Betrachtungsweise" (?) und nicht auf die subjektiven Interessen des Eigentümers an[69]. Danach scheide aber eine Brauchbarkeitsbeeinträchtigung aus, weil zwar nach den Vorgaben des Genehmigungsbescheids die Teilfläche nicht mehr für die intendierte Aussaat der Versuchskartoffeln, objektiv aber als Freisetzungsfläche für den Kartoffelanbau geeignet sei und bleibe. Auch beruhe der Entschluss der Versuchsbetreiber, die Amflora-Kartoffeln dort nicht mehr auszubringen, nicht auf einer Veränderung des Bodens, sondern auf den außerhalb der Sache liegenden Vorgaben des Genehmigungsbescheids. All das ändert aber ersichtlich nichts daran, dass die Teilfläche einer dem Eigentümer zustehenden Bestimmung der Nutzung entzogen und für

---

67 *Eisele*, BT II Rn 462; *Lackner/Kühl/Heger*, § 303 Rn 5.
68 Unzutreffend daher BGH BeckRS 16, 19423 mit Anm. *Bosch*, Jura (JK) 17, 360.
69 Ebenso *Zöller*, BT Rn 583.

ihn folglich als für seine Zwecke brauchbar für die Zeit des Versuchs verloren ist. Deshalb kann man auch anders entscheiden[70].

b) Zerstören

36 **Zerstört** ist eine Sache, wenn sie auf Grund der erfolgten Einwirkung in ihrer Existenz vernichtet (**Beispiel:** Tötung eines Tieres; Verbrennen eines Buches) oder so wesentlich beschädigt ist, dass sie ihre bestimmungsgemäße Brauchbarkeit völlig verloren hat[71].

Ein Zerstören iS des § 303 kann auch im *zweckwidrigen* Aufbrauchen einer an sich zum Verbrauch bestimmten Sache liegen (**Beispiel:** A wirft das Kaminholz des B eigenmächtig in dessen Osterfeuer). Bei einem *bestimmungsgemäßen* Ver- oder (die Sache beeinträchtigenden) Gebrauch wird der Tatbestand dagegen zu Recht überwiegend verneint[72]. Handelt der Täter in Zueignungsabsicht, wird – wie beim Verzehr fremder Nahrungsmittel – das Unrecht ausschließlich durch die Zueignungsdelikte[73], handelt er mit Gebrauchsabsicht, die mit der Tat notwendig einhergehende Sachabnutzung von § 248b erfasst. Verheizt der Täter Kaminholz im Kamin des Eigentümers oder belästigt er ihn mit unerbetener Telefaxwerbung, ist allein die Tatsache, dass Holz oder Papier gegen den Willen des Eigentümers ver- oder gebraucht werden, auch angesichts der durch die Reform des § 303 eingetretenen Rechtsguterweiterung (Rn 16) nicht geeignet, in der an sich bestimmungsgemäßen Verwendung das Unrecht einer Sachbeschädigung zu sehen. Mit der von BGH NJW 96, 660 für die Wettbewerbswidrigkeit aufgedrängter Telefax-Werbung gegebenen Begründung liefe eine Bestrafung wegen Sachbeschädigung wohl auf die hier (Rn 31) abgelehnte Funktionsvereitelungstheorie hinaus[74].

c) Verändern des Erscheinungsbildes

37 Die in § 303 II nF aufgenommene Tathandlung des **Veränderns** des **Erscheinungsbildes** schützt den Eigentümer gegen Eingriffe, die den äußeren Zustand der Sache gegen oder – was ausreicht – ohne den Willen des Eigentümers oder eines ihn in der Ausübung des Gestaltungswillens vertretenden Berechtigten abändern. Geschieht dies durch eine Handlung, die die Sache zugleich beschädigt oder zerstört, tritt die hiermit *typischerweise* verbundene Veränderung zurück[75]. Ob die Veränderung das äußere Erscheinungsbild verschlechtert oder verbessert, ist gleichgültig. Es kommt auch nicht darauf an, dass der Sache vom Eigentümer eine bestimmte ästhetische Wirkung zugedacht ist. Insoweit ist der Begriff der Veränderung neutral[76]. Vorausge-

---

70 S. *Jahn*, JuS 12, 1140.
71 Vgl RGSt 55, 169, 170; AG Solingen BeckRS 12, 13233 (Zerstechen von Autoreifen).
72 *Blei*, JA 73, 811; LK-*Wolff*, § 303 Rn 20; S/S-*Hecker*, § 303 Rn 10; *Seier*, JuS 97 L 62; aA *Heghmanns*, Rn 890; *Kindhäuser/Böse*, § 303 Rn 29; *Ladiges*, JuS 18, 660.
73 NK-*Zaczyk*, § 303 Rn 19; S/S/W-*Saliger*, § 303 Rn 4.
74 Für Strafbarkeit *Eisele*, BT II Rn 476; *Schmidt*, BT II Rn 901c; *Schmittmann*, MMR 02, 263; *Stöber*, NStZ 03, 515; wie hier OLG Frankfurt NStZ 04, 687; *Klesczewski*, BT § 8 Rn 9; zum „Verbrauch" eines Filmes in einem stationären „Blitzer" s. *Walter/Uhl*, JA 09, 35.
75 S. zum Überschneidungsproblem *I. Wolf*, Graffiti als kriminologisches und strafrechtsdogmatisches Problem 2004, S. 234 ff; wie hier *Beulke*, III Rn 145; *Küper/Zopfs*, BT Rn 440; für generelle Subsidiarität des § 303 II gegenüber § 303 I dagegen KG NStZ 07, 223; s. dagegen schon Rn 29.
76 AnK-*Popp*, § 303 Rn 18; *Mitsch*, BT II S. 214; M/R-*Altenhain*, § 303 Rn 14; S/S-*Hecker*, § 303 Rn 16; aA *M. Heinrich*, Otto-FS S. 593; vgl zu den unterschiedlichen Bedeutungen des Begriffs in verschiedenen Gesetzeszusammenhängen *I. Wolf*, Graffiti als kriminologisches und strafrechtsdogmatisches Problem 2004, S. 217 ff; zur Kritik an dem zu Recht nicht gewählten Begriff des Verunstaltens s. *Ingelfinger*, Graffiti und Sachbeschädigung 2003, S. 36 ff, der selbst den Begriff des „Beeinträchtigens" vorzieht; ihm folgend *I. Wolf*, aaO S. 230 ff.

setzt ist lediglich, dass die Veränderung ein von dem vor der Einwirkung bestehenden Zustand abweichendes Erscheinungsbild hervorruft[77].

Um strafwürdiges und dem Unrechtsgehalt des § 303 I entsprechendes Verhalten zu kennzeichnen, setzt auch die Veränderung des Erscheinungsbildes voraus, dass sie durch eine **unmittelbare Einwirkung** auf die Sache geschieht. Daher reichen ein bloßes Verstellen, Verhängen oder die Projektion von Licht auf eine Wandfläche nicht aus[78]. Da auch dem Gesetzgeber bewusst war, dass nicht jede Veränderung des Erscheinungsbildes eine hinreichende Unrechtsqualität besäße, hat er die Beschränkung auf **strafwürdiges Unrecht** durch **drei** die Veränderung kennzeichnende **Merkmale** herbeizuführen gesucht. 38

Zum *Ersten* darf die Veränderung **nicht nur unerheblich** sein. Da die Erheblichkeit (s. Rn 32, 35) seit je Voraussetzung einer tatbestandlichen Sachbeschädigung ist, hätte der Gesetzgeber auf ihre Normierung (nur in § 303 II) besser verzichtet[79]. Die Erheblichkeit muss sich in § 303 II auf das Erscheinungsbild beziehen. Ein winziges „tag" an einer schwer einsehbaren oder ohnehin schon mit Graffiti übersäten Stelle einer Hauswand ist unerheblich, vor dem Balkon aufgehängte bunte Laken oder Spruchbänder sind dagegen erheblich, bilden aber mangels Einwirkung auf die Sachsubstanz schon keine tatbestandliche Veränderung[80]. 39

Rechtsprechungsbeispiele: In **OLG Hamm BeckRS 11, 09907** hatte die Angeklagte (A) mit einem „Edding-Stift ... eine visuelle Veränderung des Erscheinungsbildes" eines Fahrzeugs herbeigeführt und war deshalb vom Amtsgericht – Jugendrichter – zu einem Freizeitarrest verurteilt worden. Das OLG sprach die A auf ihre Revision hin frei, weil „das Fahrzeug des Geschädigten bereits mit zahlreichen Farbbemalungen" so versehen war, dass die „Markierungen" der A „neben den vorhandenen Bemalungen" weder „erheblich" noch überhaupt „eindeutig zu erkennen" waren und den „Beseitigungsaufwand" bezüglich der Gesamtbemalung daher auch nur „unwesentlich erhöht" hätten. Dann aber liege eine „nicht nur unerhebliche" Veränderung *nicht* vor (s. dazu auch **OLG Hamm StV 14, 693**). – Dem kann man zustimmen. Bedenklich daran ist allerdings, dass es dadurch zB Graffiti-Sprayer in der Hand haben, nachträgliche Zusatzbesprühungen (auch anderer) in gewissem Umfang tatbestandslos und das vorgeschädigte Tatobjekt auf diese Weise schutzlos werden zu lassen. Das zeigt sich in **zwei neueren Entscheidungen**. Im Fall des **AG Tiergarten NJW 13, 801** brachte der Angekl. auf der Außenwand einer Bauruine mit Farbspraydosen den Schriftzug „ESW" an. Eine Substanzverletzung, die das AG erwägt, wird verneint, weil angesichts der schon vorhandenen mehrschichtigen Graffiti auf der Wand nicht einmal sicher sei, dass die aufgebrachte Farbe den Fassadenunter-

---

[77] So auch MK-*Wieck-Noodt*, § 303 Rn 55; *Satzger*, Jura 06, 434; OLG Jena NJW 08, 776; ein Rückgriff auf das „Verändern" iS von § 303a empfiehlt sich angesichts dessen inhaltlichen Bezugs nicht, vgl hierzu *Krüger*, NJ 06, 248; *Thoss*, StV 06, 160; eine „unmittelbare Nutzungsbeeinträchtigung" ist entgegen *M. Heinrich*, Otto-FS S. 583 ebensowenig wie eine Verunstaltung zu verlangen.

[78] *I. Wolf*, Graffiti als kriminologisches und strafrechtsdogmatisches Problem 2004, S. 219; s. auch AnK-*Popp*, § 303 Rn 19; *Hillenkamp*, Schwind-FS, S. 938; *Lackner/Kühl/Heger*, § 303 Rn 7b; *Moos*, JR 01, 94; M/R-*Altenhain*, § 303 Rn 13; NK-*Zaczyk*, § 303 Rn 23; *Satzger*, Jura 06, 431, 435; *Weber*, Meurer-GS S. 290; krit. zu einem weiteren Verständnis auch *Fischer*, § 303 Rn 18a; aA LK-*Wolff*, § 303 Rn 28; weiter auch *Rengier*, BT I § 24 Rn 29; S/S/W-*Saliger*, § 303 Rn 14.

[79] S. zur Kritik *Ingelfinger*, Graffiti und Sachbeschädigung 2003 S. 40 f; *Kühl*, Weber-FS S. 425; *Thoss*, StV 06, 161 f; *I. Wolf*, Graffiti als kriminologisches und strafrechtsdogmatisches Problem 2004, S. 227.

[80] Anders BT-Ds 15/5313, S. 3, wo die Erheblichkeit verneint wird.

grund überhaupt erreicht habe. Deshalb könne auch nicht festgestellt werden, ob mit der Beseitigung eine Beschädigung der Fassade verbunden wäre. Richtigerweise (Rn 29) war die Sachbeschädigung hier allerdings allein nach § 303 II zu beurteilen. Auch diese Variante wird aber zu Recht verneint, weil „das Aufbringen des Schriftzuges ESW ... auf die bereits vorhandene großflächige Bemalung", die über den Schriftzug hinausging, „im Vergleich zum sonstigen Erscheinungsbild des Gebäudes unauffällig" blieb. Das soll nach **KG BeckRS 13, 04002** selbst bei „einem ca. zwei mal zwei Meter großen Graffiti" möglich sein. Der Richter müsse deshalb „Feststellungen zur Größe und Gestalt der mutmaßlichen Farbauftragungen – nicht nur zu deren äußeren Ausmaßen, sondern auch zu der für die rechtliche Bewertung ggf. bedeutsamen Ausgestaltung in der Fläche und deren Dauerhaftigkeit enthalten."

39a Zu weit führt demgegenüber der „Umkehrschluss", mit einem Einwirken auf die Substanz verstehe sich die Erheblichkeit von selbst[81]. Zum *Zweiten* darf die Veränderung **nicht nur vorübergehend** sein. Veränderungen, „die ohne Aufwand binnen kurzer Zeit von selbst wieder vergehen oder entfernt werden können, wie Verhüllungen, Plakatierung mittels ablösbarer Klebestreifen sowie Kreide- und Wasserfarbenauftrag", fallen nach der Entwurfsbegründung[82] hiernach als tatbestandliche Veränderung aus. Ihnen fehlt es an der erforderlichen *Nachhaltigkeit*[83]. Sie setzt sich, wie die Beispiele zeigen, aus einem zeit- und einem auf die Intensität des Substanzeingriffs bezogenen Moment zusammen, an dem es alternativ fehlen kann[84].

40 Als *Drittes* muss die Veränderung **unbefugt** vorgenommen werden. Geschieht sie mit **Einwilligung** des Eigentümers oder des ihm gegenüber in der Ausübung des Gestaltungswillens Berechtigten, entfällt schon der Tatbestand, da dann schon keine Verletzung des in § 303 II geschützten Gestaltungswillens (s. Rn 16) vorliegt[85]. Das ist zB der Fall, wenn der KfZ-Lehrling die von einem Hagelunwetter auf dem Dach des Autos des Vaters verursachten Beulen mit dessen Einwilligung entfernt. Bereitet er dem Vater dagegen hiermit eine Geburtstagsüberraschung, hat er § 303 II verwirklicht, wenn der Vater den Zustand aus Gründen der Versicherung noch erhalten wollte[86]. Erwächst das Recht zur Veränderung des Zustandes dagegen einem Dritten gegenüber dem Eigentümer (oder sonst Berechtigten) aus **Notrechten** oder **öffentlich-rechtlichen Befugnissen**, kann nicht anders als bei einer Beschädigung oder Zerstörung der Sache unter solchen Voraussetzungen nur Rechtfertigung ein-

---

81 So aber OLG Jena NJW 08, 776.
82 BT-Ds 15/5313, S. 3; s. dazu auch schon BGHSt 29, 129, 132: „leicht abwaschbare Beschmutzungen"; alles, was „ohne nennenswerten Aufwand an Mühe, Zeit oder Kosten" behebbar ist; Gegenbeispiel bei OLG Jena NJW 08, 776.
83 Diese Kennzeichnung *Ingelfingers*, Graffiti und Sachbeschädigung 2003, S. 40 f (ihm folgend *I. Wolf*, Graffiti als kriminologisches und strafrechtsdogmatisches Problem 2004, S. 229) entspricht inhaltlich dem vom Gesetzgeber gewählten Begriff.
84 Für eine Aufteilung der Intensität auf die Unerheblichkeit und die (zeitliche) Extensität auf das „Nur-vorübergehend" SK-*Hoyer*, § 303 Rn 20; ihm zust. NK-*Zaczyk*, § 303 Rn 25; *Satzger*, Jura 06, 435; S/S/W-*Saliger*, § 303 Rn 16. Eine leicht entfernbare Veränderung ist aber unabhängig von ihrem Belassen nur vorübergehend = nicht physikalisch dauerhaft; wie hier *Eisenschmid*, NJW 05, 3035; *Fischer*, § 303 Rn 19; *Krüger*, NJ 06, 250.
85 Ebenso die Entwurfsbegründung BT-Ds 15/5313, S. 3.
86 Dieser Fall war nach § 303 aF umstritten; gegen Beschädigung zB *Krey/Hellmann*, BT II, 15. Aufl. 2008, Rn 240; NK-*Zaczyk*, 2. Aufl. 2005, § 303 Rn 13; S/S-*Stree*, 27. Aufl. 2006, § 303 Rn 9 f sowie hier 27. Aufl. Rn 27; anders dagegen A/W-*Heinrich*, § 12 Rn 22; *Rengier*, BT I § 24 Rn 14.

treten[87]. Wer auf eine Haustür die Warnung vor einer hinter ihr lauernden Explosionsgefahr oder wer schwer verletzt mit letzter Kraft den Namen des erkannten Schützen an eine Hauswand sprüht, verletzt mit dieser Veränderung des Erscheinungsbildes von Tür oder Wand den Gestaltungswillen des Eigentümers und ist nur nach § 904 BGB gerechtfertigt. Beseitigt eine Gemeinde im Wege der Ersatzvornahme die durch eine unzulässige, vom Eigentümer aber gewünschte Farbgebung eingetretene Verunstaltung einer baulichen Anlage, verändert sie das Erscheinungsbild gegen seinen Willen. Die Befugnis hierzu kann folglich den tatbestandsmäßigen Eingriff nur rechtfertigen[88].

Da der Gesetzgeber das Merkmal „unbefugt" nur in § 303 II aufgenommen und es in § 303 I bewusst bei dem *allgemeinen Hinweis auf die Rechtswidrigkeit* belassen hat, wird auch nach der Reform überwiegend und zu Recht die Auffassung vertreten, dass die **Einwilligung iR des ersten Absatzes** einen **Rechtfertigungsgrund** darstellt[89]. Liegt sie, wie zB in der Konstellation einer Diebesfalle (s. dazu Rn 118), objektiv vor, fehlt es aber mangels Kenntnis am subjektiven Rechtfertigungselement, ist ein untauglicher Versuch gegeben, wenn die Beschädigung von der Einwilligung des agent provocateur gedeckt ist[90].

5. Abgrenzung zur bloßen Sachentziehung

Die schlichte **Sach-** oder **Besitzentziehung**, die im geltenden Recht nicht mit Strafe bedroht ist[91], erfüllt die Merkmale des § 303 nicht. Wer etwa einheimische Singvögel aus dem Käfig des Züchters entweichen lässt, den goldenen Trauring der jungvermählten Konkurrentin in einen Fluss wirft oder dem erfolgreichen Briefmarkensammler ein seltenes Einzelstück in der Weise entzieht, dass er es in dessen Privatbibliothek für ihn unauffindbar mitsamt der schützenden Klarsichtfolie zwischen die Seiten eines Buches steckt, setzt sich zwar uU einem Schadensersatzanspruch nach § 823 BGB aus, macht sich aber nicht nach § 303 strafbar[92].

41

---

87 Anders die Gesetzesbegründung, nach der auch die Berufung auf eine „Befugnisnorm" den Tatbestand ausschließen soll, BT-Ds 15/5313, S. 3; dem zust. *Eisenschmid*, NJW 05, 3035; HK-GS/*Weiler*, § 303 Rn 6; *Kindhäuser*, § 303 Rn 18; nach der hier vorgeschlagenen Lösung hat das Merkmal „unbefugt" eine **Doppelfunktion**: Tatbestandsausschluss bei Handeln mit Einwilligung, im Übrigen Hinweis auf allgemeine Rechtfertigungsgründe, s. zu einer solchen Deutung S/S-*Heine/Schittenhelm*, Vorbem. §§ 324 ff Rn 14; zust. *Kunze*, Das Merkmal „unbefugt" in den Strafnormen des BT des StGB, 2014, S. 183 ff; *Zöller*, BT Rn 589.
88 SK-*Hoyer*, § 303 Rn 25 folgt dem bei Rechtfertigung nach §§ 228, 904 BGB, will aber bei Amtsbefugnissen dem Tatbestand ausschließen; ähnlich NK-*Zaczyk*, § 303 Rn 26; wie hier dagegen *Eisele*, BT II Rn 473; *Krey/Hellmann/Heinrich*, BT II Rn 363; *Krüger*, NJ 06, 251; *Küper/Zopfs*, BT Rn 441; M/R-*Altenhain*, § 303 Rn 17; *Satzger*, Jura 06, 435; S/S-*Hecker*, § 303 Rn 17; für allgemeines Rechtswidrigkeitsmerkmal *Heghmanns*, Rn 895.
89 So *Satzger*, Jura 06, 433; S/S-*Hecker*, § 303 Rn 22; die abw. Auffassung in der 33. Aufl. (Rn 13b) gebe ich auf; zur Erörterung des *rechtfertigenden Notstands* im Falle der Zerstörung von Gen-Weizenpflanzen s. OLG Naumburg BeckRS 13, 08144.
90 So lag es in BGHSt 61, 285 mit Anm. *Bachmann*, JR 17, 445; *Bosch*, Jura (JK) 17, 604; *Mitsch*, NJW 17, 1188; zur heute herrschenden Versuchslösung bei fehlendem subjektiven Rechtfertigungselement, der der BGH hier ohne Begründung folgt, s. *Hillenkamp*, Fischer-FS S. 237 ff; *ders.*, JuS 18, 974, 977 f; *Hillenkamp/Cornelius*, AT 4. Problem.
91 Anders E 1962 § 251; krit. *Joecks/Jäger*, § 303 Rn 11 ff; s. zur Abgrenzung von Entziehung und Beschädigung BGHSt 44, 34, 38 f; *Krüßmann*, JA 98, 627 f.
92 So die hM: *Fischer*, § 303 Rn 12; LK-*Wolff*, § 303 Rn 19; S/S-*Hecker*, § 303 Rn 12; S/S/W-*Saliger*, § 303 Rn 5.

Dies folgt daraus, dass die Entziehungshandlung hier keine nachteilig verändernde Einwirkung auf die Sache als solche enthält, sondern allein das *Herrschaftsverhältnis* des Eigentümers zur Sache betrifft. Für § 303 soll freilich in solchen Fällen Raum bleiben, in denen die ihrem Eigentümer entzogene Sache **weiteren Einwirkungen ausgesetzt** wird, die zwangsläufig zu ihrer Beschädigung oder Vernichtung führen, so etwa, wenn ein fremdes Fahrrad ins Wasser geworfen wird, wo es mit der Zeit verrostet und verkommt[93]. Da mit der Sachentziehung die Sache der Obhut des Eigentümers aber entzogen und daher regelmäßig dem Schicksal alles Vergänglichen überantwortet wird, wird mit dieser Überlegung die Straflosigkeit der Sachentziehung weitgehend unterlaufen. Deshalb fallen solche Folgeschäden nicht mehr unter die *Reichweite der Norm*[94].

6. Subjektiver Tatbestand

42 Für den **inneren Tatbestand** genügt Eventualvorsatz. Auf die in § 303 I erwähnte *Rechtswidrigkeit* der Tat braucht der Vorsatz sich nicht zu beziehen, da es sich insoweit nicht um einen Tatumstand iS des § 16 I, sondern lediglich um einen überflüssigen Hinweis auf das allgemeine Deliktsmerkmal der Rechtswidrigkeit handelt[95]. Wer über die Rechtswidrigkeit irrt, ist nach den dafür geltenden Regeln zu beurteilen. Geht der Täter irrtümlich davon aus, der Eigentümer – oder im Rahmen des § 303 II der Berechtigte – sei „einverstanden", ist als Vorfrage zu klären, ob die Einwilligung bei der Sachbeschädigung bereits den Tatbestand oder ob sie nur die Rechtswidrigkeit entfallen lässt. Auch wenn nach der Neufassung der Vorschrift ein auf Grund einer Einwilligung des Eigentümers befugtes Verändern des Erscheinungsbildes schon den Tatbestand des § 303 II ausschließt, liegt es näher, iR des § 303 I bei der Einwilligung als Rechtfertigungsgrund zu bleiben (s. Rn 40).

43 Im **Fall 1** erfüllt das Ablassen der Luft aus *allen* Reifen den Tatbestand der Sachbeschädigung (Rn 35 mit BGHSt 13, 207, 208). Bei den „tags"[96] steht zwar einer Bestrafung weder die Meinungs- noch die Kunstfreiheit entgegen[97], wohl aber nach der bisherigen Rechtslage, dass sich die Schriftzüge von einer metallischen Oberfläche idR rückstandslos und ohne Beschädigung des Lacks beseitigen lassen[98]. Die willenswidrige Zustandsveränderung reichte nach der Rechtsprechung für Sachbeschädigung nicht aus. Nunmehr ist das Aufsprühen der „tags" als Veränderung des Erscheinungsbildes von § 303 II nF erfasst. Sind sie durch Größe und Sichtbarkeit erheblich, dürfte sich A strafbar gemacht haben, da sich die „tags" auch nicht ohne Weiteres beseitigen lassen. Die Veränderung ist daher nicht nur vorübergehend.

---

93 Vgl RGSt 64, 250 f; RG GA Bd. 51, 182, 183; *Kindhäuser*, § 303 Rn 24; S/S-*Hecker*, § 303 Rn 12; *Schramm*, BT I § 6 Rn 27.
94 Zu Recht krit. daher A/W-*Heinrich*, BT § 12 Rn 28; *R. Schmitt*, Stree/Wessels-FS S. 505; ist der Tod eines Tieres *unmittelbare* Folge seines Aussetzens (zB auf befahrener Straße oder bei 40° minus), liegt § 303 natürlich vor; daher überzeugt das als Gegenbeispiel nicht, so aber *Satzger*, Jura 06, 431; wie hier S/S/W-*Saliger*, § 303 Rn 5; vermittelnd *Ladiges*, JuS 18, 659.
95 Vgl *Wessels/Beulke/Satzger*, AT Rn 202; aA *Gropengießer*, JuS 97, 1013; *ders.*, JR 98, 93 f: Tatbestandsmerkmal mit der Bedeutung „unter Verstoß gegen die materielle Eigentumsordnung".
96 Ein „tag" ist ein Signaturkürzel des Sprayers, das auf seine individuelle Urheberschaft hinweist; s. zum Begriff, dem Unterschied zum „Crew-Kürzel" und ihrer Eignung zum Beweis im Strafverfahren LG Potsdam BeckRS 15, 1402; LG Offenburg BeckRS 02, 16890.
97 S. BVerfG NJW 84, 1293; EKMR NJW 84, 2753: Sprayer von Zürich; s. dazu *Eisele*, BT II Rn 480; *Kingreen/Poscher*, Grundrechte Staatsrecht II, 34. Aufl. 2018, Rn 715, 742.
98 OLG Köln StV 95, 592; BayObLG StV 97, 80 mit zust. Bespr. von *Löhnig*, JA 98, 184; LG Itzehoe NJW 98, 468; HansOLG Hamburg StV 99, 544.

Auf eine Beeinträchtigung der Substanz durch die Reinigung kommt es nach § 303 II nicht mehr an. Die Delle im Dach ist zwar eine idR *erhebliche* Beschädigung (und eine dahinter zurücktretende Veränderung des Erscheinungsbildes, s. Rn 37) des Autos, ist aber bei einem geübten Car-Walker möglicherweise vom Vorsatz nicht erfasst[99]. Auf Rechtfertigung kann sich A trotz verkehrswidrigen und ihn behindernden Verhaltens der Autobesitzer nicht berufen[100]. A hat sich daher nach § 303 strafbar gemacht. Verneint die Strafverfolgungsbehörde ein besonderes öffentliches Interesse, wird die Sachbeschädigung nur auf **Antrag** verfolgt, § 303c. *Antragsberechtigt* ist nur der Sacheigentümer. Die Erweiterung dieser Befugnis auf Nutzungsberechtigte wie Pächter, Entleiher oder Mieter ist (auch in Fällen des § 303 II) sachwidrig, da sich ihre aus dem Eigentum abgeleiteten Rechte nicht als gegenüber diesem verselbstständigte Schutzgüter des § 303 erweisen[101].

7. Prüfungsaufbau: Sachbeschädigung, § 303

Sachbeschädigung, § 303   43a
- I. **Tatbestand**
  - 1. **Objektiver Tatbestand**
    - a) **Tatobjekt:**
      - *Sache iSd § 90 BGB*
        - → auch unbewegliche
        - → auch Tiere
      - *fremd*
    - b) **Tathandlung:**
      - *Beschädigen*
        - → Substanzverletzung oder
        - → Brauchbarkeitsminderung
        - → Erheblichkeit der Beschädigung
      - *Zerstören*
        - → Existenz- oder Brauchbarkeitsverlust
        - ℗ bestimmungsgemäßer Verbrauch
        - ℗ (Erfolgseintritt durch) Sachentziehung
      - *Verändern des Erscheinungsbildes*
        - unbefugt
        - nicht nur unerheblich
        - nicht nur vorübergehend
      - *zu allen drei Tathandlungen:*
        - ℗ Einwilligung als Tatbestandsausschließungs- oder Rechtfertigungsgrund
  - 2. **Subjektiver Tatbestand**
    - **Vorsatz:**
      - *jede Vorsatzart*
- II. **Rechtswidrigkeit**
- III. **Schuld**
- IV. **Strafantrag, § 303c**
  - ℗ Antragsberechtigter: neben Sacheigentümer auch Nutzungsberechtigter
- → **Qualifikationen, §§ 305, 305a**

---

99 LG Berlin NStZ-RR 97, 362.
100 S/S-*Perron/Eisele*, § 32 Rn 9; *Dölling*, JR 94, 113.
101 Wie hier *Fischer*, § 303c Rn 3; S/S-*Hecker*, § 303c Rn 2; aA OLG Frankfurt NJW 87, 389; *Lackner/Kühl/Heger*, § 303c Rn 2.

II. Zerstörung von Bauwerken und von wichtigen Arbeitsmitteln

1. Zerstörung von Bauwerken

44 Die **Zerstörung von Bauwerken** (§ 305) ist ein qualifizierter Fall der Sachbeschädigung und wie diese ein echtes Eigentumsdelikt, das als Objekt der Tat eine *fremde Sache* voraussetzt. Die Strafverfolgung tritt hier jedoch ohne Strafantrag ein.

45 Das **Bauwerk** bildet den Ober- und Auffangbegriff der in § 305 I abschließend aufgezählten Tatobjekte. Als Bauwerk sind alle baulichen Anlagen anzusehen, die auf dem Grund und Boden ruhen; einer dauerhaften Verbindung bedarf es – wie beim Zirkuszelt – nicht. Wie die Einbeziehung der Schiffe in den Kreis der geschützten Objekte zeigt[102], ist die Festigkeit der Verbindung mit dem Grund und Boden nur eine Regelerscheinung, aber kein Wesensmerkmal des § 305.

Bauwerke sind zB auch Rohbauten, eine Hütte, eine Gartenmauer, ein künstlicher Fischteich sowie ein auf dem Boden errichteter Tankbehälter mit einem Fassungsvermögen von mehreren Tonnen. Alle Tatobjekte müssen, wie ihre Umschreibung und der erhöhte Strafrahmen ergeben, auf eine gewisse Dauer errichtet und „von gewisser Größe und Bedeutung" sein[103]. Tretboote oder Fußgängerstege genügen daher nicht.

46 Als **Tathandlung** kommt hier nur ein gänzliches oder teilweises **Zerstören** der fremden Sache in Betracht. Auch Letzteres ist mehr als Beschädigen oder Zerstören eines beliebigen Teilelements. Es liegt zB im Unbrauchbarmachen eines selbstständigen, für das Ganze aber wichtigen Teils. So ist das Abmontieren eines Brückengeländers oder das Auseinanderbiegen bzw die Demontage von Eisenbahnschienen eine teilweise Zerstörung der Brücke bzw Eisenbahn[104], nicht aber das Einwerfen einer Fensterscheibe die teilweise Zerstörung eines Bauwerks.

2. Zerstörung wichtiger Arbeitsmittel

47 Nach § 305a I macht sich der **Zerstörung wichtiger Arbeitsmittel** schuldig, wer ein *fremdes* technisches Arbeitsmittel von bedeutendem Wert, das für die *Errichtung* einer Anlage oder eines Unternehmens iS des § 316b I Nr 1, 2 oder der sonst in § 305a I Nr 1 genannten Anlagen von wesentlicher Bedeutung ist, ganz oder teilweise zerstört. Dient das Arbeitsmittel dem *Betrieb*, fällt seine Beeinträchtigung unter § 316b. Arbeitsmittel sind nach § 2 I 2 GerätesicherheitsG zB Arbeits- und Kraftmaschinen, Hebeeinrichtungen und Beförderungsmittel[105]. Als weitere Tatobjekte nennt § 305a I Nr 2 jetzt für den Einsatz wesentliche technische Arbeitsmittel der Polizei, der Bundeswehr, der Feuerwehr, des Katastrophenschutzes oder eines Rettungsdienstes, die von bedeutendem Wert sind, und § 305a I Nr 3 **Kraftfahrzeuge** all dieser In-

---

102 Gegen diesen Schluss RGSt 15, 263, 264; *Fischer*, § 305 Rn 2; s. auch LK-*Wolff*, § 305 Rn 3.
103 BGHSt 41, 219, 221; *Eisele*, BT II Rn 492; s. zu den Beispielen *Kindhäuser*, § 305 Rn 2; S/S/W-*Saliger*, § 305 Rn 2 f; RG HRR 30, 462; RGSt 15, 263.
104 Näher dazu RGSt 55, 169, 170; LG Dortmund NStZ-RR 98, 139, 140; OGHSt 1, 53; 2, 209.
105 Das Gerätesicherheitsgesetz wurde am 1.5.2004 durch das Geräte- und Produktsicherheitsgesetz abgelöst. Beispiele für technische Arbeitsmittel werden in dessen § 2 II nicht mehr aufgeführt. Hier findet sich nur noch eine Definition.

stitutionen; darunter fallen auch Luft- und Wasserfahrzeuge, wie etwa Hubschrauber und Motorboote[106]. Auch hier reicht wie zu § 305 als Tathandlung ein bloßes „Beschädigen" nicht aus; deshalb fällt das Eintreten lediglich der beiden hinteren Seitenscheiben eines Polizeiwagens nur unter § 303[107]. Die 2011 in ihren Schutzobjekten erweiterte[108] Vorschrift bildet einen Qualifikationstatbestand zu § 303[109] und dehnt den Strafschutz in das Vorfeld des § 316b aus.

III. Gemeinschädliche Sachbeschädigung

Fall 2: Der Student S zählt zu den Benutzern einer Universitätsbibliothek. In zwei wertvollen wissenschaftlichen Werken entdeckt er mehrere alte Kupferstiche, die er herausschneidet und mitnimmt. Beim Verlassen der Bibliothek wird er von zwei Polizeibeamten in Empfang genommen, die das aufmerksame Bibliothekspersonal benachrichtigt hatte. Aus Zorn über seine Entdeckung tritt S so gegen den Streifenwagen, dass eine tiefe Einbeulung zurückbleibt.
Wie ist das Verhalten des S strafrechtlich zu beurteilen? **Rn 57**

48

1. Schutzgut und Schutzzweck

Bei der **gemeinschädlichen Sachbeschädigung** (§ 304) handelt es sich nicht um einen qualifizierten Fall des § 303, sondern um ein *eigenständiges Delikt*, das sich gegen die *Interessen der Allgemeinheit* richtet und dessen Ahndung nicht von einem Strafantrag abhängt.

49

Bei den in § 304 genannten Schutzobjekten spielen die Eigentumsverhältnisse keine Rolle[110]. Ihr erhöhter Strafrechtsschutz erklärt sich einmal daraus, dass es hier oft um Kulturgüter von hohem Wert geht, die nur schwer oder gar nicht zu ersetzen sind. Die verschärfte Strafdrohung beruht aber auch und vor allem darauf, dass die dem öffentlichen Nutzen dienenden Gegenstände *allgemein zugänglich* sein müssen und deshalb in besonderem Maße der Gefahr mutwilliger Beschädigung oder Zerstörung ausgesetzt sind[111]. Der **Gesetzgeber** hat auch in § 304 einen § 303 II nF nachgebildeten Absatz 2 eingefügt, der die Tathandlungen um die nicht nur unerhebliche und nicht nur vorübergehende **Veränderung des Erscheinungsbildes** der in Absatz 1 bezeichneten Sachen und Gegenstände erweitert. Die Ausführungen hierzu zu § 303 gelten entsprechend. Zum auch in § 304 II in bewusstem Gegensatz zu „rechtswidrig" in § 304 I eingefügten **„unbefugt"** ist zu berücksichtigen, dass auch der Eigentümer Täter und seine **Einwilligung** allenfalls dann tatbestandsausschließend sein kann, wenn er zugleich das Recht hat, die Widmung der Sache zu öffentlichen Zwecken aufzuheben[112]. Sonst Berechtigte können hier anders als in § 303 I ihre Dispositionsbefugnis aus anderen Rechtsgrundlagen als dem Eigentum beziehen[113].

---

106 Zutr. S/S-*Hecker*, § 305a Rn 10.
107 OLG Oldenburg NStZ-RR 11, 328; *Fischer*, § 305a Rn 10.
108 44. StRÄndG v. 5.11.2011 (BGBl I 2130); s. dazu *Singelnstein/Puschke*, NJW 11, 3475.
109 In Abs. 1 Nrn 2 und 3 fehlt allerdings das Merkmal „fremd"; aA daher NK-*Zaczyk*, § 305a Rn 1.
110 Vgl dazu RGSt 43, 240, 242; *Eisele*, BT II Rn 481; S/S-*Hecker*, § 304 Rn 1.
111 BGHSt 10, 285, 286.
112 *Fischer*, § 304 Rn 15; S/S/W-*Saliger*, § 304 Rn 14.
113 LK-*Wolff*, § 304 Rn 17.

2. Unrechtstatbestand

50 Der **Unrechtstatbestand** umfasst die vorsätzliche **Beschädigung**, **Zerstörung** und die nicht unerhebliche und nicht nur vorübergehende **Veränderung** des **Erscheinungsbildes** von in § 304 I abschließend aufgeführten kulturellen oder gemeinnützigen **Gegenständen**. Neben *Grabmälern*, die namentlich von Friedhofsschändungen in einer oft auch § 168 II erfüllenden Weise betroffen sind, sind vor allem Gegenstände der *Kunst*, der *Wissenschaft* oder des *Gewerbes*, die *in öffentlichen Sammlungen aufbewahrt* werden und *Gegenstände*, die dem *öffentlichen Nutzen* dienen, von praktischer Bedeutung.

51 **Öffentliche Sammlungen** befinden sich in Museen und Bibliotheken. Sie sind nicht schon deshalb eine öffentliche Sammlung, weil sie im Eigentum der öffentlichen Hand stehen. **Öffentlich iS des § 304 ist eine Sammlung vielmehr nur, wenn sie allgemein zugänglich** ist. Daran fehlt es, wenn sie lediglich einem begrenzten Kreis von Benutzern offen steht, wie etwa den Angehörigen einer Behörde oder einer sonst durch gemeinsame Merkmale verbundenen engeren Personengruppe.

Letzteres trifft zB für Gerichtsbüchereien zu, die allein für die im Justizdienst tätigen Personen und die zur Rechtspflege zählenden Berufsgruppen (= Rechtsanwälte, Notare, Rechtsbeistände, Gerichtsvollzieher usw) eingerichtet werden.

52 *Staats-* und *Universitätsbibliotheken* beherbergen dagegen *öffentliche Sammlungen* iS des § 304. Dass ihre Benutzung von einer Erlaubnis und der Einhaltung bestimmter Vorschriften der Anstaltsordnung abhängig ist, steht dem nicht entgegen. Maßgebend ist vielmehr, dass der Zutritt zu ihnen bei Erfüllung der Zulassungsvoraussetzungen grundsätzlich jedermann, also nicht nur Behörden- und Universitätsangehörigen gewährt wird[114].

53 Gegenstände, die zum **öffentlichen Nutzen** dienen, sind solche, die im Rahmen ihrer Zweckbestimmung der Allgemeinheit *unmittelbar* zugute kommen, sei es in Form des Gebrauchs oder in anderer Weise[115]. Da dem öffentlichen Nutzen unzählige Dinge dienen, die keine den übrigen Schutzobjekten vergleichbare Bedeutung haben, dient die *Unmittelbarkeit* der Gemeinwohlfunktion dazu, diese Vergleichbarkeit herzustellen. Sie wird bei einer von einem Träger hoheitlicher Gewalt dem öffentlichen Nutzen gewidmeten Sache nahe liegen, ist hiervon aber nicht abhängig[116].

54 **Unmittelbarkeit** in diesem Sinne *liegt vor*, wenn jedermann aus dem Publikum, sei es auch erst nach Erfüllung bestimmter allgemeiner Bedingungen, aus dem Gegenstand selbst oder aus dessen Erzeugnissen oder aus den bestimmungsgemäß von ihm ausgehenden Wirkungen Nutzen ziehen kann[117]. **Beispiele:** Verkehrszeichen[118], Gitter am Fenster eines Justizvollzugskrankenhauses[119], Wegweiser, Feuermelder, Feuerlöscher in öffentlichen Verkehrseinrichtungen, Notrufeinrichtungen, Telefonzellen, Postbriefkästen, öffentliche Verkehrsmittel, Ruhebänke in

---

114 BGHSt 10, 285, 286.
115 RGSt 58, 346, 347 f; BGH NStZ 90, 540.
116 *Stree*, JuS 83, 838; enger *Loos*, JuS 79, 700; krit. dazu NK-*Zaczyk*, § 304 Rn 10.
117 BGHSt 31, 185, 186; SK-*Hoyer*, § 304 Rn 11; S/S-*Hecker*, § 304 Rn 8 f; S/S/W-*Saliger*, § 304 Rn 7 f.
118 BGH VRS 19, 130; OLG Köln NJW 99, 1042; *Jahn*, JA 99, 98.
119 BGH NStZ 06, 345.

öffentlichen Anlagen und Skilangaufloipen[120]. Am unmittelbaren Nutzen für die Allgemeinheit *fehlt es* dagegen zB bei Wahlplakaten[121] sowie bei Einrichtungs- und Gebrauchsgegenständen von Behörden, die (wie zB Schreibtische, Aktenschränke usw) bloß innerdienstlichen Zwecken dienen. Das gleiche gilt für Sachen, deren bestimmungsgemäße Verwendung dem Bürger nur in der Weise *mittelbar* zugute kommt, dass sie Amtsträgern die Erledigung öffentlicher Aufgaben ermöglicht oder erleichtert. Infolgedessen fällt die Beschädigung eines **Polizeistreifenwagens** nicht unter § 304, weil er nur Hilfsmittel für den polizeilichen Einsatz ist; unmittelbaren Nutzen zieht der Bürger hier allein aus dem polizeilichen Einsatz als solchem, nicht aber aus der bestimmungsgemäßen Verwendung des Fahrzeugs als Transport- und Fortbewegungsmittel[122].

Rechtsprechungsbeispiel: Das **OLG Jena NJW 08, 776** hatte einen Fall zu beurteilen, in dem der Angeklagte mit blauer Farbe tags auf **Starkstromkästen** des Nahverkehrs aufgesprüht hatte. Das OLG übergeht die Frage, ob bei einer späteren Beseitigung der tags, die sich „durch Wegwischen nicht mehr entfernen" ließen, eine Substanzverletzung eingetreten wäre. Da diese schwierige Beweisfrage gerade Anlass der Einfügung des § 303 II gewesen sei, wird sie zu Recht (s. Rn 29) nicht gestellt und deshalb sogleich statt § 303 I in der Beschädigungsalternative (eine Brauchbarkeitsminderung kam ersichtlich nicht in Betracht) **§ 303 II** geprüft. Die zweifelsfreie Veränderung des optischen Erscheinungsbildes des Kastens wird vom Gericht als „nicht nur vorübergehend" angesehen, weil die tags nicht mehr ohne Aufwand entfernt werden konnten und auch als „nicht nur unerheblich", weil sie auf die (Oberflächen-)Substanz selbst einwirkten, sich also fest mit der Sache verbunden hatten. Damit ist allerdings nur die nötige Sacheinwirkung (s. Rn 38), nicht die Erheblichkeit belegt. **§ 304 II** wird verneint. Zwar dienten – was zweifelhaft erscheint (s. dazu hier Rn 53 f) – die Kästen dem „öffentlichen Nutzen", es fehle aber an der auch für § 304 II zu verlangenden Beeinträchtigung gerade der „öffentlichen Funktion" dieser Kästen (s. dazu hier Rn 56). Gleiches gilt für das Besprühen von **U-Bahn-Waggons**[123].

Geschützt sind auch Gegenstände, die zur Verschönerung **öffentlicher Wege**, **Plätze** und **Anlagen**[124] dienen. Das tun vor allem Blumen, Ziersträucher und Bäume. Das Abreißen *einzelner* Blumen oder Zweige fällt zumeist nur unter § 303; gegen § 304 soll aber verstoßen, wer eine kostbare Pflanze, die schon für sich allein wesentlich zur Verschönerung der Anlage beiträgt, ihres Blütenschmucks beraubt[125]. 55

Die Tathandlung besteht – wie in § 303 – im **Beschädigen, Zerstören** oder im erheblichen und nicht nur vorübergehenden Verändern des **Erscheinungsbildes**. Dabei liegt ein Beschädigen hier nur vor, wenn *auch* der *besondere Zweck* beeinträchtigt wird, kraft dessen der Gegenstand zu den durch § 304 geschützten Objekten gehört[126]. Das muss auch für die neu hinzugekommene Alternative des § 304 II gelten. Dafür spricht, dass man die Anforderungen an zwei gleichwertige Handlungsalternati- 56

---

120 Zur Loipe aA *Lackner/Kühl/Heger*, § 304 Rn 3; zu den Beispielen s. RGSt 65, 133, 134 f; BGH MDR/D 52, 532; BayObLG NJW 88, 837.
121 LG Wiesbaden NJW 78, 2107; *Loos*, JuS 79, 699; *Wilhelm*, JuS 96, 427.
122 BGHSt 31, 185 mit Anm. *Loos*, JR 84, 374; *Stree*, JuS 83, 836; s. auch *Rengier*, BT I § 25 Rn 5. Beachte aber bei (teilweiser) Zerstörung § 305a I Nr 3.
123 KG StV 09, 649; s. dazu *Bock*, BT II S. 231; *Eidam*, JA 10, 601, 602 f; OLG Köln StraFo 18, 83 mit Bespr. *Jahn*, JuS 18, 395.
124 S. hierzu BGHSt 22, 209, 212.
125 RGSt 9, 219, 221.
126 AnK-*Popp*, § 304 Rn 14; *Eisele*, BT II Rn 487; *Hohmann/Sander*, § 10 Rn 31; *Küper/Zopfs*, BT Rn 442; MK-*Wieck-Noodt*, § 304 Rn 23; NK-*Zaczyk*, § 304 Rn 14; S/S/W-*Saliger*, § 304 Rn 11; abw. *Ladiges*, JuS 18, 756; Falllösung (Entfernen eines Gullydeckels) bei *Herold*, JA 13, 345 f.

ven in ein- und demselben Tatbestand – betreffen sie eine sinnvolle Restriktion – nicht unterschiedlich bestimmen oder sogar für die idR mit einer geringfügigeren Einwirkung verbundene Variante aufheben sollte. Andernfalls wäre § 304 II beim Fehlen einer nur für § 304 I verlangten Beeinträchtigung des besonderen Zwecks gegenüber § 304 I auch nicht subsidiär[127]. Das Besprühen von Brückenteilen oder Eisenbahnwagen reicht deshalb selbst dann nicht aus, wenn eine einfache Sachbeschädigung vorliegt[128], wohl aber zB das vollständige Besprühen einer Parkbank oder der Sitzflächen einer öffentlichen Toilettenanlage[129], wenn sich infolgedessen niemand mehr „draufsetzt".

57 Im **Fall 2** gehörten die von S beschädigten Bücher zu einer *öffentlichen Sammlung* (Rn 51 f), in der sie als Gegenstände der Kunst und der Wissenschaft aufbewahrt wurden. Durch das Herausreißen von Blättern ist ihre Tauglichkeit auch gerade für den *besonderen Zweck*, dem sie zu dienen bestimmt waren, beeinträchtigt worden[130]. Infolgedessen hat S sich nach § 304 strafbar gemacht. § 303, dessen Voraussetzungen hier ebenfalls erfüllt sind, wird durch § 304 als dessen *regelmäßige Begleittat* konsumiert. Nach anderer Ansicht soll zwischen § 304 und § 303 Tateinheit möglich sein[131]. Letzteres gilt auch im Verhältnis zum bei Zueignungsabsicht gegebenen Diebstahl[132]. Die Beschädigung des Streifenwagens erfüllt dagegen den Tatbestand nicht. Der Streifenwagen dient nicht *unmittelbar* öffentlichem Nutzen (Rn 54). Auch beeinträchtigt die Delle nicht maßgeblich den öffentlichen Zweck (Rn 56). Sie stört auch nicht nachhaltig den Betrieb der der öffentlichen Ordnung und Sicherheit dienenden Einrichtung Polizei, sodass auch § 316b I Nr 3 nicht gegeben ist[133]. Da das Fahrzeug nicht wenigstens teilweise zerstört ist, kommt – statt § 305a I Nr 2 – nur § 303 wirklich in Betracht, der hier auch nicht an der Erheblichkeitsschwelle scheitert.

IV. Datenveränderung und Computersabotage

58 Die **Datenveränderung** (§ 303a) und die **Computersabotage** (§ 303b) weisen in den Tathandlungen Ähnlichkeiten mit der Sachbeschädigung auf, stehen mit ihr aber nur in loser Verbindung. Das gilt namentlich deshalb, weil Daten als solche weder Sachen noch eigentumsfähig und daher von § 303 nicht erfasst sind[134]. §§ 303a und 303b sind

---

127 Das KG (NStZ 07, 223 f) hätte sich deshalb vor der Erklärung, § 304 II sei subsidiär, mit der Frage auseinandersetzen müssen; wie hier jetzt KG StV 09, 649, OLG Jena NJW 08, 776 und OLG Köln StraFo 18, 83 mit Bespr. *Jahn*, JuS 18, 395; BK-*Weidemann*, § 304 Rn 9; *Bock*, BT II S. 231 f; *Eisele*, BT II Rn 463; *Fischer*, § 304 Rn 13a; H-H-*Voigt*, BT Rn 1253; *Jäger*, BT Rn 535; *Joecks/Jäger*, § 304 Rn 5; *Lackner/Kühl/Heger*, § 304 Rn 4; M/R-*Altenhain*, § 304 Rn 17; *Rengier*, BT I § 25 Rn 7. In der Annahme einer solchen Beeinträchtigung zu eng *Kudlich*, GA 06, 40 f, zu weit SK-*Hoyer*, § 304 Rn 14.
128 So schon vor der Reform BayObLG StV 99, 543; ebenso für das bloße Besprühen von Starkstromkästen OLG Jena NJW 08, 776 auf dem Boden der Neufassung; s. dazu *Eidam*, JA 10, 601, 602 f. Zur *Überdehnung* der öffentlichen Funktion bzw. des öffentlichen Nutzens, deren Beeinträchtigung der Tatbestand voraussetzt, s. die krit. Bespr. der Entscheidung des OLG Hamburg BeckRS 14, 00585/08312 von *Jäger*, JA 14, 549; *Satzger*, JK 11/14, StGB § 304/1.
129 Zweifel bei *Rengier*, BT I § 25 Rn 8; S/S/W-*Saliger*, § 304 Rn 12.
130 S. dazu RGSt 43, 31, 32; 65, 133, 134 f.
131 Für Konsumtion *Fischer*, § 304 Rn 17; für Tateinheit LK-*Wolff*, § 304 Rn 22; S/S-*Hecker*, § 304 Rn 17.
132 BGHSt 20, 286; nach OLG Hamm MDR 53, 568 wird § 304 von §§ 242, 243 I 2 Nr 5 konsumiert.
133 BGHSt 31, 185, 188.
134 OLG Dresden NJW-RR 13, 28; *Heymann*, CR 16, 650; § 303a schließt diese Lücke, s. *Schramm*, BT I, § 6 Rn 44; M/R-*Altenhain*, § 303a Rn 2.

2007[135] europäischen Vorgaben[136] angepasst worden. § 303b I ist deutlich ausgedehnt (dabei aber auf erhebliche Störungen beschränkt) worden; die Tatobjekte des § 303b I a.F. begründen nun eine Qualifikation (Abs. 2). Ebenfalls neu ist die Strafzumessungsregel mit Regelbeispielen (Abs. 4). In § 303a III und § 303b V wurden die **Vorbereitung** einer Datenveränderung bzw einer Computersabotage unter Strafe gestellt. Da die Taten nach § 303a I und § 303b I und II als Versuch strafbar sind (§§ 303a II, 303b III), begegnet hier die durch den Rückverweis auf § 202c bewerkstelligte Ausdehnung weniger Bedenken als zu §§ 202a, b selbst, da deren Versuch straflos ist[137]. Befremdlich ist allerdings, dass §§ 303a I und II, 303b I bis III als relative Antragsdelikte ausgestaltet sind (§§ 303c), der über §§ 303a III, 303b V anzuwendende § 202c dagegen ein Offizialdelikt ist.

Der Tatbestand des § 303a ist zu unbestimmt und verstößt daher gegen Art. 103 II GG und Art. 7 I EMRK[138]. Der Gesetzgeber bezweckte mit § 303a eine gesetzliche Analogie zu § 303 zu schaffen (sog. *„virtuelle Sachbeschädigung"*[139])[140]. Obgleich diese Gesetzestechnik Vorteile bietet und mit dem Gesetzlichkeitsprinzip im Einklang steht[141], ist diese Analogie in vielerlei Hinsicht missglückt. Der Normunterworfene kann der Norm nicht entnehmen, was er tun darf – weder enthält die Vorschrift eine Verhaltensregel, noch ergibt sich ein Anhaltspunkt für eine Kompetenzverteilung zur Setzung der Verhaltensregel[142]. Jeder Umgang mit Computern ist eine Veränderung von Daten, sodass § 303a jedes ubiquitäre computerbezogene Verhalten unter Strafe stellt, egal ob das Verhalten erwünscht ist[143]. Die Lösung über ein Einverständnismodell hilft nur scheinbar weiter, da ein dem Eigentum analoges Institut der Dateninhaberschaft bislang nicht klar besteht (dazu s. Rn 61). Sobald mehrere Personen berechtigte Interessen an Daten haben, gerät dieses Modell an seine Grenzen[144]. Auch das Abstellen auf den formalen Skripturakt (s. Rn 61) vermag nicht völlig zu überzeugen, da dies die Berechtigung oftmals nicht hinreichend erfasst. Es ist nicht ersichtlich, warum die Bewirkung der Speicherung per se besonders geschützt werden soll, denn eine Speicherung kann auch unter Verletzung fremder Rechte erfolgen[145]. Und selbst wenn ein Datenberechtigter eindeutig ermittelt werden kann, ist nicht gesagt, dass zB einem Computerlaien die Entscheidungsmöglichkeiten bekannt

58a

---

135 41. StrÄndG vom 7.8.2007 (BGBl I 1786); krit. Bespr. finden sich bei *Ernst*, NJW 07, 2661; *Gröseling/Höfinger*, MMR 07, 626; *Schumann*, NStZ 07, 675; *Vassilaki*, CR 08, 131.
136 S. BT-Ds 16/3656, S. 1; krit hierzu *Heghmanns*, Szwarc-FS S. 319 ff.
137 Es bleiben allerdings die Bedenken gegen jede Vorfeldkriminalisierung, s. dazu LK-*Hillenkamp*, vor § 22 Rn 6; NK-*Zaczyk*, § 303a Rn 17; vgl auch hier Rn 602.
138 Zur Verfassungswidrigkeit der Norm s. AnK-*Popp*, § 303a Rn 3; LK-*Tolksdorf*, 11. Aufl. 1992, § 303a Rn 7; NK-*Zaczyk*, § 303a Rn 1, 4; *Schuhr*, ZIS 12, 441, 454 f; *Welp*, IuR 1988, 439.
139 S. *Ernst*, NJW 07, 2661, 2664; *Schramm*, BT I, § 6 Rn 45.
140 S. BT-Ds 10/5058, S. 34.
141 Zum Gesetzlichkeitsprinzip und der Gesetzestechnik der Analogie *Schuhr*, ZIS 12, 441, 443.
142 *Schuhr*, ZIS 12, 441, 448.
143 *Schlüchter*, Zweites Gesetz zur Bekämpfung der Wirtschaftskriminalität, 1987, S. 74; *Schuhr*, ZIS 12, 441, 447 f; LK-*Tolksdorf*, 11. Aufl. 1992, § 303a Rn 5; *Gerhards*, Computerkriminalität und Sachbeschädigung, 1996, S. 35 f.
144 Ähnlich NK-*Zaczyk*, § 303a Rn 5.
145 So auch zutr. *Welp*, IuR 1988, 448; M/R-*Altenhain*, § 303a Rn 5; anders die hM *Kindhäuser/Böse*, BT II § 24 Rn 10; *Lackner/Kühl/Heger*, § 303a Rn 4; *Rengier*, BT I § 26 Rn 7; W/J-*Bär*, Kap. XII Rn 68.

und für ihn nicht gleichgültig sind[146]. In Wahrheit erfolgen Billigkeitsentscheidungen, indem der Rechtsanwender statt einer Verhaltenspflicht seine Wertungen für eine Bestimmung des Unrechts heranzieht *(crimen extraordinarium)*[147].

1. Datenveränderung

59 Nach § 303a macht sich der **Datenveränderung** schuldig, wer **Daten** iSd § 202a II löscht, unterdrückt, unbrauchbar macht oder verändert. Der Datenbegriff des § 202a II ist insofern eng, als er nur solche Informationen umfasst, die elektronisch, magnetisch oder sonst **nicht unmittelbar wahrnehmbar** gespeichert sind oder übermittelt werden. Es muss sich nicht um einen computer-typischen Binärcode handeln[148]. Dieser Datenbegriff umfasst aber nur Information in spezieller Darstellung, nämlich codiert und in einem Datenträger oder Übertragungsmedium, sodass die Bedeutung für einen Menschen nur mit Hilfsmitteln zu erfassen ist[149]. Für Menschen unmittelbar wahrnehmbare Daten sind qua Information auch keine körperlichen Gegenstände, also keine Sachen (§ 90 BGB) und fallen daher weder unter § 303 noch unter § 202a II. Soweit solche Daten in einem Datenträger verkörpert sind (zB als Tafelinschrift), ist der Datenträger eine Sache, und wenn an solchen Daten Tathandlungen des § 303a vorgenommen werden, wird das bzgl. des Datenträgers regelmäßig § 303 I oder zumindest II erfüllen. Werden die Daten hingegen nur übertragen (zB als hörbare Sprache), wird entsprechendes Verhalten (zB Unterdrückung durch störenden Krach) von keinem der beiden Tatbestände erfasst.

Sinn und Zweck des Gesetzes ist es, das **Interesse** an der *unversehrten Verwendbarkeit* von als **Daten gespeicherten Informationen** zu **schützen**[150]. *Träger* dieses Interesses und daher Verletzter ist, wer die *Berechtigung* hat, über die Daten zu *verfügen*. Dieses Interesse wird oft wirtschaftlicher Natur sein. Zwingend ist dies aber nicht[151], aber in Anbetracht des Interesses des Verfügungsberechtigten an der unversehrten Verwendbarkeit der Daten, welches Parallelen zur Eigentumsposition aufweist, kann von einem *Vermögensdelikt im engeren Sinne* (vgl. zur Abgrenzung die Einleitung Rn 1) gesprochen werden[152]. Bei *beweiserheblichen* Daten wird § 303a durch § 274 I Nr 2 ergänzt[153].

---

146 Ausf. zu den Problemen des Einverständnismodells *Schuhr*, ZIS 12, 441, 451 ff.
147 Vgl. AnK-*Popp*, § 303a Rn 3; LK-*Tolksdorf*, 11. Aufl. 1992, § 303a Rn 7; NK-*Zaczyk*, § 303a Rn 1, 4; *Schuhr*, ZIS 12, 441, 454. Gute Beispiele hierfür sind die Entscheidungen über die Entfernung von SIM-Locks an eigenen Mobiltelefonen, AG Nürtingen MMR 11, 121 und AG Göttingen MMR 11, 626 (s. Rn 61).
148 S. MK-*Graf*, § 202a Rn 12; teilweise wird zur Begrenzung des Datenbegriffs gefordert, dass die Daten Informationen enthalten müssen, an denen der Datenbesitzer ein legitimes Interesse hat, s. A/R/R-*Heghmanns* 6. Teil Rn 94 ff.
149 Vgl. K/H-*Cornelius*, Kap. 102 Rn 14; NK-*Kargl*, § 202a Rn 4. Krit. zur Einschränkung des Datenbegriffs *Mitsch*, BT II S. 436; *Welp*, IuR 1988, 446; NK-*Zaczyk*, § 303a Rn 3.
150 *Fischer*, § 303a Rn 2; NK-*Zaczyk*, § 303a Rn 2.
151 K/H-*Cornelius*, Kap. 102 Rn 179; *Lackner/Kühl/Heger*, § 303a Rn 1; MK-*Wieck-Noodt*, § 303a Rn 4, 8.
152 S. LK-*Tolksdorf*, 11. Aufl. 1992, § 303a Rn 2; LK-*Wolff*, 12. Aufl. § 303a Rn 4 Fn 3; S/S/W-*Hilgendorf*, § 303a Rn 3; *Kindhäuser/Böse*, BT II, § 24 Rn 1; *Welp*, IuR 1988, 443, 448 f; nach aA handelt es sich um kein Vermögensdelikt: *Fischer*, § 303a Rn 2; *Lackner/Kühl/Heger*, § 303a Rn 1; MK-*Wieck-Noodt*, § 303a Rn 4. In der Sache besteht zwischen beiden Ansichten jedoch kein Unterschied, so zu Recht NK-*Zaczyk*, § 303a Rn 2 Fn 3; *Kindhäuser/Böse*, BT II, § 24 Rn 1 Fn 3; anders aber MK-*Wieck-Noodt*, § 303a Rn 4.
153 OLG München CR 13, 212; ferner *Brand*, NStZ 13, 9.

Mit der Aufnahme mehrerer, sich teilweise überschneidender **Tathandlungen** in das Gesetz soll sichergestellt werden, dass alle denkbaren Formen einer Beeinträchtigung der Verwendbarkeit von Daten iS des § 202a II erfasst werden[154]. Das **Löschen** entspricht dem Begriff des Zerstörens in § 303. Es bedeutet das vollständige und keine Wiederherstellung zulassende Unkenntlichmachen der *konkreten* Speicherung[155]. Die Existenz von Sicherungskopien schließt das nicht aus[156]. Ein **Unterdrücken** von Daten liegt vor, wenn diese dem Zugriff des Berechtigten entzogen werden, sodass sie dauernd oder jedenfalls eine nicht ganz unerhebliche Zeit[157] potenziell nicht verwendet werden können[158]. Bewirkt eine **Online-Demonstration** (s. auch den vergleichbaren Fall der *Sitzblockaden*[159]) nur, dass eine Website für Dritte nicht mehr erreichbar ist, der Verfügungsberechtigte aber auf die Daten zugreifen kann, ist hiernach ein Unterdrücken nicht gegeben[160]. Eine Strafbarkeit nach § 303b I Nr 2 scheidet angesichts der Bedeutung von Art. 5 GG in diesem Kontext aus (s. Rn 66). Geschieht das Unterdrücken, wie bei der Beauftragung eines E-Mail-Dienstleisters mit der Herausfilterung unerwünschter und störender E-Mails (Spam), mit Einwilligung des Berechtigten, ist bereits der Tatbestand ausgeschlossen (Rn 61)[161]. **Unbrauchbar gemacht** sind Daten, wenn sie durch zusätzliche Einfügungen oder andere Manipulationen so in ihrer Verwendungsfähigkeit beeinträchtigt sind, dass sie den mit ihnen verbundenen Zweck nicht mehr ordnungsgemäß erfüllen können[162]. Die Tathandlung entspricht dem Beschädigen iS des § 303 I[163]. Das Merkmal des **Veränderns** erfasst sonstige Funktionsbeeinträchtigungen, wie zB die Veränderung des Informationsgehaltes oder Aussagewertes durch inhaltliches Umgestalten[164]. Solange beim sog.

60

---

154 S. BT-Ds 10/5058, S. 34.
155 *Fischer*, § 303a Rn 9; G/J/W-*Bär*, § 303a Rn 16; K/H-*Cornelius*, Kap. 102 Rn 182; *Malek/Popp*, Strafsachen im Internet, 2. Aufl. 2015, Rn 187; S/S-*Hecker*, § 303a Rn 5.
156 S/S-*Hecker*, § 303a Rn 5; NK-*Zaczyk*, § 303a Rn 7; *Popp*, JuS 11, 385, 388; anders für die Vernichtung einer Kopie bei Fortbestehen des Originals OLG Nürnberg CR 13, 214 mit insoweit krit. Anm. *Popp*, jurisPR-ITR 7/2013 Anm. 3.
157 Nach OLG Frankfurt/M MMR 06, 547, 551 soll eine vorübergehende (zweistündige) Entziehung der Gebrauchsmöglichkeit einer Webseite durch eine Online-Demonstration nicht ausreichen; anders zu Recht NK-*Zaczyk*, § 303a Rn 8; *Bock*, BT II, S. 238; *Ladiges*, JuS 2018, 754, 757; *Rengier*, BT I § 26 Rn 5; S/S/W-*Hilgendorf*, § 303a Rn 9; diff. Anm. *Gercke*, MMR 06, 552 f; zur Zweifelhaftigkeit einer (Haupt-)Tat aus beteiligungsrechtlicher Sicht s. *Kelker*, GA 09, 86 ff.
158 *Hilgendorf/Valerius*, Computer- und Internetstrafrecht, 2. Aufl. 2012, Rn 591.
159 *Wessels/Hettinger/Engländer*, BT I Rn 364.
160 *Hilgendorf/Valerius*, Computer- und Internetstrafrecht, 2. Aufl. 2012, Rn 592; *Kraft/Meister*, MMR 03, 366, 372; OLG Frankfurt/M MMR 06, 547, 551; dazu s. auch *Wengenroth*, Strafbarkeit von virtuellen Sit-Ins, 2014.
161 *Kitz*, CR 05, 450 f, 453 f; zum – wohl fehlenden – Unterdrücken durch Ablehnung der Annahme und Rücksendung s. *Heydrich*, CR 09, 169 f.
162 Vgl dazu *Malek/Popp*, Strafsachen im Internet, 2. Aufl. 2015, Rn 189; S/S/W-*Hilgendorf*, § 303a Rn 10; *Wuermeling*, CR 94, 585, 592; zu beiden Tathandlungen durch das sog. **Spamming** s. *Frank*, CR 04, 125.
163 *Fischer*, § 303a Rn 11; G/J/W-*Bär*, § 303 Rn 19.
164 Hieran fehlt es beim sog. **Skimming**, s. *Bachmann/Goeck*, JR 11, 426 (Fn 24); *Seidl/Fuchs*, HRRS 11, 268; *Seidl*, ZIS 12, 417; zur Veränderung von Packstationsdaten s. *Brand*, NStZ 13, 9. Zu einem Fall des § 303a in **virtuellen Welten** s. *Heghmanns/Kusnik*, CR 11, 248, 249; zur Kriminalität in virtuellen Welten vgl auch *Cornelius/Hermann*, Virtual Worlds and Criminality, 2011. Zum Einsatz von **Botprogrammen und Bitcoin-Mining** s. BGH NStZ 18, 401, 403 f. mit Anm *Safferling*; *Heine*, NStZ 16, 442 ff; *Stam*, ZIS 17, 547, 550 ff. Zum **Verhältnis Verändern/Löschen** s. *Schuhr*, ZIS 12, 446 f.

Phishing (s. auch Rn 618) keine Schadsoftware eingesetzt und die Aufforderung nur auf regulärem Wege zugeleitet wird, wird der Tatbestand des § 303a regelmäßig nicht verwirklicht[165], denn nur im Nachrichtenabruf liegt dann eine Veränderung von Daten, diese ist aber dem Benutzer selbst zuzurechnen (und insoweit auch noch irrtumsfrei). Ob der Eingriff sich auf bereits gespeicherte Daten bezieht oder schon während der Übermittlungsphase erfolgt, ist belanglos. Geht die Tat mit einer Beschädigung des Datenträgers einher, ist Tateinheit mit § 303 möglich. Erschöpft sie sich in der Beeinträchtigung der Daten, tritt § 303 zurück, soweit Sachbeschädigung hier überhaupt – wie beim Löschen eines Tonbandes[166] – in Betracht kommt[167].

61 Da bei jeder Bedienung eines Computers Daten verändert werden, ist der Tatbestand ersichtlich *zu weit*. Diesem Mangel der Tatbestandsfassung wird versucht (s. aber Rn 58a) dadurch abzuhelfen, dass den Tatbestand nur erfüllt, wer das (eigentümerähnliche) Verfügungsrecht eines anderen, der ein unmittelbares Interesse an der Unversehrtheit der Daten besitzt[168], gegen dessen Willen verletzt. Ob man dieses Ergebnis dadurch erreicht, das man nur in diesem Sinne „fremde" Daten als Schutzobjekt anerkennt, das Wort „fremd" dem Tatbestand also hinzufügt[169], oder dadurch, dass man das Wort „**rechtswidrig**" als einschränkendes Tatbestandsmerkmal auffasst[170] und es nur bei einer Verletzung „fremder" Daten (ohne Einverständnis) bejaht[171], ist ohne größere Bedeutung[172]. Problematisch ist indes, was der Anknüpfungspunkt für die Tatbestandseinschränkung ist. Während § 303 insoweit durch das Merkmal „fremd" auf die zivilrechtliche Eigentumsordnung verweist, gibt es ein ähnlich klares „Datenzuweisungsrecht" nicht, sodass es an der Möglichkeit einer dazu akzessorischen Bestimmung der Verfügungsbefugnis über Daten fehlt[173]. Wenig einleuchtend ist es, sie an die sachenrechtliche Zuordnung des Datenträgers (ggf. unter Einbeziehung der Wertungen des § 950 BGB) zu knüpfen[174] und für den Fall, dass das Eigentum am Datenträger und das Nutzungsrecht auseinanderfallen, die Verfügungsbefug-

---

165 *Goeckenjan*, wistra 09, 47, 51, 53. Zur unberechtigten Zugangsverschaffung s. *Krutisch*, Strafbarkeit des unberechtigten Zugangs zu Computerdaten und -systemen 2004, S. 150 ff.
166 S. dazu A/W-*Heinrich*, BT § 12 Rn 52; *Krey/Hellmann/Heinrich*, BT II Rn 368.
167 S. *Eiding*, Strafrechtlicher Schutz elektronischer Datenbanken 1997, S. 87 f; *Jäger*, BT Rn 536; S/S/W-*Hilgendorf*, § 303a Rn 15. *Krey/Hellmann/Heinrich*, BT II Rn 370 nehmen dagegen Idealkonkurrenz an
168 ZB der Nutzer eines für ihn angelegten e-mail-Accounts auch nach Kündigung des zugrunde liegenden Vertrags, OLG Dresden NJW-RR 13, 27.
169 *Fischer*, § 303a Rn 4a; *Heghmanns*, Rn 918; LK-*Tolksdorf*, 11. Aufl. 1992, § 303a Rn 5; M/R-*Altenhain*, § 303a Rn 4; diff. S/S-*Hecker*, § 303a Rn 3.
170 *Bock*, BT II, S. 240; *Eisele*, BT II Rn 504; ders., Jura 12, 931; *Hilgendorf*, JuS 1996, 892; *Kindhäuser*, § 303a Rn 9; *Lackner/Kühl/Heger*, § 303a Rn 4; LK-*Wolff*, § 303a Rn 8; *Otto*, BT § 47 Rn 30; S/S/W-*Hilgendorf*, § 303a Rn 5, 12.
171 MK-*Wieck-Noodt*, § 303a Rn 9, 17; *Popp*, JuS 11, 388; *Rengier*, BT I § 26 Rn 7; SK-*Hoyer*, § 303a Rn 2, 12.
172 So zu Recht G/J/W-*Bär*, § 303a Rn 11; LK-*Tolksdorf*, 11. Aufl. 1992, § 303a Rn 5; OLG Nürnberg CR 13, 213.
173 Vgl *Schuhr*, ZIS 12, 450 ff.
174 Dazu *Kindhäuser*, § 303a Rn 10; M/R-*Altenhain*, § 303a Rn 4; *Popp*, JuS 11, 388; SK-*Hoyer*, § 303a Rn 6. Stattdessen wird teilweise auf eine Ähnlichkeit zum **Besitz** abgestellt, s. *Hoeren*, MMR 19, 5, 7 f.

nis nach dem Vertragsverhältnis der Beteiligten zu bestimmen[175]. Oft ist es plausibel, als maßgebliches Zuordnungskriterium die Urheberschaft an den Daten (und von ihr ausgehend ggf. Rechtsübertragungen) anzusehen, so dass in erster Linie derjenige, der die Speicherung der Daten (den **„Skripturakt"**) unmittelbar selbst bewirkt hat, als der (ursprünglich) Berechtigte in Betracht kommt[176]. Dabei kann man den Grundgedanken der Geistigkeitstheorie aus dem Bereich der Urkundendelikte heranziehen und *den* Auftraggeber als (ggf. Mit-) Berechtigten bezeichnen, nach dessen Ideen, Vorgaben und Weisungen das Datenwerk entsteht[177]. In diesem Zusammenhang sind auch die Wertungen des Urhebergesetzes von Bedeutung[178]. Vor allem aber wird man dem Datenschutzrecht und dem allgemeinen Persönlichkeitsrecht eine Grenzziehung zu entnehmen haben; soweit die Rechtsordnung den Fortbestand der Daten an ihrem Ort grundsätzlich missbilligt (dh sie zu löschen wären), hat das Strafrecht die „Inhaberschaft" nicht zu schützen. Konsequenz des Ausgehens vom Urheber ist es, dass als Täter auch der Systembetreiber oder der in Betracht kommt, der die Daten erstmalig abgespeichert hat[179], sofern er in Dritten zustehende Besitz- oder Nutzungsrechte *unbefugt* eingreift, weil ihm die Daten nicht allein „gehören". In Zeiten des Cloud-Computings ist es auch dringend erforderlich, den strafrechtlichen Schutz weder vom Eigentum an den Datenträgern noch von mit Marktmacht vorgegebenen Vertragsbedingungen abhängig zu machen.

Rechtsprechungsbeispiele: AG Nürtingen MMR 11, 121 u. **AG Göttingen MMR 11, 626**: Das Entfernen eines SIM-Locks beim Mobiltelefon unterfällt – nach höchst fragwürdiger Ansicht der Gerichte – § 303a I, da die Verfügungsbefugnis aufgrund des *Skripturakts* beim Provider liege und verbleibe. Übersehen wurde jedoch, dass es gerade darauf ankommt, dass der Berechtigte die in den Daten abgespeicherten *Informationen ungehindert nutzen* kann. Die in einer SIM-Lock-Sperre enthaltenen Informationen sind für den *Mobilfunk-Provider* indes als solche ohne Relevanz – es geht ihm lediglich um eine Nutzungsbeschränkung. Daher ist auch die Fälschung beweiserheblicher Daten nach §§ 269, 270 mehr als fraglich.

OLG München NStZ 06, 576 (Anm *Kudlich*, JA 2007, 72; *Mann*, NStZ 07, 271): Das Abblenden einer Blitzanlage durch im Auto angebrachte Reflektoren verändert keine bestehenden Daten, sondern verhindert lediglich die Aufzeichnung.

---

175 *Fischer*, § 303a Rn 6; MK-*Wieck-Noodt*, § 303a Rn 10; S/S-*Hecker*, § 303a Rn 3; zur Verfügungsbefugnis über dienstliche Daten auf dem privaten Endgerät eines Arbeitnehmers siehe *Arning/Moos/Becker*, CR 12, 595 f.
176 BayObLGSt 1993, 86, 89 = CR 93, 779; OLG Nürnberg CR 13, 213; OLG Naumburg BeckRS 14, 19058 (Herstellerin einer Geschwindigkeitsmessanlage nicht zugleich Datenberechtigte); *Hilgendorf*, JuS 1996, 892; *Hoeren*, MMR 13, 486 ff; *Kindhäuser*, § 303a Rn 10; *Rengier*, BT I § 26 Rn 7; S/S/W-*Hilgendorf*, § 303a Rn 6.
177 LK-*Tolksdorf*, 11. Aufl. 1992, § 303a Rn 17; OLG Nürnberg CR 13, 213.
178 LK-*Wolff*, § 303a Rn 2.
179 AA *Hilgendorf*, JuS 96, 893.

2. Prüfungsaufbau: Datenveränderung, § 303a

61a

> **Datenveränderung, § 303a**
> I. Tatbestand
>   1. Objektiver Tatbestand
>   a) Tatobjekt: Daten
>   b) Tathandlung: Einwirkung auf die Daten
>   - *Löschen*
>   - *Unterdrücken*
>   - *Unbrauchbarmachen*
>   - *Verändern*
>   - Ⓟ rechtswidrig = gegen den Willen des Verfügungsberechtigten/Beeinträchtigung „fremder" Daten bzw. einer „fremden" Verfügungsberechtigung
>   2. Subjektiver Tatbestand: jede Vorsatzart
> II. Rechtswidrigkeit
> III. Schuld
> IV. Strafantrag, § 303c

3. Computersabotage

62 Den **Grundtatbestand** der **Computersabotage** erfüllt, wer eine Datenverarbeitung, die für einen anderen von **wesentlicher** Bedeutung ist, dadurch **erheblich** stört, dass er eine Tat nach § 303a I begeht (§ 303b I Nr 1), Daten iS des § 202a II in der Absicht, einem anderen Nachteil zuzufügen, eingibt oder übermittelt (§ 303b I Nr 2) oder eine Datenverarbeitungsanlage oder einen Datenträger zerstört, unbrauchbar macht, beseitigt oder verändert (§ 303b I Nr 3). Geschützt wird das Interesse der Betreiber und Nutzer von Datenverarbeitungen an deren ordnungsgemäßer Funktionsweise[180]. Der Qualifikationstatbestand in § 303b II bezieht sich auf Datenverarbeitungsanlagen, die für einen fremden Betrieb, ein fremdes Unternehmen oder eine Behörde von wesentlicher Bedeutung ist; vor der Neufassung in 2007 hatte § 303b nur solche erfasst.

63 Der Begriff der **Datenverarbeitung** umfasst nicht nur den einzelnen Datenverarbeitungsvorgang, sondern auch den weiteren Umgang mit Daten und deren Verwertung[181], sofern eine nicht unerhebliche Beeinträchtigung des reibungslosen Ablaufs erfolgt. Nach dem BGH ist es ohne Bedeutung, ob sich die jeweiligen Sabotagehandlungen auf Datenverarbeitungsvorgänge zu rechtmäßigen oder aber rechtswidrigen Zwecken beziehen. Das ist deshalb zweifelhaft, weil an der ungestörten Vornahme jedenfalls strafbarer Datenverarbeitung *kein schützenswertes* Interesse besteht[182].

---

180 BT-Ds 16/3656, S. 13; M/R-*Altenhain*, § 303b Rn 1; S/S-*Hecker*, § 303b Rn 1; S/S/W-*Hilgendorf*, § 303b Rn 3; krit. hierzu *Schumann*, NStZ 07, 679; zum **internationalen** Hintergrund s. LK-*Wolff*, § 303a Rn 48 f.

181 K/H-*Cornelius*, Kap. 102 Rn 195; LK-*Wolff*, § 303b Rn 4; krit. dazu *Fischer*, § 303b Rn 4; G/J/W-*Bär*, § 303b Rn 7.

182 Anders aber die hM BGH NJW 17, 838 (**Kinox.to**-Entscheidung) mit insoweit zust. Anm. *Ernst*; *Kudlich*, JA 17, 310; BK-*Weidemann*, § 303b Rn 4; S/S-*Hecker*, § 303b Rn 1; S/S/W-*Hilgendorf*, § 303b Rn 5; *Bock*, BT II, S. 243; *Rengier*, BT I, § 26 Rn 12.

Eingeschränkt wird der Tatbestand durch die wenig genaue[183] Bedingung, dass die Datenverarbeitung für den jeweils Betroffenen von **„wesentlicher"** Bedeutung sein muss. Diese Voraussetzung ist für § 303b II beispielsweise dann erfüllt, wenn die Datenträger und Anlagen zentrale Informationen enthalten, von denen die Funktionsfähigkeit des Unternehmens oder der Behörde abhängt. Für Privatpersonen sollen eine Datenverarbeitung iR einer schriftstellerischen, wissenschaftlichen, künstlerischen oder einer dem Erwerb dienenden Tätigkeit, nicht aber „jeglicher Kommunikationsvorgang im privaten Bereich oder etwa Computerspiele" als wesentlich einzustufen sein[184]. Hier wird man einen objektiv-individuellen Maßstab entwickeln müssen, der freilich suchtbedingte Abhängigkeiten ausschließt, auch wenn die Datenverarbeitungsanlage deshalb „für die Lebensgestaltung der Privatperson eine zentrale Funktion einnimmt"[185]. Fehlen soll die Wesentlichkeit nach der Vorstellung des Gesetzgebers bei Sabotageakten von ganz untergeordneter Bedeutung, wie etwa bei Eingriffen in die Funktionsfähigkeit von elektronischen Schreibmaschinen oder von Taschenrechnern[186].

64

§ 303b I Nr 1 nennt als **Sabotagehandlung** eine rechtswidrige Datenveränderung iS des § 303a I. Für Datenverarbeitungsanlagen und Datenträger knüpft § 303b I Nr 3 an die in § 303 und in sonstigen Sabotagedelikten (§§ 87 II Nr 2, 109e I, 316b, 317) vorgesehenen Tathandlungen an. Als Beispiel ist das Einbringen von Sabotagesoftware („Viren", „Trojanische Pferde" u.Ä.) zu nennen, das uU beide Varianten erfüllen kann[187].

65

Die neu (s. Rn 58) eingefügte Nr 2 des § 303b I stellt darüber hinaus auch das Eingeben oder Übermitteln von Daten in Nachteilszufügungsabsicht unter Strafe[188], wobei die sichere Erwartung eines Nachteils genügt[189]. Hierdurch sollen insbesondere **(Distributed) Denial-of-Service-Attacken** erfasst werden[190], wenn sie – was bei unter Art. 5 GG fallenden Massen-E-Mail-Protesten ausgeschlossen sein kann[191] – in der

66

---

183 *Achenbach*, NJW 86, 1838; NK-*Zaczyk*, § 303b Rn 1, 5 (der die Norm – auch deshalb – für verfassungswidrig hält); S/S-*Hecker*, § 303b Rn 4; Konkretisierungen bei *Haß*, in: M. Lehmann, Rechtsschutz und Verwertung von Computerprogrammen, 2. Aufl. 1993, S. 499 f; M/R-*Altenhain*, § 303b Rn 3; *Schulze-Heiming*, Der strafrechtliche Schutz der Computerdaten 1995, S. 206 ff; S/S/W-*Hilgendorf*, § 303b Rn 5; W/J-*Bär* 12/72.
184 BT-Ds 16/3656, S. 13.
185 So die Formulierung in BT-Ds 16/3656, S. 13; offen für Letzteres *Ernst*, NJW 07, 2665; für die Einbeziehung „subjektiver Bewertungen" auch *Fischer*, § 303b Rn 6; G/J/W-*Bär*, § 303b Rn 10; s. auch LK-*Wolff*, § 303b Rn 11; M/R-*Altenhain*, § 303b Rn 3; *Rengier*, BT I, § 26 Rn 13; *Schumann*, NStZ 07, 679; SK-*Hoyer*, § 303b Rn 8; *Vassiliki*, CR 08, 133 f.
186 Krit. dazu BK-*Weidemann*, § 303b Rn 7; *Fischer*, § 303b Rn 6.
187 S. *Hilgendorf*, JuS 96, 1082; *Schulze-Heiming*, Der strafrechtliche Schutz von Computerdaten 1995, S. 185 ff; *Hilgendorf/Frank/Valerius*, Computer- und Internetstrafrecht 2005, Rn 211; weitere Beispiele bei *Eiding*, Strafrechtlicher Schutz elektronischer Datenbanken 1997, S. 112 ff; zu virtuellen Welten *Heghmanns/Kusnik*, CR 11, 248, 250.
188 Auch das verlangen die internationalrechtlichen Vorgaben, s. BT-Ds 16/3656, S. 8, 13; *Popp*, MR-Int 07, 84, 85. Zum Einsatz von **Social Bots** s. *Libertus*, ZUM 18, 23 f.
189 *Fischer*, § 303b Rn 12a; K/H-*Cornelius*, Kap. 102 Rn 201; NK-*Zaczyk*, § 303b Rn 10; S/S/W-*Hilgendorf*, § 303b Rn 11; aA M/R-*Altenhain*, § 303b Rn 8; SK-*Hoyer*, § 303b Rn 18.
190 BT-Ds 16/3656, S. 13; G/J/W-*Bär*, § 303b Rn 13; die Strafbarkeit einer **DDoS-Attacke** (= Blockieren einer Internetseite durch das Überlasten eines Webservers zB infolge massenhaft durch Aufrufe zu einer Online-Demonstration eingehender Anfragen) nach §§ 303a, 303b aF verneint OLG Frankfurt/M MMR 06, 547 mit Anm. *Gercke* 553; *Schumann*, NStZ 06, 675, 679; s. dazu auch *Jäger*, BT Rn 537, 539; zur Drohung mit einer DDoS-Attacke iR einer Erpressung s. LG Düsseldorf MMR 11, 624 mit Anm. *Bär*; zu Botnetzen s. *Roos/Schumacher*, MMR 14, 380; zur Abwehr von DDoS/DRDos-Angriffen durch „Honeypots" s. *Vogelsang/Möllers/Potel*, MMR 17, 291 ff.
191 BT-Ds 16/5449, S. 5; differenzierend *Hoffmanns*, ZJS 12, 413 f; LK-*Wolff*, § 303b Rn 29.

verlangten, § 274 nachgebildeten und deshalb nicht ausschließlich das Vermögen betreffenden Nachteilszufügungsabsicht vorgenommen werden. Durch den problematischen Verweis auf den Datenbegriff des § 202a II ist fraglich, ob auch der manuelle Input von Daten unter die „Eingabe" nach Nr 2 fällt[192]. Der Datenbegriff des § 202a ist gegenüber dem der „Computerdaten" aus den europäischen Vorgaben durch das Merkmal des „Speicherns" enger. Allerdings werden bei DoS-Angriffen regelmäßig Daten übermittelt, die auch bei manueller Eingabe zumindest im Arbeitsspeicher eines Systems abgelegt werden und damit unter den Datenbegriff des § 202a II fallen dürften. Dann sind über das Internet durchgeführte DoS-Attacken jedenfalls durch die Übermittlungsalternative erfasst[193].

67 **Erfolg** der Tathandlung muss eine erhebliche Störung der Datenverarbeitung sein[194]. Mit dem zuvor schon hineingelesenen, nunmehr aber namentlich im Hinblick auf die Erweiterung auf Datenverarbeitungsanlagen Privater ausdrücklich aufgenommenen Merkmal der **Erheblichkeit** soll klargestellt werden, dass nur unerhebliche Beeinträchtigungen des reibungslosen Funktionierens einer Datenverarbeitung keine den Tatbestand erfüllende Störung bedeuten[195]. Erst recht kann eine bloße Gefährdung nicht genügen.

§ 303b I Nr 1 ist als Eingriff in die Software eine Qualifikation zu § 303a. § 303b I Nr 3 ist dagegen als Beeinträchtigung der Hardware idR eine qualifizierte Sachbeschädigung, greift aber auch dann ein, wenn die Sabotagehandlung zwar an eigenen Sachen des Täters vorgenommen wird, jedoch bewirkt, dass dadurch die Datenverarbeitung eines fremden Unternehmens oder einer Behörde gestört wird[196]. Bezüglich der in der Qualifikation des **§ 303b II** verwendeten Begriffe *Betrieb* und *Unternehmen* gilt § 14. *Fremd* sind diese, wenn der Täter nicht selbst Inhaber oder vertretungsberechtigter Repräsentant des Inhabers ist[197]. Die **Regelbeispiele** des § 303b IV enthalten Strafzumessungsregeln nur für den Qualifikationstatbestand des § 303b II. Sie lehnen sich in Nrn 1 und 2 inhaltlich an § 263 III 2 Nrn 1 und 2 (s. dazu Rn 591 ff) und in Nr 3 an § 316b III 2 und § 92 III Nr 2 an[198]. Für die **Vorbereitung** (s. Rn 58) einer Computersabotage gilt nach § 303b V der § 202c entsprechend[199].

---

192 S. die Zweifel bei AnK-*Popp*, § 303b Rn 7; *Eisele*, Jura 12, 933; *Gröseling/Höfinger*, MMR 07, 627; *Vassiliki*, CR 08, 134; dort auch zu der im Text folgenden Aussage.
193 K/H-*Cornelius*, Kap. 102 Rn 198; iE ebenso *Popp*, JuS 11, 385, 389.
194 S. dazu LK-*Wolff*, § 303b Rn 26; nach § 303b aF *Kraft/Meister*, MMR 03, 366, 372; zum *Sasser-Fall Eichelberger*, MMR 04, 596; vgl auch *Krutisch*, Strafbarkeit des unberechtigten Zugangs zu Computerdaten und -systemen 2004, S. 154, 162 ff; *Lenckner/Winkelbauer*, CR 86, 830.
195 BT-Ds 16/3656, S. 13; s. dazu *Fischer*, § 303b Rn 10; *Popp*, JuS 11, 385, 389; *Schuhr*, JA 15, 189. Zu Kausalitätsfragen bei DoS-Angriffen s. NK-*Zaczyk*, § 303b Rn 14.
196 Vgl BT-Ds 10/5058, S. 36; *Hilgendorf*, JuS 96, 1083.
197 *Eisele*, BT II Rn 516; *Fischer*, § 303b Rn 15.
198 S. BT-Ds 16/3656, S. 13 f; s. dazu *Ernst*, NJW 07, 2665.
199 S. BT-Ds 16/3656, S. 8, 14. Da die Qualifikation des § 303b II den Grundtatbestand des § 303b I enthält, ist trotz der Beschränkung auf die Vorbereitung einer „Straftat nach Absatz 1" auch die Vorbereitung der Qualifikation erfasst. Zur Strafbarkeitsausdehnung s. krit. *Gröseling/Höfinger*, MMR 07, 628; *Schumann*, NStZ 07, 678; *Vassiliki*, CR 08, 135; zum Inhalt vgl *Rengier*, BT II § 31 Rn 37 ff.

4. Prüfungsaufbau: Computersabotage, § 303b

> **Computersabotage, § 303b**   **67a**
> I. Tatbestand
>   1. Objektiver Tatbestand (Abs. I)
>   a) Tathandlung: **Einwirkung auf eine Datenverarbeitung**
>   - *Datenveränderung iSd § 303a*
>   - *Dateneingabe oder -übermittlung oder*
>   - *Zerstörung etc der Hardware*
>   b) Handlungsobjekt und Taterfolg: **Qualifizierte Störung einer Datenverarbeitung**
>   - *Datenverarbeitung (vgl § 46 Nr. 2 BDSG)*
>   - *Wesentliche Bedeutung der Datenverarbeitung*
>   - Ⓟ *auch solche mit rechtswidrigem Zweck?*
>   - *Erhebliche Störung*
>   2. Subjektiver Tatbestand
>   Vorsatz:
>   - *jede Vorsatzart bei Nrn 1, 3*
>   - *und Nachteilszufügungsabsicht bei Nr 2*
>   3. Qualifikation (Abs. II)
>   Tatobjekt:
>   - *Datenverarbeitung eines fremden Betriebs, eines fremden Unternehmens, einer Behörde*
> II. Rechtswidrigkeit
> III. Schuld
> IV. Regelbeispiele zur Qualifikation (Abs. IV)
> V. Strafantrag § 303c
> VI. Strafbarkeit für Vorbereitungshandlungen (Abs. V)

2. Kapitel
Diebstahl und Unterschlagung

§ 2 Der Grundtatbestand des Diebstahls

Fall 3: Nach dem Besuch einer Theatervorstellung erleidet die in Düsseldorf wohnende Witwe W beim Betreten ihrer Wohnung einen tödlichen Herzinfarkt. Ihre Schwester S, die im Nachbarhaus wohnt und sich in ihrer Begleitung befindet, nimmt die Perlenkette vom Hals der Toten und legt sie zu ihren Schmucksachen, um sie zu behalten. Alleinige Erbin der W kraft gesetzlicher Erbfolge ist deren Tochter T, die mit ihrem Ehemann in München lebt.   **68**

Hat S einen Diebstahl begangen? Ändert sich die strafrechtliche Beurteilung, wenn T die Erbschaft ausschlägt und an ihrer Stelle S die alleinige Erbin der W wird? **Rn 81, 95**

I. Systematischer Überblick

1. Gegenüberstellung von Diebstahl und Unterschlagung

69 Innerhalb der **Zueignungsdelikte** unterscheidet das StGB im 19. Abschnitt zwischen **Diebstahl** (§§ 242 ff) und **Unterschlagung** (§ 246). Beide Straftatbestände setzen als Tatobjekt eine fremde bewegliche Sache voraus. Während beim Diebstahl der Täter die Sache einem anderen *wegnehmen* und dabei nur die *Absicht* haben muss, sie *sich oder einem Dritten zuzueignen* – der Diebstahl also auf die Zueignung bezogen ein erfolgskupiertes Delikt ist[1] – setzt die Unterschlagung als tatbestandliche Ausführungshandlung diese *Zueignung* voraus. Unter ihr ist eine Betätigung des Zueignungswillens zu verstehen, die diesen Willen äußerlich eindeutig manifestiert. Das *kann* durch Veräußern, Verpfänden, Verbrauchen, Beiseiteschaffen oder Ableugnen des Gewahrsams (so die Aufzählung in §§ 225, 226 des Preußischen StGB von 1851)[2], nach der auf Besitz oder Gewahrsam des Täters nicht mehr abstellenden Neufassung des Unterschlagungstatbestandes durch das 6. StrRG (Rn 11) aber auch durch „Wegnehmen" geschehen[3]. Dass Diebstahl „Zueignung durch Wegnahme" und Unterschlagung „Zueignung ohne Wegnahme" sei, ist daher eine *heute sicher*[4] nicht mehr zutreffende Kennzeichnung. Auch besteht zwischen Unterschlagung und Diebstahl nicht das Verhältnis der Spezialität[5]. Denn dass eine Wegnahme zugleich eine Zueignung ist, ist auch bei einer sie begleitenden Zueignungsabsicht (s. Rn 311) nicht zwingend. So begeht zwar der Taschendieb stets Diebstahl und Unterschlagung, mangels Eindeutigkeit der Manifestation der Zueignungsabsicht aber nur einen Diebstahl, wer zB dem mit einem gefährlichen Feuerwerkskörper hantierenden Kind diesen in solcher Absicht entreißt.

70 **Geschütztes Rechtsgut** beider Delikte ist folglich *allein* das **Eigentum**. Denn dass § 242 in der Angriffsform der Wegnahme *auch* den *Gewahrsam* schützt, erhebt diesen nicht mehr zu einem gegenüber § 246 selbstständigen Rechtsgut. Die Wegnahme ist daher nur eine, in § 242 freilich notwendig vorausgesetzte Art der Eigentumsverletzung. Deshalb ist auch dort, wo Eigentümer und Gewahrsamsinhaber auseinander fallen, nur der Eigentümer iS der §§ 247, 248a *verletzt*[6].

71 Für das **Verhältnis** der Unterschlagung zum Diebstahl (und zu anderen Eigentums- und Vermögensdelikten) ist maßgeblich, dass nunmehr *jede* rechtswidrige Sachzueig-

---

1 *Fischer*, § 242 Rn 2; aA *Kindhäuser/Böse*, BT II § 2 Rn 76 ff; *ders.*, Gössel-FS S. 451: Zueignung wird mit Wegnahme vollzogen; dagegen *Witzigmann*, JA 09, 489; relativierend zur Drittzueignung *Kindhäuser*, § 242 Rn 76 f.
2 S. *Küper*, ZStW 106 (1994), 371 f.
3 AA S/S-*Eser/Bosch*, § 242 Rn 1/2, die den Gewahrsamsbruch als „Unterscheidungsmerkmal" zur Unterschlagung kennzeichnen.
4 Zu Bedenken schon nach altem Recht s. *Wessels*, BT II Rn 58.
5 So aber *Maurach/Schroeder/Maiwald*, BT I § 34 Rn 5; ebenso *Börner*, Die Zueignungsdogmatik der §§ 242, 246 StGB 2004, S. 179 ff; *ders.*, Jura 05, 393.
6 BK-*Wittig*, § 242 Rn 2; *Eisele*, BT II Rn 8; *Fischer*, § 242 Rn 2; H-H-*Kretschmer*, Rn 769; MK-*Schmitz*, § 242 Rn 9; M/R-*Schmidt*, § 242 Rn 1; NK-*Kindhäuser*, vor § 242 Rn 3 f; iE ebenso S/S-*Eser/Bosch*, § 242 Rn 1/2. Für Schutz von **Eigentum und Gewahrsam** dagegen BGHSt 10, 400; 29, 319, 323; BGH NJW 01, 1508; *Heghmanns*, Rn 1002 f; HK-GS/*Duttge*, § 242 Rn 3; *Jäger*, BT Rn 174; *Lackner/Kühl*, § 242 Rn 1; *Schmidt*, BT II Rn 2; *Schramm*, BT I § 2 Rn 6; *ders.*, JuS 08, 678 f; S/S/W-*Kudlich*, § 242 Rn 3; *Zöller*, BT Rn 3; zw. *Hilgendorf/Valerius*, BT II § 2 Rn 2; s. dazu auch hier Rn 335 und *Jäger*, BT Rn 176.

nung – also auch eine solche durch Diebstahl, Raub, Betrug usw – unter § 246 I fällt, Strafbarkeit aber wegen Unterschlagung nur eintritt, „wenn die Tat nicht in anderen Vorschriften mit schwererer Strafe bedroht ist". Beides spricht in Übereinstimmung mit der gesetzgeberischen Begründung (BT-Ds 13/8587, S. 43 f) dafür, die Unterschlagung *nicht* als *Grundtatbestand* aller Zueignungsdelikte, sondern als *Auffangtatbestand* zu verstehen, „der alle Formen rechtswidriger Zueignung fremder beweglicher Sachen umfasst"[7] (zu den Konsequenzen s. Rn 320 f). Eine solche Sichtweise wahrt die geschichtliche Eigenständigkeit der Unrechtstypen. Auch gibt sie den Grund dafür an, warum § 246 in Fällen der Zueignung auch gegenüber §§ 263, 253, 266 oder 259 subsidiär sein soll, obwohl die Unterschlagung nicht Grundtatbestand dieser Delikte sein kann[8]. Und schließlich sind auch sonst nur Auffang-, nicht aber Grundtatbestände mit Subsidiaritätsklauseln versehen[9].

2. Qualifizierte und privilegierte Diebstahlsfälle

§ 242 normiert den **Grundtatbestand** des Diebstahls, zu dem § 243 I als Strafzumessungsvorschrift[10] Regelbeispiele für *besonders schwere Fälle* nennt, während die §§ 244, 244a eine **tatbestandliche Qualifizierung** für besonders gefährliche Formen des Diebstahls enthalten. Die in §§ 247, 248a vorgesehenen **Privilegierungen** haben dagegen keine eigenständige Tatbestandsqualität und daher auf den Strafrahmen keinen Einfluss[11]. Sie haben vielmehr durch das **Strafantragserfordernis** allein Bedeutung für die **Zulässigkeit der Strafverfolgung**. Während § 248a bei geringwertigen Tatobjekten jedoch nur dann gilt, wenn die Bestrafung des Täters aus § 242 bzw aus § 246 erfolgt, erfasst § 247 auch die in §§ 243, 244, 244a geregelten Diebstahlsfälle[12].

72

Der räuberische Diebstahl (§ 252) ist nach hM kein qualifizierter Fall des § 242, sondern ein *raubähnliches Sonderdelikt* eigenständigen Charakters[13]. Daher ist dort für §§ 247, 248a kein Raum.

II. Das Diebstahlsobjekt

Der objektive Tatbestand des § 242 wird durch die Wegnahme einer fremden beweglichen Sache verwirklicht. Taugliches **Objekt** der Tat kann somit nur eine bewegliche, in fremdem Eigentum stehende Sache sein. Auf die „Legalität" des Besitz*erwerbs* kommt es nicht an. Daher

73

---

7 Ebenso *Fischer*, § 246 Rn 2; *Hörnle*, Jura, 98, 171; *Hohmann/Sander*, NStZ 98, 276; *Jäger*, BT Rn 177; *Kreß*, NJW 98, 640; *Kudlich*, JuS 98, 473; *Lackner/Kühl*, § 246 Rn 1; LK-*Vogel*, vor §§ 242 ff Rn 65 ff; *Rengier*, BT I § 5 Rn 3; *Wagner*, Grünwald-FS, S. 799; *Wolters*, JZ 98, 399; unentschieden S/S-*Bosch*, § 246 Rn 1.
8 *Maiwald*, Der Zueignungsbegriff im System der Eigentumsdelikte 1970, S. 223.
9 Für Grundtatbestand dagegen *Kindhäuser*, Gössel-FS S. 451; *Lesch*, JA 98, 477; NK-*Kindhäuser*, vor § 242 Rn 5; *Otto*, BT § 39 Rn 8; *ders.*, Jura 98, 551; für Spezialität von § 242 gegenüber § 246 *Maurach/Schroeder/Maiwald*, BT I § 34 Rn 5; s. dazu Rn 69.
10 BGHSt 23, 254, 256 f; 26, 104, 105.
11 Gegen die Bezeichnung als Privilegierung daher *Mitsch*, BT II S. 4: „Strafantragsfälle".
12 Näher zur Systematik *Wessels/Beulke/Satzger*, AT Rn 173.
13 Vgl BGHSt 3, 76, 77; *Eisele*, BT II Rn 397.

§ 2 *Der Grundtatbestand des Diebstahls*

kann auch **Diebesgut** gestohlen werden[14]. Ist dagegen – wie etwa bei **Drogen**, **Falschgeld** oder verbotswidrig besessenen **(Kriegs-)Waffen** – der *Besitz selbst* strafrechtlich *verboten*, liegt es näher, den strafrechtlichen Schutz durch § 242 (wie durch § 263) zu versagen. Das gilt für § 242, weil neben ein stark „geschwächtes" Eigentumsrecht auch ein Besitzschutzdefizit tritt, das auch die Schutzkraft des Gewahrsams mindert. Denn wenn deliktisch um ihren *strafbaren* Besitz gebrachten „Opfern" der Anspruch auf Wiedereinräumung dieses Besitzes über Naturalrestitution als rechtsmissbräuchlich versagt ist[15], dann können sie im Falle verbotener Eigenmacht auch weder dem frisch betroffenen „Dieb" die Sache mit Gewalt wieder abnehmen (§ 859 II BGB), noch nach § 861 BGB die Wiedereinräumung des Besitzes verlangen. Da *rechtlich eindeutig missbilligter Besitz* auch durch § 263 nicht geschützt ist (s. Rn 535), stellt nur die Versagung des Schutzes auch durch § 242 ein rechtlich stimmiges Ergebnis her[16]. Das sah zwischenzeitlich auch der 2. Strafsenat des BGH in einem – mittlerweile aber nicht weiterverfolgten[17] – Anfragebeschluss so[18]. Die Tatsache, dass der Täter einen fälligen und einredefreien Anspruch auf Erwerb des Eigentums an der Sache hat, schließt dagegen nicht deren Tauglichkeit als Objekt des Diebstahls[19], sondern erst die Rechtswidrigkeit der angestrebten Zueignung aus (s. Rn 200). Wie bei der Sachbeschädigung (s. Rn 19), kommt es auch hier auf den Geldwert des Gegenstandes nicht an.

1. Begriff der Sache

74 **Sachen** (s. hierzu und zu Tieren als Sache schon Rn 18) im strafrechtlichen Sinn sind alle **körperlichen Gegenstände** ohne Rücksicht auf ihren wirtschaftlichen Wert (vgl dazu Rn 19). Diebstahl ist kein Bereicherungsdelikt[20]. Forderungen und Rechte sind nicht diebstahlsfähig. Auch ist der *Diebstahl* geistigen Eigentums, der Software*dieb-*

---

14 *Hillenkamp*, Achenbach-FS S. 189, 193 f, 199 f; *Mitsch*, BT II S. 11; S/S-*Bosch*, § 242 Rn 1/2; dass auch der Dieb gegenüber Dritten Besitzschutz genießt, betont BGH NStZ 09, 37 mit Anm. *Dehne-Niemann*; iE ebenso *Otto*, Beulke-FS S. 508 ff, 514 f; aA *Puppe*, Fischer-FS S. 463, 468.
15 So für Drogen BGHSt 48, 322, 326 f.
16 *Hillenkamp*, Achenbach-FS S. 189, 205; s. auch *Puppe*, Fischer-FS S. 463, 468; *Schmidt*, BT II Rn 19; *Wolters*, Samson-FS S. 495, 505, 507; mit anfechtbarer Begründung auch *Hoyer*, Fischer-FS S. 361 ff. Der BGH (NJW 06, 72 mit zust. Anm. *Hauck*, ZIS 06, 37; *Kudlich/Noltensmeier*, JA 07, 865; BGH BeckRS 11, 19727) bejaht § 242 für **Drogen** (zw. dazu *Fischer*, § 242 Rn 5, 5a; s. auch *Mitsch*, BT II S. 11), setzt sich aber nur mit dem Vorbehalt der „Verkehrsunfähigkeit" – s. dazu *Engel*, NStZ 91, 520; MK-*Schmitz*, § 242 Rn 6 ff; *Wolters*, Samson-FS S. 495 ff und *Hillenkamp*, Achenbach-FS S. 189, 190, 196 – auseinander, den er zurückweist; ohne Problematisierung ebenso BGH NStZ-RR 2009, 22; BGH BeckRS 15, 06119 mit Anm. *Bosch*, Jura 15, 881 (§ 250 II Nr 1); s. dazu hier Rn 282 Die aktuelle Entscheidung: BGH NStZ 15, 572 mit Anm. *Oğlakcıoğlu*; *Jäger*, JA 15, 874; *Kudlich*, NJW 15, 2901; aA als hier *Eisele*, BT II Rn 24; BK-*Wittig*, § 242 Rn 6, 9.1; HK-GS-*Duttge*, § 242 Rn 17; H-H-*Kretschmer*, Rn 774; M/R-*Schmidt*, § 242 Rn 4; *Rengier*, BT I § 2 Rn 14; S/S-*Bosch*, § 242 Rn 19 und BGH BeckRS 17, 115037; diff. *Otto*, Beulke-FS S. 519 f.
17 BGH NStZ-RR 18, 15.
18 BGH NStZ 16, 596 mit krit. Anm. *Krell* (s. dazu **Aktuelle Entscheidung** in Rn 536); *Bosch*, Jura (JK) 16, 1338; *Jäger*, JA 16, 790; *Jahn*, JuS 16, 848; zust. *Bechtel*, JR 17, 197; *ders.*, wistra 18, 158 ff; *Ladiges*, wistra 16, 479; MK-*Schmitz*, § 242 Rn 18. Abl. zum Anfragebeschluss der 3. Senat (BGH NStZ-RR 17, 244), der 4. Senat (BGH NStZ-RR 17, 44), der 5. Senat (BGH NStZ-RR 17, 110); ebenso der 1. Senat (BGH NStZ-RR 17, 112), der durch Entscheidungen des 2. Senats in einer anderen Sitzgruppe, die an der herkömmlichen Rspr. festhalten (BGH NStZ-RR 17, 111; BGH JR 17, 82), den Anfragebeschluss zudem für obsolet hält. Abschließend BGH wistra 18, 41; dezidiert zu §§ 242, 249 auch BGH BeckRS 17, 115037.
19 AA LK-*Vogel*, § 242 Rn 37 ff.
20 BGH NStZ 14, 516.

stahl oder die *Raub*kopie juristisch der falsche Begriff[21]. Taugliche Objekte iS des § 242 sind aber Urkunden, die Ansprüche oder sonstige Rechte verkörpern (wie zB Sparbücher, Wechsel, Schecks, Aktien, Fahrkarten, Garderobenmarken und dergleichen) wie auch die Träger von Daten, die selbst keine Sachen sind[22].

In welchem Aggregatzustand sich die Sache befindet, ist gleichgültig. Unter den Sachbegriff fallen auch Flüssigkeiten, Gase und Dämpfe, soweit sie ein gesondertes, abgrenzbares Dasein aufweisen und damit eigentumsfähig sind[23]. *Elektrische Energie* ist nach hM keine Sache, ihre Subsumtion hierunter daher verbotene Analogie[24]. Der Gesetzgeber hat diese Lücke geschlossen: die Entziehung unterliegt der besonderen Strafdrohung des § 248c (s. Rn 444 f).   75

Der *Körper des lebenden Menschen* besitzt (auch schon vor der Geburt[25]) keine Sachqualität. Dasselbe gilt für seine organischen und für seine fest eingefügten künstlichen Teile, solange sie mit ihm verbunden sind[26]. An abgetrennten Körperteilen ist dagegen Sachherrschaft möglich. Mit ihrer Abtrennung werden sie zu selbstständigen Sachen, die ohne besonderen Aneignungsakt unmittelbar in das Eigentum derjenigen Person fallen, zu deren Körper sie bisher gehörten[27]. Praktisch bedeutsam wird das beim Entfernen überkronter Zähne, beim Abschneiden von Zöpfen sowie bei der Entnahme von Blut, Hautpartien oder Organen für medizinische Zwecke. Wenn es dabei für das Zivilrecht an der Sachqualität in Fällen fehlen soll, in denen die entnommenen Körperbestandteile dem Ausgangskörper oder – wie bei einer Spermaspende – zur Erfüllung einer körpertypischen Funktion einem spenderfremden Körper (wieder-) eingefügt werden sollen[28], kann der verloren gehende Eigentumsschutz im *Strafrecht* nicht durch die Annahme einer Körperverletzung kompensiert werden[29]. Zur Aufrechterhaltung des Schutzes wenigstens gegen vorsätzliche Beschädigung (§ 303) oder Entwendung (§ 242) ist daher dieser bürgerlichrechtlichen Differenzierung nicht zu folgen. Das entspricht einer für das Strafrecht eigenständigen Begriffsbildung, die – wie gegenüber § 90a BGB – der zivilrechtlichen nicht notwendig folgt (s. Rn 18).   76

Ob **menschliche Leichen** als „Rückstand der Persönlichkeit" oder als Sachen anzusehen sind, bei denen es in der Regel nur an der Eigentumsfähigkeit fehlt, ist umstritten[30]. Einigkeit besteht jedoch darüber, dass Leichen dann zu den eigentumsfähigen Sachen zählen, wenn sie nicht zur   77

---

21 *A/W-Heinrich*, § 13 Rn 32; *v. Gravenreuth*, Das Plagiat aus strafrechtlicher Sicht 1986, S. 91 f; *Hohmann/Sander*, BT I § 1 Rn 10; *Julius*, Anm. JR 93, 255; zur sog. Raubgräberei s. *Koch*, NJW 06, 557; zum „Zeitdiebstahl" s. LK-*Vogel*, § 242 Rn 9.
22 *Fischer*, § 242 Rn 3; *Heghmanns/Kusnik*, CR 11, 248, 249. Daten sind deshalb kein Diebstahls- (s. dazu *Sonn*, Strafbarkeit des privaten Entwendens und staatlichen Ankaufs inkriminierender Kundendaten 2014, S. 30 f) und auch kein Hehlereiobjekt, s. dazu in den Liechtensteiner und verwandten Kontendaten-Fällen Rn 826.
23 RGSt 44, 335; *Lackner/Kühl*, § 242 Rn 2.
24 RGSt 29, 111, 116; 32, 165, 185 f; *Schramm*, JuS 08, 679; s. dazu auch *Heger*, ZIS 11, 402, 404.
25 Zum Embryo s. LK-*Vogel*, § 242 Rn 11; M/R-*Schmidt*, § 242 Rn 4.
26 Diff. *Gropp*, JR 85, 181; S/S-*Eser/Bosch*, § 242 Rn 10; s. auch *Kretschmer*, JA 15, 106 ff.
27 *Fischer*, § 242 Rn 8; *Rengier*, BT I § 2 Rn 18; S/S-*Bosch*, § 242 Rn 20; ausgekämmte Haare, abgeschnittene Fingernagelteile uÄ, die in einem heimlichen Vaterschaftstest „entwendet" werden, sind – wertungsmäßig – nicht wirksam derelinquiert – folglich taugliche Diebstahlsobjekte, s. *Glaser/Dahlmanns*, JR 07, 318; verneint man Gewahrsam, bleibt § 246; allerdings ist die Zueignung (-sabsicht) zweifelhaft.
28 So in BGHZ 124, 52; wie hier *Eisele*, BT II Rn 18; aA *Zöller*, BT Rn 8.
29 AA *Freund/Heubel*, MedR 95, 194, 198 unter Verstoß gegen das Analogieverbot, s. *Otto*, Jura 96, 119 f; SK-*Horn/Wolters*, § 223 Rn 5a.
30 Für Ersteres *Maurach/Schroeder/Maiwald*, BT I § 32 Rn 19; für Letzteres die hM: *Kretschmer*, JA 15, 108; *Otto*, BT § 40 Rn 5; S/S-*Bosch*, § 242 Rn 10, 21; vgl auch AG Rosenheim NStZ 03, 318.

Bestattung bestimmt sind (wie Mumien, Moor-, Anatomie- oder plastinierte Leichen)[31]. Hier können im Einzelfall die Voraussetzungen der §§ 242 ff, 303 gegeben sein. Das gilt auch für implantierte therapeutische Hilfsmittel wie einen Herzschrittmacher, der nach seiner Entnahme wieder zur Disposition des Eigentümers steht[32]. Wo dagegen die Eigentumsfähigkeit zu verneinen ist, greift nur die dem Schutz des Pietätsgefühls dienende Vorschrift des § 168 ein[33]. So liegt es auch bei „kremiertem" **Zahngold**, das mit der Asche der Urne überantwortet werden soll und bezüglich dessen die Erben folglich auf ihr Aneignungsrecht verzichten. Es ist als Teil der den Leichnam vertretenden Asche *herrenlos* und deshalb durch § 242 nicht geschützt. Geht der Täter irrig davon aus, das Zahngold stehe in einem solchen Fall im Eigentum des Betreibers des Krematoriums, liegt kein untauglicher Versuch, sondern ein Wahndelikt vor[34].

2. Beweglichkeit

78 **Beweglich** iS der §§ 242 ff sind alle Sachen, die fortbewegt (dh von ihrem bisherigen Ort fortgeschafft) werden können. Bei der Beurteilung dieser Frage orientiert das Strafrecht sich nicht an der im Bürgerlichen Recht (§§ 93 ff BGB)[35] getroffenen Regelung, sondern mit Blick auf die Wegnahme daran, was fortgeschafft werden kann[36].

Beweglich sind demnach auch Grundstückserzeugnisse und Bestandteile von Gebäuden, die zwecks Wegnahme erst losgelöst, abgetrennt oder sonstwie **beweglich gemacht werden müssen**[37], wie zB Torf, Heizkörper, Waschbecken, an Brücken angeschlossene „Liebesschlösser"[38] und dergleichen. Deshalb liegt im unbefugten Abgrasen einer Wiese durch eine Schafherde neben § 303 (Rn 17) auf das Gras bezogen auch ein Diebstahl vor[39].

3. Fremdheit

79 **Fremd** ist eine Sache, wenn sie im (Allein-, Mit- oder Gesamthands-) **Eigentum eines anderen steht**, also weder *herrenlos* iS der §§ 958 ff BGB ist noch *ausschließlich* dem Täter selbst gehört (vgl Rn 20).

Die **Fremdheit** der Sache folgt nicht schon daraus, dass sie dem Täter nicht gehört[40]. Denn Letzteres ist auch bei *herrenlosen* Sachen der Fall, die niemandem gehören und die ebenso als taugliche Objekte des Diebstahls ausscheiden wie Sachen, die ausschließlich im Eigentum des

---

31 S. *Tag*, MedR 98, 387 f; ebenso *Eisele*, BT II Rn 20.
32 S. hierzu *Gropp*. JR 85, 181; S/S-*Eser/Bosch*, § 242 Rn 21; SK-*Hoyer*, § 242 Rn 16.
33 S. dazu OLG Bamberg NJW 08, 1543; OLG Nürnberg NJW 10, 2071; *Kudlich*, JA 08, 391; *ders.*, JA 10, 226; *Jäger*, BT Rn 186a, b; *Jahn/Ebner*, JuS 08, 1086; *Rudolph*, JA 11, 346; *Safferling/Menz*, Jura 08, 383.
34 S. zur Begründung LK-*Hillenkamp*, § 22 Rn 228; für untauglichen Versuch dagegen OLG Hamburg NJW 12, 1601, 1604 mit Anm. *Stoffers* und *Satzger*, JK 2/13, StGB § 242/26 (s. auch Rn 136); zum Zahngold als Bestandteil der Asche s. BGHSt 60, 302 mit Anm. *Bosch*, Jura 15, 1393 (§ 168); *Kudlich*, JA 15, 872; s. auch *Becker/Martenson*, JZ 16, 779. Zum Streitstand s. *Stübinger*, ZIS 16, 373 ff.
35 Für Zivilrechtsakzessorietät SK-*Hoyer*, § 242 Rn 9 f; dazu krit. MK-*Schmitz*, § 242 Rn 46; wie hier *Klesczewski*, BT § 8 Rn 45.
36 Ebenso BK-*Wittig*, § 242 Rn 5; HK-GS/*Duttge*, § 242 Rn 10; MK-*Schmitz*, § 242 Rn 45; NK-*Kindhäuser*, § 242 Rn 14; *Rengier*, BT I § 2 Rn 8; S/S/W-*Kudlich*, § 242 Rn 10; *Zopfs*, ZJS 09, 506.
37 S. zum maßgeblichen Zeitpunkt – wann muss es sich um eine fremde, eine bewegliche Sache handeln? – LK-*Vogel*, § 242 Rn 46.
38 S. dazu AG Köln BeckRS 12, 20013 mit Bespr. *Jahn*, JuS 13, 271.
39 LG Karlsruhe NStZ 93, 543; Falllösung bei *Jänicke*, Jura 14, 446.
40 *Maurach/Schroeder/Maiwald*, BT I § 32 Rn 21; zur Eigentumslage an Schätzen und Bodendenkmälern s. *Koch*, NJW 06, 557.

Täters selbst stehen[41] oder die – wie der menschliche Leichnam – verkehrsunfähig[42] sind. Bei **Drogen** handelt es sich um verkehrsfähige Sachen[43]. *Sammelgut*, das zu Gunsten wohltätiger Organisationen auf dem Bürgersteig zum Abholen bereitgelegt wird, ist nicht herrenlos, sondern für Dritte „fremd" iS des § 242[44]. Auch eine zur Vernichtung dem Müll überantwortete ec-Karte soll wie werthaltiger Schrott nicht derelinquiert worden sein[45]. Dass das auch für noch verzehrbare Lebensmittel gelten soll, die namentlich durch Supermärkte ihren Müllcontainern überantwortet werden, ist dagegen eine lebensfremde Annahme. Auch wenn der Ladeninhaber mit einem „**Containern**" idR nicht einverstanden ist, scheitern Eigentumsdelikte der sog. „Waste-Diver" daher an der fehlenden Fremdheit der mitgenommenen Sachen[46].

Rechtsprechungsbeispiel: In einem Fall des **AG Köln BeckRS 12, 20013** trennten A und C mehrere Streben eines Gitterzaunes auf, der auf der Hohenzollernbrücke in Köln zwischen dem Gehweg und den Bahngleisen verläuft. Dadurch setzten sie 53 sog. Liebesschlösser frei, die Liebespaare unter Tolerierung des Brückeneigentümers dort zum Zeichen unauflösbarer Liebe angeschlossen hatten. A und C beabsichtigten, die Schlösser an einen Schrotthändler zu verkaufen. – Ob neben der Sachbeschädigung am Zaun ein Diebstahl zu bejahen ist, hängt von der Beantwortung von drei Dingen ab. Zum Ersten reicht es aus, dass das Tatobjekt zum Zweck der Wegnahme erst *beweglich* gemacht wird (Rn 78). Zum Zweiten verneint das AG zu Recht eine *Eigentumsaufgabe* durch *Dereliktion*, weil das rechtliche Schicksal des Schlosses dem jeweiligen Liebespaar nicht gleichgültig und eine Zueignung durch Dritte dem symbolisch gesetzten Zeichen abträglich ist[47]. Bleiben die Schlösser folglich fremd, sind sie zum Dritten auch nicht *gewahrsamslos*, sondern in den generellen Gewahrsam des Brückeneigners überführt, dessen Tolerierung einen hinreichenden *Gewahrsamswillen* dokumentiert (Rn 89). Da die Schlüssel ins Wasser geworfen werden, geben die Paare ihren Gewahrsam auf. Schließlich hat, wer die Sache verkaufen will, die Absicht, sie *sich* zuzueignen (Rn 168). Ein Diebstahl liegt folglich vor, das Regelbeispiel des § 243 I 2 Nr 2 dagegen nicht[48].

Maßgebend für die **Beurteilung der Eigentumsverhältnisse** im Bereich des Strafrechts sind die zivilrechtlichen Vorschriften über den Erwerb und Verlust des Eigentums[49] im Zeitpunkt des Versuchsbeginns[50]. Deshalb ist zB die Möglichkeit eines Diebstahls beim Tanken ohne Bezahlen auch davon abhängig, wann das Eigentum am Benzin auf den Kunden übergeht. Behält sich der Tankstelleninhaber das Eigentum bis zur Bezahlung vor, bleibt das Benzin auch nach *Vermischung* mit dem Restinhalt des Tanks in aller Regel für den Tankenden durch das Miteigentum des Inhabers fremd[51].

80

---

41 Die Wegnahme eigener Sachen kann aber nach § 289 strafbar sein; vgl OLG Düsseldorf NJW 89, 115.
42 Zu Ausnahmen s. Rn 77 und SK-*Hoyer*, § 242 Rn 14.
43 BGH NJW 06, 72 mit zust. Anm. *Hauck*, ZIS 06, 37; AnK-*Kretschmer*, § 242 Rn 10; *Jäger*, BT Rn 188; *Schramm*, JuS 08, 680; abl. *Wolters*, Samson-FS S. 495, 500 ff; zur gleichwohl vorzugswürdigen **Ablehnung eines Diebstahls** s. Rn 73.
44 BayObLG JZ 86, 967.
45 S. OLG Hamm BeckRS 11, 07785 mit Bespr. *Jahn* JuS 11, 755; *Zöller*, BT Rn 12; abl. H-H-*Kretschmer*, Rn 774; zum Schrott s. *Bode*, JA 16, 589.
46 S. dazu *Vergho*, StraFo 13, 15 ff; Fallösung bei *Esser/Scharnberg*, JuS 12, 809.
47 Zust. *Schramm*, BT I § 2 Rn 28.
48 S. dazu und zum Fall *Jahn*, JuS 13, 271; Fallösung bei *Reinhardt*, JA 16, 189.
49 BGHSt 6, 377, 378; erläuternd dazu LK-*Vogel*, § 242 Rn 21.
50 LK-*Vogel*, § 242 Rn 46; abw. *Timmermann*, Diebstahl und Betrug im Selbstbedienungsladen 2014, S. 57 f: noch im Zeitpunkt der Vollendung muss die Sache fremd sein.
51 Wird das Benzin mit dem Einfüllen übereignet, soll keine fremde Sache (mehr) vorliegen, s. *Mitsch*, BT II S. 9; dagegen *Küper/Zopfs*, BT Rn 446 (Präzedenzprinzip; bei Übereignung scheitert erst der Absicht rechtswidriger Zueignung); zum Meinungsstand s. *Jäger*, BT Rn 192; NK-*Kindhäuser*, § 242 Rn 17; ferner *Lange/Trost*, JuS 03, 964 sowie Rn 197; s. zum Verhältnis denkbarer Eigentumsdelikte zum in solchem Fall möglicherweise vorliegenden Betrug BGH NJW 12, 1092 f.

Ist das Kausalgeschäft sittenwidrig, folgt daraus nicht notwendig die Unwirksamkeit des Erfüllungsgeschäfts[52]. Daher ist das Wiederansichbringen des Kaufgeldes für Betäubungsmittel unmittelbar nach seiner Hingabe *nur dann* kein Diebstahl, *wenn* aus dem Verbot des unerlaubten Handeltreibens mit Betäubungsmitteln die Nichtigkeit der Übereignung des als Kaufpreis gezahlten Geldes folgt[53]. Ein hiervon abweichender *wirtschaftlicher Eigentumsbegriff*, der die *Fremdheit* von der umfassenderen Vermögensposition abhängig machen will[54], ist auf Grund seiner Unbestimmtheit für das Strafrecht kein Gewinn[55]. Von seiner rein formalrechtlichen Beurteilungsgrundlage aus behandelt es auch die besonderen Erscheinungsformen des Vorbehalts- und Sicherungseigentums ohne Einschränkung als volles Eigentum[56].

81 Im **Fall 3** gehörte die Perlenkette ursprünglich der Witwe W. Mit deren Tod ging das Eigentum daran kraft Gesetzes auf die Tochter T als Gesamtrechtsnachfolgerin über (§§ 1922 I, 1924 I, 1942 I BGB). Demnach war die Perlenkette im Augenblick der Tathandlung für S eine *fremde* bewegliche Sache iS des § 242. An dieser Feststellung ändert sich für die strafrechtliche Beurteilung des Falles auch dann nichts, wenn T die ihr zunächst angefallene Erbschaft form- und fristgerecht ausgeschlagen hat (§§ 1942 ff BGB), sodass S an ihrer Stelle den gesamten Nachlass der W als deren alleinige gesetzliche Erbin erworben hat (§§ 1953 I, 1922 I, 1925 I, III BGB). Zwar *gilt* der Anfall der Erbschaft an die Tochter T bei dieser Sachlage gemäß § 1953 I BGB als *nicht erfolgt*, und kraft dieser *Rückwirkungsfiktion* wird es für den Bereich des Zivilrechts so angesehen, als sei die S (und zwar nur sie) schon unmittelbar im Zeitpunkt des Todes der W deren alleinige Erbin und damit auch Eigentümerin der Perlenkette geworden. Eine derartige Zurückbeziehung unter Eliminierung der bereits eingetretenen Rechtsfolgen (hier: des Anfalls der Erbschaft an T) widerspricht den Zielsetzungen des Zivilrechts nicht; dem Strafrecht ist sie jedoch absolut wesensfremd. Die bürgerlichrechtlichen **Rückwirkungsfiktionen** (§§ 142 I, 1953 I BGB) gelten daher nach einhelliger Auffassung **für das Strafrecht nicht**, weil es bei der Entscheidung über die Tatbestandsmäßigkeit eines bestimmten Verhaltens nur auf die Sach- und Rechtslage ankommen kann, wie sie **im Augenblick des Handelns wirklich bestanden** hat. Andernfalls könnte nämlich, insbesondere über §§ 119, 123, 142 I, II BGB, eine Handlung nachträglich strafbar werden, die bei ihrer Vornahme mangels Tatbestandsmäßigkeit straflos war[57]. Im **Fall 3** bleibt somit zu prüfen, ob S die (fremde) Perlenkette durch *Wegnahme* erlangt hat **(Rn 95)**.

---

52 *Krey/Hellmann/Heinrich*, BT II Rn 3–5; s. dazu bei Vorauszahlung des „Dirnenlohns" BGH NStZ 15, 700; *Brand/Burkhart*, JuS 19, 139 f.

53 So BGH NStZ-RR 00, 234; s. dazu *Eisele*, BT II Rn 24; *Rengier*, BT I § 2 Rn 13 f.

54 *Otto*, BT § 40 Rn 10 f; *ders.*, Jura 96, 220; erläuternd dazu *Otto*, Beulke-FS S. 511 ff; zur Bedeutung dieses Begriffsverständnisses für Fälle des § 241a BGB s. *Otto*, Jura 04, 389 und Beulke-FS, S. 512 ff; auf *Ottos* Ansatz aufbauend *Kohlheim*, Ein neuer wirtschaftlicher Fremdheitsbegriff im Strafrecht 2007, S. 97 ff, der für den Verbraucher die Fremdheit der unbestellt zugesandten Ware verneint (S. 98).

55 S. auch *Küper/Zopfs*, BT Rn 446; *Matzky*, NStZ 02, 460 ff; abl. auch *Börner*, Die Zueignungsdogmatik der §§ 242, 246 StGB 2004, S. 34 f, *Krey/Hellmann/Heinrich*, BT II Rn 4 und *Tachau*, Ist das Strafrecht strenger als das Zivilrecht? 2005, S. 163 ff, der selbst in Fällen des § 241a BGB die Möglichkeit einer Enteignung verneint, S. 173 ff, 220 f; ausführlich auch LK-*Vogel*, vor §§ 242 ff Rn 53–55.

56 Vgl RGSt 61, 65.

57 Vgl KG JW 30, 943 Nr 5; HK-GS/*Duttge*, § 242 Rn 14; *Kudlich/Roy*, JA 01, 772; LK-*Ruß*, 11. Aufl., § 246 Rn 4; M/R-*Schmidt*, § 242 Rn 8; S/S-*Eser/Bosch*, § 246 Rn 4a; S/S/W-*Kudlich*, § 242 Rn 12; *Zopfs*, ZJS 09, 507.

III. Die Wegnahme

1. Wegnahme und Gewahrsamsbegriff

Wegnahme als **Tathandlung** bedeutet im Rahmen des § 242 den **Bruch fremden Allein- oder Mitgewahrsams und die Begründung neuen**, nicht notwendig, aber regelmäßig *eigenen* **Gewahrsams**[58]. Unter **Gewahrsam** versteht die hL die **tatsächliche Sachherrschaft** eines Menschen über eine Sache, die von einem natürlichen Herrschaftswillen getragen und deren Reichweite von der Verkehrsauffassung bestimmt wird[59]. Damit ist Gewahrsam ein primär **faktischer** Begriff. Er wird durch die sich in der Verkehrsauffassung niederschlagende Anschauung des täglichen Lebens nach Auffassung seiner Anhänger nicht konstituiert, vielmehr werden seine Ableitungen an ihr nur gemessen[60]. **Vorzugswürdig** ist demgegenüber ein **sozial-normativer** Gewahrsamsbegriff, der das für den Gewahrsam notwendige Herrschaftsverhältnis nicht nach den zufälligen Komponenten tatsächlicher Macht, sondern aus der *sozial-normativen Zuordnung* der Sache zur Herrschaftssphäre einer Person begründet[61]. Nur bei diesem Ausgangspunkt lässt sich der Gewahrsam des Bauern am zurückgelassenen Pflug auf dem Felde oder des verreisten Wohnungsinhabers am Wohnungsinventar aus dem Begriff selbst herleiten, weil die Verkehrsauffassung Acker und Wohnung als Gewahrsamssphären ihrer Eigner und den Zugriff Dritter auf die dort befindlichen Sachen als rechtfertigungsbedürftige Störung dieser Zuordnung begreift[62].

82

Die im Ergebnis hier nicht anders entscheidende hL überspielt die von ihr verlangte, in Wahrheit aber fehlende *tatsächliche* Zugriffsmöglichkeit in diesen Fällen mit deren aus der Anschauung des täglichen Lebens hergeleiteter Fiktion. Sie entwertet zudem zum bloßen Korrektiv, was den Kerngehalt des Gewahrsams ausmacht. Und sie trägt zusätzliche Unsicherheit in einen nach Auffassung der Rechtsprechung von allen zufälligen „Umständen des Einzelfalles" abhängigen und dadurch „im Wesentlichen (zur) Tatfrage"[63] erklärten Begriff, der nicht mehr ausrechenbar und bestimmt und

83

---

58 Vgl RGSt 48, 58, 59 f; *Küper/Zopfs*, BT Rn 769; zum nachfolgend aufgeführten Streit um den Gewahrsamsbegriff s. dort Rn 751, 755.
59 *Eisele*, BT II Rn 26 ff; *Fischer*, § 242 Rn 11; *Hilgendorf/Valerius*, BT II Rn 19 ff; *Hohmann/Sander*, BT I § 1 Rn 17; *Krey/Hellmann/Heinrich*, BT II Rn 12–14; *Lackner/Kühl*, § 242 Rn 8 ff; *Mitsch*, BT II S. 12 f; *M/R-Schmidt*, § 242 Rn 13; *Otto*, BT § 40 Rn 15; *Rengier*, BT I § 2 Rn 23, 27; *S/S/W-Kudlich*, § 242 Rn 18 f; *Wessels*, BT II Rn 71.
60 *S/S-Bosch*, § 242 Rn 24; *Ank-Kretschmer*, § 242 Rn 21: faktisch-normativer Gewahrsamsbegriff.
61 *SK-Samson*, 4. Aufl., § 242 Rn 20 ff; grundlegend dazu schon BGHSt 16, 271, 273 im Anschluss an *Welzel*, GA 60, 257; NJW 61, 328; s. auch *Bittner*, Der Gewahrsamsbegriff, 2. Aufl. 2008, S. 95 ff, 182 f; *Geilen*, JR 63, 446; *Gössel*, ZStW 85 (1973), 591, 617; *Heinsch*, Der Gewahrsamsbegriff beim Diebstahl, 2012; teilweise auch *HK-GS/Duttge*, § 242 Rn 19; das *tatsächliche* Herrschaftsverhältnis ist danach – entgegen *Bosch*, Jura 14, 1237 – gerade *nicht* der übereinstimmende Ausgangspunkt.
62 *SK-Samson*, 4. Aufl., § 240 Rn 20; s. auch *Kargl*, JuS 96, 971, 974; *Martin*, JuS 98, 893; *MK-Schmitz*, § 242 Rn 55, 65 ff; *NK-Kindhäuser*, § 242 Rn 28; *Scheffler*, Anm. JR 96, 342 f; *Schmidt*, BT II Rn 30 ff; unentschieden OLG Karlsruhe NStZ-RR 05, 140; in einer Falllösung angesprochen ist der von der Rechtsprechung und zahlreichen Vertretern des faktischen Gewahrsamsbegriffs vielfach unterschlagene (s. zB *Bohnert*, ZStW 127 (2015), 99; *Klesczewski*, BT § 8 Rn 51 ff; *Kudlich*, JA 17, 428 ff) Streit zB bei *Kinzig/Linke*, JuS 12, 230 f, *Sebastian*, Jura 15, 993 und *Müller/Schmoll*, JA 13, 757.
63 BGHSt 41, 198, 205; beispielhaft BGHSt 23, 254, 255; BGH NStZ 08, 624, 625 mit Anm. *Bachmann*, NStZ 09, 267; BGH NStZ 11, 158, 159 f; BGH NStZ 14, 40 f; s. auch *Jäger*, BT Rn 211; krit. *Hillenkamp*, JuS 97, 222 f.

dessen jeweils ausschlaggebendes Moment von keinem tatbegleitenden Vorsatz mehr sicher erfassbar ist[64]. Dieser faktischen, aber durch die Verkehrsauffassung stets modifizierbaren Sicht ist deshalb eine Auffassung vorzuziehen, die Gewahrsam als Herrschaftsverhältnis bejaht, wenn die **Zuordnung der Sache** zur Herrschaft einer Person als eine **sozial-normativ gesicherte Übereinkunft** erscheint[65]. Dass auch bei diesem Verständnis Unsicherheiten bleiben, wo sich *gesicherte* Übereinkünfte (noch) nicht finden, ist einzuräumen, macht aber die sozial-normative Zuordnung nicht zum willkürlich oder beliebig verwendbaren Begriff[66].

84 Zur Vermeidung von Verwechslungen ist zu beachten, dass der *Gewahrsamsbegriff* in § 168 I anders, und zwar im Sinne eines tatsächlichen *Obhutsverhältnisses* über den Leichnam und die ihm gleichstehenden Schutzobjekte ausgelegt wird[67]. Zur Wegnahme genügt dort der Bruch dieses Obhutsverhältnisses[68]. Auch bei § 289 deutet die hM den *Wegnahmebegriff* entsprechend dem Schutzzweck der Norm in einem umfassenderen Sinn, indem sie auf das Erfordernis eines Gewahrsamsbruchs verzichtet und jedes Entziehen der Sache aus dem Machtbereich des Pfandgläubigers oder des sonst Berechtigten genügen lässt[69] (näher dazu Rn 471).

2. Eigentum und Gewahrsam

85 Der in § 242 zur **Wegnahmehandlung** gehörende **Gewahrsamsbegriff** ist nach beiden zu ihm vertretenen Auffassungen (Rn 82) von dem die *Fremdheit* der Sache betreffenden *Eigentumsbegriff* scharf zu unterscheiden. Zwar pflegt man beim Eigentum wie beim Gewahrsam von einem „*Herrschaftsverhältnis*" zu sprechen. Inhaltlich ist damit aber etwas Verschiedenes gemeint, worauf insbesondere dann zu achten ist, wenn Eigentum und Gewahrsam an einer Sache auseinander fallen (wie bei der Miete, Leihe oder Verwahrung). Das **Eigentum** als dingliches Recht begründet eine Sachherrschaftsbeziehung *rechtlicher* Art, die dem Eigentümer ein Höchstmaß an Einwirkungs- und Abwehrbefugnissen gewährt (vgl §§ 903, 985, 1004 BGB). Ihr Bestand ist von jeder tatsächlich vorhandenen Einwirkungsmöglichkeit unabhängig. Im Falle des Diebstahls vermag sogar der völlige Verlust der Sache am Eigentum und an der *rechtlichen Herrschaftsmacht* des Bestohlenen nichts zu ändern. Beim **Gewahrsam** handelt es sich dagegen nach seinem **faktischen** Verständnis um ein **rein tat-**

---

64 Die gegenteilige Wertung findet sich bei *A/W-Heinrich*, § 13 Rn 40; *Heghmanns*, Rn 1014 mit Sympathie für den hier vertretenen Standpunkt in Rn 1010.
65 Ähnlich OLG Zweibrücken NStZ 95, 449; *Bittner*, Der Gewahrsamsbegriff, 2. Aufl. 2008, S. 95 ff, 182 f; *Brocker*, Jura 94, 923; MK-*Schmitz*, § 242 Rn 65; *Schmidt*, BT II Rn 31; *Schmitz*, JA 93, 350; Anklänge auch bei *Eisele*, BT II Rn 27; dass es sich **nur** um eine **terminologische Differenz** handelt (so BK-*Wittig*, § 242 Rn 11.1; *Bosch*, Jura 14, 1238; *Brüning*, ZJS 15, 311; *Hecker*, JuS 15, 277; LK-*Vogel*, § 242 Rn 55; *Schramm*, BT I § 2 Rn 21; S/S-*Bosch*, § 242 Rn 24; *Zöller*, BT Rn 14), ist zu **bestreiten**; für eine Verknüpfung beider Ansätze *Joecks/Jäger*, § 242 Rn 20 f; *J. Kretschmer*, Jura 10, 469; krit. zu beiden Ansätzen *Timmermann*, Diebstahl und Betrug im Selbstbedienungsladen 2014, S. 39 ff, die darauf abstellt, wer bestimmt, wo sich die Sache befindet, S. 50 ff.
66 SK-*Hoyer*, § 242 Rn 32 ff vermeidet mit seinem Gegenvorschlag selbst Unsicherheiten nicht; zu Recht krit. dazu MK-*Schmitz*, § 242 Rn 63 f.
67 Vgl OLG München NJW 76, 1805; KG NJW 90, 782; OLG Zweibrücken JR 92, 212 mit Anm. *Laubenthal*; OLG Bamberg NJW 08, 1543 mit Bespr. *Kudlich*, JA 08, 391; *Lackner/Kühl/Heger*, § 168 Rn 3; *Roxin*, JuS 76, 505.
68 S/S-*Lenckner/Bosch*, § 168 Rn 4.
69 Wichtig beim *besitzlosen* Vermieterpfandrecht, vgl BayObLG JZ 81, 451; LK-*Schünemann*, § 289 Rn 14 ff; aA *Maurach/Schroeder/Maiwald*, BT I § 37 Rn 16; S/S-*Heine/Hecker*, § 289 Rn 8.

sächliches Herrschaftsverhältnis, das dem Gewahrsamsinhaber kraft seines faktischen *Könnens* eine **physisch-reale Einwirkungsmöglichkeit** auf die Sache verschafft. Die Frage nach dem rechtlichen *Dürfen* stellt sich hiernach nicht; denn ob der Gewahrsam auf rechtmäßige oder auf rechtswidrige Weise begründet worden ist, hat keinerlei Einfluss auf seinen Bestand. Gewahrsam als *tatsächliche* Sachherrschaft erlangt bei erfolgreicher Wegnahme auch der Dieb; wer ihm die Beute wegnimmt, um sie sich widerrechtlich zuzueignen, bricht daher dessen Gewahrsam und erfüllt seinerseits den Tatbestand des § 242[70]. Das ist auch nach dem hier zugrunde gelegten Gewahrsamsbegriff nicht anders. Denn auch die **sozial-normative** Sachherrschaft richtet sich in ihrer Anerkennung nicht danach, ob der Sach*erwerb* rechtmäßig und mit Recht zu behaupten, sondern nur danach, ob die Sach*herrschaft* nach sozial-normativ gesicherter Übereinkunft *anerkannt* und daher der Zugriff eines Dritten sozial auffällig und rechtfertigungsbedürftig[71] ist. Das aber ist bei einer Wegnahme der in die *geschützte Gewahrsamssphäre* des Diebes überführten Beute selbst durch den Eigentümer der Fall. Es trifft deshalb nicht zu, dass der normative Gewahrsamsbegriff nur beim Bestohlenen, für den Dieb nach dieser Auffassung aber der faktische gelte[72].

3. Einzelprobleme und Erscheinungsformen des Gewahrsams

Maßgebend für die **Beurteilung der Gewahrsamsverhältnisse** sind nach hL die konkreten Umstände des Einzelfalles und die Anschauungen des täglichen Lebens[73]. Da eine Sache nicht selten vielfältigen, sich oftmals überschneidenden und in ihrer Stärke wechselnden *tatsächlichen* Einwirkungsmöglichkeiten mehrerer Personen ausgesetzt ist, ist die Gewahrsamsfrage nach den hiernach primär in Betracht zu ziehenden *faktischen* Gegebenheiten nicht immer eindeutig und zweifelsfrei und auf Grund deren Zufälligkeit auch nicht stets überzeugend zu beantworten. Diese Schwäche sucht die hL durch den Rückgriff auf die Verkehrsauffassung zu beheben. Auf diesem Umweg begegnet sie der für den sozial-normativen Gewahrsamsbegriff *maßgeblichen* Sicht. Deshalb sind trotz der methodischen Differenz die Ergebnisse beider Lehren und auch die sie tragenden Sacheinsichten zwar häufig nicht unterschieden[74]. Nur der **sozial-normative** Ansatz führt aber mit hinlänglicher Bestimmtheit zum Ziel. Zudem verbürgt er bei Streit über das Gewicht des normativen Elements[75] das sachgerechtere Ergebnis.

86

---

70 BGH NJW 53, 1358 Nr 25; RGSt 60, 273, 278; 70, 7, 9; s. auch BGH NStZ 09, 37 mit Anm. *Dehne-Niemann*; *Mitsch*, BT II S. 15; krit. *Wolters*, Samson-FS S. 495, 510 f; eine genauere Begründung des „Diebstahls gegenüber dem Dieb" (richtiger: eines zweiten gegenüber dem Eigentümer) findet sich bei *Hillenkamp*, Achenbach-FS S. 184, 193 f, 199 ff; mit diff. Begründung iE nicht anders *Otto*, Beulke-FS S. 508 ff, 514 f.
71 NK-*Kindhäuser*, § 242 Rn 28, 32.
72 So aber der Vorhalt von *Kargl*, JuS 96, 973; *Maurach/Schroeder/Maiwald*, BT I § 33 Rn 13.
73 BGHSt 16, 271, 273; 41, 198, 205; BGH NStZ 08, 624, 625.
74 *Joecks/Jäger*, § 242 Rn 14 ff; S/S-*Bosch*, § 242 Rn 24; SK-*Samson*, 4. Aufl., § 242 Rn 23; als Beispiel s. OLG Karlsruhe NStZ-RR 05, 140; LG Zwickau NJW 06, 166; *Kinzig/Linke*, JuS 12, 230 f; die synonyme Verwendbarkeit der Begriffe „sozial-normative" Zuordnung und Zuordnung nach der Verkehrsanschauung darf aber nicht zur Einebnung der **grundsätzlich unterschiedlichen Ausgangspunkte** führen; anders offenbar *Zopfs*, ZJS 09, 508.
75 S. dazu S/S-*Bosch*, § 242 Rn 38 ff; *Hillenkamp*, JuS 03, 158 f.

a) Gewahrsamswille

87 Sachherrschaft ist zunächst eine **objektiv-subjektive** Sinneinheit. Sie ist ohne einen auf Herrschaft gerichteten Willen nicht denkbar[76]. Dieser **Sachherrschaftswille** als *subjektiv-voluntatives* Gewahrsamselement ist von der Geschäftsfähigkeit unabhängig. Er besteht in einem *natürlichen* Beherrschungswillen, wie ihn auch Kinder und Geisteskranke haben können[77]. Hohe Anforderungen werden an ihn nicht gestellt. So muss er nicht jede einzelne Sache innerhalb des maßgeblichen Herrschaftsbereichs umfassen. Auch ein **genereller Gewahrsamswille** reicht aus[78]. Er setzt kein spezialisiertes Wissen, aber auch kein ständig aktualisiertes Sachherrschaftsbewusstsein und kein ununterbrochenes „Wachsein" voraus. **Schlaf** und **Bewusstlosigkeit** heben ihn nicht auf[79]; wer in einem solchen Zustand vor Wiedererlangung des Bewusstseins stirbt, behält den Gewahrsam bis zum Todeseintritt[80]. Erst danach entfällt der Gewahrsam[81]. Einer ausdrücklichen Bekundung bedarf der Sachherrschaftswille nicht; es reicht aus, dass er sich aus den Umständen ergibt. Diese Abschwächungen des Willenselementes sind für die **sozial-normative** Zuordnung unschädlich. Mit einer ernst genommenen faktischen Herrschaft vertragen sie sich allerdings nicht.

88 **Gewahrsamsinhaber** kann nur eine **natürliche Person** sein. Juristische Personen und Behörden als solche haben keinen Gewahrsam[82]. Träger der Sachherrschaft und des Gewahrsamswillens ist bei ihnen das jeweils zuständige Organ, der Behördenleiter, ein sonstiger Amtsträger oder ein mit der Herrschaftsausübung betrauter Angestellter. In der juristischen Umgangssprache wird das nicht immer beachtet; der Einfachheit halber ist hier bisweilen vom Gewahrsam der „Post", der „Eisenbahnverwaltung" usw die Rede[83].

89 Dem Inhaber eines **räumlich umgrenzten Herrschaftsbereichs** schreibt die Verkehrsauffassung den Willen zu, die tatsächliche Gewalt über alle Sachen auszuüben, die sich innerhalb dieser Gewahrsamssphäre befinden und an denen kein Sondergewahrsam Dritter besteht. Demgemäß erlangt man in **sozial-normativer** Sicht an Postsendungen schon mit dem Einwurf in den eigenen Hausbriefkasten Gewahrsam, auch wenn man abwesend ist und vom Zugang nichts weiß und folglich keinen konkretisierten Herrschaftswillen hat. Warenpakete, die morgens vor Geschäftsbeginn für den Ladeninhaber vor die verschlossene Ladentür gestellt zu werden pflegen, stehen bereits im Gewahrsam des Ladeninhabers; wer sie entwendet, begeht einen Diebstahl[84]. Anderseits erwirbt ein Grundstückseigentümer nicht ohne Weiteres dadurch Gewahrsam, dass irgendwelche Gegenstände mutwillig auf sein Grundstück geworfen

---

76 *Fischer*, § 242 Rn 13; *Lackner/Kühl*, § 242 Rn 10; *Mitsch*, BT II S. 18 f; KG GA 1979, 427, 428; **aA** *Bittner*, JuS 74, 156, 159; MK-*Schmitz*, § 242 Rn 71.
77 RGSt 2, 332; OLG Hamburg MDR 47, 35.
78 BGH GA 1962, 77, 78; BGH NJW 87, 2812; *Eisele*, BT II Rn 29 f; LK-*Vogel*, § 242 Rn 71; *Rengier*, BT I § 2 Rn 29.
79 Vgl BGHSt 4, 210; 211; *Fahl*, Jura 98, 458; *Rengier*, BT I § 2 Rn 42.
80 BGH NJW 85, 1911; *Herzberg*, JuS 76, 40, 42; *Krey/Hellmann/Heinrich*, BT II Rn 17; LK-*Vogel*, § 242 Rn 69; *Vogler/Kadel*, JuS 76, 245 ff; **anders** BayObLG JR 61, 188 mit abl. Anm. *Schröder*; *Seelmann/Pfohl*, JuS 87, 199; *Klesczewski*, BT § 8 Rn 53 (für Sterbende).
81 BGH NStZ 10, 33; krit. *Glandien*, JR 19, 60 ff.
82 RGSt 60, 271; S/S-*Eser-Bosch*, § 242 Rn 29; **aA** SK-*Hoyer*, § 242 Rn 39.
83 Vgl RGSt 54, 231; 60, 271; BGH wistra 89, 18, 19.
84 BGH JZ 68, 307 mit zust. Anm. *R. Schmitt*; § 246 tritt zurück.

werden[85]. Ebenso hat er keinen Gewahrsam an Waffen, Sprengkörpern oder Einbruchswerkzeugen, die ein anderer **ohne sein Wissen** und ohne sein Einverständnis auf dem Grundstück versteckt.

b) Tatsächliche Sachherrschaft und Verkehrsauffassung

Ob und inwieweit eine nur **tatsächliche Sachbeherrschung**, die besteht, wenn der Verwirklichung des Willens zur physisch-realen Einwirkung auf die Sache unter normalen Umständen keine wesentlichen Hindernisse entgegenstehen[86], unter *sozial-normativen* Aspekten als willensgetragene Sachherrschaft iS des Gewahrsamsbegriffs anzuerkennen ist, wird durch die **Verkehrsauffassung** bestimmt. Die **Beurteilung der Gewahrsamsverhältnisse** hängt deshalb nicht entscheidend von der körperlichen Nähe zur Sache, der Intensität des Beherrschungswillens und der physischen Kraft ab, mit der die Beziehung zur Sache durchgesetzt oder aufrechterhalten werden kann. Das überließe die Antwort dem Zufall. Maßgebend in dieser Hinsicht sind vielmehr die **Anschauungen des täglichen Lebens**[87], in denen **Übereinkunft** über die **Zuordnung** besteht. Sie hat sich vor allem *für typische Gewahrsamssphären* gebildet. 90

Solche Gewahrsamssphären sind das Haus, die Wohnung, der Fabrikbetrieb, das Geschäftslokal und das befriedete Besitztum. Besonders ausgeprägt ist das so begründete Sachherrschaftsverhältnis bei Gegenständen, die jemand zur ausschließlich eigenen Verfügung in seiner Kleidung, in der Hand oder sonst am Körper trägt[88]. Es setzt sich auch in einer generell oder konkret von anderen beherrschten Sphäre durch. So begründet der Bankräuber Gewahrsam am in die Hosentaschen gestopften Geld, auch wenn er sich noch in einem bereits von Polizei umstellten Bankraum befindet. Denn auch in diesem Fall ist der Zugriff von Personal oder Polizei in die Tasche des Räubers *sozial auffällig* und *rechtfertigungsbedürftig*[89], was für die Anerkennung des Gewahrsams des Räubers spricht. Dass die Rechtfertigung leicht gelingt, spricht nicht dagegen. 91

Besondere Bedeutung für die Zuordnung einer Sache hat auch der allgemein anerkannte Grundsatz, dass der einmal begründete Gewahrsam durch eine **bloße Lockerung** der Herrschaftsbeziehung und eine ihrer Natur nach vorübergehende Verhinderung in der Ausübung der tatsächlichen Gewalt nicht beeinträchtigt wird (ebenso § 856 II BGB für den *unmittelbaren Besitz* im Zivilrecht). 92

Trotz räumlicher Trennung behält man daher den Gewahrsam am geparkten Fahrzeug, am defekt zurückgelassenen Unfallwagen, an einem auf dem Feld stehenden Pflug, an frei herumlaufenden Haustieren, sowie während der Urlaubsreise oder eines Krankenhausaufenthaltes an den in der Wohnung befindlichen Sachen, selbst wenn deren Bewachung einer Hausangestellten oder einem Nachbarn übertragen wird[90]. In all diesen Fällen tritt zwar eine **Gewahrsamslockerung**, aber kein Gewahrsamsverlust ein. Andererseits bewirkt eine vorübergehend aufgehobe-

---

85 Wer das Anbringen von „**Liebesschlössern**" auf seiner Brücke toleriert, hat hinreichenden Gewahrsamswillen, s. AG Köln BeckRS 12, 20013 mit Bespr. *Jahn*, JuS 13, 271 und hier Rn 79.
86 RGSt 60, 271; BGHSt 23, 254, 255; BGH NStZ 08, 624, 625; S/S-*Bosch*, § 242 Rn 25.
87 BGHSt 16, 271, 273.
88 Lehrreich *Welzel*, GA 1960, 257; BGHSt 16, 271, 273 und als Gegenstück dazu BGH GA 1966, 244.
89 SK-*Samson*, 4. Aufl., § 242 Rn 24; aA S/S-*Bosch*, § 242 Rn 39, 40; LG Köln StV 97, 27.
90 Vgl in der Reihenfolge der Beispiele BGH GA 1962, 78; OLG Köln VRS 14, 299; RGSt 50, 183, 184 f; BGH MDR/D 54, 398; BGHSt 16, 271, 273.

ne Zugriffsmöglichkeit keinen Gewahrsamsverlust. So behält der sog. Bodypacker, der Drogenbehälter verschluckt, fraglos Gewahrsam[91]. All das zeigt deutlich, dass der Gewahrsam ein *im Sozialleben begründetes Zuordnungsverhältnis* ist, bei dem es auf die *tatsächliche* Sachherrschaft nicht entscheidend ankommt[92]. Dem entspricht es, wenn der BGH einem Ladenbesitzer den Gewahrsam an den in seinem Ladengeschäft befindlichen Waren auch dann zuspricht, wenn er keinerlei Kontrollen über den Bestand der Waren vornimmt und nicht einmal weiß, ob und wie viele der einzelnen zum Verkauf angebotenen Gegenstände sich im Laden befinden[93]. Mit einem faktischen Verständnis des Gewahrsams ist das schwerlich vereinbar.

c) Besitz und Gewahrsam

93 **Besitz** iS der §§ 854 ff BGB und **Gewahrsam** decken sich nicht. Zwar spricht § 854 BGB ähnlich dem faktischen Gewahrsamsbegriff vom Besitz als tatsächlicher Gewalt. Das Zivilrecht hat aber aus seiner eigenen Zwecksetzung Regeln, die für die Umschreibung des Gewahrsams nicht passen. Wer einem anderen zB bewegliche Gegenstände (= ein Auto, ein Fahrrad usw) oder leer stehende Räume zur Benutzung überlässt, behält als Verleiher oder Vermieter den **mittelbaren Besitz** (§ 868 BGB), hat aber keinen Gewahrsam[94]. Entsprechendes gilt für Verwahrungsverhältnisse[95].

Mittelbarer Besitz und Gewahrsam schließen sich freilich nicht aus. Bei der Überlassung **möblierter Räume** hat der Vermieter (= die Zimmerwirtin, der Hotelier usw) neben dem mittelbaren Besitz zugleich **Mitgewahrsam** am Wohnraum und an den Einrichtungsgegenständen[96]. Das dürfte auch bei unentgeltlicher und vorübergehender Überlassung eines Gartenhäuschens aus Gefälligkeit gelten. Zufälligkeiten wie die Anbringung eines zusätzlichen Schlosses durch den Nutzer ändern an dieser sozial-normativen Zuordnung nichts[97].

94 Ohne Rücksicht auf seine körperliche Nähe zur Sache ist ein **Besitzdiener** nach § 855 BGB **nie Besitzer**; gleichwohl kann er Gewahrsam haben, sofern er nicht auf Grund seiner sozial abhängigen Stellung zu seinem Auftrag- oder Arbeitgeber nach der Verkehrsauffassung lediglich *Gewahrsamsgehilfe* oder *Gewahrsamshüter* des Alleingewahrsamsinhabers ist[98] (s. auch Rn 100). Des Weiteren geht gemäß § 857 BGB automatisch mit dem Erbfall zwar der **Besitz** des Erblassers, nicht jedoch der Gewahrsam auf den oder die Erben über. Eine gesetzliche Fiktion kann weder die fehlende faktische Herrschaft noch die soziale Herrschaftszuordnung ersetzen[99].

Deshalb hat der BGH zu Recht die Verurteilung des Mitglieds eines Motorradclubs wegen eines Wohnungseinbruchdiebstahls beanstandet, das im Auftrag des Clubpräsidenten in die Wohnung eines Menschen (M) eingebrochen war, um dessen Hund und Lederweste zu holen, nachdem publik geworden war, dass sich M das Leben genommen hatte. Da das LG keine Fest-

---

91 S. dazu *Oğlakcıoğlu* u. a., NStZ 11, 73, 75.
92 *Samson*, JA 80, 285, 287; *Schmidhäuser*, BT 8/19; ähnlich *Lampe*, Anm. JR 86, 294; *Zopfs*, ZJS 09, 509.
93 BGH BeckRS 15, 05557; der BGH stützt sich auf die jederzeitige faktische Zugriffsmöglichkeit.
94 BGH GA 1962, 78; RGSt 37, 198, 199 ff; 56, 115, 116 f; s. zu Besitz und Gewahrsam auch *Jüchser*, ZJS 12, 195 ff.
95 RG HRR 39, 1281.
96 BGH NJW 60, 1357 Nr 17; RG GA Bd. 68, 276, 277.
97 AA OLG Celle JR 68, 431 mit Anm. *Schröder*.
98 Vgl RGSt 52, 143, 145; RG GA Bd. 68, 276, 277; BGHSt 16, 271, 273 f.
99 RGSt 34, 252, 254; 58, 228; *Bosch*, Jura 14, 1239; *Eisele*, BT II Rn 28; LK-*Vogel*, § 242 Rn 60; MK-*Schmitz*, § 242 Rn 50; *Rengier*, BT I § 2 Rn 24 f; *Zöller*, BT Rn 18; s. auch BGH BeckRS 16, 116326 und dazu Rn 327.

stellungen dazu getroffen hatte, dass der Gewahrsam auf andere Personen übergegangen sein könnte, kommt für den BGH zu Recht nur eine Unterschlagung (s. dazu Rn 318) in Betracht[100].

Im **Fall 3** (Rn 68) war die Sachherrschaft der Witwe W mit ihrem Tod erloschen; ein toter Mensch hat keinen Gewahrsam mehr[101]. Da § 857 BGB für den Gewahrsam nicht gilt und W ihre Düsseldorfer Wohnung allein bewohnte, wurden ihre Sachen zunächst **gewahrsamslos**, bis jemand zB durch ein Verbringen in die eigene Gewahrsamssphäre **neuen Gewahrsam** daran begründete (gleichgültig, ob für sich oder zu Gunsten der Erben, ob zu Recht oder zu Unrecht). Infolgedessen hat S die Perlenkette der toten W nicht im Wege des *Gewahrsamsbruchs* erlangt. Mangels „*Wegnahme*" hat sie keinen Diebstahl (§ 242) begangen, sich aber durch „Leichenfledderei" der nach der Neufassung durch das 6. StrRG (Rn 11) keinen (vorherigen) Besitz oder Gewahrsam mehr verlangenden Unterschlagung (§ 246) schuldig gemacht (s. Rn 318).

95

d) Mitgewahrsam

Sind **mehrere Personen** Träger der tatsächlichen Verfügungsgewalt, so können sie entsprechend dem Rangverhältnis ihrer Sachherrschaftsbeziehung unbestritten gleichrangigen, nach der Rechtsprechung aber auch über- und untergeordneten **Mitgewahrsam** haben[102]. Gleichrangigkeit kommt zB beim Mitgewahrsam von Ehegatten am Hausrat sowie unter Gesellschaftern in Betracht, während zwischen Arbeitgebern und Arbeitnehmern idR *mehrstufiger* Mitgewahrsam vorliegen soll. Zur **Wegnahme** iS des § 242 genügt der **Bruch fremden Mitgewahrsams**[103], und zwar auch seitens eines Mitgewahrsamsinhabers selbst[104]. Bei mehrstufigem Mitgewahrsam kann nach der Rechtsprechung aber nur der Untergeordnete gegenüber dem Übergeordneten Gewahrsamsbruch begehen, nicht umgekehrt[105]. Besser als aus der Konstruktion gestuften Gewahrsams lässt sich dieses zutreffende Ergebnis daraus herleiten, dass nach **sozial-normativer** Übereinkunft dem Untergeordneten Sachherrschaft gar nicht erst zukommt. Gestuften Gewahrsam gibt es dann nicht[106].

96

Rechtsprechungsbeispiele: (1) Verkauft der Inhaber eines Tierparks den Schäferhund der F, den diese wegen Erkrankung vorübergehend in die Obhut des Tierparks gegeben hat, nachdem er das von dem bei ihm als Tierpfleger beschäftigten Sohn S der F liebevoll betreute Tier aus dem von S gewarteten Zwinger geholt hat, ist **OLG Hamm JMBl NW 65, 10** ein Bruch des nur untergeordneten Mitgewahrsams des S für Diebstahl nicht ausreichend. Es liegt veruntreuende Unterschlagung vor (§ 246 II). Zu keinem anderen Ergebnis führt es, wenn man (auch untergeordneten) Gewahrsam des S trotz seiner persönlichen Beziehung zu dem Tier auf Grund seiner sozialen Stellung im Tierpark verneint[107].

---

100 BGH BeckRS 12, 20059.
101 RGSt 56, 23, 24.
102 Vgl BGH NStZ 83, 455; MDR 54, 118; BGHSt 10, 400; 18, 221, 222 f; zust. *Heghmanns*, Rn 1021 f.
103 BGHSt 8, 273, 276; BGH VRS 50, 175; BGH BeckRS 15, 05557.
104 OGHSt 1, 253, 256; anders *Haffke*, GA 1972, 225 sowie *Charalambakis*, Der Unterschlagungstatbestand de lege lata und de lege ferenda 1985, S. 146, 150.
105 OLG Hamm JMBl NW 65, 10; OLG Braunschweig StraFo 16, 167; BGH NStZ-RR 96, 131.
106 IE ebenso *Eisele*, BT II Rn 33; H-H-*Kretschmer*, Rn 779; *Lackner/Kühl*, § 242 Rn 13; *Samson*, JA 80, 285, 288; *Schmidt*, BT II Rn 46; *Schünemann*, GA 1969, 46, 52; SK-*Hoyer*, § 242 Rn 45; *Zopfs*, ZJS 09, 509; unentschieden LK-*Vogel*, § 242 Rn 76, wie die Rechtspr. *Hilgendorf/Valerius*, BT II § 2 Rn 30; HK-GS/*Duttge*, § 242 Rn 23; *Kindhäuser/Böse*, BT II § 2 Rn 58; M/R-*Schmidt*, § 242 Rn 15.
107 *Küper/Zopfs*, BT Rn 772; s. zum umgekehrten Fall LG Karlsruhe NJW 77, 1301.

(2) Dem **OLG Celle BeckRS 11, 23746** lag ein Sachverhalt zur Entscheidung vor, aufgrund dessen die große Jugendkammer des LG Hannover, bei der Anklage erhoben war, das Verfahren vor dem Jugendschöffengericht eröffnet hatte, weil es den angeklagten besonders schweren Raub (s. hier Rn 379) verneinte und nur den Verdacht einer Unterschlagung in Tateinheit mit Nötigung als gegeben ansah. Laut Anklage hatte die M, die als Mitarbeiterin einer Pizzeria allein die Kasse verwaltete, gegen 23:25 Uhr entgegen der Anweisung des Geschäftsführers die Zugangstür nicht abgeschlossen und so K und A – wie zuvor verabredet – ermöglicht, das Lokal maskiert zu dem Zeitpunkt zu betreten, in dem M die Tageseinnahmen in Höhe von 2035 € zählte. Sie tat das zusammen mit dem Mitarbeiter G, der der M, die gerade telefonierte, durch das Einsortieren des Münzgeldes in den Zählkasten half, damit es schneller ging. G wusste, dass M gegenüber dem Geschäftsführer allein für die Kasse verantwortlich war. A forderte G auf, sich auf den Boden zu legen, fixierte dessen Hände auf dem Rücken und hielt ihm ein Messer an den Hals, während K die Tageseinnahmen an sich nahm. M hielt sich zu dieser Zeit telefonierend in der Küche auf. Der später eintreffenden Polizei gegenüber gab sie sich als Opfer aus. – Das OLG Celle bestätigt zunächst die rechtliche Auffassung des LG, dass kein Raub vorliegt, weil M als *Gewahrsamsinhaberin* gegenüber A und K ihr *Einverständnis* (s. Rn 115) erklärt hatte. Als allein verantwortliche Kassenverwalterin sei sie auch ausschließliche, also *Alleingewahrsamsinhaberin* (s. Rn 101). Nur auf ihr Einverständnis komme es also an. Dass G nicht einverstanden war, ändere am fehlenden Gewahrsamsbruch nichts, weil er lediglich Träger eines *untergeordneten*, auf die Münzen bezogenen Teilmitgewahrsams gewesen sei. Das ist auch nach dem sozial-normativen Gewahrsamsbegriff iE richtig, weil G hiernach eigener Gewahrsam ganz fehlt (Rn 96). Dem naheliegenden Schluss des LG, dass deshalb nur Unterschlagung und Nötigung in Betracht komme, tritt dann das OLG aber entgegen. Es sieht in der dem G abgenötigten Duldung der Ansichnahme des Geldes eine nach § 250 II Nr 1 qualifizierte räuberische Erpressung (§ 255), für die die große Jugendkammer zuständig sei. Stellt man auf G ab, kann man zwar mit dem OLG, weil er „auf der Seite des Vermögensinhabers" steht und für diesen schutzbereit ist, das bei einer *Dreieckserpressung* nötige (bei bloßer *Duldung* allerdings nicht einhellig geforderte) *Näheverhältnis* (s. Rn 715) bejahen. Verlangt man aber richtigerweise dazu eine Vermögensverfügung, ist sie bei der gegebenen vis absoluta ausgeschlossen (s. Rn 708 ff). Stellte man dagegen auf die allein „zuständige" M ab, bei der das Näheverhältnis noch unproblematischer ist, könnte man in ihrem Einverständnis und dem entsprechenden Verhalten zwar eine Verfügung erblicken. Allerdings müsste man dann wohl auf die „Unmittelbarkeit" der Schadensherbeiführung durch diese Verfügung (s. dazu Rn 714) verzichten. Im Übrigen scheitert dieser Weg in die Erpressung daran, dass es an einer Nötigung gegenüber M fehlt. Durch ihre Mitwirkung hat sie wohl eine *Untreue* begangen[108].

e) Abgrenzungskriterium zur Unterschlagung

97 Für die **Abgrenzung zwischen Diebstahl** (§ 242) **und Unterschlagung** (§ 246) – bei der es nach der Neufassung des § 246 durch das 6. StrRG (Rn 11) darum geht, ob *nur* Unterschlagung oder Diebstahl *und* (subsidiäre) Unterschlagung vorliegen – gewinnt die Unterscheidung zwischen **Allein-** und **Mitgewahrsam** in erster Linie bei der Frage Bedeutung, ob das Zueignungsobjekt *im alleinigen (oder, wenn man ihn anerkennt, übergeordneten Mit-) Gewahrsam* des Täters stand oder – wo es daran fehlt – ob die Zueignungshandlung im Zusammenwirken bzw *im Einvernehmen mit allen (gleichgeordneten) Gewahrsamsinhabern* erfolgt ist, sodass eine Verletzung ihres

---

108 S. zum Fall *Bosch*, JK 3/12 StGB § 255/1, *Jahn*, JuS 11, 1131 und *Krell*, ZJS 11, 572 (mit zutr. Hinweis auf § 266, aber unzutr. Würdigung der prozessualen Seite).

Gewahrsams entfällt. Im einen wie im anderen Fall bleibt nur für § 246 Raum[109]. So klar und einleuchtend das ist, so zweifelhaft ist häufig, ob unter den gegebenen Umständen nach den Anschauungen des täglichen Lebens Allein- oder Mitgewahrsam anzunehmen ist. Zwei **Beispiele** mögen das näher verdeutlichen:

Fall 4: Die in der Drogerie des D in Lüneburg beschäftigte Verkäuferin V hat sich mehrfach kosmetische Artikel aus den Ladenvorräten und kleinere Geldbeträge aus der Kasse zugeeignet, zu der sie ebenso wie D Zugang hat. Eines Tages übergibt D dem Lehrling L 2000 € mit dem Auftrag, das Geld zur nahe gelegenen Bank zu bringen. L geht jedoch zum Bahnhof, fährt nach Hamburg und verjubelt das Geld auf der Reeperbahn. **Rn 102**

98

Fall 5: Zu den Angestellten eines Heidelberger Transportunternehmens gehören der Kraftfahrer F und sein Beifahrer B. Während einer Fernfahrt in den norddeutschen Raum eignet B sich im Einvernehmen mit F Teile des Transportgutes zu, die er bei Verwandten in Osnabrück ablädt.

Wie sind die Gewahrsamsverhältnisse in diesen beiden Fällen im Hinblick auf die Frage zu beurteilen, ob V, L und B *fremden Gewahrsam* gebrochen haben oder ob es jeweils an einer „Wegnahme" iS des § 242 fehlt? **Rn 104**

99

Innerhalb von **Dienst-, Auftrags-** und **Arbeitsverhältnissen** gibt es zwar keine einheitliche Antwort auf die Frage, wann und in welcher Hinsicht Allein- oder Mitgewahrsam besteht. Die Beurteilung hängt aber auch hier nicht von allen mehr oder weniger zufälligen Umständen des Einzelfalles ab. Vielmehr richtet sie sich nach Konventionen zur Sachherrschaft, die auch in solchen Verhältnissen vorfindbar sind. So ist bei Verkäuferinnen, Angestellten und Lehrlingen in einem **Ladengeschäft** kleineren oder mittleren Zuschnitts, dessen Führung sich unter der persönlichen Mitwirkung des Geschäftsinhabers zu vollziehen pflegt, nach der Verkehrsauffassung nicht Mitgewahrsam, sondern **Alleingewahrsam des Geschäftsherrn** an den Waren wie am Geld in der Kasse anzunehmen. Auf Grund seiner bestimmenden Einflussnahme erscheint er allein als **Inhaber der Sachherrschaft**, während die Beziehung seines Personals zu den Betriebsmitteln sich (ähnlich wie bei Hausangestellten) auf eine *rein unterstützende Funktion* beschränkt. Daher bezeichnet man diese Hilfskräfte auch als **Gewahrsamsgehilfen** oder **Gewahrsamshüter**, die keine eigene Sachherrschaft ausüben und dies nach den Gepflogenheiten des sozialen Lebens unter den hier gegebenen Umständen auch gar nicht wollen[110].

100

Dies bei Verkäuferinnen und Angestellten in **Kauf-** und **Warenhäusern** anders zu sehen, besteht kaum hinreichender Anlass. Denn selbst, wo sie zB eine Fachabteilung zu betreuen haben und mit einem gewissen Maß an Eigenverantwortlichkeit für ein bestimmtes Sortiment innerhalb eines räumlich begrenzten Verkaufsstandes zustän-

101

---

[109] Vgl BGHSt 2, 317; 8, 273, 276; BGH NStZ-RR 01, 268; dazu, ob eine *Erpressung* gegenüber dem untergeordneten Gewahrsamsinhaber in Betracht kommt, s. die aktuelle Entscheidung OLG Celle BeckRS 11, 23746 zu Rn 96.

[110] Näher BGHSt 8, 273, 275; *Eisele*, BT II Rn 38 ff; *Fischer*, § 242 Rn 14; *Rengier*, BT I § 2 Rn 35 ff; S/S-*Bosch*, § 242 Rn 33. Krit. zum Begriff des Gewahrsamsgehilfen LK-*Ruß*, 11. Aufl., § 242 Rn 25, der darin eine „unberechtigte Übernahme des § 855 BGB" erblickt und für die Bejahung von Mitgewahrsam plädiert, was jedoch am Ergebnis (= Anwendbarkeit des § 242 an Stelle des § 246) nichts ändern würde.

dig sind, ist ein solcher Kompetenzzuwachs mit *Sachherrschaft* nicht notwendig verbunden. Sie ordnet die Verkehrsauffassung dem dem Prinzipal im Ladengeschäft[111] heute eher nahe kommenden Abteilungsleiter zu. Wer Mitgewahrsam annimmt, der zum Mitgewahrsam des Geschäftsführers im Verhältnis der Unter- und Überordnung steht, entscheidet im Ergebnis nicht anders. **Kassierer** und **Kassenverwalter** haben dagegen nach allgemeiner Auffassung bis zur Abrechnung und Ablieferung **Alleingewahrsam** am Kasseninhalt, wenn sie die *alleinige Verantwortung für die Kasse* tragen und Geldbeträge (ungeachtet einer jederzeit zulässigen Kassenrevision) nicht ohne ihre Mitwirkung der Kasse entnommen werden dürfen, wie dies in Warenhäusern, Verbrauchermärkten, Banken, Sparkassen oder an den Fahrkartenschaltern der Bahn regelmäßig der Fall ist und worauf oft der alleinige Besitz der Kassenschlüssel hinweist[112]. Auch wer eine **Außenfiliale** selbstständig leitet, hat im Verhältnis zum Geschäftsherrn durchweg **Alleingewahrsam**[113].

102 Hiernach hat V im **Fall 4** den Alleingewahrsam des D gebrochen und neuen Gewahrsam an den entwendeten Gegenständen begründet, sich also des Diebstahls schuldig gemacht. Bei L ist zweifelhaft, ob er bezüglich der ihm übergebenen 2000 EUR nur *Gewahrsamsgehilfe* des D und deshalb ohne eigenen Gewahrsam oder ob ihm nach der Rechtsprechung und der insoweit folgenden Lehre[114] *untergeordneter Mitgewahrsam* eingeräumt war. Für Letzteres könnte sprechen, dass L als **Bote** außerhalb des unmittelbaren Einflussbereichs seines Arbeitgebers in einer *faktisch engeren Beziehung* zu dem ihm anvertrauten Geld stand als vergleichsweise zu den Warenvorräten im Laden. Zur Klärung der Frage, ob sein Verhalten unter § 242 oder § 246 fällt, genügt hiernach jedoch die in der Rechtsprechung gebräuchliche Feststellung, dass er *allenfalls* Mitgewahrsam hatte, deshalb *zumindest* den (übergeordneten) Mitgewahrsam des D gebrochen und infolgedessen einen Diebstahl begangen hat[115]. Nach dem hier zu Grunde gelegten Gewahrsamsbegriff ist L bloßer Gewahrsamsgehilfe. Seine körperliche Gewahrsamssphäre wird durch die Weisungsabhängigkeit überlagert, die den Zugriff des Lehrherrn sozial unauffällig und nicht rechtfertigungsbedürftig macht[116]. Infolgedessen hat L auch hiernach den (Allein-) Gewahrsam des D gebrochen.

103 Zwischen **LKW-Fahrer** und **Geschäftsherrn** kann Mitgewahrsam, aber auch Alleingewahrsam des einen oder des anderen bestehen[117]. Hat der Firmenchef oder Auftraggeber während der Fahrt eine hinreichende Kontroll-, Direktions- und Einwirkungsmöglichkeit und trägt der Fahrer infolgedessen für das Transportgut keine eigene Verantwortung, bleibt es in der Herrschaft des Prinzipals. Das mag bei Transporten innerhalb des engeren Ortsbereichs in der Regel und innerhalb von Großstädten jedenfalls bei Einhaltung eines festen Zeitplans und einer festgelegten Fahrtroute so sein[118]. Wo diese Voraussetzungen erfüllt sind, ist Alleingewahrsam des Geschäfts-

---

111 RGSt 2, 1, 2; 30, 88, 90.
112 Vgl BGHSt 8, 273, 275; BGH wistra 89, 60; BGHSt 40, 8, 23; BGH NStZ-RR 96, 131; 01, 268; 18, 108 mit Anm. *Bosch*, Jura (JK) 18, 636; *Jäger*, JA 18, 390; OLG Hamm NJW 73, 1809, 1811; *Fischer*, § 242 Rn 14.
113 Vgl RGSt 60, 271, 272; *Eisele*, BT II Rn 38.
114 S. S/S-*Bosch*, § 242 Rn 32.
115 Vgl BGHSt 16, 271, 274.
116 S. SK-*Samson*, 4. Aufl., § 242 Rn 26.
117 LK-*Vogel*, § 242 Rn 80; S/S-*Eser/Bosch*, § 242 Rn 33; OLG Köln VRS 107 (04), 366, 368.
118 Vgl RGSt 52, 143, 144 f; 54, 32, 33 f; s. dazu auch *Hohmann/Sander*, BT I § 1 Rn 34 (Sprechfunkverbindung).

herrn anzunehmen. Die Bejahung untergeordneten Mitgewahrsams für den Fahrer ist ohne Bedeutung (Rn 96). Ist der Fahrer für das Frachtgut in ähnlicher Weise allein verantwortlich, wie es Kassierer und Kassenverwalter für ihre Kasse sind (Rn 101), steht das Frachtgut im Alleingewahrsam des den Transport durchführenden Kraftfahrers. Das ist namentlich bei *Fernfahrten* denkbar, bei denen das Gut unter der alleinigen Obhut des Fahrers steht[119].

Im **Fall 5** scheidet ein Gewahrsamsbruch gegenüber dem Inhaber des Heidelberger Transportunternehmens aus, weil sich das Transportgut während der Fernfahrt in den norddeutschen Raum mangels jeder Aufsicht des Geschäftsherrn **im alleinigen Gewahrsam von F und B** befand[120], die *beide an der Ausübung der Sachherrschaft beteiligt waren und in ihrem Verhältnis zueinander* **gleichrangigen Mitgewahrsam**[121] hatten. Eine „Wegnahme" iS des § 242 wäre hier nur dann zu bejahen, wenn B den Mitgewahrsam des F gebrochen hätte. Daran fehlt es jedoch, da F mit dem Verhalten des B **einverstanden** war, sodass sein Mitgewahrsam durch dessen Zueignungshandlung nicht verletzt wurde. Zum Begriff der **Wegnahme** gehört stets, dass die Sache dem Gewahrsam bzw dem Mitgewahrsam eines anderen **gegen** oder zumindest **ohne dessen Willen entzogen** wird (s. Rn 115). Vollzieht sich die widerrechtliche Zueignung der fremden Sache im Einvernehmen mit allen Gewahrsamsinhabern, ist nur Raum für § 246 und ggf für § 266. In Bezug auf § 242 wirkt das **Einverständnis** des betroffenen Gewahrsamsinhabers **tatbestandsausschließend**, weil es das Merkmal der „Wegnahme" entfallen lässt[122]. B hat somit keinen Diebstahl begangen, sich aber – mithilfe des F – der *veruntreuenden* Unterschlagung schuldig gemacht (§ 246 II).

104

f) Gewahrsam bei verschlossenen Behältnissen

Umstritten ist, ob der Gewahrsam, den ein Verwahrer oder Rauminhaber an einem **verschlossenen Behältnis** ausübt, zugleich den Gewahrsam an dessen **Inhalt** begründet, wenn der Schlüssel zum Behältnis sich in der Hand eines anderen befindet, dem der Verschluss eine Sicherung gegen Fremdeinwirkungen bieten soll. Die Annahme, dass stets der *Schlüsselinhaber* den Gewahrsam oder Mitgewahrsam am Inhalt des Behältnisses habe, ist hier nach den Vertretern eines *faktischen* Gewahrsamsbegriffs ebenso verfehlt wie die gegenteilige Ansicht, dass der *Gewahrsam am Behältnis* in jedem Falle den Gewahrsam am Inhalt in sich schließe[123]. Die hM will daher wie folgt differenzieren:

105

Ist das Behältnis *fest mit einem Gebäude verbunden* oder nach *Gewicht und Größe* nur schwer zu bewegen (wie Bank- und Gepäckschließfächer, Panzerschränke, Musikboxen, Spiel- und Warenautomaten), so soll allein der **Schlüsselinhaber** den Gewahrsam am Inhalt haben, auch wenn das Behältnis sich in einem fremden Herr-

106

---

119 S. BGHSt 2, 317, 318; BGH GA 79, 390, 391; BGH StV 01, 13; OLG Köln VRS 107 (04), 366, 368; S/S/W-*Kudlich*, § 242 Rn 24.
120 Vgl BGHSt 2, 317, 318.
121 S. SK-*Samson*, 4. Aufl., § 242 Rn 39; vgl auch OLG Köln VRS 107 (04), 366, 368; hier wurde der trotz kurzzeitigen Verlassens des Fahrzeugs weiterbestehende (übergeordnete) Mitgewahrsam des Transportleiters gebrochen.
122 Näher BGHSt 8, 273, 276; BayObLG NJW 79, 729; OLG Celle JR 87, 253; OLG Celle BeckRS 11, 23746; *Wessels/Beulke/Satzger*, AT Rn 558; in OLG Köln VRS 07 (04), 366, 368 f fehlte es an einem solchen Einverständnis.
123 BGHSt 22, 180, 182.

schaftsbereich oder in nicht frei zugänglichen Räumen befindet[124]. Mitgewahrsam mehrerer Schlüsselinhaber ist dabei denkbar[125].

107 Ist das Behältnis dagegen *selbstständig und frei beweglich*, sodass sein Verwahrer gleichzeitig mit ihm über den Inhalt durch Wegschaffen oder Veräußern verfügen *kann* (**Beispiele:** Kassette, Koffer, Aktentasche, Sammelbüchse), so soll die Verkehrsauffassung dem **Behältnisverwahrer** in der Regel mit der tatsächlichen Gewalt über die Sachgesamtheit auch den **Alleingewahrsam am Inhalt** zuweisen[126]. Das soll vor allem dann gelten, wenn der Schlüsselinhaber gar nicht weiß, wo das Behältnis sich jeweils befindet, wie etwa bei Koffern und Kisten, die der Bahn, der Post oder einem Spediteur zur Beförderung übergeben worden sind[127]. Dass der Verwahrer zur Verfügung über den Inhalt des Behältnisses nicht *befugt* ist, stehe seiner *tatsächlichen* Sachherrschaft ebensowenig entgegen wie der Umstand, dass eine Beseitigung des Verschlusses nur auf widerrechtliche Weise möglich ist.

108 Solche Differenzierungen, zu denen der faktische Gewahrsamsbegriff nötigt, kann man „ebenso wohl einleuchtend wie auch nicht einleuchtend finden"[128]. Eine sichere Leitlinie bieten sie nicht. Auch hier ist die **sozial-normative** Sicht vorzuziehen. Danach ordnet die Verkehrsauffassung den Inhalt des verschlossenen Behältnisses dem am Inhalt Berechtigten allein zu, wenn er an den Inhalt mit seinem Schlüssel jederzeit ungehindert gelangen kann[129]. Ist der Zugang dagegen von der Zustimmung oder Mitwirkung des Verwahrers abhängig, begründen diese Schranken (gleichrangigen) Mitgewahrsam[130]. Auf Beweglichkeit, Gewicht oder Größe des Behältnisses kommt es nicht an.

> **Die aktuelle Entscheidung:** Im Fall des **OLG Zweibrücken NStZ-RR 18, 249** entnahm die Altenpflegerin A während der von ihr geleiteten Nachtschicht einem Tresor, in dem unter das BtMG fallende Medikamente gelagert waren, einen Blister mit 10 Tabletten Oxycodon (BtMG Anl. III), um sie für sich zu verwenden. Den Schlüsselbund, an dem auch der Tresorschlüssel hing, hatte sie turnusgemäß von der Leiterin der Vorgängerschicht ausgehändigt bekommen. Die jeweilige Schichtleiterin hatte allein über den einzig vorhandenen Tresorschlüssel Zugang zu dem Tresor, durfte Dritten den Schlüssel nicht überlassen und musste Entnahmen dokumentieren. Der Medikamentenbestand wurde regelmäßig kontrolliert und mit den Eintragungen der verantwortlichen Schichtleiterinnen abgeglichen. Den Tresorschlüssel nahm A nach der Entnahme an sich, um ihn zu behalten und dafür zu sorgen, dass er nicht an die Berechtigten zurückgelangte. 3 ½ Stunden später äußerte sie gegenüber Pflegekräften, sie habe den Schlüsselbund mit dem Tresorschlüssel verloren. Da der Tresorschlüssel verschwunden blieb, musste der Tresor am folgenden Werktag vom Hausmeister „aufgeflext" werden. – Das LG hatte bezüglich des Blisters einen besonders schweren Fall des Diebstahls nach §§ 242, 243 I 2 Nr 2 bejaht. Das wird vom OLG zu Recht beanstandet. Das Regelbeispiel ist nicht erfüllt, weil der erhöhte Schutz, den ein verschlossenes Behältnis gegen Wegnahme bietet, gegenüber dem berechtigten Schlüsselinhaber aufgehoben ist

---

124 BGHSt 22, 180, 183; RGSt 45, 249, 252.
125 Insbesondere bei Bankschließfächern: RG JW 37, 3302 Nr 8; BGH BeckRS 19, 2165 (Filialleiter und sein Stellvertreter).
126 BGHSt 22, 180, 183; LK-*Ruß*, 11. Aufl., § 242 Rn 31; S/S-*Bosch*, § 242 Rn 34.
127 BGH GA 1956, 318; RGSt 35, 115, 116; *Eisele*, BT II Rn 35.
128 *Bockelmann*, BT I, S. 14.
129 So iE auch RGSt 2, 64, 65; BGHSt 22, 180, 183.
130 AA SK-*Samson*, 4. Aufl., § 242 Rn 40; wie hier *Zopfs*, ZJS 09, 510.

(Rn 234). Der missbräuchliche Schlüsseleinsatz könnte daher nur einen unbenannten, atypischen schweren Fall (s. dazu Rn 210) begründen. Für beides ist aber ohnehin Voraussetzung, dass ein Diebstahl vorliegt. Das aber ist zu verneinen, weil es schon an einer Wegnahme fehlt. Denn A hat am Tresorinhalt während der von ihr geleiteten Nachtschicht Alleingewahrsam. Dafür spricht einerseits die Vergleichbarkeit mit in einem Dienst- oder Arbeitsverhältnis eine Kasse allein verwaltenden Kassierer, der für sie die alleinige Verantwortung trägt (Rn 101). Andererseits weist die Verkehrsauffassung aufgrund der alleinigen Inhaberschaft des Schlüssels und der alleinigen „Verfügungs- und Zuteilungsgewalt" über die Medikamente der qualifizierten Fachkraft A dieser weder die Heimleitung noch die durch Verordnung bezugsberechtigten Patienten als Mitgewahrsamsinhaber zu. A hat daher bezüglich des Blisters (nur) eine Unterschlagung begangen. Was den Tresorschlüssel betrifft, ist eine Zueignung iS des § 246 zweifelhaft. Allerdings ist der Wille zur Enteignung hinreichend eindeutig manifestiert. Zwar reicht das bloße Zurückhalten einer rückgabepflichtigen Sache hierfür nicht aus (Rn 314). Wenn die Zurückhaltende aber zugleich erklärt, sie habe den Schlüssel verloren, um eine Rückkehr zum Berechtigten endgültig zu verlegen, liegt darin die eindeutige Manifestation des Enteignungswillens. Soll der Schlüssel aber nur in dieser Absicht und nicht zum weiteren Gebrauch vorenthalten werden, fehlt es am Aneignungswillen. Ein solcher ist zudem – entgegen der Annahme des OLG – auch durch den einmaligen Gebrauch des Schlüssels zur verbotenen Entnahme nicht hinreichend eindeutig manifestiert, da das Öffnen des Tresors zur allnächtlichen Verrichtung der A gehört (Rn 311). Selbst wenn schon in diesem Augenblick der Wille zur Enteignung bestand (den man keinesfalls mit dem OLG als „Entreicherungswillen" bezeichnen sollte: § 246 ist ein Zueignungs-, kein Bereicherungsdelikt), ist § 246 folglich nicht gegeben. Hat A daran gedacht, dass der Tresor „aufgeflext" werden wird, kommt eine Sachbeschädigung in mittelbarer Täterschaft in Betracht. Darauf und auf eine mögliche Strafbarkeit nach § 29 I 1 Nr 1 (verschaffen), V BtMG geht das OLG aber nicht ein.

g) Gewahrsamsverlust

Bestehender Gewahrsam **endet**, wenn der Gewahrsamsinhaber die Sachherrschaft aufgibt oder verliert. Das ist bei einer im Sterben liegenden Person nach sozial-normativer Sicht selbst dann nicht der Fall, wenn sie die Fähigkeit verloren hat, irgendetwas zum Schutz ihrer Habe zu tun[131]. Sachen, die **außerhalb** eines räumlich umgrenzten Herrschaftsbereichs **verloren gehen** (zB im Wald, am Strand, auf der Straße usw), werden nicht *herren-* (§ 959 BGB), aber *gewahrsamslos*. An ihnen ist nur Unterschlagung möglich. Tritt der Verlust **innerhalb einer fremden Gewahrsamssphäre** ein, wie zB in Dienstgebäuden von Behörden, Banken oder Sparkassen, auf Bahnsteigen, in Kaufhäusern und dergleichen, so endet zwar der bisherige Gewahrsam des Verlierers. Zumeist entsteht hier jedoch sofort neuer Gewahrsam für den Inhaber dieses Herrschaftsbereichs, soweit sein genereller Beherrschungswille reicht und soweit mit hinreichender Sicherheit festzustellen ist, *wer* als neuer Gewahrsamsinhaber in Betracht kommt[132].

109

---

131 Auf dem Boden des faktischen Gewahrsamsbegriffs folgerichtig anders BayObLG JR 61, 188; inkonsequent dagegen BGHSt 4, 210, 211; BGH NJW 85, 1911; wie hier HK-GS/*Duttge*, § 242 Rn 21; *Krey/Hellmann/Heinrich*, BT II Rn 17; s. auch Rn 87.
132 Vgl RGSt 54, 231; BGH NJW 87, 2812; Letzteres ist bei einem Verlust im Treppenhaus eines Hochhauses oder eines von mehreren Firmen benutzten Bürogebäudes nicht ohne Weiteres der Fall, vgl BGH GA 1969, 25; *Krey/Hellmann/Heinrich*, BT II Rn 22 ff; krit. zur Rechtsprechung LK-*Ruß*, 11. Aufl., § 242 Rn 20.

110 An Sachen, die man lediglich **vergessen** hat, von denen man (im Gegensatz zu den *verlorenen* Sachen) aber **weiß, wo sie sich befinden**, besteht der bisherige Gewahrsam fort, wie etwa am Schirm, den man auf einer Parkbank hat liegen lassen. Dabei ist nur für die faktische Sicht von Bedeutung, dass man die Sache ohne wesentliche Hindernisse äußerer Art zurückerlangen kann. An der sozial-normativen Zuordnung ändern solche Hindernisse nichts. Sind die vergessenen Sachen in einem fremden Gewahrsamsbereich zurückgeblieben (zB im Hörsaal, in einer Gastwirtschaft oder im Zugabteil), so entsteht an ihnen regelmäßig Mitgewahrsam dessen, der dort kraft seines generellen Gewahrsamswillens die Sachherrschaft innehat[133].

Ein Dritter, der sich *vergessene* Sachen zueignet, bricht also stets fremden Gewahrsam und verwirklicht so den objektiven Tatbestand des § 242. Bei *verlorenen* Sachen gilt das dagegen nur, sofern an ihnen neuer Gewahrsam entstanden ist.

4. Vollendung der Wegnahme

111 Die **Wegnahme** ist **vollendet**, wenn der Täter fremden Allein- oder Mitgewahrsam gebrochen und neuen Gewahrsam an der Sache begründet hat. Beides kann in *einem* Akt des Tatgeschehens zusammenfallen, sich aber auch in zeitlich getrennten Phasen vollziehen, wie etwa beim späteren Abtransport der in Säcken verpackten und zunächst im bisherigen Gewahrsamsbereich versteckten Diebesbeute[134]. **Beides muss gegen den Willen** des bisherigen Gewahrsamsinhabers geschehen[135]. Ob ein **Gewahrsamswechsel** erfolgt ist oder ob die Tat nur das Stadium des *Versuchs* erreicht hat, ist vom zu Grunde gelegten Gewahrsamsbegriff abhängig. Während die dem faktischen Verständnis folgende Rechtsprechung auch insoweit nach den **jeweiligen Umständen des Einzelfalles** und nach der **Verkehrsanschauung** urteilt[136], ist für die *sozial-normative* Auffassung (s. Rn 82) maßgeblich, ob die Tathandlung die **Zuordnung** der Sache zur Herrschaftssphäre des Täters (oder eines Dritten) bewirkt hat (s. dazu auch Rn 139). Bereits gesicherten Gewahrsam setzt die Vollendung nach keinem Gewahrsamsbegriff voraus (s. Rn 121).

112 **Fall 6:** Frau F nimmt in einem Selbstbedienungsladen eine Dose Hummer aus dem Regal, legt sie jedoch nicht in den Warenkorb, sondern verbirgt sie in Zueignungsabsicht in ihrer Manteltasche. An der Kasse wird sie von dem Hausdetektiv gestellt, der sie beobachtet und nicht mehr aus dem Auge gelassen hat.

113 **Fall 7:** A ist zur Nachtzeit in eine Gaststätte eingestiegen, um die Spielautomaten zu plündern. Als die von Nachbarn alarmierte Polizei ihn im Schankraum stellt, hat er einen

---

[133] Vgl RGSt 38, 444, 445; OLG Hamm NJW 69, 620; *Kindhäuser*, BT II, § 2 Rn 39 ff; LK-*Vogel*, § 242 Rn 66; abw. MK-*Schmitz*, § 242 Rn 76.
[134] Vgl RGSt 12, 353, 355 ff; BGH NJW 55, 71 Nr 14; LG Potsdam NStZ 07, 336.
[135] So zu Recht *Rotsch*, GA 08, 72 ff; erfolgen Bruch und Begründung uno actu, kann der Wille nicht auseinandertreten, wohl aber kann eine erst nachfolgende Gewahrsamsbegründung auf ein Einverständnis stoßen = versuchter Diebstahl und vollendete Unterschlagung, falls sich das Einverständnis nicht auch auf die Zueignung erstreckt.
[136] BGHSt 16, 271, 273; 23, 254, 255; 41, 198, 205; BGH NStZ 81, 435; 08, 624, 625; 11, 36, 37 mit Bespr. *Hecker*, JuS 11, 374; VRS 60, 294; OLG Köln NJW 86, 392; BayObLG NJW 97, 3326; zusf. OLG Hamm BeckRS 13, 08953; *Lackner/Kühl*, § 242 Rn 15 ff, beide Gewahrsamsbegriffe bedenkt OLG Karlsruhe NStZ-RR 05, 140.

Teil des erbeuteten Münzgeldes bereits in seine Jackentaschen gesteckt. Der Rest befindet sich in einem Beutel, der neben A auf dem Boden liegt.

Fall 8: B hat zu seinem Geburtstag Gäste in sein Haus eingeladen. Im Laufe des Abends bemerkt der Gast G auf einer Ablage in der Diele einen wertvollen Ring, den er in Zueignungsabsicht an sich nimmt und in seiner Hosentasche verschwinden lässt. Die Hausgehilfin H hat den Vorgang von einem Nebenraum aus beobachtet. Als der von ihr verständigte B den G zur Rede stellt, hat dieser den Ring schon wieder an den erwähnten Platz zurückgelegt, weil er plötzlich Scham empfunden hatte.

Haben F, A und G einen *vollendeten* Diebstahl begangen oder hat ihre Wegnahmehandlung das Stadium des *Versuchs* nicht überschritten? **Rn 127**

114

a) Bruch fremden Gewahrsams

Im Rahmen der Tathandlung ist hier zunächst nach dem Vorliegen eines **Gewahrsamsbruchs** zu fragen. Fremder Gewahrsam wird dadurch gebrochen, dass die Sachherrschaft des bisherigen (Mit- oder nach verbreiteter Meinung übergeordneten) Gewahrsamsinhabers **gegen seinen Willen** oder zumindest **ohne sein Einverständnis** aufgehoben wird[137]. Diese Voraussetzungen sind im Alltagsfall eines Einbruchsdiebstahls ohne Weiteres, aber zB auch bei einer von falschen Kriminalbeamten *vorgetäuschten Beschlagnahme* des Zugriffsobjekts[138], bei der heimlichen und unbemerkt bleibenden Entnahme von Benzin an einer Tankstelle[139] sowie im Falle des sog. *Trickdiebstahls* gegeben, bei dem der Täter sich durch Täuschung des Gewahrsamsinhabers erst die Möglichkeit oder eine bessere Gelegenheit zur Wegnahme verschafft[140]. Von einer *willentlichen* Übertragung des Gewahrsams ist auch hier nicht zu sprechen (näher zu diesen im Einzelnen streitigen Fragen Rn 623 ff).

115

An einem Gewahrsamsbruch und damit am Merkmal der Wegnahme **fehlt** es dagegen bei einer *freiwilligen Weggabe*, die in dem Bewusstsein und mit dem Willen erfolgt, den bisherigen Gewahrsam an der Sache aufzugeben. Das gleiche gilt, wenn der Gewahrsamsinhaber aus freien Stücken damit **einverstanden** ist, dass ein anderer die Sache an sich nimmt (= *tatbestandsausschließendes* Einverständnis)[141].

116

Daher liegt nicht Diebstahl, sondern Betrug vor, wenn jemand durch Herbeiführung eines irrtumsbedingten, aber innerlich freien Willensentschlusses zur Gewahrsamsübertragung oder zur Vornahme einer vermögensschädigenden Verfügung sonstiger Art veranlasst wird. Wer beispielsweise von dem Wächter einer **Sammelgarage**, der zu jedem der dort abgestellten Fahrzeuge den zweiten Zündschlüssel verwahrt, dessen Herausgabe und die Gewährung des Zu-

117

---

137 BGH NJW 52, 782 Nr 8; BayObLG NJW 79, 729; OLG Celle JR 87, 253; OLG Braunschweig Stra-Fo 16, 167; LK-*Vogel*, § 242 Rn 107.
138 BGHZ 5, 365; BGH NJW 52, 782 Nr 8, 796 Nr 26; BGH NJW 11, 1979 (s. dazu Rn 635); OLG Hamburg HESt 2, 19; BK-*Wittig*, § 242 Rn 23; *Fischer*, § 242 Rn 27; *Krey/Hellmann/Heinrich*, BT II Rn 45, 578 f; S/S-*Bosch*, § 242 Rn 35; s. hier Rn 632 ff.
139 *F.C. Schroeder*, JuS 84, 846; aA NK-*Kindhäuser*, § 242 Rn 47; s. dazu auch S/S/W-*Kudlich*, § 242 Rn 30.
140 S. MK-*Schmitz*, § 242 Rn 94; für *Jäger*, Rengier-FS S. 227 ff gilt das in allen Fällen einer vorgetäuschten **Rückgabebereitschaft**.
141 Vgl BGH NJW 83, 2827; BGH NJW 12, 1092 f zur einvernehmlich erfolgenden Entnahme von Benzin an Selbstbedienungstankstellen (s. dazu Rn 197, 580 mwN).

gangs zu einem Kraftwagen erschleicht, indem er ihm eine entsprechende Erlaubnis des Kraftfahrzeughalters vorspiegelt, macht sich des Betrugs und nicht des Diebstahls schuldig[142] (näher Rn 641 ff, 649). Das gilt auch für den, der den Abwurf von Hilfsgütern durch die Täuschung erreicht, er gehöre zu den mit der Hilfsaktion unterstützten Bedürftigen[143].

118 Um die Problematik des Einverständnisses geht es auch, wenn der Gewahrsamsinhaber dem Täter eine **Diebesfalle** stellt. Das geschieht etwa so, dass in einer Gemeinschaftsunterkunft, in der es zu Diebstählen gekommen ist, präparierte Geldscheine ausgelegt werden, um den so „provozierten" Täter anhand der Spuren an den Händen später überführen zu können. Kommt es hier beim Zugriff auf die fremde Sache zu einer Gewahrsamsverschiebung, was Tatfrage ist[144], entfällt das Merkmal der „Wegnahme" gleichwohl, weil der Berechtigte nach Lage der Dinge mit dem Übergang des Gewahrsams auf den Täter einverstanden ist, um dessen Überführung zu ermöglichen. Für einen *vollendeten* Diebstahl ist dann kein Raum (= Mangel am objektiven Tatbestand). Da der Täter das Einverständnis jedoch nicht kennt, liegt ein untauglicher Diebstahlsversuch, ggf. in Verbindung mit dem gleichfalls untauglichen Versuch einer Sachbeschädigung, vor[145]. Ist auch ein Einverständnis mit der Zueignung gegeben – was zB nahe liegt, wenn der Fallensteller den Verlust des Köders in Kauf nimmt – ist der Diebstahlsversuch auch aus diesem Grund untauglich. Bei dieser Sachlage scheidet auch eine *vollendete* rechtswidrige Zueignung iS der Unterschlagung aus[146]. Wer zur Unterschlagung anders entscheidet[147], kann den Fallensteller nur mit Mühe als *straflosen* agent provocateur behandeln[148].

119 Zur *Beachtlichkeit* des Einverständnisses genügt der **natürliche Wille** des Gewahrsamsinhabers. Auf seine Geschäftsfähigkeit kommt es bei der Gewahrsamsaufgabe ebensowenig an wie bei der Gewahrsamserlangung (vgl Rn 87). Das Einverständnis kann gegenständlich oder inhaltlich beschränkt sein und an **Bedingungen** geknüpft oder von der **Einhaltung bestimmter Voraussetzungen** abhängig gemacht werden[149]. Das Merkmal der Wegnahme entfällt dann nur, sofern oder soweit die entsprechenden Bedingungen erfüllt sind.

120 So ist zB der Aufsteller eines **Warenautomaten** mit der Entnahme von Waren ausschließlich für *den* Fall einverstanden, dass der Mechanismus ordnungsgemäß, dh durch Einwurf einer echten Münze im angegebenen Nennbetrag ausgelöst wird. Die durch den Einwurf von Falschgeld ermöglichte Warenentnahme verwirklicht daher nach hM den Tatbestand des Diebstahls, sodass insoweit für die *subsidiäre* Vorschrift des § 265a kein Raum ist[150]. Ebenso liegt es bei

---

142 BGHSt 18, 221, 224.
143 Für Diebstahl *Rotsch*, GA 08, 72 f.
144 Vgl BGHSt 4, 199, 200.
145 Näher BayObLG NJW 79, 729; OLG Celle JR 87, 253; OLG Düsseldorf NJW 88, 83; zur Kombination mit einer Sachbeschädigung (s. Rn 40) s. BGHSt 61, 285 mit Anm. *Bachmann*, JR 17, 445; *Bosch*, Jura (JK) 17, 604; *Mitsch*, NJW 17, 1188; zu einer Variante s. *Zopfs*, ZJS 09, 513 ff.
146 *Fischer*, § 242 Rn 23; *Hillenkamp*, Anm. JR 87, 254; *Krey/Hellmann/Heinrich*, BT II Rn 43; *Mitsch*, BT II S. 27 f; *Rengier*, BT I § 2 Rn 68; *Schmidt*, BT II Rn 56; *Zöller*, BT Rn 21; iE so auch *Duttge/Fahnenschmidt*, Jura 97, 287, die freilich auch eine versuchte Unterschlagung verneinen; für Subsidiarität einer ggf vollendeten Unterschlagung *Eisele*, BT II Rn 53; offen LK-*Vogel*, § 242 Rn 127.
147 OLG Celle JR 87, 253; *Geppert*, JK 92, § 242/15; *Kindhäuser*, § 242 Rn 46; *Paeffgen*, Anm. JR 79, 297.
148 *Hillenkamp*, Anm. JR 87, 256.
149 BGH VRS 48, 175; krit. hierzu *Rönnau*, Roxin-FS II S. 487 ff; zur Beschränkung auf Fälle tatsächlich bestehender Rückgabebereitschaft s. *Jäger*, Rengier-FS S. 227 ff.
150 BGH MDR 52, 563; OLG Düsseldorf NStZ 99, 248; *Heghmanns*, Rn 1032 f; *Krey/Hellmann/Heinrich*, BT II Rn 35 f; LK-*Vogel*, § 242 Rn 115; *Ranft*, JA 84, 1, 6; S/S-*Bosch*, § 242 Rn 36; *Schulz*, NJW 81, 1351; aA *Dreher*, Anm. MDR 52, 563; AG Lichtenfels NJW 80, 2206 mit Anm. *Seier*, JA 80, 681.

der Entnahme von Münzgeld aus einem Geldwechselautomaten, wenn der einzuwechselnde Geldschein nach Auslösung des Wechselvorgangs wieder zurückgezogen wird[151]. Nichts anderes gilt nach diesen Grundsätzen auch dann, wenn mit dem Falschgeld zugleich ein im Automaten befindlicher elektronischer Münzprüfer „überlistet" wird. Bejaht man allerdings in einem solchen Fall[152] wie etwa beim „Leerspielen" von Glücksspielautomaten unter Ausnutzung unbefugt erlangter Kenntnisse des Computerprogramms Diebstahl *neben* § 263a[153], tritt § 242 zurück (Rn 619). Wer unter das **Lesegerät einer Selbstbedienungskasse** statt des Strichcodes der entnommenen Ware (zB eines Playboys) den mitgeführten Strichcode einer preisgünstigeren Ware (zB einer Tageszeitung) hält, nur den geringeren Preis entrichtet und sich dann mit der teureren Ware entfernt, nimmt diese weg, weil es am korrekten Einscannen und Bezahlen der entnommenen Ware und damit an einer Bedingung für das Einverständnis in den Gewahrsamswechsel fehlt[154].

b) Begründung neuen Gewahrsams

Neuer Gewahrsam ist nach dem *faktischen* Gewahrsamsbegriff begründet, wenn der Täter (oder ein Dritter) die *tatsächliche* Herrschaft über die Sache derart erlangt hat, dass ihrer Ausübung keine *wesentlichen* Hindernisse entgegenstehen[155]. Dass der bisherige Gewahrsamsinhaber auf die Sache nicht mehr einwirken kann, ohne zuvor die Verfügungsgewalt des Täters (oder des Dritten) zu beseitigen[156], ist dagegen eine Formulierung, die auch dem *sozial-normativen* Begriff entspricht. Denn wenn die Wiederherstellung des Gewahrsams des Bestohlenen einen rechtfertigungsbedürftigen Zugriff auf die Herrschaftssphäre des Täters voraussetzt, ist *dessen* Gewahrsam betroffen. Ein **Fortschaffen** der Sache aus dem fremden Herrschaftsbereich ist nach beiden Auffassungen nicht zwingend erforderlich, denn der Wegnahmebegriff setzt nicht voraus, dass der Täter *endgültigen* und *gesicherten* Gewahrsam erlangt[157]. Deshalb kommt es auch nicht darauf an, in welchem Maße die Herrschaftsbeziehung des Täters zu seiner Beute noch gefährdet ist. Entscheidend ist vielmehr, dass sein Sachherrschaftsverhältnis die freie Verfügbarkeit der Sache für den bisherigen Gewahrsamsinhaber nach der Verkehrsauffassung ausschließt[158] und ihre Wiedererlangung zu sozial auffälligem Vorgehen zwingt.

121

Der Streit darüber, ob zur Wegnahme ein bloßes Berühren der fremden Sache genügt (so die *Kontrektationstheorie*), ob stattdessen auf das Ergreifen abzustellen ist (so die *Apprehensionstheorie*) oder ob es darüber hinaus des Fortschaffens (so die *Ablationstheorie*) bzw des Bergens

122

---

151 OLG Düsseldorf JR 00, 212 mit abl. Anm. *Otto*, der hier § 263a annehmen will; dagegen *Kudlich*, JuS 01, 21, der dann aber Diebstahl am Geldschein statt am Wechselgeld bejaht; wie hier *Geppert*, JK 00, StGB § 242/20.
152 Mit unterschiedlichen Begründungen abl. OLG Celle JR 97, 345; *Hilgendorf*, Anm. JR 97, 349 f; *Mitsch*, JuS 98, 313 f; s. dazu Rn 621.
153 Zum Streit s. S/S-*Bosch*, § 242 Rn 36a.
154 Auch bleibt die mitgenommene Ware fremd, s. OLG Hamm wistra 14, 36 f mit Bespr. *Fahl*, NStZ 14, 244; *Jäger*, JA 14, 155; *Jahn*, JuS 14, 179.
155 BGH GA 66, 78; KG JR 66, 308; BGH NStZ 88, 271; BGH BeckRS 16, 118753; zusf. OLG Dresden NStZ-RR 15, 212; LK-*Vogel*, § 242 Rn 93.
156 *Küper/Zopfs*, BT Rn 769; S/S-*Eser/Bosch*, § 242 Rn 38; „faktischer" formuliert in BGH NStZ 11, 36, 37; OLG Hamm BeckRS 13, 08953; OLG Hamm NStZ-RR 14, 209 mit Bespr. *Brüning*, ZJS 15, 310; *Hecker*, JuS 15, 276; *Jäger*, JA 15, 390.
157 BGHSt 16, 271, 272 ff; 23, 254, 255; BGH NStZ 08, 624, 625; OLG Karlsruhe NStZ-RR 05, 140, 141.
158 BGHSt 26, 24, 26; BGH NStZ 82, 420; BayObLG NJW 95, 3000.

der Beute bedarf (so die *Illationstheorie*), ist heute weithin gegenstandslos. Die hM folgt zwar vordergründig der **Apprehensionstheorie**[159], verlangt dabei aber ein **zum Gewahrsamswechsel führendes** Ergreifen der Sache[160], für dessen Bestimmung die vier Umschreibungen nur wenig aussagekräftig sind[161]. Das gilt zB für das „Ergreifen" als vermeintlich maßgeblichem Kriterium dann, wenn man den mit ihm verbundenen „Formalismus" durch von der Verkehrsanschauung nahegelegte Wertungen überspielt[162] und damit in der Sache die Apprehensionstheorie durch den sozial-normativen Gewahrsamsbegriff ersetzt.

123 Für die Gewahrsamsbegründung sind nach dem *faktischen* Gewahrsamsbegriff wiederum *alle* (zufälligen) *Umstände des Einzelfalles* von Bedeutung. So soll bei Gegenständen, die wegen ihrer Beschaffenheit oder wegen ihres Gewichts nur **schwer zu transportieren** sind, das bloße Ergreifen oder Verstecken *innerhalb* des fremden Herrschaftsbereichs zur Herbeiführung des Gewahrsamswechsels nicht genügen. Vielmehr bedürfe es hier zur Vollendung der Wegnahme zusätzlicher Maßnahmen, wie etwa des Fortfahrens mit dem zu entwendenden Kraftwagen, des Hinüberhebens schwerer Werkzeugteile, Teppichrollen usw über die Mauer des Lagerplatzes, des Fortschaffens eines aus seiner Verankerung gelösten, mehrere Zentner schweren Panzerschrankes oder des zwar an Kopf und Beinen ergriffenen, sich aber heftig zur Wehr setzenden Hammels[163].

124 **Rechtsprechungsbeispiel:** Im Fall **BGH NStZ 81, 435** hatten drei Mittäter bei einem nächtlichen Einbruch schon einige Textil- und Tabakwaren aus einem Laden auf die Straße geschafft, ehe sie damit begannen, einen großen, 300 kg schweren Tresor nach draußen zu transportieren und etwa 5 Meter vor der Ladentür auf ein fahrbares Gerät, und zwar auf einen sog. Palettenwagen zu heben, der zum Transport von Waren innerhalb des Ladengeschäfts diente. In diesem Augenblick wurden sie von der Polizei, die ein Nachbar alarmiert hatte, festgenommen. Im Gegensatz zur Vorinstanz hat der BGH das Vorliegen einer *vollendeten* Wegnahme verneint und dazu ausgeführt, im Hinblick auf die Nachtzeit, die Art des Gegenstandes und die Schwierigkeit des Transports würde jeder Beobachter sofort erkannt haben, dass hier Diebesgut wegbefördert werden sollte. Gewicht, Größe und Unhandlichkeit der Beute hätten deren rasches Verbergen (zumindest für eine bestimmte Wegstrecke) unmöglich gemacht. Zwar setze die Vollendung der Wegnahme keinen *endgültig* begründeten und *gesicherten* Gewahrsam voraus. Unter den gegebenen Umständen hätten die Täter aber nicht einmal die volle Sachherrschaft erlangt, die zum Gelingen der Wegnahme gehöre. Damit sei die Tat insgesamt im Versuch stecken geblieben. Dies gelte auch für die Textil- und Tabakwaren, die als Teil der Gesamtbeute erst zusammen mit dem Tresor abtransportiert werden sollten. Solange die Täter in unmittelbarer Nähe des Tatorts mit dem Aufladen des Tresors beschäftigt gewesen seien, hätten sie an allen Gegenständen, die ohne Weiteres als Diebesgut erkennbar und auch noch nicht in Jacken- oder Hosentaschen verbracht gewesen seien, noch keinen neuen Gewahrsam begründet.

---

159 Auch *Ergreifungstheorie* genannt; für ihre Wiederbelebung *Ling*, ZStW 110 (1998), 919 ff; aufgegriffen auch von OLG Karlsruhe NStZ-RR 05, 140, 141 und HK-GS/*Duttge*, § 242 Rn 27.
160 Vgl BGHSt 16, 271, 272 f; 23, 254, 255; 26, 24, 25; OLG Köln NJW 84, 810; *Gössel*, ZStW 85 (1973), 591 mwN.
161 S/S-*Bosch*, § 242 Rn 37 f.
162 So *Maurach/Schroeder/Maiwald*, BT I § 33 Rn 25, 26; ähnlich für die Ablationstheorie LG Zwickau NJW 06, 166.
163 So in der Reihenfolge der Beispiele BGHSt 18, 66, 69; BGH NJW 55, 71 Nr 14; BGH NStZ 81, 435; OLG Bamberg HESt 2, 18; s. auch BGH HRRS 14, 431 (Nr 1017); LG Potsdam NStZ 07, 336 mit krit. Anm. *Walter*, NStZ 08, 156.

Bei unauffälligen, **leicht fortzuschaffenden Gegenständen** wie Geldscheinen, Münzen, Schmuckstücken, abgepackten Lebens- oder Genussmitteln usw lässt die Rechtsprechung für den Gewahrsamswechsel und die **Vollendung der Wegnahme** dagegen schon das **Ergreifen und Festhalten** sowie das **Einstecken** in die eigene Kleidung, eine Hand- oder Aktentasche, einen Beutel oder ein sonstiges, leicht zu transportierendes Behältnis genügen[164]. Neuen Gewahrsam kann hiernach der Täter beispielsweise auch dadurch begründen, dass er in einem Kaufhaus bei regem Publikumsverkehr größere Bekleidungsstücke wie ein Jackett oder einen Mantel über seinen Arm legt oder in einer Kabine anzieht, sich damit auf den Weg zum Ausgang begibt und die genannten Gegenstände wie eigene Sachen davonträgt[165]. Hat der Täter in dieser Weise den umschlossenen Herrschaftsbereich des Gewahrsamsinhabers verlassen, soll es an der Gewahrsamsbegründung nichts ändern, wenn der Gewahrsamsinhaber dem beobachteten Täter folgt und ihm „wenige Schritte vor dem Ladenlokal" die Sache wieder abnimmt[166]. Im Einzelfall soll all das aber stets eine von den näheren Umständen abhängende Tatfrage mit der Folge sein, dass bei einem einheitlichen Geschehen in die Hosentasche gestecktes Geld einen vollendeten, gleichzeitig in Plastiktüten verstaute Zigarettenstangen je nachdem, „wie schwer und groß diese … befüllten Behältnisse waren", aber nur einen versuchten Diebstahl begründen sollen[167]. Nur versuchten Diebstahl nimmt der BGH auch an, wenn 6 Flaschen Whiskey in einem Supermarkt in eine mitgeführte Tragetasche verbracht werden[168].

125

Rechtsprechungsbeispiel: In **BGH NStZ 11, 36** veranlasste A den S, ihm sein Mobiltelefon zu zeigen. Er nahm es ihm sodann aus der Hand und verlangte für die Rückgabe 20 €. S lehnte die Zahlung ab. Hierauf fasste A den Entschluss, das Handy zu behalten, steckte es in die Tasche und entfernte sich. S folgte ihm und forderte das Telefon zurück. Um sich den Besitz am Handy zu erhalten, schlug A den S mit der flachen Hand ins Gesicht und drohte mit weiteren Schlägen für den Fall, dass S ihn weiter verfolgt. Dem fügte sich S. – Der räuberische Diebstahl (§ 252), der hier in Betracht kommt, setzt voraus, dass Gewalt und Drohung erst nach *Vollendung eines Diebstahls* eingesetzt worden sind (s. Rn 395). Der BGH hat hier mit dem Aus-der-Hand-Nehmen des Handys eine vollendete Wegnahme bejaht, weil „bei handlichen und leicht zu bewegenden Gegenständen … ein bloßes Ergreifen und Festhalten jedenfalls dann" genüge, „wenn der Berechtigte seine ungehinderte Verfügungsgewalt nur noch gegen den Willen des Täters und unter Anwendung von körperlicher Gewalt wiederherstellen könnte". Da allerdings A im Zeitpunkt der Wegnahme keine Zueignungsabsicht hatte, weil er das Handy nur als Erpressungsmittel einsetzen wollte (s. Rn 198), lag trotz Wegnahme kein Diebstahl vor. Erst mit dem Einstecken des Handys in die Tasche, um es zu behalten, manifestierte sich der (erst jetzt gefasste) Zueignungswille. Die darin liegende Unterschlagung (s. Rn 311) ist

---

164 BGHSt 16, 271, 274; 23, 254, 255; 26, 24, 25; BGH VRS 60, 294; BGH NStZ 14, 40 f; BGH NStZ 15, 276 mit Bespr. *Jahn*, JuS 15, 78; *Satzger*, Jura 15, 768 (§§ 242, 252); zusf. BGH BeckRS 19, 3712 mit Bespr. *Kudlich*, JA 19, 470; HK-GS/*Duttge*, § 242 Rn 28; LK-*Vogel*, § 242 Rn 96; *Zöller*, BT Rn 24; anders *Ling*, ZStW 110 (1998), 940.
165 RGSt 52, 75; OLG Hamm MDR 69, 862; OLG Köln MDR 71, 595.
166 BGH NStZ 08, 624, 625; auf dem Boden eines faktischen Gewahrsamsbegriffs (s. *Hohmann/Sander*, BT I § 1 Rn 54) ist das schwerlich begründbar. Fügt man an, dass der vormalige Gewahrsamsinhaber „über die Sache nicht mehr verfügen kann, ohne seinerseits die Verfügungsgewalt des Täters zu brechen" (625), nähert man sich dem sozial-normativen Gewahrsamsbegriff an.
167 BGH NStZ 88, 270; BGHSt 41, 198, 205; BGH NStZ 11, 158, 160 mit Bespr. *Hecker*, JuS 11, 665; *Zopfs*, ZJS 09, 511 f.
168 BGH NStZ-RR 13, 276; anders für vier Flaschen Jägermeister und zwei Flaschen Baccardi BGH BeckRS 19, 3712 mit Bespr. *Kudlich*, JA 19, 476.

aber keine geeignete Vortat des räuberischen Diebstahls. Zu der versuchten Erpressung tritt also nur eine Unterschlagung, Nötigung und Körperverletzung hinzu. Raub ist ausgeschlossen, weil die eingesetzten Raubmittel nicht mehr der (bereits vollendeten) Wegnahme, sondern nur der Besitzerhaltung dienten[169].

126 Diese wenig befriedigende Kasuistik führt auch hier nur der **sozial-normative Gewahrsamsbegriff** einer sicheren Beurteilung zu. Danach fehlt es an einer Gewahrsamsbegründung am Tresor (Rn 124), weil er „noch nicht aus dem engsten Bereich des Geschäfts" und damit aus der *generellen Gewahrsamssphäre* des Ladeninhabers fortgeschafft und auch nicht – wie zB in die Kleidung gesteckte Genussmittel – in eine im Sozialleben anerkannte *Gewahrsamsenklave* verbracht worden ist. Nicht Größe, Sperrigkeit oder Gewicht sind maßgeblich, sondern ob das Zurückschieben des Tresors oder der Griff in die Kleidung durch den Ladeninhaber sozial auffällig und rechtfertigungsbedürftig sind. Auf dieser Grundlage ist eine zufällige oder planmäßige **Beobachtung** des Geschehens durch den Bestohlenen oder seine Angestellten ohne Einfluss auf die Vollendung der Wegnahme[170]. Das gilt, weil Diebstahl keine *heimliche* Tat ist[171], vor allem aber, weil ein Gewahrsamswechsel von einer Beobachtung nach der Verkehrsauffassung *unabhängig* ist. Die Entdeckung der Tat und die etwaige Bereitschaft des Täters zum Ablassen von der Beute geben dem Bestohlenen – wie zB im Fall der Entwendung von mit einem **elektromagnetischen Sicherungsetikett** versehenen Waren bei Auslösung des Alarms[172] – die Möglichkeit, die noch nicht abgeschlossene Gewahrsamsbegründung zu verhindern oder den schon erfolgten Gewahrsamswechsel rückgängig zu machen und den ihm entzogenen Gewahrsam wiederzuerlangen[173]. Sie sagen über die Zuordnung der Sache aber nichts aus[174].

127 Im **Fall 6** hat Frau F sich somit des *vollendeten* Diebstahls schuldig gemacht, als sie die Dose in ihre „Tabusphäre" verbrachte[175]. Dass sie infolge der Beobachtung keine Chance hatte, ungehindert durch die Sperre des Selbstbedienungsladens nach draußen zu gelangen, ist nur nach *faktischer*, nicht aber nach *sozial-normativer* Sicht von Bedeutung[176]. Eine beobachtete Entwendung im Selbstbedienungsladen ist weder mit dem Stellen einer *Diebesfalle* (s. dazu Rn 118) noch damit zu vergleichen, dass ein Arbeiter in seiner Tasche Werkzeuge des Arbeitgebers mit sich führt[177]. Wenn die Verkehrsanschauung dem Dieb, in der Regel aber nicht dem Arbeiter eigenen Gewahrsam an den fremden Gegenständen in seiner Tasche zu-

---

169 S. zur Entscheidung *Bosch*, Jura (JK), 14, 1237 f; *Hecker*, JuS 11, 374; *Kudlich*, JA 11, 153; zu Variationen der **Handy-Fälle** s. *Jäger*, Rengier-FS S. 227 ff und hier Rn 152.
170 Zum Streitstand s. *Hillenkamp*, BT 20. Problem; AG Lübeck BeckRS 12, 21362; auf der Grundlage des faktischen Gewahrsamsbegriffs anders *Bosch*, Jura 14, 1240 f; *Eisele*, BT II Rn 43; *Klesczewski*, BT § 8 Rn 94; *Krey/Hellmann/Heinrich*, BT II Rn 50; LK-*Vogel*, § 242 Rn 99, 104 und OLG Hamm NStZ-RR 14, 209 f, für das die Antwort „von den Einzelheiten" abhängt; s. dazu die Bespr. von *Brüning*, ZJS 15, 310; *Hecker*, JuS 15, 276; *Jäger*, JA 15, 390; wie hier H-H-*Kretschmer*, Rn 777.
171 BGH NStZ 87, 71; OLG Düsseldorf NJW 90, 1492; BayObLG NJW 97, 3326; OLG Hamm wistra 14, 36; *Hilgendorf/Valerius*, BT II § 2 Rn 47; HK-GS/*Duttge*, § 242 Rn 27; *Rengier*, BT I § 2 Rn 49.
172 S. BayObLG NJW 95, 3000.
173 So zutr. BGHSt 16, 271, 274; OLG Zweibrücken NStZ 95, 448.
174 AA *Ling*, ZStW 110 (1998), 942, der eine „Sachbeziehung mit Zukunft" verlangt.
175 Vgl BGHSt 16, 271; *Gössel*, BT II § 7 Rn 52; *Welzel*, GA 60, 257; aA H. *Mayer*, JZ 62, 617; S/S-*Eser/Bosch*, § 242 Rn 40.
176 AA NK-*Kindhäuser*, § 242 Rn 61; LG Köln StV 97, 27; krit. *Otto*, Jura 97, 466.
177 Anders S/S-*Bosch*, § 242 Rn 40.

billigt, so beruht das darauf, dass der Dieb den Bestohlenen gerade von der Sachherrschaft ausschließt und ausschließen will, während der Arbeitnehmer die Verfügungsgewalt über die Werkzeuge *für* seinen Arbeitgeber ausübt und insoweit als dessen *Gehilfe* tätig werden will. Ein derart gewichtiger Unterschied kann nach der Anschauung des täglichen Lebens für die Frage des Gewahrsams *kraft sozialer Zuordnung* nicht unberücksichtigt bleiben[178].

Ein *vollendeter* Diebstahl ist auch in den **Fällen 7 und 8** anzunehmen. Die verspätete Reue des Gastes G führt mangels einer Versuchslage nicht etwa zu einem strafbefreienden Rücktritt iS der §§ 22, 24, sondern zur bloßen Wiedergutmachung des Schadens, die allerdings strafmildernd ins Gewicht fällt, sofern es zur Bestrafung des G kommt (vgl § 46 II am Ende). Dass A im **Fall 7** *widerrechtlich* in die Gastwirtschaft eingedrungen ist, während G das Haus des B als *eingeladener Gast* betreten hat, berührt die Frage des **Gewahrsamswechsels** durch **Einstecken der Diebesbeute in die eigene Kleidung** (bzw in mitgeführte Behältnisse) nicht[179]. Die gegenteilige Ansicht, wonach die Wegnahme bei einem nächtlichen Einbruchsdiebstahl erst mit dem Verlassen des Gebäudes vollendet sein soll[180], überzeugt nicht. Sie läuft auf eine Wiederbelebung der *Ablationstheorie* hinaus[181].

Wer in einem **Selbstbedienungsladen** Waren, die er entwenden und sich ohne Bezahlung rechtswidrig zueignen will, nicht in seine Kleidung oder ein ihm gehörendes Behältnis steckt, sondern in den **Einkaufswagen** legt, vor dem Gang zur Kasse jedoch (etwa mit dem eigenen Parka oder Werbeprospekten) überdeckt, um sie vor dem Kassenpersonal zu verbergen, erlangt eigenen Gewahrsam durch Wegnahme (zur Abgrenzung zum Betrug s. Rn 639) erst zu dem Zeitpunkt, in welchem das Kassenpersonal seine Abfertigung abgeschlossen hat. **128**

Rechtsprechungsbeispiel: Das **OLG Köln NJW 84, 810**[182] hat für dieses Ergebnis auf dem Boden des *faktischen* Gewahrsamsbegriffs zur Voraussetzung gemacht, dass der Wegschaffung der Beute kein *tatsächliches* Hindernis mehr entgegenstehen und der Täter sich deshalb nicht mehr im kontrollierenden Blickfeld des Kassenpersonals befinden dürfe. Abzuheben ist stattdessen auch hier auf die „soziale Konvention"[183]. Sie besteht darin, dass in den Gewahrsam des Kunden fällt, was er in seiner Kleidung oder Tasche verbirgt und dass in der Gewahrsamssphäre des Ladeninhabers bleibt, was der Kunde – offen oder verborgen – vor der Kasse[184] im Einkaufswagen oder -korb belässt. Was der beobachtende Detektiv aus der Tasche des Kunden zieht, *nimmt er diesem weg*, was der Ladeninhaber vor der Kasse aus dem Einkaufswagen zurücklegt, *behält er nur ein*. Das eine ist rechtfertigungsbedürftig, das andere nicht[185]. **Vollendet** ist hiernach der Diebstahl nach abgeschlossener Abfertigung an der Kasse. Nach ihr *ordnet* die Verkehrsauffassung die Ware dem Kunden *zu*[186]. Auf die Entfernung von der Kasse, fortdau-

---

178 *Krey/Hellmann/Heinrich*, BT II Rn 53.
179 Vgl BGHSt 23, 254, 255.
180 S/S-*Bosch*, § 242 Rn 39; ähnlich Kahlo, in: Vom unmöglichen Zustand des Strafrechts 1995, S. 123 ff.
181 Zutr. dagegen BGHSt 26, 24, 25 f und *Geilen*, JR 63, 446.
182 Zur Behandlung der Ladendiebstahlsfälle s. auch *Timmermann*, Diebstahl und Betrug im Selbstbedienungsladen 2014, S. 16 ff, 90 ff; *Oğlakcıoğlu*, JA 12, 902 ff, 107 ff (ohne Berücksichtigung der Kontroverse um den Gewahrsamsbegriff).
183 OLG Düsseldorf NJW 88, 923; NStZ 93, 286; OLG Zweibrücken NStZ 95, 449.
184 S. dazu BayObLG NJW 97, 3326 mit zust. Bespr. *Martin*, JuS 98, 890.
185 *Hillenkamp*, JuS 97, 220 f; *Scheffler*, JR 96, 342 f; aA *Kargl*, JuS 96, 975, der aber die soziale Auffälligkeit überdeht: das wortlose Herausnehmen der Ware aus dem Korb des Kunden ist nicht – worauf es allein ankommt – als Herausnehmen, sondern nur wegen der „Wortlosigkeit" auffällig.
186 OLG Zweibrücken NStZ 95, 449; *Brocker*, JuS 94, 922.

ernde Beobachtung, Kräfteverhältnisse und Schnelligkeit der Beteiligten kommt es ebensowenig an, wie auf Größe, Gewicht oder Sperrigkeit der Beute oder darauf, wie gut sie verborgen oder ob sie rechtswidrig in die Gewahrsamssphäre gelangt ist (Rn 85 ff)[187]. Ob das zum Einkaufswagen bzw. -korb Gesagte auch für eine im Geschäft erwerbbare Einkaufstasche oder -tüte gilt, ist jedenfalls dann zweifelhaft, wenn offene Einkaufskörbe zur Verfügung stehen und das Verbringen von Ware in eine zuvor vor der Kasse entnommene Tüte unüblich ist[188].

129 Dass man voreilige, an Äußerlichkeiten haftende Verallgemeinerungen vermeiden muss, zeigt eine denkbare Abwandlung zu dem vom OLG Köln aaO entschiedenen Fall: Wenn ein Kunde in einem Selbstbedienungsladen aus einer Leergutkiste sog. **Pfandflaschen** entwendet und sie in den Einkaufswagen legt, um sie an der Kasse in Zahlung zu geben, führt er einen vollständigen Gewahrsamswechsel schon durch das Einlegen in den Einkaufswagen herbei, weil dies bei dem unbefangenen Betrachter den Eindruck hervorrufen muss, dass es sich *um ihm gehörende* und von ihm in den Laden mitgebrachte Pfandflaschen handelt[189]. Sie ordnet die Verkehrsauffassung nicht anders als eine im Einkaufswagen abgelegte Tasche der Herrschaftssphäre des Kunden zu.

130 Zur Abgrenzung zwischen § 242 und § 263 bei solchen und ähnlichen Manipulationen innerhalb von Selbstbedienungsläden besteht auf dem vorstehend geschilderten Hintergrund Unsicherheit (s. Rn 639)[190].

5. Vollendung und Beendigung des Diebstahls

131 Von der tatbestandlichen **Vollendung** des Diebstahls ist dessen tatsächliche **Beendigung** zu unterscheiden. Zur Vollendung bedarf es nur der Wegnahme in Zueignungsabsicht, nicht der Zueignung selbst. Die tatsächliche **Beendigung** tritt dagegen erst ein, wenn der vom Täter begründete neue Gewahrsam eine gewisse **Festigung und Sicherung** erreicht hat[191]. Auch hier geht es nach der Rechtsprechung um eine *faktische*, von den Umständen des Einzelfalls abhängige Frage[192].

132 Gefestigt und gesichert ist der neue Gewahrsam des Diebes beispielsweise, wenn dieser die entwendete Sache in seine Wohnung, zu Bekannten oder in ein Versteck außerhalb seiner Wohnung geschafft hat[193]. Bei kleineren Gegenständen (wie etwa Geld, Schmuck oder Goldmünzen), die der Täter in seine Kleidung oder in eine Aktentasche gesteckt hat, kann uU zur

---

[187] Anders auf dem Boden des faktischen Gewahrsamsbegriffs LK-*Vogel*, § 242 Rn 100 ff; s. auch HK-GS/*Duttge*, § 242 Rn 28.
[188] AG Lübeck BeckRS 12, 21362 bejaht vollendeten Diebstahl mit dem – beobachteten – Verbringen in die Tüte, *Laue* widerspricht dem auf der Basis des vorzugswürdigen sozial-normativen Gewahrsamsbegriffs (jurisPR-StrafR 20/2012 Anm. 4).
[189] Anders *Eisele*, BT II Rn 45; zu den Eigentumsverhältnissen an solchen Flaschen s. BayObLGSt 1960, 187; AG Flensburg NStZ 06, 101; OLG Hamm NStZ 08, 154; Erman-*Schmidt*, BGB, 14. Aufl. 2014, § 1204 Rn 6; *Hellmann*, JuS 01, 353 f; *Kipp/Kummer*, Jura 08, 793 f; *Kudlich*, JA 06, 571; *Schmitz/Goeckenjahn/Ischebeck*, Jura 06, 821; zur Rückveräußerung entwendeter Sachen an deren Eigentümer vgl Rn 172.
[190] S. BGHSt 41, 198; OLG Zweibrücken NStZ 95, 448; *Hillenkamp*, JuS 97, 217; *Scheffler*, Anm. JR 96, 342; *Stoffers*, Anm. JR 94, 205; *Vitt*, Anm. NStZ 94, 133; *Zopfs*, Anm. NStZ 96, 190.
[191] BGHSt 8, 390, 391; 20, 194, 196; BGH VRS 60, 294; NJW 87, 2687; NStZ 08, 152; LK-*Vogel*, § 242 Rn 197 Zum Raub s. BGH NStZ 13, 463, 464.
[192] BGH NStZ 01, 88, 89.
[193] BGH NStZ 11, 637, 638.

Beendigung des Diebstahls schon das Verlassen des fremden Herrschaftsbereichs genügen[194]. Solange sich der Täter im räumlichen Beherrschungsbereich des Bestohlenen befindet, ist der Diebstahl in der Regel noch nicht beendet[195]. Das Verlassen dieses Bereichs ist aber nur für Beendigung, nicht für Vollendung zu verlangen. Wer anders entscheidet, setzt beides gleich[196]. **Wichtig** ist die exakte **Unterscheidung** zwischen der Vollendung und der Beendigung des Diebstahls vor allem für die Anwendbarkeit des § 252 und dessen Abgrenzung gegenüber § 249 oder § 240 (s. dazu Rn 398). In diesem Zusammenhang wird von der Rechtsprechung die Beendigung zu Recht als eine *faktische* Frage behandelt[197]. Von einem *streng normativen* Verständnis der Phase zwischen Vollendung und Beendigung ist dagegen dann auszugehen, wenn sie dazu dienen soll, *Teilnahme* oder *qualifizierende* Folgen zu begründen. Das setzt voraus, dass sich die Beendigungsphase sprachlich und sachlich noch als eine fortgesetzte Verwirklichung der Tat verstehen lässt, was bei einem Diebstahl nur bei iterativer Begehung (und bei einer Unterschlagung eher nicht) denkbar ist[198].

IV. Der subjektive Unrechtstatbestand des Diebstahls

Fall 9: A verbringt seine Winterferien auf dem Landgut seines geizigen Onkels G. Als dieser für zwei Tage verreist, entwendet A einige auf dem Hof zum Verkauf liegende Fichtenbretter und verbirgt sie unter Strohballen in der Scheune. Er will damit eine Wildfütterungsanlage im Revier des Onkels ausbessern, die dieser bewusst hat verkommen lassen. Außerdem bringt A den von G nicht ausreichend gefütterten und daher stark abgemagerten Jagdhund in ein nahe gelegenes Tierheim des Tierschutzvereins. Bei dieser Gelegenheit hebt er vom Sparbuch des G, das er in dessen unverschlossenem Schreibtisch entdeckt hatte, bei der örtlichen Sparkasse 200 € aus Enttäuschung darüber ab, dass G nichts zur Verbesserung der Ferienkasse beigetragen hatte.

Hat sich A strafbar gemacht? **Rn 139, 155, 174**

133

Fall 10: Der Briefmarkensammler S hat auf einer Auktion eine seltene Sondermarke erworben. Seinem Bekannten B gelingt es, dieses wertvolle Stück heimlich an sich zu bringen.

Wie ist der **Fall 10** strafrechtlich zu beurteilen, wenn B in der Absicht gehandelt hat, die entwendete Marke

a) sofort nach der Tat zu zerreißen, weil er sie dem S missgönnt? **Rn 152**
b) zu behalten, um sich selbst an ihrem Besitz zu erfreuen? **Rn 165**
c) an einen Dritten zu veräußern, um den Erlös für sich zu verwenden? **Rn 169**
d) seinem Freund F zum Dienstjubiläum zu schenken? **Rn 169**
e) einem Briefmarkenmuseum als anonyme Spende zukommen zu lassen? **Rn 169**
f) nach geraumer Zeit als angeblich eigene dem S zum Kauf anzubieten, um so einen möglichst hohen Erlös zu erzielen? **Rn 173**

134

---

194 BGH VRS 60, 294, 296.
195 BGH NJW 87, 2687; anders bei Eintritt des Todes des Bestohlenen BGH BeckRS 16, 116326 (s. dazu **Aktuelle Entscheidung** in Rn 337).
196 So OLG Zweibrücken NStZ 95, 449; OLG Düsseldorf NJW 86, 2266: Verlassen des geschlossenen Kaufhausbereichs als *Vollendungs*voraussetzung; krit. *Otto*, Jura 97, 466.
197 LK-*Hillenkamp*, vor § 22 Rn 37.
198 *Küper*, JZ 1981, 251; LK-*Hillenkamp*, vor § 22 Rn 23, 35 ff; s. dazu auch *Kühl*, Roxin-FS S. 665; *ders.*, JuS 02, 732 ff; für eine Erstreckbarkeit der Beendigungsphase des Diebstahls auf die Unterschlagung plädieren *Lotz/Reschke*, JR 13, 59 ff.

135 Zum **subjektiven Tatbestand** des § 242 gehört, dass der Täter *vorsätzlich* und in der *Absicht* gehandelt hat, die fremde Sache *sich* oder einem *Dritten* rechtswidrig *zuzueignen*.

1. Tatbestandsvorsatz

136 Der **Vorsatz** muss alle objektiven Merkmale des § 242 umfassen. Der Dieb muss insbesondere wissen, dass die Sache im Eigentum und im Gewahrsam eines anderen steht. Die Einzeltatsachen, aus denen das fremde Eigentum folgt, braucht er nicht zu kennen. Es genügt, dass er den rechtlich-sozialen Bedeutungsgehalt des Fremdheitsbegriffs nach Laienart richtig erfasst hat[199].

Die irrige Annahme des Täters, die Sache sei *herrenlos* oder gehöre ausschließlich ihm selbst, lässt nach § 16 I 1 jedenfalls dann den Diebstahlsvorsatz entfallen, wenn der Täter einen Sachverhalt annimmt, bei dessen Vorliegen seine Annahme zuträfe[200]. Wer weiß, dass die Sache fremd ist, aber davon ausgeht, dass sie *gewahrsamslos* sei oder dass alle Gewahrsamsinhaber mit der Aufhebung ihres Gewahrsams *einverstanden* seien, handelt ohne Wegnahmevorsatz; er kann sich lediglich der Unterschlagung schuldig machen. Nimmt der Täter irrig an, es handle sich um eine fremde Sache, so kann ein sog. Vorfeldirrtum vorliegen, der je nach seinem Zustandekommen in einen untauglichen Versuch oder ein Wahndelikt führt[201].

137 Ob der Vorsatz des Täters sich von vornherein auf ein **bestimmtes Tatobjekt** richtet oder ganz allgemein dahin geht, alles Stehlenswerte mitzunehmen, ist belanglos. Der Diebstahlsvorsatz bleibt derselbe, auch wenn er sich im Rahmen einer einheitlichen Tat verengt, erweitert oder sonstwie ändert[202]. Deshalb bleibt es nach der Rechtsprechung des BGH bei **einem** Diebstahl nicht nur dann, wenn der Täter von vornherein mehrere Gegenstände stehlen will, sondern auch dann, wenn er erst während der Tatausführung seinen Tatplan erweitert[203]. Anders verhält es sich, wenn bei einem Diebstahlsversuch der ursprüngliche Tatentschluss endgültig aufgegeben und ein ganz **neuer Diebstahlsvorsatz** gefasst wird[204]. Praktisch bedeutsam wird dies im Falle des Vorsatzwechsels innerhalb der §§ 242, 243 (näher Rn 255 ff; s. auch Rn 204).

138 Beim Diebstahl von **Behältnissen** ist zu unterscheiden. Will der Täter sich des Behältnisses alsbald entledigen, nachdem er ihm den allein begehrten Inhalt entnommen hat, liegt bezüglich des Behältnisses zwar eine vorsätzliche Wegnahme, aber keine Zueignungsabsicht vor. Ist das Behältnis wider Erwarten leer, ist hinsichtlich des vorgestellten Inhalts Versuch gegeben. Befindet sich in dem Behältnis nicht die gewollte, sondern eine ganz andere für den Täter wertlose Sache, deren er sich nach Erkennen dieser Sachlage gleichfalls entledigt, so ist sein im Zeitpunkt der Wegnahme gegebener Irrtum bezüglich der Tathandlung ein unbeachtlicher error in obiecto. Es fehlt aber die auf die weggenommene Sache bezogene Zueignungsabsicht. Ist sie

---

199 Vgl *Wessels/Beulke/Satzger*, AT Rn 363; krit. zur „Parallelwertung in der Laiensphäre" *Papathanassiou*, Irrtum über normative Tatbestandsmerkmale 2014, S. 201 ff.
200 *Fischer*, § 242 Rn 31.
201 S. zur umstrittenen Behandlung dieses Irrtums LK-*Hillenkamp*, § 22 Rn 210 ff, 225 ff; ferner *Burkhardt*, GA 13, 346 ff; OLG Stuttgart NJW 62, 65 (zu § 246); im Zahngold-Fall (s. Rn 77) geht das OLG Hamburg NJW 12, 1601 unzutreffend von einem untauglichen Versuch aus.
202 BGHSt 22, 350, 351; BGH NStZ 82, 380; BGH BeckRS 18, 38781; BK-*Wittig*, § 242 Rn 29; *Eisele*, BT II Rn 60; *Rengier*, BT I § 2 Rn 84.
203 BGH NStZ-RR 09, 278, 279.
204 BGH MDR/D 69, 722.

auf einen bestimmten Gegenstand konkretisiert, bewirkt der Fehlgriff einen Fehlschlag. Folglich liegt dann nur ein versuchter Diebstahl an der eigentlich begehrten Sache vor[205]. Ist die aufgefundene Sache für den Täter von Interesse und behält er sie, ist § 246 gegeben[206].

Im **Fall 9** hat A den objektiven Tatbestand des § 242 *vorsätzlich* verwirklicht. Er wusste, dass die Bretter, der Hund (zu Tieren als Sache s. Rn 18) und das Sparbuch (zum Geld s. Rn 175) dem G gehörten und trotz seiner vorübergehenden Abwesenheit (Rn 92) in dessen Gewahrsam standen. Den die Wegnahme vollendenden Gewahrsamswechsel hat er willentlich und in Kenntnis des Umstandes vollzogen, dass G mit seinem Vorgehen nicht einverstanden war. Ob allerdings auch bezüglich der Bretter der Gewahrsamswechsel schon eingetreten und die Wegnahme vollendet ist, ist zweifelhaft. Da sich die Bretter noch in der von G generell beherrschten Gewahrsamssphäre der Hofgebäude befanden, dürfte die Verkehrsanschauung sie trotz der erschwerten Zugriffsmöglichkeit noch seiner Herrschaftssphäre zuordnen, in der das *Versteck* keine *anerkannte* Gewahrsamsenklave des A bildet[207]. Anhänger des faktischen Gewahrsamsbegriffs entscheiden dagegen anders, wenn (nur) der Täter ungehinderten Zugang zum Versteck hat[208]. Auch im **Fall 10** hat B die Briefmarke *vorsätzlich* weggenommen. In beiden Fällen ist aber die *Zueignungsabsicht* problematisch.

139

2. Entwicklung des Zueignungsbegriffs in Wissenschaft und Rechtsprechung

a) Bedeutung der Erweiterung durch das 6. StrRG

Der Dieb musste nach der früher geltenden Fassung des § 242 die fremde Sache in der Absicht wegnehmen, sie **sich** rechtswidrig **zuzueignen**. Das setzte den Willen zu einer Überführung der Sache in das *eigene* Vermögen voraus[209]. Infolgedessen herrschte Unsicherheit darüber, *wann* hiervon noch gesprochen werden konnte, wenn der Täter in der Absicht handelte, die Sache an einen **Dritten** weiterzugeben[210].

140

Das **6. StrRG** (Rn 11) stellt die **Drittzueignungsabsicht** als gleichwertige Alternative neben die Selbstzueignungsabsicht. Es will damit die benannte Unklarheit beseitigen und *sicherstellen*, dass auch strafbar ist, wer die Sache einer dritten Person zueignen will (BT-Ds 13/8587, S. 43). Es kehrt damit (für *alle* Zueignungsdelikte, s. §§ 246, 248c, 249, 292, 293) zu einer vom preußischen wie später vom Reichsgesetzgeber als überflüssig erachteten Fassung zurück, die der Entwurf zum Preußischen StGB aus dem Jahre 1847 und alle Entwürfe zum StGB bis zum E 1962 (§ 235) empfohlen und die das DDR-Recht in § 177 übernommen hatte[211]. Was diese „Klar-

141

---

205 S. hierzu BGH NStZ 96, 599; BGH NStZ 04, 333; BGH NStZ 06, 686 mit zust. Bespr. *Streng*, JuS 07, 422; für Vollendung dagegen LG Düsseldorf NStZ 08, 155, 156; A/W-*Heinrich*, § 13 Rn 131; *Böse*, GA 10, 249 ff; *Kudlich/Oğlakcıoğlu*, JA 12, 324. S. hierzu auch Rn 204 und zum parallelen Problem beim Raub s. Rn 359; s. zum Streit auch LK-*Vogel*, § 242 Rn 162.
206 BGH StV 13, 440.
207 *Maurach/Schroeder/Maiwald*, BT I § 33 Rn 26; SK-*Samson*, 4. Aufl., § 242 Rn 25.
208 S/S-*Bosch*, § 242 Rn 39, der – Rn 24 – zu Unrecht Unterschiede im Ergebnis beider Gewahrsamsbegriffe bestreitet; s. auch RGSt 12, 353, 355 ff.
209 RGSt 62, 15, 17; BGHSt 4, 236, 238 f.
210 Zusf. BGHSt 41, 187, 194; *Küper/Zopfs*, BT Rn 831, 837 mwN.
211 S. *Dreher/Tröndle*, 47. Aufl. 1995, § 246 Rn 13a; LK-*Ruß*, 11. Aufl., § 242 Rn 64; *Schmid-Hopmeier*, Das Problem der Drittzueignung 1999, S. 33 ff.

stellung" für Fälle der (beabsichtigten) Weitergabe der Sache an Dritte bedeutet, ist später darzulegen (Rn 166 ff). Den **Zueignungsbegriff** selbst berührt die Neufassung **nicht**. Denn während die *Zueignung* in der ersten Alternative der *Täter für sich* anstreben muss, will *sie* in der zweiten Alternative der Täter dem Dritten *ermöglichen*[212]. Ob beim Täter bezüglich seiner selbst oder bezüglich des Dritten die Zueignungsvoraussetzungen vorliegen, stellt sich als Frage hiernach gleich. Deshalb bleibt der überkommene Streit um Funktion, Wesen und Gegenstand der Zueignung von *unveränderter* Gültigkeit. Man muss die Aussagen hierzu nur so lesen, dass sie sich im Falle des Sich-Zueignens auf den Täter, im Falle der Drittzueignung auf den Dritten beziehen (näher dazu Rn 166 ff).

b) Substanz-, Sachwert- und Vereinigungstheorie

142 Durch die Absicht, die Sache **sich** oder einem **Dritten zuzueignen**, unterscheidet sich der Diebstahl von den teils strafbaren, teils straflosen Fällen der *Gebrauchsanmaßung* (= strafbar nur unter den Voraussetzungen der §§ 248b, 290), von der schlichten *Sachentziehung* (vgl Rn 41) und von der *Sachbeschädigung* (§ 303). Darüber, wie diese Abgrenzung im Einzelnen durchzuführen ist, gehen die Ansichten auseinander. Umstritten ist auch, ob der Zueignungsbegriff mehr nach formalen oder nach wirtschaftlichen Kriterien zu bestimmen ist und was den **Gegenstand der Zueignung** bildet (= die Sache selbst, der in ihr verkörperte Sachwert oder die reale Herrschaftsmacht des Eigentümers)[213].

143 Die **Entwicklung des Zueignungsbegriffs** in Rechtsprechung und Wissenschaft wurde zunächst durch die Gegenüberstellung, sodann durch die Verbindung formaler und wirtschaftlicher Kriterien bestimmt. Sie vollzog sich von der älteren **Substanztheorie** über die **Sachwerttheorie** bis zur heute vorherrschenden **Vereinigungslehre**.

144 Nach der **Substanztheorie** liegt das Wesen der Zueignung in der Anmaßung einer eigentümerähnlichen Machtstellung durch die Betätigung des Willens, die fremde Sache *selbst ihrer Substanz nach* zu gewinnen und sie unter Ausschluss des Berechtigten den eigenen Zwecken des Täters dienstbar zu machen (= *se ut dominum gerere*[214]).

145 Die **Sachwerttheorie** hielt dagegen die Gewinnung der Sache *ihrem wirtschaftlichen Wert* nach, dh die Betätigung des Willens für wesentlich, den in der Sache verkörperten wirtschaftlichen Wert unter Ausschluss des Berechtigten dem eigenen Vermögen zuzuführen.

146 Die **Rechtsprechung** folgte ursprünglich der Substanztheorie. Von dieser Grundlage aus bejahte sie das Vorliegen eines Diebstahls zwar auch noch in den *„Sparbuchfällen"*, obwohl das Verhalten des Täters dort von dem Willen geleitet war, „die unveränderte Substanz des Sparkassenbuches"[215] nach Abhebung eines Teilbetrages dem Eigentümer wieder zuzuführen, verwies aber schon hier auf die *vermögensrechtliche* Substanz und den *wirtschaftlichen Wert*[216] des Sparbuchs als Gegenstand der Zueig-

---

212 *Küper/Zopfs*, BT Rn 831, 837 ff.
213 Streitübersicht bei *Hillenkamp*, BT 21. Problem; *Hilgendorf/Valerius*, § 2 Rn 80 ff.
214 Zu Herkunft und Verständnis dieser Formel s. *Gropp*, Maiwald-FS S. 265 ff; vgl auch LK-*Vogel*, § 242 Rn 145 f.
215 RGSt 10, 369, 371.
216 RGSt 22, 2, 3; 39, 239, 243.

nung. Im zweiten „*Biermarkenfall*"[217] näherte das Reichsgericht sich der Sachwerttheorie dann noch deutlicher mit dem Hinweis an, Kennzeichen des Eigentumsrechts sei die Zugehörigkeit der ihm unterliegenden Sachen *zum Vermögen* des Eigentümers; demnach sei ihre Zueignung darauf gerichtet, sie wirtschaftlich in *ihrem* über den Stoffwert hinausgehenden und als solchen ausnutzbaren *Sachsubstanzwert* dem eigenen Vermögen einzuverleiben. Das geschehe, wenn ein Kellner dem Gastwirt zur Abrechnung (statt Bargeld) Biermarken abliefere, die er normalerweise zuvor zu bezahlen, hier aber dem Wirt entwendet hatte. Den Abschluss dieser Entwicklung bildete sodann die Verbindung zwischen Substanz- und Sachwerttheorie durch die sog. **Vereinigungsformel**[218], die das Wesen der Zueignung darin erblickt, dass der Täter **„die Sache oder den in ihr verkörperten Sachwert** mit Ausschlusswirkung gegen den Eigentümer **dem eigenen Vermögen einverleibt**"[219]. Der BGH hat diese Begriffsbestimmung unverändert übernommen[220]. Die Rechtsprechung folgt ihr auch sonst[221].

Die hM in der **Rechtslehre** stimmt im Wesentlichen der **Vereinigungstheorie** zu[222], verwahrt sich allerdings gegen einen **extensiven** Sachwertbegriff, der sich auf jede beliebige Verwendungsmöglichkeit der Sache erstreckt und jeden mittelbaren Nutzen aus dem Umgang mit der Sache ausreichen lässt[223]. **Herrschend** ist daher eine **Vereinigungstheorie** mit **restriktivem** Sachwertbegriff. In Einzelfragen gibt es gleichwohl Meinungsunterschiede. So soll zB der Begriff des „Sachwertes" nach einer **Mindermeinung** nicht den Geldwert miteinschließen, der bei einer Veräußerung der Sache zu erzielen ist (= *Veräußerungswert*), sondern auf den „spezifischen Wert" beschränkt werden, der sich (als *lucrum ex re* im Gegensatz zum *lucrum ex negotio cum re*) in der Weise aus der Sache ziehen lässt, dass man ihn **von ihr trennen** und behalten kann, während man die Sachsubstanz wie eine „Hülse ohne Kern" an den Eigentümer zurückgibt[224]. Eine zunehmend vertretene Ansicht nimmt dagegen an, dass man auf Sachwertgesichtspunkte ganz verzichten und mit einer mehr oder weniger **modifizierten Substanztheorie** auskommen könne[225], wenn man die Inanspruchnahme der der Sache objektiv innewohnenden Verwendungs- und Funktionsmöglichkeiten als Substanzzueignung begreife.

147

---

217 RGSt 40, 10.
218 RGSt 61, 228, 233.
219 Ebenso RGSt 64, 414, 415; 67, 334, 335.
220 BGHSt 16, 190, 192; 24, 115, 119; 35, 152, 157; BGH NJW 85, 812.
221 BayObLG NJW 92, 1777, 1778; OLG Köln NJW 97, 2611; s. zur Gesamtentwicklung auch *Küper/Zopfs*, BT Rn 828 ff.
222 *Beulke*, II Rn 140 f; BK-*Wittig*, § 242 Rn 31; *Bloy*, JA 87, 189; *Eisele*, BT II Rn 65; *Fischer*, § 242 Rn 35; *Haft/Hilgendorf*, BT S. 12; *Heghmanns*, Rn 1041; H-H-*Kretschmer*, BT Rn 35; HK-GS/*Duttge*, § 242 Rn 41; *Joecks/Jäger*, vor § 242 Rn 36; *Krey/Hellmann/Heinrich*, BT II Rn 66; *Kudlich/Oğlakcıoğlu*, JA 12, 323 ff; *Lackner/Kühl*, § 242 Rn 21 ff; LK-*Vogel*, § 242 Rn 140; M/R-*Schmidt*, § 242 Rn 30; *Rengier*, BT I § 2 Rn 92, 103 ff, 137, 145; *Schmidt*, BT II Rn 92 f; *Schramm*, BT I § 2 Rn 47 ff; S/S/W-*Kudlich*, § 242 Rn 43; *Wessels*, NJW 65, 1153 und JZ 65, 631; *Zöller*, BT Rn 802; abl. *Miehe*, Heidelberg-FS S. 495; krit. *Kindhäuser*, § 242 Rn 88 f; *Maiwald*, Der Zueignungsbegriff 1970, S. 79; SK-*Hoyer*, § 242 Rn 80.
223 S. S/S-*Bosch*, § 242 Rn 49; gegen den weiten Sachwertbegriff auch *Ensenbach*, ZStW 124 (2012), 345 f.
224 *Bockelmann*, BT I S. 19; S/S-*Bosch*, § 242 Rn 49; *Stoffers*, Jura 95, 113, 117.
225 So ua *Ambos*, GA 07, 132 ff; A/W-*Heinrich*, § 13 Rn 99 ff; *Gössel*, BT II § 6 Rn 47; *Kindhäuser*, § 242 Rn 78 f, 89; *Kleszewski*, BT § 8 Rn 59; *Maurach/Schroeder/Maiwald*, BT I § 33 Rn 43 ff; MK-*Schmitz*, § 242 Rn 136 ff, 150 ff; NK-*Kindhäuser*, § 242 Rn 75 ff; *Otto*, BT § 40 Rn 54; *Rudolphi*, GA 1965, 33; *Seelmann*, JuS 85, 288; *Welzel*, S. 342; nahest. *Ensenbach*, ZStW 124 (2012), 370 ff.

c) Eigene Stellungnahme

148 Trotz unterschiedlicher Beschreibung des Zueignungsgegenstandes stimmen Substanz- und Sachwerttheorie im Ausgangspunkt darin überein, dass als **Objekt der Tat** nur eine **bestimmte körperliche Sache** in Betracht kommt. Sachsubstanz und Sachwert sind Teilaspekte der Sachqualität, die das Zueignungsobjekt nur unter einem verschiedenen Blickwinkel bezeichnen[226]. Vom einen wie vom anderen Standpunkt aus bedarf es seitens des Täters der **Anmaßung einer eigentümerähnlichen Verfügungsgewalt** (se ut dominum gerere) über die Sache. Die gemeinsame Grundlage beider Theorien, die ihre Verbindung gestattet, liegt darin, dass der Täter mit seinem auf Zueignung gerichteten Verhalten eine äußere Position erstrebt, die in *rein tatsächlicher* Beziehung der in § 903 BGB umschriebenen Eigentümerstellung gleicht und die es ihm ermöglicht, die fremde Sache den *eigenen Zwecken dienstbar zu machen* und über sie oder den in ihr verkörperten Sachwert unter Ausschluss des Berechtigten *für eigene Rechnung* zu verfügen[227].

Da es bei einer solchen **Eigentumsanmaßung** nach einhelliger Auffassung nicht darauf ankommt, ob der Täter die fremde Sache dauernd behalten, sie veräußern oder sich ihrer in sonstiger Weise entledigen will[228], lassen die meisten Fälle sich schon mit der **Substanztheorie** zufrieden stellend lösen. Schwächen weist diese Theorie *auch* in ihrer *modifizierten Fassung* aber bei der eigenmächtigen Verfügung über fremde Sparbücher und andere Legitimationspapiere, Gutscheine oder Marken auf[229]. Hier liefert die **Sachwerttheorie** die bessere Begründung[230]. Da diese aber ihrerseits versagt, wo die entwendete Sache keinen Vermögenswert besitzt oder vom Täter in anderer Weise benutzt wird, als es ihrem *wirtschaftlichen* Wert entspricht[231], sind beide Ansätze zu verbinden.

149 Der **Vereinigungstheorie** ist demnach zuzustimmen. Sie bedarf aber der Verdeutlichung durch eine klarere Umschreibung der Einzelelemente des Zueignungsbegriffs. Durch eine **restriktive** Handhabung des **Sachwertaspekts** muss zudem der Gefahr[232] begegnet werden, dass sich die Grenzen zwischen Zueignungs- und Bereicherungsdelikten verwischen[233].

3. Einzelelemente des Zueignungsbegriffs

150 Jede Zueignung hat eine positive und eine negative Seite, die man im Anschluss an *Binding*[234] als *Aneignung* und *Enteignung* zu bezeichnen pflegt. **Sichzueignen** bedeutet die **Anmaßung einer eigentümerähnlichen Verfügungsgewalt zu eigenen Zwe-

---

226 Vgl *Bockelmann*, ZStW 65 (1953), 569, 575.
227 Näher *Wessels*, NJW 65, 1153; an § 903 BGB anknüpfend auch *Ambos*, GA 07, 129 ff; NK-*Kindhäuser*, § 242 Rn 70; *Schmitz*, Otto-FS S. 764 ff; SK-*Hoyer*, § 242 Rn 81; s. auch *Gropp*, Maiwald-FS S. 265 ff, der das „se ut dominum gerere" wie hier nicht als Spielen einer Rolle („als" Eigentümer), sondern als faktisches Wahrnehmen der in der Sache steckenden Funktionen („wie" ein Eigentümer) versteht.
228 Vgl RGSt 64, 259; BGH NJW 85, 812; BGH MDR 60, 689.
229 Vgl RGSt 24, 22; 26, 151; 40, 10; 49, 405; 50, 254.
230 Zutr. S/S-*Bosch*, § 242 Rn 49 f; aA *Kindhäuser*, § 242 Rn 88 f.
231 Vgl OLG Hamburg MDR 54, 697 im *Fetischistenfall* und OLG Celle JR 64, 266 im *Brieflesefall*.
232 Zu ihr s. *Otto*, BT § 40 Rn 49; *Wolfslast*, Anm. NStZ 94, 542.
233 Vgl *Jäger*, BT Rn 218; *Lackner/Kühl*, § 242 Rn 22 f; *Rengier*, BT I § 2 Rn 110; S/S-*Bosch*, § 242 Rn 49; *Tenckhoff*, JuS 80, 723, 725; *Wessels*, JZ 65, 631.
234 BT I S. 264 ff; krit. hierzu und zum Folgenden *Dencker*, Rudolphi-FS S. 425, 430 ff.

cken durch die Betätigung des Willens, die fremde Sache oder den in ihr verkörperten Sachwert – wenn auch nur vorübergehend[235] – dem eigenen Vermögen einzuverleiben, insbesondere **für eigene Rechnung darüber zu verfügen** (= *Aneignung*), und sich unter **endgültiger Ausschließung des Eigentümers** ganz oder teilweise wirtschaftlich an dessen Stelle zu setzen (= faktische *Enteignung* iS einer Verdrängung des Eigentümers aus seiner *bisherigen* Position). Für die Aneignung ist *Absicht* verlangt, bezüglich der Enteignung reicht *dolus eventualis* aus (s. näher Rn 163 ff)[236].

a) Aneignung

Das Merkmal der **Aneignung** grenzt die Zueignungsdelikte von der *Sachbeschädigung*, der *Sachentziehung* und von eigenmächtigen Verfügungen *zu Gunsten des Sacheigentümers* ab. An einer **Aneignung** und damit an einer Zueignung **fehlt es** im Falle der Sachbeschädigung (§ 303), der bloßen Sachentziehung und der eigenmächtigen Verwendung fremder Sachen für Zwecke bzw für Rechnung ihres Eigentümers.

151

Wer fremde Sachen wegnimmt, um sie **ohne vorherigen Eigenge- oder -verbrauch**[237] sogleich zu **zerstören** oder **wegzuwerfen**, verfährt zwar mit der Sache, wie es nur der Eigentümer darf, eignet sie sich aber nicht an[238] und begeht daher keinen Diebstahl, sondern (je nach den Umständen) eine Sachbeschädigung (§ 303), einen Verwahrungsbruch (§ 133) oder eine Urkundenunterdrückung (§ 274 I Nr 1). Hiernach scheidet im **Fall 10a** eine Bestrafung des B wegen Diebstahls aus[239].

152

Rechtsprechungsbeispiele: In **BGH NStZ 11, 699** nahmen zwei Mitglieder der „Hells Angels" dem O, einem Vollmitglied der gegnerischen „Outlaws", zunächst ein **Messer**, das sie sogleich wegwarfen, und dann – nachdem einer von ihnen dem O mehrere, letztlich tödliche Stiche versetzt hatte – auch dessen „**Kutte**", also die mit Aufnähern versehene Lederjacke ab. – Der BGH bestätigt zunächst die Annahme des Schwurgerichts, dass ein *Raub mit Todesfolge* nicht vorliege. Während das Messer nur weggenommen (und weggeworfen) worden sei, um O zu entwaffnen, nicht aber, um es selbst zu gebrauchen (= fehlende Aneignungsabsicht), sei es bei der Abnahme der Kutte lediglich darum gegangen, „ein Zeichen gegen die Outlaws zu setzen" und „Präsenz zu zeigen" sowie den Outlaws deutlich zu machen, dass deren Gebietsanspruch nicht akzeptiert werde. Hierzu sagt der BGH zutreffend: „An der Voraussetzung, dass der Wille des Täters auf eine Änderung des Bestandes seines Vermögens oder das des Dritten gerichtet sein muss, fehlt es in Fällen, in denen er die fremde Sache nur wegnimmt, um sie zu zerstören, zu vernichten, preiszugeben, wegzuwerfen, beiseite zu schaffen oder zu beschädigen ...; der etwa auf Hass- und Rachegefühlen beruhende Schädigungswille ist zur Begründung der Zueignungsabsicht ebenso wenig geeignet wie der Wille, den Eigentümer durch bloßen Sachentzug zu ärgern ... In solchen Fällen genügt es auch nicht, dass der Täter – was grundsätzlich ausreichen könnte – für eine kurze Zeit den Besitz an der Sache erlangt". Danach *fehlte* es auch bezüglich der Kutte an der nötigen *Aneignungsabsicht*.

---

235 BGH JR 99, 336 mit Anm. *Graul*.
236 Zusf. BGH HRRS 18, Nr 577.
237 Wer entwendete Kohle verheizt, eine gestohlene Milchschnitte verzehrt oder weggenommene Drogen konsumiert – s. BGH BeckRS 15, 06119 (Rn 282 Die aktuelle Entscheidung) – hat Zueignungsabsicht.
238 RGSt 61, 228, 232 f; BGH HRRS 18, Nr 517; *Gropp*, Maiwald-FS S. 266; NK-*Kindhäuser*, § 242 Rn 88 f (mit Nachweisen zu den „Behältnisfällen", s. hier Rn 138).
239 Näher BGH NJW 77, 1460; NJW 85, 812; BayObLG NJW 92, 2040; OLG Düsseldorf JR 87, 520 mit Anm. *Keller*; S/S-*Bosch*, § 242 Rn 55.

Anders soll es nach **OLG Nürnberg NStZ-RR 13, 78** allerdings liegen, wenn eine **Fanjacke** erbeutet wird, „um später frei darüber entscheiden zu können, in welcher Form mit" ihr „weiter verfahren werden" soll. Dann fehlt aber richtigerweise noch die nötige Entschlossenheit zur Aneignung. Dass sie als nur mögliche Folge des Verhaltens in Kauf genommen wird, reicht für eine beabsichtigte Aneignung nicht aus[240]. – In einem zweiten Begründungsschritt verneint der BGH auch die für eine nach seiner Rechtsprechung trotz Anwendung von vis absoluta und dementsprechend fehlender Vermögensverfügung mögliche räuberische Erpressung, weil *Bereicherungsabsicht* nicht habe, wer den „kurzzeitigen Besitz" an einer Sache unter Einsatz der qualifizierten Nötigungsmittel nur erstrebe, um die Sache zu vernichten oder wegzuwerfen, ohne zuvor irgendeinen wirtschaftlichen Vorteil aus dem Besitz ziehen zu wollen[241].

In gleicher Weise entscheidet **BGH StraFo 12, 155**, wenn Raub und räuberische Erpressung verneint werden, weil der Täter, der dem Opfer das **Mobiltelefon** abgenommen hatte, dies nur tat, um im Speicher des Geräts nach „Beweisen für die Art der Beziehung zwischen dem Geschädigten und der Schwester des Mitangeklagten zu suchen". Dass die Durchsuchung des Speichers und das Kopieren der dabei aufgefundenen Bilddateien iR des bestimmungsgemäßen Gebrauchs lagen, soll daran nichts ändern, „denn dies führte nicht zu deren Verbrauch" und – so kann man hinzufügen – weder zu einer Substanz-, noch zu einer Sachwertaneignung des Mobiltelefons[242].

Folgerichtig verneinen **BGH NStZ-RR 15, 371**, **BGH NStZ-RR 18, 282**, **BGH StV 19, 388** und **BGH StV 19, 389** Raub und räuberische Erpressung, wenn die Wegnahme des Handys nur dazu dienen soll, kompromittierende Fotos zu löschen oder Gespräche unmöglich zu machen[243].

153 Anders liegt es, wenn die fremde Sache **erst nach erfolgter Verwendung für Zwecke des Täters** ihrem Schicksal überlassen wird[244] oder wenn die Sachvernichtung im **eigennützigen Verbrauch der Sache** durch den Täter besteht, wie zB im Verzehr fremder Speisen oder Getränke, im Verbrennen fremder Bretter zum Heizen der eigenen Wohnung usw[245].

154 Dann geht es nicht mehr nur um reine **Sachentziehung**. Für sie ist kennzeichnend, dass die betroffene Sache ihrem Eigentümer *ohne Einverleibung in das Vermögen des Täters* zeitweilig oder dauernd entzogen wird. Wer beispielsweise einem Festredner das Manuskript seines Vortrags unmittelbar vor dem Beginn der Veranstaltung entzieht, um es ihm unversehrt auf dem Postwege wieder zuzuleiten, handelt zwar widerrechtlich (§§ 858, 823 I BGB), hat aber keinen *Aneignungswillen* und begeht keinen Diebstahl[246]. Dafür reicht auch nicht aus, dass der Täter durch den Entzug in irgendeiner Form auf den Eigentümer oder einen Dritten einwirken, ihn zB zum Tausch gegen die eigentlich begehrte Sache bewegen will[247].

---

240 BGH NStZ-RR 12, 241; s. dazu auch Rn 355.
241 Zust. auch *Jahn*, JuS 11, 846. Vgl auch BGH NStZ-RR 12, 207 (kein Diebstahl, wenn sich Täterin nur „stellen lassen" will; BGH BeckRS 15, 06119 mit Anm. *Bosch*, Jura 15, 881 (Diebstahl, wenn Täter Drogen – s. dazu aber hier Rn 73 – durch Konsum „vernichten" will)
242 Dieser Entscheidung auch zust. *Hecker*, JuS 13, 468; abl. *Jäger*, JA 12, 709; *Putzke*, ZJS 13, 311.
243 S. dazu *Eisele*, JuS 19, 402; *Kudlich*, NStZ 19, 345; *Nestler*, Jura (JK) 19, 682; *Satzger*, Jura 16 (JK) 828.
244 BGH MDR 60, 689; OLG Celle JR 64, 266; LG Düsseldorf NStZ 08, 155.
245 BGH BeckRS 15, 06119; RGSt 44, 335, 336 f; OLG Köln NJW 86, 392; NK-*Kindhäuser*, § 242 Rn 87.
246 Vgl BGH GA 1953, 83, 84; BGH MDR/H 82, 810.
247 BGH NStZ-RR 07, 15; BayObLG NJW 92, 2041; OLG Köln NJW 97, 2611.

Bei **eigenmächtigen Verfügungen sonstiger Art** kommt es darauf an, ob der Täter **155** **eigennützig**, insbesondere **für eigene Rechnung** oder aber *zu Gunsten des Eigentümers* gehandelt hat. Die Anmaßung der Verfügungsgewalt *als solche* ist für sich allein noch kein Aneignungsakt[248]. An einer Einverleibung in das eigene Vermögen und einem darauf gerichteten Aneignungswillen **fehlt es** beispielsweise, wenn der Täter sich nur über den entgegenstehenden Willen des Eigentümers hinwegsetzt, die Sache jedoch *zu Gunsten* bzw *für Rechnung ihres Eigentümers* verwendet[249].

> Soweit A im **Fall 9** die Bretter zu dem Zweck entwendet hat, mit ihnen die Wildfütterungsanlage des G auszubessern, scheidet eine Bestrafung wegen Diebstahls demnach aus[250]. Auch reicht bezüglich des Hundes nicht aus, dass sich A „wie ein Eigentümer aufgeführt hat", wenn die Abgabe des Hundes an das Tierheim nur dem Erhalt des Tieres zu Gunsten des Eigentümers, nicht aber eigenen wirtschaftlichen Zwecken des A oder des Tierheims dienen soll[251]. Unter dieser Voraussetzung scheidet auch eine Drittzueignung aus. Soll der Hund nach der Vorstellung des A nicht zu G zurückkehren, begründet dieses Enteignungsmoment nur straflose Sachentziehung.

b) Enteignung

Um den Zueignungsbegriff zu erfüllen, muss die Aneignung mit einer sog. **Enteig-** **156** **nung** verbunden sein, die den Sacheigentümer im rein tatsächlichen Sinne aus seiner bisherigen Position verdrängt, sein Eigentumsrecht also illusorisch macht[252]. Dieses *Enteignungselement* spielt als Abgrenzungskriterium zwischen **Zueignung** und **Gebrauchsanmaßung** (= *furtum usus*) eine wichtige Rolle. Während die **Enteignung** – anders als die Aneignung[253] – **auf Dauer angelegt**[254] sein muss, hat die *Gebrauchsanmaßung* nur eine vorübergehende Nutzung der fremden Sache zum Ziel, durch die ihr Eigentümer jedenfalls nicht endgültig aus seiner bisherigen Position verdrängt werden soll[255].

Wesentlich für die **Gebrauchsanmaßung** ist der **Rückgabewille** des Täters. Um eine **157** bloße Gebrauchsanmaßung statt um eine Zueignung handelt es sich dann, wenn die unbefugte Benutzung der fremden Sache schon im Zeitpunkt der Wegnahme bzw der Ingebrauchnahme (vgl §§ 248b, 290) mit dem **Willen** erfolgt, den **rechtmäßigen Zustand** im Sinne der früheren Lage *unter Wahrung der Eigentumsordnung* **alsbald wieder herzustellen**. Notwendig dazu ist die Bereitschaft, die zeitweilig gebrauchte Sache **ohne Identitätswechsel, ohne wesentliche Wertminderung** und **ohne Eigentumsleugnung** so an den Berechtigten zurückgelangen zu lassen, dass dieser die ur-

---

248 Vgl BGHSt 4, 236, 239; BGH NJW 70, 1753 mit Anm. *Schröder*.
249 BGH MDR/D 58, 139; RGSt 52, 320; 61, 228, 232.
250 BGH MDR/D 58, 139.
251 BGH wistra 88, 186.
252 *Binding*, BT I S. 264 ff; *Wessels*, NJW 65, 1153, 1155.
253 BGH JR 99, 336.
254 *Eisele*, BT II Rn 65; *Rengier*, BT I § 2 Rn 89 f; *Zopfs*, ZJS 09, 650; krit. *Otto*, BT § 40 Rn 57 ff; *ders.*, Jura 97, 468; wie hier LK-*Vogel*, § 242 Rn 143.
255 Vgl *Eisele*, BT II Rn 70; S/S-*Bosch*, § 242 Rn 51 ff; RGSt 64, 259; BGHSt 22, 45, 46; BGH GA 1960, 82; BayObLG JR 93, 253 mit Anm. *Julius*.

sprüngliche Verfügungsgewalt ohne besonderen Aufwand und nicht lediglich als Folge des reinen Zufalls wieder ausüben kann[256].

158 Bei der Frage, ob ein solcher **Rückführungswille** vorhanden war und ob der Täter mit der Rückerlangung der Verfügungsgewalt durch den Berechtigten sicher rechnen durfte, können alle Umstände des Einzelfalles berücksichtigt werden, die Rückschlüsse in dieser Hinsicht gestatten. Wo es um die Ingebrauchnahme fremder **Kraftfahrzeuge** ging, hat die Rechtsprechung als *Beweisanzeichen*[257] dafür ua den Umstand verwertet, an welchem Ort der Täter das Fahrzeug nachher abgestellt hatte (etwa vor der Polizeiwache, auf einem Parkplatz oder in der Nebenstraße einer Groß-, Mittel- oder Kleinstadt, außerhalb der bewohnten Ortslage usw), ob das Fahrzeug nach Wagentyp und Aussehen leicht oder nur sehr schwer auffindbar war und ob der Täter es ggf durch Verschließen der Wagentür gegen den unbefugten Zugriff Dritter gesichert hatte[258]. **Diebstahl** statt Gebrauchsanmaßung iS des § 248b ist hier jeweils angenommen worden, wenn die Wegnahme erwiesenermaßen von dem Willen getragen war, das Fahrzeug nach dem Gebrauch **wahllos preiszugeben** und es dem **Zufall zu überlassen**, ob, wann und in welchem Zustand der Eigentümer es zurückbekommen würde[259]. Im Urteil bedarf das der Begründung anhand konkreter Feststellungen; mit rein formelhaften Wendungen darf der Richter sich insoweit nicht begnügen[260]. Auch besteht mit Blick auf § 248b kein Anlass, bei der Entwendung von Kraftfahrzeugen an die Enteignung geringere Anforderungen zu stellen als beim Gebrauch sonstiger Sachen[261].

159 Lässt sich nicht klären, ob der Wille des Täters im maßgeblichen Zeitpunkt einen auf Dauer angelegten Ausschluss des Eigentümers aus seiner bisherigen Sachherrschaftsposition mitumfasst hat oder nicht, greift der Grundsatz *in dubio pro reo* ein. Ist zB bei dem misslungenen Versuch, aus einer Haftanstalt auszubrechen, im Tatplan der Häftlinge offen geblieben, was nach geglückter Flucht mit dem gewaltsam **entwendeten Anstaltsschlüssel** geschehen sollte, so vermag das bloße **Fehlen** einer diesbezüglichen Absprache (und damit das Fehlen des Willens zur Rückgabe des Schlüssels an dessen Eigentümer) den **Nachweis** des auf eine Enteignung gerichteten Tatentschlusses nicht zu ersetzen[262]. Übersehen darf man in all diesen Fällen schließlich nicht, dass die *Aneignungs*komponente vorliegen muss. Wer nur aus Ärger über den Eigentümer dessen Fahrrad an einen Ort verbringt, wo es dem Zugriff Dritter preisgegeben ist, begeht mangels Aneignungsabsicht[263] keinen Diebstahl und mangels Gebrauchs auch keine Gebrauchsanmaßung. Vielmehr liegt straflose Sachentziehung vor[264].

160 Rechtsprechung und hM machen die Bejahung des **Zueignungswillens** in diesen und ähnlichen Fällen nicht davon abhängig, dass die *Enteignung* das getreue Spiegelbild der *Aneignung* bildet, also gerade durch den Gebrauch als solchen – insbesondere durch eine gebrauchsbedingte Wertminderung – bewirkt werden soll[265].

---

256 BGH NStZ 96, 38; *Fischer*, § 242 Rn 38; H-H-*Kretschmer*, Rn 800; *Kindhäuser*, § 242 Rn 105 ff; M/R-*Schmidt*, § 242 Rn 31; *Schaffstein*, GA 1964, 97; *Schmidt*, BT II Rn 86 ff.
257 BGH NStZ 96, 38; *Fischer*, § 242 Rn 39 f.
258 Näher BGH VRS 51, 210; BGHSt 22, 45, 46 f mwN; BGH NStZ 15, 397; *Kudlich*, JA 15, 33.
259 RGSt 64, 259, 260; BGHSt 22, 45; BGH NStZ 82, 420; *Rengier*, BT I § 2 Rn 125.
260 Vgl BGH NStZ 87, 72; *Keller*, Anm. JR 87, 343.
261 S/S-*Bosch*, § 242 Rn 54; zust. LK-*Vogel*, § 242 Rn 160.
262 Lehrreich dazu BGH NStZ 81, 63; zu in dubio pro reo s. auch *Zöller*, BT Rn 34.
263 Es fehlt auch an einer Drittaneignungsabsicht, s. A/W-*Heinrich*, § 13 Rn 115; s. zu weiteren Beispielen fehlender Aneignungsabsicht BGH NStZ 11, 699, 701.
264 BayObLG JR 92, 346 mit zust. Anm. *Meurer*.
265 Vgl LK-*Ruß*, 11. Aufl., § 242 Rn 51; *Schaffstein*, GA 1964, 97; *Tenckhoff*, JuS 80, 723, 724.

Zueignung ist **Aneignung** *plus* **Enteignung** und nicht unbedingt „Enteignung *durch* Aneignung". Die Gegenmeinung[266] vernachlässigt den Eigentumsschutz, weil sie bei Gegenständen, die nicht unter §§ 248b, 290 fallen, zu empfindlichen Strafbarkeitslücken führt (= uU Straflosigkeit für die Gebrauchsanmaßung wie für die nachfolgende Sachentziehung).

Hat der Täter den Willen zur Preisgabe des Fahrzeugs erst **während des noch andauernden Gebrauchs** gefasst, so schließt das zwar die Anwendbarkeit des § 242, nicht aber eine Bestrafung wegen **Unterschlagung** (§ 246) aus. Dagegen ist nur für § 248b Raum, wenn der zunächst vorhandene Rückführungswille **erst nach dem Ende des unbefugten Gebrauchs** aufgegeben und durch den Entschluss zur Preisgabe des Fahrzeugs ersetzt wird, etwa deshalb, weil der Motor plötzlich streikt oder der Benzinvorrat verbraucht ist[267]. 161

Fraglich ist, ob eine auf Dauer angelegte, endgültig wirkende Enteignung an Stelle einer bloßen Gebrauchsanmaßung auch dann anzunehmen ist, wenn die Rückgabe der Sache an den Berechtigten erst nach einem **unangemessen langen Gebrauch** erfolgen soll. Da das Gesetz (§§ 248b, 290) der straflosen Gebrauchsanmaßung keine zeitliche Grenze setzt, muss man diese mit dem Begriff der Enteignung ziehen. Von ihr ist zu reden, wenn mit dem Gebrauch eine so **wesentliche Wertminderung** der Sache verbunden ist, dass sie ihren **Gebrauchs–** oder **Verkehrswert** für den Eigentümer weitgehend verloren hat[268]. Davon kann sicher bei vollständigem oder teilweisem Funktionsverlust, uU aber auch schon bei einer empfindlichen Werteinbuße die Rede sein[269]. Wo es an einer erheblichen Wertminderung fehlt (**Beispiel:** Wegnahme eines Campingzeltes im *Mai* mit dem Willen, es im *Oktober* nach dem Ende der schönen Jahreszeit in gepflegtem Zustand zurückzugeben), wird man den *„Enteignungscharakter"* der Tat bejahen dürfen, wenn ein objektiver Betrachter den Verlust der Sache nach den Anschauungen des täglichen Lebens als endgültig ansehen und eine Ersatzbeschaffung durch den Betroffenen für unumgänglich halten würde[270]. 162

4. Absichtsbegriff im Diebstahlstatbestand

§ 242 setzt (ebenso wie § 249) keine vollendete Zueignung, sondern nur die **Absicht** voraus, die weggenommene Sache **sich** oder einem **Dritten** rechtswidrig zuzueignen. 163

Die zum Zueignungsbegriff entwickelte Definition (Rn 150) ist daher bei §§ 242, 249 ins *Subjektive* zu übertragen[271]. Mit der in §§ 253, 259, 263 enthaltenen **Bereicherungsabsicht** darf die Zueignungsabsicht **nicht verwechselt** werden. Da Objekt der erstrebten wie der begangenen Zueignung auch eine Sache *ohne Vermögenswert* sein kann, sind die §§ 242 ff keine „Bereicherungsstraftaten"[272]. Freilich darf sich – wie bei diesen (§§ 253, 259, 263) die Bereiche-

---

266 *Androulakis*, JuS 68, 409, 413; *Joecks/Jäger*, Vor § 242 Rn 54 f; *Kindhäuser*, Geerds-FS S. 655, 660; MK-*Schmitz*, § 242 Rn 156 f; *Rudolphi*, GA 1965, 33, 50 ff; SK-*Samson*, 4. Aufl., § 242 Rn 78; gegen sie wie hier *Zopfs*, ZJS 09, 652.
267 Vgl BGH GA 60, 182; BayObLG NJW 61, 280.
268 Vgl BGHSt 34, 309, 312; OLG Hamm JMBl NW 60, 230; OLG Köln JMBl NW 62, 175; M/R-*Schmidt*, § 242 Rn 31.
269 *Kargl*, ZStW 103 (1991), 136, 184; *Rudolphi*, GA 65, 33, 46; nach *Fricke*, MDR 88, 538: mehr als 50%; zur Funktion des Sachwertbegriffs in diesen Fällen s. *Küper/Zopfs*, BT Rn 835.
270 Ebenso *Blei*, BT § 52 II 2a; *Eisele*, BT II Rn 72; *Maurach/Schroeder/Maiwald*, BT I § 33 Rn 40; MK-*Schmitz*, § 242 Rn 147; *Welzel*, S. 342; aA *Rudolphi*, GA 65, 33, 47.
271 Abw. *Kindhäuser*, BT II § 2 Rn 76 ff: Zueignung wird durch Wegnahme vollzogen; ihm zust. *Böse*, GA 10, 253; dagegen wie hier A/W-*Heinrich*, § 13 Rn 69 ff; *Mitsch*, BT II S. 41 f.
272 Vgl BGH GA 69, 306; NJW 70, 1753; 77, 1460.

rungsabsicht schon immer – nun auch die Zueignungsabsicht seit dem **6. StrRG** (Rn 11, 141) auf einen *Dritten* beziehen.

a) Handeln mit animus rem sibi habendi

164 Die Absicht, **sich** die Sache zuzueignen, nimmt als nunmehr erste Alternative die überkommene Formulierung des § 242 auf. Ihre Bedeutung hat sich *nicht maßgeblich* (s. aber Rn 167) verändert. Unter **Absicht** ist der **auf Zueignung** gerichtete **Wille** zu verstehen. Innerhalb der in Aussicht genommenen Zueignungshandlung ist bei deren Auswirkungen wie folgt zu differenzieren: Die **Aneignung** der Sache oder des in ihr verkörperten Sachwertes muss das *Ziel* des Handelns sein, also mit unbedingtem Willen **erstrebt** werden. Dass sie vom Täter nur als mögliche Folge seines Verhaltens *in Kauf genommen* wird, reicht nicht aus[273]. Auf die **Enteignung** des Berechtigten und die damit verbundene endgültige Ausschlusswirkung zulasten des Eigentümers braucht es dem Täter dagegen nicht anzukommen. In dieser Hinsicht lässt die hM **einfachen Vorsatz** unter Einschluss des *dolus eventualis* genügen[274].

165 Für diese Unterscheidung zwischen *Aneignungsabsicht* und *Enteignungsvorsatz* spricht, dass § 242 sonst keine praktische Bedeutung hätte und seinen Schutzzweck verfehlen würde, weil Diebstähle durchweg aus Gründen des Eigennutzes und nicht etwa *zwecks* Schädigung des Opfers begangen werden. Auf die Enteignung als solche kommt es dem Dieb in aller Regel nicht an; insbesondere bei der Entwendung von Kraftfahrzeugen, die nach dem unbefugten Gebrauch irgendwo abgestellt und wahllos preisgegeben werden, pflegt der Täter (sofern ihm dieser Umstand nicht völlig gleichgültig ist) es nur *in Kauf zu nehmen*, dass es zu einem dauernden Verlust des Fahrzeugs für dessen Eigentümer kommt.

Ob die erstrebte Zueignung das *Motiv* zur Tat bildet oder den vom Täter verfolgten Endzweck darstellt, ist unerheblich[275].

> Am Vorliegen dieser Absicht ist nicht zu zweifeln, wenn der Täter – wie B im **Fall 10b** – die fremde Sache **für sich haben** und behalten will, also mit dem *animus rem sibi habendi* das Ziel verfolgt, sich wirtschaftlich voll und ganz an die Stelle des Eigentümers zu setzen und die Sache dadurch *seinem* Vermögen einzuverleiben.

b) Handeln mit Drittzueignungsabsicht

166 Mit der Absicht, die Sache einem **Dritten** zuzueignen, stellt das **6. StrRG** (Rn 11, 140 f) der eigennützigen eine *altruistische* Alternative zur Seite. Sie lässt die Absicht des Täters genügen, *die Sache in das Drittvermögen zu überführen*, sei es dadurch, dass der Täter die Sache dem Dritten selbst *verschaffen*, sei es dadurch, dass er dem

---

273 Vgl BGH VRS 22, 206; BGH NStZ-RR 12, 241; RGSt 49, 140, 142 f.
274 *Eisele*, BT II Rn 64 f; *Fischer*, § 242 Rn 41; *H-H-Kretschmer*, Rn 791; HK-GS/*Duttge*, § 242 Rn 43, 45; *Lackner/Kühl*, § 242 Rn 25; M/R-*Schmidt*, § 242 Rn 28, 32; *Rengier*, BT I § 2 Rn 89; S/S/W-*Kudlich*, § 242 Rn 48; *Tenckhoff*, JuS 80, 723, 726; *Witzigmann*, JA 09, 492; trotz aA im Ergebnis ähnlich *Maiwald*, Der Zueignungsbegriff im System der Eigentumsdelikte 1970, S. 174 ff; *Schmitz*, Otto-FS S. 773 ff; anders A/W-*Heinrich*, § 13 Rn 87; zusf. BGH HRRS 18, Nr 577.
275 RGSt 49, 140, 142; *Lackner/Kühl*, § 242 Rn 25.

Dritten *die* Aneignung *ermöglichen* will[276], die in der 1. Alternative der Täter für sich anstreben muss. Dabei wird für die bloße Ermöglichung der Drittzueignung zu Recht die Beabsichtigung eines die Sachherrschaft täterschaftlich verändernden Verhaltens zu Gunsten des Dritten verlangt[277], das aber anders als beim Verschaffen nicht in einem Übergabeakt bestehen muss[278]. Drittzueignungsabsicht hat daher der, der Geld stiehlt, um es auf das Konto eines Dritten zu leiten oder dessen Schulden zu begleichen wie der, der gestohlenes Holz vor der Haustür des verarmten Nachbarn abzuladen gedenkt, um diesem das Beheizen seines Ofens zu ermöglichen. Auch die Drittzueignungsabsicht muss der wenigstens einfache Vorsatz begleiten, dass es infolge der Drittzueignung zu einem dauernden Verlust der Sache für den Eigentümer kommt. Der *Gegenstand* der Absicht, die *Zueignung*, ist danach in beiden Alternativen gleich. Deshalb reicht es auch für eine Drittzueignungsabsicht nicht aus, wenn der Täter dem Dritten nur ermöglichen will, die Sache zu zerstören, dem Eigentümer zu entziehen oder mit ihr zu Gunsten des Eigentümers zu verfahren (Rn 151 ff)[279]. Andererseits fehlt es am Enteignungsvorsatz, wenn der Täter davon ausgeht, der Dritte werde die Sache nach vorübergehendem Gebrauch zurückführen[280] (Rn 156 ff). Einen wie auch immer gearteten *Vorteil* muss der Täter für sich dagegen bei der Drittzueignung nicht (mehr) anstreben. Die Strafbarkeitslücke, die sich beim Fehlen eines solchen Vorteilsstrebens iR des Sich-Zueignens bei einer eigenmächtigen Drittverfügung nach der überkommenen Rechtsprechung auftat[281], hat das **6. StrRG** bewusst geschlossen (BT-Ds 13/8587, S. 43).

Nach dieser gesetzgeberischen Entscheidung ist im überlieferten **Schulbeispiel** der Knecht, der auf Geheiß seines Herrn Gänse des Nachbarn aus dessen **Gänsebucht** in den Stall des Bauern treibt[282], *Täter* der *altruistischen* Variante, der Herr Anstifter[283]. Freilich setzt Drittzueignungs*absicht* voraus, dass es dem Täter auf die Drittaneignung ankommt. Findet sich der Knecht mit der Aneignung durch den Herrn als unerwünschte oder auch erwünschte Nebenfolge[284] nur ab, ist er mangels Drittaneignungsabsicht nicht Täter, sondern richtigerweise nur Gehilfe einer vom Bauern mangels Herrschaft über die Wegnahme nur begehbaren Unterschla-

167

---

276 *Küper/Zopfs*, BT Rn 838 ff; de lege lata gegen die Alternative bloßer Ermöglichung *Rönnau*, GA 00, 423 f; enger auch *Klesczewski*, BT § 8 Rn 71 ff; HK-GS/*Duttge*, § 242 Rn 48; LK-*Vogel*, § 242 Rn 187; MK-*Schmitz*, § 242 Rn 158 ff; *Schmitz*, Otto-FS S. 770 ff.
277 *Fischer*, § 242 Rn 48; *Otto*, Jura 98, 551; *Rengier*, BT I § 2 Rn 148 f; S/S-*Bosch*, § 242 Rn 58; S/S/W-*Kudlich*, § 242 Rn 52; *Zopfs*, ZJS 09, 657; zu eng *Kindhäuser*, BT II § 2 Rn 109, der eine dem Täter zurechenbare Eigenbesitz*begründung* durch den Dritten voraussetzt; ähnlich MK-*Schmitz*, § 242 Rn 159; dagegen bei § 242 *Kauffmann*, Zur Identität des strafrechtlichen Zueignungsbegriffs 2005, S. 209 f; vgl auch BGH wistra 07, 18, 20 zu § 246; zur Sachherrschaft als Abgrenzungskriterium s. auch *Hauck*, Drittzueignung und Beteiligung 2007, S. 210 ff.
278 So aber wohl *Rengier*, BT I § 2 Rn 149; S/S-*Bosch*, § 242 Rn 58; wie hier *Dencker*, Rudolphi-FS S. 425, 435; *Eisele*, BT II Rn 80.
279 *Krey/Hellmann/Heinrich*, BT II Rn 107; *Zöller*, BT Rn 36.
280 *Lackner/Kühl*, § 242 Rn 26a; SK-*Hoyer*, § 242 Rn 92; S/S/W-*Kudlich*, § 242 Rn 52.
281 BGHSt 41, 187, 194.
282 *Welzel*, S. 104; zur str. Lösung nach altem Recht s. *Krey*, BT II, 11. Aufl. 1997, Rn 79 ff; LK-*Roxin* 11. Aufl. 1992, § 25 Rn 140 f; *Roxin*, Täterschaft und Tatherrschaft, 6. Aufl. 1994, S. 339 ff; ferner Fahl, JA 04, 287 ff. Im anders gelagerten Original-Gänsebuchtfall RGSt 48, 58 liegt ein Sich-Zueignen vor, s. A/W-*Heinrich*, § 13 Rn 62; s. dazu auch *Witzigmann*, Das „absichtslos-dolose Werkzeug" 2009, S. 216 f.
283 *Küper/Zopfs*, BT Rn 841; *Mitsch*, BT II S. 77 f.
284 S. dazu *Krey/Hellmann/Heinrich*, BT II Rn 116 f, 120.

gung[285]. Erkennt man das absichtslos-dolose Werkzeug an, kommt in solchen und ähnlichen Konstellationen für den Hintermann auch Diebstahl in **mittelbarer Täterschaft** in Betracht[286]. Hier lebt der alte Streit also fort[287]. *Trotz* Drittzueignungsabsicht entfällt andererseits Täterschaft auch dann, wenn der Beteiligte dem Dritten bei dessen Wegnahme nur hilft, indem er zB beim Einbruch Schmiere steht oder dem Dritten den Zugriff auf die Sache nur erleichtern, ihm sie aber nicht selbst verschaffen oder ihre Aneignung nicht durch eigene Einwirkung auf die Sache ermöglichen will. Die Drittzueignungsabsicht ist folglich notwendige, aber nicht hinreichende Bedingung für Täterschaft; auch für Teilnahme bleibt trotz ihres Vorliegens Raum[288]. Das ist auch vor der Annahme einer bei bloßer Drittzueignungsabsicht jetzt möglichen **Mittäterschaft** zu beachten[289]. Nur so lässt sich der Vorwurf entkräften, der Gesetzgeber habe mit der Aufnahme der Drittzueignungsabsicht die Maßstäbe der Abgrenzung zwischen Täterschaft und Teilnahme im Sinne einer Erweiterung der Täterschaft vergröbert[290] und den Bereich der Mittäterschaft in nicht absehbarem Umfang erweitert[291].

168 Mit Blick auf die Erweiterung der Zueignungsabsicht auf die Drittzueignung sind die herkömmlichen Drittzueignungsfälle *neu* zu bewerten. Dabei ist freilich zunächst an der Sacheinsicht festzuhalten, dass der Wille, den Eigentümer auf Dauer (= endgültig) aus seiner bisherigen Position zu verdrängen, nicht notwendig die Absicht voraussetzt, die fremde Sache unbegrenzt lange *für sich* zu behalten; anders als die *Enteignung* braucht die *Aneignung* nicht auf Dauer angelegt zu sein[292]. **Sich** zueignen will daher nach wie vor auch derjenige, der von vornherein entschlossen ist, die weggenommene Sache **für eigene Rechnung zu veräußern** oder an einen Dritten zu **verschenken**[293]. Dann liegt allein Selbst-, nicht aber Drittzueignung vor. Wer beides bejaht, hat angesichts der Gleichwertigkeit der Absichten keinen vernünftigen Grund, die Drittzueignung für subsidiär zu erklären[294]. Entscheidend ist hier allein, dass die entgeltliche Veräußerung oder unentgeltliche Zuwendung an den Dritten die **Anmaßung der eigentümerähnlichen Verfügungsgewalt** durch den Täter zum Ausdruck bringt (= *se ut dominum gerere*) und **in enger Beziehung zu seinem Vermögen** steht. Diese Voraussetzungen sind nicht nur gegeben, wenn der Betreffende die Sache gegen Entgelt veräußert, sondern auch, wenn er über die Sache als *Schenker* oder *Spender* verfügt; denn wer sich auf Kosten des Bestohlenen freigebig zeigt, erspart da-

---

285 BK-*Wittig*, § 242 Rn 48; *Krey*, BT II, 11. Aufl. 1997, Rn 83, 89 mwN; *Krey/Hellmann/Heinrich*, BT II Rn 120.
286 *Lackner/Kühl*, § 242 Rn 26a; *Wessels/Beulke/Satzger*, AT Rn 843 ff; einschr. *Witzigmann*, Das „absichtslos-dolose" Werkzeug" 2009, S. 250 ff, 254 f; zur Falllösung S. 288 ff.
287 *Dencker*, in: Dencker ua, Einführung in das 6. StrRG 1998, S. 18.
288 S. *Maiwald*, Der Zueignungsbegriff im System der Eigentumsdelikte 1970, S. 245; *Rengier*, BT I § 2 Rn 165, 200 f.
289 *Ingelfinger*, JuS 98, 534 f; *Jäger*, JuS 00, 653; *Krey/Hellmann/Heinrich*, BT II Rn 111, 113; *Noak*, Drittzueignung und 6. StrRG 1999, S. 38 f.
290 So BE-*Noak*, S. 68; *Noak*, Drittzueignung und 6. StrRG 1999, S. 79 ff; *Schmid-Hopmeier*, Das Problem der Drittzueignung 1999, S. 210.
291 *Lackner/Kühl*, § 242 Rn 26a; *Schroth*, BT, 3. Aufl. 2000, S. 120 (s. jetzt – 5. Aufl. – S. 176).
292 BGH NStZ 81, 63.
293 Vgl H-H-*Kretschmer*, Rn 808; *Jäger*, BT Rn 240; *ders.*, JuS 00, 651; LK-*Vogel*, § 242 Rn 188; *Mitsch*, BT II S. 58 f; NK-*Kindhäuser*, § 242 Rn 105; OLG Düsseldorf JZ 86, 203.
294 Für das Vorliegen beider Absichten *Hohmann/Sander*, BT I § 1 Rn 113; *Krey/Hellmann/Heinrich*, BT II Rn 101; *Rengier*, BT I § 2 Rn 155; für Subsidiarität der Drittzueignung *Eisele*, BT II Rn 79; *Rengier*, BT I § 13 Rn 156; diff. *Gropp*, JuS 99, 1045; gegen Überschneidungen dagegen auch A/W-*Heinrich*, § 13 Rn 117; *Jäger*, BT Rn 240 f; *Kindhäuser*, § 242 Rn 110, 112; iE auch *Maiwald*, Schreiber-FS S. 319 f.

durch Aufwendungen aus dem eigenen Vermögen[295] und nutzt die Sache nicht anders als bei der Veräußerung für sich. Die **Rechtsprechung**, die in solchen Fällen zumeist nicht von Substanz-, wohl aber von Sachwertzueignung spricht, kommt zum gleichen Ergebnis, soweit sie verlangt, dass der Täter *im eigenen Namen* verfügt[296].

Berechtigung und Anlass, für das **Sich**-Zueignen weniger ausreichen zu lassen, besteht nach der Neufassung aber nicht mehr. Deshalb sollte man einerseits die Auffassung preisgeben[297], **jede** eigenmächtige Verfügung zu Gunsten eines Dritten setze ein Sich-Zueignen **notwendig** voraus[298]. Diese Auffassung nimmt dem Aneignungsmoment im Sich-Zueignen jede Bedeutung[299]. Auch verträgt sie sich mit der neuen Gesetzeslage nicht; denn träfe die behauptete Sachlogik zu, hätte sich der Gesetzgeber für eine Tautologie entschieden. Andererseits kann und sollte die Rechtsprechung ihre Auffassung aufgeben, dass bei einer eigenmächtigen Verfügung von einem Sich-Zueignen auch dann noch zu reden sei, wenn nur der Täter, sei es auch mittelbar, einen **irgendwie messbaren Vorteil** erstrebe[300]. Zum einen weist das Gesetz die Drittverschaffung unabhängig von eigenem Vorteilsstreben der 2. Alternative zu[301]. Zum anderen genügt dem Objekt der Zueignung nach wie vor nicht *jeder* beliebige Vorteil. Wer anders entscheidet, lässt Überschneidungen beider Alternativen zu und ersetzt Sachzueignung durch bloße Bereicherung[302]. Diese Gefahr schließt nicht aus, wer den erstrebten Vorteil auf einen solchen nur *regelmäßig wirtschaftlicher Art* beschränkt[303]. Danach ist in Fällen der Drittüberlassung von einem Sich-Zueignen nur zu sprechen, wenn der Täter die Sache an den Dritten veräußern oder verschenken will. Alle übrigen Fälle eigenmächtiger Verfügung über die Sache sind solche der Drittzueignung, soweit deren spezifische täterschafts- und absichtsbegründenden Voraussetzungen (Rn 166) hinzutreten.

169

Im **Fall 10c** ist B daher wie auch im **Fall 10d** wegen Diebstahls zu bestrafen. Dabei kommt es im **Fall 10d** nicht darauf an, ob B aus Anlass des Jubiläums zu einer Zuwendung an F *verpflichtet* war, denn das ändert an der realen Ersparung eigener Aufwendungen für das tatsächlich Geleistete nichts[304]. Im **Fall 10e** liegt kein Verschenken oder Spenden vor, mit dem sich B *erkennbar* an die Stelle des Berechtigten setzt und aus *seinem* Vermögen freigebig erweist. Daher ist in Fällen einer anonymen Spende ein Sich-Zueignen zu verneinen[305]. Es

---

295 SK-*Samson*, 4. Aufl., § 242 Rn 77.
296 BGHSt 4, 236, 238; Substanzzueignung bejahen A/W-*Heinrich*, § 13 Rn 75, 113; diff. *Krey/Hellmann/Heinrich*, BT II Rn 101.
297 S. auch *Dencker*, in: *Dencker* ua, Einführung in das 6. StrRG 1998, S. 19; LK-*Vogel*, § 242 Rn 181; etwas weiter *Küper/Zopfs*, BT Rn 840.
298 So noch *Roxin*, Täterschaft und Tatherrschaft, 6. Aufl. 1994, S. 341 ff; *Rudolphi*, GA 1965, 41, 51 f; *Tenckhoff*, JuS 80, 725 f; ähnlich BGH NStZ 95, 442; *Hauf*, DRiZ 95, 144, 146; *Otto*, Jura 97, 469; *Wolfslast*, NStZ 94, 542, 544.
299 Krit. schon nach altem Recht daher BGHSt 41, 187, 194; *Küper*, JuS 86, 862, 867 f; *Werle*, Jura 79, 485, 486.
300 BGHSt 4, 236, 238; 17, 87, 92 f; 40, 8, 18; BGH NJW 70, 1753; 85, 812; 94, 1228, 1230; Anklänge noch bei HK-GS/*Duttge*, § 242 Rn 48.
301 Ebenso *Rengier* BT I § 2 Rn 161 ff.
302 *Krey/Hellmann/Heinrich*, BT II Rn 102 f.
303 BGHSt 41, 187, 194; diese Formulierung ist kaum enger als „Nutzen im weitesten Sinne", so BGH NStZ 95, 131, 133.
304 Enger SK-*Samson*, 4. Aufl., § 242 Rn 77.
305 *Schröder*, Anm. NJW 70, 1754; aA A/W-*Heinrich*, BT § 13 Rn 118; *Rengier*, BT I § 2 Rn 153.

> liegt aber die Absicht vor, dem Museum als Drittem die Briefmarke rechtswidrig zwecks Aneignung zu verschaffen und sie dadurch dem Eigentümer auf Dauer zu entziehen.

170 Anders als bei der *Rückveräußerung an den Bestohlenen selbst* (vgl Rn 172) ist es bei einer Veräußerung oder Zuwendung der Sache **an Dritte** belanglos, ob der Täter sich als Eigentümer *bezeichnet* oder sonst[306] den Eindruck erweckt, dass ihm die Sache gehöre.

Wer beispielsweise die Beute an einen eingeweihten Hehler veräußert, pflegt nicht zu behaupten, Eigentümer im juristischen Sinne zu sein. Der Anwendbarkeit des § 242 steht das aber nicht entgegen, da es genügt, dass der Täter sich *wirtschaftlich* an die Stelle des Berechtigten setzt und **für eigene Rechnung gleich einem Eigentümer über die Sache verfügen** will. Weder muss der Täter „als" Eigentümer auftreten, noch der Dritte gutgläubig sein[307].

5. Problematische Fallgestaltungen

171 In *beiden* Alternativen ist das *Bezugsobjekt* der Absicht, die **Zueignung**, gleich (Rn 140, 166). Wie der Täter oder in seiner Vorstellung der Dritte mit der Sache verfahren und welches gegenständliche Substrat er oder der Dritte gewinnen wollen muss, um von *Zueignungs*absicht zu sprechen, ist nicht nur in den Grundlagen (Rn 144 ff), sondern häufig auch trotz Übereinstimmung hierzu für zahlreiche **Grenzkonstellationen** umstritten. Dabei geht es den Vereinigungslehren angesichts des verhältnismäßig klaren *Kerns* der *Substanzzueignung*[308] vornehmlich um **Inhalt** und **Grenzen** des **Sachwertes**, der *erweiterten* Substanztheorie (Rn 147) dagegen um die Bestimmung der Verwendungs- und Funktionsmöglichkeiten, deren Inanspruchnahme *Substanzzueignung* bedeutet. *Inhaltlich* sind diese Fragen annähernd gleich. Sie werden hier auf dem Boden einer **Vereinigungslehre** mit **engem Sachwertbegriff** entschieden[309].

a) Rückveräußerung an den Eigentümer

172 Umstritten ist, ob derjenige einen Diebstahl begeht, der eine fremde Sache in der Absicht wegnimmt, sie als *angeblich eigene* dem betroffenen Eigentümer zum Kauf, zum Tausch oder – insbesondere bei Geld – zur Erfüllung einer Verbindlichkeit anzubieten. Rechtsprechung und hM bejahen das Vorliegen der Zueignungsabsicht und einer auf Dauer angelegten *Enteignung* auch bei einer ins Auge gefassten **Rückveräußerung an den Sacheigentümer**. Dabei erfüllt die erste Alternative, wer die Rückveräußerung selbst, die zweite, wer sie einem Dritten durch Verschaffen der Sache ermöglichen will[310].

---

306 Wie zB im Gänsebuchtfall RGSt 48, 58.
307 Näher *Bloy*, JA 87, 187; *Gropp*, Maiwald-FS S. 264, 273 f; s. dazu auch *Kindhäuser*, BT II § 2 Rn 90 f; *Wolfslast*, Anm. NStZ 94, 542; enger S/S-*Eser/Bosch*, § 242 Rn 47.
308 A/W-*Heinrich*, § 13 Rn 74 f, 93; *Bloy*, JA 87, 189.
309 S. *Hillenkamp*, BT 21. Problem.
310 So RGSt 57, 199 im „Getreide-" und RGSt 40, 10 im „Biermarkenfall", bestätigt in BGHSt 24, 115, 119 für den ähnlichen Fall des *Ausgleichs von Kassenfehlbeständen* mit Geldern des Berechtigten; ebenso *Eisele*, BT II Rn 74; H-H-*Kretschmer*, Rn 807; *Krey/Hellmann/Heinrich*, BT II, Rn 89; *Lackner/Kühl*, § 242 Rn 26; *Ranft*, JA 84, 277, 282; *Rengier*, BT I § 2 Rn 132; *Rudolphi*, GA 1965, 33, 43; S/S/W-*Kudlich*, § 242 Rn 46; S/S-*Bosch*, § 242 Rn 50; *Wessels*, NJW 65, 1153, 1156; *Zöller*, BT Rn 33.

173 Die Mindermeinung hält dem entgegen, bei Rückerlangung der Sache durch den Eigentümer werde diesem weder die Nutzung der Substanz noch der Sachwert entzogen; in der Wegnahme liege daher nur eine – als Gebrauchsanmaßung – straflose Vorbereitungshandlung zum **Betrug** gegenüber dem Eigentümer[311].

Diese Gegenansicht führt, was man hinnehmen kann[312], zu beträchtlichen Strafbarkeitslücken und liefert dem Dieb, der die Beute noch besitzt, eine vortreffliche Schutzbehauptung. Sie ist aber auch sachlich unzutreffend, da es unter den genannten Umständen an allen Wesensmerkmalen einer *Gebrauchsanmaßung* fehlt und dem Eigentümer jedenfalls der in **der Sache verkörperte wirtschaftliche Wert**[313] **endgültig entzogen** wird:

Um eine bloße *Gebrauchsanmaßung* kann es sich nicht handeln, weil die entwendete Sache dem Eigentümer **nicht** als *ihm gehörend* zurückgegeben, sondern als angeblich *dem Täter gehörend* nur zum Neuerwerb angeboten wird[314]. Darin liegt nicht eine Wiederherstellung der *bisherigen* Eigentümerposition, sondern gerade eine **Leugnung** der Rechte des Eigentümers, dem lediglich die Chance eingeräumt wird, sich eine *neue* Sachherrschaftsbeziehung zu erkaufen. Das Angebot, ihm die Sache gegen Entgelt zu „übereignen", setzt notwendigerweise deren vorherige Zueignung durch den Täter voraus. Von dem ihm zustehenden, in der Sache verkörperten Wert (= *Veräußerungswert*) wird der Eigentümer insoweit ausgeschlossen, als dieser in das Vermögen des Täters fließt; selbst wenn der Eigentümer nunmehr die „zurückerworbene" Sache für sich verwertet, kann er damit nur das „Loch des entgeltlichen Rückerwerbs" stopfen[315]. Die Abgrenzung zwischen Diebstahl und Gebrauchsanmaßung muss sich *hier* nach dem Vorliegen oder Fehlen einer **Eigentumsleugnung** richten[316]. Im **Fall 10f** hat B daher ebenfalls einen Diebstahl begangen, hinter den der spätere Betrug, wenn man einen Schaden bejaht, als sog. Sicherungsbetrug zurücktritt[317]. Gleiches gilt bei der Entwendung von **standardisiertem Leergut** (sog **Einheitsflaschen**, wie zB Eurobierflaschen) aus dem Leergutbestand eines Getränkemarktes in der Absicht, es diesem, der durch die Ablieferung bei ihm (wieder) Eigentümer der Flaschen geworden ist, gegen das Pfandgeld zurückzugeben. Das kann nur gelingen, wenn der Täter das Eigentum des Getränkemarktes leugnet und sich selbst als Eigentümer geriert. Geht es hierbei dagegen um im Eigentum des Herstellers verbliebenes **individualisiertes** Pfandleergut (sog. **Individualflaschen**), will der Entwender, da er das Eigentum des Herstellers nicht leugnen kann – wie im *„Windhund-"* und *„Dienstmützen-Fall"* (s. Rn 186 ff) – nur den Täuschungswert nutzen. Diebstahl liegt dann folglich nicht vor[318]. Nach einer diese Differenzierung zustimmend aufnehmenden Entscheidung des BGH[319] bleibt es bei den hier aufge-

---

311 Vgl dazu *Bockelmann*, BT I S. 20; *Disselkamp*, ZJS 19, 156; *Grunewald*, GA 05, 520, 524 ff, 531 ff; HK-GS/*Duttge*, § 242 Rn 42; *Kindhäuser/Böse*, BT II § 2 Rn 88; *Klesczewski*, BT § 8 Rn 61; LK-*Vogel*, § 242 Rn 165; *Maiwald*, JA 71, 579, 581; *Mitsch*, BT II S. 52 f; *Seelmann*, JuS 85, 290; SK-*Hoyer*, § 242 Rn 95.
312 S. Rn 6 und *Seelmann*, JuS 85, 290.
313 AA *Stoffers*, Jura 95, 117.
314 S. hierzu AnK-*Kretschmer*, § 242 Rn 57; *Graul*, JuS 99, 563; *Hellmann*, JuS 01, 354.
315 *Eser*, Strafrecht IV S. 32; ebenso BGH JZ 80, 648 zur Frage der Schadenszufügung und eines etwaigen Schadensausgleichs in zivilrechtlicher Hinsicht.
316 So auch BGHSt 24, 115, 119; *Jäger*, BT Rn 230.
317 *Eisele*, BT II Rn 74; *Rengier*, BT I § 2 Rn 132; vom Boden der *erweiterten* Substanztheorie aus iE übereinstimmend A/W-*Heinrich*, § 13 Rn 116; *Kindhäuser*, § 242 Rn 93; *Rudolphi*, GA 1965, 43.
318 Nach OLG Hamm NStZ 08, 154, 155 kommt dann § 289 in Betracht; wie hier AG Tiergarten BeckRS 13, 09282 mit Bespr. *Jahn*, JuS 13, 753; LG Saarbrücken NStZ-RR 19, 45; *Eisele*, BT II Rn 75 f; *Rengier*, BT I § 2 Rn 134; S/S/W-*Kudlich*, § 242 Rn 46; zur Entwendung von Leergut vgl ferner AnK-*Kretschmer*, § 242 Rn 52; *Hilgendorf/Valerius*, BT II Rn 83; AG Flensburg NStZ 06, 101 mit Bespr. *Kudlich*, JA 06, 571; *Otto*, Beulke-FS S. 515 ff; *Schmitz/Goeckenjahn/Ischebeck*, Jura 06, 821; *Hellmann*, JuS 01, 355; *Rönnau/Golombek*, JuS 07, 349.
319 BGH NJW 18, 3598 mit Anm. *Hoven*; zust. auch *Bosch*, Jura (JK) 19, 435; *Eisele*, JuS 19, 178; *Kudlich*, JA 19, 152; krit. *Disselkamp*, ZJS 19, 156.

führten Ergebnissen, wenn der Täter den objektiv gegebenen Charakter des Leerguts richtig erfasst hat. Er soll aber auch dann eines Diebstahls schuldig sein, wenn es sich um Individualflaschen handelt und der Täter nur irrig auch bei ihnen von der für Einheitsflaschen geltenden Rechtslage ausgeht. Das ist deshalb anfechtbar, weil die rechtsirrige, sich im zivilrechtlichen Vorfeld bildende „Vorstellung", einen Diebstahl begehen zu können, ein daraus resultierendes Wahndelikt nicht deshalb in ein taugliches vollendetes Delikt umwandeln kann, weil sich der Irrtum innerhalb eines subjektiven Tatbestandsmerkmals bildet. Nimmt der Täter dagegen irrig an, Einheitsflaschen statt Individualflaschen vor sich zu haben, führt dieser Irrtum im Tatsächlichen in den untauglichen Versuch[320]. – An einer Zueignungsabsicht fehlt es auch dort, wo der „Dieb" schon bei der Wegnahme der Sache **beabsichtigt**, sie dem Eigentümer als die ihm „**gestohlene**" und also „**eigene**" Sache gegen ein Lösegeld **zurückzugeben**. Hier **fehlt** es am Willen dauerhafter **Enteignung**, aber auch an **Aneignungsabsicht**, weil der Täter nur den „Erpressungswert" des Besitzes der Sache nutzen will. In solchen Fällen liegt daher – droht der Täter später mit dem endgültigen Verlust bei ausbleibendem Lösegeld – Erpressung vor (s. Rn 705, 717)[321].

Am Enteignungswillen und an der Zueignungsabsicht würde es auch fehlen, wenn jemand einem Hehler Hehlgut wegnimmt, um es an den bestohlenen Eigentümer *als diesem gehörend* zurückzugeben[322].

b) Entwendung von Legitimationspapieren

174 Die Wegnahme eines fremden **Sparbuchs** mit dem Ziel, es nach Abhebung eines Teilbetrags an den Eigentümer (= als ihm gehörend, aber teilentwertet) zurückzugeben, verwirklicht nach hM[323] alle Voraussetzungen des § 242. Sparbücher sind *qualifizierte* Legitimationspapiere iS des § 808 BGB, in denen der Gläubiger *namentlich benannt* ist und die mit der Bestimmung ausgegeben werden, dass der Schuldner nur gegen Aushändigung der Urkunde zu leisten braucht und die darin versprochene Leistung mit befreiender Wirkung an den Inhaber erbringen darf, ohne dass dieser berechtigt ist, die Leistung auf Grund der bloßen Innehabung der Urkunde **zu verlangen**[324]. Das Eigentum am Sparbuch folgt gemäß § 952 BGB dem „Recht aus dem Papier", steht also immer demjenigen zu, der *Gläubiger* der Darlehensforderung ist. **Objekt** des Diebstahls bei Entwendungen dieser Art ist das *Sparbuch* als fremde bewegliche Sache. Maßgebend für die Bejahung der *Zueignungsabsicht* ist, dass der Täter (bzw in der zweiten Alternative der Dritte) sich unter Anmaßung der Rechte des Eigentümers den im Sparbuch verkörperten Sachwert verschaffen und den Berechtigten davon auf Dauer ausschließen will[325].

---

320 S. zu der diesem Fehlschluss zugrundeliegenden Fehlinterpretation des Begriffs „Vorstellung" beim Versuch LK-*Hillenkamp*, § 22 Rn 33 f; zur Abgrenzung von Wahndelikt und untauglichem Versuch namentlich bei sog. Vorfeldirrtümern a.a.O. Rn 210 ff. Der objektive Ausgangspunkt des OLG Hamm NStZ 08, 154 ist daher entgegen der Rüge des BGH richtig.
321 S. dazu – auch Erpressung verneinend – *Dehne-Niemann*, ZStW 123 (2011), 485, 397 ff in Auseinandersetzung mit *Mitsch*, JA 97, 388 ff.
322 BGH JZ 85, 198 mit zust. Anm. *Rudolphi*, JR 85, 252.
323 *Eisele*, BT II Rn 66; LK-*Vogel*, § 242 Rn 163; *Jäger*, BT Rn 222; *Rengier*, BT I § 2 Rn 105 f; aA *Gössel*, BT I § 6 Rn 19, 49; *Miehe*, Heidelberg-FS S. 497 f; MK-*Schmitz*, § 242 Rn 142.
324 Näher BGHZ 28, 368, 370; 42, 302, 305; 64, 278, 282.
325 Näher RGSt 26, 151, 152 ff; 39, 239, 242 ff; *Eisele*, BT II Rn 66; *Heghmanns*, Rn 1050; *Krey/Hellmann/Heinrich*, BT II Rn 61 ff; *Rengier*, BT I § 2 Rn 105 f; ist das Sparbuch entgegen der Annahme des Täters leer, liegt ein untauglicher Versuch vor, s. *Maurach/Schroeder/Maiwald*, BT I § 33 II Rn 57; *Schnabel*, NStZ 05, 18, 21; krit. zu dieser Argumentation *Ensenbach*, ZStW 124 (2012), 353 f.

Für die Annahme einer *Gebrauchsanmaßung* bleibt hier kein Raum, weil der Täter sich durch Abhebung des Teilbetrages außer Stande setzt, das Sparbuch **ohne Wertminderung** an den Berechtigten zurückzugeben (vgl Rn 157, 162), durch die im Extremfall nur die „papierne, absolut wertlose Substanz" zurückkehrt[326]. Vertreter einer **erweiterten Substanztheorie** sehen in dem teilweisen Funktionsverlust eine *Substanz*einbuße[327], die zwar zu keinem anderen Ergebnis führt, sich aber in Wahrheit nur mit einer Anleihe bei der Sachwerttheorie behaupten lässt[328].

> Im **Fall 9** ist A demnach des Sparbuchdiebstahls schuldig. Da er zur Zeit der Tat mit G in *häuslicher Gemeinschaft* lebte, bedarf es zur Strafverfolgung aber eines Strafantrags des G (§ 247).

Das einem Sparbuchdiebstahl nachfolgende *Abheben* des *Geldes*, an welchem der Täter durch Einigung und Übergabe gemäß § 929 S 1 BGB *Eigentum* erlangt, hat mit der Vollendung des vorausgegangenen Diebstahls nichts mehr zu tun. Ob es die Merkmale des Betrugs (zum Nachteil des Darlehensgläubigers durch Vorspiegeln der Verfügungsberechtigung gegenüber den Angestellten des Geldinstitutes) erfüllt, ist umstritten[329]. Vielfach wird angenommen, dass der die Auszahlung verfügende Bank- oder Sparkassenangestellte sich wegen der **Legitimationswirkung** iS des § 808 I S 1 BGB *gar keine Gedanken* über die sachliche Berechtigung des Sparbuchinhabers mache, insoweit also **keinem Irrtum** erliege (krit. dazu Rn 511). Bejaht man Diebstahl, hat diese Streitfrage für den Dieb keine praktische Bedeutung, weil er beim Abheben des Geldes nur die Vorteile ausnutzt und verwertet, die ihm die Vortat verschafft hat, sodass ein etwaiger Betrug zum Nachteil des bestohlenen Sparbucheigentümers im Verhältnis zum Diebstahl eine *mitbestrafte Nachtat* wäre[330].

175

Ein Betrug zum Nachteil des Bestohlenen kommt aber dann in Betracht, wenn in der Zwischenzeit eine **Sperre** des Sparkontos verfügt worden war und der Täter vor oder bei dem Abheben des Geldes durch eine geschickte Täuschung die Beseitigung dieser Kontosperre erwirkt hatte[331].

c) Entwendung von Ausweispapieren

Die Entwendung von **Personalausweisen** und anderen Papieren ist nicht in jedem Falle mit einer Sparbuchentwendung zu vergleichen:

176

> Zwar ist nach § 242 zu bestrafen, wer einen fremden Ausweis mit dem Willen wegnimmt, ihn dem Inhaber auf Dauer zu entziehen, um im Geschäftsverkehr unter dessen Namen auftreten zu können und sich dabei zur Legitimation des Ausweises zu bedienen[332]. An der Zueignungsabsicht **fehlt** es aber, wenn jemand seinem Arbeitskollegen einen **Zechenausweis** fortnimmt und

---

326 RGSt 26, 151, 154.
327 A/W-*Heinrich*, § 13 Rn 99; *Rudolphi*, GA 1965, 54 f; *Seelmann*, JuS 85, 289; dieser Lehre nahestehend *Ensenbach*, ZStW 124 (2012), 370 ff.
328 *Krey/Hellmann/Heinrich*, BT II Rn 65; dagegen *Kindhäuser*, § 242 Rn 88.
329 Zweifelnd RGSt 39, 239, 242; abl. *Gössel*, BT II § 6 Rn 49; *Miehe*, Heidelberg-FS S. 498 f, die damit insgesamt zur *Straflosigkeit* kommen; zum Ganzen informativ *Brand*, JR 11, 96.
330 Vgl RGSt 39, 239, 243; BGH StV 92, 272; BGH NStZ 08, 396; *Fischer*, § 242 Rn 37, 59; *Wessels/Beulke/Satzger*, AT Rn 1277.
331 BGH NStZ 93, 591.
332 BGH GA 1969, 306; OLG Stuttgart NStZ 11, 44; einschr. *Kindhäuser*, § 242 Rn 97.

ihn umgehend an den früheren Platz zurücklegt, nachdem er ihn dazu benutzt hat, unter dem Namen des Berechtigten eine Lohnvorauszahlung in Empfang zu nehmen[333]. Hier liegt in der missbräuchlichen Verwendung des Ausweises nur eine *Gebrauchsanmaßung* zur Begehung eines **Betrugs** durch Irreführung der Lohnzahlungsstelle. Für § 242 ist dagegen kein Raum, da der Berechtigte – wie vorgesehen – den Ausweis *ohne Wertminderung* als *ihm gehörend* zurückerhalten hat und ihm weder die Sachsubstanz noch ein im Ausweis selbst verkörperter Wert entzogen worden ist. Die Sachwerttheorie darf nicht so weit ausgedehnt werden, dass sie *jeden beliebigen* Vermögensvorteil erfasst, den der Gebrauch einer fremden Sache vermittelt. Anderenfalls verfälscht man den Diebstahl in ein Bereicherungsdelikt[334].

d) Entwendung von Geldautomatenkarten

177 Den Sparbuchfällen vergleichbar ist die zeitweilige Nutzung einer Sparcard oder von Telefon- oder Geldkarten, auf denen Guthaben gespeichert sind, die der Täter in Anspruch nimmt[335]. Wesentliche Unterschiede gegenüber den Sparbuchfällen weist dagegen die Entwendung einer **Geldautomatenkarte** (auch *Codekarte* genannt) zum vorübergehenden Gebrauch in der Absicht auf, sich durch ihre missbräuchliche Verwendung zulasten eines fremden Girokontos **Bargeld** aus dem dafür vorgesehenen Automaten einer Bank oder Sparkasse zu verschaffen.

Nach den gebräuchlichen **Ausgabebedingungen** verbleibt die Codekarte im **Eigentum des Geldinstituts**. Dem Kunden wird eine nur ihm bekannte Geheimzahl zugeteilt, die er Dritten nicht mitteilen darf. Der Kontoinhaber weiß und muss gegen sich gelten lassen, dass jeder, der im Besitz seiner Codekarte ist und die Geheimzahl kennt, über das Girokonto verfügen kann. Zwar ist bei einer nicht autorisierten Zahlung ein Aufwendungsersatzanspruch der Bank nach § 675u BGB ausgeschlossen. Die Bank hat aber bei einer grob fahrlässigen Verletzung der Sorgfaltspflichten durch den Karteninhaber einen Schadensersatzanspruch gegen diesen nach § 675v II BGB (s. Rn 606). Um Missbräuchen entgegenzuwirken, zieht der Geldautomat die eingelegte Codekarte automatisch ein, wenn nicht spätestens bei der dritten Aufforderung die richtige Geheimzahl eingegeben wird[336].

178 Ein Diebstahl der Codekarte ist zweifelsfrei gegeben, wenn diese mit dem Willen weggenommen wird, sie nicht wieder an den Berechtigten zurückzugeben, sondern sie nach erfolgtem Gebrauch zu behalten oder zu vernichten. Aneignungsabsicht und Enteignungsvorsatz sind dann unschwer zu begründen. § 248a findet keine Anwendung[337] (Rn 339, 253). Ein solcher Diebstahl tritt auch nicht als mitbestrafte Vortat hinter einem durch Geldabhebung begangenen Computerbetrug zurück[338]. Anders liegt es, wenn die Codekarte nach ihrer missbräuchlichen Verwendung alsbald wieder in den Besitz des Berechtigten zurückgelangen soll.

179 **Beispiel:** Während der Kaufmann K das Wochenende mit seiner Familie auf Sylt verbringt, entdeckt die Putzfrau P beim Säubern seiner Wohnung im unverschlossenen Schreibtisch eine Geldautomatenkarte nebst einem Zettel, auf welchem K die ihm vor einigen Tagen von der

---

333 OLG Hamm JMBl NW 53, 153.
334 *Rengier*, BT I § 2 Rn 110 ff; lehrreich dazu auch BayObLG NJW 92, 1777.
335 *Kindhäuser*, § 242 Rn 95; *Schnabel*, NStZ 05, 18; zur unterschiedlichen Behandlung von Sparcard und ec-card s. *Schramm*, JuS 08, 774; s. auch *Fest/Simon*, JuS 09, 799 f.
336 Zum Anscheinsbeweis bei missbräuchlicher Bargeldabhebung s. *Schulte*, NJW 12, 1262 ff.
337 *Huff*, NStZ 85, 439 f; aA S/S-*Bosch*, § 248a Rn 7.
338 BGH NJW 01, 1508 mit zust. Anm. *Wohlers*, NStZ 01, 539; umgekehrt ist auch der Computerbetrug nicht mitbestrafte Nachtat zu § 242, BGH NStZ 08, 396.

Stadtsparkasse zugeteilte Geheimzahl notiert hat. Da P gerade in einer finanziellen Klemme steckt, nimmt sie die Codekarte des K an sich, prägt sich die Geheimzahl ein und hebt am Geldautomaten der Sparkasse 400 € ab, um damit ihre Schulden zu begleichen. Sodann legt sie die Codekarte in den Schreibtisch des K zurück, der nach seiner Rückkehr feststellt, dass auf seinem Girokonto 400 € abgebucht sind. Strafbarkeit der P?

Der objektive Tatbestand des § 242 ist in solchen Fällen zwar unabhängig davon, ob die Karte dem Kunden oder der ausgebenden Bank gehört[339], erfüllt. Ein **Diebstahl der Codekarte** muss indessen verneint werden, da im Augenblick der Wegnahme **nicht mit Zueignungsabsicht** gehandelt wird[340]. Es fehlt zwar nicht am Aneignungselement, weil es dem Entwender darauf ankommt, die fremde Codekarte für eigene Zwecke zu nutzen und sie wenigstens vorübergehend dem eigenen Vermögen einzuverleiben. Ein Enteignungsvorsatz lässt sich jedoch nicht feststellen, da der Wille fehlt, dem Berechtigten die Codekarte *auf Dauer* zu entziehen und den Kartenausgeber faktisch aus seiner Eigentümerposition zu verdrängen. Vom Standpunkt der Substanztheorie aus liegt lediglich eine Gebrauchsanmaßung *(= furtum usus)* vor. Aber auch die Sachwerttheorie führt hier zu keinem anderen Ergebnis, da die **Codekarte** nach dem Willen des Entwenders **ohne Wertminderung und ohne Eigentumsleugnung** an den Berechtigten zurückgelangen soll. Sie ist keine moderne Form des Sparbuchs, sondern ein Automatenschlüssel, der (zusammen mit der persönlichen Geheimzahl) die rein tatsächliche Möglichkeit eröffnet, über ein bestimmtes Girokonto zu verfügen. Die Codekarte verkörpert anders als das Sparbuch das auf dem Konto befindliche Guthaben nicht und erleidet durch eine missbräuchliche Verwendung auch keinerlei bleibende Einbuße. Infolgedessen liegt in der Wegnahme und der unbefugten Verwendung der Codekarte durch P (mit dem Willen zur alsbaldigen Rückgabe der Karte) nur eine an sich straflose Gebrauchsanmaßung[341]. **180**

Die unbefugte Verwendung von Karte und PIN erfüllt aber nach heute zu Recht hM die 3. Variante des 1986 in das StGB eingefügten § 263a (s. dazu näher Rn 612 ff). Diese Vorschrift schließt eine Lücke. Denn eine Bestrafung wegen **Betrugs** (§ 263) scheitert schon daran, dass P niemanden getäuscht hat und nur Menschen in einen Irrtum versetzt werden können (vgl dazu Rn 510). Und auch der Tatbestand des **Automatenmissbrauchs** (§ 265a) ist nicht erfüllt; ein *Erschleichen* der Leistung iS dieser Vorschrift setzt nämlich voraus, dass der Automat ordnungswidrig, also unter Missachtung der für seine Benutzung geltenden Regeln in Betrieb genommen wird (näher Rn 674 f). P hat den Geldautomaten aber *funktionsgerecht* bedient; ihr fehlte lediglich die Befugnis, über das Girokonto des K zu verfügen. **181**

Fraglich ist allerdings, ob das aus dem Automaten erlangte **Bargeld** als Objekt eines Diebstahls oder einer Unterschlagung in Betracht kommt. Dies wurde vor Inkrafttreten des § 263a überwiegend mit der Begründung verneint, dass die betreffenden Geldscheine bei vorschriftsmäßiger Bedienung des Geräts gemäß § 929 S 1 BGB an **182**

---

339 S. BGH NJW 01, 1508.
340 A/W-*Heinrich*, § 13 Rn 102; *Beulke*, III Rn 360 f; *Eisele*, BT II Rn 66; *Krey/Hellmann/Heinrich*, BT II Rn 68, 739; *Lackner/Kühl*, § 242 Rn 23; *Rengier*, BT I § 2 Rn 113; *Schmidt*, BT II Rn 105 f; *Yoo*, Codekartenmissbrauch am POS-Kassen-System 1997, S. 47 ff.
341 Zutr. insoweit BGHSt 35, 152, 156 f; anders, aber nicht überzeugend *Seelmann*, S. 18; krit. zur Begründung der Differenzierung zwischen Sparbuch und ec-Karte *Ensenbach*, ZStW 124 (2012), 351 ff, der aber iE nicht anders entscheidet, s. S. 357 ff, 361 f.

denjenigen übereignet würden, der (ausgewiesen durch die Codekarte und die Kenntnis der Geheimzahl) die Leistung des Geldautomaten in Anspruch nehme. Von diesem Standpunkt aus lag unter den geschilderten Umständen beim Geldautomatenmissbrauch eine **vollständige Strafbarkeitslücke** vor, deren Schließung Sache des Gesetzgebers war[342]. Die Gegenmeinung bejahte einen **Diebstahl**, war sich aber nicht einig, ob neben § 242 auch ein *besonders schwerer Fall* iS des § 243 I 2 Nr 2 anzunehmen sei[343].

183 Für die vor 1986 begangenen Straftaten hat der BGH sich schließlich auf die Seite derer gestellt, die hinsichtlich des Bargeldes statt eines Diebstahls eine **Unterschlagung** für gegeben hielten[344], weil dem unbefugten Benutzer zwar Gewahrsam, nicht aber Eigentum übertragen werde.

184 Dem BGH ist darin beizupflichten, dass die äußerlich ordnungsgemäße, funktionsgerechte Bedienung eines Geldautomaten nicht als Wegnahme des ausgereichten Geldes anzusehen ist. Die von ihm gewählte Unterschlagungslösung entbehrt jedoch der Überzeugungskraft, weil es widersprüchlich erscheint, die Frage der Eigentumsübertragung anders zu beurteilen als die der einverständlichen Gewahrsamsübertragung. Gerade der vom BGH selbst gezogene Vergleich mit der Herausgabe eines Geldbetrages durch einen Bankangestellten an einen Nichtberechtigten, der durch den Besitz der Codekarte und die (freilich von einem Bankangestellten nicht abgefragte) Kenntnis der Geheimzahl ausgewiesen ist, zwingt zu der Annahme, dass mit der „Herausgabe" des Geldes nicht nur der Gewahrsam, sondern auch das Eigentum auf den förmlich legitimierten Geldempfänger übertragen wird[345]. Insgesamt spricht daher mehr für die Ansicht, dass – wenn die Karte nicht einbehalten werden sollte (dann § 242, s. Rn 178) – eine vollständige **Strafbarkeitslücke** bestand, die erst der **Straftatbestand des Computerbetruges (§ 263a)** geschlossen hat[346]. Hinter ihn tritt, *wenn* man sie mit der hier abgelehnten Begründung bejaht, sowohl eine Unterschlagung, als auch ein Diebstahl zurück[347].

> **Die aktuelle Entscheidung:** Der **BGH (NJW 18, 245** mit Anm. *Eisele*, JuS 18, 300; *Jäger*, JA 18, 309) hat seine in Rn 183 dargestellte Linie für eine bisher noch nicht entschiedene Konstellation beibehalten. Hier hatte B am Bankomaten einer Sparkassenfiliale seine Bankkarte und Geheimnummer bereits eingegeben, als ihn A zur Seite stieß. A wählte den Aus-

---

342 So zB OLG Hamburg NJW 87, 336; OLG Schleswig NJW 86, 2652; *Dencker*, NStZ 82, 155; *Huff*, NStZ 85, 438 und NJW 87, 815; *Krey/Hellmann/Heinrich*, BT II Rn 738; *Otto*, JR 87, 221 und BT § 40 Rn 39, § 42 Rn 16; *Schneider*, Anm. NStZ 87, 123; *Sonnen*, JA 84, 569; *Steinhilper*, GA 1985, 114 und Jura 83, 401, 408 ff; *Wiechers*, JuS 79, 847.
343 Vgl BayObLG NJW 87, 663 und 665; OLG Düsseldorf NStZ 87, 330; OLG Koblenz wistra 87, 261; *Gropp*, JZ 83, 487; *Jungwirth*, MDR 87, 537; *Lenckner/Winkelbauer*, wistra 84, 83; *Mitsch*, JuS 86, 767 und JZ 94, 877; *Schroth*, NJW 81, 729.
344 S. BGHSt 35, 152, 161; OLG Stuttgart NJW 87, 666; *Lackner/Kühl*, § 242 Rn 23; *Ranft*, Anm. JR 89, 165 und wistra 87, 79; *Schulz/Tscherwinka*, JA 91, 119.
345 Zutr. *Huff*, Anm. NJW 88, 981; *Schmitt/Ehrlicher*, Anm. JZ 88, 364; *Spahn*, Jura 89, 513; ebenso *Beulke*, III Rn 367 f, 370; *Löhnig*, JR 99, 364; *Thaeter*, wistra 88, 339 und JA 88, 547.
346 So auch *Krey/Hellmann/Heinrich*, BT II Rn 738.
347 BGHSt 38, 120, 124 f mit unklarer Begründung. Darüber, ob ein Fall von Spezialität (so *Krey/Hellmann/Heinrich*, BT II Rn 738 bzgl § 242) oder Subsidiarität oder ein Tatbestandsausschluss vorliegen soll, sagt die Entscheidung Präzises nicht; zur Übertragbarkeit des Streits auf Fälle des sog. Skimming s. *Bachmann/Goeck*, JR 11, 425, 427; *Eisele*, CR 11, 131, 135.

zahlungsbetrag „500 €", entnahm den ausgegebenen Betrag und bedeutete B, der die Herausgabe des Geldes forderte, „er solle sich ruhig verhalten und keinen Ärger machen." Später entfernte er sich mit dem Geld. – Der BGH bestätigt zunächst seine auf Stimmen aus dem Zivilrecht gestützte Meinung, dass die Sparkasse das Geld nicht konkludent an A übereignet habe. Das Übereignungsangebot richte sich „erkennbar nur an den Kontoinhaber" und selbst dann nicht an einen Dritten, wenn dieser Bankkarte und PIN „technisch" ordnungsgemäß benutzt habe. Davon sei aber der „tatsächliche Vorgang der Gewahrsamspreisgabe ... zu unterscheiden." Bei einer „technisch ordnungsgemäßen" Bedienung erfolge die tatsächliche Ausgabe des Geldes mit dem Willen des Geldinstituts. Das ist eine selbst auf dem Boden des faktischen Gewahrsamsbegriffs (s. Rn 82) wenig einleuchtende Differenzierung. In sozial-normativer Sicht (Rn 83) liegt es näher, in einem Fall wie diesem auch den Gewahrsam bei der Sparkasse zu belassen. Folglich liegt nicht § 246, sondern § 242 (bzw. § 249: Gewalt gegen eine zum Schutz bereite Person, s. Rn 351, 354) vor. Der BGH lässt dagegen die von ihm bejahte Unterschlagung hinter §§ 253, 255 zurücktreten, die er in der mit Gewalt gegen B erzwungenen Duldung der Eingabe des Auszahlungsbetrags sowie der Herausnahme der ausgegebenen Scheine sieht (s. dazu zu Recht krit. – hier Rn 709 ff, 730 – *Brand*, NJW 18, 246).

e) Grenzen der Sachwerttheorie

Die **Grenzen der Sachwerttheorie** werden vielfach nicht richtig erkannt. Wie notwendig es ist, der Gefahr ihrer Ausuferung durch eine möglichst *restriktive* Handhabung zu begegnen, wird an einigen (der Rechtsprechung entnommenen) Beispielen deutlich: **185**

Fall 11: In einer Tageszeitung der Kleinstadt S ist folgende Anzeige erschienen: *Afghanischer Windhund entlaufen. Finderlohn 100 €. Edelmann, Bahnhofstraße 11.* Der Fliesenleger F, der die Zeitung gelesen hat, findet auf dem Weg zur Arbeitsstelle das Tier. Kurz entschlossen bringt er es zu sich nach Hause und sperrt den Hund dort im Hühnerstall ein, um ihn dem E am Abend zurückzubringen. Der im Nachbarhaus wohnende Rentner R hat den Vorgang beobachtet. Da er es auch auf die Belohnung abgesehen hat, bricht er die Tür zum Hühnerstall auf, holt den Hund heraus und bringt ihn zu E, wo er sich als Finder ausgibt und den Finderlohn kassiert. **186**
Hat R einen Diebstahl begangen? **Rn 187 f**

Der Hund stand im Eigentum des E, war für R also eine fremde bewegliche Sache. Durch das Entlaufen war er zwar gewahrsamslos, nicht aber *herrenlos* geworden. **Haustiere** sind **zahme** Tiere, an denen das Eigentum nur durch **Dereliktion** aufgegeben werden kann (§§ 959, 90a S 1, 3 BGB). § 960 BGB betrifft lediglich *wilde* und *gezähmte* (= von Natur aus wilde) Tiere. F hatte den Hund gefunden und in seinen Gewahrsam genommen. Diesen Gewahrsam hat R gebrochen; mit der Begründung neuen – hier eigenen – Gewahrsams durch ihn war die Wegnahme vollendet. Dass R den objektiven Tatbestand des § 242 *vorsätzlich* verwirklicht hat, darf man unbedenklich annehmen. An der **Zueignungsabsicht** fehlt es hingegen aus folgenden Gründen: R hat sich zu keinem Zeitpunkt eine Eigentümerstellung angemaßt. Er wollte sich – wie geschehen – nur **als Finder** ausgeben und den Hund seinem wirklichen Eigentümer zuführen, und zwar *als dem E gehörend* (= in Anerkennung des fremden Eigentums)[348]. Zivilrechtlich betrachtet hat R den Hund nicht in Eigenbesitz (§ 872 BGB) genommen, vielmehr – wenngleich auf widerrechtliche Weise (§ 858 BGB) – **187**

---
348 S. hierzu auch *Graul*, JuS 99, 563.

Fremdbesitz zu Gunsten des Eigentümers E begründet und bis zur Ablieferung des Hundes ausgeübt. Wille und Verhalten des R waren ausschließlich auf die Erlangung des öffentlich ausgelobten **Finderlohns** (§§ 657, 971 BGB), nicht aber auf eine *Aneignung* des Hundes und eine *Enteignung* des E gerichtet. § 242 scheidet demnach in subjektiver Hinsicht aus. Auch mit **Sachwerterwägungen** lässt sich eine Zueignungsabsicht des R nicht begründen: Der **Finderlohn**, auf den R es abgesehen hatte, war zwar an den **Besitz des Hundes** geknüpft, jedoch kein im Hund selbst verkörperter Sachwert. Selbst wenn man insoweit von einem *Fundwert* sprechen will, handelt es sich dabei (anders als bei dem *Veräußerungswert* einer geldwerten Sache) nicht um einen mit der Sache nach ihrer **Art** und **Funktion** unmittelbar verbundenen *„spezifischen"* Wert, der Gegenstand eines Zueignungsdelikts sein könnte[349].

188 Im **Fall 11** hat R daher keinen Diebstahl begangen. § 289 entfällt ebenfalls, weil R nur seinen eigenen Vorteil, nicht den des E im Auge hatte (vgl Rn 472). In Betracht kommt aber ein **Betrug** zum Nachteil des F, dessen Finderlohnanspruch nicht schon mit der Wegnahme des Hundes, sondern erst dadurch erloschen ist, dass der gutgläubige E den R für den Finder gehalten und die 100 € an ihn gezahlt hat. Damit ist E auch dem wirklichen Finder F gegenüber **frei** geworden (= § 851 BGB analog)[350]. E selbst hat keinen Schaden erlitten, denn die Hingabe der 100 € wird durch das Freiwerden von seiner Verbindlichkeit dem F gegenüber ausgeglichen (= Problem der „Schadenskompensation"). Da der Getäuschte nicht zugleich der Geschädigte sein muss (bei § 263 müssen nur der *Getäuschte* und der *Verfügende* personengleich sein), spielt es keine Rolle, wen R für den Benachteiligten gehalten hat (= den E oder den F). Für seinen Betrugsvorsatz genügt die Vorstellung, dass ein anderer unmittelbar durch die Verfügung des E geschädigt wurde, auf dessen Kosten ihm die erstrebte Bereicherung in Gestalt der 100 € zufloss. Soweit es um das Betreten des Hühnerstalls geht, dessen Tür R aufgebrochen hat, sind die Voraussetzungen der §§ 123, 303 erfüllt.

189 Ähnlich liegen die Dinge zu § 242 bei der **Entwendung von Dienstgegenständen** unter Soldaten zwecks späterer Rückgabe auf der „Kleiderkammer", wie etwa im **Dienstmützenfall**:

Fall 12: S ist Soldat der Bundeswehr. Eines Tages ist ihm auf ungeklärte Weise die Dienstmütze abhanden gekommen. Um sich die lästige Verlustmeldung zu ersparen und einer etwaigen Ersatzpflicht zu entgehen, entwendet er die Dienstmütze seines Kameraden K aus dessen verschlossenem Spind. Entsprechend seinem Tatplan benutzt S diese Mütze, bis er sie am Ende des Wehrdienstes mit den sonstigen Ausrüstungsgegenständen auf der Bekleidungskammer abgibt.

Strafbarkeit nach § 242? **Rn 190 f**

190 Der objektive Tatbestand des § 242 ist auch hier erfüllt. Militärische Ausrüstungsgegenstände sind für den Soldaten *fremde* Sachen, da sie ihm nicht zu Eigentum, sondern nur zum dienstlichen Gebrauch überlassen werden. Auch wenn Soldaten angesichts des den militärischen Dienstbetrieb kennzeichnenden Prinzips von Befehl und Gehorsam bezüglich solcher

---

349 Vgl RGSt 55, 59, 60; A/W-*Heinrich*, § 13 Rn 106; *Eser*, Strafrecht IV S. 32; *Krey/Hellmann/Heinrich*, BT II Rn 83 f; *Kudlich/Oğlakcıoğlu*, JA 12, 325; *Radtke/Meyer*, Jura 07, 714 f; *Rengier*, BT I § 2 Rn 118 f; mit anderer Begründung auch *Kindhäuser/Böse*, § 2 Rn 88; zur Parallele bei Leergut s. AG Flensburg NStZ 06, 101; BGH NJW 18, 3598 und hier Rn 187.
350 Vgl *Erman-Ebbing*, BGB, 15. Aufl. 2017, § 971 Rn 1.

Gegenstände als Besitzdiener iS des § 855 BGB angesehen werden[351], ist ihnen in *sozialnormativer* Sicht (Rn 82, 94) Alleingewahrsam an im verschlossenen Spind aufbewahrten Bekleidungsstücken zuzusprechen, den S im **Fall 12** durch die Entwendung der Mütze gebrochen hat. Am Ergebnis der Wegnahme ändert sich freilich nichts, wenn man auch bezüglich der Dienstbekleidung Mitgewahrsam von Soldat und Kompaniechef annimmt[352].

Innerhalb des subjektiven Tatbestandes erscheint wiederum die Frage der **Zueignungsabsicht** problematisch. In mehreren gerichtlichen Entscheidungen ist sie unter Zuhilfenahme der Sachwerttheorie mit dem Hinweis darauf bejaht worden, dass S die dem K entwendete Dienstmütze zur *Tilgung einer eigenen Verbindlichkeit* (= Pflicht zur Rückgabe der ihm bei Dienstantritt ausgehändigten Bekleidungsstücke) und zur *Abwehr eines Schadensersatzanspruchs* benutzt habe[353]. Dem kann jedoch nicht zugestimmt werden: An der Zueignungsabsicht fehlt es schon deshalb, weil S sich keinerlei Eigentümerrechte angemaßt, die Mütze nie als ihm selbst, sondern stets *als dem Bund gehörend* besessen und zu keinem Zeitpunkt auch nur den Eindruck einer Eigentumsleugnung erweckt hat. Im Übrigen gilt zu den Sachwertgesichtspunkten das oben im **Fall 11** Gesagte entsprechend[354]. Auch hier kommt allenfalls eine Bestrafung wegen Betrugs in Betracht, wobei vor allem die subjektiven Voraussetzungen des § 263 kritisch zu prüfen sind.

191

f) Hinweise zum Selbststudium

Wie die erörterten Beispiele zeigen, bedarf es angesichts der Vielgestaltigkeit des deliktischen Zugriffs auf fremde Sachen stets einer *differenzierten* Beurteilung, bei der die **einzelnen Kriterien des Zueignungsbegriffs** je nach den Besonderheiten der unterschiedlichen Fallgruppen mehr oder weniger stark in den Vordergrund treten.

192

Abgrenzungsschwierigkeiten sind dabei unvermeidlich. Bei ihrer Lösung sollte man sich von der Vorstellung freimachen, dass das Bekenntnis zur (erweiterten) Substanztheorie oder zu einer der Vereinigungslehren jeweils nur *eine* verlässliche Antwort zulasse[355]. Dass das nicht so ist, zeigt die Tatsache, dass die Grenzfälle oft auch unter den Vertretern ein- und derselben Grundposition streitig sind.

Leitlinie sollte sein, die *notwendige* Ergänzung der Substanz- durch die Sachwertzueignung durch einen restriktiven Sachwertbegriff so eng zu halten, dass der Sachwert nicht mit jedem beliebigen Vorteil gleichgesetzt, sondern durch seine Beschränkung auf das lucrum ex re als Grenzstein zwischen Zueignungs- und Bereicherungsdelikten mit scharfen Konturen versehen wird[356]. Die Tragfähigkeit dieser Leitlinie lässt sich an den nachfolgend genannten **Grenzfällen** aus der Praxis erproben, die zum **ergänzenden Selbststudium** geeignet sind:

193

---

351 OLG München NJW 87, 1830.
352 S. *Wessels*, JZ 65, 631, 633 Fn 14.
353 OLG Frankfurt NJW 62, 1879; OLG Hamm NJW 64, 1427.
354 Näher BGHSt 19, 387, 388; OLG Celle NdsRpfl 64, 230; OLG Stuttgart NJW 79, 277; *Eser*, JuS 64, 477; *Wessels*, JZ 65, 631; vgl ferner *Ambos/Rackow*, JuS 08, 811 f; *Gropp*, Maiwald-FS S. 271 ff; *Bloy*, JA 87, 187; *Rudolphi*, Anm. JR 85, 252; *Schmidt*, BT II Rn 99; Übersicht bei *Hillenkamp*, BT 21. Problem.
355 S. dazu *Hillenkamp*, BT 21. Problem (Ausgangspunkt); *Rönnau*, JuS 07, 807.
356 S. zu den Argumenten gegen die Einbeziehung von Sachwertgesichtspunkten *Küper/Zopfs*, BT Rn 833 ff.

194 Entwendung eines zur Auslieferung bereitgestellten **Warenpakets** zu dem Zweck, es dem Adressaten als angeblicher *Bote* des Verkäufers zu überbringen, den Kaufpreis zu kassieren und diesen für sich zu verwenden: BayObLG JR 65, 26[357] bejaht Diebstahl mit zu weitem Sachwertbegriff.

195 Entwendung eines **Taschenbuch-Kriminalromans** aus dem Verkaufsstand eines Warenhauses in der (unwiderlegten) Absicht, das Buch nach dem Lesen ohne Gebrauchsspuren dort wieder einzustellen (= Entziehung des *Neuverkaufswertes*?): OLG Celle JZ 67, 503[358] bejaht Diebstahl. Dabei wird das Abschneiden nahe liegender Schutzbehauptungen durch eine Überdehnung des Sachwertbegriffes erreicht: auch zur Ansicht überlassene Bücher werden weiterhin als neu verkauft; Lesen entzieht dem Buch daher keine wesentliche Funktion[359].

196 Wegnahme eines **Verwarnungszettels** von der Windschutzscheibe eines anderen Autos, um ihn zwecks Täuschung der Ordnungshüter an dem in der Parkverbotszone abgestellten eigenen Kraftwagen anzubringen und später den vorherigen Zustand wieder herzustellen: OLG Hamburg NJW 64, 736 verneint zu Recht Diebstahl, weil es dem Täter nur um den Täuschungs-, nicht aber den Sachwert geht[360].

197 Zur Entnahme von Benzin an **Tankstellen mit Selbstbedienung** ist umstritten und noch nicht abschließend geklärt, ob die Übereignung des Benzins nach § 929 BGB – ist ein Eigentumsvorbehalt bis zur Zahlung nicht erklärt – schon beim **Einfüllen des Kraftstoffs**[361] oder erst bei **Zahlung des Kaufpreises** an der Kasse erfolgt[362]. Für die letztgenannte Auffassung spricht neben der Interessenlage die Vergleichbarkeit dieser Fälle mit dem Eigentumserwerb an Waren im Selbstbedienungsladen. Die strafrechtliche Beurteilung hängt dann allerdings von den jeweils gegebenen Tatumständen ab: Ist der Täter von Anfang an zahlungsunwillig, so liegt in seinem Verhalten eine konkludente Täuschung des ihn beobachtenden Tankstellenpersonals; das irrtumsbedingte **Zulassen des Tankens** führt hier zur Anwendbarkeit des § 263 (= sog. Besitzbetrug), hinter den § 246 zurück tritt[363]. Fasst der Täter bei Anwesenheit des Tankstellenpersonals erst nach der Benzinentnahme den Entschluss, sich ohne Zahlung des Kaufpreises unbemerkt zu entfernen, ist Raum für eine Unterschlagung des Kraftstoffs (§ 246), es sei denn, dass der Täter sich durch Irreführung des Tankstellenpersonals der Realisierung des Zahlungsanspruchs entzieht; im letztgenannten Fall greift wiederum § 263 ein[364]. Nutzt der zahlungsun-

---

357 Mit abl. Anm. *Schröder*; abl. auch *Krey/Hellmann/Heinrich*, BT II Rn 92 f; *Thoss*, JuS 96, 816; dem BayObLG zust. *Kindhäuser*, Geerds-FS S. 655, 667; *Otto*, Jura 96, 383; *Tenckhoff*, JuS 80, 723; *Wessels*, NJW 65, 1153.
358 = NJW 67, 1921 mit abl. Anm. *Deubner* = JR 67, 389 mit abl. Anm. *Schröder*.
359 Vgl dazu auch *Androulakis*, JuS 68, 409; *AnK-Kretschmer*, § 242 Rn 50; *Britz/Jung*, JuS 00, 1194 f; *Eisele*, BT II Rn 72; *Fahl*, JA 02, 649; *Hohn*, JuS 04, 982; *Kindhäuser*, § 242 Rn 108; *Mitsch*, BT II S. 5 f; *Rotsch*, Jura 04, 777, 779; *Widmann*, MDR 69, 529; *Zopfs*, ZJS 09, 650 ff; zu notwendigen Differenzierungen s. *Rengier*, BT I § 2 Rn 126 ff.
360 S. dazu *Baumann*, NJW 64, 705; *Jäger*, BT Rn 226 f; *Ilse Schünemann*, JA 74, 37; zum Betrug in solchen Fällen s. Rn 537.
361 So OLG Düsseldorf JR 82, 343; *Herzberg*, NJW 84, 896; *ders.*, NStZ 83, 251 und JA 80, 385; *Seier*, JA 82, 518; ob dann keine fremde Sache vorliegt, hängt vom hierfür maßgeblichen Zeitpunkt ab, s. *Heintschel-Heinegg*, JA 09, 903; *Küper/Zopfs*, BT Rn 446 mwN.
362 So OLG Hamm NStZ 83, 266; OLG Koblenz NStZ-RR 98, 364 mit Bespr. *Baier*, JA 99, 364; *Borchert/Hellmann*, NJW 83, 2799; *Charalambakis*, MDR 85, 975; *NK-Kindhäuser*, § 242 Rn 17, 45 ff; *Ranft*, JA 84, 1, 4; *S/S-Bosch*, § 246 Rn 7; offen gelassen in BGH NJW 83, 2827; zur Frage der Vermischung (§§ 948, 947, BGB) s. *Lange/Trost*, JuS 03, 964; Fallösung bei *Beulke*, II Rn 131 ff.
363 Näher BGH NJW 83, 2827; 84, 501; BGH NJW 12, 1092 mit Bespr. *Ernst*, JR 12, 473; *Hecker*, JuS 12, 1138; *Satzger*, JK 6/13, § 263 I StGB/101; *Sinn*, ZJS 12, 831; *v. Heintschel-Heinegg*, JA 12, 305; BGH BeckRS 13, 01331; OLG Köln NJW 02, 1059; für eine Unterschlagungslösung treten *Ast*, NStZ 13, 305 und *Ernst*, Jura 13, 454 ein; s. zum Ganzen auch *Rebler*, JA 13, 179.
364 OLG Düsseldorf JR 85, 207.

willige Täter dagegen eine momentane Abwesenheit des Tankstellenpersonals zum heimlichen, unbemerkt bleibenden Tanken aus, kommt mangels Täuschung und mangels einverständlicher Gewahrsamsübertragung ein Diebstahl in Betracht (§ 242 bzw §§ 242, 22)[365]. Nutzt ein Kunde einer vollautomatischen Selbstbedienungstankstelle einen Defekt des Abrechnungssystems zum „kostenlosen" Tanken mittels einer Bankkarte aus, liegt § 263a nicht vor (s. Rn 613, 617 jeweils aE). In einem solchen Fall einen Eigentumsvorbehalt daran zu knüpfen, dass der Tankstelleninhaber „hinsichtlich der Zahlung des Entgelts eine gesicherte Position erlangt"[366], ist eine eher lebensfremde Unterstellung.

Bei einer eigenmächtigen **In-Pfand-Nahme** von Sachen zwecks Durchsetzung einer Forderung wird Diebstahl zu Recht verneint, weil die Zueignungsabsicht ausgeschlossen ist, „wenn der Täter mit der Wegnahme der Sache diese nur als Mittel zur Erpressung des Tatopfers nutzen will, das fortbestehende Eigentum ... mithin anerkennt"[367]. 198

Beim **Spielen an Geldspielautomaten** unter Verwendung von rechtswidrig erlangten Kenntnissen über den Programmablauf kommen § 17 II Nr 2 UWG sowie § 263a in Betracht[368]. In diesen Fällen liegt kein Eigentumsdelikt vor (s. Rn 618 f)[369]. Dagegen ist bei „Überlistung" eines elektronischen Münzprüfers ein Diebstahl gegeben[370]. Abgrenzungsfragen zwischen § 242 zu § 263a stellen sich beim durch einen wieder herausziehbaren Geldschein „überlisteten" **Geldwechselautomaten**[371]. 199

6. Rechtswidrigkeit der erstrebten Zueignung

Die erstrebte **Zueignung** muss objektiv **rechtswidrig** sein. Daran fehlt es, wenn dem Täter ein gesetzliches Aneignungsrecht (zB nach § 910, §§ 954 ff BGB) zusteht[372], nach zutreffender Ansicht aber auch dann, wenn ihr ein *fälliger* und *einredefreier* **Anspruch auf Übereignung** der weggenommenen Sache zu Grunde liegt. Zwar kann der Täter den ihm geschuldeten Zustand im letzteren Fall rechtlich nicht herstellen[373], das von ihm verfolgte **Ziel** widerspricht dann im Endergebnis aber nicht der materiellen Eigentumsordnung, mag der zur Realisierung beschrittene Weg und der Einsatz **unerlaubter Mittel** auch zu missbilligen, ggf sogar als Nötigung (§ 240) strafbar sein[374]. Steht der Anspruch dem Täter zu, ist es gleichgültig, ob er in Selbst- oder Drittzueignungsabsicht handelt, da er zur Übertragung des Eigentums nach dessen 200

---

365 Zutr. *Schroeder*, JuS 84, 846; anders *Charalambakis*, MDR 85, 978, der auch bei dieser Sachlage Unterschlagung annimmt.
366 So OLG Braunschweig JR 08, 435, 436 mit zu Recht krit. Anm. *Niehaus/Augustin*.
367 S. BGH NStZ-RR 09, 51; BGH NJW 82, 2265; BGH NStZ-RR 98, 235; BGH NStZ 11, 36, 37; BGH NStZ-RR 12, 241; BGH HRRS 18, Nr 577. Ferner OLG Köln StV 90, 266: uU auch keine Nötigung; *Bernsmann*, NJW 82, 2214; *Gropp*, Anm. JR 85, 518 f; NK-*Kindhäuser*, § 242 Rn 82; aA M/R-*Schmidt*, § 242 Rn 31.
368 S. BGHSt 40, 331, 335; BayObLG JR 94, 289; *Achenbach*, Anm. JR 94, 293; *Mitsch*, JZ 94, 877; *Ranft*, JuS 97, 19; *Zielinski*, Anm. NStZ 95, 345 mwN.
369 S/S-*Bosch*, § 242 Rn 36a.
370 S. OLG Celle JR 97, 345 mit Anm. *Hilgendorf* und Fall 59 (Rn 616).
371 S. OLG Düsseldorf JR 00, 212 mit krit. Anm. *Otto*; *Biletzki*, NStZ 00, 424; *Kudlich*, JuS 01, 20.
372 *Fischer*, § 242 Rn 50; HK-GS/*Duttge*, § 242 Rn 49.
373 Klärend *Küper*, Gössel-FS S. 429, 441 ff.
374 Vgl BGHSt 17, 87, 89; BGH GA 1966, 211, 212; OLG Schleswig StV 86, 64; *Samson*, JA 80, 285, 292; S/S-*Bosch*, § 242 Rn 59; anders *Bockelmann*, BT I S. 23; *Hirsch*, JZ 63, 149, wonach zusätzlich die Voraussetzungen *erlaubter Selbsthilfe* – nach *Berster*, ZStW 128 (2016), 800 ff die des Notstands – notwendig sein sollen, dagegen zu Recht *Küper*, Gössel-FS S. 429, 439 f; s. zum Streitstand *Hillenkamp*, BT 22. Problem; ferner *Beulke*, III Rn 158.

Erwerb berechtigt und daher auch gleich zur Weiterleitung materiell „befugt" ist. Steht der Anspruch dem Dritten zu, will der Täter im Drittzueignungsfall dem Dritten nur verschaffen, was diesem „zukommt". Auch dann mangelt es folglich an der materiellen Eigentumsverletzung[375].

201 Hiernach ist die Rechtswidrigkeit der beabsichtigten **Zueignung** (= *normatives* Tatbestandsmerkmal) von der Rechtswidrigkeit der **Wegnahme** (= allgemeines Verbrechensmerkmal) sorgfältig zu unterscheiden. Verbotene Eigenmacht (§ 858 BGB) macht zwar die Wegnahme, nicht aber ohne Weiteres auch die erstrebte Zueignung rechtswidrig[376]. Ist die Zueignung von einem Notrecht (zB durch § 904 BGB) gedeckt, entfällt die Rechtswidrigkeit der Zueignung, da das Notrecht ein Recht auf Aneignung gewährt[377].

202 Bei **Gattungsschulden** ist zu beachten, dass der Anspruch des Gläubigers sich vor erfolgter Konkretisierung (§ 243 II BGB) nicht auf *bestimmte* Sachen, sondern nur auf die Leistung von Sachen **mittlerer Art und Güte** richtet (§ 243 I BGB) und dass dem ein auch wirtschaftlich bedeutsames Auswahlrecht des Schuldners entspricht. Verletzt der Gläubiger dieses Auswahlrecht, indem er sich eigenmächtig aus der Gattung befriedigt, so ist außer der Wegnahme auch die angestrebte Zueignung objektiv rechtswidrig[378]. Ob **Geldschulden** als *Wertsummenverbindlichkeit* eine Sonderstellung einnehmen oder wie Gattungsschulden zu behandeln sind, falls es nicht ausnahmsweise um die Lieferung einer bestimmten Geldsorte oder um individualisierte Münzen und Geldscheine geht, ist umstritten. Während die Rechtsprechung vom Charakter der Geldschuld als Gattungsschuld ausgeht, aber im Irrtumsbereich Besonderheiten zu Gunsten des zur Eigenmacht greifenden Täters gelten lässt[379], gewinnt in der Rechtslehre die **Wertsummentheorie** an Boden, wonach schon die *objektive Rechtswidrigkeit* der Zueignung entfallen soll, wenn der Täter einen fälligen **Anspruch auf die Wertsumme** der weggenommenen Münzen oder Geldscheine hat[380]. Für diese Auffassung spricht, dass es unter den genannten Voraussetzungen in aller Regel an einer *materiellen Interessenverletzung* fehlt, weil das in § 243 I BGB dem Schuldner vorbehaltene Auswahlrecht bei Geldschulden praktisch bedeutungslos ist[381]. Auf **vertretbare Sachen** schlechthin trifft das in dieser Allgemeinheit jedoch nicht zu, wie der Unmut eines Markthändlers über den aus einem Spargelangebot eigenmächtig auswählenden Kunden zeigt. Es ginge auch zu weit, alle Fälle des *eigenmächtigen Geldwechselns* pauschal aus dem „Schutzbereich der Norm" des § 242 herauszunehmen, da einem solchen Verhalten berechtigte Interessen des Geldeigentü-

---

375 Vgl *Dencker*, in *Dencker* ua, Einführung in das 6. StrRG 1998, S. 20 f; *Fischer*, § 242 Rn 50; *Krey/Hellmann/Heinrich*, BT II Rn 127; *Küper/Zopfs*, BT Rn 869; LK-*Vogel*, § 242 Rn 189; *Mitsch*, ZStW 111 (1999), 69 f; *Rengier*, BT I § 2 Rn 187; *Schmidt*, BT II Rn 115; aA MK-*Schmitz*, § 242 Rn 171.
376 BGH GA 1968, 121.
377 *Mitsch*, BT II S. 67 f; SK-*Hoyer*, § 242 Rn 98; nach *Krey/Hellmann/Heinrich*, BT II Rn 123; *Küper/Zopfs*, BT Rn 870 f nur das allgemeine Verbrechensmerkmal Rechtswidrigkeit *und* die Rechtswidrigkeit der Wegnahme.
378 HK-GS/*Duttge*, § 242 Rn 49; S/S/*Bosch*, § 242 Rn 59; aA LK-*Vogel*, § 242 Rn 42; NK-*Kindhäuser*, § 242 Rn 117 f; *Otto*, Jura 97, 496 f; diff. *Mitsch*, BT II S. 72 f.
379 BGHSt 17, 87, 88 ff; BGH GA 1962, 144; BGH StV 94, 128; 00, 78; 78, 79.
380 Näher *Roxin*, H. Mayer-FS S. 467; s. auch *Ebel*, JZ 83, 175; *Eisele*, BT II Rn 90; SK-*Hoyer*, § 242 Rn 105; S/S/W-*Kudlich*, § 242 Rn 51.
381 AnK-*Kretschmer*, § 242 Rn 65; *Kindhäuser/Böse*, BT II § 2 Rn 74; *Rengier*, BT I § 2 Rn 193; anders *Zöller*, BT Rn 38.

mers oder des Kassenverwalters entgegenstehen können[382], und ein Rückgriff auf den Rechtfertigungsgrund der **mutmaßlichen Einwilligung** insoweit zu sachgerechteren Lösungen führt.

In Bezug auf die **Rechtswidrigkeit der Zueignung** genügt einfacher Vorsatz unter Einschluss des *dolus eventualis*[383]. Dass sich der Vorsatz auf dieses die erstrebte Zueignung kennzeichnende und deshalb dem subjektiven Tatbestand des Diebstahls angehörige Merkmal beziehen muss, ergibt sich aus seiner objektiven Natur. Deshalb richtet sich die Beurteilung eines Irrtums nach den allgemeinen Regeln. Die Absicht *rechtswidriger* Zueignung ist folglich nach § 16 I 1 zu verneinen, wenn der Täter **irrtümlich glaubt**, einen fälligen und einredefreien Anspruch gerade auf die weggenommene Sache zu haben[384]. Dem steht bei der Drittzueignung die Vorstellung gleich, der Dritte habe diesen Anspruch. Im Zusammenhang mit Drogengeschäften ist dazu die neuere Rechtsprechung zu § 249 (s. Rn 355), zu § 263 (s. Rn 581) und zur Erpressung (s. Rn 718) zu beachten[385].

203

Die **irrige Annahme**, dass ein solcher Anspruch auch bei der **nicht konkretisierten Gattungsschuld** bestehe, ist **Verbotsirrtum**. Bei **Geldschulden** baut die Rechtsprechung dem Täter jedoch insofern *goldene Brücken*, als sie seine Fehlvorstellung in großzügiger Weise dem Tatbestandsirrtum gleichzustellen pflegt[386]. Dieses zutreffende Ergebnis lässt sich nur auf dem Boden der Wertsummentheorie ohne Widerspruch erzielen[387]. **Weiß der Täter nicht**, dass ihm ein fälliger und einredefreier Anspruch auf Übereignung der weggenommenen Sache (zB auf Grund eines Vermächtnisses gemäß § 2174 BGB) zusteht, kommt lediglich ein *untauglicher* Versuch des § 242 in Betracht[388].

7. Maßgeblicher Zeitpunkt in subjektiver Hinsicht

Die *Absicht* rechtswidriger Zueignung muss schon **bei der Wegnahme** vorhanden sein; wird sie erst später gefasst, kommt nur Unterschlagung in Betracht[389]. Gleiches gilt für den *Vorsatz*. Wer einen Mantel in der Meinung an sich genommen hat, es sei sein eigener und ihn nach Erkennen des Irrtums behält, ist nicht nach § 242, wohl aber nach § 246 zu bestrafen. Wegnahmevorsatz und Zueignungsabsicht beurteilen

204

---

382 *Krey/Hellmann/Heinrich*, BT II Rn 59; s auch *Joecks/Jäger*, § 242 Rn 61 f; *Schramm*, BT I § 2 Rn 69.
383 RGSt 49, 140, 142 f. IE nicht anders *Streng*, Heintschel-Heinegg-FS S. 428.
384 Krit. zu dieser Begründung *Gössel*, Zipf-GS S. 228; für analoge Anwendung des § 16 *Roxin*, AT I § 12 Rn 140 ff; wie hier *Fischer*, § 242 Rn 49; denkbares Fallbeispiel in BGH NStZ 15, 699 (vorausgezahlter „Dirnenlohn").
385 Ebenso LK-*Vogel*, § 242 Rn 131.
386 Vgl BGHSt 17, 87, 90 f; BGH GA 62, 144; 68, 121; BGH StV 88, 526, 529; 90, 407, 546; 91, 515; BGH NStZ 94, 128; OLG Schleswig StV 86, 64.
387 S. zu den Irrtumskonstellationen *Hillenkamp*, BT 23. Problem; vgl auch *Kudlich*, JuS 03, 243; *Küper*, JZ 13, 453; für Tatbestandsirrtum auch *Beulke*, III Rn 160; *Gropp*, Weber-FS S. 127, 138 f, 141 f.
388 *Kösch*, Der Status des Merkmals „rechtswidrig" 1999, S. 55, 221; aA *Gössel*, Zipf-GS S. 228: vollendeter Diebstahl; dagegen zu Recht *Küper*, Gössel-FS S. 429, 446 ff. Ein solcher ist gegeben, wenn auf der Grundlage der Vorstellung des Täters die erstrebte Zueignung rechtswidrig wäre; zur Abgrenzung des untauglichen Versuchs vom Wahndelikt bei sog. „Vorfeldirrtümern" s. LK-*Hillenkamp*, § 22 Rn 210 ff.
389 BGHSt 16, 190, 192 f; BGH GA 60, 82; 62, 78; BGH JR 99, 336, 338; BGH NStZ 11, 36, 37; BGH BeckRS 16, 118753; S/S-*Bosch*, § 242 Rn 66.

sich nach den Vorstellungen, die der Täter bei Vornahme der tatbestandlichen Handlung hat. Sie müssen nach den Grundsätzen zur Tatentschlossenheit beim Versuch bereits *endgültig* gefasst sein[390].

Wenn sich im Verlauf der Tatbegehung Änderungen in Bezug auf das Tatobjekt oder die Vorstellung des Täters von diesem ergeben, ist für die Beurteilung der Kongruenz von objektivem und subjektivem Tatbestand der Zeitpunkt der letzten Ausführungshandlung entscheidend[391]. Dass sich entgegen der ursprünglichen Annahme der weggenommene Gegenstand für die von den Tätern verfolgten Zwecke nicht eignet, entlastet die Täter infolge dessen nicht[392]. Hiervon zu unterscheiden ist allerdings der Fall, in dem sich der Zueignungswille auf in einem weggenommenen Behältnis vermutete Wertgegenstände (zB Geld im Tresor einer Apotheke) richtet, sich in dem Behältnis aber – wie sich später herausstellt – nur für die Täter wertlose (im Beispiel Medikamente) oder auch gar keine Sachen befinden. Erstreckte sich die Zueignungsabsicht nicht zugleich auf das Behältnis, liegt dann nur noch versuchter Diebstahl bezüglich der vermuteten Gegenstände vor[393].

V. Prüfungsaufbau: Diebstahl, § 242

204a

Diebstahl, § 242
  I. Tatbestand
    1. Objektiver Tatbestand
      a) Tatobjekt:
        - *Sache*
        - *beweglich*
        - *fremd*
      b) Tathandlung:
        - **Wegnahme**
        → **Bruch fremden Gewahrsams**
        Gewahrsam
        ⓟ faktischer oder sozial-normativer Begriff
        fremd
        ⓟ Mitgewahrsam
        Bruch
        ⓟ Einverständnis (Diebstahl ↔ Betrug)
        ⓟ durch Dritte (mittelbare Täterschaft ↔ Dreiecksbetrug)
        → **Begründung neuen Gewahrsams**
        Gewahrsam
        ⓟ Gewahrsamsenklave
        Begründung
        ⓟ Vollendung

---

390 S. dazu *Rengier*, BT I § 2 Rn 179 ff; zur Abgrenzung zwischen bloßer Tatgeneigtheit und Tatentschluss auf bewusst unsicherer Tatsachengrundlage s. LK-*Hillenkamp*, § 22 Rn 40 ff.
391 BGH NStZ 14, 516.
392 BGH NStZ 04, 386, 387.
393 So BGH BeckRS 17, 110830 (Apothekentresor); BGH BeckRS 17, 126969 (Schmuckkoffer); BGH HRRS 18, Nr 104 (Handtresor); BGH HRRS 18, Nr 521; s. auch BGH NStZ 00, 531; 04, 333; 06, 686; BGH BeckRS 18, 21441 (leerer Tresor), jeweils zum identischen Problem beim Raub; abw. LG Düsseldorf NStZ 08, 155, 156; s. dazu auch *Kudlich/Oğlakcıoğlu*, JA 12, 324 und Rn 138, 359 f.

2. **Subjektiver Tatbestand**
   a) **Vorsatz:**
      - *jede Vorsatzart*
      → Bedeutungskenntnis bzgl Fremdheit
   b) **Zueignungsabsicht:**
      - *Absicht rechtswidriger Zueignung*
      Aneignung
      → bzgl (zeitweiser) Anmaßung d. Eigentümerstellung
      Ⓟ Zueignungsgegenstand
      → dolus directus 1. Grades (Absicht)
      Enteignung
      → bzgl endgültiger Verdrängung d. Eigentümers
      Ⓟ Rückführungswille
      Ⓟ Zueignungsgegenstand
      → zumindest dolus eventualis
      zu eigenen Gunsten/zu Gunsten eines Dritten
      Rechtswidrigkeit der (beabsichtigten) Zueignung
      → fälliger, einredefreier Anspruch
      Ⓟ Gattungs-, Spezies-, Geldschuld
      Vorsatz bzgl Rechtswidrigkeit
      → Parallelwertung in der Laiensphäre
      Ⓟ Irrtum bzgl Anspruch/Konkretisierungsbefugnis

II. **Rechtswidrigkeit**
III. **Schuld**
IV. **Besonders schwerer Fall, § 243**

→ **Qualifikationen, §§ 244, 244a**

→ **Privilegierungen (Strafantrag, §§ 247, 248a)**

§ 3 Besonders schwere Fälle des Diebstahls

Fall 13: Drei Beamten der Deutschen Bundesbank, die innerhalb der Hauptkasse in verschiedenen Funktionen mit der Aussonderung und Vernichtung von nicht mehr umlauffähigen (beschmutzten oder beschädigten) Banknoten befasst waren, gelang es in den Jahren 1974 und 1975 in arbeitsteiligem Zusammenwirken, durch den Umtausch schon gelochter und zur Verbrennung bestimmter gegen noch ungelochte Banknoten Scheine im Wert von 2 200 000 DM aus dem Bereich der Bundesbank zu entwenden, die sie unter sich aufteilten.
Liegt ein besonders schwerer Fall des Diebstahls vor? **Rn 210a**

205

Fall 14: T betrat kurz nach Kassenschluss einen Supermarkt. Er beabsichtigte, in einem unbeobachteten Moment eine Kasse aufzubrechen und den Kasseninhalt an sich zu nehmen, erkannte aber auf Grund der im hinteren Teil des Marktes noch brennenden Leuchtröhren, dass die Kassenschubladen bereits geöffnet und entleert waren.
Ist T eines versuchten Diebstahls in einem besonders schweren Fall schuldig? **Rn 218**

205a

I. Die Reform des § 243 und die Bedeutung der Regelbeispielsmethode

1. Von der Qualifikation zu Regelbeispielen

206 Die heutige Fassung des § 243, die für *besonders schwere Fälle* des Diebstahls einen höheren Strafrahmen zur Verfügung stellt, bildet den für die Natur der Vorschrift maßgeblichen Übergang von der vormals *tatbestandlich* geformten **kasuistischen Qualifikations-** zur flexibel gehaltenen **Regelbeispielsmethode**[1] ab.

§ 243 aF enthielt eine **zwingende** Regelung und eine **abschließende** Umschreibung bestimmter Erschwerungsgründe in Form eines **Qualifikationstatbestandes**, dessen Verwirklichung die Tat zum *Verbrechen* werden ließ. Die dadurch bedingte Kasuistik führte bisweilen zu merkwürdigen und ungerechten Ergebnissen. So war zB mit Zuchthaus zu bestrafen, wer ein Auto aufbrach und *aus* ihm einen Regenschirm entwendete, nur mit Gefängnis wegen einfachen Diebstahls aber, wer das Auto mitsamt Regenschirm wegnahm, weil er nicht, wie es die Qualifikation vorsah, *aus* einem umschlossenen Raum, sondern diesen selbst stahl[2]. Solche Nachteile hielt der Gesetzgeber 1969 für gewichtiger als den Gewinn an Rechtssicherheit, dem die früher bevorzugte kasuistische Tatbestandsabwandlung ihre dominierende Rolle in der Gesetzestechnik verdankte[3]. Infolgedessen ist der Reformgesetzgeber in zunehmendem Maße zur Regelbeispielsmethode übergegangen, weil sie elastischer sei und im konkreten Fall gerechtere Ergebnisse verbürge. Es lässt sich zwar nicht leugnen, dass die Regelbeispielstechnik mit einer gewissen Einbuße an Rechtssicherheit verbunden ist, die ihr auch ablehnende Kritik eingebracht hat[4]. Der Gesetzgeber sollte aber gegenüber der Empfehlung, Regelbeispiele generell durch Qualifikationen zu ersetzen[5], auch weiterhin der Abwägung der Vor- und Nachteile beider Regelungstechniken im Einzelfall den Vorzug geben.

2. Regelbeispiele als Strafzumessungsregeln

207 § 243 kennt in seiner heutigen Fassung **keine zwingende Regelung** und **keine abschließende Aufzählung** der Erschwerungsgründe mehr. Nach seiner jetzigen Ausgestaltung ist ein *besonders schwerer Fall* des Diebstahls **nicht immer**, aber auch **nicht nur dann** anzunehmen, wenn ein erschwerender Umstand iS des § 243 I 2 Nrn 1–7 erfüllt ist. Die Verwirklichung eines solchen Regelbeispiels hat lediglich indizielle Bedeutung. Dies besagt, dass beim Vorliegen eines Regelbeispiels die Bejahung und bei seinem Fehlen die Verneinung eines *besonders schweren Falles* **angezeigt** (= *indiziert*) ist. Ersteres pflegt man den Eintritt der **Regelwirkung** zu nennen.

Bildlich gesprochen stehen die Regelbeispielsgruppen zwischen den *tatbestandlichen* Qualifikationen (Beispiel: § 244) und den *unbenannten* Strafänderungsgründen (Beispiel: § 212 II).

---

1 S. dazu *Gössel*, Hirsch-FS S. 186; der Übergang wurde schon durch das 1. StrRG vom 25.6.1969 vollzogen.
2 S. dazu *Hillenkamp*, Die Bedeutung von Vorsatzkonkretisierungen, 1971, S. 18 sowie *Maurachs* besorgten Brief an einen Verbrecher in JZ 62, 380.
3 Vgl *Wessels*, Maurach-FS S. 295.
4 Näher *Arzt*, JuS 72, 385 ff; *Blei*, Heinitz-FS S. 419; *Maiwald*, NStZ 84, 433; *Montenbruck*, NStZ 87, 311; R. *Schmitt*, Tröndle-FS S. 313; *Wessels*, Maurach-FS S. 295 ff und *Wessels/Beulke/Satzger*, AT Rn 171, 173; abl. *Calliess*, JZ 75, 112 ff; *Freund*, ZStW 109 (1997), 471; *Hettinger*, Entwicklungen im Straf- und Strafverfahrensrecht der Gegenwart 1997, S. 35.
5 So *Hirsch*, Gössel-FS S. 287; *Zieschang*, Jura 99, 567; wie hier *Eisele*, Die Regelbeispielsmethode im Strafrecht 2004, S. 416, 446.

Ihre Umschreibung im Gesetz ähnelt zwar derjenigen von Tatbestandsmerkmalen; sachlich fehlt ihnen aber der „Tatbestands"-Charakter, für den das Vorliegen einer *zwingenden* und *abschließenden* Regelung unerlässlich[6] und für die das Gesetzlichkeitsprinzip (§ 1) maßgeblich ist (s. dazu Fn 16).

Die hM erblickt in den Regelbeispielen mit Recht nur **Strafzumessungsregeln**, deren Bedeutung sich auf die Auswahl des **Strafrahmens** und auf das **Strafmaß** beschränkt[7]. Daraus folgt, dass § 16 I auf vorsatzbezogene Regelbeispiele wie die des § 243 I nicht unmittelbar, sondern nur *entsprechend* anzuwenden ist[8].

208

Die **Regelbeispielsmethode** fußt auf dem Grundsatz der **Gesamtwürdigung** von **Tat und Täter**[9]. Sind die Merkmale eines Regelbeispiels erfüllt, tritt die sog. **Regelwirkung** ein. Die ihr entsprechende Annahme eines *besonders schweren Falles* bedarf keiner weiteren (= zusätzlichen) Begründung, weil sie sich mit der generellen gesetzlichen Bewertung deckt. Der Richter hat allerdings zu **prüfen**, ob nicht besondere Umstände innerhalb des Tatgeschehens oder in der Person des Täters vorliegen, die den Unrechts- oder den Schuldgehalt der Rechtsverletzung so sehr mindern, dass die indizielle Wirkung des Regelbeispiels erschüttert ist. Wo das zutrifft, ist die Abweichung von der Regel zulässig, vom Richter aber näher zu **begründen**[10]. Dabei ist von maßgeblicher Bedeutung, dass die Tat in Blick auf *den Schutzzweck der Beispielsnorm* hinter dem schweren Fall zurückbleibt[11]. Daneben können aber auch Umstände Berücksichtigung finden, die auch sonst zu Privilegierungen oder (benannten) minder schweren Fällen oder zur Strafminderung führen[12].

209

Fehlt es an den Voraussetzungen eines Regelbeispiels, wie etwa im Rahmen des § 243 I 2 Nr 1 deshalb, weil das Verhalten des Täters weder als *Einbrechen* noch als *Einsteigen* anzusehen ist oder weil er das Gebäude nicht mithilfe eines falschen, sondern des richtigen Schlüssels betreten hat, so scheidet die Bejahung eines *besonders schweren Falles* in der Regel aus, ohne dass dies näher zu begründen wäre. Der Richter ist hier aber **nicht gehindert**, das Vorliegen eines *besonders schweren Falles* anzunehmen, wenn **sonstige** – im Gesetz nicht erfasste – Erschwerungsgründe hinzukommen, die dem Leitbild der Regelbeispiele und damit dem gerade ihnen eigenen Schutzzweck qualitativ entsprechen und die den Unrechts- **und** Schuldgehalt der Tat so sehr steigern, dass die Anwendung des normalen Strafrahmens unangemessen wä-

210

---

6   Vgl BGHSt 29, 359, 368; *Wessels/Beulke/Satzger*, AT Rn 168.
7   BGHSt 23, 254, 256; 26, 104, 105; 33, 370, 373; A/W *Heinrich*, § 14 Rn 16; BK-*Wittig*, § 243 Rn 1; *Fischer*, § 243 Rn 2; *Gössel*, Hirsch-FS S. 196 f; LK-*Vogel*, § 243 Rn 3 ff; MK-*Schmitz*, § 243 Rn 2, 4; M/R-*Schmidt*, § 243 Rn 1; *Rengier*, BT I § 3 Rn 1; *Schramm*, BT I § 2 Rn 79; SK-*Hoyer*, § 243 Rn 1; S/S-*Kinzig*, vor §§ 38 ff Rn 47; S/S/W-*Kudlich*, § 243 Rn 1; *Zöller*, BT Rn 40; anders *Calliess*, JZ 75, 112; *ders.*, NJW 98, 929; *Eisele*, Die Regelbeispielsmethode im Strafrecht 2004, S. 181, 189; *ders.*, JA 06, 311 f; *Jakobs*, AT 6/99; *Kindhäuser*, Trifterer-FS S. 123; *Kindhäuser/Böse*, BT II § 3 Rn 4; s. zum Streit auch *Eisele*, BT II Rn 96–99.
8   *Roxin*, AT I § 12 Rn 143; *Zopfs*, Jura 07, 421; für direkte Anwendung *Eisele*, Die Regelbeispielsmethode im Strafrecht 2004, S. 284; jedenfalls (direkt oder analog): NK-*Puppe*, § 15 Rn 17.
9   Vgl BGHSt 28, 318, 319; 29, 319, 322.
10 § 267 III 3 StPO; s. zur Prüfungspflicht BGH HRRS 16, 371 (Nr 762); zur Begründungspflicht BGH JZ 87, 366.
11 BGH StV 89, 432.
12 BGH NStZ-RR 03, 297; OLG Frankfurt a.M. NStZ-RR 17, 12 (vertypte Strafmilderungsgründe); enger MK-*Schmitz*, § 243 Rn 6; ausführlich *Eisele*, Die Regelbeispielsmethode im Strafrecht 2004, S. 267 ff.

re[13]. Wer dem Richter *diese* nicht auf bloße Merkmalsähnlichkeit[14], sondern auf enge Anlehnung an das geregelte Leitbild verpflichtete und daher als „Erfindungsrecht" überzogen gekennzeichnete *Möglichkeit* aus verfassungsrechtlicher Sicht bestreitet[15], erstreckt das Gesetzlichkeitsprinzip zu Unrecht auf Strafzumessungsregeln, die man auch deshalb nicht als eine unselbstständige qualifizierende Unrechtsvertypung bezeichnen sollte[16]. Zudem bringt man die Regelbeispielstechnik mit der damit verbundenen Beschränkung, nur eine negative Abweichung (Rn 209) zuzulassen, um einen die Einzelfallgerechtigkeit gleichgewichtig verbürgenden Vorteil. Auch dem Vorschlag, so wenigstens de lege ferenda zu verfahren[17], sollte man deshalb nicht folgen.

210a Im BGHSt 29, 319 nachgebildeten **Fall 13** waren die drei Beamten in der ersten Instanz nur wegen *einfachen* Diebstahls verurteilt worden. Der BGH beanstandete die Nichtanwendung des § 243 I mit folgenden Hinweisen: Auch bei Fehlen eines Regelbeispiels könne ein *besonders schwerer Fall* des Diebstahls gegeben sein. Maßgebend dafür sei, ob das **gesamte Tatbild** einschließlich aller subjektiven Momente und der **Täterpersönlichkeit** vom Durchschnitt der gewöhnlich vorkommenden Fälle so sehr abweiche, dass die Anwendung des strengeren Ausnahmestrafrahmens geboten sei. Die Annahme eines solchen Falles könne unter den hier gegebenen Umständen deshalb nahe liegen, weil die Täter als **Amtsträger** Sachen von **besonders hohem Wert** gestohlen hätten, die ihnen in ihrer Eigenschaft als Amtsträger zugänglich und anvertraut gewesen seien. Neben der Frage, in welchem Maße das Opfer durch den Diebstahl getroffen werde, falle hier ins Gewicht, dass das Vertrauen der Allgemeinheit in die Integrität der Deutschen Bundesbank als Hüterin der Währung durch eine derartige „Selbstbedienung" ihrer Beamten nachhaltig beeinträchtigt werde. Danach ist hier ein atypischer besonders schwerer Fall zu bejahen, der sich an dem durch § 243 gewährleisteten Schutz vor mit hoher krimineller Energie begangenen Diebstählen und an gesicherten belastenden Strafzumessungstatsachen wie dem Missbrauch einer Vertrauensstellung als Amtsträger (vgl § 263 III 2 Nr 4) orientiert.

3. Problematik des Versuchs

211 Verwendet der Gesetzgeber die Regelbeispielstechnik, sind im Bereich des Versuchs zwei Fragen auseinanderzuhalten. Zum einen ist zu klären, wann der erhöhte Strafrahmen auf einen Versuch anwendbar, zum anderen, wann durch den Beginn der Regelbeispielsverwirklichung zur Erfüllung des Tatbestandes unmittelbar angesetzt ist.

---

13 Vgl BGHSt 29, 319, 322; BGHSt 61, 166, 173; OLG Düsseldorf JR 00, 212; OLG Dresden NStZ-RR 15, 212; *Hilgendorf/Valerius*, § 3 Rn 4 ff; HK-GS/*Duttge*, § 243 Rn 1; *Lackner/Kühl*, § 46 Rn 14; *Wessels*, Maurach-FS S. 295, 302 und Lackner-FS S. 423; ausführlich *Eisele*, Die Regelbeispielsmethode im Strafrecht 2004, S. 225 ff; *Mitsch*, BT II S. 82 f; enger MK-*Schmitz*, § 243 Rn 7; SK-*Hoyer*, § 243 Rn 9 ff.
14 S. zum Analogieverbot A/W-*Heinrich*, § 14 Rn 19; zur Zulässigkeit engerer wie weiterer Analogie s. *Eisele*, BT II Rn 104–106
15 *Calliess*, NJW 98, 935; *Heghmanns*, Rn 1083; s. auch *Zieschang*, Jura 99, 563.
16 So aber *Kindhäuser*, § 243 Rn 1, 5 mit der Folgerung, dass zB § 16 direkt anwendbar sei; ebenso *Eisele*, Die Regelbeispielsmethode im Strafrecht 2004, S. 181, 189, 284; das **BVerfG** (E 45, 363, 372 f; NJW 08, 3627 f) erklärt das **Gesetzlichkeitsprinzip** auf die Strafzumessungsregel des besonders schweren Falls zwar für anwendbar, den Bestimmtheitsgrundsatz aber für nicht verletzt; s. zu Bedenken HK-GS/*Duttge*, § 243 Rn 2; *Kindhäuser*, § 243 Rn 2; *Kleszczewski*, BT § 8 Rn 112.
17 *Freund*, ZStW 109 (1997), 471.

a) Versuch als besonders schwerer Fall

Einen *Versuch* des § 243 *als solchen* gibt es begrifflich nicht, da diese Vorschrift als Strafzumessungsregel keinen Tatbestand bildet[18]. Der **Versuch eines Diebstahls** (§§ 242 II, 22) kann unter den Voraussetzungen des § 243 I aber durchaus einen *besonders schweren Fall* darstellen[19]; denn wenn auch § 243 I 1 von einem „Diebstahl" und § 243 I 2 Nrn 2–7 davon sprechen, dass der Täter die Sache „stiehlt", so ist mit diesen eine vollendete Tat nahe legenden Formulierungen als Anknüpfungspunkt für die Anwendung der Zumessungsregel der nur versuchte Diebstahl nicht ausgeschlossen. Sähe man es anders, wäre die von § 23 II eröffnete Möglichkeit, auch beim Versuch den Strafrahmen der vollendeten Tat auszuschöpfen, ausgerechnet für den Fall abgeschnitten, in dem schon beim Versuch ein Regelbeispiel vollständig erfüllt worden ist. Das leuchtet nicht ein[20]. Im Übrigen ist das Ausbleiben der Vollendung nicht notwendig ein Gegenindiz für geringere Schuld. Der Eintritt der **Regelwirkung** sollte hier allerdings von der *vollständigen* Verwirklichung des Regelbeispiels abhängig gemacht und nicht schon deshalb bejaht werden, weil der *Wille* dazu vorhanden war[21].

212

Im Einzelnen sind hierzu *drei* Fallgestaltungen zu unterscheiden:

(1) Bei einem **Diebstahlversuch** sind die Merkmale eines Regelbeispiels bereits voll verwirklicht worden. **Beispiel:** A ist zum Zweck des Diebstahls mithilfe eines Dietrichs in das Geschäft des B eingedrungen, wird aber gestört und ergreift die Flucht, bevor er etwas hat wegnehmen können.

213

Gegen den Eintritt der Regelwirkung bestehen hier keine Bedenken[22], sodass A wegen versuchten Diebstahls in einem *besonders schweren Fall* bestraft werden kann (§§ 242, 22 in Verbindung mit § 243 I 2 Nr 1)[23].

(2) Bei einem zur Vollendung gelangten Diebstahl ist die **beabsichtigte** Verwirklichung eines **Regelbeispiels** im „Versuchsstadium" stecken geblieben. **Beispiel:** Bei dem Versuch, die Eingangstür am Geschäft des B mit einem Dietrich zu öffnen, stellt A zu seiner Überraschung fest, dass die Tür gar nicht abgeschlossen ist. So kommt er mühelos in das Gebäude hinein, aus dessen Räumen er Bargeld und Schmuck entwendet.

214

---

18   Missverständlich BayObLG NStZ 97, 442; zutr. BGH NStZ-RR 97, 293 zu § 176 III aF; *Fischer*, § 46 Rn 97; *Hohmann/Sander*, BT I § 1 Rn 164.
19   Vgl OLG Köln MDR 73, 779; ebenso A/W-*Heinrich*, § 14 Rn 36; aA *Arzt*, JuS 72, 517; *Calliess*, JZ 75, 118; *Degener*, Stree/Wessels-FS S. 305, 326 ff.
20   S. *Küper*, JZ 86, 520; LK-*Hillenkamp*, vor § 22 Rn 143 f; iE ebenso *Eisele*, Die Regelbeispielsmethode im Strafrecht 2004, S. 302 f; *Sternberg-Lieben*, Jura 86, 185; *Zipf*, JR 81, 121.
21   Ebenso die früher hM; vgl BayObLG JR 81, 118; OLG Düsseldorf NJW 83, 2712; OLG Stuttgart NStZ 81, 222; *Blei*, BT § 54 III; *Wessels*, Maurach-FS S. 295, 306. **Anders** BGHSt 33, 370, 376 f (s. zu dieser Entscheidung *Eckstein*, JA 01, 548); *Eisele*, BT II Rn 151; *Fabry*, NJW 86, 15; *Jäger*, BT Rn 261; *Kindhäuser/Böse*, BT II § 3 Rn 55 ff; *Kindhäuser*, Trifterer-FS S. 123; *Maurach/Schroeder/Maiwald*, BT I § 33 Rn 107; *Zipf*, Anm. JR 81, 119. **Krit. bzw abl. zu BGHSt 33, 370:** *Arzt*, Anm. StV 85, 104; *Graul*, JuS 99, 852; H-H-*Kretschmer*, Rn 835; *Hohmann/Sander*, BT I § 1 Rn 178; *Krey/Hellmann/Heinrich*, BT II Rn 161 f; *Küper*, JZ 86, 518; *Lackner/Kühl*, § 46 Rn 15; MK-*Schmitz*, § 243 Rn 87 ff; *Maurach/Gössel*, AT § 40 Rn 120 ff; *Otto*, Jura 89, 200; *Rengier*, BT I § 3 Rn 52 f; *Schmidt*, BT II Rn 161; *Wessels*, Lackner-FS S. 423; *Zöller*, BT Rn 58; *Zopfs*, GA 1995, 320.
22   Vgl BGH NStZ 85, 217; A/W-*Heinrich*, § 14 Rn 37 f; *Rengier*, BT I § 3 Rn 51; aA aber *Arzt*, Anm. StV 85, 104 und JuS 72, 385, 517.
23   Zur Möglichkeit der Strafmilderung gemäß §§ 23 II, 49 I s. OLG Köln MDR 73, 779; *Fischer*, § 46 Rn 104.

Als die früher geltende Fassung des § 243 noch *tatbestandliche* Qualifikationen mit einer abschließenden und zwingenden Regelung zum „schweren Diebstahl" enthielt, hätte man bei einem solchen Sachverhalt Tateinheit zwischen vollendetem einfachen Diebstahl (§ 242) und versuchtem schweren Diebstahl annehmen können (§§ 243 I 2 Nr 3, 43 aF). Diese Möglichkeit ist jetzt entfallen, da Regelbeispiele keine „Tatbestände" sind und § 22 das Ansetzen zu ihrer Verwirklichung nicht gesondert erfasst. Einen vollendeten Diebstahl in einem *versuchten* „besonders schweren Fall" kennt das heute geltende Recht nicht. Fraglich kann daher nur sein, ob bei einem vollendeten Grunddelikt die Indizwirkung von Regelbeispielen auch dann durchgreift, wenn diese zwar nicht vollständig erfüllt sind, der Wille zu ihrer Realisierung aber bestand und in der Form des „Ansetzens" betätigt worden ist. BGHSt 33, 370, 375 hat sich einer Stellungnahme hierzu enthalten[24]; mit der hM[25] ist der Eintritt der Regelwirkung hier jedoch zu *verneinen*. Für den Unrechtsgehalt der Tat ist es nämlich keineswegs belanglos, ob der Täter ein erfolgsbezogenes Regelbeispiel vollständig verwirklicht oder dazu bloß „angesetzt" hat. Das zeigt ein Vergleich mit dem oben erörterten **Beispiel (1)**: Dort hat der Täter die Schutzvorkehrungen, die der Bestohlene zur Sicherung seines Gewahrsams getroffen hatte, erfolgreich überwunden, das darin enthaltene Unrecht also verwirklicht. Im **Beispiel (2)** brauchte A dagegen keine hinderliche Barriere zu überwinden; da B die Eingangstür nicht verschlossen hatte, wird er sich sagen müssen, er habe es dem Täter durch eigene Nachlässigkeit leicht gemacht, bei ihm einzudringen und ihn zu bestehlen, Grund, von Unrechts-, Schuld- und entsprechender Strafminderung zu reden[26]. Diesen Unterschied im Unwertgehalt der Tat würde man einebnen, wenn man den Eintritt der Regelwirkung in beiden Fällen ohne Rücksicht darauf bejahen wollte, dass die Voraussetzungen des § 243 I 2 Nr 1 allein im **Beispiel (1)** vollständig erfüllt sind, während es im **Beispiel (2)** am diesbezüglichen Erfolgsunwert fehlt. Das spricht dafür, im letztgenannten Fall bei der Verurteilung wegen **vollendeten Diebstahls** lediglich den **Strafrahmen des § 242** anzuwenden, der weit genug ist, um auch dem Umstand gerecht werden zu können, dass A zur Verwendung eines Dietrichs entschlossen war und dazu bereits „angesetzt" hatte[27]. Will man den Strafrahmen des § 243 eröffnen, muss man die Voraussetzungen eines atypischen schweren Falls (s. Rn 210) bejahen[28].

215 (3) Weder der geplante Diebstahl noch das in Aussicht genommene Regelbeispiel sind über das **Versuchsstadium** hinausgelangt. **Beispiel:** Bei dem Versuch, die Eingangstür zum Geschäft des B mit einem Dietrich zu öffnen, ist der zum Stehlen entschlossene A überrascht und festgenommen worden.

Vom Standpunkt der früher hM[29] aus wäre A hier nur nach §§ 242 II, 22 zu bestrafen, während die Gegenansicht über die Regelwirkung des § 243 I 2 Nr 1 das Vorliegen

---

24 S. dazu *Rengier*, BT I § 3 Rn 56; *Zopfs*, GA 1995, 324.
25 S. *Beulke*, III Rn. 113; *Joecks/Jäger*, § 243 Rn 50; MK-*Schmitz*, § 243 Rn 89; *Schmidt*, BT II Rn 161; S/S-*Bosch*, § 243 Rn 44; S/S/W-*Kudlich*, § 243 Rn 40; *Zopfs*, Jura 07, 423; s. auch BGH NStZ-RR 97, 293 mit zust. Bespr. *Graul*, JuS 99, 852, 856; aA *Eisele*, BT II Rn 153.
26 S. *Hillenkamp*, Vorsatztat und Opferverhalten 1981, S. 297 ff, 306; *ders.*, ZStW 129 (2017), 596, 622 ff.
27 S. dazu ua BayObLG JR 81, 118; *Küper*, JZ 86, 518, 525; *Otto*, BT § 41 Rn 36; *Sternberg-Lieben*, Jura 86, 183 mwN.
28 So SK-*Hoyer*, § 243 Rn 54; S/S-*Bosch*, § 243 Rn 44; zust. *Kindhäuser*, § 243 Rn 49.
29 S/S-*Eser/Bosch*, 29. Aufl., § 243 Rn 44; der Sache nach liegt sie, allerdings mit deliktsspezifischer Begründung, auch BGH StV 07, 132 und BGH NStZ-RR 09, 206 (zu § 263) zugrunde, s. dazu *Eisele*, BT II Rn 151; *Rengier*, BT I § 3 Rn 53 und hier Rn 594; auch heute erfährt BGHSt 33, 370 überwiegend Widerspruch, s. AnK-*Kretschmer*, § 243 Rn 28; *Zopfs*, Jura 07, 423 mwN.

eines versuchten Diebstahls in einem *besonders schweren Fall* bejaht[30]. Zu der letztgenannten Auffassung hat sich auch BGHSt 33, 370 bekannt.

Nach dieser Entscheidung liegt es einerseits nahe, Regelbeispiele weitgehend wie Tatbestandsmerkmale zu behandeln, da sie jedenfalls *tatbestandsähnlich* seien und sich im Wesen nicht tiefgreifend von selbstständigen Qualifikationstatbeständen unterschieden[31]. Andererseits ermögliche es diese Rechtsauffassung, § 243 in Fällen des *versuchten* Diebstahls einfach und einheitlich anzuwenden, sodass es bei der Bestrafung nicht darauf ankomme, ob der Erschwerungsgrund an eine Handlung des Täters (§ 243 I 2 Nrn 1 und 6) oder an eine Eigenschaft des Diebstahlsobjekts gebunden sei (§ 243 I 2 Nrn 2, 5 und 7).

Der letztere Hinweis des BGH hat aus der Sicht der Strafrechtspraxis sicher Gewicht. Der benannte Vorteil wiegt indessen die Bedenken nicht auf, die gegen den BGH sprechen. Im Endeffekt läuft die Entscheidung auf eine Korrektur des Gesetzes und dh darauf hinaus, im Wege der Analogie zu §§ 22, 23 II dem bloßen „Ansetzen" zur Verwirklichung eines Regelbeispiels die gleiche Indizwirkung beizulegen wie seiner vollständigen Verwirklichung. Dafür fehlt es aber an einer tragfähigen Begründung. Im Bereich der **Strafzumessung** kommt es auf die **Tatbestandsnähe** der Regelbeispiele nicht an; sie hat nur für die Frage Bedeutung, ob der Versuch des einschlägigen **Grunddelikts** schon mit dem „Ansetzen" zur Verwirklichung eines Regelbeispiels beginnt[32].

Prüft man die Konsequenzen, zu denen die Rechtsauffassung des BGH führt, stößt man auf weitere Bedenken. Stellt man nämlich im Bereich des § 243 beim Eintritt der Regelwirkung entscheidend auf den Entschluss und das Vorstellungsbild des Täters ab, so erstreckt sich der strengere Strafrahmen auch auf Irrtumsfälle, dh auf die nur vermeintliche Erfüllung eines Regelbeispiels. Bei § 243 I 2 Nr 1 käme es dann nicht mehr darauf an, ob der Täter mithilfe eines „falschen" oder durch unbefugte Benutzung des „richtigen" Schlüssels in den geschützten Raum gelangt ist; es würde genügen, dass er den Schlüssel *für falsch gehalten* hat[33]. Auch die Frage, ob das einschlägige Regelbeispiel objektiv erfüllt war oder nicht, brauchte künftig nicht mehr aufgeklärt zu werden, sofern nur feststeht, dass der Angeklagte mindestens zur Ausführung eines entsprechenden Entschlusses angesetzt hatte. Vollständige, versuchte und vermeintliche Erfüllung eines Regelbeispiels stünden danach vollkommen gleich. Trotz der ganz unterschiedlichen Sachlage käme es letzten Endes nur noch auf den bösen Willen und dessen Betätigung an.

Die Ansicht, die beim Eintritt der Regelwirkung zwischen der vollständigen und bloß teilweisen Verwirklichung eines Regelbeispiels unterscheidet, verdient daher den Vorzug. Sie ebnet die aus der jeweiligen Sachlage folgenden Unterschiede nicht ein, nur um § 243 „in Fällen des versuchten Diebstahls einfach und einheitlich anzuwenden"[34]. Das gilt mit ent-

---

30 *Eisele*, Die Regelbeispielsmethode im Strafrecht 2004, S. 331 ff; *Fabry*, NJW 86, 15; *Kindhäuser*, § 243 Rn 51; LK-*Vogel*, § 243 Rn 72; *Maurach/Schroeder/Maiwald*, BT I § 33 Rn 107; SK-*Hoyer*, § 243 Rn 54; zweifelnd S/S/W-*Kudlich*, § 243 Rn 41; abl. *Hohmann/Sander*, BT I § 1 Rn 177 f; *Mitsch*, BT II S. 89.
31 Eine Aussage, die sich zu Regelbeispielen bei anderen Delikten nicht findet, s. *Zöller*, BT Rn 57 mit Verweis auf BGH NStZ-RR 97, 293; BGH NStZ 03, 602; BGH StV 07, 132.
32 Vgl *Wessels/Beulke/Satzger*, AT Rn 945 ff, 959.
33 LK-*Hillenkamp*, vor § 22 Rn 144.
34 So aber BGHSt 33, 370, 375.

sprechender Begründung auch im **Fall 14**, in dem es freilich anders als in BGHSt 33, 370 noch nicht einmal zur *Teilverwirklichung* des hier einschlägigen Regelbeispiels des Stehlens einer durch ein verschlossenes Behältnis gesicherten Sache (§ 243 I 2 Nr 2) gekommen ist. Um eine Parallele zu dem der Entscheidung des BGH zugrunde liegenden Fall, in dem mit dem Einbruch bereits begonnen war, handelt es sich deshalb nur dann, wenn man mit einer den Versuchsbeginn und das „Ansetzen" zur Regelbeispielsverwirklichung weit vorverlagernden und daher zweifelhaften Auffassung schon im Betreten des Supermarktes und der Inaugenscheinnahme der Kassen ein unmittelbares Ansetzen zur Wegnahme der gesicherten Sachen sieht[35]. Das BayObLG[36] tut das und folgt mit seiner Annahme eines versuchten Diebstahls in einem besonders schweren Fall dann der Auffassung des BGH. Bei Zugrundelegung der hier vertretenen Meinung kann man zum *gleichen Ergebnis* nur gelangen, wenn hinreichende Anhaltspunkte für einen atypischen besonders schweren Fall vorliegen[37]. Das war in beiden zitierten Entscheidungen aber nicht der Fall.

b) Versuchsbeginn

219 Auf einer ganz anderen Ebene liegt die im Zusammenhang mit **Fall 14** schon angedeutete Frage, **wann** der **Versuch beginnt**. Hier kann zweifelhaft sein, ob das Versuchsstadium bereits dann erreicht ist, wenn der Täter noch nicht mit der eigentlichen Wegnahme begonnen, sondern erst zur Verwirklichung eines Regelbeispiels „angesetzt" hat. Akut wird das zB dort, wo der Täter während des Einbrechens oder Einsteigens überrascht und von der Tatvollendung abgehalten wird. Nach § 22 kommt es insoweit allein darauf an, ob im Beginn des *Einbrechens* oder *Einsteigens* ein **unmittelbares Ansetzen zur Verwirklichung des Diebstahlstatbestandes**, und dh zur Wegnahme iS des § 242, liegt. Keinen Beifall verdient deshalb die Formulierung, das strafbare Versuchsstadium sei stets erreicht, sobald der Täter mit der Verwirklichung des Erschwerungsgrundes beginne[38]. Da § 22 allerdings auch Ausführungshandlungen erfasst, die noch nicht selbst „tatbestandsmäßig" sind, aber im *unmittelbaren Vorfeld* der Tatbestandsverwirklichung liegen, *kann* die Grenze zwischen Vorbereitung und Versuch naturgemäß auch schon mit dem Beginn des Einbrechens, Einsteigens usw überschritten sein, sofern dieses Ansetzen zur Tat nach dem Gesamtplan des Täters bei ungestörtem Verlauf *unmittelbar anschließend* zur „Wegnahme" iS des § 242 führen sollte[39].

---

35 Dagegen zu Recht *Wolters*, Anm. JR 99, 39; s. auch LK-*Hillenkamp*, § 22 Rn 107.
36 NStZ 97, 442 mit Anm. *Sander/Malkowski*, NStZ 99, 36 und Bespr. *Graul*, JuS 99, 852.
37 Vgl dazu BGHSt 29, 319, 322; *Lackner/Kühl*, § 46 Rn 14.
38 So aber OLG Hamm MDR 76, 155 mit abl. Anm. *Hillenkamp*, MDR 77, 242; der Rechtspr. zuneigend LK-*Vogel*, § 243 Rn 74; zu Recht stellt BGH HRRS 14, 458 f (Nr 1106) daher auch bei §§ 244, 244a auf das unmittelbare Ansetzen zur Wegnahmehandlung ab, da er es bei Verwirklichung eines (sonstigen) Tatbestandsmerkmals noch fehlen kann; ebenso BGH BeckRS 16, 20061 mit Anm. *Eisele*, JuS 17, 175; *Engländer*, NStZ 17, 87; *Kudlich*, JA 17, 152; *Satzger*, Jura (JK) 17, 1238; OLG Hamburg NStZ 17, 584, 585.
39 Vgl LK-*Hillenkamp*, § 22 Rn 127 f; ferner *Beulke*, III Rn 111 f; BK-*Wittig*, § 243 Rn 31; HK-GS/*Duttge*, § 243 Rn 63; *Mitsch*, BT II S. 90 f; MK-*Schmitz*, § 243 Rn 91, *Rengier*, BT I § 3 Rn 57; SK-*Hoyer*, § 243 Rn 55; S/S-*Bosch*, § 243 Rn 45; S/S/W-*Kudlich*, § 243 Rn 37; *Wessels/Beulke/Satzger*, AT Rn 947 f, 959; iE ähnlich *Lackner/Kühl*, § 46 Rn 15; trotz anderen Ausgangspunkts iE übereinstimmen *Eisele*, Die Regelbeispielsmethode im Strafrecht 2004, S. 297 ff; *Eisele*, BT II Rn 144 f.

4. Vorsatzerfordernis und Teilnahme

Die den Täter belastende Zurechnung der Verwirklichung eines Regelbeispiels oder eines atypischen besonders schweren Falles setzt auf der subjektiven Seite **Vorsatz** voraus. Das folgt angesichts der sachlichen Nähe der Regelbeispiele zu den Qualifikationsmerkmalen aus einer *entsprechenden* Anwendung der §§ 15, 16[40]. Für den Teilnehmer kann insoweit nichts anderes gelten. Ob **Anstiftung** oder **Beihilfe** zum Diebstahl unter den Voraussetzungen des § 243 I einen *besonders schweren Fall* darstellen, ist für jeden Beteiligten nach dem Gewicht seines Tatbeitrags selbstständig zu ermitteln[41]. Dabei sind die allgemeinen Akzessorietätsregeln und die dem § 28 II zu Grunde liegenden Wertungen *sinngemäß* zu berücksichtigen[42]. Entsprechend § 28 II ist deshalb zB die Gewerbsmäßigkeit, bei der die erhöhte Strafdrohung spezialpräventiv begründet ist, nur *dem* Teilnehmer anzulasten, der sie in eigener Person erfüllt[43].

220

II. Die einzelnen Regelbeispiele des § 243 I

Fall 15: A, Filialleiter einer Teppichhandlung, hatte aus einer Registrierkasse, zu der nur der Kassierer und der Firmenchef F Zugang hatten, 5000 € entwendet. Es war ihm gelungen, die Kasse durch das Drücken eines von 30 verschiedenfarbigen Bedienknöpfen zu öffnen. Diese Öffnungsmöglichkeit hatte er zufällig wahrgenommen, als F den Knopf bediente. Als A als Täter entdeckt wurde, drängte F ihn, das Arbeitsverhältnis aufzulösen. A erbat sich Bedenkzeit. In dieser Zeit überließ er seinem Bekannten B die Schlüssel zur Filiale und forderte ihn aus Ärger über das Drängen des F auf, aus deren „Schatzkammer" Seidenteppiche zu entwenden. Das tat B. Bevor er mit den Schlüsseln in das Firmengebäude und die „Schatzkammer" gelangte, musste er die niedrige Umzäunung eines vor dem Filialgebäude liegenden Hofes übersteigen, da die Schlüssel zu dessen bereits verschlossenem Eingangstor nicht passten. Wie haben sich A und B strafbar gemacht? **Rn 246**

221

Fall 16: T entfernte in einem Kaufhaus mit Gewalt das Sicherungsetikett aus einem Jackett und zerbrach es. Dies geschah in der Absicht, das Jackett zu stehlen. Er zog es unter seinem Parka an und wollte so das Kaufhaus verlassen. Die elektromagnetische Alarmanlage hätte auf das Sicherungsetikett am Kundenausgang des Kaufhauses reagiert. T wurde nach Verlassen der Herrenabteilung von einem Verkäufer, der ihn beobachtet hatte, gestellt. Ist T eines Diebstahls in einem besonders schweren Fall schuldig? **Rn 247**

221a

1. Einbruchs-, Einsteige-, Nachschlüssel- und Verweildiebstahl (Nr 1)

§ 243 I 2 Nr 1 fasst eine Gruppe von besonderen Erscheinungsformen des Diebstahls mit gewissen Gemeinsamkeiten zusammen, bei denen der Täter zur Ausführung der Tat in ein Gebäude, einen Dienst- oder Geschäftsraum oder in einen anderen um-

222

---

40 BGHSt 26, 244, 246 mit Verweis auf § 62 E 1962, Begr. S. 185; *Roxin*, AT I § 12 Rn 143 f; für direkte Anwendung (auch des § 28) *Eisele*, Die Regelbeispielsmethode im Strafrecht 2004, S. 284; *ders.*, JA 06, 312.
41 Vgl BGH NStZ 83, 217; *Fischer*, § 46 Rn 105.
42 S/S-*Bosch*, § 243 Rn 47; *Wessels*, Maurach-FS S. 295, 307; krit. dazu *Bruns*, GA 88, 339.
43 BGH StV 96, 87; SK-*Hoyer*, § 243 Rn 57; zur anders gelagerten Frage der Behandlung der Zueignungsabsicht nach § 28 s. *Hoyer*, GA 12, 123, 128 f.

schlossenen Raum einbricht, einsteigt, mit einem falschen Schlüssel oder einem anderen nicht zur ordnungsmäßigen Öffnung bestimmten Werkzeug eindringt oder sich in dem Raum verborgen hält.

Vorausgesetzt wird hiernach dreierlei: Die Verletzung eines bestimmten **räumlichen Schutzbereichs**, eine bestimmte **Form des Eindringens** unter Einbeziehung des **Sich-Verborgenhaltens** sowie die Vornahme der einschlägigen Handlung **zur Ausführung des Diebstahls**.

a) Geschützte Räumlichkeiten

223 Den Oberbegriff des geschützten Bereichs bildet der *umschlossene Raum*[44]. Als **umschlossener Raum** iS des § 243 I 2 Nr 1 ist jedes Raumgebilde anzusehen, das (zumindest auch) zum **Betreten durch Menschen** (nicht zwingend auch zum Aufenthalt)[45] bestimmt und mit Vorrichtungen versehen ist, die das Eindringen von Unbefugten abwehren sollen und tatsächlich ein Hindernis bilden, das ein solches Eindringen nicht unerheblich erschwert[46]. **Umschlossen** bedeutet *nicht verschlossen*; auch bei offenen, unbewachten Eingängen oder Zufahrten kann ein Raum umschlossen sein[47]. Erforderlich ist nur, dass nicht jedermann frei und ungehindert Zutritt hat und dass es nicht offensichtlich an einem Ausschlusswillen des Berechtigten fehlt, wie dies etwa bei Telefonzellen[48] oder öffentlichen Bedürfnisanstalten der Fall ist. Wer den umschlossenen Raum durch eine vorhandene Lücke betritt, ohne dabei Schwierigkeiten überwinden zu müssen, also zB durch einen schadhaften Zaun auf einen Lagerplatz gelangt, ohne die Umfriedung zu übersteigen, unter ihr durchzukriechen oder sie mit Kraftanstrengung beiseite zu drücken, verwirklicht das Regelbeispiel des § 243 I 2 Nr 1 nicht[49].

224 Zu den **umschlossenen Räumen** gehören beispielsweise eingezäunte oder mit Mauern umgebene Höfe, Gärten und Lagerplätze[50], auch Friedhöfe zur Nachtzeit[51]. Viehweiden sollen nicht darunter fallen, wenn die Umzäunung nur dem Zweck dient, das Vieh am Fortlaufen zu hindern[52]. Mit ihr wird aber regelmäßig der (beabsichtigte) Schutz auch vor Diebstahl einhergehen. Da es entgegen der reichsgerichtlichen Rechtsprechung nach heute einhelliger Auffassung auf die Frage der Beweglichkeit oder Bodenverbundenheit nicht ankommt[53], sind *umschlossene Räume* auch Schiffe, Eisenbahnwagen, Wohnwagen, Lastkraftwagen[54], der Insassenraum von Personenkraftwagen[55] sowie Teile im Innern eines Gebäudes. **Dienst-** oder **Geschäftsräume**[56] und **Gebäude** sind dem Begriff des *umschlossenen Raumes* in § 243 I 2 Nr 1 lediglich als illustrierende Beispiele vorangestellt. Den Einbruch in **Wohnungen** hat das 6. StrRG (Rn 11)

---

44 *Küper/Zopfs*, BT Rn 424 ff; nach OLG Frankfurt/M. NJW 06, 1746, 1748 soll er – was zweifelhaft ist – dem Merkmal des „abgeschlossenen Raumes" iS des § 123 entsprechen.
45 BGH NStZ 15, 397 zum Frachtcontainer.
46 BGHSt 1, 158, 164; BGH StV 83, 149.
47 BGH NJW 54, 1897; RGSt 32, 141.
48 OLG Hamburg NJW 62, 1453.
49 BGH StV 84, 204.
50 RGSt 39, 104, 105; 54, 20.
51 BGH NJW 54, 1897.
52 OLG Bremen JR 51, 88.
53 BGHSt 1, 158, 163.
54 BGHSt 4, 16 f.
55 BGHSt 2, 214, 215; nicht aber der *Kofferraum*, der nur *Behältnis* ist: BGHSt 13, 81, 82.
56 Vgl dazu *Wessels/Hettinger/Engländer*, BT I Rn 586 ff.

aus der Aufzählung herausgenommen und zur Qualifikation erhoben (§ 244 I Nr 3). Insoweit sind §§ 242, 243 I 2 Nr 1 subsidiär[57] (zum Einbruch in sog. Mischgebäude, die neben Wohnungen auch Geschäfts-, Dienst- oder Gaststättenräume umfassen, s. Rn 292).

Gebäude ist ein durch Wände und Dach begrenztes, mit dem **Erdboden fest** (wenn auch allein durch die eigene Schwere) **verbundenes Bauwerk**, das den Eintritt von Menschen gestattet und Unbefugte fern halten soll[58]. Darunter kann auch ein unbewohntes, zum Abbruch vorgesehenes Gebäude fallen, weil es hier um den durch das Bauwerk gewährleisteten **Schutz von Sachen** und nicht wie bei Gebäuden iS der §§ 306, 306a um den Schutz menschlicher Wohnstätten geht[59].

b) Handlungsmodalitäten

Einbrechen ist das gewaltsame, nicht notwendig substanzverletzende[60] Öffnen einer dem Zutritt entgegenstehenden Umschließung.

225

Vorausgesetzt wird eine **Kraftentfaltung** nicht ganz unerheblicher Art. Daran fehlt es beim bloßen Hochheben eines beweglichen Zaunes[61] wie beim Entriegeln eines offen stehenden Kippfensters, während das mit einer gewissen Anstrengung verbundene Auseinanderbiegen der beiden Flügel eines Scheunentors „bis zur Bildung einer klaffenden Spalte" den Begriff des *Einbrechens* erfüllt[62]. Ob das Aufdrücken des unverriegelten kleinen, der Lüftung dienenden Seitenfensters eines Kraftwagens zum Hindurchgreifen und Entsperren der Tür von innen genügt[63], hängt von den näheren Umständen des Einzelfalles, insbesondere von der mehr oder weniger schweren Beweglichkeit solcher Fenster ab[64].

Verwirklicht ist der erschwerende Umstand des Einbrechens mit der gewaltsamen Beseitigung des den *Zutritt* verwehrenden Hindernisses. Wer ein die Flucht oder das Fortschaffen der Beute *von innen* erschwerendes Hindernis gewaltsam überwindet, bricht nicht *ein*[65]. Ein *Betreten* des umschlossenen Raumes durch den Täter ist nicht erforderlich; es reicht aus, dass er die entwendete Sache mit der Hand oder mithilfe eines Geräts heraushholt[66]. Es kommt nach der heutigen Fassung des § 243 I 2 Nr 1 auch nicht mehr darauf an, ob „aus" dem umschlossenen Raum gestohlen oder ob dieser (wie etwa ein Kraftwagen) mittels der in § 243 I 2 Nr 1 genannten Modalitäten selbst entwendet wird (s. Rn 206).

Einsteigen ist jedes Hineingelangen in das Gebäude oder den umschlossenen Raum durch eine zum **ordnungsgemäßen Eintritt nicht bestimmte Öffnung** unter Überwindung von Hindernissen und Schwierigkeiten, die sich aus der Eigenart des Gebäudes oder der Umfriedung des umschlossenen Raumes ergeben und die das Hineingelangen nicht unerheblich erschweren[67].

226

---

[57] *Mitsch*, ZStW 111 (1999), 72; SK-*Hoyer*, § 243 Rn 15; für Spezialität *Fahl*, NJW 01, 1699 mit Nachw. zum Streitstand; s. auch *Beulke*, III Rn 420 f; zu Irrtumsfällen *Zopfs*, Jura 07, 423 f.
[58] BGHSt 1, 158, 163.
[59] Vgl dazu BGHSt 6, 107 f; *Wessels/Hettinger/Engländer*, BT I Rn 988 f.
[60] *Fischer*, § 243 Rn 5.
[61] BGH NStZ 00, 143, 144 f, OLG Karlsruhe NStZ-RR 05, 140, 142.
[62] Vgl RGSt 44, 74.
[63] Wie BGH NJW 56, 389 und VRS 35, 416 (bei frühen Modellen des VW-Käfers) annehmen; abl. *Eser*, Strafrecht IV S. 66; *Rengier*, BT I § 3 Rn 13.
[64] *Krey/Hellmann/Heinrich*, BT II Rn 137.
[65] *Lackner/Kühl*, § 243 Rn 10.
[66] BGH NStZ 85, 217; BGH StraFo 14, 215; OLG Düsseldorf MDR 84, 961.
[67] BGHSt 10, 132, 133; BGH NStZ 00, 143, 144; BGH StV 11, 17, 18.

Das Benutzen eines für den Täter verbotenen, aber offenen oder wegen der Kippstellung eines Flügels einer Terrassentür zu öffnenden Eingangs genügt – weil und wenn es um eine zum ordnungsgemäßen Eintritt bestimmte Öffnung geht – selbst dann nicht, wenn eine mechanische Manipulation am Kippfenster erforderlich ist, die auf ein „geflissentliches und hartnäckiges Vorgehen des Täters weist"[68], ebenso nicht das einfache Überschreiten einer niedrigen Garteneinfassung, wohl aber das Überklettern einer Mauer oder eines Zaunes[69] sowie das Einsteigen durch ein Fenster. Einer **„steigenden" Bewegung** bedarf es nicht unbedingt. Nach einhelliger Ansicht umfasst der Begriff des Einsteigens auch das Hinab- oder Hineinkriechen und jedes sonstige Hindurchzwängen durch eine schmale Öffnung[70]. Alle genannten Vorgänge können sich auch innerhalb eines Gebäudes abspielen, wobei es gleichgültig ist, ob es sich bei dem Täter um einen „Hausfremden" oder einen Hausbewohner handelt[71].

Das bloße Hineingreifen und Herausholen von Sachen durch eine Öffnung genügt hier anders als bei einem durch Einbrechen eröffneten Zugang ebensowenig wie ein schlichtes Hineinbeugen mit dem Oberkörper[72]. Mit Letzterem sind der Wortsinn des Begriffs „Einsteigen" und ein dem „Einbrechen" gleichwertiges Unrecht noch nicht erfüllt[73]. Andererseits braucht der Täter nicht mit dem ganzen Körper eingedrungen zu sein[74]. Erforderlich ist nur, dass er **innerhalb des Raumes einen Stützpunkt gewonnen** hat, der ihm die Wegnahme ermöglicht[75].

227 Erschwerend wirkt ferner das **Eindringen** mit einem **falschen Schlüssel** oder einem anderen **nicht zur ordnungsmäßigen Öffnung bestimmten Werkzeug**. Vom *Gebrauch falscher Schlüssel* ist der hiervon nicht erfasste *Missbrauch* eines *richtigen* Schlüssels zu unterscheiden, der beispielsweise in der Verwendung eines nur unbefugt überlassenen Schlüssels liegt[76]. Falsch ist jeder Schlüssel, der zur Tatzeit vom Berechtigten nicht oder nicht mehr zum Öffnen des betreffenden Verschlusses bestimmt ist[77]. Maßgebend ist also der Wille dessen, dem die Verfügungsgewalt über den Raum zusteht.

228 Falsch ist nicht nur der **nachgemachte Schlüssel**, sondern auch derjenige, dem der Berechtigte die frühere Bestimmung zur ordnungsmäßigen Öffnung wieder **entzogen** hat. Bisweilen ist die erwähnte Bestimmung von vornherein **befristet**; sie endet dann mit Fristablauf. Letzteres ist bei einem Schlüssel, den der bisherige Wohnungsmieter nach Beendigung des Vertragsverhältnisses ohne Wissen des Vermieters behalten hat, vom Augenblick des Auszuges an der Fall[78]. Ein *richtiger* Schlüssel wird durch **Diebstahl** oder **Verlust** nicht ohne Weiteres falsch; er wird es erst dadurch, dass der Berechtigte ihm die Bestimmung zur ordnungsmäßigen Öffnung ent-

---

68 So BGH BGHSt 61, 166 (mit Anm. *Heinrich*, JR 17, 170; *Theile*, ZJS 16, 667) gegen den § 244 I Nr 3 bejahen wollenden Vorlagebeschluss des OLG Oldenburg NStZ 16, 98. Der BGH weist aber auf die Möglichkeit der Annahme eines atypischen besonders schweren Falls des Diebstahls nach § 243 I (s. dazu Rn 210) hin.
69 BGH StV 11, 17, 18; BGH NJW 93, 2252.
70 BGH MDR/D 54, 16; RGSt 55, 144.
71 Vgl BGHSt 22, 127 f mit abl. Anm. *Säcker*, NJW 68, 2116.
72 BGHSt 10, 132, 133; BGH NJW 68, 1887.
73 Dazu BGHSt 10, 132, 133; BGH StraFo 14, 215; aA *Küper/Zopfs*, BT Rn 207; wie hier HK-GS/*Duttge*, § 243 Rn 18; MK-*Schmitz*, § 243 Rn 24.
74 So aber *Gössel*, BT II § 8 Rn 15.
75 OLG Hamm NJW 60, 1359; *Fischer*, § 243 Rn 6; LK-*Vogel*, § 243 Rn 23.
76 BGH StV 98, 204; OLG Hamm NStZ-RR 01, 300, 301.
77 BGHSt 13, 15, 16; 14, 291, 292; 21, 189.
78 BGHSt 13, 15, 16.

zieht. Das setzt die **Entdeckung des Verlustes** durch den Berechtigten voraus. Sie rechtfertigt zumeist den Schluss auf eine solche „Entwidmung"[79].

Unter **Schlüssel** sind auch mechanische oder elektronische Kunststoffkartenschlüssel zu verstehen, wie sie etwa im Hotelgewerbe üblich sind[80]. Die dem falschen Schlüssel gleichgestellten **anderen Werkzeuge** können von beliebiger Art sein (= Dietriche, Haken usw), müssen vom Täter aber in der Weise angewandt werden, dass der **Mechanismus des Verschlusses ordnungswidrig in Bewegung gesetzt** wird[81]. 229

Daran fehlt es, wenn mit ihnen der Verschluss aufgebrochen wird; ein derartiges gewaltsames Öffnen verwirklicht lediglich das Merkmal des „Einbrechens"[82].

> **Die aktuelle Entscheidung:** In **BGH NStZ 18, 212** (mit Anm. *Hoven; Kudlich,* JA 18, 229) entwendete A Gegenstände aus Fahrzeugen, nachdem er in Parkhäusern abgewartet hatte, bis die Geschädigten ihr Fahrzeug abgestellt und nach dem Aussteigen eine Funkfernbedienung betätigt hatten, um es zu verriegeln. A gelang es mit einem Störsender, den Schließvorgang so zu manipulieren, dass das Fahrzeug entweder nicht verschlossen oder – von den Geschädigten unbemerkt – wieder geöffnet wurde. – Der BGH beanstandet hier die Bejahung des Regelbeispiels des § 243 I 2 Nr 1. Zwar komme ein Eindringen mit einem nicht zur ordnungsgemäßen Öffnung bestimmten Werkzeug durch die Betätigung des Störsenders in Betracht, wenn mit seiner Hilfe das bereits (wenn auch nur unmittelbar zuvor) verschlossene Auto wieder geöffnet werde, nicht aber, wenn der Störsender „die Verriegelung des Fahrzeugs verhindert" habe. Bei dieser die Wortlautgrenze im Strafrecht zu Recht (auch bei Regelbeispielen) als unüberschreitbar ansehenden Auslegung muss – in dubio pro reo – von der 2. Variante ausgegangen und das Regelbeispiel der Nr 1 in der Tat verneint werden. Das eher unbillige, weil von einem für das Unrecht eigentlich unbedeutenden Zufall abhängige Ergebnis ließe sich nicht „korrigieren", wenn es sich bei § 243 wie früher um eine Qualifikation handelte. Die „Korrektur" wird heute aber deshalb möglich, weil sich – und darin liegt der „Vorteil" der Regelbeispielstechnik – ein „unbenannter besonders schwerer Fall" des Diebstahls bejahen lässt (s. BGH aaO und hier Rn 206, 210).

Eindringen setzt wie beim Hausfriedensbruch ein *Betreten* des geschützten Bereiches voraus, wobei auch hier – wie beim Einsteigen – der Täter nicht mit dem ganzen Körper hineingelangt sein, aber doch bildlich gesprochen den Fuß in der Tür und damit einen *Stützpunkt* im befriedeten Raum haben muss. Das notwendige Handeln *gegen* den Willen des Berechtigten folgt aus dem Gebrauch eines *falschen* Schlüssels bzw eines nicht zur *ordnungsmäßigen* Öffnung bestimmten Werkzeugs idR von selbst. 230

Den vorgenannten Formen des Eindringens in den räumlichen Schutzbereich stellt das Gesetz den Fall des **Sich-Verborgenhaltens** gleich. Bei dieser Alternative kommt es nicht darauf an, wie der Täter in den Raum gelangt ist, ob er ihn legal oder illegal betreten hat und um welche Tageszeit es sich handelt. Wohl aber ist Voraussetzung, dass er seine nicht (mehr) berechtigte Anwesenheit *geflissentlich* verbirgt[83]. 231

---

79   BGHSt 21, 189, 190; BGH StV 93, 422; *Eisele,* BT II Rn 116; *Fischer,* § 242 Rn 8a; *Küper/Zopfs,* BT Rn 441; strenger RGSt 52, 84; zur Notwendigkeit des Bemerkens des Verlustes s. KG StV 04, 544 f.
80   *Küper/Zopfs,* BT Rn 457; S/S-*Bosch,* § 243 Rn 14.
81   BGH MDR 52, 563; RGSt 52, 321, 322.
82   BGH NJW 56, 271; zB mit einem Brecheisen, s. dazu *Koch/Dorn,* JA 12, 676 f.
83   *Küper/Zopfs,* BT Rn 473 f; *Otto,* BT § 41 Rn 13.

Beispiel: Ein Angestellter lässt sich nach Geschäftsschluss im Kaufhaus einschließen, um dort ungestört stehlen zu können. Bleibt er einfach auf seinem Platz und wird nur übersehen, reicht das nicht aus. Vielmehr muss er sich etwa in einer Umkleidekabine verbergen[84].

Allen Begehungsformen des § 243 I 2 Nr 1 ist gemeinsam, dass sie zumeist von solchen Tätern verwirklicht werden, die nicht (mehr) berechtigt sind, sich in dem betreffenden Gebäude oder umschlossenen Raum aufzuhalten. In *jedem* Fall notwendig ist dies aber nicht[85].

c) Zeitpunkt des Diebstahlsvorsatzes

232 Die in § 243 I 2 Nr 1 erwähnten Handlungen müssen **zur Ausführung der Tat**, dh zur Begehung eines **Diebstahls,** vorgenommen werden. Daraus folgt, dass die Handlungen der Diebstahls*vollendung* dienen[86] und dass der Diebstahlsvorsatz schon im Zeitpunkt des Einbrechens, Einsteigens usw vorgelegen haben müssen.

Ein Regelbeispiel nach § 243 I 2 Nr 1 erfüllt daher nicht, wer in das Gebäude einbricht, um darin zu übernachten oder einsteigt, um eine Brandstiftung zu begehen, sich dann aber umentschließt und stiehlt. Das nachträgliche Erliegen einer zu anderen Zwecken herbeigeführten Versuchungssituation ist kein erschwerender Umstand. *Deshalb* verdient auch die vom Wortlaut noch gedeckte Ausnahme keinen Beifall, nach der es beim *Verweildiebstahl* genügen soll, dass der Täter den Stehlvorsatz erst *nach* Beginn des Sich-Verbergens fasst[87].

2. Überwindung besonderer Schutzvorrichtungen (Nr 2)

233 § 243 I 2 Nr 2 betrifft den Diebstahl von Sachen, die durch ein **verschlossenes Behältnis** oder eine **andere Schutzvorrichtung** gegen Wegnahme **besonders gesichert** sind.

Den **Grund** der Strafschärfung bildet hier neben der größeren deliktischen Energie auch die Bedenkenlosigkeit, mit der sich der Täter über die besondere Gewahrsamssicherung und das daraus ersichtliche Behaltensinteresse des Eigentümers an eben diesen Sachen hinwegsetzt[88]. Im Gegensatz zu § 243 I 2 Nr 2 aF stellt die **Neufassung** aber nicht mehr auf das „Erbrechen" des Behältnisses, sondern nur noch auf das **Vorhandensein einer Schutzvorrichtung** besonderer Art und auf die **Wegnahme** der durch sie **gesicherten Sache** ab. Wo und wie die Überwindung dieser Gewahrsamssicherung erfolgt, ist gleichgültig; es kommt auch nicht darauf an, ob das Behältnis am Tatort oder anderswo aufgebrochen oder sonst wie geöffnet wird[89]. Die Voraussetzungen des Regelbeispiels sind selbst dann erfüllt, wenn der Täter das verschlossene Behältnis als Ganzes entwendet, aber nicht geöffnet hat, weil er schon vorher entdeckt worden ist oder weil er es ungeöffnet veräußert hat[90].

---

84 RGSt 32, 310.
85 RGSt 39, 104; BGHSt 22, 127, 128; *Kindhäuser*, § 243 Rn 18; *Lackner/Kühl*, § 243 Rn 14.
86 *Fischer*, § 243 Rn 11; *Rengier*, BT I § 3 Rn 19 f.
87 So aber *Maurach/Schroeder/Maiwald*, BT I § 33 Rn 86; wie hier *Eisele*, BT II Rn 119; HK-GS/*Duttge*, § 243 Rn 24; MK-*Schmitz*, § 243 Rn 11.
88 OLG Karlsruhe NStZ-RR 10, 48.
89 BGHSt 24, 248; aA S/S-*Bosch*, § 243 Rn 25; *Schröder*, NJW 72, 778.
90 *Eisele*, BT II Rn 128; *Fischer*, § 243 Rn 17; *Rengier*, BT I § 3 Rn 29; enger BayObLG NJW 87, 663, 664 f; *Küper*, JZ 86, 523; SK-*Hoyer*, § 243 Rn 31; S/S-*Bosch*, § 243 Rn 25; diff. MK-*Schmitz*, § 243 Rn 37; *Zopfs*, Jura 07, 425 f; s. auch LK-*Vogel*, § 243 Rn 33; *Schmidt*, BT II Rn 145.

Behältnis ist ein zur Aufnahme von Sachen dienendes und sie umschließendes **234** Raumgebilde, das im Gegensatz zum umschlossenen Raum **nicht** dazu bestimmt ist, von Menschen betreten zu werden[91], wie etwa eine Truhe, Kassette oder Kiste, ein Schrank, Koffer, Warenautomat oder der Kofferraum eines Fahrzeugs[92]. **Verschlossen** ist das Behältnis, wenn sein Inhalt durch ein Schloss, eine sonstige technische Schließvorrichtung oder auf andere Weise (zB durch festes Verschnüren) **gegen einen ordnungswidrigen Zugriff von außen besonders gesichert** ist. Daran fehlt es, wenn eine Registrierkasse sich durch einfaches Drehen einer Kurbel[93] oder durch eine nur unauffällig angebrachte Öffnungsvorrichtung leicht öffnen lässt[94]. Öffnet der Täter das verschlossene, aber an dem bisherigen Ort verbleibende Behältnis mit dem *richtigen* Schlüssel, ist zu unterscheiden.

Ist der Täter *befugtermaßen* im Besitz des Schlüssels, ist der erhöhte Schutz, den der Verschluss gegen eine Wegnahme der im Behältnis befindlichen Sachen bewirken soll, *ihm gegenüber* aufgehoben und insoweit nicht existent[95]. So soll es auch liegen, wenn eine Verkäuferin während der Mittagspause Geld aus dem verschlossenen Ladentresor entwendet, den sie mit dem ihr vorübergehend *zur Verwahrung anvertrauten* Tresorschlüssel geöffnet hat; freilich gibt der grobe Vertrauensbruch, der in solchem Verhalten liegt, und die Tatsache, dass sie zum Öffnen nicht befugt war, Anlass zu der Prüfung, ob nicht ein *sonstiger* (den Regelbeispielen des § 243 I 2 entsprechender) besonders schwerer Fall des Diebstahls anzunehmen ist[96]. Handelt der Täter *unbefugt*, ist § 243 I 2 Nr 2 nur dann ausgeschlossen, wenn er den Schlüssel im Schloss steckend oder neben diesem aufgehängt vorfindet, da es dann an der *besonderen* Sicherung durch den *Verschluss* fehlt[97]. Hat der Täter dagegen den vom Berechtigten verwahrten Schlüssel entwendet, ist § 243 I 2 Nr 2 gegeben.

Rechtsprechungsbeispiel: Das soll auch dann gelten, wenn der Täter den Schlüssel *unverschlossen in den Räumen des Berechtigten* (außerhalb des Schlosses oder diesem nicht unmittelbar räumlich zugeordnet) findet. Das **KG**, das so entschieden hat, stützt sich dabei auf das hier in einer früheren Auflage als aktuelle Entscheidung aufgenommene Urteil des BGH. Nach ihm hat die Angestellte einer Postfiliale, die den Schlüssel zum Haupttresor vom Tisch des zur Benutzung allein befugten Kollegen, den sie zu diesem Zweck bat, sie am Schalter kurz zu vertreten, genommen, mit ihm den Tresor geöffnet und daraus 113 000 € Bargeld entwendet hatte, das Regelbeispiel der Nr 2 erfüllt. Begründet wird das auch im Fall des KG, in dem ein vorübergehender Untermieter den Schlüssel zum Tresor in der Wohnung des Vermieters gefunden hatte, damit, dass es nur darauf ankomme, dass das Behältnis, nicht aber der zugehörige Schlüssel verschlossen sei[98]. In derselben Entscheidung hat das KG das Regelbeispiel auch für die *zweite abzuurteilende Konstellation* bejaht, in derselbe Täter Wertgegenstände aus einem Tresor in einem Hotelzimmer entnahm, nachdem er sich als Mieter des Zimmers ausge-

---

91 BGHSt 1, 158, 163; *Küper/Zopfs*, BT Rn 99 f.
92 Vgl BGHSt 13, 81, 82.
93 Vgl BGH NJW 74, 567.
94 *Otto*, Jura 97, 471; aA OLG Frankfurt NJW 88, 3028; AG Freiburg NJW 94, 400.
95 OLG Hamm NJW 82, 777; der bloße Missbrauch löst § 243 I 2 Nr 2 nicht aus, s. OLG Zweibrücken NStZ-RR 18, 249 (= Rn 108 „**Die aktuelle Entscheidung**"); s. dazu auch *Murmann*, NJW 95, 935.
96 Vgl OLG Hamm NJW 82, 777; BGHSt 29, 319, 322; zweifelnd *Kadel*, Anm. JR 85, 386.
97 *Bosch*, JA 09, 905; S/S-*Bosch*, § 243 Rn 22.
98 **KG NJW 12, 1093, 1094** (mit Bespr. *Jahn*, JuS 12, 468) unter Berufung auf BGH NJW 10, 3175 f = StV 11, 18 mit zust. Anm. *Bachmann/Goeck* und *Kudlich*, JA 11, 153; ebenso schon OLG Karlsruhe NStZ-RR 10, 48.

geben und vorgetäuscht hatte, er habe den eingegebenen Code vergessen und ihm der Hoteltechniker daraufhin den Safe geöffnet hatte. Darin hat das KG wohl zutreffend einen Diebstahl gesehen, bei dem § 243 I 2 Nr 2 in mittelbarer Täterschaft verwirklicht worden sei, da der Täter den Techniker gleichsam als Schlüssel benutzt habe. Vorsorglich wird darauf hingewiesen, dass bei Ablehnung dieser Konstruktion ein atypischer besonders schwerer Fall vorliege.

235 **Andere Schutzvorrichtungen** sind alle sonstigen Vorkehrungen und technischen Mittel, die dazu bestimmt und geeignet sind, Sachen gegen Entwendung zu schützen, den ungehinderten Zugriff auf sie auszuschließen und ihre **Wegnahme wenigstens zu erschweren**. Der Schutz, den sie bieten, braucht nicht vollkommen zu sein.

Beispiele: Alarmanlagen, Fahrrad- und Lenkradschlösser, Wegfahrsperren, ferner Ketten, Drahtseile oder Stricke als Mittel zur Verhinderung von Diebstählen; desgleichen *mittelbare* Schutzvorrichtungen, wie etwa ein verschlossenes Behältnis als Aufbewahrungsort für einen Schlüssel zu einem Raum iS der Nr 1[99].

236 **Zweck** der Vorrichtung muss – zumindest auch – die **Sicherung** von Sachen **gegen Wegnahme** sein[100]. Bei **verschlossenen Behältnissen** ist diese Voraussetzung in der Regel gegeben. Das gilt insbesondere für verschlossene Geld- und Schmuckkassetten, Tresore, abgeschlossene Reisekoffer, zugenagelte Kisten, mit Plomben versehene Säcke und fest verschnürte Pakete, die der Bahn oder Post zur Beförderung übergeben worden sind[101]. In den letztgenannten Fällen dient das Behältnis nämlich nicht ausschließlich dem Transport, sondern auch dem Zweck, die darin befindlichen Sachen gegen Diebstahl zu schützen und dem Zugriff auf sie ein Hindernis in den Weg zu legen. Maßgebend sind aber die jeweiligen Umstände des Einzelfalls, die mit dem **Grundgedanken** des § 243 I 2 Nr 2 in Einklang stehen müssen; Verallgemeinerungen sind hier fehl am Platze. So bilden verschlossene Kartons bei der Belieferung von Geschäften mit Waren oft nichts anderes als eine reine *Verpackung* oder *Umhüllung*, die nur dazu bestimmt sind, den Inhalt vor Beschädigung zu schützen und für den Transport zusammenzufassen. Auch ein zugeklebter Briefumschlag dient lediglich als Umhüllung für seinen Inhalt[102]; bei einem *versiegelten* Briefumschlag steht einer Anwendung des § 243 I 2 Nr 2 dagegen nichts im Wege. Das Befestigen von Gegenständen auf dem Gepäckträger eines Fahrrades dient dazu, sie vor dem Herunterfallen (= vor Verlust schlechthin) zu bewahren und ist daher regelmäßig nicht als eine *besondere Sicherung gegen Wegnahme* aufzufassen. Der Einbau eines Autoradios bezweckt in der Regel ebenfalls vorrangig die Sicherung dieses Gegenstandes vor Erschütterungen, die mit der Bewegung des Fahrzeugs verbunden sind und erschwert die Wegnahme nur als Nebenwirkung[103].

237 Pelzmäntel und andere Bekleidungsstücke in Kaufhäusern sind nicht im Sinne des § 243 I 2 Nr 2 **gegen Wegnahme** besonders gesichert, wenn das an ihnen befestigte elektromagnetische **Sicherungsetikett** auf Grund seiner Konstruktion erst nach der Gewahrsamserlangung durch den Dieb (hier: beim Verlassen des Kaufhauses an dessen Publikumsausgang) durch optische

---

99 Vgl S/S-*Bosch*, § 243 Rn 23.
100 Näher OLG Stuttgart NStZ 85, 76; OLG Zweibrücken NStZ 86, 411.
101 Näher OLG Hamm NJW 78, 769; *Fischer*, § 243 Rn 16.
102 Vgl OLG Stuttgart NJW 64, 738; OLG Köln NJW 56, 1932; aA RGSt 54, 295.
103 OLG Schleswig NJW 84, 67; *Eisele*, BT II Rn 124; aA *Maurach/Schroeder/Maiwald*, BT I § 33 Rn 90.

und akustische Signale Alarm auslöst, dem Bestohlenen also nur die **Wiedererlangung** des bereits eingebüßten Gewahrsams durch rasches Eingreifen seines Personals erleichtert[104]. Ob bei einer solchen Sachlage ein *besonders schwerer Fall* außerhalb der Regelbeispiele des § 243 I 2 angenommen werden kann, hängt von den sonst noch gegebenen Umständen des jeweiligen Einzelfalls ab. Gleiches gilt für eine sog. **Sicherungsspinne**, die aus elektrisch aufgeladenen Drähten besteht, die um die Verpackung einer Ware gezogen sind. Wird sie nicht an einer Kasse deaktiviert, löst sie wie ein Sicherungsetikett erst am Ausgang des Warenhauses einen Alarm aus. Deaktiviert der Täter die Drähte bereits vor der Kasse, um die dann unbemerkt aus der Verpackung genommene Ware unter seiner Kleidung zu verbergen, ist § 243 I 2 Nr 2 dagegen erfüllt, weil in diesem Fall die Sicherungsspinne schon die Wegnahme erschwert. Dazu muss sie freilich funktionsfähig und aktiviert sein[105].

Zur Anwendbarkeit des § 243 I 2 Nr 2 bei Manipulationen an **Geldspielautomaten**, deren Gehäuse ein verschlossenes Behältnis iS dieser Vorschrift darstellt, ist Folgendes zu beachten: 238

Wer den Spielablauf, das Spielwerk und die für einen Gewinn erforderliche Stellung der Walzen regelwidrig *von außen* wie etwa in der Weise beeinflusst, dass er durch ein (von ihm hergestelltes oder vorgefundenes) Bohrloch ein Drahtstück in den Automaten einführt und das Spielwerk so zum Auswerfen von Geld veranlasst, begeht einen Diebstahl (näher dazu Rn 678) und verwirklicht zugleich das Regelbeispiel des § 243 I 2 Nr 2[106]. Wer dagegen lediglich den Antriebsmechanismus überlistet und das Spielwerk ordnungswidrig (zB durch den Einwurf von Falschgeld oder von ausländischen Münzen) in Gang setzt, ohne außerdem den Spielablauf als solchen durch weitere, zusätzliche Einwirkungen von außen zu manipulieren, macht sich zwar – soweit nicht § 263a vorliegt und § 242 verdrängt[107] – des Diebstahls schuldig, verwirklicht aber zumeist nicht das Regelbeispiel des § 243 I 2 Nr 2, weil er keine Handlungen vornimmt, die gerade den Sicherungsmechanismus des Spielautomaten überwinden oder in seiner Funktion beeinträchtigen sollen[108]. Werden in solchen Fällen allerdings falsche Münzen so präpariert, dass sie einen zusätzlich als Schutz vor Wegnahme eingebauten elektronischen Münzprüfer „überlisten", wird der Sicherungsmechanismus *dieser* Schutzvorrichtung überwunden. Dann bestehen gegen die Annahme des Regelbeispiels keine Bedenken[109].

---

104 OLG Stuttgart NStZ 85, 76; OLG Frankfurt MDR 93, 671; OLG Düsseldorf StV 98, 204; OLG Dresden NStZ-RR 15, 212 mit Bespr. *Hecker*, JuS 15, 847; BK-*Wittig*, § 243 Rn 18.2; *Dölling*, JuS 86, 688; *Eisele*, BT II Rn 103; H-H-*Kretschmer*, Rn 824; HK-GS/*Duttge*, § 243 Rn 29; Kindhäuser/Böse, BT II § 3 Rn 21; *Mitsch*, BT II S. 98 f; MK-*Schmitz*, § 243 Rn 34; M/R-*Schmidt*, § 243 Rn 12; *Schmidt*, BT II Rn 147; krit. *Seier*, JA 85, 387; vgl dazu auch BayObLG NJW 95, 3000; diff. *Rengier*, BT I § 3 Rn 30 f.
105 BGH BeckRS 18, 16640 mit Bespr. *Heghmanns*, ZJS 19, 68; *Jäger*, JA 19, 228; *Jahn*, JuS 18, 1013; *Nestler*, Jura (JK) 18, 1185.
106 BayObLG NJW 81, 2826 mit lehrreicher Anm. *Meurer*, JR 82, 292.
107 OLG Celle NJW 97, 1518; s. dazu Rn 616.
108 Vgl OLG Düsseldorf NStZ 99, 248; JR 00, 212 und OLG Stuttgart NJW 82, 1659, das die Grenzen freilich zu eng zieht, wenn es unter allen Umständen Eingriffe von außen „in das Behältnis" verlangt und andere Manipulationen, wie etwa das wiederholte Herausziehen des Anschlusskabels oder heftige Schläge mit der Faust gegen den Automaten während des laufenden Spiels für § 243 I 2 Nr 2 als nicht ausreichend bezeichnet; s. dazu auch *Albrecht*, JuS 83, 101.
109 *Hilgendorf*, JR 97, 348; *Mitsch*, JuS 98, 311 f; s. auch *Biletzki*, JA 97, 750; *Eisele*, BT II Rn 127; *Rengier*, BT I § 3 Rn 33.

3. Gewerbsmäßiger Diebstahl (Nr 3)

239 **Gewerbsmäßig** handelt, wer *sich aus der wiederholten Tatbegehung eine fortlaufende Einnahmequelle von einigem Umfang und einer gewissen Dauer verschaffen will*[110]. Das nicht eigennützige Handeln allein für Dritte genügt folglich ebensowenig wie die mehrfache Begehung einschlägiger Taten ohne die bezeichnete Absicht[111]. Eine Weiterveräußerung ist bei einmaliger Tat nicht ausreichend[112], bei wiederholter Begehung aber auch nicht unbedingt erforderlich; es genügt, dass der Täter die unrechtmäßig erlangten Sachen für sich verwenden will[113].

Gewerbsmäßigkeit in diesem Sinne kann schon bei der ersten Tat gegeben sein, wenn sie von der entsprechenden Absicht begleitet ist[114]. Die Wiederholungsabsicht muss sich auf das Delikt beziehen, das durch die Gewerbsmäßigkeit qualifiziert oder als besonders schwerer Fall einzustufen ist[115]. **Gewohnheitsmäßiges** Stehlen fällt nicht unter § 243 I 2 Nr 3, bildet aber uU einen **sonstigen** (= unbenannten) *besonders schweren Fall* des Diebstahls. Bei Teilnahme gilt § 28 II entsprechend (Rn 220)[116].

4. Kirchendiebstahl (Nr 4)

240 Bei Diebstählen aus **Kirchen** oder anderen der Religionsausübung dienenden Gebäuden oder Räumen (einschließlich der Sakristei)[117] werden von § 243 I 2 Nr 4 nur diejenigen Gegenstände erfasst, die dem **Gottesdienst gewidmet** sind oder der **religiösen Verehrung** dienen. Zur ersten Gruppe zählen ua der Altar, die Altarkerzen[118], Kelche, Monstranzen, Messbücher und liturgische Gewänder. Der religiösen Verehrung dienen zB Kruzifixe, Christus- und Heiligenbilder, Votivtafeln in Wallfahrtskirchen usw[119].

Sonstige Sachen, die zum Inventar gehören (= Bänke, Stühle oder Opferstöcke)[120] oder die nur *mittelbar* der Religionsausübung dienen, wie etwa Gebet- und Gesangbücher, scheiden aus. Das Gleiche gilt für die zur Kirchenausstattung gehörenden Kunstwerke als solche, die aber uU den Schutz des § 243 I 2 Nr 5 genießen. Gegebenenfalls ist hier auch (wie vor allem bei Kultgegenständen von in § 166 einbezogenen Weltanschauungsvereinigungen)[121], das Vorliegen eines **sonstigen** *besonders schweren Falles* zu prüfen.

---

110 BGHSt 1, 383; BGH NStZ 96, 285; BGH NJW 98, 2914; BGH wistra 03, 460, 461; BGH NStZ-RR 17, 341; s. auch Rn 593; zur Verbreitung des Begriffs im StGB und im Nebenstrafrecht s. *L. Schulz*, Hassemer-FS S. 899 ff; *Brodowski*, wistra 18, 97 ff.
111 BGH StraFo 14, 215; BGH BeckRS 16, 18889.
112 OLG Köln NStZ 91, 585; OLG Hamm NStZ-RR 04, 335.
113 BGH MDR/H 76, 633; einschr. BGH NStZ 15, 397.
114 BGH NStZ 95, 85; BGHSt 49, 177, 181; aA NK-*Kindhäuser*, § 243 Rn 26; wie hier S/S-*Bosch*, § 243 Rn 31.
115 BGH BeckRS 17, 107300.
116 BGH StV 96, 87; OLG Bamberg wistra 16, 244; *Schmidt*, BT II Rn 154. Zur Wahlfeststellung zwischen gewerbsmäßigem Diebstahl und gewerbsmäßiger Hehlerei. BGH HRRS 14, 458 (Nr 1065); *Bauer*, wistra 14, 475; zum Anfragebeschluss s. *Stuckenberg*, ZIS 14, 461; *Wagner*, ZJS 14, 436; zur weiteren Entwicklung s. *Linder*, ZIS 17, 311 ff mwN zur Rücknahme und zum erneuten Anfragebeschluss sowie BGHSt 62, 72 (dazu Rn 888).
117 RGSt 45, 243, 244 ff.
118 RGSt 53, 144.
119 Näher BGHSt 21, 64.
120 BGH NJW 55, 1119 Nr 21.
121 S. *Lackner/Kühl*, § 243 Rn 19.

5. Gemeinschädlicher Diebstahl (Nr 5)

§ 243 I Nr 5 betrifft den **Diebstahl öffentlicher Sachen**, die für Wissenschaft, Kunst oder Geschichte oder für die technische Entwicklung von Bedeutung sind und sich in einer **allgemein zugänglichen Sammlung** befinden oder **öffentlich ausgestellt** sind. Sachen dieser Art sind der Gefahr des Diebstahls besonders ausgesetzt. Auch bringt die Tat die Allgemeinheit um uU unersetzliche Werte. Die dadurch erhöhte Strafwürdigkeit besteht allerdings nur bei Sachen *von Bedeutung*. Nicht jeder Stein in einer Mineraliensammlung ist geschützt (E 1962, Begr. S. 404).

241

Dieses Regelbeispiel bildet eine gewisse Parallele zu § 304 (vgl dazu Rn 48 ff), weicht davon aber teilweise ab. So fallen unter § 304 auch tätereigene Sachen[122], unter § 243 I 2 Nr 5 trotz des Schutzreflexes für die Allgemeinheit aber nicht. Wer die eigene Leihgabe an eine öffentliche Ausstellung zurückholt, *stiehlt* schon nicht.

6. Ausnutzung fremder Notlagen (Nr 6)

Kennzeichnend für die in § 243 I 2 Nr 6 umschriebene Regelbeispielsgruppe ist deren *verwerfliche Begehungsweise*, die sich darin zeigt, dass der Täter die **Hilflosigkeit** eines anderen (zB eines Schwerkranken, Gelähmten oder Blinden)[123], einen **Unglücksfall** oder eine **gemeine Gefahr** und damit Situationen, in denen der Selbstschutz beeinträchtigt und deshalb ein *erhöhtes Schutzbedürfnis* gegeben ist, zum Stehlen **ausnutzt**. In den beiden letztgenannten Fällen braucht der Bestohlene nicht zu den Opfern des Unglücksfalles oder zum Kreis der Gefährdeten zu gehören, denn das Bestehlen eines Retters oder Hilfswilligen ist unter solchen Umständen nicht minder verwerflich[124]. Hat das Tatopfer die Hilflosigkeit zB durch einen Suizidversuch oder einen Rausch selbst herbeigeführt, den Unglücksfall verschuldet oder die gemeine Gefahr ausgelöst, hindert das die Anwendung des § 243 I 2 Nr 6 nicht[125]. Eine Verwirkung des Strafrechtsschutzes durch missbilligenswertes Opferverhalten kennt das Strafrecht nicht[126]. Auch schließt die Freiverantwortlichkeit einer Selbsttötung die in ihrer Folge eintretende Hilflosigkeit und die Verwerflichkeit ihrer Ausnutzung nicht aus[127].

242

Hohes Alter begründet für sich genommen noch keine Hilflosigkeit[128]. Auch ein **Schlafender** ist nicht ohne Weiteres hilflos iS des § 243 I 2 Nr 6; er kann es aber sein, wenn der Schlaf mit einer krankhaften Störung zusammenhängt[129], die die Schutzmöglichkeiten gegen einen Diebstahl mindert. Davon muss der Täter dann freilich auch *Kenntnis* haben, da er nur dann die durch die Hilflosigkeit bedingte Gewahrsamsgefährdung **ausnutzt**. Für ein solches Ausnutzen reicht es andererseits nicht, dass der Täter nur die unfallbedingte Abwesenheit eines Wohnungsinhabers nutzt, um aus der ordnungsgemäß verschlossenen Wohnung zu stehlen[130]. In

---

122 *Lackner/Kühl/Heger*, § 304 Rn 1; S/S-*Hecker*, § 304 Rn 1.
123 Vgl BayObLG NJW 73, 1808.
124 OLG Hamm NStZ 08, 218; LK-*Vogel*, § 243 Rn 48; S/S/W-*Kudlich*, § 243 Rn 31.
125 AA *Maurach/Schroeder/Maiwald*, BT I § 33 Rn 99; wie hier BK-*Wittig*, § 243 Rn 23.1; *Fischer*, § 243 Rn 21; HK-GS/*Duttge*, § 243 Rn 48; *Küper/Zopfs*, BT Rn 353; *Lackner/Kühl*, § 243 Rn 21; LK-*Vogel*, § 243 Rn 47 f; *Mitsch*, BT II S. 101; MK-*Schmitz*, § 243 Rn 51.
126 *Hillenkamp*, Vorsatztat und Opferverhalten 1981, S. 184 ff.
127 AA MK-*Schmitz*, § 243 Rn 52.
128 BGH NStZ 01, 532, 533.
129 Vgl BGH NStZ 90, 388.
130 BGH NStZ 85, 215.

einem solchen Fall liegt keine gegenüber der normalen Abwesenheit gesteigerte Beeinträchtigung der Schutzmöglichkeiten vor. Der sog. **Beischlafdiebstahl** ist nicht notwendig ein schwerer Fall[131].

7. Waffen- und Sprengstoffentwendung (Nr 7)

243 § 243 I 2 Nr 7 ist 1989 eingefügt worden. Erschwerend wirkt hier der Diebstahl bestimmter Waffen und die Entwendung von Sprengstoff. § 243 II gilt hierfür nach seinem insofern eindeutigen Wortlaut nicht[132]. Das ist kaum plausibel, wenn mit dieser im Bereich der *Eigentumsdelikte wenig systemgerechten* Vorschrift ein „typisches Phänomen im Vor- und Umfeld der Begehung politisch motivierter Gewalttaten" (BT-Ds 11/2834, S. 7) bekämpft werden soll. Zudem ist ein Diebstahl solcher Objekte ohne Verwirklichung eines Regelbeispiels nach Nr 1 oder 2 kaum denkbar. Sind die Waffen einsatzbereit, führt der Diebstahl schließlich nach der (allerdings zweifelhaften)[133] Rechtsprechung (Rn 267) ohnehin in die § 243 verdrängende Qualifikation des § 244 I Nr 1a. Die Regelung gehört deshalb in den Kreis eher überflüssiger „Sicherheitsgesetze"[134].

Als gefährliche Schusswaffen, deren Entwendung vorgebeugt werden soll, nennt das Gesetz Handfeuerwaffen, zu deren Erwerb nach dem Waffengesetz eine Erlaubnis nötig ist, ferner Maschinengewehre, Maschinenpistolen, voll- oder halbautomatische Gewehre sowie Sprengstoff enthaltende Kriegswaffen iS des Kriegswaffenkontrollgesetzes.

8. Konkurrenzen

244 Treffen bei einem Diebstahl innerhalb ein und derselben Tat **mehrere Erschwerungsgründe** iS des § 243 I zusammen, so liegt nur „ein" Diebstahl in einem *besonders schweren Fall* vor. § 243 ist keine Qualifikation, § 242 infolgedessen hierzu auch nicht Grundtatbestand. Die Strafbarkeit wegen eines besonders schweren Falles ist deshalb durch die Zitierung beider Vorschriften auszudrücken.

245 Regelmäßige Begleittat zu § 243 I 2 Nr 1 ist die Begehung eines **Hausfriedensbruchs (§ 123)**. Da dieser Umstand in die **Gesamtwürdigung der Tat** und ihre Bewertung als *besonders schwerer Fall* des Diebstahls eingeht, wird der Verstoß gegen § 123 nach hM[135] durch die Bestrafung gemäß §§ 242, 243 I 2 Nr 1 **mit abgegolten (= *Konsumtion*)**. Das gleiche gilt bei einem *Einbruchsdiebstahl* und einem das *Regelbeispiel* des § 243 I 2 Nr 2 erfüllenden Diebstahl für die damit regelmäßig einhergehende **Sachbeschädigung (§ 303)**. Das hat der BGH allerdings 2001 in Frage gestellt[136], weil Regelbeispiele ihrer Natur nach keinen Tatbestand verdrängen, § 242 und § 303 verschiedene Rechtsgutsträger betreffen und Einbrüche ebenso wie die Überwindung von Sicherungssystemen heute häufiger durch „intelligentes Vorgehen" als

---

131 LK-*Vogel*, § 243 Rn 47.
132 Zum gleichwohl bestehenden Streit darum s. MK-*Schmitz*, § 243 Rn 65 f; *Satzger*, Jura 12, 792 mwN.
133 S. *Kindhäuser/Wallau*, StV 01, 354.
134 Zu Recht krit. *Kunert*, NStZ 89, 451 f; *Maurach/Schroeder/Maiwald*, BT I § 33 Rn 100.
135 AnK-*Kretschmer*, § 243 Rn 34; *Fischer*, § 243 Rn 30; *Kindhäuser*, § 243 Rn 58; *Lackner/Kühl*, § 243 Rn 24.
136 BGH NStZ 01, 642; iE zust. *Kargl/Rüdiger*, NStZ 02, 202; *Krey/Hellmann/Heinrich*, BT II Rn 167; M/R-*Schmidt*, § 243 Rn 23; *Rengier*, BT II § 3 Rn 61; *ders.*, JuS 02, 850; *Sternberg-Lieben*, JZ 02, 514; für Idealkonkurrenz schon bisher *Maurach/Schroeder/Maiwald*, BT I § 33 Rn 109; *Zieschang*, Jura 99, 566 f; wie hier A/W-*Heinrich*, § 14 Rn 52; S/S/W-*Kudlich*, § 243 Rn 51.

durch Sachgewalt ausgeführt werden könnten. Da die beiden ersten Gründe auch auf das Verhältnis zu § 123 zutreffen, hätte die Übernahme dieses bisherigen obiter dictums in die Rechtspraxis eine erhebliche Strafverschärfung zur Folge[137]. Diese ist aber nicht zu rechtfertigen. Denn einerseits gehört es nach wie vor zwar nicht zum notwendigen, aber doch – wie eine neue Entscheidung zu 19 Fällen des Wohnungseinbruchsdiebstahls anschaulich zeigt – zum typischen Erscheinungsbild der beiden hier benannten Regelbeispiele, dass sie mit einer Sachbeschädigung einhergehen[138], die mit dem Strafrahmen des § 243 hinreichend erfassbar und durch den Urteilsspruch auch ausreichend angedeutet ist. Andererseits ist die (damit bejahte) Wertungsfrage, ob ein Delikt zum typischen Erscheinungsbild eines anderen gehört und daher von diesem konsumiert wird, in ihrer Antwort nicht davon abhängig, ob der Gesetzgeber die Kombination beider Delikte im Strafrahmen eines Regelbeispiels oder einer Qualifikation mitbedenkt[139]. Dass schließlich die durch die Tat Verletzten unterschiedliche Personen sein können, ist richtig, schließt aber weder Spezialität noch Konsumtion zwingend aus[140]. Von Idealkonkurrenz ist daher nur in den seltenen **Ausnahmefällen** auszugehen, in denen die Sachbeschädigung *im konkreten Fall* – zB weil der durch sie angerichtete Schaden den durch den Diebstahl bewirkten bei weitem übertrifft[141] – aus dem regelmäßigen Verlauf eines Diebstahls im besonders schweren Fall so herausfällt, dass von einem eigenständigen, nicht aufgezehrten Unrechtsgehalt und deshalb nicht mehr von einer typischen Begleittat zu sprechen ist[142]. – Der **BGH** hat in einer jüngst ergangenen, ein Anfrageverfahren abschließenden Entscheidung[143] erklärt, dass zwischen einem (vollendeten) schweren Bandendiebstahl (§§ 244a I, 244 I Nr 3, 243 I 2 Nr 1 Var. 1) oder (vollendeten) Wohnungseinbruchsdiebstahl (§ 244 I Nr 3 Var. 1) und einer zugleich verwirklichten Sachbeschädigung **stets** Idealkonkurrenz (§ 72) und nicht Konsumtion anzunehmen sei. Da er sich zur Begründung maßgeblich auf die Gründe der für dieses Ergebnis auch zu §§ 242, 243 I 2 Nrn 1, 2 eintretenden Ansicht stützt, steht zu erwarten, dass er auch hierfür die Konsumtionslösung aufgeben wird.

In **Fall 15** hat A, der trotz seiner Stellung als Filialleiter nach der Kassenzugangsregelung keinen Mitgewahrsam am Kasseninhalt hatte (s. Rn 101), einen Diebstahl an den 5000 € begangen. Ein besonders schwerer Fall nach § 243 I 2 Nr 2 liegt aber nicht vor. Zwar ist die Registrierkasse grundsätzlich ein verschlossenes Behältnis. Sie verliert diese Eigenschaft aber dem gegenüber, der die unauffällige Schnellöffnungstaste kennt und von dieser – wenn auch vom Gewahrsamsinhaber ungewollt erlangten – Kenntnis Gebrauch macht. Diese Fallgestaltung entspricht dem § 243 I 2 Nr 2 ebenfalls nicht unterfallenden bloßen Benutzen

246

---

137 S. dazu BGH NStZ 18, 708, eine Entscheidung, mit der der 2. Senat künftig zwischen § 244 I Nrn 2, 3 und § 303 stets Idealkonkurrenz annehmen will; s. zu diesem Anfragebeschluss *Fahl*, JR 19, 114 ff.
138 Anders BGH NStZ 18, 708, 709 f für den Wohnungseinbruchsdiebstahl nach § 244 I Nr 3; ebenso BGH NJW 19, 1086 mit 19 (!) das Gegenteil zeigenden Fällen.
139 BGH NJW 12, 3046 (s. dazu hier das Beispiel in Rn 327) erklärt den Strafrahmen des § 266 II iVm § 263 III für die in § 246 I angeordnete Subsidiarität der Unterschlagung für maßgeblich.
140 *Beulke*, III Rn 191; *Fahl*, JA 02, 543 f; *Grosse-Wiede*, HRRS 19, 160, 161; *Mitsch*, BT II S. 92; wie der BGH *Joecks/Jäger*, § 243 Rn 61.
141 So in BGH NStZ 14, 40 mit Bespr. *Hecker*, JuS 14, 181; *Zöller*, ZJS 14, 214; zust. *Schramm*, BT I § 2 Rn 115.
142 BGH NStZ 01, 642, 644 f; BGH NStZ-RR 17, 340; zust. *Eisele*, Die Regelbeispielsmethode im Strafrecht 2004, S. 356; LK-*Vogel*, § 243 Rn 79; S/S-*Bosch*, § 243 Rn 59: auf dem Boden der hier abgelehnten (Rn 207 f) „Tatbestandslösung" bleibt es im Ganzen bei der hier für richtig gehaltenen Konkurrenzentscheidung, s. *Eisele*, JA 06, 316; BGH NStZ 14, 40 beschränkt die Aussage nicht auf Ausnahmefälle. Der 2. Senat will die hier dargestellte Ausnahme – begründet in BGH NStZ-RR 17, 340 – aufgeben und in allen Fällen Tateinheit (§ 52 I) annehmen. Für *Wessels/Beulke/Satzger*, AT Rn 1271, die der hier vertretenen Linie folgen, gilt die Ausnahme (Tateinheit) auch für Fälle mehrerer Rechtsgutsträger.
143 BGH NJW 19, 1086 mit krit. Anm. *Mitsch*; *Jäger*, JA 19, 386; zust. *Grosse-Wilde*, HRRS 19, 160 ff.

eines versehentlich stecken gebliebenen Kassenschlüssels[144]. B hat keinen Nachschlüsseldiebstahl nach § 243 I 2 Nr 1 begangen. Die Schlüssel waren von F zum Öffnen und Schließen der Schlösser bestimmt. Diese Widmung ist ihnen während der Bedenkzeit des A auch nicht konkludent entzogen (Rn 227 f). Dass F nicht wollte, dass die Schlüssel einem Unbefugten zur Begehung eines Diebstahls überlassen werden, ändert an der Widmung ebensowenig wie die unbefugte Benutzung selbst[145]. Auch ein Einsteigediebstahl scheidet aus. Zwar reicht das Einsteigen in einen umschlossenen Raum, auch wenn nur aus einem angrenzenden Gebäude gestohlen werden soll. Die Umschließung muss aber ein tatsächliches Hindernis bilden, das dem Unbefugten den Zutritt *nicht unerheblich* erschwert. Das ist bei einer niedrigen Umzäunung nicht gegeben[146]. B hat infolgedessen nur einen einfachen Diebstahl begangen. Das in der Aufforderung des A liegende Einverständnis mit der Wegnahme schließt diese nicht aus, wenn man Gewahrsam des F bejaht. Auch Hausfriedensbruch entfällt auf Grund der rechtsmissbräuchlichen und daher den Mithausrechtsinhaber F unzumutbar belastenden Ausübung des Erlaubnisrechts nicht[147]. A lässt sich als Anstifter, angesichts der von ihm beherrschten und beabsichtigten Ermöglichung der Drittzueignung (Rn 166 ff) aber auch als Mittäter des Diebstahls ansehen. Sieht man neben der Schadenshöhe namentlich im Missbrauch der Vertrauensstellung Umstände, die einen unbenannten besonders schweren Fall begründen, belastet dieser Missbrauch entsprechend § 28 II nur A (Rn 220).

247 Als T im **Fall 16** vom Verkäufer gestellt wird, ist die Wegnahme des Jacketts und damit der Diebstahl trotz der Beobachtung durch V bereits vollendet (Rn 126). Daran würde sich auch dann nichts ändern, wenn T das Jackett *mitsamt Sicherungsetikett* in seiner *körperlichen Tabusphäre* verborgen hätte. Da das Sicherungssystem folglich erst greift, *nachdem* Gewahrsam erlangt ist, sichert es nicht *gegen* Wegnahme. Vielmehr dient es nur der Aufdeckung der Tat und der Wiedererlangung der Sache. Infolgedessen handelt es sich um keine Schutzvorrichtung im Sinne des § 243 I 2 Nr 2[148]. Allerdings liegt es nahe, in solchen Sachverhaltsgestaltungen einen atypischen besonders schweren Fall anzunehmen (Rn 210). Dass es auf der Grundlage des faktischen, aber auch des sozial-normativen Gewahrsamsbegriffs Konstellationen geben kann, in denen bei Auslösung des Alarms auf Grund des Sicherungsetiketts der Diebstahl noch nicht vollendet und dann der Alarm doch ein faktisches Hindernis *gegen* Wegnahme ist, ist denkbar. Auf Grund solcher Ausnahmesituationen erlangt das Sicherungsetikett aber nicht die notwendige *generelle* Eigenschaft, eine Schutzvorrichtung *gegen Wegnahme* zu sein[149].

III. Die Ausschlussklausel des § 243 II

248 **Fall 17:** T begeht gelegentlich Diebstähle aus Pkws. Als er eines Tages auf dem Vordersitz eines Autos in einer geöffneten wertvollen Lederhandtasche den Personalausweis und die Kreditkarte der Fahrzeughalterin entdeckt, schlägt er die Scheibe ein, ergreift die Handtasche und entfernt sich schnell. Die Handtasche wirft er, wie von vornherein geplant, wenig

---

144 So *Lackner/Kühl*, § 243 Rn 15; *Murmann*, NJW 95, 935; *Otto*, Jura 97, 471; aA AG Freiburg NJW 94, 400.
145 BGH StV 98, 204.
146 BGH NJW 93, 2252 f.
147 S. *Wessels/Hettinger/Engländer*, BT I Rn 601 f.
148 OLG Stuttgart NStZ 85, 76 mit zust. Bespr. von *Dölling*, JuS 86, 688; OLG Düsseldorf StV 98, 204.
149 *Dölling*, JuS 86, 692 f; aA *Rengier*, BT I § 3 Rn 31.

später in ein Gebüsch, nachdem er ihr die zuvor entdeckten Gegenstände entnommen hat, die er für Einkäufe nutzen will. An einem anderen Tag entwendet T zwei Pralinenschachteln im Werte von je 15 € aus einem zu diesem Zweck aufgebrochenen Kofferraum, nachdem er beobachtet hatte, wie die Fahrzeughalterin diese dort ablegte.
Strafbarkeit nach §§ 242, 243? **Rn 254**

1. Voraussetzungen des Geringwertigkeitsbezugs

§ 243 II enthält eine **zwingende Ausschlussklausel** mit einer unwiderleglichen, die Indizwirkung der Regelbeispiele des § 243 I 2 Nrn 1–6 entkräftenden **Gegenschlusswirkung**, wenn die Tat sich in *objektiver* wie in *subjektiver* Hinsicht „**auf eine geringwertige Sache bezieht**". Die Klausel nimmt aus zweifelhaften Gründen, die den Tatobjekten der Nr 7 die ihnen zugeschriebene *Gefahr* im Vor- und Umfeld politisch motivierter Gewalttaten auch bei Geringwertigkeit unterstellen (BT-Ds 11/2834, S. 10), *nur* den Bereich dieser Ziffer aus. Sie *verbietet* daher entgegen ihrem verunglückten Wortlaut bei Geringwertigkeit auch die Annahme eines *atypischen* schweren Falles[150]. Soweit die Sperrwirkung der Klausel hiernach reicht, stellt sie die *Weiche* zum einfachen Diebstahl[151] und macht dann die Erörterung der näheren Voraussetzungen des besonders schweren Falles entbehrlich.

249

Der Gesetzgeber hat in § 243 II einen einzelnen Umstand, mit dem zwar bisweilen, aber nicht immer eine **Minderung des Unrechts- und Schuldgehalts** der Tat verbunden ist, in der Weise verabsolutiert[152], dass der betreffende Diebstahl trotz der erschwerenden Begleitumstände mit dem Etikett eines **Bagatelldelikts** versehen und dann sogar in den Anwendungsbereich der § 248a StGB, §§ 153, 153a StPO einbezogen wird.

Die Problematik des **§ 243 II** deckt sich mit der des **§ 248a** aber keineswegs vollständig: § 248a setzt lediglich voraus, dass der Diebstahl bzw die Unterschlagung **objektiv** eine *geringwertige Sache* zum Gegenstand hat und dass es sich um einen **Anwendungsfall des § 242 bzw des § 246** handelt. Ob der Täter die Geringwertigkeit der Sache erkannt oder infolge eines Irrtums falsch beurteilt hat, ist *dort* belanglos, weil § 248a nicht den sachlichen Charakter der Tat, sondern nur die *Zulässigkeit der Strafverfolgung* betrifft und bei Verfahrensvoraussetzungen allein auf die **objektive Sachlage** abzustellen ist[153]. *Im Gegensatz* dazu geht es im Rahmen des **§ 243 II** um eine **qualitative Bewertung** des Tatgeschehens, die davon abhängt, ob sich die Tat *auf eine geringwertige Sache* „**bezogen**" hat. Für dieses **Beziehungsverhältnis** genügt es nicht, dass die weggenommene Sache tatsächlich geringwertig war[154]; andererseits kommt es auch nicht ausschließlich darauf an, was der Täter sich insoweit vorgestellt

250

---
150 *Eisele*, BT II Rn 156; *Lackner/Kühl*, § 243 Rn 4; LK-*Vogel*, § 243 Rn 56; *Krey/Hellmann/Heinrich*, BT II Rn 172; *Kudlich/Noltensmeier/Schuhr*, JA 10, 343 f; *Küper*, NJW 94, 351 f; aA HK-GS/*Duttge*, § 243 Rn 54; *Mitsch*, BT II S. 104; *ders.*, ZStW 111 (1999), 73 ff; *Zöller*, BT Rn 60; zweifelnd *Fischer*, § 243 Rn 24; MK-*Schmitz*, § 243 Rn 65; aA offenbar BGH NStZ-RR 14, 141; zum Streit s. *Jesse*, JuS 11, 313.
151 *Zipf*, Dreher-FS S. 391.
152 Mit Recht krit. hierzu *Zipf*, Dreher-FS S. 399 ff; s. auch die Begründung zur Aufhebung des § 244a IV durch das 6. StrRG, BT-Ds 13/8587, S. 63.
153 Vgl BGHSt 18, 123, 125; *Wessels/Beulke/Satzger*, AT Rn 791.
154 So aber *Braunsteffer*, NJW 75, 1570.

hat[155]. Maßgebend ist vielmehr beides zusammen: Nach § 243 II ist die Annahme eines *besonders schweren Falles* kraft Gesetzes nur dann ausgeschlossen, wenn die gestohlene Sache **objektiv geringwertig** und außerdem der **Vorsatz** des Täters auf die Wegnahme einer geringwertigen Sache gerichtet war[156]. Der *innere* Grund für diese strengen, von den üblichen Vorsatz- und Irrtumsregeln abweichenden Anforderungen liegt darin, dass sich die Zweifel an der Berechtigung des zwingenden Ausschlusses jedes besonders schweren Falles bei Geringwertigkeit nur mit einer Auslegung vermindern lassen, die den mit dem geringen Sachwert unterstellten Bagatellcharakter der Tat wenigstens *insoweit* für das *Erfolgs-* **und** das *Handlungs*unrecht verbürgt[157]. Dass hier zudem gerade die **subjektive Komponente** von Bedeutung ist, zeigen auch die Fälle des **Versuchs**, bei denen allein der Tatentschluss und die Vorsatzrichtung darüber Aufschluss geben können, ob die Voraussetzungen des § 243 II erfüllt sind oder nicht.

251 Für die Lösung der (umstrittenen) **Irrtumsprobleme** in Bezug auf § 243 II ergeben sich daraus die folgenden, von einer die Geringwertigkeit als „negative Unrechtsvoraussetzung" sehenden Meinung[158] nicht durchgehend mitgetragenen[159] Konsequenzen:

(1) Ist die gestohlene Sache, wie etwa eine echte Perlenkette, **objektiv wertvoll**, so fehlt es wegen des nichtbagatellarischen Erfolgsunwerts selbst dann an den Voraussetzungen des § 243 II, wenn der Täter sie irrig als geringwertig angesehen (das kostbare Stück zB für eine billige Imitation gehalten) hat. **Handlungsunwert** und **Schuldgehalt** können hier aber so sehr gemindert sein, dass die *indizielle* Wirkung des einschlägigen Regelbeispiels versagt und der Richter innerhalb der **Gesamtwürdigung von Tat und Täter** zur Verneinung eines *besonders schweren Falles* gelangt. Für die Gegenmeinung folgt dieses Ergebnis dagegen *zwingend* aus der direkten oder entsprechenden Anwendung von § 16 I oder II[160].

(2) Hält der Täter umgekehrt eine **objektiv geringwertige** Sache auf Grund falscher Vorstellungen für höherwertig, scheitert die Anwendbarkeit des § 243 II am fehlenden **subjektiven Bezug**, dh daran, dass der **Vorsatz** des Täters nicht auf die Entwendung einer geringwertigen Sache gerichtet war. In solchen Fällen mangelt es damit am von § 243 II vorausgesetzten verminderten Handlungsunrecht. Auch hier ist es wiederum eine Frage der **Gesamtwürdigung von Tat und Täter**, ob es geboten erscheint, das Vorliegen eines *besonders schweren Falles* entgegen der Regelwirkung wegen des **erheblich geminderten Erfolgsunwertes** zu verneinen. Die Gegenmeinung neigt hier teilweise dazu, eine mildere Bewertung über Versuchsregeln zu erreichen[161].

---

155 So indessen *Gribbohm*, NJW 75, 1153; *Eisele*, BT II Rn 161 lässt die Annahme der Geringwertigkeit genügen; s. auch A/W-*Heinrich*, § 14 Rn 31.
156 Vgl BGHSt 26, 104, 105; BGH NStZ 87, 71; BGH NStZ 12, 571; BK-*Wittig*, § 243 Rn 29; *Fischer*, § 243 Rn 26; *Rengier*, BT I § 3 Rn 42; *Zöller*, BT Rn 59; diff. *Zipf*, Dreher-FS S. 389, 397.
157 *Küper/Zopfs*, BT Rn 270; *ders.*, NJW 94, 351; *Lackner/Kühl*, § 243 Rn 4; LK-*Vogel*, § 243 Rn 62.
158 *Kindhäuser/Böse*, BT II § 3 Rn 48.
159 S. dazu im Einzelnen *Küper/Zopfs*, BT Rn 271, 274; SK-*Hoyer*, § 243 Rn 48 f; S/S-*Bosch*, § 243 Rn 53.
160 S. dazu *Küper/Zopfs*, BT Rn 271, 274 mwN; ferner A/W-*Heinrich*, § 14 Rn 31; *Eisele*, BT II Rn 161.
161 S. dazu *Küper/Zopfs*, BT Rn 274 mwN.

2. Geringwertigkeitsbegriff

Maßgebend für den Begriff der **Geringwertigkeit** in § 243 II ist grundsätzlich der **objektiv** zu beurteilende **Verkehrswert** der Sache zur Zeit der Tat[162]. Bei zum Verkauf angebotenen Sachen ist das der konkrete Verkaufspreis einschließlich der ausgewiesenen Umsatzsteuer. Nicht abzustellen ist auf Wiederbeschaffungs- oder Herstellerkosten[163]. Bei Gegenständen, mit denen der Handel verboten ist, kommt es – soweit man sie für taugliche Objekte des Diebstahls hält[164] – auf ihren Schwarzmarktwert an[165].

252

Ob daneben auch die persönlichen und wirtschaftlichen Verhältnisse der Beteiligten berücksichtigt werden dürfen, ist umstritten[166]. Für die bejahende Auffassung spricht, dass es Fälle gibt, in denen der Verletzte auch durch den Verlust einer objektiv geringwertigen Sache zB aus Gründen der Armut oder eines schützenswerten Affektionsinteresses **fühlbar geschädigt** werden kann. Weiß der Täter hiervon, ist Bagatellunrecht ausgeschlossen. Die Gegenauffassung kann mit der Annahme eines unbenannten schweren Falles nicht helfen, weil die Ausschlussklausel auch für diesen gilt (Rn 249).

Gering ist der Wert einer Sache, wenn er nach der allgemeinen Verkehrsauffassung für den Gewinn wie für den Verlust als unerheblich anzusehen ist.

Die Rechtsprechung lehnt es mit Recht ab, dafür starre Regeln aufzustellen, wie etwa die Heranziehung der wöchentlichen Arbeitslosenunterstützung als Maßstab[167]. Die obere Grenze des **geringen Wertes** wurde seit langen Jahren bei etwa 50 DM gezogen[168]. Da nach nicht unberechtigter Einschätzung der Bevölkerung der Wert eines Euros dem einer DM heute weitgehend entspricht, dürfte die Grenze jetzt bei 50 € liegen[169].

Bei **mehreren Tatbeteiligten** sowie im Rahmen einer natürlichen Handlungseinheit kommt es auf die **Gesamtmenge** und den **Gesamtwert** der Diebesbeute an[170].

Wie den vorstehend erörterten Voraussetzungen zu entnehmen ist, hängt die Anwendbarkeit des § 243 II prinzipiell davon ab, dass das Diebstahlsobjekt einen **in Geld messbaren Verkehrswert** hat. Fehlt es daran, wie etwa bei der Entwendung von Strafakten oder von anderen Gegenständen ohne objektiv messbaren Substanzwert[171], so folgt daraus nicht, dass die betreffende Sache *geringwertig* oder gar *wert-*

253

---

162 BGH NStZ 81, 62; *Küper/Zopfs*, BT Rn 275.
163 BGH wistra 17, 437.
164 So zB für Drogen BGH NJW 06, 72; s. dazu Rn 73 und abl. *Hillenkamp*, Achenbach-FS S. 189, 196 f, 204 f; *Wolters*, Samson-FS S. 495, 500 ff.
165 *Kudlich/Noltensmeier/Schuhr*, JA 10, 343; LK-*Vogel*, § 243 Rn 58; MK-*Schmitz*, § 243 Rn 69; zum Ausschluss von § 243 I 2 Nr 7 aus § 243 II s. Rn 243.
166 Verneinend S/S-*Bosch*, § 248a Rn 7; bejahend *Fischer*, § 248a Rn 3; BGH GA 1957, 17, 18; 19; OLG Hamm NJW 71, 1954.
167 BGHSt 6, 41, 45; KG StV 16, 652, 654 ff (Geringwertigkeit bejaht bei 31,95 €).
168 Vgl OLG Schleswig StV 92, 380; OLG Düsseldorf NJW 87, 1958; *Henseler*, StV 07, 323, 325; *Fischer*, § 248a Rn 3a; BGH BeckRS 04, 07428 folgert daraus eine 25-Euro-Grenze.
169 OLG Zweibrücken NStZ 00, 536; OLG Hamm NJW 03, 3145; OLG Frankfurt a.M. NStZ-RR 08, 311 mit Bespr. *Jahn*, JuS 08, 1024; OLG Frankfurt a.M. NStZ-RR 17, 12; *Lackner/Kühl*, § 248a Rn 3; nach OLG Oldenburg NStZ-RR 05, 111; *Fischer*, § 248a Rn 3a hält das für „zu hoch"; zur (hier nur nominalen) Anhebung der Wertgrenze bei einer grundlegenden Veränderung der wirtschaftlichen Verhältnisse s. BGH NStZ 11, 215, 216 mit Bespr. *Jahn*, JuS 11, 660.
170 BGH NJW 64, 117; 69, 2210; HK-GS/*Duttge*, § 243 Rn 55; *Kindhäuser/Böse*, BT II § 3 Rn 44.
171 Lehrreich dazu BGH NJW 77, 1460; BayObLG JR 80, 299 zählt dazu ua Personalausweise, Scheckkarten und Scheckformulare in der bis 31.12.2001 (s. dazu *Baier*, ZRP 01, 454) gültigen Funktion.

los ist. In dem für sie einschlägigen Funktionsbereich kann ihr (allein in Betracht kommender) *funktioneller* Wert vielmehr von größter Bedeutung, ja unersetzlich sein. Die Ausschlussklausel in § 243 II, deren Formulierung die Schwere des Falles nach rein **wirtschaftlichen Kriterien** beurteilt, passt für die letztgenannten Tatobjekte nicht[172].

Anders verhält es sich bei einem **Firmenstempel** und **Briefbögen** mit Firmenkopf. Sie sind bei entsprechender Bestellung im freien Handel zu erwerben und haben somit einen in Geld messbaren Verkehrswert. Da es bei § 243 II auf die Wertverhältnisse im Zeitpunkt der Wegnahmehandlung ankommt, ist ihr Verkehrswert auch dann als gering zu veranschlagen, wenn die Entwendung in der Absicht erfolgt ist, die Firmenbögen in missbräuchlicher Weise auszufüllen und mit ihrer Hilfe durch Kreditbetrug gegenüber einer Bank einen hohen Gewinn zu erzielen[173].

254 Im **Fall 17** *bezieht* sich die *erste Tat* nicht auf die wertvolle Handtasche, wenn man in ihrer nur kurzfristigen Mitnahme keine eigennützige Verwendung als Transportmittel, sondern lediglich Zeitersparnis am Tatort sieht. Dann liegt insoweit nur Sachentziehungswille und keine Aneignungsabsicht vor[174] (Rn 151 ff). Der Personalausweis und die Kreditkarte, die sich C zueignen will, haben zwar nur einen geringen Material- und *keinen Verkehrswert*, besitzen aber zusammen einen beträchtlichen und ihnen (im Gegensatz zum leeren Briefbogen und Firmenstempel, Rn 253) selbst schon eigenen *funktionellen* Wert, der die Anwendung der Ausschlussklausel verbietet[175]. Da T durch das Einschlagen des Fensters und das Hineinlangen in das Wageninnere zur Ausführung der Tat in einen umschlossenen, zum Betreten von Menschen bestimmten Raum eingebrochen ist, hat er sich insoweit eines Diebstahls in einem besonders schweren Fall nach §§ 242, 243 I 2 Nr 1 schuldig gemacht. Bei der *zweiten Tat* stellt die Ausschlussklausel die Weiche dagegen in Richtung auf einen einfachen Diebstahl, da die zwei Pralinenschachteln, auf die sich T's Diebstahlsvorsatz hier ausschließlich bezog, auch *zusammen*[176] nur einen geringen (Rn 252) Wert haben. T hat sich demnach nur eines einfachen Diebstahls schuldig gemacht. Eines Strafantrags der F gemäß § 248a bedarf es trotz der Geringwertigkeit der Beute nicht, weil die Strafverfolgungsbehörde bei Diebstählen aus Pkws im Straßenverkehr namentlich unter Verwirklichung der Tatmodalitäten des § 243 (hier: I 2 Nr 2) das **besondere öffentliche Interesse an der Strafverfolgung** bejahen wird[177].

3. Problematik des Vorsatzwechsels

255 Schwierigkeiten ergeben sich bei der Frage der Anwendbarkeit des § 243 II in den Fällen eines **Objekts-** und **Vorsatzwechsels** zwischen *Versuch* und *Vollendung* der Tat[178]. Dabei sind *zwei Fallgestaltungen* zu unterscheiden. In der einen weicht das

---

172 BGH NJW 77, 1460; BGH NStZ 12, 571; *Satzger*, Jura 12, 792; zum Nutzwert eines gestohlenen Personalausweises s. OLG Stuttgart NStZ 11, 44.
173 BGH NStZ 81, 62.
174 BGH StV 00, 670; BGH StV 10, 22 mit Anm. *Jahn*, JuS 10, 362.
175 S. BayObLG JR 80, 299 mit zust. Anm. *Paeffgen* zu bis zum 31.12.2001 gültigen Scheckformularen nebst dazugehöriger Scheckkarte.
176 OLG Düsseldorf NJW 87, 1958.
177 Entsprechend der weichenstellenden Funktion der Geringwertigkeitsklausel ist hier § 243 II jeweils zunächst erörtert; zust. *Zopfs*, Jura 07, 422. Die umgekehrte **Prüfungsreihenfolge** – erst Regelbeispiel, dann Ausschlussklausel – empfehlen *Eisele*, BT II Rn 157; *Joecks/Jäger*, § 243 Rn 9; *Rengier*, BT I § 3 Rn 39 und *Schmidt*, BT II Rn 172.
178 S. zum Streitstand nach früherem Recht *Hillenkamp*, Die Bedeutung von Vorsatzkonkretisierungen 1971, S. 5 ff; zum gegenwärtigen Stand s. *Küper/Zopfs*, BT Rn 272 f.

nach Verwirklichung des Regelbeispiels weggenommene Objekt in seinem Wert von der Vorstellung des Täters ab, die er sich beim Einbrechen, Einsteigen usw gemacht hat (s. dazu **Fall 18a** und **b, Rn 256 f**). In der anderen *gibt* der Täter seinen auf eine nicht geringwertige Sache gerichteten Tatentschluss nach Verwirklichung des Regelbeispiels endgültig *auf*, fasst dann aber den neuen Entschluss, eine geringwertige Sache wegzunehmen (s. dazu **Fall 19, Rn 260**). Beide Konstellationen sind unterschiedlich zu beurteilen.

> **Fall 18a:** T ist in das Bootshaus eines Segelklubs eingebrochen, um Geld und sonstige Wertsachen zu stehlen, entschließt sich dann aber, stattdessen nur einen Bootshaken im Wert von 8 € mitzunehmen. 256
>
> **Fall 18b:** T ist in das Bootshaus eines Segelklubs eingebrochen, um einen Bootshaken im Wert von 8 € zu stehlen. Als er Geld und Wertsachen entdeckt, nimmt er diese an sich und verlässt mit ihnen das Haus. 257
> Strafbarkeit nach §§ 242, 243? **Rn 259**

(1) In der *ersten* der beiden in Rn 255 genannten Fallgestaltungen begeht der Täter jeweils einen vollendeten Diebstahl (§ 242) am letztlich weggenommenen Objekt. Die Entwendung des geringwertigen (**Fall 18a**) bzw des nicht geringwertigen Objekts (**Fall 18b**) entspricht allerdings nicht seinem ursprünglichen Tatentschluss, der im Augenblick der Regelbeispielsverwirklichung auf Gegenstände von höherem bzw geringem Wert gerichtet war. Hier ist fraglich, welche Bedeutung der **Objekts-** und **Vorsatzwechsel** innerhalb des Versuchsstadiums für die rechtliche Bewertung des Tatgeschehens und die Anwendbarkeit des § 243 I, II hat. 258

Nach der Rechtsprechung ist es für die Gesamtbeurteilung einer **einheitlichen Tat** unwesentlich, ob der Diebstahlsvorsatz zunächst auf *bestimmte* Objekte beschränkt war oder dahin ging, *alles Stehlenswerte* mitzunehmen. Sein Fortbestand wird nicht dadurch berührt, dass er sich während der Tatausführung verengt, erweitert oder sonst ändert[179]. Wer also zur Begehung eines Diebstahls in ein Gebäude einbricht, verwirklicht die Merkmale der §§ 242, 243 I 2 Nr 1 auch dann mit einem *durchgehenden* Diebstahlsvorsatz, wenn er das Gesuchte nicht vorfindet und stattdessen etwas anderes entwendet. Die zur Vollendung gelangte Tat kann bei dieser Sachlage richtigerweise **nur einheitlich**, dh im *Ganzen* entweder als **vollendeter Diebstahl** in einem **besonders schweren Fall** oder als **einfacher Diebstahl** angesehen werden[180]. Die besseren Gründe sprechen für Ersteres. 259

> Als T im **Fall 18a** zur Verwirklichung des § 242 ansetzte und *zur Ausführung der Tat* in das Bootshaus einbrach (§ 243 I 2 Nr 1), war sein **Vorsatz** auf die Wegnahme von **Geld und Wertsachen** gerichtet. Infolgedessen „bezog" sein Tatentschluss sich im Versuchsstadium nicht auf die Entwendung geringwertiger Sachen, sodass § 243 II schon aus diesem Grunde entfällt. Im Augenblick des **Objekts- und Vorsatzwechsels** lag bereits ein **versuchter Diebstahl** in einem *besonders schweren Fall* vor, der nur deshalb nicht zum zunächst ge-

---
179 BGHSt 22, 350, 351; BGH MDR/D 53, 272.
180 Vgl BGHSt 26, 104, 105; *Blei*, JA 75, 591, 661; *Eisele*, Die Regelbeispielsmethode im Strafrecht 2004, S. 339; *Zipf*, Dreher-FS S. 389, 394.

wollten Erfolg führte, weil A sich eines anderen besann. Der während der Tatausführung gefasste Entschluss, sich mit dem Bootshaken zu begnügen, berührte hier weder den Fortbestand des Diebstahlsvorsatzes *als solchen* noch die Einheitlichkeit und sachliche Zusammengehörigkeit des Geschehens, sodass die Tat insgesamt ohne Rücksicht auf den geringen Wert der letztlich erzielten Beute gemäß §§ 242, 243 I 2 Nr 1 als **vollendeter Diebstahl** in einem **besonders schweren Fall** zu beurteilen ist[181]. Für die Anwendbarkeit des § 243 I 2 Nr 1 auf die Tat im Ganzen spricht hier auch der Umstand, dass der Erschwerungsgrund des Einbrechens im **Fall 18a** selbst dann durchgreifen würde, wenn T *gar nichts* mitgenommen und das Bootshaus ohne jede Beute verlassen hätte[182]. Andererseits widerspräche die von der Gegenansicht[183] befürwortete Aufspaltung des Vorgangs in einen erschwerten Fall des Diebstahlsversuchs (= bezüglich der nicht mitgenommenen Wertsachen) und in einen vollendeten einfachen Diebstahl (= bezüglich des Bootshakens) dem **einheitlichen Charakter** des Geschehensablaufs. Aus Letzterem folgt, dass auch im umgekehrten **Fall 18b** nicht anders zu entscheiden und ein **vollendeter Diebstahl in einem besonders schweren Fall** anzunehmen ist. Die Gegenansicht, die hier nur einen einfachen Diebstahl bejahen will[184], vernachlässigt, dass es an dem für § 243 II vorausgesetzten bagatellarischen Erfolgsunwert ganz und auch an einem den Kernfällen des § 243 II vollständig entsprechenden geringen Handlungsunwert fehlt.

260 (2) Anders liegt es dagegen, wo der Täter nicht nur von dem mit der Verwirklichung des Regelbeispiels begangenen Versuch, Sachen von *nicht geringem* Wert zu stehlen, wegen Fehlschlags oder Rücktritts, sondern vom Stehlvorsatz insgesamt endgültig Abstand nimmt, bevor er auf den Gedanken kommt, Geringwertiges wegzunehmen.

> **Fall 19:** T bricht nachts in das Bootshaus eines Segelklubs ein, um Geld und sonstige Wertsachen zu stehlen. Da er beides nicht vorfindet, legt er sich enttäuscht zum Schlafen nieder. Als er am nächsten Morgen aufwacht, entwendet er zum Frühstück zwei Flaschen Bier und eine Mettwurst im Gesamtwert von 10 €.
> Ist T eines Diebstahls in einem schweren Fall schuldig?

> Seinen ursprünglichen Entschluss, Geld und Wertsachen zu stehlen, hatte T bereits **endgültig aufgeben** müssen, ehe er noch am Tatort (= im Innern des Gebäudes) den **neuen Vorsatz** fasste, seinen Frühstückshunger mithilfe von Bier und Wurst zu stillen. Hier handelt es sich im Bereich des Verwirklichungswillens um eine echte **Zäsur**, die dazu führt, dass der zweite Abschnitt des Geschehens *selbstständig* zu würdigen und als **neue Tat anzusehen** ist, deren Strafbarkeit sich allein nach §§ 242, 248a richtet. Der vorhergehende Erschwerungsgrund des *Einbrechens* ergreift diesen nachfolgenden Diebstahl nicht, weil T nicht „zur Ausführung dieser Tat" eingebrochen ist. Auch hat er sich nicht in dieser Absicht im Bootshaus verborgen gehalten (Rn 232). Demnach kommt es insoweit auf § 243 II nicht mehr an (offen gelassen in BGHSt 26, 104, 105 f). Ob es für das vorangegangene Geschehen bei der Strafbarkeit wegen eines versuchten Diebstahls in einem besonders schweren Fall (s. Rn 213) verbleibt oder nicht, hängt davon ab, ob es sich wie im hier erörterten Fall um einen nicht rücktrittsfähigen Fehlschlag oder ob es sich um einen freiwilligen Rücktritt vom Versuch[185] handelt.

---

181 BGHSt 26, 104, 105; BGH NStZ 87, 71; S/S-*Bosch*, § 243 Rn 55.
182 *Fahl*, JuS 01, 48; *Fischer*, § 243 Rn 26; *Krey/Hellmann/Heinrich*, BT II Rn 149.
183 *Kindhäuser/Böse*, BT II § 3 Rn 50; SK-*Hoyer*, § 243 Rn 53.
184 *Kindhäuser/Böse*, BT II § 3 Rn 51; SK-*Hoyer*, § 243 Rn 53.
185 S. hierzu *Krey/Hellmann/Heinrich*, BT II Rn 153; SK-*Hoyer*, § 243 Rn 53.

Maßgebend für die **Abgrenzung** bei Fallgestaltungen dieser Art ist somit, ob der **Wille zum Stehlen** trotz des Objekts- und Vorsatzwechsels (wie im **Fall 18a** und **b**) während des Gesamtgeschehens **fortbestanden** oder ob es sich (wie im **Fall 19**) um eine **endgültige Aufgabe** des Diebstahlsvorsatzes als ganzem infolge Fehlschlags oder Rücktritts gehandelt hat, dem ein neuer **Diebstahlsentschluss** hinsichtlich eines anderen Gegenstandes gefolgt ist[186].

261

> **Die aktuelle Entscheidung:** Wie wichtig eine sorgfältig und vollständig ermittelte Tatsachengrundlage für die Zuordnung eines Diebstahlsfalls zu § 243 I oder II nach den hier unter Rn 248 ff dargelegten Maßstäben ist, zeigt die Entscheidung **OLG Hamm BeckRS 16, 05563** mit Bespr. *Eisele*, JuS 16, 564. Hier war der Angekl. A in fünf in Tatmehrheit (§ 53) stehenden Fällen unter Verwirklichung von Regelbeispielen des § 243 I 2 Nr 1 in verschiedene Räumlichkeiten gelangt, um dort zu stehlen. Bei einem Einbruch in eine Physiotherapiepraxis entwendete er lediglich ein Porzellanei im Wert von 10 €, in einem weiteren Fall nur 10 € nebst Geldbörse. In zwei weiteren nahm A Bargeld bzw. eine Handtasche mit. In allen Fällen ist das LG von einem besonders schweren Fall des Diebstahls nach § 243 I 2 Nr 1 – dass A auch gewerbsmäßig (§ 243 I 2 Nr 3) gehandelt hat, wurde übersehen – ausgegangen. – Das OLG sieht sich zu Recht außerstande, die Richtigkeit des (stillschweigenden) Ausschlusses des § 243 II zu bestätigen, da es dafür an den notwendigen Feststellungen fehlt. So ist im zweiten Fall der Wert der Geldbörse, im dritten Fall der Betrag des Bargelds und im vierten der Wert der Handtasche im Urteil nicht angegeben worden. Es kann folglich nicht ausgeschlossen werden, dass es sich jeweils nur um Sachen von geringem Wert gehandelt hat. Eine Addition aller Werte – auch sie setzte die Feststellung der Einzelwerte voraus – kommt bei Tatmehrheit zudem nicht in Betracht (Rn 252). Im Porzellaneifall zeigt sich darüber hinaus deutlich, dass nicht nur zum objektiven Wert der Diebstahlsobjekte, sondern auch zum diesbezüglichen Vorsatz genauere Feststellungen zu treffen sind. Denn hierzu führt das OLG zutreffend aus, dass die vom LG bejahte Anwendung des § 243 I zwar auch bei einem unter dem vom LG angenommenen Grenzwert von 25 € liegenden Gegenstand nicht ausgeschlossen sei. Es hebt aber ebenso zutreffend hervor, dass das nur zutrifft, „wenn sich der Vorsatz des Täters auf wertvollere Sachen bezog." Das entspricht der auch hier (Rn 250, 255 ff) vertretenen hM. Dass ein Täter, der in eine Physiotherapiepraxis einbricht, „wegen des dort zu erwartenden Bargelds, Computern mit Zubehör etc." einen solchen Vorsatz hat, liege „zwar äußerst nahe," müsse aber festgestellt werden. Das trifft zu. Dass das LG im ersten Fall nur einen *Versuch* im besonders schweren Fall angenommen hat, weil A bei einem weiteren Einbruch am selben Tag das Ei „in den Räumlichkeiten des Sanitätshauses (wieder) abgelegt" hatte, wird vom OLG mit Recht als unzutreffend bezeichnet. Zwar ist richtig, dass der Strafrahmen des § 243 auch bei einem unter den erschwerenden Umständen des § 243 I 2 Nr 1 nur verwirklichten Versuch anwendbar sein kann (s. Rn 212 f). Da sich A aber nach der ersten Tat aus den Praxisräumen bereits entfernt hatte, war der Diebstahl des Eies bereits vor der Wiederablegung bei der zweiten Tat vollendet. Eine tätige Reue kennt das Gesetz bei Diebstahl nicht. Wenn man fälschlicherweise von bloßem Versuch ausgeht, hätte es allerdings – was das OLG, das die Annahme bloßen Versuchs bestehen lässt, weil sie den A nicht beschwere, übergeht – einer Erörterung des § 24 bedurft, der nicht zwingend daran scheitert, dass das Ei offenbar nur im selben Gebäude, nicht aber in den Herkunftsräumen wieder abgelegt wurde.

---

186 Ebenso *Küper/Zopfs*, Rn 272 f; *Rengier*, BT I § 3 Rn 43 ff; *Schmidt*, BT II Rn 173 ff; s. auch *Jäger*, BT Rn 262 ff.

IV. Prüfungsaufbau: Besonders schwerer Fall des Diebstahls, § 243

261a

Besonders schwerer Fall des Diebstahls, § 243

I. **Rechtswidrige und schuldhafte Erfüllung des Diebstahlstatbestandes, § 242**
   - Ⓟ nur versuchter Diebstahl

II. **Verwirklichung des Regelbeispiels**
   - Ⓟ nur „versuchtes" Regelbeispiel
   1. **Objektive Merkmale des Regelbeispiels**
      - Nr 1: *(1) Bezugsobjekt:*
        - *Gebäude*
        - *Dienst- oder Geschäftsraum*
        - *umschlossener Raum*
      - *(2) Handlung:*
        - *Einbrechen*
        - *Einsteigen*
        - *Eindringen*
          - *– mittels falschen Schlüssels*
          - *– mittels anderen Werkzeugs*
        - *Sich-Verborgenhalten*
      - Nr 2: *(1) Schutzvorrichtung:*
        - *verschlossenes Behältnis*
        - *andere Schutzvorrichtung*
      - *(2) gegen Wegnahme:*
        - *besondere Sicherung gegen Wegnahme*
        - Ⓟ Sicherungszweck
      - Nr 3: *Gewerbsmäßigkeit:*
        - *gewerbsmäßiges Stehlen*
      - Nr 4: *(1) Räumlichkeit:*
        - *Kirche*
        - *Religionsausübung dienendes Gebäude*
      - *(2) Objekt:*
        - *Gottesdienst gewidmete Sache*
        - *religiöser Verehrung dienende Sache*
      - Nr 5: *(1) Objekt:*
        - *Sache von bestimmter Bedeutung*
      - *(2) Aufbewahrungsort:*
        - *allgemein zugängliche Sammlung*
        - *öffentliche Ausstellung*
      - Nr 6: *(1) Gefahrenlage:*
        - *Hilflosigkeit*
        - *Unglücksfall*
          - Ⓟ Gefahr für Sachen
          - Ⓟ selbstverschuldet
        - *gemeine Gefahr*
      - *(2) Ausnutzung:*
        - *Stehlen durch Ausnutzen der Situation*
      - Nr 7: *Objekt:*
        - *Handfeuerwaffe, Maschinengewehr etc*
   2. **Subjektive Merkmale des Regelbeispiels**
      - *(1) „Vorsatz":*
        - *Quasivorsatz (§ 16 analog)*
      - *(2) Besonderheiten:* Nr 1:
        - *zur Ausführung der Tat*
          - → Diebstahlsvorsatz bei Vornahme der Handlung
      - Nr 6:
        - *Ausnutzungsbewusstsein*

III. **Gesamtwürdigung der Tatumstände**
   - → Indizwirkung
   - → atypischer Fall

IV. **Ausschluss, § 243 II**
   - → Bezug auf geringwertige Sache
   - Ⓟ Vorsatzwechsel

§ 4 Diebstahl mit Waffen, Wohnungseinbruchs- und Bandendiebstahl

Während § 243 nur Regelbeispiele für *besonders schwere Fälle* des Diebstahls aufzählt, bildet § 244 einen **qualifizierten Tatbestand**, der auf dem **Grundtatbestand** des § 242 aufbaut und zu ihm in einem sog. **Stufenverhältnis** steht[1]. Die vier Erschwerungsgründe des § 244 I enthalten mithin eine *zwingende* und *abschließende* Regelung, die stets, aber auch nur dann eingreift, wenn die dort genannten Voraussetzungen erfüllt sind. Das Gleiche gilt für den Verbrechenstatbestand des **§ 244a**. In **§ 244** hat der Gesetzgeber das bis 1998 in § 243 I 2 Nr 1 mitenthaltene Regelbeispiel des Einbrechens, Einsteigens usw in *Wohnungen* unter der verkürzenden Überschrift des **Wohnungseinbruchsdiebstahls** wortgleich als nunmehr vierten Fall einer *qualifizierten Begehungsweise* in § 244 I Nr 3 aufgenommen. Eine § 250 III entsprechende Strafmilderungsmöglichkeit bei Vorliegen eines *minder schweren Falles* hat er mit § 244 III nF erst 2011 hinzugefügt, weil sich das Fehlen einer solchen Regelung „insbesondere im Hinblick auf den Diebstahl mit einem gefährlichen Werkzeug nach § 244 Absatz 1 Nummer 1 Buchstabe a als problematisch" erwiesen habe (s. dazu Rn 274, 283, 288, 290)[2]. Im Juni 2017 hat der Deutsche Bundestag beschlossen, den Einbruchsdiebstahl in eine **dauerhaft genutzte Privatwohnung** aus Absatz 1 Nr 3 auszusondern und in einem neugefassten Absatz 4 (der bisherige Absatz 4 wird aufgehoben) als **Verbrechen** mit einer Freiheitsstrafe von einem Jahr bis zu zehn Jahren zu bedrohen. Einen *minder schweren Fall* dieses Verbrechens sieht die Neuregelung nicht vor. § 244 III bezieht sich nur auf die in Absatz 1 Nrn 1 bis 3 geregelten Fälle[3].

262

I. Diebstahl mit Waffen

Fall 20: Der im Wohnungseinbruchsdezernat eingesetzte Polizeibeamte P nutzte seinen Einsatz an den Tatorten wiederholte Male dazu, wertvolle kleinere Gegenstände, die sich leicht verbergen ließen, zu entwenden. Dabei trug er in der Regel seine geladene und schussbereite Dienstwaffe bei sich. In einem Fall hatte er sie allerdings im 150 m vom Einbruchsort entfernt abgestellten Streifenwagen gelassen. In einem anderen Fall bemerkte er während des Diebstahls, dass er die morgendliche Munitionsausgabe versäumt und deshalb nur eine ungeladene Waffe bei sich hatte, beruhigte sich aber mit dem Gedanken, sie notfalls als Drohmittel oder auch als Schlaginstrument gegen den Kopf von Personen einzusetzen, die sich ihm in den Weg stellen könnten. Ist P nach § 244 zu bestrafen? **Rn 294**

263

1. Beisichführen von Waffen oder anderen gefährlichen Werkzeugen

In der ersten Tatbestandsvariante (§ 244 I Nr 1a) begeht einen Diebstahl mit Waffen, wer eine *Waffe* oder ein *anderes gefährliches Werkzeug* bei sich führt.

264

---

1 Vgl *Wessels/Beulke/Satzger*, AT Rn 169, 173.
2 BT-Ds 17/4143, S. 6; die Änderung ist durch das 44. StrÄndG vom 1. November 2011 (BGBl I 2130) eingefügt worden; krit. zu dieser Änderung *Fischer*, § 244 Rn 61; *Hettinger*, Roxin-FS II S. 273, 279 ff; *Krüger*, Jura 11, 887, 890 f; S/S-*Bosch*, § 244 Rn 38; *Zopfs*, GA 12, 259 ff; zum 44. StrÄndG s. auch *Singelnstein/Puschke*, NJW 11, 3473 (zu § 244 III, S. 3475).
3 Die Regelung (BGBl I 2442) ist seit dem 22.7.2017 in Kraft; s. zu der neuerlichen Reform krit. *Dreißigacker u.a.*, NK 17, 321; *Esposito/Busch*, ZRP 17, 30; *Fischer*, § 244 Rn 63; *Kreuzer*, NK 17, 123; *Mitsch*, KriPoZ 17, 21; 180 und hier Rn 290a; Überblick bei *Bosch*, Jura 18, 50 ff.

a) Beisichführen von Waffen

265 Unter einer **Waffe** im Sinne des § 244 I Nr 1a ist (wie in §§ 250 I Nr 1a, II Nr 2; 177 III Nr 1) nur eine (einsatzbereite, s. Rn 271) Waffe im *technischen Sinn*[4] zu verstehen. Sie ist vom anderen gefährlichen Werkzeug *streng abzugrenzen*, wenn man entgegen dem auf beide Tatwerkzeuge gleich bezogenen Wortlaut nach umstrittener, aber zutreffender Ansicht nur bei der Waffe, nicht aber beim gefährlichen Werkzeug das bloße Beisichführen *ohne Verwendungsvorbehalt* ausreichen lässt[5] (s. näher Rn 275 f). Eine Waffe ist jeder Gegenstand, der nach der Art seiner Anfertigung geeignet und schon hiernach oder nach allgemeiner Verkehrsauffassung dazu bestimmt ist, durch seinen üblichen Gebrauch Menschen durch seine mechanische oder chemische Wirkung körperlich zu verletzen[6]. Zu diesen „geborenen" oder nach allgemeiner Verkehrsauffassung „gekorenen" Waffen gehören Gegenstände *nicht*, die nur im Einzelfall als Angriffs- oder Verteidigungsmittel *zweckentfremdet* und nur durch die *Willkür* des Täters zur „Waffe" gemacht werden (= gewillkürte Waffen)[7]. Ohne Zweifel fallen unter die Waffe hiernach zunächst alle **Schusswaffen** und die in § 243 I 2 Nr 7 aufgeführten Waffen. Neben diesen erfüllen die Voraussetzungen aber auch alle Hieb-, Schlag-, Stoß- und Stichwaffen, die wie Gummi- und Schlagstöcke, Schlagringe oder Kampfmesser (wie zB Spring-, Fall- und Butterflymesser)[8] generell geeignet und bestimmt sind, als Waffe eingesetzt zu werden[9] sowie Handgranaten und Molotow-Cocktails[10]. Pfefferspray wird vom BGH als gefährliches Werkzeug eingeordnet[11].

266 Zur Bestimmung des strafrechtlichen Waffenbegriffs greift die Rechtsprechung auf die Grundvorstellungen des Waffengesetzes (auch zB für **Messer**)[12] und den allgemeinen Sprachgebrauch zurück. **Schusswaffen** sind danach Gegenstände, die zum Angriff oder zur Verteidigung, aber auch zB zur Jagd, zum Sport oder Spiel bestimmt sind und bei denen **Geschosse** durch einen **Lauf** mit Bewegungsrichtung nach vorn getrieben werden. Dazu gehören ua Karabiner, Jagdgewehre, Pistolen und Luftgewehre[13], nach umstrittener Auffassung aber auch **Gaspistolen**, sofern sie so konstruiert sind, dass aus ihnen *Gaspatronen* verschossen werden und das durch Zündung freigesetzte Gas nicht lediglich seitwärts ausströmt[14], sondern den Lauf **in Richtung nach vorn** verlässt[15]. Soweit die Gegenmeinung Gaspistolen wegen ihrer geringeren

---

4 *Dencker*, in: Dencker ua, Einführung in das 6. StrRG 1998, S. 13; *Küper/Zopfs*, BT Rn 758, 763; *ders.*, Hanack-FS S. 571 f; *Lackner/Kühl*, § 244 Rn 3a; *Rengier*, BT I § 4 Rn 8, 16; SK-*Sinn*, § 250 Rn 8.
5 *Küper/Zopfs*, BT Rn 789, 793 f.
6 RGSt 74, 281, 282; BGHSt 4, 125, 127; BGH NJW 65, 2115; ähnlich S/S-*Bosch*, § 244 Rn 3.
7 RGSt 74, 281, 282.
8 S. Anlage 1, Unterabschnitt 2 zum WaffG; zu weit BayObLG StV 99, 383: auch einfache Messer; dagegen RGSt 66, 191; 68, 238, 239; für ein „Schweizer Offiziersmesser" zu Recht abl. OLG Köln NStZ 12, 327.
9 RGSt 74, 281, 282; BGHSt 4, 125, 127; 43, 266, 269 unter Berufung auf § 1 VII WaffG aF.
10 *Fischer*, § 244 Rn 4.
11 BGH NStZ-RR 07, 375 unter Verweis auf BGH NStZ-RR 03, 105; offengelassen (anderenfalls gefährliches Werkzeug) in BGH BeckRS 17, 130131; für eine Einordnung als Waffe dagegen *Fischer*, § 244 Rn 4; diff. *Jesse*, NStZ 09, 364, 366 ff.
12 BGH BeckRS 15, 09422.
13 BGH MDR/D 74, 547.
14 BGH NStZ 99, 135.
15 BGHSt 24, 136, 139; 45, 92, 93 f; BGH NStZ 89, 476; BGH StV 96, 315; BGH NStZ 02, 31, 33; BGH NJW 11, 1979, 1980; LK-*Vogel*, § 244 Rn 25; weiter *Küper/Zopfs*, BT Rn 764.

Gefährlichkeit nicht als Schusswaffen, wohl aber als Waffen iS des § 244 I Nr 2 aF behandeln wollte[16], hat sie durch die Neufassung ihre praktische Bedeutung verloren[17], da diese die Unterscheidung nicht mehr kennt und nur noch den weiteren Begriff der Waffe verwendet. Ist die Gaspistole nur mit **Platzpatronen** geladen, verliert sie ihre für den strafrechtlichen Waffenbegriff vorausgesetzte abstrakte Gefährlichkeit[18] und ist nicht mehr in ihrer Eigenschaft als technische Waffe einsatzbereit (vgl BT-Ds 13/8587, S. 44). Sie kann aber wie jede **Schreckschusspistole** zu einem gefährlichen Werkzeug[19] werden, wenn der Täter dem Opfer bei einer Schussdistanz von wenigen Zentimetern (relativer Nahschuss) oder bei einem Schuss mit auf die Körperoberfläche aufgesetzter Laufmündung (absoluter Nahschuss) durch die austretenden Explosionsgase und Munitionspartikel gegebenenfalls erhebliche Verletzungen beibringen oder mit einer solchen Vorgehensweise drohen will[20]. Die in solchen Fällen auch der Schreckschusspistole zukommende erhebliche Verletzungseignung und ihr häufiger praktischer Gebrauch in dieser Weise hat den **GrS des BGH**[21] zwar bewogen, Schreckschusspistolen ganz allgemein mit Gaspistolen gleichzusetzen und sie folglich als Waffen im technischen Sinne zu behandeln[22]. Das sollte man aber nicht tun. Denn die hierfür maßgeblich ins Feld geführte und auch den Gesetzgeber in der seit dem 1.4.2003 gültigen Neufassung des WaffG zu dieser Gleichsetzung motivierende Gefährlichkeit in solchen Fällen kann nicht darüber hinwegtäuschen, dass zur Bewirkung der dann heraufbeschworenen Verletzungsgefahren die Schreckschusspistole nicht deren Hersteller, sondern erst die (vorbehaltene) *bestimmungswidrige Verwendung* und also der Täter bestimmt. Gerade das aber ist ein Kennzeichen nicht der Waffe, sondern des gefährlichen Werkzeugs.

§ 244 I Nr 1a setzt nicht voraus, dass die *Waffe* bei Begehung des Diebstahls eingesetzt wird (dann liegt regelmäßig Raub vor) oder dass die Bereitschaft besteht, im Bedarfsfall von ihr Gebrauch zu machen. Es genügt, dass der Täter oder ein anderer Beteiligter sie zu irgendeinem Zeitpunkt des Tathergangs zwischen *Versuchsbeginn* und – was strittig ist – *Vollendung* (nicht: Beendigung)[23] des Diebstahls im Bewusstsein ihrer Einsatzfähigkeit und jederzeitigen Verwendungsmöglichkeit **bei sich führt**[24]. An einem solchen Bewusstsein, an das der BGH[25] eher strenge Anforderun-

267

---

16 S. hierzu *Lackner/Kühl*, § 244 Rn 3a.
17 *Eisele*, BT II Rn 175; *Geppert*, Jura 99, 600; *Krey/Hellmann/Heinrich*, BT II Rn 177; *Rengier*, BT I § 4 Rn 9.
18 AA BGH JR 99, 33 mit abl. Anm. *Dencker*; s. dazu *Geppert*, Jura 99, 601.
19 Nach BGH NStZ-RR 02, 9 zur Waffe; ebenso *Beulke*, III Rn 189.
20 BGH NStZ 02, 31, 33.
21 BGHSt 48, 197; dem BGH zust. *Eisele*, BT II Rn 179; *Geppert*, JK 10/03, StGB § 250 II Nr1/4; *H-H-Kretschmer*, Rn 843; *HK-GS/Duttge*, § 244 Rn 4; *Kindhäuser*, § 244 Rn 4; *Kleszczewski*, BT § 8 Rn 138; *Lanzrath/Fieberg*, Jura 09, 348; *Schmidt*, BT II Rn 193; *S/S-Bosch*, § 244 Rn 3a; mit Vorbehalt *A/W-Heinrich*, § 14 Rn 55; *Rengier*, BT I § 4 Rn 18; offengelassen von *Krey/Hellmann/Heinrich*, BT II Rn 178; zu Recht krit. dagegen *Baier*, JA 04, 15 f; *Beulke*, III Rn 188; *BK-Wittig*, § 244 Rn 5.3; *Erb*, JuS 04, 653, 654 f; *Fischer*, § 250 Rn 5-5d; *ders.*, NStZ 2003, 571 ff; *Lackner/Kühl*, § 244 Rn 3a; *LK-Vogel*, § 244 Rn 23; *MK-Schmitz*, § 244 Rn 7; *NK-Kindhäuser*, § 244 Rn 7; *Ransiek*, JA 18, 668; *SK-Sinn*, § 250 Rn 10; *S/S/W-Kudlich*, § 244 Rn 8; wie hier *Fischer*, § 244 Rn 7 f; *Küper/Zopfs*, BT Rn 765; *Mitsch*, BT S. 115; *Zopfs*, Jura 07, 516 f.
22 **Vorausgesetzt, der „Explosionsdruck" tritt nach vorne durch den Lauf aus**, s. BGH NStZ 10, 390; 11, 702; BGH NStZ-RR 12, 201; BGH NStZ 12, 445; BGH NStZ-RR 15, 111; BGH BeckRS 17, 108312.
23 S. u. Rn 268; nach BGHSt 20, 194, 197; 38, 295, 298 f; BGH MDR 80, 106; BGH NStZ 07, 332, 334; BGH NStZ-RR 14, 110; *S/S-Bosch*, § 244 Rn 7 und *Wessels*, BT/2 Rn 255: bis zur *Beendigung*.
24 BGHSt 3, 229, 232; BGH NStZ-RR 14, 110; *Hillenkamp*, JuS 90, 456 f; *ders.*, JuS 03, 159 f.
25 BGH StV 02, 120, 122 bei einer Waffe; s. hierzu bei gefährlichen Werkzeugen BGH StV 02, 191; 03, 26, 27; 05, 606; s. auch OLG Schleswig NStZ 04, 212, 214; OLG Celle StV 05, 336; KG StV 08, 361; 473, 474 und Rn 273 f.

gen stellt, kann es bei berufsmäßigen Waffenträgern (s. Rn 269 f) fehlen[26]. Belanglos ist, ob der Täter die Schusswaffe schon zum Tatort mitnimmt oder sie erst dort[27] – und sei es als Beute (Rn 243)[28] – an sich bringt[29]. Es wird auch nicht verlangt, dass er sie während der Tat in der Hand hält oder wenigstens am Körper trägt. Sie muss ihm nur in eigener Sachherrschaft[30] **zur Verfügung stehen**, dh in gebrauchsbereitem Zustand räumlich so von ihm in seine Nähe gebracht worden sein, dass er sich ihrer ohne besondere Schwierigkeiten und ohne nennenswerten Zeitaufwand bedienen kann[31]. Hiervon ist bei einem Mitführen in einem Rucksack noch zu sprechen, auch wenn der Täter den Rucksack erst noch öffnen müsste, um an die Waffe zu gelangen[32]. Auch steht der erforderlichen „Griffnähe" nicht zwingend entgegen, dass der Täter die mitgeführte Waffe in einem von mehreren Räumen der Wohnung griffbereit ablegt, während er in den anderen Räumen nach Beute sucht[33]. Ist die Waffe in einem Raum fest installiert, in dem der Diebstahl geschieht, fehlt es dagegen am Beisichführen selbst dann, wenn der Täter die Waffe jederzeit auslösen könnte. Zwar begründet auch ein solcher Zustand die dieser Tatbestandsvariante immanente Gefahr. Von einem Beisichführen lässt sich aber nach dem Wortsinn nur bei *beweglichen* Gegenständen sprechen[34]. Das Beisichführen muss nur von **einem** der am *Tatort anwesenden* **Beteiligten**[35] erfüllt werden, ist den übrigen freilich nur zurechenbar, sofern sich ihr Vorsatz hierauf erstreckt.

268 An den Voraussetzungen des § 244 I Nr 1 fehlt es beispielsweise, wenn der Täter eine geladene Schusswaffe in seinem Kraftwagen zurücklässt, den er 200 Meter vom vorgesehenen Tatort entfernt abstellt und mit dem er ohne Beute die Flucht ergreift, nachdem sein Einbruchsversuch (durch Auslösen der Alarmanlage oder aus anderen Gründen) misslungen ist. Zum **„Tathergang"** im oben erwähnten Sinn gehört hier weder die Fahrt zum Tatort noch die spätere Flucht, denn Erstere fällt in das bloße **Vorbereitungsstadium** (liegt also vor Versuchsbeginn), während der gescheiterte Einbruchsversuch bereits **beendet** ist, ehe die Flucht mit dem Kraftwagen und der darin befindlichen Schusswaffe beginnt[36]. Zum **Tathergang** ist entgegen verbreiteter

---

26 BayObLG StV 99, 383; OLG Hamm NStZ 07, 473, 474; s. aber auch OLG Naumburg BeckRS 11, 21702.
27 S. BGH NStZ 01, 88, 89; BGH BeckRS 13, 08221.
28 BGH BeckRS 13, 20189 mit Bespr. *Kudlich*, JA 14, 228; *Satzger*, JK 9/14, StGB § 250 I Nr. 1a/15; *Rengier*, BT I § 4 Rn 51; S/S/W-*Kudlich*, § 244 Rn 19; aA H-H-*Kretschmer*, Rn 857; *Kindhäuser*, § 244 Rn 17; *Kindhäuser/Wallau*, StV 01, 354; *Lanzrath/Fieberg*, Jura 09, 352; Falllösung dazu bei *Werkmeister*, JA 13, 906.
29 BGHSt 13, 259, 260; BGH NStZ 85, 547.
30 BGH StV 02, 120, 121 f, *Küper/Zopfs*, BT Rn 118; *Rengier*, BT I § 4 Rn 43.
31 Zusf. BGH BeckRS 17, 130131; näher *Geppert*, Jura 92, 496.
32 Enger BayObLG StV 99, 383.
33 Zu § 30a II Nr 2 BtMG schließt BGH JR 18, 472, 476 die nötige „Griffnähe/Griffweite" nicht zwingend aus, wenn der Täter die Schusswaffe oder den Gegenstand unverschlossen in einem anderen Raum der Wohnung aufbewahrt als das Betäubungsmittel. Zur Parallelisierung des Bei-Sich- bzw. Mit-Sich-Führens in beiden Gesetzen s. *Magnus*, JR 18, 437, 445 ff.
34 So zum gleichbedeutenden „Mitsichführen" in § 30a II Nr 2 BtMG zu Recht BGHSt 52, 89 mit insoweit zust. Bespr. von *Magnus*, JR 08, 410; zu § 250 II Nr 1 ebenso BGH BeckRS 13, 00525 (Industriemüll-Häcksler) mit Bespr. *Hecker*, JuS 13, 948; s. auch *Fischer*, § 244 Rn 27; krit. *Vogel*, JA 18, 748.
35 Wozu auch ein Gehilfe zählen kann, s. *Hillenkamp*, JuS 03, 159.
36 Lehrreich dazu BGHSt 31, 105, 106 f; *Kühl*, Anm. JR 83, 425; nach BGH NStZ 18, 148 mit Anm. *Kudlich* reicht zu Recht ein Verwenden im **Vorbereitungsstadium** nicht, zu Unrecht aber bis zur Beendigung aus.

Ansicht³⁷ aber – abgesehen von den seltenen Fällen iterativer Begehung³⁸ – auch ohnehin **nicht** mehr die Phase **zwischen Vollendung und Beendigung** zu zählen, da diese der Tatbestandsverwirklichung erst *nachfolgende* und in ihrer Begrenzung *wenig bestimmte* Zeitspanne nicht dazu taugt, Qualifikationen einer schon begangenen Tat zu bewirken³⁹, die im hier betroffenen Bereich nach der gesetzgeberischen Vorstellung nur unter den engeren Voraussetzungen des § 252 eintreten sollen⁴⁰.

Grund der **Strafschärfung** in § 244 I Nr 1a 1. Alt. ist die von einer gebrauchsbereiten Waffe ausgehende *abstrakte* Gefährlichkeit von Täter und Tat. Das Bewusstsein, über ein derart wirkungsvolles, leicht handhabbares und oft auf Distanz einsetzbares Angriffsmittel zu verfügen, kann leicht dazu führen, es im Bedarfsfall einzusetzen und zur Einschüchterung des Bestohlenen oder eines Tatentdeckers zu verwenden. Da das Gesetz aus wohlerwogenen Gründen keinerlei Ausnahmen vorsieht und (abweichend von § 243 II) keine Geringwertigkeitsklausel enthält, ist § 244 I Nr 1a auch auf Polizeibeamte und Bundeswehrsoldaten anwendbar, die während ihres Streifendienstes oder Wachganges Sachen von geringem Wert entwenden und dabei die zu ihrer Ausrüstung gehörende Waffe tragen⁴¹. 269

Die Gegenansicht, die insbesondere für **berufsmäßige Waffenträger** eine *teleologische Reduktion* des § 244 I Nr 1a unter dem Blickwinkel der „inneren Beziehung zwischen Bewaffnung und Tat" oder der „widerlegbaren Gefährlichkeitsvermutung" befürwortet⁴², ist mit dem Gesetzeszweck nicht vereinbar und greift zu Unterscheidungskriterien, die sich der Beweisbarkeit entziehen oder den Unterschied zwischen § 244 I Nr 1a und Nr 1b einebnen. Davon, dass ein berufsmäßiger Waffenträger bei der Begehung von Diebstählen weniger gefährlich sei als ein ohne amtliche Eigenschaft handelnder (vorsorglich oder zufällig bewaffneter) Dieb, kann man nicht ausgehen. Im Gegenteil spricht manches dafür, dass zB ein bei einem Diebstahl überraschter Polizeibeamter von der Waffe eher Gebrauch machen wird als ein anderer Täter, weil „für ihn bei Entdeckung in der Regel die weitere Berufslaufbahn auf dem Spiele steht"⁴³. Wer eine besondere „innere Beziehung" zwischen dem Beisichführen der Schusswaffe und dem Diebstahl verlangt, löst sich vom Gesetz, das auf eine solche Beziehung in § 244 I Nr 1a 1. Alt. (im Gegensatz zu Nr 1b) bewusst verzichtet. Erwägenswert könnte allenfalls der Vor- 270

---

37 BGHSt 20, 194, 197; BGH NStZ 85, 547; BGH NStZ 07, 332, 334 mit insoweit abl. Bespr. von *Kudlich*, JR 07, 381; OLG Hamburg NStZ 17, 584; *Krey/Hellmann/Heinrich*, BT II Rn 191; M/R-*Schmidt*, § 244 Rn 7; S/S-*Bosch*, § 244 Rn 7; *Wessels*, BT II Rn 255.
38 S. dazu LK-*Hillenkamp*, vor § 22 Rn 35 ff.
39 *Kindhäuser/Böse*, BT II § 4 Rn 20; *Lackner/Kühl*, § 244 Rn 2; LK-*Vogel*, § 244 Rn 34; *Mitsch*, BT S. 120; *ders.*, JA 17, 412; NK-*Kindhäuser*, § 244 Rn 21; *Schmidt*, BT II Rn 210; SK-*Sinn*, § 250 Rn 21; *Zaczyk*, Anm. JR 98, 257.
40 *Eisele*, BT II Rn 184; HK-GS/*Duttge*, § 244 Rn 18; H-H-*Kretschmer*, Rn 855; *Klesczewski*, BT § 8 Rn 140; *Kudlich*, NStZ 17, 639 f; *Lanzrath/Fieberg*, Jura 09, 351; *Rengier*, BT I § 4 Rn 49; *Zöller*, BT Rn 79; zum Streit s. auch *Küper/Zopfs*, BT Rn 119; zu identischen Fragen bei §§ 249, 266 wie hier *Bachmann/Goeck*, Jura 12, 133 ff; *Küpper/Grabow*, Achenbach-FS S. 265 ff.
41 BGHSt 30, 44, 45 f; OLG Köln NJW 78, 652; OLG Hamm NStZ 07, 473, 474; BK-*Wittig*, § 244 Rn 10.1; *Eisele*, BT II Rn 190; *Hettinger*, GA 1982, 525; *Katzer*, NStZ 82, 236; *Kindhäuser/Böse*, BT II § 4 Rn 19; *Klesczewski*, BT § 8 Rn 139; *Krey/Hellmann/Heinrich*, BT II Rn 208; *Lackner/Kühl*, § 244 Rn 3a; LK-*Vogel*, § 244 Rn 29; *Mitsch*, BT II S. 123 f; MK-*Sander*, § 250 Rn 37; *Rengier*, BT I § 4 Rn 57; *Schmidt*, BT II Rn 216; SK-*Sinn*, § 250 Rn 24; *Sonnen*, JA 78, 468; *Zöller*, BT Rn 82; *Zopfs*, Jura 07, 517; s. dazu auch BVerfG NStZ 95, 76; *Küper/Zopfs*, BT Rn 766 ff; zwischen Waffe und gefährlichem Werkzeug differenzierend S/S/W-*Kudlich*, § 244 Rn 9, 17.
42 *Hruschka*, Anm. NJW 78, 1338; H-H-*Kretschmer*, Rn 858; *Lenckner*, Anm. JR 82, 424; *Schroth*, NJW 98, 2865; *Schünemann*, JA 80, 349, 355; S/S-*Eser* (27. Aufl.), § 244 Rn 6; *Seier*, JA 99, 672.
43 BGHSt 30, 44, 45 f.

schlag sein, das Mitführen einer Schusswaffe als „widerlegbare Gefährlichkeitsvermutung" zu deuten und diese Vorschrift dann nicht anzuwenden, wenn die Gefahr eines Waffengebrauchs (wie etwa bei einem Diebstahl unter Angehörigen) „erfahrungsgemäß ausgeschlossen" war[44]. Auch dieser Einschränkungsversuch vermag aber nicht zu überzeugen, da jeder Zweifel in der betreffenden Hinsicht *zulasten* des Täters gehen müsste und es keinen Erfahrungssatz darüber gibt, wie sich ein Mensch in einer von ihm nicht erwarteten kritischen Situation verhält und ob er der Versuchung widerstehen würde, von der Schusswaffe zu Einschüchterungszwecken Gebrauch zu machen. Etwaige Härten des § 244 I Nr 1a lassen sich daher nur im Rahmen der Strafzumessung abmildern.

Rechtsprechungsbeispiel: In einem Urteil des **OLG Naumburg BeckRS 11, 21702** geht es um den Fall, dass Polizeibeamte, die zur Sicherung einer Unfallstelle auf einer Bundesautobahn eingesetzt waren, aus dem Unfall-Lkw Waschmittel und Reinigungsprodukte im Wert von 677 € entwendeten, um sie für sich und andere Kollegen zu verwenden. Während dieses Vorgangs „trugen die nicht als besonders vergesslich geltenden und nicht durch besondere persönliche Umstände belasteten Angeklagten gemäß der für sie geltenden Dienstanweisung ihre geladenen und schussbereiten Dienstwaffen ... im Halfter bei sich". – Das OLG rügt die Verneinung des § 244 I Nr 1a durch das LG. Einerseits gebe es (entsprechend dem hier in Rn 270 Dargelegten) „für berufsmäßige Waffenträger, die während des Dienstes einen Diebstahl begehen", keine aus § 244 I Nr 1a ableitbare „Einschränkung". Zwar führe der Täter dann „die Waffe in Erfüllung einer Dienstpflicht". Er sei „dadurch aber nicht weniger gefährlich". Andererseits halte die Annahme des LG, die Angeklagten hätten ihre Waffen „nicht bewusst gebrauchsbereit bei sich gehabt", rechtlicher Überprüfung nicht stand. Zwar könnten sich „im Einzelfall auch bei berufsmäßigen Waffenträgern Zweifel" am lediglich nötigen „Bewusstsein, eine Waffe zu tragen", ergeben. Besondere Umstände, die dafür sprächen, seien aber hier (s. die Schilderung im Sachverhalt) nicht ersichtlich. Folglich sei von dem Regelfall auszugehen, dass „im Besonderen ... berufsmäßige Waffenträger, die im Hinblick auf die Waffen und die von ihnen ausgehenden Gefahren nicht nur geschult, sondern durch die Auferlegung von Pflichten im Zusammenhang mit dem Führen einer Dienstwaffe durch Dienstanweisungen über das Führen der Waffen gedanklich ständig mit ihnen befasst" seien, bei ihnen ein „permanentes Bewusstsein" des Beisichführens vorhanden sei. Damit ist die „Hintertür" für Polizeibeamte zugeschlagen. Will man ihnen gleichwohl „helfen", bliebe nur der Ausweg über § 244 III nF (Rn 262). Dagegen spricht freilich die Ausnutzung der „dienstlich" eröffneten Gelegenheit (vgl. **Fall 13**, Rn 205, 210).

271 Aus dem *Grund* der *Strafschärfung* (Rn 269) ergibt sich, dass die Waffe **gebrauchs- und einsatzbereit** sein muss. Das ist eine Waffe dann, wenn sie **funktionsfähig** ist und jederzeit funktionsgerecht eingesetzt werden kann. Dazu muss die *Schuss*waffe nicht unbedingt geladen oder durchgeladen sein. Es reicht aus, dass die erforderliche Munition griffbereit mitgeführt wird[45]. Eine **defekte** Schusswaffe ist wie ein zerbrochener Schlagring nicht gebrauchsbereit iS des § 244 I Nr 1a; das gleiche gilt für eine ohne Munition mitgeführte Schusswaffe oder ein Springmesser, dessen Feder defekt ist[46]. Dass sie möglicherweise als Schlag- oder Drohinstrument benutzt werden kann, reicht insoweit nicht aus, kann aber § 244 I Nr 1a 2. Alt. oder Nr 1b begründen[47].

---

44 *Lenckner*, JR 82, 427.
45 Vgl BGH NStZ 81, 301; 85, 547; *Hilgendorf/Valerius*, § 4 Rn 12.
46 BGH StV 98, 487; BGH NJW 98, 3131 mit Bespr. *Baier*, JA 99, 9; BGH NStZ 98, 567 und BGH NStZ-RR 04, 169 zu § 250 II Nr 1; zum Springmesser s. BGH NStZ 18, 290.
47 BGHSt 44, 103, 105.

b) Beisichführen eines anderen gefährlichen Werkzeugs

Das 6. StrRG (Rn 11) hat dem Beisichführen einer Waffe in § 244 I Nr 1a das Beisichführen eines anderen (beweglichen)[48] **gefährlichen Werkzeugs** gleichgestellt und damit diese Vorschrift insgesamt der entsprechenden Neufassung des § 250 I Nr 1a angepasst. Während sich die Gefährlichkeit einer Waffe aus ihrer Bauart und Bestimmung von selbst ergibt, lässt sich einem (beliebigen) Werkzeug seine „Gefährlichkeit" nicht ohne Weiteres ansehen. Der Gesetzgeber hielt diese Unsicherheit für behebbar, weil für die Bestimmung des Begriffs des *gefährlichen Werkzeugs* ein Rückgriff auf die zu § 224 I Nr 2 entwickelten Grundsätze möglich sei. Das aber wird mit Grund bestritten[49]. Da als gefährliches *Werkzeug im Sinne des § 224 I Nr 2* jeder Gegenstand gilt, der nach seiner objektiven Beschaffenheit *und* der Art seiner *Verwendung* im konkreten Fall geeignet erscheint, erhebliche Verletzungen herbeizuführen[50], § 244 I Nr 1a (anders als § 250 II Nr 1) nach seinem Wortlaut aber eine *Verwendung* oder auch nur einen inneren *Verwendungsvorbehalt* nicht verlangt, ist der Rückbezug auf diese Definition nicht ohne Weiteres möglich. Das wurde von ersten Entscheidungen zu § 244 verkannt[51], ist mittlerweile aber auch der Rechtsprechung bewusst[52].

272

Was an ihre Stelle treten soll, ist lebhaft **umstritten**[53]. So wird verbreitet der Versuch unternommen, die Gefährlichkeit des Werkzeugs für § 244 I Nr 1a (ebenso wie für § 250 I Nr 1a) ohne Rückgriff auf eine hier im Gegensatz zu Nr 1b gerade nicht verlangte und deshalb nach diesen Stimmen auch nicht hineinlesbare[54] Verwendungsabsicht in Annäherung an die Waffe[55] **objektiv** und **abstrakt** zu bestimmen[56]. Dabei wird teils – ersichtlich zu eng[57] – formal darauf abgehoben, dass der gefährliche Gegenstand „nach dem Gesetz nicht jedermann frei verfügbar", sein Mitführen also von einem Verbot betroffen sein müsse[58]. Überwiegend wird dagegen auf „typischerweise und/oder erfahrungsgemäß bestehende Verletzungsgefahren beim Umgang mit solchen Gegenständen" oder auf „deren ohne weiteres ersichtliche Eignung zur Zufü-

273

---

48 BGHSt 52, 89 (s. Rn 267 mit Fn 31); krit. *Vogel*, JA 18, 744 ff.
49 *Erb*, JuS 04, 653, 656; *Hörnle*, Jura 98, 171 f; *Küper/Zopfs*, BT Rn 791; BE-*Noak*, S. 71; S/S/W-*Kudlich*, § 244 Rn 11.
50 *Wessels/Hettinger/Engländer*, BT I Rn 235 ff.
51 So vom BayObLG StV 01, 17 und vom OLG Hamm StV 01, 352 mit jeweils krit. Anm. *Kindhäuser/Wallau*.
52 S. BGH NJW 02, 2889, 2890; BGHSt 52, 257, 262 f; OLG Braunschweig NJW 02, 1753; OLG Schleswig NStZ 04, 213 und Rn 277.
53 S. *Hillenkamp*, BT 26. Problem; *Fischer*, § 244 Rn 14 ff; *Hohmann/Sander*, BT I § 6 Rn 4 ff; *Kindhäuser*, § 244 Rn 6 ff; *Küper*, JZ 99, 192 ff; *ders.*, Schlüchter-GS S. 331, 335 ff; *Lackner/Kühl*, § 244 Rn 3; LK-*Vogel*, § 244 Rn 12 ff; MK-*Schmitz*, § 244 Rn 11 ff; S/S-*Bosch*, § 244 Rn 5–5b; zfs. *Bleicher*, Waffen, gefährliche Werkzeuge usw. 2014, S. 65 ff, 122 ff mit eigenem restriktiven Vorschlag S. 145 f.
54 *Dencker*, in: Dencker ua, Einführung in das 6. StrRG 1998, S. 11 f; *Krey/Hellmann/Heinrich*, BT II Rn 183; *Sickor*, ZStW 125 (2013), 801.
55 *Dencker*, Anm. JR 99, 36; *Mitsch*, ZStW 111 (1999), 79; *ders.*, JuS 99, 643.
56 *Fischer*, § 244 Rn 20 ff; *Hilgendorf/Valerius*, BT II Rn 18; *Jäger*, BT Rn 272; LK-*Laufhütte/Kuschel*, Nachtrag § 250 Rn 6; S/S-*Bosch*, § 244 Rn 5a; M/R-*Schmidt*, § 244 Rn 6.
57 S. *Kindhäuser*, § 244 Rn 10; *Küper*, Schlüchter-GS S. 331, 337.
58 *Lesch*, JA 99, 34, 36; *ders.*, GA 99, 376 f.

gung erheblicher Verletzungen"[59] abgestellt. Besonders harte, spitze oder scharfe Gegenstände sowie gefährliche Säuren kämen dann in Betracht[60], vor deren Benutzung generell gewarnt oder in deren Zusammenhang üblicherweise auf Vorsicht im Umgang hingewirkt wird[61]. Auch wird verlangt, dass die Art des Werkzeugs einen bestimmten gefährlichen Einsatz nahe lege[62], eine Waffenersatzfunktion habe[63] oder sogar eine andere als Leibes- oder Lebensgefahr begründende Verwendung ausschließe[64]. Trotz einer so begründeten Tauglichkeit als „Waffensurrogat" soll es an der nötigen, durch den situativen Kontext gestützten **Missbrauchsvermutung**[65] bei der Mitnahme von Gegenständen des täglichen Gebrauchs (Pkw, Bekleidungsstücke wie Gürtel etc) und bei typischem Diebeswerkzeug allerdings *generell*[66] oder jedenfalls doch dort fehlen, wo die waffengleiche Verwendung eine offensichtliche Zweckentfremdung des Werkzeugs bedeuten würde[67]. Werde freilich typischerweise in einer Bedrängnissituation der mitgeführte Gegenstand in solcher Weise zweckentfremdet, soll er wiederum doch gefährlich sein[68]. Gegenstände, die hiernach „abstrakt" ungefährlich sind, können nur bei entsprechender Verwendungsabsicht von §§ 244 I Nr 1b, 250 I Nr 1b erfasst werden[69].

274 Auch wenn das Bemühen anerkennenswert ist, für das gefährliche Werkzeug generelle „Waffengleichheit" und mit dem Verzicht auf eine Verwendungsabsicht Wortlauttreue gegenüber dem neuen Gesetzestext herzustellen, muss diesen Vorschlägen die Gefolgschaft versagt bleiben. Das Beisichführen *allgemein verletzungsgeeigneter Gegenstände* wie Steine, Brecheisen, Tapetenmesser oder Schraubendreher erreicht den durch das Beisichführen von Waffen begründeten Gefahrengrad nur dann, wenn diese Gegenstände *gegen das Tatopfer eingesetzt*, dagegen nicht, wenn mit dem Stein oder dem Brecheisen nur Fenster eingeschlagen[70], mit dem Schraubendreher nur ein

---

59 *Dencker,* aaO S. 12; *Fischer,* § 244 Rn 22; HK-GS/*Duttge,* § 244 Rn 12; *Kargl,* StV-Forum 00, 10; SK-*Günther,* § 250 Rn 11; s. auch *J. Schmid,* Das gefährliche Werkzeug 2003, S. 194.
60 S. SK-*Horn/Wolters,* § 224 Rn 14.
61 *Hohmann/Sander,* BT I § 2 Rn 4; MK-*Sander,* § 250 Rn 29.
62 *Kindhäuser/Böse,* BT II § 4 Rn 5 ff; *Lanzrath/Fieberg,* Jura 09, 351; *Maurach/Schroeder/Maiwald,* BT I § 33 Rn 116; *Otto,* BT § 41 Rn 53; *Seier,* JA 99, 669.
63 *Streng,* GA 01, 365 ff; als wichtiges Kriterium benannt auch von BK-*Wittig,* § 244 Rn 8.1; *Eisele,* BT II Rn 198; *Mitsch,* BT S. 118; *Fischer,* § 244 Rn 23; S/S/W-*Kudlich,* § 244 Rn 13; krit. dazu *Erb,* Fischer-FS S. 303 ff.
64 *Joecks/Jäger,* § 244 Rn 19; *Jooß,* Jura 08, 779; LK-*Vogel,* § 244 Rn 17; *Schlothauer/Sättele,* StV 98, 508 f; zust. *Bussmann,* StV 99, 621; MK-*Schmitz,* § 244 Rn 16; S/S-*Bosch,* § 244 Rn 5a; krit. dazu *Braum,* in: Irrwege der Strafgesetzgebung 1999, S. 32; SK-*Hoyer,* § 244 Rn 12; OLG Braunschweig NJW 02, 1736.
65 *Arzt,* BGH-FS IV S. 770 ff; *Kindhäuser/Wallau,* StV 01, 19, 354.
66 *Kindhäuser/Böse,* BT II § 4 Rn 10; ähnlich *Jäger,* JuS 00, 654; *Krüger,* Jura 02, 770 f; SK-*Sinn,* § 250 Rn 17 (s. aber auch Rn 19).
67 *Hörnle,* Jura 98, 172; *Krey/Hellmann/Heinrich,* BT II Rn 185.
68 *Schroth,* NJW 98, 2864; SK-*Hoyer,* § 244 Rn 11; nach *Lackner/Kühl,* § 244 Rn 3 aE sind objektive und täterbezogene Indikatoren für die Wahrscheinlichkeit eines Einsatzes als gefährliches Werkzeug zu entwickeln.
69 *Küper,* JZ 99, 193.
70 Auch nach *Fischer,* § 244 Rn 24 sollen ein zum Tannenbaumdiebstahl verwendetes Beil oder ein zum Einbrechen benutztes Stemmeisen, weil sie nach den Umständen (nur) der Vollendung der Wegnahme selbst dienen, ausscheiden; ebenso MK-*Schmitz,* § 244 Rn 18. Mit einem objektiven Ansatz ist das schwerlich vereinbar.

Fenster aufgehebelt[71] oder mit dem Tapetenmesser nur eine überklebte Tresortür freigelegt oder die Gegenstände gar nicht benutzt werden sollen. Einen Maßstab dafür, welche dieser Gegenstände typischerweise in „Bedrängnissituationen" zweckentfremdet werden, welche nicht, wird man zudem nicht finden. Vermutungen hierzu führen in „Verdachtstatbestände, hinter denen letztlich nur die diffuse Spekulation über den mutmaßlichen Einsatzwillen steht"[72]. Festlegungen lassen sich – wie die unter diesen Meinungen häufig gegensätzlich beurteilten Beispiele des mitgeführten Hundes, Hammers, Brecheisens, Baseballschlägers[73] oder von Salzsäure erweisen – ersichtlich nicht objektiv, sondern nur bei Kenntnis der Zweckbestimmung treffen. Da im Übrigen namentlich Einbruchsdiebstähle kaum einmal ohne verletzungsgeeignete Werkzeuge begangen werden, würde nahezu jeder Diebstahl dieser verbreiteten Begehungsart zum Diebstahl mit Waffen[74]. Die gesetzliche Fassung des § 244 I Nr 1a erweist sich also selbst bei einer solchen objektiv einengenden Auslegung noch als *zu weit*. Als „Korrektur" dieser Weite eignet sich die vornehmlich aus diesem Grund 2011 geschaffene Möglichkeit, auf den Strafrahmen des minder schweren Falles auszuweichen, sicher nicht[75].

Die **sachgerechte Beschränkung** ist daher nur über den Weg einer *teleologischen Reduktion* zu erreichen, die ausschließlich Gegenstände in den Kreis der gefährlichen Werkzeuge einbezieht, deren Verwendung *entsprechend* einem **inneren Verwendungsvorbehalt** die verlangte *Gefährlichkeit* begründen würde. Dass sich ein solcher innerer Verwendungsvorbehalt nur selten erweisen lasse, ist angesichts der häufigen Offenkundigkeit eines Missbrauchswillens zu bezweifeln und auch deshalb kein durchgreifender Einwand, weil das Gesetz in § 244 I Nr 1b selbst von der Erweislichkeit eines vergleichbaren Vorbehalts ausgeht. Auf diesem Weg ist ein Rückgriff auf die zu § 224 entwickelten Aussagen möglich[76]. **Gefährlich** sind mitgeführte Gegenstände im Sinne des § 244 I Nr 1a demnach nur dann, wenn zu ihrer allgemeinen Eignung, erhebliche Körperverletzungen zu bewirken, hinzutritt, dass diese Wirkung *bei Umsetzung* des *inneren Verwendungsvorbehaltes* auch eintreten, der mitgeführte Stein oder eine mitgeführte Säure „notfalls" also dem Opfer an den Kopf geworfen oder ins Gesicht geschüttet würden. Ebenso sind Werkzeuge[77] gefährlich, denen die

275

---

71   S. dazu die Ratlosigkeit in BGH NStZ 12, 571 mit Anm. *Kudlich*, JA 12, 792.
72   *Küper*, JZ 99, 193; für eine solche Indizkonstruktion *Arzt*, BGH-FS IV S. 770 ff; NK-*Kindhäuser*, § 250 Rn 2; deutlich iS eines Verdachts *Ransiek*, JA 18, 668 f.
73   S. dazu *Schlothauer/Sättele*, StV 98, 508 einerseits, *Krey/Hellmann/Heinrich*, BT II Rn 185 andererseits; zum Baseballschläger bejahend BGH StV 08, 470; ferner *Gleß*, Jura 03, 499 f und *Fischer*, § 244 Rn 24: nur „abgerichtete" und/oder nur Hunde mit einer Größe von über 35 cm?
74   S. dazu *Schlothauer/Sättele*, StV 98, 506.
75   S. zur Einfügung des § 244 III nF Rn 262 mit Hinweis auf die iS des Textes krit. Stimmen in Fn 2. Zur hier unterstellten Motivation des Gesetzgebers s. BT-Ds 14/4143, S. 7. Der Bundesrat wollte § 244 III auf Fälle des § 244 I Nr 1a 2. Alt. beschränken, s. BT-Ds 14/4143, S. 10 mit Gegenäußerung der Bundesregierung S. 11. Zutr. Kritik bei *Fischer*, § 244 Rn 61.
76   *Küper/Zopfs*, BT Rn 793 ff; *ders.*, JZ 99, 192 ff; *Rengier*, BT I § 4 Rn 31 ff, 38 ff; zust. *Beulke*, III Rn 116 f; *Bachmann/Goeck*, Jura 10, 925; *Erb*, JR 01, 207; *ders.*, Fischer-FS S. 301 ff; *Geppert*, Jura 99, 602; *ders.*, JK 5/03 StGB § 244 I Nr 1a/2; *Graul*, Jura 00, 206; *Hilgendorf*, ZStW 112 (2000), 832; *Klesczewski*, BT § 8 Rn 146; *Morgenstern*, Jura 11, 148; *Rönnau*, JuS 12, 119 ff; *Schmidt*, BT II Rn 201 ff; *Schramm*, BT I § 2 Rn 128; *Weißer*, JuS 05, 621; *Zopfs*, Jura 07, 519 f; nahest. M/R-*Schmidt*, § 244 Rn 6.
77   Zu denen Körperteile nicht zählen, aA *Hilgendorf*, ZStW 112 (2000), 811.

generelle Verletzungseignung zwar fehlt, die aber – wie die berühmte Hutfeder zum Stoß ins Auge – in einer konkret verletzungsgeeigneten Weise verwendet werden sollen[78].

Dabei ist allerdings als **Modifizierung** zu bedenken, dass beim Diebstahl (und beim Raub) anders als bei der einen Verletzungserfolg voraussetzenden gefährlichen Körperverletzung sich die Gefährlichkeit des Werkzeugs *nicht notwendig* aus einer vorbehaltenen Verwendung als *Verletzungsmittel* ergeben muss. Vielmehr kann sich die Gefährlichkeit auch aus einem *inneren Vorbehalt* ergeben, mit der Anwendung des Werkzeugs in einer bei der Verwirklichung der Übelsankündigung den Betroffenen in erhebliche Verletzungs*gefahr* bringenden Weise zu *drohen*[79]. Auch das reicht für Gefährlichkeit aus[80].

276 Die **hier vorgeschlagene Lösung** mag zwar angesichts des gegensätzlichen Wortlauts von § 244 I Nrn 1a und 1b auf den ersten Blick befremdlich erscheinen[81]. Sie widerspricht aber nicht der Gesetzessystematik[82], harmonisiert den Begriff des gefährlichen Werkzeugs für die Vorschriften der §§ 244 I Nr 1a, 250 I Nr 1a und § 250 II Nr 1[83] und ist **in der Sache zwingend**, weil es anders als bei der Waffe eine *rein* objektive Bestimmung der Gefährlichkeit eines beliebigen Werkzeugs denklogisch nicht gibt[84]. Sie lässt sich nur aus dem Einsatzwillen erschließen. Dabei bildet der hier gebrauchte Begriff des **Verwendungsvorbehalts** keinen grundsätzlichen Gegensatz zur Verwendungs- oder Gebrauchs*absicht*[85]. Er soll nur die *unbestrittene*[86] Tatsache deutlicher machen, dass der Wille, vom Werkzeug im Verletzungs- oder Drohungssinne nur „notfalls" Gebrauch zu machen, ausreicht. Das kann den Vorbehalt von der inhaltlich engeren, auf die Verhinderung oder Überwindung von Widerstand festgelegten Absicht der Nr 2 besser absetzen helfen.

277 Die **Rechtsprechung** hat bisher zu keiner überzeugenden Linie gefunden. Einige OLGe gingen an der Frage zunächst wortlos vorbei[87]. Der BGH hat sich in seinen ersten Entscheidungen nach der Reform intensiv mit dem gefährlichen Werkzeug im Rahmen des eine *Verwendung* voraussetzenden **§ 250 II Nr 1 nF** befasst. Hier ist er der Empfehlung des Rechtsausschusses (BT-Ds 13/9064, S. 18) gefolgt und hat aus die-

---

78 Vorbehalte gegen diese Ausdehnung bei SK-*Horn/Wolters*, § 224 Rn 16; insofern kann man vom gefährlichen Gebrauch statt vom Gebrauch eines gefährlichen Werkzeugs sprechen, s. *Hardtung*, StV 04, 399, 400, nicht aber die Gefährlichkeit (auch) des Werkzeugs bei dieser Verwendungsart leugnen.
79 *Küper/Zopfs*, BT Rn 793; s. auch BGH StV 98, 487; 01, 274, 275 zu § 250 II Nr 1.
80 Insoweit einschränkend *Rengier*, BT I § 4 Rn 40.
81 Auch deshalb abl. AnK-*Kretschmer*, § 244 Rn 13; *Hettinger*, Paulus-FS S. 73, 75; *Hohmann/Sander*, BT I § 2 Rn 6; *Kindhäuser*, BT II § 4 Rn 12; *Krey/Hellmann/Heinrich*, BT II Rn 183; *Mitsch*, BT S. 117; SK-*Hoyer*, § 244 Rn 10; *Zöller*, BT Rn 74; Bedenken bei *Lackner/Kühl*, § 244 Rn 3.
82 Überzeugend *Küper*, JZ 99, 193; *ders.*, Schlüchter-GS S. 341 ff.
83 Abw. Bestimmung bei *Otto*, BT § 46 Rn 33; *Schlothauer/Sättele*, StV 98, 508.
84 S. *Küper*, Hanack-FS S. 586 ff; im Ansatz folgen deshalb – für den Fall eines als Einbruchswerkzeug mitgeführten 20 cm langen Schraubendrehers – auch das OLG Stuttgart JR 10, 169 mit Bespr. v. *Heintschel-Heinegg*, JA 09, 654 und *Kraatz*, JR 10, 142 ff der subjektivierenden Lehre.
85 *Küper/Zopfs*, BT Rn 793; *Weißer*, JuS 05, 621; iS geringerer Anforderungen dagegen *Hilgendorf*, ZStW 112 (2000), 832; dazu krit. *Fischer*, § 244 Rn 19, 22.
86 BGH StV 96, 315.
87 So BayObLG StV 01, 17 und OLG Hamm StV 01, 352; s. dazu *Erb*, JR 01, 206; für eine objektive Deutung dann aber OLG Schleswig NStZ 04, 212, für eine subjektive OLG Stuttgart JR 10, 169; gegen diese Entscheidung wiederum OLG Köln NStZ 12, 327 f.

ser Vorschrift – ganz entsprechend der bisherigen Rechtsprechung zu § 224 (= § 223a aF)[88] – zu Recht Werkzeuge verwiesen, die nicht nach ihrer objektiven Beschaffenheit *und* nach der Art ihrer Benutzung im konkreten Einzelfall geeignet sind, erhebliche Verletzungen zuzufügen. Scheinwaffen und ungeladene Schusswaffen wurden auf diese Weise den Begriffen der Waffe und des gefährlichen Werkzeugs ebenso entzogen[89] wie Schlafmittel in ungefährlicher Dosierung oder ein nur zur Fesselung verwendetes Klebeband[90]. Dabei wurde aber nicht thematisiert, dass die gegebene, auf die Definition des gefährlichen Werkzeugs in § 223a aF (= § 224 I Nr 2 nF) zurückgehende Begründung im *stets mit ausgeschiedenen* **§ 250 I Nr 1a nF** (entsprechend **§ 244 I Nr 1a nF**)[91] keine deutliche Stütze hat, „weil das gefährliche Werkzeug dort nur mitgeführt werden muss, es dort zu einer konkreten Benutzung, an deren Art die Gefährlichkeit zu messen wäre, nicht kommt" und weil nach dem Wortlaut auch „an eine solche Benutzung durch den Täter nicht einmal gedacht werden muss". Diese Tatsache hat dann erst der **3. Senat** als Hindernis erkannt, die Maßstäbe des § 224 I Nr 2 nF *unbesehen* auch auf § 250 I Nr 1a (und entsprechend auf § 244 I Nr 1a) zu übertragen[92]. Ohne auf den hier dargestellten Meinungsstand einzugehen, erwog der Senat deshalb, einen **Mittelweg** einzuschlagen. Dieser sollte darin bestehen, „für § 250 I Nr 1a nF ... neben der objektiven Beschaffenheit des Gegenstandes eine generelle, von der konkreten Tat losgelöste[93] Bestimmung des Gegenstandes zur gefährlichen Verwendung seitens des Täters" zu verlangen, die noch „nicht die konkrete Verwendungsabsicht nach § 250 I Nr 1b StGB nF erreicht hat"[94].

Diese „**Widmungstheorie**"[95] kommt der hier vertretenen Auffassung **nahe**. Sie **verwirft** zum einen „eine *objektive* Auslegung der Zweckbestimmung", weil sie mit dem dann nötigen Ausscheiden etwa von Baseballschlägern, großen Küchenmessern und Starkstromkabelabschnitten dem gesetzgeberischen Anliegen, besonders gefährliche Täter, die sich hiermit regelmäßig bewaffnen, nicht erfassen kann[96]. Sie schließt zudem eine Anwendung auch der §§ 244 I Nr 1a, 250 I Nr 1a bei schon konkret vorliegendem **Verwendungsvorbehalt** nicht zwingend aus. Und sie ist von diesem **inhaltlich** kaum entfernt, wenn sie es zwar ausreichen lässt, dass der Täter „die Bestimmung zu irgendeinem Zeitpunkt vor der Tatbegehung getroffen hat", indem er „etwa einen Gegenstand zu seiner Bewaffnung in seinem ... Kraftfahrzeug bereitlegt", dann aber verlangt, dass er „sich dessen bei der Tatausführung bewusst ist"[97]. Ein solches Bewusstsein ist von dem latenten Vorbehalt, das so zurecht gelegte Werkzeug (notfalls) auch einzusetzen, schwerlich zu trennen (s. zB Fall 28 mit Rn 413). Verzichtet

278

---

88 Auf sie nimmt auch BGH BeckRS 15, 06119 Bezug (s. Rn 282 Die aktuelle Entscheidung).
89 S. BGHSt 44, 103, 105 f; BGH NStZ 99, 135; Übersicht bei *Boetticher/Sander*, NStZ 99, 294.
90 BGH StV 98, 660; BGH StV 99, 91.
91 S. dazu BGH JR 99, 31 mit Zuweisung der Fälle an den Auffangtatbestand des § 250 I Nr 1b.
92 BGH NStZ 99, 301.
93 Vgl hierzu BGHSt 43, 266, 269 f.
94 BGH NStZ 99, 301, 302; zust. OLG Frankfurt/M StV 02, 145; OLG Braunschweig NJW 02, 1735 mit Bespr. *Müller*, JA 02, 928; *Maatsch*, GA 01, 82 f; s. auch A/W-*Heinrich*, § 14 Rn 57; *Heghmanns*, Rn 1112; *Kasiske*, HRRS 08, 378, 382; *Zieschang*, JuS 99, 52; zum alten Recht *Scholderer*, StV 88, 432; krit. *Streng*, GA 01, 367 f.
95 S. *Hillenkamp*, BT 26. Problem unter III.
96 S. zum Hintergrund dieser Auslegung auch KG StV 08, 473, 474.
97 S. auch KG StV 08, 473, 474; abl. insoweit OLG Braunschweig NJW 02, 1735.

man deshalb auf diesen Verwendungsvorbehalt – wie es hier (Rn 275) geschieht – ohne erhebliche inhaltliche Differenz zu dem vom 3. Senat erwogenen Weg nicht, gibt man anders als dieser[98] die Einheitlichkeit der Definition des gefährlichen Werkzeugs in ein- und derselben Vorschrift nicht auf. Auch das spricht für die hier (Rn 275) vertretene Lösung.

279 Es ist deshalb zu bedauern, dass sich der **3. Senat** in einer späteren Entscheidung[99] **gegen jede subjektivierende Deutung** ausgesprochen, seine **„Widmungslehre"** aufgegeben und sich der in einem Vorlagebeschluss des 2. Senats an den Großen Senat des BGH[100] bekundeten Absicht angeschlossen hat, dem gefährlichen Werkzeug eine *allein objektive* Deutung (iS des Rn 273 Dargestellten) zu geben.

Im zu entscheidenden Fall führte der Täter eines Ladendiebstahls ein zusammenklappbares Taschenmesser mit einer „relativ langen Klinge"[101] bei sich, das er keinesfalls gegen Menschen einsetzen, sondern lediglich zum Abschneiden der Sicherungsetiketten zu stehlender Whiskeyflaschen benutzen wollte (und benutzte). Das OLG Celle beabsichtigte, ein solches „konstruktionsbedingt nur der Bearbeitung von Gegenständen" dienendes und nicht zur Verletzung von Personen bestimmtes Werkzeug *nicht* als „gefährlich" einzustufen, wenn es – wie hier – am subjektiven Element einer vom Täter vorgenommenen generellen, vom konkreten Lebenssachverhalt losgelösten Bestimmung des Werkzeugs zur Verwendung gegen Menschen fehlt[102]. Es sah sich daran aber durch entgegenstehende Entscheidungen anderer OLGe gehindert, die eine (rein) objektive Bestimmung des gefährlichen Werkzeugs verlangen[103]. Der 3. Senat ist dieser, seiner eigenen Präferenz (Rn 278) widersprechenden Auffassung beigetreten. Er will die Eigenschaft des Taschenmessers als gefährliches Werkzeug auf dem Boden einer vorgeblich allein möglichen **objektiven Bestimmung** im konkreten Fall bejahen, weil Messer mit längerer stehender Klinge nach ständiger Rechtsprechung schon bisher als gefährlich eingestuft worden seien und die Notwendigkeit, das Messer auszuklappen, an der latenten objektiven Gefährlichkeit solcher Messer nichts ändere[104]. Sie seien „zum Schneiden und Stechen bestimmt und nach ihrer Beschaffenheit hierzu geeignet". Auch könnte ein solches Messer „wie jedes andere jederzeit gegen Personen gebraucht werden und im Falle seines Einsatzes dem Opfer erhebliche, unter Umständen sogar tödliche Verletzungen zufügen"[105]. Für den 2. Senat kann hiernach sogar bei einem „Schlüssel ... von einer objektiven Ungefährlichkeit ... nicht die Rede sein"[106].

---

98 BGH NStZ 99, 301, 302.
99 BGHSt 52, 257.
100 BGH NJW 02, 2889; krit. zu dieser Entscheidung auch *Rengier*, Schöch-FS S. 563 ff. Die vom 2. Senat beabsichtigte Klärung blieb aus, weil die im zugrunde liegenden Sachverhalt gebrauchte Schreckschusspistole vom Großen Senat nicht als gefährliches Werkzeug, sondern – unzutreffend (s. Rn 266) – als Waffe angesehen wurde, BGHSt 48, 197.
101 BGHSt 52, 257, 260; auf S. 258 spricht der BGH von einer „längeren Klinge"; Genaueres erfährt man über die Länge nicht.
102 S. die vom OLG Celle formulierte Vorlegungsfrage in BGHSt 52, 257, 259; wie das OLG Celle *Kasiske*, HRRS 08, 378, 381 f; s. auch *Foth*, NStZ 09, 93.
103 BayObLG NStZ-RR 01, 202; SchlHOLG NStZ 04, 212; OLG München NStZ-RR 06, 342.
104 BGHSt 52, 257, 269; der Entscheidung darin zustimmend *Deiters*, ZJS 08, 424, 426; *Jooß*, Jura 08, 777, 779; *Lanzrath/Fieberg*, Jura 09, 348, 350 f; *Mitsch*, NJW 08, 2865; *Peglau*, JR 09, 162; s. auch *Fischer*, § 244 Rn 20; *Krüger*, JA 09, 190, 194 f sieht die Möglichkeit einer subjektiven Deutung nur der Tathandlung des „Beisichführens".
105 BGHSt 52, 257, 270; dieser Entscheidung für ein zum Öffnen der Warenverpackung gebrauchten „Schweizer Offiziersmessers" folgend OLG Köln NStZ 12, 327 mit Anm. *Kraatz* und *Satzger*, JK 12/12, StGB § 244/7.
106 BGH NStZ 17, 581 mit Anm. *Kudlich*; *Jahn*, JuS 17, 85. Die Verurteilung nach § 250 I Nr 1b hätte folglich nach § 250 I Nr 1a (bzw. § 250 II Nr 1) erfolgen müssen; OLG Nürnberg verneint dagegen die Gefährlichkeit eines *Seitenschneiders*.

Die Taschenmesser-Entscheidung bestätigt die Unmöglichkeit, unter alltäglichen Gebrauchsgegenständen nach rein objektiven Kriterien gefährliche von ungefährlichen abzugrenzen. Mit der gegebenen Begründung lassen sich nämlich – offenbar entgegen der Intention des Senats – unschwer nicht nur Messer mit einer „relativ langen", sondern auch Messer mit einer kürzeren oder „relativ kurzen Klinge" – stellt man sich ihren Einsatz gegen Menschen vor – als gefährliche Werkzeuge bezeichnen. Die Ununterscheidbarkeit liegt daran, dass der Senat selbst bewusst davon absieht, über die Beantwortung der präzisierten, dem konkreten Sachverhalt angepassten Rechtsfrage hinaus den Versuch zu unternehmen, das in Frage stehende „Tatbestandsmerkmal ... allgemeingültig zu formulieren" oder doch wenigstens unter den im objektiven Lager versammelten Kriterien die für ihn maßgeblichen festzulegen. Damit vollzieht er selbst den ersten Schritt in eine „schwer kalkulierbare Einzelfallkasuistik ..., bei der ... die Gefahr von widersprüchlichen Entscheidungen offenkundig ist"[107]. 280

Der Grund dafür, dass sich der Senat der revisionsrichterlichen Pflicht, für eine einheitliche Rechtsauslegung durch klare Definitionen Sorge zu tragen, entzieht, liegt nach seiner eigenen Auskunft darin, dass die Gesetzesfassung „missglückt" und einer „mit den Mitteln herkömmlicher Auslegungstechnik" gewinnbaren „stimmigen Gesetzesanwendung" unzugänglich sei[108]. Wäre es so, hätte es allerdings nahe gelegen, statt die Instanzgerichte ratlos zu hinterlassen, das Verfahren auszusetzen und sich vom Bundesverfassungsgericht die Bestätigung einzuholen, dass bei einem solchen Befund nicht mehr von einer hinreichenden Bestimmtheit der Norm die Rede sein kann[109].

Vorzugswürdig wäre es nach der hier vertretenen Auffassung (Rn 275) gewesen, sich der Bedeutung des Begriffes „gefährliches Werkzeug" in einem **Normkontext** gewahr zu werden, in dem sich die Gefährlichkeit **wie bei der Vorbereitung oder (möglicherweise) dem Versuch** des § 224 I Nr 2 oder des § 250 II Nr 1 noch nicht in einer konkreten Verwendung erweist und deshalb nur nach dem zugrunde liegenden Tatentschluss, also nach der *geplanten* Verwendung **subjektiv** zu bestimmen ist. Eine solche Auslegung stützt sich methodisch auf eine „herkömmliche Auslegungstechnik", nämlich die Vergleichbarkeit mit einer systematisch verwandten Sachlage; und nur sie führt zu einer sachgerechten und vorausbestimmbaren Lösung aller „denkbaren Einzelfälle"[110], die die Einstufung „an sich harmloser", „gefahrneutraler" und „sozialüblich" mitgeführter Gegenstände als gefährliche über ein „subjektives Gefährlichkeitskriterium" zu leisten vermag[111]. 281

Nur am Rande sei noch vermerkt, dass man die innerhalb des objektiven Lagers erwogene Einschränkung, „sozialtypisch" mitgeführte Gegenstände auszuscheiden, im Fall des BGH nicht gut mit der Erwägung ablehnen kann, der Einsatz „zur Entfernung der Sicherungsetiketten und damit zur Verwirklichung des Diebstahls" zeige, dass der Täter das Messer hier gerade nicht in 282

---

107 BGHSt 52, 257, 266, 269.
108 BGHSt 52, 257, 266.
109 S. auch *Deiters*, ZJS 08, 424, 426; *Foth*, NStZ 09, 94; LK-*Vogel*, § 244 Rn 18. So auch *Sickor*, ZStW 125 (2013), 805, 810 ff, der zur Behebung der Unbestimmtheit ein Ansetzen am Begriff des Werkzeugs vorschlägt, S. 792 ff.
110 Ähnlich *Kasiske*, HRRS 08, 378, 381 (teleologische Auslegung); *Rengier*, BT I § 4 Rn 41; krit. zur vom BGH hinterlassenen Unsicherheit auch *Jahn*, JuS 08, 835.
111 S. OLG Stuttgart JR 10, 169, das zusätzlich verlangt, dass der so als „gefährlich" bestimmte „Einsatz gegen das Tatopfer droht"; krit. Bespr. bei *Kraatz*, JR 10, 142; *Sättele*, NJW 09, 2758.

„sozialadäquater" Form bei sich getragen habe[112]. Denn wenn bei „sozialtypisch" mitgeführten Gegenständen „die Gefährlichkeitsvermutung widerlegt erscheint"[113], kann sich die Sozialadäquanz nur nach dem „üblichen" Gebrauch, und nicht im Hinblick auf einen möglichen Einsatz bei einem Diebstahl bemessen[114]. Im Übrigen werden mit der benannten Einschränkung im gleichen Atemzuge nicht nur sozial-, sondern auch deliktstypisch mitgeführte Gegenstände ausgeschlossen, wovon hier immerhin auch die Rede sein könnte[115].

> **Die aktuelle Entscheidung:** Der Vorzug der hier entwickelten Lösung, der in der einheitlichen Verwendung des Begriffs des gefährlichen Werkzeugs in §§ 244 I Nr 1a, 250 I Nr 1a und 250 II Nr 1 liegt, zeigt sich mittelbar in einem von **BGH BeckRS 15, 06119** mit Anm. *Bosch*, Jura 15, 881 (§ 250 II Nr 1) entschiedenen Fall. Hier drangen die Angeklagten P und M in die Wohnung von K ein, in der sich auch S befand. Sie wollten Drogen und Geld entwenden. Verabredungsgemäß traktierten sie sogleich, um jeden Widerstand auszuschließen, K und S mit ihren Fäusten. M versetzte zudem dem S mit einer zu diesem Zweck mitgeführten 60 cm langen eckigen Holzlatte, wie sie beim Transport von Küchenschränken verwendet wird, dem S einen Schlag gegen das Bein, sodass dieser eine Platzwunde erlitt. Geld fanden die Angeklagten nicht. Sie nahmen aber 6 g Marihuana mit, um es – was dann auch geschah – später zu konsumieren. – Da es hier zum Einsatz von Gewalt gekommen ist, liegt ein Raub vor. Der BGH bejaht zu Recht § 250 II Nr. 1, weil die konkrete, bestimmungswidrige Art der Verwendung der Holzlatte geeignet war, erhebliche Verletzungen bei S hervorzurufen (s. Rn 380 ff). Dabei bedient er sich ausdrücklich des Verfahrens, mit dem die Gefährlichkeit des Werkzeugs nach § 224 I Nr 2 festgestellt wird. Hätten die Täter auf den zuvor beabsichtigten Einsatz der Latte verzichtet, hätte sich die Frage gestellt, ob dann wenigstens § 250 I Nr 1a erfüllt ist. Hätten sie auch auf den Einsatz der Fäuste verzichtet und nur den Überrumpelungseffekt ausgenutzt, wäre zu fragen, ob ein Diebstahl nach § 244 I Nr 1a vorliegt. In diesen beiden Fällen kann die Gefährlichkeit der dann nur mitgeführten Latte nicht aus ihrer ja nicht eingetretenen Verwendung, wohl aber nach der hier vertretenen Ansicht aus dem entsprechenden Verwendungsvorbehalt und damit für alle drei Vorschriften einheitlich abgeleitet werden. Der BGH müsste demgegenüber die Gefährlichkeit der Latte in diesen beiden Varianten rein objektiv bestimmen, ein die Einheitlichkeit ein und desselben Begriffs auflösendes und zudem aussichtsloses Unterfangen (s. *Kudlich*, JA 15, 471). Lehrreich ist der Fall noch in zwei anderen Richtungen. Da die Täter kein Geld fanden (= fehlgeschlagener Versuch), lässt sich ein vollendeter Raub nur auf die Mitnahme der Drogen stützen. Deren Tauglichkeit als Tatobjekt war für den BGH offenbar mittlerweile so ausgemacht, dass er sie nicht thematisiert. Nach der hier vertretenen Meinung ist sie trotz der Verkehrsfähigkeit von Drogen (Rn 79) nicht gegeben (Rn 73; das gilt auch für § 263 – Rn 535 aE – und § 253, nicht problematisiert von BGH JR 15, 206 f mit Anm. *Ernst*). Das wurde zwischenzeitlich auch vom 2. Senat in einem – mittlerweile aber nicht weiter verfolgten (BGH NStZ-RR 18, 15) – Anfragebeschluss so gesehen, s. **BGH NStZ 16, 596** mit krit. Anm. *Krell*; *Bosch*, Jura (JK) 16, 1338; *Jäger*, JA 16, 790; *Jahn*, JuS 16, 848. **Zust.** *Bechtel*, JR 17, 197; *Ladiges*, wistra 16, 479. **Abl.** der 4. Senat (BGH NStZ-RR 17, 44) und der 5. Senat (BGH NStZ-RR 17, 110); ebenso der 1. Senat (BGH NStZ-RR 17, 112), der durch Entscheidungen des 2. Senats in einer anderen Sitzgruppe, die an der herkömmlichen Rspr. festhalten (BGH NStZ-RR 17, 111; BGH JR 17, 82), den Anfragebeschluss für obsolet hält

---

112 So aber BGHSt 52, 257, 261.
113 So *Jäger*, JuS 00 651, 656; s. zur Einschränkung durch Sozialadäquanz auch KG StV 08, 473.
114 Ebenso *Kasiske*, HRRS 08, 328; *Rengier*, BT I Rn 41 f.
115 *Jäger* JuS 00, 651, 656; s. auch *Fischer*, § 244 Rn 24, der verwendungsneutrale Gegenstände beim Diebstahl ausscheiden will, die – wie die Axt beim Tannenbaum-, der Bolzenschneider beim Fahrrad- oder das Stemmeisen beim Einbruchsdiebstahl – der Vollendung der Wegnahme dienen.

(zusf. *Bechtel*, wistra 18, 154 ff). – Aufgrund eines sprachlichen Lapsus des LG – es sei den Angeklagten darauf angekommen, das Marihuana „durch Konsum zu vernichten" – begründet der BGH demgegenüber in Anlehnung an ein hier in Rn 152 aufgenommenes Beispiel nur ausführlich, dass es nicht um die eine Aneignung ausschließende bloße Absicht der Vernichtung, sondern um beabsichtigte Zueignung durch Konsum gehe. Das versteht sich freilich, wie beim „Vernichten" gestohlener Kohle durch Beheizen des eigenen Ofens oder einer Milchschnitte durch Verzehr so von selbst, dass eine ausholende Begründung hierzu eher verwundert.

283 Für das **Beisichführen** gilt im Grundsatz nichts anderes als zur Waffe (s. dazu Rn 267). Nach der (aufgegebenen) Ansicht des 3. Senats musste es freilich von dem Bewusstsein einer vormaligen Widmung begleitet sein. Andere Senate betonen beim gefährlichen Werkzeug, dass der Täter es „bewusst gebrauchsbereit" bei sich führen muss, was namentlich bei Taschenmessern in Zweifel gezogen wird[116]. Verlangt man, wie es hier geschieht, einen sich auf eine gefährliche Einsatzart beziehenden Verwendungsvorbehalt, liegt das einzig verlässliche Indiz für das § 244 I Nr 1a (wie § 250 I Nr 1a) zugrunde liegende prognostische Urteil einer „Verwendungsgefährlichkeit" vor, das allein es zulässt, schon das Beisichführen des Gegenstandes als potenziell ebenso gefährlich wie das einer Waffe zu bewerten[117]. Kaum weniger verlangt das OLG Schleswig, wenn es zwar die Voraussetzung eines Verwendungsvorbehalts oder einer vorherigen Widmung verwirft, dann aber für das das Beisichführen begleitende Bewusstsein, ein gefährliches Werkzeug gebrauchsbereit bei sich zu haben, die Vorstellung fordert, dass das Werkzeug „im Falle eines wenn auch nicht von vornherein für möglich gehaltenen oder sogar höchst unerwünschten Einsatzes gegen Menschen erhebliche Verletzungen verursachen kann"[118].

Rechtsprechungsbeispiel: In einer Entscheidung des **OLG Frankfurt StV 11, 624** (= BeckRS 11, 23372) hatte bei einem Diebeszug durch einen Baumarkt einer der Angeklagten – was die anderen wussten – ein Teppichmesser in seiner Hosentasche. Er war gerade von seiner Arbeit (offenbar als Teppichverleger) gekommen. Seiner Einlassung, er habe an das Messer gar nicht mehr gedacht (träfe sie zu, würde es schon am Vorsatz fehlen[119], war das AG nicht gefolgt und hatte infolgedessen nach § 244 I Nr 1a 2. Alt. verurteilt. – Nach der hier (Rn 275) vertretenen Ansicht fehlt es an dem notwendigen Verwendungsvorbehalt (der in **BGH StV 12, 153** offenbar auch in Bezug auf die mit dem Messer nicht unmittelbar bedrohte Frau vorlag). Das OLG sieht im Teppichmesser ohne Weiteres ein gefährliches Werkzeug, obwohl sich das angesichts seiner idR kurzen Klinge und der Tatsache, dass es ein sozialtypisch

---

116 S. zB BGH StV 02, 191; 03, 26, 27; KG StraFo 16, 123; wenn in BGH StV 05, 606 (mit Bespr. *Kudlich*, JA 06, 249) das nötige Bewusstsein infrage gestellt wird, weil das Messer zuvor „nur zum Öffnen von Bierflaschen" benutzt worden sei, liegt die Vermutung nahe, dass das Bewusstsein müsse sich auf einen womöglich gefährlichen Gebrauch beziehen; so KG StV 08, 473, 474, das ein solches Bewusstsein bei einem Täter unterstellt, der das in ein Schweizer Offiziersmesser integrierte Taschenmesser kurz zuvor zum Obstschneiden verwendet hat; zum Taschenmesser als gefährliches Werkzeug s. *Rengier*, Schöch-FS S. 549 ff.
117 S. dazu *Küper*, Schlüchter-GS S. 331, 345 f; auch *Hardtung*, StV 04, 399 will Gebrauchsabsicht oder -widmung als „starke Indizien" für das von ihm für ein „gefährliches Beisichführen" vorausgesetzte Drohen eines gefährlichen Gebrauchs gelten lassen, macht sie allerdings anders als hier nicht zur Voraussetzung (403); vgl auch *Jesse*, NStZ 09, 364, 370; *Kraatz*, JR 10, 147; *ders.*, NStZ 12, 329 f.
118 OLG Schleswig NStZ 04, 212, 214 mit zust. Anm. *Geppert*, JK 9/04, StGB § 244 I Nr 1a/3; ebenso KG StV 15, 122; *Otto*, BT § 41 Rn 53; krit. *Hardtung*, StV 04, 399; s. auch OLG Celle StV 05, 336.
119 S. OLG Naumburg StV 16, 652.

mitgeführtes Arbeitsgerät ist, auch bei der offenbar zugrunde gelegten objektiven Betrachtung nicht von selbst versteht. In Anlehnung an OLG Schleswig NStZ 04, 212 sollen sich solche Zweifel aber nicht auf die Tatbestandsqualität des Tatmittels, sondern nur auf das *Bewusstsein des Beisichführens* auswirken. Dass dem Täter nämlich bewusst sei, ein verfügbares gefährliches Werkzeug bei sich zu führen, liege fern, „wenn es um einen bei der Arbeit benötigten Gegenstand" gehe, „dessen Beisichführen sozialadäquat zu bewerten wäre, wenn der Täter nicht gerade eine Straftat beginge". Sollte das AG in erneuter Beweisaufnahme das geforderte Bewusstsein doch feststellen, entschiede es in Einklang mit dem kritikwürdigen[120] gesetzgeberischen Willen, wenn es einen minder schweren Fall (s. Rn 262, 274) bejahte.

2. Diebstahl mit sonstigen Werkzeugen und Mitteln

284 § 244 I Nr 1b enthält eine der zuvor beschriebenen gleichgestellte Qualifikation. Sie erfüllt, wer *sonst* ein **Werkzeug** oder **Mittel** bei sich führt, *um* den Widerstand einer anderen Person durch Gewalt oder Drohung mit Gewalt zu *verhindern* oder zu *überwinden*. Nr 1b unterscheidet sich von Nr 1a demnach durch die *Art* des *mitgeführten Tatmittels* und durch den in Nr 1b schon vom *Wortlaut* her für *alle* Mittel geforderten *spezifischen Verwendungsvorbehalt*.

285 **Werkzeug** oder **Mittel** im Sinne des § 244 I Nr 1b sind demnach alle Gegenstände, die sich zwar zur Anwendung von Gewalt oder zur Drohung mit Gewalt eignen, die aber schon nach ihrer objektiven Beschaffenheit oder nach der Art ihrer geplanten Verwendung **keine erheblichen** Körperverletzungen hervorrufen und *in diesem Sinne* als **ungefährlich** bezeichnet werden können[121]. Hierzu zählen „ein Kabelstück oder ein Tuch" (BT-Ds 13/9064, S. 18), sofern sie – wie in BGH NJW 89, 2549 – nur zur Fesselung und *nicht gesundheitsbedrohlichen*[122] Knebelung benutzt werden sollen. Führen die Tatbeteiligten Klebeband[123] mit oder sind sie mit Springerstiefeln „bewaffnet", begründet mangels hinreichender Gefährlichkeit die in Aussicht genommene Drohung, dem Opfer bei Widerstand den Mund zu verkleben oder ihm einen Tritt ins Hinterteil zu versetzen, lediglich die Qualifikation des § 244 I Nr 1b. Für Werkzeuge und Mittel ist der hier freilich mit einem speziellen Inhalt versehene[124] **Verwendungsvorbehalt** schon vom *Gesetz* her zwingend. Er scheitert auch hier nicht daran, dass der Beteiligte den Gegenstand nur im Bedarfs- oder Notfall oder nur „unter Umständen" einsetzen will[125]. Führt der Täter oder ein anderer Beteiligter ein verletzungsgeeignetes Brecheisen nur mit, um „gegebenenfalls" Türen aufzuhebeln, ist dagegen weder Nr 1a (s. Rn 275) noch Nr 1b gegeben. Anders als in § 250 II Nr 1 muss es zum Einsatz des mitgeführten Gegenstandes nicht kommen. Geschieht das doch, liegt zumeist Raub, Raubversuch oder räuberischer Diebstahl vor, die § 244 verdrängen.

---

120 S. *Fischer*, § 244 Rn 61.
121 *Fischer*, § 244 Rn 25; *Küper/Zopfs*, BT Rn 801, 808; *Lackner/Kühl*, § 244 Rn 4; MK-*Schmitz*, § 244 Rn 32; aA *Kindhäuser*, § 244 Rn 26; *Lesch*, GA 99, 375; offen LK-*Vogel*, § 244 Rn 42.
122 AA insoweit offenbar *Rengier*, BT I § 4 Rn 59 f, 63; SK-*Sinn*, § 250 Rn 26 (insbes.); S/S-*Bosch*, § 244 Rn 13, die damit Überschneidungen mit Nr 1a in Kauf nehmen; s. auch *Eisele*, BT II Rn 206; wie hier MK-*Schmitz*, § 244 Rn 30.
123 BGH NStZ 93, 79; BGH NStZ 07, 332, 334.
124 S. dazu *Küper*, Schlüchter-GS S. 343 f.
125 BGH StV 96, 315.

Da ein **Verwendungsvorbehalt** nach der hier vertretenen Auffassung auch zum gefährlichen Werkzeug (§ 244 I Nr 1a 2. Alt.) zu verlangen ist, *kompensiert*[126] sein für Nr 1b gesetzlich vorgesehenes Vorliegen *insoweit* nicht mehr den geringeren Gefährlichkeits- und Unrechtsgehalt, der im Beisichführen eines *ungefährlichen* Gegenstandes liegt. Das ist angesichts des gleichen Strafrahmens nicht hinzunehmen. Es empfiehlt sich daher, von der vorbehaltenen Gewalt im Anwendungs- wie im Bedrohungsfall für Nr 1b zu verlangen, dass sie zu einer **erheblichen Beeinträchtigung mitbetroffener** Rechtsgüter wie namentlich der *Freiheit* führen würde. Das ist etwa bei einem geplanten Verschnüren des Betroffenen zu einem Paket[127], nicht aber schon bei der Drohung der Fall, Hilferufe durch kurzfristiges Verkleben des Mundes zu unterdrücken.

Mit der Neufassung des Gesetzes ist der zu §§ 244 I Nr 2, 250 I Nr 2 aF überkommene **Streit**[128] darüber, ob in der im Verwendungsvorbehalt enthaltenen *Gewaltanwendungsalternative* ein im Sinne einer Leibes- oder Lebensgefahr **ungefährliches** Werkzeug oder Mittel und ob in der *Drohungsalternative* die Bedrohung mit einer ebenso ungefährlichen sog. **Scheinwaffe** ausreicht, **jedenfalls für § 244 I Nr 1b** im bejahenden Sinne **entschieden**[129]. 286

Dass der Gesetzgeber mit der **Festschreibung** dieser vom BGH[130] schon zum früheren Recht entwickelten **Eindruckstheorie im Gesetz** gut beraten war, lässt sich zwar mit guten Gründen bezweifeln[131], dass er sie festgeschrieben hat, aber nicht. Denn dass mit §§ 244 I Nr 1b, 250 I Nr 1b „Auffangtatbestände" für die Fälle ungefährlicher Gegenstände und Scheinwaffen geschaffen werden sollten, ist nicht nur gesetzgeberisches Motiv (BT-Ds 13/9064, S. 18) geblieben, sondern im Gegensatz „gefährliches Werkzeug"/„sonst ein Werkzeug oder Mittel" *eindeutig* zum Ausdruck gekommen[132]. Anders als in § 250 bildet diese Gefährlichkeit nicht nur *nicht verlangende*, sondern Ungefährlichkeit sogar *voraussetzende* Qualifikation[133] zudem in § 244 keinen eindeutigen Fremdkörper mehr. Auch der neu aufgenommene Wohnungseinbruchsdiebstahl schützt nicht ausschließlich vor erhöhter körperlicher Gefahr, sondern auch vor Opferbeeinträchtigungen, die sich als Folge der Verletzung der Intimsphäre in „ernsten psychischen Störungen" festmachen können (BT-Ds 13/8587, S. 43). Danach sind *nur* für Leib oder Leben ungefährliche Gegenstände sowie Scheinwaffen Werkzeuge und Mittel im Sinne des § 244 I Nr 1b, bei Anwendung 287

---

126   S. hierzu zur alten Rechtslage S/S-*Eser*, 25. Aufl., § 244 Rn 16.
127   BGH NStZ 93, 79; s. auch BGH NStZ 07, 332, 334: Fesselung an Armen und Beinen (dort allerdings erst nach Vollendung, s. dazu Rn 256).
128   S. *Hillenkamp*, BT, 8. Aufl., 25. Problem und Rn 265 der 33. Aufl. dieses Buches.
129   Ebenso BK-*Wittig*, § 244 Rn 12.2; *Dencker*, JR 99, 33; *Eisele*, BT II Rn 207; *Fischer*, § 244 Rn 26; HK-GS/*Duttge*, § 244 Rn 14; *Heghmanns*, Rn 1113; *H-H-Kretschmer*, Rn 853; *Hilgendorf/Valerius*, BT II Rn 34; *Jäger*, BT Rn 273; *Joecks/Jäger*, § 244 Rn 28; *Klesczewski*, BT § 8 Rn 154; *Krey/Hellmann/Heinrich*, BT II Rn 187; *Küper/Zopfs*, BT Rn 809; *ders.*, Hanack-FS S. 584; *Kudlich*, JR 98, 358; *Lackner/Kühl*, § 244 Rn 4; LK-*Vogel*, § 244 Rn 44; *Maurach/Schroeder/Maiwald*, BT I § 33 Rn 118; *Mitsch*, BT S. 126; MK-*Schmitz*, § 244 Rn 31; M/R-*Schmidt*, § 244 Rn 8; *ders.*, ZStW 111 (1999), 80; *Rengier*, BT I § 4 Rn 67; *Schmidt*, BT II Rn 219; *Schroth*, NJW 98, 2865; S/S-*Bosch*, § 244 Rn 15; *Seier*, JA 99, 670; *Zöller*, BT Rn 83; zweifelnd *Hörnle*, Jura 98, 174; aA *Kindhäuser*, § 244 Rn 25 f; § 250 Rn 9 f.
130   BGHSt 24, 339 zu §§ 244, 250 aF; BGH NJW 76, 248; BGH NStZ 85, 408; BGH JZ 90, 552; mit Einschränkung auch BGHSt 38, 116, 118.
131   Krit. zB *Bosch*, JA 07, 469 f; *Fischer*, § 244 Rn 26.
132   *Küper/Zopfs*, BT Rn 809; SK-*Sinn*, § 250 Rn 29; aA *Kindhäuser*, § 244 Rn 26.
133   S. BGH JR 99, 31; gegen diese zur Exklusivität gegenüber Nr 1a führende Auffassung *Mitsch*, ZStW 111 (1999), 81 f; *Rengier*, BT I § 4 Rn 63; S/S-*Bosch*, § 244 Rn 13.

oder Ausführung der Übelsankündigung gefährlich werdende dagegen nicht. Letztere sind § 244 I Nr 1a vorbehalten.

288 Der BGH hat folglich an seine Rspr. zur Scheinwaffe für § 250 I Nr 1b bereits angeknüpft (s. Rn 373). Auch zu **Scheinwaffen** ist wie zu den übrigen Gegenständen der Nr 1b (s. Rn 285) aber nach einer *Kompensation* zu suchen, die die in der objektiven Ungefährlichkeit liegende Unrechtsminderung gegenüber dem nach der hier zugrunde gelegten Ansicht ebenfalls notwendig mit Verwendungswillen mitgeführten gefährlichen Werkzeug nach Nr 1a ausgleicht. Maßgeblich muss auch hier die Beeinträchtigung namentlich des mitbetroffenen Rechtsguts der Willensentschließungs- und -betätigungsfreiheit bei einer gedachten Verwirklichung des Verwendungsvorbehaltes durch Drohung sein. Sie muss den Grad der Unerheblichkeit übersteigen. Dabei ist zu verlangen, dass dies die **Wirkung** der mitgeführten **Scheinwaffe** und nicht listiger Erklärungen wäre, da das Gesetz das Beisichführen eines zur Drohung mit Gewalt *geeigneten Gegenstandes* und nicht das schauspielerische Vermögen, einen solchen vorzutäuschen, unter Strafe stellt. Auf dieser Grundlage gewinnt die *einschränkende*, nach dem Willen des Gesetzgebers auch zur Neufassung gültige (BT-Ds 13/9064, S. 18) *Rechtsprechung* Sinn, nach der die objektive Erscheinung des Gegenstandes nicht bedeutungslos und Täuschung allein nicht ausreichend ist[134]. Danach sind nicht einsatz- oder funktionsbereite Schusswaffen[135] sowie täuschend echt aussehende Waffenattrappen für Nr 1b ausreichende Scheinwaffen, **nicht** aber ein in das Genick gesetzter metallischer Gegenstand, der sich wie der Lauf einer Pistole anfühlen soll[136], ein in den Rücken gedrückter Labello-Lippenpflegestift oder ein in der Hand gehaltenes Holzstück[137], bei denen lediglich täuschende Erklärungen wie „bin bewaffnet" die gewollte Wirkung auslösen können. Das muss auch für einen als Messer ausgegebenen Schlüssel gelten[138]. Auch scheiden von einem besonnenen Betrachter ohne Weiteres nach ihrem äußeren Erscheinungsbild[139] als ungefährlich erkennbare Gegenstände wie eine Schrotpatrone, ein als Bombe ausgegebener Maggiwürfel, eine in der Hand schmelzende Lakritz- oder eine nach Form und Farbe deutlich als Spielzeug erkennbare Wasserpistole aus[140]. Dabei soll es nach dem BGH allein auf die Sicht eines objektiven Beobachters und nicht darauf ankommen, ob das Tatopfer die Beobachtung tatsächlich machen konnte oder der Täter dies durch sein täuschendes Vorgehen gerade vereitelt[141]. Will der Täter etwa im Falle des Fehlschlages der Täuschung den mitgeführten Gegenstand (zB das Holzstück) allerdings notfalls als Schlagwerkzeug einsetzen, beurteilt sich die Tauglichkeit des Gegenstandes für Nrn 1a und b nicht anders als sonst.

---

134 Ebenso A/W-*Heinrich*, § 14 Rn 58; *Eisele*, BT II Rn 208 f; *Kudlich*, JR 98, 359; MK-*Schmitz*, § 244 Rn 31; *Otto*, BT § 41 Rn 59; *Rengier*, BT I § 4 Rn 68 ff; S/S-*Bosch*, § 244 Rn 15; S/S/W-*Kudlich*, § 244 Rn 25; zweifelnd *Dencker*, in: *Dencker* ua, Einführung in das 6. StrRG 1998, S. 11; *Hohmann*, NStZ 97, 185 f; *Kindhäuser*, § 244 Rn 25 f; *Klesczewski*, GA 00, 259; LK-*Vogel*, § 244 Rn 45; abl. *Küper/Zopfs*, BT Rn 812.
135 BGH StV 98, 486; 487.
136 BGH NStZ 07, 332, 333 f mit Bespr. *Bosch*, JA 07, 468; *Jahn*, JuS 07, 583; *Kudlich*, JR 07, 381; aA beiläufig noch BGHSt 38, 116, 118 mit Anm. *Graul*, JR 92, 297; *Kelker*, NStZ 92, 297; *Mitsch*, NStZ 92, 434; gleiches muss für einen an die Hüfte des Opfers gepressten Schraubenzieher gelten, so BGH JR 05, 159; aA *Schlothauer*, StV 04, 655 f.
137 BGHSt 38, 116, 118; BGH NJW 96, 2663; BGH NStZ 97, 184 mit Anm. *Hohmann*; OLG Köln StV 10, 636 (dickerer Ast).
138 Anders BGH NStZ 17, 581 mit Anm. *Kudlich*; *Jahn*, JuS 17, 85 mit der zudem weltfremden Begründung, ein Schlüssel sei ohnehin schon objektiv gefährlich, auf Täuschung komme es also nicht an.
139 BGH NStZ-RR 97, 129; bei Unaufklärbarkeit ist im Zweifel hiervon auszugehen, s. BGH StV 08, 520.
140 Beispiele (in der angegebenen Reihenfolge) nach BGH NStZ 98, 38; *Geilen*, Jura 79, 389; *Hillenkamp*, JuS 90, 457; BGH StV 11, 676 mit Anm. *Bosch*, JK 12/11, StGB § 250 I Nr 1b/14.
141 BGH StV 11, 676, 677.

Rechtsprechungsbeispiel: Stellt der Täter eine verschlossene Sporttasche auf die Verkaufstheke einer Tankstelle und hält sein Handy in der Hand, um für den Fall, dass ihm ein Griff in die Kasse nicht gelingt, den Verkäufer mit der Drohung einzuschüchtern, er werde über das Handy eine in der Tasche befindliche Bombe auslösen, soll nach **BGH NStZ 11, 278** die Ausnahme nicht gegeben sein. Hier liege nämlich „die objektive Ungefährlichkeit eines vorgeblich gefährlichen Gegenstandes" nicht auf der Hand. Vielmehr sei „für einen objektiven Beobachter … die Gefährlichkeit … überhaupt nicht einzuschätzen" (ebenso beim Hinweis, im mitgeführten Rollkoffer befinde sich eine „Kofferbombe", **BGH NStZ 16, 216**)[142]. Dann liege § 250 I Nr 1b (und in der hier gebildeten Variante § 244 I Nr 1b) vor. Das ist zweifelhaft, weil hier das schauspielerische Talent im Vordergrund steht[143]. Die Entscheidung ist angesichts der Besonderheit, dass auch ein besonnener Beobachter die Gefährlichkeit nicht verlässlich einschätzen kann, sicher nicht unvertretbar, bleibt aber ein Zweifelsfall, solange nicht widerspruchsfrei geklärt ist, auf wessen Urteil – des Täters, des Opfers, eines besonnenen Dritten mit welchem Kenntnisstand? – es ankommen soll[144]. Die Aufnahme der Milderungsmöglichkeit in einem minder schweren Fall (s. Rn 262) birgt auch hier die Gefahr, einen zu weiten „opferfreundlichen" Maßstab anzulegen.

II. Wohnungseinbruchsdiebstahl

Das 6. StrRG (Rn 11) hat aus den umschlossenen Räumen des § 243 I 2 Nr 1 die vormals dort mitaufgeführte **Wohnung** herausgelöst und das zur Ausführung eines Diebstahls vorgenommene Einbrechen, Einsteigen usw in eine Wohnung als **Wohnungseinbruchsdiebstahl** in § 244 I Nr 3 zu einer weiteren Qualifikation erhoben (s. dazu schon Rn 224). Diese Aufwertung, mit der anders als bei den Regelbeispielen eine abweichende Einstufung namentlich als für die Qualifikation nicht ausreichend „schwerer Fall" ausscheidet, hat überwiegend Beifall gefunden[145]. Sie beruht auf der gesetzgeberischen Erwägung, dass der Wohnungseinbruch einerseits tief in die Intimsphäre des Opfers eindringe und hierdurch zu ernsten psychischen Störungen wie langwierigen Angstzuständen führen könne, und dass er andererseits nicht selten mit Gewalttätigkeiten gegen Menschen und Verwüstungen der Einrichtungsgegenstände verbunden sei (BT-Ds 13/8587, S. 43). Zum durch den Grundtatbestand gewährleisteten Schutz des Eigentums treten in § 244 I Nr 3 als **geschützte Rechtsgüter** hiernach die häusliche Privatsphäre und die körperliche wie seelische Unversehrtheit hinzu. Dass der Wohnungseinbuchsdiebstahl in einem in der Wohnung dann begangenen Raub aufgehen soll, leuchtet bei dieser Rechtsgutsbestimmung nicht unmittelbar ein[146].

289

---

142 S. dazu *Jäger*, JA 16, 71; *Preuß*, HRRS 16, 466; *Satzger*, Jura 16, 573.
143 Abl. deshalb *Hecker*, JuS 11, 757, 759 und *Pfuhl*, ZJS 11, 415, 417 f; zw. *Jahn*, JK 12/11, StGB § 250 I Nr 1b/14.
144 *Fischer*, § 250 Rn 11d.
145 *Hörnle*, Jura 98, 171; *Kreß*, NJW 98, 640; *Kudlich*, JuS 98, 472; *Sander/Hohmann*, NStZ 98, 276; BE-*Noak*, S. 70.
146 So aber BGH NStZ-RR 05, 202, 203; BGH StV 01, 624 spricht anders als der Gesetzgeber nicht von **Intim**-, sondern von **„Privatsphäre"**; s. dazu, dass dieser Begriff das Gemeinte besser kennzeichnet, *Krumme*, Die Wohnung im Recht 2004, S. 291 f, der § 244 I Nr 3 bezogen auf die im Text genannten beiden Rechtsgüter zu Recht als abstraktes Gefährdungsdelikt bezeichnet (aaO S. 301 ff, 308 f).

290 Zu den **Tatmodalitäten** des Einbruchs-[147], Einsteige-[148], Nachschlüssel- und Verweildiebstahls gilt das zu § 243 I 2 Nr 1 Ausgeführte (Rn 222 ff) entsprechend. Da es sich bezüglich der Privatsphäre und der Unversehrtheit um ein abstraktes Gefährdungsdelikt handelt, kommt es auf ein konkretes Zusammentreffen von Täter und Opfer nicht an[149]. Der Versuch ist strafbar (§ 244 II). Die Problematik des Versuchs bei Regelbeispielen (Rn 211 ff) entfällt[150]. Eine Geringwertigkeitsklausel kennt § 244 nicht. Für den Begriff der **Wohnung** wurde in ersten Stellungnahmen üblicherweise auf die Erläuterungen zu § 123 verwiesen[151]. Der dort zu Grunde gelegte Wohnungsbegriff, der zB vorübergehend genutzte Hotelzimmer, Campingbusse und Zelte sowie alle Nebenräume wie Toiletten, Flure, Wasch-, Keller- und Bodenräume selbst dann erfassen soll, wenn sie außerhalb des eigentlichen Wohnbereichs oder – wie eine freistehende Garage – sogar außerhalb des Hauses liegen[152], ist aber angesichts der abweichende Bewertungen nicht mehr zulassenden Qualifikation, ihres hohen, Geldstrafe ausschließenden Strafrahmens und der ausnahmslosen Erfassung des Versuchs[153] **zu weit**. Der Diebstahl eines Abschleppseiles aus einer mit einem Dietrich geöffneten mit dem Einfamilienhaus unverbundenen Garage, der angesichts der fehlenden Geringwertigkeitsklausel aus § 244 I Nr 3 nicht ausschiede, ist ebenso wie der einer Rolle Toilettenpapier aus einer Hausflurtoilette, in die der Täter mit einem aus einem früheren Mitbenutzungsverhältnis vorenthaltenen Schlüssel gelangt, ersichtlich ungeeignet, die vom Gesetzgeber angeführten Gründe der Strafschärfung zu erfüllen. Diese hier in der 21. Aufl. zuerst entwickelte Einsicht hat sich mittlerweile durchgesetzt[154]. Man wird deshalb zwar den weiteren Wohnungsbegriff für § 123 nicht zwingend aufgeben[155], wohl aber die Wohnung im Sinne des § 244 I Nr 3 auf einen **inneren Kern** zurückführen müssen, der aus *den Räumlichkeiten* besteht, die (dauerhaft oder doch wenigstens für längere Zeit) als *Mittelpunkt des privaten Lebens* Selbstentfaltung, -entlastung und vertrauliche Kommunikation[156] gewährleisten. Dazu sind Außenflure, Keller- und Bodenräume in größeren Mietshäu-

---

147 Auch beim Wohnungseinbruch soll eine mitverwirklichte **Sachbeschädigung** keine typische Begleittat sein, s. dazu Rn 245.
148 BGH StV 11, 17, 18: kein Einsteigen beim Betreten durch eine zuvor angekippte Terrassentür, die der Täter durch Hereinlangen öffnet; dagegen OLG Oldenburg NStZ 16, 98 (Vorlagebeschluss); BGH StraFo 14. 339: Einsteigen nur bei unter Schwierigkeiten möglichem Eindringen; BGH StV 15, 113.
149 OLG Hamburg NStZ 17, 584.
150 S. *Mitsch*, ZStW 111 (1999), 84.
151 S. zB *Dencker*, in: *Dencker* ua, Einführung in das 6. StrRG 1998, S. 7, 13; S/S-*Eser*, 27. Aufl., § 244 Rn 30; in der Sache ähnlich auch jetzt noch S/S-*Bosch*, § 244 Rn 30; angesichts der Regelung des § 244 IV bekräftigend *Bosch*, Jura 18, 52 ff.
152 Alle Beispiele bei S/S-*Sternberg-Lieben/Schittenhelm*, § 123 Rn 4.
153 Krit. gegenüber der Aufwertung daher *Wolters*, JZ 98, 399.
154 Zust. AnK-*Kretschmer*, § 244 Rn 44; BK-*Wittig*, § 244 Rn 22; *Eisele*, BT II Rn 235; *Fischer*, § 244 Rn 47; *Hellmich*, NStZ 01, 511; *Hilgendorf/Valerius*, BT II § 4 Rn 63; *Jäger*, BT Rn 277; ders., JuS 00, 657; *Jcecks/Jäger*, § 244 Rn 41 f; *Klesczewski*, BT § 8 Rn 169; *Koranyi*, JA 14, 245; *Krey/Hellmich/Heinrich*, BT II § 14 Rn 197; *Lackner/Kühl*, § 244 Rn 11; LK-*Vogel*, § 244 Rn 75; MK-*Schmitz*, § 244 Rn 60; M/R-*Schmidt*, § 244 Rn 14; *Rengier*, BT I § 4 Rn 83; *Schmidt*, BT II Rn 246; S/S-*Bosch*, § 244 Rn 30; S/S/W-*Kudlich*, § 244 Rn 40; *Trüg*, JA 02, 193; *Zöller*, BT Rn 86; *Zopfs*, Jura 07, 520 f; unentschlossen *Seier*, Kohlmann-FS S. 304; offen gelassen in BGH NStZ 05, 631; in den – allerdings eher nicht tragenden – Gründen zust. BGH JR 08, 514 mit Bespr. *Heintschel-Heinegg*, JA 08, 742; *Ladiges*, JR 08, 493; trotz restriktiven Ausgangspunkts weiter A/W-*Heinrich*, § 14 Rn 64; HK-GS/*Duttge*, § 244 Rn 28 f; eher enger, in den Beispielen aber nicht konsequent *Hohmann/Sander*, BT I § 2 Rn 26; s. auch *Krumme*, Die Wohnung im Recht 2004, S. 281 f, 284 ff, 291, 314 ff, 324; Überblick bei *Küper/Zopfs*, BT Rn 822.
155 So aber *Behm*, GA 02, 153, 157; für Restriktion auch *Schall*, Schreiber-FS S. 435; dagegen *Krumme*, Die Wohnung im Recht 2004, S. 311 ff, 325.
156 S. *Schall*, Die Schutzfunktionen der Strafbestimmung gegen den Hausfriedensbruch 1974, S. 90 ff; *Leibholz/Rinck/Burghart*, GG 2009, Art. 13 Rn 13.

sern[157], freistehende Garagen, Schuppen[158], leerstehende Wohnungen und Gartenlauben[159] und auch vorübergehend genutzte Hotelzimmer[160] ebenso wie nur für Urlaubsreisen in Anspruch genommene *Wohnmobile* und *Wohnwagen* auch für die Zeit ihres Gebrauchs[161] nicht zu rechnen. Für sie bietet § 243 I 2 Nr 1 (Gebäude, umschlossener Raum) den nach wie vor ausreichenden und flexibleren Schutz[162]. Das gilt auch für *Wochenendhäuser*[163]. Davor, von dieser restriktiven Bestimmung des Wohnungsbegriffs im Hinblick auf den gleichfalls 2011 eingefügten § 244 III (s. Rn 262) abzurücken, ist zu warnen. Es wäre ein methodisch verfehltes Verfahren, zu weit geschnittene Tatbestände statt mit einer rechtsgutsbezogenen angemessenen engen Auslegung erst in der Strafzumessung zu korrigieren[164].

Die Gründe, die für eine restriktive Auslegung des Begriffs der Wohnung in § 244 I Nr 3 sprechen, bleiben auch nach der Herauslösung des Einbruchsdiebstahls in **dauerhaft genutzte Privatwohnungen** aus dieser Vorschrift (s. Rn 262) bestehen[165]. Das Gebot restriktiver Auslegung ist zudem auf den **neuen Tatbestand des § 244 IV** zu erstrecken[166]. Das gilt nicht nur, weil für diesen Ausschnitt des Wohnungseinbruchsdiebstahls die Möglichkeit der Annahme eines minder schweren Falls ausscheidet[167], sondern vor allem, weil diese Tatvariante zum **Verbrechen** hochgestuft worden ist. Zu den nach der Begründung des Gesetzesentwurfs gesondert geschützten „privaten Wohnungen oder Einfamilienhäusern" sowie „Zweitwohnungen von Berufspendlern" können auch hier daher nur die unmittelbar mit ihnen verbundenen „weiteren Wohnbereiche wie Nebenräume, Keller, Treppen, Wasch- und Trockenräume" gezählt werden. Ein solcher unmittelbar räumlicher Bezug wird idR nur bei Einfamilienhäusern gegeben sein.

290a

Noch weitgehend ungeklärt ist die Beurteilung der zahlreichen Variationen, die sich bei einem Einbruch in ein **gemischt genutztes Gebäude** ergeben, unter dessen Dach sich zu Wohnzwecken, aber auch zu gewerblichen oder freiberuflichen Zwecken dienende Räume vereinen[168]. Auch hier sollten die schon für einen engen Wohnungsbegriff streitenden Gründe Anlass zu einer verfassungsrechtlich gebotenen[169] restriktiven Auslegung sein. Schon der Wortlaut verbietet es, von einem Einbruch *in* eine Wohnung zu sprechen, wenn der Täter das Fenster einer zu einem im Erdgeschoss liegenden Café gehörigen Toilette einschlägt, um von dort aus über eine Treppe in die im ersten Geschoss gelegene Wohnung des Betreiberehepaares zu gelangen. Das gilt auch dann, wenn die Wohnung nicht mehr eigens gesichert ist[170]. Gleichfalls bricht

291

---

157 BGH StV 16, 639 mit Anm. *Jäger*, JA 16, 872.
158 BGH StV 15, 113.
159 AG Saalfeld StV 04, 384; 05, 613.
160 AA BGH StV 01, 624; AnK-*Kretschmer*, § 244 Rn 46; wie hier *Krumme*, Die Wohnung im Recht 2004, S. 317 ff; *Maurach/Schroeder/Maiwald*, BT I § 33 Rn 124.
161 AA BGHSt 61, 285 mwN zum diesbezüglichen Streitstand; zust. Anm. *Bachmann*, JR 17, 445; *Bosch*, Jura (JK) 17, 604; *Hecker*, JuS 17, 470; krit. *Mitsch*, NJW 17, 1188.
162 Ebenso OLG Schleswig NStZ 00, 479; LK-*Laufhütte/Kuschel*, Nachtrag zur 11. Aufl., § 244 Rn 11; krit. A/W-*Heinrich*, § 14 Rn 64.
163 Anders BGH NStZ-RR 18, 14.
164 Zust. *Schmidt*, BT II Rn 246.
165 Anders *Bosch*, Jura 18, 52 ff mit krit. Würdigung der Neuregelung S. 55 ff.
166 In der Tendenz ähnlich *Rengier*, BT I § 4 Rn 84a („Wohneinheit"); für „Deckungsgleichheit" S/S-*Bosch*, § 244 Rn 32; S/S/W-*Kudlich*, § 244 Rn 46; eher weiter *Fischer*, § 244 Rn 52 ff, 58; *Schmidt*, BT II Rn 247; zu prozessualen Folgen s. *Joecks/Jäger*, § 244 Rn 22.
167 BGH BeckRS 19, 7346; nach dieser Entscheidung soll auch ein nur versuchter Diebstahl nach § 244 IV nicht hinter einem vollendeten nach § 244 I Nr 3 zurücktreten.
168 Die bisherige Rechtspr. zusf. BGH NStZ 13, 120 mit Anm. *Bosch*, JK 9/12, StGB § 244 I Nr 3/3; s. auch *Küper/Zopfs*, BT Rn 824.
169 S. dazu *Schall*, Schreiber-FS S. 426, 428 ff; eher weiter *Fischer*, § 244 Rn 48 f.
170 BGH JR 08, 514, 515; *Krack*, Rengier-FS S. 249, 252; *Seier*, Kohlmann-FS S. 295, 304.

nach dem vorzugswürdigen engeren Wohnungsbegriff nicht *in* eine Wohnung ein, wer in separate Kellerräume[171] oder eine Flurtoilette gewaltsam eindringt und von dort aus ohne neuerliche Verwirklichung einer der Tathandlungen[172] in die Wohnung gelangt[173]. Zwar steigt andererseits *in* eine Wohnung ein, wer sich in sie durch ein zu ihr gehörendes Badezimmerfenster begibt. Tut er dies aber nur, um über den angrenzenden Flur in einen Geschäftsraum zu gelangen, aus dem er das dort nach seiner zutreffenden Kenntnis aufbewahrte Bargeld entwendet, ist ein Wohnungseinbruchsdiebstahl zu verneinen[174]. In diesem Fall ist das Unrecht der Tat besser durch § 243 I 2 Nr 1 als durch § 244 I Nr 3 erfasst, weil zwar zur Ausführung des Diebstahls in einer § 243 I 2 Nr 1 wohl noch genügenden Weise eingestiegen wird, aber nur die für einen Hausfriedensbruch, nicht dagegen die für einen Diebstahl aus einer Wohnung typischen und vom Gesetzgeber als Motiv der Qualifikation benannten Gefahren für den Wohnungsinhaber ausgelöst werden.

292 Verallgemeinernd sollte man die Wendung, dass „zur Ausführung der Tat" in die Wohnung eingebrochen (usw) wird, deshalb so verstehen, dass (auch) die Wegnahme **aus** der Wohnung erfolgen soll[175]. Nur das beschränkt die Qualifikation auf ihre ratio. Dass durch eine solche Auslegung die ungereimten Ergebnisse der alten Fassung des § 243 I 2 Nr 1[176] wiederkehren, ist nicht zu befürchten, da sie sich insoweit nur für die Alternative des Diebstahls aus „einem umschlossenen Raum" (s. dazu Rn 206), nicht aber für den aus einem Gebäude ergaben.

293 Eine *Ausnahme* wird man für den Fall zulassen müssen, in dem in den Diebstahl ein in die Wohnung integrierter Geschäftsraum (zB das Büro eines Anwalts oder Pfarrers) einbezogen ist, sei es, dass der Täter über ihn in die Wohnung gelangt, aus der er stiehlt, sei es, dass er über die Wohnung in ihn gelangt und aus ihm stiehlt oder sei es sogar, dass er nur in ihn einsteigt und aus ihm stiehlt. Da solche Räume selbst dann, wenn sie zu Bürozeiten von Drittpersonen aufgesucht werden, von der durch die Wohnung geschützten Privatsphäre durch ihre Integration in die Wohnung nicht deutlich abgegrenzt sind, wird man sie dem Schutzbereich des § 244 I Nr 3 zuschlagen müssen[177]. Sicher kein Fall des § 244 I Nr 3 liegt dagegen vor, wenn der Wohnbereich von den Geschäftsräumen deutlich getrennt und der Dieb lediglich in den Geschäftsbereich eingedrungen ist, aus dem er dann auch stiehlt[178].

---

171 BGH BeckRS 18, 14109; zu Recht anders für den Keller eines Einfamilienhauses BGH NStZ 13, 120.
172 Anders also beim anschließenden Aufbrechen der Eingangstür einer im 1. OG gelegenen Wohnung, s. BGH BeckRS 18, 14109.
173 Offen gelassen in BGH JR 08, 514, 515; verneinend BGH StraFo 14, 339; § 244 I Nr 3 bejahend *Fischer*, § 244 Rn 48; *Küper/Zopfs*, BT Rn 824; *Ladiges*, JR 08, 493, 494 f.
174 AA BGH NStZ 01, 533 mit zust. Anm. *Geppert*, JK 02, StGB § 244 I Nr 3/1; *Koranyi*, JA 14, 246; *Krumme*, Die Wohnung im Recht 2004, S. 323; *Lackner/Kühl*, § 244 Rn 11; *Schall*, Schreiber-FS S. 435; *Trüg*, JA 02, 191; *Zopfs*, Jura 07, 521; wie hier *Küper/Zopfs*, BT Rn 804; NK-*Kindhäuser*, § 244 Rn 52 und mit ausführlicher Begründung *Krack*, Rengier-FS S. 249, 253 ff.
175 Abl. *Küper/Zopfs*, BT Rn 824; LK-*Vogel*, § 244 Rn 76; wie hier *Eisele*, BT II Rn 237; *Krack*, Rengier-FS S. 249, 253 ff.
176 S. dazu BGH NStZ 01, 533; *Maurach*, JZ 1962, 380, 381.
177 Offen gelassen in BGH JR 08, 514, 515; wie hier jetzt BGH NStZ 13, 120 (Pfarrhaus) mit Anm. *Bosch*, JK 9/12, StGB § 244 I Nr 3/3 und – auf dem Boden eines „formalen Wohnungsbegriffs" – *Bachmann*, NStZ 09, 667, 668; diff. *Fischer*, § 244 Rn 49; *Krumme*, Die Wohnung im Recht 2004, S. 326; anders *Ladiges*, JR 08, 493, 495.
178 BGH NStZ 05, 631.

Im **Fall 20** hat P in den Fällen, in denen er seine geladene und schussbereite Dienstwaffe bei sich führte, nach umstrittener, aber zutreffender Ansicht einen Diebstahl mit einer Waffe iS des § 244 I Nr 1a begangen[179]. Dass er als Polizeibeamter berufsmäßiger Waffenträger ist, hindert diese Annahme ebensowenig, wie ein uU fehlender Vorbehalt, die Waffe einzusetzen. Es reicht aus, dass ihm das Beisichführen wenigstens mitbewusst war, was namentlich dann genauer zu erforschen ist, wenn die Umstände nahelegen, dass dem Täter im Augenblick der Tatbegehung das aktuelle Bewusstsein der Bewaffnung fehlt[180]. Allerdings muss die Waffe bei der Tatausführung griffbereit sein. Das war sie nicht, als P sie im abgestellten Streifenwagen zurückgelassen hatte. Da beim Verlassen des Streifenwagens noch kein Diebstahlsversuch und bei der Rückkehr bereits Vollendung vorlag, führte hier P in der entscheidenden Phase des Tathergangs keine Waffe bei sich (Rn 267)[181]. Das Mitführen der ungeladenen und daher nicht funktionsfähigen Dienstwaffe in einem weiteren Fall erfüllt – da P notfalls ihn behindernde Personen mit ihr bedrohen wollte – als Beisichführen einer sog. Scheinwaffe § 244 I Nr 1b (Rn 286 f). Da P auch an den Einsatz der Waffe als Schlaginstrument gegen den Kopf der Personen dachte, ist insoweit auch das Beisichführen eines gefährlichen Werkzeugs nach § 244 I Nr 1a zu bejahen[182], der wegen des alternativen Verwendungsvorbehalts Nr 1b nicht verdrängt. Da P in die jeweiligen Wohnungen trotz seines Diebstahlsvorsatzes weder in der dort beschriebenen Weise gelangt ist, noch sich dort verborgen hat, ist § 244 I Nr 3 nicht erfüllt.

III. Bandendiebstahl

Fall 21: V betrieb einen Viehhandel mit angeschlossenem Schlachtbetrieb. Zur Aufbesserung des Einkommens vereinbarte er mit seinen ebenfalls unter Geldmangel leidenden Angestellten A und B, dass diese auf von ihnen durchgeführten Fernfahrten Rinder von Weiden stehlen und sie bei V nach vorheriger Benachrichtigung im Schutze der Nacht abliefern sollten. Verarbeitung und Weiterveräußerung sollte V übernehmen, der Erlös geteilt werden. Das ganze wurde für unbestimmte, jedenfalls längere Zeit ins Auge gefasst. Bis zur Entdeckung der Taten gelangten auf diese Weise 45 Rinder in den Schlachtbetrieb des A.
Strafbarkeit der Beteiligten nach § 242 ff? **Rn 304**

Der Bandendiebstahl ist in § 244 I Nr 2 (= Nr 3 aF) geregelt. Seine Strafschärfung gilt für jeden, der als **Mitglied einer Bande**, die sich zur fortgesetzten Begehung von Raub oder Diebstahl verbunden hat, **unter Mitwirkung eines anderen Bandenmitgliedes** stiehlt. Die erhöhte Strafwürdigkeit des Bandendiebstahls beruht einerseits auf seiner besonderen Gefährlichkeit für die Allgemeinheit, die sich aus der Gefahr einer Spezialisierung (zB auf Trickdiebstähle, Wohnungseinbrüche, Tresorknacken usw)[183], vor allem aber aus der engen Bindung untereinander ergibt, die einen ständigen Anreiz zur Fortsetzung des kriminellen Wirkens bildet (= Organisationsge-

---
179 BGHSt 30, 44; Rn 258.
180 BGH StV 02, 120, 122; 191; nach OLG Naumburg BeckRS 11, 21702 ein nicht naheliegender Fall, s. Rn 270.
181 Zu beiden Aspekten zu weit BGH NStZ 98, 354.
182 S. BGHSt 44, 103, 105.
183 BGHSt 23, 239, 240.

fahr)[184]. Andererseits sieht sich das Opfer in „geteilter Abwehrkraft"[185] gefährlicher Übermacht jedenfalls dann gegenüber, wenn man richtigerweise (s. Rn 301) die Mitwirkung mindestens zweier Bandenmitglieder am Ort des Geschehens verlangt (= Aktionsgefahr)[136]. Diese Gründe sind nicht *rein* tatbezogen[187]. Sie kennzeichnen vielmehr die individuelle Bereitschaft, sich zu einer gefährlichen Verbindung zusammenzuschließen und sich im gemeinsamen Bandeninteresse gegenseitig zu verpflichten. Diese innere Bindung prägt (auch) die Tat. Die **Bandenmitgliedschaft** ist folglich ein *besonderes persönliches Merkmal* iS des § 28 II, das jeder Beteiligte selbst aufweisen muss. Außenstehende sind daher nur nach §§ 242, 243 iVm §§ 25 II, 26, 27 zu bestrafen[188].

1. Bandenbegriff

297 **Bande** (s. hierzu auch Rn 593) ist die auf einer ausdrücklichen oder stillschweigenden Vereinbarung beruhende Verbindung einer **Mehrzahl von Personen**, die sich zur **fortgesetzten Begehung** mehrerer selbstständiger, im Einzelnen noch ungewisser Taten iS der §§ 242, 249 zusammengeschlossen haben[189]. Das Gesetz verlangt eine noch ungenaue Vielzahl von Taten als Gegenstand der *ausdrücklich* oder *stillschweigend* getroffenen Vereinbarung (= **Bandenabrede**)[190]. Diese kann zB auf der Basis einer schon bestehenden Mittäterschaft auch erst anlässlich des Anschlusses eines Dritten getroffen werden[191]. Die Verbindung muss über die Planung einer konkreten Einzeltat[192], die Ausnutzung einer bestimmten Gelegenheit und über ein kurzfristiges Zusammenwirken hinausgehen und **ganz allgemein** auf die künftige, noch unbestimmte Begehung von Raub oder Diebstahl abzielen. Dazu gehört, dass sie nicht nur auf kurze Zeit, sondern für eine gewisse Dauer aufrechterhalten werden soll[193]. Diese Voraussetzungen erfüllen angesichts des dazu verlangten Gesamtvorsatzes in der Regel auch heute Taten nicht, die vormals nach den Maßstäben des Fortsetzungszusammenhangs *einen fortgesetzten* Diebstahl oder Raub ergeben und deshalb nach über-

---

184 BGH NStZ 07, 33, 34.
185 *Zopfs*, GA 95, 327; *Flemming*, Die bandenmäßige Begehung 2014, S. 135 ff spricht von „Verbindungsaufrechterhaltungs-" und „Mitwirkungsgefahr".
186 Gegen die Lehre von der erhöhten Aktions- oder Ausführungsgefahr *Altenhain*, ZStW 113 (2001), 128.
187 So aber *Kindhäuser*, § 244 Rn 37; *Otto*, BT § 41 Rn 65; S/S-*Bosch*, § 244 Rn 28/29; *Toepel*, ZStW 115 (2003), 83 ff; iE ebenso LK-*Roxin*, 11. Aufl. 1994, § 28 Rn 45.
188 So auch BGH NStZ 96, 128; BGH NStZ-RR 07, 112; BGH NStZ 07, 526; BGH BeckRS 12, 10714; BGH BeckRS 13, 07322; BGH StraFo 14, 471 mit Anm. *Satzger*, Jura 15, 424 (§ 244a StGB); BK-*Wittig*, § 244 Rn 20; *Fischer*, § 244 Rn 44; *Joecks/Jäger*, § 244 Rn 48; *Krey/Hellmann/Heinrich*, BT II Rn 195; *Lackner/Kühl*, § 244 Rn 7; LK-*Schünemann*, § 28 Rn 68; *Schild*, GA 1982, 83; SK-*Sinn*, § 250 Rn 50.
189 *Küper/Zopfs*, BT Rn 75; BGH wistra 10, 347; zusf. BGH NStZ-RR 13, 209; BGH NStZ 15, 648.
190 Umfassende Beschreibung ihrer Voraussetzungen und der für bzw gegen sie sprechenden Indizien in BGH StV 13, 509 f; s. dazu auch *Flemming*, Die bandenmäßige Begehung 2014, S. 74 ff, 102 ff.
191 Zur **stillschweigenden/konkludenten** oder erst nachträglich entstehenden Bandenabrede s. BGH NStZ-RR 13, 209; zur konkludenten Abrede s. auch BGH BeckRS 12, 18738 mit Anm. *Bosch*, JK 1/13, StGB § 244a/2; *Hecker*, JuS 13, 177; BGH BeckRS 16, 18886.
192 BGH NStZ 96, 443.
193 BGH NStZ 06, 574; zutr. schon OLG Hamm NJW 81, 2207 mit zust. Anm. *Tenckhoff*, JR 82, 208; *Schild*, GA 1982, 55, 81.

kommener Rechtsprechung für § 244 nicht ausgereicht hätten[194]. Dass die auch den Diebstahl betreffende Aufgabe der Figur der fortgesetzten Tat durch die Rechtsprechung[195] den Strafbarkeitsbereich erweitert habe, ist infolgedessen kein zwingender Schluss. Auch muss sich die für eine Bande hinreichende Zahl der Mitglieder zur Begehung von **Raub** oder **Diebstahl** zusammengeschlossen haben[196]. Eine „gemischte" Bande aus Dieben und Hehlern erfüllt § 244 I Nr 2 im Gegensatz zu § 260 I Nr 2 nicht[197].

Eine *feste Organisation* in Annäherung an begriffliche Merkmale der kriminellen Vereinigung (§ 129) verlangt die Rechtsprechung nicht[198]. Auch wertet sie „mafiaähnliche Strukturen" und sonstige Kriterien organisierter Kriminalität zu Recht lediglich als *Indizien*[199] und schließt deshalb in einem örtlich nur begrenzten Bereich tätige oder auf bestimmte Objekte spezialisierte (Jugend-) Banden ohne Bezug zur organisierten Kriminalität nicht aus[200]. Die Vereinbarung *gleichberechtigten* oder *mittäterschaftlichen* Zusammenwirkens soll nicht Bedingung sein[201]. Sie sollte nach überkommener Rechtsprechung für sich genommen aber auch nicht ausreichen, sofern nicht ein gefestigter Bandenwille besteht und ein *übergeordnetes* Bandeninteresse verfolgt und gleichsam „am selben Strang" gezogen wird[202]. Auf diese **Merkmale** sollte man entgegen der neueren Rechtsprechung auch dann **nicht verzichten**, wenn man für eine Bande mehr als zwei Personen verlangt[203], da erst sie die Bande von der nur wiederholten Mittäterschaft abheben. An einem übergeordneten Interesse kann es fehlen, wenn ein Bandenmitglied gelegentlich eines fehlgeschlagenen Versuchs, gemeinsam ein Auto zu stehlen, dessen Inhalt in ausschließlich eigenem Interesse an sich nimmt[204].

Während in der Kriminologie[205] und im strafrechtlichen Schrifttum[206] von einer Bande überwiegend erst bei *drei* Mitgliedern und mehr gesprochen wird, ließ die seit BGHSt 23, 239 gefestigte Rechtsprechung[207] **zwei Personen** ausreichen. Obwohl die für eine Bande typische wechselnde Besetzung in solchen Fällen nicht möglich und die Rede von einer Bande etwa bei einem zu fortgesetzter Begehung verbundenen Ehepaar[208] zumindest ungewöhnlich ist[209], soll-

298

---

194 BGHSt 40, 138, 148 f; s. zu einem Fall des § 261 IV 2 insoweit zutr. *Krack*, JR 06, 436 f.
195 BGHSt 40, 138.
196 **§§ 252, 255, 316a** erfüllen diese Voraussetzung nicht, s. *Ladiges*, NStZ 16, 446 im Anschluss an LK-*Vogel*, § 244 Rn 61.
197 BGH NStZ 07, 33, 34.
198 BGHSt 42, 255, 258; anders *Altenhain*, ZStW 113 (2001), 140 ff, der Bande und kriminelle Vereinigung gleichsetzt; ihm zust. *Klesczewski*, BT § 8 Rn 161.
199 S. dazu *Dessecker*, NStZ 09, 184; *Schöch*, NStZ 96, 169; BGH NJW 96, 2316; BGH NStZ 96, 443; BGH NStZ 06, 574; krit. *Glandien*, Anm. NStZ 98, 197.
200 BGH NStZ 08, 625 f.
201 BGHSt 46, 321, 338; enger BGH NJW 00, 2034, 2035.
202 BGHSt 42, 255, 259; BGH NJW 97, 3387; BGH NJW 98, 2913 mit Anm. *Erb*, NStZ 99, 187; BGH NStZ 01, 32, 33; OLG Düsseldorf NStZ 99, 249; wiederwendet von BGH NStZ 07, 269, 270.
203 So aber BGHSt 46, 321, 325 ff; BGH NStZ 06, 574; BGH NJW 13, 884, 887; *Zöller*, BT Rn 84.
204 BGH NStZ 00, 30; BGH NStZ-RR 11, 245; 12, 172 f; s. dazu *Eisele*, BT II Rn 231; *Rengier*, BT I § 4 Rn 103.
205 S. *Dessecker*, NStZ 09, 184; *Schöch*, NStZ 96, 166 mwN.
206 A/W-*Heinrich*, § 14 Rn 60; BK-*Wittig*, § 244 Rn 15; *Eisele*, BT II Rn 214; *Fischer*, § 244 Rn 35; H-*H-Kretschmer*, Rn 863; *Hilgendorf/Valerius*, BT II Rn 45; *Joecks/Jäger*, § 244 Rn 32; *Kindhäuser*, § 244 Rn 30; *Klesczewski*, BT § 8 Rn 159; *Krey/Hellmann/Heinrich*, BT II Rn 193; *Mitsch*, BT II S. 129 f; MK-*Schmitz*, § 244 Rn 40; *Otto*, JZ 93, 569, 566; *Rengier*, BT I § 4 Rn 89, 91; SK-*Hoyer*, § 244 Rn 32.
207 BGHSt 38, 26, 27; 42, 255; BGH NStZ 98, 255 mit Anm. *Körner*; BGH NJW 98, 2913; 00, 2034; 2907.
208 S. BGH MDR/D 67, 369; BGH NJW 97, 3387.
209 S. zu solchen Vorbehalten zur „Vereinigung" BGH JR 79, 425 mit krit. Anm. *Volk*.

te man angesichts *gesetzgeberischer* Zustimmung zum Begriff der Zweierbande[210], dieser nach dem Text des § 244 I Nr 2 offenbar als ausreichend angesehenen Zahl und der jedenfalls alltagstheoretisch kaum von der Hand zu weisenden Gefährlichkeit auch einer Zweipersonengruppe[211] an der bisherigen Rechtsprechung festhalten[212]. Dabei ist freilich zu beachten, dass die durch eine Lebensgemeinschaft gekennzeichnete gemeinsame Interessenlage das verlangte übergeordnete Bandeninteresse noch nicht begründet[213].

299 Auf Vorlagebeschluss des 4. Senats[214] verlangt allerdings nun auch der GrS des BGH[215] den Zusammenschluss von mindestens **drei Personen**[216]. Dabei ist aber übersehen, dass sich die Mehrzahl der in beiden Entscheidungen zusammengetragenen Argumente ebenso gegen eine Mindestzahl von nur drei Mitgliedern wenden und sich daher die aufgeführten Bedenken nur mit einer deutlich radikaleren (fünf Personen und mehr), aber nirgends verlangten[217] Heraufsetzung der Mindestzahl beseitigen ließen. Auch ist nicht zu erkennen, wie diese Kehrtwende die Abgrenzung zur nur in Mittäterschaft begangenen wiederholten Tatbegehung vereinfachen soll, wenn man gleichzeitig auf das Erfordernis eines gefestigten Bandenwillens und eines Handelns im übergeordneten Bandeninteresse verzichtet[218]. Für die Rechtsprechung[219] soll hierfür nun allein maßgeblich sein, dass sich eine Bande gegenüber der Mittäterschaft „durch das Element der auf eine gewisse Dauer angelegten Verbindung mehrerer Täter zu zukünftiger gemeinsamer" und „im Einzelnen noch ungewisser Straftaten der im Gesetz beschriebenen Art" auszeichne. Allein das kann aber die erhebliche Strafschärfung gegenüber Mittätern, die sich wiederholt zur Begehung bestimmter Raub- und Diebstahlstaten zusammentun, nicht rechtfertigen.

300 Nach BGHSt 47, 214 soll es ausreichen, dass der dritten die Bande erst konstituierenden Person nur die Tätigkeiten eines **Gehilfen** zugedacht sind[220]. Damit wird die Forderung nach drei Personen zu einem halben Schritt wieder zurückgenommen. Auch wird der vom GrS für seine Lösung in Anspruch genommene Gewinn an Rechtsklarheit aufs Spiel gesetzt, wenn zwar auf den gefestigten Bandenwillen und das übergeordnete Bandeninteresse weiterhin verzichtet, für die in Aussicht genommenen Tatbeiträge aber verlangt wird, dass sie *nicht gänzlich untergeordneter Natur* und von einem *organisatorisch* eingebundenen Gehilfen zu erbringen sind[221]. Diese

---

210 In § 397 II Nr 1 RAO, § 373 II Nr 3 AO 1977, s. dazu BGHSt 38, 26, 28 und *Volk*, Anm. JR 79, 427; s. auch *Rissing-van Saan*, Geilen-FS S. 133 ff; *Sya*, NJW 01, 344. *Küper/Zopfs*, BT Rn 76 verweisen zudem auf § 224 I Nr 4 und § 231 I.
211 Man denke an das legendäre Gangsterpaar Bonnie und Clyde und die Gebrüder Götze (s. zu ihnen *Zieschang*, Weitzel-FS S. 706 ff), die in den 30ger Jahren des 20. Jahrhunderts ihr Unwesen trieben.
212 Ebenso *Krings*, Die strafrechtlichen Bandennormen 2000, S. 156; *Küper/Zopfs*, BT Rn 76 f; S/S-*Bosch*, § 244 Rn 24; die zuvor auch von SK-*Günther*, § 250 Rn 37 geteilte Auffassung ist aufgegeben in SK-*Sinn*, § 250 Rn 45.
213 BGH NStZ 98, 256; BGH NJW 00, 2034, 2035.
214 BGH JR 01, 73 mit insoweit zust. Anm. *Engländer*; s. auch *Schmitz*, NStZ 00, 477; zur Argumentation s. *Kudlich/Christensen*, JuS 02, 144.
215 BGHSt 46, 321, 325 ff; s. dazu *Rissing-van Saan*, Geilen-FS S. 131; BGH HRRS 14, 314 (Nr 735).
216 Zust. AnK-*Kretschmer*, § 244 Rn 29; *Ellbogen*, wistra 02, 10; *Erb*, NStZ 01, 561; HK-GS/*Duttge*, § 244 Rn 20; *Hohmann/Sander*, BT I § 2 Rn 19; *Joerden*, JuS 02, 329; *Schmidt*, BT II Rn 228, 233; *Toepel*, ZStW 115 (2003), 72; trotz Zustimmung krit. S/S/W-*Kudlich*, § 244 Rn 31 f; einschränkend LK-*Vogel*, § 244 Rn 58 f.
217 *Kosmalla*, Die Bandenmäßigkeit im Strafrecht 2005, S. 129 („fünf oder mehr") bildet hierzu eine Ausnahme, fordert aber de lege ferenda eine Abschaffung der Bandentatbestände (S. 204).
218 S. dazu LK-*Vogel*, § 244 Rn 58; *Sowada*, Schlüchter-GS S. 383, 390 ff; S/S-*Bosch*, § 244 Rn 24; zu Recht für Beibehaltung *Lackner/Kühl*, § 244 Rn 6; s. auch SK-*Sinn*, § 250 Rn 45.
219 BGH NStZ 06, 574.
220 Ebenso BGH NStZ 07, 33, 34; abl. MK-*Schmitz*, § 244 Rn 44.
221 BGHSt 47, 214, 217, 219 mit krit. Anm. *Erb*, JR 02, 338; *Gaede*, StV 03, 78; *Rath*, GA 03, 823; *Toepel*, StV 02, 540; BGH wistra 04, 105, 108; die Abgrenzungsschwierigkeiten verdeutlichend *Zopfs*, Jura 07, 513; wie hier krit. *Lackner/Kühl*, § 244 Rn 6.

Voraussetzungen sind kaum minder unbestimmt als die aufgegebenen. Die letztere Forderung widerspricht zudem dem allgemein für richtig gehaltenen Verzicht auf eine „Organisation" der Bande, die von der Rechtsprechung mit einer losen Gruppe gleichgesetzt wird[222]. Führen zwei Mitglieder der Bande den Diebstahl aus, soll es sich auch dann um einen Bandendiebstahl handeln, wenn das die Bande führende und für sie konstitutive dritte Mitglied der Bande hiervon nichts weiß[223]. **Verzichtet** man mit dem BGH auf ein **mittäterschaftliches Zusammenwirken**, ist zu beachten, dass die dann als Zurechnungsgrundlage ausfallende Norm des § 25 II nicht durch die bloße Bandenmitgliedschaft ersetzt werden kann[224]. **Bandenabrede**, vor allem aber **Bandenmitgliedschaft** und **Beteiligung an einer Bandentat** sind **unabhängig** voneinander zu beurteilen[225]. Ebenso wie nicht jeder Beteiligte an einer von einer Bande ausgeführten Tat schon deshalb Bandenmitglied ist, ist umgekehrt nicht jedes Bandenmitglied als Beteiligter an einer Bandentat schon aufgrund der Mitgliedschaft auch Mittäter. Zur **Abgrenzung** von Mittäterschaft und Beteiligung gelten vielmehr die **allgemeinen** Grundsätze[226].

2. Bandenmäßige Begehung

An der Begehung des Diebstahls müssen im Falle des § 244 I Nr 2 **mindestens zwei Bandenmitglieder** vor Ort tatsächlich mitwirken[227]. Danach reicht es nicht, wenn ein Bandenmitglied bei einem Diebstahl nur von einem *Nicht*mitglied unterstützt wird[228]. Andererseits kommt es auf *mittäterschaftliches* Zusammenwirken nicht an, solange die unmittelbare Beteiligung mindestens zweier Mitglieder der Bande deren Gefährlichkeitspotenzial vor Ort repräsentiert[229]. Der 4. Senat des BGH und der GrS[230] wollen allerdings auf diese erhöhte Ausführungsgefahr mit Verweis auf *die* Bandendelikte, die auf die Mitwirkungsklausel verzichten, nicht abheben, sondern für *alle* Bandendelikte nur von einer Organisationsgefährlichkeit als Straferhöhungsgrund ausgehen und daher auch beim Bandendiebstahl und -raub die Mitwirkung eines weiteren Bandenmitglieds vor Ort *nicht* verlangen[231]. Danach reicht es sogar aus, wenn die Wegnahme vor Ort nur von einem Nichtmitglied für die Bande ausgeführt wird, wenn nur im Übrigen zwei Mitglieder mitwirken und wenigstens einem von ihnen die unmittelbare Ausführung des Nichtmitglieds als Täter zurechenbar ist[232]. Damit verwäs-

301

---

222 S. dazu *Fischer*, § 244 Rn 36, 36a; von „Organisation" mit dort „geltenden Regeln" spricht aber wieder BGH wistra 10, 346.
223 BGH NStZ 06, 342; zur nicht verlangten Kenntnis der Bandenmitglieder untereinander s. BGHSt 50, 160, 164 ff.
224 BGH wistra 07, 100, 101; BGH BeckRS 13, 06991; BGH HRRS 16, 221 (Nr 487) (s. dazu auch Rn 593).
225 BGH NStZ-RR 13, 209; BGH HRRS 15, 470 (Nr 1165).
226 BGH NStZ 11 , 637; BGH BeckRS 12, 10714; BGH wistra 13, 97; BGH HRRS 16, 221 (Nr 487); BGH HRRS 18, Nr 521; *Fischer*, § 244 Rn 39.
227 BGHSt 46, 120, 127 ff; **aA** A/W-*Heinrich*, § 14 Rn 62; *Hohmann*, NStZ 00, 259; *Müller*, GA 02, 318; *Schramm*, BT I § 2 Rn 146.
228 BGH StV 93, 132.
229 *Küper/Zopfs*, BT Rn 80 ff; *Zopfs*, GA 95, 327; zust. BK-*Wittig*, § 244 Rn 19; LK-*Vogel*, § 244 Rn 70.
230 BGH JR 01, 73, 75 mit insoweit abl. Anm. *Engländer*; BGHSt 46, 321, 332 ff; ebenso *Altenhain*, ZStW 113 (2001), 143 f.
231 Zust. *Beulke*, III Rn 432; *Eisele*, BT II Rn 228; *Ellbogen*, wistra 02, 11 f; H-H-*Kretschmer*, Rn 865; *Kindhäuser*, § 244 Rn 33; *Krey/Hellmann/Heinrich*, BT II Rn 194; *Rengier*, BT I § 4 Rn 98 f; *Rissing-van Saan*, Geilen-FS S. 140 ff; S/S-*Bosch*, § 244 Rn 26; *Zöller*, BT Rn 85; abl. MK-*Schmitz*, § 244 Rn 52 f; *Sowada*, Schlüchter-GS S. 383, 395 ff.
232 BGHSt 46, 321, 328; *Fischer*, § 244 Rn 41 ff; *Heghmanns*, Rn 1118; s. dazu auch *Küper/Zopfs*, BT Rn 84.

sert man aber die Voraussetzung, dass die Tat Ausdruck der sich aus ihr ergebenden Gefährlichkeit sein muss[233]. Zudem ebnet man die mit Bedacht getroffene gesetzliche Differenzierung ein, die die Gefährlichkeit der Bande bei Diebstahl und Raub zu Recht (auch) in der Aktionsgefahr, bei Hehlerei und Betäubungsmittelhandel dagegen vornehmlich in der Organisation von Beschaffungs- und Vertriebsketten sieht, deren Gefährlichkeit sich auch und häufig gerade bei der Verdeckung der Mitwirkung anderer erweist[234].

302 **Täter** eines Bandendiebstahls konnte nach der bisherigen Rechtsprechung[235] nur ein Bandenmitglied sein, das **am Tatort** (wenn auch nicht unbedingt körperlich) **selbst mitwirkt**. Gestützt wurde diese Auffassung auf die vermeintliche „tatbestandliche Besonderheit"[236] des § 244 I Nr 2, dass sich die vom Gesetz verlangte örtliche und zeitliche „Mitwirkung eines anderen Bandenmitgliedes" in dem Sinne auf den *Täter beziehe*[237], dass nur die unmittelbare Teilhabe an der vor Ort begründeten „Aktionsgefahr" *täterschaftliches* Unrecht begründe[238]. Dem ist entgegenzuhalten, dass die Mit*wirkung* anders als die Mit*gliedschaft* kein zwingend vorgeschriebenes *Tätermerkmal*, sondern eine die Gefährlichkeit der *Tat* zwischen Versuch und Vollendung[239] charakterisierende Tatbestandsvoraussetzung ist, die nach allgemeinen Regeln (s. dazu Rn 300, 304) auch einem nicht anwesenden Bandenmitglied zugerechnet werden kann[240]. Wäre es anders, müsste die vom Tatbestand vermeintlich verlangte Abweichung von allgemeinen Zurechnungsregeln auch für Anstiftung und Beihilfe gelten. Das wird aber nirgends vertreten. Diesem Ergebnis stimmt die neuere Rechtsprechung zu[241]. Dabei verzichtet der GrS freilich auf die hier mit BGHSt 46, 120, 129 f aufrechterhaltene (s. Rn 301) Forderung, dass mindestens zwei andere Bandenmitglieder vor Ort tatsächlich mitwirken.

Zu erinnern (Rn 300) ist, dass ein Bandenmitglied, das keinen eigenen für das Gelingen der Bandentat wesentlichen oder wenigstens förderlichen Beitrag leistet, nicht schon deshalb Täter oder Teilnehmer wird, weil es durch die Bandenabrede mit den Tatausführenden verbunden ist. Vielmehr muss für eine Beteiligung beides zusammenkommen[242]. Ein Bandenmitglied, das nach der Bandenabrede an der Planung und Ausführung der Diebstahlstaten nicht beteiligt ist, sondern erst nach Tatbeendigung bei der Aufbereitung des Diebesguts für den Absatz tätig wird, ist nicht Täter des Bandendiebstahls, sondern nach §§ 257, 259, 261 zu bewerten. Hat es die Mitwirkung bei der Beuteverwertung zugesagt, kommt daneben eine Beihilfe zum Bandendiebstahl in Betracht[243]. Zu beachten ist schließlich, dass kein Bandendiebstahl vorliegt, wenn zwei Bandenmitglieder Delikte außerhalb der eigentlichen Bandenabrede mit ganz anderem Tatmuster begehen[244].

---

233 BGH StV 13, 510.
234 S. *Erb*, NStZ 01, 564 ff; *Kleszcewski*, BT § 8 Rn 164; *Krings*, Die strafrechtlichen Bandennormen 2000, S. 162 ff; *Schmitz*, NStZ 00, 478; *Zopfs*, Jura 07, 516.
235 BGHSt 8, 205, 206; 25, 18; 33, 50, 52; BGH StV 97, 247.
236 BGHSt 8, 205, 209.
237 So *Miehe*, Anm. StV 97, 248; *Otto*, JZ 93, 566; *Wessels*, BT II Rn 264.
238 BGHSt 38, 26, 29 im Anschluss an *Volk*, Anm. JR 79, 428; ebenso SK-*Hoyer*, § 244 Rn 36.
239 Insoweit weiter BGH StV 99, 151: Beendigung.
240 A/W-*Heinrich*, § 14 Rn 62; *Fischer*, § 244 Rn 43; *Kindhäuser*, § 244 Rn 33 f; *Küper*, GA 97, 333 f; *Rengier*, BT I § 4 Rn 96; SK-*Sinn*, § 250 Rn 49; *Sowada*, Schlüchter-GS S. 383, 394 f.
241 BGHSt 46, 120, 127 ff mit zust. Anm. *Hohmann*, NStZ 00, 255; BGHSt 46, 138; 321, 333, 338.
242 BGH wistra 13, 307 f.
243 BGH NStZ 03, 32, 33 f; 07, 33.
244 HRRS 16, 174 (Nr 291).

3. Schwerer Bandendiebstahl

Der **schwerer Bandendiebstahl** (§ 244a I)[245] bedeutet gegenüber § 244 I eine weitere Qualifizierung, die aus einer Kombination der bandenmäßigen Begehung mit einem der Erschwerungsgründe besteht, deren Voraussetzungen in § 243 I 2 Nrn 1–7 oder in den Nrn 1 oder 3 des § 244 I umschrieben sind. Die Tat ist **Verbrechen**[246] und soll nach der Rechtsprechung auch von Jugendbanden begehbar sein[247]. Das ist nach den Gesetzesmotiven zweifelhaft. Daher sollte jedenfalls ein minder schwerer Fall in Betracht gezogen werden[248]. Die § 243 II entsprechende *Bagatellklausel* (§ 244a IV aF) hat das 6. StrRG (Rn 11) aufgehoben, um Wertungswidersprüche zu § 244, in dem die Klausel schon zuvor fehlte, zu beseitigen und dem hohen Unrechts- und Gefährlichkeitsgehalt der beschriebenen Handlungen Rechnung zu tragen (BT-Ds 13/8587, S. 63; 13/9064, S. 17).

303

Innerhalb des § 244a I haben die dort in Bezug genommenen Regelbeispiele des § 243 I 2 nicht lediglich exemplifizierende Bedeutung. Sie sind hier vielmehr echte Tatbestandsmerkmale des schweren Bandendiebstahls, sodass bei ihnen für Vorsatz und Irrtum sowie die Konkurrenz die allgemeinen Regeln gelten[249]. Auch zu § 244a setzte der BGH für **Täterschaft** zu Unrecht (Rn 302) voraus, dass der Beteiligte zB den Einbruch im örtlichen und zeitlichen Zusammenwirken mit einem anderen Bandenmitglied verübt[250]. Zwischen einem schweren Bandendiebstahl nach § 244a I iVm § 243 I 2 Nr 3 und einer gewerbsmäßigen Bandenhehlerei gemäß § 260a ist eine Wahlfeststellung möglich[251]. Zwischen einem schweren Bandendiebstahl und einer zugleich begangenen Sachbeschädigung besteht nach dem BGH stets Idealkonkurrenz (§ 52)[252].

Im **Fall 21** haben A und B zunächst Diebstähle an den 45 Rindern (zu Tieren als Sachen s. Rn 18) begangen. Das Stehlen geschah gewerbsmäßig (§ 243 I 2 Nr 3) und bei lebensnaher Betrachtung auch durch ein in § 243 I 2 Nr 1 beschriebenes Eindringen in die Weiden als umschlossenen Raum[253]. Ob A und B einen nach § 244 I Nr 1a oder auch b qualifizierten Diebstahl begangen haben, ist nach dem in BGHSt 33, 50 mitgeteilten Sachverhalt nicht zu entscheiden. Jedenfalls haben sich A, B und V aber zur fortgesetzten Begehung von im Einzelnen noch nicht feststehenden Diebstählen für unbestimmte Zeit zu einer **Bande** zusammengeschlossen[254]. A und B – beide Bandenmitglieder, da sie in die Organisation der Bande eingebunden sind und die dort geltenden Regeln akzeptieren[255] – haben in örtlichem und zeitlichem Zusammenwirken die Diebstähle mittäterschaftlich ausgeführt und deshalb §§ 244 I Nr 2, 25 II erfüllt. Da die Diebstähle auch unter Verwirklichung von Regelbeispie-

304

---

245 S. zur Gesetzesgeschichte *Zopfs*, GA 95, 320 f.
246 S. dazu *Fischer*, § 244a Rn 3; krit. zur Anwendbarkeit des § 30 *Flemming/Reinbacher* NStZ 13, 136.
247 BGH StV 00, 670; BGH NStZ 06, 574; BGH NStZ 08, 625; zur Problematik der Beteiligung von Jugendlichen und Kindern s. *Flemming*, bandenmäßige Beteiligung 2014, S. 160 ff.
248 S. LK-*Vogel*, § 244a Rn 2, 11; *Möller*, StraFo 09, 92 ff.
249 §§ 15, 16 I; *Lackner/Kühl*, § 244a Rn 2; zur Konkurrenz von § 244a I iVm § 243 I 2 Nr 1 und 2 zu § 303 deshalb erst recht nicht überzeugend BGH NStZ 14, 40 mit zust. Bespr. *Hecker*, JuS 14, 181; *Zöller*, ZJS 14, 214; zw. *Satzger*, JK 3/14, § 52 StGB/16; s. dazu schon Rn 245.
250 BGH NStZ 96, 493; s. zu weiteren Anwendungsfragen *Zopfs*, GA 95, 322 ff.
251 BGH NStZ 00, 473; BGH NJW 17, 2842 (= BGHSt 62, 72) mit Bespr. *Kudlich*, JA 17, 870; *Stuckenberg*, StV 17, 815; s. zur Abgrenzung zur Postpendenz BGH NStZ-RR 18, 47 und 49 mit Anm. *Bosch*, Jura (JK) 18, 424; zu einer Bande aus Dieben und Hehlern s. BGH StV 15, 118.
252 BGH NJW 19, 1086 mit krit. Bespr. *Jäger*, JA 19, 386; *Mitsch*, NJW 19, 1091. S. dazu auch hier Rn 245 und *Grosse-Wilde*, HRRS 19, 160 ff.
253 S. OLG Köln MDR 69, 237; BGH NStZ 83, 168.
254 Zur klausurmäßigen Bearbeitung von „Bandenfällen" s. *Oğlakcıoğlu*, Jura 12, 770 ff.
255 BGH wistra 10, 347.

len nach § 243 I 2 Nrn 1 und 3 begangen wurden, sind A und B nach § 244a zu bestrafen (§§ 243 I 2 Nrn 1 und 3, 244 I Nr 2 treten dahinter zurück). Auch V ist Mitglied der Bande, hat aber an den Diebstählen am Tatort nicht mitgewirkt. Ob er Mittäter oder nur Teilnehmer ist, bemisst sich nach den auch sonst gültigen Abgrenzungskriterien (Rn 300). Nach der subjektiven Teilnahmelehre sprechen für Mittäterschaft das Interesse am Taterfolg wie der Wille, die Gesamttat entscheidend mitzugestalten. Aber auch nach der Tatherrschaftslehre ist V jedenfalls dann als Mittäter nach § 244a anzusehen, wenn man dem Drahtzieher und Bandenchef die Täterqualität auch dann nicht abspricht, wenn er an der Tatbestandsverwirklichung selbst nicht unmittelbar teilnimmt[256]. Auch nach der Entscheidung des GrS[257] ist, da drei Personen sich zusammengeschlossen haben, von einem Bandendiebstahl auszugehen, der V nach § 25 II selbst dann zugerechnet würde, wenn A oder B jeweils allein die Diebstähle ausgeführt hätten (ein Fall, in dem es nach der hier – Rn 301 – vertretenen Auffassung am Tatbestand des § 244 I Nr 2 fehlt). Nach BGHSt 33, 50, 52 konnte V mangels der von der Rechtsprechung damals noch vorausgesetzten Mitwirkung vor Ort dagegen nur wegen *Anstiftung zu § 244a* – die Bandenmitgliedschaft belastet auch ihn, § 28 II –, daneben freilich nach allgemeinen Grundsätzen als Mittäter zu §§ 242, 243 I 2 Nrn 1 und 3, 28 II, 25 II bestraft werden. Letzteres schloss schon nach BGHSt 33, 50, 52 die nach der hier vertretenen Lösung ohnehin unzulässige Annahme einer Hehlerei durch Entgegennahme der Rinder aus. (Schwerer) Bandendiebstahl ist eine Qualifikation und betrifft daher den Schuldspruch. Deshalb kann die Frage, ob eine Bande oder eine bandenmäßige Begehung vorliegt, im Strafverfahren nicht Gegenstand einer Verständigung sein (s. § 257c II 3 StPO)[258].

IV. Prüfungsaufbau: Diebstahlsqualifikationen, § 244

304a

Diebstahlsqualifikationen, § 244

I. Tatbestand, § 244 I
  1. Objektiver Tatbestand
     a) Tatobjekt: • *fremde bewegliche Sache*
     b) Tathandlung: • *Wegnahme*
     c) Qualifikation: objektive Merkmale der Qualifikationstatbestände
        Nr 1a: *(1) Tatmittel:*   • **Waffe**
                                      Ⓟ Gas-/Schreckschusspistole
                                    • **gefährliches Werkzeug**
                                      Ⓟ objektive Waffengleichheit oder Verwendungsvorbehalt
                 (2) Handlung: • **Beisichführen**
                                      Ⓟ Zeitspanne
                                      Ⓟ berufsmäßige Waffenträger
        Nr 1b: *(1) Tatmittel:*   • **sonstiges Werkzeug oder Mittel**
                                      → Eignung zur Gewalt/Drohung
                                      Ⓟ Scheinwaffen
                                      Ⓟ Einschränkung bei evidenter Ungefährlichkeit

---

256 So zB MK-*Schmitz*, § 244 Rn 54; s. zum Streitstand LK-*Schünemann*, § 25 Rn 180 ff, 184 ff; *Wessels/Beulke/Satzger*, AT Rn 821 ff.
257 BGHSt 46, 321.
258 BGH wistra 11, 235 mit Bespr. *Kudlich*, JA 11, 632.

		(2) Handlung:	• **Beisichführen**
			Ⓟ Zeitspanne
	Nr 2:	(1) Tätereigenschaft:	• **Mitglied einer Bande**
			Ⓟ Bande
			Ⓟ Extraneus, § 28 II
		(2) Begehungsweise:	• **unter Mitwirkung eines anderen Bandenmitglieds**
			Ⓟ persönliche Mitwirkung am Tatort
			Ⓟ Zahl der Mitglieder am Tatort
	Nr 3:	(1) Handlung:	• **Einbrechen**
			• **Einsteigen**
			• **Eindringen**
			– *mittels falschen Schlüssels*
			– *mittels anderen Werkzeugs*
			• **Sich-Verborgenhalten**
		(2) Bezugsobjekt:	• **Wohnung**
			Ⓟ Wohnungsbegriff des § 123

2. **Subjektiver Tatbestand**
   a) **Vorsatz:** • *jede Vorsatzart*
      → bzgl Grundtatbestand
      → bzgl qualifizierender Umstände
   b) **Zueignungsabsicht:** • *Absicht rechtswidriger Zueignung bzgl Tatobjekt*
   c) **Besondere subj. Merkmale:**
      Nr 1a: Ⓟ Verwendungsvorbehalt
      Nr 1b: • *spezielle Verwendungsabsicht*
      Nr 2: Ⓟ Handeln im Bandeninteresse
      Nr 3: • *zur Ausführung der Tat*
      → Diebstahlsvorsatz bei Vornahme der Handlung

II. **Tatbestand, § 244 II**
  1. **Bezugsobjekt: dauerhaft genutzte Privatwohnung**
  2. **Verbrechen**
III. **Rechtswidrigkeit**
IV. **Schuld**
V. **Minderschwerer Fall**

→ **Qualifikation, § 244a**
→ **Privilegierung (Strafantrag, § 247)**

§ 5 Unterschlagung und Veruntreuung

305 **Fall 22:** A war als Angestelltem der Firma X gestattet worden, Disketten der Firma mit nach Hause zu nehmen, um dort mit ihnen zu arbeiten. Auf einer der Disketten befanden sich die Angebotslisten der Firma X. Unter Verwendung dieser Diskette druckte A die Angebotslisten aus und versandte sie an Kunden der Firma X. Dabei gab er die Angebotslisten als Konkurrenzangebote einer Firma Y aus, die er mit zwei Mitgesellschaftern gegründet hatte. Als der Geschäftsführer der Firma X hiervon Kenntnis erhielt, kündigte er A fristlos und forderte ihn auf, die Disketten bis zum Ende des Monats zurückzubringen. Diesen Termin ließ A verstreichen, weil er die Disketten behalten wollte. Sie wurden daraufhin wenige Tage später bei einer polizeilichen Durchsuchung sichergestellt.

Ist A bezüglich der Diskette mit den Angebotslisten einer Unterschlagung schuldig? **Rn 324**

I. Einfache Unterschlagung

306 § 246 I aF lautete: „Wer eine fremde bewegliche Sache, die er in Besitz oder Gewahrsam hat, sich rechtswidrig zueignet, wird mit Freiheitsstrafe bis zu drei Jahren oder mit Geldstrafe und, wenn die Sache ihm anvertraut ist, mit Freiheitsstrafe bis zu fünf Jahren oder mit Geldstrafe bestraft". Das **6. StrRG** (Rn 11) hat dieser Vorschrift ihre heutige, deutlich weitere Fassung gegeben[1].

1. Struktur, Rechtsgut und Tatobjekt

307 Nach § 246 I wird wegen Unterschlagung bestraft, wer eine fremde bewegliche Sache sich oder einem Dritten rechtswidrig zueignet. Das *kann* **zugleich** durch Delikte wie Diebstahl, Raub, Betrug, Erpressung, Untreue oder Hehlerei geschehen (s. § 240 E 1962). § 246 I ist deshalb aber *nicht Grundtatbestand* aller Zueignungsdelikte[2]. Vielmehr ist er als **Auffangtatbestand** zu verstehen[3]. Er soll **alle** Formen rechtswidriger Zueignung fremder Sachen umfassen, für sie aber nur eine *selbstständige* Strafbarkeit begründen, soweit sie nicht in anderen Vorschriften mit schwererer Strafe bedroht sind (Rn 71)[4]. Vom Diebstahl unterscheidet sich die Unterschlagung (s. dazu schon Rn 69) dadurch, dass sie als **Tathandlung** eine **Zueignung** verlangt, während der Diebstahl die auf Zueignung gerichtete Absicht genügen lässt. Auch Unterschlagung kann daher durch Wegnahme begangen werden, sofern hierin – was nicht zwingend ist[5] – eine Zueignung liegt[6]. In solchen Fällen tritt § 246 hinter § 242 zurück. In aller

---

[1] Krit. hierzu *Duttge/Fahnenschmidt*, ZStW 110 (1998), 899 ff, 904 ff, 907 ff.
[2] AA *Kindhäuser*, Gössel-FS S. 451; *Lesch*, JA 98, 477; *Wittig*, BT § 39 Rn 8.
[3] BGH NJW 18, 1557; A/W-*Heinrich*, § 15 Rn 1; BK-*Wittig*, § 246 Rn 1; *Fischer*, § 246 Rn 2; HK-GS/ *Duttge*, § 246 Rn 1; *Lackner/Kühl*, § 246 Rn 1; LK-*Vogel*, § 246 Rn 4; S/S/W-*Kudlich*, § 246 Rn 3; iE zust. *Fahl*, Jura 14, 387; Überblick über § 246 bei *Kudlich/Koch*, JA 17, 184; ein Beispiel – § 246 bei unaufklärbarem Tatvorgang (§ 242 oder § 255) – findet sich in BGH NJW 18, 1557 mit Bespr. *Kudlich*, JA 18, 549.
[4] E 1962, Begr. S. 409; BT-Ds 13/8587, S. 43 f; *Küper/Zopfs*, BT Rn 856.
[5] AA *Maurach/Schroeder/Maiwald*, BT I § 34 Rn 4 f; diff. *Kindhäuser*, § 242 Rn 76; s. dazu Rn 57.
[6] *Küper/Zopfs*, BT Rn 856; *Mitsch*, BT II S. 178; aA S/S-*Bosch*, § 246 Rn 1: Unterschlagung als Eigentumsverletzung ohne Gewahrsamsbruch; ebenso *Hecker*, JuS 10, 741.

Regel wird eine Sache aber ohne Gewahrsamsbruch unterschlagen. Noch deutlicher als beim Diebstahl ist daher geschütztes Rechtsgut allein das **Eigentum** (Rn 70).

Objekt der Tat ist eine **fremde bewegliche Sache**. Der Inhalt dieser Merkmale unterscheidet sich von denen des § 242 nicht (s. Rn 73 ff)[7]. 308

Zu beachten ist allerdings, dass Gegenstand der Unterschlagung nur Sachen sein können, die ihrer **Individualität nach bestimmt** sind[8]. Wer einem anderen unter den Voraussetzungen des § 246 *unausgesonderte* Teile einer Sachgesamtheit zum Erwerb anbietet, die lediglich der Menge nach bestimmt sind (zB 20 Zentner Kartoffeln aus einem größeren Lagerbestand), begeht durch den bloßen Abschluss des Kaufvertrages noch keine *vollendete* Unterschlagung; dazu bedarf es vielmehr der **Aussonderung** des Zueignungsobjekts[9]. Zu bedenken ist ferner, dass im Augenblick der Zueignung die Sache noch **fremd** sein muss. Geht der Zueignung eine Übereignung voraus oder mit ihr eine solche einher, kommt § 246 nicht in Betracht. Daher kann die Entgegennahme von Geld an Geldautomaten (Rn 182) oder das Davonfahren mit nicht bezahltem Benzin (Rn 197)[10] nur dann Unterschlagung sein, wenn Geld oder Benzin zivilrechtlich noch im Dritteigentum stehen. Schließlich muss die Sache spätestens mit der Zueignung *beweglich* (gemacht) werden[11].

2. Tathandlung

a) Manifestation des Zueignungswillens

Die **Tathandlung** besteht darin, dass der Täter die fremde bewegliche Sache **sich oder einem Dritten rechtswidrig zueignet**. Im Gegensatz zum Diebstahl, bei dem eine Wegnahme zwecks Zueignung, dh ein Handeln in der *Absicht* rechtswidriger Zueignung genügt, bedarf es bei der Unterschlagung demnach einer äußerlich in Erscheinung tretenden **Zueignungshandlung.** In ihr kehrt der Begriff der Zueignung wieder. Sein **Inhalt** ist in beiden Tatbeständen gleich. Es liegt daher nahe, von der Zueignungshandlung zu verlangen, was von der Zueignung als Bezugsobjekt der Absicht verlangt worden ist. Danach würde ein **Sich**-Zueignen im Sinne des § 246 voraussetzen, dass sich der Täter die Sache selbst oder den in ihr verkörperten Wert zumindest vorübergehend aneignet und dem Eigentümer auf Dauer entzieht (s. Rn 150 ff). **Dritt**zueignung läge vor, wenn der Täter die Sache in das Vermögen des Dritten überführt[12] oder einem Dritten deren Aneignung in täterschaftsbegründender Weise ermöglicht (Rn 166). Das Enteignungsmoment bliebe hier gleich. 309

An Versuchen, die Zueignungshandlung in dieser Weise nicht nur als äußere Manifestation eines inneren Zueignungswillens, sondern als eine **inhaltliche Verwirklichung der Zueignungselemente** zu umschreiben, fehlt es nicht. Dabei wird teils gefordert, es müsse sich jeden- 310

---

7 Zu Unrecht für eine „Reduktion des Strafrechts" in Fällen des Eigentumsvorbehalts aus Gründen vermeintlichen Opfermitverschuldens A/W-*Heinrich*, § 15 Rn 5 f; dagegen *Hillenkamp*, Vorsatztat und Opferverhalten 1981, S. 48 ff, 142, 172 ff.
8 OLG Düsseldorf StV 92, 432.
9 Zutr. RG JW 34, 614; S/S-*Bosch*, § 246 Rn 4; *Tenckhoff*, JuS 84, 775; anders RGSt 73, 253.
10 *Krey/Hellmann/Heinrich*, BT II Rn 219 ff, s. dazu auch *Beulke*, II Rn 131 ff; *Küper/Zopfs*, BT Rn 446; OLG Braunschweig JR 08, 435 mit Anm. *Niehaus/Augustin*; zum betrügerischen Tanken s. BGH NJW 12, 1092 mit Bespr. v. *Heintschel-Heinegg*, JA 12, 305.
11 *Mitsch*, ZStW 111 (1999), 91.
12 BGH wistra 07, 18, 20; weiteres Beispiel bei *Fahl*, JuS 98, 24.

falls die *Aneignung* schon objektiv vollzogen haben[13]. Teils wird dagegen das Gewicht auf die *Enteignung* gelegt: Zueignung setzt danach voraus, dass der Sachverlust (höchstwahrscheinlich) eintreten wird. Diesen „Gefahrerfolg" müsse der Täter bereits herbeigeführt haben[14]. Verkaufsangebote oder schuldrechtliche Kaufverträge über eine Sache reichen hiernach nicht aus. Vielmehr ist der dingliche Vollzug abzuwarten. Noch enger wird vereinzelt auch der Eintritt des Enteignungserfolges verlangt[15] oder Zueignung auf Verbrauch, Entwertung und Veräußerung beschränkt[16]. Diese Ansichten[17], die idR die Vollendung der Unterschlagung hinausschieben und deshalb auch für die *Anschlusstat der Hehlerei* von Bedeutung sind (s. Rn 832 ff), haben für sich, dass sie das inhaltliche Zueignungsunrecht in der Handlung verdeutlichen, den Charakter des § 246 als Erfolgsdelikt hervorheben und dem Versuch einen deutlichen Raum zuweisen[18]. Sie haben sich aber zu Recht nicht durchgesetzt. Denn während die zuletzt genannte Auffassung den Anwendungsbereich der Unterschlagung unsachgerecht verkürzt, vermögen die beiden anderen das Abstellen auf nur eines zweier gleichgewichtiger Momente nicht zu erklären. Zueignung besteht in Aneignung *und* Enteignung. Zudem kann eine Sache schon unterschlagen sein, wo ihre Nutzung im Eigeninteresse (Aneignung) und erst recht, wo es am endgültigen Sachverlust (Enteignung) tatsächlich noch fehlt. Schließlich müsste bei der **Drittzueignung** stets das zueignende Verhalten des Dritten abgewartet werden. Auf dessen Tätigwerden kommt es aber für die Vollendung der Unterschlagung nicht an (s. Rn 313).

311 Rechtsprechung[19] und überwiegende Lehre[20] begnügen sich demgegenüber mit einer **objektiv erkennbaren Betätigung des Zueignungswillens**. Dafür ist freilich nicht schon jede beliebige Handlung ausreichend, die als Betätigung eines Zueignungswillens deutbar ist[21]. Vielmehr muss sie sich für den objektiven, mit der Sachlage vertrauten Beobachter als eine ähnlich verlässliche und unzweideutige Manifestation des Zueignungswillens darstellen, wie sie in dem dem StGB vorangegangenen preußischen StGB von 1851 in den dort beschriebenen Handlungen enthalten ist[22]. Veräußern, Verpfänden, Verbrauchen, Beiseiteschaffen und Ableugnen des Gewahrsams sind in aller Regel nicht nur *Anzeichen* eines Zueignungswillens, sondern *objektivier-*

---

13 SK-*Samson*, 4. Aufl., § 246 Rn 40 ff; zust. *Krey/Hellmann/Heinrich*, BT II Rn 226; *Noak*, Drittzueignung und 6. StrRG 1999, S. 132; *Rönnau*, GA 00, 424.
14 *Maiwald*, Der Zueignungsbegriff im System der Eigentumsdelikte 1970, S. 191 ff; *Maurach/Schroeder/Maiwald*, BT I § 34 Rn 27; zust. *Degener*, JZ 01, 398 f; *Dencker*, in: *Dencker* ua, Einführung in das 6. StrRG 1998, S. 23 ff; *Gropp*, JuS 99, 1045; MK-GS/*Duttge*, § 246 Rn 14; MK-*Hohmann*, § 246 Rn 33, 36; *Duttge/Sotelsek*, Jura 02, 530; beide Ansätze verbindend *Ambos*, GA 07, 141 ff; *Basak*, in: Irrwege der Strafgesetzgebung 1999, S. 188 ff; *ders.*, GA 03, 120 ff; *Heghmanns*, Rn 1150; *Mitsch*, BT II S. 168 ff; *L. Schulz*, Lampe-FS S. 664.
15 *Hohmann/Sander*, BT I § 3 Rn 13; *Joecks/Jäger*, § 246 Rn 18 f, 24 f; *Kauffmann*, Zur Identität des strafrechtlichen Zueignungsbegriffs 2005, S. 155 ff; LK-*Vogel*, § 246 Rn 28, 32, 34; *Mikolajczyk*, Der Zueignungsbegriff des Unterschlagungstatbestandes 2005, S. 54 ff; *Mylonopoulos*, Roxin-FS S. 917, 920; SK-*Hoyer*, § 246 Rn 20.
16 *Kargl*, ZStW 103 (1991), 181 ff.
17 S. zum Streitstand *Hillenkamp*, BT 24. Problem mwN; *Otto*, Jura 96, 383 ff, s. auch *Börner*, Die Zueignungsdogmatik der §§ 242, 246 StGB 2004, S. 141 ff, 167 ff, 179 ff.
18 S. zu diesen Vorzügen *Maiwald*, Schreiber-FS S. 321 ff.
19 OLG Düsseldorf NStZ 92, 298; BayObLG NJW 92, 1777; Bay ObLG wistra 94, 322.
20 AnK-*Kretschmer*, § 246 Rn 7; *Beulke*, III Rn 168; BK-*Wittig*, § 246 Rn 4; *Eisele*, BT II Rn 253 ff; *Küper*, Jura 96, 206 f; *Lackner/Kühl*, § 246 Rn 4; M/R-*Schmidt*, § 246 Rn 5; *Rengier*, BT I § 5 Rn 23; *Schmidt*, BT II Rn 274 ff; *Schramm*, BT I § 3 Rn 15, 21; S/S-*Bosch*, § 246 Rn 11; *Zöller*, BT Rn 95; unklar A/W-*Heinrich*, § 15 Rn 29 ff.
21 So aber BGHSt 14, 38, 41; 24, 115, 119; OLG Düsseldorf StV 85, 330; krit. dazu *Degener*, JZ 01, 390 ff; wie hier *Hilgendorf/Valerius*, BT II Rn 10 ff.
22 S. dazu *Küper*, ZStW 106 (1994), 371 f; *ders./Zopfs*, BT Rn 845; krit. *Maiwald*, Schreiber-FS S. 323 ff.

te Ausprägungen des Zueignungsunrechts. An die Stelle dieser Handlungstypisierungen ist der Begriff der **Manifestation des Zueignungswillens** als Umschreibung der „Zueignung" getreten. Bloße „Berührung" oder „Willenskundgabe" reichen wie „Beweisanzeichen" danach nicht aus[23]. Vielmehr muss der Wille **umgesetzt** und **betätigt** und die Position des Eigentümers hierdurch verschlechtert werden[24]. Das geschieht idR dadurch, dass der Täter Eigen- oder Drittbesitz oder -gewahrsam begründet (s. Rn 319)[25].

Die Zueignung ist demnach eine **objektiv-subjektive Sinneinheit**. Sie ist ohne Ermittlung dessen, was der Täter mit seiner Handlung **will**, nicht bestimmbar. Danach kann ohne **zeitgleichen** Zueignungswillen eine Handlung auch nicht Zueignung sein. Beides ist folglich gemeinsam zu erörtern[26]. Ungeklärt ist, ob der Zueignungswille mit der Zueignungs*absicht* übereinstimmt[27], oder ob jede Vorsatzform genügt[28]. Der Zueignungsbegriff selbst gibt hierfür kaum etwas her. Da § 246 im Gegensatz zu § 242 eine Absicht nicht verlangt – der Text lautet nicht: ... sich oder einem Dritten absichtlich rechtswidrig zueignet – wird man sie auch nicht fordern können. Auch inhaltlich ist das begründbar; denn während beim Diebstahl erst die Zueignungsabsicht den Tatbestand als Eigentumsdelikt prägt, geschieht das bei der Unterschlagung schon durch die Zueignungshandlung. Für ihre Kennzeichnung als Eigentumsverletzung reicht dann aber jede Vorsatzform aus. Folglich handelt es sich auch dann nicht um bloße Sachentziehung, sondern um Unterschlagung, wenn der Entleiher eines wertvollen Bildbandes diesen endgültig in seinen Bücherbestand einreiht, weil ihm die Rückgabe nach lange überzogener Leihzeit unangenehm ist und ihn dabei der Gedanke begleitet, er werde sicherlich gelegentlich in dem Buch wieder blättern, es ihm auf den Erhalt dieser Möglichkeit aber nicht ankommt.

312

b) Beispiele

Typische Zueignungsakte iS eines **Sich-Zueignens** sind beispielsweise der Verbrauch, die Verarbeitung (§ 950 BGB), die Veräußerung und der Verkauf fremder Sachen unter Anmaßung der Eigentümerrechte. Typische **Drittzueignungen** liegen im Verschaffen des Besitzes[29] oder der vom Täter beherrschten Eröffnung einer Zugriffsmöglichkeit, die dem Dritten die Aneignung erlaubt[30]. Dazu gehört zB das Einzahlen fremder Gelder auf das Konto des Dritten. Für Drittzueignung ist nicht erfor-

313

---

23 *Tenckhoff*, JuS 80, 726; die in diese Richtung weisenden Bedenken *Heghmanns*, Rn 1150 sind deshalb unberechtigt.
24 RGSt 65, 145, 147.
25 Als zwingende Voraussetzung der Zueignung sehen das zB LK-*Laufhütte/Kuschel*, Nachtrag zur 11. Aufl., § 246 Rn 4 und *Rengier*, Lenckner-FS S. 811 an; s. auch *Ambos*, GA 07, 141 ff; S/S/W-*Kudlich*, § 246 Rn 19; dagegen *Duttge/Sotelsek*, Jura 02, 529 f.
26 *Hecker*, JuS 10, 741; *Maurach/Schroeder/Maiwald*, BT I § 34 Rn 11; *Rengier*, BT I § 5 Rn 5; aA *Eisele*, BT II Rn 256; *Klesczewski*, BT § 8 Rn 61, 77; LK-*Vogel*, § 246 Rn 28.
27 So zB *Dencker*, in: Dencker ua, Einführung in das 6. StrRG 1998, S. 19; *ders.*, Rudolphi-FS S. 425, 441 f; *Kindhäuser*, § 246 Rn 8; *Klesczewski*, BT § 8 Rn 77; *Küper/Zopfs*, BT Rn 846, 854; *Schroth*, BT S. 190.
28 *Ambos*, GA 07, 143; *Eisele*, BT II Rn 270; *Fischer*, § 246 Rn 20; H-H-*Kretschmer*, Rn 883; *Lackner/Kühl*, § 246 Rn 9; MK-*Hohmann*, § 246 Rn 48; M/R-*Schmidt*, § 246 Rn 9; LK-*Vogel*, § 246 Rn 54; *Rengier*, BT I § 5 Rn 18; *Schmidt*, BT II Rn 273; SK-*Hoyer*, § 246 Rn 38; *Tenckhoff*, JuS 84, 781.
29 *Gehrmann*, Systematik und Grenzen der Zueignungsdelikte 2002, S. 94; *Kudlich*, JuS 01, 771.
30 Ebenso *Eisele*, BT II Rn 259 f; *Rengier*, BT I Rn 41; **enger** HK-GS/*Duttge*, § 246 Rn 16; *Klesczewski*, BT § 8 Rn 73; MK-*Schmitz*, § 242 Rn 159 f; *Rönnau*, GA 00, 416 f, 423; *Schmitz*, Otto-FS S. 770 ff: Herbeiführung des der Aneignung immanenten Nutzens beim Dritten; noch enger LK-*Vogel*, § 246 Rn 47: Herbeiführung des Aneignungserfolges beim Dritten.

derlich, dass der Dritte den Aneignungsakt (gut- oder bösgläubig) vollzieht oder dass er mit der Zueignung einverstanden ist[31]. Wer fremdes Holz, auf das er Zugriff hat, dem verarmten Nachbarn vor die Haustür legt, um ihm das Beheizen des Ofens zu ermöglichen, hat die Unterschlagung genauso vollendet, wie der, der vom kranken Nachbarn unbemerkt dessen Ofen mit dem Holz beheizt. Auf Mitwirkung oder Einverständnis des Dritten kommt es für die Strafbarkeit des Unterschlagenden nicht an[32]. Auch ist für eine Drittzueignung hier wie beim Diebstahl (Rn 166 f) nicht zu verlangen, dass der Täter durch die Tat einen wirtschaftlichen Vorteil „im weitesten Sinne" erlangt[33]. Der Gesetzgeber hat der egoistischen die altruistisch motivierte Zueignung durch die Neufassung bewusst als gleichwertig gegenübergestellt (zur notwendigen „Sachbeziehung" s. Rn 319). Deshalb sinkt der dem Dritten dessen egoistische Tat nur ermöglichende Täter auch nicht notwendig zum bloßen **Gehilfen** herab[34]. Er muss auch eine von dem Dritten vollzogene Aneignung nicht täterschaftlich beherrschen[35]. Für eine Beihilfe bleibt folglich nur Raum, wo der Zugriff des Dritten auf die Sache nur erleichtert, also zB durch Beseitigung von Hindernissen oder die Einräumung bloßen Fremdbesitzes[36] unterstützt werden soll (s. schon Rn 167).

314 Nach der die Grenzen der engeren Manifestationslehre nicht stets beachtenden Praxis soll schon das *Angebot* oder der *Auftrag* zum Verkauf einer Sache genügen[37]. Ob in der **Vermischung** fremder Gelder oder vertretbarer Sachen mit eigenen eine Zueignung liegt, hängt nach ihr von den jeweiligen Umständen ab. Da hier regelmäßig Miteigentum entsteht (§§ 948, 947 BGB), soll es darauf ankommen, ob der Vermischende das Miteigentum des Betroffenen respektieren oder den Gesamtbestand für eigene Zwecke verwenden will[38]. Die mehrfache **Sicherungsübereignung** derselben Sache an verschiedene Gläubiger (§§ 929, 930 BGB) kann Betrug oder Unterschlagung sein. Die Voraussetzungen des § 246 sind nach der Rechtsprechung dann zu bejahen, wenn der Täter die erneute Übereignung für rechtswirksam hält oder sonst die Eigentümerrechte des ersten Sicherungsnehmers zu vereiteln sucht[39]. Bei der Unterschlagung des Sicherungsguts zum eigenen Vorteil muss der Sicherungsgeber das Gut in einer Art und Weise weiternutzen, die zum Ausdruck bringt, dass der Täter das Sicherungseigentum nicht mehr achtet, sondern den bisherigen Fremdbesitz in Eigenbesitz umwandeln will[40]. Die eigen-

---

31 So aber *Bussmann*, StV 99, 616; *Kauffmann*, Zur Identität des strafrechtlichen Zueignungsbegriffs 2005, S. 208 f; wohl auch *Schmidt*, BT II Rn 280; *Mitsch*, ZStW 111 (1999), 86; diff. *Kindhäuser*, Gössel-FS S. 465; LK-*Vogel*, § 246 Rn 48; wie hier HK-GS/*Duttge*, § 246 Rn 16; *Krey/Hellmann/Heinrich*, BT II Rn 240; *Küper/Zopfs*, BT Rn 854; *Rengier*, BT I § 5 Rn 45; *Schenkewitz*, NStZ 03, 18; *Schroth*, BT S 190 f; krit. zum Streit *Hauck*, Drittzueignung und Beteiligung 2007, S. 63 ff.
32 *Duttge/Sotelsek*, Jura 02, 532; *Eisele*, BT II Rn 260; S/S-*Bosch*, § 246 Rn 26; aA *Maurach/Schroeder/Maiwald*, BT I § 34 Rn 34.
33 So aber *Duttge/Fahnenschmidt*, ZStW 110 (1998), 918; *Duttge/Sotelsek*, Jura 02, 531.
34 Nahe gelegt von *Maurach/Schroeder/Maiwald*, BT I § 34 Rn 34; s. auch *Rönnau*, GA 00, 423 f.
35 So aber *Schenkewitz*, NStZ 02, 19; s. auch *Rengier*, BT I § 5 Rn 46; ausreichend ist ein Verhalten, in dem sich der Wille objektiviert, die jeweilige Sache auf Grund eigener Verfügungsmacht dem begünstigten Dritten zuzuwenden, *Küper/Zopfs*, BT Rn 854 f, 859; zum Einfluss des Herrschaftskriteriums auf diese Fragen s. *Hauck*, Drittzueignung und Beteiligung 2007, S. 210 ff.
36 So im Fall BGH wistra 07, 18, 20, in dem ein Sicherungsgeber nur den von ihm eingenommenen Fremdbesitz weitergibt; hat er dabei die Vorstellung, der Dritte werde möglicherweise den Fremd- in Eigenbesitz umwandeln und will er das unterstützen, liegt Beihilfe vor, wenn es zu der Umwandlung kommt; s. dazu auch *Kudlich*, JuS 01, 771 f; *Schenkewitz*, NStZ 03, 20.
37 Vgl BGHSt 14, 38, 41; RGSt 58, 230.
38 Vgl RGSt 71, 95, 96; OLG Düsseldorf NJW 92, 60.
39 BGHSt 1, 262, 263; BGH GA 1965, 207; BGH MDR/D 67, 173; LG Lübeck wistra 13, 207.
40 BGH wistra 07, 18, 20 mit Bespr. *Hauck*, wistra 08, 241 („Blockade der Verwertungsfunktion", 245).

mächtige **Verpfändung** fremder Sachen (§§ 1204 ff BGB) kann ohne Rücksicht auf ihre Wirksamkeit[41] bloße Gebrauchsanmaßung oder Zueignung sein. Letzteres ist der Fall, wenn die Wiedereinlösung des Pfandes auf Grund der Vermögensverhältnisse des Täters nicht mit Sicherheit sofort erfolgen kann, sobald der Eigentümer die verpfändete Sache benötigt[42]. Entsprechendes gilt bei der **Pfändung** von Sachen, die dem Schuldner nicht gehören (§§ 808, 814 ff ZPO). Wer deren Versteigerung und Verwertung zwecks Verringerung seiner Schulden dadurch ermöglicht, dass er die erforderliche Mitteilung der Pfändung an den Sacheigentümer *pflichtwidrig* unterlässt, eignet sie sich ihrem wirtschaftlichen Werte nach zu[43]. In der **Nichtanzeige eines Fundes** und in der **Nichtrückgabe einer entliehenen Sache** oder von **Unterlagen** liegt richtigerweise noch keine *eindeutig* erkennbare Zueignungshandlung, da beides auf bloßer Nachlässigkeit[44] oder auf anderen Gründen[45] beruhen kann.

Rechtsprechungsbeispiel: In einem vom **OLG Brandenburg NStZ 10, 220** entschiedenen Fall nahm die A eine gebrauchte Jeans zusammen mit einem neuen Reißverschluss von ihrem Nachbarn mit dem Auftrag entgegen, den Verschluss einzunähen. Den späteren Aufforderungen, die Hose zurückzugeben, kam A zunächst nicht nach, um nicht eingestehen zu müssen, unfähig oder unwillig zu sein, den Auftrag zu erledigen, später, um den Nachbarn zu ärgern. Sie behauptete, die Hose nicht finden zu können und gab sie erst zurück, als es gegen sie zu einer Anklage wegen Unterschlagung kam. – Das OLG legt dar, dass das bloße Unterlassen der Rückgabe nicht als hinreichend verlässliche Manifestation eines Zueignungswillens anzusehen sei. Es könne auch auf Nachlässigkeit oder Säumnis beruhen. Richtigerweise fehlt es aber nicht nur an einer eindeutigen Manifestation, sondern schon am – zu manifestierenden – Zueignungswillen, da A sich die Hose gar nicht aneignen wollte[46].

Das **Ableugnen des Besitzes** gegenüber dem Berechtigten, ein sonstiges Verheimlichen der Sache oder deren Inanspruchnahme als *angeblich eigene* enthält dagegen regelmäßig eine Betätigung des Zueignungswillens[47]. Wer den Entschluss, sich eines unter Eigentumsvorbehalt überlassenen oder nur zum vorübergehenden Gebrauch entwendeten Fahrzeugs durch dessen **Preisgabe** zu entledigen, erst fasst und verwirklicht, nachdem dieses seine Verwendungsfähigkeit für ihn eingebüßt hat, begeht mangels *Aneignung* keine Unterschlagung[48]. Auch stellt die vorsätzliche Zerstörung einer fremden Sache, die der Täter in seinem Gewahrsam hat, für sich allein *mangels Aneignung* keine Unterschlagung, sondern nur eine Sachbeschädigung iS des § 303 dar[49]. Wird eine **Inkassotätigkeit** *auftragsgemäß* erledigt, so liegt in der Annahme des Geldes mit dem Willen, es nicht abzuliefern und zu behalten, noch keine Unterschlagung. Etwas anderes gilt jedoch, wenn schon bei diesem Vorgang die vorgeschriebenen oder vereinbarten Kontrollmaßnahmen (zB Eintragung in die Inkassoliste, Erteilung einer fortlaufend nummerierten Quittung) nicht eingehalten oder sonstige Manipulationen vorgenommen werden, die

---

41 RG JW 24, 1435.
42 BGHSt 12, 299, 302; RGSt 66, 155, 156 f.
43 Vgl OLG Oldenburg NJW 52, 1267; OLG Schleswig SchlHA 53, 216; *Fischer*, § 246 Rn 7; aA *Ranft*, JA 84, 287.
44 Vgl BGHSt 34, 309, 312; BayObLG NJW 92, 1777; OLG Düsseldorf StV 90, 164; OLG Hamm wistra 99, 112 mit Bespr. *Fahl*, JA 99, 539.
45 BGH StV 07, 241: Durchsetzung eigener Ansprüche; OLG Hamburg StV 01, 577: Suche nach einem anderen Vertragspartner; BGH wistra 10, 483: Verärgerung; BGH StV 13, 632; OLG Hamm NStZ-RR 15, 214: Weitergebrauch; BGH BeckRS 18, 39510: Verwendung als Pfand.
46 S. dazu auch *Hecker*, JuS 10, 740.
47 RGSt 72, 380, 382; BGH wistra 06, 227, 228; BayObLG JR 55, 271; LG Potsdam NStZ-RR 08, 143; anders uU bei reinen *Schutzbehauptungen* gegenüber der Polizei innerhalb eines Ermittlungsverfahrens: OLG Hamm JR 52, 204.
48 BGH NJW 70, 1753; BayObLG NJW 61, 280 Nr 25.
49 OLG Düsseldorf JR 87, 520 mit Anm. *Keller*.

eine Betätigung des Zueignungswillens enthalten⁵⁰. Ohne genauere Klärung dessen, was beabsichtigt war, hält es der BGH dagegen nicht für möglich, eine täterschaftlich begangene Unterschlagung des Fahrers eines Lkw schon darin zu sehen, dass er die von ihm beförderten Waren an einem anderen Ort als an der ihm aufgetragenen Adresseablädt⁵¹. Ob in der **Verschleierung von Kassenfehlbeständen** mit Fremdgeldern eine Zueignung liegt, hängt von der Sachverhaltsgestaltung im Einzelnen ab⁵².

315 In der Entnahme von Geld oder Wertsachen aus westdeutschen Brief- und Paketsendungen durch Funktionäre der **früheren DDR** zu dem alleinigen Zweck der **Abführung an die Staatskasse** liegt richtigerweise kein „Sich-Zueignen" iS des § 246⁵³. Die gegenteilige Auffassung⁵⁴, die sich entweder darauf beruft, dass jede eigenmächtige Verfügung zu Gunsten eines Dritten ein Sich-Zueignen voraussetze oder darauf, dass auch ein entfernter Nutzen oder Vorteil für Zueignung ausreiche *und* für die Bediensteten anzunehmen sei, legt in beiden Varianten einen jedenfalls nach der Neufassung des § 246 durch das 6. StrRG nicht mehr haltbaren Aneignungsbegriff zu Grunde (s. Rn 168)⁵⁵. Der Gesetzgeber hat vornehmlich diesen Fall zum Anlass genommen, den Tatbestand um die **Drittzueignung** zu erweitern (BT-Ds 13/8587, S. 43). Eine solche liegt hier vor. Sie konnte freilich in den zurückliegenden DDR-Fällen nicht mehr zur Verurteilung führen (Art. 315 EGStGB, § 2). Der Gefahr, dass hierdurch auch Beihilfeunrecht unterschiedslos zur Täterschaft aufgewertet wird⁵⁶, ist durch die Anwendung der für die Abgrenzung von Täterschaft und Teilnahme geltenden Regeln hinreichend zu begegnen (s. zur parallelen Problematik bei Drittzueignungs- und Drittbereicherungsabsicht Rn 166 f; 590).

3. Besitz oder Gewahrsam

316 Nach § 246 aF musste sich die Tat auf eine Sache beziehen, die der Täter „in Besitz oder Gewahrsam" hat. Diese Voraussetzung bereitete idR keine Probleme, weil sie den ohnehin typischen Alltagsfall der Unterschlagung beschrieb. In ihm erliegt der Täter der Versuchung⁵⁷, den durch den Gewahrsam geschaffenen Schein nach außen auszunutzen oder den Fremd- in Eigenbesitz zu verwandeln: er verkauft das geliehene Buch oder gibt das geliehene Auto als gestohlen aus, um es fortan als „eigenes" zu gebrauchen. Die Gewahrsamsklausel führte beim Wort genommen aber auch zu Strafbarkeitslücken, deren Umfang und Bedeutung umstritten waren.

So ging es einerseits um die Frage, ob der Täter bereits *vor* der Zueignungshandlung Gewahrsam inne haben musste (so die sog. „strenge Auslegung") oder ob es ausreichte, dass Gewahrsamserlangung und Zueignung in einer Handlung zeitlich zusammenfielen (so die sog. „kleine berichtigende Auslegung"), eine Ansicht, deren Ergebnis die sog. „große berichtigende Auslegung" einschloss. Diese ging aber noch darüber hinaus, weil sie in der Klausel nur ein „schlecht formuliertes Abgrenzungskriterium" gegenüber dem Diebstahl sah, mit dem ausge-

---

50 Vgl BGH NJW 53, 1924; BayObLG NJW 99, 1648.
51 BGH wistra 08, 466.
52 S. BGHSt 9, 348 und die ausführliche Lösung eines dieser Entscheidung nachgebildeten Falles in der 33. Aufl., Rn 283 ff; s. auch *Krey/Hellmann/Heinrich*, BT II Rn 251 ff.
53 BGHSt GrS 41. 187, 195.
54 BGH JR 95, 120 sowie ua *Otto*, Anm. JZ 96, 582; *Schroeder*, JR 95, 95; *Wolfslast*, Anm. NStZ 94, 542 mwN.
55 AA *Duttge/Fahnenschmidt*, ZStW 110 (1998), 918; MK-*Schmitz*, § 242 Rn 160 verneint auch eine Drittzueignung
56 S. *Duttge/Fahnenschmidt*, ZStW 110 (1998), 914.
57 Ein Grund milderer Bestrafung gegenüber dem Diebstahl, s. *Hillenkamp*, Vorsatztat und Opferverhalten 1981, S. 56.

drückt werden sollte, dass jede Zueignung ohne Gewahrsamsbruch als Unterschlagung anzusehen sei[58]. Andererseits war umstritten, ob dem Besitz neben dem Gewahrsam eine *eigenständige* Bedeutung mit der auch von der großen berichtigenden Auslegung vertretenen Folge zuzuerkennen sei, dass auch nur mittelbarer Besitz für Unterschlagung ausreichte[59].

Diese Auslegungsschwierigkeiten und die durch sie heraufbeschworenen Strafbarkeitslücken hat das **6. StrRG** (Rn 11) dadurch beseitigt, dass es in § 246 nF auf die Gewahrsamsklausel verzichtet (BT-Ds 13/8587, S. 43). Mit diesem Schritt ermöglicht der Gesetzgeber die *Ergebnisse* der kleinen und großen berichtigenden Auslegung[60], geht aber selbst über die Letztere noch hinaus. Denn anders als diese lässt das Gesetz eine Unterschlagung auch dann zu, wenn sie durch Wegnahme erfolgt. Sie ist dann nur gegenüber dem Diebstahl subsidiär[61]. Im Sinne des Gesetzgebers befriedigend zu lösen sind nach der Neufassung die folgenden *vier* vormals umstrittenen Fallgestaltungen, die nunmehr zweifelsfrei vom Tatbestand erfasst werden[62]. 317

Zum ersten steht der Strafbarkeit der sog. **Funduntersuchlagung**, bei der der Täter die Fundsache schon mit Zueignungswillen in Besitz nimmt, nicht mehr entgegen, dass Gewahrsamsbegründung und Zueignung in einer Handlung zusammenfallen[63]. Insoweit ist die sog. kleine berichtigende Auslegung in ihren Ergebnissen Gesetz geworden. Praktisch geändert hat sich für die Funduntersuchlagung dadurch freilich nicht viel. Für sie ergaben sich schon zwischen der seinerzeit herrschenden kleinen berichtigenden und der strengen Auslegung kaum Unterschiede, weil das *bloße Ergreifen* der Sache auch durch den ehrlichen Finder notwendig und deshalb durchweg so unverfänglich ist, dass es noch keine *hinreichend erkennbare Betätigung* des schon vorhandenen Zueignungswillens darstellt[64]. Ein solch eindeutiger Zueignungsakt ist aber unabhängig von Besitz oder Gewahrsam stets abzuwarten[65]. Er kann freilich – wie beim bereits sortierenden Ergreifen nur der Geldscheine aus einem gefundenen Portmonee – im Ausnahmefall auch mit der Besitzverschaffung zusammenfallen. Dann ist heute unbestreitbar Unterschlagung gegeben. Nichts anderes gilt zur sog. **Leichenfledderei**[66]. Sachen, die sich bei einer Leiche befinden, sind wie verlorene ohne Gewahrsam (Rn 95, 109). Gewahrsam wird *erst*[67] durch Inbesitznahme begründet. In ihr liegt beim Ausplündern eines auf einer Landstraße tödlich verunglückten Motorradfahrers eine Zueignung, bei „fürsorglicher" Ansichnahme durch Verwandte mangels Eindeutigkeit dagegen noch nicht. Nur im ersten Fall ist mit dem Plündern die Unterschlagung vollendet, da dem nicht mehr entgegensteht, dass Zueignung und Gewahrsamsbegründung zusammenfallen[68]. Als drittes galt verbreitet, dass **Mittäter** 318

---

58 S. zu diesem Streit *Hillenkamp*, BT, 8. Aufl., 22. Problem mwN; *Küper*, BT 1. Aufl., S. 58 ff; *Duttge/Fahnenschmidt*, Jura 97, 282 ff; *Wessels*, BT II Rn 271 ff.
59 S. hierzu S/S-*Eser*, 25. Aufl., § 246 Rn 1 mwN.
60 Missverständlich *Lesch*, JA 98, 497; BE-*Noak*, S. 73; *Stächelin*, StV 98, 99; *Wolters*, JZ 98, 399.
61 *Küper/Zopfs*, BT Rn 856; zust. *Dencker*, in: *Dencker* ua, Einführung in das 6. StrRG 1998, S. 21; *Duttge/Fahnenschmidt*, ZStW 110 (1998), 898; *Sinn*, NStZ 02, 66.
62 S. im Einzelnen *Rengier*, Lenckner-FS S. 806 ff.
63 *Lackner/Kühl*, § 246 Rn 3; LK-*Vogel*, § 246 Rn 18.
64 S. *Hilgendorf/Valerius*, BT II Rn 14; *Maurach/Schroeder/Maiwald*, BT I § 34 Rn 32.
65 Anders auf der Grundlage der Aneignungstheorie – Rn 310 – *Krey/Hellmann/Heinrich*, BT II Rn 227.
66 BGHSt 47, 243.
67 Abw. *Duttge/Fahnenschmidt*, Jura 97, 286.
68 *Rengier*, BT I § 5 Rn 35 f.

einer Unterschlagung nur sein konnte, wer spätestens im Augenblick der Zueignungshandlung *eigenen Gewahrsam* erlangte[69], weil dieses strafbarkeitsbegründende Merkmal nicht nach § 25 II zurechenbar sei. Teilnehmer ohne eigenen Gewahrsam konnten folglich nur Anstifter oder Gehilfen sein. Dieses Problem hat sich als vom Gesetz gestelltes erledigt: Selbst der Alleintäter muss Besitz oder Gewahrsam nicht haben, infolgedessen auch der Mittäter nicht. Schließlich ist auch der Streit um die selbstständige Bedeutung des Wortes „Besitz" entschieden. Stellte man Besitz und Gewahrsam gleich[70], reichte nur **mittelbarer Besitz** mangels Sachherrschaft nicht aus. Verkaufte ein Verleiher (= mittelbarer Besitzer) ein ihm selbst nur zur Ansicht überlassenes Buch an den gutgläubigen Entleiher, blieb er hiernach straflos. Dieses Ergebnis ließ sich nur vermeiden, wenn man für den Besitz eine eigenständige, dem Zivilrecht angelehnte Deutung oder für § 246 die große berichtigende Auslegung vertrat. Das Gesetz hat sich für *dieses Ergebnis* entschieden[71], lässt also die Unterschlagung auch durch einen nur mittelbaren Besitzer im Grundsatz zu.

319 Mit dem Verzicht auf die Gewahrsamsklausel haben Besitz und Gewahrsam ihre angestammte Bedeutung im Unterschlagungstatbestand zwar verloren, sind aber für ihn **nicht bedeutungslos** geworden. Sie bleiben innerhalb der **Zueignung** von Gewicht[72].

Gehört die fremde Sache bereits zur Herrschaftssphäre des Unterschlagenden, weil er sie geliehen, gemietet oder in Verwahrung genommen hat, bedarf es für die Zueignung einer Betätigung des auf sie gerichteten Willens, die den Fremdbesitz unzweideutig in Eigenbesitz verwandelt oder einem Dritten die Aneignungsmöglichkeit verschafft. Bloße **Berührung** oder *Kundgabe* reichen *nicht* aus[73]. Soll schon in der Herrschaftsbegründung eine Zueignung liegen, muss sie sich ebenso unzweideutig als Manifestation einer gewollten Eigentumsverletzung erweisen. Eben das tut das bloße Aufnehmen der gefundenen Sache auch trotz Zueignungswillens nicht[74]. Auch die Zueignung **unbesessener** Sachen ist von solcher *Betätigung* abhängig[75]. Deshalb ist nicht zu befürchten, dass nach der neuen Fassung eine Unterschlagung vorliegt, wenn ein in Köln lebender Täter seiner Freundin fernmündlich „die ganze Welt" *(Binding)* zu Füßen legt oder ein in Berlin verloren gegangenes Fahrrad eines Dritten telefonisch seinem Freund in München schenkt[76]. Das ist nur Kundgabe und Berührung, nicht aber Fremdeigentum schon verletzende Willensbetätigung. Zu ihr wird in solchen Fällen in der Regel erst die Herstellung eines Herrschaftsverhältnisses des Sich-Zueignenden oder die mit Drittzueignungsabsicht erfolgende Verbringung der Sache in die Herrschaftssphäre des Dritten und die damit einhergehende Verschlechterung oder Aufhebung der Herrschaftsbeziehung des Berechtigten führen[77]. Ersteres geschieht nach sozial-normativer wie faktischer Sicht freilich schon, wenn ein Land-

---

69 BGHSt 2, 317, 318; aA *Küper*, ZStW 106 (1994), 354, 379.
70 OLG Schleswig NJW 79, 882.
71 A/W-*Heinrich*, § 15 Rn 31; *Krey/Hellmann/Heinrich*, BT II Rn 228.
72 A/W-*Heinrich*, § 15 Rn 26 ff; *Cantzler*, JA 01, 569; *Kindhäuser*, § 246 Rn 18 ff, 23 ff; *Mitsch*, BT II S. 162 ff, 166 ff; *ders.*, ZStW 111 (1999), 89 f; *Rengier*, BT I § 5 Rn 29 ff; *Schmidt*, BT II Rn 280 f; zusf. *Küper/Zopfs*, BT Rn 856 f.
73 *Lackner/Kühl*, § 246 Rn 8.
74 *Maiwald*, Der Zueignungsbegriff im System der Eigentumsdelikte 1970, S. 107 ff.
75 *Otto*, BT § 42 Rn 8; *ders.*, Jura 98, 552.
76 So aber *Sander/Hohmann*, NStZ 98, 276; ähnlich *Duttge/Fahnenschmidt*, ZStW 110 (1998), 909; wie hier *Rengier*, BT I § 5 Rn 30 ff.
77 S. BGH wistra 07, 18, 20; vgl zu diesen Fallkonstellationen nach *altem Recht Maiwald*, Der Zueignungsbegriff im System der Eigentumsdelikte 1970, S. 193, 211; *Otto*, Die Struktur des strafrechtlichen Vermögensschutzes 1970, S. 257; nach *neuem* Recht *Joecks/Jäger*, § 246 Rn 20 ff; *Mitsch*, BT II S. 166 f; *Rengier*, Lenckner-FS S. 809 ff; *Sinn*, NStZ 02, 67 f.

streicher einen von einem Fuhrwerk verlorenen Haufen Holz anzündet, um sich an ihm zu erwärmen[78]. Dann liegt neben Sachbeschädigung auch vollendete Unterschlagung vor.

4. Rechtswidrigkeit der Zueignung und Vorsatz

Die **Rechtswidrigkeit** der **Zueignung** kennzeichnet die Verletzung der materiellen Eigentumsordnung durch die Zueignungshandlung. Wie beim Diebstahl ist die Rechtswidrigkeit insoweit ein normatives Tatbestandsmerkmal. Dazu gelten die Ausführungen zum Diebstahl entsprechend (Rn 200 ff). Ist der Eigentümer mit der Zueignung einverstanden, kommt eine (vollendete) Unterschlagung nicht in Betracht. Das ist bei der Veräußerung einer iR einer Händlereinkaufsfinanzierung zur Sicherheit übereigneten Sache, die der Sicherungsgeber im ordnungsgemäßen Geschäftsbetrieb im eigenen Namen veräußern darf, ebenso wie bei der Diebesfalle zu beachten[79]. Eignet sich ein Verbraucher eine von einem Unternehmen unbestellt gelieferte Sache zu, ohne das Kaufangebot annehmen und den Kaufpreis zahlen zu wollen, ist die begangene Unterschlagung möglicherweise durch § 241a BGB gerechtfertigt[80]. Der **Vorsatz** muss sich auf die Rechtswidrigkeit der Zueignung erstrecken. Der Irrtum hierüber ist wie beim Diebstahl zu behandeln[81]. Dolus eventualis reicht aus. Das gilt auch für den Zueignungswillen. Absicht ist nicht zu verlangen (Rn 312).

320

II. Veruntreuende Unterschlagung

Die Zueignung **anvertrauter Sachen** ist als *veruntreuende* Unterschlagung mit höherer Strafe bedroht. Sie ist als **Qualifikation**[82] der einfachen Unterschlagung durch das 6. StrRG (Rn 11) deutlicher als zuvor in einem eigenen Absatz geregelt (§ 246 II). **Anvertraut** sind nach hM solche Sachen, die der Täter vom Eigentümer oder von einem Dritten mit der Verpflichtung erlangt hat, sie zu einem bestimmten Zweck zu verwenden, aufzubewahren oder auch nur zurückzugeben[83]. Auch wenn Besitz oder Gewahrsam für eine Unterschlagung nach § 246 I nicht mehr gesetzlich verlangt werden, setzt eine Veruntreuung hiernach die Verfügungsgewalt im Sinne von (mittelbarem) Besitz oder Gewahrsam voraus[84]. Auf diese Umstände muss sich der Tätervorsatz erstrecken.

321

Anvertraut sind danach zB gemietete, geliehene, durch einen Leasingvertrag überlassene[85], in Verwahrung gegebene, zur Erledigung eines Auftrags übernommene und unter Eigentumsvor-

---

78 AA *Maiwald*, Der Zueignungsbegriff im System der Eigentumsdelikte 1970, S. 211; *Rengier*, Lenckner-FS S. 811.
79 BGH NStZ 05, 566, 567; Gleiches gilt für den Vorbehaltskäufer, OLG Düsseldorf, NJW 84, 810, 811; zur Diebesfalle s. *Hillenkamp*, Anm. JR 87, 254; aA OLG Celle JR 87, 253; s. Rn 106.
80 S. HK-GS/*Duttge*, § 246 Rn 6; *Matzky*, NStZ 02, 462 f; NK-*Kindhäuser*, § 246 Rn 26; S/S/W-*Kudlich*, § 246 Rn 8; s. dazu auch *Otto*, Beulke-FS S. 512 ff und hier Rn 20.
81 OLG Hamm NJW 69, 619; s. Rn 203.
82 BGH wistra 18, 51.
83 BGHSt 9, 90, 91; 16, 280, 282; anders SK-*Hoyer*, § 246 Rn 44: nur bei Überlassung ohne Nutzungsbefugnis; s. krit. dazu *Fischer*, § 246 Rn 16.
84 A/W-*Heinrich*, § 15 Rn 35; *Hohmann/Sander*, BT I § 3 Rn 28; *Küper/Zopfs*, BT Rn 44; *Lackner/Kühl*, § 246 Rn 13; MK-*Hohmann*, § 246 Rn 51; S/S-*Bosch*, § 246 Rn 29; aA *Mitsch*, ZStW 111 (1999), 94.
85 BGH wistra 09, 236, 237.

behalt gelieferte Sachen bis zur vollständigen Bezahlung des Kaufpreises. Eine Prüfung der Vertrauenswürdigkeit dessen, dem die Sache anvertraut wird, ist nicht zu verlangen[86].

322 Anvertraut ist eine Sache nach zutreffender Ansicht auch dann, wenn das in Betracht kommende Rechtsgeschäft *sittenwidrig* oder aus anderen Gründen *unwirksam* ist[87]. Es verdient vor allem keinen Beifall, die erhöhte Strafdrohung gegenüber einem Zugriff dessen zurückzunehmen, der sich die Verfügungsgewalt unter von der Rechtsordnung missbilligten Umständen hat einräumen lassen. Eine Verwirkung des Schutzes oder Gutes durch missbilligtes Opferverhalten ist dem Strafrecht fremd, ein die Schädigungsfreiheit erweiternder Rückzug des Strafrechts in solchen Fällen ohne erkennbaren Sinn[88]. Vorausgesetzt wird insoweit allerdings zu Recht, dass die Überlassung der Sache durch einen vom Eigentümer unterschiedenen Dritten an den Täter den Eigentümerinteressen nicht zuwiderläuft[89]. Eine gestohlene Sache, die der Dieb dem Hehler zur Verwahrung übergibt, ist nicht iS des § 246 anvertraut. Das folgt daraus, dass in der Verletzung der Vertrauensbeziehung zwischen Dieb und Hehler nicht zugleich ein für die Veruntreuung notwendiger wenigstens mittelbarer Verstoß gegenüber dem Eigentümerinteresse zu sehen ist. Anders liegt es dagegen, wenn der Dieb die Sache einem Mittelsmann *zwecks Rückgabe an den Bestohlenen* aushändigt.

Aus dem Veruntreuungstatbestand scheiden damit im Wesentlichen nur die Fälle *einseitiger* Begründung der Verfügungsgewalt über die Sache aus, wie sie durch Fund, Naturereignis[90] oder etwa beim Zulaufen eines Hundes geschehen kann. Das führt, da an das Anvertrauen deutlich geringere Anforderungen als an ein Treueverhältnis im Sinne des § 266 gestellt werden, angesichts des der Untreue entsprechenden Strafrahmens zu einer *nicht unbedenklichen* Weite dieser Qualifikation[91].

323 Das **Anvertrautsein** bildet einen *besonderen persönlichen Umstand* iS des § 28 II[92]. Teilnehmer, die außerhalb dieser besonderen Vertrauensbeziehung stehen, werden daher nur aus dem Grundtatbestand (§ 246 I) bestraft.

324 Im **Fall 22** kommt – da dem A die Diskette von der Eigentümerin mit der Verpflichtung überlassen worden ist, sie nur zu bestimmten Zwecken zu gebrauchen – eine *veruntreuende* Unterschlagung (§ 246 II) in Betracht. Voraussetzung dafür ist, dass der *Grundtatbestand* (§ 246 I) erfüllt ist. Die im Eigentum der Firma X stehende Diskette hat sich – legt man die Auffassung des BayObLG[93] zu Grunde – A nicht dadurch zugeeignet, dass er sie trotz Aufforderung **nicht zurückgegeben** hat. In Übereinstimmung mit der ständigen Rechtsprechung der Revisionsgerichte[94] wird das auf dem Boden einer engen Manifestationslehre zu

---

86 AA A/W-*Heinrich*, § 15 Rn 35.
87 BGH NJW 54, 889; OLG Braunschweig NJW 50, 656; *Eisele*, BT II Rn 273; LK-*Vogel*, § 246 Rn 64; aA NK-*Kindhäuser*, § 246 Rn 41; S/S-*Bosch*, § 246 Rn 30; SK-*Hoyer*, § 246 Rn 45.
88 S. *Hillenkamp*, Vorsatztat und Opferverhalten 1981, S. 184 ff, 204 ff.
89 RGSt 40, 222; BK-*Wittig*, § 246 Rn 11.1; *Fischer*, § 246 Rn 17; *Rengier*, BT I § 5 Rn 62; *Küper/Zopfs*, BT Rn 46.
90 RGSt 4, 386, 388.
91 AA offenbar BGHSt 9, 90, 92.
92 Vgl BGH StV 95, 84; *Fischer*, § 246 Rn 19; HK-GS/*Duttge*, § 246 Rn 19; S/S-*Eser/Bosch*, § 246 Rn 29; S/S/W-*Kudlich*, § 246 Rn 28; *Wessels/Beulke/Satzger*, AT Rn 874.
93 JR 93, 253 mit zust. Anm. *Julius*; vgl auch *Cramer*, CR 97, 693, 696.
94 OLG Koblenz StV 84, 287; OLG Hamm wistra 99, 112; OLG Hamburg StV 01, 577; OLG Brandenburg NStZ 10, 220; RGSt 4, 404, 405; BGHSt 34, 309, 312; BGH wistra 10, 483; s. zu letzterem Fall *Hillenkamp*, BT 24. Problem mit Falllösung.

Recht damit begründet, dass das bloße Unterlassen der geschuldeten Rückgabe einer fremden Sache nicht den *sicheren* Schluss darauf zulasse, dass der Unterlassende den Gegenstand seinem Vermögen einverleiben will, weil es ebenso gut auf einer das fremde Eigentum nicht in Frage stellenden Nachlässigkeit oder auf einem bloßen Zurückbehaltungsinteresse beruhen kann. Es fehlt folglich an einer **unzweideutigen** Manifestation des bei A vorhandenen Zueignungswillens (der in der dem Fall zu Grunde liegenden Enscheidung ebenfalls unsicher war). Zum selben Ergebnis würde zwar auch die Überlegung führen, eine Zueignung sei durch *Unterlassen* überhaupt nicht[95] oder nur dem Garanten[96], der A nicht ist, möglich. Dem ist aber die Begründung der Rechtsprechung vorzuziehen, da in „beredtem Schweigen" oder der Nichtbefolgung einer Rückgabepflicht *im Einzelfall* sehr wohl auch **ohne Garantenstellung** eine zureichende *Betätigung* des Zueignungs*willens* liegen kann[97]. Eine Garantenstellung ist nur dort erforderlich, wo der Täter die Zueignung durch Dritte nicht hindert, nicht aber, wo er die Sache behält. Dass auch in der **Verwendung** der Diskette zur Herstellung der Angebotslisten keine Zueignung liegt, ist vom BayObLG[98] ebenfalls zutreffend entschieden. Die Begründung ist freilich missverständlich. Denn dass in der Verwendung der Diskette weder eine An- noch eine Enteignung liegt, spricht nur für diejenigen gegen eine zureichende Zueignungshandlung, die in ihr den *inhaltlichen* (Teil-) Vollzug der Zueignungsmomente verlangen. An einer eindeutigen Betätigung fehlt es dagegen hier nicht. Woran es in Wahrheit mangelt, ist der Zueignungswille. Zwar wollte A die Diskette wie ein Eigentümer nutzen, sie aber weder in ihrer Substanz noch in einer ihr wesentlichen Funktion der Eigentümerin auf Dauer vorenthalten. Vielmehr sollte – so A's Vorstellung im Zeitpunkt des Gebrauchs – die Diskette ohne Wert- oder Funktionsverlust der Firma X wieder zukommen. Dann aber fehlt der **Enteignungs**vorsatz[99]. Angemerkt sei, dass die abgerufenen Daten keine Sachen und daher keine tauglichen Objekte der Unterschlagung sind (Rn 74). Die Strafbarkeit richtet sich insoweit nach § 17 II Nr 1c UWG, der hier freilich deshalb nicht greift, weil sich A das Geschäftsgeheimnis nicht durch *Wegnahme* der Sache unbefugt verschafft hat, die das Geheimnis verkörpert[100].

III. Mehrfache Zueignung und Subsidiaritätsklausel

Fall 23: T hatte als Beamter des Ordnungsamtes der Stadt X die Aufgabe, in Lebensmittelgeschäften Proben zu entnehmen und sie dem staatlichen Untersuchungsamt zuzuleiten. Ergaben sich Beanstandungen, musste er das den Kaufleuten mitteilen und ihnen eine Zahlkarte mit der Aufforderung aushändigen, die entstandenen Kosten dem Untersuchungsamt zu erstatten. Obwohl T nicht dazu befugt war, zog er das Geld stattdessen mehrfach selbst ein und verbrauchte es anschließend für sich.

Strafbarkeit des T? **Rn 332**

325

---

95 SK-*Rudolphi* 2. Aufl. 1977, § 13 Rn 11 mwN.
96 *Maiwald*, Der Zueignungsbegriff im System der Eigentumsdelikte 1970, S. 201 f; Maurach/Schroeder/Maiwald, BT I § 34 Rn 31 f; *Lagodny*, Jura 92, 665.
97 S. *Otto*, JK 92, StGB § 246/7.
98 Zust. S/S-*Bosch*, § 246 Rn 11.
99 Zutr. *Julius*, Anm. JR 93, 256.
100 BayObLG JR 93, 254 f.

1. „Gleichzeitige" Zueignung

326 Der Gesetzgeber hat mit dem 6. StrRG (Rn 11) § 246 zum Auffangtatbestand gemacht, „der alle Formen rechtswidriger Zueignung fremder beweglicher Sachen umfasst" (Rn 71), zur Bestrafung aber nur führt, „wenn die Tat nicht in anderen Vorschriften mit schwererer Strafe bedroht ist" (= Subsidiaritätsklausel). Mit dieser gesetzgeberischen Entscheidung ist eine zum alten Recht verbreitete Auffassung unvereinbar, die aus der Zusammenschau aller mit einer Zueignung verbundenen Delikte hergeleitet hat, es könne nicht der Sinn des Unterschlagungstatbestandes sein, in all diesen Fällen zusätzlich angewendet zu werden *und* daraus folgerte, die Unterschlagung liege schon tatbestandlich bei **gleichzeitiger** Zueignung durch Diebstahl, Betrug, Untreue usw nicht vor[101]. Mit dieser Auffassung liefe die Subsidiaritätsklausel in ihrem eigentlichen Anwendungsbereich leer[102]. Sie gilt nach richtiger, weil vom Wortlaut (… in den Fällen des Abs. 1 …) und vom Auffangcharakter der Gesamtvorschrift getragener, Ansicht **auch** für die **veruntreuende Unterschlagung**[103].

Ist also Zueignung durch Diebstahl[104] oder Betrug gegeben, tritt die zugleich verwirklichte Unterschlagung im Konkurrenzwege zurück[105]. Dabei ist darauf zu achten, dass das gleichzeitig begangene Delikt mit schwererer Strafe bedroht ist. Hieran fehlt es zB bei einer Untreue gegenüber § 246 II. In einem solchen Fall tritt die veruntreuende Unterschlagung nur im Falle der Gesetzeskonkurrenz zurück[106], es sei denn, es handelt sich um eine Untreue in einem besonders schweren Fall (§§ 266 I, II, 263 III). Dann gilt die Subsidiaritätsklausel[107].

327 Die **Reichweite der Subsidiaritätsklausel** ist umstritten. Obwohl § 246 nF anders als § 240 I E 1962 auf eine Benennung der Delikte verzichtet, hinter die die Unterschlagung zurücktritt, ist der gesetzgeberischen Konzeption eines Auffangtatbestandes im Zueignungsbereich zu entnehmen, dass das *vorgehende Delikt das Zueignungsunrecht ausdrücken* muss. Wer eine Strafvereitelung begeht, indem er das bei ihm untergestellte Unfallfahrzeug eines Unfallflüchtigen kurz vor der drohenden Entdeckung einem Dritten zueignet (auf Drittaneignungsabsicht kommt es bei § 246 nicht an, Rn 312), ist zwar wegen dieser Tat mit bis zu fünf Jahren Freiheitsstrafe bedroht (§ 258 I), kann aber – auch wenn § 246 II nicht eingreift – gleichwohl wegen Unterschlagung bestraft werden. Anderenfalls bliebe die Eigentumsverletzung ungesühnt[108]. Der **BGH**

---
101 So BGHSt 14, 38, 46 f; *Krey/Hellmann/Heinrich*, BT II Rn 243 f.
102 *Küper/Zopfs*, BT Rn 861; zust. *Cantzler/Zauner*, Jura 03, 487; *Graul*, JuS 99, 567; *Lackner/Kühl*, § 246 Rn 7; LK-*Vogel*, § 246 Rn 71 f; *Noak*, Drittzueignung und 6. StrRG, 1999, S. 97, 112; *Murmann*, NStZ 99, 16.
103 BGH NJW 12, 3046 mit zust. Anm. *Hohmann*, NStZ 13, 161; *Fischer*, § 246 Rn 23; *Lackner/Kühl*, § 246 Rn 14; *Rengier*, BT I § 5 Rn 64; aA *Heghmanns*, ZJS 13, 125 ff.
104 S. dazu BGH BeckRS 15, 12151 für den Fall einer tateinheitlich mit einem Diebstahl an einer anderen Sache begangenen Unterschlagung.
105 *Mitsch*, BT II S. 178; nach wie vor für die Tatbestandslösung dagegen *Kretschmer*, JuS 13, 27; *Krey/Hellmann/Heinrich*, BT II Rn 244.
106 S. *Lackner/Kühl/Heger*, § 266 Rn 23.
107 BGH NJW 12, 3046 für den Fall *gewerbsmäßiger* Begehung; krit. dazu *Bosch*, JK 2/13, § 246/15.
108 Anders die Deutung der Subsidiaritätsklausel in § 125 durch BGH JZ 98, 470 mit abl. Anm. *Rudolphi*; wie hier A/W-*Heinrich*, § 15 Rn 42; BK-*Wittig*, § 246 Rn 16; *Cantzler*, JA 01, 571 f; *Cantzler/Zauner*, Jura 03, 483; *Eisele*, BT II Rn 276; *Fischer*, § 246 Rn 23a; HK-GS/*Duttge*, § 246 Rn 23; *Kindhäuser*, § 246 Rn 42; *Küper/Zopfs*, BT Rn 863; LK-*Laufhütte/Kuschel*, Nachtrag zur 11. Aufl., § 246 Rn 9; LK-*Vogel*, § 246 Rn 75; *Maurach/Schroeder/Maiwald*, BT I § 34 Rn 42; *Mikolajczyk*, Der Zueignungsbegriff des Unterschlagungstatbestandes 2005, S. 128 ff; *Mitsch*, BT II S. 193; *Otto*, Jura 98, 551; *Rengier*, BT I § 5 Rn 66; S/S-*Bosch*, § 246 Rn 32; *Schmidt*, BT II Rn 295; *Schramm*, BT I § 3 Rn 42; SK-*Hoyer*, § 246 Rn 46.

sieht sich an dieser Auslegung für § 246[109] durch die Wortlautschranke zu Unrecht gehindert, da der auch von ihm erkannte und die hier vertretene Deutung nahelegende gesetzgeberische Wille (BT-Ds 13/8587 S. 43 f) in der Konzipierung des § 246 als *Auffangtatbestand aller Delikte im Zueignungsbereich* hinlänglich zum Ausdruck gekommen ist. Dass eine Unterschlagung hinter einem Totschlag zurücktreten soll, ist zudem ein in der Sache nicht begründbares Ergebnis[110] und wird auch durch den Begriff der „Tat" nicht nahegelegt. Vielmehr macht dieser Begriff zur Bedingung, dass das Unrecht dieser Tat in den anderen Vorschriften zum Ausdruck kommt (s. Rn 440)[111]. Um das Ungesühntbleiben der Eigentumsverletzung zu vermeiden, ist auch bei Zweifeln über das vorrangige Delikt auf Unterschlagung zurückzugreifen. Bleibt etwa unaufklärbar, ob sich der Zueignungsakt auf eine verlorene (dann § 246, Rn 109) oder eine nur vergessene (dann § 242, Rn 110) Sache bezog, ist aus § 246 zu bestrafen[112].

Rechtsprechungsbeispiel: Aufschlussreich zum Verständnis der Subsidiaritätsklausel in der Rspr. ist **BGH NJW 12, 3046**. Hier gelang es der Angekl. A unter Manipulation von Kassenbelegen und Fälschung von Postquittungen für angebliche Portokosten im Tatzeitraum von Mitte 2004 bis Ende 2007, aus der von ihr alleine verwalteten Handkasse des Unternehmens, bei dem sie angestellt war, durch 130 Handlungen 288330,63 € für eigene Zwecke zu entnehmen. – Das LG hat das in der BGH-Entscheidung nicht näher mitgeteilte Geschehen als eine gewerbsmäßig begangene Untreue (§§ 266 I, II, 263 III 2 Nr 1) und eine veruntreuende Unterschlagung (§ 246 I, II) angesehen. Erstere setzt die für den Treubruchstatbestand unstreitig zu verlangende Vermögensbetreuungspflicht (s. dazu Rn 769 ff, 772) und Gewerbsmäßigkeit als Begründung eines besonders schweren Falls (s. Rn 593), Letztere die Qualifikation des Anvertrautseins (s. Rn 321 f) voraus[113]. Diese Annahmen werden vom BGH nicht beanstandet, wohl aber die Auffassung des LG, es liege *Tateinheit* (§ 52) vor. Da es für die Frage, ob eine schwerere Strafdrohung iS der Subsidiaritätsklausel des § 246 I gegeben ist, auf den im Einzelfall anwendbaren Strafrahmen *einschließlich* eines Sonderstrafrahmens für besonders schwere Fälle ankomme, folge hier aus dem nach § 266 II anwendbaren Regelbeispiel des § 263 III 2 Nr 1 aus dessen höherem Strafrahmen, dass § 246 zurücktrete. Zuvor betont der BGH, dass – worauf es hier freilich nicht ankommt – die Subsidiarität des § 246 gegenüber *allen*, also nicht nur den vergleichbares Unrecht ausdrückenden, Delikten mit höherem Strafrahmen gelte *und* begründet, warum nach seinem Verständnis die in § 246 I enthaltene Subsidiaritätsklausel auch auf die erst in § 246 II geregelte veruntreuende Unterschlagung anzuwenden sei[114].

---

109 BGHSt 47, 243 mit zust. Anm. *Otto*, NStZ 03, 87 und abl. Anm. *Duttge/Sotelsek*, NJW 02, 3756; *Geppert*, JK 10/02 StGB § 246/13; *Hoyer*, JR 02, 517; *Küpper*, JZ 02, 1115; BGH NJW 12, 3046 mit insoweit zust. Anm. *Heghmanns*, ZJS 13, 134 (der die Lösung allerdings „sinnwidrig" findet) und *Hohmann*, NStZ 13, 161.

110 So aber BGH BeckRS 17, 123467; s. dazu auch Rn 440, 671; ebensowenig nachvollziehbar: hinter geheimdienstlicher Agententätigkeit, § 99 nach BGH StraFo 14, 434; dem BGH gleichwohl auch für § 246 zust. AnK-*Kretschmer*, § 246 Rn 17; *Heghmanns*, Rn 1164 f; *ders.*, JuS 03, 956 ff; *Sander/Hohmann*, BT I § 3 Rn 34; *Joecks/Jäger*, § 246 Rn 38; *Lackner/Kühl*, § 246 Rn 14; MK-*Hohmann*, § 246 Rn 61; *Noak*, Drittzueignung und 6. StrRG 1999, S. 110; *Sander/Hohmann*, NStZ 98, 276; S/S/W-*Kudlich*, § 246 Rn 31; *Wagner*, Grünwald-FS S. 797; *Zöller*, BT Rn 88; liegt Tatmehrheit vor, ist nach BGH NStZ-RR 06, 202 neben § 211 auch § 246 anzuwenden.

111 Zust. *Freund/Putz*, NStZ 03, 242, 246.

112 *Küper/Zopfs*, BT Rn 862.

113 S. zur Subsumtion unter beide Tatbestände *Bosch*, JK 2/13, § 246/15.

114 S. die teils krit. Bespr. von *Heghmanns*, ZJS 13, 134, *Hohmann*, NStZ 12, 161 und *Bosch*, JK 2/13, § 246/15.

2. „Wiederholte" Zueignung

328 Von der Problematik „gleichzeitiger" Zueignung ist die einer „wiederholten" oder nochmaligen Zueignung zu unterscheiden. Sie stellt sich unter dem Blickwinkel der Unterschlagung namentlich dann, wenn der Täter eine „Zueignungshandlung" iS des § 246 vornimmt, nachdem er sich die Sache **zuvor** bereits durch ein (schwereres) strafbares Eigentums- oder Vermögensdelikt zugeeignet hat. Obwohl es nahe liegt, diese Fallgestaltung nicht anders als die „gleichzeitige" Zueignung zu behandeln[115] und daher auch die „Zweitzueignung" der Subsidiaritätsklausel zu unterwerfen, besteht hierüber (nach wie vor) Streit. Er ist nach einigen Stimmen, die zu diesen Fällen auf der die *Möglichkeit doppelter Zueignung verneinenden* **Tatbestandslösung** beharren, mit der Neufassung nicht entschieden, weil sich die Subsidiaritätsklausel lediglich auf das Verhältnis der *Tat* zu den mit dieser Tat *zugleich* verwirklichten Delikten beziehe und daher das Verhältnis zu nachfolgenden „Zueignungen" unberührt lasse[116]. Diese Deutung ist zwar vom Wortlaut nach üblichem Sprachgebrauch[117] gedeckt, in der Sache aber nicht ohne Zweifel. Denn einerseits wollte möglicherweise schon der E 1962, auf dessen Vorbild sich das 6. StrRG beruft (BT-Ds 13/8587, S. 43 f), mit seiner Subsidiaritätsklausel auch die „wiederholte" Zueignung entscheiden[118]. Zum anderen spricht die § 246 zugedachte Auffangfunktion nicht anders als in den Gleichzeitigkeitsfällen dafür, auf § 246 zurückgreifen zu können, wo das vorangegangene Delikt aus mit der Zueignung nicht zusammenhängenden tatsächlichen oder rechtlichen Gründen zweifelhaft ist[119]. Im Übrigen streiten auch unabhängig hiervon die besseren Gründe für die **Konkurrenzlösung**.

329 Von dieser zunächst herrschenden Auffassung, nach der die einem Erwerbsdelikt nachfolgenden **Verwertungshandlungen** zwar tatbestandsmäßig iS des § 246 sein können, im Verhältnis zum Sacheigentümer aber auf der **Konkurrenzebene** unter dem Gesichtspunkt der *mitbestraften Nachtat* zu erledigen sind[120], hat die Rechtsprechung sich allerdings gelöst. Seit BGHSt 14, 38, 43 f hat sie den Standpunkt eingenommen, nicht jede weitere Betätigung des Herrschaftswillens durch den Dieb, Betrüger oder Erpresser bilde einen neuen Zueignungsakt. Schon dem Wortsinn nach sei Zueignung die **Herstellung** der eigentümerähnlichen Herrschaft über die Sache bzw die erstmalige **Verfügung** über sie, nicht aber die bloße Ausnutzung dieser Herrschaftsstellung. Unterschlagung iS des § 246 setze schon **tatbestandlich** voraus, dass sich der Täter die fremde Sache nicht bereits mit Zueignungswillen durch eine strafbare Handlung wie Diebstahl, Raub, Erpressung oder Betrug verschafft habe. Wer dem Dieb ohne Bereicherungsabsicht beim Absatz der Beute helfe, dürfe nicht wegen Beihilfe zur Unterschlagung, sondern nur wegen Begünstigung (§ 257) bestraft werden[121]. Der Konkurrenzlösung wird zudem vorge-

---

115 So auch *Eckstein*, JA 01, 31; *Murmann*, NStZ 99, 17.
116 *Dittrich/Pintaske*, ZJS 11, 162; *Klesczewski*, BT § 8 Rn 75; *Kretschmer*, JuS 13, 24 f; *Krey/Hellmann/Heinrich*, BT II Rn 246; *Küper/Zopfs*, BT Rn 860; LK-*Vogel*, § 246 Rn 51 f; *Rengier*, BT I § 5 Rn 65; *Schramm*, BT I § 3 Rn 27; s. auch *Mitsch*, BT II S. 193, der aber selbst die Konkurrenzlösung vertritt, S. 178 ff.
117 IS des prozessualen Tatbegriffs für § 265 abw. BGHSt 45, 211, 214.
118 S. *Maiwald*, Der Zueignungsbegriff im System der Eigentumsdelikte 1970, S. 224.
119 IE ebenso *Cantzler/Zauner*, Jura 03, 487 f; *Dencker*, in: *Dencker* ua, Einführung in das 6. StrRG 1998, S. 25; *Gropp*, JuS 99, 1045.
120 BGHSt 3, 370, 372; 6, 314, 316; 8, 254, 260; BGH GA 1955, 271, 272.
121 BGH NStZ-RR 96, 131; zust. *Lackner/Kühl*, § 246 Rn 7; LK-*Ruß*, § 246 Rn 11; *Maurach/Schroeder/Maiwald*, BT I § 34 Rn 22; MK-*Hohmann*, § 246 Rn 41; NK-*Kindhäuser*, § 246 Rn 37 f mwN; *Schmidt*, BT II Rn 289; diff. *Otto*, BT § 42 Rn 23 f.

halten, dass mit jeder erneuten Zueignungshandlung die Verjährungsfrist nach ihr von neuem begänne[122].

In der Rechtslehre ist die neuere Rechtsprechung, die selbst nicht ohne Korrekturen auskommt[123], aber zu Recht auf Kritik gestoßen[124]. Es kann zunächst nicht bestritten werden, dass die *Aneignung* fremder Sachen ebenso wiederholbar ist wie ihre Enteignung[125]. So ist die Annahme einer Unterschlagung unumgänglich, wenn jemand eine *verlorene* Sache, die er für *derelinquiert* gehalten und in Eigenbesitz genommen hat, schleunigst veräußert, nachdem er seinen Irrtum erkannt hat. Das gleiche gilt für den Täter, der im Zustand der Nüchternheit die Zueignung einer Sache wiederholt, die er als *Volltrunkener* (§ 323a) gestohlen hat[126]. Der Versuch, auch auf dem Boden der Tatbestandslösung in solchen Fällen Unterschlagung zu bejahen, weil die Erstzueignung *nicht* oder jedenfalls *nicht als Zueignung* **strafbar** sei[127], gibt in Wahrheit die Ausgangsthese auf. Das liegt nicht anders, wenn man in Fällen der Herstellung oder Vertiefung des Enteignungseffektes durch die Zweithandlung Zweitzueignung bejaht[128]. In beiden Gestaltungen räumt man die Wiederholbarkeit der Zueignung ein und macht damit sichtbar, dass das fortbestehende Eigentum des Betroffenen auch nach dem Entzug der Sache schutzwürdig bleibt[129]. Die von der Gegenmeinung bei Unbeweisbarkeit der Erstzueignung und in Fällen der Beteiligung an der vermeintlich tatbestandslosen Verwertungstat in Kauf genommenen Strafbarkeitslücken sind zudem zwar für sich genommen kein Argument (Rn 6), bleiben hier aber ohne begründbaren Sinn. Das gilt auch dort, wo die Bestrafung der Erstzueignung daran scheitert, dass der bei der Tat zu Tode gekommene Verletzte den nach § 247 für die Ersttat notwendigen Strafantrag nicht mehr stellen kann (s. dazu **Aktuelle Entscheidung** in Rn 337)[130]. Daher ist auch bei „wiederholter" Zueignung der **Konkurrenzlösung** zu folgen, deren Konsequenzen für die Verjährung hinzunehmen sind. 330

Das gilt auch für eine einer Selbstzueignung **nachfolgende Drittzueignung**[131]. Verlangt man auch für die Drittzueignung eine Aneignung durch den *Täter*[132], ist der Streitstand (Rn 328 ff) übertragbar. Stellt man richtigerweise darauf ab, dass bei der Drittzueignung nur dem Dritten die Aneignung ermöglicht werden muss (s. Rn 313), ergibt sich für einige Vertreter der Tatbestandslösung[133] wie für Anhänger der Konkurrenzlösung[134] das Problem der wiederholten Zueignung mit der Begründung nicht, 331

---

122 BGHSt 14, 38, 46; *Kindhäuser*, § 246 Rn 39; S/S/W-*Kudlich*, § 246 Rn 20.
123 BGHSt 16, 280, 281; BGH NJW 61, 1171.
124 Vgl ua A/W-*Heinrich*, § 15 Rn 44 ff; *Baumann*, NJW 61, 1141; *Eisele*, BT II Rn 264 ff; HK-GS/*Duttge*, § 246 Rn 15; S/S-*Bosch*, § 246 Rn 19; *Tenckhoff*, JuS 84, 775, 778; *Zöller*, BT Rn 101.
125 Vgl BGHSt 13, 43, 44 zur Zueignung gestohlener oder unterschlagener Sachen durch Dritte.
126 BGH MDR/D 71, 546; *Hillenkamp*, BT S. 125 f; LK-*Spendel*, § 323a Rn 342; *Weber*, JZ 76, 102.
127 OLG Celle MDR 63, 156; *Maiwald*, Der Zueignungsbegriff im System der Eigentumsdelikte 1970, S. 267 f; *Schünemann*, JuS 68, 118.
128 SK-*Samson*, 4. Aufl., § 246 Rn 52; s. auch *Ranft*, JuS 93, 859; iE ebenso SK-*Hoyer*, § 246 Rn 30.
129 *Mitsch*, JuS 98, 312; s. auch *Duttge/Sotelsek*, Jura 02, 533.
130 So in BGH BeckRS 16, 116326, eine Entscheidung, die den nachträglichen Verbrauch der Diebesbeute für tatbestandslos erklärt.
131 S. dazu *Hillenkamp*, BT 24. Problem, Beispiel 4.
132 So zB *Rönnau*, GA 00, 424.
133 ZB *Schmidt*, BT II Rn 291.
134 ZB *Mitsch*, ZStW 111 (1999), 92.

dass Selbst- und Drittzueignung etwas Verschiedenes und daher hintereinander ohne Weiteres begehbar seien. Da die Drittzueignung das vorangegangene Unrecht vertiefe, soll sie selbstständig nach § 246 strafbar sein[135]. Andere[136] sehen in der Drittzueignung nach Selbstzueignung lediglich den Vortäter nicht belastendes Hehlereiunrecht[137] und wollen daher § 246 im Wege der teleologischen Reduktion um diese Drittzueignungskonstellation im Sinne der Tatbestandslösung verkürzen. Da sich eine Drittzueignung nach einer Selbstzueignung aber weder begrifflich leugnen noch aus dem Begriffskern teleologisch herausnehmen lässt, ist auch hier der **Konkurrenzlösung** der Vorzug zu geben[138]. Richtigerweise tritt dann auch die Drittzueignung zurück, da sie angesichts des Verzichts auf jeden Nutzen für den Täter deutlich weniger personales Unrecht bedeutet, als die egoistische Selbstzueignung durch Verschenken oder Verkaufen.

332 Im **Fall 23** hat T die Kaufleute durch konkludente Vorspiegelung einer Einziehungsvollmacht getäuscht und sie geschädigt, da durch die Zahlung an ihn keine Schuldbefreiung eingetreten ist. Er hat daher einen Betrug begangen. Gleichzeitig liegt in der Vortäuschung der Vollmacht und in der den Betrug vollendenden Entgegennahme des Geldes eine *unzweideutige* Manifestation des Zueignungswillens, für deren Begründung man nicht auf eine auch mehrdeutiges Handeln einbeziehende Erweiterung der Manifestationslehre zurückgreifen muss[139]. Der Einwand gegen die damit *zugleich* gegebene Unterschlagung, sie setze Gewahrsam *vor* Zueignung voraus, hat sich durch den Verzicht auf die Gewahrsamsklausel erledigt. Auch steht der Überlegung, die Annahme einer zeitgleich mit anderen Zueignungsdelikten begangenen Unterschlagung ergebe keinen Sinn, der in der Subsidiaritätsklausel zum Ausdruck gekommene gesetzgeberische Wille entgegen. Die Unterschlagung tritt freilich gegenüber § 263 zurück. Im Verbrauch des Geldes liegt nach der zutreffenden **Konkurrenzlösung** eine weitere Unterschlagung. Sie tritt – wenn man sie nicht schon von der Subsidiaritätsklausel mit erfasst sieht – aus allgemeinen Konkurrenzüberlegungen als *mitbestrafte Nachtat* hinter den Betrug zurück, erlaubt aber gegenüber der sie verneinenden Tatbestandslösung, ihre Förderung bei Fehlen der Voraussetzungen der §§ 257, 259 als Teilnahme zu bestrafen. Auch lässt sich nur mit ihr selbstständiges Unterschlagungsunrecht ausdrücken, wenn mit dem Betrug das Vermögen der Kaufleute und mit der Unterschlagung schon Eigentum der Gemeinde verletzt worden sein sollte[140].

---

135 So *Schmidt*, BT II Rn 291.
136 *Hohmann/Sander*, BT I Rn 25; *Murmann* NStZ 99, 15.
137 S. dazu *Cantzler/Zauner*, Jura 03, 487 f; *Eckstein*, JA 01, 30.
138 Ebenso *Eisele*, BT II Rn 267; für die Tatbestandslösung auch insoweit *Rengier*, BT I § 5 Rn 56 f; HK-GS/*Duttge*, § 246 Rn 17 mwN; ebenso *Kretschmer*, JuS 13, 25, in dessen Beispiel (verschenken) allerdings richtigerweise eine Selbstzueignung vorliegt (s. Rn 168).
139 So aber BGHSt 14, 38, 41.
140 Auch dann anders BGHSt 14, 38, 44 f; s. zu weiteren Argumenten *Hillenkamp*, BT 24. Problem.

IV. Prüfungsaufbau: Unterschlagung, § 246

Unterschlagung, § 246   332a
  I. **Tatbestand**
     1. **Objektiver Tatbestand**
        a) Tatobjekt: • *Sache iSd § 90 BGB*
                                → nur individuell bestimmte Sache
                                → auch Tiere
                             • *beweglich*
                             • *fremd*
        b) Tathandlung: rechtswidrige Zueignung
                             • *Zueignungswille*
                                Ⓟ Zueignungsabsicht
                             • *Zueignungshandlung*
                                Ⓟ nur (eindeutige) Manifestation des
                                   Zueignungswillens oder
                                → Aneignung
                                → Enteignung
                             • *Selbst- oder Drittzueignung*
                                Ⓟ Funktion von Besitz und Gewahrsam
                                Ⓟ gleichzeitige/wiederholte Zueignung
                                → An- und Enteignung
                             • *Rechtswidrigkeit der Zueignung*
                                → Widerspruch zur Eigentumsordnung
                                Ⓟ fälliger, einredefreier Anspruch bei Gattungs-,
                                   Spezies-, Geldschuld
     2. **Subjektiver Tatbestand**
        Vorsatz: • *jede Vorsatzart*
                                Ⓟ Irrtum bzgl der Rechtswidrigkeit der Zueignung
  II. **Rechtswidrigkeit**
  III. **Schuld**
  → **Qualifikation: Veruntreuende Unterschlagung, § 246 II**
     Vertrauensstellung: • *Sache anvertraut*
                                Ⓟ Anvertrautheit bei unwirksamem Rechtsgeschäft
  → **Privilegierung (Strafantrag, §§ 247, 248a)**
  IV. **Subsidiarität, § 246 I**
     → Subsidiarität gegenüber mit schwererer Strafe bedrohter Tat
     Ⓟ Reichweite der Subsidiaritätsklausel
     Ⓟ gleichzeitige/wiederholte Zueignung

§ 6 Privilegierte Fälle des Diebstahls und der Unterschlagung

333 **Fall 24:** Der Heiratsschwindler H hatte sich mit der Kellnerin K „verlobt" und war auf sein Drängen bei ihr eingezogen. Dabei ging es ihm allein darum, sich an den nachts von K mit nach Hause gebrachten Trinkgeldern und an ihren in der Wohnung aufbewahrten Ersparnissen zu vergreifen, was auch wiederholte Male geschah. Als K die Diebstähle bemerkte, löste sie die „Verlobung" auf und bat H auszuziehen. Von einer Anzeige sah sie allerdings ab, weil es ihr unangenehm war, auf einen Heiratsschwindler hereingefallen zu sein, und auch, weil sie selbst zuvor aus einer verschlossenen Kassette des H, in der dieser seine persönliche Habe verwahrte, eine ihm von einer früheren Freundin geschenkte Krawattennadel im Einkaufswert von 150 EUR entwendet und auf dem Flohmarkt verkauft hatte.
Sind die Taten von H und K ohne Antrag verfolgbar? **Rn 341**

I. Haus- und Familiendiebstahl

1. Privilegierungsgrund und Anwendungsbereich

334 Nach § 247 werden Diebstahl und Unterschlagung in all ihren Erscheinungsformen unter Einschluss der §§ 243–244a und des § 246 II **nur auf Antrag** verfolgt, wenn durch die Tat ein *Angehöriger*, der *Vormund* oder der *Betreuer* verletzt ist oder wenn der Täter zur Zeit der Tat mit dem Verletzten *in häuslicher Gemeinschaft* lebt. Das Antragserfordernis beruht hier nicht auf geringerem Unrecht oder geminderter Schuld, da die Tat wegen des mit ihr verbundenen Vertrauensbruchs sogar besonders schwer wiegen kann. Zweck des Gesetzes ist es vielmehr, den familiären oder den inneren häuslichen Frieden vor zusätzlichen Störungen durch eine unerwünschte Strafverfolgung zu schützen und den Mitgliedern des betroffenen Näheverhältnisses die Möglichkeit offen zu halten, die Angelegenheit unter sich zu bereinigen[1].

335 **Antragsberechtigt** ist der Verletzte (§ 77 I). Bei einer Unterschlagung ist das der Sacheigentümer. Das gilt auch für den Diebstahl (Rn 70). Die Rechtsprechung hält beim Diebstahl daneben auch den Gewahrsamsinhaber für geschützt[2]. Sind dies verschiedene Personen, müssen danach beide in dem vorausgesetzten Verhältnis zum Täter stehen; ein bloß *untergeordneter* Mitgewahrsam und eine Gewahrsamsbeziehung dessen, dem keinerlei Besitzrecht zusteht, sollen außer Betracht bleiben[3].

§ 247 gilt nicht für Raub und räuberischen Diebstahl (§§ 249–252), wohl aber – neben § 248a – bei den Tatbeständen der Entziehung elektrischer Energie (§ 248c III), der Hehlerei (§ 259 II), des Betrugs (§ 263 IV), des Computerbetrugs (§ 263a II), der Leistungserschleichung (§ 265a III) und der Untreue (§ 266 II). Beim Missbrauch von Scheck- und Kreditkarten gilt § 247 da-

---
[1] BGHSt 29, 54, 56; SK-*Hoyer*, § 247 Rn 1 f; für Abschaffung der Vorschrift, weil nicht mehr zeitgemäß, LK-*Vogel*, § 247 Rn 1.
[2] BGHSt 10, 400, 401; 29, 319, 323; ebenso HK-GS/*Duttge*, § 247 Rn 5; *Lackner/Kühl*, § 247 Rn 2; *Wessels*, BT II Rn 302; aA hier Rn 70; NK-*Kindhäuser*, § 247 Rn 11; S/S-*Bosch*, § 247 Rn 10, 11.
[3] BGHSt 10, 400, 401 ff; s. zur Auswirkung des Streits um das Rechtsgut des § 242 auf das Antragserfordernis *Jäger*, BT Rn 176.

gegen nicht (§ 266b II). Erklärbar ist das trotz des gegenüber §§ 263, 266 geringeren Strafrahmens allenfalls damit, dass mit § 266b nicht nur das individuelle Vermögen, sondern auch der unbare Zahlungsverkehr geschützt sein soll (s. Rn 794).

2. Beziehung zwischen Täter und Verletztem

Privilegiert ist die Tat, wenn die verletzte Person **Angehöriger** (§ 11 I Nr 1), **Vormund** (§§ 1773 ff BGB) oder **Betreuer** (§§ 1896 ff BGB) ist oder der Täter mit dem Verletzten in **häuslicher Gemeinschaft** lebt. Zu den Angehörigen gehört nach § 11 I Nr 1a auch der Lebenspartner im Sinne des § 1 LPartG. Sind mehrere beteiligt, gilt das Antragserfordernis nur für den, bei dem die Beziehung vorliegt[4]. 336

Unter einer **häuslichen Gemeinschaft** iS des § 247 ist vor allem der gemeinsam geführte Haushalt von Familienmitgliedern unter Einschluss des darin beköstigten Personals[5], aber auch jede sonstige **freigewählte** Wohn- und (nichteheliche) Lebensgemeinschaft zu verstehen, die auf eine gewisse Dauer angelegt und *ernstlich* von dem Willen getragen ist, die aus der persönlichen Bindung folgenden Verpflichtungen zu übernehmen[6]. 337

Eine Gemeinschaft dieser Art besteht zB innerhalb eines Klosters, eines Internats oder einer studentischen Wohngemeinschaft, zumeist auch unter Bewohnern eines Altersheims. An einem *freien* Zusammenschluss fehlt es dagegen bei Patienten in einem Krankenhaus, Soldaten in einer Kaserne[7], den in einem Heim für Asylbewerber oder Flüchtlingslager Untergebrachten oder bei Insassen einer Straf- oder Verwahrungsanstalt.

BGHSt 29, 54 verneint das Vorhandensein eines *ernstlichen* Bindungswillens (und damit die Notwendigkeit des Strafantrags) bei demjenigen, der das Zusammenleben von vornherein nur dazu ausnutzen will, *strafbare Handlungen* gegenüber Mitgliedern der Gemeinschaft zu begehen. Auf das nur äußere Zusammenleben komme es hier ebensowenig *allein* an, wie auf die zivilrechtliche Beurteilung eines *Verlöbnisses*, zu dem einem der Beteiligten der ernsthafte Wille fehlt[8].

Wo eine häusliche Gemeinschaft iS des § 247 bestand, fällt mit deren *Auflösung* das Antragserfordernis nicht weg[9]. Das gilt auch für die übrigen Beziehungen.

> **Die aktuelle Entscheidung:** Wie Fragen des Diebstahls und der Unterschlagung in § 247 hineinwirken können, zeigt **BGH BeckRS 16, 116326**. Hier hatten A und ihr Bekannter B beschlossen, dass B in das Haus der M, der Mutter des von A geschiedenen E, einbrechen sollte, um dort Bargeld und Wertgegenstände zu stehlen. Bei der Ausführung der gemeinschaftlich geplanten Tat traf B auf M, die das Haus allein bewohnte, nachdem er das Diebesgut bereits an sich genommen hatte. B erwürgte M, stellte ihren Tod fest und verließ das Haus mit der Beute, die A und B gemeinsam verbrauchten. Den von B verübten Mord be-

---

4 *Fischer*, § 247 Rn 5; *Lackner/Kühl*, § 247 Rn 3.
5 Vgl zum ehemaligen „Gesindediebstahl" BGH NJW 68, 1197.
6 BGHSt 29, 54, 57; OLG Hamm wistra 03, 356: ein stationärer Krankenhausaufenthalt hebt die Gemeinschaft nicht auf.
7 Anders unter Berufung auf § 12 SoldatenG für freiwillig in Kasernen lebende Soldaten (vgl § 18 SoldatenG) *Kinzig*, Rengier-FS S. 237, 241 f; s. auch schon *Seelmann*, JuS 85, 699, 703.
8 Krit. LK-*Vogel*, § 247 Rn 10.
9 OLG Celle JR 86, 385 mit zust. Anm. *Stree*; OLG Hamm NJW 86, 734; zB auch nicht nach dem Tod des Lebenspartners, s. OLG Hamm wistra 03, 356.

wertete das LG als einen der A nicht zurechenbaren Mittäterexzess. A verurteilte es daher nur wegen eines mittäterschaftlich begangenen Wohnungseinbruchsdiebstahls nach § 244 I Nr 3 zu einer Freiheitsstrafe von 2 Jahren und 6 Monaten. Auf ihre Revision hob der BGH die Verurteilung auf und stellte das Verfahren gegen A ein, weil es „an der Verfahrensvoraussetzung eines wirksamen Strafantrags" fehlte. – Richtig ist zunächst gesehen, dass M als durch den Diebstahl „Verletzte" eine Angehörige der A nach § 11 I Nr 1a war, da die beiden Frauen „in gerader Linie verschwägert" gewesen sind (§ 1590 I BGB). Dass die die Schwägerschaft begründende Ehe von A und E zur Zeit der Tat nicht mehr bestand, ändert am Fortbestand der Schwägerschaft nichts (§ 1590 II BGB) und lässt auch das Antragserfordernis unberührt (§ 11 I Nr 1a a.E.). Richtig ist auch gesehen, dass § 247 – anders als § 248a (Rn 338) – nicht nur für den Grundtatbestand des § 242, sondern auch für alle Fälle der §§ 243, 244, 244a gilt (Rn 334). Die nach den Sachverhaltsangaben nicht ganz fernliegenden §§ 249, 252 sind vom LG offenbar – wahrscheinlich, weil es beim Mord nicht mehr um Besitzerlangung bzw. -verteidigung ging – ausgeschlossen worden. Auch sie wären ggf. allerdings der A vermutlich ebenso wie der Mord als Exzess des B nicht zurechenbar gewesen und schieden deshalb so oder so als auch ohne Antrag verfolgbare Delikte aus. Auch eine bei besonderem öffentlichen Interesse ohne Antrag verfolgbare Sachbeschädigung (§ 303c) ist nicht angesprochen. Es bedurfte daher in der Tat für die Verfolgung der Tat der A eines wirksamen Strafantrags des/der hierzu Berechtigten. Das ist/sind nach dem Tod des/der durch die Tat Verletzten (hier der M) dessen/deren Kinder nach § 77 II nur dort, wo der Übergang des Antragsrechts auf sie beim Tod des/der Verletzten gesetzlich ausdrücklich angeordnet ist. Anderenfalls erlischt das Antragsrecht mit der Folge, dass die Tat unverfolgbar bleibt. Da § 247 anders als zB § 194 I 5 oder § 230 I 2 eine solche Anordnung nicht enthält, konnte im vorliegenden Fall der von den beiden Kindern der M „form- und fristgerecht" gestellte Strafantrag das Prozesshindernis eines fehlenden Antrags nicht beseitigen. Anders läge es nur, wenn die beiden Kinder der M als ihre denkbaren Erben (ob sie es waren, müsste dann festgestellt werden) selbst „Verletzte" wären. Das wird vom BGH erwogen, aber verneint. Zwar wären die Kinder als Erben nicht Gewahrsamsinhaber (s. Rn 94) bezüglich des Diebesguts, wohl aber seine Eigentümer geworden und durch einen Diebstahl (s. Rn 70) oder eine Unterschlagung (s. Rn 307) an ihm verletzt. Der BGH folgert aber aus den tatsächlichen Gegebenheiten – M lebte allein in ihrem Haus, B hatte das Diebesgut schon an sich genommen und eine Verhinderung des Abtransports durch M offenbar nicht zu befürchten – zunächst, dass der Diebstahl bereits bei der Begegnung mit M und ihrer Tötung beendet (s. zur Beendigung Rn 131 f) und deshalb ausschließlich gegen M gerichtet gewesen sei. Es komme daher auch nicht darauf an, ob eine Verletzung erst im Stadium zwischen Vollendung und Beendigung der Tat überhaupt geeignet sei, das Antragsrecht zu begründen. Dem wird man noch zustimmen können. Fallentscheidend ist dann aber die Frage, ob auch eine von A und B mittäterschaftlich begangene Unterschlagung durch den erst nach dem Erbanfall geschehenen Verbrauch des Diebesguts ausscheidet. Das wird vom BGH mit der hier abgelehnten Tatbestandslehre (s. Rn 330) bejaht. Eine Unterschlagung soll entfallen, weil eine nochmalige Zueignung einer bereits (hier durch Diebstahl) zugeeigneten Sache ohne vorherige Aufgabe der „Scheineigentümerposition" entgegen der (hier vertretenen) Konkurrenzlehre nicht möglich sei und sich daran auch nichts ändere, wenn „die erste strafbare Zueignungshandlung – wie hier – nicht verfolgt werden" könne. Die damit aufgezeigte weitere (s. Rn 330) Strafbarkeitslücke, die (nur) die Tatbestandslehre reißt, führt hier nicht nur zu dem unbefriedigenden Ergebnis, dass die zweifelsfreie Mittäterin eines Einbruchsdiebstahls und nach vorzugswürdiger Lehre auch einer Unterschlagung straflos bleibt, sondern dass sie auch die Verfahrenskosten nicht zu tragen und möglicherweise einen Anspruch auf Entschädigung für die ihr gegenüber vorgenommenen Strafverfolgungsmaßnahmen hat (s. dazu Rn 18 f der Entscheidung und *Jahn*, JuS 17, 472).

II. Diebstahl und Unterschlagung geringwertiger Sachen

Werden *geringwertige Sachen* gestohlen oder unterschlagen, ist für die Verfolgung der Tat – wie in den Fällen des § 247 – ein **Strafantrag** (§ 158 II StPO) des Verletzten erforderlich. Das gilt hier freilich nur dann, wenn die Strafverfolgungsbehörde ein Einschreiten nicht wegen des besonderen öffentlichen Interesses von Amts wegen für geboten hält[10]. Anders als § 247 bezieht § 248a sich beim *Diebstahl* nur auf § 242, sodass diejenigen Diebstahlsfälle ausscheiden, die unter §§ 244, 244a fallen[11] oder bei denen das Vorliegen eines *besonders schweren Falles* zu bejahen, die Strafe also nach § 243 zu bestimmen ist[12]. Das kann trotz Geringwertigkeit der Beute zB in Fällen des § 243 I 2 Nr 7 (§ 243 II) oder auch dann so sein, wenn sich der Diebstahlsvorsatz auf alles Mitnehmenswerte bezieht, nach Verwirklichung des Regelbeispiels aber nur geringwertige Dinge vorgefunden werden[13] (s. dazu auch Rn 255 ff). Bei der Unterschlagung erfasst § 248a dagegen wie § 247 auch den *Veruntreuungstatbestand* des § 246 II.

338

§ 248a soll in Verbindung mit §§ 153 I, 153a StPO im Wege der sog. *prozessualen Lösung* die Behandlung der **Bagatellkriminalität** befriedigender regeln als zuvor[14]. Auf ihn wird in §§ 248c III, 263 II, 263a II, 265a III, 266 II und § 266b II verwiesen.

Zum Begriff der **Geringwertigkeit** gelten die zu § 243 II gemachten Ausführungen (Rn 252 ff) entsprechend. Entscheidend ist der objektive **Verkehrswert** der Sache zur Zeit der Tat[15]. Die Verhältnisse der Beteiligten werden zwar in der Regel, müssen aber nicht unter allen Umständen außer Betracht bleiben[16].

339

Der obere Grenzwert dürfte mittlerweile auch hier höher als bei den bis zur Währungsumstellung angenommenen 50 DM, nämlich bei 50 € liegen (Rn 252)[17].

Das Kriterium des **geringen Wertes** in § 248a ist rein wirtschaftlich zu verstehen. Bei der Entwendung oder Unterschlagung von Sachen, die keinen in Geld messbaren **Verkehrswert** haben, ist für § 248a kein Raum[18].

---

10 Das kann konkludent durch Anklageerhebung zum Ausdruck kommen, s. dazu und zu Einschränkungen insoweit BGH StraFo 15, 127 und Brandenburg. OLG StraFo 15, 127.
11 OLG Köln NJW 78, 652.
12 AA SK-*Hoyer*, § 248a Rn 6; wie hier *Eisele*, BT II Rn 297; *Fischer*, § 248a Rn 2; *Lackner/Kühl*, § 248a Rn 4.
13 BGHSt 26, 104, 105.
14 Näher dazu BVerfGE 50, 205; *Dreher*, Welzel-FS S. 917; *Krümpelmann*, Die Bagatelldelikte, 1966; *Vogler*, ZStW 90 (1978), 132, 151; s. auch *Reichert*, ZRP 97, 492 mit dem Vorschlag, den Diebstahl geringwertiger Sachen zum Privatklagedelikt zu machen.
15 BGH NStZ 81, 62; BGH wistra 17, 437; ausschließlich hierauf abstellend HK-GS/*Duttge*, § 248a Rn 3.
16 BGHSt 6, 41, 43 (zu § 264a aF); *Lackner/Kühl*, § 248a Rn 5.
17 OLG Zweibrücken NStZ 00, 536; OLG Hamm NJW 03, 3145; OLG Frankfurt a.M. NStZ-RR 08, 311 mit Bespr. *Jahn*, JuS 08, 1024; *Satzger*, Jura 12, 794; für eine Obergrenze von 30 EUR dagegen OLG Oldenburg NStZ-RR 05, 111; gegen eine starre Obergrenze KG StV 16, 652, 654 ff. Vgl hierzu genauer *Henseler*, StV 07, 323 ff.
18 Vgl Rn 253 sowie BGH NJW 77, 1460 zur Entwendung von Strafakten; BayObLG JR 80, 299 in Bezug auf Personalausweise, Scheckkarten und Scheckformulare; krit. dazu *Jungwirth*, NJW 84, 954.

III. Irrtumsfragen

340 Ein Irrtum über die in §§ 247, 248a umschriebenen Antragsvoraussetzungen ist bedeutungslos, da er allein die **Verfolgbarkeit**, dh die *verfahrensrechtliche* Seite der Tat betrifft. In dieser Hinsicht kommt es nur auf die tatsächlichen Gegebenheiten, nicht auf die Vorstellung des Täters an (Rn 250)[19].

341 Im **Fall 24** entfällt das Antragserfordernis nach § 247 für die **Diebstähle des H** zwar nicht deshalb, weil die „Verlobung" und die „häusliche Gemeinschaft" aufgelöst worden sind. Insoweit kommt es auf das Bestehen der jeweiligen Beziehung zur Zeit der Tat an. Da aber die Verlobung aufseiten des H nicht ernst gemeint und die häusliche Gemeinschaft von ihm allein zur Erleichterung der Straftaten eingegangen worden war, sind beide Merkmale auch zur Tatzeit nicht erfüllt[20]. Eines Strafantrags der K bedarf es deshalb nur, falls es sich bei den entwendeten Beträgen jeweils um kleinere Summen gehandelt haben sollte (§ 248a). Entbehrlich ist der Strafantrag freilich auch dann, wenn entweder der Gesamtwert des tatsächlich Erlangten deutlich über 50 € hinausgeht *und* Handlungseinheit[21] oder Fortsetzungszusammenhang[22] zwischen den Diebstählen anzunehmen ist oder die Staatsanwaltschaft bei einem relativen Antragsdelikt wie § 248a das öffentliche Interesse bejaht[23]. Auch der **Diebstahl der K** unterfällt § 247 nicht. Zwar ist für § 247 unschädlich, dass es sich um einen Diebstahl in einem schweren Fall nach §§ 242, 243 I 2 Nr 2 handelt. Auch hier scheitert die Privilegierung aber daran, dass weder Verlobung noch häusliche Gemeinschaft vorliegen. Dass K subjektiv von beidem ausgeht, hilft ihr nicht, da die Privilegierung auf kriminalpolitischen Zweckmäßigkeitserwägungen und nicht auf schuldmindernden Umständen beruht[24]. Da es sich nicht um eine geringwertige Sache handelt, kommt § 248a nicht in Betracht. Sollte sich auf dem Flohmarkt herausgestellt haben, dass die Nadel nur noch einen Verkehrswert von unter 50 € hatte, würde § 248a daran scheitern, dass K das beim Diebstahl nicht wusste und daher § 243 I 2 Nr 2 erfüllte (Rn 251)[25].

---

19 BGHSt 18, 123, 125 f; *Fischer*, § 248a Rn 6; *Kindhäuser*, § 248a Rn 5; LK-*Vogel*, § 248a Rn 9; *Rengier*, BT I § 6 Rn 2a; S/S-*Bosch*, § 247 Rn 13; § 248a Rn 16; *Wessels/Beulke/Satzger*, AT Rn 791.
20 BGH JZ 89, 256; BGHSt 29, 54.
21 *Lackner/Kühl*, § 248a Rn 3.
22 S/S-*Bosch*, § 248a Rn 11–14; s. dazu aber BGHSt 40, 138.
23 S. dazu HK-GS/*Duttge*, § 248a Rn 11; *Kindhäuser*, § 248a Rn 6.
24 S. zur parallelen Irrtumsproblematik bei Strafausschließungsgründen *Hillenkamp*, AT 11. Problem.
25 Abw. *Fahl*, JuS 01, 49.

3. Kapitel
Raub

§ 7 Der Grundtatbestand des Raubes

Fall 25: F schlendert durch eine Grünanlage und lässt ihre Handtasche an einem Finger der linken Hand lose hin- und herpendeln, als von hinten der Radfahrer R naht, der es auf das Geld der F abgesehen hat. Mit schnellem Griff erfasst er die Handtasche, die er wenige Meter weiter zu Boden fallen lässt, nachdem er ihr die Geldbörse mit etwa 20 € Inhalt entnommen hat.
a) Strafbarkeit des R? **Rn 360**
b) Ändert sich die Beurteilung, wenn F die Absicht des R im letzten Moment erkannt hat und die Handtasche mit beiden Händen am Trageriemen fest umklammert, R sein Ziel jedoch gleichwohl erreicht, weil er die Tasche mit solcher Wucht an sich reißt, dass der Trageriemen sich löst und in den Händen der F zurückbleibt? **Rn 360**

342

I. Die Unrechtsmerkmale des Raubes

Im Grundtatbestand des Raubes (§ 249) sind alle objektiven und subjektiven Merkmale des **Diebstahls** (§ 242) enthalten. Insoweit wird auf die früheren Ausführungen verwiesen (vgl oben Rn 73 ff), die zum Tatobjekt und dessen Eigenschaften, der Tathandlung (s. dazu auch Rn 622 ff), zum Vorsatz und zur Zueignungsabsicht ohne Einschränkung verwertbar sind. Wie der Diebstahl ist auch der Raub kein Schädigungsdelikt. Auf einen Vermögensschaden kommt es folglich nicht an[1]. Nimmt zB der Täter einem Rauschgifthändler unter Drohung mit gegenwärtiger Lebensgefahr Drogen weg, stellt sich die – richtigerweise zu verneinende (Rn 73) – Frage nach der Tauglichkeit des Tatobjekts, nimmt er ihm nach Auslieferung der Ware das als Kaufpreis gezahlte Geld mit Gewalt wieder ab, fehlt es mangels Fremdheit der Sache am Raub, wenn aus dem Verbot des Handeltreibens (§ 29 I Nr 1 BtMG) die Nichtigkeit der Übereignung des Kaufpreises folgt (Rn 80)[2]. Zur im Raub gleichfalls enthaltenen **Nötigung** sind namentlich die Grundaussagen zu Gewalt und Drohung gültig[3], erfahren aber durch die in § 249 enthaltenen Zusätze Modifikationen. Die folgende Darstellung beschränkt sich auf die *Besonderheiten*, die den Raub im Vergleich zum Diebstahl und zur Nötigung auszeichnen.

343

Der objektive Tatbestand des Raubes ist wie der des einfachen Diebstahls durch das 6. StrRG (Rn 11) *unverändert* geblieben. Ebenso wie beim Diebstahl hat der Gesetzgeber aber im subjektiven Tatbestand der überkommenen eigennützigen Zueignungsabsicht die altruistische *Drittzueignungsabsicht* (s. dazu Rn 166 ff) zur Seite gestellt.

---
1 BGH HRRS 18, Nr 495.
2 S. zur ersten Fallgestaltung BGH NJW 06, 72, zur zweiten BGH NStZ-RR 00, 234.
3 S. *Wessels/Hettinger/Engländer*, BT I Rn 366 ff, 385 ff.

1. Grundstruktur und Schutzgüter des Raubes

344 Der **Tatbestand des Raubes** verbindet die Merkmale des Diebstahls mit einer qualifizierten Nötigung (= Gewalt gegen eine Person oder Drohung mit gegenwärtiger Gefahr für Leib oder Leben) zu einem *zweiaktigen* Delikt **eigenständiger Art**, auf das die §§ 247, 248a nicht anwendbar sind[4]. Der Räuber nötigt sein Opfer, die Wegnahme zu dulden. Gewalt oder Drohung werden von ihm als Mittel zu dem Zweck eingesetzt, die Wegnahme zu ermöglichen und Widerstand dagegen zu verhindern oder zu überwinden. Raub ist somit die Wegnahme fremder beweglicher Sachen *zwecks* Zueignung (= Sachangriff) *mittels* der in § 249 umschriebenen Nötigungshandlung (= Personenangriff). Nötigungsakt und nachfolgende Wegnahme bedürfen der finalen Verknüpfung (s. Rn 350). Daran fehlt es, wenn die Nötigung erst der Beutesicherung dient. Dann kann räuberischer Diebstahl (§ 252) vorliegen[5].

345 § 249 geht den §§ 240, 242 ff als *lex specialis* vor[6]. **Geschützte Rechtsgüter** sind Eigentum und persönliche Freiheit[7]. Gewahrsam ist hier wie in § 242 (Rn 70) nicht selbstständig geschützt. Den Schwerpunkt bildet der Eigentumsschutz[8]; **Raub** ist ein **Eigentumsdelikt**. Die im selben Abschnitt des StGB geregelte **räuberische Erpressung** (§ 255) ist dagegen ein **Vermögensdelikt** (näher Rn 706 ff).

2. Qualifizierte Nötigungsmittel

346 **Raubmittel** sind – enger als bei der Nötigung – entweder **Gewalt gegen eine Person** oder **Drohungen mit gegenwärtiger Gefahr für Leib oder Leben**.

a) Gewalt gegen eine Person

347 **Gewalt gegen eine Person** ist nur der **körperlich wirkende Zwang** durch eine unmittelbare oder mittelbare[9] Einwirkung auf einen anderen, die nach der Vorstellung des Täters dazu bestimmt und geeignet ist, einen tatsächlich geleisteten oder erwarteten Widerstand zu überwinden oder unmöglich zu machen[10].

Da auch die einfache Gewalt iS des § 240 personenbezogen ist, ist die Bedeutung der qualifizierten Gewalt noch wenig geklärt. Einerseits geht es um die stärkere Betonung der Richtung der Gewalt, andererseits mit Blick auf die qualifizierte Drohung um einen intensiveren und die Entscheidungsfreiheit der Person belastenderen Eingriff[11]. Eine *rein seelische* Zwangswirkung (= *psychischer Zwang*) wie die Auslösung von Angst- oder Erregungszuständen genügt nicht[12].

---

4 BGHSt 20, 235, 237 f; BGH NStZ-RR 98, 103.
5 BGH NStZ-RR 01, 41; *Maurach/Schroeder/Maiwald*, § 35 Rn 3.
6 BGHSt 20, 235, 237 f; zu § 244 I Nr. 3 und IV (s. Rn 262) besteht allerdings Idealkonkurrenz, s. S/S-*Bosch*, § 249 Rn 13.
7 Krit. dazu LK-*Vogel*, vor §§ 249 ff Rn 46.
8 Für *Gleichrangigkeit* SK-*Sinn*, § 249 Rn 2.
9 *Fischer*, § 249 Rn 4a.
10 *Küper/Zopfs*, BT Rn 298 f.
11 S. LK-*Träger/Altvater*, § 240 Rn 43; ausführliche Darstellung des Meinungsstandes bei *Blesius*, Raub-Gewalt 2004, S. 80 ff, 96 ff mit dem zu restriktiven Vorschlag, Gewalt gegen die Person ausschließlich mit der „tatbestandlichen Verletzung der §§ 223, 212, 239 StGB" gleichzusetzen (S. 102 ff); s. auch *Blesius*, Jura 04, 570; OLG Koblenz StV 08, 474, 475; LG Gera NJW 00, 159; krit. hierzu OLG Brandenburg NStZ-RR 08, 201, 202.
12 BGH StV 86, 61; LK-*Vogel*, § 249 Rn 6; MK-*Sander*, § 249 Rn 13.

Bei psychosomatischen Wirkungen ist Zurückhaltung geboten, um die Grenze zur Drohungsalternative nicht zu verwischen[13]. Auch wo eine Bedrohung mit einer Waffe „als gegenwärtiges Übel sinnlich empfunden" werden mag, handelt es sich nicht um Gewalt, sondern um Drohung mit einem zukünftigen Übel, weil sich das gegenwärtige seelische Missempfinden nur aus der gedanklichen Vorwegnahme des erst in Aussicht gestellten körperlichen Übels, verletzt oder erschossen zu werden, ergibt[14].

348 Die Anwendung von Gewalt erfordert nicht unbedingt einen besonderen Kraftaufwand[15]. Die Rückkehr von BVerfGE 92, 1, 17 (auch) zu diesem Erfordernis beschreibt zwar einen Kern des Gewaltbegriffs, bedeutet aber beim Wort genommen einen Rückschritt zu einer zu Recht aufgegebenen Rechtsprechung[16] und wird auch vom BVerfG[17] selbst nicht beachtet. Maßgebend ist nicht die vom Täter entwickelte körperliche Kraftentfaltung, sondern die **beim Opfer erzielte Zwangswirkung**, dh die Ausschaltung oder Überwindung jedweder Art von Widerstand durch körperlich wirkenden Zwang.

Die Rechtsprechung geht in dieser Hinsicht sehr weit. Allerdings hat der BGH im Rahmen des § 249 schon das *heimliche* Beibringen eines Betäubungsmittels sowie das Einsperren eines Menschen innerhalb eines Raumes durch bloßes Abschließen der Tür[18] zu Recht als Anwendung von **Gewalt gegen eine Person** angesehen, weil hier zwar keine nennenswerte Kraftentfaltung des Täters, wohl aber eine *erhebliche* körperliche Zwangswirkung beim *Opfer* gegeben ist. Das bloße Forttragen eines Bewusstlosen von der öffentlichen Straße zum Zwecke des Ausplünderns, das Wegschieben der Hand eines *Sterbenden* von seiner Gesäßtasche, in der sich die Geldbörse befand oder das *überraschende* Zugreifen auf eine Handtasche überschreiten dagegen die Schwelle der *Erheblichkeit* physischer Zwangs*wirkung* beim Opfer entgegen den zitierten Entscheidungen eher nicht[19]. Das gilt auch für ein einmaliges Besprühen des Gesichts mit einem nicht gesundheitsgefährdenden Deo-Spray, das erwartungsgemäß nur ein kurzfristiges Schließen der Augen bewirkt[20]. Wer einem Autofahrer mit seinem Moped den Weg versperrt, um dem Sozius zu ermöglichen, auf dem Rücksitz deponierte Handtaschen zu entwenden, verübt keine Gewalt[21]. Beim überraschenden Entreißen von Sachen deutet sich zwar eine restriktivere Tendenz an, wenn nur die als wesentlicher Bestandteil der Wegnahme entfaltete und neben List und Schnelligkeit *maßgeblich* wirkende Gewalt als ausreichend angesehen wird. Ob sich diese Tendenz durchsetzt, steht aber noch dahin[22].

349 Entgegen einer häufig anzutreffenden und stereotyp wiederkehrenden Formulierung bedarf es zur Gewaltanwendung iS des § 249 nicht unbedingt einer „*unmittelbaren Einwirkung auf den Körper*" des Opfers, sei es durch dessen Berührung oder eine andere die Sinne beeinflussende Tätigkeit.

---

13 BK-*Wittig*, § 249 Rn 4; *Krey/Hellmann/Heinrich*, BT II Rn 261; SK-*Sinn*, § 249 Rn 12 f.
14 AA BGHSt 23, 126, 127 f; wie hier A/W-*Heinrich*, § 17 Rn 6.
15 BGHSt 41, 182, 185; BGH NStZ-RR 15, 374; *Eisele*, BT II Rn 309; LK-*Vogel*, § 249 Rn 5; M/R-*Maier*, § 249 Rn 6; *Zöller*, GA 04, 152, 159 f.
16 S. *Krey*, BT I, 11. Aufl. 1998, Rn 330 ff, 340h ff; *Wessels/Hettinger/Engländer*, BT I Rn 367 ff.
17 BVerfG NJW 02, 1031, 1032.
18 BGHSt 1, 145, 146 f; BGHSt 20, 194, 195.
19 Anders BGHSt 4, 210, 212; 16, 341, 342; 18, 329, 330 f; s. hierzu *Blesius*, Raub-Gewalt 2004, S. 91 ff, 107; *Fischer*, § 249 Rn 4b; *Krey/Hellmann/Heinrich*, BT II Rn 265; LK-*Vogel*, § 249 Rn 7.
20 Für Gewalt dagegen BGH NStZ 03, 89; *Eisele*, BT II Rn 309; HK-GS/*Duttge*, § 249 Rn 5; wie hier H-H-*Kretschmer*, Rn 894.
21 Anders LG Ulm NZV 10, 257.
22 Vgl BGH StV 86, 61; 90, 262 sowie den *Grenzfall* LG München NStZ 93, 188; zust. *Rengier*, BT I § 7 Rn 12; krit. LK-*Vogel*, § 249 Rn 12.

Richtig ist nur, dass **Gewalt gegen Sachen** *für sich allein* nicht genügt; wer eine Tür oder ein Fenster aufbricht, um an die Beute zu gelangen, begeht einen Einbruchsdiebstahl (§§ 242, 243 I 2 Nr 1), aber keinen Raub. Um Gewaltanwendung iS des § 249 handelt es sich jedoch dann, wenn eine unmittelbare Sacheinwirkung sich *mittelbar* **gegen eine Person** richtet, wie dies beim Verschließen einer Tür zum Zwecke des Einsperrens der Fall ist[23]. Dass § 249 entgegen BGHSt 1, 145, 147 nicht notwendigerweise eine „unmittelbare Einwirkung auf den Körper" des Opfers voraussetzt, hat BGHSt 23, 126, 127 zutreffend klargestellt.

Irreführend ist auch die Formulierung, dass die Einwirkung vom Opfer als körperlicher Zwang *„empfunden"* werden müsse. Die **körperliche Zwangswirkung** als Folge der Gewaltanwendung ist zwar unerlässlich. Sie braucht vom Opfer aber nicht unbedingt „empfunden" zu werden[24]. Vielmehr ist Gewalt iS des § 249 auch gegenüber **Schlafenden** und **Bewusstlosen** möglich, die von dem gewaltsamen Vorgehen des Täters nichts merken[25]. Vorausgesetzt ist freilich auch hier die Vorstellung des Täters, die Gewalt denkbarerweise doch entstehendem Widerstand entgegenzusetzen[26].

350 Schließlich braucht die Anwendung der Gewalt (das gleiche gilt für die Drohung) für das Gelingen der Wegnahme weder **objektiv erforderlich**[27] noch auch nur **kausal** gewesen zu sein. Es genügt, dass sie nach der subjektiven Zwecksetzung des Täters als wesentlicher Bestandteil der Tat dazu dienen sollte, die Wegnahme durch Ausschaltung oder Überwindung eines in Rechnung gestellten Widerstandes zu ermöglichen[28]. An der in *dieser* Zweckgerichtetheit liegenden **finalen Verknüpfung** zwischen dem eingesetzten Nötigungsmittel und der Wegnahme darf es andererseits nicht fehlen (s. dazu genauer Rn 361 ff, 380, 383)[29].

Es kommt also nicht darauf an, ob der Einsatz von Gewalt oder von Drohungen *conditio sine qua non* für das Gelingen der Wegnahme ist. Maßgebend in dieser Hinsicht sind allein die **Vorstellung und der Wille des Täters**. Demnach reicht es aus, dass dieser ihre Anwendung **für geeignet hält**, die Wegnahme zu ermöglichen. Die an Boden gewinnende *Gegenansicht*, die zum subjektiv-finalen Moment einen auch objektiv kausalen Zusammenhang fordert[30], ver-

---

23 BGHSt 20, 194, 195; S/S/W-*Kudlich*, § 249 Rn 6; S/S-*Bosch*, § 249 Rn 4, 4a.
24 Das ist ua in BGHSt 23, 126 übersehen.
25 BGHSt 4, 210, 212; 25, 237, 238; *Kinzig/Linke*, JuS 12, 230; einschränkend *Schünemann*, JA 80, 349, 350; *Seelmann*, S. 47.
26 *Kindhäuser*, § 249 Rn 23; *Mitsch*, BT II S. 498 f; *Rengier*, BT I § 7 Rn 11.
27 *Klesczewski*, BT § 8 Rn 188; LK-*Vogel*, § 249 Rn 37; MK-*Sander*, § 249 Rn 25.
28 BGHSt 30, 375, 377; BGH StV 86, 61; BGH NStZ 93, 79; *Lackner/Kühl*, § 249 Rn 4; MK-*Sander*, § 249 Rn 26; MR-*Maier*, § 249 Rn 21 f; *Rengier*, BT I § 7 Rn 22; S/S-*Bosch*, § 249 Rn 7; *Zöller*, BT Rn 352.
29 BGHSt 41, 123, 124; BGH HRRS 18, Nr 495; zusf. zum Finalzusammenhang BGHSt 61, 141 mit Anm. *Bosch*, Jura (JK) 16, 1082; *Eisele*, JuS 16, 754; *Habetha*, NJW 16, 2131; *Heghmanns*, ZJS 16, 519; *Kudlich*, JA 16, 632; *Maier*, NStZ 16, 474; BGHSt 61, 197 mit Anm. *Berster*, JZ 16, 1017; BGH BeckRS 18, 25410 mit Anm. *Jahn*, JuS 18, 1246; BK-*Wittig*, § 249 Rn 14, 15; *Eisele*, BT II Rn 324 ff; *Gierhake*, JA 08, 431; *Hilgendorf/Valerius*, BT II § 14 Rn 17 ff; *Hohmann/Sander*, BT § 5 Rn 7, 12 f; *Küper/Zopfs* BT, Rn 301; NK-*Kindhäuser*, § 249 Rn 11 f; zum Fehlen einer solchen Verknüpfung s. BGH NStZ 03, 431; BGH NStZ-RR 02, 304 mit krit. Anm. *Walter*, NStZ 04, 153; BGHSt 48, 365 mit krit. Anm. *Otto*, JZ 04, 364; BGH BeckRS 12, 18373; BGH NStZ-RR 12, 270; BGH BeckRS 13, 01325 sowie u. Rn 361 ff, gegen das Erfordernis finaler Verknüpfung de lege lata nicht überzeugend *Jakobs*, Eser-FS S. 323 ff; gegen ihn auch *A.H. Albrecht*, Die Struktur des Raubtatbestandes 2011, S. 70 f; zum Streit s. auch *Kindhäuser*, § 249 Rn 12 ff.
30 *A.H. Albrecht*, Die Struktur des Raubtatbestandes 2011, S. 71 ff, 75 ff; A/W-*Heinrich*, § 17 Rn 11; SK-*Sinn*, § 249 Rn 29; vgl auch *Schmidt*, BT II Rn 348; ausschließlich auf eine objektiv-funktionale Verknüpfung – *Bewirkung* verminderter Abwehrchancen (= Kausalzusammenhang) – stellt *Hörnle*, Puppe-FS S. 1143 ff ab.

kennt, dass sich schon im Einsatz qualifizierter Nötigungsmittel zwecks Wegnahme der gesteigerte Unrechts- und Schuldgehalt des Raubes verwirklicht, der darin besteht, dass der Eigentum und Gewahrsam missachtende Täter auch noch die elementare persönliche Freiheitssphäre des Opfers nicht respektiert, aus der ihm Widerstand *droht*[31]. Fällt dieser unerwartet aus, entlastet den Täter das nicht. Der *Wortlaut* steht dieser § 249 mit § 252 harmonisierenden Auffassung nicht entgegen[32]. Mit *dieser* Vorschrift, nicht mit der eine durch die Nötigungsmittel beeinflusste Mitwirkung des Opfers verlangenden Erpressung ist Übereinstimmung geboten.

Der BGH hat unlängst noch einmal – seine bisherige Rspr. zusammenfassend – betont, dass er sich auch weiterhin mit dem **(nur) finalen Zusammenhang** von Nötigung und Wegnahme iS des hier soeben Dargestellten **begnügen** will[33]. Dazu hat er aber *zwei* mit diesem Ausgangspunkt bislang *nicht sonderlich gut abgestimmte Aussagen* hinzugesellt. Zum einen soll dann, wenn (was der Raub nach dieser Lehre nicht voraussetzt, faktisch ja aber so sein kann) sich die Nötigung auf die Wegnahme **tatsächlich** kausal auswirkt oder sie fördert, eine „**Abweichung** dieses tatsächlichen vom vorgestellten Finalverlauf" nach den für einen Irrtum über den Kausalverlauf geltenden Regeln entschieden werden. Hält sich die Abweichung innerhalb des nach der Lebenserfahrung Voraussehbaren, sind vorgestellter und eingetretener Kausalverlauf in etwa gleichwertig und „rechtfertigt (die Abweichung) keine andere Bewertung der Tat", soll sie unerheblich, fehlt es hieran, dagegen *erheblich* sein[34]. Namentlich Letzteres ist anfechtbar, wenn es auf eine wie immer geartete kausale Verknüpfung überhaupt nicht ankommt. Dann ist kaum schlüssig begründbar, warum eine sich erheblich von der vorgestellten unterscheidende tatsächliche Verknüpfung den Täter entlasten soll[35].

350a

Zum zweiten wird die in zwei früheren Entscheidungen[36] noch begründungslos erhobene Forderung nach einem zusätzlichen (objektiven) „**örtlichen und zeitlichen Zusammenhang**" zwischen dem Einsatz der Raubmittel und der Wegnahme erstmalig näher begründet und konkretisiert[37]. Soweit dieses Merkmal gewährleisten soll, dass „Nötigungshandlung ... und Wegnahme eine raubspezifische Einheit bilden" müssen, um das „typische Tatbild des Raubes" zu erfüllen und die gegenüber Diebstahl und Nötigung erhöhte Strafdrohung zu rechtfertigen, wird man dem Merkmal mit dieser Begründung seine Berechtigung nicht absprechen können. In der Tat dürfen Nötigung und Wegnahme „nicht isoliert nebeneinanderstehen"[38]. Allerdings steht eine dem *Bestimmtheitsgrundsatz* genügende Festlegung der hierdurch gesetzten Grenzen noch aus, wenn nach dem BGH weder „der Ort der Nötigungshandlung und der Wegnahmehandlung identisch" sein müssen, noch sich „verbindliche Werte zu einem zeitlichen Höchstmaß zwischen Einsatz des Nötigungsmittels und Wegnahme" benennen lassen[39]. Wenn darüber hinaus die verlangte „raubspezifische Einheit [...] regelmäßig *lediglich* dann" vorliegen soll, „wenn es zu einer [...] nötigungsbedingten Einschränkung der Dispositionsfreiheit des Gewahrsamsinhabers über das Tatobjekt gekommen (!)" ist[40], so steht das in einem unauflösbaren Gegensatz zu dem vom BGH und auch hier gewählten Ausgangspunkt einer nur finalen, und eben nicht tatsächlichen Verknüpfung von Nötigung und Wegnahme. Dieser Vorhalt wird nicht maßgeb-

---

31 *Küper*, JZ 81, 571.
32 *Krey/Hellmann/Heinrich*, BT II Rn 271.
33 BGHSt 61, 141; BGHSt 61, 197; zu den Stellungnahmen hierzu s. Fn 27.
34 BGHSt 61, 141, 146; BGHSt 61, 197, 200.
35 Zu Recht krit. *Berster*, JZ 16, 2010; S/S-*Bosch*, § 249 Rn 7; BK-*Wittig*, § 249 Rn 16.1; zust. dagegen *Eisele*, BT II Rn 330a.
36 BGH Holtz MDR 84, 276 mit Anm. *Seier*, JA 84, 441; BGH NStZ 06, 38.
37 BGHSt 61, 141, 147 f; BGHSt 61, 197, 200 f.
38 BGHSt 61, 141, 147 f.
39 BGHSt 61, 141, 148; BGHSt 61, 197, 200; entscheiden sollen „die Umstände des Einzelfalls".
40 So BGHSt 61, 141, 148; mit *Albrecht*, Die Struktur des Raubtatbestandes 2011, S. 134, 141 bezieht sich der BGH auf einen Autor, der einen objektiven Kausalzusammenhang fordert (s. Fn 28).

lich geschmälert, wenn die „raubspezifische Einheit" stattdessen von einer „vom Täter erkannten (also objektiv vorliegenden!) nötigungsbedingten Schwächung des Gewahrsamsinhabers in seiner Verteidigungsfähigkeit oder -bereitschaft" abhängig gemacht wird[41]. Man wird die Forderung nach einem räumlich-zeitlichen Zusammenhang mit der Beschränkung auf eine nur finale Verknüpfung nur dann bruchlos zusammenfügen können, wenn man genügen lässt, dass sich **nach der Vorstellung des Täters** die beabsichtigte Wirkung seines Raubmitteleinsatzes an einem Ort und zu einer Zeit einstellen soll, die es erlauben, von der bereits vorgenommenen Nötigung und der noch ausstehenden Wegnahme als einem zu einer **natürlichen Handlungseinheit verbundenen** Geschehen zu sprechen. Das erscheint zB noch möglich, wenn ein Dünenwanderer am Lister Ellenbogen auf Sylt einen Kurgast k.o. schlägt, um eine halbe Stunde später ungestört das von diesem in List abgestellte Fahrrad zu entwenden, nicht aber mehr, wenn auf einem auf 8 Monate geplanten Segeltörn am 30. Tag auf hoher See der Segelpartner über Bord geworfen wird, um sich 7 Monate später seine im Ausgangshafen zurückgelassenen Habseligkeiten zueignen zu können. Der Rückgriff auf die Bestimmung des **Versuchsbeginns** – Nötigung in einem Zeitpunkt, in dem die Wegnahme bereits in das Versuchsstadium eingetreten ist[42] – erscheint zu eng, taugt aber als Mahnung, den gedachten Zusammenhang nicht zu überdehnen.

351 Ob die Gewalt sich gegen den Eigentümer, den Gewahrsamsinhaber oder gegen eine andere zum Schutz des Gewahrsams bereite Person richtet, wie etwa gegen einen Begleiter des zu Beraubenden oder gegen den in einem Warenlager tätigen Nachtwächter, ist gleichgültig[43].

Auch insoweit genügt die **Vorstellung des Täters**, dass der Angegriffene der Wegnahme ein Hindernis in den Weg legen könnte[44].

352 **Erscheinungsformen** der Gewalt sind *vis absoluta* (= willensgesteuertes Handeln ausschließende Gewalt) und *vis compulsiva* (willensbeugende Gewalt)[45]; beide kommen als Raubmittel in Betracht. Gewaltanwendung iS des § 249 kann auch die *Tötung des Opfers* zum Zwecke der Wegnahme sein[46].

b) Drohung mit gegenwärtiger Gefahr für Leib oder Leben

353 Der Gewaltanwendung stellt das Gesetz die **Drohung mit gegenwärtiger Gefahr für Leib oder Leben** gleich. Die Nebeneinanderstellung von Leib und Leben spricht dafür, dass der Gesetzgeber eine Drohung mit einer völlig unerheblichen Körperbeeinträchtigung nicht ausreichen lassen will[47]. Zum Begriff der Drohung gilt im Grundsatz nichts anderes als zur Nötigung (§ 240). Ob die Drohung ausführbar ist und ob der Täter sie verwirklichen will, ist auch hier belanglos. Maßgebend ist allein, dass sie den **Anschein der Ernstlichkeit erwecken** und vom Bedrohten ernst genommen *werden soll*. Da es beim Raub auf einen **Final-**, nicht aber auf einen **Kausalzusammenhang** zwischen Nötigungsmittel und Wegnahme ankommt (Rn 350), ist (je-

---

41 BGHSt 61, 197. 201; *Rengier*, BT I § 7 Rn 29 bezeichnet das als „überzeugend"; relativierend *Magnus*, NStZ 18, 71; s. dazu auch *Swoboda*, Jura 19, 28, 35 f, 39 f. Krit. wie hier S/S-*Bosch*, § 249 Rn 7.
42 S. dazu *Eisele*, BT II Rn 321 f mwN zu dieser Forderung; Fallbeispiele auch bei *Kudlich*, JA 16, 633.
43 Vgl BGHSt 3, 297, 298 f; RGSt 67, 183, 186.
44 S/S-*Bosch*, § 249 Rn 7.
45 Näher LK-*Vogel*, vor §§ 249 ff Rn 46; § 249 Rn 8; *Wessels/Hettinger/Engländer*, BT I Rn 380.
46 RGSt 67, 183, 186.
47 RGSt 72, 229, 230 f; MK-*Sander*, § 249 Rn 21.

denfalls) hier *nicht* erforderlich, dass das Opfer die Drohung *tatsächlich ernst nimmt*[48]. Infolgedessen fällt unter § 249 (nicht aber unter § 250 I Nr 1b, s. Rn 374) die Bedrohung mit einer Schreckschuss- oder Spielzeugpistole[49] selbst dann, wenn das Opfer die Täuschung durchschaut. Zwar fehlt es dann an einem Drohungserfolg[50]. Das ist aber unschädlich, da das Gesetz mit der Drohung nur das den Handlungsunwert bestimmende Mittel beschreibt, mit dem der Täter das Rechtsgut der Willensfreiheit angreift, nicht aber auch einen (Zwischen-) Erfolg.

Adressat der Drohung kann jeder sein, der *nach der Vorstellung des Täters* zum Schutz des fremden Gewahrsams verpflichtet oder bereit ist. Ob das angedrohte Übel *ihn selbst*, eine ihm irgendwie *nahe stehende Person* oder sonst *jemanden* betrifft, für den er sich *verantwortlich* fühlt, ist im Grundsatz unerheblich[51]. Die Forderung, den Kreis insoweit auf *nahe stehende* Personen zu beschränken[52], hat den Umkehrschluss aus § 241 und die zu einseitige Prämisse gegen sich, der verlangte erhöhte Motivationsdruck könne *nur* bei Bedrohung solcher Personen entstehen. Sie macht freilich zu Recht darauf aufmerksam, dass das dem Dritten angekündigte Übel nach der Vorstellung des Täters vom Gewahrsamsinhaber als erhebliches eigenes und darin idR von einer Beziehung zum Dritten abhängiges Übel empfunden werden soll[53]. Steht nach dem Inhalt der Ankündigung der Umschlag der Gefahr in eine *erhebliche*[54] Leibesverletzung oder eine Tötung zB bei einer Fristsetzung[55] nicht *unmittelbar* bevor, ist von **Gegenwärtigkeit** gleichwohl schon zu reden, wenn entweder die Gefahr jederzeit in eine Schädigung umschlagen (Dauergefahr) oder der Schaden ohne sofortige Abwehrmaßnahmen voraussichtlich nicht mehr abgewendet werden kann[56]. Bedenken, die gegen eine solche Ausweitung des Begriffs der Gegenwärtigkeit zu §§ 32, 34 bestehen[57], treten hier zurück, weil es um die Beurteilung der Freiheitsbeeinträchtigung des Betroffenen, nicht aber um seine Eingriffsbefugnis gegenüber Dritten geht[58].

354

---

48 S. zu diesem Problem allgemein *Küper/Zopfs*, BT Rn 166 ff, zum Raub Rn 168; aA LK-*Vogel*, § 249 Rn 19; NK-*Kindhäuser*, Vor § 249 Rn 24.
49 Vgl *Eisele*, BT II Rn 315.
50 Abl. daher *Rengier*, Maurer-FS S. 1195, 1201; die bei *Rengier*, BT I § 7 Rn 18 für diese Meinung zitierte Entscheidung BGH NJW 04, 3437 (dort bemerkte das Opfer das Drohmittel nicht) betrifft die anders gelagerte Verwendungsalternative in § 250 II Nr 1 (s. dazu Rn 381).
51 Vgl AnK-*Habetha*, § 249 Rn 20; *Küper/Zopfs*, BT Rn 166, 176; LK-*Vogel*, § 249 Rn 23; SK-*Sinn*, § 249 Rn 22; S/S-*Bosch*, § 249 Rn 5; ob auch die Drohung des Täters mit Selbsttötung/-verletzung ausreicht, ist allerdings zweifelhaft, s. dazu HK-GS/*Duttge*, § 249 Rn 16.
52 *Mitsch*, BT II S. 508; *ders.*, NStZ 99, 617; S/S/W-*Kudlich*, § 249 Rn 9; *Zaczyk*, JZ 85, 1061; *ders.*, Anm. JR 99, 345.
53 Anders diff. NK-*Kindhäuser*, vor § 249 Rn 29 ff.
54 S. dazu – Erheblichkeit abl. – SK-*Sinn*, § 249 Rn 20.
55 S. BGH NStZ-RR 98, 135; BGH NStZ 99, 406.
56 BGH NStZ 96, 494; BGH NJW 97, 265 mit Anm. *Geppert*, JK 97, StGB § 255/8; Anm. *Joerden*, JR 99, 120; BGH StV 99, 377 mit Anm. *Kindhäuser/Wallau* und *Zaczyk*, JR 99, 343; BGH BeckRS 11, 29794; BGH NStZ 15, 36 mit Bespr. *Hecker*, JuS 15, 467.
57 S. dazu *Hillenkamp*, Miyazawa-FS S. 141, 152 ff.
58 BGH NJW 97, 266; *Küper/Zopfs*, BT Rn 183 f; krit. *Joerden*, JR 99, 121; LK-*Vogel*, § 249 Rn 17 f; enger auch *Blanke*, Das qualifizierte Nötigungsmittel der Drohung mit gegenwärtiger Gefahr für Leib oder Leben 2007, S. 94 f, der der Einbeziehung der hier weiter verstandenen Dauergefahr mit beachtlichen Gründen entgegentritt.

3. Subjektiver Tatbestand, Tatbeteiligung und Versuch

a) Subjektiver Tatbestand

355 Der **Raubvorsatz** muss alle Merkmale des *zweiaktig* gegliederten objektiven Tatbestandes umfassen. Hinzukommen muss die bereits im Zeitpunkt der Wegnahme vorliegende (Rn 204) **Absicht** des Täters, die fremde Sache *sich* oder *einem Dritten* rechtswidrig zuzueignen. Insoweit kann einschließlich der auch zum Raub wiederholt entschiedenen Fragen zur Rechtswidrigkeit der Zueignung und des hierauf namentlich bei Geldschulden bezogenen Irrtums[59] auf die entsprechenden Ausführungen zum Diebstahl (Rn 133 ff; 200 ff) verwiesen werden. Zueignungsabsicht ist nicht (notwendig) Bereicherungsabsicht. Auf den Wert des Tatobjekts kommt es folglich nicht an (s. Rn 74). Ändert sich das Objekt im Verlauf der Tatbegehung, ist für die Beurteilung der Übereinstimmung von objektivem und subjektivem Tatbestand der Zeitpunkt der letzten Ausführungshandlung maßgeblich (Rn 204)[60]. Wer ein Gemälde raubt, um es dem Eigentümer gegen „Lösegeld" (also ohne Leugnung des Eigentums, vgl Rn 158 f) zurückzugeben, hat ebensowenig Zueignungsabsicht wie der, der eine Sache raubt, um sie aus Hass- oder Rachegefühlen zu vernichten[61], den Eigentümer zu ärgern oder, weil es ihm nur auf den Inhalt ankommt, sie wegzuwerfen (zu solchen Fällen s. auch Rn 152)[62]. Wer bei der Wegnahme noch nicht weiß, ob er die Sache – zB eine Fanjacke – vernichten oder als Trophäe behalten will, ist zur Aneignung noch nicht hinreichend entschlossen. Dass der Täter die Aneignung nur als mögliche Folge seines Verhaltens in Kauf nimmt, reicht nicht aus[63]. Zueignungsabsicht fehlt auch dem, der eine Sache gewaltsam wegnimmt, um sie als Druckmittel zur Durchsetzung einer Forderung zu benutzen (s. Rn 198). Nimmt der Täter hierbei das Bestehen der Forderung irrig an, fehlt es zudem am Vorsatz *rechtswidriger* Zueignung[64]. Dazu ist zu beachten, dass der BGH seine zu § 253 im Zusammenhang mit Drogengeschäften entwickelte Rechtsprechung mittlerweile auf § 249 übertragen hat. Danach liegt ein Irrtum über die Rechtswidrigkeit der erstrebten Zueignung aufgrund eines irrig angenommenen Anspruchs dann „nicht vor, wenn sich der Nötigende lediglich nach den Anschauungen der einschlägig kriminellen Kreise als berechtigter Inhaber eines Zahlungsanspruchs gegen das Opfer fühlt"[65]. Hinzutreten muss schließlich der subjektiv-finale Zusammenhang zwischen Nötigung und Wegnahme, der aber schon den objektiven Tatbestand prägt und daher dort zu erörtern ist (s. Rn 350)[66].

---

59 BGH StV 88, 526; 529; BGH StV 90, 407; 546; BGH StV 91, 515; BGH StV 00, 78; 78, 79; BGH StV 04, 207.
60 S. zu beiden Aussagen BGH NStZ 14, 516 (bei der Wegnahme zerreißender 50-Euro-Schein).
61 BGH NStZ 11, 699; s. dazu Rn 152 mwN; vgl auch BGH NStZ-RR 12, 207: Wegnahme in der Absicht, entdeckt/gestellt zu werden; BGH StraFo 12, 155: Wegnahme eines Mobiltelefons, um den Speicher zu durchsuchen; zust. *Hecker*, JuS 13, 468; abl. *Jäger*, JA 12, 709; *Putzke*, ZJS 13, 311.
62 S. *Graul*, JuS 99. 563; BGH NStZ 05, 155; BGH NStZ 04, 333.
63 BGH NStZ-RR 12, 241 mit Anm. *Jäger*, JA 12, 790; anders OLG Nürnberg NStZ-RR 13, 78 (s. dazu auch Rn 152).
64 S. BGH StV 99, 315.
65 BGH NStZ 08, 626 mit Bespr. *Bosch*, JA 09, 70 und Anm. *Kindhäuser*, StV 09, 355; übergangen ist das in BGH BeckRS 11, 19727, obwohl es dort offenbar um eine „Forderung" aus Drogengeschäften ging; zu § 253 s. BGHSt 48, 322 und hier Rn 719; zum Betrug s. Rn 581.
66 *Rengier*, BT I § 7 Rn 7, 22 f; aA *Jäger*, BT Rn 288; *Kindhäuser*, § 249 Rn 14.

b) Beteiligung

Mittäter kann nur sein, wer **selbst** Zueignungsabsicht besitzt[67]. Das ist unproblematisch gegeben, wenn sich die Beteiligten die Beute teilen, sie zusammen nutzen oder verkaufen wollen. Will ein Beteiligter den durch die gemeinsame Wegnahme erlangten Mitgewahrsam dagegen sogleich der Verfügungsgewalt des Mitbeteiligten überlassen[68], bedurfte es zur Annahme der Mittäterschaft des Ersteren nach früherem Recht anfechtbarer Konstruktionen, um im bloßen Weiterreichen oder Überlassen ein *Sich*-Zueignen zu sehen (s. dazu Rn 168 f). Nach der durch das 6. StrRG (Rn 11) geschaffenen Gesetzeslage *kann* in solchen Fällen nun für Mittäterschaft ausreichende Drittzueignungsabsicht vorliegen, *wenn* der Überlassende dem Mittäter dessen Zueignung *ermöglichen und* die hierauf gerichtete Sachverschaffung *mitbeherrschen* will[69]. Davon ist bei der BGHSt 17, 87 zu Grunde liegenden Sachverhaltsgestaltung auszugehen, in der der die Taschen des Opfers während der gemeinsamen Gewaltanwendung durchsuchende Beteiligte die gefundenen Geldscheine dem Mittäter als Gläubiger des Opfers aushändigt, bei der zu BGH StV 90, 160 berichteten dagegen nicht. In ihr war der an einer Prügelei Beteiligte lediglich damit einverstanden, dass die übrigen Beteiligten das zu Boden geworfene Opfer ausraubten. Das reicht für Drittzueignungsabsicht nicht aus.

356

Auch fehlt bei einem so Beteiligten die zwischen Nötigung und Wegnahme vorausgesetzte *Finalität* (Rn 350). Auch sie ist – wie die Zueignungsabsicht – ein personengebundenes Tätermerkmal, das sich *mittäterschaftlicher Zurechnung* entzieht[70]. Fehlt es an der Zueignungsabsicht oder am Willen zur finalen Verknüpfung, kommt *unabhängig* vom Gewicht des Tatbeitrages *nur Beihilfe* in Betracht[71].

Rechtsprechungsbeispiel: Weder Mittäterschaft noch Beihilfe sind gegeben, wenn diejenigen, die Gewalt anwenden, davon, dass ein Dritter, der sie dazu veranlasst hat, diese Situation zur Wegnahme von Gegenständen des Gewaltopfers ausnutzen will, nichts wissen. So lag es in **BGH NStZ 13, 103**. Hier forderte A B und C auf, den N in dessen Wohnung zu überfallen, zu verletzen und gefesselt im Badezimmer abzulegen, um dann nach Betäubungsmitteln suchen und sie ungehindert „zum Schaden des N" vernichten zu können. N sollte dadurch eingeschüchtert und zum Räumen der Wohnung veranlasst werden. Nachdem N misshandelt, überwältigt und gefesselt war, betrat A absprachegemäß die Wohnung und nahm unter Ausnutzung der Gewaltwirkung gegenüber N dessen Geld, Uhren und andere Gegenstände an sich, um sie zu behalten. Das hatte er von Anfang an geplant, B und C gegenüber aber verschwiegen, die davon auch bis zum gemeinsamen Verlassen der Wohnung nichts mitbekamen. – Warum das LG hier einen mittäterschaftlich begangenen Raub angenommen hat, bleibt unerfindlich, da es an einem gemeinsamen Tatentschluss hierzu ersichtlich fehlte: B und C wussten nichts von der von A geplanten Wegnahme und hatten deshalb keinerlei Kenntnis von einem Raubgeschehen. Auch fehlte ihnen zwangsläufig jede (Dritt-) Zueignungsabsicht. Mangels Kenntnis der Haupttat schied folglich auch eine Beihilfe aus. Der BGH nimmt stattdessen einen von A in mittelbarer Täterschaft vorgenommenen schweren Raub (§§ 249, 250 I Nr 1b: Beisichführen von Fesselwerkzeug) an. Konstruktiv setzt sich dieser aus der eigenhändigen Wegnahme und der nur

---

67 BGH StV 86, 61; BGH StV 90, 160; BGH NStZ 94, 29; 99, 510; BGH NStZ-RR 97, 297; 298; zur Abgrenzung von Mittäterschaft und Beihilfe s. BGH NStZ 06, 94.
68 BGHSt 17, 87, 92.
69 S. Rn 167 und *Ingelfinger*, JuS 98, 535.
70 *Fischer*, § 249 Rn 21a; *Küper*, JZ 81, 571; *Lackner/Kühl*, § 249 Rn 8; SK-*Sinn*, § 249 Rn 37.
71 BGH NStZ 94, 29.

bei ihm vorhandenen finalen Verknüpfung von Gewalt und Wegnahme zusammen, wobei die Beherrschung der qualifizierten Nötigung und damit des eigentlichen *tatbestandlichen Raub*geschehens in der Ausnutzung der von ihm bewusst herbeigeführten Vorsatz- und Absichtslosigkeit von B und C bezüglich *dieser* Tatbestandsverwirklichung liegt. Das rechtfertigt es – wie der BGH zu Recht annimmt –, dem A die Gewaltanwendung von B und C als seine Raubtat ergänzende Handlung zuzurechnen[72].

357 *Sukzessive* Mittäterschaft durch Eintritt in eine bereits begonnene und *noch nicht abgeschlossene* Ausführungshandlung (Gewaltanwendung oder Drohung iS des § 249 zum Zwecke der Wegnahme) ist entsprechend den allgemeinen Regeln möglich[73], die die Zurechnung eines bereits *abgeschlossenen* Geschehens verbieten[74].

Hatte der Angreifer dem bewusstlos geschlagenen Opfer die Geldbörse nebst Inhalt schon weggenommen, so wird ein Mitbeteiligter, der das Opfer gerade nicht berauben, sondern lediglich verprügeln wollte (§§ 224, 25 II), nicht dadurch Mittäter des Raubes, dass er sich (seine ursprüngliche Weigerung aufgebend) vom räuberisch handelnden Rädelsführer einen Beuteanteil aufdrängen lässt[75]. Auch *endet* die Möglichkeit sukzessiver Teilnahme (Mittäterschaft wie Beihilfe) *nach Vollendung* der Tat, wenn kein Fall iterativer Begehung vorliegt[76].

358 Wird ein zur Begehung eines einfachen Raubes bereits fest entschlossener Täter dazu bestimmt, bei der Tat eine Waffe zu verwenden, soll nach der Rechtsprechung[77] **Anstiftung** zum Tatganzen vorliegen. Der dafür maßgebliche Aspekt, dass der Unwertgehalt gegenüber dem ursprünglichen Plan erheblich erhöht worden sei, trägt diese Auffassung aber nicht. Wer die „Übersteigerung" eines Tatentschlusses veranlasst, haftet nur dann als Anstifter, wenn das hierdurch bewirkte Mehr *selbstständig strafbar* oder – wie bei einer Umstiftung vom Diebstahl zum Raub – gegenüber dem ursprünglich Geplanten ein *aliud* ist. In allen anderen Fällen ist nur **Beihilfe** gegeben[78].

Schwierig wird die Rechtslage bei einem **fingierten Raubüberfall**, den der betroffene Mitgewahrsamsinhaber mit dem eigentlichen Drahtzieher des Geschehens verabredet hat, ohne den ausführenden Komplizen in den Tatplan einzuweihen. Der als Gehilfe eingestufte Komplize kann nach dem BGH nur wegen Beihilfe zum Diebstahl, nicht aber zum von ihm angenommenen Raub bestraft werden, da gegenüber dem betroffenen Mitgewahrsamsinhaber, der einverstanden war, keine *gewaltsame Wegnahme* und gegenüber dem nicht einverstandenen Mitgewahrsamsinhaber zwar Wegnahme, aber keine Gewalt und damit als Haupttat nur ein Diebstahl vorgelegen habe[79]. Wird dem Täter vorgespiegelt, das Raubopfer sei mit einem fingierten Überfall einverstanden[80], fehlt es am Raubvorsatz. Ist bei einem fingierten Raubüberfall der

---

72 IE ebenso *Jäger*, JA 13, 71.
73 BGH MDR/D 69, 533; vgl auch *Wessels/Beulke/Satzger*, AT Rn 831 ff.
74 BGH NStZ 97, 272.
75 Unklar BGH JZ 81, 596 mit abl. Besprechung *Küper*, JZ 81, 568; s. dazu auch *Freund/Schaumann*, JuS 95, 801; LK-*Vogel*, § 249 Rn 55.
76 *Kindhäuser*, BT II § 13 Rn 31 f; *Lackner/Kühl*, § 249 Rn 6; *Rengier*, BT I § 7 Rn 44 ff; s. dazu LK-*Hillenkamp*, vor § 22 Rn 35 ff.
77 BGHSt 19, 339, 340 f; zust. SK-*Günther*, 1998, § 249 Rn 49, § 250 Rn 53.
78 *Bemmann*, Gallas-FS S. 273; *Ingelfinger*, JuS 95, 322 f; *Klesczewski*, BT § 8 Rn 192; *Küpper*, JuS 96, 24; s. zum Streitstand *Hillenkamp*, AT 25. Problem.
79 So BGH MDR/D 74, 724; zu einem Überfall auf den Inhaber untergeordneten Mitgewahrsams bei Einverständnis der Inhaberin des übergeordneten Mitgewahrsams s. OLG Celle BeckRS 11, 23746 (Rn 95); zu einem Überfall bei möglichem gleichgeordneten Gewahrsam s. BGH BeckRS 19, 2165.
80 BGH JZ 95, 733.

Alleingewahrsamsinhaber einverstanden, liegt nur Unterschlagung vor[81]. Ist bei einem geplanten Raubüberfall der den „Versuch" einleitende „Mittäter" zur Ausführung der Tat nicht mehr bereit, liegt kein den übrigen zurechenbarer Versuchsbeginn vor[82].

c) Versuch

Vollendet ist der Raub **nicht** schon mit der Gewaltanwendung oder Drohung, sondern erst bei Vollendung der mit diesen Mitteln angestrebten *Wegnahme*[83]. Für sie gilt – wie beim Diebstahl – der sozial-normative Gewahrsamsbegriff[84]. Ist die Wegnahme geschehen, ändert an der eingetretenen Vollendung nichts, wenn der Täter die Beute aus Enttäuschung über den geringen Wert wegwirft, wohl aber, wenn er in dem weggenommenen Behältnis, auf das sich seine Zueignungsabsicht nicht bezieht, statt der begehrten eine ganz andere und für ihn wertlose Sache vorfindet. Dann liegt mangels einer sich auf die weggenommene Sache beziehenden Zueignungsabsicht nur ein Versuch hinsichtlich der eigentlich begehrten Sache vor[85]. Nimmt der Täter statt der gewollten, aber nicht vorgefundenen auf Grund eines neuen Entschlusses andere im Behältnis befindliche Sachen mit, tritt neben den versuchten Raub eine vollendete Unterschlagung[86].

359

Der **Versuch** beginnt idR – und dh, wenn die Wegnahme unmittelbar folgen soll – mit dem unmittelbaren Ansetzen zur Gewaltanwendung oder Drohung[87], das die Rechtsprechung etwa im Klingeln an der Tür des Opfers[88], nicht aber schon im Betreten des Treppenhauses sieht. Bei Beteiligung mehrerer kommt dann aber § 30 in Betracht[89].

Im **Fall 25** ist zunächst zwischen Handtasche und Geldbörse zu unterscheiden: Wer nämlich ein **Behältnis** (wie etwa eine Hand- oder Aktentasche) wegnimmt, es aber **allein auf den Inhalt** abgesehen hat und das Behältnis wegwirft, sobald sein Inhalt entnommen ist, handelt in Bezug auf das Behältnis nicht mit Zueignungsabsicht[90]. Anders wäre nur zu entscheiden, wenn der Täter das Behältnis zum **Transport** der Beute verwenden will, denn dann erstreckt sich seine Aneignungsabsicht auch auf das Behältnis[91]. Letzteres trifft im **Fall 25** nicht zu. Im **Fall 25a** liegt daher insoweit nur straflose Sachentziehung vor; in der Fallabwandlung (= **Fall 25b**) ist allerdings auf § 303 und § 240[92] einzugehen.

360

---

81 BGH NStZ-RR 18, 108 mit Anm. *Bosch*, Jura (JK) 18, 636; *Jäger*, JA 18, 390.
82 BGHSt 39, 236, 238; *Hillenkamp*, Roxin-FS S. 708 ff; *Ingelfinger*, JZ 95, 704, 714.
83 BGHSt 20, 194, 195; LK-*Vogel*, § 249 Rn 59.
84 S. dazu Rn 82 ff; ohne Auseinandersetzung mit ihr auf dem Boden des faktischen Gewahrsamsbegriffs nicht überzeugend BGH NStZ 11, 158; BGH NStZ 14, 40 f; *Bachmann/Goeck*, Jura 10, 927 f; *Hütwohl*, ZJS 09, 131 ff.
85 BGH NStZ 96, 599; BGH NStZ 04, 333; BGH NStZ 06, 686 mit Bespr. *Streng*, JuS 07, 422; BGH NStZ-RR 13, 309; *Kudlich/Oğlakcıoğlu*, JA 12, 324; LK-*Vogel*, § 249 Rn 52; für Vollendung dagegen LG Düsseldorf NStZ 08, 155, 156 mit krit. Anm. *Sinn*, ZJS 10, 274; A/W-*Heinrich*, § 13 Rn 131; *Böse*, GA 10, 249 ff; zur Parallele beim Diebstahl s. Rn 138.
86 BGH StV 13, 440.
87 S. dazu LK-*Hillenkamp*, § 22 Rn 120 ff, 126.
88 BGHSt 26, 201, 203 f; 39, 236, 238.
89 OLG Hamm StV 97, 242; SK-*Sinn*, § 249 Rn 34/35.
90 Vgl BGH StV 90, 205; BGH NStZ 00, 531; BGH NStZ-RR 00, 343; BGH NStZ 04, 333; BGH MDR/D 75, 22; *Otto*, Jura 97, 473 (s. schon hier Rn 204).
91 LG Düsseldorf NStZ 08, 155 mit insofern zust. Anm. *Sinn*, ZJS 10, 274; krit. LK-*Vogel*, § 249 Rn 52.
92 S. S/S-*Eisele*, § 240 Rn 12.

Hinsichtlich der **Geldbörse** nebst Inhalt könnte dagegen ein Raub (§ 249) vorliegen. Ob das überraschende **Entreißen einer Handtasche** als Raub (§ 249) oder nur als ein listig eingefädelter Diebstahl (§ 242) zu beurteilen ist, hängt von den Umständen des Einzelfalles ab[93]. Gewalt gegen eine Person iS des § 249 setzt zwar keinen besonderen Kraftaufwand, aber doch die Herbeiführung einer **körperlichen Zwangswirkung** zur Verhinderung oder Überwindung von Widerstand, dh mehr voraus, als zum bloßen Wegnehmen iS des § 242 erforderlich ist.

Führt – wie im **Fall 25a** – schon der schnelle *einfache* Zugriff des Täters auf die Sache zum Gewahrsamswechsel, ehe das Opfer darauf zu reagieren vermag, handelt es sich nur um einen sog. *offenen* **Diebstahl**, bei dem die Wegnahme *vor den Augen* und *gegen den Willen* des Betroffenen erfolgt[94]. § 248a ist dann anwendbar. Hält der Überfallene dagegen (wie insbesondere bei Erwartung des Angriffs) die Tasche derart fest in der Hand, dass sie ihm **nur mittels erheblicher Krafteinwirkung** entrissen werden kann (so im **Fall 25b**), bedarf es der Überwindung eines tatsächlich geleisteten oder erwarteten Widerstandes mit der Folge, dass bei gelungener Wegnahme **Raub** vorliegt[95]. Da § 249 keine Bagatellklausel enthält, kann – anders als in Fällen des § 243 II – auf §§ 242, 248a auch dann nicht zurückgegriffen werden, wenn R sich von vornherein nur eine geringwertige Beute vorgestellt haben sollte.

II. Sachentwendung bei fortwirkenden, nicht zu Raubzwecken geschaffenen Zwangslagen

361

Fall 26: A und B versteckten sich nach ihrem Ausbruch aus dem Gefängnis im Haus der geschiedenen Ehefrau E des A. Sie fesselten E und ihren Lebenspartner L. Dies geschah, um E sexuell zu missbrauchen und L daran zu hindern, ihr zu helfen. B zog ohne Wissen des A der noch gefesselten E später auf Grund eines spontanen Entschlusses die Uhr vom Arm, um sie zu behalten. Danach flohen A und B mit dem Pkw des L, nachdem sie ihm die Fahrzeugschlüssel abgenommen hatten. Ob sie sich zu diesem Vorgehen schon bei der Fesselung des L entschlossen hatten, ließ sich nicht mehr feststellen.

Haben sich A und B des Raubes schuldig gemacht? **Rn 365**

Im Falle des Raubes müssen die Nötigung des Opfers und die Wegnahme der fremden Sache in einer inneren, subjektiv-finalen Beziehung und daher auch in einem bestimmten räumlich-zeitlichen Verhältnis (Rn 350 f) zueinander stehen[96].

Die Wegnahme darf nicht nur „gelegentlich" der Nötigungshandlung erfolgen. Die Nötigung darf dementsprechend **nicht bloß Begleiterscheinung**, sondern muss – zumindest nach der Vorstellung des Täters – das **Mittel** zur Wegnahme gewesen sein[97]. Dabei schadet es nichts, wenn der Täter *daneben* noch ein weiteres Ziel verfolgt[98]. Daraus ergibt sich, dass das Ausnut-

---

[93] Ebenso *Krey/Hellmann/Heinrich*, BT II Rn 264 f.
[94] Zutr. BGH StV 86, 61; 90, 262; zu weit BGHSt 18, 329.
[95] BGH NJW 55, 1404; 02, 2043; aA *Mitsch*, BT II S. 500 f.
[96] BGH NStZ-RR 02, 304 mit krit. Anm. *Walter*, NStZ 04, 153; zusf. BGHSt 61, 141 mit Anm. *Bosch*, Jura (JK) 16, 1082; *Eisele*, JuS 16, 754; *Habetha*, NJW 16, 2131; *Heghmanns*, ZJS 16, 519; *Kudlich*, JA 16, 632; *Maier*, NStZ 16, 474; BGHSt 61, 197 mit Anm. *Berster*, JZ 16, 1017; *Eisele*, BT II Rn 320 f; Übersicht über die uneinheitliche Rechtsprechung bei *Fischer*, § 249 Rn 11 ff.
[97] BGH MDR/H 84, 276; BGH NStZ 03, 431; BGH NStZ 15, 698.
[98] BGH StV 93, 79; *Fischer*, § 249 Rn 7.

zen einer zunächst ausschließlich *aus anderen Gründen* geschaffenen oder entstandenen Zwangslage zu einer Sachentwendung nicht ohne Weiteres Raub (§ 249) begründet. Zu solchen *anderen*, nicht selten die Duldung sexueller Handlungen bezweckenden[99] *Gründen* gehört es nach BGH NStZ 82, 380 auch, wenn der Täter (ein Taxifahrer) bei der Gewaltanwendung nur das Fahrgeld wegnehmen will, auf das er einen *Anspruch* hat. In einem solchen Fall sei der Einsatz des Nötigungsmittels nicht – wie es der Raub vorsieht – von der Absicht *rechtswidriger* Zueignung begleitet. Auch das gehöre aber zu den Voraussetzungen der *raubspezifischen Finalität* (s. Rn 363). An diesen fehlt es andererseits nicht, wenn der Täter seinen zunächst nur auf die Wegnahme einer *bestimmten* Sache gerichteten Vorsatz während der Gewaltanwendung *erweitert*[100], wohl aber dann, wenn er den ursprünglichen Vorsatz aufgibt und sich ohne Fortsetzung der diesen begleitenden Gewalt einer ganz anderen Sache zuwendet[101]. Je nach den Tatumständen ist hier wie folgt zu unterscheiden:

1. Fortdauer der Gewaltanwendung

Fasst und verwirklicht der Täter seinen Wegnahmeentschluss während der **noch fortdauernden Gewaltanwendung**, so begeht er einen **Raub**, weil und wenn er die zunächst zu anderen Zwecken verübte Gewalt auf Grund eines neuen Tatentschlusses unter *aktiver* Aufrechterhaltung der körperlichen Zwangswirkung nunmehr als Mittel zum Zwecke der Sachentwendung benutzt. 362

So lag es im *Armbanduhrfall*[102], in dem der Täter ein Mädchen auf öffentlicher Straße gewaltsam an sich zog, um es zu küssen, bei dem Gerangel dessen linken Arm zu fassen bekam, dort eine Armbanduhr fühlte und diese auf Grund eines *neuen* Entschlusses an sich brachte, ohne dass das sich gegen die fortdauernde Gewalt*anwendung* heftig wehrende Mädchen dies bemerkte. Hier wurde die Gewaltanwendung fortgesetzt und umfunktioniert[103]. Auch begeht einen Raub, wer sein Opfer zunächst „nur" mutwillig zusammenschlägt, es dann aber unterhakt und zu dessen Wohnung schleift, um dort befindliches Geld an sich zu nehmen. Hier löst die beendete eine neue, nun von Zueignungsabsicht begleitete Gewalt ab[104].

2. Ausnutzung der Gewaltwirkung

Anders ist zu entscheiden, wenn der Täter nur die fortdauernde **Wirkung** der von ihm ohne Wegnahmevorsatz verübten **Gewalt** im Rahmen eines neuen Entschlusses zur Entwendung von Sachen **ausnutzt, ohne** dass die Nötigungs*handlung* als solche andauert[105]. Das gilt auch dann, wenn das Opfer auf Grund der vorangegangenen Ge- 363

---

99 S. zB BGH StV 13, 442; BGH NStZ 13, 648 mit Anm. *Bosch*, JK 12/2013, § 249 StGB/13.
100 BGH NStZ-RR 97, 298.
101 S. dazu BGH NStZ 1995, 510; BGH NStZ-RR 1997, 298; BGH StV 13, 438 (Erpressung); *Rengier*, BT I § 7 Rn 37; *Walter*, NStZ 04, 154.
102 BGHSt 20, 32, 33; s. dazu *Hörnle*, Puppe-FS S. 1143, 1147 f; *Lackner/Kühl*, § 249 Rn 4; S/S-*Bosch*, § 249 Rn 6a.
103 H-H-*Kretschmer*, Rn 898; *Kleszczewski*, BT § 8 Rn 187; *Krey/Hellmann/Heinrich*, BT II Rn 272; *Küper/Zopfs*, BT Rn 301; LK-*Vogel*, § 249 Rn 47.
104 BGH NStZ-RR 15, 372.
105 BGHSt 32, 88, 92; BGH StV 83, 460; BGH NJW 69, 619; BGH NStZ-RR 13, 45 f; BGH BeckRS 14, 05762 mit Bespr. *Hecker*, JuS 14, 656; BGH HRRS 14, 462 (Nr 1080); BGH NStZ 15, 585 mit Anm. *Piel; Kudlich*, JA 15, 791; BGH StraFo 16, 168; BGH BeckRS 17, 121851 mit Anm. *Nestler*, Jura (JK) 18, 100; BGH HRRS 18, Nr 495; BGH BeckRS 18, 25410 mit Anm. *Jahn*, JuS 18, 1246; BK-*Wittig*, § 249 Rn 14.1.

waltanwendung bewusstlos ist[106]. Hier kommt lediglich Diebstahl (§ 242) in Betracht.

So lag es im schon erwähnten (Rn 361) Fall eines Taxifahrers. Ihm ging es bei Anwendung der Gewalt allein um die Durchsetzung seines Anspruchs auf Zahlung des Fahrpreises und deshalb nach der in solchen Fällen § 16 anwendenden Rechtsprechung (s. dazu Rn 355, 203) *subjektiv* nicht um *rechtswidrige* Zueignung. Hierum ging es erst, als er den den Fahrpreis weit übersteigenden gesamten Inhalt der zu Boden gefallenen Geldbörse des zahlungsunwilligen Fahrgastes in Höhe von 870 DM ohne weitere Gewaltakte an sich nahm und behielt. Dass der Fahrgast zu diesem Zeitpunkt von der Gewalt*wirkung* noch beeindruckt „auf allen vieren" davonkroch, reicht für den nötigen Zusammenhang ebensowenig aus, wie allgemein die Tatsache, dass die aus anderen Gründen verübte Gewaltanwendung nur „noch in der Weise fortwirkt, dass sich das Opfer im Zustand allgemeiner Einschüchterung befindet"[107].

364 Zu beachten ist allerdings, dass § 249 selbst *nach Abschluss der Gewaltanwendung* anwendbar bleibt, wenn der Täter zur **Drohung** mit gegenwärtiger Gefahr für Leib oder Leben übergeht[108]. Das kann in solchen Fällen namentlich dadurch geschehen, dass das Opfer das weiterhin einschüchternde Verhalten des Täters als konkludente Drohung erneuter Gewaltanwendung versteht, der Täter diese Situation erkennt und sie bewusst zum Zwecke der Wegnahme ausnutzt[109]. Hier wird freilich der Grat zwischen **konkludenter** Drohung und bloßer Nichtbeseitigung der Gewaltwirkung durch **Unterlassen** schmal[110]. Letzteres ist aktiver Gewaltanwendung nicht gleichzusetzen (§ 13 I). Wer anders entscheidet, gerät in Gefahr, den nicht beweisbaren Verdacht eines Raubvorsatzes bei der Gewaltanwendung durch die Hintertür einer überdehnten Unterlassensstrafbarkeit abzugelten und zudem die Grenzen verbotener Finalität und bloßer Ausnutzung ohne sie entstandener Wirkung zu verwischen. Auch begünstigt eine solche Lösung den Täter, der sein Opfer schwer verletzt oder bewusstlos geschlagen und sich damit um die Möglichkeit gebracht hat, die Zwangslage aufzuheben. Schließlich fehlt in § 249 eine dem § 177 I Nr 3 entsprechende Vorschrift[111].

---

106 BGH StV 95, 416; BGH NStZ 06, 508; hier ist **§ 243 I 2 Nr 6** zu beachten.
107 So die von *Jahn*, JuS 08, 741 besprochene Entscheidung des BGH BeckRS 08, 07766 unter Berufung auf BGH NStZ 82, 380; 99, 510; BGH NStZ-RR 97, 298; BGHR StGB § 249 Abs. 1 Drohung 3; s. auch BGH NStZ 09, 325; BGH NStZ-RR 14, 110; s. auch BGH BeckRS 18, 25410 mit Anm. *Jahn*, JuS 18, 1246.
108 Lehrreich dazu BGH MDR/D 68, 17, 18; BGHSt 41, 123, 124 mit Bespr. *Krack*, JuS 96, 493; s. auch BGH NStZ-RR 12, 270; BGH StV 13, 442 f. Nicht ausreichend ist bloße **Angst** vor erneuter Gewaltanwendung, BGH NStZ 13, 648; BGH StV 14, 546; s. zu dieser Fallgruppe auch S/S-*Bosch*, § 249 Rn 6a.
109 S. dazu BGH StV 15, 768.
110 Deshalb wird von der konkludenten Drohung nur bei unmissverständlichem Erklärungswert des schlüssigen Verhaltens gesprochen, s. *Fischer*, § 249 Rn 14; *Ingelfinger*, Küper-FS S. 201; M/R-*Maier*, § 249 Rn 34.
111 Wie hier BGH NStZ-RR 17, 143; *Eisele*, BT II Rn 326 f; *Ingelfinger*, Küper-FS S. 202 ff; *Krey/Hellmann/Heinrich*, BT II Rn 273; *Küper/Zopfs*, BT Rn 303; *Lackner/Kühl*, § 249 Rn 4; *Otto*, BT § 46 Rn 20; *Rengier*, BT I § 7 Rn 31; SK-*Sinn*, § 249 Rn 32; diff. NK-*Kindhäuser*, § 249 Rn 24 f; aA BGHSt 48, 365 ff mit krit. Anm. *Baier*, JA 04, 431, 433; *Hohmann/Sander*, BT I § 5 Rn 19; *Otto*, JZ 04, 364; S/S-*Eser/Bosch*, § 249 Rn 6b; *Walter*, NStZ 04, 623; ders., NStZ 05, 243; *Zöller*, BT Rn 353; s. auch *Fischer*, § 249 Rn 12b, 14 ff; HK-GS/*Duttge*, § 249 Rn 14; dem BGH zust. *Gössel*, JZ 04, 254; *Lackner/Kühl*, § 249 Rn 4; LK-*Vogel*, § 249 Rn 25, 49; MK-*Sander*, § 249 Rn 32; S/S/W-*Kudlich*, § 249 Rn 15 f; zur Gefahr der **Verdachtsstrafe** s. *Hillenkamp*, Wassermann-FS S. 861, 864 f.

Nutzt jemand fortdauernde Tätlichkeiten eines Dritten ohne dessen Kenntnis und Einverständnis dazu aus, Wertsachen aus dem in der Nähe abgestellten Kraftwagen des Tatopfers zu entwenden, kommt nicht Raub, sondern gemäß §§ 242, 243 I 2 Nr 6 nur ein *besonders schwerer Fall* des Diebstahls in Betracht[112].

Im **Fall 26** hat B bezüglich der Uhr lediglich einen Diebstahl in einem besonders schweren Fall (§§ 242, 243 I 2 Nr 6) begangen, da sein spontaner Entschluss zu stehlen der Gewalt*anwendung* noch nicht zu Grunde lag. Das bloße Ausnutzen der allerdings pflichtwidrig aufrecht erhaltenen Fesselung *entspricht* als Unterlassen dem geforderten aktiven Gewalteinsatz nach umstrittener, aber zutreffender Ansicht nicht[113]. A kann mangels Vorsatzes und Zueignungsabsicht insoweit nicht Mittäter und mangels Vorsatzes auch nicht Gehilfe zu dem Exzess des B sein. Waren A und B bei der Fesselung des L bereits entschlossen, ihm die Fahrzeugschlüssel abzunehmen, hindert die zusätzliche Zielsetzung, ihn vom Helfen abzuhalten, die raubspezifische Finalität der Gewaltanwendung nicht[114]. Fassten sie den Entschluss erst später, gilt das zu B Gesagte entsprechend. Lässt sich das Geschehen insoweit nicht mehr aufklären, ist nach der hier vertretenen Ansicht nach dem Grundsatz in dubio pro reo von Letzterem auszugehen und nur wegen Diebstahls zu verurteilen. Auch die Gegenansicht muss diese wegen der Strafmilderungsmöglichkeit nach § 13 II günstigere Sachverhaltsalternative zu Grunde legen[115].

365

III. Prüfungsaufbau: Raub, § 249

Raub, § 249

I. Tatbestand
   1. **Objektiver Tatbestand**
      a) **Tatobjekt:**
- *Sache*
- *beweglich*
- *fremd*

      b) **Tathandlung:**
- *Wegnahme*
  → ***Bruch fremden Gewahrsams***
    Gewahrsam
    Ⓟ faktischer oder sozial-normativer Begriff
    fremd
    Ⓟ Mitgewahrsam
    Bruch
    Ⓟ Einverständnis
      (Raub ↔ räuberische Erpressung)
    Ⓟ durch Dritte
      (mittelbare Täterschaft ↔ Dreiecks-erpressung)
  → ***Begründung neuen Gewahrsams***
    Gewahrsam
    Ⓟ Gewahrsamsenklave

365a

---

112 BGH StV 90, 159, 160.
113 Anders BGH JZ 04, 362.
114 BGH NStZ 93, 79.
115 S. *Lackner/Kühl*, § 1 Rn 17.

		Begründung
		Ⓟ Vollendung
c)	Tatmittel:	**Einsatz qualifizierter Nötigungsmittel zur Wegnahme**
(1)	Nötigungsmittel:	• ***Gewalt gegen eine Person***
		Ⓟ Gewaltbegriff
		Ⓟ Gewalt gegen Sachen als Gewalt gegen Personen
		Ⓟ Adressat der Gewalt
		• ***Drohung mit gegenwärtiger Gefahr für Leib/Leben***
		Ⓟ Adressat des angedrohten Übels
(2)	Wegnahmebezug:	• ***Wegnahme mit Gewalt/unter Anwendung von Drohungen***
		→ finale Verknüpfung von Nötigung und Wegnahme
		Ⓟ nur subjektive/auch objektiv kausale Verknüpfung
		Ⓟ Ausnutzung nicht zu Raubzwecken geschaffener Zwangslagen

2. **Subjektiver Tatbestand**
   a) Vorsatz: • *jede Vorsatzart*
      → Bedeutungskenntnis bzgl Fremdheit
   b) Zueignungsabsicht: • *Absicht rechtswidriger Zueignung*
      → wie beim Diebstahl, § 242

II. **Rechtswidrigkeit**
III. **Schuld**
→ **Qualifikationen, §§ 250, 251**

§ 8 Raubqualifikationen

366

Fall 27: T ist nachts in das einsam gelegene Haus der 74-jährigen O eingedrungen, um dort zu stehlen. Als er von der resoluten O überrascht wird, droht er, sie zu erschießen, falls sie sich der Mitnahme von schon auf dem Küchentisch zusammengetragenem Geld und Schmuck widersetze. Dabei zielt der mit einer Strumpfmaske versehene T mit einer echt wirkenden Spielzeugpistole auf O. O, die jahrelang Verkäuferin in einer Spielzeugwarenabteilung war, durchschaut die Täuschung und versucht daher, T aus der Küche zu drängen. Daraufhin überwältigt T die sich heftig wehrende O und fesselt sie mit einem Kabel, das er für den Notfall zu diesem Zweck bei sich trug. Nachdem er die Beute in einer Plastiktüte verstaut hatte, verließ T das Haus. Kurze Zeit später verstarb O an einem Herzinfarkt. Dieser war durch die angestrengte Gegenwehr, vor allem aber dadurch bedingt, dass sich O über den Verlust ihres Schmucks sehr aufregte.
Strafbarkeit des T? **Rn 392**

I. Schwerer Raub

1. Überblick über die Neufassung des § 250

§ 250 ist durch das 6. StrRG (Rn 11) neu gefasst worden[1]. Die Vorschrift enthält *tatbestandlich* geformte, in ihren Absätzen I und II nach der Schwere des Unrechts voneinander abgeschichtete **Qualifikationen** zum Grundtatbestand des § 249. Kraft Verweisung gelten diese Erschwerungsgründe auch für den räuberischen Diebstahl (§ 252) und die räuberische Erpressung (§ 255). 367

Die neue Fassung des § 250 stellt in I Nr 1a den Raub mit Waffen und gefährlichen Werkzeugen, in I Nr 1b den Raub mit sonstigen Werkzeugen und Mitteln, die der Täter mit einer spezifischen Verwendungsabsicht bei sich führt, und in I Nr 2 den Bandenraub als einfache Qualifikationen unter eine gegenüber § 249 um zwei Jahre erhöhte Mindeststrafe. Diese Qualifikationen entsprechen der Regelung des § 244 I Nrn 1a, b, 2, die § 250 im Gesetzgebungsverfahren nachträglich angepasst worden ist (BT-Ds 13/9064, S. 17). Als weitere einfache Qualifikation sieht § 250 I Nr 1c das Schaffen der Gefahr einer schweren Gesundheitsschädigung für eine andere Person vor, die in § 244 keine Entsprechung hat. Das gilt auch für die schweren Qualifikationen des neu gefassten § 250 II, der die frühere Mindeststrafe von fünf Jahren nunmehr nur noch für die Fälle der Verwendung von Waffen oder gefährlichen Werkzeugen (II Nr 1), des bewaffneten Bandenraubes (II Nr 2) und der schweren körperlichen Misshandlung bzw des Schaffens von Todesgefahr (II Nr 3a, b) vorsieht. 368

In § 250 III findet sich jetzt die Regelung des **minder schweren Falles**[2], die für die einfachen wie die schweren Qualifikationen unterschiedslos gilt und deren Höchststrafdrohung gegenüber § 250 II aF um fünf Jahre auf zehn Jahre angehoben ist. Hohe Anforderungen an den minder schweren Fall stellt der BGH iR der Beschaffungskriminalität drogenabhängiger Täter, begnügt sich im Übrigen aber mit einem „beträchtlichen Überwiegen" der strafmildernden Umstände[3].

2. Einfache Raubqualifikationen

a) Beisichführen von Waffen oder anderen gefährlichen Werkzeugen

§ 250 I Nr 1a setzt voraus, dass der Täter oder ein anderer Beteiligter eine Waffe oder ein anderes gefährliches Werkzeug bei sich führt. Das entspricht wort- und inhaltsgleich der Qualifikation des § 244 I Nr 1a. Die Ausführungen, die dort zum Begriff der Waffe (Rn 265 ff), des gefährlichen Werkzeugs (Rn 272 ff) und zum Beisichführen (Rn 267 f, 283) gemacht worden sind, gelten daher ohne Einschränkung auch hier. 369

Deshalb ist es auch beim Raub für das **bewusste** (s. dazu Rn 267, 270, 283) **Beisichführen** ausreichend, wenn der Täter eine *Waffe* erst *während der Tatausführung* und nur „aus Sicherheitsgründen" aus dem Schreibtisch des Tatopfers oder ein am Tatort vorge- 370

---

1 S. zur Entstehungsgeschichte *Kreß*, NJW 98, 642 f; LK-*Vogel*, § 250 Entstehungsgeschichte; SK-*Sinn*, § 250 Rn 2 ff und die 33. Aufl. dieses Buches, Rn 340.
2 S. dazu BGH NStZ-RR 01, 215; BGH BeckRS 13, 00514 (dilettantische/unprofessionelle Ausführung); LG Verden, StV 06, 696 und Rn 359; zur 2011 geschehenen Einfügung einer entsprechenden Vorschrift in § 244 III s. Rn 262.
3 BGH NStZ 02, 31, 32 f; BGH BeckRS 15, 06200.

fundenes gefährliches Werkzeug an sich nimmt[4]. Lässt er Waffe oder Werkzeug unangetastet liegen, reicht deren bloße Wahrnehmung für ein Beisichführen dagegen nicht aus[5]. Auch müssen – wie zu § 244 I Nr 1a – Waffe oder gefährliches Werkzeug *beweglich* sein[6] und sich so in der Nähe eines Beteiligten befinden, dass er sich ihrer in der Phase zwischen Ve*rs*uch und *Voll*endung (nicht erst in der zwischen Voll- und *Be*endigung, s. Rn 267)[7] ohne nennenswerten Zeitaufwand oder besondere Schwierigkeiten bedienen kann. Wer Waffe oder gefährliches Werkzeug vor dem Eindringen in das Haus des Opfers im geparkten Pkw zurücklässt und sie erst wieder auf der Flucht zur Verfügung hat, erfüllt *beide* Voraussetzungen nicht[8]. Auch geht es zu weit, von einem Beisichführen zu sprechen, wenn der Täter es nach einer ohne Raubvorsatz vorgenommenen Fesselung im Verlaufe der anschließenden Wegnahme nur bei dieser belässt oder wenn bei einer telefonischen Drohung auf ein Mittel hingewiesen wird, das die Täter zuvor im Einflussbereich des Opfers deponiert haben[9]. Dagegen reicht es aus, wenn Waffe oder gefährliches Werkzeug in einem verschlossenen Rucksack mitgeführt werden[10].

371 Die **Waffe** muss auch hier funktionstüchtig[11], als *Waffe im technischen Sinn* einsatzbereit[12] und – woran es bei einer Schreckschusspistole fehlt[13] – generell dazu bestimmt sein, Menschen körperlich zu verletzen. Ist sie es, verliert sie ihre allein maßgebliche abstrakte Gefährlichkeit als Waffe weder nach Nr 1a noch in der Verwendungsvariante des § 250 II Nr 1, wenn auf Grund bestimmter außerhalb ihrer selbst liegender Umstände der Tatsituation – etwa weil sich der allein anwesende Kassierer hinter kugelsicherem Glas befindet – eine reale Gefahr nicht besteht[14]. Ein Gegenbeweis *konkreter* Ungefährlichkeit kommt insoweit nicht in Betracht (zur Frage der *Verwendung* in einem solchen Fall s. Rn 380). Ein nur mit Platzpatronen geladener Gasrevolver erfüllt diesen *Waffenbegriff* dagegen nicht[15]. Er kann freilich wie die Schreckschusspistole ein **gefährliches Werkzeug** (s. hierzu Rn 265, 272 ff)[16] darstellen. Dafür genügt es allerdings entgegen dem Vorlagebeschluss des 2. Senats[17] nicht, dass die Schreckschusspistole *objektiv* „innerhalb kürzester Zeit unmittelbar am Kör-

---

4 BGH NStZ 85, 217; so auch BGH BeckRS 13, 08221 für ein Messer als gefährliches Werkzeug; s. auch Rn 267.
5 BGH BeckRS 16, 20065 mit Bespr. *Eisele*, JuS 17, 369.
6 BGH BeckRS 13, 00525 verneint das für einen im Raum befindlichen Industriemüll-Häcksler; zust. *Hecker*, JuS 13, 948.
7 *Bachmann/Goeck*, Jura 12, 133 ff; *Geppert*, Jura 99, 604; *Habetha*, NJW 10, 3133, 3135 ff; *Kiworr*, JuS 18, 424 ff; *Küpper/Gabow*, Achenbach-FS S. 265 ff; diff. S/S-*Bosch*, § 250 Rn 6 f; bis zur Beendigung soll auch hier nach BGH NStZ 07, 332, 334 mit abl. Anm. *Kudlich*, JR 07, 381 reichen.
8 Anders BGH NStZ 98, 354.
9 Im ersteren Fall käme nur ein schwer vorstellbares Beisichführen durch Unterlassen in Betracht, s. dazu zu Recht krit. *Walter*, NStZ 04, 624 zu BGHSt 48, 365 (Rn 364); zur zweiten Konstellation s. BGH StV 94, 656 mit krit. Anm. *Kelker*, StV 94, 657 und *Otto*, Jura 97, 474.
10 Zu eng BayObLG StV 99, 383.
11 BGH NJW 98, 2915.
12 BGH NStZ 99, 448; bereits geladen muss die Schusswaffe nur für § 250 II Nr 1 sein, s. BGH NStZ-RR 07, 375.
13 AA BGHSt 48, 197; BGH NJW 06, 73, 74; s. dazu Rn 266; dem BGH zust. *Kindhäuser*, § 244 Rn 4; *Schmidt*, BT II Rn 193; zu Recht krit. dazu AnK-*Habetha*, § 250 Rn 6; *Fischer*, § 250 Rn 5a-d.
14 BGH StV 99, 151; BGH NStZ 99, 301; BGHSt 45, 92, 93.
15 Missverständlich BGHSt 44, 103, 106 f; BGH StV 01, 274, 275; BGH JR 99, 33 mit krit. Anm. *Dencker*.
16 S. dazu *Hillenkamp*, BT 26. Problem.
17 BGH NJW 02, 2889, 2891; abl. BGH NStZ-RR 02, 265.

per des Opfers zum Einsatz gebracht werden" *könnte* und als Schlaginstrument oder bei einem aufgesetzten Schuss dann erhebliche Verletzungen bewirken würde. Vielmehr ist es erforderlich, dass die Pistole gegebenenfalls in dieser Weise *verwendet* oder mit einer solchen Vorgehensweise *gedroht werden soll*[18]. Hierüber entscheidet der zur Bestimmung der Gefährlichkeit nach der hier vertretenen Auffassung vorausgesetzte **Verwendungsvorbehalt** (Rn 275). Ergibt sich nach ihm die Gefährlichkeit nur bei der Funktionstüchtigkeit des Werkzeugs, ist diese auch hier zu verlangen[19]. Nach den Maßstäben der vom 3. Senat zunächst erwogenen, dann aber aufgegebenen Lösung[20] ist dagegen zu fragen, ob der Täter schon zuvor für alle möglichen Fälle das Werkzeug zur gegebenenfalls gefährlichen Verwendung bestimmt und bereitgelegt hat und sich dessen bei der Tatausführung bewusst ist. Nur unter diesen Voraussetzungen kann zB ein mitgeführtes Teppichmesser ein gefährliches Werkzeug sein. Dass es vom Opfer **wahrgenommen** wird, setzt § 250 I Nr 1a nicht voraus[21].

Wer bei einer **Versuchshandlung** eine Waffe bei sich führt, sich ihrer dann jedoch entledigt, um die geplante Tat ohne Waffe zu vollenden, soll nach dem BGH[22] wegen vollendeten schweren Raubes gemäß §§ 249, 250 I Nr 1 (= Nr 1a nF) zu bestrafen sein, weil es keinen **Teilrücktritt** von qualifizierenden Tatbestandsmerkmalen gebe. Der Grundgedanke des § 24 dürfte indessen der Anerkennung eines solchen Teilrücktritts nicht prinzipiell entgegenstehen[23]. Dass bei dem hier wie zu § 244 I Nr 1a für das gefährliche Werkzeug verlangten Verwendungsvorbehalt (Rn 275) diese Alternative leer laufe, weil die Verwendungsabsicht immer schon den Versuch des § 250 II Nr 1 begründe[24], ist nach allgemeinen Versuchsgrundsätzen nicht zwingend und daher kein stichhaltiger Einwand gegen die hier empfohlene teleologische Reduktion[25].

b) Raub mit sonstigen Werkzeugen oder Mitteln

§ 250 I Nr 1b setzt – wie die gleich lautende Vorschrift des § 244 I Nr 1b – voraus, dass der Täter oder ein anderer Beteiligter *sonst* ein Werkzeug oder Mittel bei sich führt, um den Widerstand einer anderen Person durch Gewalt oder Drohung mit Gewalt zu verhindern oder zu überwinden. Auch hier gelten die unter Verwertung der Motive des 6. StrRG entwickelten Aussagen zu der Regelung in § 244 I Nr 1b entsprechend. Die gesetzgeberische Absicht, mit dieser Vorschrift einen **Auffangtatbestand** zu schaffen und sie auf die sog. *Scheinwaffen* und solche Gegenstände zu erstrecken, die zwar zur gewaltsamen oder mit Gewalt drohenden, eine *objektive Leibesgefahr* aber *nicht* begründenden Überwindung von Widerstand eingesetzt werden, hat sich auch in § 250 I Nr 1b verwirklicht[26]. Auch bezieht sich die bestäti-

372

---

18 BGH NStZ 02, 31, 33; nicht vollständig klärend BGH NStZ 99, 301; wie hier *Bachmann/Goeck*, Jura 2010, 925; *Erb*, JuS 04, 653, 656; gleiches gilt für einen Baseballschläger, vgl. BGH StV 08, 470.
19 BGH NStZ-RR 15, 310 (Elektroschockgerät).
20 BGH NStZ 99, 301; aufgegeben in BGHSt 52, 257, s. Rn 277 ff auch zu verbliebenen Vertretern dieser Lösung; zum „gefährlichen" Beisichführen eines Werkzeugs s. Rn 275.
21 BGH StV 12, 153 mit Bespr. *Bohnhorst*, ZJS 12, 835; *Jäger*, JA 12, 907; hier liegt der – vom BGH nicht verlangte – Verwendungsvorbehalt auch gegenüber der Zeugin L, die das Teppichmesser nicht sah, nahe.
22 BGH NStZ 84, 216 mit abl. Anm. *Zaczyk*.
23 Vgl zu diesem Fragenkreis HK-GS/*Duttge*, § 244 Rn 34; *Küper/Zopfs*, BT Rn 121; *Rengier*, BT I § 4 Rn 77 ff; *Streng*, JZ 84, 652 und Anm. NStZ 85, 359; *Wessels/Beulke/Satzger*, AT Rn 1053.
24 So *Schlothauer/Sättele*, StV 98, 507.
25 S. *Küper*, Hanack-FS S. 589; *Roxin*, JuS 79, 8.
26 BT-Ds 13/8587, S. 44 f; BT-Ds 13/9064, S. 18 f; BGH NJW 98, 2914; zu einem an sich § 250 I Nr 1b erfüllenden Fall bloßer Fesselung s. BGHSt 48, 365, 367 ff; die Problematik dieses Falles liegt im Unterlassen, s. dazu Rn 364 f.

te[27] Erwartung, dass die zu *Raubfällen* entwickelten Einschränkungen der neueren Rechtsprechung (s. dazu schon Rn 288) auch zur Neufassung Beachtung finden, ausdrücklich auf diese Vorschrift. Infolgedessen ist auf Rn 284 ff zu verweisen.

373 Dazu ist allerdings hervorzuheben, dass sich die Problematik der **Scheinwaffe**[28] – wie schon vor der Neufassung[29] – für § 250 in einem etwas anderen Licht darstellt als zu § 244. Denn einerseits spricht die Tatsache, dass die im Beisichführen einer zur Verwendung vorgesehenen Scheinwaffe liegende Bereitschaft zu einem *Angriff* auf die *Freiheit* der Willensentschließung und -betätigung und die dadurch *erhöhte Schutzbedürftigkeit* des Opfers bei einer Bestrafung nach § 249, nicht aber im Falle des Diebstahls bei bloßer Anwendung des § 242 berücksichtigt würde, auch heute *für die Notwendigkeit* der Einbeziehung von Scheinwaffen nur in § 244 I Nr 1b. Und zum anderen bildet die vom Gesetzgeber beabsichtigte Konstruktion eines Auffangtatbestandes für Scheinwaffen und Leibesgefahr nicht begründende Werkzeuge oder Mittel nach wie vor in § 250 einen *systemwidrigen Fremdkörper*, weil hier im Gegensatz zum neugefassten § 244 I *alle* übrigen Qualifikationen ihren Grund in der besonderen objektiven Gefährlichkeit von Tat und Täter finden. Mit der darin liegenden Unrechtssteigerung hält der Auffangtatbestand folglich nicht mit. Er beseitigt daher auch nicht den Druck, in § 250 III erneut schon *für den Regelfall* auszuweichen[30]. Es besteht deshalb nach wie vor in der Sache *Grund*, der vor dem 6. StrRG (Rn 11) zwischen Diebstahls- und Raubfällen differenzierenden Lehre zu folgen[31]. Der sie eröffnende Weg, Scheinwaffen und ungefährliche Mittel im Wege einer *teleologischen Reduktion* aus dem Tatbestand (nur) des § 250 I Nr 1b auszunehmen, ist mit der Neufassung aber *verlegt*[32]. Die zuvor bestehende planwidrige Unvollständigkeit des Gesetzes[33] hat das 6. StrRG zum *gesetzlichen Plan*, die Ungefährlichkeit zur Voraussetzung des Auffangtatbestandes gemacht. An diesem *zum Ausdruck gelangten* Willen kommt keine Auslegung vorbei (s. Rn 287)[34]. Die Fortsetzung der Rechtsprechung[35] steht folglich jetzt auf sicheren Füßen.

---

27 BGH NStZ 07, 332, 333.
28 S. zu ihr im Einzelnen *Wessels*, BT II Rn 338 ff und *Otto*, Jura 97, 473.
29 S. zum Streitstand vor dem 6. StrRG (Rn 11) *Wessels*, BT II Rn 260; 338; weitere Nachweise bei *Hillenkamp*, BT, 8. Aufl., S. 151 ff.
30 S. BGH NStZ-RR 01, 215; nach LK-*Vogel*, § 250 Rn 13 soll das bei der Scheinwaffe sogar verfassungsrechtlich geboten sein; ihm zust. *Schramm*, BT I § 4 Rn 55.
31 Übereinstimmende Bewertung bei *Bosch*, JA 07, 470; *Hörnle*, Jura 98, 173 f; *Mitsch*, BT II S. 521 f; SK-*Sinn*, § 250 Rn 26 ff; aM Meinung s. *Hillenkamp*, BT, 8. Aufl., S. 156. zu dieser diff.
32 BGH NStZ 07, 332, 333; *Küper/Zopfs*, BT Rn 808; *Mitsch*, ZStW 111 (1999), 102; MK-*Sander*, § 250 Rn 42; SK-*Sinn*, § 250 Rn 29; *Rengier*, BT I § 8 Rn 5 f.
33 S. dazu *Hillenkamp*, JuS 90, 458.
34 *Eisele*, BT II Rn 350; *Fischer*, § 250 Rn 10; *Heghmanns*, Rn 1494; *Joecks/Jäger*, § 250 Rn 17; *Lesch*, JA 99, 38; *Schmidt*, BT II Rn 393 ff; beschränkt auf Raub auch *Klesczewski*, GA 00, 257; krit. *Lesch*, JA 99, 36 ff; *Mitsch*, BT II S. 521 f; NK-*Kindhäuser*, § 244 Rn 28 ff; zweifelnd *Hörnle*, Jura 98, 173 f; nur mit Bedenken zust. *Krey/Hellmann/Heinrich*, BT II Rn 283; abl. *Klesczewski*, BT § 8 Rn 217.
35 BGHSt 44, 103; BGH StV 98, 486; 487; 659; BGH NJW 98, 2914; 2915; BGH NStZ-RR 98, 295; BGH StV 99, 91; 92 mit Anm. *Lesch*, 209; BGH NStZ 99, 135; 136; BGH NStZ 07, 332, 333; Übersicht bei *Boetticher/Sander*, NStZ 99, 294. Zu erwartende Raubtaten mit Scheinwaffen können nach BGH NJW 13, 707 als „schwere Gewalttaten" die Fortdauer der Sicherungsverwahrung rechtfertigen, geschehene uU „tätliche Angriffe" iS des § 1 I 1 OEG sein, s. SG Karlsruhe juris PR-SozR 10/2013 Anm. 2 *Dau*.

Infolgedessen bleibt nur, die Auswirkungen der gesetzgeberischen Entscheidung auch hier zu begrenzen. Dazu taugt als Maßgabe der Gedanke der Kompensation (s. Rn 285, 288). Er verbietet die Einbeziehung nach ihrem äußeren Erscheinungsbild – nach der Rechtsprechung nach dem Urteil eines objektiven Beobachters – offensichtlich ungefährlicher Gegenstände, die auf das mitbetroffene Rechtsgut der Freiheit nur durch listige Begleiterklärungen, nicht aber von sich aus *als Mittel* wirken (Rn 288)[36]. Auch ist § 250 I Nr 1b zu verneinen, wenn das Tatopfer die **Scheinwaffe** als solche erkennt[37]. Dass selbst in einem solchen Fall die „auf einem gesteigerten verbrecherischen Willen des Täters beruhende Einschüchterungssituation" objektiv vorliege[38], ist ersichtlich falsch, dass sie beabsichtigt ist, kein die fehlende Freiheitsbeeinträchtigung ausgleichender Grund. Es liegt zu § 250 nur eine Versuchskonstellation vor[39], die auch von der § 250 I Nr 1b zugedachten Auffangfunktion nicht erfasst wird[40]. **Andere ungefährliche Mittel** scheiden nach dem Kompensationsmaßstab aus, wenn sie nur zu einer kurzfristigen, die Erheblichkeitsschwelle nicht überschreitenden Beeinträchtigung der körperlichen Integrität oder Bewegungsfreiheit führen (sollen). So liegt es etwa bei einem zur Unterbindung von Hilferufen während einer nur wenige Minuten dauernden Tatausführung mitgeführten Klebeband[41], beim Sprühen mit Deo-Spray, das lediglich zu einem kurzfristigen Schließen der Augen führt[42] oder bei einer losen Fesselung mit einem Kabel, aus der sich das Opfer nach kürzester Zeit selbst befreien kann[43].

374

Für Werkzeuge und Mittel ergeben sich danach Abstufungen. Ob zum Beispiel ein Schuh am Fuß ein gefährliches Werkzeug im Sinne des § 250 I Nr 1a, sonst ein Werkzeug oder Mittel im Sinne des § 250 I Nr 1b oder nicht einmal das ist, hängt von den konkreten Umständen des Einzelfalles ab. Dabei kommt es auf die Beschaffenheit der Schuhe, die im Verwendungsvorbehalt vorgestellte Heftigkeit der Tritte und insbesondere darauf an, gegen welche Körperteile die Tritte sich richten sollen[44]. „Bewaffnet" sich ein Täter mit schweren Springerstiefeln, um notfalls Widerstand des Opfers mit unkontrollierten Tritten gegen den Kopf zu brechen, liegt § 250 I Nr 1a 2. Alt. (kommt es dazu, § 250 II Nr 1 2. Alt., Nr 3) vor[45]. Will er sich auf einen immerhin schmerzhaften, Verletzungsgefahr aber ausschließenden Tritt gegen das Schienbein beschränken[46], ist § 250 I Nr 1b gegeben; soll es bei einem kurzfristigen

375

---

36 BT-Ds 13/9064, S. 18; BGHSt 38, 116, 118; BGH NStZ 97, 184; BGH NStZ 98, 38; BGH NStZ 07, 332, 333 f mit Bespr. *Bosch*, JA 07, 468; *Jahn*, JuS 07, 503; *Kudlich*, JR 07, 781; BGH StV 08, 520; BGH StV 11, 676, 677 mit Anm. *Bosch*, JK 12/11, StGB § 250 I Nr 1b/14; BK-*Wittig*, § 250 Rn 6; *Eisele*, BT II Rn 350; *Joecks/Jäger*, § 250 Rn 18 f; MK-*Sander*, § 250 Rn 45; M/R-*Maier*, § 250 Rn 19 f; krit. hierzu *Fischer*, § 250 Rn 11 ff mwN; *Knupfer*, Schlüchter-FS S. 130 f; *Küper/Zopfs*, BT Rn 812; LK-*Vogel*, § 250 Rn 12; zu einem insoweit zweifelhaften Fall s. BGH NStZ 11, 278 und BGH NStZ 17, 581 mit Anm. *Kudlich*; *Jahn*, JuS 17, 85 sowie hier Rn 288.
37 Ebenso *Küper/Zopfs*, BT Rn 812; *Rengier*, BT I § 8 Rn 9 (auch für § 249 nicht ausreichend); ausreichen soll es nach BGH NStZ 16, 215 mit Bespr. *Jäger*, JA 16, 71; *Preuß*, HRRS 16, 466; *Satzger*, Jura 16, 573 allerdings, wenn das Opfer stattdessen vom Beisichführen eines anderen (gefährlichen) Werkzeugs ausgeht.
38 So BGH StV 90, 547 mit Anm. *Herzog*; s. dazu auch *Küper/Zopfs*, BT Rn 812 mwN.
39 *Küper/Zopfs*, BT Rn 812; *Rengier*, BT I § 8 Rn 9; *Geppert*, Jura 92, 500.
40 S. zu dieser in anderen Irrtumsfällen *Küper/Zopfs*, BT Rn 810 f.
41 S. BGH StV 99, 91.
42 AA BGH NStZ 03, 89.
43 Anders bei einer Fesselung mit Klebeband BGH NStZ 07, 332, 334 und BGH NStZ-RR 16, 339 oder mit einem Schal und abgeschnittenen Trageriemen einer Handtasche BGH BeckRS 13, 08221.
44 BGH NStZ-RR 11, 337; *Hettinger*, JuS 82, 895, 376; zu § 244 s. insoweit OLG Oldenburg StraFo 19, 217.
45 BGHSt 30, 375, 376.
46 OLG Stuttgart NJW 92, 850.

Inschachhalten des zu Boden geworfenen Opfers durch das Stellen des Fußes auf den Bauch bleiben, nicht einmal das.

c) Gesundheitsgefährdender Raub

376 § 250 I Nr 1c qualifiziert den Raub, wenn durch die Tat eine andere Person in die **Gefahr einer schweren Gesundheitsschädigung** gebracht wird. Bei diesem Tatbestand handelt es sich nicht um ein erfolgsqualifiziertes Delikt iS des § 18, sondern um einen **Gefährdungstatbestand**, der den Eintritt der konkreten Gefahr einer schweren Gesundheitsschädigung und einen entsprechenden **Gefährdungsvorsatz** voraussetzt, wobei *dolus eventualis* genügt[47]. Beruht die Gefahr auf einer individuellen Schadensdisposition des Opfers, muss der Täter diese erkannt haben[48].

377 Der Begriff der **schweren Gesundheitsschädigung** ist nach seiner bisherigen Verwendung im Gesetz (zB in § 218 II Nr 1) und dem Willen des Gesetzgebers (RegE BT-Ds 13/8587, Begr. S. 27 f) mit der in § 250 I Nr 3 aF aufgeführten „schweren Körperverletzung" (§ 226 nF) nicht gleichzusetzen. Die Herbeiführung der Gefahr einer schweren Folge im Sinne des § 226 I reicht sicher aus, ist aber nicht Voraussetzung. § 147 E 1962 machte die „schwere Schädigung an Körper oder Gesundheit" davon abhängig, dass der Verletzte erheblich verstümmelt, für immer oder für lange Zeit auffallend entstellt, im Gebrauch seines Köpers oder seiner Sinne, in seiner Fortpflanzungsfähigkeit, seinen seelischen Kräften oder seiner Arbeitsfähigkeit erheblich beeinträchtigt wird oder in eine lebensbedrohende, eine qualvolle oder eine ernste und langwierige Krankheit verfällt[49]. Aus dieser beispielhaft gemeinten Aufzählung folgt, dass zwar auf einen abschließenden Katalog, nicht aber auf den § 226 zu Grunde liegenden Schweregrad verzichtet werden sollte[50]. Für hinreichend ernstlich, einschneidend und nachhaltig hält der BGH in diesem Sinne eine Gesundheitsschädigung jedenfalls dann, wenn zur Wiederherstellung der Gesundheit intensivmedizinische oder umfangreiche und langwierige Rehabilitationsmaßnahmen erforderlich sind[51].

Der andere, um dessen Gefährdung es geht, muss ein Tatunbeteiligter, braucht aber weder der Beraubte noch eine Person zu sein, von der Widerstand geleistet oder erwartet wird[52]. Erforderlich ist indessen, dass die Gefährdung **durch die Tat** herbeigeführt wird. Das bedeutet ein Zurückgehen der Gefährdung auf die raubspezifische, also durch die Raubmittel, nicht eine ausnahmsweise durch die Wegnahme (zB lebenswichtiger Medikamente)[53] heraufbeschworene Gefahr in der Zeitspanne zwischen Versuchsbeginn und Vollendung. Auch hier dürfen die en-

---

47 Vgl *Fischer*, § 250 Rn 15; *Krey/Hellmann/Heinrich*, BT II Rn 289; S/S-*Bosch*, § 250 Rn 24; SK-*Sinn*, § 250 Rn 40; S/S/W-*Kudlich*, § 250 Rn 15.
48 BGH NJW 02, 2043 mit krit. Bespr. *Baier*, JA 03, 107; *Degener*, StV 03, 332; *Hellmann*, JuS 03, 17; *Schroth*, JR 03, 250; für Einbeziehung dieser Fälle auch deutlich LK-*Vogel*, § 250 Rn 21.
49 S. dazu auch *Küper/Zopfs*, BT Rn 282 ff; *Schroth*, NJW 98, 2865 f; *Windhorst*, Der Rechtsbegriff der „schweren Gesundheitsschädigung" 2001, S. 61 ff, 100 ff.
50 *Hellmann*, JuS 02, 18; *Stein*, in: *Dencker* ua, Einführung in das 6. StrRG 1998, S. 103; abschwächend HK-GS/*Duttge*, § 250 Rn 7.
51 BGH NStZ-RR 07, 304, 306 (zu § 225 III 1).
52 *Mitsch*, BT II S. 526; MK-*Sander*, § 250 Rn 49; S/S-*Bosch*, § 250 Rn 22 mwN.
53 AA *Krey/Hellmann/Heinrich*, BT II Rn 288; *Lackner/Kühl*, § 250 Rn 3; LK-*Vogel*, § 250 Rn 24; *Zöller*, BT Rn 363; wohl auch HK-GS/*Duttge*, § 250 Rn 9; wie hier BK-*Wittig*, § 250 Rn 7; *Fischer*, § 250 Rn 14a; H-H-*Kretschmer*, Rn 902; *Kindhäuser*, § 250 Rn 15; S/S/W-*Kudlich*, § 250 Rn 14.

geren Voraussetzungen des § 252 **nicht** durch die Einbeziehung der Zeit **bis zur Beendigung** unterlaufen werden[54]. Auch reichen Gefährdungs- oder Verletzungshandlungen vor Versuchsbeginn[55] und ohne Wegnahmevorsatz nicht aus[56]. § 250 I Nr 1c erfüllende **Beispiele**: Bedrohung eines erkennbar schwer Herzkranken, Zurücklassen des gefesselten Opfers in der winterlichen Kälte oder in einer einsamen Gegend, Gefährdung von Kunden der überfallenen Bank durch Querschüsse. Erwächst dabei Lebensgefahr, geht § 250 II Nr 3b vor. Darauf, ob der drohende *Erfolg* eintritt oder nicht, kommt es nicht an, doch ist § 250 I Nr 1c auch dann erfüllt, wenn sich die qualifizierende Gefahr in einem entsprechenden Erfolg verwirklicht[57].

d) Bandenraub

Der **Bandenraub** (§ 250 I Nr 2) entspricht dem Vorbild des § 244 I Nr 2. Die Ausführungen zum Bandendiebstahl (Rn 295 ff) gelten entsprechend, da Wortlaut und gesetzgeberischer Wille eine Gleichbehandlung gebieten[58]. Daher sind die vom GrS des BGH[59] zu § 244 I Nr 2 entwickelten Thesen auf den Bandenraub zu erstrecken. Eine Bande setzt danach den Zusammenschluss von mindestens drei Personen (s. dagegen Rn 298 ff), ein Bandenraub nicht aber die Mitwirkung von wenigstens zwei Bandenmitgliedern vor Ort (s. dagegen Rn 301) und eine Mittäterschaft auch nicht die Anwesenheit am Tatort (s. dazu Rn 302) voraus. Ausführungstat muss hier ein *Raub* sein[60]. Beschränkt sich die Absprache bis dahin auf Diebstähle, hindert das die Anwendung des § 250 I Nr 2 nicht, wenn sich mindestens zwei Bandenmitglieder spontan entschließen, zum Raub überzugehen[61]. Hinter § 250 II Nr 2 tritt die einfache Qualifikation zurück. Der Erschwerungsgrund gilt auch für Teilnehmer, wenngleich § 250 I Nr 2 aus sprachlichen Gründen nur den „Täter" hervorhebt[62].

378

Liegen bei derselben Straftat mehrere Erschwerungsgründe iS des § 250 I vor, so ist nach hM lediglich *ein* (einziger) „schwerer Raub" anzunehmen[63]. Das gilt auch für § 250 II[64].

3. Schwere Raubqualifikationen

§ **250 II** beschreibt gegenüber den einfachen Qualifikationen (§ 250 I Nrn 1a, b, c; 2) im Unrecht nochmals gesteigerte Erschwerungsformen, die *durchweg* auf dem Gedanken **erhöhter Gefährlichkeit** beruhen. Dabei hat lediglich § 250 II Nr 3b einen Vorläufer im alten Recht. Die übrigen *schweren* Qualifikationen sind neu.

379

---

54 *Eisele*, BT II Rn 360; *Kindhäuser*, BT II § 14 Rn 7; *Kiworr*, JuS 18, 424 ff; MK-*Sander*, § 250 Rn 51; SK-*Sinn*, § 250 Rn 37; aA BGHSt 38, 295, 298 f zu § 251; S/S-*Eser/Bosch*, § 250 Rn 23; *Wessels*, BT II Rn 343.
55 S. *Eisele*, BT II Rn 359.
56 BGH StV 06, 418.
57 S/S-*Bosch*, § 250 Rn 21.
58 BGHSt 46, 138, 141 mit Bespr. *Baier*, JA 01, 368.
59 BGHSt 46, 321.
60 §§ 252, 255, 316a reichen nicht, s. *Ladiges*, NStZ 16, 646 im Anschluss an LK-*Vogel*, § 250 Rn 28.
61 BGH NStZ 99, 454; BGH NStZ-RR 15, 213 mit Bespr. *Kudlich*, JA 15, 551; *Lackner/Kühl*, § 250 Rn 2; S/S-*Bosch*, § 250 Rn 26.
62 *Fischer*, § 250 Rn 16; S/S-*Bosch*, § 250 Rn 26.
63 Vgl BGH JR 95, 123 mit Anm. *v. Hippel*, aaO S. 125.
64 SK-*Sinn*, § 250 Rn 67.

a) Verwendung von Waffen oder gefährlichen Werkzeugen

380 § 250 II **Nr 1** sieht gegenüber § 250 I Nr 1 gesteigertes Unrecht darin, dass der Täter oder ein anderer Beteiligter die Waffe oder ein gefährliches Werkzeug **verwendet**. Dabei geht der Gesetzgeber davon aus, dass die **Verwendung** nicht nur im Einsatz als Verletzungs- oder Gefährdungsmittel, sondern auch als Mittel zur Drohung mit Gewalt liegen kann[65]. In jedem Fall müssen die Tatmittel der Nötigung und dürfen folglich nicht allein der Wegnahme (Zerschießen des Tresorschlosses) oder deliktsunspezifischen Zwecken (zB dem Quälen des Opfers) dienen[66].

381 Der Begriff der **Waffe** unterscheidet sich hier von dem in §§ 244 I Nr 1a, 250 I Nr 1a grundsätzlich nicht (s. Rn 265 ff, 369). Allerdings ergibt sich daraus, dass die Waffe als gefährliches Tatmittel nicht nur mitgeführt, sondern **verwendet** werden muss, dass sie im Zeitpunkt der Verwendung zwar nicht notwendig durchgeladen und entsichert[67], wohl aber bereits geladen und daher in ihrer objektiv gefährlichen Eigenschaft eingesetzt worden ist. Deshalb führt zwar eine Waffe bei sich (§ 250 I Nr 1a), wer das zugehörige, aufmunitionierte Magazin in seiner Jackentasche hat, verwendet aber die ungeladene Pistole in diesem Fall nicht als (gefährliche) Waffe, wenn er mit ihr das Opfer bedroht. Dass er durch Laden in Sekundenschnelle die Pistole als (gefährliche) Waffe verwenden könnte, heißt nicht, dass er sie als solche verwendet[68]. Andererseits erfüllt die funktionsbereite und geladene Waffe den Waffenbegriff auch dann, wenn ein außerhalb der Waffe liegender Umstand – der allein bedrohte Kassierer befindet sich hinter kugelsicherem Glas – eine konkrete Leibes- oder Lebensgefahr ausschließt. Auch ist in einem solchen Fall die Waffe **verwendet**[69], weil es in dieser Alternative nur auf die abstrakte Gefährlichkeit funktionsbereiter Waffen ankommt[70], die Entstehung einer konkreten Gefahrensituation idR zudem nicht sicher ausschließbar und folglich ein Gegenbeweis konkreter Ungefährlichkeit auch nicht zu führen ist.

382 Entgegen missverstehbarer Terminologie ist die ungeladene oder sonst funktionsuntüchtige „Waffe" keine Waffe im Sinne dieser Vorschriften. Sie kann lediglich nach den Maßstäben des § 224 I Nr 2[71] **gefährliches Werkzeug** sein, wenn sie als Schlaginstrument oder – mit bloßen Platzpatronen geladen – aus nächster Nähe oder aufgesetzt verwendet und dadurch eine erhebliche Verletzungsgefahr hervorgerufen wird (Rn 371)[72]. An Letzterem fehlt es, wenn das Opfer mit Klebeband nur gefesselt[73] oder

---

65 BT-Ds 13/8587, S. 45; *Geppert*, Jura 99, 605; HK-GS/*Duttge*, § 250 Rn 14; *Hörnle*, Jura 98, 174; *Küper/Zopfs*, BT Rn 796; *Lackner/Kühl*, § 250 Rn 4; s. dazu BGHSt 45, 92, 94 f; BGH StV 98, 487; 01, 274; BGH JR 99. 33; BGH NStZ 99, 301; 02, 31, 33; BGH StV 08, 470; BGH NStZ 18, 278 mit Anm. *Eidam*; *Eisele*, JuS 18, 393; *Nestler*, Jura (JK) 18, 962; krit. *Fischer*, § 250 Rn 22 ff; *Lesch*, JA 99, 31 f und LK-*Vogel*, § 250 Rn 30, 37.
66 *Mitsch*, BT II S. 530 f; BGH BeckRS 13, 01325.
67 BGH NStZ-RR 01, 41; BGH NStZ-RR 07, 375.
68 BGHSt 45, 249, 251 f; BGH NStZ-RR 08, 342; *Lackner/Kühl*, § 250 Rn 4; MK-*Sander*, § 250 Rn 63.
69 AA BGH StV 99, 151.
70 BGH NStZ 99, 301; BGHSt 45, 92, 93 mit krit. Anm. *Mitsch*, NStZ 99, 617 und zust. Anm. *Zopfs*, JZ 99, 1062; LK-*Vogel*, § 250 Rn 33.
71 S. dazu BGH BeckRS 15, 06119 (Rn 282 **Die aktuelle Entscheidung**).
72 Vgl BGH StV 01, 274, 275; BGH NStZ 02, 31, 33; BGH NStZ-RR 04, 169.
73 BGH StV 99, 91; BGHSt 48, 365 (nur § 250 I Nr 1b); BGH BeckRS 18, 28411; anders uU bei strammer Fesselung mit Kabelbinder, s. BGH NStZ-RR 04, 169.

ein Schlafmittel nur in harmloser Dosierung[74] verwendet, wohl kaum aber, wenn das Opfer mit K.O.-Tropfen in eine dreistündige Bewusstlosigkeit versetzt[75] wird. Wird das Opfer **bedroht**, muss sich die Gefährlichkeit darin erweisen, dass im Falle der Zufügung des angekündigten Übels die Gefahr erheblicher Verletzung entstünde[76].

Rechtsprechungsbeispiel: In **BGH NStZ 11, 158** wollten A und B in eine Tankstelle einbrechen, um dort zu stehlen. Als Einbruchswerkzeug führten sie einen Meißel und einen abgebrochenen Schraubendreher mit sich. Als sie bemerkten, dass der Kassierer K noch anwesend war, zogen sie Sturmmasken über, betraten den Verkaufsraum und zwangen K, sich in einen Nebenraum zu begeben, um das Licht im Verkaufsraum zu löschen. Dabei drückte A dem K den Schraubendreher in den Rücken. K sah das Werkzeug aus den Augenwinkeln und verspürte einen leisen Druck. Er löschte das Licht. Zurück in dem Verkaufsraum wurde K aufgefordert, die Kasse zu öffnen, was K auch tat. Das darin befindliche Geld stopften A und B in ihre Hosentaschen. Danach legten sie Schraubendreher und Meißel ab, um besser Zigarettenstangen in sog. gelbe Säcke verstauen zu können, die sie von K verlangt und erhalten hatten. Sie hatten bereits zwei Säcke gefüllt und zum Abtransport bereit gestellt, als mehrere Polizeibeamte den Verkaufsraum stürmten und A und B festnahmen. K hatte einen stillen Alarm ausgelöst, als er die maskierten Männer sich nähern sah. – Der BGH nimmt auf der Grundlage des von ihm vertretenen faktischen Gewahrsamsbegriffs (s. dazu krit. Rn 82 ff, 123 ff) iE zu Recht eine *vollendete* Wegnahme jedenfalls bezüglich des Geldes an. Zu den Zigarettenstangen soll es diesbezüglich auf Schwere und Größe der gefüllten Säcke ankommen. Einen Raub gem. § 250 I Nr 1a bejaht die Entscheidung (unzutreffend, s. Rn 273 ff) bezüglich des Schraubendrehers, weil er „nach seiner objektiven Beschaffenheit geeignet" sei, „einem Opfer erhebliche Körperverletzungen zuzufügen, etwa bei einem Einsatz als Stichwerkzeug". Das ist nur dann richtig, wenn bei A und B schon vor dem Einsatz des Werkzeugs ein *entsprechender Verwendungsvorbehalt* bestand. Zutreffend ist dann aber § 250 II Nr 1 bejaht. A hat – mit Billigung des B – den Schraubendreher als Mittel der Drohung verwendet. K hat das Nötigungsmittel als solches erkannt, den Einsatz wahrgenommen und zu Recht als konkludente Drohung (s. Rn 383) verstanden, das Werkzeug werde bei Widerstand als Stichwerkzeug gegen ihn eingesetzt werden. Dann wäre es aber zu einer nicht unerheblichen Verletzung gekommen. So muss es in der Drohungsalternative auch sein. Die Formulierung des BGH dazu ist allerdings missverständlich. Nimmt man an, dass der Raub mit dem erzwungenen Löschen des Lichts bereits in das Versuchsstadium eingetreten ist, ist auch die Voraussetzung erfüllt, dass die Verwendung bei der Ausführung der Tat geschehen sein muss[77].

Es genügt, dass es nur eines kurzen Handgriffs bedarf, um die Eignung, erhebliche Verletzungen zuzufügen, herbeizuführen[78]. Andererseits reicht die Verwendung einer funktionsuntüchtigen oder ohne Munition mitgeführten oder eben auch nur ungeladenen Schusswaffe für § 250 II Nr 1 nicht aus[79]. Sie ist – weil nicht funktionsbereit – keine „Waffe" und – weil verletzungsuntauglich – auch kein bei „Ausführung" der

---

74 BGH StV 98, 660.
75 AA BGH NStZ 09, 505 mit krit. Anm. *Bosch*, JA 09, 737; BGH NStZ-RR 18, 141; SK-*Sinn*, § 250 Rn 52.
76 BGH NStZ 11, 211, 212; *Küper/Zopfs*, BT Rn 796; aA *Dencker*, in: *Dencker* ua, Einführung in das 6. StrRG 1998, S. 14.
77 S. zu dieser Entscheidung *Bachmann/Goeck*, Jura 10, 922; *Hecker*, JuS 11, 565; *Satzger*, JK 1/11, StGB § 250 Abs. 2 Nr 1.
78 BGH NStZ-RR 01, 41; eine „Unterladung durch Einfügen des bestückten Magazins" reicht aus, ein „Durchladen" muss noch nicht vorliegen, BGH NStZ 10, 390.
79 BGHSt 45, 249, 251 f; BGH NJW 98, 2915; BGH StV 98, 487; 659; BGH NStZ 98, 567; die Zweifel in BGH NJW 98, 2914 beseitigt BGHSt 44, 103, 106; für die ungeladene Schreckschusspistole ebenso BGH NStZ-RR 04, 169.

Drohung gefährliches Werkzeug. Dasselbe gilt für eine Spielzeugpistole[80] sowie eine **Schreckschusspistole**, soweit sich deren Benutzung darin erschöpft, die Existenz einer scharfen Schusswaffe vorzutäuschen[81] oder einen „Warnschuss" aus der Distanz abzugeben. Dass der Täter innerhalb kürzester Zeit von der Bedrohung mit einer mit Platzpatronen geladenen Schreckschusspistole dazu übergehen könnte, sie unmittelbar am Körper des Opfers in gefährlicher Weise zum Einsatz zu bringen, reicht entgegen dem Vorlagebeschluss des 2. Senats[82] für ihre Verwendung als gefährliches Werkzeug nicht aus. Auch begründet diese gefährliche Anwendungsmöglichkeit nicht die Eigenschaft einer Waffe (s. dazu Rn 266)[83]. Mit Recht werden diese „Scheinwaffen" daher allein § 250 I Nr 1b zugewiesen, solange der Täter von ihrer potenziell gefährlichen Einsatzweise keinen Gebrauch machen will.

383 Auch setzt eine Verwendung zur *Drohung* voraus, dass der Täter das Mittel nicht nur offen mit sich führt, sondern *zweckgerichtet* als Mittel des Raubes (oder der räuberischen Erpressung) gegen das Opfer einsetzt und der Betroffene einen solchen Einsatz des Mittels auch (visuell oder taktil) **wahrnimmt**. Anders kann der Bedrohte in die für eine vollendete Drohung vorausgesetzte Zwangslage nicht versetzt werden[84]. Der bloße Hinweis darauf, dass der Täter eine Waffe oder ein gefährliches Werkzeug bei sich führt, genügt zwar für sich genommen nicht, kann aber uU ebenso eine *konkludente* Drohung begründen[85] wie ein von dem Opfer entgegentretenden maskierten Täter vor dem Oberkörper gehaltener Baseballschläger[86]. Auch reicht hierfür das erneute Präsentieren oder In-Erinnerung-Bringen eines zuvor noch ohne Raubvorsatz eingesetzten gefährlichen Werkzeugs uU aus[87]. Die Verwendung muss **bei der Tat**, darf deshalb auch hier nicht nur im **Vorbereitungsstadium**, muss aber **zwischen Versuchsbeginn und Vollendung** geschehen (s. Rn 267 f)[88]. Dabei reicht es aus, wenn ein zunächst nur mit dem Vorbehalt eines ungefährlichen Einsatzes mitgeführtes Werkzeug (§ 250 I Nr 1b) erst *durch* seine Verwendung zum gefährlichen *wird*. Lässt man mit der (hier abgelehnten) Rechtsprechung die Qualifikation des Raubes nach § 250 II Nr 1 auch noch zwischen Vollendung und Beendigung zu[89], dann ist es irreführend, ihr Vorliegen von dem (Weiter-) Be-

---

80 BGH NStZ 99, 135; BGH NStZ 10, 327.
81 BGH StV 98, 486; BGH NStZ-RR 98, 294; 358; BGH StV 99, 209; BGH NStZ-RR 07, 375; vgl auch BGH StV 11, 676 sowie zu den vorstehenden Beispielen BGH BeckRS 18, 28411 mit Verweisung auf § 250 I Nr 1b.
82 BGH NJW 02, 2889, 2891.
83 AA BGHSt 48, 197 mit krit. Bespr. *Baier*, JA 04, 15 f; *Erb*, JuS 04, 653; *Fischer*, NStZ 03, 569.
84 AA BE-*Becker*, S. 23, 79; wie hier BGH JR 05, 159 mit insoweit zust. Anm. *Gössel*; *Kudlich*, JuS 05, 189; BGH StV 08, 470; BGH StV 12, 153 mit Bespr. *Bohnhorst*, ZJS 12, 835; *Jäger*, JA 12, 307; BGH NStZ 13, 37; BGH BeckRS 13, 01325; BGH NStZ-RR 15, 13; BGH NStZ 18, 278 mit Anm. *Eidam*; *Eisele*, JuS 18, 393; *Nestler*, Jura (JK) 18, 962; S/S/W-*Kudlich*, § 250 Rn 24. Stellt sich die beabsichtigte Wahrnehmung nicht ein, liegt ein fehlgeschlagener Versuch vor, der mit vollendeten Beisichführen nach § 250 I Nr 1a, das eine Wahrnehmung durch das Opfer nicht voraussetzt, aus Gründen der Klarstellung in Idealkonkurrenz steht (NK-*Puppe*, 5. Aufl. 2017, vor § 52 Rn 14; aA BGH und *Gössel* aaO). Da die Täter den Schraubenzieher in BGH JR 05, 159 allerdings nur als Scheinwaffe eingesetzt haben, lag richtigerweise nur § 250 I Nr 1b vor, s. *Schlothauer*, StV 04, 655, 656.
85 BGH StV 98, 487; *Schroth*, NJW 98, 2864; enger *Baumanns*, JuS 05, 405, 406.
86 BGH StV 08, 470.
87 S. dazu BGH StV 15, 768 (Elektroimpulsgerät) und Rn 364; möglicherweise hat es hierzu in BGH NStZ 17, 26 mit Anm. *Kudlich* gefehlt.
88 *Lackner/Kühl*, § 250 Rn 4; LK-*Vogel*, § 250 Rn 36; *Mitsch*, BT II S. 532; ders., JA 17, 412; SK-*Sinn*, § 250 Rn 54; nach BGH NStZ 18, 148: bis zur **Beendigung**.
89 So zB BGH NStZ 04, 263; BGH NStZ 10, 327 mit Bespr. *Heintschel-Heinegg*, JA 10, 471; s. dazu auch *Rengier*, BT I § 8 Rn 30 ff.

stehen einer „Beutesicherungsabsicht" abhängig zu machen⁹⁰. Sie ist – bezogen auf den eigenen Besitz des gestohlenen oder geraubten Gutes – subjektives Tatbestandsmerkmal des § 252⁹¹. Geschieht der Einstieg in die Qualifikation noch iR des § 249, wäre statt dessen das (Weiter-)Bestehen der Zueignungsabsicht, geschieht er iR des § 255, das (Weiter-)Bestehen der Bereicherungsabsicht⁹² zu verlangen. An beiden Absichten fehlt es, wenn es dem Täter nur noch darum geht, ohne Beute zu fliehen.

Rechtsprechungsbeispiel: In **BGH NStZ 10, 327** haben die Täter eine Angestellte A zunächst mit einer Scheinwaffe (§ 250 I Nr 1b) dazu gezwungen, die obere Tür eines Tresors zu öffnen. Das vorgefundene Geld verstauten sie in einer mitgebrachten Plastiktasche. Unzufrieden mit der bisherigen Ausbeute, forderten die Täter die A auf, auch die untere Tür des Tresors zu öffnen. A bekundete, das nur unter Mitwirkung des Geldtransportunternehmens zu können. Da die Täter das zunächst nicht glaubten, zog einer von ihnen ein „Schinkenmesser mit einer Klingenlänge von mindestens 15 cm" und erklärte gegenüber A, „dann wohl etwas grob werden" zu müssen. Später erkannten die Täter, dass A die Wahrheit gesagt hatte und verließen den Supermarkt mit dem Inhalt des oberen Fachs. – Der BGH nimmt iE zu Recht einen Raub nach § 250 II Nr 1 an. Seine zunächst gegebene Begründung, auch in der Phase zwischen Vollendung und Beendigung werde ein gefährliches Werkzeug noch „bei der Tat" verwendet, wenn Zueignungs-, Bereicherungs- oder – was Letzterem gleichstehe – Beutesicherungsabsicht weiter bestehe, begegnet allerdings den hier gegen die Einbeziehung dieser Phase erhobenen Bedenken. Richtig ist das Ergebnis gleichwohl, weil es hier um eine iterative Begehung des Raubes⁹³ geht, die Tat also bei Einsatz des Messers noch gar nicht vollendet war. Daher ist es auch richtig, die Tat nicht in einen bereits vollendeten schweren und den Versuch eines besonders schweren Raubs aufzuspalten⁹⁴.

b) Bewaffneter Bandenraub

§ 250 II **Nr 2** enthält eine zusätzliche Qualifikation zum **Bandenraub**, die darin besteht, dass ein Beteiligter zwischen Versuchsbeginn und Vollendung (s. Rn 268) eine **Waffe** bei sich führt. Zu den Begriffen der Bande (Rn 297 f), der Waffe (Rn 265 ff, 369, 381) und des Beisichführens (Rn 267) gilt das zu §§ 244, 250 bisher Gesagte entsprechend. Zu verlangen ist, dass die Waffe von einem Beteiligten mitgeführt wird, der an der Tatausführung unmittelbar mitwirkt. Nur dann ist von nochmals gesteigerter Gefährlichkeit zu sprechen⁹⁵.

384

Die für § 250 II Nr 2 gegebene Begründung, hiermit solle der besonderen Gefährlichkeit bewaffneter Räuberbanden Rechnung getragen werden (BT-Ds 13/9064, S. 18), lässt offen, warum *gefährliche Werkzeuge* hier *nicht* einbezogen sind⁹⁶. Wenn es nach ihr nicht richtig ist, „die *Verwendung* ... eines Tapetenmessers oder von Salzsäure beim Raub einer niedrigeren Mindeststrafdrohung zuzuordnen, als die Verwendung einer Schusswaffe", gilt das für das Bei-

---

90 So aber BGH NStZ-RR 08, 342, 343; BGHSt 55, 79; BGH StV 14, 283; s. dazu *Bachmann/Goeck*, Jura 12, 136 f; *Küpper/Grabow*, Achenbach-FS S. 265, 277 ff.
91 Richtig daher BGHSt 52, 376, 377 f mit Bespr. *Deiters*, ZJS 08, 672.
92 Vgl BGHSt 53, 234, 236 f mit zust. Bespr. von *Dehne-Niemann*, ZIS 09, 376 und *Mitsch*, JR 09, 298 sowie abl. Bespr. von *Nestler*, JR 10, 100 zu einem Fall des § 250 II Nr 3a; BGH NStZ 10, 327.
93 S. dazu Rn 268 und LK-*Hillenkamp*, vor § 22 Rn 35 ff.
94 Anders gesehen von H-H-*Kretschmer*, Rn 910); s. zur Entscheidung auch *Bachmann/Goeck*, Jura 12, 135 f; *Habetha*, NJW 10, 3133; *Hecker*, JuS 10, 930; *Kraatz*, StV 10, 630, *Lehmann*, JR 11, 132.
95 Zust. LK-*Vogel*, § 250 Rn 38.
96 Waffe und gefährliches Werkzeug müssen daher spätestens hier (s. aber schon Rn 265) voneinander **abgegrenzt** werden; zur Schwierigkeit, dies nach der Entscheidung BGHSt 48, 197 zu tun, s. *Fischer*, § 250 Rn 25.

sichführen in der Bande auch. Zur Korrektur dieser Ungereimtheit lässt der nullum-crimen-Satz freilich keinen Raum[97]. Man darf diese Entscheidung auch nicht dadurch unterlaufen, dass man – missverständlich (s. Rn 382) – die ungeladene oder funktionsuntüchtige (Schuss-) Waffe oder ein „relativ kleines Messer"[98] unter den Begriff der Waffe subsumiert.

c) Schwere körperliche Misshandlung und Lebensgefährdung

385 Für die Qualifikation der **schweren körperlichen Misshandlung** (§ 250 II Nr 3a) gibt es weder in § 250 aF eine Entsprechung, noch eine Aussage des Gesetzgebers dazu, was unter ihr zu verstehen ist[99]. Ein Rückgriff auf die zu § 176 III Nr 2 aF (= § 176a V nF) zu findenden Aussagen[100] muss berücksichtigen, dass Tatopfer dort ausschließlich Kinder sind. Da die schwere körperliche Misshandlung eine besonders gravierende Form der Gewaltausübung beschreibt, sind vorsätzlich herbeigeführte *schwere Gesundheitsschädigungen* im Sinne des § 250 I Nr 1c[101] oder *neben* einer *nicht unerheblichen* Beeinträchtigung der Körperintegrität *besonders rohe* Misshandlungen zu verlangen[102]. Heftige und mit Schmerzen verbundene Schläge oder Tritte erfüllen diese Voraussetzungen jedenfalls dann, wenn sie zu nicht unerheblichen Gesundheitsschäden oder aufgrund einer vom Täter vorsätzlich herbeigeführten Vorschädigung zur Bewusstlosigkeit führen[103]. Auch hier reicht nicht, dass die Misshandlung erst nach Tatvollendung einsetzt[104], da es dann an der finalen Verknüpfung zwischen ihr und der Wegnahme – bei der Erpressung der Verfügung – fehlt[105]. Der BGH, der auch diese Qualifikation noch in der Beendigungsphase zulässt, verlangt auch hier (s. schon Rn 383) einschränkend, dass die Misshandlungen von „einer weiteren Verwirklichung der Zueignungs- oder Bereicherungsabsicht getragen" (krit. dazu hier Rn 383) und nicht nur durch einen räumlich-zeitlichen Zusammenhang mit dem jeweiligen Grundtatbestand (§§ 249, 255 oder 252) verbunden sind[106]. Tritt und schlägt der beim Opfer verbliebene Mittäter iS einer schweren Misshandlung zu, nachdem er von seinem Komplizen erfahren hat, dass das Opfer eine falsche Geheimzahl zu der ihm abgenommenen ec-Karte angegeben hat, so reicht das für diese Qualifikation nicht aus, wenn der Mittäter nur aus Wut und Verärgerung gehandelt hat[107].

---

97 Ebenso HK-GS/*Duttge*, § 250 Rn 17.
98 BayObLG StV 99, 383; diff. zum Messer dagegen BGHSt 43, 266, 267; BGH NStZ 98, 511; für ein Teppichmesser bejahend OLG Schleswig NStZ 04, 213; nach BGH StV 12, 153: gefährliches Werkzeug; zum Messer mit „relativ langer Klinge" als gefährliches Werkzeug – nicht als Waffe – s. BGHSt 52, 257 und hier Rn 279 ff.
99 Krit. *Mitsch*, BT II S. 533.
100 So *Fischer*, § 250 Rn 26; *Hörnle*, Jura 98, 174; SK-*Sinn*, § 250 Rn 56; wie hier LK-*Vogel*, § 250 Rn 39; MK-*Sander*, § 250 Rn 65.
101 Die auch hier § 226 nicht erfüllen müssen, s. BGH NStZ-RR 07, 175.
102 S. dazu § 225 I und *Küper/Zopfs*, BT Rn 396; enger BGH *Miebach* NStZ 94, 223 zu § 176 aF; *Lackner/Kühl*, § 250 Rn 4.
103 BGH NStZ 98, 461; BGH BeckRS 18, 29667; s. auch BGH JR 01, 378, 379 mit Anm. *Kudlich* zu § 177 IV Nr 2a; BGH NStZ-RR 07, 175 begnügt sich mit heftigen und mit Schmerzen verbundenen Schlägen; zu Tritten gegen Kopf und Rücken s. BGH NStZ-RR 11, 337; vgl auch BGH HRRS 17, 10 (Nr 71).
104 SK-*Sinn*, § 250 Rn 58; aA *Fischer*, § 250 Rn 26: bis zur Beendigung.
105 Das ist in BGH NStZ-RR 15, 277 für eine vor Tatbeginn vorgenommene Misshandlung richtig gesehen.
106 BGHSt 53, 234, 236 f mit Anm. *Dehne-Niemann*, ZIS 09, 377; *Mitsch*, JR 09, 298.
107 BGH StV 12, 153, 154.

Gleiches soll trotz des abweichenden Wortlauts auch für **§ 250 II Nr 3b** gelten[108]. Dieser Tatbestand ist – wie § 250 I Nr 1c – konkretes Gefährdungsdelikt[109] und setzt infolgedessen die vorsätzliche Herbeiführung des **Gefahrerfolges** des **Todeseintritts** voraus. Diese Gefahr muss aus den qualifizierten Nötigungsmitteln entstehen. Berauben Sherpas Bergtouristen um wärmende Schlafsäcke und entsteht daraus Lebensgefahr, tritt ein unerlaubtes allgemeines Lebensrisiko an die Stelle raubspezifischer Gefahr[110] (s. dazu näher Rn 377).

4. Prüfungsaufbau: Schwerer Raub, § 250

Schwerer Raub, § 250   385a

I. Tatbestand
  1. Objektiver Tatbestand
     a) Verwirklichung des Grundtatbestandes, § 249
     b) Qualifikation: objektive Merkmale der Qualifikationstatbestände

I Nr 1a:	(1) Tatmittel:	•	***Waffe***
			Ⓟ Gas-/Schreckschusspistole
		•	***gefährliches Werkzeug***
			Ⓟ objektive Waffengleichheit oder Verwendungsvorbehalt
	(2) Handlung:	•	***Beisichführen***
			Ⓟ Zeitspanne
			Ⓟ berufsmäßige Waffenträger
I Nr 1b:	(1) Tatmittel:	•	***sonstiges Werkzeug oder Mittel***
			→ Eignung zur Gewalt/Drohung
			Ⓟ Scheinwaffen
			Ⓟ Einschränkung bei evidenter Ungefährlichkeit
	(2) Handlung:	•	***Beisichführen***
			Ⓟ Zeitspanne
I Nr 1c:	(1) Tatobjekt:	•	***andere Person***
	(2) Taterfolg:	•	***Gefahr einer schweren Gesundheitsschädigung***
	(3) Verursachung:	•	***durch die Tat***
			→ Zusammenhang zwischen Einsatz der Raubmittel und Gefahr
			Ⓟ Zeitspanne
I Nr 2:	(1) Tätereigenschaft:	•	***Mitglied einer Bande***
			Ⓟ Bande
			Ⓟ Extraneus, § 28 II
	(2) Begehungsweise:	•	***unter Mitwirkung eines anderen Bandenmitglieds***
			Ⓟ persönl. Mitwirkung am Tatort
			Ⓟ Zahl der Mitglieder am Tatort

---
108 BGHSt 55, 79 mit krit. Anm. *Kraatz*, StV 10, 631; *Kudlich*, NStZ 11, 518; *Kühl*, JZ 10, 1131.
109 S/S-*Bosch*, § 250 Rn 34; BGH NStZ 05, 156.
110 AA *Mitsch*, ZStW 111 (1999), 102 f; *Krey/Hellmann/Heinrich*, BT II Rn 295; LK-*Vogel*, § 250 Rn 24; *Zöller*, BT Rn 372; wie hier *Eisele*, BT II Rn 373 mit Rn 358.

II Nr 1:	*(1) Tatmittel:*	• ***Waffe***
		Ⓟ Gas-/Schreckschusspistole
		Ⓟ Munition
		• ***gefährliches Werkzeug***
		→ Gefährlichkeit iSd § 224
	(2) Handlung:	• ***Verwenden***
		Ⓟ Zeitspanne
II Nr 2:	*(1) Handlung:*	• ***Beisichführen einer Waffe***
		→ wie bei I Nr 1a
	(2) Tatzeit:	• ***bei einer Tat nach I Nr 2***
II Nr 3a:	*(1) Tatobjekt:*	• ***andere Person***
	(2) Taterfolg:	• ***schwere körperliche Misshandlung***
	(3) Tatzeit:	• ***bei der Tat***
		Ⓟ Zeitspanne
II Nr 3b:	*(1) Tatobjekt:*	• ***andere Person***
	(2) Taterfolg:	• ***Todesgefahr***
	(3) Verursachung:	• ***durch die Tat***
		→ Zusammenhang zwischen Einsatz der Raubmittel und Gefahr
		Ⓟ Zeitspanne

2. **Subjektiver Tatbestand**
   a) **Vorsatz:** • ***jede Vorsatzart***
       → bzgl Grundtatbestand
       → bzgl qualifizierender Umstände

   b) **Zueignungsabsicht:** • ***Absicht rechtswidriger Zueignung bzgl Tatobjekt***

   c) **Besondere subj. Merkmale:**
       I Nr 1a: Ⓟ Verwendungsvorbehalt
       I Nr 1b: • ***spez. Verwendungsabsicht***
       I Nr 2: Ⓟ Handeln im Bandeninteresse

II. **Rechtswidrigkeit**
III. **Schuld**
IV. **Minder schwerer Fall, § 250 III**

II. Raub mit Todesfolge

386 § 251 verdankt seine heutige Fassung im Wesentlichen dem EGStGB von 1975. Das **6. StrRG** (Rn 11) hat vor ‚leichtfertig' das Wort ‚wenigstens' eingefügt und damit den Streit, ob § 251 aF auch bei vorsätzlicher Herbeiführung der Todesfolge anwendbar war, für § 251 nF im bejahenden Sinne erledigt (s. Rn 390)[111].

---

111 BT-Ds 13/8587, S. 79; *Dencker*, in: *Dencker* ua, Einführung in das 6. StrRG 1998, S. 15; *Hörnle*, Jura 98, 174; *Lackner/Kühl*, § 251 Rn 2; BE-*Becker*, S. 80.

1. Folge und raubspezifische Gefahr

§ 251 ist ein **erfolgsqualifiziertes** Delikt. Die qualifizierende *Folge* besteht im **Tod** eines *anderen* Menschen. Mit Blick auf die in § 250 I Nr 1c, II Nr 3 vorgegebene Beschränkung gehört (anders als bei gemeingefährlichen Delikten)[112] ein anderer *Beteiligter* nicht dazu. Andererseits besteht keine Einschränkung auf durch den Raub selbst Verletzte. § 251 erfasst auch den Fall, dass ein *Unbeteiligter* sein Leben etwa durch eine abirrende Kugel einbüßt[113]. 387

Im tödlichen Ausgang muss sich – auch im Falle Unbeteiligter – stets die dem Raub anhaftende und ihm *eigentümliche* Gefahr für das Leben anderer niedergeschlagen haben. Für diesen **Gefahrverwirklichungszusammenhang** ist *dreierlei* vorausgesetzt: 388

Zum ersten muss ein ursächlicher **Zusammenhang** zwischen dem Einsatz der **qualifizierten Nötigungsmittel** und dem **Tod** bestehen. Danach reicht es zwar aus, dass das Opfer zB durch die von der *Drohung* ausgehende Schockwirkung zu Tode kommt[114]. Auch steht es der Anwendung des § 251 nicht entgegen, dass das Opfer im Zeitpunkt der Wegnahme schon an den Folgen der Raubhandlung verstorben ist. Insoweit kommt es auf die Gewahrsamsverhältnisse beim Einsatz der Raubmittel an[115]. Es genügt aber nicht, dass der Tod Folge oder Begleiterscheinung der Wegnahme ist. Denn wo das Opfer stirbt, weil ihm ein lebenswichtiges Medikament oder der schützende Schlafsack im winterlichen Gebirge entwendet worden ist, verwirklicht sich ebensowenig eine *raubspezifische* Gefahr, wie dort, wo die aus dem Fenster geworfene Beute einen Passanten tödlich trifft. Hier geht es um unerlaubt erhöhtes allgemeines Lebensrisiko. Davor schützen §§ 212 ff, nicht aber § 251[116]. Zum zweiten muss der **Zurechnungszusammenhang** gewahrt sein, der allgemein und namentlich in den Fällen der Erfolgsqualifikation[117] etwa dort zweifelhaft werden kann, wo die Folge nicht unmittelbar auf das Täterverhalten, sondern auch auf eine abnorme Konstitution des Opfers[118] oder die Mitwirkung des Betroffenen oder Dritter zurückzuführen ist. Das ist hier nicht im Einzelnen zu entfalten[119]. Durch Gewalt oder massive Drohung ausgelöstes riskantes Ausweich- oder Fluchtverhalten wird aber idR[120] ebenso zurechenbar sein, wie der Tod bei einem verantwortbaren Hilfeleistungsversuch[121], nicht aber ein tödlicher Unfall bei Verfolgung des Täters[122]. Als drittes ist als **zeitliche Begrenzung** zu verlangen, dass die tödliche Handlung in die *Ausführungsphase* des Raubes fällt. Da-

---

112 S. dazu *Hillenkamp*, JuS 77, 167; SK-*Wolters*, vor § 306 Rn 9 f.
113 BGHSt 38, 295, 297; BK-*Wittig*, § 251 Rn 2; *Fischer*, § 251 Rn 2; *Günther*, Hirsch-FS S. 547 f; H-H-*Kretschmer*, Rn 915; *Kindhäuser*, BT II § 15 Rn 2; *Schmidt*, BT II Rn 433 f; SK-*Sinn*, § 251 Rn 4; aA *Rengier*, Erfolgsqualifizierte Delikte und verwandte Erscheinungsformen 1986, S. 226 f.
114 OLG Nürnberg NStZ 86, 556.
115 BGH NStZ 10, 33.
116 Wie hier BK-*Wittig*, § 251 Rn 3 f; *Eisele*, BT II Rn 380; *Fischer*, § 251 Rn 3a; *Günther*, Hirsch-FS S. 546 f; *Hilgendorf/Valerius*, BT II § 15 Rn 23; *Klesczewski*, BT § 8 Rn 205; *Mitsch*, BT II S. 536 f; *Rengier*, BT I § 9 Rn 4; S/S-*Bosch*, § 251 Rn 4; für Einbeziehung dagegen *Heghmanns*, Rn 1508; *Herzberg*, JZ 07, 616 f; HK-GS/*Duttge*, § 251 Rn 5; *Hohmann/Sander*, BT I § 6 Rn 42; *Krey/Hellmann/Heinrich*, BT II § 15 Rn 297; *Lackner/Kühl*, § 251 Rn 1; LK-*Vogel*, § 251 Rn 6; MK-*Sander*, § 251 Rn 6; M/R-*Maier*, § 251 Rn 4; *Zöller*, BT Rn 388.
117 S. dazu BGHSt 33, 322; 38, 295, 298; *Hinderer/Kneba*, JuS 10, 590 ff; *Kühl*, BGH-FS S. 248 ff.
118 ZB eine Asthmaerkrankung, s. dazu BGH StV 16, 644 mit Anm. *Hauck*; allg. dazu *Wessels/Beulke/Satzger*, AT Rn 301.
119 S. *Wessels/Beulke/Satzger*, AT Rn 269 ff, 286 f.
120 S. dazu und zur engeren Rechtsprechung *Wessels/Hettinger/Engländer*, BT I Rn 268 ff zu § 227.
121 Vgl BGHSt 39, 322, 324 ff zu §§ 222, 306 Nr 2 aF.
122 HK-GS/*Duttge*, § 251 Rn 8; *Kühl*, BGH-FS S. 261.

runter ist – wie schon bei §§ 244, 250 – weder die Vorbereitungs- noch die Phase zwischen Vollendung und Beendigung zu verstehen. Während die erste Aussage unbestritten ist, wollen Rechtsprechung[123] und Teile der Literatur[124] die Flucht- und Beutesicherungsphase einbeziehen. Diese Ausdehnung eines an den inhaltlichen Vorgaben und den zeitlichen Grenzen des § 249 ausgerichteten **tatbestandsspezifischen** Gefahrzusammenhangs auf alle aus der **Konfrontation** mit dem Räuber insgesamt erwachsenden Gefahren[125] geschieht aber mit der die Verletzung des nullum-crimen-Prinzips nur unzulänglich verdeckenden Begründung, die Gefahren bewaffneter Beutesicherung seien nicht geringer als die bei einer mit der Waffe erzwungenen Wegnahme. Auch sei der seinen Fluchtweg freischießende Täter nicht besser zu stellen und der engere, Beutesicherungsabsicht verlangende § 252 nur in der Lage, einen Teil der besonders strafwürdigen Fälle zu erfassen[126]. Das alles ist richtig, nicht aber Gesetz. Es ist mit Bedacht fragmentarisch (Rn 6). Es verlangt die Todesfolge als Ergebnis innertatbestandlicher, der Wegnahme dienender Drohung oder Gewalt (§§ 249, 251) *oder* als Ergebnis einer außertatbestandlichen, dann aber auf Beutesicherung abzielenden Drohung oder Gewalt (§§ 252, 251). Dazwischen *ist* eine Lücke. Sie darf der Gesetzgeber, nicht aber der Richter schließen[127]. Das ist auch der Annahme entgegenzuhalten, es reiche aus, wenn der Tod aus einer Handlung folgt, die nicht mehr der Erlangung der Beute, sondern nur noch dazu dient, die Gegenwehr des Opfers zu unterbinden und dessen Flucht zu verhindern[128] oder die aus Wut über das gescheiterte Erpressungsvorhaben oder schließlich nur deshalb vorgenommen wird, weil der ohne Beute gebliebene Täter befürchtet, durch das Schreien des Opfers entdeckt zu werden[129].

2. Leichtfertigkeit

389 Obwohl es sich bei § 251 um ein **erfolgsqualifiziertes Delikt** handelt, ist abweichend von § 18 wenigstens **Leichtfertigkeit** erforderlich. Das entspricht dem Begriff der *groben Fahrlässigkeit*[130]. Leichtfertig handelt, wer die sich ihm aufdrängende Möglichkeit eines tödlichen Verlaufs aus besonderem Leichtsinn oder besonderer Gleichgültigkeit außer Acht lässt[131]. Unbewusste Fahrlässigkeit schließt Leichtfertigkeit nicht aus[132]. Im Gegenteil kann gerade sie Leichtfertigkeit begründen. Die Leichtfertigkeit des Handelns muss sich auf die **konkrete Todesverursachung** beziehen. Ihr Vorliegen darf nicht schon aus der Raubbegehung als solcher hergeleitet werden; andernfalls müsste nahezu jede (deutlich) vorhersehbare Todesfolge als leichtfertig verursacht gelten, was dem *einschränkenden* Zweck des Gesetzes gegenüber § 18 wider-

---

123 BGHSt 38, 295, 298 mit abl. Bespr. *Rengier*, NStZ 92, 589 und *Schroeder*, Anm. JZ 93, 52; BGH NJW 99, 1039 mit zust. Anm. *Schroth*, NStZ 99, 554; BGH NStZ 01, 371; BGH NStZ 16, 214 mit Anm. *Hinz*, JR 16, 400; *Satzger*, Jura 16, 703 (§ 251).
124 *Otto*, Jura 97, 475; S/S-*Bosch*, § 251 Rn 4; *Wessels*, BT II Rn 346.
125 S. hierzu *Hefendehl*, StV 00, 110.
126 BGHSt 38, 295, 298.
127 IE ebenso AnK-*Habetha*, § 251 Rn 6; A/W-*Heinrich*, § 17 Rn 31; BK-*Wittig*, § 251 Rn 4; *Eisele*, BT II Rn 382; *Fischer*, § 251 Rn 5; *Günther*, Hirsch-FS S. 544 f; H-H-*Kretschmer*, Rn 916; HK-GS/ *Duttge*, § 251 Rn 6; *Jäger*, BT Rn 303; *Kindhäuser*, § 251 Rn 6; *Kühl*, BGH-FS S. 264 f; *Küpper/ Grabow*, Achenbach-FS S. 265, 273 f, 277 f; *Lackner/Kühl*, § 251 Rn 1; LK-*Vogel*, § 251 Rn 7; *Mitsch*, JA 17, 412; MK-*Sander*, § 251 Rn 10 f; *Rengier*, BT I § 9 Rn 8; SK-*Sinn*, § 251 Rn 8; *Zöller*, BT Rn 387.
128 So aber BGH NJW 98, 3361 mit abl. Anm. *Geppert*, JK 99, StGB § 251/6; BGH NJW 99, 1039 mit abl. Bespr. *Hefendehl*, StV 00, 109 f.
129 BGH NStZ 03, 34; BGH NStZ 17, 638 mit Anm. *Kudlich*; zu Recht krit. *Jäger*, JA 18, 152.
130 Vgl OLG Nürnberg NStZ 86, 556; *Wessels/Beulke/Satzger*, AT Rn 1108.
131 BGH HRRS 15, 263 (Nr 686); *Schramm*, BT I § 4 Rn 87.
132 BGH StV 16, 644 mit Anm. *Hauck*.

sprechen würde¹³³. Hat nur einer von **mehreren Beteiligten** die Todesursache gesetzt, haften die übrigen aus § 251, sofern die erfolgsursächliche Handlung **keinen Exzess** darstellt und **ihnen ebenfalls Leichtfertigkeit zur Last fällt**¹³⁴. Versetzt ein Mittäter dem Opfer dagegen bewusst abredewidrig tödliche Stiche, statt es – wie vereinbart – nur niederzuschlagen, kann die nachträgliche Billigung dieses Verlaufs durch den die Stiche beobachtenden Zweiten dessen sukzessive Mittäterschaft zum Raub mit Todesfolge nach Beendigung der tödlichen Handlungen auch dann nicht mehr begründen, wenn der Tod erst danach eintritt. Vielmehr müsste er hierfür selbst noch mitursächlich werden¹³⁵. Anderenfalls legte man ihm einen dolus subsequens zur Last.

Der vollendete § 251 geht den §§ 222, 227 als *lex specialis* vor. Mit §§ 212, 211 ist Tateinheit möglich. Nach BGHSt 26, 175 sollte das zwar seit der 1975 erfolgten Neufassung des § 251 nicht mehr gelten, weil im Text *nur noch* die *leichtfertige* Verursachung des Todes erschien¹³⁶. Den Zielvorstellungen der Gesetzesreform wurde diese Ansicht jedoch nicht gerecht. Da der Wortlaut des § 251 aF auch kaum zu der erwähnten Auffassung zwang, war § 251 richtigerweise anzuwenden, wenn der Tod *mindestens leichtfertig* – und das hieß gegebenenfalls auch vorsätzlich – verursacht wurde. Tateinheit zwischen § 251 aF und §§ 212, 211 war daher weiterhin möglich¹³⁷. Diese Auffassung hat das **6. StrRG** (Rn 11) mit der Einfügung des Wortes „wenigstens" *festgeschrieben*¹³⁸. Die Erschwerungsgründe des § 250 treten nach hM hinter § 251 zurück¹³⁹. **390**

3. Versuch und Rücktritt

Der **Versuch** des § 251 ist in *zwei Formen* möglich¹⁴⁰. Zum einen ist denkbar, dass die Wegnahme nicht gelingt, der Täter aber mit dem bereits angewendeten Nötigungsmittel das Opfer zurechenbar und leichtfertig oder vorsätzlich tötet. Da der Versuch des § 249 strafbar ist und § 251 die erhöhte Strafe an die *Handlungsgefährlichkeit* des Raubmitteleinsatzes knüpft, ist nach hM ein solcher *erfolgsqualifizierter Versuch* möglich¹⁴¹, vorausgesetzt, es hat sich die spezifische Gefahr des zur Ermöglichung der Wegnahme eingesetzten Nötigungsmittels verwirklicht¹⁴². Die Bestrafung richtet sich folglich nach §§ 251, 22, die bei Leichtfertigkeit mit § 227 in Tateinheit stehen¹⁴³. Gibt in einem solchen Fall der Täter die Wegnahme freiwillig auf, ist er trotz Eintritts der Folge **zurückgetreten** und Bestrafung nur nach § 222 oder § 227 **391**

---

133 Zutr. *Eisele*, BT II Rn 383; *Günther*, Hirsch-FS S. 551; *Krey/Hellmann/Heinrich*, BT II Rn 300; *Lackner/Kühl*, § 251 Rn 2; LK-*Vogel*, § 251 Rn 10; S/S-*Bosch*, § 251 Rn 6; weiter A/W-*Heinrich*, § 17 Rn 30.
134 BGH NJW 98, 3361; BGH NStZ 10, 81 (= 33) mit Bespr. *Bosch*, JA 10, 229; zusf. BGH NStZ 16, 213 f mit Anm. *Hinz*, JR 16, 400; *Satzger*, Jura 16, 703 (§ 251).
135 AA BGH NStZ 08, 280; wie hier *T. Walter*, NStZ 08, 548, 549 ff.
136 Ebenso BGH NStZ 84, 453; zust. *Lagodny*, Anm. NStZ 92, 490; *Otto*, Jura 97, 475; *Rengier*, StV 92, 496; *Rudolphi*, Anm. JZ 88, 880.
137 Ebenso BGHSt 35, 257, 258; BGHSt GrS 39, 100, 108 f; *Alwart*, Anm. NStZ 89, 225; *Geilen*, Jura 79, 557, 613; *Laubenthal*, Anm. JR 88, 335; *Mitsch*, BT II S. 538 f; S/S-*Bosch*, § 251 Rn 9.
138 BT-Ds 13/8587, S. 79; BGH NStZ 03, 34; krit. *Küpper*, ZStW 111 (1999), 800 f.
139 BGHSt 21, 183, 184; diff. *Fischer*, § 251 Rn 12; aA S/S-*Bosch*, § 251 Rn 10.
140 S. BGH NStZ 01, 371; BGH StV 02, 81; LK-*Hillenkamp*, vor § 22 Rn 108, 115.
141 S. *Hillenkamp*, AT 16. Problem mwN; *Otto*, Jura 97, 476; BGH NJW 98, 3362.
142 Zu weit daher BGH NStZ 03, 34.
143 BGHSt 46, 24, 28 f mit zust. Anm. *Kindhäuser*, NStZ 01, 31; *Kudlich*, JA 00, 748.

denkbar. Für eine Anwendung der §§ 251, 22 fehlt es dann an einem hierfür vorausgesetzten[144] *strafbaren* Grunddeliktsversuch[145]. Das liegt hier nicht anders als dort, wo ein Täter von einem Raubversuch mit Waffen zurücktritt. Auch in einem solchen Fall ist – wie der Tod – ein qualifizierender Teil nicht revidierbar, Rücktritt aber nicht deshalb unmöglich. Ist der Raub nur versucht und auch die Folge ausgeblieben, war sie aber vom Vorsatz umfasst, ist auch diese *versuchte Erfolgsqualifizierung* nach §§ 251, 22 strafbar[146]. Auch hier beseitigt der Rücktritt vom Grunddeliktsversuch die Raubstrafbarkeit ganz[147]. Inwieweit das auch für den tateinheitlich gegebenenfalls[148] begangenen Mordversuch gilt, hängt davon ab, ob sich der Rücktritt vom Raubversuch auf den Mordversuch erstreckt.

392 T hat in **Fall 27** zunächst den Tatbestand des § 249 dadurch erfüllt, dass er der gefesselten O Geld und Schmuck in Zueignungsabsicht wegnahm und mit der Beute das Haus verließ. Die Wegnahme war durch das Zusammentragen auf dem Küchentisch noch nicht vollendet. Die in der Fesselung liegende Gewalt gegen O diente daher objektiv und subjektiv der mit dem Verstauen in der Tüte vollzogenen Gewahrsamsbegründung. Auf den nur zur hier fehlgeschlagenen Drohung erheblichen Streit, ob das Opfer die Drohung ernst nehmen (Rn 353) und ob das Nötigungsmittel für die Wegnahme *objektiv förderlich* sein *muss* (Rn 350), kommt es daher im Ergebnis nicht an. Ein qualifizierter Raub ist zunächst deshalb denkbar, weil T eine Spielzeugpistole verwandte, um den erwarteten Widerstand der O zu verhindern. Zwar reicht die Scheinwaffe für § 250 I Nr 1b aus. Durchschaut das Opfer aber die Täuschung, ist die objektive Ungefährlichkeit trotz der verwirklichten Verwendungsabsicht nicht ausreichend durch die *erhebliche* Beeinträchtigung der Willensfreiheit kompensiert. Insoweit liegt nur Versuchsunrecht vor (Rn 374). Gleichwohl ist § 250 I gegeben, weil T mit dem zwar verletzungsungeeigneten, Bewegungsfreiheit und körperliches Wohlbefinden aber nicht unerheblich beeinträchtigenden Kabel ein Mittel bei sich führte und einsetzte, um den Widerstand der O zu überwinden (§ 250 I Nr 1b). An einen minder schweren Fall (§ 250 III) ist zwar bei der Verwendung einer Scheinwaffe nach wie vor zu denken[149]. Er ist aber bei der „gestuften" Vorgehensweise des T nach nächtlichem Einbruch ausgeschlossen. Auch spricht die Verängstigung des Opfers durch Maskierung gegen ihn[150]. Vor allem ist aber auch § 251 erfüllt. Zwar würde die Aufregung über den Verlust des Schmuckes als Ursache für den Tod nicht reichen. Insoweit ist der Tod Folge eines offenen Diebstahls, nicht aber einer *raubspezifischen* Gefahr. Es genügt aber, dass der Tod durch die Gewaltanwendung mitbedingt war. Dass der geleistete Widerstand Opferverhalten ist, schließt die Zurechnung nicht aus. Auch stört nicht, dass der Tod erst nach Vollendung der Tat eintritt. Entscheidend ist, dass die tödliche Handlung vor ihr lag. Schließlich ist Leichtfertigkeit zu bejahen. Wer ein 74-jähriges Opfer nachts aufschreckt, mit einer Scheinwaffe bedroht und

---

144 Str., s. *Lackner/Kühl*, § 18 Rn 11.
145 BGHSt 42, 158, 160; BK-*Wittig*, § 251 Rn 7; *Beulke*, III Rn 407; *Fischer*, § 251 Rn 8a; *Kudlich*, JuS 99, 355; *Küper*, JZ 97, 233 mwN; *Laue/Dehne-Niemann*, Jura 10, 75; LK-*Lilie/Albrecht*, § 24 Rn 461; LK-*Vogel*, § 251 Rn 18; MK-*Sander*, § 251 Rn 15; *Otto*, Jura 97, 476; *Rengier*, BT I § 9 Rn 19; *Sowada*, Jura 95, 653; aA *Wolters*, GA 07, 65 ff; *ders.*, Rissing-van Saan-FS S. 767 ff, der bei einer Verursachung der Todesfolge durch die Raubgewalt auch bei Ausbleiben der Wegnahme einen vollendeten Raub mit Todesfolge annimmt; dagegen überzeugend *Herzberg*, JZ 07, 615 ff; *Joecks/Jäger*, § 251 Rn 17 empfehlen, der hM zu folgen.
146 S. *Mitsch*, BT II S. 540.
147 SK-*Sinn*, § 251 Rn 20.
148 S. BGH NStZ 01, 194.
149 Krit. dazu BGH NStZ-RR 01, 215, 216.
150 BGH StV 98, 652 mit Anm. *Jahn*.

sich in eine körperliche Auseinandersetzung mit ihm begibt, setzt grob sorgfaltswidrig das Risiko des tödlichen Ausgangs (Rn 389). § 251 verdrängt § 222 sowie § 250 II Nr 3b. Auch § 250 I Nr 1b tritt zurück (Rn 390). Da bei einer Verurteilung nach § 251 nicht zum Ausdruck kommt, dass ein Wohnungseinbruchsdiebstahl vorliegt, ist Idealkonkurrenz zu § 244 I Nr 3 (bzw § 244 IV nF) anzunehmen. Dahinter treten §§ 303, 123 zurück.

4. Prüfungsaufbau: Raub mit Todesfolge, § 251

Raub mit Todesfolge, § 251 392a

I. **Tatbestand**
  1. **Raub, § 249 (ggf iVm § 250)**
     → tatbestandsmäßiger, rechtswidriger und schuldhaft begangener Raub
  2. **Eintritt und Verursachung der schweren Folge: Tod eines anderen Menschen**
     - *Tod*
     - *anderer Mensch*
       → nicht Tatbeteiligte
       → auch andere als das Raubopfer
     - *Kausalzusammenhang*
  3. **Objektive Zurechnung**
     → Zurechnung der schweren Folge zum Verhalten des Täters nach allgemeinen Zurechnungsregeln
     → qualifikationsspezifische Zurechnung
       ⓅAnknüpfung: Handlung oder Erfolg des Grunddelikts?
       ⓅRealisierung der grunddeliktsspezifischen Gefahr
       Ⓟzeitlicher Zusammenhang: Einbeziehung der Flucht- und Beutesicherungsphase
  4. **(Zumindest) Leichtfertigkeit hinsichtlich der Todesfolge**
     → Bezug zur konkreten Todesverursachung
     → qualifizierte Sorgfaltswidrigkeit und Vorsehbarkeit
     → auch bei vorsätzlicher Erfolgsherbeiführung

II. **Rechtswidrigkeit**

III. **Schuld**
   Insbesondere: Subjektive (sich aufdrängende = Leichtfertigkeit) Vorhersehbarkeit der schweren Folge und des gefahrspezifischen Zusammenhangs

IV. **Versuch und Rücktritt beim erfolgsqualifizierten Delikt**

4. Kapitel
Raubähnliche Sonderdelikte

§ 9 Räuberischer Diebstahl und räuberischer Angriff auf Kraftfahrer

I. Räuberischer Diebstahl

393 **Fall 28:** T ist mit einem Dietrich in die Wohnung der abwesenden Frau F gelangt, um dort zu stehlen. Er durchsucht die Wohnung nach Schmuck und Bargeld; was ihm mitnehmenswert erscheint, steckt er in eine mitgeführte Aktentasche. Als er die Wohnung mit der Beute verlassen will, hört er, dass F zurückkehrt. T versteckt sich rasch hinter der Küchentür und entnimmt seiner Aktentasche einen 40 cm langen Holzknüppel, den er nach seiner unwiderleglichen Einlassung stets als „Pannenhilfe" bei sich führte. Als F einen Augenblick später die Küche betritt, versetzt er ihr damit von hinten zwei wuchtige Schläge auf den Kopf. Dabei geht es ihm darum, von der ihm flüchtig bekannten F nicht erkannt und an der Flucht nicht gehindert zu werden, aber auch, sich von der wertvollen Beute nicht trennen zu müssen. Ehe F wieder zu sich kommt, ist T auf und davon.
Strafbarkeit des T? **Rn 413**

1. Rechtsnatur

394 Der **räuberische Diebstahl** (§ 252) ist kein erschwerter Fall des § 242, sondern ein raubähnliches Sonderdelikt[1], das in der nicht notwendig erfolgreichen[2] **Verteidigung der Diebesbeute mit Raubmitteln** besteht und bei dessen Verwirklichung der Täter „*gleich einem Räuber*" bestraft wird. Die Erschwerungsgründe des Raubes (§§ 250, 251) gelten danach auch für den räuberischen Diebstahl[3].

395 Sachlich unterscheiden § 249 und § 252 sich dadurch, dass die Anwendung von Gewalt oder von Drohungen beim *Raub* der **Erlangung** des Gewahrsams, bei einem *räuberischen Diebstahl* dagegen der **Erhaltung** des schon erlangten Gewahrsams an der Beute dient[4].

Die Gleichbehandlung des räuberischen Diebstahls mit dem Raub erscheint trotz der in § 252 steckenden Selbstbegünstigung[5] deshalb berechtigt, weil es beim Betreffen des Täters *auf frischer Tat* oft nur von Zufälligkeiten abhängt, ob die **Wegnahme** bereits **vollendet** war oder nicht. Von demjenigen, der im unmittelbaren Anschluss an die Wegnahme Raubmittel zur Verteidigung der Diebesbeute einsetzt, ist zwar nicht sicher zu erwarten, dass er zu diesen Mitteln

---

1 BGHSt 3, 76, 77; BK-*Wittig*, § 252 Rn 1; *Lackner/Kühl*, § 252 Rn 1; *Fischer*, § 252 Rn 1; aA *Perron*, GA 89, 169; *Kratzsch*, JR 88, 397.
2 *Küper*, JZ 01, 731; OLG Hamm StV 05, 336, 337.
3 BGH NStZ-RR 02, 237; BGH NStZ 09, 36.
4 BGH NStZ-RR 01, 41; *Lackner/Kühl*, § 252 Rn 1.
5 S. dazu *Mitsch*, BT II S. 548.

auch zwecks Erlangung des Gewahrsams gegriffen hätte, wenn er etwas früher überrascht worden wäre[6]. Sicher ist aber der Wille, den *schon erlangten* Gewahrsam mit Raubmitteln zu verteidigen, nicht weniger gefährlich als der Wille, die Wegnahme auf diese Weise zu ermöglichen[7]. Um die Gleichstellung des räuberischen Diebes mit dem Räuber zu rechtfertigen, ist die Auslegung des § 252 soweit wie möglich der des § 249 anzugleichen[8].

2. Objektiver Tatbestand

Der **objektive Tatbestand** des § 252 setzt voraus, dass der bei einem Diebstahl **auf frischer Tat betroffene Täter** nach Vollendung der Wegnahme gegen eine Person **Gewalt** verübt oder **Drohungen** mit gegenwärtiger Gefahr für Leib oder Leben anwendet. 396

a) Vortat und Anwendungsbereich

Geeignete **Vortat** iS des § 252 kann neben dem **Diebstahl** (§ 242) in all seinen Erscheinungsformen unter Einschluss der §§ 243 ff zwar keine räuberische Erpressung[9], wohl aber auch ein **vollendeter Raub** (§ 249) sein, in dem alle Diebstahlselemente enthalten sind[10]. Letzteres wird bedeutsam, wenn der Räuber die erschwerenden Umstände der §§ 250, 251 erst in *der* Zeitphase verwirklicht, die § 252 erfasst[11]. Das gilt vor allem dann, wenn man[12] in dieser Phase eine Qualifizierung des bereits vollendeten Raubes nach §§ 250, 251 richtigerweise (Rn 370, 377, 383, 388) ausschließt. 396a

Ebenso wie der Raub kennt der räuberische Diebstahl keinerlei Privilegierung. Die **Geringwertigkeit** der Beute (§ 248a) ist daher für die Anwendbarkeit des § 252 belanglos[13].

Auf frischer Tat betroffen ist der Täter nach hM dann, wenn er bei **Ausführung**, also noch vor der Vollendung[14], oder **alsbald nach Vollendung** der Wegnahme **am Tatort** oder in dessen **unmittelbarer Nähe** von einem anderen wahrgenommen, bemerkt oder schlicht angetroffen wird[15]. 397

Das Merkmal des **Betreffens auf frischer Tat** dient dazu, die Voraussetzungen **raumzeitlich** einzugrenzen, unter denen der zu Raubmitteln greifende Dieb einem Räuber gleichgestellt werden darf. Zu ihnen gehört, dass der Täter – ihm bewusst[16] – nicht nur auf frischer Tat betroffen,

---

6 Krit. zu dieser in BGHSt 9, 255, 257; RGSt 73, 343, 345 zu findenden Hypothese *Küper*, JZ 01, 737.
7 S. dazu BGH StV 87, 534; *Herzog*, Anm. EzSt StGB § 252 Nr 2; *Perron*, GA 89, 145; krit. zu den Erklärungsmodellen für die Gleichbehandlung LK-*Vogel*, § 252 Rn 2–5.
8 *Weigend*, GA 07, 276 f.
9 *Küpper/Grabow*, Achenbach-FS S. 265, 267; aA *Frank*, Jura 10, 893.
10 Nach vollendeter räuberischer Erpressung ist die Beuteverteidigung bloße Nötigung, s. BGH NStZ 05, 387; zum Raub als Vortat s. BGHSt 21, 377, 379 f; *Dehne-Niemann*, Jura 08, 742; LK-*Vogel*, § 252 Rn 12; *Zöller*, JuS L 97, 89.
11 Näher BGHSt 20, 194, 197; 21, 377.
12 Entgegen BGHSt 38, 295, 298; BGH NStZ-RR 08, 342; wie hier *Bachmann/Goeck*, Jura 12, 133 ff; *Küpper/Grabow*, Achenbach-FS S. 265 ff.
13 Vgl BGHSt 3, 76, 78; BGH MDR/D 75, 543; aA *Burkhardt*, NJW 75, 1687 und JZ 73, 110; dagegen *Krey/Hellmann/Heinrich*, BT II Rn 307.
14 S. dazu BGH NStZ 15, 701 (observierter Diebstahl) mit Anm. *Becker*; *Küper*, StV 16, 285 und Bespr. *Brüning*, ZJS 16, 386; *Eisele*, JuS 15, 1043. *Küper/Zopfs*, BT Rn 152, 154; *Küper*, Jura 01, 25; *Mitsch*, BT II S. 558.
15 BGHSt 9, 255, 257; 26, 95, 96; 28, 224, 228 f.
16 *Brüning*, ZJS 16, 388 f.

sondern auch in einem engen raumzeitlichen Zusammenhang mit dieser Tat zur Beutesicherung mit Nötigungsmitteln geschritten ist[17].

398 In **zeitlicher Hinsicht** beginnt der Anwendungsbereich des § 252 auch dann, wenn der Täter schon zuvor wahrgenommen worden ist, erst mit **Vollendung der Wegnahme**, während er spätestens mit der **tatsächlichen Beendigung** des Diebstahls endet[18]. Was im Rahmen des Nötigungsaktes vor Eintritt des Gewahrsamswechsels zur Ermöglichung der Wegnahme geschieht, wird von § 249 bereits unmittelbar erfasst. Was sich (nach gelungener Wegnahme) erst zu einem Zeitpunkt abspielt, in welchem der Dieb schon *gesicherten* Gewahrsam erlangt hatte und der Diebstahl *beendet* war (s. dazu Rn 131 f)[19], fällt unter den allgemeinen Nötigungstatbestand des § 240[20]. Dass überhaupt erst *nach Beendigung* § 252 den Anwendungsbereich des § 249 ablöse[21], hat als These zu Recht keine Anhängerschaft gefunden, da sie § 249 wie § 252 überdehnt.

Solange sich der Täter noch auf dem Anwesen des Bestohlenen, also in dessen räumlichem Herrschaftsbereich befindet, ist der Diebstahl in der Regel nicht beendet[22]. Eine Ausnahme bildet der Fall, in dem der Dieb die gestohlene Ware noch innerhalb des Ladenraums vollständig verzehrt[23]. Ist die aus einem Laden entwendete Beute bereits im Kofferraum des auf einem Parkplatz abgestellten Kraftwagens verstaut, und haben die Täter sodann (als Diebe unbemerkt und unbehelligt) die Heimfahrt angetreten, in deren Verlauf es nach einem Verkehrsverstoß zu einer Schießerei mit einer Polizeistreife kommt, so war der vorausgegangene Diebstahl schon abgeschlossen und beendet mit der Folge, dass hinsichtlich des neuen Tatgeschehens für § 252 kein Raum mehr ist[24].

399 Wie lange der Diebstahl nach Vollendung der Wegnahme eine „frische Tat" iS des § 252 bleibt, ist umstritten. Teilweise wird hierin eine schärfere Umgrenzung des Zeitraumes gesehen, in dem noch Notrechte (§ 127 StPO, §§ 229, 859 II BGB) wahrgenommen werden dürfen[25]. Die hM nimmt zutreffend an, dass der Diebstahl diesen Charakter spätestens verliert, sobald der Dieb *gesicherte* Sachherrschaft (= *gefestigten* Gewahrsam) erlangt hat und die Tat als *beendet* anzusehen ist[26]. Wer erst danach zu Nötigungsmitteln greift, tut dies nicht mehr *bei einem Diebstahlsgeschehen*. Sein Verhalten kommt auch nicht dem eines Räubers gleich. Ihm fehlt es *nach Sicherung* des Gewahrsams an einem raubähnlichen Bezug der Nötigungsmittel zu dessen Verletzung.

Je nach dem Ablauf des Geschehens kann ein vollendeter Diebstahl aber auch schon vor dem Beendigungszeitpunkt aufhören, eine *frische* Tat zu sein[27] (so etwa im Fall BGHSt 28, 224:

---

17 *Küper*, StV 16, 285; *ders.*, Streng-FS S. 77 ff und *Küper/Zopfs*, BT Rn 155 beziehen die **„Frische"** daher auch auf die **Nötigungshandlung**; krit. dazu *Brüning*, ZJS 16, 388 ff.
18 Vgl BGHSt 28, 224, 229; BGH StV 85, 13; NJW 87, 2687; LK-*Vogel*, § 252 Rn 34, 39.
19 LK-*Hillenkamp*, vor § 22 Rn 37.
20 Zutr. BGH JZ 88, 471; BK-*Wittig*, § 252 Rn 6; MK-*Sander*, § 252 Rn 7; S/S-*Bosch*, § 252 Rn 3.
21 So *Dreher*, MDR 75, 529; *Schmidhäuser*, BT 8/51; 8/59; dagegen A/W-*Heinrich*, § 17 Rn 19.
22 BGH NJW 87, 2687; s. zur Beendigung Rn 131 f.
23 Für § 252 ist dann kein Raum mehr: übersehen von LG Freiburg ZIS 06, 40 m. Anm. *Marlie*.
24 BGH JZ 88, 471.
25 *Kindhäuser*, § 252 Rn 12; *Rengier*, BT I § 10 Rn 7a; ähnlich *Eisele*, BT II Rn 403.
26 BGHSt 28, 224, 229; *Fischer*, § 252 Rn 4; *Schmidt*, BT II Rn 459, 462; *Geilen*, Jura 79, 614, 670; LK-*Vogel*, § 252 Rn 34, 39; krit. HK-GS/*Duttge*, § 252 Rn 11 f; weiter *Gössel*, BT II § 15 Rn 12 ff; *Lackner/Kühl*, § 252 Rn 4; *Marlie*, ZIS 06, 44 f.
27 *Fischer*, § 252 Rn 5; M/R-*Maier*, § 252 Rn 9.

Dort hatte der Taxifahrer T während einer Autofahrt von Stuttgart in Richtung Hamm dem Fahrgast F unbemerkt die Brieftasche mit 15 500 DM entwendet und eingesteckt. Da F erst nach längerer Zeit, einer inzwischen zurückgelegten Fahrstrecke von 50 km und dem Verlassen der Autobahn argwöhnisch geworden war, ehe T an einsamer Stelle zu Tätlichkeiten gegen ihn griff und ihn aus dem Auto stieß, sah der BGH den von T verübten Diebstahl im Augenblick der Gewaltanwendung nicht mehr als *frische* Tat iS des § 252 an).

In **räumlicher Beziehung** muss der Täter alsbald nach Vollendung der Wegnahme entweder **am Tatort selbst** oder in dessen **unmittelbarer Nähe** betroffen sein[28]. Ist das der Fall, so genügt es, wenn der Einsatz der Nötigungsmittel erst während der sofort aufgenommenen und ohne Zäsur fortgesetzten Verfolgung im Verlauf seiner Flucht erfolgt, mag dies mittlerweile auch weit vom Ort der Entwendung entfernt sein[29]. Voraussetzung bleibt freilich, dass die Flucht *nicht* eine solche *Distanz* zwischen Täter und Verfolger schafft, dass die Gewahrsamssicherung die Vortat beendet[30].

400

Von solchen Verfolgungsfällen zu unterscheiden sind die Fälle, in denen zunächst nur der *Diebstahl als solcher* entdeckt worden ist und der **Dieb** auf Grund der sofort eingeleiteten Suche **erst während der Nacheile** „betroffen" wird. Hier bleibt bei Nötigungshandlungen lediglich für § 240 Raum.

Rechtsprechungsbeispiel: Die vorgenannten Voraussetzungen lassen sich an einem Sachverhalt noch einmal verdeutlichen, der einem Beschluss des **BGH (StV 13, 445)** zugrunde lag. Dort hatten A und B im Nachtzug nach Zürich, den beide ohne gültige Fahrkarte benutzten, zwei schlafenden Reisenden Bargeld, Mobiltelefone und Ausweise entwendet und diese Gegenstände in Jacken verborgen, die sie im nicht jedermann zugänglichen Gepäckabteil des Fahrradwagens versteckt hatten. A war – als er auf der Suche nach weiterer Beute von Abteil zu Abteil lief – im Schlafwagen dem Zugbegleiter Z aufgefallen. Auf Aufforderung konnte A keine Fahrkarte vorweisen. Er ging zusammen mit Z zu dem Gepäckabteil, in dem sich B aufhielt. Dort ergriffen A und B die Jacken mit dem Diebesgut und begaben sich an Z vorbei in einen anderen Wagen. Da sich Z mit Ausreden nicht zufrieden gab, zog A die Notbremse. Während B sogleich den Zug verlassen konnte, kam es zwischen A und Z zu einem Gerangel, in dem A den Z an die Wand drückte. Die Jacken mit dem Diebesgut lagen mittlerweile auf dem Boden. Es gelang A schließlich, unter Bedrohung des Z mit einem mitgeführten Springmesser mit einer Klingenlänge von ca. 10–15 cm die Jacken zu ergreifen und gleichfalls den Zug zu verlassen. Erst später wurde er in Ungarn gefasst. – Darauf, dass A und B einen Diebstahl mit Waffen (§ 244 I Nr 1a) – ein Springmesser ist jedenfalls nach dem WaffG Waffe –, nicht aber einen schweren Raub (§ 250 II Nr 1) begangen haben, weil beim Einsatz des Messers als Drohmittel der Diebstahl schon vollendet war, geht der BGH nicht näher ein. Er verneint lediglich einerseits § 252, weil A – um den es in der Entscheidung allein ging – zwar die Beute mit Raubmitteln verteidigt habe, nicht aber mehr auf frischer Tat betroffen worden sei. Das dürfte richtig sein. Zwar war der mit dem Verbergen der Beute in den Jacken im Gepäckteil sicher vollendete, aber mangels Gewahrsamssicherung noch nicht beendete Diebstahl in einem Stadium, in dem § 252 an sich noch begangen werden kann. Es war aber zwischen den beiden Entwendungen und dem Einsatz des Raubmittels schon so viel Zeit vergangen, dass es

---

28 BGHSt 9, 255, 257; 28, 224, 228; BGH StraFo 15, 32; in BGH NStZ 15, 700 betrug die Entfernung zum Tatort 35 km.
29 Vgl BGHSt 3, 76, 78; BGH GA 1962, 145; BGH StraFo 15, 32. LK-*Vogel*, § 252 Rn 38, 57; **krit.** und enger dazu *Küper*, StV 16, 286; *ders.*, Streng-FS S. 77 ff, der das Erfordernis der **„Frische"** auf den **Einsatz der Nötigungsmittel** erstreckt.
30 A/W-*Heinrich*, § 17 Rn 20.

an dem zu fordernden engen zeitlichen (unmittelbaren) Zusammenhang fehlte. Eine „Sicherungsdreieckserpressung" wird insoweit iE zu Recht (s. Rn 412) nicht einmal erwogen, sondern lediglich Nötigung und Diebstahl mit Waffen bejaht, deren Verklammerung zur Tateinheit durch den Verstoß gegen das WaffG verneint wird, weil dieser als Brücke nicht trägt. Das liegt vor allem daran, dass nach Auffassung des BGH der neue zur Entscheidung berufene Tatrichter zu erwägen habe, ob nicht neben der Nötigung „zugleich eine (schwere) räuberische Erpressung" vorliegen könne. Diese komme nämlich „regelmäßig in Betracht, wenn ein dem Transportunternehmer unbekannter Fahrgast gewaltsam seine Flucht erzwingt" und so verhindert, „dass der gegen ihn bestehende (hier gemäß § 12 EVO erhöhte) Fahrpreis durchgesetzt werden kann (vgl BGH, Beschluss vom 17.8.2006 3 StR 279/06)". Da § 265a den Eintritt eines Vermögensschadens nicht voraussetzt, steht einer solchen „Sicherungserpressung" hier nicht entgegen, dass es an einem (erneuten/vertieften) Schaden fehlt. Der „neue" Tatrichter wird aber mit BGH NStZ 07, 95 f (s. dazu Rn 716) zu ermitteln haben, wie es mit der „Werthaltigkeit" der Forderung steht. Wer nämlich nur „auf die Geltendmachung einer wertlosen, weil gänzlich uneinbringlichen Forderung verzichtet, erleidet dadurch keinen Vermögensschaden"[31].

b) Betreffen und Nötigungsmittel

401 Wer den Dieb „betrifft", ist gleichgültig; es kann der Sacheigentümer, der Gewahrsamsinhaber oder ein Dritter sein. § 252 ist auch anwendbar bei einem sog. *offenen* Diebstahl unmittelbar vor den Augen des Bestohlenen[32]. Was unter **„Betreffen"** zu verstehen ist, ist umstritten[33].

Den Kern der Umschreibung, der Täter müsse *bei einem Diebstahl* auf frischer Tat *betroffen* sein, bildet sicher der Fall, dass der Betroffene *als* ein des Diebstahls *Verdächtiger* vom Betreffenden mit den Sinnen **wahrgenommen**, dass er als Tatverdächtiger entdeckt, ertappt wird. Über diesen Fall hinaus muss es aber genügen, dass der Dritte den Täter bei der Tat sieht, beobachtet oder auch nur akustisch wahrnimmt. Einer subjektiven Verdachtsbildung bedarf es dagegen nicht[34]. Sie ist Voraussetzung prozessualen Handelns pro magistratu (§ 127 StPO), nicht aber Bedingung dafür, dass sich der Täter als einem Räuber gleich gefährlich erweist. Im Gegenteil ist In-Verdacht-Geraten ein eher mildernder Aspekt. Rechtsprechung[35] und überwiegende Lehre[36] gehen allerdings noch weiter, indem sie selbst auf das „Wahrnehmen" verzichten. Genügen soll jedes **raum-zeitliche Zusammentreffen**, sodass auch der Fall erfasst wird, in dem der Dieb dem Bermerktwerden durch schnelles Zuschlagen zuvorkommt. Es leuchte nämlich nicht ein, dass der, der schon beim Stehlen oder – hierbei bemerkt – kurz nach Vollendung zuschlägt, wegen Raubes oder räuberischen Diebstahls mit all ihren Konsequenzen (§§ 250, 251) bestraft, hiervon aber für den Ausnahmefall verschont werde, in dem er kurz nach Vollendung dem Bemerktwerden durch Zuschlagen zuvorkommt. Ein Dieb, der Gewalt

---

31 S. zur Entscheidung *Bosch*, JK 6/2013, § 252/8; *Kudlich*, JA 13, 310; *Jäger*, BT Rn 307a; *Joecks/Jäger*, § 252 Rn 8; *Landwehr*, FD-StrafR 13, 341896.
32 BGH NJW 58, 1547; RGSt 73, 343, 345 f.
33 Zum Streitstand *Hillenkamp*, BT 27. Problem.
34 So aber *Haas*, Maiwald-FS S. 145, 167 ff; *Lask*, Das Verbrechen des räuberischen Diebstahls 1999, S. 124; LK-*Vogel*, § 252 Rn 29; *Schnarr*, JR 79, 315 f; SK-*Samson*, 4. Aufl., § 252 Rn 5; wie hier *Küper*, Krey-FS S. 313, 334; *Mitsch*, BT II S. 559 ff; MK-*Sander*, § 252 Rn 9; *Schwarzer*, ZJS 08, 267 ff.
35 BGHSt 26, 95, 96 f; krit. BGHSt 28, 224, 227.
36 A/W-*Heinrich*, § 17 Rn 21; *Beulke*, III Rn 430 f; *Eisele*, BT II Rn 409; *Fischer*, § 252 Rn 6; HK-GS/*Duttge*, § 252 Rn 15; *Jäger*, BT Rn 307b; *Kindhäuser/Böse*, BT II § 26 Rn 7; *Kleszewski*, BT § 8 Rn 197; *Krey/Hellmann/Heinrich*, BT II Rn 311; *Lackner/Kühl*, § 252 Rn 4; M/R-*Maier*, § 252 Rn 12; *Otto*, BT § 46 Rn 55; *Perron*, GA 89, 163; *Rengier*, BT I § 10 Rn 8 ff; *Schmidt*, BT II Rn 463; S/S-*Bosch*, § 252 Rn 4; SK-*Sinn*, § 252 Rn 11; S/S/W-*Kudlich*, § 252 Rn 11; *Wessels*, BT II Rn 357.

übt, unmittelbar bevor er bemerkt wird, müsse *genauso behandelt* werden, wie einer, der zuschlägt, nachdem er bemerkt worden ist[37]. Dass dies eine mit der ratio des § 252 begründbare Lösung wäre, ist behauptbar, dass es die Lösung des § 252 ist, aber nicht. Vielmehr ist der Wortsinn mit einem Analogieschluss sehr deutlich überschritten. Betroffen ist nicht, wer dem Betreffen zuvorkommt[38] und dem Opfer damit entweder jede Wahrnehmungsmöglichkeit abschneidet oder – was dem gleichkommt[39] – ihm erst mit dem Nötigungsmittel die Wahrnehmung aufzwingt. Ein solcher Täter wird nicht betroffen, sondern macht nur notgedrungen auf sich aufmerksam. Seine Privilegierung ist im Übrigen so unsinnig nicht. Denn zu der notwendigen Besitzerhaltungsabsicht wird in solchen Fällen noch deutlicher als sonst der Wille treten, nicht bloßgestellt und überführt zu werden[40]. Diese Vermutung der Selbstbegünstigungstendenz gibt der gesetzgeberischen Entscheidung einen vertretbaren Sinn.

Die **Nötigungsmittel** iS des § 252 entsprechen denen des Raubes (s. Rn 346 ff), sodass auch hier für Gewalt eine nicht ganz unerhebliche körperliche Zwangswirkung notwendig ist[41], an der es bei einem bloßen „Wegschubsen" oder „Sich-losreißen" mangeln kann[42]. Die Mittel müssen sich gegen den Bestohlenen oder einen anderen richten, von dem der Dieb – sei es auch nur irrtümlich – annimmt, dass er ihm den *gerade erlangten* Gewahrsam **zu Gunsten des Verletzten** wieder entziehen werde oder dass er dem Fortschaffen der Beute in anderer Weise ein Hindernis in den Weg legen könnte[43]. Zu diesem Personenkreis kann auch ein Polizeibeamter gehören, der den Täter zwar nicht selbst betroffen hat, der von den den Diebstahl observierenden Beamten aber zur Verfolgung hinzugezogen worden ist[44]. Um die Gleichwertigkeit zum Raub zu gewährleisten, ist zu verlangen, dass auch die Nötigungsmittel eingesetzt werden, solange die Tat noch im beschriebenen engen raumzeitlichen Zusammenhang frisch ist (s. Rn 397).

402

Schießt ein auf frischer Tat betroffener **Mittäter** zwecks Sicherung seiner Diebesbeute auf einen Komplizen, der hinter ihm herläuft und den er während der nächtlichen Flucht irrtümlich für einen Verfolger hält, liegt danach ein **vollendeter** schwerer räuberischer Diebstahl vor (§§ 252, 250 II Nr 1)[45]. Da in einem solchen Fall einer nur irrtümlich angenommenen Schutzbereitschaft eines vom Eigentümer oder bisherigen Gewahrsamsinhaber unterschiedenen Dritten keinerlei Restitutionschance vereitelt oder gefährdet wird, ist nach aA[46] nur ein wegen Opferuntauglichkeit versuchter räuberischer Diebstahl gegeben.

---

37 BGHSt 26, 95, 97.
38 Ebenso AnK-*Habetha*, § 252 Rn 9; BK-*Wittig*, § 252 Rn 8; *Geppert*, Jura 90, 556 f; *Haas*, Maiwald-FS S. 177 f; *Heghmanns*, Rn 1130; H-H-*Kretschmer*, Rn 927; *Hohmann/Sander*, BT I § 7 Rn 9; LK-*Vogel*, § 252 Rn 28; *Schramm*, BT I § 5 Rn 19; *Seier*, JuS 79, 338; *Zöller*, BT Rn 407; gegen den Analogievorhalt dezidiert *Küper*, Krey-FS S. 313, 319 ff.
39 AA *Küper/Zopfs*, BT Rn 158; *Küper*, Krey-FS S. 313, 331 ff; SK-*Sinn*, § 252 Rn 11; wie hier *Dehne-Niemann*, Jura 08, 744.
40 S. zu solcher Motivbündelung OLG Zweibrücken StV 94, 545 f, OLG Köln StV 04, 490, 491; OLG Hamm StV 05, 336, 337.
41 LG Gera NJW 00, 159 mit krit. Anm. *Otto*, JK 01, StGB § 249/7; Rn 348.
42 S. OLG Koblenz StV 08, 474, 475, aber auch OLG Brandenburg NStZ-RR 08, 201, 202.
43 BGHSt 9, 162, 163 und 255; 28, 224, 230 f; BGH StraFo 15, 32. Zum Streit hierum s. LK-*Vogel*, § 252 Rn 45 f.
44 BGH NStZ 15, 701 mit krit. Anm. *Becker*; *Küper* StV 16, 285 und Bespr. *Brüning*, ZJS 16, 386; *Eisele*, JuS 15, 1043; Falllösung dazu bei *Brand/Freitag*, JuS 17, 235.
45 Zum evtl. *Tötungsversuch* vgl insoweit BGHSt 11, 268; *Hillenkamp*, Die Bedeutung von Vorsatzkonkretisierungen 1971, S. 76 ff.
46 *Küper*, JZ 01, 735; LK-*Vogel*, § 252 Rn 48 mwN; wie hier *Eisele*, BT II Rn 407.

3. Subjektiver Tatbestand

403 Der **subjektive Tatbestand** verlangt *Vorsatz* und die *Absicht* des Täters, **sich im Besitz des gestohlenen Gutes zu erhalten**. Die Absicht, einem *Dritten* den Besitz zu wahren, reicht nicht aus. Das ist zwar wenig einleuchtend, wenn man bedenkt, dass der Gesetzgeber mit dem 6. StrRG (Rn 11) alle Zueignungsdelikte um die Drittzueignung erweitert hat. Da die Absicht des § 252 im Grunde nichts anderes als eine „modifizierte Zueignungsabsicht"[47] ist, hätte es deshalb nahegelegen, auch § 252 um eine „Drittbesitzerhaltungsabsicht" zu ergänzen. Das ist aber nicht geschehen. Selbst wenn es sich dabei um eine dem Gesetzgeber unbewusst gebliebene „Planwidrigkeit" handeln sollte[48], steht ihrer Berichtigung durch eine auf Drittbesitzerhaltung zielende Absicht das Analogieverbot entgegen[49]. Eine ausreichende Eigenbesitzerhaltungsabsicht hat allerdings, wer sich den Besitz der Beute erhalten will, weil er sie später einem Dritten zueignen möchte (s. Rn 408). Zu welchem Zeitpunkt der Entschluss zur Gewaltanwendung usw gefasst wird, ist belanglos[50]. Hat der Täter sein Betroffen-Sein zunächst nicht bemerkt, reicht es aus, wenn er beim späteren Einsatz der Nötigungsmittel bewusst in Kauf nimmt, dass seine Gestellung auf ein Betroffen-worden-Sein schon beim Diebstahl zurückzuführen ist[51].

404 Zur **Absicht** im vorgenannten Sinn gehört der Wille, eine Entziehung des gerade erlangten Gewahrsams *zu Gunsten* des *Bestohlenen* zu verhindern. Die Entziehung muss – und sei es auch nur nach Meinung des Täters – bereits gegenwärtig sein oder **unmittelbar bevorstehen**[52]. Nur dann steht die Behauptung des gerade eben begründeten Gewahrsams mit Raubmitteln dem Unrecht des Raubes gleich[53]. Hieran fehlt es, wenn die Zueignung etwa durch Verzehr oder Verbrauch schon unumkehrbar vollzogen ist[54]. Auch erfüllt § 252 nicht, wer die Notierung seines Kennzeichens nur in der Befürchtung gewaltsam verhindert, die Beute könne ihm später abgenommen werden[55]. Die Beutesicherungsabsicht braucht aber nicht das einzige Ziel des Handelns zu sein. Vielmehr kann sie mit dem Bestreben einhergehen, sich der Ergreifung zu entziehen[56]. Anders verhält es sich, wenn der flüchtende Dieb seine Beute im Stich lässt (sie zB fortwirft) oder sich ihrer nur nicht entledigt, um nicht überführt oder er-

---

47 *Küper/Zopfs*, BT Rn 145; *Küper*, JZ 01, 732 f; LK-*Vogel*, § 252 Rn 6.
48 S. dazu *Freund*, ZStW 109 (1997), S. 482; SK-*Sinn*, § 252 Rn 19.
49 *Fischer*, § 252 Rn 9a; HK-GS/*Duttge*, § 252 Rn 21; *Lackner/Kühl*, § 252 Rn 5; S/S-*Bosch*, § 252 Rn 7; S/S/W-*Kudlich*, § 252 Rn 16; aA *Lask*, Das Verbrechen des räuberischen Diebstahls, 1999, S. 177.
50 BGHSt 3, 76, 78.
51 BGH NStZ 15, 701 mit Anm. *Becker*; *Küper*, StV 16, 285 und Bespr. *Eisele*, JuS 15, 1043; abl. *Brüning*, ZJS 16, 388 f.
52 Vgl BGHSt 9, 162, 164; BGH StV 87, 196; *Kindhäuser*, § 252 Rn 14; *Mitsch*, BT II S. 574; *Zöller*, BT Rn 411.
53 Weiter *Lackner/Kühl*, § 252 Rn 5; SK-*Sinn*, § 252 Rn 20; s. zum Streit hierun *Küper/Zopfs*, BT Rn 146.
54 Hier ist der Diebstahl ohnehin schon beendet (Rn 398); zur lebensfremd unterstellten Befürchtung, die Beute durch Brechmittel zu verlieren, s. LG Freiburg ZIS 05, 40 mit krit. Anm. *Marlie*.
55 OLG Koblenz StV 08, 474, 475; LK-*Vogel*, § 252 Rn 65; aA *Küper*, JZ 01, 738; *ders./Zopfs*, BT Rn 146.
56 Vgl BGHSt 13, 64, 65; BGH GA 1984, 475, 476; BGH NStZ 00, 530, 531, BGH StV 05, 606, 607; OLG Köln NStZ 05, 448, 449; *Maurach/Schroeder/Maiwald*, BT I § 35 Rn 43.

griffen zu werden[57] und beim Einsatz der Nötigungsmittel *nur noch* das Ziel im Auge hat, sich der Festnahme und Überführung zu entziehen. Hier fehlt es an der Absicht iS des § 252[58], die als eine Art „verlängerter" Zueignungsabsicht zu sehen[59] und deshalb nur gegeben ist, wenn diese noch besteht. Das ist zu verneinen, wenn der Besitzerhalt nur notwendiges Zwischenziel der ein Strafverfahren abwehrenden Selbstbegünstigung ist. Ein solcher Befund liegt nach der Lebenserfahrung nahe, wenn es sich nur um eine geringwertige Beute handelt[60].

Die **Vollendung** des räuberischen Diebstahls tritt mit dem **Einsatz der Nötigungsmittel** ein. Sie wird nicht dadurch ausgeschlossen, dass es dem Täter *nicht* gelingt, seine *Absicht* zu *verwirklichen* und sich im Besitz des gestohlenen Gutes zu erhalten[61]. **405**

Ein **Versuch** des § 252 kommt daher nur in Betracht, wenn schon die Anwendung der Nötigungsmittel über das Versuchsstadium nicht hinausgeht oder missglückt. Ein untauglicher Versuch liegt vor, wenn der Täter eine *ihm selbst* gehörende, irrtümlich für *„fremd"* gehaltene Sache weggenommen hatte. Zwar ist hier die Wegnahme vollendet, wenn die Sache im Gewahrsam eines anderen war. Die angesichts des gleichen Strafrahmens erforderliche Unrechtsäquivalenz zum vollendeten Raub stellt aber nur ein auch hier vollendeter Diebstahl her[62].

4. Beteiligungsfälle

Wird der Tatentschluss zu Diebstahl und anschließender Beuteverteidigung mit Raubmitteln geweckt, ist Anstiftung gegeben. Da § 252 ein aliud gegenüber § 242 ist, kann auch der zu einem Diebstahl Entschlossene noch zu einer Tat nach § 252 angestiftet werden, nicht jedoch der, der sich erst nach Vollendung des Diebstahls auf Zuruf entschließt, zwecks Besitzerhalts Raubmittel einzusetzen[63]. Dass es Mittäterschaft und Beihilfe zu § 252 gibt, ist unbestritten. Verteidigen Mittäter des Diebstahls die im gemeinsamen Besitz befindliche Beute in der von § 252 geforderten Absicht, liegt Mittäterschaft vor. Stellt sich ein an der Vortat Unbeteiligter auf Veranlassung des Vortäters einem Verfolger in den Weg, ist das bei entsprechendem Förderungswillen *nach* vollendetem Diebstahl Beihilfe zu § 252[64]. In anders liegenden Fällen ergeben sich aus der *Struktur* des § 252 Besonderheiten. **406**

Wenden **Mittäter** der *Vortat* die von § 252 geforderten Nötigungsmittel an, um die sich im Besitz eines weiteren Mittäters befindliche Beute im gemeinsamen Interesse gegen Entziehung zu sichern, sind auch die „Nicht-Besitzenden" Mittäter des § 252. Das ist heute zu Recht hM, weil der Besitz nach § 25 II zurechenbar und deshalb auch **407**

---

57 OLG Zweibrücken JR 91, 383 mit Anm. *Perron*; OLG Brandenburg NStZ 08, 201, 202 f; s. aber auch OLG Köln NStZ 05, 448, 449 mit Anm. *Kudlich*, JuS 05, 1053.
58 Vgl BGHSt 9, 162; BGH NStZ 09, 36 mit Bespr. *Deiters*, ZJS 08, 672; BGH HRRS 14, 462 (Nr 1088); OLG Köln StV 04, 490, 491; OLG Hamm StV 05, 336, 337; OLG Brandenburg NStZ-RR 08, 201.
59 OLG Zweibrücken StV 94, 545; *Küper/Zopfs*, BT Rn 145; *Rengier*, BT I § 10 Rn 17.
60 OLG Hamm StV 05, 337; OLG Koblenz StV 08, 474, 475; KG StV 16, 652, 654.
61 BGH NJW 68, 2386; OLG Hamm StV 05, 336, 337; *Küper*, Jura 01, 25.
62 Vgl *Küper*, Jura 01, 23.
63 Für ihn bleibt es bei einer Anstiftung zur Nötigung und einer Beihilfe zu § 252, s. Rn 358 und *Natus*, Jura 14, 777 ff.
64 BGH StV 91, 349.

bei den „Nicht-Besitzenden" in Wahrheit von Besitz und der täterschaftsbegründenden Absicht zu reden ist, **sich** im Besitz des gestohlenen Gutes zu erhalten⁶⁵. Auch ein **Gehilfe** der Vortat soll noch **Täter** des § 252 werden können, wenn er die Beutesicherungsabsicht mit Gewalt oder Drohung durchzusetzen sucht. Da für ihn eine Zurechnung über § 25 II aber entfällt, wird vorausgesetzt, dass **er** sich im (Mit-) **Besitz der Diebesbeute** befindet⁶⁶. Einer solchen Annahme steht jedoch entgegen, dass § 252 in der gleichen Weise aus Diebstahls- und Nötigungselementen zusammengesetzt ist wie der Raub. Daraus folgt, dass **Täter** oder **Mittäter** des § 252 nicht anders als beim Raub nur sein kann, wer **beide Elemente** täterschaftlich verwirklicht⁶⁷.

408 An diesem auch für die Beteiligung die *Raubähnlichkeit* des § 252 wahrenden Erfordernis⁶⁸ hat sich *im Grundsatz* durch das **6. StrRG** (Rn 11, 393) nichts geändert⁶⁹. Zu bedenken ist allerdings zweierlei. Zum einen ist nach der Neufassung des § 242 Mittäter des Diebstahls, wer nach altem Recht **nur** deshalb bloßer Gehilfe war, weil er lediglich **Drittzueignungsabsicht** besaß. Für einen so Beteiligten hebt sich der alte Streit auf. Er kann auch nach der hier vertretenen Auffassung als (Mit-) Täter des § 252 bestraft werden, wenn er die in Drittzueignungsabsicht entwendete Sache dem Dritten noch nicht verschafft und sich zum Erhalt dieser Möglichkeit mit den Nötigungsmitteln des § 252 gegen eine drohende Entziehung zur Wehr gesetzt hat⁷⁰. Zum anderen ist nach keiner Auffassung eine (mit-) täterschaftliche Begehung des § 252 denkbar, wenn der in Drittzueignungsabsicht handelnde Dieb dem Dritten die Zueignung schon durch Besitzverschaffung ermöglicht und danach Nötigungsmittel des § 252 im Drittbesitzerhaltungsinteresse eingesetzt hat. Einem solchen Beteiligten fehlt die für § 252 nach wie vor allein ausreichende Absicht, **sich** im Besitz des gestohlenen Gutes zu erhalten. *Darin* liegt bei einer Deutung der Besitzerhaltungsabsicht als verlängerter oder modifizierter Zueignungsabsicht nach deren Erweiterung auf Drittzueignungsfälle durch das 6. StrRG eine *Folgeunrichtigkeit des Gesetzes*, die sich aber durch erweiterte Auslegung nicht beheben lässt (Rn 403). Sie zeigt sich auch im Vergleich von Raub und räuberischem Diebstahl. Wer in Drittzueignungsabsicht das Opfer niederschlägt, um dem Mittäter die Wegnahme zu ermöglichen, haftet als Mittäter des § 249, wer die Gewalt erst nach Vollendung der Wegnahme im Interesse des Erhaltes des Drittbesitzes einsetzt, dagegen allenfalls als Gehilfe zu § 252⁷¹.

Beispiel: Stiehlt eine Frau F der Lokalbedienung die Geldtasche und stellt sich ihr Begleiter B dem aufmerksam gewordenen Personal unter Gewaltanwendung entgegen, um F die Flucht mit der Geldtasche zu ermöglichen⁷², so ist B selbst dann nicht (Mit-) Täter eines räuberischen Diebstahls, wenn er sich bereits an der Vortat in *Drittzueignungsabsicht* mittäterschaftlich beteiligt hat. Ihm kommt es nur noch auf den Erhalt des der F die Zueignung ermöglichenden

---

65 BGHSt 6, 248, 250; NK-*Kindhäuser*, § 252 Rn 25; S/S/W-*Kudlich*, § 252 Rn 19; *Weigend*, GA 07, 281; krit. *Dehne-Niemann*, NStZ 15, 251 f.
66 BGHSt 6, 248, 250; BGH NStZ 15, 276 mit Bespr. *Dehne-Niemann*, NStZ 15, 251; *Satzger*, Jura 15, 768 (§§ 242, 252). Zust. *Fischer*, § 252 Rn 11; *Maurach/Schroeder/Maiwald*, BT I § 35 III Rn 40; *Otto*, BT § 46 Rn 65; SK-*Sinn*, § 252 Rn 25.
67 Zutr. *Eisele*, BT II Rn 422; *Geilen*, Jura 80, 46; H-H-*Kretschmer*, Rn 930; HK-GS/*Duttge*, § 252 Rn 27; *Lackner/Kühl*, § 252 Rn 6; LK-*Vogel*, § 252 Rn 71; *Mitsch*, BT II S. 578; *Natus*, Jura 14, 776; *Weigend*, GA 07, 281; *Zöller*, BT Rn 412; so jetzt auch BGH StV 91, 349.
68 *Rengier*, BT I § 10 Rn 25.
69 AA wohl SK-*Sinn*, § 252 Rn 22.
70 Dieser von *Weigend*, GA 07, 285 aufgegriffene Fall wird hier nicht anders gelöst als bei *Weigend*; es liegt in ihm auch keine Dritt-, sondern zunächst eine § 252 genügende Eigenbesitzerhaltungsabsicht vor; verkannt von *Krämer*, Jura 05, 837; s. zu dieser Konstellation auch *Küper/Zopfs*, BT Rn 148.
71 S. auch SK-*Sinn* § 252 Rn 19, 22.
72 BGH StV 91, 349 mit Anm. *Ennuschat*, JR 91, 500; s. dazu auch *Witzigmann*, Das „absichtslos-dolose Werkzeug" 2009, S. 330 ff.

Fremdbesitzes an[73]. Ob B in einem solchen Fall Beihilfe zu § 252 leistet, hängt davon ab, ob seine für § 252 konstitutive Nötigung F's eigenes Verhalten zu einer Haupttat nach § 252 vervollständigt. Das ist nur möglich, wenn F selbst eine Beutesicherungsabsicht hat und ihr nach den allgemeinen Regeln der Täterschaftslehre das Verhalten des B zurechenbar ist[74]. Da es B an der für eine Täterschaft vorausgesetzten Absicht fehlt, kommt § 25 II als Zurechnungsnorm – da es hier um § 252 und nicht um § 240 geht – nicht in Betracht[75]. Handelt B im konkludent hergestellten Einvernehmen mit F, kann die altruistische Unterstützung der allein besitzerhaltungsinteressierten B dieser nach der subjektiven Teilnahmelehre ihres dominanten Interesses wegen allenfalls als mittelbarer Täterin zugerechnet werden[76]. Mit der Tatherrschaftslehre ließe sich dieses Ergebnis nur über die (umstrittene) Figur des dolosen, aber absichtslosen Werkzeugs erzielen[77]. Wer beides ablehnt, muss § 252 für F und B verneinen[78]. B ist dann aus §§ 240, 223, 257 (nicht aus § 255, s. Rn 411)[79], F gegebenenfalls wegen Anstiftung zur Nötigung zu bestrafen[80].

5. Erschwerungsgründe und Abgrenzungsfragen

Der räuberische Dieb ist **gleich einem Räuber** zu bestrafen. Diese Verweisung betrifft nicht nur den Strafrahmen des § 249, sondern auch die Anwendbarkeit der **§§ 250, 251**[81], die dann so zu lesen sind, als stünde an Stelle des Wortes „Raub" jeweils die Bezeichnung „räuberischer Diebstahl". **409**

Da ein vollendeter Diebstahl (§ 242) aber erst durch den in § 252 umschriebenen Nötigungsakt zum *räuberischen* Diebstahl wird und § 251 voraussetzt, dass die Todesfolge „durch den räuberischen Diebstahl" verursacht worden ist, muss auch hier ein tatbestandsspezifischer Zusammenhang zwischen dem **Nötigungsvorgang** und der **Todesfolge** bestehen. Dass der Tod allein auf der voraufgegangenen *Wegnahmehandlung* beruht, genügt nicht (s. Rn 388).

Konkurrenzprobleme und **Abgrenzungsfragen** zwischen § 249 und § 252 können sich insbesondere dann ergeben, wenn erschwerende Umstände iS des § 250 erst nach Vollendung der Wegnahme, aber vor Beendigung der Tat erfüllt werden. Zwei Fallgruppen sind hier zu unterscheiden: **410**

(1) War die Vortat ein **Diebstahl** und greift der Täter erst nach vollendeter Wegnahme zur Gewaltanwendung gegen eine Person oder zu Drohungen mit gegenwärtiger Gefahr für Leib oder Leben, kommt allein § 252 in Verbindung mit § 250 in Betracht. Dies folgt daraus, dass ein Nötigungsakt **nach Vollendung der Wegnahme** nicht mehr deren „Mittel" sein kann, wie es § 249 voraussetzt, sondern lediglich der Sicherung des bereits erlangten Gewahrsams an der Beute dient[82]. Gegenüber der spezielleren Regelung in §§ 252, 250 treten die §§ 242 ff hier wegen Gesetzeseinheit zurück[83].

---

73 S. hierzu auch *Schmid-Hopmeier*, Das Problem der Drittzueignung 1999, S. 221 ff.
74 BGH StV 91, 349.
75 So aber *Rengier*, BT I § 10 Rn 20; dagegen zu Recht *Dehne-Niemann*, JuS 08, 59; *ders.*, Jura 08, 748; *Haas*, JR 14, 109 f; LK-*Vogel*, § 252 Rn 71; wie hier auch *Eisele*, BT II Rn 406 f.
76 So BGH StV 91, 349; im Fall einer „Mandatserteilung" an B durch F so iE auch *Haas*, JR 14, 111 ff.
77 S. *Küper/Zopfs*, BT Rn 149.
78 So *Mitsch*, BT II/1 (2. Aufl.), § 4 Rn 40; ebenso *Dehne-Niemann*, JuS 08, 593.
79 S/S-*Bosch*, § 252 Rn 11.
80 S. die Falllösung bei *Hillenkamp*, JuS 03, 157, 160.
81 BGH NStZ-RR 02, 237; BGH NStZ 09, 36.
82 BGHSt 28, 224, 226; BGH StV 85, 13; BGH NStZ-RR 01, 41; zur Gegenansicht: § 249 s. Rn 398.
83 S/S-*Bosch*, § 252 Rn 13; diff. bei nur versuchter Gewaltanwendung LK-*Vogel*, § 252 Rn 77.

411 (2) War die Vortat ein **Raub**, tritt § 252 als mitbestrafte Nachtat zurück. Sind erschwerende Umstände erst nach der Vollendung, aber vor Beendigung des Raubes hinzugekommen, steht nach der **Rechtsprechung** nichts im Wege, die §§ 250, 251 über § 249[84] oder stattdessen über § 252 in Ansatz zu bringen[85]. Sicher ist allerdings, dass der Täter hier nicht zugleich wegen schweren Raubes *und* wegen schweren räuberischen Diebstahls verurteilt werden darf, weil sonst der Diebstahl, der in beiden Delikten enthalten ist, zweimal erfasst würde. Fraglich kann also nur sein, ob die §§ 249 ff den Vorrang genießen oder aber durch die §§ 252, 250 aufgezehrt werden sollen. BGH GA 1969, 347, 348 sagt dazu Folgendes: „Zwischen diesen Taten besteht … Gesetzeseinheit. Ebenso wie der voraufgegangene Diebstahl wird auch der Raub als Vortat durch das Verbrechen nach § 252 aufgezehrt, wenn nur dieses unter den erschwerenden Voraussetzungen des § 250 begangen ist. In dem umgekehrten Fall wird durch die Bestrafung wegen schweren Raubes der räuberische Diebstahl mitbestraft. Das gilt auch bei *gleichschweren* Tatbegehungen; da der Täter ohnehin als Räuber bestraft wird, also nicht erst *gleich einem Räuber* bestraft zu werden braucht, besteht dann auch kein Bedürfnis zur Anwendung des § 252"[86]. Geht man **richtigerweise** davon aus, dass Qualifikationen zu § 249 in der Phase zwischen Vollendung und Beendigung des Raubes nicht mehr möglich sind (Rn 370, 377, 383, 388; 267), verengt sich die Gültigkeit dieser Aussagen um diesen Fall. In ihm sind die §§ 250, 251 ausschließlich über § 252 anwendbar, entfallen also zB trotz Verwirklichung der erschwerenden Umstände, wenn es an der Beutesicherungsabsicht fehlt[87]. Richtet sich das Nötigungsmittel des nach diesen Grundsätzen zurücktretenden räuberischen Diebstahls gegen einen vom Raub noch nicht betroffenen Dritten, erscheint es richtig, Tateinheit zwischen §§ 249, 250 und der gegenüber dem Dritten verwirklichten Nötigung oder Bedrohung (§§ 240, 241) anzunehmen[88].

412 Führt der räuberische Diebstahl – was seine Vollendung nicht voraussetzt (Rn 405) – zum Erfolg, bedeutet er die erzwungene Duldung der Beutesicherung. Es liegt daher nicht fern, an eine gleichzeitige Verwirklichung einer **räuberischen Erpressung** (§§ 253, 255) zu denken. Sie wäre von auch praktischem Gewicht, wenn es etwa mangels zureichender Frische[89] oder deshalb an § 252 fehlt, weil die Vortat nicht Diebstahl oder Raub, sondern zB ein Betrug ist[90]. Dann ließen sich nur über §§ 253, 255 die Folgen auslösen, die bei gleichzeitiger Verwirklichung schon über § 252 gegeben sind.

Die Entscheidung der Frage ist umstritten. Die Rechtsprechung sieht teilweise eine tatbestandliche Sicherungserpressung als gegeben an, hält die gewaltsame Abwehr des Herausgabeanspruches aber für keine selbstständig bedeutsame Schädigung und will – falls § 252 nicht vorliegt – daher auf Nötigung und gegebenenfalls Körperverletzung zurückgreifen[91]. Vorzugswürdig ist gegenüber dieser Konkurrenz- die **Tatbestandslösung**. Abgesehen davon, dass die Erpressung schon an der in solchen Fällen häufig mangelnden Verfügung oder Nähebeziehung des Nötigungsopfers zum Vermögensinhaber scheitern wird[92], fehlt es im Regelfall am **Schaden**. Auf den Verlust des Gewahrsams an der entwendeten Sache kann man insoweit nicht ab-

---

84 Vgl BGHSt 20, 194, 197; BGHSt 38, 295, 299; BGH NStZ-RR 08, 342.
85 BGH NStZ 09, 36; BGH NStZ 18, 103; für Letzteres *Isenbeck*, NJW 65, 2326; vgl auch *Schünemann*, JA 80, 393 ff.
86 Zust. *Lackner/Kühl*, § 252 Rn 8; ebenso BGH NJW 02, 2043, 2044 mit Bespr. *Baier*, JA 03, 107, 110.
87 Ebenso *Krey/Hellmann/Heinrich*, BT II Rn 318; *Rengier*, BT I § 10 Rn 27; aA *Wessels*, BT II Rn 366.
88 BGH NJW 02, 2043, 2044; *Hellmann*, JuS 03, 20.
89 BGH StV 86, 530; s. dazu *Rengier*, BT I § 11 Rn 56.
90 S. dazu BGHSt 41, 198, 203 f; *Hillenkamp*, JuS 97, 219 f; *Jäger*, JA 11, 952; *Rengier*, BT I § 11 Rn 56a.
91 So BGHSt 41, 198, 204; BGH MDR/H 87, 94; *Schröder*, MDR 50, 398, 400 f; SK-*Sinn*, § 252 Rn 23.
92 *Lackner/Kühl*, § 255 Rn 3.

stellen, weil diese Einbuße schon mit der Vollendung des Diebstahls eingetreten ist. Das Vereiteln der Bemühungen um Wiedererlangung der gestohlenen Sache begründet für sich allein aber keinen neuen, den Gewahrsamsverlust übersteigenden Schaden iS des § 255[93]. Infolgedessen kann es zwischen dieser Vorschrift und § 252 keine Konkurrenzprobleme geben. Auch lebt § 255 nicht auf, wenn einzelne Voraussetzungen des § 252 – wie im Beispiel des Geldtaschendiebstahls (Rn 408) bei B – fehlen[94]. Dass die damit einhergehende Einschränkung der Figur der Sicherungserpressung zu einer entsprechenden Zurückhaltung gegenüber dem Sicherungsbetrug nötigt, ist richtig, aber auch sachangemessen (s. Rn 599)[95].

Rechtsprechungsbeispiel: BGH NStZ 12, 95 bestätigt die hier getroffenen Aussagen. Dort hatten zwei Brüder dem Geschädigten G Besitz und Eigentum an einem Lenkgetriebe unter Vorspiegelung ihrer Zahlungsbereitschaft abgeschwindelt und sich mit der Beute bereits in ihr Auto begeben, als sich G ihnen in den Weg stellte, um die Bezahlung zu erzwingen. Damit G den Weg freigebe und auf die Forderung verzichte, stiegen die Brüder aus, schlugen auf G ein und bedrohten den zu Hilfe geeilten Schwager des G mit einem Messer. – Der BGH geht davon aus, dass der Vermögensnachteil bereits durch den vorangegangenen Betrug eingetreten ist. Eine Kombination von Betrug und Erpressung schließt er aus, da die Gewalt nicht von Vornherein geplant und auch nicht unmittelbar im Zusammenhang mit der Täuschung eingesetzt worden ist. Der Vermögensnachteil sei daher nicht das „Ergebnis einer das Opfer nötigenden Gewalthandlung oder Drohung". Letztere hätten auch nicht „zu einer Vertiefung des (durch den Betrug ja bereits schon eingetretenen) Vermögensnachteils" geführt, dem „Verzicht" auf die Geltendmachung der Forderung (hier durch vis absoluta erzwungen!) komme daher „keine eigenständige Bedeutung" mehr zu. Dem ist insgesamt zuzustimmen. Statt von einer (tatbestandlichen) Sicherungserpressung sollte man dann aber besser davon sprechen, dass schon der Tatbestand einer räuberischen Erpressung (nach der Vortat des Betrugs) nicht gegeben ist[96].

Im **Fall 28**[97] hat T bereits mit dem Einstecken von Schmuck und Bargeld in die mitgeführte Aktentasche nach beiden Gewahrsamsbegriffen (Rn 82 ff) den Diebstahl vollendet (§§ 242, 244 I Nr 3 bzw § 244 IV nF). Da er sich noch im generellen Gewahrsamsbereich der F befindet, ist sein Gewahrsam allerdings noch nicht endgültig gesichert, der Diebstahl folglich noch nicht beendet. Bejaht man im Stadium zwischen Vollendung und Beendigung mit einer Mindermeinung (Rn 398) noch Raub, ist dieser unproblematisch gegeben. Hält man in dieser Phase dagegen richtigerweise allein § 252 für einschlägig, soll dieser nach BGHSt 26, 95, 96 f nicht daran scheitern, dass T dem Bemerktwerden durch F durch schnelles Zuschlagen zuvorkommt. Da auch T's Besitzerhaltungsabsicht nicht durch die gleichzeitigen Motive von Scham und Flucht verdrängt wird und auch die übrigen Voraussetzungen des § 252 vorliegen, führt diese Lösung möglicherweise zu § 250 II Nr 3b, jedenfalls aber zu § 250 II Nr 1, da T mit dem Knüppel ein *gefährliches* Werkzeug *verwendet*[98]. Die gleichzeitig verwirklichte gefährliche Körperverletzung (§ 224 I Nrn 2, 5) steht hierzu in Idealkonkurrenz. Bestreitet man dagegen, dass betroffen wird, wer dem Betroffenwerden zuvorkommt (Rn 401), entfallen §§ 252, 250. Auch auf § 255 kann nicht zurückgegriffen werden (Rn 412). Übrig bleibt § 244 I Nr 3 (bzw § 244 IV nF). Nr 1 ist zu verneinen, da T mangels eines entsprechenden Verwendungsvorbehalts bis zur Vollendung des Diebstahls kein (gefährliches) Werkzeug bei sich führt und die Phase zwischen Vollendung und Beendigung

413

---

93 Überzeugend *Seier*, NJW 81, 2152, 2155 ff; ihm folgend auch LK-*Vogel*, § 252 Rn 83.
94 BGH StV 91, 350 im Anschluss an *Seier*, NJW 81, 2155; *Hillenkamp*, JuS 97, 219 f; 03, 161.
95 *Hillenkamp*, JuS 97, 220; *Otto*, BT § 51 Rn 152; vgl auch BGH JZ 84, 146.
96 S. dazu auch *Jäger*, JA 11, 952, *Mitsch*, HRRS 12, 181; *Satzger*, JK 9/12, StGB §§ 253, 255/15.
97 S. zur Lösung auch *Hillenkamp*, BT 26. Problem mit Beispiel 2 und 27. Problem.
98 Vgl BGH StV 99, 91.

für eine solche Qualifikation nicht mehr taugt. Dass sich hinter T's Schutzbehauptung, er trage den Stock lediglich als „Pannenhilfe" mit sich herum, zumindest die zu irgendeinem Zeitpunkt vor der Tatbegehung getroffene subjektive Zweckbestimmung verbirgt, sich für alle Fälle zu „bewaffnen", liegt nahe, war aber offenbar nicht zu beweisen. Eine solche Bestimmung hätte dem 3. Senat des BGH nach seiner anfänglichen, jetzt aber aufgegebenen Rechtsprechung[99] ausgereicht, um vom Beisichführen eines *gefährlichen Werkzeugs* iS von § 244 I Nr 1a zu sprechen (s. Rn 277 ff). Nach der hier vertretenen Auffassung müsste zu einem entsprechenden Bewusstsein ein auf die konkrete Tat bezogener Verwendungsvorbehalt hinzutreten (s. Rn 274 ff und OLG Stuttgart JR 10, 169). Neben § 244 I Nr 3 (bzw § 244 IV nF) sind § 224 I Nrn 2, 5 und § 240 gegeben. § 123 tritt zurück.

6. Prüfungsaufbau: Räuberischer Diebstahl, § 252

413a

Räuberischer Diebstahl, § 252
  I. Tatbestand
    1. Objektiver Tatbestand
       a) **Vortat:** Diebstahl
          → Diebstahl in all seinen Erscheinungsformen
          → Raub
       b) **Tatsituation:** Betroffensein auf frischer Tat
          • *frische Tat*
            zeitlich
            → Vollendung bis Beendigung der Wegnahme
            räumlich
            → am Tatort oder in seiner unmittelbaren Umgebung
          • *Betroffensein*
            ⓟ Wahrnehmen oder nur raum-zeitliches Zusammentreffen
       c) **Tathandlung:** Einsatz qualifizierter Nötigungsmittel
          • *Gewalt gegen eine Person*
            ⓟ Gewaltbegriff
            ⓟ Gewalt gegen Sachen als Gewalt gegen Personen
            ⓟ Adressat der Gewalt
          • *Drohung mit gegenwärtiger Gefahr für Leib oder Leben*
            ⓟ Adressat des angedrohten Übels
    2. Subjektiver Tatbestand
       a) **Vorsatz:** • *jede Vorsatzart*
       b) **Beutesicherungsabsicht:** • *Absicht, sich im Beutebesitz zu erhalten*
          → eigener oder über § 25 II zurechenbarer Beutebesitz
          → Beutesicherung als (Zwischen-) Ziel
          → nur zu eigenen Gunsten
          → Vorstellung gegenwärtigen/unmittelbar bevorstehenden Besitzentzugs
          → Eintritt des Sicherungserfolges nicht erforderlich

---

[99] BGH NStZ 99. 301 iVm BGHSt 43, 266, 269 f, s. auch OLG Schleswig NStZ 04, 212, 214; aufgegeben in BGHSt 52, 257.

II. Rechtswidrigkeit

III. Schuld

→ **Qualifikationen: Bestrafung gleich einem Räuber**
 → Verweisung auf §§ 250, 251

II. Räuberischer Angriff auf Kraftfahrer

Fall 29: T hat mit der Prostituierten P in seinem Kraftwagen außerhalb der Stadt geschlechtlich verkehrt. Als er auf der Rückfahrt kurze Zeit anhält, um sich anhand der Tageszeitung über das Nachtprogramm der Lichtspieltheater zu vergewissern, drängt P ihn mit einer kränkenden Bemerkung zur Weiterfahrt. Da sie ihn schon vorher durch abfällige Äußerungen gereizt hat, gerät T in Wut. Er richtet seine ungeladene Gaspistole auf P, fordert „sein Geld" zurück und nimmt den 50 €-Schein, den er ihr als Entgelt ausgehändigt und den sie in ihre Manteltasche gesteckt hatte, mit Gewalt wieder an sich.
Strafbarkeit des T? **Rn 427**

414

Fall 30: T und M unterhielten einen Imbissbetrieb. Um sich auf unrechtmäßige Weise Ware zu verschaffen, bestellten sie bei einem auswärtigen Unternehmen Lebensmittel im Wert von 43 000 €. Den Verkaufsfahrer V dirigierten sie während der Anlieferungsfahrt telefonisch zu einem abgelegenen Ort. Als V dort ankam, den Motor abstellte und die Handbremse anzog, rissen T und M ihn aus dem Führerhaus und fesselten ihn. Alsdann luden sie die Ware in ihren Lkw und fuhren mit der Beute davon.
Strafbarkeit von T und M? **Rn 428**

1. Struktur des Delikts

§ 316a I stellt die Verübung eines **Angriffs** auf *Leib*, *Leben* oder *Entschlussfreiheit* des **Führers** eines Kraftfahrzeugs oder eines **Mitfahrers** unter Strafe, wenn der Täter dabei die besonderen **Verhältnisse des Straßenverkehrs** *ausnutzt* und in der **Absicht** handelt, einen *Raub*, *räuberischen Diebstahl* oder eine *räuberische Erpressung* zu begehen. Das Delikt ist damit einerseits ein *Tätigkeitsdelikt*[100], dessen objektiver Tatbestand sich in der Verübung eines die Verhältnisse des Straßenverkehrs ausnutzenden, nicht notwendig „erfolgreichen"[101] Angriffs erschöpft. Es ist andererseits ein *Absichtsdelikt*, das weder die Begehung eines der genannten Delikte noch auch nur ein unmittelbares Ansetzen hierzu verlangt[102]. Der *Versuch* des räuberischen Angriffs ist strafbar (§§ 22, 23 I, 12 I). Er besteht im unmittelbaren Ansetzen zur Verübung des Angriffs. Die Vorschrift liegt auf der Nahtstelle zwischen den **Vermögens- und den**

415

---

100 BK-*Feilcke/Hollering*, § 316a Rn 7; LK-*Sowada*, § 316a Rn 4; aA BE-*Bayer*, S. 131; *Kindhäuser*, § 316a Rn 1: Erfolgsdelikt (mit überschießender Innentendenz); NK-*Zieschang*, § 316a Rn 5: konkretes Gefährlichkeitsdelikt; Überblick über den Tatbestand bei *Bosch*, Jura 13, 1234.
101 *Günther*, JZ 87, 27; *Roßmüller/Rohrer*, NVZ 95, 258 f; *Stein*, in: *Dencker* ua, Einführung in das 6. StrRG 1998, S. 126 unter Beschränkung auf den beendeten tauglichen Versuch; *Fischer*, § 316a Rn 6, 8; näher dazu *Ingelfinger*, JR 00, 231.
102 S. zu beidem *Küper/Zopfs*, BT Rn 33 f.

Verkehrsdelikten. Sie bezieht die Rechtfertigung der Vorverlegung der Strafbarkeit und der Verschärfung der Strafe gegenüber §§ 249, 252, 255 aus der hinzutretenden Gefährdung der Sicherheit und Funktionsfähigkeit des Straßenverkehrs (E 1962, Begr. S. 534)[103]. Ihr Standort gibt diesem Rechtsgut besonderes, die Auslegung maßgeblich mitbestimmendes Gewicht[104]. So muss sich zB die Tat im **öffentlichen Verkehrsraum** ereignen[105]. Das macht diese Tat aber nicht zu einem (reinen) Verkehrsdelikt[106]. **§ 316a III** fügt eine der Struktur des § 251 entsprechende **Erfolgsqualifikation** hinzu[107]. Für sie muss der *mindestens leichtfertig* verursachte *Tod* die unmittelbare Folge des Angriffs oder der zur Verwirklichung der tatbestandsspezifischen Absicht eingesetzten Nötigungsmittel sein[108], soweit auch diese noch unter Ausnutzung der Verhältnisse des Straßenverkehrs angewendet und mit dem Tod deshalb in einen tatbestandsspezifischen Gefahrzusammenhang eingestellt werden[109].

416 Es besteht angesichts der gegenüber §§ 249, 252, 255 deutlich erhöhten und durch die zusätzliche Gefährdung des Vertrauens in den Straßenverkehr nicht hinreichend erklärten **Mindest**strafandrohung von **fünf** Jahren nach wie vor Anlass, § 316a **eng auszulegen**[110]. Zwar hat das **6. StrG** (Rn 11) in § 316a I nF nach dem Vorbild des § 348 E 1962 und dessen Begründung (S. 533) nicht mehr schon das **Unternehmen** des Angriffs, sondern erst dessen **Verübung** unter Strafe gestellt und damit die im alten Recht vorgesehene **Gleichstellung** von Versuch und Vollendung (§ 11 I Nr 6) **aufgegeben**. Es hat aber damit allenfalls die Spitze der Kritik an dem für das Unternehmen einer Tätigkeit weit überzogenen Strafrahmen gekappt. Denn einerseits handelt es sich auch bei der Neufassung um ein Delikt, das im Vorfeld der genannten Eigentums- und Vermögensdelikte eine **bloße Tätigkeit** ohne notwendigen (Zwischen-) Verletzungserfolg für die Vollendung ausreichen lässt[111]. Und andererseits hat der Gesetzgeber trotz der frühen und die Individualrechtsgüter Leib, Leben oder Entschlussfreiheit nicht notwendig verletzenden Vollendung die in § 316a II aF vorgesehene **tätige Reue** mit der diese Vollendungsproblematik (s. dazu Rn 426) übergehenden Begründung **abgeschafft**, sie sei wegen der durch die Aufgabe des Unter-

---

103 *Lackner/Kühl/Heger*, § 316a Rn 1; LK-*Sowada*, § 316a Rn 7; MK-*Sander*, § 316a Rn 2; NK-*Zieschang*, § 316a Rn 11; S/S-*Hecker*, § 316a Rn 1; S/S/W-*Ernemann*, § 316a Rn 2; BGH MDR/H 91, 104; BGHSt 39, 249, 250; BGHSt 49, 8, 11; 52, 44, 46 mit insoweit zust. Anm. *Dehne-Niemann*, NStZ 08, 319 f.; BGH NStZ 04, 626; nach *Sowada*, Otto-FS S. 813 dient § 316a bezogen auf den Straßenverkehr der Vermeidung allein von (durch den Angriff drohenden) Unfallgefahren; hierin liegt die Gefahr der Ausblendung der gerade die Wehrfähigkeit des Opfers herabsetzenden Verhältnisse des Straßenverkehrs; nur für Schutz von Eigentum und Vermögen SK-*Wolters*, § 316a Rn 2; krit. zu beiden Positionen *Fischer*, § 316a Rn 2.
104 *Geppert*, Jura 95, 311 mwN; *ders.*, DAR 14, 129.
105 BGH BeckRS 17, 112313 (bejaht für den Parkplatz einer Sparkasse).
106 So aber BGHSt 22, 114, 117; *Günther* JZ 87, 377, 380 f; zu den Konsequenzen der Rechtsgutsbestimmung s. *Mitsch*, BT II/2 (1. Aufl.) § 2 Rn 6 ff.
107 S. dazu *Stein*, in: Dencker u.a., Einführung in das 6. StrRG, S. 127 f.
108 *Fischer*, § 316a Rn 19; s. im Einzelnen hierzu *Mitsch*, BT II S. 662.
109 Diff. LK-*Sowada*, § 316a Rn 57.
110 BGHSt 49, 8, 11; BGH NStZ 00, 144; BGH StV 04, 140; *Ingelfinger*, JR 00, 232; *Küper/Zopfs*, BT Rn 34; *Lackner/Kühl/Heger*, § 316a Rn 1; M/R-*Renzikowski*, § 316a Rn 3; relativierend SK-*Wolters*, § 316a Rn 3; *Wolters*, JR 02, 166; zum Ausweichen auf den **minder schweren** Fall in der Praxis s. *Zieschang*, Weitzel-FS S. 717 f.
111 Krit. auch zur nF daher *Hörnle*, Jura 98, 175; *Kreß*, NJW 98, 643.

nehmensdelikts eröffneten Rücktrittsmöglichkeit vom Versuch (§ 24) überflüssig[112]. Überlegungen, die Vorschrift, die ihren Ursprung im nationalsozialistischen Gesetz gegen Straßenraub mittels Autofallen vom 22.6.1938 (RGBl I 651)[113] hat, ganz zu beseitigen[114] oder wenigstens die Mindeststrafandrohung auf drei Jahre zurückzunehmen[115], hat sich der Gesetzgeber verschlossen.

2. Tatbestand

a) Verübung eines Angriffs

Einen **Angriff** auf Leib, Leben oder Entschlussfreiheit verübt, wer in feindseliger Absicht auf die genannten Rechtsgüter **einwirkt**[116]. Auch das Verüben setzt wie das vormalige Unternehmen nicht voraus, dass eine Beeinträchtigung der Rechtsgüter eintritt. Der Angriff muss lediglich zB durch Aussprechen der Drohung oder Abgabe eines Schusses *ausgeführt* werden (s. Rn 416, 425)[117]. Er kann mit dem beabsichtigten Angriff auf Eigentum und Vermögen zusammenfallen, muss es aber nicht. **Angreifer** kann jeder Außenstehende, aber auch der Fahrer selbst oder ein Mitfahrer sein[118].   417

Angriffe gegen Leib oder Leben zielen auf (erhebliche) Körperverletzung oder Tötung. Angriffe auf die Entschlussfreiheit sind alle Formen der Nötigung, soweit sie nicht schon Leibes- oder Lebensangriffe darstellen. Auch die Entschlussfreiheit beeinträchtigende Täuschungen kommen mit der Maßgabe in Betracht, dass sie eine den in § 240 aufgeführten Nötigungsmitteln vergleichbare Wirkung entfalten. So kann ein Angriff auf die Entschlussfreiheit nicht nur durch eine faktische Autofalle (Errichtung einer Straßensperre; Spannen von Drähten über die Straße), sondern auch durch das ein bestimmtes Verhalten rechtlich erzwingende Vortäuschen eines Unfalls, einer polizeilichen Kontrolle oder durch Aufstellen irreführender, iS des Täters aber zu befolgender Verkehrszeichen (= psychische Autofalle) verübt werden[119], nicht dagegen durch bloßes Verbergen der Raubabsicht oder durch die täuschende Angabe eines vermeintlichen Fahrtziels oder -zwecks[120].   418

---

112 RegE BT-Ds 13/8587, Begr. S. 51; krit. dazu *Freund*, ZStW 109 (1997), 482; *Ingelfinger*, JR 00, 229; *Stein*, in: *Dencker* ua, Einführung in das 6. StrRG 1998, S. 127; *Wolters*, JZ 98, 400; zur Anwendung von § 2 III s. *Mitsch*, JA 99, 665.
113 S. dazu *Fischer*, Jura 00, 434; *Geppert*, Jura 95, 311; *Schramm*, BT I § 5 Rn 33; *Steinberg*, NZV 07, 545; *Zieschang*, Weitzel-FS S. 705 ff; krit. zu diesem Beispiel für ein *Anlass-* oder *Reflexgesetz Hillenkamp*, FS Eisenberg II S. 655, 658, 663 ff.
114 *Freund*, ZStW 109 (1997), 482; s. dazu auch *Geppert*, DAR 14, 133 f.
115 So der BR im Anschluss an den RefE BT-Ds 13/8587, S. 75.
116 Ebenso *Eisele*, BT II Rn 431; LK-*Sowada*, § 316a Rn 3; S/S-*Hecker*, § 316a Rn 3; S/S/W-*Ernemann*, § 316a Rn 6; auf Einwirkung verzichtet MK-*Sander*, § 316a Rn 26; krit. NK-*Zieschang*, § 316a Rn 14.
117 *Fischer*, Jura 00, 438 f; *Lackner/Kühl/Heger*, § 316a Rn 4; LK-*Sowada*, § 316a Rn 4, 9, 14; M/R-*Renzikowski*, § 316a Rn 4; *Schmidt*, BT II Rn 480.
118 Vgl BGHSt 13, 27, 31; 25, 315; MK-*Sander*, § 316a Rn 8; NK-*Herzog*, § 316a Rn 14.
119 Ebenso *Eisele*, BT II Rn 430, 430a; *Geppert*, Jura 95, 312; *ders.*, DAR 14, 130; *Hohmann/Sander*, BT I § 15 Rn 6; LK-*Sowada*, § 316a Rn 11; MK-*Sander*, § 316a Rn 11 ff; SK-*Wolters*, § 316a Rn 9; S/S-*Hecker*, § 316a Rn 5; *Sternberg-Lieben/Sternberg-Lieben*, JZ 04, 636; *Wolters*, GA 02, 315 f; **aA** AnK-*Esser*, § 316a Rn 14; *Duttge/Nolden*, JuS 05, 197 f; H-H-*Kretschmer*, Rn 937; HK-GS/*Duttge*, § 316a Rn 6; *Kraemer*, JA 11, 193; *Mitsch*, BT II S. 645; diff. *Fischer*, § 316a Rn 7.
120 S. BGHSt 49, 8, 12 f; BGH StV 04, 140, 141; BGH NStZ-RR 14, 342; BGH BeckRS 15, 09421 mit Anm. *Schiemann*, JR 15, 595; *Theile*, ZJS 16, 109; LK-*Sowada*, Rn 11.

Rechtsprechungsbeispiel: Im **BGH NStZ-RR 14, 342** zugrunde liegenden Fall fuhr N mit seinem am Frankfurter Flughafen beladenen LKW auf die A 3. Er wurde von den gesondert angeklagten S und M[121] verfolgt. Kurz vor einem Rastplatz fuhren sie mit ihrem PKW auf der mittleren Fahrspur neben den LKW. Während S mehrfach hupte, gab M dem N bei geöffnetem Seitenfenster mit Handzeichen zu verstehen, er solle rechts herausfahren. Das tat N, weil er – wie von S und M beabsichtigt – annahm, es handele sich um eine Polizeistreife in Zivil, die eine Fahrzeugkontrolle durchführen wolle. Als N angehalten und den Motor abgestellt hatte, ging der ebenfalls im PKW sitzende A auf N zu und rief: „Polizeikontrolle: Papiere, bitte!". Während N nach den Papieren suchte, öffnete A die Fahrertür, bedrohte N mit einer Pistole und fesselte ihn auf dem Bett in der Kabine hinter dem Fahrersitz. Dann fuhr er den LKW – wie von vornherein geplant – zu einem Platz, an dem weitere Komplizen zusammen mit A die Ladung im Wert von 450 000 € auf ihr Fahrzeug umluden. – Das LG hat einen vom hier allein angeklagten A begangenen räuberischen Angriff auf Kraftfahrer nicht erwogen. Im Verfahren gegen die gesondert angeklagten Mittäter S und M (**BGH BeckRS 15, 09421**) hat es deren Strafbarkeit nach § 316a verneint, weil sie nicht – wie es erforderlich wäre – die besonderen Verhältnisse des Straßenverkehrs ausgenutzt hätten. Das Herauswinken sei noch kein (räuberischer) Angriff gewesen, die Bedrohung mit der Waffe dagegen erst erfolgt, als N angehalten und den Motor abgestellt habe. Zu diesem Zeitpunkt sei er aber nicht mehr „Führer" des LKW gewesen (**BGH BeckRS 14, 17294**). Letzteres bestätigt – obwohl es nicht unmittelbar einleuchtet – unter Berufung auf die neuere Rechtsprechung (s. Rn 419, 422 f) **BGH BeckRS 15, 09421**. Beide BGH-Entscheidungen folgen dem LG in seiner ersten Annahme aber zu Recht nicht, weil sie den Beginn des maßgeblichen Angriffs auf die Entschlussfreiheit schon im Herauswinken auf der A 3 sehen und in diesem Zeitpunkt die beiden benannten Voraussetzungen fraglos erfüllt sind. Dem ist ebenso zuzustimmen, wie der dann allerdings notwendigen Annahme, dass es sich bei der vorgetäuschten Polizeikontrolle nicht um eine tatbestandslose List (wie sie zB beim bloßen Angeben eines „falschen Fahrtziels" gegeben ist), sondern angesichts des (vermeintlichen) rechtlichen Anhaltezwangs um einen den Tatbestand erfüllenden, weil mit nötigungsgleicher Wirkung ausgestatteten Angriff auf die Entschlussfreiheit handelt. Das wird man auch dann bejahen können, wenn man bloße Handzeichen aus nicht als solche kenntlich gemachten Einsatzfahrzeugen aus Rechtsgründen als nicht verbindlich ansieht, da dem Laien solche Einschränkungen in der Regel unbekannt sein dürften[122] und es nur darauf ankommen kann, dass N das Vorgehen der Täter als polizeiliche Weisung verstehen sollte und auch verstanden hat[123].

419 Der Angriff muss sich gegen den **Führer** eines Kraftfahrzeugs oder gegen einen **Mitfahrer** richten. Erforderlich ist, dass das Tatopfer diese Eigenschaft zum Tatzeitpunkt und dh bei Verüben des Angriffs besitzt. Hiervon ist aber nicht nur dann auszugehen, wenn das Opfer bei Beginn des Angriffs schon Führer oder Mitfahrer ist. Vielmehr reicht es aus, wenn das Opfer durch einen vor Fahrtantritt begonnenen Angriff zur (Mit-)Fahrt gezwungen und der Angriff während der Fahrt und nun unter Ausnutzung der besonderen Verhältnisse des Straßenverkehrs fortgesetzt wird[124]. Strengerer An-

---

121 S. zu ihnen BGH BeckRS 15, 09421 mit Anm. *Krüger*, NZV 15, 454; *Schiemann*, JR 15, 595; *Sowada*, StV 16, 292; *Zopfs*, NJW 15, 2133; zur Eingangsentscheidung s. *Bosch*, Jura (JK) 15, 117, § 316a.
122 S. dazu *Jahn*, JuS 14, 1137 und *Jäger*, JA 15, 236.
123 BGH BeckRS 15, 09421 mit zur *psychischen* Autofalle vertiefender Anm. *Sowada*, StV 16, 292.
124 BGHSt 52, 44. 45 ff mit krit. Bespr. *Bosch*, JA 08, 313; *Krüger*, NZV 08, 234; *Sowada*, HRRS 08, 136; im dortigen Fall war das Opfer, das bereits auf dem Fahrersitz Platz genommen hatte, nach der hier vertretenen Auffassung allerdings schon bei Beginn des Angriffs Führer eines Kfz; ebenso *Dehne-Niemann*, NStZ 08, 321 f; krit. *Joecks/Jäger*, § 316a Rn 17 f.

forderungen an die letztere Voraussetzung als sonst bedarf es in dieser Fallgestaltung nicht[125].

Als Führer eines Kraftfahrzeuges kommt zwar sicher nicht ein Fahrradfahrer, wohl aber ein Mofafahrer in Betracht[126]. Der 4. Senat des BGH bezeichnet als **Führer** eines Kraftfahrzeugs, wer das Fahrzeug in Bewegung zu setzen beginnt, es in Bewegung hält oder allgemein mit dem Betrieb des Fahrzeugs und/oder mit der Bewältigung von Verkehrsvorgängen beschäftigt ist. Bei einem verkehrsbedingten Halt bleibt die Führereigenschaft hiernach unabhängig davon erhalten, ob der Fahrer zB an einer Ampel, Schranke oder im Stau den Motor abstellt oder nicht. Bei einem nicht verkehrsbedingten Halt soll das Abstellen des Motors dagegen idR die Führereigenschaft aufheben[127]. Letzteres leuchtet ebensowenig ein wie die vom 4. Senat des BGH aufgegriffenen Überlegungen, als **Führer** oder **Mitfahrer** Personen von vornherein auszuscheiden, die sich noch oder wieder außerhalb des Fahrzeugs aufhalten oder die Fahrt „zunächst einmal beendet" haben[128]. Diese Überlegungen beruhen zwar auf auch hier angeratenen (Rn 416) und daher anerkennenswerten Bemühungen um einengende Tatbestandsauslegung. Sie lassen sich aber weder aus dem Wortlaut noch aus der ratio und Struktur des § 316a herleiten. Anders als §§ 315c, 316 spricht § 316a nicht von einer Person, die „im Straßenverkehr ein Fahrzeug führt" und auch nicht von einer solchen, die in einem so geführten Fahrzeug „mitfährt". Vielmehr ist vom „Führer eines Kraftfahrzeugs" bzw einem „Mitfahrer" die Rede. Diese Begriffe sind ersichtlich weiter als die bloße Handlungsbeschreibung[129]. Wenn der BGH gleichwohl die Führereigenschaft auf den Zeitraum einengt, in dem der Fahrzeuglenker „das Kraftfahrzeug in Bewegung zu setzen beginnt, es in Bewegung hält" oder sich im Falle des Aufenthalts im nicht bewegten Fahrzeug „mit der Bewältigung von Betriebs- oder Verkehrsvorgängen befasst"[130] und daraus für den **Mitfahrer** hergeleitet wird, er müsse Insasse eines so geführten Fahrzeugs sein[131], dann wird der begriffliche Unterschied zugunsten eines zu engen Verständnisses eingeebnet. Denn dass eine Person, die das Fahrzeug kurzfristig anhält, um einen Handyanruf entgegenzunehmen oder sich im Autoatlas der weiteren Fahrtroute zu vergewissern oder die im Stau bei abgeschaltetem Motor in einen kurzen Tiefschlaf oder gar wegen eines Kreislaufkollapses vorübergehend in Bewusstlosigkeit versinkt, hierdurch weder die Eigenschaft des Fahrzeugführers, noch ihre nach der ratio des § 316a vorausgesetzte und mit dieser Rolle verknüpfte Opferanfälligkeit einbüßt, liegt auf der Hand. Auch hebt all dies die den Schutzbereich im Grundsatz eröffnende Eigenschaft des bei solchen Geschehnissen anwesen-

---

125 So aber BGHSt 52, 44, 47, der den „Ausnahmefall" dann aber selbst nicht belegt.
126 BGHSt 39, 249 f.
127 BGHSt 49, 8, 14; 50, 169, 171 f; BGH NStZ-RR 06, 185, 186; BGH BeckRS 17, 110824 mit Anm. *Eisele*, JuS 17, 793 (Taxi-Fall, s. auch Rn 423); BGH NStZ 18, 469; zust. *Hohmann/Sander*, BT I § 15 Rn 9; MK-*Sander*, § 316a Rn 17 ff; M/R-*Renzikowski*, § 315a Rn 7; *Steinberg*, NZV 07, 548 f.
128 AnK-*Esser*, § 316a Rn 10; SK-*Wolters*, § 316a Rn 3; *Wolters*, GA 02, 308 ff; *ders.*, JR 02, 165; so jetzt auch BGHSt 49, 8, 14 f; BGH StV 04, 140, 141; zust. *Eisele*, JR 04 434; *Geppert*, JK 5/04, StGB § 316a/b; *Herzog*, JR 04, 259 f; *Hilgendorf/Valerius*, BT II Rn 14 ff; *Jesse*, JR 08, 448 ff; *Klesczewski*, BT § 15 Rn 113; *Kraemer*, Jura 11, 194; *Krey/Hellmann/Heinrich*, BT II Rn 336; *Krüger*, NZV 04, 164 ff; *Maurach/Schroeder/Maiwald*, BT I § 35 Rn 47; *Rengier*, BT I § 12 Rn 17 ff; *Sander*, NStZ 04, 501 ff; S/S-*Hecker*, § 316a Rn 6; S/S/W-*Ernemann*, § 316a Rn 11 f; *Zöller*, BT Rn 419; s. auch *Gössel*, BT II § 15 Rn 33, 36 ff; *Roßmüller/Rohrer*, NVZ 95, 254 f; 258; iS der hier geübten Kritik HK-GS/*Duttge*, § 316a Rn 7 ff und *Sowada*, Otto-FS S. 799, 803 ff mit dem Vorschlag, den Verlust der Führereigenschaft erst bei „Parken", nicht aber schon bei „Halten" anzunehmen; s. dazu LK-*Sowada*, § 316a Rn 22: die Ergebnisse entsprechen weitgehend den auch hier vertretenen; NK-*Zieschang*, § 316a Rn 26, 28 bezieht den, der das Fahrzeug **schiebt**, mit ein.
129 AA *Mitsch*, BT II S. 646.
130 BGHSt 49, 8, 14; 50, 169, 171 f; 52, 44, 45; BGH NStZ-RR 06, 185; BGH NStZ 18, 470.
131 So zB *Fischer*, § 316a Rn 3, 5; H-H-*Kretschmer*, Rn 940; diff. *Rengier*, BT I § 12 Rn 23, 28 ff; Zweifel an der „Akzessorietät" des Mitfahrerbegriffs äußert *Küper*, BT (8. Aufl.) S. 21.

den Mitfahrers nicht auf. Nichts anderes gilt, wenn der Führer des KfZ unter Hinterlassung des Mitfahrers für wenige Sekunden das Auto verlässt, weil er sich der hinreichenden Luftfüllung eines Vorderreifens versichern oder einen Passanten nach dem Weg fragen will. Ein Anhalten und Aussteigen aus solchen Gründen zeigt, dass die „Bewältigung von Verkehrsvorgängen" nicht notwendig und ausschließlich mit dem Aufenthalt im Fahrzeug verbunden ist und dass ein solches Aussteigen auch weder für den Führer noch für den (zurückbleibenden) Insassen Anlass gibt, ihre von § 316a ins Auge gefasste Schutzbedürftigkeit schon von vornherein auszuschließen[132]. Wer anders entscheidet, verknüpft nicht nur den Schutz mit einem die ratio des § 316a verfehlenden Formalismus, sondern gibt auch *jede eigenständige Bedeutung* der für diese ratio ausschlaggebenden weiteren Voraussetzung auf, dass der Täter „die besonderen Verhältnisse des Straßenverkehrs" ausnutzt[133]. Die Bemühungen um eine restriktive Gesetzesdeutung sind daher sachgerechter dort aufzunehmen, wo es um den *funktionalen Zusammenhang* zwischen der Verübung des Angriffs und den besonderen Verhältnissen des Straßenverkehrs geht. Nur dort lassen sich mögliche Vor- und Nachwirkungen einer verkehrsbedingt gesteigerten Opferschutzwürdigkeit angemessen berücksichtigen.

b) Ausnutzung der besonderen Verhältnisse des Straßenverkehrs

420 Angriffsverübung, besondere Verhältnisse des Straßenverkehrs und Ausnutzung stehen in einer *Beziehung* zueinander. Verhältnisse des Straßenverkehrs *können* die Abwehr- und Schutzmöglichkeiten der im Verkehr eingebundenen Fahrzeugführer und Mitfahrer schwächen. Tun sie es, sind sie **besondere** im Sinne des § 316a[134]. Diese spezifische **Opferlage** muss der **Täter ausnutzen**[135]. Die darin liegende Instrumentalisierung der Verkehrsverhältnisse für Angriffszwecke **bezieht** sich auf den **Angriff** auf *Leib*, *Leben* oder *Entschlussfreiheit*, **nicht** auf die Ausübung der räuberischen Tat[136]. Dass die besonderen Verhältnisse des Straßenverkehrs für die Verwirklichung auch dieses Verhaltens von Bedeutung sein müssen[137], ist daher eine missverständliche Forderung. Eine solche Notwendigkeit besteht nur dort, wo – wie es praktisch allerdings häufig ist – der Angriff **zugleich** der Einsatz der qualifizierten Nötigungsmittel im Sinne des Raubes, des räuberischen Diebstahls oder der räuberischen Erpressung und diesen Delikten daher kein selbstständiger Angriff vorgeschaltet ist.

421 **Unter Ausnutzung der besonderen Verhältnisse des Straßenverkehrs** (so der inhaltlich nicht veränderte Text des § 316a aF) handelt der Täter nach der auch für die Neufassung im Grundsatz weiterhin gültigen[138] **Rechtsprechung**, wenn er die typischen Situationen und Gefahrenlagen des Kraftfahrzeugverkehrs in den Dienst seines Vorhabens stellt. Die Tat muss hiernach in **enger Beziehung** zur Benutzung des

---

132 S. dazu auch *Duttge/Nolden*, JuS 05, 196 f; *Sowada*, Otto-FS S. 803 ff; *Sternberg-Lieben/Sternberg-Lieben*, JZ 04, 636.
133 Als Folge des von ihm so genannten „Paradigmenwechsels in der Rechtsprechung" so auch gesehen von *Küper/Zopfs*, BT Rn 36 f; hierin liegt ein Verstoß gegen das „**Verschleifungsverbot**"; s. zu ihm BVerfG NJW 10, 3209 Rn 79 und *Saliger*, Fischer-FS S. 523 ff.
134 Zust. *Jesse*, JR 08, 448, 451.
135 *Günther*, JZ 87, 378; BGHSt 50, 169, 172; BGH NStZ-RR 06, 185; zusf. zu den objektiven und subjektiven Voraussetzungen des Ausnutzens BGH NStZ 16, 607 mit Anm. *Bosch*, Jura (JK) 16, 1454; *Hecker*, JuS 16, 850; *Krell*, ZJS 17, 115; *Kudlich*, JA 16, 707; *Kulhanek*, NStZ 16, 601.
136 S/S-*Hecker*, § 316a Rn 12.
137 BGHSt 37, 256, 258; zu Recht krit. *Geppert*, Jura 95, 315.
138 BGH NStZ 01, 197; BGH StV 04, 141, 142; einschr. der 4. Senat des BGH (BGHSt 49, 8, 14; 50, 169, 172 ff; 52, 44, 47; StV 04, 140).

Fahrzeugs als **Verkehrsmittel** stehen[139]. Dazu reicht nicht schon, dass Gegenstand des Raubes oder der räuberischen Erpressung ein fahrbereites Kfz ist[140].

Bedeutsam in dieser Hinsicht sind nach der vor der Kehrtwende des 4. Senats liegenden Rechtsprechung insbesondere die **Gefahren**, die sich für den **Fahrer** aus der Beanspruchung durch das Lenken des Fahrzeugs im **fließenden Verkehr** und für die **Insassen** aus der Erschwerung von Flucht oder Gegenwehr, aus ihrer Isolierung und der Unerreichbarkeit fremder Hilfe ergeben. Auch wird die Möglichkeit genannt, das Opfer schnell an einsam gelegene Orte zu bringen. Das Ausnutzen dieser Gefahren soll nicht nur während der Fahrt oder im verkehrsbedingt haltenden Fahrzeug[141], sondern auch nach dem Aussteigen des Opfers möglich sein; dabei muss der geplante Überfall jedoch im unmittelbaren räumlichen und zeitlichen Zusammenhang mit dem Anhalten und Aussteigen stehen[142]. § 316a scheidet demnach aus, wenn das Fahrzeug nur als Beförderungsmittel zum Tatort benutzt wird[143], dieser selbst nach dem zu Grunde liegenden Tatplan aber zu dem Verkehr als solchem keine ihm wesenseigene Beziehung hat[144]. Wird der räuberische Tatentschluss erst nach Beendigung der Fahrt gefasst, so fehlt es am Ausnutzen der besonderen Verhältnisse des Straßenverkehrs[145], und zwar auch dann, wenn der Täter schon während der Fahrt beabsichtigte, gegen den Kraftfahrer unmittelbar nach dem Anhalten des Fahrzeugs eine *andere* Straftat als die in § 316a genannten Delikte zu begehen (wie etwa eine körperliche Misshandlung iS des § 223) oder die Beendigung aus solchen Gründen erzwungen hat[146]. § 316a ist hiernach nicht nur beim Bereiten von Autofallen, sondern beispielsweise auch dann anwendbar, wenn der Täter das verkehrsbedingte Anhalten eines Kraftfahrzeugs vor einer Ampel zu Raubzwecken ausnutzt[147]. Tritt dagegen der Täter nur an ein geparktes Auto heran, um die Insassen zu berauben, besteht keine verkehrsspezifische Gefahrenlage[148]. An den Voraussetzungen des § 316a fehlt es gleichfalls, wenn das Opfer mit einem Kraftwagen zwar in eine einsame Gegend gelockt wird, der Raubüberfall jedoch (wie im Voraus geplant) erst nach einem längeren Fußmarsch in die umliegenden Weinberge stattfindet[149].

Diese zurückliegende **Rechtsprechung** ist **wenig übersichtlich**. Sie ließ sichere Maßstäbe vermissen. Auf die Kerngefahren des **fließenden** Verkehrs hat sie sich angesichts auch darüber hinaus strafwürdiger Fallgestaltungen zu Recht nicht verengt[150], Grenzsicherheit in der Erweiterung aber kaum entwickelt. Hierbei ist freilich das Gesetz auch wenig hilfreich. **Ausgangspunkt** muss, wie auch der 4. Senat des BGH jetzt betont[151], die Besinnung auf **die** Verhältnisse des Straßenverkehrs sein, die Kfz-Führer oder Mitfahrer in besonderer Weise in ihren **Abwehr–** und **Schutzmöglichkeiten** beeinträchtigen. Nur sie stellen die gesteigerte Schutzlosigkeit her[152], die für den einzelnen Teilnehmer nicht behebbar und deren Ausnutzen daher für die sozial nützliche und notwendige Einrichtung des Straßenverkehrs gefährlich sowie ge-

422

---

139 BGHSt 22, 114; 25, 315; 33, 378; BGH StV 97, 356.
140 BGHSt 24, 320; BGH NStZ 96, 389; BGH NStZ-RR 97, 356.
141 BGHSt 38, 196, 197.
142 BGHSt 33, 378, 381; BGH NStZ 89, 476; 96, 389.
143 BGH StV 02, 362, 363.
144 BGH StV 97, 356; BGH NJW 99, 510.
145 BGH NStZ 00, 144; 03, 35 mit Bespr. *Beckemper*, JA 03, 541; *Sowada*, Otto-FS S. 817 f.
146 Näher BGHSt 37, 256, 258; BGH StV 02, 361, 362.
147 BGHSt 25, 315, 317.
148 BGH StV 02, 362.
149 BGHSt 22, 114, 116; im dort gegebenen Fall 750 m vom Auto entfernt.
150 So noch SK-*Horn* (7. Aufl.), § 316a Rn 4; wohl auch noch SK-*Wolters*, § 316a Rn 10.
151 BGHSt 49, 8, 11; 50, 169, 172; BGH NStZ 16, 607; BGH NStZ 18, 469.
152 *Günther*, JZ 87, 379.

genüber dem in ihn Eingebundenen auch verwerflich ist. Ihre Ausnutzung wird häufig Unfallgefahren hervorrufen, Bedingung ist das aber nicht[153]. Da der Mitfahrer anders als der Führer idR nicht mit der Bewältigung von Verkehrsvorgängen beschäftigt ist, sind für ihn uU andere Faktoren maßgeblich als bei jenem[154]. Bei diesem Ausgangspunkt stehen die Gefahren, die durch die Teilnahme am **fließenden**, den *verkehrsbedingten Halt* einschließenden **Straßenverkehr** erwachsen, ganz im Vordergrund[155]. Dabei spielt es keine Rolle, ob der Motor zB vor einer Ampel oder Bahnschranke vorübergehend (automatisch) abgestellt wird oder nicht[156]. Mit Recht werden dagegen Angriffe auf Fahrzeuginsassen im ruhenden Verkehr[157] und auch solche ausgenommen, die das Opfer treffen, bevor es sich mit dem Ingangsetzen des Fahrzeugs beschäftigt[158]. Dass sich der Insasse auch im geparkten Fahrzeug „isoliert" und durch die räumliche Enge Abwehrchancen einbüßt, unterscheidet ihn nicht von einem Zeltbewohner und hat mit den besonderen Verkehrsverhältnissen nichts zu tun[159]. Wiederum anders liegen die Fälle des **nicht verkehrsbedingten Halts**. Hier will der 4. Senat § 316a selbst bei laufendem Motor verneinen, wenn sich nicht weitere verkehrsspezifische Umstände ergeben, die eine Beschäftigung mit dem Fahrzeug und/oder mit Verkehrsvorgängen erzwingen[160] und bei abgeschaltetem Motor offenbar § 316a vollständig ausschließen. Das dürfte aber zu eng sein. Wird der Fahrer unter Vorspiegelung eines Anhaltewunsches zum planmäßig herbeigeführten Halten an entlegenem Ort bestimmt[161] oder werden die Opfer mit ihrem die Beute enthaltenden Lkw an einen einsamen Ort dirigiert und dort *unmittelbar* nach Abstellen des Motors von den Tätern angegriffen[162], gebietet es der Sprachgebrauch nicht, schon nicht mehr vom Führer eines Kfz oder Mitfahrer oder von einer fehlenden Ausnutzung der besonderen Verhältnisse des Straßenverkehrs zu sprechen[163].

423 Er zwingt auch nicht dazu, **jedem**, der das Fahrzeug noch nicht bestiegen oder es bereits (vorübergehend) verlassen[164] hat, die Opfereigenschaft schon um deswillen zu

---

153 So aber *Sowada*, Otto-FS S. 813 ff; Unfallgefahren können im Übrigen auch – was *Sowada* ausschließt – durch einen Angriff auf einen außerhalb des Fahrzeugs auf belebter Straße eine Reifenpanne behebenden Lkw-Fahrer oder – zB durch das eine Flucht vorbereitende Öffnen der Tür auf belebter Straße – trotz Abschaltens des Motors entstehen; vgl jetzt LK-*Sowada*, § 316a Rn 39.
154 Vgl *Eisele*, BT II Rn 443; *Heghmanns*, Rn 1554; LK-*Sowada*, § 316a Rn 33; *Rengier*, BT I § 12 Rn 35 f.
155 Ebenso LK-*Sowada*, § 316a Rn 28, 41 f; BGHSt 38, 196, 197 f; 49, 8, 14 f; 50, 169, 173. Enger *Joecks/Jäger*, § 316a Rn 16, die einen Angriff auf Insassen eines rollenden Fahrzeugs verlangen.
156 BGHSt 50, 169, 173 verlangt dagegen den „laufenden Motor"; wie hier *Eisele*, BT II Rn 441; *Hilgendorf/Valerius*, BT II § 18 Rn 25; enger *Rengier*, BT I § 12 Rn 33.
157 BGHSt 38, 196, 198; BGH StV 97, 356; 02, 363.
158 Hieran, nicht an der Eigenschaft des Führers eines Fahrzeugs, mangelt es in BGHSt 52, 44 bei dem Beginn des Angriffs.
159 BGH NStZ 96, 390; BGH NStZ-RR 97, 356; BGH NStZ 00, 144.
160 BGHSt 50, 169, 173 f nennt hierfür als Beispiele einen Angriff unmittelbar im Zusammenhang mit dem Anhaltevorgang, ein Losrollen des angehaltenen Fahrzeugs während der Gegenwehr oder das Belassen des Fußes auf der Bremse; bestätigend BGH HRRS 18, Nr 364. BGH NStZ-RR 06, 185, 186 verneint solche Umstände, wenn der Wählhebel der Automatik sich in der Parkstellung befindet und kein Verkehrsaufkommen herrscht.
161 BGH NStZ 01, 197, 198; BGH JR 02, 163.
162 BGH NStZ 94, 340 mit krit. Bspr. von *Hauf*, NStZ 96, 40; *Roßmüller/Rohrer*, NZV 95, 253 ff.
163 So *Wolters*, GA 02, 308 ff; JR 02, 165.
164 S. BGH MDR/D 76, 988; 77, 638; BGHSt 18, 170, 171.

bestreiten¹⁶⁵. Hier kommt es allein auf das Ausnutzen von vor- oder noch fortwirkenden Verhältnissen des Straßenverkehrs an¹⁶⁶, immer vorausgesetzt, es lässt sich vom Opfer schon oder noch als dem Führer eines Kraftfahrzeugs oder einem Mitfahrer sprechen (s. Rn 419). Wird das Opfer (erst) nach dem Aussteigen angegriffen, fehlt es an der erforderlichen Verknüpfung, wenn der Angriff keinerlei Beziehung zum Verkehrsgeschehen mehr aufweist¹⁶⁷, nicht dagegen, wenn zB der Fahrer nur schnell kontrolliert, ob das Vorderrad „platt" oder die Ladung noch gesichert ist und hierbei niedergeschlagen wird. Auch wenn der Angriff auf einen **Taxifahrer** erfolgt, während er das Taxi anhält, um das Fahrgeld zu kassieren, ist ein Ausnutzen der besonderen Verhältnisse des Straßenverkehrs noch zu bejahen. Darauf, ob er hierbei den Motor abstellt oder nicht, kann es auch angesichts denkbarer Automatik ebensowenig wie darauf ankommen, ob der Taxifahrer die Handbremse angezogen hat oder das Weiterrollen des Fahrzeugs durch das Niederdrücken der Fußbremse verhindert¹⁶⁸. Freilich geraten solche Fälle aus der Kernzone heraus und sind daher eng zu begrenzen. Die neuere Rechtsprechung bemüht sich hierum. So ist § 316a nach dem BGH nicht erfüllt, wenn der Taxifahrer im Zeitpunkt des Angriffs bei laufendem Motor das Automatikgetriebe auf Parken umgestellt hat. Hat er den Dauerbetrieb eingestellt und hält mit dem Fuß das Bremspedal niedergedrückt, um ein Weiterrollen zu verhindern, ist § 316a dagegen gegeben. Letzteres soll auch dann gelten, wenn sich das Fahrzeug in einem solchen Fall in Bewegung setzt, weil der Fuß des Taxifahrers infolge seiner Gegenwehr vom Gaspedal rutscht¹⁶⁹. Außerhalb des § 316a liegt es sicher, wenn ein zuvor iS dieser Vorschrift angegriffener Lkw-Fahrer im Kofferraum eines Pkw solange herumgefahren wird, bis der Lkw von den übrigen Tätern entladen ist¹⁷⁰.

c) **Subjektive Merkmale**

Der subjektive Tatbestand setzt zunächst einen **Angriffsvorsatz** voraus. Dieser muss von dem **Bewusstsein** und **Willen** begleitet sein, bei Ausübung des Angriffs die besonderen Verhältnisse des Straßenverkehrs **auszunutzen**. Für den BGH reicht es dazu aus, dass sich der Täter – ähnlich wie beim Ausnutzungsbewusstsein bei heimtückischem Mord – nur der die Abwehrmöglichkeiten des Tatopfers einschränkenden besonderen Verhältnisse des Straßenverkehrs bewusst ist. Nicht erforderlich soll es dagegen sein, dass er die damit vorgestellte Erleichterung seines Angriffs zur ursächlichen Bedingung seines Handelns macht¹⁷¹. Ein solches Bewusstsein ist auch nicht dadurch ausgeschlossen, dass die Täter daneben auch auf ihre dem Opfer keine Abwehrchance lassende zahlenmäßige Überlegenheit setzen¹⁷². Planen die Täter, den

424

---

165 So aber *Günther*, JZ 87, 373 ff; *Joecks/Jäger*, § 316a Rn 16, 18; *Roßmüller/Rohrer*, NZV 95, 253 ff; SK-*Wolters*, § 316a Rn 6; S/S-*Hecker*, § 316a Rn 9; ihnen folgend BGHSt 49, 8, 14 f; BGH StV 04, 140, 141; s. dagegen schon Rn 419.
166 Ebenso *Duttge/Nolden*, JuS 05, 196 f; HK-GS/*Duttge*, § 316a Rn 7 ff; abl. *Mitsch*, BT II S. 646 f; *Rengier*, BT I § 12 Rn 22 f, 33.
167 BGH StV 04, 140.
168 BGH StV 04, 141, 142; anders BGHSt 49, 8, 15; 50, 169, 173 f und BGH BeckRS 17, 110824 mit Anm. *Eisele*, JuS 17, 793; s. dazu aber auch BGH NStZ 04, 269; *Kudlich*, JA 15, 35.
169 BGH NStZ 18, 469, 470 mit krit. Anm. *Berghäuser* und Bespr. *Hecker*, JuS 18, 820.
170 BGH NStZ 07, 35.
171 BGHSt 50, 169, 172; ebenso BGH NStZ 16, 607 mit Anm. *Kulhanek*; *Bosch*, Jura (JK) 16, 1454; *Hecker*, JuS 16, 850; *Krell*, ZJS 17, 115; *Kudlich*, JA 16, 707; BGH NStZ 18, 469.
172 Zweifelhaft deshalb BGHSt 49, 8, 16.

Angriff erst nach Beendigung der Fahrt an einem „stillen Ort" auszuführen, ist von einem solchen Bewusstsein und Willen nur zu sprechen, wenn Ort und Zeit des Angriffs in der konkreten Tätervorstellung noch im vorausgesetzten Zusammenhang mit den besonderen Verhältnissen des Straßenverkehrs stehen, was zB dann zutreffen kann, wenn die Täter das Opfer an einen abgelegenen Ort führen, um es dort noch im Auto zu berauben[173]. Hinzutreten muss schließlich die **Absicht**, einen Raub, einen räuberischen Diebstahl oder eine räuberische Erpressung zu begehen. Das setzt neben der konkreten Vorstellung von einer solchen Tat[174] auch voraus, dass der Täter die für diese Delikte geforderte Zueignungs-[175], Beutesicherungs- oder Bereicherungsabsicht hat. Die Absicht muss zudem bereits bei der Verübung des Angriffs vorliegen, darf also nicht erst nachträglich entstehen[176]. Dass auch die räuberische Tat noch unter Ausnutzung der Verhältnisse des Straßenverkehrs geschehen soll, ist nur zu verlangen, wenn Angriffs- und räuberisches Verhalten zusammenfallen (Rn 420).

Rechtsprechungsbeispiel: Die neuere Linie des 4. Senats bei der Auslegung des § 316a fasst **BGH NStZ 13, 43** noch einmal zusammen. Hier ging es darum, dass auf einer Fahrt durch Leipzig in einem PKW zwei Mitfahrer auf Aufforderung des Fahrers den weiteren Mitinsassen M nach dem Vorwurf, er habe seine Freundin belästigt und seinen Hund geschlagen, mit Faustschlägen misshandelten. Noch bevor die Angekl. ihr endgültiges Ziel, einen Parkplatz in W. erreichten, zog der Angekl. K schwarze Lederhandschuhe an und forderte M „nach einem Halt des Fahrzeugs in einem Wohngebiet mit Billigung seiner Mitfahrer auf, seine Taschen zu leeren". Aus Angst vor weiteren Schlägen holte M ein Mobiltelefon, eine Zigarettenschachtel und etwas Münzgeld aus seinen Taschen. Die Gegenstände wurden sodann von einem der Mittäter aus den Händen gerissen. Später wurde M auf dem Parkplatz erneut misshandelt und dort zurückgelassen. – Die Verurteilung der drei Angekl. wegen gemeinschaftlich begangenen räuberischen Angriffs auf Kraftfahrer nach §§ 316a I, 25 II hob der BGH auf. Er bestätigt zwar, dass auch der „Mitfahrer" taugliches Tatopfer sein könne und hebt hervor, dass dem nicht entgegenstehe, dass sich M zum Tatzeitpunkt möglicherweise nur noch unfreiwillig im PKW befunden habe. Der BGH vermisst dann aber die nötigen Feststellungen dazu, „dass die Angekl. bei der Begehung der Tat die besonderen Verhältnisse des Straßenverkehrs ausgenutzt haben", weil das Urteil „zu den näheren Umständen" des Halts im Wohngebiet und namentlich dazu, ob er verkehrsbedingt war, nichts mitteile. Daher wurde die Sache zurückverwiesen. Das war in der Tat unumgänglich. Denn einerseits waren die vorangegangenen Schläge nicht schon von der Absicht begleitet, einen Raub zu verüben. Und andererseits wäre bei einem nichtverkehrsbedingten Halt und abgestelltem Motor auch dann, wenn das endgültige Fahrtziel noch nicht erreicht ist, nach der neueren Rechtsprechung – was der BGH so nicht thematisiert – schon nicht mehr von M als einem „Mitfahrer" zu sprechen. Denn diese Eigenschaft ist (wohl) davon abhängig, dass jemand das Fahrzeug führt: Ohne Kfz-Führer gibt es (möglicherweise) auch keinen Mitfahrer. Auch fehlt es bei einem solchen Halt dann nach der neueren Rechtsprechung an einer Ausnutzung der besonderen Verhältnisse des Straßenverkehrs. Zum vom LG angenommenen Raub mahnt der BGH an, der neue Tatrichter möge die Anforderungen an die finale Verknüpfung zwischen Nötigung und Wegnahme beachten (siehe dazu hier Rn 350, 380, 383). Vermutlich ist das LG von einer von M empfundenen latenten Drohung ausgegangen, weitere Schläge zu erhalten, falls er sich dem Herausgabeverlangen nicht beuge. Da M nur eine Gewahrsamslockerung herbeigeführt hat, die dem einen Mittäter das Entreißen der Beute ermög-

---

173 BGHSt 33, 378; *Günther*, JZ 87, 20 f; enger BGHSt 49, 8, 16.
174 BGH NStZ 97, 236.
175 Ggf auch Drittzueignungsabsicht, s. M/R-*Renzikowski*, § 316a Rn 15.
176 BGH NStZ 97, 236; *Geppert*, Jura 95, 315; MK-*Sander*, § 316a Rn 43; SK-*Wolters*, § 316a Rn 13.

lichte, liegt nach allen Meinungen Raub vor (hinter dem nach der Rechtsprechung die räuberische Erpressung zurücktritt)[177].

3. Vollendung, Versuch und Rücktritt

Ist der **Angriff** ausgeführt, ist die Tat **vollendet**[178]. Es bedarf weder einer **Auswirkung** dieses Angriffs auf das Opfer im Sinne eines Verletzungserfolgs, noch gar einer versuchten oder vollendeten räuberischen Tat. Allerdings gehört nach der Rechtsprechung zur Vollendung eines Angriffs auf die Entschlussfreiheit dazu, dass das Opfer wenigstens den objektiven Nötigungscharakter der Handlung wahrnimmt. Das entspricht der hier (Rn 417) verlangten Voraussetzung, dass der Täter mit dem Angriff auf das Rechtsgut des Verletzten **einwirkt**. Hieran kann es zB fehlen, wenn der später zu Beraubende das Fluchtmöglichkeiten vorsorglich abschneidende Aktivieren der Kindersicherung gar nicht bemerkt[179]. Dann kann aber Versuch vorliegen. Der **Versuch** ist in der Neufassung nicht mehr der Vollendung gleichgestellt. Er ist als Verbrechensversuch selbstständig strafbar (Rn 415 f). Wann er **beginnt**, richtet sich nach § 22. Das war zum „Unternehmen" (§ 11 I Nr 6) in § 316a aF sachlich nicht anders. Die Kritik, die sich gegen eine den Versuchsbeginn (im Sinne des Unternehmens) weit vorverlegende Rechtsprechung richtete[180], gilt daher unverändert fort[181]. Danach ist weder im Einsteigen in ein Taxi noch im Einsteigenlassen des Opfers in das Fahrzeug des Täters ein unmittelbares Ansetzen zum körperlichen Angriff zu sehen, wenn dieser erst nach geraumer Zeit und längerer Fahrt geplant ist[182]. Vielmehr muss auf der Grundlage des Täterplanes der Angriff zeitlich und örtlich so nahe gerückt sein[183], dass zwischen der vorgenommenen Handlung und der Verübung des Angriffs keine wesentlichen Zwischenschritte mehr liegen und sich der dadurch eingetretene Zustand als unmittelbare Gefahr der Tatbestandsverwirklichung beschreiben lässt[184].

425

Aus dem Gebot restriktiver Auslegung (Rn 416) folgt, dass nicht nur der Beginn des Versuchs, sondern auch die **Vollendung** nicht zu früh angesetzt werden darf. Verlangt man hierfür das *Einwirken* auf die im Zusammenhang mit dem Angriff genannten Rechtsgüter (Rn 417) oder dass der Angriff das Opfer *erreicht* hat[185], kann es selbst bei einem „beendeten Versuch"[186] an der Vollendung noch fehlen, es sei denn, man setzt zusätzlich zum Vollzug der Angriffstätigkeit eine Berührung des Kernbereichs der Opfersphäre iS eines unmittelbaren Kontakts des Angriffsmittels mit dem geschützten Rechtsgut voraus[187]. Das ist ohne Einwirkung nicht denkbar.

---

177 S. zur Entscheidung auch *Geppert*, DAR 14, 128, 132 f; *Hecker*, JuS 13, 366; *Satzger*, JK 11/13, StGB § 316a/9.
178 Zur nach der Rspr. noch sukzessive Mittäterschaft zulassenden **Beendigung** s. *Krell*, ZJS 17, 118 ff (zu BGH NStZ 16, 607) unter Verweis auf LK-*Hillenkamp*, vor § 22 Rn 19 ff, 35 ff.
179 S. BGH StV 04, 140, 141; BGHSt 49, 8, 12.
180 *Geppert*, NStZ 86, 553 f; *ders.*, Jura 95, 312 f; *Günther*, JZ 87, 23 ff; *Krey/Hellmann/Heinrich*, BT II Rn 329; *Roßmüller/Rohrer*, NZV 95, 258 ff.
181 Vgl *Küper/Zopfs*, BT Rn 40.
182 So aber BGHSt 6, 82, 84; 18, 170, 173; BGH JZ 57, 226; s. auch BGHSt 33, 378, 381; krit. *Geppert*, Jura 95, 313; *Rengier*, BT I § 12 Rn 44 f.
183 *Günther*, JZ 87, 26; *Lackner/Kühl/Heger*, § 316a Rn 4; LK-*Sowada*, § 316a Rn 49; *Wolters*, GA 02, 313.
184 LK-*Hillenkamp*, § 22 Rn 85; ähnlich S/S-*Hecker*, § 316a Rn 17.
185 *Fischer*, § 316a Rn 13; s. auch BGHSt 49, 8, 12; BGH StV 04, 140, 141: Wahrnehmung des Nötigungscharakters der Handlung durch das Opfer.
186 Dann stets für Vollendung *Stein*, in: Dencker ua, Einführung in das 6. StRG 1998, S. 126 f.
187 So *Ingelfinger*, JR 00, 232.

Darüber hinaus wird vorgeschlagen, den „Versuch" mit untauglichen Mitteln nicht in die Vollendung mit einzubeziehen[188]. Das lässt sich mit dem Charakter des § 316a als unechtes Unternehmensdelikt begründen[189].

426 Für einen **Rücktritt** (§ 24) bleibt nach der Struktur des Delikts nur ein schmaler Raum. Der Versuch liegt der Vollendung sehr nahe. Zu denken ist an die Fälle, in denen der Angriff zeitlich und örtlich im beschriebenen Sinne nahegerückt, eine unmittelbare **Einwirkung** auf das Opfer aber noch nicht erfolgt ist. Liegt eine solche **Einwirkung** dagegen vor, ist angesichts vollendeter Tat für Rücktritt selbst dann kein Platz, wenn es an einer **Auswirkung** (noch) fehlt. Das bedeutet eine Verschärfung gegenüber dem vormaligen Recht. Es ließ, wo ein „Erfolg" des Angriffs noch ausblieb, trotz Vollendung **tätige Reue** durch Erfolgsabwendung zu[190]. Diese Verschärfung ist vom Gesetzgeber wohl nicht bedacht. Er ging davon aus (BT-Ds 13/8587, S. 51), dass § 24 die Funktion des § 316a II übernehmen werde. Das aber ist wegen des frühen Vollendungszeitpunktes nach wie vor nicht der Fall[191]. Es ist deshalb nur scheinbar paradox, den Gedanken einer analogen Anwendung tätiger Reue trotz ihrer Aufgabe für das geltende Recht zu erwägen[192].

Beispiele: Wer das dicht hinter einer Kurve über die Fahrbahn gespannte Seil beim Einfahren des zu beraubenden Motorradfahrers in die Kurve kappt, ist vom mangels Einwirkung noch *versuchten* Angriff zurückgetreten (§ 24 I). Reicht der mitgenommene Tramp T dem Fahrzeugführer mit K.o.-Tropfen durchsetzten Kaffee, um ihn nach Eintreten der Wirkung auszurauben, konnte er nach altem Recht Straffreiheit erlangen, wenn er durch die Aufforderung, den Finger in den Hals zu stecken, die Wirkung der Tropfen verhinderte (§ 316a II aF). Nach neuem Recht verlegt dagegen die Vollendung des Angriffs – er ist mit dem Beibringen trotz noch fehlender Auswirkung „verübt" – die Rücktrittsmöglichkeit. Nur wenn man tätige Reue durch Verhinderung des Angriffserfolges auch nach neuem Recht zulässt, ist der ungewollte Unterschied zum alten Recht zu beheben. Er mildert sich freilich deshalb etwas ab, weil bei der tätigen Reue alten Rechts nicht notwendig Straffreiheit, sondern auch nur – wie beim Versuch – Strafmilderung in Betracht kam. Lehnt man die Möglichkeit tätiger Reue ab, ist jedenfalls § 316a II anzuwenden[193].

427 Die Wegnahme des Geldscheines mittels Gewalt gegenüber P unter gleichzeitiger Drohung mit einer *Scheinwaffe* erfüllt in **Fall 29** alle Merkmale des **schweren Raubes** (§§ 249, 250 I Nr 1b). Der 50 €-Schein war für T eine **fremde** Sache, da er durch Übereignung nach § 929 S 1 BGB in das **Eigentum der P** übergegangen war. Hieran bestehen nach § 1 ProstG (BGBl 2001 I 3983) heute keine Zweifel mehr[194]. Davon, dass dieser Geldschein jetzt der P gehörte, dürfte T ausgegangen sein; mit der Rückforderung *„seines Geldes"* war wohl nur das *„von ihm gezahlte"* Entgelt gemeint. Ein Anspruch auf Rückübereignung (§ 812 I

---

188   *Fischer*, Jura 00. 440; *Ingelfinger* und *Stein* aaO.
189   LK-*Hillenkamp*, vor § 22 Rn 128; MK-*Sander*, § 316a Rn 27; krit. LK-*Sowada*, § 316a Rn 13.
190   BGHSt 10, 320, 323; BGH VRS 21, 206; LK-*Schäfer*, 10. Aufl., § 316a Rn 31.
191   *Freund*, ZStW 109 (1997), S. 482.
192   Abl. *Eisele*, BT II Rn 448; H-H-*Kretschmer*, Rn 943; LK-*Sowada*, § 316a Rn 52; MK-*Sander*, § 316a Rn 60; SK-*Wolters*, § 316a Rn 15; S/S-*Hecker*, § 316a Rn 18; S/S/W-*Ernemann*, § 316a Rn 21; unentschieden HK-GS/*Duttge*, § 316a Rn 16; wie hier *Küper/Zopfs*, BT Rn 35; zum Streit über die Analogiefähigkeit des Gedankens der tätigen Reue s. *Hillenkamp*, in: Schöch, Wiedergutmachung und Strafe 1987, S. 81, 87 ff.
193   *Eisele*, BT II Rn 448; *Fischer*, § 316a Rn 16.
194   Zu früheren Bedenken aus § 138 BGB s. BGHSt, 6, 377, 378.

BGB) stand dem T gemäß §§ 1, 2 S 1 ProstG nicht zu; die von ihm erstrebte Zueignung war daher objektiv widerrechtlich. Falls T (was für die weitere Erörterung unterstellt werden soll, aber Tatfrage ist) das Bestehen eines solchen Anspruchs auch nicht irrtümlich angenommen hat, bestehen gegen die Bejahung des § 249 keine Bedenken[195]. § 250 I Nr 1b ist gegeben, weil es sich bei der ungeladenen Gaspistole um eine – zum Schießen ungeeignete – *Scheinwaffe* gehandelt hat, die nach neuem Recht von § 250 I Nr 1b erfasst wird (Rn 372 f). Zu prüfen bleibt, ob A sich nach **§ 316a I** strafbar gemacht hat (bejahendenfalls wäre **Tateinheit** zwischen § 316a und § 250 I 1b anzunehmen)[196]. Das ist zu verneinen. Zwar hat T einen Angriff auf den Leib und die Entschlussfreiheit der Mitfahrerin P verübt, vorausgesetzt, dass T aus dem geschilderten Anlass nur kurz angehalten und nicht geparkt. Dass T (unter dieser Voraussetzung) Kfz-Führer ist, schadet ebensowenig wie dass der Angriff zugleich die qualifizierenden Nötigungsmittel im Sinne des § 249 erfüllt. Es liegt aber allein darin, dass A die P *innerhalb des haltenden Kraftwagens* angegriffen hat, noch kein „Ausnutzen der besonderen Verhältnisse des Straßenverkehrs". Sein Entschluss, der P den Geldschein wieder abzunehmen, stand **nicht in einer nahen Beziehung** zur Benutzung des Kraftfahrzeugs als **Verkehrsmittel**. Mit den dem Straßenverkehr wesenseigenen Gefahrenlagen hatte dieser Vorfall nichts zu tun[197].

T und M haben im **Fall 30** gemeinsam einen Raub – möglicherweise unter den erschwerenden Umständen des § 250 I Nr 1b (Fessel) – begangen. Der BGH[198] hat auch § 316a bejaht. Die Ausnutzung der besonderen Verhältnisse des Straßenverkehrs sieht er darin, dass V unter Vorspiegelung eines Treffpunktes an einen verkehrsarmen Ort gelockt und dort überfallen wurde, noch während er im Fahrzeug saß und durch dessen räumliche Enge in seinen Verteidigungsmöglichkeiten erheblich eingeschränkt war. Obwohl der BGH seinen im Urteil aufgeführten eigenen Vorgaben mit dieser Begründung kaum gerecht wird, kann man ihm in der Entscheidung dieses *Grenzfalles* iE zustimmen[199]. Wer in räuberischer Absicht durch eine in der Wirkung einer Nötigung gleichkommende Täuschung eines Kraftfahrzeugführers – die hier allerdings zweifelhaft ist (s. Rn 418) – eine Situation herstellt, in der Isolation und Enge die Abwehr- und Schutzmöglichkeiten erheblich einschränken[200], kann auch dann noch die besonderen Verhältnisse des Straßenverkehrs ausnutzen, wenn der Kfz-Führer an seinem (vorläufigen) Fahrtziel angelangt ist[201]. Das gilt jedenfalls so lange, als er noch mit dem Abstellen des Fahrzeugs in verkehrssicherer Weise beschäftigt ist. Wer einer solchen Person unter Hinweis auf einen engeren Führerbegriff in §§ 315a, c diese Eigenschaft abspricht[202], übersieht, dass es dort um eine täterschaftsbegründende, in § 316a aber schutzbewirkende Eigenschaft geht[203]. Letztere kann auch noch von den unmittelbaren Nachwirkungen des Fahrens beeinflusst sein (s. Rn 419).

428

---

195 Zur Fallgestaltung bei *irriger Annahme* eines Rückzahlungsanspruchs vgl für den Bereich von Raub und Erpressung BGH StV 91, 515 und BGH StV 91, 20; s. ferner Rn 355, 719 und *Hillenkamp*, BT 23. Problem.
196 BGHSt 25, 224, 229.
197 Näher BGHSt 19, 191, 192; ebenso BGH GA 1979, 466 für die Beraubung von Autoinsassen auf einsamen Rastplätzen der Bundesautobahn; nach *Rengier*, BT I § 12 Rn 36 liegt § 316a in solchen Fällen vor, wenn sich die Mitfahrer bei einer Flucht aus dem Pkw Gefahren des fließenden Straßenverkehrs aussetzen müsste.
198 BGH NStZ 94, 341.
199 Abl. dagegen *Hauf*, NStZ 96, 40; *Roßmüller/Rohrer*, NZV 95, 253 ff.
200 Auch hierauf soll es allerdings nicht mehr ankommen, s. MK-*Sander*, § 316a Rn 31.
201 Enger BGHSt 49, 8, 16; *Sowada*, Otto-FS S. 807.
202 So *Roßmüller/Rohrer*, NZV 95, 254 ff; *Wolters*, GA 02, 310; wie hier trotz engeren Ausgangspunktes *Steinberg*, NZV 07, 549.
203 Ebenso jetzt NK-*Zieschang*, § 316a Rn 27.

4. Prüfungsaufbau: Räuberischer Angriff auf Kraftfahrer, § 316a

428a

Räuberischer Angriff auf Kraftfahrer, § 316a

I. Tatbestand
  1. Objektiver Tatbestand
     a) Tathandlung:
        - *Verüben eines Angriffs*
          - Ⓟ Vollendung/Tätige Reue
        - *auf Leib/Leben oder*
        - *Entschlussfreiheit*
          - Ⓟ auch durch List/Täuschung
        - *eines Kraftfahrzeugführers/Mitfahrers*
          - Ⓟ vor Antritt/nach Abschluss/bei Unterbrechung der Fahrt
     b) Tatsituation:
        - *besondere Verhältnisse des Straßenverkehrs*
          - Ⓟ ruhender Verkehr/nicht verkehrsbedingter Halt
        - *Ausnutzen*
          - → funktionaler Zusammenhang zwischen Opferlage und Angriff
          - Ⓟ Angriff unmittelbar vor Antritt/nach Abschluss/bei Unterbrechung der Fahrt
          - Ⓟ Angriff außerhalb des Fahrzeugs
  2. Subjektiver Tatbestand
     a) Vorsatz:
        - *jede Vorsatzart*
          - → bzgl des Angriffs
          - → bzgl des Ausnutzens der Verkehrsverhältnisse
     b) Absicht:
        - *Absicht der Begehung einer Tat gem. §§ 249, 250, 252, 255*
          - → konkrete Vorstellung von der Tat
          - → Erfüllung der besonderen subjektiven Umstände der Tat
          - → Absicht im Zeitpunkt des Angriffs
          - → nicht erforderlich:
            - → (versuchte) Tatausführung
            - → Wille zur Ausnutzung der besonderen Verhältnisse des Straßenverkehrs

II. Rechtswidrigkeit
III. Schuld
IV. Minder schwerer Fall, § 316a II
→ Erfolgsqualifikation, § 316a III

Teil II
Straftaten gegen sonstige spezialisierte Vermögenswerte

Zwischen die Eigentumsdelikte und die Straftaten gegen das Vermögen als Ganzes sind diejenigen Strafvorschriften einzuordnen, die den **Schutz spezialisierter Vermögenswerte** betreffen. Unter ihnen stehen die strafrechtlich erfassten Fälle der **Gebrauchsanmaßung** (§§ 248b, 290) und die **Entziehung elektrischer Energie** (§ 248c) dem Eigentumsschutz am nächsten. Etwas weiter davon entfernt sind die Bestimmungen über die **Jagd- und Fischwilderei** (§§ 292 ff), bei denen es um den Schutz von *Aneignungsrechten* geht, die bestimmten Personen vorbehalten sind. Schließlich gehören zu diesem Bereich die **Straftaten gegen Einzelgläubigerrechte** unter Einbeziehung gewisser Gebrauchs- und Nutzungsrechte (§§ 288, 289). 429

Auch die **Insolvenzstraftaten** (§§ 283 ff) fallen in den Kreis der im Teil II aufgerufenen Delikte. Sie sind hier bis zur 33. Auflage dargestellt worden (Rn 457 ff). Der ab der 34. Auflage geleistete Verzicht auf ihre Behandlung beruht darauf, dass sie nicht zum Pflichtfachstoff gehören und die für einen Schwerpunktbereich erforderliche Tiefe hier nicht geboten werden kann. Dazu ist auf die Lehrwerke zum Wirtschaftsstrafrecht zu verweisen.

5. Kapitel
Gebrauchs- und Verbrauchsanmaßung

§ 10 Unbefugter Gebrauch von Fahrzeugen und Pfandsachen sowie Entziehung elektrischer Energie

Fall 31: T hatte sich bei der Autovermietung V einen Pkw von Freitag bis Sonntag zum Wochenendtarif gemietet, gab den Wagen jedoch nach Ablauf der Mietzeit nicht zurück. Auch als V eine Verlängerung des Mietvertrages ablehnte und T zur unverzüglichen Abgabe aufforderte, kam T dem nicht nach. Vielmehr gebrauchte er den Pkw noch einige Tage weiter und entschloss sich erst zur Rückführung, nachdem seine Ehefrau E ihm dies dringend angeraten und sich bereit erklärt hatte, zur Ablieferung mitzukommen. V stellte Strafantrag. 430
Sind T und E nach § 248b zu bestrafen? **Rn 441**

Fall 32: T und M entdeckten auf dem Weg zu einer auswärtigen Party ein mit laufendem Motor abgestelltes Taxi. Kurz entschlossen setzten sie sich hinein und fuhren mit ihm zu dem 12 km entfernt und einsam gelegenen Haus, in dem die Party stattfand. Sie stellten das Taxi in der Nähe des Hauses auf einem Feldweg ab und ließen die Schlüssel stecken. Später gaben sie an, dass sie das Taxi dort stehen lassen wollten und fest damit gerechnet hätten, dass es alsbald entdeckt und dem Taxiunternehmer unversehrt wieder zurückgeführt werden würde. Tatsächlich wurde das Taxi erst sechs Wochen später aufgefunden.
Strafbarkeit von T und M? **Rn 442**

I. Unbefugter Gebrauch eines Fahrzeugs

1. Schutzzweck, Schutzobjekt und Berechtigter

431 Nach § 248b macht sich strafbar, wer ein Kraftfahrzeug oder ein Fahrrad **gegen den Willen des Berechtigten** in Gebrauch nimmt. Die Vorschrift stellt damit einen bloßen „Gebrauchsdiebstahl" – auch furtum usus genannt – unter Strafe, der gewöhnlich straflos ist. Strafbarkeit ist nur gegeben, soweit die Tat nicht in anderen Vorschriften mit schwererer Strafe bedroht ist (= relative Subsidiarität). Der **Versuch** ist strafbar. Die Verfolgung tritt nur **auf Antrag** ein (§ 248b III).

Diese Regelung geht auf die frühere VO vom 20.10.1932 (RGBl I 496)[1] gegen unbefugten Gebrauch von Kraftfahrzeugen und Fahrrädern zurück. Sie dient dem **Schutz des Gebrauchsrechts**[2], das nicht unbedingt dem Eigentümer zustehen muss und dessen Ausübung vor allem deshalb erhöhten Gefahren ausgesetzt ist, weil die auf Straßen und Plätzen abgestellten Fahrzeuge leicht zu **Schwarzfahrten** missbraucht werden können und dabei häufig Schaden erleiden.

432 **Kraftfahrzeuge** iS der Legaldefinition des § 248b IV sind ua Autos aller Art, Motorräder, Mofas, Luftfahrzeuge und Motorboote, *nicht* aber Anhänger, Segelboote und an Bahngleise gebundene Landkraftfahrzeuge wie Straßenbahnen oder Lokomotiven. Neben den Kraftfahrzeugen sind **Fahrräder** geschützt.

433 **Berechtigter** iS des § 248b ist derjenige, dem das **Recht zur Verfügung über den Gebrauch** des Fahrzeugs oder Fahrrades zusteht. Das muss nicht notwendig der Eigentümer sein; in Betracht kommt vielmehr jeder dinglich oder obligatorisch Berechtigte, wie etwa ein Nießbraucher, Eigentumsvorbehaltskäufer oder ein Mieter[3].

Die Gegenmeinung, die § 248b als *Eigentumsdelikt* behandelt und grundsätzlich den Eigentümer als Berechtigten ansieht[4], ist zu eng. So lässt sich zB die Strafbarkeit dessen, der zwar mit Zustimmung des Eigentümers, aber **gegen den Willen des Nießbrauchers** handelt, nicht in Zweifel ziehen. Dass dann auf Antrag des Nießbrauchers uU sogar der Eigentümer selbst nach

---

[1] S. dazu *Wagner*, JR 32, 253; ausf. zur Geschichte *Boller*, Der unbefugte Gebrauch von Kraftfahrzeugen und Fahrrädern – § 248b, 2013, S. 5 ff.
[2] Zur Diskussion um das Rechtsgut und zur Begründung des hier vertretenen Standpunkts s. *Boller*, Der unbefugte Gebrauch von Kraftfahrzeugen und Fahrrädern 2013, S. 21 ff, 34 f; ebenso *Fischer*, § 248b Rn 2; *Kindhäuser*, § 248b Rn 1; M/R-*Schmidt*, § 248b Rn 1.
[3] BGH VRS 39, 199; *Fischer*, § 248b Rn 2; LK-*Vogel*, § 248b Rn 9.
[4] *Franke*, NJW 74, 1803; H-H-*Kretschmer*, Rn 876; *Lackner/Kühl*, § 248b Rn 1; MK-*Hohmann*, § 248b Rn 1 f; *Schramm*, BT I § 13 Rn 5; SK-*Hoyer*, § 248b Rn 2; S/S-*Bosch*, § 248b Rn 1, 7.

§ 248b bestraft werden kann, ist keineswegs befremdlich, wie entsprechende Parallelen im Bereich des § 289 oder des § 123 zeigen. Auch kann nur so der Käufer eines noch unter Eigentumsvorbehalt stehenden Fahrzeugs wirksam gegen unbefugten Gebrauch geschützt werden[5].

Ein *abgeleitetes* Gebrauchsrecht kann inhaltlich und zeitlich begrenzt sein; so ist der Entleiher oder Mieter eines Fahrzeugs regelmäßig nicht zur Weiterüberlassung an Dritte befugt[6].

2. Ingebrauchnehmen des Fahrzeugs

Den objektiven Tatbestand des § 248b I verwirklicht, wer das Kraftfahrzeug oder Fahrrad **gegen** den **ausdrücklich oder konkludent erklärten entgegenstehenden**[7] Willen des Berechtigten in Gebrauch nimmt. Darunter fällt nicht jede beliebige Benutzung. **Ingebrauchnehmen** iS des § 248b ist nur die **bestimmungsgemäße Verwendung** des Fahrzeugs als Beförderungsmittel **zum Zwecke der Fortbewegung**, wobei es belanglos ist, ob dies mit oder ohne Ingangsetzen des Motors geschieht[8].   434

Danach handelt nicht tatbestandsmäßig, wer ein fremdes Kraftfahrzeug unbefugt **zum Übernachten benutzt**[9] oder in einem Autobus als *blinder Passagier* mitfährt (Letzteres kann aber gegen § 265a verstoßen). Auch fehlt es an einer bestimmungsgemäßen Verwendung, wenn ein Fahrrad nur weggetragen wird, um es aus Verärgerung über den Eigentümer einige Straßenecken weiter wegzuwerfen[10].

Dem **Ingebrauchnehmen** stellt die Rechtsprechung das unbefugte **Ingebrauchhalten** zu Recht gleich[11].   435

Dem lässt sich nicht entgegenhalten, ein Strafwürdigkeitsvergleich mit §§ 242, 246 führe dazu, als Ausgleich für die fehlende Enteignungskomponente auch für § 248b eine *Wegnahme* zu verlangen[12]. Eine solche sieht § 248b als notwendiges Merkmal ganz eindeutig nicht vor[13]. Unternimmt ein Mechaniker beispielsweise mit dem ihm zur Reparatur *übergebenen* Kraftwagen eine **Schwarzfahrt**, so macht er sich nach § 248b strafbar. Das gleiche gilt für Schwarzfahrten durch Chauffeure und sonstige Angestellte. Auch lässt sich – wie der Fall des nach Erkennen der fehlenden Berechtigung vorgenommenen Weitergebrauchs[14] zeigt – von einem Ingebrauchnehmen ohne Überschreitung der Wortlautgrenze noch bei einer unberechtigten Weiter-

---

5 Ebenso A/W-*Heinrich*, § 13 Rn 141; BK-*Wittig*, § 248b Rn 1; *Boller*, Der unbefugte Gebrauch von Kraftfahrzeugen und Fahrrädern – § 248b, 2013, S. 55 f; *Eisele*, BT II Rn 279; HK-GS/*Duttge*, § 248b Rn 1; *Klesczewski*, BT § 8 Rn 239; LK-*Vogel*, § 248b Rn 2; *Mitsch*, BT II S. 233; *Rengier*, BT I § 6 Rn 4; NK-*Kindhäuser*, § 248b Rn 1; S/S/W-*Kudlich*, § 248b Rn 1.
6 Vgl BGH GA 1963, 344; OLG Neustadt MDR 61, 708.
7 *Rengier*, BT I § 6 Rn 4; „ohne den Willen" reicht nicht aus; über die Notwendigkeit der Erklärung besteht Streit, s. dazu genauer *Boller*, Der unbefugte Gebrauch von Kraftfahrzeugen und Fahrrädern – § 248b, 2013, S. 57 ff, die selbst nach den Regeln des Einverständnisses entscheidet, S. 69 f.
8 BGHSt 11, 44, 45 f und 47, 50; *Boller*, Der unbefugte Gebrauch von Kraftfahrzeugen und Fahrrädern – § 248b, 2013, S. 39 ff.
9 BGHSt 59, 260 mit Bespr. *Floeth*, NZV 15, 95; *Jahn*, JuS 15, 82; *Kudlich*, JA 14, 873; *Mitsch*, NZV 15, 423; *Theile/Stürmer*, ZJS 15, 123; *Zöller*, BT Rn 113.
10 BayObLG JR 92, 346.
11 Näher BGHSt 11, 47, 50; BGH GA 1963, 344; BGHSt 59, 260; OLG Zweibrücken VRS 34, 444; OLG Schleswig NStZ 90, 340 mit krit. Anm. *Schmidhäuser*; LAG Nürnberg BeckRS 11, 7185 S. 5; anders AG München NStZ 86, 458 mit zust. Anm. *Schmidhäuser*; Hohmann/Sander, BT I § 4 Rn 11; MK-*Hohmann*, § 248b Rn 17 f; diff. *Küper/Zopfs*, BT Rn 376; SK-*Hoyer*, § 248b Rn 10 ff.
12 So aber *Schmidhäuser*, Anm. NStZ 86, 461.
13 OLG Schleswig NStZ 90, 340; *Bock*, JA 16, 343; S/S-*Bosch*, § 248b Rn 5.
14 BGHSt 11, 47, 50.

benutzung sprechen. Und schließlich begeht derjenige, der nach Ablauf der vereinbarten Nutzungsdauer dem Berechtigten die Sache vorenthält, auch nicht lediglich eine (nicht strafwürdige) Vertrags-, sondern eine Verletzung des Gebrauchsrechts dessen, dem er die Rückgabe schuldet[15]. Das steht strafloser Abweichung von vereinbarten Schranken eines noch bestehenden Gebrauchsrechts[16] keinesfalls gleich[17].

436 § 248b ist kein *eigenhändiges* Delikt. Ein Ingebrauchnehmen kann daher auch darin liegen, dass jemand sich durch einen anderen fahren lässt, etwa deshalb, weil er selbst keinen Führerschein besitzt[18] oder von einem Chauffeur „vorgefahren" werden möchte. Bloßes Mitfahren bei einer Fahrt, die der Lenker des Kraftwagens ohnehin unternommen hätte, genügt für sich allein aber ebensowenig wie eine bloße Veranlassung der Fahrt. Hier ist wie sonst zwischen Täterschaft und Teilnahme zu unterscheiden[19]. Dabei kommt angesichts der fehlenden Eigenhändigkeit auch mittelbare Täterschaft in Betracht.

437 Die Ingebrauchnahme muss **gegen den Willen** des Berechtigten erfolgen. Bei einer von ihm erteilten **Gebrauchserlaubnis** entfällt bereits der objektive Tatbestand des § 248b. Ist die Gebrauchserlaubnis bezüglich eines Kfz ausdrücklich an das Innehaben der für das Führen des Fahrzeugs einschlägigen Fahrerlaubnis geknüpft, erfüllt ein Mieter, der den Besitz dieser Fahrerlaubnis nur vortäuscht, den Tatbestand. Hierzu steht nicht in Widerspruch, wenn man den späteren bloß vertragswidrigen Gebrauch etwa durch das Fahren von Umwegen, durch Mitnahme von Anhaltern oder durch betrunkenes Fahren richtigerweise straflos lässt[20]. Eine mutmaßliche Einwilligung (s. Rn 438) schließt wie auch ein rechtfertigender Notstand (§ 904 BGB) erst die Rechtswidrigkeit aus[21].

Die irrige Vorstellung, dass der Berechtigte mit der Ingebrauchnahme **einverstanden** sei, schließt den **Tatbestandsvorsatz** ebenso aus (§ 16 I) wie die, der den Gebrauch Einräumende sei der Berechtigte.

438 **Vollendet** ist die Ingebrauchnahme mit dem Anfahren; das Einschalten der Zündung zu diesem Zweck begründet **Versuch**. Das Delikt endet erst mit der Einstellung des Gebrauchs (= *Dauerdelikt*). Daher ist auch die Rückführung des Kraftfahrzeugs an den Berechtigten durch den, der das Fahrzeug unberechtigt in Gebrauch genommen

---

15 AA A/W-*Heinrich*, § 13 Rn 142; *Klesczewski*, BT § 8 Rn 243; *Krey/Hellmann/Heinrich*, BT II Rn 212; *Maurach/Schroeder/Maiwald*, BT I § 37 Rn 9; *Otto*, BT § 48 Rn 6; *Schramm*, BT I § 13 Rn 19.
16 S. dazu *Heghmanns*, Rn 1175.
17 Ebenso *Eisele*, BT II Rn 286 f; *Fischer*, § 248b Rn 4; *Hilgendorf/Valerius*, BT II § 6 Rn 6; *Lackner/Kühl*, § 248b Rn 3; LK-*Vogel*, § 248b Rn 5; M/R-*Schmidt*, § 248b Rn 4; NK-*Kindhäuser*, § 248b Rn 6 f; *Rengier*, BT I § 6 Rn 7; S/S/W-*Kudlich*, § 248b Rn 4; *Zöller*, BT Rn 114; im Ausgangspunkt so auch *Boller*, Der unbefugte Gebrauch von Kraftfahrzeugen und Fahrrädern – § 248b, 2013, S. 43 ff, 51, die dann aber nach Fallgruppen differenziert, S. 52 ff; diff. S/S-*Bosch*, § 248b Rn 4a.
18 BGH VRS 19, 288; RGSt 76, 176.
19 *Boller*, Der unbefugte Gebrauch von Kraftfahrzeugen und Fahrrädern – § 248b, 2013, S. 93 ff; *Küper/Zopfs*, BT Rn 378; *Mitsch*, BT II S. 240 ff.
20 LK-*Vogel*, § 248b Rn 8; krit. hierzu *Joecks/Jäger*, § 248b Rn 12 f.
21 S. *Kudlich*, JA 14, 874 f; *Rengier*, BT I § 6 Rn 4a; *Mitsch*, BT II S. 232 f; für Tatbestandsausschluss dagegen H-H-*Kretschmer*, Rn 877; LK-*Vogel*, § 248b Rn 8; NK-*Kindhäuser*, § 248b Rn 5; zur mutmaßlichen Einwilligung ganz abl. *Boller*, Der unbefugte Gebrauch von Kraftfahrzeugen und Fahrrädern – § 248b, 2013, S. 70 ff, 105.

hat, von § 248b noch erfasst[22]; wer dabei behilflich ist, ist folglich nicht mangels Haupttat straflos[23].

Liegt ein wirksames tatsächliches Einverständnis des Berechtigten in die Rückführung vor, sind Beihilfe *und* Haupttat schon nicht tatbestandsmäßig (Rn 437)[24]. Entspricht die Rückführung dagegen nur dem mutmaßlichen Willen des Berechtigten, fehlt es an einer *tatbestandsmäßigen* Haupttat nur dann, wenn man auch dem nur mutmaßlichen Einverständnis bei Delikten wie § 248b, die ein Handeln gegen den Willen des Berechtigten voraussetzen, bereits den Tatbestand ausschließende Kraft zumisst[25]; richtigerweise ist die Haupttat durch mutmaßliche Einwilligung gerechtfertigt. Für beide Fälle gilt, dass der mutmaßliche Wille die Strafbarkeit der Rückführung nur dann ausschließen kann, wenn das tatsächliche Einverständnis nicht einholbar ist. Nur dann lässt sich auch erwägen, ob schon der Gedanke der Risikoverringerung Täter und Gehilfe entlastet[26].

3. Verhältnis zu den Zueignungsdelikten

Wer ein Kraftfahrzeug oder Fahrrad gegen den Willen des Berechtigten in Gebrauch nimmt, eignet es sich regelmäßig auch dann an, wenn der Gebrauch nur vorübergehend gewollt ist (Rn 150). Geschieht die Ingebrauchnahme dadurch, dass der Täter das Fahrzeug wegnimmt, kommt daher **neben**[27] § 248b Diebstahl (und Unterschlagung) in Betracht, bezieht sich die unberechtigte Benutzung auf ein ohne Wegnahme in den Besitz des Täters geratenes Fahrzeug, Unterschlagung. Maßgeblich dafür, ob § 242 oder § 246 vorliegen und gegebenenfalls § 248b verdrängen, ist deshalb in Fällen der Wegnahme oder einer hinreichend klaren Manifestation die diese Handlungen begleitende Vorstellung darüber, ob das Fahrzeug an den Eigentümer ohne wesentliche Substanz- oder Werteinbuße zurückkehren soll oder nicht. Soll es das, fehlt es am Enteignungsvorsatz, soll es das nicht, liegt mit diesem Diebstahl oder Unterschlagung vor.

439

Die Entscheidung darüber, ob ein den Enteignungsvorsatz ausschließender „Rückführungswille" gegeben ist, macht die Rechtsprechung vor allem davon abhängig, ob der Täter die Rückkehr des Fahrzeugs dem Zufall überlässt. Dazu sei daran erinnert, dass an die Enteignung bei der Entwendung von Kraftfahrzeugen und Fahrrädern keine geringeren Anforderungen zu stellen sind als sonst und dass die von der Rechtsprechung angeführten Beweisanzeichen[28] gegen einen Rückführungswillen einen gleichwohl nicht vorhandenen Enteignungsvorsatz nicht zu ersetzen vermögen (s. im Einzelnen Rn 157 ff). Auch ist darauf hinzuweisen, dass es in Fällen der Ingebrauchnahme durch Wegnahme nicht darum gehen kann, ob der Täter „von vornherein den Gewahrsam zu Gunsten des eigenen endgültig brechen" (= Diebstahl) oder ob er sich „mit

---

22 S. BGHSt 59, 260; *Fischer*, § 248b Rn 6; HK-GS/*Duttge*, § 248b Rn 9; S/S-*Bosch*, § 248b Rn 7; offen BK-*Wittig*, § 248b Rn 5; anders *Wessels*, BT II Rn 388.
23 So aber OLG Düsseldorf JZ 85, 590.
24 *Rengier*, BT I § 6 Rn 4.
25 So *Ludwig/Lange*, JuS 00, 449 f; zust. *Lackner/Kühl*, § 248b Rn 4; LK-*Vogel*, § 248b Rn 8; nicht eindeutig BGHSt 59, 260 mit Bespr. *Floeth*, NZV 15, 95; *Jahn*, JuS 15, 82; *Kudlich*, JA 14, 873; *Theile/Stürmer*, ZJS 15, 123; iE übereinstimmend *Küper/Zopfs*, Rn 378.
26 S. zur Risikoverringerung *Roxin*, AT I § 11 Rn 53 f; *Wessels/Beulke/Satzger*, AT Rn 294 ff.
27 *Küper/Zopfs*, BT Rn 379; s. auch *Boller*, Der unbefugte Gebrauch von Kraftfahrzeugen und Fahrrädern – § 248b, 2013, S. 119.
28 BGH NStZ 96, 38; ausf. Würdigung der Rspr. bei *Boller*, Der unbefugte Gebrauch von Kraftfahrzeugen und Fahrrädern – § 248b, 2013, S. 119 ff.

nur zeitweiliger Brechung des fremden Gewahrsams begnügen" will (= § 248b)[29]. Vielmehr kommt es allein darauf an, ob der Täter nach Vollzug der Wegnahme dem Berechtigten die Sache selbst oder den in ihr verkörperten Wert auf Dauer entziehen oder ob er sie ohne wesentlichen Wertverlust in die Herrschaftssphäre des Eigentümers zurückgelangen lassen will.

440 Gegenüber derartigen Delikten mit gleicher oder ähnlicher Schutzrichtung tritt § 248b kraft ausdrücklicher **Subsidiaritätsklausel** zurück, soweit durch sie die Tat mit schwererer Strafe bedroht ist. Letzteres gilt iR des § 246 nur für die Veruntreuung nach Abs. 2[30]. Werden dagegen tateinheitlich zB § 315c I Nr 1a oder § 222 verwirklicht, ist es allein sachgerecht, auch aus § 248b zu bestrafen[31]. Anders fände die Beeinträchtigung des Gebrauchsrechts keinerlei Ausdruck. Dass die Subsidiaritätsklausel auf Grund ihres weiter gefassten Wortlauts die Deutung im Sinne einer solchen relativen Subsidiarität dem Richter verbiete[32], ist nicht zuzugeben. Die „Tat" meint im Zusammenhang einer Subsidiaritätsklausel nicht nur den einheitlichen Lebensvorgang. Vielmehr macht der Begriff zur Bedingung, dass das Unrecht dieser Tat in den anderen Vorschriften zum Ausdruck kommt. Nur diese Auslegung bringt hier – wie zu § 246 (Rn 327) und zu § 265b (Rn 671) – den Sinn der Klausel und die mit dem Konkurrenzverhältnis der Subsidiarität inhaltlich verbundene Bedeutung zur Geltung[33].

Durch eine Bestrafung nach § 248b wird der *Verbrauch an Treibstoff* mit abgegolten; da andernfalls für den Anwendungsbereich dieser Vorschrift kaum noch Raum bliebe, scheidet *insoweit* ein Rückgriff auf § 242 oder § 246 II aus[34].

441 Im **Fall 31** hat T nach Ablauf der Mietzeit und Ablehnung der Verlängerung den Pkw gegen den Willen von V in Gebrauch gehalten. Ob das dem in § 248b verlangten Ingebrauchnehmen entspricht, ist umstritten, aber richtigerweise zu bejahen, da durch die Weiterbenutzung das Gebrauchsrecht des V verletzt wird und von einem Ingebrauchnehmen auch bei einem jeweils neuerlichen Weitergebrauch gesprochen werden kann (Rn 435)[35]. Dass T der V das Fahrzeug nicht auf Dauer, sondern nur vorübergehend vorenthalten wollte, zeigt seine Erkundigung, ob der Vertrag verlängerbar sei. Für eine Unterschlagung wäre zudem das bloße vertragswidrige Weitergebrauchen noch keine genügend eindeutige Manifestation[36] des Zueignungswillens (vgl Rn 314). Erst mit der Rückführung des Pkw an V ist § 248b als Dauerdelikt abgeschlossen. Da V den T zur unverzüglichen Abgabe aufgefordert hat, wird man von einem Einverständnis mit der Rückführung durch T ausgehen können. Daher liegt eine für E's Teilnahme hinreichende Haupttat nicht (mehr) vor. Folglich ist nur T nach § 248b zu

---

29 So aber missverständlich BGH NJW 87, 266; BGH NStZ 96, 38.
30 Richtet sich die Tat gegen den Eigentümer, geht wegen der intensiveren Verletzungsform auch die einfache Unterschlagung vor, im Übrigen ist Tateinheit denkbar, s. *Lackner/Kühl*, § 248b Rn 6.
31 *Kindhäuser*, § 248b Rn 14; S/S-*Bosch*, § 248b Rn 14.
32 So *Bock*, BT II S. 470; *Boller*, Der unbefugte Gebrauch von Kraftfahrzeugen und Fahrrädern – § 248b, 2013, S. 114 ff; *Hohmann/Sander*, BT I § 4 Rn 16 unter Bezug auf BGH NJW 98, 465 f zu § 125; ebenso *Heghmanns*, Rn 1180; *Kleszczewski*, BT § 8 Rn 248; *Lackner/Kühl*, § 248b Rn 6 und BGHSt 47, 243, 244 zu § 246.
33 Wie hier BK-*Wittig*, § 248b Rn 11; *Eisele*, BT II Rn 289; *Fischer*, § 248b Rn 11; HK-GS/*Duttge*, § 248b Rn 15; *Rengier*, BT I § 6 Rn 8; SK-*Hoyer*, § 248b Rn 18; S/S/W-*Kudlich*, § 248b Rn 11; diff. LK-*Vogel*, § 248b Rn 17.
34 BGH GA 1960, 182; *Boller*, Der unbefugte Gebrauch von Kraftfahrzeugen und Fahrrädern – § 248b, 2013, S. 133 ff; *Küper/Zopfs*, BT Rn 380; NK-*Kindhäuser*, § 248b Rn 13; *Schmidt*, BT II Rn 257; krit. *Mitsch*, BT II S. 245 f; diff. *Maurach/Schroeder/Maiwald*, BT I § 37 Rn 11.
35 OLG Schleswig NStZ 90, 340.
36 *Krey/Hellmann/Heinrich*, BT II Rn 82; *Kudlich*, JA 14, 873; OLG Hamburg StV 01, 577.

bestrafen. Da die Tat vollendet ist, kommt ein Rücktritt durch das Zurückführen des Fahrzeugs nicht in Betracht. Auch Strafmilderung wegen tätiger Reue sieht § 248b nicht vor. Der erforderliche Strafantrag ist gestellt.

Rechtsprechungsbeispiel: Ähnlichkeiten mit **Fall 31** (Rn 441) weist **BGH NJW 14, 2887 = BGHSt 59, 260** auf. Hier hatte der verheiratete T zusammen mit seiner Freundin F bei der Firma E einen PKW Volvo bis zum 2.3.2013 gemietet. Am 27.2.2013 trennte sich T von F und konnte deshalb nicht mehr bei ihr nächtigen. T behielt den PKW über den 2.3.2013 hinaus, ausschließlich um in ihm zu übernachten. Am 9.4.2013 nahm ihn seine Ehefrau wieder auf. Am 10.4.2013 brachte T daraufhin den PKW zu E zurück. Deren Geschäftsführer stellte Strafantrag. – Auch hier kommt ein Zueignungsdelikt mangels (hinreichend eindeutig manifestierten) Enteignungswillens nicht in Betracht. Auch scheidet ein Ingebrauchhalten durch das bloße Übernachten aus (s. Rn 434). Die Tathandlung kann daher allein in der am 10.4.2013 vorgenommenen Rückführung liegen. An der deswegen durch das LG erfolgten Verurteilung beanstandet der BGH, dass es an ausdrücklichen Feststellungen zum insoweit entgegenstehenden Willen der E fehle. „Ist die Nutzung des Fahrzeugs als Fortbewegungsmittel – wie hier – gerade nicht auf die Verletzung der uneingeschränkten Verfügungsmöglichkeiten des Berechtigten gerichtet, sondern vielmehr auf deren Wiedereinräumung ..., liegt" für den BGH „die Vermutung nahe, dass die Ingebrauchnahme des Fahrzeugs insoweit im Einverständnis des Berechtigten erfolgte. Die Rückführung eines Fahrzeugs durch einen an sich Unberechtigten" geschehe nämlich „regelmäßig nicht ‚gegen den Willen'", wie es für den Tatbestand nötig ist, sondern sei „von dessen mutmaßlichen Interesse gedeckt." Versteht man das so, dass der Tatrichter aus diesen Gründen nur gehalten ist, die Beweisaufnahme besonders gründlich auf den entgegenstehenden Willen zu erstrecken, kann man dem Urteil zustimmen. Liest man es dagegen so, dass zu klären ist, ob T das Einverständnis der E berechtigter Weise mutmaßen durfte, stünde einem daraus dann abgeleiteten Tatbestandsausschluss der Vorbehalt entgegen, dass es ein mutmaßliches Einverständnis als Rechtsfigur möglicherweise nicht gibt. Ist stattdessen an eine mögliche Rechtfertigung durch mutmaßliche Einwilligung gedacht, wäre übersehen, dass deren Annahme angesichts der Erfragbarkeit des tatsächlichen Willens der E den Grundsatz der Subsidiarität der mutmaßlichen Einwilligung verletzte. Da sich der BGH mit beidem nicht auseinandersetzt, liegt die erste Deutung des Urteils nahe[37].

Im **Fall 32** haben T und M gemeinschaftlich den Gewahrsam des Taxifahrers gebrochen und eigenen Gewahrsam begründet. Da sie das Taxi zu einer 12 km langen Fahrt nutzen wollten, handelten sie auch in der Absicht, sich das Fahrzeug (vorübergehend) anzueignen. Sie hatten aber die Vorstellung, dass das Taxi, das sie nur für diese Fahrt gebrauchen wollten, zum Taxiunternehmen alsbald und unversehrt zurückgelangen werde. Dann fehlt es für eine Zueignungsabsicht an der Vorstellung dauernder Enteignung. Dass T und M das Taxi dem Zugriff Dritter preisgaben und es so abgestellt haben, dass ein alsbaldiges Auffinden nicht gerade wahrscheinlich war, kann zwar im Prozess ihre Einlassung unglaubwürdig machen, nicht aber das tatsächliche Fehlen des Enteignungsvorsatzes ersetzen. Diebstahl ist daher abzulehnen[38] (s. auch Rn 158 f). T und M sind vielmehr nach §§ 248b, 25 II zu bestrafen. Da hierin kein eigenhändiges Delikt liegt, spricht nichts gegen eine mittäterschaftliche Begehensweise, wenn auch der Mitfahrer das Geschehen wie hier mitbeherrscht und an dem Gebrauch gleichberechtigt und mit gleichem Nutzen teilhat. Die Verfolgbarkeit der Tat setzt einen Strafantrag voraus.

442

---

37 S. zur Entscheidung auch *Floeth*, NZV 15, 95; *Jahn*, JuS 15, 82; *Kudlich*, JA 14, 873; *Theile/Stürmer*, ZJS 15, 123.
38 BGH NStZ 96, 38.

4. Prüfungsaufbau: Unbefugter Gebrauch eines Fahrzeugs, § 248b

442a

> **Unbefugter Gebrauch eines Fahrzeugs, § 248b**
>
> I. Tatbestand
> 1. Objektiver Tatbestand
>   a) Tatobjekt:
>   - *Kraftfahrzeug*
>   → § 248b IV
>   - *Fahrrad*
>
>   b) Tathandlung:
>   - *Ingebrauchnahme*
>   → bestimmungsgemäße Verwendung
>   → Täterschaftsformen/Vollendung
>   ⓟ Ingebrauchhalten
>   - *gegen den Willen des Berechtigten*
>   ⓟ Berechtigter
>   ⓟ Einwilligung/mutmaßliche Einwilligung bei Rückführung
>
> 2. Subjektiver Tatbestand
>   Vorsatz:
>   - *jede Vorsatzart*
>   ⓟ Abgrenzung zu den Zueignungsdelikten (Rückkehrvorstellung)
>
> II. Rechtswidrigkeit
> III. Schuld
> IV. Strafantrag, § 248b III
> V. Subsidiarität, § 248b I aE
>   → Subsidiarität gegenüber mit schwererer Strafe bedrohter Tat
>   ⓟ Reichweite der Subsidiaritätsklausel

II. Unbefugter Gebrauch von Pfandsachen

443 § 290 stellt den unbefugten Gebrauch von in Pfand genommenen Gegenständen unter Strafe. Es handelt sich hierbei um einen weiteren Fall des in der Regel straflosen furtum usus[39]. Die in der Praxis fast bedeutungslose Vorschrift bezieht sich nur auf **öffentliche Pfandleiher**, dh auf Personen, die ein Pfandleihgewerbe betreiben und deren Geschäft allgemein zugänglich ist. Auf das Vorliegen einer sich auf den Täter beziehenden behördlichen Konzession kommt es nicht an, solange die Tat von einer in dem Gewerbebetrieb tätigen Person begangen wird[40]. Gebrauch iS des § 290 ist jede Nutzung der Sache, die mit ihrer Beschaffenheit verträglich ist und über die bloße Verwahrung hinausgeht[41]. Auch eine Weiterverpfändung kommt hierfür in Betracht[42]. Führt der Gebrauch zu einer wesentlichen Wertminderung der Sache, kann Unterschlagung vorliegen, die § 290 verdrängt.

---

[39] *Lackner/Kühl/Heger*, § 290 Rn 1.
[40] RGSt 8, 269, 270.
[41] Vgl BGHSt 11, 47, 48 f; *Kindhäuser*, § 290 Rn 5.
[42] RGSt 8, 269, 271.

Private Pfandgläubiger fallen nicht unter § 290; der Schutz des Eigentümers ist hier auf das Zivilrecht beschränkt (vgl § 1217 BGB). Die Eigenschaft als öffentlicher Pfandleiher ist kein besonderes persönliches Merkmal nach § 28 I[43], weil hiermit keine besondere Pflichtenstellung, sondern nur der Kreis der für das Rechtsgut besonders „gefährlichen" Täter beschrieben ist. Die Unbefugtheit ist nach – umstrittener – Meinung ein Tatbestandsmerkmal[44].

III. Entziehung elektrischer Energie

Nach § 248c macht sich strafbar, wer einer elektrischen Anlage oder Einrichtung mittels eines nicht zur ordnungsmäßigen Entnahme bestimmten Leiters fremde elektrische Energie entzieht. Dabei stellt das Gesetz den, der dies in Zueignungsabsicht tut (§ 248c I), unter schärfere Strafdrohung als den, der lediglich eine Schädigungsabsicht besitzt (§ 248c IV). In beiden Fällen lässt sich von einer *unbefugten Verbrauchsanmaßung* sprechen.

444

Die im Jahr 1900 in das StGB aufgenommene Vorschrift ist auf die reichsgerichtliche Rechtsprechung zurückzuführen, die das Bedürfnis der Bestrafung des „Stromdiebstahls" zwar anerkannte, der elektrischen Energie aber mit Recht die Sachqualität (§ 242) absprach und sich zur Schließung der Strafbarkeitslücke für nicht berechtigt erklärte. Dass dies allein „Aufgabe der Gesetzgebung" sei, begründete das Reichsgericht zutreffend damit, dass der Strafrichter „den Mangel gesetzlicher Bestimmungen durch analoge Anwendung von Normen", die „für diesen Fall nicht gegeben sind", auf Grund des „obersten Grundsatzes: nulla poena sine lege" nicht beheben dürfe[45]. Wenig später fügte es hinzu, dass „das gewiß nicht zu verkennende Rechtsschutzbedürfnis der elektrischen Betriebe und Industrien" mit Rücksicht auf diesen „Rechtssicherheit und persönliche Freiheit" gewährleistenden Satz aus eigener Machtvollkommenheit nicht durch Richterspruch zu befriedigen sei[46].

In § 248c I findet sich ein dem Diebstahl nachgebildeter Tatbestand. Daher hat das 6. StrRG (Rn 11) die dort erfolgte Erweiterung auf die Drittzueignungsabsicht auch hier übernommen. Es hat zudem in § 248c III die zuvor schon hM[47] verankert, die eine entsprechende Anwendung der §§ 247, 248a empfahl. Da die elektrische Energie keine Sache ist, sind die Begriffe der Fremdheit und der Zueignungsabsicht in übertragenem Sinne zu verwenden[48]. Fremd ist der Strom danach dann, wenn dem Täter keine Befugnis zu seiner Entnahme zusteht. Zueignungsabsicht ist gegeben, wenn er den Strom für sich verbrauchen oder einem Dritten den Verbrauch durch Zuleitung ermöglichen will[49]. Die Entziehung ist nur dann tatbestandsmäßig, wenn sie ohne Einverständnis[50] und mittels eines vom Berechtigten nicht zur ordnungsmäßigen Entnahme bestimmten Leiters geschieht.

445

---

43 *Lackner/Kühl/Heger*, § 290 Rn 1; aA *Gössel*, BT II § 18 Rn 129; SK-*Hoyer*, § 290 Rn 2; offen NK-*Gaede*, § 290 Rn 4.
44 NK-*Gaede*, § 290 Rn 7; aA LK-*Schünemann*, § 290 Rn 9.
45 RGSt 29, 111, 116.
46 RGSt 32, 165, 186 f.
47 S. OLG Düsseldorf NStE Nr 1 zu § 248c; BT-Ds 13/9064, S. 17.
48 LK-*Vogel*, § 248c Rn 2, 13; *Maurach/Schroeder/Maiwald*, BT I § 33 Rn 41; MK-*Hohmann*, § 248c Rn 6, 15; S/S/W-*Kudlich*, § 248c Rn 3, 10; OLG Celle MDR 69, 597.
49 OLG Celle MDR 69, 597; M/R-*Schmidt*, § 248c Rn 6.
50 *Brodowski*, ZJS 10, 145; *Mitsch*, BT II S. 249.

Nehmen frierende Büroangestellte entgegen der Weisung des Arbeitgebers in den Büroräumen installierte elektrische Heizungsgeräte in Anspruch oder bedienen sie das stromsperrende Münzkassiergerät zuvor mit Falschgeld, handeln sie danach nicht tatbestandsmäßig[51]; schließen sie dagegen mitgebrachte Heizungsgeräte eigenmächtig an, ist der Tatbestand des § 248c erfüllt. Die wenig einleuchtende Differenzierung kann der Rechtsanwender nicht korrigieren[52]. Der praktisch häufigste Fall ist nach der Rechtsprechung der, dass nach Abstellung der Stromzufuhr wegen Gebührenrückstands Strom unter Überbrückung der Unterbrechung oder aus wohnungsfremden Stromquellen entnommen wird[53].

Rechtsprechungsbeispiel: In einer Entscheidung des **LAG Hamm BB 10, 2300** geht es darum, ob eine von einem Arbeitnehmer A begangene Straftat nach § 248c den Arbeitgeber zur (fristlosen) Kündigung des Arbeitsverhältnisses berechtigt. Der A hatte sich für einige Tage einen Elektroroller der Marke „Segway" gemietet und ihn kurze Zeit lang mit einem Kabel an eine Steckdose im Vorraum des Rechenzentrums seines Arbeitgebers angeschlossen, um den Akku aufzuladen. Die entnommene Strommenge hatte einen Wert von 1,8 Cent. Ungeklärt blieb, ob A das Ladekabel mitgebracht oder vorgefunden hatte. – Das LAG schließt sich der Subsumtion dieses Vorgangs durch die Vorinstanz (ArbG Siegen BB 10, 244) unter § 248c an, weil sich A in beiden Varianten eines vom Arbeitgeber nicht zum Laden von Elektrorollern seiner Arbeitnehmer bestimmten Leiters bedient habe. Diese Argumentation ist dann anfechtbar, wenn es sich um ein vorgefundenes „Ladekabel" gehandelt haben sollte, das *generell* zur Entnahme von Strom aus der Steckdose im Vorraum bestimmt war. Aus der Tatsache, dass es der Arbeitgeber duldete, dass die Mitarbeiter private Gegenstände wie Kaffeemaschinen, Mikrowellen oder elektronische Bilderrahmen mit Firmenstrom speisten, ist allerdings zu Recht kein Einverständnis mit dem Vorgehen des A abgeleitet worden. Trotz Vorliegens einer Straftat wurde die Wirksamkeit der Kündigung verneint[54].

446 Auch in der als Antragsdelikt ausgestalteten **Schädigungsalternative** (§ 248c IV), in der die Verbrauchsanmaßung weder dem Täter noch einem Dritten nutzen, sondern nur dem Berechtigten Schaden zufügen soll, reicht es nicht aus, dass „stromfressende" Geräte des Berechtigten gegen dessen Willen eingeschaltet werden. Vielmehr muss auch hier mittels eines zur ordnungsmäßigen Entnahme nicht bestimmten Leiters der Strom entzogen werden. Dass für die wegen der „Stromvernichtung" sachbeschädigungsnahe Variante ein praktisches Bedürfnis besteht, ist bislang nicht erwiesen (BT-Ds 13/8587, S. 43). Der Gesetzgeber hat aber gleichwohl auch an diesem Tatbestand festgehalten (BT-Ds 13/8587, S. 63; 13/9064, S. 17). Der *Versuch* ist nur in den Fällen des § 248c I strafbar[55].

---

51 BayObLG MDR 61, 619; BK-*Wittig*, § 248c Rn 2.1; *Fischer*, § 248c Rn 3; aA SK-*Hoyer*, § 248c Rn 7.
52 *Kindhäuser*, § 248c Rn 7 f; s. dazu auch *Bock*, JA 16, 503 f; *Brodowski*, ZJS 10, 146; LK-*Vogel*, § 248c Rn 11 mit dem Vorschlag, nur vertrags- oder abredewidrige Nutzungen (zB einer Steckdose) als bloßes Zivilunrecht zu behandeln.
53 S. zB HansOLG Hamburg MDR 68, 257; OLG Celle, MDR 69, 597; OLG Düsseldorf NStE Nr 1 zu § 248c.
54 S. dazu auch *Eckert*, DStR 09, 2324.
55 MK-*Hohmann*, § 248c Rn 19.

6. Kapitel
Verletzung von Aneignungsrechten

§ 11 Jagd- und Fischwilderei

> **Fall 33:** T nahm als Jagdgast an einer Treibjagd teil. Eine von ihm getroffene Ricke flüchtete in ein Nachbarrevier und verendete dort etwa 40 m jenseits der Grenze. T holte das Tier aus dem fremden Jagdgebiet zurück und legte es eineinhalb Meter von der Grenze entfernt im Jagdgebiet des Jagdveranstalters nieder. Dabei ging er davon aus, dass das Reh vom Jagdherrn nach Beendigung der Jagd dort abgeholt und verwertet werden würde, was auch geschah. Eine Wildfolgevereinbarung zwischen dem Jagdveranstalter und dem Pächter des Nachbarreviers bestand nicht. Bevor T im Nachbarbezirk die Ricke aufnahm, bestieg er dort für kurze Zeit einen Hochsitz, weil er ein weiteres Reh entdeckt hatte. Er brachte in der Hoffnung, das Reh werde sich auf Schussweite nähern, die Waffe in Anschlag. Nach wenigen Minuten wechselte das Reh überraschend in das Revier des Jagdveranstalters und konnte nun von T vom Hochsitz aus erlegt werden.
> Strafbarkeit des T? **Rn 454**

447

I. Jagdwilderei

1. Rechtsgut und Schutzfunktion

Das Wesen der Jagdwilderei besteht vornehmlich in der **Verletzung fremden Aneignungsrechts** an Gegenständen, die dem Jagdrecht unterliegen (vgl dazu §§ 1, 2 BJagdG) und für die – da und solange sie herrenlos (§ 960 I 1 BGB) sind – der Schutz der §§ 242, 246, 303 nicht greift.

448

Die **Schutzfunktion** des § 292 erschöpft sich allerdings nicht in der Wahrung des Aneignungsrechts als Vermögenswert. Die Strafdrohung bezweckt *auch* den Schutz des durch Hege erhaltenen Wildbestandes[1]. Seine Bestätigung findet dies in den letzten drei Regelbeispielsfällen des § 292 II Nr 2 sowie in § 1 BJagdG, wonach das Jagdrecht die ausschließliche Befugnis enthält, wild lebende Tiere **in einem bestimmten Revier zu hegen**, auf sie die Jagd auszuüben und sie sich als Jagdbeute anzueignen. Auch erklärt die zusätzliche Schutzfunktion, warum § 248a nicht für anwendbar erklärt ist[2]. Die gesonderte Regelung des sog. Jagdfrevels steht dem nicht entgegen[3].

Das **Jagdrecht** als dingliches Recht folgt aus dem Eigentum am Grund und Boden, mit dem es untrennbar verbunden ist (§ 3 I BJagdG). Es darf nur in Jagdbezirken aus-

449

---

[1] BK-*Witteck*, § 292 Rn 7; *Hohmann/Sander*, BT I § 9 Rn 1; *Kindhäuser*, BT II § 11 Rn 1; *Lackner/Kühl/Heger*, § 292 Rn 1; LK-*Schünemann*, § 292 Rn 1–3; *Maurach/Schroeder/Maiwald*, BT I § 38 Rn 8; MK-*Zeng*, § 292 Rn 1; *Rengier*, BT I § 29 Rn 1; **aA** A/W-*Heinrich*, § 16 Rn 10; *Geppert*, Jura 08, 599; NK-*Wohlers/Gaede*, § 292 Rn 1; SK-*Hoyer*, § 292 Rn 4; S/S-*Heine/Hecker*, § 292 Rn 1; S/S/W-*Kudlich*, § 292 Rn 1; zur Deutung in der NS-Zeit s. RGSt 70, 220, 221 f.
[2] LK-*Schünemann*, § 292 Rn 3.
[3] LK-*Schünemann*, § 292 Rn 4; s. zur Regelung auch *Geppert*, Jura 08, 599.

geübt werden (§§ 3 III, 4 ff BJagdG). Die **Ausübung** des Jagdrechts ist übertragbar und kann Gegenstand von Jagdpachtverträgen sein (näher §§ 11 ff BJagdG); in solchen Fällen geht das **Jagdausübungsrecht** dem Jagdrecht des Grundeigentümers vor und kann daher auch von diesem verletzt werden[4].

Auf Grundflächen, die zu keinem Jagdbezirk gehören, und in befriedeten Bezirken **ruht die Jagd** (§ 6 S 1 BJagdG). **Befriedete Bezirke** sind ua **Hausgärten**, die unmittelbar an eine Behausung anstoßen und durch irgendeine Umfriedung begrenzt oder sonst vollständig abgeschlossen sind (vgl zB § 4 I b LJagdG NW). Der Grundeigentümer, der in ihnen dem Wilde nachstellt oder es erlegt, begeht nach hM keine Jagdwilderei iS des § 292, sondern nur eine **Ordnungswidrigkeit** iS des § 39 I Nr 1 BJagdG[5]. Dritte können dagegen das Jagdrecht des Eigentümers auch in befriedeten Bezirken verletzen und daher dort Wilderei begehen[6].

2. Objektiver Tatbestand

a) Tatobjekte und Tathandlungen

450 Der **Tatbestand** des § 292 I enthält zwei Alternativen:

(1) **Objekt** der *ersten* Alternative (§ 292 I Nr 1) ist ausschließlich **lebendes Wild** (= wild lebende, nach § 2 BJagdG *jagdbare* Tiere). Bestraft wird, wer solchem Wild nachstellt, es fängt, erlegt oder sich oder einem Dritten zueignet. Beim **Nachstellen** handelt es sich um ein *unechtes Unternehmensdelikt*[7]. Zur **Vollendung** der Wilderei in dieser Form genügt daher schon das **bloße** Nachstellen, dh jede Handlung, die unmittelbar – wenn auch erfolglos – auf das Fangen, Erlegen oder Zueignen des lebenden Wildes gerichtet ist[8]. Darunter fällt zB das Anpirschen, Auflauern und Durchstreifen des Jagdreviers mit gebrauchsbereiten Jagdwaffen sowie das Legen von Ködern oder Schlingen[9]. Derartige Handlungen bringen das Wild nach den Maßstäben des § 22 in die unmittelbare Gefahr, gefangen, erlegt oder zugeeignet zu werden und können sich daher jederzeit als letzter Zwischenschritt vor der Tatbestandsverwirklichung erweisen. Sie begründen daher deren Versuch[10]. Weiter sind die Grenzen des (unechten) Unternehmensdelikts nicht dehnbar. Wer schon das Aufsuchen geeigneter Plätze innerhalb des Wildwechsels zum Legen mitgeführter Schlingen ausreichen lässt, bezieht die Vorbereitungsphase mit ein und gibt damit den Charakter des Unternehmensdelikts preis[11]. Ob die Tatmittel tauglich sind oder nicht, ist gleichgül-

---

4 *Joecks/Jäger*, § 292 Rn 2; *Krey/Hellmann/Heinrich*, BT II Rn 382; *Mitsch*, BT II S. 861; MK-*Zeng*, § 292 Rn 8; M/R-*Wietz*, § 292 Rn 4.
5 LK-*Schünemann*, § 292 Rn 14; OLG Düsseldorf JMBl NW 62, 179; OLG Hamm GA 1961, 89; OLG Köln MDR 62, 671; aA *Furtner*, MDR 63, 98.
6 BayObLG NStZ 92, 187; *Lorz/Metzger/Stöckel*, Jagdrecht, Fischereirecht, 4. Aufl. 2011, § 6 Rn 6 f; s. zur Bedeutung des 2013 neu eingefügten § 292 III in diesem Zusammenhang *Lackner/Kühl/Heger*, § 292 Rn 4a.
7 Vgl *Eisele*, BT II Rn 1054; *Fischer*, § 292 Rn 11; *Geppert*, Jura 08, 601; *Mitsch*, BT II S. 866 f; M/R-*Wietz*, § 292 Rn 7; S/S-*Heine/Hecker*, § 292 Rn 12; krit. LK-*Schünemann*, § 292 Rn 42.
8 LK-*Schünemann*, § 292 Rn 43; *Schmidt*, BT II Rn 955 f.
9 RGSt 14, 419; 20, 4.
10 LK-*Hillenkamp*, § 22 Rn 85; zust. MK-*Zeng*, § 292 Rn 26; zur Abgrenzung von der Vorbereitung s. NK-*Gaede*, § 292 Rn 23.
11 So zB RGSt 70, 220, 222 f; A/W-*Heinrich*, § 16 Rn 15; BK-*Witteck*, § 292 Rn 17.2/17.3; *Lackner/Kühl/Heger*, § 292 Rn 2 (unmittelbare Vorbereitung); LK-*Schünemann*, § 292 Rn 42, 44; dagegen OLG Frankfurt NJW 84, 812; S/S/W-*Kudlich*, § 292 Rn 10; Überblick bei *Küper/Zopfs*, BT Rn 403 f.

tig[12]; tauglich sein muss aber das Objekt. Wer einer Hauskatze nachstellt, die er für eine Wildkatze hält, stellt dem „Wilde" nicht nach[13].

Die sonstigen Tathandlungen der ersten Alternative des § 292 I gewinnen nur dann selbstständige Bedeutung, wenn es an voraufgegangenen Nachstellungsakten fehlt (**Beispiel:** Ein Spaziergänger findet ein verlassenes, entkräftetes Rehkitz, das er aufhebt und mit nach Hause nimmt, um es aufzuziehen). **Fangen** heißt, ein Tier lebend in seine Gewalt bringen. **Erlegen** ist jede, auch die nicht weidmännische Art des Tötens. Eigennutz oder Gewinnsucht sind keine Voraussetzung[14]. Auf das Vorhandensein eines Zueignungswillens kommt es allein beim Merkmal des **Zueignens** an. Dabei verlangt das Sich-Zueignen neben der Gewahrsamsbegründung[15] nicht anders als bei der Unterschlagung (Rn 309) die nach außen erkennbare Betätigung des Willens, unter dauerndem Ausschluss des Aneignungsberechtigten wie ein Eigentümer über das Tatobjekt zu verfügen. Bei der auch hier durch das 6. StrRG (Rn 11) hinzugefügten Drittzueignung muss der Täter einem nicht aneignungsberechtigten Dritten willentlich die Zueignung ermöglichen, indem er ihm Gewahrsam verschafft oder die Möglichkeit der Herrschaftsbegründung in einer Täterschaft begründenden Weise eröffnet[16]. Die Verwirklichung mehrerer Modalitäten des § 292 I ändert am Vorliegen *eines* einheitlichen Delikts nichts.

(2) Die *zweite* Alternative (§ 292 I Nr 2) betrifft das Zueignen, Beschädigen oder Zerstören **herrenloser Sachen**, die dem Jagdrecht unterliegen. 451

Welche Sachen das sind, ist in § 1 V BJagdG geregelt (= Fallwild, verendetes Wild, Abwurfstangen und die Eier jagdbaren Federwildes)[17]. Bei der **Tathandlung** übernimmt das Gesetz die in § 246 und § 303 enthaltenen Begriffe des Zueignens, Beschädigens und Zerstörens, wenngleich es hier nicht um den Schutz fremden *Eigentums* geht, sondern an dessen Stelle auf das Aneignungsrecht des Jagdausübungsberechtigten abzustellen ist. Zur Zueignung, die weder bei der Selbst- noch bei der Drittzueignung ein Wegschaffen der Beute aus dem fremden Jagdrevier voraussetzt, gilt das zu § 246 Gesagte sinngemäß (vgl oben Rn 309)[18].

b) Verletzung fremden Jagd- oder Jagdausübungsrechts

In beiden Tatbestandsalternativen des § 292 I muss die Tat **unter Verletzung fremden Jagd- oder Jagdausübungsrechts** begangen werden. **Täter** sind daher idR Personen, denen beide Rechte nicht zustehen. Ausnahmen bilden der Jagdausübungsberechtigte, der dort jagt, wo – wie etwa in einem in seinem Jagdrevier liegenden befriedeten Bezirk (§ 6 BJagdG) – das Jagdrecht ruht[19], der Jagdberechtigte selbst, der die Ausübung des Jagdrechts wirksam[20] verpachtet hat (§ 11 I BJagdG) oder ein Jagdgast, der die ihm eingeräumte (eine besondere Erlaubnis erfordernde) Abschussbefugnis überschreitet[21]. 452

---

12 AA bei absoluter Untauglichkeit LK-*Schünemann*, § 292 Rn 49.
13 *Geppert*, Jura 08, 601; *Jakobs*, AT 2. Aufl. 1991, 25/7; *Küper/Zopfs*, BT Rn 406; LK-*Hillenkamp*, vor § 22 Rn 127; SK-*Hoyer*, § 292 Rn 15; **aA** A/W-*Heinrich*, § 16 Rn 15; *Kindhäuser/Böse*, BT II § 11 Rn 22; diff. *Eisele*, BT II Rn 1054; MK-*Zeng*, § 292 Rn 43; diff. NK-*Gaede*, § 292 Rn 24.
14 RGSt 14, 419, 420.
15 *Kindhäuser*, § 292 Rn 11.
16 S. *Fischer*, § 292 Rn 12; OLG Hamm NJW 56, 881.
17 Vgl dazu KG JW 36, 621; *Lackner/Kühl/Heger*, § 292 Rn 3.
18 S. auch *Fischer*, § 292 Rn 12; LK-*Schünemann*, § 292 Rn 53.
19 BayObLG NStZ 92, 187.
20 AA NK-*Gaede*, § 292 Rn 11.
21 Vgl RGSt 43, 439, 440; RG DR 41, 2059 Nr 14; BK-*Witteck*, § 292 Rn 11; *Fischer*, § 292 Rn 10.

Maßgebend für diese Voraussetzung ist der **Standort des Wildes**, nicht der des Jägers[22]. Wer sich bei einer Treibjagd aus einem fremden Jagdrevier Wild zutreiben lässt, begeht Wilderei in der Form des Nachstellens[23]. Die Zulässigkeit der **Wildfolge**, dh der Verfolgung angeschossenen Wildes auf fremdes Jagdgebiet, hängt von einer entsprechenden Vereinbarung mit dem Jagdnachbarn ab, soweit es an einer gesetzlichen Regelung fehlt[24]. In Betracht kommt hier auch eine Rechtfertigung kraft mutmaßlicher Einwilligung, wenn das angeschossene Wild verfolgt und erlegt wird, um ihm erhebliche Qualen zu ersparen[25].

453 An **gewilderten Tieren** kann auch außerhalb des Jagdreviers durch Verstoß gegen die *zweite* Alternative des § 292 I seitens Dritter noch Wilderei begangen werden, solange die **Herrenlosigkeit fortbesteht**. Diese endet erst, wenn das gewilderte Objekt in das Eigentum des Jagdausübungsberechtigten (§ 958 I BGB) oder eines gutgläubigen Erwerbers (§ 932 BGB) fällt[26]. Bei einem *abgeleiteten* Erwerb tritt § 292 allerdings hinter § 259 (Hehlerei) zurück[27].

454 Im **Fall 33** hat T als Jagdgast durch den Schuss auf die zunächst getroffene Ricke keine Wilderei begangen, soweit er sich mit diesem Schuss im Rahmen der ihm vom Jagdausübungsberechtigten eingeräumten Abschussbefugnis gehalten hat. Wohl aber hat er sich einer Wilderei gem. § 292 I Nr 2 schuldig gemacht, als er die im Nachbarrevier verendete Ricke zurückholte und dem Jagdberechtigten die Aneignung ermöglichte. Da dieses Vorgehen nicht durch eine Wildfolgevereinbarung[28] gedeckt war, handelt es sich um einen Fall einer schon nach altem Recht verbreitet für strafbar gehaltenen[29] und nach neuem Recht eindeutig strafbaren **Drittzueignung** eines nach § 1 V BJagdG dem Aneignungsrecht des im Nachbarrevier Jagdausübungsberechtigten unterliegenden verendeten Wildes. Glaubte T, das verendete Wild abholen zu dürfen, befand er sich im Verbotsirrtum[30]. Mit dem **Erlegen** des Rehs vom Hochsitz des Nachbarreviers aus begeht T dagegen keine Wilderei, weil der Standort des Wildes maßgeblich ist. T hat aber zuvor durch das Richten der Waffe auf das noch nicht in Schussweite befindliche Tier bereits dem Wilde **nachgestellt**. Da es nur noch vom Zufall abhing, ob das Reh sich noch im Nachbarrevier dem T ausreichend nähern werde oder nicht, wird man in dem In-Anschlag-Bringen der Waffe keine straflose Vorbereitungshandlung mehr sehen können, sondern ein unmittelbares Ansetzen zum Erlegen[31].

3. Zueignung gefangenen oder erlegten Wildes durch Dritte

455 Nach § 958 I BGB in Verbindung mit §§ 1 ff BJagdG wird an gefangenem oder erlegtem Wild vom Aneignungsberechtigten dadurch **Eigentum** erworben, dass er es **in Eigenbesitz** nimmt. Von diesem Augenblick an hört das Tier auf, taugliches Objekt der Wilderei zu sein; als **fremde** bewegliche Sache unterliegt es nunmehr dem Eigen-

---

22 *Kindhäuser*, § 292 Rn 5; MK-*Zeng*, § 292 Rn 18.
23 BayObLG GA 1955, 247, 249; *Lackner/Kühl/Heger*, § 292 Rn 4.
24 *Fischer*, § 292 Rn 9; *Geppert*, Jura 08, 601; vgl dazu §§ 22a II BJagdG, 17 LJagdG BW, 29 LJagdG NW; BayObLG GA 1993, 121, 123; OLG Hamm NJW 56, 881; LK-*Schäfer*, 10. Aufl., § 292 Rn 49 ff.
25 NK-*Gaede*, § 292 Rn 37; für Tatbestandsausschluss LK-*Schünemann*, § 292 Rn 52.
26 Näher RGSt 23, 89, 90 f; BayObLGSt 1954, 116; S/S-*Heine/Hecker*, § 292 Rn 17.
27 LK-*Schünemann*, § 292 Rn 37.
28 S. § 22a BJagdG; BayObLG GA 1993, 121, 123.
29 S. BayObLG NJW 56, 881.
30 S/S-*Heine/Hecker*, § 292 Rn 19.
31 S. zur Abgrenzung OLG Frankfurt NJW 84, 812; *Fischer*, § 292 Rn 11.

tumsschutz (§§ 242 ff)³². Wer daher einen vom Jagdausübungsberechtigten geschossenen Rehbock, den dieser an der Jagdhütte zum Abtransport bereitgelegt hat, an sich nimmt, um ihn für sich zu verwenden, begeht einen Diebstahl. Ist dagegen ein gewildertes Tier vom Wilderer in Besitz genommen und **eigener Gewahrsam an ihm begründet worden**, ist strittig, ob das Tier noch ein taugliches Objekt der Wilderei sein kann. Die hM vertritt den Standpunkt, dass gewilderte Tiere auch dann **herrenlos bleiben** und weiterhin dem alleinigen **Aneignungsrecht des Jagdausübungsberechtigten** unterliegen, wenn der Wilderer sie in Eigenbesitz genommen und aus dem Jagdrevier fortgeschafft hat³³.

Dem ist zuzustimmen. Der **Wilderer selbst** kann nach § 958 II BGB kein Eigentum erwerben, weil er fremdes Aneignungsrecht verletzt³⁴. Der **Jagdausübungsberechtigte** erwirbt nach § 958 I BGB nicht schon dann Eigentum, wenn *irgendwer* das erlegte Wild in Eigenbesitz nimmt³⁵, sondern nur unter der Voraussetzung, dass die Besitzbegründung entweder unmittelbar durch ihn oder seitens Dritter zu dem Zweck erfolgt, ihm den Eigenbesitz zu verschaffen³⁶. 456

4. Vorsatz und Irrtumsfälle

Der Täter muss wissen, dass es sich um ein Tatobjekt des § 292, also namentlich um „Wild", „Abwurfstangen" oder „Eier von Federwild" (§ 1 I, V BJagdG) handelt. Wer hierüber irrt, handelt ohne Vorsatz³⁷. Im Rahmen der Tatumstands- und Bedeutungskenntnis muss der **Vorsatz** des Täters (zumindest in der Form des *dolus eventualis*) zudem das Bewusstsein umfassen, fremdes Jagdrecht zu verletzen; hieran kann es fehlen, wenn der Täter glaubt, überfahrenes Wild unterliege nicht mehr dem Jagdrecht³⁸. Die Beurteilung weiterer **Irrtumsprobleme**³⁹ ist umstritten. 457

Geht ein Täter bei der Ansichnahme eines im Wald zum Abtransport bereit gelegten Stückes Wild davon aus, es sei dort entweder vom Jagdausübungsberechtigten *oder* von einem Wilderer deponiert worden, ist ein sog. **alternativer Vorsatz** gegeben und aus *dem* Straftatbestand zu verurteilen, der nach Konkurrenzregeln vorgeht⁴⁰. Ähnlich liegt es im Ergebnis, wenn der Täter sich gar keine Gedanken darüber macht, wer das Wild erlegt haben könnte. Ein **generel-** 458

---

32 NK-*Gaede*, § 292 Rn 17; S/S/W-*Kudlich*, § 292 Rn 8.
33 BayObLGSt 1954, 116; BK-*Witteck*, § 292 Rn 16; *Eisele*, BT II Rn 1059; LK-*Schünemann*, § 292 Rn 36; *Maurach/Schroeder/Maiwald*, BT I § 38 Rn 14; MK-*Zeng*, § 292 Rn 22; S/S-*Heine/Hecker*, § 292 Rn 17; S/S/W-*Kudlich*, § 292 Rn 8; Erman-*Ebbing*, BGB, 15. Aufl. 2017, § 958 Rn 8; Palandt-*Herrler*, BGB, 77. Aufl. 2018, § 958 Rn 4; *Westermann/Gursky*, Sachenrecht, 8. Aufl. 2011, § 58 Rn 7 f.
34 Nach *Otto*, BT § 50 Rn 25 soll das Wild hier aber Besitz- und Vermögensobjekt des Wilderers und damit nicht mehr Objekt des § 292, sondern nur noch eines Vermögensdelikts (zB des § 259) sein können.
35 So aber die Mindermeinung: *Baur/Stürner*, Sachenrecht, 18. Aufl. 2009, § 53 Rn 73; *Heck*, Grundriß des Sachenrechts, 1930, § 64, 6; *Westermann*, Sachenrecht, 5. Aufl. 1966, § 58 IV; *Wilhelm*, Sachenrecht, 5. Aufl. 2016, Rn 1038; s. zum Streit auch *Geppert*, Jura 08, 602 f.
36 Vgl RGSt 23, 89; BayObLGSt 1954, 116; *Krey/Hellmann/Heinrich*, BT II Rn 386; *Rengier*, BT I § 29 Rn 6; *Wessels*, JA 84, 221; Soergel-*Heussler*, BGB, 13. Aufl. 2002, § 958 Rn 4; *Westermann/Gursky*, Sachenrecht, 8. Aufl. 2011, § 58 Rn 9.
37 S/S-*Heine/Hecker*, § 292 Rn 19.
38 LK-*Schünemann*, § 292 Rn 71; zu Recht gegen Verbotsirrtum MK-*Zeng*, § 292 Rn 37.
39 Vgl zu ihnen auch *Mitsch*, BT II S. 874 ff; NK-*Gaede*, § 292 Rn 31 ff.
40 LK-*Hillenkamp*, § 22 Rn 37; diff. *Wessels/Beulke/Satzger*, AT Rn 350 ff; *Wessels*, JA 84, 221, 223.

ler **Vorsatz** dieser Art schließt bei der maßgebenden Parallelwertung in der Laiensphäre alle wesentlichen Umstände ein, von denen bei der gegebenen Sachlage die Anwendbarkeit des § 242 oder des § 292 I Nr 2 abhängt[41].

459 Erfüllt der Täter objektiv den Tatbestand des Diebstahls (§ 242), weil das Wild Eigentum des Gewahrsamsinhabers ist, hält er es aber für gewildert und auf Grund einer entsprechenden Vorstellung in der Laiensphäre für *herrenlos*, **fehlt es am Diebstahlsvorsatz** (§ 16 I). Eine Bestrafung wegen **Wilderei** kommt ebenfalls nicht in Betracht, weil der Tatbestand des § 292 I Nr 2 **objektiv nicht verwirklicht** ist. Auf Grund der Fehlvorstellung des Täters liegt zwar ein *untauglicher Versuch* (= Untauglichkeit des Tatobjekts) der Zueignung vor. Dieser bleibt aber straflos, weil § 292 den **Versuch** der Wilderei nicht mit Strafe bedroht. Diese Lücke im Gesetz muss hingenommen werden[42].

460 Hält der Täter eine objektiv herrenlose Sache für „fremd", fehlt es am objektiven Tatbestand des § 242. Dann ist nur wegen **versuchten Diebstahls** zu bestrafen (§§ 242, 22 = Versuch am untauglichen Objekt). Eine Bestrafung aus dem objektiv verwirklichten Tatbestand des § 292 I Nr 2 entfällt, weil der Täter nicht gewusst hat, dass das Wild gewildert und demnach noch herrenlos war[43].

Zum Teil wird angenommen, dass insoweit eine Bestrafung wegen **vollendeter Wilderei** möglich sei, weil der Diebstahlsvorsatz als qualitatives „*Plus*" den weniger weit reichenden Wildereivorsatz als „*Minus*" mit einschließe[44]. Für eine derartige „Plus-Minus-Theorie" fehlt es aber ungeachtet ihrer dogmatischen Fragwürdigkeit an einem praktischen Bedürfnis, da der Unwertgehalt der Tat durch die Bestrafung des Täters wegen **versuchten Diebstahls** hinreichend erfasst wird.

5. Strafantragserfordernis

461 Ein Strafantragserfordernis besteht im Wildereibereich in den durch § 294 erfassten Fällen und damit namentlich dann, wenn der Verletzte Angehöriger (§ 11 I Nr 1) ist oder der Täter zB als Jagdgast die ihm gestattete Abschusszahl überschreitet und hierbei kein Regelbeispiel nach § 292 II erfüllt[45]. Ob darüber hinaus § 248a bei einem Verstoß gegen § 292 I *analog* anzuwenden und deshalb auch bei **geringem Wert** ein Antrag erforderlich ist, ist umstritten[46].

Diese Frage muss richtigerweise schon deshalb **verneint** werden, weil das Gesetz in dieser Hinsicht **keine unbewusste Regelungslücke** aufweist[47]. Dass der Gesetzgeber die sinngemäße Anwendbarkeit des § 248a lediglich für den Bereich der §§ 257, 259, 263, 263a, 265a, 266,

---

41 Zust. NK-*Gaede*, § 292 Rn 34.
42 Vgl RG JW 1902, 298 Nr 19; BK-*Witteck*, § 292 Rn 34; *Krey/Hellmann/Heinrich*, BT II Rn 385 ff, 392; MK-*Zeng*, § 292 Rn 40; *Otto*, BT § 50 Rn 28 f; aA *Welzel*, Lb S. 363; ähnlich *Jakobs*, AT, 2. Aufl. 1991, 8/56; ihm teilw. zust. *Fischer*, § 292 Rn 17.
43 Ebenso RGSt 39, 427, 433; *Krey/Hellmann/Heinrich*, BT II Rn 396; *Mitsch*, BT II S. 874 f; *Otto*, BT § 50 Rn 30; s. zu diesem Fall auch *Geppert*, Jura 08, 603 f.
44 A/W-*Heinrich*, § 16 Rn 19; *Maurach/Schroeder/Maiwald*, BT I § 38 Rn 20; dagegen *Eisele*, BT II Rn 1059; *Rengier*, BT I § 29 Rn 10.
45 NK-*Gaede*, § 294 Rn 1, 3.
46 Bejahend SK-*Hoyer*, § 294 Rn 1; S/S-*Heine/Hecker*, § 292 Rn 2, 21; wie hier BK-*Witteck*, § 294 Rn 2; *Lackner/Kühl/Heger*, § 292 Rn 8; LK-*Schünemann*, § 292 Rn 3.
47 Zust. MK-*Zeng*, § 294 Rn 10; M/R-*Wietz*, § 292 Rn 11; NK-*Gaede*, § 294 Rn 2.

266b, nicht aber zugleich für § 292 vorgesehen hat, konnte schon bisher nicht als *Versehen* gedeutet, sondern nur als **Verzicht auf eine solche Regelung** im Falle der **Wilderei** aufgefasst werden. Das 6. StrRG (Rn 11) hat diesen gesetzgeberischen Willen bestätigt. Es hat die zu § 248c bestehende Lücke geschlossen (§ 248c III), die zu § 292 aber nicht. Diese Entscheidung ist vom Rechtsanwender nicht korrigierbar.

6. Besonders schwere Fälle der Wilderei

So wie § 243 liegt den in § 292 II genannten Erschwerungsgründen nach der Neufassung durch das 6. StrRG (Rn 11) nunmehr die *Regelbeispielsmethode* (vgl dazu Rn 206) mit der Folge zu Grunde, dass trotz Vorliegens der Merkmale eines Regelbeispiels der besonders schwere Fall verneint und umgekehrt trotz Nichtvorliegens ein atypischer besonders schwerer Fall bejaht werden kann. Anders als § 243 II enthält § 292 II allerdings keine Ausschlussklausel, wenn die Tat sich auf eine **geringwertige** Sache bezieht. Wie zu § 248a (s. Rn 461) kommt auch insoweit aber keine Analogie in Betracht[48]. Freilich ist bei Geringwertigkeit an einen nicht ausreichend schweren Ausnahmefall zu denken.

462

Für den, der **gewerbs-** oder **gewohnheitsmäßig** wildert, sieht § 292 II 2 Nr 1 eine gegenüber § 292 III aF abgemilderte Strafschärfung vor, die nunmehr der Strafdrohung für die übrigen Erschwerungsgründe entspricht.

463

Erscheint sie im Einzelfall als immer noch zu hoch, weil etwa der zur gewerblichen Wilderei entschlossene Täter lediglich einmal nachts dem Wilde erfolglos oder demselben Stück Wild mehrfach nachgestellt hat (Fälle, in denen schon die Erfüllung des Regelbeispiels zweifelhaft ist, s. Rn 239)[49], erlaubt es der Regelbeispielscharakter nun ohne Bedenken, die Regelwirkung zu verneinen.

Diese Möglichkeit kann sich auf überkommene Streitfragen auch zu § 292 II 2 Nr 2 auswirken. Wird die Wilderei iS des § 292 I Nr 1 zB zur **Nachtzeit**, in der **Schonzeit**, unter **Anwendung von Schlingen** oder sonst unweidmännisch begangen, so liegt ein *besonders schwerer Fall* iS des § 292 II 2 Nr 2 nur in der Regel vor. Kommen im Einzelfall Milderungsgründe in Betracht, ist die Annahme eines besonders schweren Falles nicht mehr zwingend[50]. Die vormalige Mindermeinung, die den Strafschärfungsgründen schon der §§ 292 II, 293 II aF nur die Bedeutung von Regelbeispielen nach Art des § 243 I zugestehen wollte[51], ist durch das 6. StrRG (Rn 11) zum Gesetz geworden.

464

Deswegen besteht auch keine Notwendigkeit mehr, den Anwendungsbereich des § 292 II ausnahmslos auf primäre Wildereihandlungen zu beschränken und davon solche Fälle zwingend auszunehmen, bei denen erst eine in zweiter Hand begangene Wilderei vorliegt[52]. Andererseits bleibt es bei der Einsicht, dass die Modalitäten „innerhalb der Schonzeit" und „unter Anwendung von Schlingen" lediglich für die Fälle des § 292 I Nr 1, nicht aber zB für die Zueignung

---

48 *Eisele*, BT II Rn 1067; NK-*Gaede*, § 292 Rn 39; aA SK-*Hoyer*, § 292 Rn 27.
49 S. *Fischer*, § 292 Rn 23.
50 S. insoweit zu § 292 II aF: BGHSt 5, 211, 213; OLG Hamm NJW 62, 601; LK-*Schäfer*, 10. Aufl., § 292 Rn 86.
51 Vgl S/S-*Eser*, 25. Aufl., § 292 Rn 22 mwN.
52 So zur aF LK-*Schäfer*, 10. Aufl., § 292 Rn 35; ebenso zum neuen Recht aber LK-*Schünemann*, § 292 Rn 87 mit Rn 36.

von verendetem Wild passen. So ist es Sinn der Bestimmungen über die Schonzeit, Hege und Erhaltung des Wildbestandes zu sichern, nicht aber, gerade in dieser Zeit das Heraustragen von Abwurfstangen aus dem Revier zu verhindern. In einem solchen Fall ist daher schon die Indizwirkung zu verneinen. Ebenso setzt eine Begehung „zur Nachtzeit" voraus, dass der Täter die Dunkelheit gerade zur Ausführung der Tat und zur Verletzung des fremden Jagdrechts ausnutzt. Dieser funktionale Zusammenhang fehlt, wenn sich jemand zur Nachtzeit verendetes Wild zueignet, das er auf einer Landstraße gefunden hat oder das von ihm bei einer vorangegangenen Kollision mit seinem Kraftfahrzeug versehentlich getötet worden ist[53]. Auch dann kann schon die Indizwirkung nicht greifen. Andererseits ist dieses Regelbeispiel nicht auf § 292 I Nr 1 beschränkt; sein Grundgedanke, dem erhöhten Anreiz zum Wildern bei Nacht und den gesteigerten Gefahren bei Ausübung des Jagdschutzes zur Nachtzeit mit einer Verschärfung der Strafdrohung zu begegnen, kann auch für die Fälle des § 292 I Nr 2 zutreffen. Nicht weidmännisch ist außer dem genannten Legen von Schlingen zB das Auslegen vergifteter Köder im Bewusstsein, sich unjagdlich zu verhalten[54].

465 Nach § 292 II 2 Nr 3 ist auch die Tat, die von mehreren mit **Schusswaffen** ausgerüsteten Beteiligten begangen wird, ein idR besonders schwerer Fall. Die Beteiligten (s. zum Begriff § 28 II) müssen nach neuem Recht trotz des aus § 25 II stammenden Begriffs „gemeinschaftlich"[55] nicht mehr Mittäter sein[56], die Schusswaffen aber im Stadium der Tatausführung bei sich führen und sich zumindest zu zweit bewaffnet am Tatort befinden[57]. Vorausgesetzt wird bei § 292 II auch nach neuem Recht, dass der Vorsatz des Täters den straferhöhenden Umstand mit umfasst[58]. Insoweit gilt § 16 I entsprechend.

II. Fischwilderei

466 Die einzelnen Tatbestände der **Fischwilderei** (§ 293)[59] sind denen des § 292 nachgebildet, wobei innerhalb des Tatbestandes ebenfalls zwei Alternativen zu unterscheiden sind.

Das zu § 292 Ausgeführte gilt hier sinngemäß; der Strafrahmen ist aber milder. Die Strafschärfungsgründe in § 293 II, III aF sind im 6. StrRG (Rn 11) als entbehrlich gestrichen worden. Zu beachten ist, dass Fische in *geschlossenen* Privatgewässern nach § 960 I 2 BGB nicht *herrenlos* sind, also dem Eigentumsschutz (§§ 242 ff) unterliegen. **Fischen** ist jede auf Fang oder Erlegen von wild lebenden Wassertieren gerichtete Handlung ohne Rücksicht darauf, ob sie zum Erfolg führt. Auch hier handelt es sich um ein unechtes Unternehmensdelikt, das nur den Versuch, nicht aber die Vorbereitung des Fangens oder Erlegens und auch keine untauglichen Tatobjekte einbezieht[60]. Ein solches Versuchen setzt eine enge räumliche Beziehung zwischen Tathandlung und Gewässer voraus. Sofern der Täter sich mit seinem Fanggerät nicht auf dem Wasser befindet, muss er die Fangvorrichtung als solche im Gewässer ausgelegt haben[61]. Geht ein

---

53 BayObLGSt 1963, 86; MK-*Zeng*, § 292 Rn 57.
54 *Lackner/Kühl/Heger*, § 292 Rn 6; einschr. LK-*Schünemann*, § 292 Rn 95.
55 S. zum hieraus zu § 224 I Nr 4 entstandenen Streit *Hillenkamp*, BT 5. Problem.
56 BT-Ds 13/8587, S. 68; LK-*Schünemann*, § 292 Rn 97.
57 *Fischer*, § 292 Rn 25; NK-*Gaede*, § 292 Rn 45; S/S-*Heine/Hecker*, § 292 Rn 28.
58 Vgl OLG Celle MDR 56, 54.
59 S. zur Regelung in der Constitutio Criminalis Carolina *Geppert*, Jura 08, 599.
60 S. dazu NK-*Gaede*, § 293 Rn 4, 5; anders auch hier LK-*Schünemann*, § 293 Rn 11 ff.
61 Vgl OLG Frankfurt NJW 84, 812.

Fisch dem Fischereiberechtigten in das von diesem ausgelegte Netz, erwirbt der Berechtigte Besitz und Eigentum. Auf seine Kenntnisnahme kommt es nicht an. Wer einen solchen Fisch in Zueignungsabsicht wegnimmt, begeht einen Diebstahl[62].

III. Prüfungsaufbau: Jagdwilderei, § 292

Jagdwilderei, § 292   466a

I. Tatbestand
  1. Objektiver Tatbestand
     A. § 292 I Nr 1
        a) Tatobjekt:
           - *Wild*
             → wild lebende, nach § 2 BJagdG jagdbare Tiere
        b) Tathandlung:
           - *Nachstellen*
             ⓟ unechtes Unternehmensdelikt
           - *Fangen*
           - *Erlegen*
           - *Sich oder Drittem Zueignen*
             → objektiv-subjektive Sinneinheit
             → Besitz-/Gewahrsamsbegründung
             ⓟ nur (eindeutige) Manifestation des Zueignungswillens oder
               → Aneignung
               → Enteignung
               → An- und Enteignung
             ⓟ Zueignung gefangenen/erlegten Wildes
        c) Tatfolge:
           - *Verletzung fremden Jagd(ausübungs)rechts*
             → Maßgeblichkeit des Standorts des Wildes
             ⓟ Wildfolge
     B. § 292 I Nr 2
        a) Tatobjekt:
           - *Sache, die dem Jagdrecht unterliegt*
             → herrenlose Sachen iSd § 1 V BJagdG
             ⓟ gewilderte Tiere (nach Gewahrsamsbegründung durch Wilderer)
        b) Tathandlung:
           - *Sich oder Drittem Zueignen*
           - *Beschädigen*
           - *Zerstören*
        c) Tatfolge:
           - *Verletzung fremden Jagd(ausübungs)rechts*
  2. Subjektiver Tatbestand
     Vorsatz:
        - *jede Vorsatzart*
          → Bedeutungskenntnis bzgl Verletzung fremden Jagd(ausübungs)rechts
          ⓟ Irrtum bzgl Herrenlosigkeit/Fremdheit der Sache (Wildereivorsatz/Diebstahlsvorsatz)

---

62 S. RGSt 29, 216 und Rn 455.

II. **Rechtswidrigkeit**
III. **Schuld**
IV. **Besonders schwerer Fall, § 292 II**
→ Regelbeispielscharakter
→ gesetzliche Merkmale/atypische Fälle
V. **Strafantrag, § 294**
→ analoge Anwendung des § 248a

7. Kapitel
Vereiteln und Gefährden von Gläubigerrechten

§ 12 Pfandkehr und Vollstreckungsvereitelung

I. Pfandkehr

467 **Fall 34:** Der in ständiger Geldnot zur Untermiete lebende Student S verbringt, als er in erheblichen Mietrückstand gerät, seine wertvolle Stereoanlage heimlich zu seinem Freund F. Auf dessen Angebot, eine von S dem mit F im selben Studentenwohnheim lebenden Kommilitonen K verpfändete Videokamera „vorsichtshalber" zurückzuholen und bei sich zu verwahren, geht S freudig ein. Noch am selben Tage holt S aus der Fotoabteilung eines Kaufhauses seinen dort zur Entwicklung gegebenen Film ab, indem er die Tüte, in der sich der entwickelte Film befindet, heimlich in seiner Jacke verbirgt und das Kaufhaus ohne zu zahlen verlässt.
Haben sich S und F strafbar gemacht? **Rn 473**

1. Schutzfunktion, Täterkreis und Tathandlung

468 Unter der zu eng gefassten Bezeichnung **Pfandkehr** (§ 289) schützt das Gesetz **Nutznießungsrechte** (§§ 1030 ff BGB), **Pfandrechte** (zB §§ 562, 583, 592, 647, 704, 1204 ff BGB), **Gebrauchsrechte** (vgl §§ 535, 581, 598 BGB) und **Zurückbehaltungsrechte** (zB §§ 273, 972, 1000 BGB, 369 HGB) dagegen, dass ihre Ausübung dem Berechtigten durch Wegnahme unmöglich gemacht wird. Zu den Gebrauchsrechten zählen auch das Recht des Vorbehaltskäufers beim Eigentumsvorbehalt (§ 449 BGB) und des Sicherungsgebers bei der Sicherungsübereignung, die Sache schon oder weiter zu gebrauchen[1]. Pfandkehr ist demnach eine Art „Besitzdiebstahl"[2], mit dem der Täter die geschützten Rechte eigenmächtig vereitelt.

---

[1] *LK-Schünemann*, § 289 Rn 7.
[2] *Maurach/Schroeder/Maiwald*, BT I § 37 Rn 14.

Umstritten ist, ob auch das **Pfändungspfandrecht** (§ 804 ZPO) hierher gehört oder ob § 136 I insoweit als *lex specialis* vorgeht. Im Hinblick auf die unterschiedliche **Schutzfunktion** (= Schutz der öffentlich-rechtlichen Verstrickung und staatlichen Verfügungsgewalt in § 136 I, Schutz der Rechtsausübung des Einzelnen in § 289) ist der Auffassung zu folgen, die das Pfändungspfandrecht in die geschützten Rechte jedenfalls dann mit einbezieht und je nach den Umständen **Tateinheit** zwischen § 289 und § 136 I für möglich hält, wenn dem Pfändungspfandrecht eine Forderung des Vollstreckungsgläubigers zu Grunde liegt[3].

469

Bei *gesetzlichen Pfandrechten* wie namentlich dem Vermieterpfandrecht ist darauf zu achten, dass sie sich nur auf *pfändbare Sachen* erstrecken. Verbringt der säumige Mieter daher dem persönlichen Gebrauch dienende Sachen (§ 811 Nr 1 ZPO) außer Haus, macht er sich nicht nach § 289 strafbar. Das gilt auch dann, wenn der Vermieter der Entfernung nach § 562a S. 2 BGB nicht widersprechen kann[4]. Ein dem Vermieter zur Umgehung der §§ 562 S 2 BGB, 811 ZPO eingeräumtes Zurückbehaltungsrecht an den eingebrachten Sachen des Mieters genießt jedoch keinen Schutz; die gegenteilige Ansicht in RGSt 37, 118, 125 f ist mit dem heutigen Verständnis der sozialstaatlichen Grundlagen dieser Regelungsmaterie nicht mehr zu vereinbaren[5]. Bei den **Zurückbehaltungsrechten** macht es keinen Unterschied, ob sie auf *Vertrag* oder *Gesetz* beruhen.

470

§ 289 sieht zwei den **Täterkreis** betreffende Alternativen vor: die Begehung durch den Sacheigentümer selbst oder durch einen zugunsten des Eigentümers handelnden Dritten. **Tathandlung** ist in beiden Fällen die **Wegnahme** der Sache. Dieses Merkmal ist hier anders als beim Diebstahl (§ 242) in einem sehr weitgefassten Sinn zu verstehen. Es setzt keinen Gewahrsamsbruch, sondern nur die das Recht des Geschützten faktisch vereitelnde oder erheblich erschwerende[6] räumliche Entfernung der Sache aus dem **tatsächlichen Macht- und Zugriffsbereich des Rechtsinhabers** voraus, wie er insbesondere bei einem Vermieterpfandrecht besteht[7]. Dass man identische Rechtsbegriffe in unterschiedlichen Regelungszusammenhängen unterschiedlich auslegt, ist eine alltägliche Erscheinung im Recht, der gegenteilige Ratschlag[8] methodisch naiv.

471

---

3 So auch BK-*Schmidt*, § 289 Rn 6; *Bock*, ZStW 121 (2009), 550; *Fischer*, § 289 Rn 2; *Geppert*, Jura 87, 427; *Kindhäuser*, § 289 Rn 5; LK-*Schünemann*, § 289 Rn 6; *Mitsch*, BT II S. 910; MK-*Maier*, § 289 Rn 11 f; M/R-*Wietz*, § 289 Rn 2; S/S-*Heine/Hecker*, § 289 Rn 6; offen gelassen in RGSt 64, 77, 78; diff. AnK-*Putzke*, § 289 Rn 6; A/W-*Heinrich*, § 16 Rn 26: nur wenn der Gläubiger Gewahrsam erlangt hat (s. dazu Rn 471); **aA** *Lackner/Kühl/Heger*, § 289 Rn 1 mwN.
4 *Gericke*, NJW 13, 1637.
5 Zutr. *Fischer*, § 289 Rn 2; *Lackner/Kühl/Heger*, § 289 Rn 1; LK-*Schünemann*, § 289 Rn 9; NK-*Gaede*, § 289 Rn 8; anders *Maurach/Schroeder/Maiwald*, BT I § 37 Rn 16.
6 LK-*Schünemann*, § 289 Rn 14.
7 RGSt 37, 118, 126 ff; BayObLG JZ 81, 451; BK-*Schmidt*, § 289 Rn 9; *Eisele*, BT II Rn 1026; *Hohmann/Sander*, § 8 Rn 15; *Kindhäuser*, § 289 Rn 9; *Krey/Hellmann/Heinrich*, BT II Rn 403; *Lackner/Kühl/Heger*, § 289 Rn 3; *Mitsch*, BT II S. 911 ff; *ders.*, JuS 04, 325 f; M/R-*Wietz*, § 289 Rn 3; MK-*Maier*, § 289 Rn 15; *Rengier*, BT I § 28 Rn 10, 12; *Schmidt*, BT II Rn 919; *Schramm*, BT I § 15 Rn 12; S/S-*Heine/Hecker*, § 289 Rn 9; **aA** *Arzt/Weber*, BT (1. Aufl.) § 16 Rn 29; *Bock*, ZStW 121 (2009) 553 ff; *Bohnert*, JuS 82, 256; *Laubenthal*, JA 90, 38; NK-*Gaede*, § 289 Rn 11 ff; *Otto*, Anm. JR 82, 32; SK-*Hoyer*, § 289 Rn 10; S/S-*Heine*, 28. Aufl., § 289 Rn 8; s. auch *Küper/Zopfs*, BT Rn 778 f.
8 Pointiert H-H-*Kretschmer*, Rn 1152 (der selbst den Begriff des Vermögens in § 288 enger versteht als in § 263, s. Rn 1149).

Würde man hier einen Gewahrsamsbruch wie in § 242 fordern, blieben alle *besitzlosen* gesetzlichen Pfandrechte ungeschützt, was dem Sinn und Zweck des Gesetzes, die *Vereitelung* der Ausübung der geschützten Rechte zu unterbinden[9], widerspräche. So wäre der Vermieter gegen das „Rücken" des Mieters erst bei dem Mieter drohender Zwangsvollstreckung (§ 288) geschützt. Bei **Pfändungspfandrechten** ist freilich zu beachten, dass es auch vom Standpunkt der hM aus an einem *tatsächlichen Gewaltverhältnis* iS des § 289 zu Gunsten des Pfändungsgläubigers fehlt, wenn der Gerichtsvollzieher die gepfändete Sache gemäß § 808 II ZPO **im Gewahrsam des Schuldners belassen** hat; für eine Wegnahme (§ 289) ist in diesem Falle kein Raum[10].

2. Subjektiver Tatbestand

472 In **subjektiver Hinsicht** setzt § 289 neben dem *Tatbestandsvorsatz* ein Handeln in „*rechtswidriger Absicht*" voraus.

Für **Absicht** iS dieser Vorschrift reicht der hL wie zu § 288 direkter Vorsatz aus[11]. Dazu genügt es, wenn der Täter bezüglich des *Bestehens* des fremden Rechts nur Eventualvorsatz hat[12]. Ist der Täter ein Dritter, darf er nicht *lediglich eigene* Interessen verfolgen, vielmehr muss sein Wille darauf gerichtet sein, **zugunsten**[13] **des Sacheigentümers** zu handeln, ihm also unter Verletzung des geschützten Rechts einen Vorteil zu verschaffen[14]. Hieran kann es fehlen, wenn der Dritte davon ausgeht, ein Zurückbehaltungsrecht gegenüber dem Sacheigentümer bestehe nicht oder werde treuwidrig ausgeübt[15].

473 Im **Fall 34** hat S mit der Stereoanlage seine eigene Sache nach umstrittener, aber zutreffender Ansicht dem Vermieter dadurch „weggenommen", dass er sie heimlich zu F verbrachte. Damit entfernte er die Anlage aus dem „tatsächlichen Herrschafts- und Gewaltverhältnis des Vermieters", das vor allem auf der auf dem Selbsthilferecht (§ 562b I BGB) gegründeten Möglichkeit beruht, die Entfernung von Sachen, die seinem Pfandrecht unterliegen, zu verhindern und sie selbst in Besitz zu nehmen[16]. Vorausgesetzt ist allerdings, dass die Stereoanlage dem Vermieterpfandrecht unterliegt[17]. Für F kommt insoweit Beihilfe zu § 289, auf die § 28 nicht anzuwenden ist[18], in Betracht, wenn man die mit der Wegnahme eingeleitete Vereitelung des Pfandrechts erst mit der „Unterbringung" abgeschlossen sieht, anderenfalls § 257. Tut F, was er angeboten hat und holt die Videokamera zu sich, erfüllt sein pfandrechtsverletzendes Verhalten (vgl dazu §§ 1204, 1227, 1253 II BGB) zudem § 289. Dass die Sache in den unmittelbaren Besitz des Eigentümers zurückkehrt, ist bei einer Wegnahme

---

9 *Fischer*, § 289 Rn 2; *Kindhäuser/Böse*, BT II § 10 Rn 9.
10 RGSt 64, 77, 78; anders LK-*Schünemann*, § 289 Rn 13.
11 LK-*Schünemann*, § 289 Rn 25; MK-*Maier*, § 289 Rn 21; *Rengier*, BT I § 28 Rn 14; S/S-*Heine/Hecker*, § 289 Rn 10; für Absicht iS zielgerichteten Willens S/S-*Heine*, 28. Aufl., § 289 Rn 9/10.
12 *Krey/Hellmann/Heinrich*, BT II Rn 404; MK-*Maier*, § 289 Rn 22; OLG Braunschweig NJW 61, 1274.
13 Zum Streit um die objektive oder subjektive Deutung dieses Merkmals s. *Bock*, ZStW 121 (2009), 559 ff.
14 RG JW 31, 542 Nr 22.
15 S. dazu die Fallösung bei *Dötterl*, JuS 13, 351 f.
16 BayObLG JZ 81, 451.
17 S. dazu LG Duisburg MDR 86, 682.
18 S/S-*Heine/Hecker*, § 289 Rn 3.

zugunsten des Eigentümers nicht erforderlich, wenn sie in seinem Interesse verwahrt wird[19]. Durch die Wegnahme des entwickelten Films, an dem S trotz der Entwicklung das Eigentum behält (§ 950 BGB), begeht S eine weitere Pfandkehr, da er hierdurch das Unternehmerpfandrecht (§ 647 BGB) und das Zurückbehaltungsrecht des Kaufhauses (§ 273 BGB) verletzt. Das laienhafte Bewusstsein, dass ein fremdes Sicherungsrecht besteht, ist nach der Lebenserfahrung anzunehmen[20]. Die Strafverfolgung ist hinsichtlich § 289 davon abhängig, dass der jeweils Verletzte **Strafantrag** stellt (§ 289 III).

II. Vereiteln der Zwangsvollstreckung

Fall 35: Der Kunststudent K schuldet dem Kunsthändler G 3000 € aus Darlehen. Auch ist er wegen Trunkenheit im Verkehr zu einer Geldstrafe von 30 Tagessätzen à 20 € verurteilt worden. Er verfügt über keine nennenswerten Barmittel, besitzt aber als Erbstücke einen Orientteppich im Wert von 5000 € sowie im annähernd gleichen Wert eine handsignierte Lithographie von *Friedensreich Hundertwasser*, an der er sehr hängt. Als G nach mehrfacher vergeblicher Mahnung die Beauftragung eines Anwalts androht und K auch eine Mahnung zur Zahlung der Geldstrafe erhält, schafft K in der zutreffenden Annahme, dass G es darauf absehen werde, den „Hundertwasser" im Wege der Pfändung an sich zu bringen, die Lithographie schleunigst zu seiner Bekannten B, die bereit ist, sie solange aufzuheben, bis die Schulden des K getilgt sind.
Haben sich K und B strafbar gemacht? **Rn 484**

474

1. Schutzgut und Gläubigerbegriff

Die gesetzliche Benennung des Tatbestandes des § 288 als **Vereiteln der Zwangsvollstreckung** ist in zweifacher Hinsicht ungenau: Zum einen braucht es zum Eintritt eines Vereitelungserfolges nicht zu kommen, vielmehr genügt ein darauf gerichtetes Verhalten des Schuldners (= *Vereitelungsabsicht*). Zum anderen schützt § 288 nicht etwa das Vollstreckungsrecht als solches, sondern allein das durch die Tat gefährdete **materielle Recht des Gläubigers auf Befriedigung aus dem Schuldnervermögen**[21]. **Gläubiger** iS dieser Vorschrift ist ohne Rücksicht auf das Vorhandensein oder Fehlen eines Vollstreckungstitels daher nur, wer im maßgeblichen Zeitpunkt einen bereits entstandenen (= nicht unbedingt auch fälligen), **sachlich begründeten und durchsetzbaren Anspruch** gegen den Schuldner hat[22]. Die gegenteilige Ansicht, die eine drohende Zwangsvollstreckung unabhängig vom Bestehen des Anspruchs genügen lassen will[23], verfälscht das Rechtsgut des § 288 und müsste selbst bei einer durch

475

---
19 Enger *Bock*, ZStW 121 (2009), 566 ff, der Gewahrsamserlangung durch den Eigentümer verlangt.
20 S. dazu und zu §§ 242, 274 bezüglich der Tüte OLG Düsseldorf NJW 89, 115.
21 BGHSt 16, 330, 334; BGH NJW 91, 2420.
22 RG JW 37, 1336 Nr 41; AnK-*Putzke*, § 288 Rn 5; BK-*Schmidt*, § 288 Rn 5; *Eisele*, BT II Rn 992; *Fischer*, § 288 Rn 2; *Heghmanns*, Rn 1640; H-H-*Kretschmer*, Rn 1148; *Krey/Hellmann/Heinrich*, BT II Rn 413; *Mitsch*, BT II S. 892 f; S/S-*Heine/Hecker*, § 288 Rn 5 ff; S/S/W-*Kudlich*, § 288 Rn 2.
23 NK-*Gaede*, § 288 Rn 2; SK-*Hoyer*, § 288 Rn 8.

betrügerische Mittel erschlichenen Vollstreckung Schutz gewähren[24]. Das Bestehen des Anspruchs ist daher vom Strafrichter auch *selbstständig* zu prüfen; an ein den Anspruch bejahendes Zivilurteil ist er nicht gebunden[25].

§ 288 bildet für die Einzelvollstreckung eine gewisse Parallele zu den in §§ 283 ff geregelten Insolvenzstraftaten, die bei der Verbraucherinsolvenz zu beachten sind[26].

2. Objektiver Tatbestand

476 Der **objektive Tatbestand** des § 288 setzt voraus, dass derjenige, dem auf Grund eines sachlich begründeten Anspruchs die Zwangsvollstreckung droht, Bestandteile *seines* Vermögens veräußert oder beiseite schafft.

a) Drohen der Zwangsvollstreckung und Tathandlung

477 Eine Zwangsvollstreckung **„droht"** nicht erst nach Klageerhebung oder Erteilung eines Vollstreckungsauftrags, sondern schon dann, wenn konkrete Anhaltspunkte darauf hindeuten, dass der Gläubiger seinen **Anspruch alsbald zwangsweise durchsetzen** wird[27].

Hat der Gläubiger einen Vollstreckungstitel erwirkt, darf ohne Weiteres vom Drohen der Zwangsvollstreckung ausgegangen werden[28]. Auch eine Klageerhebung legt dies schon nahe. Wiederholte Mahnungen können auf die Vollstreckungsabsicht des Gläubigers beim Hinzutreten weiterer Umstände deuten[29]. Die Zwangsvollstreckung kann auch noch „drohen", wenn sie bereits begonnen hat, aber weitere Vollstreckungshandlungen zu erwarten sind, wie zB die Versteigerung der zuvor gepfändeten Sache[30].

Derjenige, dem die Zwangsvollstreckung droht, muss Bestandteile seines Vermögens **veräußern** oder **beiseite schaffen**. Der Begriff des **Vermögens** ist hier *rein vollstreckungsrechtlich* zu verstehen; zu seinen Bestandteilen zählen bei der Zwangsvollstreckung wegen einer Geldforderung alle pfändbaren Sachen und Rechte. Auch der **Sachbesitz** eines Vorbehaltskäufers gehört zu dem der Vollstreckung unterliegenden Schuldnervermögen[31]; wichtig ist das bei Herausgabeansprüchen iS des § 883 ZPO und bei einer Pfändung, die auf Betreiben des Vorbehaltsverkäufers in die ihm noch gehörende Sache erfolgt. **Unpfändbare** Sachen und Rechte werden bei der Zwangsvollstreckung wegen Geldforderungen (§§ 803 ff ZPO) vom Schutzzweck des § 288 dagegen nicht erfasst[32]. Das gleiche gilt für Forderungen, die dem Schuldner nur *zur*

---

24 LK-*Schünemann*, § 288 Rn 3.
25 BayObLGSt 1952, 224; BK-*Schmidt*, § 288 Rn 6; aA im Falle der Rechtskraft LK-*Schünemann*, § 288 Rn 3 f; diff. MK-*Maier*, § 288 Rn 10 f; z. Streit s. HansOLG Hamburg StV 11, 655, 656.
26 S. M-G/B-*Richter*, § 88 Rn 6; BGH NJW 01, 1874, 1875.
27 RGSt 63, 341, 342 f; BGH MDR/H 77, 638; BGH NJW 91, 2420; *Küper/Zopfs*, BT Rn 875 f; *Lackner/Kühl/Heger*, § 288 Rn 2; M/R-*Wietz*, § 288 Rn 4; *Rengier*, BT I § 27 Rn 6, 8; s. auch BGH NJW 01, 1874 f mit insoweit krit. Anm. *Krause*, NStZ 02, 43.
28 LK-*Schünemann*, § 288 Rn 16.
29 RGSt 20, 256, 257 f; 31, 22, 24 f; *Kindhäuser*, § 288 Rn 4.
30 Vgl RGSt 35, 62.
31 BGHSt 16, 330, 332 f; BGH GA 1965, 309, 310; s. auch BGH NJW 91, 2420; MK-*Maier*, § 288 Rn 19; krit. LK-*Schünemann*, § 288 Rn 25.
32 RGSt 71, 216, 218; *Eisele*, BT II Rn 996 f; *Fischer*, § 288 Rn 6; *Lackner/Kühl/Heger*, § 288 Rn 3.

Einziehung abgetreten sind (sog. Inkassozession)³³ und für Vermögensgegenstände, an denen Dritten ein die Veräußerung hinderndes Recht iS des § 771 ZPO zusteht, sodass der Gläubiger sich daraus keine Befriedigung verschaffen kann³⁴.

Veräußerung iS des § 288 ist jede rechtsgeschäftliche Verfügung, durch die ein Vermögenswert (bei §§ 803 ff ZPO: *ohne* vollen Ausgleich) aus dem Schuldnervermögen ausgeschieden wird, sodass er dem Zugriff des Gläubigers **rechtlich entzogen** oder dessen Befriedigungsmöglichkeit verringert ist³⁵. Bei einer drohenden *Geldvollstreckung* verbietet das Gesetz den *bloßen Austausch* gleichwertiger Vermögensstücke nicht³⁶. Die Befriedigung *anderer* Gläubiger verwirklicht den Tatbestand nur, wenn ihnen eine *inkongruente* Deckung gewährt wird, auf die in dieser Form oder zu diesem Zeitpunkt kein Anspruch bestand³⁷. 478

Beiseiteschaffen ist jede sonstige Handlung, durch die ein Gegenstand der Vollstreckung **tatsächlich entzogen** wird, ohne dass er rechtlich aus dem Schuldnervermögen auszuscheiden braucht. 479

Beispiele dafür bilden das räumliche Entfernen und Verbergen sowie das Zerstören von Sachen³⁸, nicht aber das bloße *Beschädigen*³⁹. Namentlich für die Tatbegehung durch ein Beiseiteschaffen ist es unbefriedigend, dass der Täter strafbar bleibt, auch wenn er den zunächst erfolgreich beiseite geschafften Gegenstand reumütig und rechtzeitig in das Vermögen zurückgelangen lässt. Da es mangels Versuchsstrafbarkeit einen Rücktritt und mangels einer Reuevorschrift auch eine tätige Reue nicht gibt, ist das Ergebnis der Strafbarkeit de lege lata aber wohl hinzunehmen⁴⁰.

b) Täterschaft und Teilnahme

Täter kann dem Wortlaut des § 288 nach nur der **Vollstreckungsschuldner**, dh derjenige sein, dem die Zwangsvollstreckung droht und der aus irgendeinem Rechtsgrund zur Duldung der Zwangsvollstreckung in sein Vermögen verpflichtet ist, auch wenn es sich bei ihm nicht um den *persönlichen Schuldner* des Gläubigers handelt⁴¹. § 288 ist daher ein Sonderdelikt⁴². Ist eine juristische Person Vollstreckungsschuldner, ist wie auch im Übrigen § 14 zu beachten⁴³. Schafft ein sonstiger Dritter auf Bitten des abwesenden Vollstreckungsschuldners dessen Vermögensbestandteile beisei- 480

---

33 Vgl RGSt 72, 252, 253 ff.
34 LK-*Schünemann*, § 288 Rn 24; NK-*Gaede*, § 288 Rn 9.
35 RGSt 61, 107; 62, 277; 66, 130, 131 f; 71, 227; *Haas*, JR 91, 272 und GA 96, 117; *Küper/Zopfs*, BT Rn 580 f; LK-*Schünemann*, § 288 Rn 28; MK-*Maier*, § 288 Rn 22.
36 BGH NJW 53, 1152; *Schmidt*, BT II Rn 941; S/S/W-*Kudlich*, § 288 Rn 8.
37 RGSt 71, 227, 230 f; BayObLGSt 1952, 224; NK-*Gaede*, § 288 Rn 12.
38 RGSt 19, 25, 26 f; BGH GA 1965, 309, 310; BGH wistra 12, 69 (Verstecken an einem dem Gläubigerzugriff nicht zugänglichen Ort); OLG Celle ZInsO 12, 222 (Einrichten eines Kontos, auf das der Schuldner Zugriff erhält); Abgabe eines Höchstgebots in der Zwangsversteigerung, s. dazu *Dehne-Niemann*, NZWiSt 15, 367 f; zum Zerstören/Beschädigen aA *Eisele*, BT II Rn 1003; S/S-*Heine/ Hecker*, § 288 Rn 14.
39 RGSt 42, 62, 63 f; *Küper/Zopfs*, BT Rn 581; LK-*Schünemann*, § 288 Rn 32; *Rengier*, BT I § 27 Rn 16.
40 MK-*Maier*, § 288 Rn 51 f; s. aber auch LK-*Schünemann*, § 288 Rn 33 mit dem Vorschlag, § 288 als potenzielles Gefährdungsdelikt zu deuten.
41 RGSt 68, 108, 109; *Fischer*, § 288 Rn 5.
42 *Lackner/Kühl/Heger*, § 288 Rn 7.
43 LK-*Schünemann*, § 288 Rn 40; *Maurach/Schroeder/Maiwald*, BT I § 47 Rn 11.

te, kann der Vollstreckungsschuldner mangels Tatherrschaft[44] nicht mittelbarer und der Dritte mangels Sondereigenschaft nicht unmittelbarer Täter sein. Da es an einer Haupttat dann fehlt, ist auch der Erstere nicht Anstifter und der Letztere nicht Gehilfe. Auch eine Unterlassungstäterschaft des Vollstreckungsschuldners lässt sich nicht konstruieren. Diese Strafbarkeitslücke ist de lege lata hinzunehmen[45] (s. Rn 6). Die Gegenmeinung sucht sie dadurch zu überwinden, dass sie entweder den Vollstreckungsschuldner aufgrund seiner Pflichtenstellung zum unmittelbaren Täter oder aufgrund seiner Absicht zum mittelbaren (Unterlassungs-)Täter macht, der sich eines absichtslos-dolosen (oder qualifikationslos-dolosen) Werkzeugs bedient[46].

Die Möglichkeit der **Teilnahme** richtet sich im Übrigen nach den allgemeinen Vorschriften. So kann zB der Empfänger der Sache sich als *Gehilfe* strafbar machen[47]. Seine Strafe ist nicht nach § 28 I zu mildern, da die Schuldnereigenschaft keine persönliche Verantwortung gegenüber dem Gläubiger umschreibt[48]. Wer für den Schuldner ein Girokonto eröffnet, um ihm den Zugriff auf dorthin überwiesenes Geld zu ermöglichen, das sonst zur Masse des Insolvenzverfahrens gelangt wäre, macht sich der Beihilfe zu § 288 I schuldig und setzt sich wegen Verletzung eines Schutzgesetzes zudem nach § 823 II BGB iVm § 288 I Schadensersatzansprüchen der Gläubiger aus[49].

3. Subjektiver Tatbestand und Antragserfordernis

481 In **subjektiver Hinsicht** muss der **Vorsatz** des Täters alle vorgenannten Tatumstände umfassen, wobei *dolus eventualis* genügt. Hinzukommen muss die **Absicht, die Befriedigung des Gläubigers dauernd oder zeitweilig zu vereiteln**[50].

Unter *Absicht* iS des § 288 ist nach zutreffender Auffassung der *direkte Vorsatz* in seinen beiden Formen zu verstehen. Es genügt deshalb, dass der Täter die Benachteiligung des Gläubigers als notwendige Folge seines Verhaltens vorausgesehen und in seinen Willen aufgenommen hat[51]. Verlangte man Absicht im Sinne des zielgerichteten Willens[52], würde der Gläubigerschutz erheblich verkürzt, da die Vereitelung oft nur die sicher vorhergesehene, aber unerwünschte Nebenfolge der erstrebten Rettung des Vermögensgegenstandes sein wird[53].

482 Der Vollstreckungsschuldner muss die **Befriedigung** des Gläubigers **allgemein** vereiteln wollen. Die bloße Absicht, eine *bestimmte Vollstreckungsmaßnahme* zu verhindern und **nur ein bestimmtes Vermögensstück dem Zugriff des Gläubigers zu**

---

44 Zum Streit s. *Mitsch*, BT II S. 897 ff; *Herzberg*, Täterschaft und Tatherrschaft 1977, S. 31 ff; zu einem Fall mit Lösung s. *Mitsch*, JuS 04, 323, 324 f.
45 BK-*Beckemper*, 2. Aufl., § 288 Rn 15; *Krey/Hellmann/Heinrich*, BT II Rn 415 ff; **aA** BK-*Schmidt*, § 288 Rn 16; *Fischer*, § 288 Rn 5; LK-*Schünemann*, § 288 Rn 41.
46 S. zum Meinungsbild instruktiv mit Fallbeispiel aus der Praxis *Dehne-Niemann*, NZWiSt 15, 366 ff; ausführlich auch LK-*Schünemann*, § 288 Rn 41; zur Begründung mittelbarer Täterschaft aufgrund Auftrags s. *Haas*, Die Theorie der Tatherrschaft und ihre Grundlagen 2008, S. 80 ff; M/R-*Haas*, § 25 Rn 29.
47 RGSt 20, 214, 215 f; zum *Beihilfevorsatz* vgl RG JW 30, 2536; einschr. LK-*Schünemann*, § 288 Rn 42.
48 *Lackner/Kühl/Heger*, § 288 Rn 7; LK-*Roxin*, 11. Aufl., § 28 Rn 56; aA LK-*Schünemann*, § 288 Rn 44.
49 OLG Celle ZInsO 12, 222.
50 BayObLGSt 1952, 224.
51 RGSt 27, 241; 59, 314; MK-*Maier*, § 288 Rn 40; S/S-*Heine/Hecker*, § 288 Rn 17.
52 So NK-*Gaede*, § 288 Rn 16; SK-*Hoyer*, § 288 Rn 19.
53 LK-*Schünemann*, § 288 Rn 37.

entziehen, erfüllt bei der Zwangsvollstreckung wegen einer Geldforderung den subjektiven Tatbestand des § 288 nicht, sofern noch andere greifbare Vermögenswerte vorhanden sind, die zur Befriedigung des Gläubigers ausreichen[54]. Das Vereiteln eines Anspruchs auf eine individuelle Sache ist dagegen tatbestandsmäßig, auch wenn Mittel zur Befriedigung des Schadensersatzanspruchs verfügbar bleiben[55].

Ein Verstoß gegen § 288 wird nur **auf Antrag** verfolgt (§ 288 II). Antragsberechtigt ist jeder Gläubiger, von dessen Seite dem Täter die Zwangsvollstreckung drohte und dessen Befriedigung durch die Tat vereitelt werden sollte.   483

Werden bereits gepfändete Sachen beiseite geschafft, liegt zwischen § 288 und § 136 I **Tateinheit** vor. Auch mit § 246 kann Tateinheit bestehen[56].

Im **Fall 35** kommt eine Strafbarkeit von K und B nach § 288 nicht wegen der K nach erfolgloser Mahnung drohenden Beitreibung der **Geldstrafe**[57] in Betracht, weil der Staat hier in Ausübung der Strafrechtspflege und nicht als Gläubiger eines vermögensrechtlichen Befriedigungsrechts handelt[58]. K droht aber nach mehrfacher erfolgloser Mahnung und der als Bekundung der Absicht, das Geld einzutreiben, zu verstehenden Ankündigung, einen Anwalt zu beauftragen, die Zwangsvollstreckung seitens des G[59], der einen sachlich begründeten Rückzahlungsanspruch aus **Darlehen** hat. In dieser Situation hat K den der Pfändung unterliegenden *Hundertwasser* durch das Verbringen zu B beiseite geschafft. Dem K ging es freilich lediglich darum, seinen „Hundertwasser" vor der Pfändung durch G zu retten. Da der Gläubiger einer *Geldforderung* aber keinen Anspruch darauf hat, sich aus einem *bestimmten* Vermögensstück seines Schuldners zu befriedigen, und der vorhandene Orientteppich im Wert von 5000 EUR nicht nur in gleicher Weise pfändbar war, sondern zur Befriedigung des G auch ersichtlich ausreichte, hat K sich nicht strafbar gemacht. Daher entfällt auch eine sonst denkbare Beihilfe der B, auf die § 28 I keine Anwendung fände.   484

4. Prüfungsaufbau: Vereiteln der Zwangsvollstreckung, § 288

Vereiteln der Zwangsvollstreckung, § 288	

I. Tatbestand
   1. Objektiver Tatbestand
     a) Tatsituation: • ***Drohen der Zwangsvollstreckung***
                           → Zwangsvollstreckung
                           → droht dem Täter (unter Einschluss von § 14)
                           Ⓟ nur bei sachlich begründetem und durchsetzbarem Anspruch des Gläubigers
     b) Tatobjekt: • ***Bestandteil des Vermögens des Vollstreckungsschuldners***
                           → vollstreckungsrechtlicher Vermögensbegriff
	484a

---

54 *Fischer*, § 288 Rn 13; *Küper/Zopfs*, BT Rn 582; RG JW 30, 2536; BayObLGSt 1952, 224.
55 *Kindhäuser*, § 288 Rn 10
56 BGH GA 1965, 309, 310.
57 S. dazu *Meyer-Goßner/Schmitt*, StPO, 61. Aufl. 2018, § 459 Rn 1–6.
58 LG Bielefeld NStZ 92, 284; *Lackner/Kühl/Heger*, § 288 Rn 2; MK-*Maier*, § 288 Rn 9.
59 S. dazu RGSt 31, 22, 24 f; BGH MDR/H 77, 638.

- c) **Tathandlung:**
  - *Veräußern*
    - → rechtliche Entziehung des Vermögenswertes durch Versteigerung
    - → bei Vollstreckung einer Geldschuld: ohne Kompensation durch Gegenwert
  - *Beiseiteschaffen*
    - → tatsächliche Entziehung des Vermögenswertes
- d) **Tätereigenschaft:**
  - *Vollstreckungsschuldner (Sonderdelikt)*
2. **Subjektiver Tatbestand**
   - a) **Vorsatz:**
     - *jede Vorsatzart*
   - b) **Absicht:**
     - ***Absicht, die Befriedigung des Gläubigers zu vereiteln***
     - Ⓟ dolus directus in beiden Formen

II. **Rechtswidrigkeit**
III. **Schuld**
IV. **Strafantrag, § 288 II**

Teil III
Straftaten gegen das Vermögen als Ganzes

8. Kapitel
Betrug und betrugsverwandte Tatbestände

§ 13 Betrug

I. Schutzgut und Tatbestandsaufbau des Betrugs

Betrug (§ 263) ist die Schädigung fremden Vermögens, die der Täter zur Erlangung eines rechtswidrigen Vermögensvorteils für sich oder einen Dritten dadurch bewirkt, dass er durch Täuschung eine irrtumsbedingte Verfügung über das Vermögen veranlasst (= *Vermögensverschiebungsdelikt*). **Geschütztes Rechtsgut** ist das **Vermögen in seiner Gesamtheit als Inbegriff aller wirtschaftlichen Güter nach Abzug der Verbindlichkeiten**[1], nicht dagegen ein bloßes Affektionsinteresse, die bloße Dispositionsfreiheit und auch nicht „Wahrheit" oder „Freiheit" im Geschäftsverkehr[2]. Betrug ist folglich ein **Vermögensdelikt**, das nicht jede und nicht eine Täuschung für sich, sondern nur die vermögensschädigende Täuschung mit Strafe bedroht[3]. 485

Zwischen den objektiven Merkmalen des Betrugstatbestandes muss daher ein *durchlaufender ursächlicher Zusammenhang* bestehen; außerdem muss das ungeschriebene Tatbestandsmerkmal der **Vermögensverfügung** des Getäuschten das **Bindeglied** zwischen dem Irrtum des Opfers und der Vermögensbeschädigung und dem vom Täter (für sich oder für einen Dritten) erstrebten Vermögensvorteil bilden (s. zur üblichen Prüfungsreihenfolge die Übersicht nach Rn 600). 486

Betrügern gelingt es nicht selten, die Unerfahrenheit, Arglosigkeit und Leichtgläubigkeit oder bestimmte Daseinsängste und Zukunftssorgen ihrer Opfer auszunutzen. Man muss nur den *Haarverdicker*-[4] oder den *Siriusfall*[5] nachlesen oder sich in die Welt des **Heiratsschwindels** 487

---

[1] BGHSt 16, 220, 221; 34, 199.
[2] S. hierzu zusf. BGHSt 60, 1, 10 mit Anm. *H. Albrecht*, JZ 15, 841 mit der Konsequenz einer objektiven Schadensfeststellung (s. dazu *C. Dannecker*, NZWiSt 15, 176 ff); BGH NJW 16, 3543, 3545; zu „Wahrheit/Freiheit" zu Recht abl. A/R/R-*Kölbel*, 5.1 Rn 9; A/W-*Heinrich*, § 20 Rn 15 ff; BK-*Beukelmann*, § 263 Rn 1; G/J/W-*Dannecker*, § 263 Rn 5; *Hellmann*, Kühl-FS S. 692 f; *Lackner/Kühl*, § 263 Rn 2; LK-*Tiedemann*, Vor § 263 Rn 18 ff; M/R-*Saliger*, § 263 Rn 1; NK-WSS-*Heger/Petzsche*, § 263 Rn 2; S/S-*Perron*, § 263 Rn 1/2.
[3] BGHSt 51, 10, 15; BGH StV 00, 478, 479; BGH wistra 06, 228, 229; OLG Köln wistra 09, 126 f; OLG Düsseldorf StV 11, 734; da idR ein Vermögensschaden fehlt, ist die Bezeichnung von Plagiaten als **Wissenschaftsbetrug** irreführend, s. *Fischer*, § 263 Rn 123a; *Goeckenjahn*, JZ 13, 726 f.
[4] BGHSt 34, 199 zu § 263.
[5] BGHSt 32, 38 zu §§ 211, 25 I 2. Alt.; krit. zum mitenthaltenen Betrug *Hilgendorf*, Tatsachenaussagen und Werturteile im Strafrecht 1998, S. 110, 120 f, 201 f.

oder des **Okkultbetrugs** begeben[6], um sich ein Bild davon zu machen, auf welch grotesken Unsinn Menschen hereinfallen können. Den zahlreichen Vorschlägen, den Betrugstatbestand auf dem Wege der *teleologischen Reduktion* einzelner Merkmale wie namentlich der Täuschung und des Irrtums[7] oder durch die Berücksichtigung des aus der *objektiven Zurechnung* stammenden Gedankens der *Eigenverantwortlichkeit*[8] auf diesem Hintergrund um Fälle einfältigen, sorglosen oder leichtfertigen *Opferverhaltens* zu verkürzen, sollte man aber gleichwohl nicht folgen[9]. Auch einfältige oder sorglose Menschen gegen die Folgen ihrer eigenen Einfalt oder Sorglosigkeit zu schützen, macht iR des Betrugstatbestands zweifellos Sinn[10]. Wiederholt vorkommende Fälle, in denen namentlich älteren Menschen mit üblen Tricks und oft märchenhaft anmutenden Täuschungen ihre Ersparnisse abgeschwindelt werden, machen deutlich, wie unangebracht es wäre, durch eine einschränkende Anwendung des § 263 Betrügern kriminalpolitisch sinnlose Freiräume eröffnen zu wollen[11]. Eine dem Opfer zurechenbare Taterleichterung kann bei der Strafzumessung berücksichtigt werden[12].

488 Inwieweit es im deutschen Strafrecht bei dem hiermit angedeuteten hohen Schutzniveau angesichts der Entwicklung des **europäischen Gemeinschaftsrechts** bleiben kann und wird, ist noch nicht mit Sicherheit abzusehen. Die Absenkung des Verbraucherschutzes gegen unlautere Geschäftspraktiken durch die Richtlinie 2005/29/EG auf Aussagen, die geeignet sind, eine informierte, aufmerksame und verständige Person zu täuschen, hat Vorschlägen Auftrieb gegeben, auch jenseits grenzüberschreitender Fälle sektoral oder im Ganzen Täuschungen aus dem Betrugstatbestand herauszunehmen, die diese Eignung nicht besitzen[13]. Der hier seit der

---

6 S. dazu *Hillenkamp*, Schreiber-FS S. 137, 141 ff; ferner *Thomma*, Die Grenzen des Tatsachenbegriffs 2003, S. 141 ff mit dem Versuch, diese Fälle über den Tatsachenbegriff weitgehend aus dem Betrug auszuscheiden; ebenso *Schünemann*, Beulke-FS S. 543 ff.
7 S. dazu *Hillenkamp*, BT 29. Problem mwN.
8 So im Anschluss an *Kurth*, Das Mitverschulden des Opfers beim Betrug, 1984; auch *Harbort*, Die Bedeutung der objektiven Zurechnung beim Betrug, 2010; dem Ansatz zust. AnK-*Gaede*, § 263 Rn 3; mit zurückhaltenden Folgerungen auch A/R/R-*Kölbel*, 5.1 Rn 62 ff; *Gaede*, Roxin-FS II S. 967; nach Zuständigkeits- und Verantwortungsbereichen abgrenzend *Schwarz*, Die Mitverantwortung des Opfers beim Betrug 2013, S. 113 ff; zur Berücksichtigung der *objektiven Zurechnung* insgesamt im Betrug s. M/R-*Saliger*, § 263 Rn 10.
9 *Hillenkamp*, Vorsatztat und Opferverhalten 1981, S. 21 ff, 29 ff, 39 ff, 85 ff; näher zur *Viktimodogmatik ders.*, ZStW 129 (2017), 598 ff; G/J/W-*Dannecker*, § 263 Rn 7; LK-*Tiedemann*, vor § 263 Rn 36–38; im Zusammenhang mit „Phishing" zust. *Stuckenberg*, ZStW 118 (2006), 895 ff; abl. *Schünemann*, Beulke-FS S. 543 ff. Zum geschichtlichen Ursprung des Gedankens des Opfermitverschuldens s. *Vogel*, in: Schünemann, Strafrechtssystem und Betrug 2002, S. 89, 105 ff.
10 Trotz einschränkender Formulierung iE kaum anders BGHSt 47, 1, 4; BGH NJW 14, 2595, 2596; s. dazu *Arzt*, Tiedemann-FS S. 595, 602 f. Die in Fn 8 genannten Stimmen räumen das grundsätzliche Bedenken nicht aus.
11 S. dazu *Hillenkamp*, Vorsatztat und Opferverhalten 1981, S. 195 f; zust. *Erb*, ZIS 11, 372 f; s. dazu auch § 291 sowie den Vorschlag von *Holzhauer*, ZRP 10, 87, den Schutz vor (betrügerischem) Ausnutzen von „Unwissenheit und Schwäche" zu verbessern.
12 S. *Hillenkamp*, Vorsatztat und Opferverhalten 1981, S. 294 ff; OLG Hamm wistra 12, 161, 163 („Gedankenlosigkeit". „Leichtfertigkeit" der geschädigten Bank als Strafmilderungsgrund); ebenso *Frank/Leu*, StraFo 14, 198 ff; *Jahn*, JA 14, 631; NK-*Kindhäuser*, § 263 Rn 52; *Petropoulos*, Die Berücksichtigung des Opferverhaltens beim Betrugstatbestand 2005, S. 171 ff; krit. *Jänicke*, Gerichtliche Entscheidungen als Vermögensverfügung 2001, S. 283 ff; für eine „Feinsteuerung" der einzelnen Tatbestandsmerkmale durch den Gedanken der Opfermitverantwortung A/W-*Heinrich*, § 20 Rn 6, 26.
13 S. hierzu AnK-*Gaede*, § 263 Rn 3; *Hecker*, Europäisches Strafrecht, 5. Aufl. 2015, § 9 Rn 33 ff; M/R-*Saliger*, § 263 Rn 6, 109; *ders.*, E/R/S/T, § 263 Rn 6, 106; *Ruhs*, Rissing-van Saan-FS S. 568, 578 ff, 582 f; *Soyka*, wistra 07, 127 ff, 132; S/S/W-*Satzger*, § 263 Rn 13 f, 118 ff; *Wittig*, § 14 Rn 3a sowie – zurückhaltender – *Dannecker*, ZStW 117 (2005), 711 ff; *Klesczewski*, BT § 9 Rn 52; LK-*Tiedemann*, Vor § 263 Rn 40; zur „Eignung" s. auch AnK-*Gaede*, § 263 Rn 21 ff; *Gaede*, Roxin-FS II S. 983 ff; *Mühlbauer*, NStZ 03, 651; zur schon älteren Zurücknahme des Strafrechtsschutzes in vergleichbaren Fällen in der Schweiz s. *Ackermann*, Roxin-FS II S. 949.

30. Aufl. (Rn 491a) eingenommenen Position, dieser Entwicklung im Rahmen des rechtlich Zulässigen entgegenzutreten[14], ist der BGH in einer viel beachteten Entscheidung[15] nunmehr gefolgt. Wer behaupte, diese Rechtsprechung sei bei der gebotenen richtlinienkonformen Auslegung mit Blick auf das der RL 2005/29/EG zugrunde liegende europäische Verbraucherleitbild aufzugeben oder zu modifizieren, verkenne, dass eine auf die Verbesserung des Verbraucherschutzes abzielende Richtlinie nicht den Zweck oder die Wirkung haben könne, das herkömmliche nationale strafrechtliche Schutzniveau zuungunsten unterdurchschnittlich aufmerksamer oder verständiger Personen abzusenken. Das gelte zumal im auf schnelle Botschaften und Abschlüsse zielenden **Internetverkehr**, deren Nutzer sich durch eine gewisse Leichtgläubigkeit auszeichneten. Dem ist, auch wenn man der Verfahrensweise und der Begründung Vorbehalte[16] entgegensetzen kann, iE zuzustimmen. Für den *Haarverdickerfall* verdient (auch) deshalb die Auffassung Beifall, die es auch unter Beachtung unionsrechtlicher Vorgaben bei der opferschützenden Lösung des BGH belässt[17].

II. Der objektive Tatbestand des § 263

Fall 36: Bei Durchsicht seiner Kontoauszüge stellt der Altwarenhändler A fest, dass seinem zuvor leeren Girokonto bei der Bank auf Grund einer Fehlbuchung irrtümlich ein Betrag von 12 000 000 € gutgeschrieben worden ist, der für die X-GmbH bestimmt war. Unter Verwendung einer Auszahlungsquittung hebt A 5 000 000 € schleunigst ab, um sie für eigene Zwecke auszugeben. Weitere 6 000 000 € überweist er auf das Konto eines Gläubigers, dem er diesen Betrag schuldet.

489

Fall 37: Gleich darauf kauft A im Geschäft des G eine Kiste Zigarren zum Preis von 30 €, die er mit einem 50 €-Schein bezahlt. Während des Wechselns wird G durch einen Telefonanruf abgelenkt. In der irrigen Annahme, dass A ihm einen 100 €-Schein übergeben habe, legt G als Wechselgeld 70 € statt 20 € auf den Ladentisch. A steckt den gesamten Betrag wortlos ein, obwohl er den „Irrtum" des G sofort erkannt hat.

Hat A in den **Fällen 36** und **37** durch Täuschung einen Irrtum iS des § 263 erregt oder unterhalten? **Rn 497, 509**

---

14 Beispielhaft dafür *Brammsen/Apel*, WRP 11, 1255 f; *Erb*, ZIS 11, 375 f; MK-*Hefendehl*, § 263 Rn 57 f; anders dagegen *Eick*, Die Berücksichtigung des Opferverhaltens beim Betrug am Beispiel der Werbung 2011, S. 164 ff.
15 BGH NJW 14, 2595; s. dazu zust. *Hillenkamp*, Müller-Graff-FS S. 180; ebenso *Fischer*, § 263 Rn 55, 55a; *Erb*, Müller-Graff-FS S. 188; zur Begründung krit. *Cornelius*, StraFo 14, 276; *ders.*, NStZ 15, 310; *Hecker*, JuS 14, 1043; *Hecker/H.-F. Müller*, ZWH 14, 329; *Heger*, HRRS 14, 467; *Krack*, ZIS 14, 536; *Majer/Buchmann*, NJW 14, 3342; *N. Müller*, NZWiSt 14, 393; NK-WSS-*Heger/Petzsche*, § 263 Rn 11 ff; *Rönnau/Wegner*, JZ 14, 1064; *v. Heintschel-Heinegg*, JA 14, 790. Die Entscheidung bestätigt BGH wistra 14, 439.
16 Sie beziehen sich namentlich auf die verweigerte Vorlage an den EuGH und die vorgenommene Differenzierung des Verbraucherleitbildes, s. dazu die in der vorstehenden Fn angegebenen Besprechungen; zum Fall s. näher das **Rechtsprechungsbeispiel** in Rn 499.
17 So *Heim* in ihrer beachtlichen Schrift über „Die Vereinbarkeit der deutschen Betrugsstrafbarkeit (§ 263 StGB) mit unionsrechtlichen Grundsätzen und Regelungen zum Schutz der Verbraucher vor Irreführungen" 2013, S. 78 f, 158 ff mwN zum Streitstand dort und auf S. 67 ff.

1. Täuschung über Tatsachen

490 Die **Betrugshandlung** besteht in einer **Täuschung über Tatsachen** mittels einer wahrheitswidrigen Behauptung oder durch ein sonstiges Verhalten, welches einen *Erklärungswert* über das Bestehen oder Nichtbestehen von Tatsachen gegenüber dem Adressaten[18] hat. Ein solcher Erklärungswert setzt voraus, dass das Verhalten *objektiv geeignet* ist, auf dessen Vorstellungen mit der möglichen Folge eines Irrtums einzuwirken. Bei mangelnder Wahrnehmung des „täuschenden" Verhaltens[19] wie bei vollautomatisch ablaufenden Geschäften oder Verfahren[20] oder bei Desinteresse aufgrund fehlenden Bezugs zu einer Vermögensentscheidung[21] fehlt es bereits an dieser Eignung. Meist läuft es auf dasselbe Ergebnis hinaus, wenn erst ein Irrtum verneint wird. Bedeutsam wird diese Voraussetzung aber dort, wo eine Alleinverantwortung des Opfers für bestimmte Informationen besteht, es sich seiner Verantwortung zuwider jedoch auf die Behauptung des Täters verlässt und irrtumsbedingt verfügt; dann ist der Tatbestand mangels tauglicher Tathandlung nicht erfüllt. Dies kann namentlich im Rahmen einer vertraglichen Risikoverteilung oder wegen interner Richtlinien, die eine Entscheidung unabhängig von der Erklärung vorgeben (s. Rn 497), der Fall sein,[22] bloße Opfermitverantwortung wie Arglosigkeit oder Leichtgläubigkeit genügt aber nicht (s. Rn 487, Rn 506). Der Irrtum stellt sich als (das Behauptete abbildendes) Ergebnis *dieser Einwirkung* dar. Deshalb bereitet jemand möglicherweise eine Täuschung vor, täuscht aber noch nicht, wenn er nur den vom Opfer später vorzustellenden Gegenstand oder Umstände verändert, aus denen das Opfer Schlüsse ziehen soll. So erfüllt zB das Verstellen eines Kilometerzählers als solches nicht den Tatbestand, und wird für einen Betrug erst relevant, wenn der neue Wert zum Gegenstand einer (mindestens konkludenten) **Tatsachenbehauptung** gemacht wird. Auch die durch Änderung der Tatsachen unrichtig werdende Vorstellung auf Opferseite (als schlichte Unkenntnis heute oft *ignorantia facti* genannt[23]), ist – weil nicht auf einer Erklärung beruhend – kein betrugsrelevanter Irrtum. Wer sich heimlich in ein Verkehrsmittel schleicht, bewirkt zwar, dass die denkbare Vorstellung zB des gewissenhaften Schaffners, es befinde sich kein blinder Passagier im Zug, falsch wird, täuscht aber frühestens (durch Unterlassen trotz Aufklärungspflicht), wenn er sich auf die Frage: „Noch jemand ohne Fahrschein?", nicht meldet. Erst dann und dadurch entsteht der Irrtum iS des Betrugs[24]. Der Betrug erfasst also nur ganz bestimmte Angriffe auf fremdes Ver-

---

[18] Zum Erklärungsadressaten in der Zwangsversteigerung s. BGH wistra 17, 22 mit Anm. *Brand*, NJW 16, 3383; *Kudlich*, JA 16, 869.
[19] BGH StV 10, 22 (Betanken des Fahrzeugs ohne Wahrnehmung durch das Kassenpersonal).
[20] OLG Karlsruhe NJW 09, 1287, 1288; zu automatisierten **Mahnverfahren** s. BGH NStZ 12, 322 mit Bespr. *Bosch*, JK 7/12, StGB § 263/96; BGHSt 59, 68 mit Anm. *Trüg* NStZ 14, 157; *Trück*, ZWH 14, 235 und Rn 511, 610; zum Fall eines alternativen Vorsatzes – Täuschung von Mitarbeitern oder vollautomatischen Verfahren s. BGH MMR 17, 693.
[21] BGH StV 02, 82. S/S/W-*Satzger*, § 263 Rn 42; Spickhoff-*Schuhr*, § 263 Rn 10.
[22] Dazu BGHSt 46, 196, 199; S/S/W-*Satzger*, § 263 Rn 12 f., 40, 42, 69 ff, 85; M/R-*Saliger*, § 263 Rn 5 f.
[23] Traditionell ist dieser Begriff viel weiter und umfasst alle Tatsachenirrtümer; daher ist er zur Unterscheidung zwischen einem Irrtum und einer Unkenntnis missverständlich (s. Spickhoff-*Schuhr*, § 263 Rn 24).
[24] *Fischer*, § 263 Rn 15; *Hilgendorf/Valerius*, BT II § 7 Rn 12; LK-*Lackner*, 10. Aufl., § 263 Rn 78: notwendig ist „Überlistung"; M/R-*Saliger*, § 263 Rn 26; *Schmidt*, BT II Rn 524; S/S-*Cramer/Perron*, § 263 Rn 36 f; die Gegenmeinung verfälscht Vorbereitungshandlungen zur Täuschung oder ersetzt die Täuschung durch bloße Irrtumsverursachung; vertreten wird sie von A/W-*Arzt*, § 20 Rn 45 ff; *Krey/Hellmann*, BT II, 15. Aufl. 2008, Rn 338; *Mitsch*, BT II S. 286 f; s. auch *Rotsch*, ZJS 08, 135 f.

mögen, nämlich solche mittels Kommunikation (die dann zur Selbstschädigung führen muss, Rn 515): Der Betrug ist ein **Kommunikationsdelikt**[25].

Dabei ist andererseits – wie auch sonst – nicht zwingend, dass der Täter selbst oder allein auf das Opfer einwirkt. So erschöpfen sich die möglichen Tathandlungen des Prozessbetrügers idR nicht in seinem eigenen Vorbringen. Vielmehr wird er dieses oft durch einen Beweisantritt ergänzen, durch den ein gutgläubiger oder zur Falschaussage angestifteter Zeuge als Mittler der Unwahrheit hinzutritt[26]. Auch kann nach den im Verfahren gegen Mitglieder des Nationalen Verteidigungsrates der DDR entwickelten Grundsätzen[27] nach der insoweit allerdings zweifelhaften Rechtsprechung in mittelbarer Täterschaft täuschen, wer die in einem Wirtschaftsunternehmen durch Organisationsstrukturen bestimmten Rahmenbedingungen so ausnutzt, dass die von den Angestellten vorgenommene Täuschung als regelhafter Ablauf unbedingt tatbereiter „Rädchen" im Unternehmensgetriebe erscheint. Auf die für mittelbare Täterschaft sonst vorausgesetzte Gutgläubigkeit[28] dieser Angestellten kommt es für die Tatherrschaft unter solchen Voraussetzungen nicht an[29], wohl aber auf den konkreten Beleg dafür, dass die vom mittelbaren Täter nicht selbst verwirklichten Tatbestandsmerkmale des Betrugs durch die Tatmittler erfüllt sind[30].

Nach der sprachlich ungenauen und sich überschneidenden Umschreibung in § 263 kann die Täuschung durch *Vorspiegelung* „falscher" oder durch *Entstellung* oder *Unterdrückung* wahrer Tatsachen begangen werden. Freilich können Tatsachen als solche nicht wahr oder **unwahr** sein; Tatsachen bestehen oder bestehen nicht, und im eigentlichen Sinne ist nur eine bestehende Tatsache eine Tatsache. Wahr oder unwahr sind die über Tatsachen aufgestellten Behauptungen – auch im Gegensatz zu Erklärungen von Werturteilen, die ebenfalls nicht wahrheitsfähig sind[31]. Auch das Entstellen oder Unterdrücken ist nicht unmittelbar auf Tatsachen zu beziehen (dh ist nicht als Abändern von Umständen zu verstehen), denn darin läge gerade keine Kommunikation. Gemeint ist vielmehr insgesamt das Vorspiegeln einer nicht bestehenden Situation als Oberbegriff für alle falschen Tatsachenbehaupten (Behauptung nicht bestehender Tatsachen; Behauptung des Nichtbestehens bestehender Tatsachen; relevant unvollständige Behauptung; Unterlassen pflichtiger Aufklärung über das Bestehen oder Nichtbestehen von Tatsachen)[32]. Die im Tatbestand verwendeten Begriffe setzen sprachlich das **Bewusstsein** der Unrichtigkeit des Behaupteten voraus. Solche Anforderungen spiegeln sich im **Prüfungsaufbau** grundsätzlich im Vorsatz wider, und da

---

25 *Kindhäuser*, Tiedemann-FS S. 579 f: LK-*Tiedemann*, § 263 Rn 4; MK-*Hefendehl*, § 263 Rn 26; *Bock*, BT II S. 258; *Schramm*, BT I § 7 Rn 7.
26 BGHSt 43, 317, 320 mit Anm. *Momsen*, NStZ 99, 306.
27 BGHSt 40, 218, 236 ff; abl. zur Übertragbarkeit auf Wirtschaftsunternehmen *I. Roxin*, Wolter-FS S. 451 ff.
28 S. zB BGH wistra 01, 144.
29 BGH NStZ 98, 568 mit krit. Anm. *Dierlamm*; BGHSt 48, 331, 341 ff; zu einem Beispiel, in dem die Voraussetzungen fehlen, s. BGH wistra 08, 57 f; zur Übertragung dieser Konstruktion auf private Fernsehsender s. die Nachweise in Rn 577 (Call-in Shows).
30 BGH wistra 09, 437, 438; zur denkbaren Anwendbarkeit dieser Konstruktion im **Abgasskandal** s. *Isfen*, JA 16, 5 f. Zur Einordnung als uneigentliches Organisationsdelikt s. BGH wistra 17, 232; BGH NStZ 17, 340.
31 S. LK-*Tiedemann*, § 263 Rn 7; NK-*Kindhäuser*, § 263 Rn 59; *Schramm*, BT I § 7 Rn 12; Spickhoff-*Schuhr*, § 263 Rn 6.
32 S. *Küper/Zopfs*, BT Rn 493; *Kargl*, ZStW 114 (2007), 268 f verlangt ein „(arg-)listiges Verhalten"; daraus werden Einschränkungen bei konkludenter Täuschung und bei Täuschung durch Schweigen hergeleitet.

ein fahrlässiger Betrug nicht strafbar ist, genügt es auch, sie dort zu prüfen[33]. Eine neuere Auffassung begrenzt die Täuschung auf Täterverhalten, das einen zum Erhalt der „Vermögensverwaltungsfreiheit" bestehenden *Wahrheitsanspruch* des Opfers verletzt und geht damit über die oben (Rn 490) geforderte Eignung zur Täuschung hinaus. Hierin liegt die Gefahr, den von § 263 bezweckten Vermögensschutz zu verkürzen und zur Dispositionsfreiheit zu verschieben[34].

a) Tatsachenbegriff

493 **Tatsachen** sind konkrete Vorgänge oder Zustände der Vergangenheit oder Gegenwart, die dem **Beweise zugänglich** sind. Zukünftige Ereignisse fallen nicht unter diesen Begriff[35]. Trotz ihres Zukunftsbezugs und eines mit ihr regelmäßig verbundenen Werturteils (s. Rn 415) kann allerdings in einer Prognose eine Täuschung über schon gegenwärtige Tatsachen liegen, wenn zB über gegenwärtige tatsächliche Bedingungen ihres Eintritts oder den methodisch fundierten Einsatz von Fachwissen unzutreffende Angaben gemacht werden oder wenn der Täter seine eigene gegenwärtige Überzeugung vom Eintritt der Prognose vorspiegelt (innere Tatsache)[36]. Es ist allgemein für das Vorliegen einer Tatsache ohne Bedeutung, ob das Geschehen oder Bestehende zu den Erscheinungen der Außenwelt oder zum Bereich des Innenlebens gehört. Neben *äußeren* Tatsachen (**Beispiel:** Herkunft oder Beschaffenheit einer Sache, Üblichkeit eines Preises, Zahlungsfähigkeit einer Person usw)[37] erfasst § 263 auch *innere* Tatsachen, wie etwa das Vorhandensein einer Überzeugung oder bestimmter Kenntnisse und Absichten, zB der Bereitschaft, hingegebenes Geld an einem Wallfahrtsort in den Opferstock zu legen[38] oder sich vertragstreu zu verhalten[39]. Auch solche Tatsachen sind „intersubjektiver Nachprüfbarkeit" zugänglich[40].

---

33 Für eine Berücksichtigung bereits im objektiven Tatbestand *Hillenkamp* hier bis zur 40. Aufl.; *Eisele*, BT II Rn 521; *Küper/Zopfs*, BT Rn 494; *Lackner/Kühl*, § 263 Rn 6; *Rengier*, BT I § 13 Rn 9; *H. Schneider*, StV 04, 538 f; *Wittig*, § 14 Rn 21; *dies.*, Das tatbestandsmäßige Verhalten des Betrugs 2004, S. 210, 383; *Zöller*, BT Rn 129; s. auch BGHSt 18, 235, 237; **dagegen** für eine Berücksichtigung erst im subjektiven Tatbestand BGH NZWiSt 13, 230, 232 (objektive Täuschung trotz fehlenden Täuschungsvorsatzes); A/R/R-*Kölbel*, 5.1 Rn 31; *Bock*, BT II S. 262; *Fischer*, § 263 Rn 14; *Heghmanns*, Rn 1208; HK-GS/*Duttge*, § 263 Rn 8; M/R-*Saliger*, § 263 Rn 27; NK-*Kindhäuser*, § 263 Rn 58; *Pawlik*, Das unerlaubte Verhalten beim Betrug 1999, S. 81 f; Spickhoff-*Schuhr*, § 263 Rn 9; diff. MK-*Hefendehl*, § 263 Rn 100; ihm zust. S/S/W-*Satzger*, § 263 Rn 32; s. auch BayObLG NJW 99, 1648.

34 S. zu diesem Ansatz von *Kindhäuser*, ZStW 103 (1991), 398; *ders.*, Bemmann-FS S. 339; *Muñoz*, GA 05, 129 und *Pawlik*, Das unerlaubte Verhalten beim Betrug 1999, S. 74, 83, 139 ff: **krit.** A/W-*Heinrich*, § 20 Rn 26; *Kargl*, Lüderssen-FS S. 613; *Krack*, List als Tatbestandsmerkmal 1994, S. 71 mit Antikritik *Pawlik*, aaO, S. 104; MK-*Hefendehl*, § 263 Rn 68 ff; *Vogel*, Keller-GS S. 313, 318 ff; zur Verkürzung des Opferschutzes SK-*Hoyer*, § 263 Rn 5.

35 RGSt 56, 227, 231 f; NK-*Kindhäuser*, § 263 Rn 74; krit. *Maurach/Schroeder/Maiwald*, BT I § 41 Rn 27; klarstellend BK-*Beukelmann*, § 263 Rn 3; s. auch AnK-*Gaede*, § 263 Rn 15; G/J/W-*Dannecker*, § 263 Rn 14; *Rengier*, BT I § 13 Rn 4.

36 BGHSt 60, 1, 6 mit Anm. *H. Albrecht*, JZ 15, 841; *Kudlich*, ZWH 15, 14; *Schlösser*, StV 16, 25; s. dazu auch *C. Dannecker*, NZWiSt 15, 174; ferner A/R/R-*Kölbel*, 5.1 Rn 28 f; NK-WSS-*Heger/Petzsche*, § 263 Rn 57; Spickhoff-*Schuhr*, § 263 Rn 8. Ausf. zur Prospekthaftung *Schuhr*, ZWH 13, 119 f.

37 Vgl *Lackner/Kühl*, § 263 Rn 4; LK-*Tiedemann*, § 263 Rn 11.

38 Vgl RGSt 42, 40, 42; BGHSt 2, 325, 326; 15, 24, 26; BGH wistra 87, 255 f; OLG Düsseldorf wistra 96, 32; LK-*Tiedemann*, § 263 Rn 20.

39 BGHSt 54, 69, 121; *Bock*, BT II S. 249.

40 *Maurach/Schroeder/Maiwald*, BT I § 41 Rn 27; S/S/W-*Satzger*, § 263 Rn 19; M/R-*Saliger*, § 263 Rn 15.

Infolgedessen kommt es bei einer **Zechprellerei** als Bargeschäft nicht darauf an, ob der Täter nur seine Zahlungsbereitschaft (= *innere* Tatsache) oder mangels präsenter Geldmittel auch seine Zahlungsfähigkeit (= *äußere* Tatsache) vorspiegelt[41]. 494

Ebenso kann die Täuschungshandlung bei Kreditgeschäften die **Kreditwürdigkeit** als äußere Tatsache und den **Zahlungswillen** als *innere* Tatsache, nicht aber die Rückzahlungsfähigkeit als zukünftige Tatsache betreffen. Dabei muss dem Getäuschten allerdings bewusst werden, dass es um ein Kreditgeschäft geht[42].

Erklärungsinhalt kann auch eine sog. **Negativtatsache** sein. Sie findet sich zB in der oftmals konkludenten Behauptung, dass etwas nicht geschehen sei, was tatsächlich geschehen ist[43]. Den Gegensatz zur Tatsachenbehauptung bilden reine **Meinungsäußerungen** und bloße **Werturteile**, wozu grundsätzlich auch das (juristisch wertend zu ermittelnde) Bestehen von Ansprüchen gehört. Ihre Abgrenzung zur Ersteren ist wegen der fließenden Übergänge bisweilen schwierig[44]. Maßgebend ist, ob die Äußerung ihrem objektiven Sinngehalt nach einen **greifbaren, dem Beweise zugänglichen Tatsachenkern** enthält oder nicht. 495

Im Wesentlichen geht es hier um dieselben Abgrenzungsprobleme wie bei den Beleidigungsdelikten[45]. Wer als Händler Waren abnimmt, von denen der Vertreiber behauptet, sie verkauften sich von selbst, sitzt nur einer werbenden Meinungsäußerung auf, die sich in der unbelegten und ersichtlich nicht von einer seriösen Überzeugung gestützten Prognose (s. Rn 493) einer künftigen geschäftlichen Entwicklung erschöpft. Behauptet der Vertreiber auch die Konkurrenzlosigkeit des Produkts, fügt er freilich eine Tatsachenbehauptung hinzu[46]. Wer andere zum Kauf von Aktien durch die Zusicherung überredet, diese würden bald an der Börse gehandelt, im Wert erheblich steigen und sich als Gewinn bringende Kapitalanlage erweisen, weil hinter der Muttergesellschaft finanzstarke und einflussreiche Geschäftsleute stünden, äußert nicht nur seine *Meinung* über die *künftige* Entwicklung des betreffenden Unternehmens, sondern stellt eine **Behauptung tatsächlicher Art** auf (= es handele sich um Aktien eines kapitalkräftigen, Gewinn bringenden Unternehmens, dessen Marktchancen in Bank- und Börsenkreisen günstig beurteilt würden)[47]. Die Bezeichnung einer Kapitalanlage als „sicher" oder „risikolos" kann als pauschale Anpreisung verstanden werden, wenn die Anleger über die wesentlichen betriebswirtschaftlichen Rahmendaten in Kenntnis gesetzt werden. Fehlen solche Informationen, kann der gleichen Aussage aber auch ein tatsächlicher Hintergrund zukommen. Die nicht näher unterfütterte Bezeichnung als „sicher" oder „risikolos" legt dann nämlich nahe, dass eine Absicherung besteht, die bei mündelsicheren Anlagen und dem dort vorgesehenen Sicherheitsstandard vorhanden ist. Demgegenüber fehlt **allgemeinen Redewendungen, übertreibenden Anpreisungen** und insbesondere der sog. **marktschreierischen Reklame** (= es handele sich um

---

41 *Krey/Hellmann/Heinrich*, BT II Rn 492 ff; näher zu diesem Komplex BGH GA 72, 209; OLG Hamburg NJW 69, 335; LK-*Tiedemann*, § 263 Rn 9 ff, 38 f; S/S-*Perron*, § 263 Rn 28; krit. *Hilgendorf*, Tatsachenaussagen und Werturteile im Strafrecht 1998, S. 128; NK-*Kindhäuser*, § 263 Rn 76 f; *Pawlik*, Das unerlaubte Verhalten beim Betrug 1999, S. 94 f; *Thomma*, Die Grenzen des Tatsachenbegriffs 2003, S. 329 ff; vgl auch BGH NJW 83, 2827; 02, 1059 sowie OLG Düsseldorf JR 82, 343 zu vergleichbaren Fällen des **Benzintankens** durch Zahlungsunwillige (s. dazu auch Rn 197, 580).
42 Näher insoweit H-H-*Voigt*, Rn 988; *Hillenkamp*, JuS 03, 157 f; S/S-*Perron*, § 263 Rn 25 ff.
43 BGHSt 51, 165, 171 (mit Beispielen); BGH NStZ-RR 16, 341, 343.
44 Vgl BGH JR 58, 106; *Fischer*, § 263 Rn 9; *Graul*, JZ 95, 595; M/R-*Saliger*, § 263 Rn 16 ff; zur Bedeutsamkeit dieser Abgrenzung s. *Kuhli*, ZIS 14, 504 ff.
45 Vgl *Wessels/Hettinger/Engländer*, BT I Rn 482, 495 f; *Hilgendorf*, Tatsachenaussagen und Werturteile im Strafrecht 1998, S. 230 ff, 237; ähnlich *Schramm*, BT I § 7 Rn 13 ff.
46 BGH wistra 92, 255 f; OLG Frankfurt wistra 86, 31, 32.
47 BGH MDR/D 73, 18; vgl auch BGH NStZ-RR 10, 146.

die „meistgekaufte" Rasierklinge oder das „beste Waschmittel der Welt" usw) zumeist ein greifbarer Tatsachenkern und der Charakter einer ernsthaft aufgestellten Behauptung[48]. Die Geltendmachung überhöhter Inkassogebühren bedeutet in der Regel nur eine strafrechtlich irrelevante Täuschung über die **Rechtslage**, deren Bewertung und Einschätzung sich freilich mit Tatsachenbehauptungen verbinden kann[49]. Erklärt ein Rechtsanwalt der Wahrheit zuwider, es gebe gerichtliche Entscheidungen, die seine (falschen) Rechtsbehauptungen bestätigten, reicht das für eine(n) Täuschung(sversuch) gegenüber dem Richter ebensowenig aus wie die Äußerung der Rechtsauffassung, ein bestimmter Sachverhalt erfülle die Voraussetzungen einer anspruchsbegründenden Norm[50]. Bei wettbewerbsrechtlichen **Abmahnungen** wird nach Auffassung des BGH miterklärt, dass es sich um einen berechtigten Abmahnvorgang und nicht bloßes Generieren von Rechtsanwaltskosten handelt, das rechtsmissbräuchlich wäre. Die Zielrichtung wird dabei als innere Tatsache angesehen[51]. Das ist zumindest in dem Umfang richtig, wie die Rechtsmissbräuchlichkeit von solchen inneren Tatsachen abhängt; die Missbräuchlichkeit als solche und das Nichtbestehen eines Abmahngrundes sind hingegen keine Tatsachen. Unzutreffend wäre es indes, die Rechtsmissbräuchlichkeit als solche als Tatsache anzusehen oder aus einer erst im späteren Verfahren festgestellten Missbräuchlichkeit auf eine täuschende Erklärung zu schließen (denn die innere Tatsache kann nur in schon zur Tatzeit vorhandenen Vorstellungen bestehen). Entsprechend werden die zu erwartenden Abmahnungen auf Grundlage der am 25.5.2018 in Kraft getretenen Datenschutz-Grundverordnung zu beurteilen sein.

b) Täuschung durch aktives Tun

496 **Vorspiegeln einer „falschen" Tatsache** bedeutet, einen in Wirklichkeit nicht vorliegenden Umstand tatsächlicher Art einem anderen gegenüber als vorhanden oder gegeben hinstellen[52]. Das Vorspiegeln kann auch eine wahre Behauptung umfassen, sofern mit ihr (implizit) zugleich eine unwahre aufgestellt wird (zB Vertragsangebot in Form einer Rechnung, s. Rn 499; nicht jedoch bloße Vorlage eines Beförderungstickets, welches für die Fahrt nicht ausreichend ist[53]). Ob das mit Worten in Form einer **wahrheitswidrigen Erklärung** oder **auf andere Weise** geschieht, wie etwa durch das Vorlegen von Waren an der Kasse nach heimlichem Austausch der Preisschilder oder ein Verkaufsangebot nach Manipulationen am Kilometerzähler eines Gebraucht- oder Mietwagens[54], ist gleichgültig. Es kommt auch nicht darauf an, ob das Vorspie-

---

48 Im Einzelfall Tatfrage und je nach den Umständen sorgfältig zu prüfen; s. dazu BGHSt 48, 331, 344 f mit insoweit zust. Anm. *Beulke*, JR 05, 40 f; BGHSt 34, 199, 201 mit Bespr. von *Müller-Christmann*, JuS 88, 109 f; *Leckner/Kühl*, § 263 Rn 5; *Mitsch*, BT II S. 260 f; krit. *Kargl*, Lüderssen-FS S. 624 f, 631; zum Tatsachengehalt der Warenkennzeichnung als „bio" oder „öko" s. *Arzt*, Lampe-FS S. 673 f, 680; zur Schadensbegründung in solchen Fällen s. *Heghmanns*, ZIS 15, 102 ff; zu § 16 UWG in diesem Zusammenhang s. *Schmidt*, BT II Rn 531.
49 OLG Frankfurt NJW 96, 2172; zur **Rechtsbehauptung** als Tatsachenbehauptung s. AnK-*Gaede* § 263 Rn 19; *Fischer*, § 263 Rn 11; *Hilgendorf*, Tatsachenaussagen und Werturteile im Strafrecht 1998, S. 205 ff, 222; HK-GS-*Duttge*, § 263 Rn 7; *Kleszczewski*, BT § 9 Rn 43; *Krell*, JR 12, 102 f; *Krey/Hellmann/Heinrich*, BT II Rn 503 ff; LK-*Tiedemann*, § 263 Rn 18 f; M/R-*Saliger*, § 253 Rn 18.
50 S. OLG Koblenz NJW 01, 1364 mit krit. Bespr. *Protzen*, wistra 03, 208; OLG Karlsruhe JZ 04, 101 mit krit. Anm. *Puppe*; *Satzger*, JK 1/14, § 263/104; *Kretschmer*, GA 04, 459 f; LK-*Tiedemann*, § 263 Rn II; MK-*Hefendehl* § 263 Rn 71; diff. G/J/W-*Dannecker*, § 263 Rn 25.
51 BGH wistra 09, 393; BGH NStZ 17, 536 mit zust. Anm. *Krell*, 537 und krit. Anm. *Becker*, HRRS 17, 405 ff; aA OLG Köln NJW 13, 2772 mit krit. Anm. *Bittmann*; *Becker*, HRRS 17, 405 ff.
52 S. S/S-*Perron*, § 263 Rn 6; *Schumann*, JZ 79, 588. Zum Identitätsmissbrauch beim CEO-Fraud, s. *Buss*, CR 17, 410 ff.
53 AG Dortmund BeckRS 17, 129465.
54 BayObLG MDR 62, 70; OLG Hamm NJW 68, 1894; LG Marburg MDR 73, 66.

geln **ausdrücklich** oder im Wege des **schlüssigen (= konkludenten)**[55] Handelns erfolgt. Wesentlich ist nur, dass auf die Vorstellung des Betroffenen eingewirkt wird und dass dem Verhalten des Täters aus dem Blickwinkel des Empfängerhorizonts ein bestimmter Erklärungswert zukommt. Dieser ist für eine Täuschung konstitutiv[56]. Maßgebend für seine Ermittlung ist, wie die **Verkehrsauffassung** das Verhalten im Rahmen der Gesamtumstände versteht und bei objektiver Beurteilung verstehen darf[57]. Dafür ist mitbestimmend, in welchem „rechtlichen Rahmen" und „normativen Gesamtzusammenhang" die Erklärung steht[58].

Hebt – wie im **Fall 36** – ein Kontoinhaber durch ein Bankversehen auf sein Konto geleitetes Geld ab oder tilgt er mit ihm durch Überweisung bestehende Verbindlichkeiten, lässt sich eine Täuschung möglicherweise darin sehen, dass er den Bankangestellten über die von ihm erkannte **Fehlbuchung** nicht aufklärt. Bevor man sich auf eine solche (subsidiäre) Täuschung durch Unterlassen mit der schwierigen Frage einer Aufklärungspflicht einlässt, ist sorgfältig zu prüfen, ob nicht eine Täuschung durch ausdrückliches oder konkludentes Tun gegeben ist. Letzteres hat die frühere Rechtsprechung mit der Erwägung bejaht, dass der Auszahlungs- oder Überweisungsauftrag die Erklärung einschließe, ein entsprechendes Guthaben sei vorhanden[59]. Diese Behauptung hielt jene Rechtsprechung bei einer **Fehlbuchung** für unwahr, weil durch sie kein entsprechendes Guthaben entstehe. Sie hat deshalb in solchen Fällen Betrug angenommen, wenn der getäuschte Bankangestellte den Auftrag in dem durch diesen mitbedingten Glauben an das Guthaben ausführte[60]. Bei einer durch einen **Dritten** vorgenommenen **Fehlüberweisung** wurde eine Täuschung dagegen verneint, weil durch sie der Kunde im Verhältnis zu seiner Bank ein entsprechendes Guthaben erwerbe und daher dessen Vorhandensein nicht vorspiegeln könne. Eine Täuschung konnte in diesen Fällen folglich nur in der unterlassenen Aufklärung des irrtümlich Überweisenden liegen, für deren Vornahme es aber regelmäßig an einer Garantenpflicht fehlte[61]. Für einen untauglichen Versuch des § 263 blieb hiernach Raum, wenn der Kunde in der irrigen Annahme handelte, dass eine Fehlbuchung erfolgt sei. Diese von der Lehre weitgehend gebilligte Rechtsprechung hat der **BGH** insoweit zu Recht **aufgegeben**, als an dem Entstehen eines Guthabens **auch** bei einer **Fehlbuchung** nicht zu zweifeln und deshalb eine entsprechende

497

---

55 S. dazu *Becker*, JuS 14, 307.
56 Dass das Opfer von dem behaupteten Sachverhalt ausgehen darf, ist Folge des Erklärungswerts, kann ihn aber nicht ersetzen, anders *Frisch*, Jakobs-FS S. 101 f.
57 Näher LK-*Tiedemann*, § 263 Rn 23, 28 ff; *Maurach/Schroeder/Maiwald*, BT I § 41 Rn 39 ff; M/R-*Saliger*, § 263 Rn 32 ff; S/S-*Perron*, § 263 Rn 12 ff; S/S/W-*Satzger*, § 263 Rn 38 ff; OLG Köln wistra 91, 115, 116; konkretisierend *Kindhäuser*, Tiedemann-FS S. 579; zum Erklärungsinhalt bei überhöhten Kaufpreisangaben zum Zweck der Immobilienfinanzierung s. *Cornelius*, NZWiSt 12, 259 f; in der Zwangsvollstreckung *Wagemann*, GA 07, 146; bei Fernseh-Telefongewinnspielen *Schröder/Thiele*, Jura 07, 816 (s. dazu Rn 580); krit. zur hiermit verbundenen Abgrenzung einer Täuschung durch Tun oder Unterlassen *Streng*, ZStW 122 (2010), 18 ff; *Wittig*, Das tatbestandsmäßige Verhalten des Betrugs 2005, S. 251 ff, 284 ff. Zur konkludenten Täuschung beim Handel mit Bitcoins, s. *Börner*, NZWiSt 18, 51.
58 BGHSt 51, 165, 170; BGH JR 10, 172, 173 mit Anm. *Gössel*; A/R/R-*Kölbel*, 5.1 Rn 37; krit. zur „Konkludenz" *Bung*, GA 12, 358 ff; krit. Neuansatz der Bestimmung der konkludenten Täuschung auf der Basis der Charakterisierung des Betrugs als Kommunikationsdelikt bei *Mayer Lux*, Die konkludente Täuschung beim Betrug 2013; zu dieser Charakterisierung s. M/R-*Saliger* § 263 Rn 2, 23, 36.
59 S. zuletzt OLG Celle StV 94, 188 mit krit. Anm. *Schmoller*.
60 OLG Karlsruhe Justiz 78, 173; OLG Köln JR 61, 433 mit zust. Anm. *Schröder*.
61 S. BGHSt 39, 392, 395, 398 ff; OLG Celle StV 94, 188.

konkludente Behauptung auch in einem solchen Fall nicht unwahr ist[62]. Der BGH hat darüber hinaus angesichts der gängigen Bankpraxis, Überweisungen auch ohne ausreichende Kontodeckung vorzunehmen, in Abrede gestellt, dass mit einem Überweisungsauftrag überhaupt mehr als das Begehren, die Überweisung auszuführen, erklärt werde und diesem Begehren die Eignung abgesprochen, bei dem zur Prüfung der Kontodeckung bzw der Kreditlinie verpflichteten Bankangestellten eine betrugsrelevante Fehlvorstellung hervorzurufen. Hiernach fehlt jedenfalls dem **Überweisungsauftrag** (der allein Gegenstand der BGH-Entscheidung ist) die Täuschungsqualität[63]. Da aber auch für die **Abhebung** gilt, dass mit einer nach überkommener Ansicht in ihr enthaltenen Behauptung, ein entsprechendes Guthaben zu besitzen, nichts Unwahres erklärt wird, kommt auch insoweit nur eine Täuschung durch Unterlassen in Betracht (s. Rn 509).

498 Ein Kläger, der einen Anspruch einklagt, obwohl er weiß, dass ihm rechtshindernde oder rechtsvernichtende Einwendungen entgegenstehen, und deren Umstände verschweigt, täuscht konkludent das Gericht, da er damit gegen die ihm nach § 138 ZPO auferlegte Vollständigkeitspflicht verstößt[64]. Bei einer förmlichen **öffentlichen Ausschreibung** enthält die Abgabe eines Angebots die schlüssige Behauptung, dass dieses Angebot ohne vorherige Absprache zwischen den Bietern zustande gekommen ist[65]. Mit der Eingehung einer vertraglichen Verpflichtung ist in der Regel die stillschweigende Erklärung des Schuldners verbunden, dass er zur Erfüllung des Vertrages bereit ist[66]. Wer in einem Hotel oder Restaurant **Getränke und Speisen bestellt**, bringt daher konkludent zum Ausdruck, dass er zahlungsfähig und zahlungswillig sei (vgl Rn 493 f). Das gilt auch für den, der an einer Selbstbedienungstankstelle als „normaler" Kunde auftritt[67]. Demgegenüber enthält die bloße Entgegennahme der vorher vereinbarten Beherbergungsleistungen durch einen *nachträglich zahlungsunfähig gewordenen* **Hotelgast** in aller Regel nicht die Behauptung fortbestehender Zahlungsfähigkeit[68]. Im **Angebot einer Sache zum Kauf** liegt die schlüssige Erklärung, zu ihrer Veräußerung befugt und zur Eigentumsverschaffung im Stande zu sein. Im Falle des Verkaufs von Seriennummern als „*gebrauchte*" Lizenzen wird konkludent miterklärt, dass die von der Rechtsprechung aufgestellten Voraussetzungen für den Verkauf gebrauchter Computerprogramme erfüllt sind[69]. Wer eine **Leistung einfordert**, bringt damit zugleich idR das Bestehen des zugrunde liegenden Anspruchs

---

62 BGHSt 46, 196 mit iE zust. Anm. *Joerden*, JZ 01, 614, *Hefendehl*, NStZ 01, 281 und *Krack*, JR 02, 25; s. auch *Valerius*, JA 07, 781 f; krit. *Ranft*, JuS 01, 856; zur abw. Rechtslage bei einer *Einzugsermächtigung* s. OLG Hamm wistra 12, 161, 163 f

63 Vgl Rn 490. Zust. AnK-*Gaede*, § 263 Rn 36; *Bock*, WV-BT2, S. 264 ff; BK-*Beukelmann*, § 263 Rn 15; *Eisele*, BT II Rn 535; HK-GS-*Duttge*, § 263 Rn 12; *Joecks/Jäger*, § 263 Rn 63 ff; *Krack*, JR 02, 25; M/R-*Saliger*, § 263 Rn 50; *Rengier*, BT I § 13 Rn 21 ff; SK-*Hoyer*, § 263 Rn 35; S/S-*Perron*, § 263 Rn 16c; S/S/W-*Satzger*, § 263 Rn 53; iE auch *Pawlik*, Lampe-FS S. 689, 696 ff; krit. *Heger*, JA 01, 538; *Otto*, Jura 02, 609.

64 *Fischer*, § 263 Rn 44; s. dazu im Fall des sog. **AGG-Hoppings** *Brand/Rahimi-Azar*, NJW 15, 2294 f; zu § 253 in solchen Fällen s. Rn 708.

65 BGHSt 47, 83, 86 f; s. dazu auch M/R-*Saliger*, § 263 Rn 42; *Wittig*, § 14 Rn 34.

66 BGH wistra 98, 177; BGH NStZ 12, 95, 96 mit Bespr. *Jäger*, JA 11, 950; krit. H-H-*Voigt*, Rn 989.

67 BGH NJW 12, 1092 mit Bespr. *Ernst*, JR 12, 473; *Hecker*, JuS 12, 1138; *Satzger*, JK 6/13, § 263 StGB/101; *Sinn*, ZJS 12, 831; v. *Heintschel/Heinegg*, JA 12, 305.

68 Vgl BGH MDR/D 73, 729; OLG Hamburg NJW 69, 335; *Beulke*, III Rn 202 f; *Rengier*, BT I § 13 Rn 26; NK-WSS-*Heger/Petzsche*, § 263 Rn 39; *Triffterer*, JuS 71, 181; s. zum Streitstand *Hillenkamp*, BT 28. Problem.

69 AG Gießen MMR 16, 696 mit Anm. *Rosemann*.

zum Ausdruck⁷⁰. Dazu muss der Erklärungsinhalt aber über die bloße Äußerung einer Rechtsauffassung hinausgehen⁷¹. Die **Hingabe eines Schecks** zur Begleichung einer Schuld umfasst zumindest die Zusicherung, dass er bei Vorlage eingelöst werde; umstritten ist nur, ob und inwieweit damit zugleich eine Deckungszusage verbunden ist⁷².

Wer einer Bank einen **Scheck** zur Einlösung vorlegt, behauptet, da es hierauf für die einlösende Bank nicht ankommt, nicht, dass der aus dem zugrunde liegenden Schuldverhältnis erwachsene Anspruch (noch) besteht, wohl aber konkludent, dass die wesentlichen Scheckvoraussetzungen vom Scheckaussteller erfüllt worden sind⁷³ und dass der Inhalt des Schecks dem Willen des Ausstellers entspricht. Dazu gehört der Umstand, dass nur eine mittels Begebungsvertrags legitimierte Person, nicht aber ein Dritter, der in strafbarer Weise in den Besitz des Schecks geraten ist, den Scheck einreicht⁷⁴. Wer eine Ware oder Leistung zu einem **bestimmten Preis anbietet**, hat diesseits der Grenze zur Sittenwidrigkeit und des Wuchers keine Pflicht, den wahren Wert des Kaufobjekts anzugeben, selbst wenn dieser erheblich unter dem geforderten Preis liegt. Er behauptet damit allein auch noch nicht die Angemessenheit oder Üblichkeit des verlangten Preises⁷⁵. Auch ist mit der Angabe des Kaufpreises einer Immobilie gegenüber der Bank, die den Kauf kreditieren soll, nicht behauptet, die Immobilie sei diesen Preis wert⁷⁶. Maßgebend in dieser Hinsicht sind aber die näheren Umstände im Einzelfall, aus denen sich (wie etwa bei Werkverträgen mit einer marktüblichen Vergütung oder dem Angebot eines „echten" Gemäldes) auch Ausnahmen von den allgemeinen Regeln ergeben können⁷⁷. Nach diesen Regeln behauptet ein **Kunde an der Kaufhauskasse** nicht, er habe außer der vorgelegten keine (verdeckte) Ware bei sich⁷⁸. Auch ist einem an sich eindeutigen **Angebot** an *Firmen*, gegen Entgelt in bestimmte Verzeichnisse aufgenommen zu werden, nicht schon der konkludente Erklärungswert einer Rechnung zu entnehmen, nur weil das Angebotsformular nach Farbe und Gestaltung der **Rechnung** einer Gerichtskasse ähnlich sieht⁷⁹. Die Begründung hierfür ergibt sich allerdings nicht aus einer Opfermitverantwortung⁸⁰, sondern aus der verkehrsüblichen Verteilung des Informations- und Orientierungsrisikos (s. Rn 506). Dieses macht *geschäftlich erfahrenen* Personen wie Kaufleuten zur Auflage, kaufmännische Schreiben ganz zu lesen und deshalb zB ein auf den ersten Blick als Rechnung erscheinendes Schriftstück auch ohne besonderen Hinweis auf die Rückseite als Vertragsangebot zu identifizieren⁸¹. Bei *nichtkaufmännischen Adres-*

---

70 S. auch BGH NStZ-RR 17, 313 mit Anm. *Meyer*, NZWiSt 18, 74, 79 f; *Röß*, NStZ 18, 441 ff; *Tekin*, ZWH 18, 110, 112 f.
71 BGH JZ 12, 518, 520 mit Anm. *Tiedemann*; diff. hierzu *Saliger*, Imme Roxin-FS S. 314 ff; BGH wistra 17, 318.
72 Vgl BGHSt 3, 69, 71; 24, 386, 389; BGH wistra 82, 188; LK-*Tiedemann*, § 263 Rn 42; zur Vorlage von Inhaber- und Orderschecks s. BGH NStZ 08, 396; BGH StV 09, 244, 245; BayObLG NJW 99, 1648.
73 BGH StV 02, 82.
74 BGH StV 09, 244, 245.
75 BGH NStZ 15, 463 mit Anm. *Greeve*; *Kraatz*, NZWiSt 15, 313; *Kudlich*, ZWH 15, 346; vgl auch BGH JZ 89, 759; BGH wistra 11, 335, 336 f mit Bespr. *v. Heintschel-Heinegg*, JA 11, 710; OLG Stuttgart NStZ 85, 503 mit krit. Anm. *Lackner/Werle*; BayObLG NJW 94, 1078; *Lackner/Kühl*, § 263 Rn 10; M/R-*Saliger*, § 263 Rn 47; S/S-*Perron*, § 263 Rn 17c.
76 *Cornelius*, NZWiSt 12, 259 f.
77 Näher *Graul*, JZ 95, 595; zur Regel wie zu Ausnahmen s. auch BGH NStZ 10, 88, 89 mit Bespr. *Bosch*, JA 10, 153 (Krebsheilmittel); OLG München wistra 10, 37 mit Bespr. *Kudlich*, JA 10, 70 (Scherenschleifer); zum Betrug auf dem Kunstmarkt s. *Kinzig*, Heinz-FS S. 124 ff.
78 *Hillenkamp*, JuS 97, 221 mwN; *Pawlik*, Das unerlaubte Verhalten beim Betrug 1999, S. 87.
79 LG Frankfurt wistra 00, 72, 73.
80 Zutr. *Erb*, ZIS 11, 372 ff; *Garbe*, NJW 99, 2869; *Geisler*, NStZ 02, 86, 89; missverständlich BGHSt 47, 1, 4 (s. dazu schon Rn 487 und A/W-*Heinrich*, § 20 Rn 49a).
81 BGH NStZ 97, 186; OLG Frankfurt NStZ 97, 187; diff. *Garbe*, NJW 99, 2868; abl. *Geisler*, NStZ, 02, 86, 89; BGH wistra 14, 439, 440 erstreckt den Schutz dagegen auch auf **Unternehmer**; ebenso BGH NStZ-RR 16, 341, 344; in der Tendenz wie hier A/R/R-*Kölbel*, 5.1 Rn 46.

saten wie durch einen Todesfall betroffenen Bürgern muss dagegen der Absender den Angebotscharakter eindeutig zu erkennen geben. Fasst er das Schreiben so ab, dass der Eindruck einer Zahlungspflicht entsteht und die Hinweise auf den Angebotscharakter völlig in den Hintergrund treten, liegt darin eine konkludente Täuschung[82]. Dieses Ergebnis lässt sich sachgerechter aus der in diesem Falle beim Anbietenden liegenden Informationslast und dem Gedanken des § 305c BGB[83] als daraus herleiten, dass der Täter die **Behauptung wahrer Tatsachen**[84] planmäßig einsetzt und damit unter dem Anschein äußerlich verkehrsgerechten Verhaltens gezielt die Schädigung des Adressaten verfolgt, die Irrtumserregung also nicht bloße Folge, sondern Zweck der Handlung ist[85]. Wäre das maßgeblich, bestünde kein Grund, zwischen kaufmännischem und nichtkaufmännischem Verkehr zu unterscheiden[86]. Dient die Einreichung einer **Lastschrift** dem Bankkunden nicht wie üblich als Instrument des bargeldlosen Zahlungsverkehrs, sondern der Kreditbeschaffung, ist die Vorlage der Lastschrift eine konkludente Täuschung über die übliche Verwendung[87]. Ob ein **Rechtsreferendar** bei Antritt seines Referendardienstes konkludent erklärt, er sei nicht gleichzeitig auch in einem anderen Bundesland zugelassen und werde folglich nicht die Rolle eines „doppelten Referendars" einnehmen, ist zweifelhaft, wohl aber eher zu verneinen[88]. Wer in einem Arbeitsverhältnis eine **Tankkarte** er-

---

82   S. Fallbesprechung bei *Bock*, WV-BT2, S. 250 f und *Kudlich*, PdW BT I S. 72 f.

83   S. dazu *Eisele*, BT II Rn 526; *Geisler*, NStZ 02, 88 f; vgl auch *Kasiske*, GA 09, 360 ff, der den richtigen Ausgangspunkt der Informationslast und -obliegenheit durch die Bezugnahme auf die Viktimodogmatik (S. 367) unnötig der gegen sie vorzubringenden Kritik aussetzt; s. dazu auch die Absage an die Viktimodogmatik durch BGHSt 59, 195 = BGH NJW 14, 2054, 2055 f mit insoweit zust. Anm. *Bosch*, JK 11/14, StGB § 263/106.

84   *Schröder*, Peters-FS 1974 S. 153; deshalb Täuschung bezweifelnd *Joecks/Jäger*, § 263 Rn 50; krit. auch *Paschke*, Der Insertionsoffertenbetrug 2006, S. 105 ff; zur Täuschung mit wahren Tatsachen s. auch *S. Peters*, Betrug und Steuerhinterziehung trotz Erklärung wahrer Tatsachen, 2010.

85   So aber BGHSt 47, 1, 5 mit iE zust. Bespr. von *Loos*, JR 02, 77; *Otto*, Jura 02, 607; *Rose*, wistra 02, 13; BGH wistra 01, 386, 387; BGH wistra 04, 103, 104 mit Anm. *H. Schneider*, StV 04, 537; BGH wistra 14, 439, 440 (auch gegenüber Unternehmern); wie hier krit. zur Rechtsprechung M/R-*Saliger*, § 263 Rn 34. Zur Übertragung dieser These auf den sog. **Ping-Anruf-Fall** (Auslösen des kostenpflichtigen Rückrufs einer Mehrwertdienstenummer) s. OLG Oldenburg wistra 10, 453, 454 f mit Bespr. *Jahn*, JuS 10, 1119 und die die Verurteilung durch das LG Osnabrück CR 13, 581 bestätigende Entscheidung BGHSt 59, 195 = BGH NJW 14, 2054 mit Anm. *Cornelius* (neben Täuschung und Irrtum dort auch zur Stoffgleichheit) sowie die Fallösungen bei *Kudlich*, PdW BT I S. 74; *Ladiges*, JuS 12, 54 f; s. dazu auch *Bosch*, JK 11/14, StGB § 263/105; *Brand/Reschke*, NStZ 11, 379; *Eiden*, Jura 11, 863; *Erb*, ZIS 11, 368; *Jahn*, JA 14, 630; *ders.*, JuS 14, 848; *Kölbel*, JuS 13, 193; zw. AnK-*Gaede*, § 263 Rn 32; krit. *Scheinfeld*, wistra 08, 169 ff; *Schuhr*, ZWH 14, 347; *Zöller*, ZJS 14, 577; aus gemeinschaftsrechtlicher Sicht *Dannecker*, ZStW 117 (2005), 713 f; s. auch *Hoffmann*, GA 03, 610, 616 f, der stattdessen neben dem täuschenden Gesamteindruck die Inanspruchnahme von aus einer aktuellen Geschäftsbeziehung stammendem Vertrauen fordert; für *Rath*, Gesinnungsstrafrecht 2002, S. 7 ff, 51 f handelt es sich bei der Begründung des BGH um Kriminalunrecht nicht begründendes Gesinnungsunrecht; diese von *Paschke*, Der Insertionsoffertenbetrug 2006, S. 84 relativierte Kritik mündet in den diskussionswürdigen Vorschlag, eine konkludente Täuschung über den Gedanken der protestatio facto contraria zu entwickeln, S. 179 ff.

86   Für Täuschung in beiden Fällen BGH wistra 04, 103, 104 mit Hinweis auf die Erledigung solcher Schreiben durch (nichtkaufmännisches) Büropersonal; OLG Frankfurt NStZ-RR 02, 47; NJW 03, 3215, 3216; *Eisele*, BT II Rn 526; *Fischer*, § 263 Rn 28a; *Geisler* NStZ 02, 89; G/J/W-*Dannecker*, § 263 Rn 30; *Rengier*, BT I § 13 Rn 13 f; *Schmidt*, BT II Rn 538; *H. Schneider*, StV 04, 539; SK-*Hoyer*, § 263 Rn 50. S/S/W-*Satzger*, § 263 Rn 35; *Zöller*, BT Rn 128; krit. zur Begründung des BGH auch *Baier*, JA 02, 366; *Krack*, JZ 02, 613; *Maurach/Schroeder/Maiwald*, BT I § 41 Rn 41; *Pawlik*, StV 03, 297; offen BK-*Beukelmann*, § 263 Rn 16; *Wittig*, § 14 Rn 25.

87   BGHSt 50, 147, 155; BGH NStZ 07, 647; s. dazu auch OLG Hamm wistra 12, 161, 163 f; Fallösung bei *Fahl*, JuS 12, 1104.

88   OLG Saarbrücken NJW 07, 2868, 2869, das auch zu Recht eine Täuschung durch Unterlassen verneint (s. Rn 506); abw. *Fahl*, Jura 08, 455; *Kudlich*, JA 08, 74; Fallaufbereitung bei *Sengbusch*, Jura 09, 310 ff.

hält, um sein Dienstfahrzeug zu betanken, erklärt bei der Einreichung der entsprechenden Belege, die Karte nur iR des Vereinbarten eingesetzt zu haben. Darauf, es sei **unzumutbar**, den Missbrauch zu offenbaren, kann er sich nicht berufen[89]. Nach den gleichen Maßstäben sind die sich ausbreitenden **„Kostenfallen" im Internet** zu beurteilen, in denen die Gestaltung der Onlineseite bewusst so erfolgt, das der durchschnittliche Benutzer die Kostenpflichtigkeit des Angebots oder das Eingehen einer Verbindlichkeit nicht erkennt[90]. Anders verhält es sich, wenn eine fremde Kreditkarte, die zur eigennützigen Verwendung vom Kreditkarteninhaber an einen Dritten gegeben wird, nach dem Tod des Kreditkarteninhabers verwendet wird. Diejenigen, denen die Kreditkarte vorgelegt wird, machen sich angesichts des Verpflichtung des Kreditkartenunternehmens zur Zahlung keine Gedanken über die Berechtigung[91]. Entsprechend scheitert auch § 263a. Mangels Vermögensbetreuungspflicht ist auch § 266 nicht einschlägig, und idR mangels Manifestation eines Zueignungswillens ebensowenig § 246.

Rechtsprechungsbeispiel: Um einen solchen Fall ging es in dem Beschluss des **OLG Frankfurt a.M. in NJW 11, 398** mit Anm. *Hansen* und Bespr. von *Bosch* JK 6/11, StGB § 263/90; *Brammsen/Apel*, WRP 11, 1254; *Buchmann/Majer*, CR 11, 190; *Eisele*, MMR 11, 273; *Erb*, ZIS 11, 368; *Hatz*, JA 12, 186; *Hecker*, JuS 11, 470; *Hövel*, GRUR 11, 253. Hier hatten die Angeschuldigten ihre Websites bewusst so gestaltet, dass die Kostenpflichtigkeit des Besuchs der Seite und der Vertragsschluss über ein Abonnement, die für einen „durchschnittlich informierten und verständigen Verbraucher als Nutzer" (s. dazu Rn 488) nicht erwartbar waren, entgegen § 1 I 1, IV 2 der Preisangabenverordnung weder „leicht erkennbar" noch „deutlich lesbar oder sonst gut wahrnehmbar" und dem „Angebot" auch nicht „eindeutig zuzuordnen" gewesen sind. In diesem Fall des „Täuschens mit wahren Tatsachen" folgte das OLG zur Begründung der *konkludenten* Täuschung ua der hier (Fn 77) zitierten Entscheidung BGHSt 47, 1, 5, wenn es betont, das „Ziel des Internetauftritts" habe einzig darin bestanden, „Verbraucher über die Vergütungspflicht in die Irre zu führen und diesen Irrtum wirtschaftlich auszunutzen." Auch hier lässt sich – wie die Entscheidung BGH NJW 14, 2595, die den dem OLG-Beschluss auch zugrunde liegenden Fall der Abo-Falle bezüglich eines **Routenplaners** betrifft, zeigt – das richtige Ergebnis zur Täuschung besser aus der dem Anbieter nach der Preisangabenverordnung eindeutig aufgebürdeten Informationslast herleiten (S. 2596), als daraus, dass die Irrtumserregung hier nicht bloße Folge, sondern Zweck der Handlung ist (zur Zweifelhaftigkeit dieser Begründung s. Rn 499). Zudem ändert eine „Leichtgläubigkeit des Opfers" nichts am Vorliegen von Täuschungs(absicht) und Irrtum. Deutlicher als zuvor wurden in dieser Entscheidung viktimodogmatische Einschränkungsversuche des Opferschutzes iE mit Recht (s. dazu Rn 487 f, 512 f) zurückgewiesen, und das unter Berücksichtigung der **Richtlinie 2005/29/EG** über unlautere Geschäftspraktiken im binnenmarktinternen Geschäftsverkehr zwischen Unternehmen und Verbrauchern (s. dazu auch trotz Kritik am vom BGH eingeschlagenen Weg *Cornelius*, NStZ 15, 310 ff). Die gegenteilige Ansicht, nach der bei der gebotenen richtlinienkonformen Auslegung das der Richtlinie zugrunde liegende **Leitbild** eines verständigen und aufmerksamen **Verbrauchers** dazu zwinge, eine betrugsrelevante Täuschung nur anzunehmen, wenn sie geeignet sei, eine informierte, aufmerksame und verständige Person zu täuschen, weist der BGH zurück. Zum einen habe die ein hohes Verbraucherschutzniveau anstrebende Richtlinie nicht den Zweck, das durch § 263 gewährleistete herkömmliche nationale Schutzniveau dadurch abzusenken, dass irreführende Geschäftspraktiken, die (allein) dazu dienen, den Verbraucher durch gezielte Täuschung an seinem Vermögen zu schädigen, straffrei gestellt

---

89 OLG Celle NStZ 11, 218, 219.
90 S. dazu klärend *Eisele*, NStZ 10, 193 ff; *Erb*, ZIS 11, 368 ff; ferner *Fischer*, § 263 Rn 28b/c; M/R-*Saliger*, § 263 Rn 55; Falllösung bei *Ladiges*, Jura 13, 844; zu parallelen Strukturen in **Smartphone-Nutzer** betreffende sog. **„WAP-Billing"**-Fällen s. *Gaßner/Strömer*, NJW 16, 2529; *dies.*, HRRS 17, 110; *Wegner*, NStZ 16, 455.
91 OLG Hamm NStZ-RR 15, 213, 214.

würden, wenn sie auf die Täuschung unterdurchschnittlich aufmerksamer und verständiger Verbraucher gerichtet sind. Und zum anderen sei ohnehin nicht generalisierend auf den Idealtypus eines besonders aufmerksamen und gründlichen Verbrauchers, sondern differenzierend auf das „durchschnittliche Mitglied" der „Gruppe von Verbrauchern" abzustellen, an die sich die jeweilige Geschäftspraxis richtet. Das sei hier der durchschnittliche **Internetnutzer**, der sich im „auf schnelle Botschaften und schnelle Abschlüsse gerichteten" Internetverkehr durch eine gewisse Leichtgläubigkeit auszeichne. Wer das zur Täuschung bewusst ausnutze, dessen Handeln werde vom Schutzzweck der Richtlinie erfasst (BGH NJW 14, 2597 f, 2598; BGH wistra 14, 439, 441 stimmt diesem Argumentationsmodus für den Fall eines wie eine Rechnung wirkenden Angebotsschreibens zu; zur viktimodogmatischen Bedeutung der ersten BGH-Entscheidung s. *Hillenkamp*, Müller-Graff-FS S. 180; zust. *Erb*, Müller-Graff-FS S. 194; krit. Anm. und Bespr. bei *Cornelius*, StraFo 14, 276; *Hecker*, JuS 14, 1043; *Hecker/H.-F. Müller*, ZWH 14, 329; *Heger*, HRRS 14, 467; *Krack*, ZIS 14, 536; *Majer/Buchmann*, NJW 14, 3342; *N. Müller*, NZWiSt 14, 393; *Rengier*, K.-H. Fezer-FS, 2016, S. 365 ff; *Rönnau/Wegner*, JZ 14, 1064; *v. Heintschel-Heinegg*, JA 14, 790; *Schramm*, BT I § 7 Rn 64 ff). Zur Unerheblichkeit des Fehlens des Verfügungsbewusstseins, zur Unmittelbarkeit und zum Vermögensschaden trotz Anfechtbarkeit nach § 123 BGB finden sich zutreffende Ausführungen in der Entscheidung des OLG Frankfurt a.M. Der BGH geht noch genauer auf die Begründung des Vermögensschadens für den Fall ein, dass die versprochene Leistung – das dreimonatige Abonnement des Routenplaners – möglicherweise ihren Preis von 59,95 € wert war. Trotz wirtschaftlicher Ausgeglichenheit soll dann der Schaden nach der Lehre vom individuellen Schadenseinschlag (s. dazu Rn 550 ff) darin liegen, dass die Gegenleistung für die getäuschten Nutzer „subjektiv sinnlos und daher wertlos" gewesen sei, weil „im Internet jederzeit zahlreiche kostenlose Routenplaner verfügbar" sind und weil deshalb das erworbene Abonnement auch nicht ohne Weiteres und in zumutbarer Weise – etwa durch Weiterverkauf – in Geld umzusetzen ist. – Da sich damit die Auffassung des OLG Frankfurt a.M. (s. auch LG Hamburg CR 12, 544) zur Strafbarkeit durchgesetzt hat, machen sich auch die sog *„Inkasso-Anwälte"*, die die Forderungen der Täter eintreiben, wegen Beihilfe zum Betrug strafbar, s. dazu *Hillenkamp*, Müller-Graff-FS S. 186 f; AG Marburg MMR 10, 329, AG Osnabrück CR 11, 201 mit Anm. *Majer*; *Erb* ZIS 11, 378.

Bei der Lösung nach dem 1.8.2012 geschehener Fälle ist die mit diesem Tag in Kraft getretene sog. **Buttonlösung** in § 312g II–IV BGB zu beachten, die das Zustandekommen eines Vertrags im elektronischen Geschäftsverkehr davon abhängig macht, dass dem Nutzer die Zahlungspflichtigkeit der abgerufenen Leistung klar und verständlich (s. dazu § 312j III 2 BGB; *Fervers*, NJW 16, 2289 ff) vor Augen geführt wird. Eine vertragliche Verpflichtung zur Zahlung des Entgelts kommt hiernach nicht zustande, wenn § 312g II–IV BGB nicht beachtet oder umgangen werden. Wer als Seitenbetreiber gleichwohl zur Zahlung auffordert, täuscht daher noch eindeutiger als zuvor, wer als Anwalt die Eintreibung unternimmt, leistet Beihilfe zum Betrug. Da in solchen Fällen kein widerruflicher oder anfechtbarer, sondern überhaupt kein Vertrag zustande kommt, erleidet nur der Nutzer einen Schaden, der das zu Unrecht beanspruchte Entgelt bezahlt[92].

500 Wann beim Abschluss einer **Wette** eine konkludente Täuschung vorliegt, ist umstritten. Stellt man für die Auslegung eines rechtsgeschäftlich bedeutsamen Verhaltens

---

[92] S. dazu *Boos/Bartsch/Volkamer*, CR 14, 119 ff; zur zivil- und strafrechtlichen Lage nach dem 1.8.2012 s. *Kliegel*, JR 13, 389 ff; zur denkbaren **Strafbarkeit des Inkasso-Anwalts** in einem erpressungsnahen (Nötigungs-)Fall nach § 240 oder auch § 253 unter besonderer Berücksichtigung des Abs. 2 s. BGH NJW 14, 401 mit Anm. *Tsambikakis*; *Beckemper*, ZJS 14, 210; *Becker*, NStZ 14, 154; *Bosch*, JK 4/2014, StGB § 240/26; *v. Heintschel-Heinegg*, JA 14, 313; *Schuster*, NZWiSt, 14, 64; s. auch *Bülte*, NZWiSt 14, 41 ff; *Roxin*, StV 15, 447 ff.

neben der für die Verkehrsauffassung maßgeblichen konkreten Situation auf den jeweiligen Geschäftstyp und die dabei typische Pflichten- und Risikoverteilung zwischen den Partnern ab[93], wird man sowohl in Fällen der sog. *Spätwette*, als auch in Fällen einer *vorsätzlichen Manipulation* des die Wette betreffenden (Sport-)Ereignisses von der schlüssigen Täuschung dessen ausgehen müssen, der bei seinem Wettangebot die Kenntnis des Ergebnisses bzw dessen manipulative Beeinflussung[94] verschweigt. Geschäftsgrundlage einer Wette ist die beiderseitige Ungewissheit über den Ausgang des Wettereignisses und das Vertrauen darauf, dass das „wettgegenständliche Risiko" von keinem der Wettpartner manipuliert wird. Daher ist weder die Annahme, der Wettende erkläre konkludent, den Ausgang des Wettereignisses (noch) nicht zu kennen, eine „willkürliche Konstruktion"[95], noch die Deutung, das Fehlen eines Manipulationsversuchs sei miterklärt, eine den Tatsachen nicht mehr entsprechende „Übernormativierung" der Täuschung[96]. Beides ist schlüssig behauptet[97]. Damit liegt eine Täuschung durch konkludentes Tun vor, gegen deren Annahme nicht eingewandt werden kann, sie beruhe auf bloßer Fiktion und überspiele unzulässig die möglicherweise fehlende Garantenpflicht, deren es zur Bejahung einer Täuschung durch Unterlassen bedürfte[98]. Sind die Erklärungen wie dargelegt zu verstehen, ist es folgerichtig, in der Person des Wettannehmers in dessen sachgedanklichem Mitbewusstsein (s. Rn 511) einen dementsprechenden Irrtum anzunehmen[99]. Ist der Wettende allerdings lediglich im Besitz der inhaltlich *unsicheren* Information, dass ein Spiel durch *Dritte nur möglicherweise* manipuliert sei, soll nach dem BGH das bloße Ausnutzen eines solchen wirklichen oder vermeintlichen Informationsvorsprungs noch „zum allgemeinen und daher straflosen Geschäftsrisiko bei Wetten" gehören[100]. Ob es zur Schadensbegründung der vom BGH neu eingeführten Figur eines „Quotenschadens" bedarf, ist allerdings zweifelhaft (s. dazu Rn 543).

---

93 So BGHSt 51, 165, 170 f (Fall *Hoyzer*); BGH BeckRS 13, 61251 Rn 36 ff mit zust. Anm. *Satzger*, JK 5/13, StGB § 263 1/100; gleichlautend BGHSt 58, 103 mit insoweit krit. Anm. *Schiemann*, NJW 13, 888; *Hecker*, JuS 13, 656; s. dazu auch *Jäger*, BT Rn 321b ff.
94 Die nach *Krack*, ZIS 07, 105 ff nicht notwendig der Täter selbst vornehmen muss; sie fehlt beim sog. card-counting im Blackjack-Spiel, s. dazu *Witte*, JR 12, 97, 99 f.
95 So aber BGHSt 16, 120, 121 gegen RGSt 62, 415 im sog. Spätwettenfall.
96 Gegen diesen Vorhalt von *Jahn/Maier*, JuS 07, 217 f überzeugend *Krack*, ZIS 07, 107 f; *Radtke*, Jura 07, 450 f; s. auch *Kraatz*, Geppert-FS S. 269 ff.
97 So im Anschluss an BGHSt 29, 165, 167 f (Pferderennen) LG Berlin bei *Jahn*, JuS 06, 567 und BGHSt 51, 165, 172 f, BGH BeckRS 13, 01251 Rn 30 ff und BGHSt 58, 102, 103 für den Fall der Manipulation (offen zur Spätwette BGH NJW 07, 782, 785); dem BGH stimmen insoweit zu: *Bosch*, JA 07, 391; *Engländer*, JR 07, 477 f; *Feinendegen*, NJW 07, 787; *Fischer*, § 263 Rn 31 f; *Hirsch*, Szwarc-FS S. 579 f; *Jäger*, JA 13, 870; *Krack*, ZIS 07, 105 ff; *Lackner/Kühl*, § 263 Rn 9; *Radtke*, Jura 07, 450 f; mit anderer Begründung auch *Kubiciel*, HRRS 07, 70 f; *Saliger/Rönnau/Kirch-Heim*, NStZ 07, 363; *Zöller*, BT Rn 993; diff. M/R-*Saliger*, § 263 Rn 45; *Petropoulos/Morozinis*, wistra 09, 254 f; zu LG Berlin s. *Fasten/Oppermann*, JA 06, 69; *Hartmann/Niehaus*, JA 06, 432; *Schlösser*, NStZ 05, 423; eine Falllösung findet sich bei *Heissler/Marzahn*, ZJS 08, 638.
98 So die Bedenken von *Kutzner*, JZ 06, 713; *Schlösser*, NStZ 05, 426; *Trüg/Habetha*, JZ 07, 878.
99 So BGH NJW 07, 782, 785; näher dazu *Kraatz*, Geppert-FS S. 269, 280 ff; *Krack*, ZIS 07, 108 und hier Rn 511 mit Rn 121; abl. *Trüg/Habetha*, JZ 07, 881 f; zu den Merkmalen des Wettbetrugs insgesamt s. auch *Renner*, Wettbetrug, 2013.
100 So BGH StraFo 14, 216 unter Berufung auf *Radtke*, Jura 07, 450 f und *Saliger/Rönnau/Kirch-Heim*, NStZ 07, 364; iE zust. *Lienert*, JR 14, 484. Ob das auch bei einer *sicheren* Information gilt, wird ausdrücklich offen gelassen; s. dazu *Jahn*, JuS 14, 658 f.

500a Der mit § 265c als neuer Straftatbestand eingeführte **Sportwettbetrug**[101] ändert für diese Art des Wettbetrugs am Vorstehenden nichts. Denn § 265c stellt den Versuch von Manipulationen des Verlaufs oder Ergebnisses eines sportlichen Wettbewerbs durch den Bestechungstatbeständen nachgebildete Verhaltensweisen *im Vorfeld* eines damit ermöglichten Wettbetrugs nach § 263 unter Strafe, setzt also einen Schaden nicht voraus. Trotz der Überschrift sind die Tatbestände der §§ 265c und **265d** nicht nach Art eines Betrugs, sondern als Korruptionsdelikt ausgestaltet. Die Tathandlungen müssen sich auf einen Vorteil beziehen. Wie auch sonst bei den Korruptionsdelikten besteht sowohl eine Strafbarkeit für **(Vorteils-)Nehmer** (jeweils Abs.1: Sportler sowie Trainer und gleichgestellte Personen[102] nach Abs. 6; jeweils Abs. 3: Schieds-, Wertungs- und Kampfrichter) als auch für **Geber** (entspr. Abs. 2 und Abs. 4). Die Tat wird auf drei Stufen (Phasen der Tat) jeweils vollendet: Auf der **Verhandlungsstufe** (durch Fordern bzw. Anbieten), der **Vereinbarungsstufe** (Sich-Versprechenlassen bzw. Versprechen) und auf der **Leistungsstufe** (Annehmen bzw. Gewähren). Neben den auf den Vorteil bezogenen Tathandlungen geht es noch um weiteres Verhalten („Referenzverhalten"[103]). Dieses muss jeweils in bestimmten Beeinflussungen sportlicher Wettbewerbe bestehen. Sowohl in den Wettbewerben (jeweils definiert in Abs. 5) als auch in der Art der Manipulation unterscheiden sich die beiden Vorschriften; § 265d verlangt Wettbewerbswidrigkeit, § 265c nicht, dafür aber zusätzlich manipulationsbedingte Vermögensvorteile aus öffentlicher Wette. Zu diesem Referenzverhalten muss es nicht tatsächlich kommen. Vielmehr müssen der Vorteil und das Referenzverhalten durch eine Unrechtsvereinbarung miteinander verknüpft sein *(„dafür ..., dass, ... beeinflusse")*[104]. Dabei genügt für das Referenzverhalten, den Vorteil und deren Verknüpfung auf der Anbahnungsstufe die Intention des Täters. Auf der Vereinbarungsstufe muss es sich um eine zwischen Geber- und Nehmerseite abgestimmte, beiderseitige Intention handeln. Auf der Leistungsstufe muss der Vorteil zudem tatsächlich zugewendet werden. Neben der Verknüpfung von Vorteil und Referenzverhalten als Gegenleistung im Sinne eines Do-ut-des-Verhältnisses setzt die Unrechtsvereinbarung voraus, dass die Verknüpfung nicht ausnahmsweise sozialadäquat ist. § 265e regelt mit zwei Regelbeispielen besonders schwere Fälle für **§§ 265c/d**, die inhaltlich **§ 263 III 2 Nr 1 und Nr 2 Var. 1** nachgebildet sind (s. dazu Rn 593 f). Kommt es anschließend zum Betrug, dürfte dieser, da es in § 265c auch um die Sauberkeit des sportlichen Wettbewerbs geht, zu § 265c – ähnlich wie bei Gelingen eines Kreditbetrugs § 263 zu § 265b (s. Rn 699) – in Tateinheit stehen. Die Nehmerseite leistet damit idR zugleich Beihilfe zum Wettbetrug dessen, der diesen namentlich als Bestechender verübt.

500b Die Vorschriften bezwecken den Schutz der Nicht-Käuflichkeit sportlicher Leistungen[105] und insofern die *„Integrität des Sports"*[106]. Die Sprechweise vom Schutz eines

---

101 Die §§ 265c-e sind seit 19.4.2017 in Kraft (s. BGBl I 815). Krit. hierzu *Berberich*, ZfWG 17, 347 ff; *Bohn*, KriPoZ 17, 88 ff; *Hoven/Kubiciel/ders.*, S. 61 ff; *Hoven/Kubiciel/Tsambikakis*, S. 37 ff; *Jansen*, GA 17, 600 ff; *Krack*, ZIS 16, 540 ff (zum Regierungsentwurf); *Momsen*, KriPoZ 18, 1 ff; *Valerius*, Jura 18, 777 ff; erläuternd *Rübenstahl*, JR 17, 264 ff, 333 ff; *Satzger*, Jura 16, 1142 ff; *Sinner*, Neumann-FS S. 1229 ff; *Stam*, NZWiSt 18, 41 ff; *Swoboda/Bohn*, JuS 16, 686 ff
102 BK-*Bittmann/Nuzinger/Rübenstahl*, § 265c Rn 21 ff.
103 Zu diesem Ausdruck *Brettel/Duttge/Schuhr*, JZ 15, 929, 931; NK-*Dannecker/Schröder*, § 299a Rn 69.
104 S. BK-*Bittmann/Nuzinger/Rübenstahl*, § 265c Rn 45 ff.
105 BT-Ds. 18/8831 S. 10.
106 S. BT-Ds 18/8831 S. 15, 19.

Vertrauens der Allgemeinheit, die sich in letzter Zeit bei den Korruptionsdelikten einschleift, leitet in die Irre. Wo gesellschaftliche Institutionen geschützt werden (ungleich stärker in anderen Korruptionsdelikten), ist es stets auch erwünscht, das Vertrauen der Allgemeinheit in diese Institutionen zu stärken, denn nur mit ihm funktionieren sie. Sinnvoll zu stärken ist es aber nur, indem es verdient wird – eben indem sich die verantwortlich Handelnden nicht durch Vorteile manipulieren lassen. Diese **Lauterkeit** ist das Rechtsgut. Das Vertrauen ist strafrechtlich nur Gegenstand eines Schutzreflexes, kein Rechtsgut, anhand dessen sich die Reichweite des Tatbestandes bestimmen ließe[107]. Wo mit der Sprechweise vom Schutz des Vertrauens nämlich ein noch weitergehender Schutz als derjenige der Lauterkeit verlangt wird, könnte nur blindes Vertrauen, das nicht auf wirklicher Lauterkeit beruht, geschützt werden, und das darf nicht Zweck des Strafrechts sein. Ein weiterer Schutzreflex der Vorschrift gilt den Vermögensinteressen der Wettenden[108].

Dem Verschweigen einer (geplanten) Manipulation des Vertragsgegenstandes im Sportwettenfall hat der BGH im Hinblick auf die konkludente Täuschung den Fall gleichgestellt, in dem der Täter mehrere **Lebensversicherungen** in der Absicht abschloss, den Eintritt des Versicherungsfalls mittels durch Bestechung erlangter unrichtiger Urkunden vorzutäuschen. Miterklärter Inhalt eines Antrags auf Lebensversicherung soll es hiernach sein, dass „keine vorsätzliche sittenwidrige Manipulation des Vertragsgegenstandes" geplant, sondern ein vertragstreues Verhalten gewollt sei[109]. In dieser Auslegung sieht das BVerfG zu Recht keinen Verstoß gegen Art. 103 II GG[110]. Zu Täuschung und Irrtum nicht anders zu entscheiden ist schließlich der Fall, in dem der Täter Lebensmittel mit noch nicht **abgelaufenem Haltbarkeitsdatum** in einem Supermarkt versteckt und sie nach Ablauf des Datums vorlegt, um die für einen solchen „Fund" **ausgelobte Prämie** zu erhalten[111]. 500c

Falsch iS des § 263 ist eine Tatsachenbehauptung, wenn ihr Inhalt mit der **objektiven Sachlage** nicht übereinstimmt, der Täter also das Vorliegen von Umständen behauptet, die in Wirklichkeit nicht gegeben sind[112]. 501

Man muss den schiefen Wendungen des Gesetzes nicht einzelne Bedeutungen zuordnen, aber man kann es: **„Entstellt"** wird eine „wahre" Tatsache, wenn ihr Gesamtbild (in der Kommunikation) zwecks Irreführung verändert oder ihre Darstellung durch das Hinzufügen oder Weglassen wesentlicher Einzelheiten **verfälscht** wird. Ein **„Unterdrücken"** „wahrer" Tatsachen kann in jedem Handeln liegen, das den betreffenden Umstand der Kenntnis anderer Personen entzieht[113]. 502

Zwischen dem Vorspiegeln falscher und dem Entstellen oder Unterdrücken „wahrer" Tatsachen gibt es keine scharfe Trennungslinie, vielmehr gehen diese Erscheinungsformen der Täuschungshandlung zumeist ineinander über. Das gilt insbesondere bei der *unvollständigen* Dar-

---

107 Näher dazu Spickhoff-*Schuhr*, §§ 331 ff Rn 4 f mwN.
108 BT-Ds 18/8831 S. 10 ff, 15.
109 BGHSt 54, 69, 121 (Al Qaïda) mit Anm. *Joecks*, wistra 10, 179; Fallbespr. bei *Bock*, WV-BT2, S. 239 ff.
110 BVerfG wistra 12, 102, 104 f mit insoweit zust. Bespr. *Bosch*, JK 7/12, StGB § 263/97; *Jahn*, JuS 12, 266; *Kudlich*, JA 12, 230.
111 OLG München NJW 09, 1288 mit Bespr. *Kudlich*, JuS 09, 467; *Kraatz*, Geppert-FS S. 269, 271 ff.
112 Vgl *Fischer*, § 263 Rn 18.
113 Vgl OLG Köln JR 61, 433.

stellung von Tatsachen, die ein anderer für vollständig hält und halten soll. Soweit der Täter hier das Richtige entstellt oder zB durch Bestreiten unterdrückt, spiegelt er zugleich etwas Falsches vor[114]. Wer Erdbeeren in Körben zum Verkauf anbietet und den minderwertigen Inhalt mit einer Schicht der besten Qualität überdeckt, spiegelt vor, die gesamte Menge bestehe aus erstklassiger Ware. Zugleich unterdrückt er die wahre Tatsache, dass der größere Teil minderwertig ist.

c) Täuschung durch Unterlassen

503 Eine **Täuschung** ist aber nicht nur durch aktives (= ausdrückliches oder schlüssiges) Tun, sondern nach zutreffender und hM auch durch **Unterlassen** möglich[115]. Voraussetzung dafür ist, dass der Unterlassende **im Stande** und als **Garant rechtlich verpflichtet**[116] ist, die Entstehung oder Fortdauer eines Irrtums mit seinen vermögensschädigenden Konsequenzen zu verhindern. Außerdem muss sein Untätigbleiben dem sozialen Sinngehalt nach einer Täuschung durch aktives Tun entsprechen (= sog. *Entsprechensklausel* in § 13 I Halbsatz 2)[117]. Das Nähere dazu ist den allgemeinen Regeln der **unechten Unterlassungsdelikte** zu entnehmen[118]. Dazu gehört auch die vom BGH zunächst offen gelassene, von der hM bejahte, richtigerweise aber wohl zu verneinende Frage, ob ein bereits vorsätzlich auf Betrug zielendes Vorverhalten eine Garantenstellung aus Ingerenz begründen kann[119]. Neuerdings lässt der BGH nicht nur objektiv täuschendes Verhalten, sondern auch Veruntreuungen als Vorverhalten genügen, was entsprechend kritisch zu sehen ist[120].

504 In **Übungsarbeiten** ist es ratsam, auch bei einem durch Unterlassen verübten Betrug die Prüfung mit dem täuschenden Verhalten und dem Irrtum zu beginnen (und nicht mit dem Schaden als dem Erfolg). Hier ist zu fragen, ob der Täter zur Verhinderung oder zur Beseitigung des Irrtums als Zwischenerfolg kraft einer Garantenstellung verpflichtet war. Da für einen **Betrug durch Unterlassen** nur Raum bleibt, wo nicht bereits eine Täuschung durch *aktives Tun* vorliegt, ist bei Erörterung der Täuschung gegebenenfalls *zuvor* diese Möglichkeit zu erörtern[121].

---

114 Vgl RGSt 70, 151.
115 Vgl BGHSt 39, 392, 398; BayObLG NJW 87, 1654 mit Anm. *Hillenkamp*, JR 88, 301; *Maaß*, Betrug verübt durch Schweigen, 1982; aA *Grünwald*, H. Mayer-FS S. 281, 291; *Naucke*, Zur Lehre vom strafbaren Betrug 1964, S. 214; dagegen *Ranft*, Jura 92, 67; zur damit notwendigen Abgrenzung zwischen Tun und Unterlassen s. *Heghmanns*, Rn 1202 f; krit. zu dieser Aufgabe *Wittig*, Das tatbestandsmäßige Verhalten des Betrugs 2005, S. 251 ff, die iE bei Bestehen eines der Garantenstellung entsprechenden „Sorgeverhältnisses" gegenüber dem Betrugsopfer aber auch zur Täuschung gelangt, S. 382, 384 ff; für „passives Tun" als dritte Handlungsform *Streng*, ZStW 122 (2010) 1, 18 f.
116 Zur Rückwirkung einer Pflicht und dem Bestimmtheitsgrundsatz, s. BGH NStZ-RR 17, 282.
117 BGH NJW 17, 2052 mit Anm. *Brand*; *Becker*, NStZ 17, 531; *Ceffinato*, JR 17, 539; *Ladiges*, WuB 17, 475; BGH wistra 17, 437; s. hierzu näher *Hillenkamp*, Anm. JR 88, 303; *Krey/Hellmann/Heinrich*, BT II Rn 520 f; LK-*Tiedemann*, § 263 Rn 73 f; S/S/W-*Satzger*, § 263 Rn 117; nach *Kargl*, ZStW 119 (2007), 281 ff bleiben hierdurch nur zwei Fallgruppen für einen Betrug durch Unterlassung übrig; *Roxin*, AT II § 32 Rn 230 lehnt die Anwendung der Entsprechensklausel auf den Betrug ab; nach M/R-*Saliger*, § 263 Rn 67, 69 kommt ihr nur eine *restriktive* Wirkung bei der Annahme einer Garantenstellung zu.
118 Vgl *Lackner/Kühl*, § 263 Rn 12; LK-*Tiedemann*, § 263 Rn 53 ff; *Wessels/Beulke/Satzger*, AT Rn 1155, 1168 ff; BGH NJW 00, 3013, 3014; abw. *Frisch*, Herzberg-FS S. 744 ff.
119 Noch offen gelassen von BGHSt 59, 68 mit Anm. *Trüg*, NStZ 14, 157; *Trück*, ZWH 14, 235 (Beantragung eines Mahn- und Vollstreckungsbescheids im automatisierten Verfahren, s. dazu auch Rn 610); abl. *Hillenkamp*, Otto-FS S. 287 ff mwN.
120 BGH NJW 17, 2052 mit Anm. *Brand*; *Becker*, NStZ 17, 531; *Ceffinato*, JR 17, 539; *Ladiges*, WuB 17, 475 mit Nw. zu dieser Forderung in der Lit.; BGH wistra 17, 441.
121 Vgl *Mitsch*, BT II S. 265; *Runte*, Jura 89, 128; s. dazu auch BGH NJW 07, 782, 785 und – mit einem Beispiel aus der Rspr. – *Putzke*, ZJS 16, 787.

Täuschung über Tatsachen § 13 II 1

Als Grundlage einer **Garantenstellung** und der daraus folgenden **Aufklärungspflicht**[122] wird nach der hergebrachten formellen Pflichtenlehre[123] zunächst das **Gesetz** selbst herangezogen (vgl § 666 BGB für die Auskunftspflicht des Beauftragten, § 19 VVG für Anzeigepflichten des Versicherungsnehmers, § 60 I 1 SGB I für die Pflicht des Empfängers von Sozialleistungen zur Mitteilung von Änderungen der leistungserheblichen Verhältnisse[124], § 12 II EigZulG für die Pflicht gegenüber dem Finanzamt, Änderungen der Verhältnisse mitzuteilen, die zu einer Minderung oder dem Wegfall der Eigenheimzulage führen[125], § 138 ZPO für die Wahrheitspflicht der Parteien im Zivilprozess usw). Offenbarungspflichten können sich hiernach ferner aus einem **pflichtwidrigen Vorverhalten**[126], aus einem vertraglich oder außervertraglich begründeten **besonderen Vertrauensverhältnis**[127] und nach wohl noch hM in eng begrenzten Ausnahmefällen auch unmittelbar aus dem Grundsatz von **Treu und Glauben** ergeben[128]. 505

Während gegen die Herleitung einer Garantenpflicht aus § 242 BGB auf Grund dessen unsicherer Begrenzungen schon das Bestimmtheitsgebot streitet, liegt die allgemeine **Gefahr solcher Aufreihungen** in der Vernachlässigung des in der neueren Lehre entwickelten *materiellen* Garantengedankens[129]. Hiernach ist zur Überwachung bestimmter Gefahrenquellen oder zur Verteidigung bestimmter Rechtsgüter nur der- 506

---

122 Einen anderen Ansatz vertritt *Seibert*, Die Garantenpflichten beim Betrug 2007. Hiernach bezieht sich die Garantenpflicht ausschließlich auf das Vermögen (S. 157 ff), während die Aufklärungspflicht wesentliche Voraussetzung der Entsprechensklausel ist und eine Garantenpflichtqualität daher nicht aufweisen muss (S. 271 ff); nach *Frisch*, Herzberg-FS S. 744 ff, 750 ff ist eine von der Garantenpflicht zu unterscheidende Wahrheitspflicht ausschlaggebend.
123 S. *Wessels/Beulke/Satzger*, AT Rn 1176; s. auch die Aufreihung bei *Eisele*, BT II Rn 537 ff; *Fischer*, § 263 Rn 40–51; *Hilgendorf/Valerius*, BT II § 7 Rn 38 ff; HK-GS/*Duttge*, § 263 Rn 18 ff; NK-WSS-*Heger/Petzsche*, § 263 Rn 48 ff; *Wittig*, § 14 Rn 39 ff; *Zöller*, BT Rn 137.
124 S. dazu – auch bei Gefahr der Aufdeckung einer Straftat – OLG Düsseldorf NStZ-RR 12, 210 mit krit. Anm. *Bringewat*, StraFo 12, 372; *Mandla*, NZWiSt 12, 353; OLG Köln NStZ 03, 374; HansOLG Hamburg, wistra 04, 151 (Arbeitslosengeld) mit Anm. *Peglau*, wistra 04, 316; OLG München NStZ 09, 156; OLG Köln NStZ-RR 10, 79, 80; abl. *Bohnert*, NJW 03, 3611 (BAföG); *Bringewat*, NStZ 11, 131 (Sozialleistungsbetrug). Zudem ist umstritten, ob sich auch aus **§ 60 I 2 SGB I** eine Garantenstellung ergibt (für Dritte, die nicht in das Sozialleistungsverhältnis einbezogen sind, zB nach einem Todesfall). Dies bejahen generell OLG Braunschweig NStZ 15, 520 (Rentenzahlung an Verstorbenen); S/S/W-*Satzger*, § 263 Rn 94. Bessere Gründe sprechen für eine Garantenstellung erst ab Einleitung des Erstattungsverfahrens nach **§ 18 SGB X**: KG StV 13, 513 mit krit. Anm. *Zehetgruber*, NZWiSt 14, 67; OLG Naumburg NStZ 17, 293, 294; *Floeth*, NZS 13, 189; S/S-*Perron*, § 263 Rn 21. Diese Frage lässt BGH wistra 18, 481 offen, da dort bereits eine analoge Anwendung des **§ 60 I 2 SGB I** auf das Beamtenrecht verneint wurde.
125 S. dazu *Kudlich*, JA 13, 551 zu BGH wistra 13, 270.
126 BGHSt 54, 44, 47; BGH NJW 17, 2052 mit Anm. *Becker*, NStZ 17, 531; *Ceffinato*, JR 17, 539; *Ladiges*, WuB 17, 475; BGH wistra 17, 437; OLG Stuttgart NJW 69, 1975.
127 Vgl BGH NJW 81, 1231; BGH GA 1965, 208; BGH wistra 16, 488 mit Anm. *Brand*, ZWH 17, 254; BGH NJW 17, 2052 mit o.a. Anm.; BGH wistra 17, 437; in einem Zivilrechtsstreit so BGH wistra 15, 112, 114.
128 Näher BGHSt 6, 198, 199; 39, 392, 398; BGH NJW 97, 1439; BayObLG NJW 87, 1654 mit krit. Anm. *Hillenkamp*, JR 88, 301 und *Otto*, JZ 87, 626; *Jäger*, BT Rn 322; NK-*Kindhäuser*, § 263 Rn 163; s. dazu auch A/R/R-*Kölbel*, 5.1 Rn 54; *Hellmann*, JA 88, 73; *Kleszczewski*, BT § 9 Rn 42; *Lackner/Kühl*, § 263 Rn 14; *Rengier*, JuS 89, 802; *Seier*, NJW 88, 1617.
129 S. hierzu SK-*Rudolphi*, § 13 Rn 21 f; LK-*Tiedemann*, § 263 Rn 53; relativierend MK-*Hefendehl*, § 263 Rn 180 ff; Anklänge hieran bei KG StV 13, 514 f; wie hier S/S/W-*Satzger*, § 263 Rn 89; im Ausgangspunkt jetzt auch BGH NJW 17, 2052; *Ceffinato*, JuS 17, 404 ff (Garantenpflicht eines Internetplattformbetreibers); BGH wistra 17, 437.

jenige verpflichtet, der das auf die Verletzung des von seinem Schutz in besonderer Weise abhängigen Rechtsguts zulaufende Geschehen beherrscht und zur Abwendung der Verletzung von der Rechtsordnung so auf Posten gestellt ist, dass sich die übrigen Beteiligten auf sein schadenabwendendes Verhalten verlassen und verlassen dürfen[130]. Für Letzteres ist beim Betrug maßgeblich, dass der die Aufklärung Unterlassende auf Grund einer besonders begründeten Einstandspflicht gerade für das Vermögen[131] mit der durch die Eingriffsweise bedingten Beschränkung auf die verfügungs- und vermögensbezogene Irrtumsfreiheit garantiert[132]. Dabei ist zu berücksichtigen, dass das Orientierungs- und Aufklärungsinteresse nach sozialer Übereinkunft und den Gepflogenheiten des Geschäftsverkehrs auch beim irrenden Opfer liegen kann[133]. Daher geht es zu weit, *jede* Vertragsbeziehung als ausreichende Grundlage für die Bejahung von Aufklärungspflichten anzusehen[134] oder aus § 242 BGB eine *generelle* Offenbarungspflicht ableiten zu wollen[135]. Somit genügt zB gerade kein Verstoß des Importeurs vergütungspflichtiger Güter gegen die Meldepflicht aus § 54e UrhG gegenüber der Verwertungsgesellschaft[136]. Andererseits ist die Annahme der „Sperrwirkung" einer fehlenden Vermögensbetreuungspflicht iS des § 266 nicht sachgerecht, weil eine solche Pflicht zwar idR Aufklärung gebietet, ihr Fehlen angesichts der andersartigen Schutzrichtung des Betrugs nicht aber ohne Weiteres von einer Aufklärungspflicht befreit[137]. Wer Verträge schließt, bei denen jeder Teil seine Interessen und seinen Vorteil zu wahren sucht, darf nicht erwarten, dass sein Partner ihm das verkehrsübliche Geschäfts- und Orientierungsrisiko durch Aufdeckung all dessen abnimmt, was sich für ihn ungünstig auswirken könnte. Die **Rechtspflicht** zur Aufklärung kann sich hier von vornherein nur auf Umstände beziehen, die für die Willensentschließung des anderen erkennbar von **wesentlicher Bedeutung** sind.

507 Des Weiteren müssen im Einzelfall Besonderheiten vorliegen, die ein Verschweigen dieser Umstände als eine nach Sozialüblichkeit und Gepflogenheit des redlichen Geschäftsverkehrs unzulässige Überbürdung des Orientierungs- und Aufklärungsrisikos und nicht nur als moralisch anstößiges Verhalten erscheinen lassen. Dafür ist die Ge-

---

130 Zutr. OLG Celle NStZ-RR 10, 207, 208 unter Berufung auf BGHSt 39, 392; OLG Bamberg wistra 12, 279, 280 f mit Bespr. von *Beckemper*, ZJS 12, 697; *Satzger*, JK 3/13, StGB § 263 I/99; *Waßmer/Kießling*, NZWiSt 12, 313. Im Ausgangspunkt auch BGH NJW 14, 3669, 3670 mit krit. Anm. *Johnigk* und *Bringewat*, StV 16, 462; zust. *Bosch*, Jura (JK) 15, S. 221, § 263 StGB; *Hecker*, JuS 14, 1133; *Kudlich*, JA 15, 74.
131 Nur insoweit übereinst. der Ansatz von *Seibert*, Die Garantenpflichten beim Betrug 2007, S. 177 ff; zutr. OLG Saarbrücken NJW 07, 2868, 2869 ff, das eine Garantenstellung des „doppelten Referendars" deshalb zu Recht verneint; zust. daher *Kargl*, wistra 08, 123; Fallaufbereitung bei *Sengbusch*, Jura 09, 311 ff.
132 S. zu diesem Ansatz auch AnK-*Gaede*, § 263 Rn 38; A/W-*Heinrich*, § 20 Rn 44; *Fischer*, § 263 Rn 39; G/J/W-*Dannecker*, § 263 Rn 46.
133 BGHSt 39, 392, 398; OLG Stuttgart NStZ 03, 554; LK-*Tiedemann*, § 263 Rn 30, 68, 74; *Pawlik*, Lampe-FS S. 689, 696 ff, 702 f, 705 f; S/S/W-*Satzger*, § 263 Rn 89, 91 ff.
134 BGH NStZ 10, 502.
135 *Krey/Hellmann/Heinrich*, BT II Rn 517; M/R-*Saliger*, § 263 Rn 86; *Rengier*, BT I § 13 Rn 29; *Schramm*, BT I § 7 Rn 38.
136 Näher dazu LG München GRUR-RR 18, 7 ff. mit Anm. *Verweyen*.
137 AA *Lüderssen*, Kohlmann-FS S. 177; *Seelmann*, NJW 81, 2132; wie hier G/J/W-*Dannecker*, § 263 Rn 44; M/R-*Saliger*, § 263 Rn 66, *Pawlik*, Das unerlaubte Verhalten beim Betrug 1999, S. 112; SK-*Hoyer*, § 263 Rn 56; S/S/W-*Satzger*, § 263 Rn 87; für eine Beschränkung auf die Verletzung von kommunikativen Verkehrspflichten *Vogel*, Keller-GS S. 313, 322 f.

fahr eines besonders großen Schadens, eines übereilten Entschlusses durch einen geschäftlich ganz Unerfahrenen oder gar das Bestehen besonderer Beziehungen im „zwischenmenschlichen Bereich" je für sich kein hinreichender Grund[138]. Auch ist von *geschäftlich erfahrenen* Personen wie Kaufleuten (nicht dagegen von durch einen Todesfall unmittelbar betroffenen Bürgern)[139] zu erwarten, dass sie ein *kaufmännisches Schreiben* nicht als Rechnung missdeuten, sondern als Vertragsangebot erkennen[140]. Dagegen hat nach diesen Maßstäben die Rechtsprechung den Verkäufer eines **Gebrauchtwagens** mit Recht für verpflichtet gehalten, den Kaufinteressenten auch ungefragt darauf hinzuweisen, dass es sich bei dem Kaufobjekt um ein sog. „Unfallfahrzeug" handelt[141]. Auch kommen Offenbarungspflichten dann in Betracht, wenn die Vertragsanbahnung erkennbar mit der Erwartung einer fachkundigen Beratung verbunden ist oder wenn das Vertragsverhältnis gerade dem Zweck dient, den anderen Teil vor Schaden zu bewahren[142]. Werden zur Altersvorsorge in einem sog. „blind pool" eingezahlte Einlagen veruntreut, sind nach dem BGH die Vermittler selbst dann zur Aufklärung der Anleger verpflichtet, wenn sie sich selbst dadurch einem Strafbarkeitsrisiko aussetzen. Dass ihr eigenes pflichtwidriges Vorverhalten schon einen objektiven Täuschungswert aufweist, will das Gericht als Voraussetzung einer Garantenstellung aus Ingerenz nicht verlangen[143]. Wer aus **Eigenbedarf kündigt**, trägt gegenüber dem gekündigten, aber noch nicht ausgezogenen Mieter das Orientierungsrisiko über den nachträglich entfallenden Grund, Eigenbedarf geltend zu machen, und hat eine dementsprechende Pflicht zur Information[144].

Werden **Betrugstaten aus einem Unternehmen heraus** begangen, kommt eine Beteiligung durch Unterlassen durch Personen in Betracht, deren innerbetriebliche Aufgabe es (auch) ist, solche Straftaten zu unterbinden[145]. Das hat der BGH in einem obiter dictum für sog. „Compliance-Officers" und – entscheidungserheblich – für den Leiter der Innenrevision einer Anstalt des öffentlichen Rechts (Berliner Stadtreinigungsbetriebe) bejaht und damit eine die Pflicht zur Straftatverhinderung auslösende Überwachergarantenstellung angenommen[146]. Da solchen Personen die (Dritt-) Bereicherungsabsicht idR fehlen wird, ist von Beihilfe auszugehen. Der Streit darum, ob der den Begehungstäter nicht hindernde Garant Täter oder nur Gehilfe ist[147], ist dann nicht relevant.

508

---

138 BGHSt 39, 392, 398 ff; OLG Stuttgart NStZ 03, 554; abw. OLG Düsseldorf NJW 87, 854.
139 BGHSt 47, 1 mit abl. Bespr. *Pawlik*, StV 03, 297.
140 BGH NStZ 97, 186; OLG Frankfurt NStZ 97, 187; diff. *Garbe*, NJW 99, 2868; aA BGH wistra 04, 103; wistra 14, 439, 440; OLG Frankfurt NStZ-RR 02, 47; NJW 03, 3215; *Geisler*, NStZ 02, 89; s. dazu Rn 499.
141 OLG Nürnberg MDR 64, 693 Nr 93; BayObLG NJW 94, 1078; vgl auch BGH NJW 67, 1222.
142 Näher LK-*Tiedemann*, § 263 Rn 61 ff.
143 BGH NJW 17, 2052 mit Anm. *Becker*, NStZ 17, 531; *Ceffinato*, JR 17, 539; *Ladiges*, WuB 17, 475 mit Nachw. zu dieser Forderung in der Literatur; BGH wistra 17, 437.
144 BayObLG JR 88, 301 mit insoweit zust. Anm. *Hillenkamp*, 303; *Rengier*, BT I § 13 Rn 32; abl. *Hellmann*, JA 88, 80; ihm zust. *Krell*, JR 12, 104; MK-*Hefendehl*, § 263 Rn 216 f; diff. *Kindhäuser*, § 263 Rn 91; zum Schaden in einem solchen Fall s. *Gericke*, NJW 13, 1636 f.
145 M/R-*Saliger*, § 263 Rn 81; s. zur Geschäftsherrnhaftung Beulke, Geppert-FS S. 23 ff; *Hillenkamp*, in: Strafverteidigung – Grundlagen und Stolpersteine 2012, S. 73 ff; *Roxin*, Beulke-FS S. 239 ff; *Schall*, Rudolphi-FS S. 271 ff; ders., Kühl-FS S. 417 ff.
146 BGHSt 54, 44; ausführlich hierzu *Dannecker/Dannecker*, JZ 10, 981 mit Nachweisen zu den zahllosen Stellungnahmen in Fn 65; zur Haupttat in diesem Fall s. BGH JR 10, 172 mit Anm. *Gössel*; Falllösung bei *Vormbaum*, Jura 10, 861; zum Fall insgesamt s. auch *Kudlich/Oğlakcıoğlu*, Rn 232 ff, 239 ff.
147 S. dazu *Hillenkamp/Cornelius*, AT 20. Problem.

509 Im **Fall 37** stellt sich die Frage, ob A durch sein Schweigen getäuscht hat. Dazu ist zunächst festzustellen, dass in der bloßen Entgegennahme einer Leistung nicht die schlüssige Erklärung liegt, dass sie vom Leistenden geschuldet werde oder dass sie den bestehenden Anspruch nicht übersteige. Hierfür trägt das Orientierungsrisiko der Leistende[148]. Allerdings war A in der Lage, den **ohne sein Zutun entstandenen** und von ihm in keiner Weise geförderten Irrtum des G durch den Hinweis zu beseitigen, dass er lediglich mit einem 50 €-Schein bezahlt habe. **Rechtlich verpflichtet** war er dazu aber **nicht**, da sich beim Fehlen *besonderer*, den materiellen Garantengedanken begründender *Umstände* aus einem Kaufvertrag alltäglicher Art eine diesbezügliche Aufklärungspflicht nicht herleiten lässt (= schlichtes **Ausnutzen** eines schon bestehenden Irrtums)[149]. Mangels *Garantenstellung* des A fehlt es hier daher auch an einer Täuschung durch pflichtwidriges Unterlassen. A hat lediglich einen ohne sein Zutun entstandenen und seiner Aufklärungslast nicht unterfallenden Irrtum ausgenutzt. Das ist nicht strafbar[150].

Ebenso ist nach den in BGHSt 46, 196 entwickelten Grundsätzen auch im **Fall 36** zu entscheiden. Die nach Verneinung einer konkludenten Täuschung (s. Rn 497) allein übrig bleibende **Täuschung durch Unterlassen** scheitert hiernach an der **fehlenden Pflicht** des A, die Bank auf die Fehlbuchung und die sich hieraus ergebende Stornierungsmöglichkeit hinzuweisen. Eine Garantenstellung aus Ingerenz scheide aus, weil A die Gefahrenlage nicht herbeigeführt[151], sondern die versehentliche Gutschrift nur ausgenutzt habe. Aus dem **Girovertrag** (§ 676f BGB) ergebe sich jedenfalls dann keine Aufklärungspflicht, wenn nicht konkret vereinbart sei. Auch aus der jeweiligen (Zu-) Fall abhängigen Höhe des Schadens wird der BGH (an sich zu Recht, s. Rn 507) schließlich nichts anderes herleiten. Ob das allerdings auch für eine **Barabhebung** in Höhe von 5 000 000 € gilt, ist deshalb zweifelhaft, weil dann der Bank anders als bei einer Überweisung (vgl §§ 676g I 1, 676d II 1 BGB) die Möglichkeit einer Schadensabwendung aus der Hand genommen und ihr Verlustrisiko deutlich gesteigert ist. Hier ist der Schutz des generell berechtigten Vertrauens der Bank, dass Buchungsfehler nicht zu derlei einschneidenden (vgl § 263 III 2 Nr 2) und unmittelbaren Schädigungen ausgenutzt werden, jedenfalls erwägenswert[152].

2. Erregen oder Unterhalten eines Irrtums

510 Durch die Täuschung muss im Getäuschten ein **Irrtum erregt** oder **unterhalten** werden (zur Zurechnung des Wissens bei *Personenmehrheiten* s. Rn 527). **Irrtum iS des § 263** ist jede unrichtige, der Wirklichkeit nicht entsprechende Vorstellung über Tatsachen. Unrichtig und irrtumsbehaftet kann eine Vorstellung auch dann sein, wenn sie in einem wesentlichen Punkt lückenhaft ist. **Reines Nichtwissen** ohne jede konkrete Fehlvorstellung reicht nach zutreffender Auffassung im Rahmen des § 263 ebensowenig aus, wie eine Fehlvorstellung, die nur durch die Veränderung des Gegenstan-

---

148 LK-*Lackner*, 10. Aufl., § 263 Rn 39; OLG München NStZ 09, 156.
149 BGHSt 39, 392, 398; OLG Köln NJW 80, 2366 und JZ 88, 101; OLG Celle NStZ-RR 10, 207, 208. S. dazu auch Rn 513.
150 S. *Rengier*, BT I § 13 Rn 19 f; zur Abgrenzung von Versuch und Wahndelikt bei irrig angenommener Garantenstellung/-pflicht s. BGH NStZ-RR 2017, 282; LK-*Hillenkamp*, 12. Aufl, § 22 Rn 209, 237.
151 Insoweit zweifelnd *Joerden*, Anm. JZ 01, 615.
152 Abl. aber *Krack*, JR 02, 26; *Ranft*, JuS 01, 857.

des, auf den sie sich beziehen, entstanden ist. In solchen Fällen der *ignorantia facti* fehlt es an der dem Betrug wesenseigenen Überlistung[153].

Der **Irrtum** des Getäuschten braucht freilich nicht das Ergebnis eines im Bewusstsein substantiiert ablaufenden Denkprozesses zu sein. Ein unreflektiertes **sachgedankliches Mitbewusstsein**[154] am Rande des Vorstellungsinhalts genügt zur Irrtumsbejahung ebenso wie die **aus bestimmten Tatsachen abgeleitete Vorstellung**, dass in der betreffenden Hinsicht *„alles in Ordnung"* sei[155]. Letzteres trifft beispielsweise für den Schaffner im Zug zu, der auf seine Frage, ob *„noch jemand ohne Fahrkarte"* sei, keine Antwort erhält. Kellner im Restaurant pflegen bei der Entgegennahme von Bestellungen auch ohne „gezieltes Nachdenken" in der Vorstellung zu handeln, dass der Gast zur Barzahlung bereit und im Stande ist. Wer Geld in Empfang nimmt, sieht es als selbstverständlich an, dass man ihm kein Falschgeld anbietet. Auch im Sparkassenverkehr wird der auszahlende Angestellte in aller Regel davon ausgehen, dass der ein Sparbuch Vorlegende zur Verfügung über das Spargutshaben berechtigt ist[156], nicht aber auch davon, dass der aufgrund einer (Fehl)Überweisung gutgeschriebene Betrag dem Kontoinhaber gegenüber dem Überweisenden zusteht[157]. Im Einzelfall ist das aber **Tatfrage** und durch Beweiserhebung (auch in Massenbetrugsfällen[158]) zu klären[159].

Rechtsprechungsbeispiel: BGH wistra 14, 97 liegt der einfache Sachverhalt zugrunde, dass ein Angekl. von seinem Schuldner mit gefälschten 200 €-Scheinen im Nennwert von 20 000 € „bedient" worden war. Als er später die Fälschung erkannte, gelang es ihm aufgrund der „hohen Fälschungsqualität", mit 45 Scheinen in verschiedenen Geschäften Waren einzukaufen und sie mitsamt dem Wechselgeld mitzunehmen. – Der BGH belegt den Irrtum des jeweiligen Verkäufers wie folgt: „Das gänzliche Fehlen einer Vorstellung begründet für sich keinen Irrtum. Allerdings kann ein solcher auch in den Fällen gegeben sein, in denen die täuschungsbedingte Fehlvorstellung in der Abweichung des ‚sachgedanklichen Mitbewusstseins' von den tatsächlichen Umständen besteht. Danach ist *insbesondere der Bereich gleichförmiger, massenhafter*

---

153 RGSt 42, 40; KG JR 86, 469; *Küper/Zopfs*, BT Rn 382; LK-*Tiedemann*, § 263 Rn 78; *Maurach/Schroeder/Maiwald*, BT I § 41 Rn 57; S/S-*Perron*, § 263 Rn 36; *Wittig*, § 14 Rn 47, 49; anders OLG Celle MDR 57, 436; A/W-*Heinrich*, § 30 Rn 45 ff; *Rotsch*, ZJS 08, 135 f; s. auch hier Rn 490; zum Gegensatz beider Meinungen s. S/S/W-*Satzger*, § 263 Rn 133 f; krit. und mit anderer Definition *T. Walter*, Betrugsstrafrecht in Frankreich und Deutschland 1999, S. 173 ff.
154 BGH BeckRS 13, 01251 Rn 30; BGH NJW 13, 884 mit Anm. *Hecker*, JuS 13, 650; BGHSt 59, 195 = BGH NJW 14, 2054 mit Anm. *Cornelius*; *Bosch*, JK 11/14, StGB § 263/106; *Jahn*, JuS 14, 848; *Schuhr*, ZWH 14, 347; *Sinn*, ZJS 14, 702; zur Beweiswürdigung in solchen Fällen s. BGH NStZ 14, 459, 460 mit Anm. *Trück*, ZWH 14. 473.
155 BGH wistra 06, 421, 424; BGH JR 10, 172, 174 mit Anm. *Gössel*; BGHSt 57, 112; OLG Hamburg NJW 83, 768; AnK-*Gaede*, § 263 Rn 54; *Blei*, BT § 61 III 1; H-H-*Voigt*, Rn 997; LK-*Tiedemann*, § 263 Rn 79; M/R-*Saliger*, § 263 Rn 90; *Seelmann*, NJW 80, 2545, 2550; SK-*Hoyer*, § 263 Rn 65; krit. BK-*Beukelmann*, § 263 Rn 25; *Fischer*, § 263 Rn 62; *Frisch*, Herzberg-FS S. 733; *Schramm*, BT I § 7 Rn 54. Zu einem Irrtum der Kunden im **Abgasskandal** *Isfen*, JA 16, 3; krit. *Brand/Hotz*, NZG 17, 978; *Brand*, wistra 19, 169, 173 f.
156 Die dazu in RGSt 39, 239, 242 geäußerten Bedenken widersprechen der Lebenswirklichkeit; vgl dazu auch OLG Köln NJW 81, 1851; *Schmidt*, BT II Rn 578; krit. hierzu LK-*Tiedemann*, § 263 Rn 88; zum Meinungsstand s. *Brand*, JR 11, 97 und R 175.
157 OLG Düsseldorf wistra 08, 34, 35.
158 Dazu näher BGH NStZ 19, 40; BGH wistra 18, 518; BGH wistra 17, 492, 495; *Ceffinato*, ZStW 128 (2016), 804 ff; *Fischer*, § 263 Rn 64.
159 OLG Düsseldorf NJW 89, 2003; AnK-*Gaede*, § 263 Rn 52; HK-GS/*Duttge*, § 263 Rn 24; *Kraatz*, Geppert-FS S. 269, 284 f; *Lackner/Kühl*, § 263 Rn 19.

oder routinemäßiger Geschäfte von als selbstverständlich angesehenen Erwartungen geprägt, die zwar nicht in jedem Einzelfall bewusst aktualisiert werden, jedoch der vermögensrelevanten Handlung als hinreichend konkretisierte Tatsachenvorstellungen zugrunde liegen". Gemeint ist damit die sachgedankliche Annahme der Verkäufer, es handele sich um echtes Geld. Sie selbst bei den im Einzelnen nicht mehr ermittelten Verkäufern zu unterstellen (zu den Ermittlungs- und Beweispflichten bei Rückschlüssen auf die Vorstellung nicht im Einzelnen angehörter Verfügender s. BGH ZWH 15, 14 mit Anm. *Schuhr*; BGH ZWH 15, 102 mit Anm. *Kudlich*; *Ceffinato*, ZStW 128 (2016), 804 ff; *Sinn*, ZJS 15, 627) sei sachgerecht, weil „an einer Kasse beschäftigte Mitarbeiter eines Unternehmens schon aufgrund ihrer arbeitsvertraglichen Verpflichtung den Antrag eines Kunden auf Abschluss eines Kaufvertrages zurückweisen müssten", der seiner Zahlungsverpflichtung nicht sofort und vollständig nachkommen könne. Fehlten Anhaltspunkte für ein kollusives Zusammenwirken oder das Durchschauen der Täuschung, dürfe auch bei solchen Verkäufern auf einen Irrtum geschlossen werden, die keine konkrete Erinnerung an den Vorgang mehr hätten.

511a Die Rechtsprechung ist insoweit zT recht großzügig verfahren[160], macht aber nunmehr zB zu Recht die Einschränkung, dass Personen, denen die Kontrolle der sachlichen und rechnerischen Richtigkeit einer Forderung nicht obliegt, auch keine entsprechende Vorstellung unterstellt werden darf, wenn sie eine von zuständiger Stelle ausgefertigte Auszahlungsanordnung bedienen oder einen Scheck zur Einlösung entgegennehmen, und dass ein Täter, der davon weiß, auch keinen Irrtumserregungsvorsatz hat[161]. Aus ähnlichen Gründen kann es angesichts der begrenzten Prüfungspflicht des Apothekers bei Vorlage eines kassenärztlichen Rezepts, das nicht notwendige Medikamente verordnet, an einer tatbestandsmäßigen Täuschung einen Irrtum[162] fehlen. Obwohl der Einreicher eines Inhaberschecks regelmäßig schon durch dessen Besitz legitimiert ist, gehört dagegen nach dem BGH ein etwaiges Abhandenkommen – ebenso wie die formellen Scheckvoraussetzungen – zu den Umständen, über die sich der entgegennehmende Bankangestellte Gedanken macht, um Schadensersatzansprüche gegen die Bank abzuwehren[163]. Auch soll es bei standardisierten, auf Massenerledigung angelegten Abrechnungsverfahren (zB ärztlicher Leistungen) für eine Fehlvorstellung nicht erforderlich sein, dass der jeweilige Mitarbeiter der Abrechnungsstelle hinsichtlich jeder einzelnen Position die *positive* Vorstellung hat, sie sei der Höhe nach berechtigt. Vielmehr soll die stillschweigende Annahme genügen, die vorgelegte Abrechnung sei insgesamt „in Ordnung". Eine tatsächliche Überprüfung der einzelnen Abrechnungen setzt ein Irrtum deshalb nicht voraus[164]. Auf dieser Linie liegt es auch, wenn in **Mahnverfahren** dem Rechtspfleger die – „nicht notwendig fallbezogen aktualisierte" – Vorstellung unterlegt wird, dass die nach dem Verfahrensrecht ungeprüft zu übernehmenden tatsächlichen Behauptungen des Antragstellers pflichtgemäß aufgestellt und

---

160 Vgl BGHSt 2, 325, 326 im *Deputatkohlenfall*; BGHSt 24, 257, 260 zum sog. *Prozessbetrug* im Mahnverfahren; krit. hierzu *Seier*, ZStW 102 (1990), 563; LK-*Tiedemann*, § 263 Rn 90.
161 BGH StV 94, 82; 97, 410; BGH NStZ 00, 375, 376; BGH NStZ 02, 144, 145; BGH NStZ 05, 157, 158; BGH StV 06, 583, 584 mit Bespr. *Bosch*, JA 07, 70; BGH NStZ 08, 340 f; BGH wistra 10, 408; BGH BeckRS 12, 10587; OLG Frankfurt NStZ-RR 98, 333 mit Anm. *Otto*, JK 99, StGB § 263/52; AG Siegburg NJW 04, 3725 mit Anm. *Kudlich*, JuS 05, 566; wie hier *Eisele*, BT II Rn 544 f; M/R-*Saliger*, § 263 Rn 98; *Rengier*, BT I § 13 Rn 44 f, 47 f; *Wittig*, § 14 Rn 57.
162 BGHSt 49, 17, 20 f mit Bespr. *Herrsch*, wistra 06, 63; Spickhoff-*Schuhr*, § 263 Rn 11; *Taschke*, StV 05, 406 (zur Untreue eines Kassenarztes in solchen Fällen s. *Ransiek*, medstra 15, 92); zum Vorstellungsbild einer Bankangestellten im Fall einer vorgespiegelten Einzugsermächtigung im *Lastschriftverfahren* s. OLG Hamm JZ 77, 610, 612 mit krit. Bespr. *Soyka*, NStZ 04, 538.
163 BGH StV 09, 244 f; zur konkludenten Täuschung in solchen Fällen s. Rn 499.
164 BGH JZ 12, 518, 519 mit Anm. *Tiedemann* und Bespr. *Dann*, NJW 12, 2001; BGH NStZ 15, 341 mit Anm. *Perron*, medstra 15, 300 und Bespr. *Kubiciel*, HRRS 15, 382; s. zu solchen Täuschungs- und Irrtumskonstruktionen krit. *Perron*, Heine-GS, S. 281 ff; *Trüg*, HRRS 15, 106 ff.

wahr seien¹⁶⁵. Werde das (in Wahrheit automatisierte) Mahnverfahren in der Vorstellung betrieben, dass ein in dieser Weise irrender Rechtspfleger die Verfügung treffe, soll ein untauglicher Betrugsversuch vorliegen¹⁶⁶. Der Rechtspfleger hat den Anspruch allerdings gar nicht zu prüfen, sondern ist an den Antrag gebunden; sachgedankliches Mitbewusstsein setzt aber Interesse an Informationen voraus. Zudem wird erst im Vollstreckungsbescheid über Vermögen verfügt, und der hängt von einer weiteren Erklärung und damit noch von einem wesentlichen Zwischenschritt ab. Die Rechtsprechung bejaht den Versuch in den Mahnfällen daher zu früh. Zutreffend stellt die neuere Rechtsprechung zum Betrug im Zwangsversteigerungsverfahren gerade darauf ab, dass ein Betrug eines zahlungsunwilligen und zahlungsunfähigen Bieters in der Zwangsversteigerung gegenüber dem verfahrensleitenden Rechtspfleger entfalle, weil sich dessen normativ durch die Vorschriften des ZVG geprägtes Vorstellungsbild hierauf mangels einer diesbezüglichen Prüfungspflicht nicht erstrecke¹⁶⁷. In der Sache bestehen aber keine Unterschiede, sodass beide Fälle gleich zu behandeln sind.

Der Getäuschte muss die behauptete Tatsache **für wahr halten** oder zumindest von der **Möglichkeit ihres Wahrseins** ausgehen. Wer sich über die Wahrheit überhaupt keine Gedanken macht oder wem die Wahrheit ganz gleichgültig ist, der irrt ebensowenig¹⁶⁸ wie jener, der die Möglichkeit der Unwahrheit nicht nur erkennt, sondern sie ernst nimmt und sich iS des dolus eventualis mit dieser Möglichkeit unter billigender Inkaufnahme abfindet. Ein solches „Opfer" lässt sich sehenden Auges und folglich nicht irrend auch auf die für möglich gehaltene Unwahrheit ein¹⁶⁹. Bloße **Zweifel** an der Richtigkeit des Behaupteten schließen aber nach zutreffender Ansicht die Bejahung eines Irrtums nicht aus¹⁷⁰. § 263 verlangt vom Getäuschten kein Fürwahrhalten iS des *Überzeugtseins* oder einer dahin tendierenden überwiegenden Wahrscheinlichkeit¹⁷¹, sondern nur ein (die Vermögensverfügung auslösendes oder mitbestimmendes ernsthaftes) **Fürmöglichhalten**.

512

---

165 BGH NStZ 12, 322, 323 mit Bespr. *Bosch*, JK 7/12, StGB § 263/96; BGHSt 59, 68, 74 mit Anm. *Trüg*, NStZ 14, 157; *Zöller*, BT Rn 146 f; *Trück*, ZWH 14, 235 unter ausdrücklicher Beschränkung auf das *Erkenntnisverfahren* (Mahn- und Vollstreckungsbescheid); im *Vollstreckungsverfahren* (Pfändungs- und Überweisungsbeschluss) soll es an Täuschung und Irrtum bezüglich einer bestehenden Forderung fehlen (s. dazu auch Rn 610).
166 OLG Celle JR 12, 127, 129 mit Bespr. *Kudlich*, JA 12, 152 und Anm. *Schuhr*, ZWH 2012, 31; zur Annahme des Versuchs auf dieser Grundlage s. auch LK-*Hillenkamp*, § 22 Rn 225 ff; zum Betrug in „vereinfachten Verfahren" s. *Ceffinato*, ZWH 14, 89.
167 BGH wistra 17, 22 mit Anm. *Brand*, NJW 16, 3384; *Kudlich*, JA 16, 869.
168 *Mitsch*, BT II S. 291; BGH wistra 17, 318.
169 Zu Recht, wenn auch mit anderer, sich nämlich auf das Fehlen mittelbarer Täterschaft stützender Begründung, nur bei dieser „Zweifelsqualität" Irrtum verneinend auch *Kindhäuser*, § 263 Rn 104; *ders.*, BT II § 27 Rn 34; *Kindhäuser/Nikolaus*, JuS 06, 197; SK-*Hoyer*, § 263 Rn 74 f; ähnlich *Gaugel*, Die Dogmatik der konkludenten Täuschung 2000, S. 43 ff; *Kargl*, Lüderssen-FS S. 620 f; vgl auch KG StV 06, 584; nichts anderes besagt die von MK-*Hefendehl*, § 263 Rn 279 sog. bewusste Risikoentscheidung; ihm folgend G/J/W-*Dannecker*, § 263 Rn 63. BGH HRRS 16, 221 (Nr 507) mit Anm. *Sinn*, ZJS 17, 375 schließt einen Irrtum bei einem **„überwiegend für wahrscheinlich halten"** der Fälschung eines Arzneimittels aus.
170 BGH MDR/D 72, 307; BGH wistra 90, 305; 92, 97; 18, 174 f; BGHSt 47, 83, 88 und eingehend BGH NJW 03, 1198 mit krit. Anm. *Beckemper/Wegner*, NStZ 03, 315; *Hilgendorf/Valerius*, BT II § 7 Rn 52; *Krüger*, wistra 03, 297; dem BGH zust. *Idler*, JuS 04, 1038 ff; *Fischer*, § 263 Rn 55, *Eisele*, BT II Rn 548; *Lackner/Kühl*, § 263 Rn 18; *Schramm*, BT I § 7 Rn 60 f; *Spickhoff-Schuhr*, § 263 Rn 26; AnK-*Gaede*, § 263 Rn 61; NK-WSS-*Heger/Petzsche*, § 263 Rn 68, 74 f; S/S/W-*Satzger*, § 263 Rn 129, 139 f; vgl auch BK-*Beukelmann*, § 263 Rn 29; ausführlich und in der Sache übereinstimmend M/R-*Saliger*, § 263 Rn 92 ff, 95 f, 109.
171 S. dazu *Krey/Hellmann*, BT II Rn 373; iS der Wahrscheinlichkeitsforderung *Heghmanns*, Rn 1210.

Das folgt schon daraus, dass der durch § 263 verbotenen Angriffsart der Überlistung auch der zum Opfer fällt, der trotz seines Zweifels verfügt. Auch hat eine falsche Vorstellung von der Wahrheit, wer eine andere als die wirklich gegebene Tatsache für möglich hält: wer zweifelt, irrt, auch wenn ihn dabei das Bewusstsein eines möglichen Irrtums begleitet[172]. Dass er bei in zumutbarer Weise behebbaren Zweifeln den Irrtum beseitigen könnte, ändert daran nichts. Auch lässt sich die Vernachlässigung dieser Möglichkeit nicht dazu benutzen, dem Opfer der Täuschung die Schutzbedürftigkeit abzusprechen und das Strafrecht gegenüber (versäumtem) Selbstschutz für subsidiär zu erklären. Damit wird an die Stelle des Irrtumsbegriffs eine vom Gesetz abweichende kriminalpolitische Entscheidung gesetzt, die nicht begründbare Freiräume für betrügerisches Verhalten eröffnet und die Aufgabe des unverzichtbaren Schutzes auch der Unerfahrenen und Leichtgläubigen nahe legt[173]. In diese Richtung gehende Vorschläge[174] haben daher zu Recht auch in der Rechtsprechung keine Gefolgschaft gefunden[175].

513 Der Täter **erregt** einen Irrtum, wenn er ihn durch **Einwirkung auf die Vorstellung des Getäuschten** hervorruft[176]. Auch eine **Mitverursachung** reicht dafür aus[177]. Darauf, ob die Unrichtigkeit der Behauptung bei hinreichend sorgfältiger Prüfung erkennbar gewesen wäre, kommt es nicht an[178].

Maßgebend ist nicht, worauf sich das Opfer vernünftigerweise nicht mehr einlassen sollte[179] oder wovon der Getäuschte bei gehöriger Aufmerksamkeit *hätte ausgehen müssen*, sondern nur,

---

172 A/W-*Heinrich*, § 20 Rn 65; *Hillenkamp*, Vorsatztat und Opferverhalten 1981, S. 23. *Amelung*, Eser-FS S. 20 f sieht hierin eine wortlautüberschreitende Analogie.

173 Dagegen zu Recht BGHSt 34, 199, 201; gegen Tendenzen in diese Richtung im **Gemeinschaftsrecht** auch BGH NJW 14, 2595 ff; BGH wistra 14, 439, 441; s. dazu Rn 488 und Rn 499 (**Rechtsprechungsbeispiel**); *Cornelius/Birner*, ZJS 18, 605 und S/S/W-*Satzger*, § 263 Rn 115 ff. Zu solchen Tendenzen beim *Okkultbetrug* s. *Hillenkamp*, Schreiber-FS S. 142 ff gegen *Schünemann*, Beulke-FS S. 543 ff.

174 S. zB *Amelung*, GA 77, 1; *ders.*, Eser-FS S. 19 ff; *Beulke*, III Rn 205; *Giehring*, GA 73, 1, 16, 20 ff; *R. Hassemer*, Schutzbedürftigkeit und Strafrechtsdogmatik 1981; *Hennings*, Teleologische Reduktionen des Betrugstatbestandes aufgrund von Mitverantwortung des Opfers 2002, beschränkt auf „Risikogeschäfte"; *Jänicke*, Gerichtliche Entscheidungen als Vermögensverfügung iS des Betrugstatbestandes 2001, S. 197 ff, 294 ff; *Klesczewski*, BT § 9 Rn 51; *Naucke*, Peters-FS S. 109 ff; *Schünemann*, in: Schünemann, Strafrechtssystem und Betrug 2002, S. 51, 80 ff; s. auch *Beckemper/Wegner*, NStZ 03, 315 f, die die objektive Zurechnung verneinen wollen, „wenn vom Opfer auf Grund seiner Zweifel erwartet werden kann, dass es sich gegen den Anreiz der Verfügung selbst schützt"; dem wenig folgerichtig zust. Krey/Hellmann/Heinrich, BT II Rn 543; den Ansatz über die objektive Zurechnung wählt – im Anschluss an *Kurth*, Das Mitverschulden des Opfers beim Betrug 1984 – auch *Harbort*, Die Bedeutung der objektiven Zurechnung beim Betrug 2010, S. 79 ff; s. dazu auch BGH wistra 18, 477 mit Anm. *Britz*, jM 19, 171; AnK-*Gaede*, § 263 Rn 61.

175 S. BGH NJW 03, 1198; LG Hildesheim MMR 05, 130, 131. Näher zu dieser Frage *Achenbach*, Jura 84, 602; *Herzberg*, GA 77, 289; *Hillenkamp*, Vorsatztat und Opferverhalten 1981, S. 21 ff, 85 ff; *Kargl*, Lüderssen-FS S. 621, 631; *ders.*, ZStW 119 (2007), 256 f; HK-GS/*Duttge*, § 263 Rn 25; *Kindhäuser*, Bemmann-FS S. 357 f; *Krack*, List als Straftatbestandsmerkmal 1994, S. 38 ff; LK-*Tiedemann*, § 263 Rn 84 f; *Loos/Krack*, JuS 95, 204; *Maurach/Schroeder/Maiwald*, BT I § 41 Rn 59 ff; NK-*Kindhäuser*, § 263 Rn 51 f; *Pawlik*, Das unerlaubte Verhalten beim Betrug 1999, S. 52 f; *Petropoulos*, Die Berücksichtigung des Opferverhaltens beim Betrugstatbestand 2005, S. 119 ff; SK-*Hoyer*, § 263 Rn 68 ff; *Stuckenberg*, ZStW 118 (2006), 895 ff; *Wittig*, Das tatbestandsmäßige Verhalten des Betrugs 2005, S. 311 ff, 357 ff, 364 f; *Wittmann*, Wissenszurechnung im Strafrecht 2006, S. 38 ff; s. zum Streitstand *Hillenkamp*, BT 29. Problem mit Beispiel 2 zu BGH NJW 03, 1198; *Küper/Zopfs*, BT Rn 383 f.

176 Das täuschende Verhalten muss vom Opfer folglich bemerkt werden, s. BGH StV 10, 22.

177 OLG Celle StV 94, 189 f.

178 Darüber, dass das auch uneingeschränkt gilt, wenn der Erklärungsadressat **Unternehmer/Kaufmann** ist – so BGH wistra 14, 439, 440; BGH NStZ-RR 16, 341, 344 – lässt sich angesichts der Verteilung des Informations- und Orientierungsrisikos streiten, s. dazu Rn 499.

179 So aber *Rengier*, Roxin-FS S. 822 f; s. dazu aber auch Rn 488.

wovon er **tatsächlich ausgegangen ist**. Leichtgläubigkeit und mitwirkende Fahrlässigkeit schließen daher weder den ursächlichen noch den Zurechnungszusammenhang zwischen Täuschung und Irrtumserregung aus[180]. Infolgedessen bleibt es bei der erforderlichen Verknüpfung auch dann, wenn der Lieferant bei fortlaufenden Warenlieferungen auf Grund offen bleibender Rechnungen den Mangel der anfangs vorgespiegelten Zahlungsfähigkeit und -willigkeit hätte erkennen können. Hier bedarf es allerdings der sorgfältigen Prüfung, ob er nicht die Unwahrheit der Tatsachenbehauptung erkannt und sich gleichwohl zu weiteren Leistungen entschlossen hat[181].

Unterhalten wird ein Irrtum dadurch, dass der Täter eine bereits vorhandene Fehlvorstellung **bestärkt** oder deren **Aufklärung verhindert oder erschwert**. Ob das durch *aktives Tun* oder ein *pflichtwidriges Unterlassen in Garantenstellung* geschieht, ist gleichgültig. Von dem **Unterhalten** eines Irrtums ist jedoch dessen **bloßes Ausnutzen** ohne Aufklärungspflicht zu unterscheiden; Letzteres ist nicht tatbestandsmäßig iS des § 263[182]. 514

Da es in den Risiko- und Aufklärungsbereich des Leistenden gehört, dass die Schuld, auf die er zahlt, besteht und die Leistung den Anspruch nicht übersteigt, bedeutet das schweigende Entgegennehmen einer Zuvielzahlung in aller Regel ein solches bloßes Ausnutzen des beim Leistenden bereits bestehenden Irrtums. Es bleibt straflos, wenn nicht eine Garantenpflicht den Betreffenden zur Aufklärung zwingt[183] (s. dazu **Fall 37** mit Rn 509).

3. Vermögensverfügung

a) Begriff und Funktion der Verfügung

Durch den in ihm erregten oder unterhaltenen Irrtum muss der Getäuschte zu einer **Verfügung** über sein Vermögen oder das eines Dritten veranlasst werden. Dieses ungeschriebene Tatbestandsmerkmal stellt den in § 263 vorausgesetzten *ursächlichen Zusammenhang* zwischen dem Irrtum und der Vermögensbeschädigung her (= sog. *Transport-* oder *Verbindungsfunktion* der Vermögensverfügung)[184]; zugleich ermöglicht es die bisweilen recht schwierige Abgrenzung zwischen Sachbetrug und Diebstahl (= *Abgrenzungsfunktion* der Vermögensverfügung; s. dazu Rn 623 ff) und sichert so die Eigenart des Betrugs als **Selbstschädigungsdelikt**, bei dem der Getäuschte den schädigenden Erfolg gleichsam als Werkzeug des Täters[185] selbst be- 515

---

180 BGHSt 34, 199, 201; BGH wistra 92, 95, 97; BGH NJW 95, 1844; BGH NJW 04, 3569, 3577; OLG Hamm NZWiSt 16, 479, 484 mit Anm. *Schumacher*; dabei bleibt es auch bei Berücksichtigung der **RL 2005/29/EG**; s. dazu BGH NJW 14, 2595 ff; BGH wistra 14, 439, 441 mit Anm. *Oğlakcıoğlu*, ZWH 428 (näher dazu Rn 488, 499 – **Rechtsprechungsbeispiel**); *Garbe*, NJW 99, 2869; M/R-*Saliger*, § 263 Rn 105 mit Einschränkung in Rn 96; aA *Ellmer*, Betrug und Opfermitverantwortung 1986, S. 287; *Naucke*, Peters-FS S. 109; diff. *Hilgendorf*, Tatsachenaussagen und Werturteile im Strafrecht 1998, S. 199 ff, 202 f; *Kasiske*, GA 09, 360, 367 will dort, „wo sich das Opfer selbst ohne weiteres die notwendigen Informationen beschaffen kann", schon die (konkludente) Täuschung ausschließen.
181 S. BGH NStZ 93, 440; BGH wistra 98, 179; BGH NStZ-RR 12, 210; *Fischer*, § 263 Rn 56.
182 Vgl BGH JZ 89, 550.
183 BGHSt 39, 392, 398; OLG Celle NStZ-RR 10, 207, 208 (keine Garantenpflicht aus dem Arbeitsverhältnis zur Aufklärung über ungerechtfertigte Lohnzahlungen); *Joerden*, Anm. JZ 94, 423 f; *Lackner/Kühl*, § 263 Rn 20.
184 Vgl RGSt 64, 226, 228 f; 76, 82, 86 f; H-H-*Voigt*, Rn 1001; G/J/W-*Dannecker*, § 263 Rn 69; M/R-*Saliger*, § 263 Rn 110.
185 S. dazu *Graul*, Brandner-FS S. 814, 821 f; *Kindhäuser*, Bemmann-FS S. 339; ders., Dahs-FS S. 75; *Küper/Zopfs*, BT Rn 667.

wirkt. Fallen Verfügender und Geschädigter auseinander, muss folglich die Verfügung des Dritten dem Geschädigten *zurechenbar* sein. Sonst würde das Bild des Selbstschädigungsdelikts zerstört (s. Rn 641). Der Begriff der **Vermögensverfügung** ist nicht zivilrechtlich, sondern im **rein tatsächlichen Sinn** zu verstehen. Neben rechtsgeschäftlichen Dispositionen (= Bestellung von Waren, Gewährung eines Darlehens, Übernahme einer Bürgschaft, Erlass einer Forderung usw) und staatlichen Hoheitsakten (= Abweisung einer Klage oder Verurteilung zu einer Leistung im Zivilprozess, Inhaftierung eines obdachsuchenden und sich fälschlich bezichtigenden Nichtsesshaften usw)[186] umfasst er **jedes tatsächliche Handeln, Dulden oder Unterlassen** des Getäuschten, das bei diesem selbst oder bei einem Dritten unmittelbar zu einer Vermögensminderung im wirtschaftlichen Sinn führt[187].

Eine tatsächliche Verfügung dieser Art (= Weggabe von Geld oder von sonstigen Sachen usw) kann auch ein Kind oder ein Geschäftsunfähiger treffen[188].

516 An einer Vermögensverfügung iS des § 263, die den Vermögensschaden **unmittelbar** (dh ohne weiteres *eigenmächtiges* deliktisches Handeln des Täters) herbeiführt, fehlt es ua dann, wenn die Täuschung des Opfers dem Täter nur die **Möglichkeit zur nachfolgenden Wegnahme von Sachen**[189]. und damit zur *Fremdschädigung* oder zur Vornahme einer anderen deliktischen Handlung, wie etwa zur Fälschung eines Bestellscheins oder zum „Abkassieren" der Verbindungsentgelte nach erschlichener Einrichtung einer 0190er-Nummer, eröffnen soll[190], nicht aber dann, wenn – wie beim Einlösen eines betrügerisch erlangten Rezepts – der Täter an die begehrte Sache ohne weiteres *deliktisches* Handeln gelangt[191] (näher zur Abgrenzung zwischen „Trickdiebstahl" und Betrug Rn 623 ff).

517 Die **Vermögensminderung** kann in einem wirtschaftlichen Nachteil beliebiger Art bestehen (wie etwa in der Belastung des Vermögens mit einer Verbindlichkeit, im Verlust einer Sache, einer Forderung, eines Rechts oder einer realen Erwerbsaussicht usw). Ihr *Eintritt* als *solcher* hat bereits Bedeutung für den **Verfügungsbegriff**[192]. Die davon zu trennende (und letztlich entscheidende) Frage, ob diese Vermögensminderung durch einen gleichzeitig erfolgten Vermögenszuwachs **kompensiert** und wirtschaftlich voll ausgeglichen wird, gehört dagegen zum Merkmal der **Vermögensbeschädigung** und ist erst im Rahmen der Schadensberechnung zu stellen[193].

---

186 S. hierzu *Jänicke*, Gerichtliche Entscheidungen als Vermögensverfügung 2001; LK-*Tiedemann*, § 263 Rn 104.
187 BGHSt 14, 170, 171; M/R-*Saliger*, § 263 Rn 111 f; *Zöller*, BT Rn 152.
188 *Kindhäuser*, § 263 Rn 137.
189 Ggf auch dann, wenn zunächst ein gutgläubiger Dritter Gewahrsam erlangt, BGH NStZ 17, 351.
190 Zur Grundaussage s. BGH BeckRS 16, 16704; zum Letzteren vgl einerseits OLG Hamm wistra 82, 152, 153, andererseits BGHSt 50, 174, 177 f mit Anm. *Eidam*, JR 06, 254; *Kudlich*, JuS 05, 1133; s. dazu näher *Jäger*, JuS 10, 761 und Rn 579, 623 ff.
191 OLG Stuttgart NStZ-RR 13, 175 mit Anm. *Satzger*, JK 10/13, § 263 StGB/103 und Bespr. *Bülte*, NZWiSt 13, 346.
192 Es ist deshalb vertretbar, den Vermögensbegriff in Zweifelsfällen schon bei der Verfügung zu problematisieren und wenn nötig festzulegen, so zB M/R-*Saliger*, § 263 Rn 149. Zu Recht diff. *Rengier*, BT I § 13 Rn 72 ff.
193 Vgl BGHSt 31, 178, 179; *Küper/Zopfs*, BT Rn 668 und nachfolgend zu Rn 544 ff.

b) Verfügungsbewusstsein

Ob der Getäuschte *bewusst* oder *unbewusst* verfügt, ist bei Forderungen, Rechten und Erwerbsaussichten belanglos[194]; *außerhalb* des sog. Sachbetrugs setzt § 263 **kein Verfügungsbewusstsein** voraus[195]. Der Betrug kann daher insbesondere auch auf die Nicht-Geltendmachung einer Forderung gerichtet sein. Beim Sachbetrug ist es allerdings nötig, um den Charakter des Betrugs als Selbstschädigungsdelikt zu wahren und ihn vom fremdschädigenden Diebstahl abzugrenzen[196]. Eine **Vermögensverfügung** kann daher auch darin liegen, dass eine Warenbestellung in dem täuschungsbedingten Glauben, es handele sich nur um die Anforderung eines Werbeprospekts, **unterschrieben**, dass im Internet eine entgeltliche Leistung in der irrigen Vorstellung ihrer Unentgeltlichkeit abgerufen oder dass ein **Anspruch nicht geltend gemacht** wird, dessen Existenz dem Betroffenen infolge der Täuschung verborgen bleibt[197], nicht aber darin, dass der Vermögensinhaber die Verschiebung einer Sache aus dem Vermögen in die dritte Hand unbewusst nur „geschehen lässt". 518

Fall 38: Um den Kassenbestand zwecks späterer Einbehaltung des erzielten Überschusses zu erhöhen, gibt der am Fahrkartenschalter der Eisenbahn tätige B allen eiligen Reisenden jeweils 1 € Wechselgeld zu wenig zurück. Die Betroffenen bemerken das nicht, weil niemand von ihnen das Wechselgeld nachzählt. 519

Haben die Reisenden eine ihr Vermögen mindernde *Verfügung* iS des § 263 getroffen?
Rn 520

B hat in schlüssiger Form vorgespiegelt, das Wechselgeld in voller Höhe ausbezahlt zu haben; in Wirklichkeit fehlte daran 1 €. Bei den Reisenden wurde dadurch eine unrichtige Vorstellung hervorgerufen. Ihnen blieb verborgen, dass ihr Zahlungsanspruch in Höhe von 1 € noch fortbestand. Die **Vermögensverfügung** der Reisenden ist darin zu erblicken, dass sie die unvollständige Leistung des B hinnahmen und es **unbewusst unterließen**, die ihnen verbliebene Restforderung geltend zu machen. Das wirkte sich zu ihren Ungunsten auch *unmittelbar vermögensmindernd* aus, weil ihr Anspruch unter den gegebenen Umständen ohne sofortige Geltendmachung nicht mehr zu realisieren war und – ungeachtet seines *rechtlichen* Fortbestehens – **wirtschaftlich wertlos** wurde. Da die sonstigen Voraussetzungen des § 263 ebenfalls vorliegen, hat B sich des Betrugs schuldig gemacht[198]. 520

---

194 AA MK-*Hefendehl*, § 263 Rn 308 ff; *Otto*, BT § 51 Rn 28 ff; *Ranft*, Jura 92, 68; SK-*Hoyer*, § 263 Rn 175 f, 181.
195 Näher BGHSt 14, 170, 172; OLG Hamm NJW 69, 620; OLG Celle NStZ 11, 218, 219; ebenso *Bock*, BT II S. 356; BK-*Beukelmann*, § 263 Rn 36; *Eisele*, BT II Rn 565; *Fischer*, § 263 Rn 74; HK-GS/*Duttge*, § 263 Rn 29; *Lackner/Kühl*, § 263 Rn 24; *Maurach/Schroeder/Maiwald*, BT I § 41 Rn 73; M/R-*Saliger*, § 263 Rn 124; *Schmidt*, BT II Rn 583; S/S/W-*Satzger*, § 263 Rn 179 ff; *Wittig*, § 14 Rn 69; *Zöller*, BT Rn 154.
196 S. AnK-*Gaede*, § 263 Rn 87 f; *Kudlich*, PdW BT I S. 90; *Küper/Zopfs*, BT Rn 669 mwN; *Rengier*, BT I § 13 Rn 64 f; OLG Düsseldorf NJW 88, 923; verneinend auch insoweit LK-*Tiedemann*, § 263 Rn 118.
197 Vgl RGSt 52, 163, 164; 70, 225; OLG Düsseldorf JZ 85, 251; OLG Stuttgart NJW 69, 1975; LK-*Tiedemann*, § 263 Rn 103; zu den „Kostenfallen" im Internet s. OLG Frankfurt a.M. NJW 11, 398, 403; *Eisele*, NStZ 10, 193, 197 f; anders *Bockelmann*, BT I S. 96; *Hansen*, MDR 75, 533; krit. zum Ganzen *Miehe*, Unbewußte Verfügungen 1987, der auch beim Sachbetrug ein Verfügungsbewusstsein für entbehrlich hält, aber verlangt, dass der Getäuschte wenigstens den äußeren Vorgang der Sachbewegung erkennt, das Vermögen daher betroffen weiß und „für diese Sachbewegung gewonnen wird", S. 77.
198 Näher RGSt 52, 163.

c) Ursächlicher und funktionaler Zusammenhang

521 So wie für den Irrtum eine Mitverursachung durch die Täuschung ausreicht (Rn 511), genügt es zur Bejahung des **ursächlichen Zusammenhanges** zwischen Täuschungshandlung und Verfügung, dass die Erregung oder Unterhaltung des Irrtums für die Vermögensverfügung des Getäuschten **mitbestimmend** war; sie braucht nicht deren *alleinige* Ursache gewesen zu sein[199]. Maßgebend ist dabei nach allgemeinen Regeln die Verknüpfung zwischen dem **wirklichen Geschehensablauf** und dem konkreten Erfolg[200].

522 **Fall 39:** Der Hochstapler H hat sich unter adeligem Namen in das Vertrauen der Fabrikantenwitwe F eingeschlichen und ihr die Ehe versprochen. Er spiegelt ihr vor, dass er zum Aufbau einer neuen Existenz kurzfristig 50 000 € benötige. F glaubt ihm und überlässt ihm diesen Betrag als Darlehen. Wie von vornherein geplant, macht H sich daraufhin aus dem Staub und gibt das gesamte Geld in einem Spielkasino aus. Dem Rat ihres Anwalts, Strafanzeige wegen Betrugs zu erstatten, widerspricht F mit dem Hinweis, sie könne „dem charmanten H nicht gram sein; da er ihr viel Lebensfreude geschenkt habe, würde sie ihm die 50 000 € *auch zu Spielzwecken* überlassen haben, wenn er sie darum gebeten und sich zu seiner Spielleidenschaft bekannt hätte".

War die Täuschungshandlung des H bei dieser Einstellung der F ursächlich für deren Vermögensverfügung? **Rn 523**

523 Auszugehen ist hier von dem **realen Umstand**, dass F den falschen Angaben des H geglaubt und sich im Vertrauen auf deren Richtigkeit zur Hingabe des Darlehens entschlossen hat. Der von H erregte Irrtum ist somit für die Vermögensverfügung der F zumindest **mitbestimmend** gewesen. Da *hypothetische Ersatzbedingungen* nach der Conditio-sine-qua-non-Formel bei Feststellung des ursächlichen Zusammenhangs nicht hinzugedacht werden dürfen, lässt sich die Ursächlichkeit der Irrtumserregung für die konkrete Vermögensverfügung nicht mit dem Hinweis darauf verneinen, dass F dem H die 50 000 € auch dann gegeben hätte, wenn er ihr seine Spielleidenschaft und seine wirkliche Verwendungsabsicht offenbart hätte[201]. Denn der **tatsächliche Verlauf der Willensbildung** *verliert sein Dasein und seine Rechtswirkungen nicht dadurch, dass ein gedachter* Verlauf mit dem gleichen Endergebnis an seine Stelle hätte treten *können*, aber nicht getreten ist[202]. Er bleibt die wirkliche Grundlage der betreffenden Vermögensverfügung. Die reale Verknüpfung zwischen dem Irrtum der F, dem H die Gründung einer neuen Existenz zu ermöglichen, und der dadurch veranlassten oder mitveranlassten Darlehensgewährung, wird nicht dadurch beseitigt, dass F bei wahrheitsgemäßen Angaben andere Erwägungen zur Geldhingabe angestellt *hätte* (zB Dankbarkeit gegenüber H, Verständnis für seine Spielleidenschaft usw), die sie jedoch **tatsächlich nicht angestellt hat**. An einer *irrtumsbedingten* Vermögensverfügung iS des § 263 ist daher im **Fall 39** nicht zu zweifeln[203]. Anders kann es nur dann liegen, wenn den Darlehensgeber der Verwendungszweck gar nicht interessiert[204].

---

199   RGSt 76, 82, 86 f; BGH wistra 99, 419, 420; BGH NStZ 12, 95 (Verfügung auch, um keine „Probleme" zu bekommen); G/J/W-*Dannecker*, § 268 Rn 76; M/R-*Saliger*, § 263 Rn 146 f.
200   Vgl *Wessels/Beulke/Satzger*, AT Rn 239; BGH BeckRS 13, 01251 Rn 36.
201   Vgl LK-*Tiedemann*, § 263 Rn 123; *Wessels/Beulke/Satzger*, AT Rn 239.
202   BGHSt 13, 14 f; BGH BeckRS 13, 01251 Rn 39; zweifelhaft insoweit OLG Bamberg BeckRS 13, 22035 mit Bespr. *Jahn*, JuS 14, 275.
203   Eingehend dazu BGHSt 13, 13, 14 f; BGH MDR/D 58, 139, 140; BGH StV 02, 132 f; BGH NStZ 17, 340; *Lenckner*, NJW 71, 599.
204   So BGH NStZ 17, 170 unter Bezug auf BGH StV 02, 132.

Die Möglichkeit, dass der Getäuschte die Vermögensverfügung auch beim Durchschauen der wahren Zusammenhänge getroffen hätte, vermag demnach am ursächlichen Zusammenhang nichts zu ändern, wenn der Irrtum für die konkrete Verfügung **tatsächlich** bestimmend oder wenigstens *mitbestimmend* war. Deshalb leuchtet es nicht ein, dass die Kausalität des im Angebot eines deutlich übertuerten Krebsheilmittels enthaltenen unzutreffenden Hinweises auf „wissenschaftliche Belege" für die behauptete Wirksamkeit dann entfallen soll, wenn – wie es naheliege – die austherapierten Patienten auch bei Aufklärung über die nur bestehende unsichere Möglichkeit einer Wirkung gleichfalls gekauft hätten, weil sie „genötigt waren, nach jedem Strohhalm zu greifen"[205]. Anders liegt es dagegen, falls der Getäuschte das ihm Vorgespiegelte zwar für wahr gehalten, die Vermögensverfügung jedoch **aus ganz anderen Gründen** getroffen hat (**Beispiele:** Jemand glaubt einem als Bettler auftretenden Schwindler, gibt ihm das Almosen aber nicht aus Hilfsbereitschaft, sondern *ausschließlich* deshalb, weil er den lästigen Bittsteller möglichst rasch loswerden will; A gewährt der D trotz erheblicher Zweifel an der von ihr vorgetäuschten Rückzahlungsbereitschaft ein Darlehen *allein* deshalb, weil er D „fesch" findet und sich „ein bißchen in sie verschaut" hat)[206]. Hier fehlt es an jeder Ursächlichkeit. Bereits kein **Irrtum** liegt dagegen vor, wenn jemand Rechnungen unter 100 € stets ohne jedes Nachdenken bezahlt, nur weil er seine Ruhe haben will (Rn 512)[207].

524

Ob der Getäuschte sich des **vermögensmindernden Charakters** seiner Verfügung **bewusst** war oder nicht, spielt für den ursächlichen Zusammenhang keine Rolle. Davon zu unterscheiden ist die auf einer anderen Ebene liegende Streitfrage, ob es *über den Kausalzusammenhang hinaus* einer besonderen **funktionalen Beziehung** zwischen Irrtum und Vermögenseinbuße in dem Sinne bedarf, dass dem Getäuschten die **vermögensschädigende Wirkung seiner Verfügung verborgen geblieben sein** muss.

525

Die These, dass § 263 nur die **unbewusste** Selbst- oder Drittschädigung erfasse, wird von der hM abgelehnt[208]. Die Vertreter der Mindermeinung halten § 263 bei einer **bewussten Selbstschädigung** für unanwendbar, relativieren ihren Standpunkt aber über die sog. **Zweckverfehlungslehre**, wonach die objektiven Voraussetzungen des Betrugstatbestandes gegeben sein sollen, wenn eine irrtumsbedingte Leistung den ihr immanenten **sozialen Zweck verfehlt** und der Verfügende dies infolge der Täuschung nicht erkannt hat, sodass *insoweit* eine *unbewusste* Selbstschädigung vorliegt[209]. Die besseren Gründe sprechen für die hM, da sie einen umfassenderen Vermögensschutz gewährleistet und sachlich nicht zu rechtfertigende Strafbarkeitslücken im Grenzbereich zwischen Betrug und Erpressung vermeidet. Die praktische Bedeutung

526

---

205 So aber BGH NStZ 10, 88, 89 mit zu Recht krit. Bespr. *Bosch*, JA 10, 153, 154; *Puppe*, JR 17, 513; vgl dazu auch AG Gießen medstra 15, 124 mit Anm. *Porten*.
206 S. BGH StV 02, 132 f; OLG Bamberg BeckRS 13, 22035 mit Bespr. *Jahn*, JuS 14, 275; *Hillenkamp*, JuS 03, 157 f; *Mitsch*, BT II S. 293.
207 BGH wistra 17, 318. Zur Frage des Irrtums bei Zahlung aus „Lästigkeit" heraus im Falle der vermeintlichen Kosten einer Telefonsexhotline, s. OLG Frankfurt BeckRS 18, 27953 mit krit. Anm. *Jahn*, JuS 19, 404.
208 RGSt 70, 255, 256; BGHSt 19, 37, 45; BGH NJW 95, 539; OLG Düsseldorf NJW 88, 922; *Deutscher/Körner*, JuS 96, 296; *Dölling*, JuS 81, 570; *Fischer*, § 263 Rn 75, 137; *Herzberg*, JuS 72, 570; *Hilgendorf*, JuS 94, 466; *M/R-Saliger*, § 263 Rn 148; *Schmoller*, JZ 91, 117; *S/S/W-Satzger*, § 263 Rn 205; weitere Nachweise bei *Gerhold*, Zweckverfehlung und Vermögensschaden 1988, S. 19, 56 ff.
209 Vgl *Maurach/Schroeder/Maiwald*, BT I § 41 Rn 120 ff; *Rudolphi*, Klug-FS S. 315; *S/S-Perron*, § 263 Rn 41, 102.

der Streitfrage ist freilich gering, weil die **Zweckverfehlungslehre** unter dem Blickwinkel einer wirtschaftlich sinnlosen Ausgabe auch unabhängig von der Theorie der *unbewussten Selbstschädigung* vertreten werden kann und ihrem Grundgedanken nach als **Element des Schadensbegriffs**[210] bereits Eingang in die Rechtsprechung gefunden hat[211]. Darauf ist beim Tatbestandsmerkmal der **Vermögensbeschädigung** zurückzukommen (Rn 553 ff).

d) Wissensdiskrepanzen und Wissenszurechnung

527 Noch nicht abschließend geklärt sind Fälle, in denen auf der **Opferseite Personenmehrheiten** stehen. Unbestritten ist allerdings, dass Personenmehrheiten nicht als solche irren können. Vielmehr müssen bei arbeitsteilig tätigen Unternehmen oder Organisationen die Personen ermittelt werden, die im konkreten Fall getäuscht, in einen entsprechenden Irrtum versetzt und dadurch Auslöser der Verfügung geworden sind[212]. Ungeklärt ist aber die Sachverhaltsgestaltung, in der sich auf der Opferseite Personen mit auf den Gegenstand der Täuschung bezogen **unterschiedlichen Kenntnissen** befinden. So ist es denkbar, dass der Geschädigte den wahren Sachverhalt kennt, die verfügende Person (s. zum Dreiecksbetrug Rn 640 ff) aber täuschungsbedingt irrt. Umgekehrt kann der Verfügende die Täuschung durchschauen und gleichwohl verfügen, ohne den Geschädigten aufzuklären. Schließlich kann es so sein, dass sich der verfügende Vermögensinhaber durch Hilfspersonen (wie Rechtsanwälte, Steuerberater oder Wirtschaftsprüfer) beraten lässt, die die Täuschung erkennen, die Verfügung aber gleichwohl nicht verhindern[213].

528 Im erstgenannten Fall wird man angesichts des unleugbaren Irrtums des Verfügenden einen *vollendeten* Betrug nur verneinen können, wenn dem Geschädigten die Verhinderung der Verfügung rechtzeitig möglich und zumutbar war. Hat der Vermögensinhaber oder der für das Vermögen zuständige Sachwalter das manipulative Vorgehen selbst vorgeschlagen, ist diese Voraussetzung gegeben. Zwar wird auch dann aufgrund eines täuschungsbedingten Irrtums verfügt[214], der Schaden beruht in einem solchen Fall aber nicht zurechenbar darauf, sondern auf dem bewusst selbstschädigenden Verhalten des Vermögensinhabers bzw dem pflichtwidrigen Verhalten des Sachwalters. Da der Täuschende das weiß, liegt auch kein versuchter Betrug vor. Für den Sachwalter kommt ggf eine Untreue unter Beteiligung des Täuschenden in Betracht[215]. Diese Lösung setzt allerdings voraus, dass der Vermögensinhaber oder Sachwalter nicht ihrerseits vom Täuschenden über den wahren Umfang der Täuschung im Unklaren gelassen wurden[216]. In den beiden an-

---

210 Dagegen *Graul*, Brandner-FS S. 805; wie hier *Hecker*, JuS 14, 562.
211 Vgl BGHSt 19. 37, 45; BGH NJW 95, 539; OLG Hamm NJW 82, 1405.
212 BGH BeckRS 12, 10587.
213 S. zu solchen Konstellationen BGH NJW 03, 1198, 1199 f; BayObLG NStZ 02, 91 f; *Eisele*, BT II Rn 551 ff; *Fischer*, § 263 Rn 68 f; *G/J/W-Dannecker*, § 263 Rn 66; LK-*Tiedemann*, § 263 Rn 82; M/R-*Saliger*, § 263 Rn 102 ff; *Rengier*, Roxin-FS S. 823 f; *Schuhr*, ZStW 123 (2011), 517; S/S-*Perron*, § 263 Rn 41a; S/S/W-*Satzger*, § 263 Rn 137 ff; *Weißer*, GA 11, 333; *Wittig*, § 14 Rn 54 f; *Zöller*, BT Rn 165 ff; weiterführend *Eisele*, ZStW 116 (2004), 15. Es darf nicht generell auf ein Sonderwissen von Vorgesetzten abgestellt werden, solange diese nicht in den konkreten Geschäftsvorgang involviert waren und ihn kannten (*Schuhr*, ZWH 12, 363).
214 BGH StV 06, 297 verneint einen Irrtum, weil es bei einer Ableitung der Verfügungsbefugnis vom Sachwalter auf dessen Kenntnis ankomme; ebenso BGH StV 14, 684; krit. dazu *Brand/Vogt*, wistra 07, 408; s. zur Lösung auch *Rengier*, BT I § 13 Rn 53 ff; *Wittmann*, Wissenszurechnung im Strafrecht 2006, S. 86.
215 BGH NStZ-RR 10, 146.
216 Die für die Lösung vorauszusetzende Eigenverantwortlichkeit richtet sich nach den Maßstäben für die Wirksamkeit einer Einwilligung, s. *Eisele*, JZ 08, 524 zu BGH JZ 08, 522; iE zust. auch *Krack*, ZIS 08, 518, 520 f.

deren Sachverhaltsgestaltungen ist die Kenntnis der Verfügenden bzw der beratenden Hilfspersonen dem Vermögensinhaber zuzurechnen, wenn diese Personen nach den Maßstäben der **Lagertheorie** (s. Rn 645) zum Vermögenskreis des Vermögensinhabers zu zählen sind. Dann liegt nur versuchter Betrug vor. Behält allerdings der Verfügende oder Gehilfe seine Kenntnis mit dem Wissen des Täuschenden dem Geschäftsherrn bewusst vor oder handelt mit jenem kollusiv zusammen, ist die Grundlage der Zurechnung zerstört. Hier wird idR ein Betrug unter Beteiligung der Hilfsperson gegeben sein[217]. *Anders* entscheidet in einem solchen Fall allerdings der BGH. Er lehnt bei einem kollusiven Zusammenwirken des die „Täuschung" kennenden Verfügenden mit dem „Täuschenden" einen Betrug ab, weil es für den Irrtum *allein* auf das Vorstellungsbild des Verfügenden ankomme. Befinde sich der Verfügende in einer für § 266 hinreichenden Pflichtstellung gegenüber dem Inhaber des geschädigten Vermögens, liege statt dessen eine Untreue vor, zu der der außen stehende „Täuschende" mangels Sondereigenschaft nur als Gehilfe nach §§ 27, 28 I (oder ggf als Anstifter nach §§ 26, 28 I) in Betracht komme[218].

Verfügt der Mitarbeiter einer **Behörde**, eines Unternehmens etc. kommt es auf seine Vorstellung bzw die Vorstellungen desjenigen an, der nach der Organisationsstruktur die Verfügung zu verantworten hat. Die Kenntnis irgendeines anderen Behördenmitarbeiters kann der Behörde nicht zugerechnet werden[219]. Bei mehraktigen Verfügungen ist richtigerweise nicht entscheidend, ob der letzte Verfügende irrt, sondern dass die jeweils finalen (Teil-)Entscheidungen auf einem Irrtum beruhen[220].

4. Vermögensbeschädigung

Durch die Vermögensverfügung des Getäuschten muss dessen Vermögen oder das eines Dritten **unmittelbar geschädigt** werden. 529

a) Vermögensbegriff

Der **Begriff** des strafrechtlich geschützten **Vermögens** ist umstritten und in seinen Randbereichen noch nicht abschließend geklärt. Seine Entwicklung in Rechtsprechung und Wissenschaft ist geprägt durch eine Abkehr von extremen Auffassungen und eine Hinwendung zu vermittelnden Lehrmeinungen[221]. 530

Die ältere, heute nicht mehr vertretene **juristische Vermögenstheorie** sah im Vermögen nur die Summe der einzelnen Vermögensrechte[222]. Im Gegensatz zu ihr stand ur- 531

---

217 S. BayObLG NStZ 02, 91; *Otto*, Jura 02, 611. *Eisele*, ZStW 116 (2004), 15, 23 f, 29, 30 ff, *Rengier*, BT I § 13 Rn 59 und LK-*Tiedemann*, § 263 Rn 82 stützen diese Ergebnisse nicht auf Wissenszurechnung, sondern auf die allgemeinen Regeln der objektiven Zurechnung; eine Zurechnung des Wissens von *Hilfspersonen* lehnen *Weißer*, GA 11, 334 ff und *Wittmann*, Wissenszurechnung im Strafrecht 2006, S. 137 f mit der Folge eines vollendeten Betrugs ab; s. auch S/S/W-*Satzger*, § 263 Rn 137 ff; im Wesentlichen wie hier AnK-*Gaede*, § 263 Rn 62 ff.
218 BGH NStZ 13, 473.
219 OLG München NStZ 09, 156 f; diff. *Fischer*, § 263 Rn 67; s. auch A/W-*Heinrich*, § 20 Rn 81a.
220 Näher dazu *Schuhr*, ZStW 123 (2011), 517, 534 ff, 547; Spickhoff-*ders.*, § 263 Rn 34.
221 Zum Streit s. *Evers*, Das Verhältnis des Vermögensnachteils zum Vermögensschaden beim Betrug 2018, S. 16 ff; *Hillenkamp*, BT 31. Problem; *Küper/Zopfs*, BT Rn 624 ff; *Kühl*, JuS 89, 505; M/R-*Saliger*, § 263 Rn 150 ff; *Otto*, Jura 93, 424; Überblicke zu Problemfeldern des Vermögensschadens finden sich bei *Satzger*, Jura 09, 518 ff und *Waszcynski*, JA 10, 251 ff; s. auch *Wittig*, § 14 Rn 76 ff.
222 Vgl RGSt 3, 332, 333; 11, 72, 76; *Binding*, Lehrbuch der Gemeinen Deutschen Strafrechts BT, 1. Bd., 2. Aufl. 1902, S. 238 ff; zu ihrer – behaupteten verdeckten und verfassungswidrigen – „Wiederbelebung" durch Urteile des BGH s. *Saliger*, HRRS 12, 363 ff.

sprünglich der **rein wirtschaftliche Vermögensbegriff**, der „alle geldwerten Güter einer Person" umfasst und neben nichtigen Ansprüchen aus verbotenen oder unsittlichen Geschäften auch Werte einschließt, die man widerrechtlich oder sonst in missbilligenswerter Weise erlangt hat. Diese extrem wirtschaftlich orientierte Betrachtungsweise wurde durch RGSt 44, 230 in die Rechtsprechung übernommen und später durch BGHSt 2, 364 bekräftigt[223]. Ihre wichtigste Konsequenz besteht darin, dass sich im sog. Ganovenumfeld kein strafrechtsfreier Raum[224] bilden kann und dass es keine wirtschaftlichen Werte gibt, die gegen Betrug, Erpressung, Untreue und dergleichen ungeschützt sind.

532 Zwischen den vorgenannten Auffassungen hat sich in der Rechtslehre zunehmend die **juristisch-ökonomische Vermittlungslehre** durchgesetzt[225], die in unterschiedlichen Varianten zum Vermögen einer Person alle Wirtschaftsgüter zählt, die ihr „ohne rechtliche Missbilligung" zukommen[226] oder die ihr „unter dem Schutz der Rechtsordnung" zu Gebote stehen[227].

533 Vereinzelt wird eine **personale Vermögenstheorie** befürwortet, die von der Funktion des Vermögens als „Grundlage der Persönlichkeitsentfaltung" ausgeht und im Zuge der Schadensfeststellung vorrangig auf die Minderung der wirtschaftlichen Potenz des Vermögensträgers und den mit der Verfügung angestrebten Zweck abstellt[228]. Ihren Ausgangspunkt, das Vermögen mit der Reichweite seiner Wirkungsmacht gleichzusetzen und damit eine Herrschaftsposition zu beschreiben, teilt der **normativ-ökonomische Vermögensbegriff** *Hefendehls*[229]. Nach ihm ergibt sich Vermögen, wenn eine Person über mit der Rechtsordnung vereinbare Potentiale wirtschaftlicher Betätigung mit Hilfe zivilrechtlich anerkannter Durchsetzungsmöglichkeiten nach ihrem Belieben verfügen und externen Störfaktoren effektiv begegnen kann. Der so genannte **funktionale Vermögensbegriff** versteht unter Vermögen die Verfügungsmacht einer Person über die ihr rechtlich zugeordneten übertragbaren Güter[230].

---

223 Zust. *Blassl*, wistra 16, 427; *Fahl*, JA 95, 205; *Haft/Hilgendorf*, BT S. 92; *Heghmanns*, Rn 1229; *Krey/Hellmann/Heinrich*, BT II Rn 613 ff; *Sonnen*, JA 82, 593; *Zöller*, BT Rn 174; nahest. *Fischer*, § 263 Rn 89 ff; unter dem Blickwinkel des Bestimmtheitsgebots krit. *Naucke*, Kargl-FS S. 333 ff.
224 Zu seinen Gefahren s. *Hillenkamp*, Vorsatztat und Opferverhalten 1981, S. 204 f.
225 S. LK-*Tiedemann*, § 263 Rn 127, 132.
226 *Gössel*, BT II § 21 Rn 121; *Lackner/Kühl*, § 263 Rn 34 f; *Lenckner*, JZ 67, 105; *Seelmann*, S. 72; S/S-*Perron*, § 263 Rn 82 ff; E/R/S/T-*Saliger*, § 263 Rn 129, 131; enger *Zieschang*, Hirsch-FS S. 837, 840.
227 *Franzheim*, GA 1960, 269; *Mitsch*, BT S. 306 f; *Rengier*, BT I § 13 Rn 119; *Schramm*, BT I § 7 Rn 102; *Tenckhoff*, Anm. JR 88, 126; nicht auf die Vermögensposition, sondern auf den Tauschwert und seine rechtliche Anerkennung bezogen SK-*Hoyer*, § 263 Rn 118, 121; *ders.*, Samson-FS S. 339, 351 ff; s. auch *Nelles*, Untreue zum Nachteil von Gesellschaften 1991, S. 426; krit. *Kargl*, JA 01, 714. Zu **Haustieren** als Vermögensgut und die Bedeutung von Eigentums- und Vermögensdelikten in dem Zusammenhang, s. *Mitsch*, Jura 17, 1394 f. Zur Wertbestimmung von **Bitcoins** s. *Börner*, NZWiSt 18, 49f, 52.
228 Vgl *Alwart*, JZ 86, 563; *D. Geerds*, Jura 94, 309; *ders.*, Wirtschaftsstrafrecht und Vermögensschutz 1990, S. 116 ff; *Otto*, Die Struktur des stafrechtl. Vermögensschutzes 1970, S. 34 ff, 69; *Winkler*, Der Vermögensbegriff beim Betrug usw 1995; krit. dazu LK-*Lackner*, 10. Aufl., § 263 Rn 124; ferner *Achenbach*, Roxin-FS II, S. 1005, der auf die „Nutzungschance" abhebt. Zur Vereinbarkeit mit der neueren Rechtsprechung des BVerfG s. *Ceffinato*, NZWiSt 15, 90 ff.
229 *Hefendehl*, Vermögensgefährdung und Expektanzen 1994, S. 93 ff; *ders.*, in: Schünemann, Strafrechtssystem und Betrug 2002, S. 185, 228 ff; MK-*Hefendehl*, § 263 Rn 405 ff; s. auch *Klesczewski*, BT § 9 Rn 24, 26 f; LPK-*Schünemann*, § 266 Rn 214.
230 NK-*Kindhäuser*, § 263 Rn 35 ff; *Kindhäuser/Nikolaus*, JuS 06, 198.

Die neuere Rechtsprechung hält im Prinzip am bewährten und als **Ausgangspunkt vorzugswürdigen**[231] **wirtschaftlichen Vermögensbegriff** fest[232], ergänzt und korrigiert ihn jedoch in teilweiser Übereinstimmung mit der juristisch-ökonomischen Vermittlungslehre zur Vermeidung von Wertungswidersprüchen zwischen Zivilrecht und Strafrecht durch Einbeziehung normativer Wertungen[233]. Typisch dafür ist der in der Sache durch das Gesetz zur Regelung der Rechtsverhältnisse der Prostituierten (ProstG vom 20.12.2001, BGBl I 3983)[234] zwar überholte, methodisch aber beispielhaft bleibende Beschluss des BGH im *Dirnenlohnfall*[235], wonach keinen Betrug beging, wer eine **Prostituierte** um den vereinbarten Lohn prellte.

534

In der Begründung dieser Entscheidung wurde die seinerzeit herrschende und erst durch die Entscheidung des VG Berlin NJW 01, 983 ins Wanken geratene Ansicht zugrunde gelegt, dass die zwischen Prostituierten und ihren Kunden geschlossenen Vereinbarungen sittenwidrig und damit zivilrechtlich unwirksam seien (s. dazu jetzt § 1 ProstG)[236]. Hier heißt es: „Zwar kann auch die Möglichkeit, die eigene Arbeitskraft zur Erbringung von Dienstleistungen zur Verfügung zu stellen, zum Vermögen im Sinne des § 263 StGB gehören, wenn solche Leistungen üblicherweise nur gegen Entgelt erbracht werden. Das gilt aber nicht für Leistungen, die verbotenen oder unsittlichen Zwecken dienen. Das Strafrecht würde sich in Widerspruch zur übrigen Rechtsordnung setzen, wenn es im Rahmen des Betrugstatbestandes nichtigen Ansprüchen Schutz gewährte, die aus verbotenen oder unsittlichen Rechtsgeschäften hergeleitet werden. Die Prostitution verstößt auch nach heutiger Auffassung regelmäßig gegen die guten Sitten (BGHZ 67, 119, 122 ff). Die Aussicht der Prostituierten, durch sexuelle Leistungen den versprochenen oder üblichen Lohn zu erhalten, gehört deshalb **nicht** zum **strafrechtlich geschützten Vermögen**. Geschützt bleibt, was die Prostituierte als Entgelt erlangt hat. Zu weitergehender Pönalisierung besteht kein Anlass. Für die Gegenmeinung spricht auch nicht, dass die Einkünfte der Prostituierten einkommensteuerpflichtig sind. Für die Besteuerung ist es unerheblich, ob ein Verhalten, das den Tatbestand eines Steuergesetzes erfüllt, gegen ein gesetzliches Verbot oder gegen die guten Sitten verstößt (§ 40 AO 1977)." Nach diesen Grundsätzen gehörte auch der „Anspruch" **Telefonsex** anbietender Personen auf das vereinbarte Entgelt nicht zum durch Betrug geschützten Vermögen[237]. Wer, wie von vornherein beabsichtigt, das Entgelt nicht entrichtete, beging infolgedessen keinen vollendeten und – entgegen LG Mannheim NJW 95, 3398 – auch keinen versuchten Betrug. Vielmehr kam bei entsprechender Vorstellung nur ein strafloses Wahndelikt in Betracht[238] (s. zur jetzigen Rechtslage Rn 567).

---

231 A/W-*Heinrich*, § 20 Rn 15 f, 91; LK-*Tiedemann*, § 263 Rn 132.
232 S. BGHSt 34, 199, 203; 38, 186, 190, 196 mit krit. Bespr. *Ranft*, wistra 94, 41; BGHSt 57, 113 ff; BGH JR 03, 162 mit zust. Anm. *Engländer*; OLG Düsseldorf NJW 88, 922; 94, 3367; wistra 95, 276, 277; OLG Celle StV 96, 155; KG NJW 01, 86.
233 HK-GS/*Duttge*, § 263 Rn 39; krit. dazu *Krey*, BT II, 12. Aufl., Rn 433 ff; M/R-*Saliger*, § 263 Rn 150.
234 S. dazu *Heger*, StV 03, 350, 355; *Hilgendorf*, Kühne-FS S. 91 ff; *Rautenberg*, NJW 02, 650; *v. Galen*, Rechtsfragen der Prostitution 2004, Rn 314 ff, 394 ff; *Trede*, Auswirkungen des ProstG auf das Straf- und Ordnungswidrigkeitenrecht 2006, S. 238 ff; *Ziethen*, NStZ 03, 184. Die durch das am 1.7.2017 in Kraft getretene **Prostituiertenschutzgesetz – ProstSchG** vom 21.10.2016 (BGBl I 2372) getroffenen Regelungen berühren einschließlich der Neufassung des § 3 ProstG die hier dargestellte Veränderung der Problematik nicht.
235 BGH JR 88, 125 mit Anm. *Tenckhoff*, 126; *Barton*, StV 87, 485 und Bespr. von *Bergmann/Freund*, JR 88, 189; s. auch BGHSt 26, 346, 347 f; 31, 178.
236 Zum Verhältnis zu § 138 BGB s. BGH NStZ 15, 700.
237 OLG Hamm NJW 90, 342 mit Anm. *Wöhrmann*.
238 S. *Abrahams/Schwarz*, Jura 97, 355; *Behm*, NStZ 96, 317; *Scheffler*, JuS 96, 1070.

535 Erwerbsaussichten und andere Positionen, die **nicht unter dem Schutz der Rechtsordnung** stehen, gehören danach nicht zum strafrechtlich geschützten Vermögen[239]. Insoweit nimmt das Vermögen auch am Wandel der Rechtsordnung teil. Diese **Korrektur** des wirtschaftlichen Vermögensbegriffs erscheint zwar **unabweisbar**, weil eine rein wirtschaftliche Betrachtungsweise dort in einen unannehmbaren Widerspruch zur Gesamtrechtsordnung führt, wo sie nicht unter dem Schutz dieser Ordnung stehende vermögenswerte Positionen einbezieht. Sie birgt aber die Gefahr, den Betrüger zu ermutigen, „seine Opfer in den Kreisen der sittlich schwachen Personen zu suchen"[240], die Befriedungsfunktion des Strafrechts in einem von seinen Schranken befreiten Bereich aufzugeben und dadurch ohne legitimierenden Sinn Freiräume für wirtschaftliche Schädigungen zu eröffnen[241]. In der *Verwirkung* des Vermögensschutzes durch missbilligenswertes Opferverhalten eine Rechtfertigung hierfür zu suchen, verbietet sich deshalb, weil dieser Gedanke dem Strafrecht fremd und das Unrecht ersichtlich auf beide Seiten verteilt ist[242]. Man wird daher die **juristische Einschränkung** des wirtschaftlichen Vermögensbegriffes auf die wenigen Fälle **beschränken** müssen, in denen die Gesamtrechtsordnung, die freilich nicht auf das im *Grundgesetz* verkörperte Wertesystem reduzierbar ist[243], die fragliche Vermögensposition **eindeutig missbilligt**. Bestandteile des strafrechtlich geschützten Vermögens sind demgemäß alle Güter und Positionen, denen ein **wirtschaftlicher Wert** beizumessen ist und die **mangels ausdrücklicher rechtlicher Missbilligung** unter dem **Schutz der Rechtsordnung stehen** (= wirtschaftlicher Vermögensbegriff mit *normativer* Schranke)[244]. **Dazu zählen beispielsweise** dingliche und obligatorische **Rechte** unter Einschluss auch klagloser[245], nicht aber nach §§ 134, 138 BGB nichtiger Forderungen, **Anwartschaften**[246] sowie tatsächliche **Erwerbsaussichten**, soweit sie hinreichend konkretisiert sind[247], auf einer rechtlich legitimen Grundlage basieren[248] und daher dem Inhaber die störungsfreie Entwicklung zum Vollwert ermöglichen. Unter diesen Voraussetzungen ist von einer **vermögenswerten Exspektanz** zu sprechen, deren täuschungsbedingte Beeinträchtigung nicht die bloße und für den Betrug unzureichende Vereitelung einer Vermögensmehrung, sondern den schadenbegründenden

---

239 Ebenso OLG Hamm NJW 89, 2551.
240 RGSt 44, 230, 249.
241 S. *Hillenkamp*, Vorsatztat und Opferverhalten 1981, S. 108 ff, 204 f; *Krey*, BT II, 12. Aufl., Rn 435.
242 Ebenso *Bockelmann*, JZ 52, 464; LK-*Lackner*, 10. Aufl., § 263 Rn 242.
243 AA *Zieschang*, Hirsch-FS S. 831.
244 AnK-*Gaede*, § 263 Rn 68; *Beulke*, II Rn 179 f; *Hilgendorf/Valerius*, BT II § 7 Rn 71 f; LK-*Tiedemann*, § 263 Rn 132; NK-WSS-*Heger/Petzsche*, § 263 Rn 91; *Schramm*, BT I § 7 Rn 102; Spickhoff-*Schuhr*, § 263 Rn 28; S/S-*Perron*, § 263 Rn 82 f; S/S/W-*Satzger*, § 263 Rn 152; in der Sache auch *Eisele*, BT II Rn 606 ff; *Rengier*, BT I § 13 Rn 119 ff; *Satzger*, Jura 09, 519. M/R-*Saliger*, § 263 Rn 158 bezeichnet die – inhaltlich übereinstimmende – Position als „wirtschaftlicher Vermögensbegriff mit normativer Anpassung"; vgl auch BGHSt 16, 220, 221; 34, 199, 203; BGH NStZ 86, 455; JR 88, 125.
245 RGSt 40, 21, 29 f; 68, 379.
246 BGH JR 78, 298; BGHSt 31, 178, 179.
247 BGH NStZ 12, 272 f; BGH NStZ 18, 213 mit Anm. *Schilling* (Erwerbs- und Gewinnaussichten bei einer Gaststätte). Zu diese Voraussetzung zu Lebzeiten des Erblassers idR nicht erfüllenden **Erb**aussichten s. OLG Stuttgart NJW 99, 1564 mit Anm. *Thomas*, NStZ 99, 622; *Eisele*, Weber-FS S. 271, 278 ff; zur Testaments- und **Erbfallerschleichung** s. *Schroeder*, NStZ 1997, 575 ff; *Hoyer*, Schroeder-FS S. 497 ff; Falllösung bei *Putzke*, Jura 17, 344 ff.
248 NK-*Kindhäuser*, § 263 Rn 241 ff; BGHSt 17, 147, 148; 34, 379, 390 f; BayObLG NJW 94, 208 mit Bespr. *Hilgendorf*, JuS 94, 468 f; OLG Düsseldorf JR 94, 522 mit Anm. *Ranft*, 523.

Verlust einer bereits zum Vermögensbestandteil erstarkten Gewinnchance bedeuten kann[249]. Ferner gehört die Möglichkeit zum Vermögen, die eigene **Arbeitskraft** zur Erbringung von Dienstleistungen einzusetzen, wenn diese üblicherweise nur gegen Entgelt erbracht[250] und nicht zu verbotenen oder sittenwidrigen Zwecken verlangt werden[251]. Richtigerweise wird man heute dazu auch die Dienstleistungen einer **Prostituierten** zählen müssen[252]. Schließlich ist der redlich, aber auch der widerrechtlich, also zB durch Diebstahl erlangte **Besitz** an Sachen geschützt[253]. Eine Vermögensposition, deren Bestand als solcher verboten ist, wie der Besitz von Kinderpornografie, der nach dem BtMG **strafbare** Besitz von Betäubungsmitteln etc., kann richtigerweise nicht zugleich mittels Strafrecht geschützt werden.[254] Vom Unrecht des Betrugs bliebe nur die Lüge als solche, die aber gerade nicht ausreicht. Der Verlust der Vermögensposition enthält kein Unrecht, sondern ist rechtlich verlangt. Der Erwerb der Vermögensposition durch den Täter ist Unrecht, wird vom (objektiven) Tatbestand des § 263 aber gar nicht erfasst, sondern aus anderen Vorschriften gesondert bestraft. Voraussetzung ist dabei freilich, dass die rechtliche Missbilligung für und gegenüber jedermann gilt[255]. Nach der höchstrichterlichen Rechtsprechung ist § 89c eine solche Wertung nicht zu entnehmen, sodass auch das Vermögen einer *Terrororganisation* geschützt ist[256].

Nach §§ 858, 859 BGB genießt auch der unrechtmäßige Besitzer Schutz gegen verbotene Eigenmacht. Darf man ihn also nicht bestehlen, berauben oder erpressen, so kann für den Betrug nichts anderes gelten[257]. Dient der Einsatz betrügerischer Mittel ihm gegenüber allerdings nur

536

---

249 S. *Hefendehl*, in: Schünemann, Strafrechtssystem und Betrug 2002, S. 135, 230 f, 237 ff; *Lackner/Kühl*, § 263 Rn 34; LPK-*Schünemann*, § 266 Rn 215; MK-*Hefendehl*, § 263 Rn 430 ff; M/R-*Saliger*, § 263 Rn 163 ff; hierzu beim sog. Rabattbetrug BGH NStZ 04, 557 f; KG wistra 05, 37, 38; OLG Stuttgart NStZ-RR 07, 347, 348.
250 BGH NJW 01, 981.
251 BGH JR 88, 125; BGH NStZ 01, 534; LK-*Tiedemann*, § 263 Rn 138; krit. *Fischer*, § 263 Rn 108 f; *Krey/Hellmann/Heinrich*, BT II Rn 619; s. auch *Heinrich*, GA 1997, 32.
252 Nicht erwogen von BGH NStZ 11, 278; zutr. dagegen *Eckstein*, JZ 12, 103 f; *Hecker*, JuS 11, 945; M/R-*Saliger*, § 263 Rn 170; *ders.*, E/R/S/T, § 263 Rn 141; BGH NStZ 13, 710 beschränkt den Schutz im Anschluss an *Zimmermann*, NStZ 12, 211 auf einvernehmliche (abredegemäße) sexuelle Handlungen, s. dazu Rn 716 (**Rechtsprechungsbeispiel**) und – abl. – *Hecker*, Kühne-FS S. 81 ff; s. zum Streit auch *Küper/Zopfs*, BT Rn 631.
253 BGHSt 14, 386, 388; BGH JR 88, 125; BGH NStZ 08, 627 mit abl. Anm. *Kindhäuser*, StV 09, 355; BayObLG NJW 87, 1654; A/W-*Heinrich*, § 20 Rn 115a; *Jäger*, BT Rn 357; LK-*Tiedemann*, § 263 Rn 140; M/R-*Saliger*, § 263 Rn 172; *Rengier*, BT I § 13 Rn 141; S/S/W-*Satzger*, § 263 Rn 168; *Tenckhoff*, Anm. JR 88, 126; anders zum deliktisch erlangten Besitz *Eisele*, BT II Rn 608; G/J/W-*Dannecker*, § 263 Rn 83; *Maurach/Schroeder/Maiwald*, BT I § 41 Rn 99; S/S-*Perron*, § 263 Rn 95; *Zieschang*, Hirsch-FS S. 837; diff. SK-*Hoyer*, § 263 Rn 125; zum Streitstand s. auch *Hillenkamp*, Achenbach-FS S. 189 ff; *Küper/Zopfs*, BT Rn 632; Falllösung bei *Ladiges*, JuS 14, 1097 f.
254 *Hillenkamp*, Achenbach-FS S. 189, 204 f; zust. *Hoyer*, Fischer-FS S. 361 ff; *Lackner/Kühl*, § 263 Rn 34; *Puppe*, Fischer-FS S. 463 ff; *Zimmermann*, GA 17, 549; offengelassen in BGHSt 48, 322, 326; BGH StraFo 13, 480; nicht problematisiert in BGH JR 15, 206 f (iR des § 253) mit Anm. *Ernst*. S. dazu auch BGH NStZ 15, 572 mit Anm. *Oğlakcıoğlu*; *Jäger*, JA 15, 874; *Kudlich*, NJW 15, 2901; *Fischer*, § 263 Rn 102 mwN; aA *Bock*, BT II S. 343; *Drenkhahn*, Jura 11, 65 f in einer Falllösung; *Wolters*, Samson-FS S. 495, 497, 512; zu Fällen strafbaren Besitzes s. *Ambos*, Yamanaka-FS S. 233 ff.
255 Geschützt bleibt danach ein im Strafvollzug widerrechtlich besessenes Handy, s. dazu OLG Bamberg NStZ 16, 243.
256 BGH StV 19, 85, 87 mit krit. Anm. *Wachter*; *Bechtel*, Jura 19, 63, 69 f; *Ebner*, ZWH 18, 296 ff; *Jahn*, JuS 18, 721.
257 S. zum Streit auch innerhalb der juristisch-ökonomischen Vermittlungslehre *Küper/Zopfs*, BT Rn 632.

dem Ziel, dem **Sacheigentümer** den ihm gebührenden Besitz zurückzuverschaffen, so fehlt es an der Rechtswidrigkeit des vom Täter erstrebten Vermögensvorteils und damit an einer Strafbarkeitsvoraussetzung des § 263 (s. dazu Rn 585 ff). Auszunehmen ist zudem der illegale, weil *strafrechtlich verbotene* Besitz, weil er eine *eindeutige Missbilligung* durch die Rechtsordnung erfährt[258].

Rechtsprechungsbeispiel: Dem Beschluss des 2. Strafsenats **BGH NStZ 16, 596** (mit krit. Anm. *Krell*; *Bosch*, Jura (JK) 16, 1338; *Jäger*, JA 16, 790; *ders.*, BT Rn 377b; *Jahn*, JuS 16, 848) liegt ein Fall zugrunde, in dem die Angeklagten D, S und B in die Wohnung des späteren Nebenklägers N, eines Drogendealers, eindrangen. Sie forderten N auf, „Dope" bzw. „das Zeug" herauszugeben, worunter sie Heroin verstanden. N gab schließlich „drei Plomben Heroin" heraus, nachdem die drei ihn am Kragen gepackt, ihm Schläge versetzt, einen spitzen Gegenstand vor das Gesicht gehalten und an der Flucht gehindert hatten. – Der Senat nimmt die Verurteilung der drei wegen besonders schwerer Erpressung zum Anlass, bei den übrigen Senaten anzufragen, ob sie an der bisherigen Rspr. des BGH festhalten wollen, nach der „dem Vermögen im Sinne der §§ 253, 263 auch der unerlaubte Besitz von Betäubungsmitteln zuzurechnen" ist, „weil der strafrechtliche Vermögensbegriff wirtschaftlich" zu bestimmen sei. Der Senat selbst will an dieser Rspr. nicht mehr festhalten, weil es „kein strafrechtlich geschütztes Vermögen außerhalb des Rechts [...] oder sogar im Widerspruch dazu" geben könne. Das entspricht angesichts der ausdrücklichen Missbilligung jedenfalls strafbaren Besitzes durch das Recht der hier vorstehend zum verbotenen Besitz von Betäubungsmitteln schon länger vertretenen Auffassung einschließlich der vom Senat nahegelegten Konsequenz, in solchen Fällen auch den Schutz durch die §§ 242, 249 zu versagen (s. dazu oben Rn 73, 282 und *Hillenkamp*, Achenbach-FS S. 189, 204 f; beidem zust. *Bechtel*, JR 17, 197; *Ladiges*, wistra 16, 479). Der 1. Senat (BGH NStZ-RR 17, 112), 3. Senat (BGH NStZ-RR 17, 244 ff), 4. Senat (BGH NStZ-RR 17, 44) und der 5. Senat (BGH NStZ-RR 17, 110) haben die Anfrage allerdings abschlägig beschieden. Nachdem der 2. Senat in einer anderen Sitzgruppe (BGH NStZ-RR 17, 111) an der bisherigen Rspr. festgehalten hat, hat der 2. Senat in der anfragenden Sitzgruppe unter zwischenzeitlicher Veränderung der Personenstruktur nach der Antwort der anderen Senate nunmehr erklärt, dass er ebenfalls an der bisherigen Rspr. festhält und von einer Vorlage an den Großen Senat für Strafsachen absieht (BGH NStZ 18, 104 f; in gleichgelagerten Verfahren: BGH wistra 18, 41; BGH NStZ-RR 18, 16).

537 Der staatliche Anspruch auf Zahlung einer Geldstrafe gehört wegen der **besonderen Natur der Geldstrafe** als Sanktionsmittel des Strafrechts nicht zu dem durch § 263 geschützten Vermögen des Staates[259]. Sinn der Geldstrafe ist es nicht, die staatlichen Kassen zu füllen, auch wenn den daraus fließenden Einnahmen im Staatshaushalt wirtschaftliche Bedeutung zukommen mag[260]. Zudem entziehen sich die Ansprüche dem Markt (haben als solche keinen Verkehrswert)[261]. Gleiches muss für ein **Verwarnungs-** oder **Bußgeld** nach dem OWiG gelten[262]. Wer sich vor Gericht als Vater eines gegen seinen gleichnamigen Sohn geführten Bußgeldverfahrens als Betroffener ausgibt und dadurch einen Freispruch bewirkt, begeht keinen Betrug[263]. Wer einen Parkschein manipuliert, um die Dienstkräfte der Verkehrsüberwachung von der

---

258 *Hillenkamp*, Achenbach-FS S. 204 f; zust. *Eisele*, BT II Rn 609.
259 AA *Otto*, BT § 51 Rn 83, der Straflosigkeit aber aus § 258 V herleiten will; *Fahl*, NStZ 17, 65 ff; wie hier M/R-*Saliger*, § 263 Rn 179; *Rengier*, BT I § 13 Rn 127; näher dazu *Jänicke*, Gerichtliche Entscheidungen als Vermögensverfügung 2001, S. 363 ff, 418, 433 f; BGHSt 38, 345, 351 f; OLG Karlsruhe NStZ 90, 282; BayObLG JR 91, 433 mit Anm. *Graul*; BGH NJW 98, 1568, 1576.
260 S. dazu *Hillenkamp*, Lackner-FS S. 455.
261 *Kudlich*, PdW BT I S. 86.
262 *Jänicke*, Gerichtliche Entscheidungen als Vermögensverfügung 2001, S. 440 ff; BGH wistra 07, 258 (Beschränkung des Betrugs daher auf die Gebühr); aA *Fahl*, NStZ 17, 65 ff; *Mitsch*, NZV 16, 565.
263 AG Aachen wistra 12, 322; bezüglich der Gebühren fehlen idR Vorsatz und Bereicherungsabsicht.

Festsetzung eines Verwarnungs- oder Bußgeldes abzuhalten, bewirkt damit keine Vermögensverfügung[264]. Staatliche *Gebühren* und Kosten sind zwar grds. erfasst[265], da die Nacherhebung der *Benutzungsgebühr* jedoch nicht durch dieselben Dienstkräfte betrieben wird, soll es insoweit bezüglich des im Fall nur versuchten Betrugs an Vorsatz und Stoffgleichheit fehlen.

b) Vermögensschaden

Der Vermögensschaden im Rahmen des § 263 ist – unter Berücksichtigung der auch für § 263 gültigen, den Gesetzesanwender auf eine **vorrangig wirtschaftliche** Betrachtungsweise festlegenden Vorgaben des Bundesverfassungsgerichts[266] – anhand eines **objektiv individualisierenden Beurteilungsmaßstabes**[267] nach dem **Prinzip der Gesamtsaldierung** unter Berücksichtigung einer etwaigen unmittelbaren **Schadenskompensation** festzustellen: Durch einen Vergleich zwischen dem Vermögensstand unmittelbar *vor* und (unmittelbar)[268] *nach* der Vermögensverfügung ist zu ermitteln, ob eine **nachteilige Vermögensdifferenz** eingetreten ist, ohne dass diese Einbuße durch ein **unmittelbar** aus der Vermögensverfügung fließendes **Äquivalent**, das auch im Erlöschen einer Zahlungspflicht liegen kann[269], **wirtschaftlich voll ausgeglichen** wird. Bei einem Sozialleistungsbetrug ist genau zu prüfen, ob die ausgezahlten Sozialbeträge höher sind als die Beträge, auf die ein Anspruch besteht[270]. Spätere Entwicklungen wie eine Schadensvertiefung oder ein Schadensausgleich berühren den Schaden nicht mehr[271]. Sie sind nur noch für die Strafzumessung von Bedeutung[272]. Bei der Bestimmung des Wertes eines Vermögensbestandteils kann ggf. von dessen Verkehrs- oder Marktwert oder – namentlich bei einer nur von einem Einzelnen nachgefragten Leistung – von dem von den Parteien unter Berücksichtigung der von ihnen für maßgeblich erachteten Faktoren vereinbarten Preis ausgegangen werden[273]. Ein

538

---

264 OLG Köln NJW 02, 527; s. dazu *Hecker*, JuS 02, 224; *Mitsch*, NZV 12, 156 f.
265 *Fischer*, § 263 Rn 99; MK-*Hefendehl*, § 263 Rn 500; NK-*Kindhäuser*, § 263 Rn 246.
266 Zur **Auswirkung** von BVerfGE 126, 170 (s. hier Rn 778) auf den Schadensbegriff im Betrug s. *Saliger*, Imme Roxin-FS S. 307 ff; BGH JR 12, 79, 80 mit Anm. *Becker*; BGH wistra 11, 387; BGH StV 11, 733 f; BGH BeckRS 12, 10850 mit Anm. *Scheinfeld*, NZWiSt 14, 180 sowie nun **unmittelbar** zu § 263 StGB BVerfG wistra 12, 102 mit Bespr. *Bosch*, JK 7/12, StGB § 263/97; *Jahn*, JuS 12, 266; *Kudlich*, JA 12, 230; BGH NStZ 16, 285 mit Anm. *Krehl*, NStZ 16, 346. Zusf. *Graf*, Das Vermögensstrafrecht vor den Schranken des Verfassungsrechts, 2016; M/R-*Saliger*, § 263 Rn 183 ff; *Rostalski*, HRRS 16, 73 ff.
267 S. *Becker/Rönnau*, JuS 17, 975 ff.
268 Zur (Miss-)Deutung des Unmittelbarkeitskriteriums s. *Küper*, JZ 09, 801.
269 BGH NStZ-RR 16, 13.
270 S. dazu näher BGH NStZ 16, 412 mit Anm. *Hoven*.
271 Hierzu im Hinblick auf den **Abgasskandal** *Isfen*, JA 16, 1, 4; *Brand/Hotz*, NZG 17, 978 f, eine zivilrechtliche Übersicht gibt *Sievers*, DAR 2016, 543 ff; 2017, 538 ff.
272 Zusf. BGHSt 60, 1, 9 ff mit Anm. *H. Albrecht*, JZ 15, 841; *C. Dannecker*, NZWiSt 15, 173; *Kudlich*, ZWH 15, 14; *Schlösser*, StV 16, 25; S/S-*Perron*, § 263 Rn 120, 141; BGH NStZ 18, 538 mit Anm. *Krug*, FD-StrafR 18, 402885; BGH NStZ 16, 409 mit Anm. *Becker*; BGH NStZ 16, 674; BGH NStZ-RR 16, 341, 343 f speziell zum Eingehungsbetrug. S. ferner BGHSt 16, 220, 221; 321, 325; 22, 88, 89; 23, 300, 302; 34, 199, 203; BGH wistra 99, 263, 265; BGHSt 53, 199, 201 f (mit Bespr. *Bosch*, JA 09, 548) unter Verweis auf BGHSt 30, 388, 389 f; missverständlich ist daher die Rede von einem „endgültigen Schaden" im amtlichen Leitsatz 2; zu Recht krit. insoweit *Ransiek/Reichling*, ZIS 09, 315, 316 f; s. auch die krit. Bespr. von *Küper*, JZ 09, 800; zur Bedeutung des „Endschadens" für die Strafzumessung in Fällen schadensgleicher Vermögensgefährdung (Rn 572) s. *Schlösser*, StV 08, 548.
273 BGHSt 61, 149, 156 f mit Anm. *Bosch*, Jura (JK) 16, 263; *v. Galen*, NJW 16, 2438; *Raum*, Fischer-FS S. 479, 485 ff; krit. Überblick zur Bedeutung der „intersubjektiven Wertsetzung" bei *C. Dannecker*, NStZ 16, 318; einschr. *Krehl*, NStZ 16, 347 f; ausdehnend *Bittmann*, Joecks-GS S. 203, 210 ff. Zu **Produktplagiaten** und Schwarzmarktpreisen, s. *Wagner*, wistra 17, 467 ff.

Schaden liegt hiernach ohne Weiteres vor, wenn durch die Verfügung ein zum geschützten Vermögen gehöriger und einen messbaren Substanzwert aufweisender[274] Bestandteil entzogen oder das Vermögen mit einer Verbindlichkeit belastet, ein Gegenwert in das Vermögen aber nicht eingebracht wird. Erlangt der Betroffene dagegen einen Gegenwert, ist von einem **Vermögensschaden** nur dort zu sprechen, wo die Einbuße größer ist als der zugeflossene Wert[275], das Opfer also im Ergebnis **ärmer** geworden ist. In wirtschaftlichen Zusammenhängen verlangen BVerfG und BGH grundsätzlich eine Bewertung nach **bilanzrechtlichen Maßstäben**[276], die freilich ihrerseits vielfältig sind. Vor allem aber folgen sie dem Prinzip kaufmännischer Vorsicht, das Schadenssummen tendenziell vergrößert und so dem Grundsatz *in dubio pro reo* zuwider läuft; im Strafverfahren muss insoweit korrigiert werden und eine neutrale Bewertung erfolgen[277]. Dass sich das Opfer auf Grund der Täuschung nur geschädigt *fühlt*, reicht ebenso wenig aus wie die Feststellung, das Opfer habe in Folge des Irrtums eine Verfügung getroffen, die es bei Kenntnis der tatsächlichen Umstände nicht vorgenommen hätte, da sonst der Betrug als Vermögensschädigungsdelikt zum Vergehen gegen die Wahrheit im Geschäftsverkehr und die Dispositionsfreiheit (s. Rn 485) umfunktioniert würde[278].

5. Schadensberechnung

a) Eingehungs- und Erfüllungsbetrug

539 Bei vertraglichen Austauschgeschäften ist zunächst zwischen einem **Eingehungs-** und einem **Erfüllungsbetrug** zu unterscheiden[279].

Bei einem sog. **Eingehungsbetrug** (= Täuschung bei Vertragsschluss), auf den namentlich dann abzustellen ist, wenn es zum tatsächlichen Leistungsaustausch oder wenigstens zur Leistung des Getäuschten nicht kommt[280] oder der spätere Austausch den Betrugstatbestand nicht

---

274 Worunter zB ein Reisepass oder Ausweis nicht fällt, s. BGH NStZ 09, 694; *Fischer*, § 263 Rn 97.
275 *Lackner/Kühl*, § 263 Rn 36; LK-*Tiedemann*, § 263 Rn 159; M/R-*Saliger*, § 263 Rn 194 ff; s. zur im Ausgang objektiven Schadensberechnung *Satzger*, Jura 09, 521 f; *Eisele*/Bechtel, JuS 18, 97 f. Bspw. zur objektiven Schadensberechnung bei einem Aktienkauf BGH wistra 19, 153 f.
276 S. nur BVerfGE 126, 170, 207 (Rn 103), 212 (Rn 114), 216 (Rn 123), 224 ff (Rn 141 ff), 230 (Rn 151); sowie bereits BGH NStZ 10, 329 f; krit. *Blassl*, wistra 16, 425 ff; *Ginou*, NZWiSt 17, 138 ff. Eingehend zur Bedeutung der **Bilanzierung** s. *Wostry*, Schadensbezifferung und bilanzielle Berechnung des Vermögensschadens bei dem Tatbestand des Betrugs, 2016.
277 BGHSt 58, 102 (Rn 41). Auch dem BVerfG geht es nur um den methodischen Mindeststandard zum Schutz des Beschuldigten. Vert. *Kempf*, Volk-FS S. 231, 240 f; *Becker* HRRS 09, 334, 338 f; *Hefendehl*, Vermögensgefährdung und Expektanzen 1994, 178 ff.
278 BGH NStZ-RR 01, 41, 42; BGHSt 51, 10, 15; OLG Düsseldorf StV 11, 734; *Wittig*, § 14 Rn 98; s. hierzu im Zusammenhang mit einem „Rabattbetrug" OLG Stuttgart StV 07, 132 f; NStZ-RR 07, 347 f (s. auch Rn 544); zusf. Fischer-*Waßmer*, S. 175 f.
279 S. A/W-*Heinrich*, § 20 Rn 94 f; G/J/W-*Dannecker*, § 263 Rn 96 ff; *Hilgendorf/Valerius*, BT II § 7 Rn 87 ff, 101 ff; *Lackner/Kühl*, § 263 Rn 53; MK-*Hefendehl*, § 263 Rn 632 ff; *Rengier*, § 13 Rn 171 ff, 183 ff; *Satzger*, Jura 09, 526 ff; S/S/W-*Satzger*, § 263 Rn 256 ff; *Wittig*, § 14 Rn 117 ff; *Zöller*, BT Rn 181 ff. Zur Verfassungsmäßigkeit der Figur des Eingehungsbetrugs s. BVerfG wistra 12, 102 und hier Rn 572. Falllösung bei *Konhäuser/Lindemann*, JuS 11, 804 ff.
280 S. zur grundsätzlichen **Subsidiarität** des Eingehungs- gegenüber dem Erfüllungsbetrug *Küper/Zopfs*, BT Rn 654; LK-*Tiedemann*, § 263 Rn 274; *Müller-Christmann*, JuS 88, 112; diff. *K. Klein*, Das Verhältnis von Eingehungs- und Erfüllungsbetrug 2003, S. 162 ff, 262 ff; für die Schadensfeststellung stellt auch der BGH (JR 12, 80; BeckRS 13, 01251 Rn 38; NJW 13, 885) beim *unechten Erfüllungsbetrug* „allein auf die Erfüllungsphase" ab.

mehr verwirklicht[281], sind die **beiderseitigen Vertragsverpflichtungen** miteinander zu vergleichen[282]. Ein **Vermögensschaden** und damit ein bereits mit dem Vertragsabschluss *vollendeter* Betrug[283] liegt hier nur dann vor, wenn der Anspruch, den der Getäuschte erlangt hat, in seinem wirtschaftlichen Wert hinter der von ihm übernommenen Verpflichtung zurückbleibt[284]. Zu beurteilen ist das nach **objektiven Wertmaßstäben** unter Einbeziehung der **persönlichen Bedürfnisse und individuellen Verhältnisse** des Betroffenen (= sog. *„persönlicher Einschlag"*). Maßgebend für die Bejahung eines Schadens ist jedoch nicht dessen subjektive Einschätzung, sondern das **vernünftige Urteil eines objektiven Betrachters**[285]. Danach ist von einem Eingehungsschaden idR zu sprechen, wenn das Versprochene gegenüber der vom Getäuschten geschuldeten Leistung (beachte dazu § 433 I 2 BGB) minderwertig oder der Versprechende leistungsunfähig oder leistungsunwillig ist[286]. Ein Schaden kann auch angenommen werden, wenn ein Gläubiger durch Täuschung veranlasst wird, eine ihm zustehende Forderung nicht oder nicht alsbald einzufordern und dadurch die Realisierbarkeit des Anspruchs reduziert bzw. konkret gefährdet wird (zur Verfügung bereits Rn 518)[287]. Da es im Stadium des Eingehungsbetrugs zu einem Leistungsaustausch noch nicht gekommen ist, wird es an einer die Betrugs*vollendung* bewirkenden *schadensgleichen Vermögensgefährdung* (s. dazu Rn 572), um die es in den Fällen des Eingehungsbetrugs geht[288], dagegen fehlen, wenn und solange sich der Getäuschte durch die Zug-um-Zug-Einrede[289] oder sonstige rechtlich institutionalisierte Schadensverhinderungsmöglichkeiten[290] vor der effektiven Vermögenseinbuße noch zu schützen vermag. Das gilt bei etwaigen Widerrufsrechten nach §§ 312 ff, 355 ff BGB, aber auch bei anderen Möglichkeiten der Lösung von der eingegangenen Verpflichtung allerdings idR nur dann, wenn der in seinem Vermögen Gefährdete diese Rechte kennt und ihrer Ausübung keine erheblichen Hindernisse entgegenstehen[291]. Daran kann es zB einem betrügerisch erzielten Haftungsausschluss nach § 444 BGB fehlen[292].

Beim **Anstellungsbetrug** (Rn 580), einem Unterfall des Eingehungsbetrugs, kommt es nach der Rechtsprechung ausschließlich auf den Eingehungsschaden an, weil die Erfüllung der Zahlungsverpflichtung durch den Getäuschten auch bei Aufrechterhaltung der ursprünglichen Täu-   **540**

---

281 BGHSt 22, 38 f.
282 BGH NJW 16, 3543, 3544.
283 Zu Einwänden gegen die Vollendungsstrafbarkeit s. *K. Klein*, Das Verhältnis von Eingehungs- und Erfüllungsbetrug 2003, S. 115 ff; LK-*Tiedemann*, § 263 Rn 175.
284 BGHSt 51, 165, 174 f, 177; 54, 69, 122; 58, 205, 208, 210 mit Bespr. *Albrecht*, NStZ 14, 17; *Bittmann*, wistra 13, 449; *Bosch*, JK 8/2013, § 263/102; *C. Dannecker*, NZWiSt 15, 173; *Kubiciel*, JZ 14, 99; *Krell*, NZWiSt 13, 370; *Sinn*, ZJS 13, 625; BGH NJW 91, 2573; BGH NStZ 04, 557, 558; BGH NStZ 14, 318; BGH NStZ-RR 16, 205, 207.
285 BGHSt 16, 220, 221; 321, 325; 32, 22, 23; 54, 69, 122; BGH NJW 85, 1563; BGH wistra 08, 149, 150; BGH NStZ 14, 318; *Fischer*, § 263 Rn 176a; *Ranft*, Anm. JR 94, 523.
286 S/S-*Perron*, § 263 Rn 128; zur Zahlungsunfähigkeit s. *Schlösser*, wistra 10, 164 ff; zur Zahlungsunwilligkeit als Begründung einer Vermögensgefährdung krit. *Schlösser*, StV 14, 694. Eine eigenständige Ermittlung des Schadens findet sich bei *Wahl*, Die Schadensbestimmung beim Eingehungs- und Erfüllungsbetrug 2007, zsfsd. S. 202 ff.
287 LK-*Tiedemann*, § 263 Rn 229; BGH HRRS 18, 311 Nr 684 (Aufrechnung des Getäuschten mit nicht bestehender Forderung des Täters).
288 *Fischer*, § 263 Rn 176 mit 156 ff; *Küper/Zopfs*, BT Rn 655; *Rengier*, BT I § 13 Rn 184; BGHSt 45, 1, 4 f; 51, 165, 174 ff; BayObLG NJW 99, 663.
289 S. dazu OLG Düsseldorf JR 94, 522 mit Anm. *Ranft*; OLG Bamberg wistra 16, 332; BGH wistra 98, 59, 60; 01, 423, 424; 05, 222, 223; *Eisele*, BT II Rn 584.
290 S. LK-*Tiedemann*, § 263 Rn 176; s. zum Grundstückskauf OLG Stuttgart JR 02, 214 mit Anm. *Erb*.
291 S. *Krey/Hellmann/Heinrich*, BT II Rn 637; *Küper/Zopfs*, BT Rn 636; MK-*Hefendehl*, § 263 Rn 638 ff; zu Stornierungs- und Rücktrittsrechten s. auch Rn 549.
292 Nicht erörtert von OLG München wistra 09, 126.

schung keine neue Verwirklichung des Betrugstatbestandes bedeute[293]. Bei diesem Typus des Eingehungsbetrugs ist nach BGHSt 45, 1, 4 f „der Vermögensstand vor und nach dem Vertragsabschluß durch einen Wertvergleich der vertraglich begründeten gegenseitigen Ansprüche zu ermitteln. Zu vergleichen sind danach die beiderseitigen Vertragsverpflichtungen. Wenn der Wert des Anspruchs auf die Leistung des Täuschenden (hier: die von dem Angeklagten zu erbringende Amtsführung) hinter dem Wert der Verpflichtung zur Gegenleistung des Getäuschten (hier: dem Wert des von der Behörde versprochenen Geldes) zurückbleibt, ist der Getäuschte geschädigt. Da die Vertragspflichten bei Vertragsabschluß – nicht aber die künftig erbrachten Leistungen im Rahmen der Vertragserfüllung – zu vergleichen sind, handelt es sich um einen Gefährdungsschaden, der schadensgleich sein muss, um einen Vermögensschaden zu begründen … Der Vermögensschaden muss hier auf Grund einer ex-ante-Betrachtung ermittelt werden. Bei diesem Wertvergleich kann bei längerer Dauer des Dienstverhältnisses aber auch die spätere tatsächliche Leistung des Verpflichteten als Indiz für die bei Vertragsschluß bestehende Gefährdung herangezogen werden".

541 Gleichfalls um einen Eingehungs-, und nicht um einen Erfüllungsbetrug handelt es sich dann, wenn jemand **Waren** oder **Dienstleistungen unter dem Namen eines Anderen bestellt**, um diesen zu beunruhigen oder zu ärgern und der Andere die Annahme ablehnt[294]. Maßgeblich für den Schaden ist hier nicht, ob das angegriffene Vermögen nach der Abwicklung des Geschäfts (zB dadurch, dass die gelieferte Ware – wie eine Pizza – nicht anderweitig verwertbar ist) geschädigt ist, sondern nur, ob der Vermögensbestand durch den Abschluss des Vertrags selbst eine Einbuße erlitten hat. Das ist hier deshalb so, weil die Anlieferer gegen den vermeintlichen Auftraggeber keinen Anspruch erwerben und die analog §§ 177, 179 BGB gegen den wahren Besteller erwachsenden Ansprüche wegen dessen Anonymität und fehlender Zahlungsbereitschaft wirtschaftlich wertlos sind. Fehlen dürfte es allerdings an der Bereicherungsabsicht, da der erstrebte Ärger nicht die Kehrseite des Schadens und der erworbene Anspruch nicht als Vermögenswert erstrebt ist[295]. Das ist auch gegen einen ohnehin nicht überzeugend konstruierbaren Erfüllungsbetrug einzuwenden[296].

542 Im Falle des sog. **Erfüllungsbetrugs** ist zwischen dem *echten* und dem *unechten* Erfüllungsbetrug zu unterscheiden[297]. Beim *echten* Erfüllungsbetrug entschließt sich der Vertragspartner erst nach Vertragsabschluss, nicht vertragsgemäß zu leisten und hierüber zu täuschen. Dann sind die vertraglich **geschuldete** und die **tatsächlich erbrachte Leistung** miteinander zu vergleichen. Ergibt sich dabei eine **nachteilige Differenz** zulasten des Getäuschten (= er erhält weniger, als ihm zusteht, oder bezahlt mehr, als er von Rechts wegen müsste), liegt ein Vermögensschaden vor. Das gilt selbst dann, wenn die Leistung des Täuschenden an sich ihren Preis wert ist, hinter dem vertraglich Geschuldeten aber zurückbleibt[298]. Die hierzu vor der Modernisierung des Schuldrechts allgemein für erforderlich erachtete Unterscheidung zwischen Gattungs- und Stückschulden beim Kaufvertrag erweist sich durch die Schuldrechtsreform als

---

293 BGHSt 22, 38 f; s. dazu *Fischer*, § 263 Rn 152; *Heghmanns*, Rn 1255 f; HK-GS/*Duttge*, § 263 Rn 58; LK-*Tiedemann*, § 263 Rn 274; M/R-*Saliger*, § 263 Rn 252 ff; Fischer-*Ransiek*, S. 286.
294 Einen Eingehungsbetrug bejahen in diesem heute auch von § 238 I Nr 3 erfassten Fall BayObLG JR 72, 344 und LG Kiel NStZ 08, 219; gegen die Annahme eines Eingehungs- wie eines Erfüllungsbetrugs im „eigentlichen" Sinn mit beachtlichen Gründen *Krack*, Puppe-FS S. 1205, 1207 ff.
295 IE ebenso *Joecks/Jäger*, § 263 Rn 171; *Krack*, Puppe-FS S. 1205, 1210 ff; *Maurach*, JR 72, 346; *Schröder*, JZ 72, 26; S/S-*Perron*, § 263 Rn 167; s. auch hier Rn 583.
296 Für Erfüllungsbetrug *Herzberg*, JuS 72, 185; *Maurach/Schroeder/Maiwald*, BT I § 43 Rn 136; dagegen zu Recht *Blei*, JA 72, 435 (StR 115); Falllösung bei *v. Schenck*, Jura 08, 557 f.
297 S. *Eisele*, BT II Rn 588 ff; G/J/W-*Dannecker*, § 263 Rn 98; *Küper/Zopfs*, BT Rn 657, 661; LK-*Tiedemann*, § 263 Rn 202; *Rengier*, BT I § 13 Rn 171 ff; M/R-*Saliger*, § 263 Rn 242 ff; *Schmidt*, BT II Rn 639 ff.
298 Vgl dazu BGH NStZ 16, 539 mit Anm. *Becker*.

nicht mehr sachgerecht, da hiernach der Käufer auch bei einer Stückschuld einen „originären Anspruch auf Verschaffung einer mangelfreien Sache" (§§ 433 I 2, 434 BGB) hat, „zu dem im Fall einer zugesicherten Eigenschaft ein Anspruch aus der übernommenen Garantie" hinzutritt. Weicht die erbrachte von der geschuldeten Leistung aufgrund eines Sachmangels oder des Fehlens einer zugesicherten Eigenschaft ab, stellt sich folglich bei beiden Schuldarten durch die Annahme der Leistung als Erfüllung ein Vermögensschaden ein[299]. Will man angesichts des weiter bestehenden (Nach)Erfüllungsanspruchs im nur unbewusst-faktischen Verzicht auf die mit diesem Anspruch begründete Expektanz auf die eigentlich geschuldete Leistung noch keine schadensgleiche Gefährdung sehen, wird man den Erfüllungsschaden erst bejahen, wenn der Getäuschte mit seiner Leistung den Vertrag erfüllt[300]. Beim **unechten** Erfüllungsbetrug wird bereits im Rahmen des Verpflichtungsgeschäfts zB darüber getäuscht, eine Hose sei aus „reiner Schurwolle" oder ein Gebrauchtwagen habe nur die halbe Laufleistung[301]. Diese Täuschung und der darauf beruhende Irrtum wirken in der Erfüllungsphase fort. Ist in solchen Fällen die erbrachte Leistung (= die Hose aus Zellwolle, der Gebrauchtwagen mit der doppelten Fahrleistung) den vereinbarten Preis nicht wert, liegt Betrug vor[302]. Entspricht der Preis dagegen dem Marktwert der gelieferten Ware, fehlt es jedenfalls an einem Eingehungsschaden, weil die zu liefernde Sache auch ohne die zugesicherten Merkmale den vereinbarten Preis wert ist und daher ein ausgeglichenes Verpflichtungsgeschäft vorliegt. Dass die Ware den gezahlten Preis wert ist, spricht aber auch gegen einen Erfüllungsschaden. Der Käufer wird hier lediglich um die erhoffte Gewinnerwartung, eine rein schurwollene Hose oder einen weniger gefahrenen Gebrauchtwagen zu einem günstigen Preis zu erhalten, gebracht[303], nicht aber wirtschaftlich ärmer. Der unechte Erfüllungsbetrug ist daher entgegen einer verbreiteten Meinung[304] nicht wie der echte Erfüllungsbetrug, sondern mangels Schadens wie die sogleich in Rn 544 ff besprochenen Fallgruppen zu entscheiden.

Rechtsprechungsbeispiel: Um einen die in Rn 539, 542 dargestellte Problematik abbildenden und die Bedeutung der richtigen Einordnung zeigenden Fall geht es in **BGH wistra 12, 385** (abgewandelter Fall bei *Puschke*, ZJS 13, 285). Hier betrieb A einen Reifen- und Felgenhandel über die Internet-Plattform ebay. Er bot ua Felgen und Reifen zu Komplettpreisen an, bei denen er wahrheitswidrig angab, es handle sich um hochwertige Originalfelgen der Marke Porsche. Tatsächlich ging es um von ihm für durchschnittlich 800 € pro Felgensatz in Italien eingekaufte und mit einem Porsche-Emblem versehene Plagiatsfelgen, die keine Freigabe des Kraftfahrbundesamtes besaßen und in die er (teilweise) selbst eine gefälschte Prüfnummer eingeschlagen hatte. Unter Täuschung seiner Käufer veräußerte er 26 Sätze dieser Felgen. – Das LG hatte einen Schaden der Käufer in Höhe von 1000 € angenommen, weil die „Plagiatsfelgen gegenüber entsprechenden Originalfelgen einen Minderwert von ... 500 €" aufwiesen und der Aufwand für die nötige Zulassung im Straßenverkehr gleichfalls 500 € betrage. Ersichtlich hat das Landgericht bezüglich des ersten Schadenpostens die Schadensberechnung beim echten Erfüllungsbetrug zugrunde gelegt. Da aber die Täuschung über „wertbildende Umstände" (s. dazu *Bosch*, JK 3/13, § 263/100) schon bei Vertragsabschluss erfolgt war und in der Erfüllungsphase

---

299 Zur Anpassung an die Schuldrechtsreform s. *Küper/Zopfs*, BT Rn 658 f; *ders.*, Tiedemann-FS S. 625 f.
300 So *Küper*, Tiedemann-FS S. 632 ff; selbst dann kann nach der Konzeption von *Wahl*, Die Schadensbestimmung beim Eingehungs- und Erfüllungsbetrug 2007, S. 167 ff der Schaden noch fehlen. Jedenfalls bei Unkenntnis der anspruchsbegründenden Tatsachen (s. dazu *Wahl*, S. 141) dürfte aber bereits bei Annahme der Leistung eine hinreichende Vermögensgefährdung bestehen.
301 BGHSt 16, 220, 223 f; BayObLG NJW 87, 2457; s. auch BayObLG NJW 99, 663 mit Anm. *Bosch*, wistra 99, 410 und Bespr. *Rengier*, JuS 00, 644.
302 *Rengier*, BT I § 13 Rn 171 f.
303 LK-*Tiedemann*, § 263 Rn 202; *Tenckhoff*, Lackner-FS S. 686.
304 S/S-*Perron*, § 263 Rn 137; *Otto*, JZ 93, 657; *Schneider*, JZ 96, 916; *Seyfert*, JuS 97, 29; wie hier AnK-*Gaede*, § 263 Rn 106; *Jahn*, JuS 13, 83.

(nur) fortwirkte, geht es um einen *unechten Erfüllungsbetrug* (s. dazu *Jahn*, JuS 13, 83), bei dem der Schaden nach allgemeinen Maßstäben (s. Rn 544 ff) zu bestimmen ist. Das bedeutet einerseits, dass ein Kunde, der beim Kauf über Umstände getäuscht wird, „die den Verkehrswert der Sache maßgeblich mitbestimmen, ... einen Schaden regelmäßig nur dann" erleidet, wenn die Sache objektiv den vereinbarten Preis nicht wert ist. Unerheblich ist demgegenüber (ebenso) regelmäßig, ob die gelieferte Ware von geringerem Wert als die vertraglich vereinbarte" ist. Das gilt – da es nicht um den Schutz der Dispositionsfreiheit geht (s. Rn 544) – selbst dann, wenn sich der Kunde zum Vertragsabschluss (nur) dadurch hat bewegen lassen, dass er von einem bei Vorliegen der zugesicherten Eigenschaft besonders günstigen Geschäft ausgegangen ist. Andererseits ist nach den Maßstäben des individuellen Schadenseinschlags (Rn 550 ff) von Bedeutung, „ob der Getäuschte die gelieferte Sache für den von ihm vertraglich vorausgesetzten Zweck verwenden kann". Die in diesem Zusammenhang vom Landgericht eingestellten „Zulassungskosten" will der BGH allerdings hiernach nur dann als Schaden anerkennen, wenn – wozu es an hinreichenden Feststellungen des Landgerichts fehlte – der Wert der gelieferten Felgensätze nicht entsprechend höher lag als das gezahlte Entgelt (krit. dazu *Jäger*, JA 12, 952). Auf einen Eingehungsbetrug (s. dazu *Bosch* aaO) ist angesichts der hier erfolgten Erfüllung nicht zurückzugreifen. Das ist in BGH BeckRS 13, 01251 klargestellt. Dort geht es um den Fall einer **manipulierten Sportwette** (s. dazu Rn 500, 511, 543), in dem die schon beim Wettabschluss erfolgte Täuschung bei der späteren Gewinnausschüttung fortwirkte, also auch um einen Fall des unechten Erfüllungsbetrugs. Hier heißt es: „Dabei ist für die Schadensfeststellung jedenfalls dann allein auf die Erfüllungsphase abzustellen, wenn – wie hier – der Getäuschte seine Verpflichtung aus dem Vertrag restlos erfüllt hat und der mit dem Vertragsschluss ausgelöste Nachteil deshalb vollständig in dem durch die Vertragserfüllung herbeigeführten Schaden enthalten ist" (BGH JR 12, 79).

Die aktuelle Entscheidung: In dem der Entscheidung **BGH NStZ 18, 713** (mit krit. Anm. *Becker*; zust. Anm. *Eisele*, JuS 18, 917) zugrundeliegenden Fall hat der Angeklagte A mit L einen notariellen Kaufvertrag über ein Grundstück mit einem Haus geschlossen. Bis zur Zahlung des Kaufpreises sollte L Eigentümer bleiben. Zugunsten des A wurde eine Vormerkung eingetragen. Der Kaufpreis betrug – dem Marktwert entsprechend – 185.000 €. A täuschte bei Vertragsschluss konkludent über die Tatsachen seiner Zahlungsfähigkeit und -willigkeit, worüber L auch irrte. L übergab dem A bereits die Schlüssel zu dem Haus auf dem Grundstück und war mit vorzeitigen Umbauarbeiten einverstanden. A zahlte den Kaufpreis nicht, und die Vormerkung wurde gelöscht. L verkaufte nunmehr das Grundstück zu einem Kaufpreis von 167.000 € unter Marktwert, da die Umbaumaßnahmen noch nicht abgeschlossen waren und das Haus stellenweise „Baustellencharakter" hatte. Zwei Vermögensverfügungen sind hier zu unterscheiden – (1.) der Abschluss des Kaufvertrages (Eingehungsbetrug) und (2.) die Einräumung des Besitzes einschließlich der Erklärung des Einverständnisses mit dem Umbau (Erfüllungsbetrug). (1.) Bzgl. des Eingehungsbetrugs fehlt es, da L nur eine Verpflichtung zur Leistung Zug um Zug eingeht (Eintragung im Grundbuch erst nach Kaufpreiszahlung), an einer schadensgleichen Vermögensgefährdung. (2.a) Hinsichtlich der zweiten Verfügung liegt im Besitzverlust zwar möglicherweise ein Vermögensnachteil, der nicht durch einen dem Vertrag entsprechenden (sondern nur wirtschaftlich minderwertigen) Gegenanspruch ausgeglichen wird, dieser müsste aber konkret ermittelt und ein negativer Saldo (jedenfalls im Sinne eines Mindestschadens) beziffert werden. Hier ist der BGH allerdings übertrieben restriktiv: Üblicherweise wird der Besitz an einem bebauten Grundstück nur gegen Miete überlassen, weshalb die ortsübliche Miete als Schaden angesehen werden könnte. Zwar weist der BGH zutr. darauf hin, dass für die vorzeitige Besitzüberlassung beim Grundstückskauf Mietzahlungen eher unüblich sind, das aber hängt gerade von der Erwartung einer störungsfreien Abwicklung ab, und darüber, dass diese hier von vornherein nicht zu erwarten war, wurde gerade getäuscht. Insofern kombinieren sich hier Eingehungs- und

Erfüllungsbetrug (unechter Erfüllungsbetrug, Rn 542): Der Vertrag (der keine Mietansprüche vorsah) ist richtigerweise nicht zur Bestimmung des durch die Erfüllungshandlung eingetretenen Schadens heranzuziehen, denn sein insoweit einschlägiger Inhalt wurde schon selbst von der Täuschung beeinflusst, sodass es richtigerweise – entgegen der hier vom BGH getroffenen Entscheidung – bei der allgemeinen wirtschaftlichen Beurteilung bleibt, also ein Schaden entstand. (2.b) Die Umbaumaßnahmen sind hingegen keine Verfügung des L, und auch das Einverständnis hat keine unmittelbar (sondern nur mittelbar über das Verhalten des A) vermögensmindernde Wirkung. Das wäre anders zu beurteilen, soweit eine Einverständniserklärung üblicherweise oder im Einzelfall gegen Geld erfolgt, hier aber war das nicht der Fall. Die Wertminderung durch die Umbaumaßnahmen ist zwar ein weiterer Schaden, und die Besitzaufgabe war dafür zumindest im Sinne einer conditio sine qua non kausal. Dieser Schaden ist aber nicht unmittelbare (und damit nicht objektiv zurechenbare) Folge der Verfügung (vgl. Rn 538), und er ist nicht „stoffgleich" mit dem beabsichtigten Vermögensvorteil (dazu Rn 588 f.). Folgeschäden werden vom Betrugstatbestand nicht erfasst.

Im Falle einer **manipulierten Sportwette** mit festen Quoten (sog. Oddset-Wette) hat das LG Berlin schon beim Abschluss des Wettvertrages eine schadensgleiche Vermögensgefährdung beim Wettanbieter in Höhe des möglichen Wettgewinns (abzüglich des Einsatzes) angenommen und hiermit einen *Eingehungsschaden* begründet. Diesem Ansatz folgen zwei neuere Entscheidungen zur manipulierten Sportwette für den Fall, dass es zu einer Gewinnausschüttung nicht gekommen und deshalb auf den *Eingehungsbetrug* abzustellen ist. Bei dem gegebenen Risikogeschäft komme es dann auf die nach den *Vorgaben des Bundesverfassungsgerichts* (s. dazu Rn 572) zu errechnende bzw. unter sachkundiger Beratung zu schätzende „täuschungs- und irrtumsbedingte Verlustgefahr an, die über die vertraglich zu Grunde gelegte hinausgeht." Ein Vermögensschaden liege danach vor, wenn bei objektiver Betrachtung die „von den getäuschten Wettanbietern eingegangene – infolge der Manipulation mit einem erhöhten Realisierungsrisiko behaftete – Verpflichtung zur Auszahlung des vereinbarten Wettgewinns nicht mehr durch den Anspruch auf den Wetteinsatz aufgewogen" werde[305]. 543

Diesen Begründungsansatz wies der BGH im Fall *Hoyzer*[306] deshalb zurück, weil bei einem Eingehungsschaden die Gefahr des endgültigen Verlustes bereits so groß sein müsse, dass sie schon im Zeitpunkt des Abschlusses eine schadensgleiche Minderung des Vermögens bedeute. Davon könne aber keine Rede sein, wenn der Eintritt des Nachteils beim Wettanbieter trotz der Manipulation nicht einmal überwiegend wahrscheinlich sei. Gleichwohl wurde ein Eingehungsschaden dann in Gestalt eines *„Quotenschadens"* für den Fall bejaht, dass es zu einem *Spielgewinn nicht kommt*. Wenn zur Eingehung der vertraglichen Verpflichtungen der Austausch von Einsatz und Wettschein hinzukomme, sei maßgeblich, „dass der Wettanbieter täuschungsbedingt aus seinem Vermögen eine Gewinnchance" einräume, „die (unter Berücksichtigung der Preisbildung des Wettanbieters) gemessen am Wetteinsatz zu hoch" sei. Der Manipulator habe nämlich das Risiko, das jeder Wettanbieter seiner kaufmännischen Kalkulation

---

305 So – gleichlautend – BGHSt 58, 102, 103 mit Anm. *Schiemann*, NJW 13, 888 und Bespr. *Hecker*, JuS 13, 656; *Jäger*, JA 13, 868; *Schlösser*, NStZ 13, 629 und BGH BeckRS 13, 01251 Rn 48 ff mit Anm. *Satzger*, JK 5/13, StGB § 263 1/100; s. auch den Überblick über die Schadensbestimmung bei *Greco*, NZWiSt 14, 334 und die Fallbesprechung bei *Bock*, WV-BT2, S. 256 ff. Zur Schadensbegründung für den Fall der Gewinnausschüttung wendet der BGH die zum unechten Erfüllungsbetrug geltenden Regeln an, s. dazu das vorstehende **Rechtsprechungsbeispiel**, BGH wistra 12, 385.
306 BGHSt 51, 165, 174 ff (Fall *Hoyzer*).

zugrunde lege, „erheblich zu seinen Gunsten verschoben" und die daraus resultierende deutlich vergrößerte Chance nicht (quotengerecht) bezahlt. Der Täuschende verschaffe sich also eine höhere Gewinnchance, als der Wettanbieter ihm für den gezahlten Preis bei richtiger Risikoeinschätzung „verkaufen" würde. Kommt es zur *Auszahlung eines Wettgewinns*, sei „das Verlustrisiko in einen endgültigen Vermögensverlust der jeweiligen Wettanbieter in Höhe der Differenz zwischen Wetteinsatz und Wettgewinn umgeschlagen" und ein Gewinn ausbezahlt, „auf den der Wettende wegen der Spielmanipulation keinen Anspruch" habe. In dieser Höhe sei das Vermögen des Wettanbieters gemindert und gerade diese Bereicherung erstrebe der Wettende auch an[307]. Diese Überlegungen wurden für beide denkbaren Wettausgänge kritisiert. Vorgeschlagen wurde, im auch vom BGH als hinzukommende Besonderheit erwähnten Austausch von Wetteinsatz und Wettschein schon einen wegen der Manipulation zu Ungunsten des Wettanbieters vermögensrelevant gestörten *Leistungsaustausch* zu sehen, der bereits die Voraussetzungen des Erfüllungsbetrugs verwirkliche[308]. Das würde die schwierige Konstruktion eines *Eingehungsbetrugs ganz überflüssig* machen. Die Problematik der Zurechenbarkeit des Schadens bei Gewinnauszahlung entfiele gleichwohl nicht, weil dieser Schaden den vorangegangenen überträfe und auch für das Regelbeispiel des § 263 III 2 Nr 2 von Bedeutung ist. Es steht zu erwarten, dass sich die Rechtsprechung künftig nach den beiden hier eingangs wiedergegebenen neueren Entscheidungen des BGH richtet, weil erst diese die Rechtsprechung des Bundesverfassungsgerichts zum Gefährdungsschaden berücksichtigen konnten[309].

b) Vermögensschutz und Dispositionsfreiheit

544 Um die **Schutzrichtung** des § 263 geht es bei der Frage, ob eine **Vermögens**beschädigung auch dann bejaht werden kann, wenn der Getäuschte im Rahmen eines Austauschverhältnisses für seine Leistung zwar eine **wirtschaftlich gleichwertige Gegenleistung** erhalten hat, die **vertragliche Verpflichtung** beim Durchschauen der wahren Zusammenhänge jedoch **nicht** eingegangen wäre. Diese Frage ist zu verneinen, weil der Betrug nur das Vermögen, nicht aber die **Dispositionsfreiheit** des Vermögensinhabers schützt[310].

545 **Fall 40:** Der Händler H bietet dem arglosen Käufer K an der Wohnungstür einen Orientteppich im Verkehrswert von 800 € zum regulären Verkaufspreis von 800 € mit der wahrheitswidrigen Behauptung an, es handele sich um einen Sonderpreis im Rahmen einer zeitlich begrenzten Werbeaktion seiner Firma; der normale Listenpreis für den Teppich betrage 1800 €. Um sich diese vermeintliche Gewinnchance nicht entgehen zu lassen, erwirbt K den für ihn brauchbaren, aber nicht dringend benötigten Teppich gegen Zahlung von 800 €. Ohne die Täuschung hätte er sich auf den Kauf nicht eingelassen.
Hat K einen Vermögensschaden erlitten? **Rn 546**

---

307 BGHSt 51, 165, 177 f; zust. *Hellmann*, Kühl-FS S. 704; *Krey/Hellmann/Heinrich*, BT II Rn 683; krit. *Fischer*, § 263 Rn 132; M/R-*Saliger*, § 263 Rn 260 ff; *Petropoulos/Morozinis*, wistra 09, 257 ff.
308 So *Krack*, ZIS 07, 109 f; ihm zustimmend *Engländer*, JR 07, 479; *Radtke*, Jura 07, 451 f. S/S/W-*Satzger*, § 263 Rn 298 ff; *Saliger/Rönnau/Kirch-Heim*, NStZ 07, 364 ff, 367 ff verneinen einen Schaden bei Vertragsschluss, halten aber einen (zurechenbaren) Auszahlungsschaden bei Gewinn für möglich; s. auch *Rengier*, BT I § 13 Rn 220 f; Fallösung bei *Heissler/Marzahn*, ZJS 08, 638, 641 ff.
309 S. zu dieser Lage *Steinsiek/Vollmer*, ZIS 12, 589 f; dazu, dass **§§ 265c, d** die Problematik des Sportwettbetrugs nach § 263 nicht berühren, s. Rn 500.
310 BGH NJW 95, 539; BGHSt 51, 10, 15; KG JR 98, 43 f; OLG Köln wistra 09, 126 f; OLG Düsseldorf StV 11, 734; *Hellmann*, Kühl-FS S. 693; diff. M/R-*Saliger*, § 263 Rn 1, 189; s. auch hier Rn 485, 538.

Eine irrtumsbedingte Vermögensverfügung des K liegt zunächst im **Abschluss des Kaufvertrages**, der ihn zur Zahlung des vereinbarten Kaufpreises verpflichtete (§ 433 II BGB). Aus diesem Rechtsgeschäft hat K indessen einen **kompensationsfähigen Lieferungsanspruch** (§ 433 I BGB) erlangt, dessen Wert die von ihm übernommene Verpflichtung auch unter Berücksichtigung seiner individuellen Bedürfnisse **wirtschaftlich voll ausgleicht**. Infolgedessen fehlt es an einer dem K nachteiligen Vermögensdifferenz im Sinne eines Eingehungsschadens. Auch im Zuge der in einem solchen Fall vorrangig erörterungsbedürftigen **Vertragserfüllung** hat K keinerlei Schaden erlitten; vielmehr hat sein Vermögen sich lediglich **in seinen Bestandteilen verändert**. An die Stelle des Bargeldes von 800 € ist der ihm übereignete Teppich im gleichen Wert getreten. Der objektive Tatbestand des § 263 ist somit nicht erfüllt[311]. Ob K *sich geschädigt fühlt*, spielt keine Rolle, da seine subjektive Einschätzung nicht maßgebend ist. Auch bleibt sein Vertrauen darauf, im Vergleich zum angeblichen Listenpreis des Teppichs einen Gewinn von 1000 € zu erzielen, außer Betracht, da § 263 seiner **Schutzrichtung** nach nur die **Verhinderung von Vermögensschäden**, des **Ärmerwerdens**, bezweckt, nicht aber dazu bestimmt ist, bloße *Gewinnerwartungen* zu schützen[312]. K ist auch nicht etwa deshalb geschädigt, weil er den Teppich bei Kenntnis der Wahrheit nicht gekauft hätte. Wollte man *darin* einen Schaden erblicken, verlöre der **Betrug** seinen Charakter als **Vermögensdelikt** und müsste als Angriff auf die *wirtschaftliche Dispositionsfreiheit* aufgefasst werden[313].

546

Die Verfügungsfreiheit als solche ist strafrechtlich allein gegen Gewalt und Drohung (vgl §§ 240, 253), nicht gegen Täuschung und List geschützt. Bloße Eingriffe in die wirtschaftliche Dispositionsfreiheit des Getäuschten reichen daher zur Bejahung des § 263 nicht aus[314]. An einer Vermögensbeschädigung fehlt es demnach, wenn die vermögensmindernde Wirkung der irrtumsbedingten Verfügung durch einen **unmittelbar** mit ihr verbundenen **Vermögenszuwachs wirtschaftlich voll ausgeglichen** wird (= sog. **Schadenskompensation**).

547

c) Schadenskompensation durch gesetzliche Ansprüche und Rechte

Zur **Schadenskompensation** geeignet ist neben einer wertgleichen Gegenleistung[315] auch die Tatsache, dass der Getäuschte eine fällige und einredefreie Verbindlichkeit erfüllt[316]. Im Ergebnis soll dem gleichstehen, wenn ein Gläubiger durch Täuschung über nicht erbrachte Leistungen Geldzahlungen erschleicht, die den Schuldner von einer anderen, tatsächlich bestehenden Verbindlichkeit befreien, weil der Gläubiger bei seiner Forderung das Erlangte erkennbar mit dieser Verbindlichkeit in Beziehung gebracht hat. Dass der tatsächlich bestehende Anspruch schwer beweisbar und/oder noch nicht fällig ist, soll die Kompensation durch Befreiung nicht ausschließen[317].

548

---

311 Grundlegend dazu BGHSt 16, 321, 325 im sog. *Melkmaschinenfall*; vgl ferner BGH NJW 83, 1917; OLG Hamm NStZ 92, 593.
312 *Graul*, Brandner-FS S. 806; LK-*Tiedemann*, § 263 Rn 201; *Mitsch*, BT II S. 317.
313 S. dazu *Otto*, Jura 02, 613; OLG Düsseldorf StV 11, 734.
314 Vgl Rn 489 und BGH StV 95, 254; BGH NJW 95, 539; BGHSt 60, 1, 10 mit Anm. *H. Albrecht*, JZ 15, 841; *Kudlich*, ZWH 15, 14; *Schlösser*, StV 16, 25; OLG Düsseldorf NJW 91, 1841; *Rengier*, BT I § 13 Rn 162; *Schramm*, BT I § 7 Rn 2; anders *Kindhäuser*, ZStW 103 (1991), 398.
315 Keine wertgleiche Gegenleistung ist zB die Ermöglichung einer unrechtmäßigen Nutzung eines Computerprogramms, s. BGH NStZ-RR 19, 114.
316 *Küper/Zopfs*, BT Rn 664; M/R-*Saliger*, § 263 Rn 201.
317 BGH StV 11, 733 f.

Ungeeignet sind dagegen Vorteile, die dem Geschädigten aus Gründen zufließen, die nicht **unmittelbar auf der maßgebenden Vermögensverfügung beruhen**, sondern zu ihr – wie zB freiwillige Leistungen Dritter oder Entschädigungen durch die öffentliche Hand – nur in einem äußeren Zusammenhang stehen. Sie bleiben hier ebenso unberücksichtigt wie eine nachträgliche **Schadensbeseitigung**[318]. **Nicht kompensationsfähig** sind ferner alle **gesetzlichen Ansprüche und Rechte**, die dem Betroffenen gerade auf Grund der Täuschung erwachsen, wie etwa Schadensersatzansprüche aus §§ 823 II, 826 BGB oder Bereicherungsansprüche aus §§ 812 ff BGB[319]. Auch kann sich nicht auf eine Leistung als anrechenbarem Gegenwert berufen, wer diese ohnehin ohne Entgelt zu erbringen hat[320].

549 Dasselbe gilt für **Anfechtungs–** und **Gewährleistungsrechte**[321]. Ob das gesetzliche Unternehmerpfandrecht (§ 647 BGB) schlechthin unberücksichtigt bleibt, ist umstritten[322]. Die Abgabe einer selbstschuldnerischen Bürgschaft begründet dann noch keine schadensgleiche Vermögensgefährdung, wenn der Bürge die Auszahlung wegen Mangelhaftigkeit der Ware ebenso wie der Schuldner verweigern (§§ 768 I, 437 Nrn 1, 2 BGB) oder wenn er über einen auf Grund der Zahlungsfähigkeit des Schuldners vollwertigen Rückgriffsanspruch verfügen kann[323]. Bei einem **vereinbarten Rücktrittsrecht** (nicht aber bei bloßer *Stornierungsbereitschaft*)[324] fehlt es in der Regel am Eintritt einer schadensgleichen Vermögensgefährdung, wenn der getäuschte Vertragspartner seine Leistung noch nicht erbracht hat, lediglich vertraglichen Ansprüchen des Täters ausgesetzt ist und seine Verpflichtung durch einfache einseitige Erklärung wieder beseitigen kann[325]. Anders liegt es, sobald er erfüllt hat; hier bildet das ihm eingeräumte Rücktrittsrecht zumeist keinen vollwertigen Ausgleich für die schon erfolgte Vermögensminderung[326]. Gleiches soll vor und nach der Erbringung der Leistung für ein Anfechtungsrecht gelten[327]. Der Versuch, für diese Ergebnisse die Eigenverantwortlichkeit des Opfers für seinen Selbstschutz und den vermeintlichen Vorrang solcher Selbstschutzmöglichkeiten vor staatlichem Schutz heranzuziehen[328], beruht auf einem anfechtbaren Verständnis des Subsidiaritätsprinzips (s. Rn 487, 512 f)[329], dessen Heranziehung es hier nicht bedarf.

d) Individueller Schadenseinschlag

550 Entspricht der Verkehrswert einer Gegenleistung rein rechnerisch dem der Leistung des Getäuschten, so kommt eine Vermögensbeschädigung nach den Grundsätzen des

---

318 Vgl RGSt 41, 24, 25 f; BGH NStZ 99, 353; G/J/W-*Dannecker*, § 263 Rn 91; *Jäger*, JuS 10, 764; LK-*Tiedemann*, § 263 Rn 161 f; krit. *Bittmann*, NStZ 12, 289, 291; *T. Walter*, Tiedemann-FS S. 763; zur ähnlichen Problematik beim Vermögensnachteil iS des § 266 s. BGH NStZ 86, 455.
319 BGH MDR/D 70, 13; *Lackner/Kühl*, § 263 Rn 36a; S/S-*Perron*, § 263 Rn 120.
320 BGHSt 26, 346, 348; *Stoffers*, Jura 95, 117 ff zu § 253; zw. daher OLG Köln StV 13, 639 f.
321 BGHSt 21, 384, 386; 23, 300, 302 f; 54, 69, 124; BGH NJW 85, 1563.
322 Bejahend BayObLG JZ 74, 189 = JR 74, 336 mit krit. Anm. *Lenckner*; diff. *Amelung*, NJW 75, 624; *D. Meyer*, MDR 75, 357.
323 BGH NStZ 98, 570.
324 S. BGHSt 23, 300, 303 f; *Rengier*, BT I § 13 Rn 189.
325 BGH MDR/D 71, 546.
326 Näher BGHSt 34, 199, 203 mit Anm. *Bottke*, JR 87, 428 und Bespr. von *Müller-Christmann*, JuS 88, 108.
327 S/S-*Perron*, § 263 Rn 131; s. dazu OLG Frankfurt NJW 11, 398, 403.
328 *Luipold*, Die Bedeutung von Anfechtungs-, Widerrufs-, Rücktritts- und Gewährleistungsrechten für das Schadensmerkmal des Betrugstatbestandes 1998, S. 208 f.
329 S. dazu *Hillenkamp*, Vorsatztat und Opferverhalten 1981, S. 175 ff.

individuellen Schadenseinschlags[330] gleichwohl in Betracht, wenn **besondere Umstände** hinzutreten. Nach der hierzu grundlegenden Entscheidung BGHSt 16, 321, 326 ff[331] ist dies insbesondere der Fall, wenn der Erwerber
- die angebotene Leistung nicht oder nicht in vollem Umfang zu dem vertraglich vorausgesetzten Zweck oder in anderer zumutbarer Weise verwenden kann,
- oder durch die eingegangene Verpflichtung zu vermögensschädigenden Maßnahmen genötigt wird,
- oder infolge der Verpflichtung nicht mehr über die Mittel verfügen kann, die zur ordnungsmäßigen Erfüllung seiner Verbindlichkeiten oder sonst für eine seinen persönlichen Verhältnissen angemessene Wirtschafts- oder Lebensführung unerlässlich sind.

Auf eine Begründung des Schadens über den individuellen Schadenseinschlag ist erst dann einzugehen und zurückzugreifen, wenn sich aus dem in der Prüfung zunächst vorzunehmenden Vergleich des Vermögens vor und nach der Verfügung kein (wirtschaftlicher) Negativsaldo ergibt. Erst dann kommt eine normative Korrektur der Schadensbestimmung durch die hier behandelte Lehre in Betracht[332]. Da nach dem BVerfG normative Gesichtspunkte bei der Bewertung eines Schadens zwar nicht ausgeschlossen sind, die wirtschaftliche Betrachtungsweise aber nicht vollends überlagern oder verdrängen dürfen, finden sich in der neueren Rechtsprechung des BGH Zweifel, ob an den in BGHSt 16, 321 entwickelten Grundsätzen in vollem Umfang festgehalten werden kann[333]. Welche Einschränkungen deshalb zukünftig entwickelt werden, bleibt abzuwarten. Eine Aufgabe der Lehre vom individuellen Schadenseinschlag steht aber nicht zu erwarten[334].

Am Eintritt eines Vermögensschadens ist nach der ersten, zu Recht weitgehend anerkannten[335] Leitlinie zB nicht zu zweifeln, wenn einem Abonnenten oder Käufer unter Vorspiegelung falscher Tatsachen wissenschaftliche Zeitschriften oder Unterrichtswerke „aufgeschwatzt" werden, die als solche zwar *ihren Preis wert* sind, das Verständnis des Bestellers jedoch weit übersteigen oder sonst nach dem Urteil eines ob-

551

---

330 S. dazu A/W-*Heinrich*, § 20 Rn 92 f; BK-*Beukelmann*, § 263 Rn 60 ff; *Eisele*, BT II Rn 619 ff; *Fischer*, § 263 Rn 146 ff; *Heghmanns*, Rn 1263 ff; H-H-*Voigt*, Rn 1038 f; *Hilgendorf/Valerius*, BT II § 7 Rn 119 ff; HK-GS/*Duttge*, § 263 Rn 64 ff; *Klesczewski*, BT § 9 Rn 79 ff; *Krey/Hellmann/Heinrich*, BT II Rn 643 ff; *Lackner/Kühl*, § 263 Rn 48 ff; LK-*Tiedemann*, § 263 Rn 177 ff; M/R-*Saliger*, § 263 Rn 207 ff; NK-WSS-*Heger/Petzsche*, § 263 Rn 118 ff; *Rengier*, BT I § 13 Rn 176 ff; *Satzger*, Jura 09, 522 ff; S/S-*Perron*, § 263 Rn 121 ff; *Schmidt*, BT II Rn 631 ff; OLG Hamm wistra 82, 152, 153; krit. AnK-*Gaede*, § 263 Rn 135; *Kindhäuser*, § 263 Rn 183.
331 S. zu diesem sog. Melkmaschinenfall *Bock*, BT II S. 398 ff; *Fahl*, JA 95, 198.
332 S. BGH NStZ 14, 517, 519; BGH NStZ 18, 105 mit Anm. *Schlösser*. Dies übergehend BGH NStZ-RR 18, 283 mit krit. Anm. *Jäger*, JA 18, 949, 951; *ders.*, BT Rn 361a; Anm. *Eisele*, JuS 18, 1109 f.
333 S. BGH NStZ 14, 318, 320 mit Anm. *Schmidt*, NZWiSt 14, 274; BGH NStZ 14, 517, 519 unter Verweis auf BVerfGE 126, 170; 130, 1; Anm. zu dieser Entscheidung finden sich bei *Jäger*, JA 14, 875; *Schlösser*, HRRS 14, 396; *Trüg*, NStZ 14, 520; s. auch *Rostalski*, HRRS 16, 73 ff; *Teixera*, ZIS 16, 310 ff (im Ganzen bejahend).
334 BGH NJW 14, 2595, 2598 f wendet die Lehre an, ohne auf eine denkbare Modifizierung einzugehen; s. zur Problematik *Ceffinato*, NZWiSt 15, 90 ff; Fischer/*Saliger*, S. 28 f; Fischer/*Kudlich*, S. 129 ff; *Schilling*, NStZ 18, 316, 320 f; beide in BGH NStZ 14, 318 und 14, 517 in obiter dicta eingekleidete Einschränkungen lehnt *Schmidt*, NJW 15, 284 ab.
335 *Fischer*, § 263 Rn 146 f; HK-GS/*Duttge*, § 263 Rn 64; LK-*Tiedemann*, § 263 Rn 178; *Rengier*, BT I § 13 Rn 178; S/S/W-*Satzger*, § 263 Rn 233; *Wittig*, § 14 Rn 110.

jektiven Betrachters[336] **für seine speziellen Zwecke und individuellen Bedürfnisse nicht brauchbar** sind[337]. Bei einem Gebrauchtwagen, der zwar seinen Preis wert ist, der aber eine deutlich höhere Laufleistung als die vertraglich zugesicherte aufweist, macht die Rechtsprechung eine Schädigung nach diesen Maßstäben von der eher die Ausnahme bildenden Voraussetzung abhängig, dass es dem Käufer erkennbar auf Grund besonderer individueller Verhältnisse mehr als gewöhnlich auf geringe Reparaturbedürftigkeit oder höhere Verkehrssicherheit angekommen ist[338]. Wer ein Wachstumsunternehmen erwerben will, um auf dem europäischen Festland Fuß zu fassen, tatsächlich aber ein Unternehmen mit manipulierten Bilanzen und kriminellen Vorstandsmitgliedern erwirbt, erhält ein *„aliud"*, mit dem er das strategische Ziel völlig verfehlt, für den BGH[339] ein Fall des „persönlichen Schadenseinschlags". Ein in dem Erlangten verkörperter Gegenwert bleibt dann regelmäßig unberücksichtigt und schlägt nur dann schadensmindernd oder -ausschließend zu Buche, wenn das Tatopfer im Stande ist, ihn ohne finanziellen und zeitlichen Aufwand in zumutbarer Weise zu realisieren[340]. Da ein Markt für kostenpflichtige **Routenplanerabonnements** nicht existiert, kommt eine hiernach denkbare Kompensation auch beim Erwerb eines solchen Abonnements auf dem Weg einer sog. Internet-Abo-Falle[341] (s. dazu Rn 499: **Rechtsprechungsbeispiel**) nicht in Betracht. Der Erwerber kann das Abonnement nicht „ohne Weiteres und in zumutbarer Weise in Geld umsetzen". Auch wenn die abrufbaren Leistungen ihren Preis an sich wert sein sollten, ist ein solches Abonnement zudem nach der Auffassung des BGH für den Erwerber deshalb „subjektiv sinnlos und daher wertlos", weil „im Internet jederzeit zahlreiche kostenlose Routenplaner verfügbar sind"[342]. Besteht **objektiv** die Möglichkeit, den Wert des Erlangten in zumutbarer Weise zu realisieren, ist ein Schaden nicht allein deshalb gegeben, weil der Geprellte die mögliche Realisierung **nicht** vornehmen **will**. Auch insoweit gilt, dass § 263 nicht die Dispositionsfreiheit schützt[343].

Vereinbarungen oder Zusicherungen über die **Herkunft** einer Ware oder deren **Beschaffenheit** können im Rahmen der Schadensberechnung Bedeutung gewinnen, wenn der Wirtschaftsverkehr Waren bestimmten Ursprungs (zB Hopfen aus einem bestimmten Anbaugebiet) oder bestimmter Beschaffenheit höher bewertet als andere, objektiv gleichwertige Waren (wie etwa deutsche Markenbutter gegenüber qualitätsgleicher Auslandsbutter)[344]. Wer beispielsweise für ein **Badesalz** dessen hohen Preis nur deshalb zahlt, weil ihm vorgetäuscht wird, es werde aus der in Bad Reichenhall zur Badetherapie verwendeten Natursole gewonnen, während es sich in

---

336 Krit. dazu aus der Sicht des personalen Vermögensbegriffs *Geerds*, Jura 94, 315; s. auch *Jakobs*, JuS 77, 231.
337 BGHSt 23, 300. 301; BGH NJW 90, 1921, 1923; OLG Köln JR 57, 351 und NJW 76, 1222; weitergehend *Schmoller*, ZStW 103 (1991), 92.
338 OLG Hamm NStZ 92, 593; OLG Düsseldorf JZ 96, 913 mit Anm. *Schneider*.
339 BGH wistra 10, 407; bestätigt von BGH NStZ 14, 517, 519 mit Anm. *Trüg*; *Jäger*, JA 14, 875; krit. *Teixera*, ZIS 16, 309 f.
340 BGHSt 51, 10, 15 f; BGH NZWiSt 12, 67, 68 f (Erwerb einer maroden und unbewohnbaren Immobilie für einen Verein) mit Anm. *Steinberg/Kreuzner*; die von BGHSt 16, 321, 326 benannte Verwendung „in anderer zumutbarer Weise" hatte RGSt 16, 1, 9 in einer „ohne jede Mühe und jedes Bedenken" verwirklichbaren **„Wiederverkäuflichkeit"** gesehen.
341 Vgl auch *Gaßner/Strömer*, HRRS 17, 110 ff (Abo-Falle bei Mobilfunkgeräten).
342 BGH NJW 14, 2595, 2599 (s. zu dieser Entscheidung Rn 488, 499 aE).
343 BGH StraFo 15, 479 mit Anm. *Bosch*, Jura 16, 218 (§ 255): erpresserisch aufgezwungener Wein, den das Opfer als Gastwirt weiterverkaufen könnte, s. dazu auch Rn 716.
344 BGHSt 8, 46, 49; 12, 347, 352 f.

Wirklichkeit um ein (als Vieh-, Streu- und Pökelsalz verwendbares) **reines Siedesalz** handelt, erleidet einen Vermögensschaden, selbst wenn Badesalz aus der erwähnten Natursole gar nicht in den Handel kommt[345]. Entscheidend ist hier, dass der Käufer angesichts der besonderen Herkunfts- und Beschaffenheitsangaben für seine Leistung kein *gleichwertiges* Äquivalent erhält.

Die praktische Bedeutung der beiden übrigen, miteinander eng zusammenhängenden individuellen Schadensbegründungen ist gering[346]. Gedacht ist vor allem an Fälle, in denen vermögensschädigende Maßnahmen getroffen oder Verpflichtungen eingegangen werden, um eine vermeintlich einmalige günstige Kaufgelegenheit wahrzunehmen, bei der in Wahrheit zum Marktpreis verkauft wird. Bedenken gegen die Annahme einer Schädigung, die sich aus dem Erfordernis der Unmittelbarkeit der Schadenszufügung und der bewussten Aufsichnahme des Vermögensopfers durch den Betroffenen ergeben, sind zwar mit Mühe ausräumbar, belegen aber den Grenzfallcharakter dieser Sachverhaltsgestaltungen[347].

552

e) Soziale Zweckverfehlung

Um die Berücksichtigung der individuellen Verhältnisse des betroffenen Vermögensinhabers und des sog. „persönlichen Schadenseinschlags" innerhalb der Schadensermittlung geht es auch bei den Fällen, die man unter dem Gesichtspunkt der **sozialen Zweckverfehlung** und der **wirtschaftlich sinnlosen Ausgabe** zusammenfasst. Diese Fälle, wie auch diejenigen des individuellen Schadenseinschlags, bilden **keine Ausnahme vom wirtschaftlichen Vermögens- und Schadensbegriff**. Sie betreffen vielmehr eine Grenze objektiver Bestimmbarkeit eines Marktwertes. In einem Wirtschaftssystem mit Privatautonomie ist neben einer Preisbildung am Markt auch dort, wo die Umsatzhäufigkeit so gering ist bzw. die gehandelten Güter so unterschiedlich sind, dass kein eigentlicher Markt besteht, sowie dort, wo Akteure auf Basis einer spezifisch vom Üblichen abweichenden Nutzenfunktion ökonomisch-rational handeln, eine reguläre, wirtschaftliche Preisbildung möglich. Es ist keineswegs für jeden unter allen Umständen ökonomisch-rational, den Marktpreis zu bezahlen bzw. zu verlangen; der Marktpreis ist das Ergebnis eines statistischen Prozesses, aber nicht das ökonomische Modell individuellen Verhaltens. Die Besonderheiten der genannten Fälle werden dort, wo es nur um einen echten Erfüllungsbetrug geht, unter diesem Gesichtspunkt hinreichend berücksichtigt, denn auch strafrechtlich ist dann schlicht der zwischen den Parteien irrtumsfrei festgesetzte Wert maßgeblich (Rn 542). Beim Eingehungsbetrug hingegen kann gerade nicht auf eine täuschungsfreie Einigung zurückgegriffen werden, und das Strafrecht muss sich den **Problemen der Wertermittlung** stellen. Wo die Besonderheiten im Marktumfeld liegen und es nur am eigentlichen Marktpreis fehlt, ist auf wertbildende Faktoren zurückzugreifen (so zB bei der Schätzung des Wertes einzelner Grundstücke). Wo die Besonderheiten hingegen in der Person der Akteure liegen, ist zu differenzieren: Andere Besonderheiten als eine ungewöhnliche Nutzenfunktion sind ökonomisch und damit auch nach dem strafrechtlichen Vermögensbegriff nicht relevant. Eine ungewöhnliche Nutzenfunktion ist

553

---
345 BGH NJW 80, 1760.
346 S. nur BayObLG NJW 73, 633; OLG Köln, MDR 74, 157.
347 S. LK-*Tiedemann*, § 263 Rn 180; für Begrenzung auf unmittelbare und gegenwärtige Folgen des täuschungsbedingten Vertragsschlusses M/R-*Saliger*, § 263 Rn 209; s. auch *Teixera*, ZIS 16, 311.

relevant, wenn sie sich – für den Täter erkennbar und von ihm erkannt – aus einer besonderen wirtschaftlichen Situation zweckrational aufdrängt, nämlich in den Fallgruppen des individuellen Schadenseinschlags (Rn 550 ff). Und sie ist relevant, wenn sie offensichtlich Grundlage des gemeinsamen Geschäfts war; um die Präzisierung dieser Fallgruppe geht es hier. Dabei muss es bei einer in dem Sinne **objektiven Wertermittlung** bleiben, dass auch der Täter sie zur Tatzeit anhand derselben Kriterien vornehmen konnte, denn es geht nicht um die nachträgliche Festsetzung eines „gerechten Preises" (primär ein mittelalterliches Konzept), sondern um die Rekonstruktion des Wertes im **hypothetisch-täuschungsfreien Verhältnis** zwischen Täuschendem und Verfügendem nach ökonomischen Kriterien (dh solchen, die zweckrational den je eigenen Nutzen im Rahmen möglichen Zusammenwirkens maximieren). Deshalb sind diese Fallgruppen im Zweifel eng zu fassen und werden dabei enger als in der gerade gegebenen Charakterisierung des Grundproblems.

Allgemein anerkannt ist, dass derjenige einen Betrug begeht, der durch unwahre Angaben über zuteilungserhebliche (auch innere) Tatsachen sich oder einem Dritten **zweckgebundene öffentliche Mittel** verschafft, die zur Förderung bestimmter sozial- oder wirtschaftspolitischer Ziele dienen (= Förderung des sozialen Wohnungsbaues, der Gewerbeansiedlung in strukturschwachen Gebieten, der Unterstützung Hilfsbedürftiger usw). Ein Schaden ist hier dann gegeben, wenn der Subventionsempfänger die für die Subventionsvergabe vorausgesetzten Bedingungen nicht erfüllt[348] oder nicht die Absicht hat, die Subventionsleistungen zweckgebunden einzusetzen[349].

554 Umstritten und noch nicht abschließend geklärt ist dagegen, inwieweit sich dies auf eine vergleichbare **subjektive Zwecksetzung und deren Verfehlung im privaten Bereich** übertragen lässt[350]. Will man der Gefahr einer Subjektivierung des Schadensbegriffs[351], einer Verfälschung der Schutzrichtung durch deren Ausdehnung auf die *Dispositionsfreiheit* und eines Verstoßes gegen das vom BVerfG aufgestellte „Verschleifungsverbot" (s. Rn 538)[352] wirksam begegnen, wird man hier von folgender Richtlinie ausgehen müssen: Zur **Schadensbegründung** geeignet kann nur eine **objektivierbare**, der konkreten Leistung **immanente** und **wirtschaftlich relevante Zwecksetzung** sein, nicht jedoch die Verknüpfung einer Vermögenszuwendung mit *bloßen Affektionsinteressen* und Zielvorstellungen *beliebiger* Art. Da die *Irrtumsbedingtheit* einer Vermögensverfügung für sich allein noch keinen Schaden darstellt, ist

---

348 ZB bei Beantragung der „**Abwrack-Prämie**" den Pkw nicht verschrottet, sondern im Ausland verkauft (s. dazu *Stumpf*, NJW Spezial 09, 648; Falllösung bei *Fahl*, JA 11, 836; *Schneider/Schumann*, ZJS 13, 199), die behauptete **Kurzarbeit** gar nicht eingeführt (s. dazu *Graede/Leydecker*, NJW 09, 3542 ff) oder die für eine **Eigenheimzulage** vorausgesetzte Neubauwohnung gar nicht errichtet hat (s. dazu *Kudlich*, JA 13, 551 zu BGH wistra 13, 270).
349 Vgl BGHSt 19, 37, 44 f; BGH NJW 82, 2453; BGH wistra 06, 228 f mit Anm. *Bosch*, JA 06, 492 und Bespr. *Idler*, JuS 07, 904; BGH NJW 14, 2297 mit Anm. *Gaede*; *Bosch*, JK 10/14, StGB § 263/105; KG JR 62, 26; OLG Hamm NJW 82, 1405; *Lackner/Kühl*, § 263 Rn 56; LK-*Tiedemann*, § 263 Rn 183.
350 S. *Küper/Zopfs*, BT Rn 672 ff.
351 Ganz abl. daher A/W-*Heinrich*, § 20 Rn 111 f; *Evers*, Das Verhältnis des Vermögensnachteils bei der Untreue zum Vermögensschaden beim Betrug 2018, S. 40 ff; wie hier M/R-*Saliger*, § 263 Rn 215.
352 S. dazu *Fröba/Straube*, StraFo 14, 500; MK-*Hefendehl*, § 263 Rn 843 f; *Schlösser*, HRRS 11, 254. Fischer-*Schlösser*, S. 89 ff geht von der **Verfassungswidrigkeit** der Zweckverfehlungslehre aus; dagegen Fischer-*Saliger*, S. 29.

ein Motivirrtum, der nicht den wirtschaftlich relevanten Gehalt der Leistung selbst betrifft oder der die Erreichung des sozialen Leistungszwecks nicht in Frage stellt, grundsätzlich auszuscheiden[353]. Das gilt zB dann, wenn der für einen gemeinnützigen Verein zur Unterstützung behinderter Menschen Angeworbene täuschungsbedingt davon ausgeht, der Werber sei nicht gewerblich, sondern ehrenamtlich tätig. Anders kann es aber liegen, wenn er (auch) deshalb davon ausgeht, sein Mitgliedsbeitrag werde ausschließlich für den guten Zweck und nicht zum größten Teil für die Finanzierung des Werbeaufwandes eingesetzt. Freilich muss dann der Irrtum auf konkludenter oder durch garantenpflichtwidriges Unterlassen erfüllter Täuschung beruhen[354]. Vergleichbar liegt es, wenn der Betreiber eines Toilettenreinigungsunternehmens im Ausgangsbereich Teller zur Aufnahme von Trinkgeld aufstellt, das er ausschließlich für die Lohnzahlung an sein Personal verwendet[355].

Wie die nachfolgenden Beispiele verdeutlichen, ist in den Fällen der Zweckverfehlung zwischen **unentgeltlichen Zuwendungen** und **Austauschgeschäften** zu unterscheiden. Bei den **unentgeltlichen Zuwendungen** handelt es sich vornehmlich um das Erschleichen „verlorener Zuschüsse" sowie um Fälle des **Bettel-** und **Spendenbetrugs**. Hier muss die richtige Lösung Gewähr leisten, dass ein **bloßes Affektionsinteresse** (s. dazu Rn 485) bei *unentgeltlichen* Zuwendungen im Rahmen des § 263 ebenso unberücksichtigt bleibt, wie dies bei *entgeltlichen* Rechtsgeschäften der Fall ist[356]. 555

Fall 41: Mit der wahrheitswidrigen Behauptung, dass seine Mutter plötzlich verstorben sei und ihm nicht genügend Geld für die Heimreise zur Verfügung stehe, erschwindelt der Gastarbeiter G von seinem Arbeitgeber A einen „verlorenen Zuschuss" von 500 € zur angeblich geplanten Teilnahme an der Beerdigung. In Wirklichkeit hat G vor, einige Tage im Betrieb „blau zu machen" und das Geld zu verjubeln. 556
Strafbarkeit nach § 263? **Rn 557**

Fall 42: S sammelt im Bezirk einer Pfarrgemeinde für die Caritas. Zur Steigerung des Spendeneifers trägt er zu Beginn der Sammelliste eine in Wahrheit nicht erfolgte Spende des A in Höhe von 30 € ein. Um nicht hinter A zurückzustehen, spenden die Nachbarn und zahlreiche Bekannte des A ebenfalls mindestens 30 €, während sie sich sonst mit 10 oder 20 € als Spende begnügt hätten.
Strafbarkeit nach § 263? **Rn 558**

Im **Fall 41** hat die durch Täuschung herbeigeführte unentgeltliche Zuwendung des A an G den ihr immanenten und wirtschaftlich relevanten **Zweck verfehlt**. Sie war in objektiv erkennbarer Weise als **Sozialleistung** bestimmt, wurde jedoch dadurch, dass G sie zweckwid- 557

---

353 So mit Recht BGH NJW 95, 539; BGH wistra 03, 457, 459; OLG München wistra 14, 33 f mit Bespr. *Hecker*, JuS 14, 561; eher weitergehend OLG Frankfurt a.M. NStZ-RR 11, 13 mit zust. Bespr. *Bosch*, JA 11, 69; BK-*Beukelmann*, § 263 Rn 50.1; HK-GS/*Duttge*, § 263 Rn 68; LK-*Lackner*, 10. Aufl., § 263 Rn 167; S/S/W-*Satzger*, § 263 Rn 239 f; *Kudlich*, PdW BT I S. 110; *Küpper/Bode*, JuS 92, 642; *Zöller*, BT Rn 193; *Schramm*, BT I § 7 Rn 156; krit. MK-*Hefendehl*, § 263 Rn 839.
354 S. dazu BGH NJW 95, 539 mit Anm. *Rudolphi*, NStZ 95, 288; OLG Celle BeckRS 12, 20313 mit Bespr. *Jahn*, JuS 13, 179; *Fischer*, § 263 Rn 139.
355 LSG Berlin-Brandenburg BeckRS 14, 72346 mit Bespr. *Kudlich*, JA 15, 632.
356 Näher LK-*Lackner*, 10. Aufl., § 263 Rn 162, 171.

rig verwenden wollte, für A zu einer **wirtschaftlich sinnlosen** und sein Vermögen schädigenden Ausgabe. G hat einen Betrug begangen.

558 Anders liegt es im **Fall 42**, in dem das BayObLG[357] die Voraussetzungen des § 263 schon deshalb bejaht hat, weil der von S erregte Irrtum für die Spendenhöhe der Betroffenen mitbestimmend war. Diese Erwägung allein reicht aber unter den hier gegebenen Umständen für eine Bestrafung wegen Betrugs nicht aus. Sie geht nämlich daran vorbei, dass der mit den Spenden verfolgte **soziale Zweck** (= die Bereitstellung von Geldern für das Hilfswerk der Caritas) jeweils erreicht worden ist, sodass die finanzielle Leistung für jeden Spender eine **wirtschaftlich sinnvolle Ausgabe** blieb. Zwar war die Höhe des Geldopfers bei einer Reihe von Spendern durch den von S erregten Irrtum mitveranlasst; die Bedeutung *dieses Motivirrtums* erschöpfte sich jedoch in einem **reinen Affektionsinteresse** (= nicht hinter A zurückzustehen und nicht weniger freigebig zu erscheinen als dieser), das zur „Schadensbegründung" nicht ausreicht[358].

559 Auch bei **Austauschverträgen,** bei denen der Austausch der Güter mit einem sozialen Zweck verbunden wird, ist die Annahme eines Schadens möglich, wenn der vereinbarte Zweck für den Abschluss des Geschäfts entscheidend war und alsdann verfehlt wird[359]. Hier kommt allerdings der **Gleichwertigkeit von Leistung und Gegenleistung** auch gegenüber dem Gesichtspunkt der *Zweckverfehlung* Bedeutung zu:

560 **Fall 43:** A bietet an der Tür Künstlerpostkarten, sortiert zu je 10 Stück, zum Preis von 10 € zum Kauf an. Ihr wirklicher Wert beträgt allenfalls 5 €. Die Höhe des Preises rechtfertigt A stets mit dem wahrheitswidrigen Hinweis, der Erlös komme behinderten Kindern zugute, von denen die Karten *„mit dem Munde gemalt"* seien. Alle Karten tragen auf der Rückseite einen kleinen Stempelaufdruck dieses Inhalts, den A zu Täuschungszwecken dort selbst angebracht hat.
Betrug gegenüber den gutgläubigen Käufern? **Rn 561**

Fall 44: Ändert sich die Beurteilung im **Fall 43**, wenn die Karten ihren Preis von 10 € vollauf wert sind und A nur in der Absicht schwindelt, nicht abgewiesen zu werden und seinen Umsatz zu steigern? **Rn 562**

561 Im **Fall 43** fehlt es an der wirtschaftlichen **Ausgeglichenheit** von Leistung und Gegenleistung, sodass die getäuschten Käufer schon aus diesem Grunde einen **Vermögensschaden** erleiden. Für die Hingabe von 10 € erhalten sie nur einen Gegenwert von 5 €. An der Strafbarkeit gemäß § 263 I besteht hier aber angesichts der Kenntnis der Übertewerung nur dann kein Zweifel, wenn man die Verfehlung des mit dem Kauf der Postkarten verknüpften sozialen Zwecks zur Schadensbegründung heranzieht (zum *Strafantragserfordernis* beachte insoweit § 263 IV in Verbindung mit § 248a).

---

357 BayObLG NJW 52, 798 Nr 30; s. dazu diff. LK-*Tiedemann*, § 263 Rn 185.
358 Ebenso BGH NJW 95, 539; *Deutscher/Körner*, JuS 96, 296; *Eisele*, BT II Rn 628; *Fischer*, § 263 Rn 137; *Gallas*, Beiträge zur Verbrechenslehre 1968, S. 226, 258; *Gerhold*, Zweckverfehlung und Vermögensschaden 1988, S. 54; M/R-*Saliger*, § 263 Rn 215; *Rengier*, BT I § 13 Rn 149 ff, 152; *Rudolphi*, Klug-FS S. 315; S/S-*Perron*, § 263 Rn 102; anders *Gössel*, BT II § 21 Rn 170 ff; gegen die Verneinung eines Schadens *Graul*, Brandner-FS S. 806 ff.
359 BGH wistra 03, 457, 459; S/S-*Perron*, § 263 Rn 105 (sog. gemischter Vertrag).

Demgegenüber sind Leistung und Gegenleistung im **Fall 44 wirtschaftlich voll ausgeglichen**, da die Postkarten (was bei Gegenständen anderer Art im Einzelfall zu prüfen bliebe) für die Käufer brauchbar sind und es sich nicht um eine nutzlose Anschaffung gehandelt hat. Enttäuscht wird hier nur die sozial motivierte Erwartung der Käufer, dass der Erlös behinderten Kindern zugute komme. Im Fall der wirtschaftlichen **Gleichwertigkeit von Leistung und Gegenleistung** genügt Letzteres für sich allein zur Annahme einer Vermögensbeschädigung jedoch nicht[360].

Dass die getäuschten Käufer die ihnen angebotenen Postkarten bei Kenntnis der wahren Sachlage nicht gekauft hätten, ändert am Ergebnis nichts, weil § 263 weder Treu und Glauben im Geschäftsverkehr noch die Verfügungsfreiheit als solche schützt, vielmehr eine Vermögenseinbuße fordert, die nicht durch einen unmittelbar erlangten Vermögenszuwachs wirtschaftlich voll ausgeglichen wird[361].

562

Die Lösung aller unter dem Begriff der Zweckverfehlung zusammengeführten Fallgruppierungen ist im Fluss[362]. Auf dem Hintergrund bislang nicht vollends ausgeräumter Bedenken gegen die auch hier vorausgesetzte Deutung ideeller Zweckerreichung als wirtschaftlich bedeutsamer Kompensation, mit der ein Schaden trotz eigentlich eindeutigen wirtschaftlichen Ärmerwerdens (s. **Fall 51**, Rn 625, 628) ausschließbar sein soll, ist namentlich der Vorschlag diskussionswürdig, die Problematik in das Täuschungsmerkmal vorzuverlagern. Hiernach ist von einer *betrugsrelevanten* Täuschung nur zu sprechen, wo sie dem Täter dazu dient, seinem Opfer das Bewusstsein von dem wirtschaftlichen oder eben auch – in Fällen des Handelns als homo beneficus – dem sozialen Sinn seiner Verfügung zu nehmen[363]. Die mit der Verlagerung in die Täuschung vereinzelt verbundene Folgerung, die *soziale* Zweckverfehlung ganz dem Betrug zu entziehen[364], ist allerdings angesichts der nicht selbst verantworteten, sondern fremdbestimmten Sinnlosigkeit des Vermögensopfers unannehmbar.

563

f) Einsatz von Vermögenswerten zu missbilligten Zwecken

Umstritten ist, wie weit der Schutz des Vermögens durch § 263 reicht, wenn es **zu rechtswidrigen oder unsittlichen Zwecken eingesetzt** wird.

564

---

360 Näher OLG Köln NJW 79, 1419; *Achenbach*, Jura 84, 602; *Beulke*, III Rn 222; *Bock*, BT II S. 392; *Küpper/Bode*, JuS 92, 642; *Mayer*, Jura 92, 238; M/R-*Saliger*, § 263 Rn 217; S/S-*Perron*, § 263 Rn 105; *Sonnen*, JA 82, 593; S/S/W-Satzger, § 263 Rn 242; anders insoweit OLG Düsseldorf wistra 90, 200; *Maurach/Schroeder/Maiwald*, BT I § 41 Rn 120; s. auch SK-*Hoyer*, § 263 Rn 224. Für den Fall nur falsch gekennzeichneter, qualitativ aber ordnungsgemäßer „Biowaren" wie hier *Heghmanns*, ZIS 15, 102 ff.
361 Vgl BGHSt 16, 220, 222 und 321, 325.
362 Krit. zum Ganzen mit jeweils neuen Lösungsansätzen *Kindhäuser*, ZStW 103 (1991), 398; LK-*Tiedemann*, § 263 Rn 184 f; *Schmoller*, JZ 91, 117; *Pawlik*, Das unerlaubte Verhalten beim Betrug 1999, S. 273 ff.
363 So mit beachtlichen Gründen *Graul*, Brandner-FS S. 813 ff, 818 in Anlehnung an *Schröder*, NJW 62, 721; ihr folgend AnK-*Gaede*, § 263 Rn 24 mwN; mit anderer und anfechtbarer Begründung auch *Pawlik*, aaO S. 157 f; s. auch *Merz*, Bewußte Selbstschädigung und die Betrugsstrafbarkeit nach § 263 StGB 1999, 121 ff, 186; abl. M/R-*Saliger*, § 263 Rn 214.
364 So *Mitsch*, BT S. 275 f; s. auch *Merz*, Bewußte Selbstschädigung und die Betrugsstrafbarkeit nach § 263 StGB 1999, 121 ff, 186.

Fall 45: A lebt mit seinem Nachbarn N in Streit. B bietet ihm an, gegen Vorauszahlung von 200 € dem N in der kommenden Nacht sämtliche Fensterscheiben einzuwerfen. Auf diesen Vorschlag geht A freudig ein. In Wirklichkeit denkt B gar nicht daran, seine Zusage einzuhalten; sein Ziel war es, den leichtgläubigen A um die 200 € zu prellen.
Hat B sich des Betrugs schuldig gemacht? **Rn 565**

565 Bei der Beantwortung dieser Frage ist die Einsicht zu Grunde zu legen, dass entgegen verbreiteter Ansicht[365] eine Verwirkung der Schutz*würdigkeit* des Vermögens auf Grund missbilligenswerten Opferverhaltens nicht anzuerkennen ist. Aus der vermeintlichen zivilrechtlichen Versagung eines Anspruchs auf die Rückabwicklung des Geschäfts ist das für das Strafrecht nicht herleitbar[366]. Soweit man sich zur Begründung dieser Versagung auf § 817 S. 2 BGB beruft[367], ist zudem verkannt, dass sich diese Vorschrift nur auf bereicherungsrechtliche Ansprüche bezieht, wegen ihres Ausnahmecharakters einer Rückforderung nach §§ 985, 826 oder § 823 II BGB iVm § 263 aber nicht entgegensteht[368]. Auch ergibt es keinerlei Sinn, dem Schädiger nur wegen der Verfolgung unerlaubter oder anstößiger Zwecke seitens des Getäuschten einen Freibrief zu erteilen, sich auf Kosten des von ihm Überlisteten zu bereichern und sich die Vermögenswerte zu verschaffen, die dieser aufs Spiel setzt, um ein rechtlich missbilligtes Ziel zu erreichen. Ein wegen seiner Herkunft, Entstehung oder Verwendung schlechthin schutzunwürdiges Vermögen kennt die Rechtsordnung nicht[369]. Aus den Vorschriften über Einziehung und Verfall ist das Gegenteil nicht herleitbar[370], weil sich der Sinn dieser Sanktion ersichtlich nicht im *privaten* Einbehalt des missbräuchlich eingesetzten Vermögens erfüllt. Einer Bestrafung wegen Betrugs steht zudem nicht entgegen, dass es sich bei der mit der Hingabe guten Geldes erschlichenen Vorleistung um eine sog. *bewusste Selbstschädigung* handelt[371]. Damit würde verkannt, dass sich der Einsatz von Vermögenswerten zu unerlaubten Zwecken nicht mit einer *zweckfreien* bewussten Vermögensentäußerung auf eine Stufe stellen lässt[372].

---

365 S. *Beulke*, III Rn 232; *Cramer*, Vermögensbegriff und Vermögensschaden 1968, S. 243 f; *Harbort*, Die Bedeutung der objektiven Zurechnung beim Betrug 2010, S. 100 ff; *Mitsch*, BT II S. 276 ff.
366 KG NJW 01, 86.
367 S. zB *Hecker*, JuS 01, 231.
368 BGH JR 03, 163 mit Anm. *Engländer*; *Hillenkamp*, JuS 03, 163; *Rengier*, BT I § 13 Rn 145; S/S/W-*Satzger*, § 263 Rn 172; ferner *Spickhoff*, JZ 02, 970; eine Rückforderung nach §§ 823 II BGB iVm § 263 kann allerdings rechtsmissbräuchlich sein, wenn sie – wie zB bei zuvor betrügerisch verlorenem Haschisch – auf die (Wieder)Herstellung eines strafbaren Zustands zielt, s. dazu BGHSt 48, 322, 327 und Rn 719.
369 RGSt 44, 230, 248 f; s. dazu *Hillenkamp*, Achenbach-FS S. 189, 190 ff.
370 S. dazu RGSt 44, 230; BGHSt 48, 322, 330; *Hillenkamp*, Vorsatztat und Opferverhalten 1981, S. 104 ff, 108 ff; LK-*Tiedemann*, § 263 Rn 138; krit. *Fischer*, § 263 Rn 108 f; aA mit Hinweis auf §§ 73, 74 *Kindhäuser/Wallau*, NStZ 03, 152 f; ebenso AnK-*Gaede*, § 263 Rn 79; LG Regensburg NStZ-RR 05, 312, 313; dagegen *Gröseling*, NStZ 01, 517.
371 Vgl Rn 524 ff; anders *Freund/Bergmann*, JR 91, 357; *Seelmann*, S. 72; *Seier*, JuS-Lernbogen 1996, L 21; S/S-*Perron*, § 263 Rn 150; *Zimmermann*, GA 17, 549; auch *Harbort*, Die Bedeutung der objektiven Zurechnung beim Betrug 2010, S. 107 f spricht von die Zurechnung ausschließender „eigenverantwortlicher Selbstgefährdung".
372 Zutr. LK-*Lackner*, 10. Aufl., § 263 Rn 242; *Otto*, Jura 93, 424; *Zieschang*, Hirsch-FS S. 845.

In **Fall 45** liegt in der **Hingabe des Geldes** eine irrtumsbedingte[373] Vermögensverfügung, die den A um 200 € ärmer macht, ohne dass er ein den Verlust ausgleichendes Äquivalent erhält. Die zwischen ihm und B getroffene Abrede war zwar nach § 138 I BGB **sittenwidrig und nichtig**; den Eintritt eines **Vermögensschadens** iS des § 263 hindert das jedoch nicht, weil den Schutz seines Vermögens vor betrügerischer Schädigung nicht verliert, wer es zu rechtswidrigen Zwecken einsetzt.

Die Rechtsprechung hat den hier vertretenen Standpunkt in zwei neueren Entscheidungen bestätigt. Dabei ging es im Fall des BGH[374] um vermeintliche Rauschgifthändler, im Fall des KG[375] um einen nur zum Schein bereiten Auftragsmörder, denen jeweils ein angesichts der fehlenden Leistungsbereitschaft verlorener Vorschuss gezahlt wurde. Das auf dem Boden des wirtschaftlichen Vermögensbegriffs gewonnene[376] Ergebnis stimmt hier mit dem juristisch-ökonomischen Standpunkt (Rn 535) überein[377]. In Fällen dieser Art ist allerdings stets auf den richtigen Ansatz zu achten: Für den Schaden des Vorleistenden ist nicht das Ausbleiben der sittenwidrigen Gegenleistung, sondern der Umstand maßgebend, dass er durch Täuschung zu einer vermögensmindernden Verfügung bestimmt worden ist, die angesichts ihrer Zweckverfehlung für ihn eine **wirtschaftlich sinnlose Ausgabe** bedeutet und ihn um das Geleistete ärmer macht. Der Täuschende wird damit auch nicht etwa gezwungen, das rechtswidrige Angebot einzulösen; denn er wird nicht dafür bestraft, dass er es unterlassen hat, die Leistung zu erbringen, sondern deshalb, weil er **den Vorleistenden in betrügerischer Weise zu einer schädigenden Verfügung veranlasst** und ihn in Bereicherungsabsicht „um sein redlich besessenes Geld gebracht" hat[378]. Wie § 826 BGB zeigt, würde auch das Zivilrecht dem so geschädigten Opfer nicht jeden Schutz versagen[379]. Auf diese Begründung ist auch dann abzustellen, wenn die Gegenleistung nicht vollständig, aber zu einem gewichtigen Teil ausbleibt, statt 35 kg Haschisch also zB nur 4 kg „Stoff" und 31 kg Schokolade geliefert werden[380]. 566

Ebenso verhielt es sich, wenn eine Straßendirne ihren „Freier" zur Vorauszahlung veranlasste, ohne ihrerseits erfüllungsbereit zu sein. Für den umgekehrten Fall, dass der „Freier" die Dirne um den vereinbarten Lohn prellt, sollte es nach BGHSt 4, 373 dagegen am objektiven Tatbestand des § 263 fehlen, weil die *körperliche Hingabe* keine Vermögensverfügung sei und „dem Geschlechtsverkehr für das Recht kein in Geld zu veranschlagender Wert zukomme". Die Aussicht einer Dirne, durch unsittliche Leistungen den versprochenen oder üblichen Lohn zu erhalten, gehörte nach dem BGH[381] nicht zum strafrechtlich geschützen Vermögen. Diese Aussagen haben durch **§ 1 ProstG** (vom 20.12.2001, BGBl I 3983 mit Begr. in BT-Ds 14/5958, S. 4) mit 567

---

373 AA *Mitsch*, BT II S. 276 f; *ders.*, JuS 03, 122, 126: schon keine betrugsrelevante Täuschung.
374 BGH NStZ 02, 33 mit Bespr. *Heger*, JA 02, 454.
375 KG NJW 01, 86 mit zust. Bespr. *Baier*, JA 01, 286; *Gröseling*, NStZ 01, 515; abl. dagegen *Hecker*, JuS 01, 228; Falllösung bei *Hillenkamp*, JuS 14, 929 f.
376 KG NJW 01, 86; *Krey/Hellmann/Heinrich*, BT II Rn 602 f, 623.
377 S. *Hillenkamp*, JuS 03, 162; A/W-*Heinrich*, § 20 Rn 115 ff; *Eisele*, BT II Rn 609; HK-GS/*Duttge*, § 263 Rn 49; *Lackner/Kühl*, § 263 Rn 35; M/R-*Saliger*, § 263 Rn 178; *Rengier*, BT I, § 13 Rn 145.
378 *Hillenkamp*, Vorsatztat und Opferverhalten 1981, S. 109; grundlegend RGSt 44, 230, 246 ff.
379 S. *Spickhoff*, JZ 02, 970, 977.
380 Für Betrug auch in diesem Fall zu Recht BGH JR 03, 163 mit zust. Anm. *Engländer*; krit. dagegen *Kindhäuser/Wallau*, NStZ 03, 152; *Mitsch*, JuS 03, 122; SK-*Hoyer*, § 263 Rn 132; *Swoboda*, NStZ 05, 476, 480 ff.
381 BGH JR 88, 125 mit Anm. *Tenckhoff*, 126.

dem 1.1.2002 ihre in § 138 BGB wurzelnde Geltung verloren. Daher liegt jetzt in beiden Fällen ein Betrug vor[382].

Rechtsprechungsbeispiel: In **BGHSt 61, 149** (mit Anm. *Bosch*, Jura (JK) 16, 826; *v. Galen*, NJW 16, 2438; *Krehl*, NStZ 16, 347) vereinbarte der Angekl. A mit der Geschädigten G, einer Prostituierten, für ihn gegen ein Entgelt von 4000 € über mehrere Tage hinweg Dienste als „Domina" zu leisten. Das tat G. Zu diesem Zweck hatte sie für zwei Tage Räumlichkeiten in einem „Institut" zu einem Preis von 2000 € angemietet. A nahm während dieser Zeit die verabredeten Dienste der G sowie die Unterbringung und Verpflegung im „Institut" in Anspruch. Als Bezahlung hatte A der G einen Tag zuvor einen auf 4000 € lautenden Verrechnungsscheck übergeben, der – was A wusste – nicht gedeckt war. G's Versuch, den Scheck nach Erbringung der Leistung einzulösen, blieb deshalb erfolglos. – Der BGH bestätigt die Verurteilung des A wegen durch Täuschung über seine „tatsächlich nicht bestehende Zahlungsfähigkeit und Zahlungswilligkeit" begangenen Betrugs mit folgender Begründung: „Zum strafrechtlich durch § 263 StGB geschützten Vermögen gehören auch die von der Geschädigten ... erbrachten sexuellen Leistungen als sog. Domina. Zwar werden Rechtsgeschäfte über die Erbringung sexueller Leistungen gegen Entgelt nach wie vor wegen Verstoßes gegen die guten Sitten gemäß § 138 Abs. 1 BGB als nichtig erachtet (Palandt/*Ellenberger* BGB, 75. Aufl., Anh. zu 138 [§ 1 ProstG]; s. auch BGH Beschl. v. 21.7.2015 – 3 StR 104/15, NStZ 15, 699 f u. v. 18.1.2011 – 3 StR 467/10, NStZ 11, 278). Allerdings bestimmt § 1 S. 1 ProstG – insoweit als Ausnahmeregelung zu § 138 BGB (MüKo BGB/*Armbrüster* 7. Aufl., Anh. zu § 138, ProstG § 1 Rn 9) –, dass eine rechtswirksame Forderung einer Prostituierten auf das für die sexuellen Leistungen vereinbarte Entgelt entsteht, wenn, wie vorliegend festgestellt, die verabredete Leistung von ihr erbracht ist (vgl jew. BGH aaO). Angesichts dieser gesetzgeberischen Wertung muss bereits den in Erfüllung eingegangener Verabredungen und in Erwartung des vereinbarten Entgelts erbrachten sexuellen Leistungen ein betrugsstrafrechtlich relevanter wirtschaftlicher Wert zugemessen werden. Zahlt der Freier, wie hier der Angekl., entsprechend der bereits bei Eingehen des Geschäfts bestehenden Willensrichtung das vereinbarte Entgelt nicht, fehlt es an einer Kompensation für die Leistungen."

Zu **beachten** ist aber, dass es dann am Vermögensschaden fehlt, wenn das Opfer der Täuschung seine **Arbeitskraft in strafbarer Weise** einsetzt, ohne anschließend die in Aussicht gestellte Vergütung zu erhalten. Der so aufgewendeten Arbeitskraft wohnt nach der juristisch-ökonomischen Lehre kein durch § 263 geschützter Wert inne[383]. Führt also der Lohnmörder den Mord aus, ohne den versprochenen Lohn zu erhalten, ist er schon nicht um einen geschützten Vermögensbestandteil gebracht. Im Übrigen ist seine Lohnforderung nichtig, sodass auch insoweit Betrug ausscheidet (Rn 570). Ein Widerspruch zum Schutz des Auftraggebers liegt hierin nicht: der Besitz am Geld ist durch die Rechtsordnung geschützt, das Mordhandwerk dagegen nicht.

---

382   BGH NStZ 16, 283 mit Anm. *Krehl*, NStZ 16, 347. *Fischer*, § 263 Rn 107; *Trede*, Auswirkungen des ProstG auf das Straf- und Ordnungswidrigkeitenrecht 2006, S. 239 ff; *v. Galen*, Rechtsfragen der Prostitution 2004, Rn 396, 398; *Hecker*, Kühne-FS S. 81 ff; diff. *Ziethen*, NStZ 03, 184; die Wertung ist auf Fälle des Telefonsex übertragbar, s. *Beulke*, III Rn 235; *Fischer*, § 263 Rn 107; HK-GS/*Duttge*, § 263 Rn 51, zweifelhaft ist aber die Übertragung auf einen Fall *einmaliger* sexueller Hingabe, um mit den versprochenen 20 000 € das Studium zu finanzieren, nach LG Bad Kreuznach BeckRS 13, 05628 Betrug. Zur *Erpressung* in solchen Fällen s. Rn 716.

383   Ebenso BGH NStZ 01, 534; A/W-*Heinrich*, § 20 Rn 119, 120c; *Hecker*, JuS 01, 228; *Lackner/Kühl*, § 263 Rn 34; S/S/W-*Satzger*, § 263 Rn 169; aA *Krey/Hellmann/Heinrich*, BT I Rn 619, 621; *Otto*, JK 02, StGB § 263/64; Überblick bei *Küper/Zopfs*, BT Rn 631.

g) Ansprüche aus gesetz- oder sittenwidrigen Geschäften

Ob **Ansprüche**, die gemäß §§ 134, 138 BGB **rechtlich keinen Bestand** haben, Gegenstand eines Betrugs sein können, wenn ihnen im Einzelfall ein wirtschaftlicher Wert beizumessen ist, wird ebenfalls nicht einheitlich beurteilt.

568

> **Fall 46:** A und B haben bei einem Einbruchsdiebstahl Schmuck von hohem Wert erbeutet, den A zu Geld machen soll; von dem Erlös sollen beide vereinbarungsgemäß je 50% erhalten. A erzielt 3000 €, übergibt dem B indessen nur 1000 € mit der Behauptung, „mehr habe er nicht herausholen können". Der leichtgläubige B fällt darauf herein.
> Hat A den B in strafbarer Weise betrogen? **Rn 571**

Die heute hM verneint das mit der Begründung, dass Ansprüche aus gesetz- oder sittenwidrigen Rechtsgeschäften **nicht zum strafrechtlich geschützten Vermögen gehören**[384]. Die Gegenmeinung stellt darauf ab, ob der nichtige Anspruch für den Betroffenen einen wirtschaftlichen Wert besessen hat oder nicht; im ersten Fall soll Raum für das Vorliegen einer Vermögensbeschädigung sein[385].

569

Zumeist sind nichtige Forderungen aus wirtschaftlicher Sicht schon deshalb wertlos, weil es im konkreten Fall an der Leistungsbereitschaft des „Schuldners" fehlt. Dann wirkt sich der Meinungsstreit im Ergebnis nicht aus. Die Dinge können aber anders liegen, wenn besondere Bindungen (zB aus enger Freundschaft oder Komplizenschaft) zwischen den Beteiligten bestehen, die erwarten lassen, dass der andere Teil die ihm obliegende Leistung aus freien Stücken erbringen wird. Hier würde eine rein tatsächliche Erwerbsaussicht existieren, die bei hinreichender Konkretisierung Vermögenswert haben könnte.

Für den Fall eines sog. Komplizenbetrugs hat der BGH in seiner früheren Rechtsprechung, die noch von der rein wirtschaftlichen Betrachtungsweise geprägt war, ein Indiz für den wirtschaftlichen Wert der nichtigen Forderung darin gesehen, dass sich der täuschende Hehler der Erfüllung des Erlösabkommens nicht schlechthin entzogen, sondern immerhin einen Teilbetrag an den Vortäter gezahlt habe[386]. Ob eine solche Schlussfolgerung stichhaltig ist, erscheint indessen zweifelhaft. Man könnte aus dem Verhalten des Hehlers ebenso gut schließen, dass er hinsichtlich der gesamten Forderung bzw des Mehrbetrages von 500 € gerade nicht leistungswillig war[387].

Nach der inzwischen herrschenden und auch hier zu Grunde gelegten (s. Rn 534 f) **juristisch-ökonomischen Vermittlungslehre** scheitert die Anwendbarkeit des § 263 in derartigen Fällen bereits daran, dass Ansprüche, die aus gesetz- oder sittenwidrigen Abmachungen hergeleitet, aber von der Rechtsordnung ausdrücklich (§§ 134, 138 BGB) missbilligt werden, nicht zum strafrechtlich geschützten Vermögen gehören[388]. Nur von diesem Standpunkt aus lassen sich Wertungswidersprüche zwischen Zivilrecht und Strafrecht vermeiden. Auf die Frage nach dem wirtschaftlichen Wert der

570

---

384 Vgl BGH JR 88, 125; LK-*Tiedemann*, § 263 Rn 151; MK-*Hefendehl*, § 263 Rn 512 ff; M/R-*Saliger*, § 263 Rn 174 f; *Rengier*, BT I § 13 Rn 136; Überblick bei *Küper/Zopfs*, BT Rn 629.
385 Vgl *Heghmanns*, Rn 1260; *Krey/Hellmann/Heinrich*, BT II Rn 615.
386 BGHSt 2, 364, 370 im Drehbankfall.
387 Vgl *Lenckner*, JZ 67, 105, 109 Fn 27 und Fall 46, der BGHSt 2, 364 entspricht.
388 So jetzt auch BGH NStZ 01, 534; *Rengier*, BT I § 13 Rn 136; S/S/W-*Satzger*, § 263 Rn 170; zum – nach BGH NJW 14, 1805 zu verneinenden – Anspruch auf Arbeitslohn bei **Schwarzarbeit** s. *Kolb*, NZWiSt 14, 344.

betreffenden Ansprüche kommt es dann nicht, sondern nur dann an, wenn die **Nichtigkeit** – wie etwa bei einem Formmangel – aus von der Rechtsordnung **nicht missbilligten** Gründen folgt[389].

571 Im **Fall 46** hat B es infolge der Täuschung **unterlassen**, den vollen Anteil am wirklich erzielten Erlös zu fordern und seinen (gemäß § 138 I BGB nichtigen, rechtlich also nicht existenten) „Anspruch" auf Zahlung der restlichen 500 € gegen A geltend zu machen. Dass B dadurch einen **Schaden** iS des § 263 erlitten hat, ist entgegen BGHSt 2, 364 aber unabhängig davon zu verneinen, ob die Teilerfüllung durch A dem „Anspruch" einen wirtschaftlichen Wert verschafft. Der fehlende Schaden folgt schon aus dem Rechtsgrund der aus der Rechts- und Sittenwidrigkeit der Beurteilung folgenden Nichtigkeit des Anspruchs, der die Aussicht auf Erfüllung aus dem von § 263 geschützten Vermögen ausnimmt.

h) Schadensgleiche Vermögensgefährdung (Gefährdungsschaden)

572 Die hM erkennt als Vermögensbeschädigung auch eine **konkrete** („*schadensgleiche*") **Vermögensgefährdung** an, sofern sie bereits mit einer aus feststehenden Tatsachen herzuleitenden[390] Verschlechterung der gegenwärtigen Vermögenslage verbunden ist. Eine solche Lage kann sich namentlich dann schon als **schadensbegründend** erweisen[391], wenn dem Bedrohten keine in seiner Macht liegenden Möglichkeiten zu Gebote stehen, den Umschlag der Gefahr in den endgültigen Verlust zu vermeiden[392]. Der BGH will eine konkrete Gefährdung als Schaden nur dann anerkennen, wenn der Eintritt wirtschaftlicher Nachteile überwiegend wahrscheinlich ist[393], der Betrogene also ernstlich mit wirtschaftlichen Nachteilen zu rechnen hat. Das geht sachlich in die richtige Richtung, stellt die Situation aber etwas schief dar, denn so wäre in der Überlegung ein verbotener Analogieschluss zu besorgen. Wenn jedoch die Gefährdungslage jederzeit deshalb „**unmittelbar**" in einen effektiven Güterverlust umschlagen" kann, weil dieses Ereignis nicht mehr von weiteren „eigenmächtigen Handlungen des Täters, Opfers oder Dritter abhängt"[394], dann sinkt der wirtschaftliche Wert des Gutes (ganz unabhängig davon, ob der Schaden sich später realisiert) sofort, und zwar im Umfang des Erwartungswerts des Schadens (Wahrscheinlichkeit x Höhe des drohenden Schadens) – zB ist ein Fahrrad, das absehbar möglicherweise

---

389 M/R-*Saliger*, § 263 Rn 176; S/S/W-*Satzger*, § 263 Rn 171.
390 BGH StV 95, 24; BGH wistra 04, 60.
391 *Küper/Zopfs*, BT Rn 652; LK-*Tiedemann*, § 263 Rn 168; BGHSt 15, 24, 27; 21, 112, 113; 34, 394, 395; BGH JR 1990, 517 mit Anm. *Keller*; krit. dazu *Bung*, in: Jenseits des rechtsstaatlichen Strafrechts 2007, 363 ff; *Evers*, Das Verhältnis des Vermögensnachteils bei der Untreue zum Vermögensschaden im Betrug 2018, S. 46 ff; 108 ff; *Hauck*, ZIS 11, 919 ff; *Riemann*, Vermögensgefährdung und Vermögensschaden 1989, S. 60 ff.
392 S. *Hefendehl*, Vermögensgefährdung und Expektanzen 1994, S. 129 ff; *ders.*, in: Schünemann, Strafrechtssystem und Betrug 2002, S. 185, 233, 243 ff; LPK-*Schünemann*, § 266 Rn 230; eine sehr weit gehende Vermeidemacht entwickelt *Wahl*, Die Schadensbestimmung beim Eingehungs- und Erfüllungsbetrug 2007, S. 45 ff; 203 ff. BGH HRRS 14, 120 mit Anm. *Bittmann*, ZWH 14, 186 und *Satzger*, JK 10/14, StGB § 263/105 verneint eine schadensbegründende Vermögensgefährdung bis zur Einreichung eines durch Täuschung erschlichenen Überweisungsträgers aufgrund dessen freier Widerruflichkeit.
393 BGHSt 51, 165, 177; BGH StV 08, 526, 527; BGH NStZ 17, 30 mit Anm. *Becker*.
394 Unter dieser Voraussetzung der Figur der schadensgleichen Vermögensgefährdung wie hier zust. M/R-*Saliger*, § 263 Rn 225, 229; s. auch OLG Stuttgart NStZ-RR 13, 174 mit Bespr. *Bülte*, NZWiSt 13, 346; *Satzger*, JK 10/13, § 263 StGB/103; Überblick bei *Becker/Rönnau*, JuS 17, 499.

demnächst Schrottreife erlangt, schon vor dem Eintritt der Schrottreife in seinem Wert geschmälert, und zwar auch dann, wenn es tatsächlich noch lange gut fährt. Die Wahrscheinlichkeit entscheidet letztlich nicht über das Ob des Schadens, sondern über die Höhe; mit seinem Kriterium blendet der BGH unbedeutende Schadenshöhen (zu Recht) aus, es wirkt also zu Gunsten des Beschuldigten, nicht als belastende Analogie. Macht man mit diesen Voraussetzungen Ernst, hält sich die Einbeziehung der schadensbegründenden Vermögensgefährdung iR der nach Art. 103 II GG zu beachtenden Wortlautgrenze[395]. Auch deshalb besteht kein Anlass, den von Rechtsprechung und Lehre entwickelten Begriff und die mit ihm verbundene Schadensbegründung aufzugeben[396]. Sie folgt aus dem wirtschaftlichen Ausgangspunkt des Vermögens- und Schadensbegriffs und ist weder entbehrlich noch eine Verschleierung vermeintlich nur gegebenen Versuchsunrechts[397]. Vielmehr beschreibt sie einen nach wirtschaftlichen Maßstäben bereits eingetretenen **Gefährdungsschaden**[398], der nach den Vorgaben des Bundesverfassungsgerichts „in wirtschaftlich nachvollziehbarer Weise festzustellen" und zu quantifizieren ist[399]. *Diesem* Verfassungsauftrag hat der BGH in seiner *Al Qaida-Entscheidung* nach der – insoweit anfechtbaren – Auffassung des BVerfG nicht genügt, dem Bestimmtheitsgrundsatz mit der Konstruktion eines Eingehungsschadens aber verfassungsgerichtlich unbeanstandet Rechnung getragen[400]. Zu dieser Begrün-

---

395 S. dazu die § 263 einbeziehende Entscheidung BVerfG wistra 09, 385, 387 f zu § 266 mit Bespr. *Fischer*, StV 10, 95; *Jahn*, JuS 09, 859 sowie BVerfG wistra 10, 380 mit Anm. *Steinberg/Dinter*, JR 11, 224; *Krüger*, JR 11, 369 und BVerfG wistra 12, 102, 105 mit Bespr. *Peglau*, wistra 12, 368 zu § 263.
396 So aber der 1. Strafsenat in BGHSt 53, 199, 202, mit insoweit zust. Anm. *Ransiek/Reichling*, ZIS 09, 315; *Schlösser*, NStZ 09, 663 ff; abl. wie hier A/R/R-*Kölbel*, 5.1 Rn 114, 118; *Brüning*, ZJS 09, 300, 302 f; *Eisele*, BT II Rn 578 ff; G/J/W-*Dannecker*, § 263 Rn 95; *Küper*, JZ 09, 803; NK-WSS-*Heger/Petzsche*, § 263 Rn 112 ff; *Rengier*, BT I § 13 Rn 185 ff; *Schramm*, BT I § 7 Rn 136; Spickhoff-*Schuhr*, § 263 Rn 53; *Wittig*, § 14 Rn 113; *Zöller*, BT Rn 179 f; zusf. *Fischer*, § 263 Rn 156 ff; *Sickor*, JA 11, 109; krit. *Hefendehl*, Samson-FS S. 295 ff; H-H-*Voigt*, Rn 1028 ff; *Joecks*, Samson-FS S. 355 ff; zur entsprechenden Entwicklung zu § 266 s. die Entscheidung des 1. Senats in JR 08, 426, 428 mit insoweit zu Recht krit. Anm. *Beulke/Witzigmann* S. 430, 433.
397 S. *Fischer*, NStZ-Sonderheft 09, 8, 11 ff mwN; vgl auch A/W-*Heinrich*, § 20 Rn 97.
398 Der 2. Senat gibt in BGHSt 52, 323, 336, 338 den Begriff des „Gefährdungsschadens" zu Recht nicht auf; der 3. Senat vermeidet den Begriff in BGHSt 54, 69, 122–126; krit. zur Schadensbegründung *Saliger*, Samson-FS S. 455, 475 ff. Das lädt aber eher zur Vernachlässigung ihrer Besonderheiten ein. Ob man von „schadensgleicher Gefährdung" oder von „Gefährdungsschaden" spricht, macht unter dem Blickwinkel der verfassungsrechtlichen Problematik kaum einen Unterschied; aA AnK-*Gaede*, § 263 Rn 104, 116; Bedenken gegen den zuerst genannten Begriff auch bei *Rengier*, BT I § 13 Rn 185.
399 BVerfG wistra 10, 380, 395 (zu § 266); dem folgt BGH wistra 11, 22, 23; BGH wistra 17, 146 (**nichtiger Pfändungs- und Überweisungsbeschluss**); OLG Stuttgart NStZ-RR 13, 175; s. dazu *Fischer*, § 263 Rn 161a; beachtliche Konkretisierung findet sich bei AnK-*Gaede*, § 263 Rn 123 ff; krit. zur Beteiligung von Sachverständigen bei der Schadensfeststellung *Hefendehl*, wistra 12, 325 und *Krause*, wistra 12, 331; krit. zu bilanzrechtlichen Kriterien *Blassl*, wistra 16, 428 ff; *Ginou*, NZWiSt 17, 138 ff. Einen Versuch zur genauen Bezifferung des Schadens durch Bildung einer **Berechnungsformel** als Modell für den Fall der drohenden Verjährung als Forderungsausfall unternehmen *Zebisch/Kubik*, NStZ 17, 324, 328.
400 S. zur Aufhebung der Entscheidung BGHSt 54, 69 durch BVerfG wistra 12, 102 die Bespr. von *Kraatz*, JR 12, 329; *Kudlich*, JA 12, 230; *ders.*, PdW BT I S. 101 f; *Schlösser*, NStZ 12, 473; *Steinsiek/Vollmer*, ZJS 12, 586; *Waßmer*, HRRS 12, 368; Bedenken gegen den methodisch anfechtbar begründeten Übergriff in die Auslegungskompetenz der Fachgerichte finden sich bei *Bosch*, JK 7/12, StGB § 263/97 und *Jahn*, JuS 12, 268 („Superrevisionsinstanz"-Vorwurf); klärend dazu aber *Kuhlen*, JR 11, 246; beachtliche Kritik an der Schadensbegründung durch BGHSt 54, 69 findet sich allerdings auch bei *Fischer*, § 263 Rn 176a-d; der Begründung zust. dagegen Krey/Hellmann/Heinrich, BT II Rn 684.

dung des Schadens passt der Vorschlag nicht, dem Täter die Möglichkeit einer **tätigen Reue** einzuräumen. Das gilt abgeschwächt auch für den Vorschlag, den Gefährdungsschaden strafmildernd zu berücksichtigen[401]. In Betracht kommt eine schadensbegründende Vermögensgefährdung in Fällen, in denen der bereits erbrachten Leistung des Getäuschten ein durch konkrete Umstände erfüllungsunsicherer Anspruch und damit ein „Gefährdungsschaden auf der Kompensationsebene" gegenübersteht[402], vor allem aber in Fällen des **Eingehungsbetrugs** (s. Rn 539 ff)[403], im Bereich des **Kreditbetrugs**, des **Gutglaubenserwerbs** und der **Preisgabe einer Geheimzahl**, die den Zugang zu einem Konto oder einem Tresor eröffnet.

573 Beim **Kreditbetrug** als einem Unterfall der **Risikogeschäfte** liegt bereits in der Kreditgewährung regelmäßig ein Schaden, wenn die Gegenforderung (idR Rückzahlungs-, Zins- und Gebührenanspruch) wegen Vermögenslosigkeit oder Zahlungsunwilligkeit kein gleichwertiges Äquivalent darstellt[404]. Bei der (stets wirtschaftlichen) Bewertung der Gegenforderung sind *Sicherheiten*, wie zB eine Sicherungshypothek[405], von besonderer Bedeutung[406]. Sie gleichen den wirtschaftlichen Wert der Forderung ihrem Nominalwert an und schließen – soweit dieser dem Risiko entspricht – einen Schaden aus, wenn sie zur Deckung des Risikos ausreichen und dem Gläubiger ohne erheblichen zeitlichen und finanziellen Aufwand sowie unmittelbar, und dh vor allem ohne notwendige Mitwirkung des zahlungsunwilligen Schuldners, zur Verfügung stehen[407]. Hinsichtlich der Werthaltigkeit solcher Sicherheiten ist auf den Zeitpunkt der Vermögensverfügung abzustellen[408]. Da die Darlehensgewährung ein Risikogeschäft ist, muss für die Schadensfeststellung „die Verlustwahrscheinlichkeit" nach den Maßstäben des Bundesverfassungsgerichts „tragfähig eingeschätzt" und das „täuschungsbedingte Risikoungleichgewicht" gegebenenfalls unter sachverständiger Beratung bewertet werden[409]. Zur Bestimmung des Schadens ist grds. auch auf banken übliche Wertansätze sowie einzelfallbezogene Besonderheiten zur Ermitt-

---

401 So aber AnK-*Gaede*, § 263 Rn 116.
402 S. *Küper*, JZ 09, 804, der hierin zu Recht die richtige Schadensbegründung zu BGHSt 53, 199 sieht; s. auch AnK-*Gaede*, § 263 Rn 116; *Kindhäuser*, § 263 Rn 192.
403 *Küper/Zopfs*, BT Rn 655.
404 BGH wistra 13, 268, 269; BGH NStZ 16, 343 mit Anm. *Becker*; *Brüning*, ZJS 16, 781; *Ladiges*, wistra 16, 231.
405 Neben dinglichen kommen auch persönliche Sicherungsmittel in Betracht, bergen oft aber ihrerseits ein mitzuveranschlagendes Bonitätsrisiko, s. MK-*Hefendehl*, § 263 Rn 629; NK-*Kindhäuser*, § 263 Rn 255; S/S-*Perron*, § 263 Rn 162a. Dies gilt insbesondere dann, wenn die Sicherungsgeber selbst an der Tat beteiligt sind, s. BGH wistra 18, 129.
406 BGH NStZ 17, 170, 171; *Fischer*, § 263 Rn 133. Umgekehrt können keineswegs alle ungesicherten Ansprüche als minderwertig betrachtet werden, auch nicht jede Risikoerhöhung muss gesondert kompensiert werden, s. BGH HRRS 17, 400 (Nr 981); Spickhoff-*Schuhr*, § 263 Rn 54.
407 S. BGH wistra 92, 142; 95, 28; 00, 350; BGH NStZ 99, 353; BGH NStZ-RR 09, 206; BGH wistra 13, 268 f mit Anm. *Schlösser*, NStZ 13, 713; BGH wistra 14, 349, 350; BGH NStZ 16, 287; BGH wistra 17, 22 mit Anm. *Brand*, NJW 16, 3383; *Kudlich*, JA 16, 869; BGH StraFo 17, 515; M/R-*Saliger*, § 263 Rn 230; *Rengier*, BT I § 13 Rn 209; BGH HRRS 17, 434 (Nr 1050); S/S-*Perron*, § 263 Rn 162a.
408 BGH NStZ 09, 150.
409 BGH BeckRS 12, 10850; für das Risikoungleichgewicht ist maßgeblich, ob und in welchem Umfang das Ausfallrisiko sich verändert, wenn der Täter über die risikobestimmenden Faktoren nicht getäuscht, sondern sie zutreffend angegeben hätte, s. BGH StraFo 14, 166, 167 mit Anm. *Becker*, NStZ 14, 458; BGH NStZ 16, 344 mit Anm. *Becker*; *Hotz*, ZWH 16, 355; *Ladiges*, wistra 16, 231; BGH NStZ 19, 144 mit Anm. *Kulhanek*.

lung des Wertes der Rückzahlungsforderung am Markt abzustellen[410]. Stundet ein Gläubiger unter dem Einfluss einer Täuschung eine Forderung oder nimmt er einen Zwangsvollstreckungsantrag zurück, begründet dieses Verhalten nur dann eine schadensgleiche Vermögensgefährdung, wenn dadurch eine Verschlechterung der Aussichten eintritt, den Anspruch zu befriedigen. Daran fehlt es, wenn der Schuldner schon im Zeitpunkt des Gläubigerhandelns kein pfändbares Vermögen mehr hat[411]. Beabsichtigt der Täter von Anfang an, ein ungesichertes Darlehen nicht zurückzuzahlen, sieht die Rechtsprechung darin meist einen Schaden in voller Höhe des Rückzahlungsanspruchs[412]; richtig ist dies jedenfalls dort, wo Prozess- und Bonitätsrisiken den Anspruch wirtschaftlich wertlos machen. Überlässt jemand einem anderen später zurückzuzahlende Gelder, um damit Spekulationsgewinne bei Aktienkäufen zu machen, liegt ein Schaden vor, wenn der andere von vornherein die Käufe nicht vornehmen und das Geld nicht zurückzahlen will, nicht aber, wenn das Geld ohne Beeinträchtigung der Werthaltigkeit des Rückzahlungsanspruchs nur anderweitig eingesetzt werden soll. Dass sich der Geldgeber auch dann betrogen sieht, reicht für einen Schaden nicht aus[413]. Wird der Anleger über die Höhe eines Verlustrisikos getäuscht, entsteht ein Gefährdungsschaden, wenn der Marktpreis wegen des höheren Risikos tatsächlich niedriger gelegen hätte[414]. Die Ausfallversicherungen der Banken stellen keine Schadenskompensation dar, denn diese basieren nicht auf der Vermögensverfügung, sondern einer selbstständigen Entscheidung der Bank[415].

Dem Kreditbetrug verwandt ist der sog. **Kontoeröffnungsbetrug**. Hier kann nach der anfechtbaren Rechtsprechung[416] ein Schaden in Form einer schadensgleichen Vermögensgefährdung schon dann eintreten, wenn der Täter unter Vorlage eines gefälschten oder entwendeten Ausweises und Täuschung über seine Zahlungswilligkeit bei einer Bank ein Konto eröffnet und ihm antragsgemäß eine Kredit- oder EC-Karte ausgehändigt oder ein Überziehungskredit eingeräumt wird. Wird das Konto nur auf Guthabenbasis geführt, ist ein Gefährdungsschaden allerdings ausgeschlossen[417]. Ähnlichkeiten mit den vorgenannten Sachverhalten weist auch die **Vorbehaltsgutschrift** auf, die die Inkassobank bei Einreichung eines ungedeckten Schecks zur Einziehung vornimmt. Hier entfällt eine schadensgleiche Vermögensgefährdung nicht nur, wenn dem Kontoinhaber der Zugriff auf sein Konto ohnehin versperrt ist, sondern auch dann, wenn die Rückbelastung des (in Anspruch genommenen) Scheckbetrages durch den Kontostand wertmäßig abgedeckt oder der Kontoinhaber willens und in der Lage ist, das Konto aus-

574

---

410 BGH NStZ 19, 82, 83; BGH NStZ 19, 144 mit Anm. *Kulhanek*.
411 S. BGH StV 03, 447; BGH wistra 03, 232, 233; BayObLG NStZ 04, 503.
412 BGH NStZ 17, 708 mit Anm. *Eidam*; BGH wistra 17, 494; 18, 169 mit Anm. *Weber*, FD-StrafR 18, 400404; 19, 151; BGH NStZ-RR 18, 77, 78 (zum *Anlagebetrug*). Bei mehreren Kreditanträgen am selben Tag und bei demselben Bankinstitut besteht eine natürliche Handlungseinheit, und es liegt nur eine Betrugstat vor, s. BGH NStZ-RR 16, 281.
413 BGH NStZ 17, 469.
414 BGH NStZ 14, 320; *Fischer*, § 263 Rn 127; S/S/W-*Satzger*, § 263 Rn 274; *Kasiske*, NZWiSt 16, 302 ff. Bei **Schneeballsystemen** geht der BGH (streng genommen zu pauschal) von einem Schaden im vollen Umfang der Einlage aus, s. BGH NStZ 16, 410 mit Anm. *Becker*; *Schmidt*, StV 18, 57 ff; Fischer-*Trüg*, S. 217, 226 f.
415 S. dazu BGH HRRS 18, 502 Nr 1166; LK-*Tiedemann*, § 263 Rn 167.
416 Zsfsd. BGH NStZ 11, 160; Falllösung bei *Zöller*, Jura 03, 638 f; für bloßes Versuchsunrecht spricht, dass die Gefahrrealisierung von *weiterem Täterverhalten* abhängt, s. dazu Rn 572, 579 und AnK-*Gaede*, § 263 Rn 124.
417 OLG Hamm wistra 12, 161, 162 mit Hinweis auf die BGHSt 47, 160 und BGH NStZ 09, 329 noch zugrunde liegende, mit dem 31.12.2001 aber entfallene, Scheckkartengarantie.

zugleichen[418]. Ein Schaden liegt dagegen vor, wenn die Inkassobank nach den konkreten Umständen des Einzelfalls durch das ihr zustehende Rückbelastungsrecht nicht hinreichend gesichert ist[419].

575 **Fall 47:** T hat sich von X ein Moped für eine Fahrt nach auswärts geliehen. Unterwegs versagt das Moped. T schiebt es zur Reparaturwerkstatt des O, der ihn auf die Notwendigkeit einer größeren Reparatur aufmerksam macht. T bietet daraufhin dem O das Moped für 130 € zum Kauf an und verspricht, die Papiere zuzusenden. O, der T zunächst für den Eigentümer hält, kauft das Moped, schöpft jedoch, als die Papiere nicht kommen, Verdacht und gibt das Moped später dem X zurück, nachdem er den wahren Sachverhalt erfahren hat.
Hat T gegenüber O einen Betrug begangen? **Rn 578**

576 In Fällen wie diesen liegt ein Schaden unproblematisch vor, wenn auch ein gutgläubiger Erwerber kein Eigentum erlangen kann, weil die Sache dem Eigentümer gestohlen worden, verloren gegangen oder sonst abhanden gekommen war (§ 935 BGB). *Abhandenkommen* bedeutet den unfreiwilligen Verlust des unmittelbaren Besitzes. Dabei ist der für die Freiwilligkeit maßgebliche Wille nicht rechtsgeschäftlicher, sondern tatsächlicher Natur. Er ist nach der Rechtsprechung weder bei einer Täuschung noch bei einer einfachen, der Wirkung von vis absoluta nicht gleichkommenden Drohung ausgeschlossen[420]. Ist danach ein **gutgläubiger Erwerb** möglich und gegeben, scheint es an einem Schaden zu fehlen. Erhebt in Fällen eines solchen Erwerbs der ehemalige Eigentümer gegen den Erwerber eine Herausgabeklage (§ 985 BGB), liegt das **Prozessrisiko** bei ihm, da den Kläger gemäß § 932 BGB die **Beweislast** für die Behauptung trifft, dass der Käufer beim Erwerb **nicht in gutem Glauben gehandelt** habe. Mit Rücksicht darauf hat das Reichsgericht ursprünglich einen Schaden des gutgläubigen Erwerbers verneint[421]. In einer Entscheidung von 1938 hat es sich jedoch von dieser zivilrechtlichen Betrachtungsweise gelöst und den Standpunkt vertreten, ein Gutglaubenserwerb sei zumeist **wirtschaftlich weniger wert** als der Erwerb vom Berechtigten. Dies folge daraus, dass der Gutgläubige uU Aufwendungen zur Verteidigung seines Erwerbes machen müsse und sich ggf an einer beabsichtigten Weiterveräußerung der Sache gehindert sehe; zudem sei ein Erwerb vom Nichtberechtigten mit einem *„sittlichen Makel"* behaftet[422].

577 Der BGH hat der *Makeltheorie* eine deutliche Absage erteilt, ist aber der neueren Linie unter dem Blickwinkel der schadensgleichen **konkreten Vermögensgefährdung** gefolgt. Er stellt dabei jedoch zu Recht ganz auf die Besonderheiten des Einzelfalls und rein wirtschaftliche Erwägungen ab[423]. Ob eine Vermögensbeschädigung iS des § 263 zu bejahen oder zu verneinen ist, hängt danach wesentlich von den **beteiligten Personen**, der **Art des Vertragsobjekts** und den **sonstigen Umständen** ab, unter denen sich Veräußerung und Erwerb abgespielt haben. Sie müssen für eine gerichtliche Auseinandersetzung die konkrete Gefahr begründen, in ihr zu unterliegen oder aus

---

418 BGH wistra 12, 267, 269 mit Anm. *Bosch*, JK 9/12, StGB § 263/98.
419 BGH wistra 16, 311; 442 f.
420 BGH HRRS 16, 426 (Nr 865).
421 RGSt 49, 16; so auch *Maurach/Schroeder/Maiwald*, BT I § 41 Rn 125; S/S-*Perron*, § 263 Rn 111.
422 RGSt 73, 61; s. dazu *Bock*, BT II S. 410; *Fischer*, § 263 Rn 151.
423 BGHSt 3, 370, 372; 15, 83, 87; BGH StV 03, 447, 448.

wirtschaftlicher Rücksichtnahme die Sache herauszugeben[424] und geeignet sein, den Gefährdungsschaden in einer den Vorgaben den Bundesverfassungsgerichts genügenden Weise zu begründen[425].

Dass T im Fall 47 den O durch Täuschung zu einer Vermögensverfügung bewogen hat, liegt klar auf der Hand. Problematisch erscheint allein die Frage der **Vermögensbeschädigung**. Da das veräußerte Moped dem X *nicht* im Sinne des § 935 BGB abhanden gekommen war, hat O an ihm *kraft guten Glaubens* **Eigentum erworben** (§§ 929, 932 BGB). Gleichwohl ist zweifelhaft, ob dieser Vermögenszuwachs die Zahlung des vereinbarten Kaufpreises an T **wirtschaftlich voll ausgleicht**, da sich nicht ausschließen lässt, dass X dem O angesichts der fehlenden Papiere beim Kauf Bösgläubigkeit vorwirft (vgl § 932 II BGB), mit dieser Begründung die Wirksamkeit der Veräußerung leugnet und den O möglicherweise sogar mit einem Prozess überzieht. Aus solchen Gründen hat BGHSt 15, 83 hier Betrug bejaht[426].

578

Rechtsprechungsbeispiel: Einen weiteren Akzent setzte hierzu **BGH wistra 11, 387** (mit Bespr. *Kudlich*, JA 11, 790; *Schlösser*, NStZ 13, 162). Dort hatte der Ehemann der Angeklagten zwei hochwertige Sportwagen bei gewerblichen Vermietern in der dann auch in die Tat umgesetzten Absicht angemietet, die Pkws vor Vorlage gefälschter Papiere an private Interessenten zu verkaufen. Das gelang ihm mithilfe seiner Frau, die die Verkaufsverhandlungen unterstützte. – Ihre Verurteilung wegen Beihilfe zum Betrug (s. Rn 590) hob der BGH auf. Das LG hatte zu der Frage, ob die Käufer an den zwar durch Besitzbetrug erlangten und dann unterschlagenen, deshalb aber nicht abhanden gekommenen, da „freiwillig" überlassenen (s. dazu BGH HRRS 16, 426 Nr 865 und Rn 576) Pkws gutgläubig Eigentum erworben haben, nichts dargelegt. Die Auffassung des Generalbundesanwalts, im Falle eines gutgläubigen Erwerbs liege ein tatbestandsmäßiger (Gefährdungs-)Schaden im nicht unerheblichen Prozessrisiko, hält der BGH für keine hinreichende Schadensbegründung (mehr). Für diese komme es nun nach der Entscheidung BVerfGE 126, 170 (s. Rn 778) zu § 266, die auch für § 263 Gültigkeit beanspruche (s. dazu *Saliger*, Imme Roxin-FS S. 310 ff und BVerfG wistra 12, 102) im Hinblick auf das Bestimmtheitsgebot auf eigenständige Feststellungen an, die den Schaden von den übrigen Merkmalen abgrenzten und eine tragfähige Aussage zur Stoffgleichheit zuließen. Dem genüge der bloße Hinweis auf ein zivilrechtliches Prozessrisiko bei gutgläubigem Erwerb eindeutig nicht[427].

In den Besitz einer EC-Karte mit der dazugehörigen **Geheimzahl** oder der **Zahlenkombination** für einen Safe gelangen Täter nicht selten entweder durch Nötigung

579

---

424 S. hierzu im Einzelnen A/W-*Heinrich*, § 20 Rn 98; *Eisele*, BT II Rn 612; *Hefendehl*, Vermögensgefährdung und Exspektanzen 1994, S. 353 ff; *Küper/Zopfs*, BT Rn 653; *Lackner/Kühl*, § 263 Rn 43; *Mitsch*, BT S. 327 ff; *Rengier*, BT I § 13 Rn 205 f; S/S/W-*Satzger*, § 263 Rn 253; s. auch *Beulke*, III Rn 252.

425 S. dazu BGH wistra 11, 387 (hier Rn 578: **Rechtsprechungsbeispiel**); und BGH StraFo 15, 300 f mit abl. Bespr. *Pannenborg*, NZWiSt 15, 429 und Anm. *Begemeier/Wölfel*, NStZ 16, 129; *Bosch*, Jura 15, 1136 (§ 145d); *Brüning*, ZJS 15, 535; *Hecker*, JuS 15, 949; *Kudlich*, JA 15, 947; BGH StraFo 13, 480; *Begemeier/Wölfel*, JuS 15, 307. Das wird nur noch in Ausnahmefällen zutreffen, ebenso M/R-*Saliger*, § 263 Rn 233.

426 S. hierzu *Hillenkamp*, BT 32. Problem; der Kfz-Brief ist kein „Traditionspapier". Zum Erwerb des Eigentums ist daher seine Übergabe nicht erforderlich, s. BGH NStZ-RR 07, 201.

427 Vgl. demgegenüber aber BGH StraFo 15, 299 mit abl. Bespr. *Begemeier/Wölfel*, NStZ 16, 129; *El-Ghazi*, HRRS 15, 386; *Pannenborg*, NZWiSt 15, 429 f und Anm. *Bosch*, JK 15, 1136 (§ 145d); *Brüning*, ZJS 15, 535; *Hecker*, JuS 15, 949; *Kudlich*, JA 15, 947; *ders.*, PdW BT I S. 111 f.

(s. Rn 714) oder durch Täuschung des Opfers (s. Rn 614). Die Rechtsprechung zu solchen Fällen ist nicht einheitlich. Einige Entscheidungen gehen von einer schadensgleichen Vermögensgefährdung aus[428]. Andere verneinen eine schon tatbestandsrelevante Gefährdung aber zu Recht[429]. Der Betrugs- (oder Erpressungs-)Schaden wird hier erst durch das *weitere Handeln* des Täters, nicht aber unmittelbar durch das Opfer herbeigeführt[430].

i) Weitere Einzelfälle

580 In zahlreichen weiteren Fallgruppierungen zeigen sich wiederkehrende Probleme, die Zweifel aufwerfen können, ob der Betrugstatbestand erfüllt ist. Ihre Erarbeitung muss dem **Selbststudium** überlassen bleiben[431]. Hinzuweisen ist zB auf die Problematik

– des **Abrechnungsbetrugs** durch **Kassenärzte**[432]. Hier hat der BGH entschieden, dass ein Kassenarzt, der im Rahmen des vertraglich vereinbarten Abrechnungssystems Leistungen unter einer bestimmten Gebührenordnungsnummer abrechnet, *konkludent* behauptet, dass die erbrachte Leistung unter die Leistungsbeschreibung dieser Nummer fällt, zu den kassenärztlichen Versorgungsleistungen gehört und nach den allgemeinen Bewertungsmaßstäben abgerechnet werden darf.[433] Trifft das nicht zu, weil der Arzt eine nicht anerkannte Leistung (zB Magnetfeldbehandlung) unter einer für sie nicht vorgesehenen Gebührennummer abrechnet, so wird die kassenärztliche Vereinigung über einen maßgeblichen Umstand getäuscht. Die auf dieser falschen Abrechnungsgrundlage erfolgte Vergütung beruht auf dem entsprechenden Irrtum und führt zu einem dem Umfang der unberechtigt geltend gemachten Leistungen entsprechenden Schaden[434]. Mit dieser Rechtsprechung wird der Schutzbereich des Art. 12 I 1 GG

---

428 So zB BGHR StGB § 263 Abs. 1 Konkurrenzen 6; BGHR StGB § 263a Anwendungsbereich 1 mit krit. Bespr. *Mühlbauer*, NStZ 03, 650 ff; BGH NStZ-RR 04, 333, 334; Thüringer OLG wistra 07, 236, 237; BGH HRRS 14, 313 (Nr 795) unter der Voraussetzung, das es sich um die richtige Geheimzahl handelt.
429 So in vergleichbaren Fällen BGHR StGB § 263 Abs. 1 Vermögensverfügung 2 (Überlassen einer Kundenkarte); BGH NStZ 06, 38 (Versteckpreisgabe); BGHSt 50, 174, 177 f (Erschleichen eines „0190er" Nummernvertrags).
430 S. Rn 714, 620; *Cornelius/Birner*, ZJS 18, 606; aA *Fischer*, § 263 Rn 173; *Stuckenberg*, ZStW 118 (2006), 899 ff; diff. *Graf*, NStZ 07, 330.
431 S. dazu auch die Aufreihung bei A/R/R-*Kölbel*, 5.1 Rn 200 ff; G/J/W-*Dannecker*, § 263 Rn 173 ff; M/R-*Saliger*, § 263 Rn 246 ff.
432 Überblick bei *Wostry*, medstra 15, 217; näher zur Schadensbegründung s. Spickhoff-*Schuhr*, § 263 Rn 43 ff; *Schmidt*, medstra 17, 79 ff.
433 All dies sind rechtliche Wertungen. Streng genommen ist auf den mitbehaupteten Tatsachenkern abzustellen, und dazu ist richtigerweise nicht – entgegen bisheriger Rspr. – die Auslegung des für die Abrechnung maßgeblichen Rechts durch das Strafgericht zugrunde zu legen, sondern die Rechtsauffassung des Erklärenden, solange sich diese im Rahmen des seinerzeit Vertretbaren und damit im Rahmen des objektiven Empfängerhorizonts hält, denn für die Interpretation der Erklärung muss es auf den Handlungszeitpunkt ankommen, s. BGH NStZ 15, 591 Rn 11 ff, 16 mit Anm. *Waßmer* NZWiSt 15, 467 ff und *Schuhr*, ZWH 15, 145 ff; s. auch BGH NStZ-RR 17, 313 mit Anm. *Meyer*, NZWiSt 18, 74, 79 f; *Röß*, NStZ 18, 441 ff; *Tekin*, ZWH 18, 110, 112 f. (keine Kick-Back-Zahlungen miterklärt) sowie Spickhoff-*Schuhr*, § 263 Rn 18 ff; ähnlich *Gaede*, MedR 18, 548, 552 ff. Näher zu dem Erklärungsgehalt *Krause*, Schlothauer-FS S. 383 ff.
434 BGH NStZ 93, 388; s. auch BGH NStZ 95, 85 mit Anm. *Hellmann*, NStZ 95, 232; A/R/R-*Kölbel*, 5.1 Rn 203 ff; A/R/R-*Seier*, 5.2 Rn 273 f zu § 266 in solchen Fällen; *Gaidzik*, wistra 98, 329; *Singelnstein*, wistra 12, 417; krit. hierzu auf dem Boden von BVerfGE 126, 170 (s. hier Rn 778) *Saliger*, Imme Roxin-FS S. 907, 314 ff.

nicht berührt⁴³⁵. Berechnet ein Arzt gegenüber einem **Privatpatienten** nicht (so) erbrachte Leistungen, soll auch eine Strafbarkeit des Patienten nach § 263 in Betracht kommen, wenn er die als unberechtigt erkannte ärztliche Abrechnung an den Kostenträger weiterleitet, ohne auf deren Unrichtigkeit hinzuweisen⁴³⁶. Ein Abrechnungsbetrug durch einen **Pflegedienst** soll – unabhängig von der Qualität der gewährten Pflegeleistung – auch dann vorliegen, wenn die Leistung von einem Pfleger erbracht wird, der nicht über die mit der Kranken- und Pflegekasse vertraglich **vereinbarte** Qualifikation verfügt⁴³⁷.

– des **Anstellungsbetrugs**. Beim Anstellungsbetrug geht es um eine Form des *Eingehungsbetrugs*⁴³⁸, bei dem dann von einer „schadensgleichen" Vermögensgefährdung des Einstellenden zu sprechen ist, wenn die von ihm zugesagten geldlichen Leistungen die vom Eingestellten übernommenen Dienste wertmäßig übersteigen⁴³⁹. Es reicht also auch hier wie sonst beim Betrug nicht aus, dass der Getäuschte die Disposition (= Einstellung) ohne die Täuschung nicht vorgenommen hätte⁴⁴⁰. Vielmehr muss ein (Eingehungs-)Schaden hinzutreten. Davon kann trotz der Erwartung einer den tatsächlichen Anforderungen entsprechenden Leistung uU auch dann gesprochen werden, wenn mit der Höhe der Vergütung vorausgesetzte besondere Qualifikationen oder persönliche Eigenschaften wie Vertrauenswürdigkeit und Zuverlässigkeit fehlen⁴⁴¹. Insoweit kommt auch das Verschweigen von Vorstrafen in Betracht, soweit eine Aufklärung gebietende Garantenpflicht anzunehmen ist⁴⁴². Bei *Beamten* begründet das Nichtvorliegen vorgespiegelter laufbahnrechtlicher Ernennungsvoraussetzungen stets einen Schaden, nicht aber ohne Weiteres das Verschweigen der persönlichen „Würdigkeit" entgegenstehender cha-

---

435 BVerfG NStZ 98, 29; zum Betrug durch vertragsärztliche Tätigkeit in unzulässigen Beschäftigungsverhältnissen s. *Stein*, MedR 01, 124; BGH NJW 03, 1198, 1200 mit Bespr. *Beckemper/Wagner*, NStZ 03, 315; *Idler*, JuS 04, 1037; *Krüger*, wistra 03, 297; zum Betrug gegenüber Krankenkasse und Apotheker bei kassenärztlicher Verordnung nicht notwendiger Medikamente s. BGHSt 49, 17, 18 ff mit Bespr. *Taschke*, StV 05, 406; s. auch Rn 511; zum Abrechnungsbetrug eines *privat liquidierenden* Arztes s. BGHSt 57, 95 mit Bespr. *Bosch*, JK 9/12, StGB § 263/97; *Brand/Wostry*, StV 12, 619; *Dann*, NJW 12, 2001; *Lindemann*, NZWiSt 12, 334; *Mahler*, wistra 13, 44; *Tiedemann*, JZ 12, 525; zum Abrechnungsbetrug durch *Krankenhäuser* s. *Schneider/Reich*, HRRS 12, 267; zum Abrechnungsbetrug durch Krankenhäuser bei Honorararztmodellen, *Eufinger*, MedR 17, 296, 299 f; Spickhoff-*Schuhr*, § 263 Rn 16, 43 ff; zur Untreue s. *Brandts/Seier*, Herzberg-FS S. 811, 814 ff; verneinend *Leimenstoll*, Vermögenspflicht des Vertragsarztes? 2012, S. 89 ff; 173. Zum Abrechnungsbetrug insg. s. Fischer-*Hellmann*, S. 245 ff; *Hancok*, Abrechnungsbetrug durch Vertragsärzte, 2006; *Hellmann/Herffs*, Der ärztliche Abrechnungsbetrug, 2006; *Herffs*, Der Abrechnungsbetrug des Vertragsarztes, 2002; *Stirner*, Der privatärztliche Abrechnungsbetrug, 2015; *Magnus*, NStZ 17, 249 ff; zum Schaden Fischer-*Gaede*, S. 257 ff; zur Beteiligung von Mitarbeitern der selbstständigen Stellen zur Bekämpfung von Fehlverhalten im Gesundheitswesen s. *Dannecker/Bülte*, NZWiSt 12, 81 ff; zur betrügerischen Abrechnung durch einen **Apotheker** s. BGH NStZ 15, 341 und *Perron*, Heine-GS S. 281 ff; zur staatsanwaltlichen Praxis s. *Badle*, NJW 08, 1028. Einführend *Braun*, ZJS 14, 35; Falllösung bei *Braun*, ZJS 13, 188. Zur Abrechnung laborärztlicher Leistungen in *„freier Praxis"*, s. BGH HRRS 17, 399 (Nr 902) mit Bespr. *Ellbogen*, ArztR 18, 33 ff.
436 S. dazu *Gaßner/Strömer*, NStZ 13, 624 ff.
437 BGH NStZ 14, 640, 642 f mit Anm. *Piel*; *Böse*, ZJS 15, 239; *Bosch*, Jura (JK) 15, S. 422, § 263 StGB; *Brand*, ZWH 14, 427; *Lange*, NZWiSt 15, 278; *Magnus*, NStZ 17, 252; *Schuhr*, NJW 14, 1373; *Warntjen*, medstra 15, 58.
438 BGHSt 45, 1, 4 f; *Fischer*, § 263 Rn 152; M/R-*Saliger*, § 263 Rn 252 ff und hier Rn 540.
439 *Lackner/Kühl*, § 263 Rn 52.
440 OLG Düsseldorf StV 11, 734 (Vorstrafe verschwiegen).
441 BGHSt 17, 254, 256 f, 259; BGH NJW 1978, 2042.
442 S. dazu Fischer-*Gercke*, S. 299 ff; Fischer-*Ransiek*, S. 285 ff; *Krey/Hellmann/Heinrich*, BT II Rn 673 ff; zu weitgehend BGH NJW 1978, 2042 mit krit. Bespr. *Miehe*, JuS 1980, 263 ff; *Rengier*, BT I § 13 Rn 224 ff, 228; *Schmidt*, BT II Rn 624 ff, 627.

rakterlich-sittlicher Mängel[443]. Die vom BVerfG[444] zwar zu Recht nicht beanstandete, in der Sache aber den Schutzbereich des § 263 überdehnende Annahme eines Betrugs bei Verschweigen einer MfS-Mitarbeit durch einen Polizeibeamten ist daher mit Grund in die Kritik geraten[445]. Der BGH[446] will aber bei der Annahme einer schadensgleichen Vermögensgefährdung bleiben, wenn sich auf Grund der verschwiegenen, persönliche Unzuverlässigkeit begründenden Tatsache das Einstellungsermessen der Behörde „auf Null" reduziert hätte[447].

– der sog. **Baubetrügereien**[448] und der **unzulässigen Preisabsprachen** bei öffentlichen Ausschreibungen[449] (s. zum Submissionsbetrug genauer Rn 701 f). In dieser Fallgruppe geht es um nach §§ 1, 25 GWB verbotene Absprachen bei öffentlichen Ausschreibungen, deren Bestrafung häufig an Beweisschwierigkeiten zum Vermögensschaden scheitert[450]. Diese hindern zwar eine Aburteilung nach dem 1997 eingeführten und als abstraktes Gefährdungsdelikt ausgestalteten § 298 (s. Rn 703) nicht. Die Problematik bleibt aber gleichwohl erhalten, weil angesichts der unterschiedlichen Schutzrichtungen zwischen § 263 und § 298 Idealkonkurrenz besteht[451].

– der Verschleierung von **Kick-Back-Zahlungen** bei Immobilienfinanzierungen. Hier geht es um die Frage eines Eingehungsbetrugs durch die Angabe eines überhöhten Kaufpreises bei der Bank zur Erlangung einer Immobilienfinanzierung. Ein Teil des überhöhten Kaufpreises fließt an den Immobilienerwerber zurück (Kick-Back). Dabei ist zunächst darauf zu achten, ob bereits eine Täuschung vorliegt[452]. Eine „schadensgleiche" Vermögensgefährdung der Bank kann zB dann vorliegen, wenn die Zweckentfremdung eines Teils der Darlehensmittel zu einer Fehleinschätzung des Risikos eines Zahlungsausfalles führt und keine Kompensation durch ausreichende Sicherheiten und erhöhte Zinsen erfolgt[453].

– des Betrugs gegenüber Mitkonkurrenten, Veranstaltern, Zuschauern usw durch **Doping**[454]. Das Gesetz gegen Doping im Sport (Anti-Doping-Gesetz – AntiDopG) vom 10.12.2015

---

443 LK-*Tiedemann*, § 263 Rn 224; MK-*Hefendehl*, § 263 Rn 674 ff; M/R-*Saliger*, § 263 Rn 255; S/S-*Perron*, § 263 Rn 156; einschränkend S/S/W-*Satzger*, § 263 Rn 281; zum Schaden bei Einstellung eines „doppelten Referendars" (OLG Saarbrücken NJW 07, 2868) s. näher *Kargl*, wistra 08, 123 ff.
444 BVerfG NStZ 98, 506.
445 S. LG Berlin NStZ 98, 302; KG JR 98, 434; *Protzen*, NStZ 97, 525.
446 BGHSt 45, 1, 4 f, 9 mit krit. Anm. *Geppert*, NStZ 99, 305; *Jahn*, JA 99, 628; *Jerouschek/Koch*, GA 01, 273; *Otto*, JZ 99, 738; *Prittwitz*, JuS 00, 335; *Saliger*, ZStW 112 (2000), 600 ff; *Seelmann*, JR 00, 164; s. auch OLG Dresden NStZ 00, 259.
447 S. zum Ganzen auch *Geppert*, Hirsch-FS S. 525; *Protzen*, Der Vermögensschaden beim sog. Anstellungsbetrug 2000, S. 252 ff; zum **„Wissenschaftsbetrug"** in diesem Zusammenhang s. *Jerouschek*, GA 99, 420; *Kudlich*, in: Dreier/Ohly, Plagiate 2013, S. 117 ff; *Ottermann*, Wissenschaftsbetrug und Strafrecht 2006, S. 256 ff; *Trüg*, Schiller-FS S. 630 ff.
448 F. *Geerds*, NStZ 91, 57.
449 BGHSt 16, 367; 38, 186; 47, 83; BGH wistra 01, 103, 104; *Baumann*, NJW 92, 1661; *Bruns*, NStZ 83, 385; *Cramer*, Anm. NStZ 93, 42; *Joecks*, wistra 92, 247; *Kramm*, Anm. JZ 93, 422; krit. dazu *Hefendehl*, JuS 93, 805; weiterführend *Satzger*, Der Submissionsbetrug 1994.
450 BGH NJW 97, 3034, 3038; *Oldigs*, Möglichkeiten und Grenzen der strafrechtlichen Bekämpfung von Submissionsabsprachen 1998, S. 63 ff; *Otto*, BT § 61 Rn 142; S/S-*Perron*, § 263 Rn 137a; s. auch *Grüner*, JuS 01, 882.
451 *Otto*, BT § 61 Rn 151; *Rengier*, BT I § 13 Rn 234.
452 S. BGH HRRS 18, 503 Nr 1200 für die Konstellation einer Rückvergütung in der Bestattungsbranche.
453 Näher dazu *Cornelius*, NZWiSt 12, 262 ff; vgl zum umgekehrten Fall des Verschweigens von Rückvergütungen an finanzierende Banken *Gerst/Meinicke*, CCZ 11, 96 ff; *Schäfer*, BKR 11, 239 ff; *Schlösser*, BKR 11, 465 ff.
454 S. dazu *Ackermann*, Strafrechtliche Aspekte des Pferdeleistungssports 2007, 47 ff; *Cherkeh*, Betrug (§ 263 StGB), verübt durch Doping im Sport 2000; *Funk*, Täuschungsbedingter Betrugsschaden 2018, S. 454 ff (zur Frage einer Eingehungsschadenssportwette); *L.C. Hamm*, Sportspezifische Manipulation als Anwendungsfall des Strafrechts 2005, S. 142 ff; *Hirsch*, Szwarc-FS S. 577 f; *Kerner/Trüg*, JuS 04, 140; *Leipold*, NJW-Spezial 06, 423; *Momsen-Pflanz*, Die sportethische und strafrechtliche Bedeutung des Dopings 2005; *Rössner*, Mehle-FS S. 567 ff; *Schattmann*, Betrug des Leistungssportlers im Wettkampf 2008; s. auch *Kargl*, NStZ 07, 489; *Kudlich*, JA 07, 90 ff (de lege ferenda).

(BGBl I 2210) verbietet ua bei Strafe den unerlaubten Umgang mit Dopingmitteln und die unerlaubte Anwendung von Dopingmethoden durch Jedermann sowie das Selbstdoping im Wettbewerb des organisierten Sports[455]. Auf § 263 wirkt sich das Gesetz nicht unmittelbar aus.

Rechtsprechungsbeispiel: Auftrieb erhielt die bisher eher von „Spezialisten" betriebene Diskussion um die Strafbarkeit von *Doping* nach § 263 durch eine Entscheidung des **OLG Stuttgart SpuRt 12, 74** (mit Bespr. von *Kudlich* sowie *Jahn*, JuS 12, 181). Ihr liegt zugrunde, dass der Straßenradprofi S in einem von der Fa. H. gesponserten Team bis zum 27.7.2008 an der Tour de France teilnahm. Der Geschäftsführer (G) dieser Firma hatte sich stets engagiert für einen sauberen Radsport eingesetzt. Obwohl S auf mindestens drei Etappen gedopt war, gab er auf eindringliche Befragung des G am 17.7. an, dass er Doping 100%ig ausschließen könne und bezog deshalb für die Monate Juli-September 2008 151 462 € Abschlagszahlungen von G. Am 3.10. wurde G mitgeteilt, dass S am 3. und 15.7.2008 positiv getestet worden war. G kündigte S daraufhin fristlos. – Das Verfahren wegen Betrugs gegenüber G zulasten der Fa. H. zu eröffnen, hatte das LG Stuttgart mit Zweifeln an der Tatbestandserfüllung, aber auch deshalb abgelehnt, weil es das Verhalten selbst bei Tatbestandsmäßigkeit nicht für „strafwürdig" (= sozialadäquat? Eine solche Bewertung verbietet sich nach dem AntiDopG) hielt. Das OLG Stuttgart tritt dem auf die sofortige Beschwerde der StA entgegen. Es sieht in der Angabe des S gegenüber G, Doping 100%ig ausschließen zu können, eine *unerlaubte* Täuschung, da die Frage rechtlich erlaubt und eine unwahre Auskunft vertragswidrig sei. Zudem liege auch in der (weiteren) Teilnahme am Rennen die konkludente Erklärung, dies unter Einhaltung des Sauberkeitsgebots zu tun, eine auch nach den hier entwickelten Maßstäben (Rn 500) nicht ganz ausgeschlossene, aber doch zweifelhafte Annahme. Aus der eindringlichen Befragung leitet das Gericht das Vorliegen von Zweifeln bei G her, verwirft aber in Übereinstimmung mit dem in Rn 512 f Dargelegten, daraus eine Verneinung des Irrtums abzuleiten. In der am 17.7. unterlassenen fristlosen Kündigung und der Auszahlung der Abschlagszahlungen, denen keine vertragsmäßig geschuldete werthaltige Leistung gegenübergestanden habe, werden Verfügung und Schaden gesehen. Auch der subjektive Tatbestand sei erfüllt. – Über weitere Betrugskonstruktionen (gegenüber Mitkonkurrenten etc) findet sich im Beschluss nichts (s. dazu die Andeutungen bei *Jahn*, JuS 12, 182).

– des **Parteienbetrugs**. Wer in den Rechenschaftsbericht einer Partei tatsächlich nicht geleistete Spenden natürlicher Personen oder – ohne entsprechenden Hinweis – sog. Einflussspenden aufnimmt, damit die Partei nach Einreichung des Berichts und Antrag auf staatliche Förderung staatliche Mittel in ihr tatsächlich nicht zustehender Höhe erhält, macht sich nach BGH NJW 04, 3569, 3576 ff (Fall *Kremendahl*) des Betrugs schuldig, wenn der Präsident des Deutschen Bundestags auf Grund der falschen Angaben (gleichgültig, ob vermeidbar, s. BGH aaO 3577 und Rn 513) irrt und deshalb für die Partei staatliche Mittel in tatsächlich nicht berechtigter Höhe festsetzt[456].

– Zum **Tanken ohne Zahlungsbereitschaft** an Benzinzapfsäulen mit Selbstbedienung s. Rn 197 mit Nachweisen; für § 263 ist hier nur bei einer Täuschung des Tankstellenpersonals durch den Täter Raum. Ein *vollendeter* Betrug setzt deshalb voraus, dass das Kassenpersonal den Tankvorgang wahrnimmt und mit ihm einverstanden ist[457]. Geht der „Kunde" nur irrig da-

---

455 S. zu diesem Gesetz und der strafrechtlichen Dopingbekämpfung ua Hoven/Kubiciel/*Jahn*, S. 117 ff und Hoven/Kubiciel/*Merkel*, S. 111 ff.

456 S. zu BGH NJW 04, 3569 *Saliger/Sinner*, NJW 05, 1073; ausführlich zum Parteienbetrug vor und nach der Novellierung des Parteiengesetzes durch die 8. Parteiengesetznovelle vom 28. Juni 2002 (BGBl I 2268) *Saliger*, Parteiengesetz und Strafrecht 2005, S. 493 ff, 689 ff; s. auch *Faust*, Zur möglichen Untreuestrafbarkeit im Zusammenhang mit Parteispenden 2006; M/R-*Saliger*, § 263 Rn 256 f; zur Untreue durch Bildung schwarzer Kassen s. Rn. 747.

457 BGH HRRS 16, 114 (Nr 275).

von aus, ist ein versuchter Betrug gegeben. Der Schaden besteht darin, dass der Tankstelleninhaber den *Besitz* (und – geht man davon aus, dass das Eigentum am Benzin schon durch das Einfüllen auch durch den unredlichen Kunden auf diesen übergeht – das Eigentum) am Kraftstoff verliert. Die zugleich verwirklichte Unterschlagung tritt hinter den (versuchten) Betrug zurück[458]. Hat der Täter ein falsches amtliches Kennzeichen an den Pkw angebracht, steht die darin liegende Urkundenfälschung zu einem an Tankstellen verübten Betrug oder Diebstahl in Tateinheit[459].

– Zwar offenbar nicht von den Staatsanwaltschaften, wohl aber in der Literatur werden **von Privatsendern im Fernsehen** veranstaltete „**Call-in Shows**", in denen man mit sehr geringer Gewinnchance an Ratespielen durch kostenpflichtige Telefonanrufe, deren Gebühr zu einem erheblichen Teil an die Sender abgeführt wird, teilnehmen kann, unter den Betrugstatbestand subsumiert. Als Täter sollen die Moderatoren, nach den Grundsätzen der Organisationsherrschaft in Betrieben (s. Rn 491) aber auch die für die Sendung Verantwortlichen (uU unter Verwirklichung von Regelbeispielen) in Betracht kommen[460].

– Wird an eine **Leasinggesellschaft** ein inexistenter Gegenstand vom Leasingnehmer selbst *(sale-and-lease-back)* oder auf seine Veranlassung durch einen Dritten (der ihm dann idR einen Teil des Kaufpreises weiterleitet) verkauft, so liegt darin regelmäßig ein Eingehungsbetrug. Später tatsächlich gezahlte Leasingraten mindern den Schaden nicht, sind aber als teilweise Schadenswiedergutmachung bei der Strafzumessung zu berücksichtigen (s. Rn 538)[461].

III. Subjektiver Tatbestand

1. Vorsatz

581 Der **Vorsatz** muss sich auf alle Merkmale des objektiven Tatbestandes unter Einschluss der sie verbindenden Kausalbeziehung erstrecken. Eventualvorsatz genügt, soweit es sich nicht um das Vorspiegeln einer die eigene Person betreffenden inneren Tatsache handelt. Hier ist Wissentlichkeit verlangt[462]. Ein Schädigungsvorsatz entfällt zB beim Darlehensbetrug oder der betrügerischen Einwerbung von Kapitaleinlagen nach Auffassung des BGH[463] nicht schon deshalb, weil der Täter beabsichtigt, hofft oder glaubt, den Umschlag der erkannten *schadensgleichen Vermögensgefährdung* in den endgültigen Schaden abwenden zu können. Kennt er die die Rückzahlung

---

458 BGH StV 10, 22; BGH NJW 2012, 1092 mit Bespr. *Ernst*, JR 12, 473; *Hecker*, JuS 12, 1138; *Satzger*, JK 6/13, § 263 I StGB/101; *Sinn*, ZJS 12, 831; *v. Heintschel-Heinegg*, JA 12, 305; näher BGH NJW 83, 2827, BGH StV 13, 510, 511, BGH BeckRS 13, 01331, BGH NStZ 16, 216 mit Bespr. *Hecker*, JuS 16, 566 und OLG Köln NJW 02, 1059 zum Betrugsversuch, wenn der Täter irrig davon ausgeht, er werde vom Personal beobachtet. Zur Anwendbarkeit des § 255 bzw des § 240 beim Zufahren auf den im Wege stehenden Tankwart, um mit dem betrügerisch erlangten Benzin das Weite zu suchen, s. BGH NJW 84, 501 sowie Rn 734; Fallvarianten bei *Ast*, NStZ 13, 305; *Lange/Trost*, JuS 03, 961; s. auch *Rebler*, JA 13, 179.
459 OLG Hamm BeckRS 17, 105918.
460 S. *Becker/Ulbrich/Voß*, MMR 07, 149; *Eiden*, ZIS 09, 59; *Noltenius*, wistra 08, 285; *Oehme*, JA 09, 39; *Schröder/Thiele*, Jura 07, 814; zur Einordnung als Glücks- oder Geschicklichkeitsspiel s. *Ernst*, MMR 05, 735. 738 ff; vgl dazu auch BGHSt 36, 74 (Hütchenspiel).
461 BGH NStZ-RR 17, 413 mit zust. Anm. *Kulhanek*, 416; BGH NStZ-RR 18, 77; BGH HRRS 18, 97 (Nr 286); BGH wistra 07, 18, 21; BGH NStZ 12, 276; BGH NStZ 16, 674 f.
462 RGSt 30, 333, 335 f; OLG Celle GA 57, 220; HK-GS/*Duttge*, § 263 Rn 75; diff. *Dencker*, Grünwald-FS S. 80.
463 BGH wistra 01, 423, 424; BGHSt 48, 331, 346 ff mit krit. Anm. *Beulke*, JR 05, 40 f.

gefährdenden und damit die die Minderwertigkeit des Rückzahlungsanspruchs begründenen Umstände, reicht das für Vorsatz aus. Allerdings muss – liegt kein direkter Vorsatz vor – auch das voluntative Element hinreichend belegt sein[464]. Es muss sich aber auch bei einem „*Gefährdungsschaden*" (s. Rn 572) nur auf das den Schaden begründende Verlustrisiko, nicht dagegen auf die Realisierung dieses Risikos in einem für den Betrug nirgends zu verlangenden „Endschaden" erstrecken[465]. Die zu § 266 für solche Fälle vom 2. Senat entwickelte gegenteilige Aussage[466] löst die zwingende Kongruenz von objektivem und subjektivem Tatbestand zum Schadensmerkmal auf und ist deshalb zu § 266 (s. Rn 783) wie zu § 263 abzulehnen[467]. Letzteres legt die Begründung des 2. Senats selbst nahe[468].

Dass der Täter sich unter dem Geschädigten eine andere Person als die wirklich benachteiligte vorstellt, schließt den Vorsatz gleichfalls nicht aus[469]. Nach zutreffender und hM muss der Tatbestandsvorsatz auch die Rechtswidrigkeit des vom Täter erstrebten Vorteils umfassen[470].

582

Wer irrig annimmt, dass auf den erstrebten Vermögensvorteil ein fälliger, rechtlich begründeter Anspruch bestehe, befindet sich im Tatbestandsirrtum und handelt in dieser Hinsicht gemäß[471] § 16 I 1 ebensowenig vorsätzlich wie der, der einen nur vermeintlich unberechtigten Anspruch abwehrt[472]. In solchen Fällen begeht der Täter daher mangels Tatentschlusses selbst dann keinen Betrugsversuch, wenn er die Durchsetzung oder Abwehr mit Mitteln der Täuschung betreibt[473]. Dabei ist freilich mit BGHSt 48, 322, 328 f zu beachten, dass es als Grundlage für einen Tatbestandsirrtum nicht ausreicht, wenn sich der Täuschende nur nach den Anschauungen der einschlägig kriminellen Kreise als „berechtigter" Inhaber eines Anspruchs fühlt. Vielmehr muss er sich vorstellen, dass der Anspruch auch von der Rechtsordnung anerkannt und infolgedessen mit gerichtlicher Hilfe durchsetzbar ist. Hat umgekehrt der Täter einen fälligen Anspruch auf den erstrebten Vorteil, weiß dies aber nicht oder wehrt er einen nicht bestehenden Anspruch durch Täuschung ab, den er irrig für gegeben hält, liegt ein untauglicher Versuch vor[474]. Für die juristisch-ökonomische Betrachtungsweise handelt es sich bei diesen Irrtumskonstellationen um eine irrige Vorstellung schon zum Schaden (s. Rn 586), sodass es bei einer irrigen Annahme eines Anspruchs bereits am Schädigungsvorsatz fehlt[475].

---

464 BGH StV 07, 581; krit. dazu AnK-*Gaede*, § 263 Rn 154 f.
465 HK-GS/*Duttge*, § 263 Rn 75; BGHSt 53, 199, 204; hier wird allerdings die Konstruktion eines Gefährdungsschadens verworfen, s. dazu Rn 572; BGH HRRS 16, 283 (Nr 591).
466 BGHSt 51, 100, 121 ff; s. dazu *Fischer*, StraFo 08, 269 ff.
467 *Hillenkamp*, Maiwald-FS S. 323, 341 ff; M/R-*Saliger*, § 263 Rn 275.
468 BGHSt 51, 100, 123; offenbar für Übertragbarkeit auf § 263 *Fischer*, § 263 Rn 182 f.
469 BGH MDR/D 72, 571.
470 BGH MDR/D 56, 10; BGH MDR/H 92, 320; BGHSt 42, 268 mwN.
471 *Fischer*, § 263 Rn 193; H-H-*Voigt*, Rn 1046; *Lackner/Kühl*, § 263 Rn 62; M/R-*Saliger*, § 263 Rn 294; S/S/W-*Satzger*, § 263 Rn 329; *Zöller*, BT Rn 197; abw. *Roxin*, AT I § 12 Rn 142: analog; s. Rn 203.
472 *Rengier*, BT I § 13 Rn 268 f.
473 BGHSt 42, 268, 272; BGH NStZ 03, 663; *Wittig*, § 14 Rn 147.
474 BGHSt 42, 268, 272 f mit Anm. *Arzt*, JR 97, 469; *Kudlich*, NStZ 97, 432; LK-*Hillenkamp*, § 22 Rn 181; aA *Kleszczewski*, BT § 9 Rn 94.
475 S. S/S-*Perron*, § 263 Rn 175; *Küper/Zopfs*, BT Rn 133; iE ebenso NK-*Kindhäuser*, § 263 Rn 370 ff; SK-*Hoyer*, § 263 Rn 275.

2. Absicht rechtswidriger Bereicherung

a) Absicht

583 Die **Absicht, sich** oder einem **Dritten** einen rechtswidrigen Vermögensvorteil zu verschaffen, ist gegeben, wenn es dem Täter **auf die Erlangung des Vorteils ankommt**, mag dieser von ihm auch nur als Mittel zu einem anderweitigen Zweck und damit als Zwischenziel erstrebt werden (= sog. *Bereicherungsabsicht* als zielgerichteter Erfolgswille). Nicht erforderlich ist, dass die Vorteilserlangung die eigentliche Triebfeder, das Motiv oder das *in erster Linie* erwünschte Ziel seines Handelns ist[476].

Hinsichtlich dieses **Absichtsmerkmals** genügt ein dem *dolus eventualis* entsprechendes Wissen und Wollen nicht, vielmehr muss der Täter den Vorteil für sich *oder* für einen Dritten **erstreben**[477]. Daran dürfte es dem mangeln, der für einen anderen Waren bestellt, nur um ihn zu ärgern[478]. Eventualvorsatz reicht aber insoweit aus, als es sich um die **Rechtswidrigkeit** des erstrebten Vorteils handelt[479].

584 Als **Vermögensvorteil** iS des § 263 ist **jede günstigere Gestaltung der Vermögenslage** anzusehen, gleichgültig, ob diese in einer Vermehrung der Aktivposten, im Nichterbringen einer geschuldeten Leistung oder in der Befreiung von einer Verbindlichkeit besteht[480].

§ 263 setzt nicht voraus, dass der Täter den erstrebten Vorteil auch wirklich erlangt. **Vollendet** ist der *vorsätzlich* und in *Bereicherungsabsicht* begangene Betrug schon mit dem Eintritt der Vermögensbeschädigung[481].

b) Rechtswidrigkeit des erstrebten Vorteils

585 Der erstrebte Vermögensvorteil muss **objektiv rechtswidrig** sein. Das ist der Fall, wenn auf ihn kein rechtlich begründeter Anspruch besteht[482].

> **Fall 48:** Der Gläubiger G hat dem Schuldner S ein Darlehen in Höhe von 800 € gewährt. Bei Rückzahlung dieses Betrages hat S eine Quittung erhalten, es aber versäumt, sich den Schuldschein von G zurückgeben zu lassen. Einige Zeit darauf ist G verstorben. Sein Alleinerbe E entdeckt den Schuldschein im Nachlass und besteht gutgläubig auf dessen Einlösung. Schließlich verklagt er den S, der in seinen Unterlagen vergeblich nach der Quittung

---

476 Vgl BGHSt 16, 1; 18, 246, 248; BGH JR 10, 172, 174; *Fahl*, JA 97, 110; *Rengier*, JZ 90, 321; zusf. *Küper/Zopfs*, BT Rn 135 ff; LK-*Tiedemann*, § 263 Rn 251 f; *Wittig*, JA 13, 401.
477 BGHSt 16, 1, 5; BGH MDR/D 75, 22; zur Kritik an der wenig klar gefassten Formel der Rechtsprechung s. *Küper/Zopfs* BT Rn 136 f.
478 AA BayObLG JZ 72, 25 mit abl. Anm. *Schröder* und zust. Bespr. *Herzberg*, JuS 72, 19; s. auch *Puppe*, MDR 1973, 12 f; LG Kiel NStZ 08, 219; *Rengier*, BT I § 13 Rn 239; das BVerfG EuGRZ 06, 603, 604 sieht in einer solchen Annahme (dort des OLG Schleswig) keinen Verstoß gegen das Willkürverbot; wie hier *Eisele*, BT II Rn 637; *Jahn*, JuS 07, 385; *Joecks/Jäger*, § 263 Rn 171; *Krack*, Puppe-FS S. 1205, 1210 ff; S/S-*Perron*, § 263 Rn 167. Zur aufgedrängten Waren- oder Dienstleistungsbestellung s. § 238 I Nr 3 und hier Rn 541.
479 Lehrreich dazu BGHSt 31, 178, 181; 42, 268, 271; OLG Bamberg NJW 82, 778; krit. *Gössel*, Zipf-GS S. 228.
480 Vgl BGHSt 42, 268, 271; OLG Stuttgart NJW 62, 502.
481 BGH NJW 84, 987; *Lackner/Kühl*, § 263 Rn 63.
482 BGHSt 20, 136, 137. Zur Erlangung einer Sache als Pfand zur Durchsetzung einer nicht bestehenden Forderung und die Bedeutung der Vorstellung des Täters darüber (s. auch Rn 582) betonend, BGH NStZ 18, 713.

sucht, auf Rückzahlung des Darlehens. Um die 800 € nicht noch einmal zahlen zu müssen, stellt S eine unechte Quittung mit der Unterschrift des G her, die er im Prozess vorlegt. Da niemand an der Echtheit der Quittung zweifelt, wird die Klage des E abgewiesen.
Hat S sich strafbar gemacht? **Rn 587**

Hat der Täter einen einredefreien und fälligen Anspruch auf den erstrebten Vorteil, kommt ein Betrug ebensowenig in Betracht wie dann, wenn er die Abwehr eines tatsächlich nicht bestehenden Anspruchs betreibt. Da das verfolgte Ziel der Rechtsordnung entspricht, wird der Vorteil nicht dadurch rechtswidrig, dass er mit unlauteren Mitteln erstrebt wird. Daher führen falsche Angaben oder gefälschte Beweismittel im Prozess, die zur wegen Beweisschwierigkeiten gefährdeten Durchsetzung eines bestehenden oder zur ebenso gefährdeten Abwehr eines nichtbestehenden Anspruchs eingesetzt werden (sog. *Selbsthilfebetrug*), nicht zum Betrug[483]. Da nach einer rein wirtschaftlichen Betrachtungsweise die Erfüllung eines beweisgefährdeten Anspruchs ebenso ein Schaden ist wie der „Verlust" einer unbegründeten, aber wegen der Beweislage aussichtsreichen Forderung, kann Betrug hiernach nur mangels Rechtswidrigkeit des erstrebten Vermögensvorteils entfallen[484]. Eine der inneren Folgerichtigkeit der Gesamtrechtsordnung verpflichtete juristisch-ökonomische Schadensbestimmung (s. Rn 535) muss demgegenüber schon die betrugsrelevante Schädigung verneinen[485]. Wer nur leistet, wozu er verpflichtet und wer nur verliert, was ihm von Rechts wegen nicht zugestanden ist, hat keinen Schaden[486]. Strafbarkeitslücken im Bereich des sog. *Prozessbetrugs* entstehen dadurch nicht, weil die §§ 153 ff, 267 ff bei einer Täuschung des Richters für einen ausreichenden Schutz sorgen. 586

Im **Fall 48** hat S zur Täuschung im Rechtsverkehr eine unechte Urkunde hergestellt (§ 267 I)[487]. Fraglich ist, ob auch ein Betrug zum Nachteil des E vorliegt (= sog. *Prozessbetrug* in Form des *Selbsthilfebetrugs*). Durch Vorlage der unechten Quittung hat S den Richter getäuscht und zur Abweisung der Klage, dh zur Vornahme einer irrtumsbedingten Verfügung über das Vermögen des E veranlasst (dazu Rn 653). Ohne die Täuschungshandlung des S hätte E mit seiner Klage Erfolg gehabt, weil der Besitz des Schuldscheins eine ihm günstige Prozesslage geschaffen hatte und S nicht im Stande war, den ihm obliegenden Beweis für die Rückzahlung des Darlehens zu erbringen. Da zum Vermögen nach **wirtschaftlicher** Betrachtungsweise auch Werte gehören können, die man **zu Unrecht** innehat, liegt der **Schaden** des E hiernach darin, dass seine *prozessuale Erfolgschance* und die damit verbundene *reale Erwerbsaussicht* mit Abweisung der Klage zunichte gemacht wurden. Diesen Erfolg hat S vorsätzlich und in der Absicht herbeigeführt, seine eigene Vermögenslage durch Abwendung seiner Verurteilung günstiger zu gestalten. Gleichwohl entfällt der subjektive Tatbestand des § 263, weil S für sich **keinen „rechtswidrigen" Vorteil** erstrebt hat. Maßge- 587

---

483 BGHSt 42, 268, 271 f; *Fischer*, § 263 Rn 135; *Lackner/Kühl*, § 263 Rn 61; LK-*Tiedemann*, § 263 Rn 194, 231; M/R-*Saliger*, § 263 Rn 206, 289; s. auch OLG München NStZ 07, 157 mit Bespr. *Kraatz*, Jura 07, 531; krit. A/W-*Heinrich*, § 20 Rn 125. Zum Sicherungsbetrug im privatärztlichen Abrechnungswesen s. *Beulke*, Rogall-FS S. 311 ff.
484 *Krell*, JR 12, 106 f; *Krey/Hellmann/Heinrich*, BT II Rn 694.
485 LK-*Tiedemann*, § 263 Rn 186, 194, 231, 265; *Maurach/Schroeder/Maiwald*, BT I § 41 Rn 134, 145; *Rengier*, BT I § 13 Rn 267; BGHSt 42, 268, 272; s. dazu auch *Eisele*, BT II Rn 643 f und OLG Düsseldorf JR 98, 478 mit Anm. *Krack* und *Kösch*, Der Status des Merkmals „rechtswidrig" 1999, S. 59.
486 BGH NStZ-RR 00, 140.
487 S. dazu auch *Krack*, Anm. JR 98, 479.

bend dafür, ob ein Vermögensvorteil objektiv rechtswidrig ist oder nicht, ist **allein das sachliche Recht**. Materiellrechtlich war die Klage des E gegen S jedoch unbegründet, weil dieser das Darlehen schon zurückgezahlt hatte (vgl §§ 488 I 2, 362 I BGB). Das von S verfolgte Ziel (= Abwendung seiner Verurteilung zur nochmaligen Rückzahlung) stand also mit dem **materiellen Recht** in Einklang und wurde nicht dadurch rechtswidrig, dass S sich bei seiner Verwirklichung *unerlaubter Mittel* bediente[488]. Legt man einen **juristisch-ökonomischen** Vermögensbegriff zu Grunde, fehlt es bereits am Schaden, da E nichts verloren hat, was ihm rechtlich zustünde. Hält S sein Verhalten für Betrug, ist das ein Wahndelikt.

c) Unmittelbarkeitsbeziehung (sog. „Stoffgleichheit")

588 Der Täter muss, da es sich beim Betrug um ein *Vermögensverschiebungsdelikt* handelt, den rechtswidrigen Vermögensvorteil in der Weise erstreben, dass er **unmittelbar** zulasten des **geschädigten Vermögens** geht; der **Vorteil** muss gewissermaßen die **Kehrseite des Schadens**, nicht allerdings dessen – man denke an Fälle des individuellen Schadenseinschlags – genaues Gegenstück, bilden[489]. Der zur Kennzeichnung dieses Verhältnisses gebrauchte Begriff der „*Stoffgleichheit*" ist daher ungenau, bisweilen sogar irreführend[490]. Die gemeinte **Unmittelbarkeitsbeziehung** ist dann gegeben, wenn Schaden und Vorteil sich in der Weise entsprechen, dass sie **durch ein und dieselbe Vermögensverfügung vermittelt** werden, also nicht auf jeweils verschiedene Verfügungen zurückzuführen sind[491]. Der Sinn des Merkmals erschließt sich am besten, wenn man die Zusammenhänge der Prüfungsreihenfolge entgegen durchdenkt: Der vom Täter bezweckte Erfolg (die Finalität seines Handelns) ist die Bereicherung, doch um diese wurde der objektive Deliktstatbestand „beschnitten"; auch der Betrug ist ein **erfolgskupiertes Delikt** (vgl Rn 69). Wie beim Diebstahl erfordert der objektive Tatbestand als Erfolg im technischen Sinne nur die Schädigung des geschützten Rechtsguts. Der final angestrebte Erfolg wird als überschießende Innentendenz abgebildet. Bezogen auf Letzteren ist der tatbestandsmäßige Erfolg eigentlich nur ein Zwischenerfolg. Weitere, mit dem final angestrebten Erfolg nicht unmittelbar zusammenhängende (Kollateral-)Schäden sollen nicht erfasst werden (sind für die Strafzumessung aber als weitere Tatfolgen iSd § 46 II relevant[492]); der Tatbestand soll das Rechtsgut nur in dieser besonderen Beziehung schützen. Bezogen auf einen juristischen Vermögensbegriff müsste eine Bereicherung um densel-

---

488 BGHSt 3, 160, 162 f; 20, 136, 137 f; BGH NJW 82, 2265; BGH NStZ 88, 216; BGH NJW 97, 750.
489 BGH NStZ 03, 264; BGHSt 60, 1, 13 (Stoffgleichheit zwischen Schaden und Vorteil, nicht zwischen Gegenstand der Täuschung und Schaden, ebenso BGH NJW 16, 3543); *Hilgendorf/Valerius*, BT II § 7 Rn 138; *Fischer*, § 263 Rn 187; HK-GS/*Duttge*, § 263 Rn 79 f; *Lackner/Kühl*, § 263 Rn 59; MK-*Hefendehl*, § 263 Rn 906 f; S/S/W-*Satzger*, § 263 Rn 314, 320; *Wittig*, § 14 Rn 139; klarstellend iS der „Kehrseitentheorie" M/R-*Saliger*, § 263 Rn 283; zur Stoffgleichheit in Fällen des individuellen Schadenseinschlags s. *Eisele*, BT II Rn 641; *Rengier*, BT I § 13 Rn 253.
490 *Küper/Zopfs*, BT Rn 139 f; *Lackner/Kühl*, § 263 Rn 59; BGHSt 34, 379, 391; missverständlich ist auch die Rede vom „Spiegelbild" zB bei *Heghmanns*, Rn 1277.
491 Näher BGHSt 6, 115, 116; 21, 384, 385 f; 34, 379, 391; BGHSt 59, 195 = BGH NJW 14, 2054 mit Anm. *Cornelius*; *Bosch*, JK 11/14, StGB § 263/106; *Jahn*, JA 14, 631; *ders.*, JuS 14, 848 („Ping"-Anruf-Fall, s. Rn 499); BayObLG NJW 87, 1654 und NStZ 94, 491; OLG Düsseldorf NJW 93, 2694; OLG Stuttgart NStZ-RR 13, 176 mit Anm. *Satzger*, JK 10/13, § 263 StGB/103; iE übereinstimmend AnK-*Gaede*, § 263 Rn 164; HK-GS/*Duttge*, § 263 Rn 80; *Jäger*, JuS 10, 765 f; *Straßer*, 100 Jahre Stoffgleichheit 2002, S. 99 ff, 107 f.
492 BGH wistra 11, 262; BGH HRRS 17, 103 (Nr 216).

ben Gegenstand angestrebt werden, der dem geschützten Vermögen als Schaden verloren geht. Das drückt „Stoffgleichheit" aus, ist aber, weil dieser Vermögensbegriff überholt ist, entsprechend schief.

Praktische Bedeutung gewinnt dies vor allem dort, wo **Provisionsvertreter** Kunden mittels Täuschung zu Bestellungen veranlassen, um von ihrer Firma für die angeblich ordnungsgemäß erlangten Aufträge vorschussweise Provision zu kassieren. Eine Stoffgleichheit zwischen dem vom Vertreter angestrebten Vorteil, der Provision, und dem Schaden der Besteller liegt dann nicht vor. Betrug zum Nachteil der **Kunden** ist hier gleichwohl unschwer zu begründen, wenn man beachtet, dass der Täter (auch) in der Absicht handelt, zunächst **seiner Firma** einen rechtswidrigen Vermögensvorteil in Gestalt der **erschlichenen Bestellungen** zu verschaffen. Das ist ein sog. *fremdnütziger* Betrug, bei dem die Bestellung seitens der Kunden auf der einen Seite den Schaden und auf der anderen Seite den Vermögensvorteil bewirkt[493]. An der „Stoffgleichheit" fehlt es dagegen, wenn es dem Verursacher eines Verkehrsunfalls durch Verleugnen seines Verschuldens gegenüber der Versicherung nicht darauf ankommt, dieser die Schadenserstattung gegenüber dem Geschädigten zu ersparen (keine Drittbereicherungs*absicht*), sondern allein darauf, sich den Schadensfreiheitsrabatt zu erhalten. Dieser Vorteil ist nicht die Kehrseite des Schadens, den der Geschädigte durch die unterbliebene Erstattung an seinem Vermögen erleidet[494]. Ebenso mangelt es an der Stoffgleichheit, wenn der Täter einem Handwerker betrügerisch den Auftrag erteilt, in einem ihm nicht gehörenden Mietshaus die Heizung zu sanieren, und damit die Absicht verfolgt, sich den Mietern gegenüber fälschlich als Eigentümer des Hauses ausgeben und die Miete einziehen zu können[495].

589

d) Bereicherungsabsicht, Teilnahme und Versuch

Die Bereicherungsabsicht ist ein strafbegründendes Merkmal, das aufgrund seiner Tatbezogenheit nicht unter § 28 I fällt[496]. Eine Täterschaft setzt in all ihren Formen voraus, dass der Beteiligte **selbst** Bereicherungsabsicht hat. Da der Tatbestand allerdings auch eine **Drittbereicherungsabsicht** ausreichen lässt, ist **Mittäterschaft** nicht dadurch ausgeschlossen, dass ein Beteiligter nur die Bereicherung eines Mittäters erstrebt[497]. Andererseits macht das Vorliegen einer Drittbereicherungsabsicht den Beteiligten nicht notwendig zum Mittäter. Vielmehr ist auch in dieser Tatbestandsalternative für die Abgrenzung von Mittäterschaft und Beihilfe auf die allgemein dazu geltenden Grundsätze abzustellen. Wer mit Drittbereicherungsabsicht *alle* Tatbestandsmerkmale des Betrugs selbst erfüllt, ist danach *regelmäßig* Täter[498], wer weder Tatherrschaft noch den Willen dazu hat, dagegen Gehilfe[499]. Dabei kann eine **Beihilfe** zum Betrug schon begehen, wer dem Täter etwa mit einem gefälschten Sachverstän-

590

---

493 Vgl *Jäger*, BT Rn 371 f; *Krey/Hellmann/Heinrich*, BT II Rn 638 ff; MK-*Hefendehl*, § 263 Rn 911; S/S-*Perron*, § 263 Rn 169; BGHSt 21, 384, 385 f; OLG Braunschweig NJW 61, 1272.
494 BayObLG NStZ 94, 491.
495 BGH NStZ-RR 02, 10; weitere Beispiele fehlender Stoffgleichheit in BGHSt 49, 17, 23; BGH NStZ 04, 557, 558; s. auch *Hohmann/Sander*, BT I § 11 Rn 159 ff.
496 *Fischer*, § 263 Rn 205; *Lackner/Kühl*, § 263 Rn 58; aA *Umansky/Mathie*, HRRS 15, 45.
497 LK-*Tiedemann*, § 263 Rn 283; M/R-*Saliger*, § 263 Rn 305; zur mittelbaren Täterschaft dort Rn 306 sowie hier Rn 491.
498 S. *Hillenkamp*, Schünemann-FS S. 407 ff.
499 BGH StV 97, 411; BGH BeckRS 12, 09218; S/S-*Perron*, § 263 Rn 180.

digengutachten ein entscheidendes Tatmittel willentlich an die Hand gibt und dabei bewusst das Risiko erhöht, dass mithilfe dieses Mittels ein Betrug begangen wird. Auf eine genauere Kenntnis von Opfer, Tatzeit oder näheren Einzelheiten der konkreten Begehungsweise kommt es für die Beihilfe nicht an[500]. Handelt es sich um berufstypisches und damit „neutral" erscheinendes Verhalten zB eines Bankangestellten oder eines Rechtsanwalts oder Notars[501], liegt Beihilfe nach den zitierten Entscheidungen nur vor, wenn die Förderung einem erkennbar tatgeneigten Haupttäter gilt und sich der Gehilfe mit diesem solidarisiert[502]. Nach der Rechtsprechung schließt die bloße Mitwirkung im Vorbereitungsstadium auch Mittäterschaft nicht aus[503]. Ferner wird – sehr weitgehend – eine **Beihilfe durch Unterlassen** für einen Polizeibeamten für möglich gehalten, der außerdienstlich von einem Betrug mit hohem Schaden Kenntnis erhält und nichts unternimmt[504]. Dahinter steht – wie oft – der schwer oder nicht beweisbare Verdacht einer Beteiligung durch aktives Tun[505]. Mittäterschaft oder **Beihilfe nach Vollendung** des Betrugs ist nur bei iterativer Tatbegehung möglich[506].

Der **Versuchsbeginn**[507] liegt zwar regelmäßig in der Vornahme der Täuschungshandlung, zB dem mit einer Täuschung verbundenen Vertragsangebot beim Eingehungsbetrug[508]. Geht es um ein mehraktiges Geschehen, ist aber erst diejenige Täuschungshandlung maßgeblich, die den Getäuschten unmittelbar zur irrtumsbedingten Verfügung bestimmen soll[509]. In Fällen der Beteiligung gilt die Gesamtlösung[510].

IV. Regelbeispiele und Qualifikation

1. Regelbeispiele

591 Das 6. StrRG (Rn 11) hat die zuvor unbenannten „besonders schweren Fälle" des Betrugs durch fünf Regelbeispiele ersetzt, um dem Tatrichter durch deren „maßstabbildende Bedeutung"[511] genauere Anhaltspunkte für die Strafzumessung zu geben. In

---

500 BGHSt 42, 135, 138 mit Anm. *Kindhäuser*, NStZ 97, 273; *Loos*, Jura 97, 297; *Schlehofer*, StV 97, 412; BGH NStZ-RR 00, 326; BGH NStZ 11, 399, 400; BGH NStZ 17, 274.
501 BGH wistra 00, 340, 341; 459, 460; BGH StV 00, 479, 480; BGH NZWiSt 14, 139 mit Anm. *Bott/Orlowski*; *Satzger*, JK 11/14, StGB § 27/27; *Trüg*, ZWH 14, 436; BGH MDR 17, 1151; BGH NStZ 17, 337 mit Anm. *Kudlich*; *Beyer*, NZWiSt 17, 362; *Bode*, NJ 17, 203; *Schörner/Bockemühl*, StV 18, 20; s. auch *Putzke*, ZJS 14, 637; BGH NStZ 17, 461 mit Anm. *Wohlers*, JR 17, 585.
502 S. dazu *Hillenkamp*, AT 28. Problem; zu BGH NZWiSt 14, 139 s. genauer *Roxin*, StV 15, 449 ff.
503 BGH StV 99, 317; BGH NStZ 02, 145, 146.
504 BGH wistra 00, 92, 93 mit Anm. *Wollweber*, wistra 00, 338.
505 S. dazu *Hillenkamp*, Wassermann-FS S. 861, 864.
506 LK-*Hillenkamp*, vor § 22 Rn 35 ff; aA BGH wistra 01, 378; BGH NStZ 02, 482; BGH NStZ 14, 516 f mit Anm. *Becker*; zum Verbot der Zurechnung eines bereits abgeschlossenen Tatgeschehens s. BGH wistra 09, 389, 390.
507 S. dazu ausführlich M/R-*Saliger*, § 263 Rn 301 ff. Zu Abo-Fallen s. *Krell*, ZIS 19, 62, 65 ff.
508 *Fischer*, § 263 Rn 197; MK-*Hefendehl*, § 263 Rn 939.
509 S. LK-*Hillenkamp*, § 22 Rn 94; BGH NStZ 02, 433, 435; BGH NStZ 11, 400, 401 mit Anm. *Satzger*, JK 9/11, StGB § 263/92; BGH wistra 17, 397 (zum Prozessbetrug) mit Anm. *Webel*; OLG Hamm StV 12, 155 f; OLG Hamm BeckRS 16, 18657; KG BeckRS 12, 12410; s. auch BGH HRRS 14, 120 mit Anm. *Bittmann*, ZWH 14, 186; *Satzger*, JK 10/14, StGB § 263/105: Abgrenzung zur bereits schadensgleichen Vermögensgefährdung.
510 BGH StV 99, 24; BGH wistra 00, 379, 381; LK-*Hillenkamp*, § 22 Rn 173; *Wessels/Beulke/Satzger*, AT Rn 961 ff, zum Versuchsbeginn beim Prozessbetrug s. *Zaczyk*, Krey-FS S. 485, 495 ff.
511 BGHSt 28, 318, 320.

rechtsstaatlicher Sicht ist diese Lösung der zuvor bestehenden überlegen[512]. Inhaltlich knüpfen die Regelbeispiele weitgehend an Umstände an, die nach Rechtsprechung und Literatur bereits auf der Grundlage des alten Rechts als besonders schwere Fälle zu werten oder in anderen Strafzumessungsvorschriften schon zu finden waren[513].

Bei den **Regelbeispielen** des § 263 III 2 Nrn 1–5 handelt es sich wie bei denen des Diebstahls (§ 243 I 2 Nrn 1–7) um **Strafzumessungsregeln**, die den dort entwickelten Grundsätzen folgen. Auch hier ist die Annahme eines besonders schweren Falles bei Vorliegen eines Beispiels daher – etwa im Falle einer erheblichen Taterleichterung durch das Opfer – nicht zwingend[514], aber die keiner zusätzlichen Begründung bedürftige Regel und im Ausnahmefall auch gestattet, wo es an den Voraussetzungen fehlt (s. Rn 209 f)[515]. Für Versuch, Vorsatz und Teilnahme gelten die zu § 243 dargelegten Besonderheiten entsprechend (s. Rn 211 ff, 220 ff). Dass der Täter ein Regelbeispiel nur vermeintlich erfüllt, reicht nicht aus (s. Rn 215 f)[516]. Für eine Beihilfe ist auf sie selbst, nicht auf die Schwere der Haupttat abzustellen (s. Rn 220)[517]. Auch ist § 243 II gemäß § 263 IV auf alle Regelbeispiele wie auf den atypischen schweren Fall anzuwenden[518]. 592

In **§ 263 III 2 Nr 1** ist das **gewerbsmäßige** Handeln ebenso wie das als Mitglied einer **Bande**, die sich zur fortgesetzten Begehung von Taten verbunden hat, in Anlehnung an §§ 243 I 2 Nr 3, 244 I Nr 2 (s. dazu Rn 239; 296 ff) als Regelbeispiel genannt. Dabei ist die **bandenmäßige Begehung** hier nicht von der Mitwirkung eines anderen Bandenmitgliedes (bei der Täuschungshandlung) abhängig[519]. Die Bande muss aber nach der Entscheidung des GrS des BGH[520] aus mindestens drei Personen bestehen, die sich, was sie von bloßen Mittätern unterscheiden soll, auf eine gewisse Dauer zu zukünftiger Deliktsbegehung verbunden haben. Dass sie sich, wie zB ein Zahnarzt und das ihn beliefernde Dentallabor, geschäftlich gegenüberstehen, hindert nicht das „Ziehen an einem Strang", wenn sie sich zur betrügerischen Schädigung eines Dritten (hier der kassenärztlichen Vereinigung) zusammengetan haben[521]. Da nach der Rechtsprechung (s. Rn 297, 300) nicht nur Mittäter, sondern auch Gehilfen eine Bande mitbegründen können, ist die Bande als Zurechnungsgrundlage nicht geeignet. Eine Zurechnung gegenseitiger Tatanteile kann auch in der Bande folglich nur über § 25 II 593

---

512 *Freund*, ZStW 109 (1997), 471; *Kudlich*, JuS 98, 469; krit. *Stächelin*, StV 98, 100.
513 Vgl BT-Ds 13/8587, S. 42; BGH NJW 91, 2574; BGH StV 96, 34; eine Rechtsprechungsübersicht findet sich bei *Jannusch*, NStZ 12, 679.
514 BGH NStZ 04, 265, 266; zur Taterleichterung durch das Opfer s. LG Gera NStZ-RR 96, 167; OLG Hamm wistra 12, 161, 163; *Hillenkamp*, Vorsatztat und Opferverhalten 1981, S. 295 ff; *Frank/Leu*, StraFo 14, 198 ff; zum Vorliegen mehrerer Regelbeispiele s. BGH wistra 04, 262, 263.
515 S. zum Verzicht auf zusätzliche Begründung BGH NJW 04, 2394, 2395; zur Begründung von Abweichungen BGH wistra 03, 460, 461; OLG Karlsruhe NStZ-RR 02, 333.
516 *Tiedemann/Waßmer*, Jura 00, 539; M/R-*Saliger*, § 263 Rn 314.
517 BGH wistra 01, 105.
518 S. dazu OLG Hamm wistra 12, 40; *Lackner/Kühl*, § 263 Rn 66; *Mitsch*, ZStW 111 (1999), 113 f; für den atypischen Fall verneinend *Jesse*, JuS 11, 313.
519 BGH BeckRS 16, 16704.
520 BGHSt 46, 321; s. dazu Rn 298 f und BGH wistra 02, 21; BGH NStZ 02, 200, 201; 07, 269.
521 BGH NStZ 07, 269, 270; das hier wieder verwendete Ziehen „am selben Strang" ist als Kriterium von BGHSt 46, 321, 325 ff aufgegeben worden, s. dazu Rn 299. Auch BGH NJW 13, 887 verzichtet auf einen „Interessengleichlauf"; krit. hierzu M/R-*Saliger*, § 263 Rn 318.

zwischen Mittätern erfolgen⁵²². Auch wer Bandenmitglied ist, kann allerdings wegen einer Tat, die aus der Bande heraus begangen wird, als Täter oder Teilnehmer nur bestraft werden, wenn er an der konkreten Tat *mitgewirkt* hat. Die Abgrenzung zwischen Täterschaft und Teilnahme richtet sich dann nach den hierzu auch sonst geltenden Grundsätzen⁵²³. Die fragliche Tat muss Ausfluss der Bandenabrede sein. Sie darf nicht losgelöst von ihr ausschließlich im Interesse der jeweils unmittelbar Beteiligten begangen werden⁵²⁴. Neben Betrug ist als Bandendelikt auch Urkundenfälschung möglich⁵²⁵. Der **Gewerbsmäßigkeit** steht nicht entgegen, dass der Täter⁵²⁶ mit dem erlangten Geld nur alte Schulden abtragen will. Auch muss er seinen Lebensunterhalt nicht zwingend allein oder auch nur überwiegend durch die Begehung der Straftaten bestreiten wollen, solange er nur in der Absicht handelt, sich durch die wiederholte Begehung eine fortlaufende Einnahmequelle von einiger Dauer und einigem Umfang zu verschaffen⁵²⁷. Fließen die Vermögensvorteile in eine von ihm beherrschte Gesellschaft, reicht seine jederzeitige Zugriffsmöglichkeit aus⁵²⁸. Auch soll es für das gewerbsmäßige Handeln eines Angestellten ausreichen, wenn die durch ihn betrügerisch gesteigerten Betriebseinnahmen ihm *mittelbar* etwa über das Gehalt oder eine Beteiligung an den Betriebsgewinnen zufließen sollen⁵²⁹. Weder der Gewerbsmäßigkeit noch der bandenmäßigen Begehung steht es entgegen, wenn es bei nur einer Tat bleibt oder die Einzeldelikte der Betrugsserie aus Rechtsgründen in gleichartiger Tateinheit zusammentreffen. Maßgeblich ist allein, dass bei der Ausführung der Tat die für die gewerbs- bzw bandenmäßige Begehung jeweils erforderliche spezifische Absicht bestand. Sie setzt im Unterschied zur Bereicherungsabsicht eigennütziges, auf tätereigene Einnahmen zielendes Handeln voraus⁵³⁰.

594 § 263 III 2 Nr 2 knüpft die Regelwirkung zunächst an einen **Vermögensverlust großen Ausmaßes**⁵³¹. Der sich hier (wie in § 267 III 2 Nr 2) auf den beim Verletzten tatsächlich eingetretenen, wenn auch nicht notwendig bleibenden⁵³² Schaden beziehende Begriff des „großen Ausmaßes" findet sich auch in §§ 264 II 2 Nr 1, 330 Nr 1, 335 II Nr 1 und § 370 III 2 Nr 1 AO⁵³³. Die Auslegung hat sich aber richtigerweise am jeweiligen Tatbestand zu orientieren⁵³⁴. Für ihn kommt es nicht auf den vom Täter erlangten Vorteil, sondern allein auf die Vermögenseinbuße beim Opfer an. Eine Addition von Einzelschäden in einer Betrugsserie kommt nur in Betracht, wenn die tatein-

---

522 BGH wistra 07, 100, 101.
523 BGH StV 07, 579, 580; BGH wistra 13, 97.
524 BGH StraFo 17, 122.
525 Zum Auslegungsstreit insoweit s. *Fischer*, § 263 Rn 212; MK-*Hefendehl*, § 263 Rn 970 f.
526 Gewerbsmäßigkeit des Gehilfen genügt nicht, s. BGH BeckRS 17, 125784. Zur entsprechenden Anwendung des § 28 II, s. Rn 220.
527 S. BGH wistra 03, 460, 481; BGH NStZ 08, 282 f; näher zur Gewerbsmäßigkeit *Brodowski,* wistra 18, 97 ff.
528 BGH wistra 08, 379; 09, 351; 12, 350; BGH NZWiSt 12, 67 (vom Täter beherrschter Verein) mit Anm. *Steinberg/Kreuzer* und Bespr. *Satzger,* JK 5/12, StGB § 263/95.
529 BGH wistra 15, 357; NJW 19, 378.
530 BGHSt 49, 177, 181, 186 ff.
531 BGH NJW 91, 2574; BGH MDR/D 75, 368; s. zu den Regelbeispielen der Nr 2 *Peglau*, wistra 04, 7.
532 BGH wistra 02, 339 mit abl. Anm. *Joecks*, StV 04, 17 und zust. Bespr. von *Hannich/Röhm*, NJW 04, 2063.
533 S. dazu BGH wistra 94, 228, 229; s. dazu *Stam*, NStZ 13, 144.
534 BGH NZWiSt 16, 71 mit Anm. *Bürger; Sinner*, HRRS 16, 196; für Einheitlichkeit iS von 50.000 € dagegen BGH NZWiSt 16, 359 (zu § 355 II Nr 1) mit Anm. *Houben*.

heitlich zusammentreffenden Taten dasselbe Opfer betreffen[535]. Das Regelbeispiel setzt eine aus dem Rahmen durchschnittlicher Betrugsschäden nach objektivem Maßstab erheblich herausfallende Schädigung voraus, die nach der insoweit zweifelhaften, vom BGH aber mittlerweile übernommenen gesetzgeberischen Vorstellung (BT-Ds 13/8587, S. 43) in Anlehnung an § 264 II 2 Nr 1[536] erst bei 100 000 DM = 50 000 €[537] beginnen, als Vermögens**verlust** aber durch eine nur schadensgleiche Vermögensgefährdung noch nicht auslösbar sein soll[538]. Das ist angesichts der Gleichsetzung von schadensgleicher Vermögensgefährdung und Schaden[539] zwar nicht unbedenklich, lässt sich aber mit einer gegenüber dem Schaden engeren Bedeutung des Verlusts rechtfertigen. Auf dem Boden dieser Auffassung kann es auch den (beim Diebstahl für möglich gehaltenen, s. Rn 215) Fall eines Versuchs in einem besonders schweren Fall nicht geben, in dem die Tat versucht bleibt und ein Vermögensverlust großen Ausmaßes beabsichtigt war[540]. Für die zweite Alternative genügt dagegen die **Absicht**[541], eine **große Zahl**[542] von Menschen durch rechtlich selbstständige Betrugshandlungen in die **konkrete Gefahr** des Verlustes von Vermögenswerten zu bringen[543]. Davon ist auszugehen, wenn der Täter durch das zur Tatbegehung verwendete Medium eine unbestimmte Vielzahl von Opfern ansprechen will[544]. *Juristische* Personen scheiden als „Menschen" aus[545].

Das Regelbeispiel des § 263 III 2 Nr 3 erfüllt, wer eine andere Person in **wirtschaftliche Not** bringt. Davon ist hier – wie in §§ 283a 2 Nr 2, 291 II 2 Nr 1 – zu sprechen, wenn das Opfer einer solchen Mangellage ausgesetzt wird, dass ihm die Mittel für lebenswichtige Aufwendungen für sich oder auch für unterhaltsberechtigte Personen fehlen[546]. 595

Ein weiteres Regelbeispiel erfüllt, wer seine Befugnisse oder Stellung als **Amtsträger** oder **Europäischer Amtsträger** missbraucht, § 263 III 2 Nr 4. Dieses Regelbei- 596

---

535 BGH NStZ 11, 401, 402; BGH NStZ 12, 213; BGH NJW 13, 884, 887 f.
536 S. dazu *Fischer*, § 264 Rn 46; LK-*Tiedemann*, § 264 Rn 147; *Schramm*, BT I § 7 Rn 197; *Satzger*, Jura 12, 792; S/S-*Perron*, § 264 Rn 74.
537 S. dazu BGHSt 48, 360; BGH wistra 09, 236, 237; BGH HRRS 18, 97 (Nr 286); LK-*Tiedemann*, § 263 Rn 298; zweifelnd *Fischer*, § 263 Rn 215a; s. auch schon BGH StV 02, 144.
538 S. BGHSt 48, 354, 355 ff; mit zust. Anm. *Krüger*, wistra 04, 146; *Gallandi*, NStZ 04, 268; beiden Aussagen iE zust. A/W-*Heinrich*, § 20 Rn 135; *Eisele*, BT II Rn 652; M/R-*Saliger*, § 263 Rn 320 f; *Rotsch*, ZStW 117 (2005), 577, 591 ff, 597 ff; *Wittig*, § 14 Rn 161 ff; krit. HK-GS/*Duttge*, § 263 Rn 104; für Einbeziehung auch der Vermögensgefährdung dagegen MK-*Hefendehl*, § 263 Rn 975 f; *Satzger*, Jura 12, 792; S/S/W-*Satzger*, § 263 Rn 391; s. zu beiden Urteilen die krit. Bespr. von *Hannich/Röhm*, NJW 04, 2061; *Lang ua*, NStZ 04, 528; ferner *Krüger*, wistra 05, 247; Falllösung bei *Rotsch*, ZJS 13, 83 ff.
539 S. dazu auf dem Hintergrund der Kontroverse um den Gefährdungsschaden *Fischer*, NStZ-Sonderheft 09, 8, 12; Bedenken bei *Hohmann/Sander*, BT I § 11 Rn 174.
540 BGH StV 07, 132; BGH NStZ-RR 09, 206; krit. dazu *Steinberg/Burghaus*, ZIS 11, 580 f.
541 Sicheres Wissen reicht aus, *Kindhäuser*, § 263 Rn 245.
542 S. dazu *Joecks/Jäger*, § 263 Rn 127: mindestens fünfzig; LK-*Tiedemann*, § 263 Rn 299: mindestens zehn; MK-*Hefendehl*, § 263 Rn 980; S/S-*Perron*, § 263 Rn 188d: mindestens zwanzig; BGH NZWiSt 12, 67 (jedenfalls bei 123 Personen erfüllt); s. auch BGH JR 99, 210 (= BGHSt 44, 175) mit Anm. *Ingelfinger* zu § 306b; für eine Verknüpfung mit der Schadenshöhe *Kretschmer*, Herzberg-FS S. 835.
543 S. dazu BT-Ds 13/8587, S. 64; *Mitsch*, BT II S. 346; *Otto*, BT § 51 Rn 108.
544 OLG Jena NJW 02, 2404.
545 BGH wistra 01, 59.
546 BGH NStZ-RR 07, 269; *Mitsch*, BT II S. 346 f; S/S-*Heine/Hecker*, § 291 Rn 43.

spiel stimmt mit § 264 II 2 Nr 2 und § 370 III 2 Nr 2 AO überein. Wer Amtsträger oder Europäischer Amtsträger ist, ergibt sich aus § 11 I Nr 2, Nr 2a. § 28 II ist entsprechend anwendbar. Der Missbrauch der Befugnisse setzt ein täuschendes Handeln innerhalb an sich gegebener Zuständigkeit, der Missbrauch der Stellung die Ausnutzung durch das Amt sonst gegebener Möglichkeiten voraus[547].

597 Das im Gesetzgebungsverfahren erst später eingefügte Regelbeispiel des **§ 263 III 2 Nr 5** (BT-Ds 13/8587, S. 85) nimmt Merkmale des alten **Versicherungsbetrugs** (§ 265 aF) auf und steht im engen Zusammenhang mit dessen Ersetzung durch § 265 nF. Es wird daher dort behandelt (Rn 662 ff).

2. Qualifikation

598 § 263 V ist § 260a nachgebildet und hat in § 244a iVm § 243 I 2 Nr 3 eine Parallele. Es handelt sich bei dieser **Banden–** und **Gewerbsmäßigkeit** (s. dazu Rn 239, 296 ff) verknüpfenden Begehungsweise auch im minder schweren Fall (§ 12 III) um ein **Verbrechen**, das als **Qualifikation** ausgestaltet und auf das § 30 anwendbar ist[548]. Auch hier soll eine Bande mindestens drei Personen voraussetzen[549]. Die Vorschrift zielt (ehemals gemeinsam mit § 263 VII) auf die Bekämpfung der organisierten Kriminalität[550]. Sie erweitert den Kreis der in Betracht kommenden Delikte um die §§ 263a, 264, 268 und 269. Dass Vermögensvorteile großen Ausmaßes erlangt werden, ist als zunächst vorgesehene weitere Voraussetzung (BT-Ds 13/8587, S. 10, 43) fallen gelassen (BT-Ds 13/8587, S. 64) und als Ausgleich dafür eine Strafmilderung für minder schwere Fälle eingefügt worden (BT-Ds 13/9064, S. 19).

V. Sicherungsbetrug und Verfolgbarkeit

1. Sicherungsbetrug

599 **Mitbestrafte Nachtat** soll ein Betrug dann sein, wenn er nur die bereits aus einem Eigentums- oder Vermögensdelikt erlangten Vorteile sichern soll, ohne dass der Täter einen neuen selbstständigen Vermögensschaden – etwa bei Dritten[551] – verursacht. Dies gilt nach hM insbesondere dort, wo der Vortäter durch falsche Angaben gegenüber dem Verletzten die Geltendmachung von Rückgewähr- oder Schadensersatzansprüchen vereitelt (= sog. **Sicherungsbetrug**)[552]. Gegen diese Konstruktion ist jedenfalls dann etwas einzuwenden, wenn keine „Erweiterung oder Vertiefung des schon

---

547 LK-*Tiedemann*, § 263 Rn 301; *Mitsch*, BT II S. 347.
548 BGH NStZ-RR 07, 269; zusf. BGH StraFo 17, 122; M/R-*Saliger*, § 263 Rn 325; *Mitsch*, BT II S. 344 f.
549 BGH wistra 02, 21; BGHSt 49, 177, 187; BGH NStZ-RR 17, 248; s. dagegen Rn 298 f.
550 Ein gewerbs- oder bandenmäßiger Betrug ist deshalb auch taugliche Vortat der *Geldwäsche* (§ 261 I Nr 4a, s. Rn 896); zu deren Feststellung s. KG NStZ-RR 13, 13.
551 BGH wistra 08, 423, 424.
552 BGH GA 1957, 409, 410; 1958, 369, 370; 1961, 83; HK-GS/*Duttge*, § 263 Rn 113; *Lackner/Kühl*, § 263 Rn 69; LK-*Tiedemann*, § 263 Rn 325 ff; *Kretschmer*, JuS 13, 26; M/R-*Saliger*, § 263 Rn 338; *Schröder*, MDR 50, 398; anders bei einer Abwehr des Anspruchs im Prozess *Bittmann*, NStZ 12, 289 ff.

durch das Eigentumsdelikt verursachten Schadens"[553] gegeben ist. Dann fehlt es bereits am Tatbestand des Betrugs[554]. Daher verbleibt es zB bei der Verheimlichung zuvor im Kaufhaus entwendeter Ware an der Kasse beim Diebstahl, auch wenn die Kassiererin auf Grund einer Täuschung die Herausforderung des Diebesguts unterlässt[555].

2. Verfolgbarkeit

§ 263 IV erklärt nicht nur § 243 II, sondern auch § 247 und § 248a für entsprechend anwendbar. Danach besteht für den *Bagatell*– und den *Haus*– und *Familienbetrug* ein **Strafantragserfordernis**. Im letztgenannten Fall kommt als Antragsberechtigter nur der Geschädigte, nicht auch der davon personenverschiedene Getäuschte in Betracht[556]. Zum Beginn der **Verjährung** beim Betrug ist § 78a zu beachten[557].

600

VI. Prüfungsaufbau: Betrug, § 263

Betrug, § 263

600a

I. Tatbestand
  1. Objektiver Tatbestand
    a) Täuschung:
      • *Tatsachen*
        → Abgrenzung zum Werturteil
      • *Vorspiegeln falscher Tatsachen*
      • *Entstellen/Unterdrücken wahrer Tatsachen*
        → durch aktives/konkludentes Tun
        → durch Unterlassen
          Ⓟ Garanten(Aufklärungs)pflicht
    b) Irrtum:
      • *Irrtum*
        Ⓟ Irrtum bei Zweifeln
        Ⓟ ignorantia facti ↔ sachgedankliches Mitbewusstsein
      • *Erregung/Unterhaltung*
        → Mitverursachung
    c) Vermögensverfügung:
      • *vermögensmindernde Verfügung*
        → Unmittelbarkeit ⎫
        → Freiwilligkeit ⎬ Ⓟ Diebstahl ↔ Betrug
        → Verfügungsbewusstsein ⎭
      • *des Getäuschten*
        → Vermögensinhaber (Selbstschädigung)
        → Dritter (Fremdschädigung)
          Ⓟ Dreiecksbetrug oder Diebstahl in mittelbarer Täterschaft

---

553 BGH StV 92, 272.
554 S. *Otto*, BT § 51 Rn 152; vertiefend *Sickor*, GA 07, 590.
555 *Hillenkamp*, JuS 97, 220, 222; zur entsprechenden Frage bei der „Sicherungserpressung" s. ebenso *Kienapfel*, Anm. JR 84, 389; *Seier*, NJW 81, 2157; Rn 735; Rn 412 mit BGH NStZ 12, 95.
556 Vgl RGSt 74, 167; näher zum Ganzen *Naucke*, Lackner-FS S. 695.
557 *Otto*, Lackner-FS S. 715, 723 ff; BGH wistra 04, 228.

d) Vermögensschaden:
- *Vermögensminderung*
  - ⓟ Vermögensbegriff
  - ⓟ schadensgleiche Vermögensgefährdung
- *Ausbleiben einer Kompensation*
  - ⓟ individueller Schadenseinschlag
  - ⓟ bewusste Vermögensminderung/ Zweckverfehlung

e) Kausalität:
- *Kausalzusammenhang zwischen den 4 Merkmalen*
  - ⓟ funktionaler Zusammenhang Irrtum → Verfügung

2. Subjektiver Tatbestand
  a) Vorsatz:
  - *jede Vorsatzart*
  b) Bereicherungsabsicht:
  - *Absicht, sich oder Drittem rechtswidrigen Vermögensvorteil zu verschaffen*
    Vermögensvorteil des Täters/eines Dritten
    - ⓟ Stoffgleichheit von Schaden und Vorteil
    dolus directus 1. Grades bzgl Vermögensvorteil
    objektive Rechtswidrigkeit des Vermögensvorteils
    → nicht bei fälligem, einredefreien Anspruch
    zumindest dolus eventualis bzgl Rechtswidrigkeit
    - ⓟ Irrtum bzgl Rechtswidrigkeit

II. Rechtswidrigkeit
III. Schuld
IV. Privilegierung (Strafantrag, § 263 IV iVm. §§ 247, 248a)
V. Besonders schwerer Fall, § 263 III
→ Qualifikation, § 263 V

§ 14 Computerbetrug

600b **Fall 49:** O hatte seine ec-Karte der T überlassen, ihr seine zugehörige Geheimzahl mitgeteilt und ihr gestattet, sich 2000 € für eine Reise abzuheben. Diese Reise fand dann aber nicht statt. T hob gleichwohl bei acht Gelegenheiten unter Einsatz von Karte und Geheimnummer Geldbeträge in einer Gesamthöhe von 10 800 € vom Konto des O ab, ohne dass dieser damit einverstanden war. Hat sich T nach § 263a strafbar gemacht? **Rn 620**

600c **Fall 50:** 1995 präparierte T 2500 schwedische 5-Kronen-Münzen im Wert von je etwa 1 DM durch Überkleben der Schmalseiten mit Klarsichtfolie so, dass ihr Durchmesser dem eines 5-DM-Stückes entsprach. Mit einem Teil dieser Münzen bediente er in der Spielbank einen Geldspielautomaten und erzielte dabei einen Gewinn von 182 5-DM-Münzen. Das gelang ihm deshalb, weil der elektronische Münzprüfer in dem Spielautomaten defekt war. T hatte mit dem Vorhandensein eines solchen Münzprüfers gerechnet, von dem Defekt aber nichts gewusst.

Hat sich T nach § 263a strafbar gemacht? **Rn 621**

I. Zweck, Rechtsgut und Einordnung der Vorschrift

Der Computerbetrug (§ 263a) schließt *Lücken* im Vermögensschutz, die durch den zunehmenden Einsatz von Datenverarbeitungssystemen entstanden waren, bei denen ein im Betrug vorausgesetzter menschlicher Irrtum nicht möglich ist[1]. 601

Die Vorschrift stellt Manipulationsformen zum Nachteil fremden Vermögens unter Strafe, deren Besonderheit im Vergleich zum Betrug (§ 263) darin besteht, dass hier nicht ein *Mensch getäuscht* und zu einer *irrtumsbedingten Vermögensverfügung* veranlasst, sondern der Schaden durch die Manipulation eines Datenverarbeitungssystems herbeigeführt wird. § 263a übernimmt infolgedessen aus § 263 zwar den vollständigen subjektiven Tatbestand und das Merkmal der Vermögensbeschädigung, ersetzt die dort vorgesehene Täuschungshandlung jedoch durch eine Reihe weit gefasster Computermanipulationen. Geschützt ist wie beim Betrug das **Vermögen**[2]. 602

Der **Versuch** ist mit Strafe bedroht[3]; nach § 263a II gelten § 263 II-VI entsprechend[4]. 2003 hat der Gesetzgeber infolge eines Rahmenbeschlusses des Rates der EU zur Bekämpfung von Betrug und Fälschung im Zusammenhang mit unbaren Zahlungsmitteln schon die bloße **Vorbereitung** eines Computerbetruges durch Herstellen, Sich-Verschaffen uä eines Computerprogramms, dessen Zweck die Begehung einer Tat nach § 263a I ist, in § 263a III (mit der Möglichkeit tätiger Reue, § 263a IV) unter Strafe gestellt[5]. Der „objektive Zweck" des Programms muss gerade die Begehung eines Computerbetrugs sein. Taugliches Tatobjekt ist nur ein Programm, das mit der Absicht entwickelt oder modifiziert worden ist, eine entsprechende Straftat zu begehen. Auf eine solche Absicht kann uU aus dem Vertriebskonzept und der Bewerbung des Produkts geschlossen werden[6]. Dual-Use-Tools scheiden demnach grds aus[7]. Die bloße

---

[1] Näher zu der durch das 2. WiKG vom 15.5.1986 (BGBl I 721) eingefügten Vorschrift *Lackner*, Tröndle-FS S. 41; *Lenckner/Winkelbauer*, CR 86, 654; *Möhrenschlager*, wistra 86, 123, 131; *Otto*, Jura 93, 612; *Tiedemann*, JZ 86, 865; BGH NJW 07, 2864, 2866; ausf. zu §§ 263a, 266b *Pütz*, Der Computerbetrug und verwandte Delikte, 2013, S. 95 ff, 180 ff.
[2] BGHSt 40, 331, 334; *Fischer*, § 263a Rn 2; *Lackner/Kühl/Heger*, § 263a Rn 1; NK-WSS-*Waßmer*, § 263a Rn 5; *Schramm*, BT I § 8 Rn 4; weiter LK-*Tiedemann/Valerius*, § 263a Rn 13 f; S/S-*Perron*, Vor § 263 Rn 12. § 263a ist damit ein Schutzgesetz gem. § 823 II BGB.
[3] Zum Versuchsbeginn s. KG BeckRS 12, 18313 mit Bespr. *Jahn*, JuS 12, 1135.
[4] Die Qualifikation des § 263 V findet sich zB bei banden- und gewerbsmäßig organisiertem *Skimming*, s. BGH NStZ 12, 626; BGH NStZ-RR 13, 109 (zum Skimming s. auch hier Fn 50) sowie bei Wettmanipulationen, s. BGH NJW 13, 1017. Als Vortat zu § 261 muss § 263a banden- oder gewerbsmäßig begangen sein, s. KG NStZ-RR 13, 13.
[5] S. dazu AnK-*Gaede*, § 263a Rn 32 ff; *Heger*, ZIS 08, 496, 498; *Husemann*, NJW 04, 104, 107 und – wegen der Ausdehnung der Strafbarkeit in das Vorfeld zu Recht krit. – *Duttge*, Weber-FS S. 285; zu restriktiver Handhabung rät NK-WSS-*Waßmer*, § 263a Rn 106. Zum Verdacht einer solchen Tat s. LG Karlsruhe wistra 06, 317; zur **Subsidiarität** der Vorbereitung gegenüber dem Versuch s. BGH BeckRS 14, 16408.
[6] K/H-*Cornelius*, Kap. 102 Rn 110.
[7] Vgl BVerfG ZUM 09, 749 f; *Cornelius*, CR 07, 684; *Popp*, GA 08, 375 zur parallelen Problematik bei § 202c.

Eignung zur Begehung eines Computerbetrugs kann folglich ebensowenig ausreichen[8] wie das bloße Missbrauchspotenzial des Programms[9].

603 Aus der **Betrugsähnlichkeit** wird überwiegend[10] die Forderung abgeleitet, die Vorschrift **betrugsnah** auszulegen[11]. Dem ist im Grundsatz zu folgen, um die Struktur- und Wertgleichheit beider Delikte zu wahren und der Auffangfunktion des neuen Tatbestandes gerecht zu werden[12]. Geschehen kann das freilich nur in den Grenzen, die Wortlaut und Betrugsäquivalenz der einzelnen Merkmale zulassen[13]. Rein menschliche Verarbeitungsprozesse sind eindeutig § 263, rein (per Datenverarbeitung) automatische § 263a zuzuordnen. Probleme entstehen, wenn am Entscheidungsprozess sowohl Mensch als auch Maschine beteiligt sind. Richtigerweise kommt es auf die finale (Teil-)Entscheidung über die Vermögensverfügung an[14]. Ist nicht zu ermitteln, ob diese durch einen Menschen oder maschinell erfolgte, trifft die hM eine Wahlfeststellung und nimmt sehr „großzügig" bedingten Vorsatz bzgl beider Delikte (§ 263 und § 263a) an[15]. Weil § 263a aber eine gesetzliche Analogie zu § 263 enthält und eine Analogie keine neue Vorschrift schafft, sondern eine bestehende erweitert, ist es vorzugswürdig, Betrug und Computerbetrug als einheitliches Delikt (mit über zwei Vorschriften verteilten Begehungsvarianten) anzusehen. In den angesprochenen unklaren Fällen genügt dann eine – unproblematische – unechte Wahlfeststellung[16].

II. Tatbestand

1. Zwischenfolge, Erfolg und Bereicherungsabsicht

604 Der Tatbestand unterscheidet vier Tathandlungen. Für alle vier gilt, dass sie als tatbestandliche **Zwischenfolge**[17] zunächst das **Ergebnis eines Datenverarbeitungsvorganges beeinflussen** müssen. Dabei treten der Datenverarbeitungsvorgang und dessen Beeinflussung an die Stelle von Irrtum und Verfügung beim Betrug[18].

605 Den recht allgemein gehaltenen Begriff des „Datenverarbeitungsvorganges" erläutert das Gesetz nicht. Er ist weit auszulegen[19]. **Daten** sind nach allgemeiner Ansicht ko-

---

8 S. dazu *Eisele*, CR 11, 1341, 134; *Fischer*, § 263a Rn 30 ff; HK-GS/*Duttge*, § 263a Rn 35.
9 S/S/W-*Hilgendorf*, § 263a Rn 38; zu Dual-Use-Programmen s. auch BK-*Schmidt*, § 263a Rn 48 f.
10 Abl. *Achenbach*. Gössel-FS S. 481; *Mitsch*, BT II S. 396 ff; *Ranft*, NJW 94, 2574; einschr. *Otto*, BT § 52 Rn 29.
11 BGHSt 47, 160. 162 f; BGH NStZ 05, 213; BGH NStZ 16, 149 mit Anm. *Piel*; OLG Düsseldorf NStZ-RR 98, 137; OLG Karlsruhe NStZ 04, 333, 334; AnK-*Gaede*, § 263a Rn 2; A/R/R-*Heghmanns*, 6 Rn 189; BK-*Schmidt*, § 263a Rn 4; *Hilgendorf*, JuS 99, 542; M/R-*Altenhain*, § 263a Rn 1; NK-WSS-*Waßmer*, § 263a Rn 1, 37; *Rengier*, BT I § 14 Rn 1, 19; SK-*Hoyer*, § 263a Rn 6; S/S-*Perron*, § 263a Rn 2; iE auch *Kindhäuser*, Grünwald-FS S. 285; krit. MK-*Mühlbauer*, § 263a Rn 4; *Wachter*, NStZ 18, 241; *Zöller*, BT Rn 217; zum Streit s. *Kraatz*, Jura 10, 36 f.
12 *Lackner/Kühl/Heger*, § 263a Rn 2, 13.
13 *Hilgendorf/Valerius*, BT II § 8 Rn 4; LK-*Tiedemann/Valerius*, § 263a Rn 6, 16 f.
14 LK-*Tiedemann/Valerius*, § 263a Rn 67; Spickhoff-*Schuhr*, § 263a Rn 3.
15 BGH, NStZ 08, 281 f; *v. Heintschel-Heinegg*, JA 08, 660; *Fischer*, § 263a Rn 38; LK-*Tiedemann/Valerius*, § 263a Rn 65; MK-*Wohlers*, § 263a Rn 76; NK-*Kindhäuser*, § 263a Rn 62.
16 Näher zu diesem Vorschlag *Schuhr*, ZWH 2012, 50, 53; Spickhoff-*ders.*, § 263a Rn 8.
17 LK-*Tiedemann/Valerius*, § 263a Rn 26, 65; *Wachter*, JuS 17, 724.
18 G/J/W-*Bär*, § 263a Rn 31; *Lackner/Kühl/Heger*, § 263a Rn 5; SK-*Hoyer*, § 263a Rn 5; Beispiele für deren Fehlen in BGH NStZ 05, 213; AG Gera NStZ-RR 05, 213, 214.
19 Ebenso *Wittig*, § 15 Rn 6; zu Eingrenzungsversuchen s. *Kraatz*, Jura 10, 38.

dierte Informationen; eine Beschränkung auf solche nach § 202a II besteht hier nicht. Zur **Datenverarbeitung** gehören alle technischen Vorgänge, bei denen durch Aufnahme von Daten und ihre Verknüpfung nach Programmen bestimmte Arbeitsergebnisse erzielt werden[20]. **Beeinflusst** im Sinne des § 263a wird das Ergebnis eines Datenverarbeitungsvorganges, wenn eine der im Gesetz genannten Tathandlungen in den Verarbeitungsvorgang des Computers Eingang findet, seinen Ablauf irgendwie mitbestimmt und eine Vermögensdisposition auslöst. Dass der Datenverarbeitungsvorgang *bereits in Gang befindlich* ist, setzt dessen Ergebnisbeeinflussung in *keiner Variante* voraus. Sie kann vielmehr auch in einem Anstoßen oder Auslösen des Vorganges liegen[21].

Unmittelbare Folge der in dieser Weise beeinflussten Vermögensdisposition muss die **Beschädigung** fremden **Vermögens** (Rn 530 ff) sein. Dass die durch Abhebungen mit einer gestohlenen Kennkarte geschädigte Bank möglicherweise einen Schadensersatzanspruch gegen den Karteninhaber hat, bedeutet daher zB hier wie beim Betrug (s. Rn 548 f) keine hinreichende Kompensation. Dass die Bank geschädigt ist, folgt daraus, dass gegenüber einem Kontoinhaber, auf dessen Konto ohne seinen Auftrag oder sonstigen Rechtsgrund Belastungsbuchungen vorgenommen werden, ein Aufwendungsersatzanspruch nach §§ 675c, 670, 675 I BGB wegen fehlender Autorisierung ausgeschlossen ist (§ 675u S. 1 BGB) und eine unverzügliche Rückerstattung des Zahlungsbetrages durch die Bank zu erfolgen hat (§ 675u S. 2 BGB)[22]. Da das Konto des Bestohlenen allerdings zunächst belastet wird, kommt auch ein Computerbetrug in Form eines Dreiecksbetruges zulasten des Kontoinhabers in Betracht. Dessen Schaden kann in einer schadensgleichen Vermögensgefährdung bestehen, da er die Abbuchung entdecken und die Rückbuchung gegen den denkbaren Einwand, er habe seine Aufbewahrungspflichten grob fahrlässig verletzt (ein Fall, in dem der Schaden bei ihm verbleiben kann[23]), erst noch durchsetzen muss[24]. Die Feststellung und Bezifferung eines solchen Gefährdungsschadens muss allerdings auch zu § 263a den Anforderungen entsprechen, die das BVerfG hierzu zu § 266 und § 263 aufgestellt hat[25]. In Anlehnung an diese Fallkonstellation hat das OLG Celle den missbräuchlichen Einsatz einer durch verbotene Eigenmacht erlangten **Tankkarte** mit dem Ergebnis entschieden, dass unmittelbar geschädigt nicht der Inhaber der Tankkarte, sondern (wie die Bank im ec-Kartenfall) nur der Betreiber der Tankstation sei[26].

606

---

20 S. RegE BT-Ds 10/318 S. 21.
21 BGHSt 38, 120, 121; BGH wistra 17, 102; *Beulke*, III Rn 375; *Eisele*, BT II Rn 670; *Fischer* § 263a Rn 20; *Klose*, NZWiSt 18, 16 f; *Krey/Hellmann/Heinrich*, BT II Rn 733; *Kudlich*, PdW BT I, S. 116; NK-WSS-*Waßmer*, § 263a Rn 70; *Rengier*, BT I § 14 Rn 5, 26; *Mitsch*, BT II S. 401; SK-*Hoyer*, § 263a Rn 12; *Wittig*, § 15 Rn 21; zur Gegenansicht s. MK-*Mühlbauer*, § 263a Rn 19; S/S/W-*Hilgendorf*, § 263a Rn 28.
22 BGH NJW 01, 1508; BGH NStZ 08, 396, 397; *Fest/Simon*, JuS 09, 798, 801 f; NK-WSS-*Waßmer*, § 263a Rn 81; *Rengier*, BT I § 14 Rn 30; s. dazu im Falle des sog. *Skimmings* (hier Fn 50) auch *Seidl*, ZIS 12, 421 f.
23 *Beulke*, III Rn 376; s. dazu jetzt § 675v II BGB; zu den Sorgfaltsanforderungen des Karteninhabers s. *Seidl*, ZJS 12, 421 f.
24 *Rengier*, BT I § 14 Rn 30; s. auch *Goeckenjahn*, wistra 08, 128, 132; *Stuckenberg*, ZStW 118 (2006), 878, 898 f; zur Schadensbegründung in einem unberechtigt in Anspruch genommenen Lastschriftverfahren s. BGHSt 58, 119, 128 ff; BGH NStZ 14, 580.
25 S. dazu Rn 572, 776 mwN.
26 OLG Celle NStZ-RR 17, 80.

Die **unmittelbar** vermögensmindernde Wirkung des Verarbeitungsergebnisses gewährleistet die Strukturgleichheit mit dem Betrug[27]. Sie ist zB gegeben, wenn am Ende der Verarbeitung eine zivilrechtliche Verfügung (etwa eine Gutschrift) oder eine verpflichtende Erklärung des Geschädigten (etwa ein Rentenbescheid)[28] steht. Auch wo das Ergebnis des vom Täter manipulierten Datenverarbeitungsvorgangs von einer Person ohne eigene Entscheidungsbefugnis und ohne inhaltliche Kontrolle lediglich umgesetzt wird, liegt die erforderliche Unmittelbarkeit noch vor[29]. Sie fehlt dagegen, wo die Manipulation des Ergebnisses dem Täter nur als Hilfsmittel einer Täuschung dient, die – wie zB die Vorlage und das Einlesen einer unberechtigt weiterbenutzten AOK-Versicherungskarte beim Arzt[30] – zu einer Verfügung des Opfers führt (= § 263). Sie fehlt auch dort, wo die Beeinflussung dem Täter nur die Möglichkeit eröffnet, die Schädigung selbst vorzunehmen oder diese zu verschleiern[31]. So wie der Betrug steht auch § 263a zum Diebstahl im Verhältnis der **Exklusivität**[32].

Rechtsprechungsbeispiel: Richtig entschieden hat daher das **OLG Hamm wistra 14, 36**. Hier hatte der Angekl. in einem Supermarkt zunächst einen *Playboy*, später einen *Stern* aus dem Zeitschriftenregal entnommen, an der *Selbstbedienungskasse* aber nicht deren Strichcodes, sondern den einer Tageszeitung zu 1,20 €, den er zuhause ausgerissen und mitgebracht hatte, unter das Einlesegerät gehalten und die beiden teureren Zeitschriften jeweils nach Zahlung von 1,20 € mitgenommen. Es fehlte bereits an einem verfügungsgleichen Datenverarbeitungsergebnis; die beiden Zeitschriften wurden nicht übereignet. Erst die Mitnahme der teureren Zeitschriften, nicht unmittelbar das Geschehen an der Scannerkasse hat zur eingetretenen Vermögensschädigung geführt. „Überdies" sieht das OLG auch keine der vier durchgeprüften Tathandlungen als verwirklicht an. Namentlich die „betrugsspezifisch" (s. Rn 613) auszulegende unbefugte Verwendung von Daten liege nicht vor, weil hierzu auf das „Vorstellungsbild einer natürlichen Person" abzustellen sei, „die sich ausschließlich mit den Fragen befasst, die auch der Computer" prüfe (s. Rn 615). Darunter falle aber nicht die Übereinstimmung des eingegebenen Strichcodes mit der entnommenen Ware, ein Ergebnis, dass die Fragwürdigkeit dieser „Maßfigur" zeigt. Den Auffangtatbestand der 4. Variante verneint das OLG auch deshalb, weil es nicht dessen Aufgabe sei, Verhaltensweisen zu erfassen, die unter § 242 fielen. Dass es bei der Mitnahme der Zeitschriften aber mangels wirksamen Einverständnisses (s. Rn 120) und trotz Beobachtung (s. Rn 126) hierum geht, ist richtig gesehen (zust. daher auch *Jäger*, JA 14, 155, *ders.*, BT Rn 210e, *Jahn*, JuS 14, 179 und *Schuhr*, ZWH 14, 111; teils krit., iE aber auch zust. *Fahl*, NStZ 14, 244. *B. Heinrich*, Beulke-FS S. 398 ff bejaht dagegen § 263a in der 3. Var., bei einer nach dem Scan- und Bezahlvorgang erfolgenden Gewährung des Durchgangs an einer personalüberwachten Schranke § 263, S. 403).

607 In **subjektiver** Hinsicht deckt sich § 263a mit der in § 263 getroffenen Regelung. Der Wille des Täters muss hier darauf gerichtet sein, gerade durch das Ergebnis des mani-

---

27 BGH StV 14, 85, 86.
28 *Lackner/Kühl/Heger*, § 263a Rn 18; *Maurach/Schroeder/Maiwald*, BT I § 41 Rn 237; M/R-*Altenhain*, § 263a Rn 23.
29 BGH NStZ-RR 16, 371, 372 mit Anm. *Hecker* JuS 17, 276; BGH BeckRS 16, 17444 mit Anm. *Bramssen*, EWiR 17, 79.
30 S. dazu OLG Hamm NStZ 06, 574, 575; zust. H-H-*Voigt*, Rn 1067.
31 BGH wistra 18, 344; BGH, ZWH 13, 361 mit Anm. *Schuhr*. Zum Wegstoßen eines Bankkunden nach Eingabe der PIN und anschließender eigenmächtiger Abhebung durch den Täter s. **Die aktuelle Entscheidung** hier Rn 736.
32 BK-*Schmidt*, § 263a Rn 38 f; *Kindhäuser*, § 263a Rn 74; LK-*Tiedemann/Valerius*, § 263a Rn 65; *Otto*, Anm. JR 00, 215; SK-*Hoyer*, § 263a Rn 49 f; S/S-*Perron*, § 263a Rn 21, 23; krit. *Maurach/Schroeder/Maiwald*, BT I § 41 Rn 236 f.

pulierten oder unbefugt vorgenommenen Datenverarbeitungsvorganges einen rechtswidrigen Vermögensvorteil zu erlangen (= sog. „Stoffgleichheit" zwischen dem erstrebten Vorteil und der Vermögensbeschädigung). Hat der Täter einen fälligen Anspruch auf den Vorteil, fehlt es an der Rechtswidrigkeit der angestrebten Bereicherung[33]. Irrt der Täter über den Mangel seiner Befugnis, liegt ein Tatbestandsirrtum vor[34]. Im Ergebnis zutreffend geht die hM davon aus, dass wer Umstände annimmt, die § 263a verwirklichen würden, während die tatsächlichen Umstände § 263 verwirklichen, keiner beachtlichen Fehlvorstellung unterliegt, und ebensowenig im umgekehrten Fall. Überzeugend erklären kann sie das allerdings nicht, denn sie geht von Exklusivität der Tatbestände aus. Die Annahme eines einheitlichen Delikts (s. Rn 604) hingegen erklärt dieses Ergebnis. Zutreffend wird deshalb (nur) aus dem jeweils vollendeten Delikt bestraft[35]. Konsequenterweise muss im Falle eines dolus alternativus Gleiches gelten[36].

2. Tathandlungen

Bei den **Tathandlungen** zählt das Gesetz vier verschiedene Modalitäten auf, deren Einzelmerkmale *betrugsspezifisch* auszulegen sind, soweit sie sich an den in § 263 normierten Täuschungsbegriff anlehnen (s. Rn 603)[37]. 608

Das gilt insbesondere für die *unrichtige Gestaltung des Programms* und die *Verwendung unrichtiger oder unvollständiger Daten*. Als **Programm** bezeichnet man jede in Form von Daten fixierte Anweisung an den Computer. Daraus folgt, dass die in der ersten Variante beschriebene Programm-Manipulation nur eine wegen ihrer besonderen Gefährlichkeit hervorgehobene *spezielle* Ausprägung der in der zweiten Variante aufgeführten Inputmanipulationen ist[38]. **Unrichtig** in betrugsspezifischem Sinne ist eine **Programmgestaltung** immer dann, wenn sie zu Ergebnissen führt, die nach der zu Grunde liegenden Aufgabenstellung und den Beziehungen zwischen den Beteiligten so nicht bewirkt werden dürfen, der materiellen Rechtslage also widersprechen. Es kommt danach nicht auf eine subjektive, vom Willen des Systembetreibers abhängige, sondern auf eine am Maßstab der Aufgabenstellung des Verarbeitungssystems zu messende **objektive Unrichtigkeit** an[39]. **Daten** sind iS der 2. Variante *unrichtig*, wenn der durch sie vermittelte Informationsgehalt keine Entsprechung in der Wirk- 609

---

33 Thüringer OLG wistra 07, 237; hier wird allerdings iE zu Recht (s. Rn 620) der Missbrauch der unter falschem Vorwand erschwindelten Karte nicht unter § 263a subsumiert.
34 *Lackner/Kühl/Heger*, § 263a Rn 24.
35 *Fischer*, § 263a Rn 23; NK-WSS-*Waßmer*, § 263a Rn 86; S/S/W-*Hilgendorf*, § 263a Rn 34.
36 Die hM hingegen entscheidet dann nach Konkurrenzregeln, s. BGH wistra 17, 405; *Hillenkamp*, hier bis zur 40. Aufl.; *Lackner/Kühl/Heger*, § 263a Rn 24; zum *dolus alternativus* s. LK-*Hillenkamp*, § 22 Rn 37.
37 Näher BGH StV 14, 684 f; LK-*Tiedemann/Valerius*, § 263a Rn 16 f; S/S-*Perron*, § 263a Rn 2; SK-*Hoyer*, § 263a Rn 24, 31, 46; abw. *Ranft*, NJW 94, 2574 und JuS 97, 19.
38 K/H-*Cornelius*, Kap. 102 Rn 87; LK-*Tiedemann/Valerius*, § 263a Rn 27; *Schramm*, BT I § 8 Rn 12; ein **Beispiel** für die 1. Variante findet sich in BGH NStZ-RR 16, 371.
39 AnK-*Gaede*, § 263a Rn 6; *Bock*, BT II S. 437; E/R/S/T-*Saliger*, § 263a Rn 8; *Hilgendorf*, JuS 97, 131; HK-GS/*Duttge*, § 263a Rn 6; *Lackner*, Tröndle-FS S. 55 f; LK-*Tiedemann/Valerius*, § 263a Rn 30 f; *Rengier*, BT I § 14 Rn 9; *Schmidt*, BT II Rn 671 f; *Schramm*, BT I § 8 Rn 14; SK-*Hoyer*, § 263a Rn 24; aA BT-Ds 10/318, S. 20; NK-*Kindhäuser*, § 263a Rn 14 f; Beispiel bei *Wittig*, § 15 Rn 11.

lichkeit hat, *unvollständig*, wenn sie den zugrunde liegenden Lebenssachverhalt nicht ausreichend erkennen lassen[40].

Beispiele: Jemand bewirkt durch eine entsprechende Computermanipulation, dass auf von ihm eingerichtete Konten Kindergeld-, Gehalts- oder Rentenbeträge für nicht existierende Personen überwiesen werden. Oder: Ein Lohnbuchhalter, der sich regelmäßig Vorschüsse auf sein Gehalt zahlen lässt, programmiert den Computer so, dass dieser allmonatlich die Tilgung der betreffenden Vorschüsse ausweist[41]. Auch im Zusammenhang mit Online-Spielen ist zB durch eine manipulative Übertragung virtueller Gegenstände anderer Teilnehmer auf den eigenen Account denkbar[42]. Wer fingierte Forderungen als Lastschriften im Wege des Abbuchungsverfahrens bei einer Bank einreicht, obwohl keine entsprechenden Abbuchungsaufträge erteilt wurden, soll – mangels Täuschungsäquivalenz – zwar nicht die 3., wohl aber die 2. Var. des § 263a I erfüllen[43].

610 Schließt man richtigerweise aus der Betrugsähnlichkeit, dass § 263a ausscheidet, wenn ein der vorgenommenen Tathandlung entsprechendes Täuschungsverhalten gegenüber einer Person nicht zum Betrug führen würde[44], muss man folgerichtig § 263a verneinen, wenn in einem Antrag auf Erlass eines **Mahnbescheides** im **automatisierten** Mahnverfahren (§ 689 I 2 ZPO) falsche Angaben gemacht und in die maschinelle Bearbeitung eingespeist werden. Hier fehlt es an Täuschungs- und Irrtumsäquivalenz, weil auch im nichtautomatisierten Verfahren der Rechtspfleger nicht gehalten ist, die Wahrheit der dem Anspruch zu Grunde liegenden Angaben zu überprüfen. Die vor allem in der Rechtsprechung zu findende Annahme, es liege gleichwohl eine sachgedanklich mitbewusste irrige Vorstellung des Rechtspflegers vor, die der Antragsteller vorsätzlich bewirkt habe, geht von einer realitätsfernen und angesichts fehlender Prüfungspflicht auch rechtlich nicht schlüssig begründbaren Unterstellung aus[45], die der BGH auf das *Erkenntnisverfahren* (Mahn- und Vollstreckungsbescheid) beschränkt. Beim Antrag auf Erlass eines Pfändungs- und Überweisungsbeschlusses im Vollstreckungsverfahren soll es auch nach ihm an der Täuschungsäquivalenz fehlen[46].

611 Der Tatbestand des § 263a ist mangels erstrebter Vermögensverschiebung nicht erfüllt, wenn ein von der Konkurrenz bestochener Programmierer die Datenverarbeitungsanlage durch eine Fehlprogrammierung vorsätzlich lahm legt, oder wenn der Vermögensschaden darin besteht, dass der Computer infolge der Manipulation falsche Arbeitsergebnisse liefert, die gerade ihrer Mangelhaftigkeit wegen unverwertbar sind. In Fällen dieser Art bedarf es der Prüfung, ob andere Strafvorschriften (wie zB § 303b) eingreifen.

---

40 BGHSt 58, 119, 125.
41 S. dazu *Sieg*, Jura 86, 352.
42 S. *Heghmanns/Kusnik*, CR 11, 248, 252; zur Eröffnung eines ebay-Accounts mit unzutreffenden Angaben s. *Petermann/Savanovic*, JuS 11, 1003 ff.
43 BGHSt 58, 119, 125 f mit Bespr. *Heghmanns*, ZJS 13, 323; *Schuhr*, JR 13, 579 (im konkreten Fall aA, da es um Steuercodes ohne Tatsachenbezug ging und das Bestehen der Aufträge im alleinigen Verantwortungsbereich der Bank lag).
44 *Lackner*, Tröndle-FS S. 54 ff; S/S-*Perron*, § 263a Rn 2.
45 S. dazu schon Rn 511; wie hier *Kraatz*, Jura 10, 40 f; K/H-*Cornelius*, Kap 102 Rn 93; *Lackner/Kühl/Heger*, § 263a Rn 20 iVm § 263 Rn 17 mit Hinweis auf § 692 I Nr 2 ZPO; M/R-*Altenhain*, § 263a Rn 22; *Rengier*, BT I § 14 Rn 13; iE ebenso MK-*Mühlbauer*, § 263a Rn 32; **aA** BGH NStZ 12, 322, 323 mit Bespr. *Bosch*, JK 7/12, StGB § 263/96 (s. dazu Rn 511); OLG Düsseldorf NStZ 91, 586; OLG Celle JR 12, 127 mit Bespr. *Kudlich*, JA 12, 152; *Wachter*, JuS 17, 726. IE ebenso *Klesczewski*, BT § 9 Rn 141; LK-*Tiedemann/Valerius*, § 263a Rn 39, 68 (Versuch erst mit Stellung des Antrags auf Erlass eines Vollstreckungsbefehls); NK-WSS-*Waßmer*, § 263a Rn 28; zu vergleichbaren Fallkonstellationen bei der Anmeldung rechtlich falsch oder zweifelhaft ausgewiesener Forderungen zur **Insolvenztabelle** durch den Insolvenzgläubiger s. *Sick*, Jura 09, 814, 816 f.
46 BGHSt 59, 68, 71 f mit Anm. *Trüg*, NStZ 14, 157; *Trück*, ZWH 14, 235; *Bosch*, JK 06/2014, StGB § 263a/18; eine Aufklärung gebietende Garantenpflicht aus Ingerenz wird insoweit verneint.

Tathandlungen **§ 14 II 2**

In der 3. Variante wird die **unbefugte Verwendung von Daten** unter Strafe gestellt. **612**
Hiermit wird auch der schon (Rn 177 ff) erörterte **Missbrauch von Geldautomatenkarten** erfasst[47]. Daten im Sinne dieser Begehungsweise sind zweifelsfrei die dem Kontoinhaber zugeteilte Geheimnummer und die im Magnetstreifen der Karte gespeicherten Informationen. **Beeinflusst** wird das Ergebnis des Datenverarbeitungsvorganges nicht nur, wenn es sich in Form eines Widerspruchs zwischen Ist- und Sollbeschaffenheit als inhaltlich unrichtig erweist, sondern auch dann, wenn **sein Zustandekommen** von der unbefugten Datenverwendung abhängt[48]. Zweck dieser Tatbestandsmodalität ist es gerade, einem solchen **Computermissbrauch** vorzubeugen und fragwürdige Ersatzkonstruktionen, zu denen einzelne Gerichte und ein Teil der Rechtslehre gegriffen hatten, künftig entbehrlich zu machen[49].

Allerdings hängt der Umfang, in dem § 263a den Bankomatenmissbrauch erfasst, **613**
maßgeblich davon ab, wie das Merkmal **unbefugt** zu verstehen ist[50]. Deutet man es **„computerspezifisch"** so, dass sich der der Datenverwendung entgegenstehende und die Verwendung unbefugt machende Wille des Betreibers im Computerprogramm niedergeschlagen haben muss[51], verengt man die Reichweite erheblich und schließt vor allem den Missbrauch durch den kontoüberziehenden Berechtigten aus. Erklärt man demgegenüber mit einer **subjektivierenden** Deutung jede Verwendung für unbefugt, die dem wirklichen oder mutmaßlichen Willen des Betreibers[52] oder dem „vertraglich vereinbarten Dürfen"[53] widerspricht, verwandelt man den Computerbetrug in eine reines Vertragsunrecht einbeziehende allgemeine Computeruntreue. Zustimmung verdient daher der Versuch, auch in dieser Variante durch ein **betrugsspezifisches** Verständnis die Struktur- und Wertgleichheit mit dem Betrug zu wahren. Danach setzt das Verhalten Täuschungsäquivalenz voraus. Sie ist gegeben, wenn die Verwendung der Daten gegenüber einer Person Täuschungscharakter hätte[54]. Daran

---

47 S. BT-Ds 10/5058, S. 30. Nach BGH NJW 08, 1394 ist auch der Täter erfasst, der sich unbefugt Gelder von fremden Konten verschafft, indem er Überweisungsträger dieser Konten fälscht, vorausgesetzt, die Überweisungsträger werden nur in automatischer Weise auf ihre Echtheit überprüft (sonst § 263).
48 BGHSt 38, 120, 121; BayObLG NJW 91, 438, 440 und JR 94, 476; *Cramer*, Anm. JZ 92, 1032; *Krey/Hellmann/Heinrich*, BT II Rn 733; *Schlüchter*, JR 93, 493; anders *Ranft*, wistra 87, 79 und NJW 94, 2574.
49 Zur früher umstrittenen Anwendbarkeit der §§ 242 ff oder des § 246 beim Geldautomatenmissbrauch s. beispielsweise BayObLG NJW 87, 663, 665 (= Rückgriff auf §§ 242, 243 I 2 Nr 2), BGHSt 35, 152 und OLG Stuttgart NJW 87, 666 (= Rückgriff allein auf § 246) sowie OLG Hamburg NJW 87, 336 und OLG Schleswig NJW 86, 2652 (= Annahme einer Strafbarkeitslücke); weitere Nachweise zum Meinungsstreit oben bei Rn 182 ff.
50 S. dazu *Hillenkamp*, BT 36. Problem; kurze Falllösung bei *Tetzlaff*, JuS 13, 155.
51 So *Lenckner/Winkelbauer*, CR 86, 657; ebenso *Achenbach*, JR 94, 295; *ders.*, Gössel-FS S. 494 f; *Arloth*, Jura 96, 357 f; OLG Celle NStZ 89, 367; nahest. *Schönauer*, wistra 08, 445, 450, der zusätzlich eine „Irrtumsäquivalenz" fordert; einschr. hierzu BGH NJW 13, 1018.
52 BGHSt 40, 331, 335; BayObLG JR 94, 289; *Bock*, WV-BT2, S. 320 ff; *Hilgendorf*, JuS 97, 132; *Mitsch*, JZ 94, 883 f; *Otto*, BT § 52 Rn 40; *Popp*, JuS 11, 385, 392; S/S/W-*Hilgendorf*, § 263a Rn 14.
53 So *Maurach/Schroeder/Maiwald*, BT I § 41 Rn 233; *Mitsch*, BT II S. 396.
54 Grundlegend *Lackner*, Tröndle-FS S. 52 ff; im Grundsatz zust. AnK-*Gaede*, § 263a Rn 11 f; BK-*Schmidt*, § 263a Rn 23; *Beulke*, III Rn 385; *Eisele*, BT II Rn 677 ff; *Fischer*, § 263a Rn 11; *Heghmanns*, Rn 1304; H-H-*Voigt*, Rn 1065; HK-GS/*Duttge*, § 263a Rn 15; *Jäger*, BT Rn 543; *Klesczewski*, BT § 9 Rn 146; *Kraatz*, Jura 10, 41; *ders.*, Jura 16, 880; *Kunze*, Das Merkmal „unbefugt" in den Strafnormen des BT des StGB, 2014, S. 175 ff; *Lackner/Kühl/Heger*, § 263a Rn 13; LK-*Tiedemann/Valerius*, § 263a Rn 44, 46 ff; *Mühlbauer*, wistra 03, 248; NK-WSS-*Waßmer*, § 263a Rn 37; *Rengier*,

357

fehlt es zB beim Einlösen eines erkennbar versehentlich zugesandten Online-Gutscheins[55] oder – wie bei der bloßen Ausnutzung eines bereits vorhandenen Irrtums (s. Rn 514) – wenn der Täter einen im Risikobereich des Betreibers liegenden technischen Defekt dazu nutzt, eine Leistung unentgeltlich in Anspruch zu nehmen[56].

Rechtsprechungsbeispiel: Ein lehrreiches Beispiel zur Täuschungsäquivalenz und den dazu vom BGH entwickelten Grundsätzen bildet **BGH NJW 13, 1017** (mit Anm. *Satzger*, JK 10/13, StGB § 263a/17). Dort geht es um Wettautomaten. Die Wettteilnehmer verhielten sich beim Abschluss des Wettvertrages am Automaten nach Auffassung des BGH deshalb täuschungsäquivalent, weil sie die betroffenen Spiele durch Geldzuwendungen an Spieler oder Schiedsrichter manipuliert hatten. Beim Vertragsschluss mit dem Wettanbieter selbst gehöre es zum konkludent mit erklärten Inhalt des Vertragsangebotes, dass Verlauf und Resultat der gewetteten Spiele vom Anbietenden nicht beeinflusst und ihm die Ergebnisse folglich unbekannt seien (s. hier Rn 500). Die vom 2. Senat in BGHSt 47, 160, 163 aus der computerspezifischen Deutung des Begriffs „unbefugt" übernommene Einschränkung, die Täuschung müsse sich auf Tatsachen beziehen, die das Datenverarbeitungssystem auch selbst prüft (s. dazu hier Rn 615), hält der 4. Senat zwar für ein Verhalten iR einer bereits bestehenden Vertragsbeziehung möglicherweise, nicht aber für die hier vorliegende Erschleichung eines Vertragsabschlusses für richtig. Selbst wenn man aber auch hierfür die Einschränkung mache, sei sie deshalb erfüllt, weil der „Wille der Wettanbieter, Wetten auf manipulierte Spiele ... nicht ... zuzulassen, in den Datenverarbeitungsvorgängen durch die Festlegung von Höchstgrenzen für Wetteinsätze ... seinen Ausdruck gefunden habe", ebenso BGH NJW 16, 1336 mit Anm. *Bosch*, Jura (JK) 16, 954. Überzeugender gelangt man zum identischen Ergebnis, wenn man die Berechtigung der Einschränkung bestreitet. Zur Schadensfeststellung gilt hier dann nichts anderes als zum Betrug (s. dazu hier Rn 543).

614 Hiernach macht sich der **nichtberechtigte** Karteninhaber, der sich einer gefälschten, manipulierten[57] oder durch verbotene Eigenmacht rechtswidrig erlangten[58] Codekarte bedient, nach § 263a zulasten der (kartenausgebenden) Bank[59] strafbar, weil er einem

---

BT I § 14 Rn 19; *ders.,* Neumann-FS S. 1149 ff; *Schmidt,* BT II Rn 678; *Schroth,* S. 241; SK-*Hoyer,* § 263a Rn 16, 19; S/S-*Perron,* § 263a Rn 9; *Wachter,* NStZ 18, 242 ff; *Wittig,* § 15 Rn 16; *Zöller,* Jura 03, 639 f; BGHSt 38, 120, 121 f; BGHSt 47, 160; BGH NJW 08, 1394; BGH NJW 13, 1018; OLG Köln NJW 92, 126 f; OLG Düsseldorf NStZ-RR 98, 137; OLG Karlsruhe NJW 09, 1287, 1288; OLG Köln StraFo 16, 36; iE auch MK-*Wohlers/Mühlbauer,* § 263a Rn 44 f; krit. *Kindhäuser,* Grünwald-FS S. 295.

55 LG Gießen wistra 13, 326.
56 KG Berlin NStZ-RR 15, 111 f; OLG Karlsruhe NStZ 04, 333, 334; AG Karlsruhe CR 13, 642; *Bung,* GA 12, 354, 363; *Klas/Blatt,* CR 12, 136, 139; s. hierzu auch Rn 197, 617. Nach OLG Braunschweig NJW 08, 1464 soll in einem solchen Fall aber die 4. Tatbestandsvariante in Betracht kommen; vgl. *Obermann,* NSZ 15, 187 ff.
57 BGHSt 38, 120, 123; BayObLGSt 93, 36; hierzu zählen auch Kartenrohlinge, auf die zuvor durch sog. **Skimming** (Abschöpfen der relevanten Daten durch technische Installationen an Geldautomaten oder Bezahlterminals; zur Technik des Skimmings s. BGH JR 11, 456; *Seidl,* ZIS 12, 415 f) ausgespähte Daten aufgetragen worden sind, s. dazu *Bachmann/Goeck,* JR 11, 425, 427; *Eisele,* CR 11, 131, 135 f; MK-*Mühlbauer,* § 263a Rn 57; *Seidl,* ZIS 12, 417, 421; BGH NStZ 12, 626 f; zum Verhältnis des § 263a zu §§ 152a, b s. BGH NStZ-RR 13, 109; zu Beteiligungsformen s. *Feldmann,* wistra 15, 41; Falllösung zu Skimming und Phishing bei *Wörner/Hoffmann,* Jura 13, 742.
58 BGHSt 47, 160, 162; erlangt der Karteninhaber die Karte vom Aussteller durch Täuschung über seine Identität, ist er berechtigter Karteninhaber, s. BGHSt 47, 160, 162; 50, 174, 179; OLG Köln NJW 92, 125.
59 S. BGH NJW 01, 1508 mit Anm. *Fad,* JA-R 01, 112; *Wohlers,* NStZ 01, 539; zur Schadensbegründung s. dort und *Krey/Hellmann/Heinrich,* BT II Rn 734 sowie – auch zum denkbaren Computerdreiecksbetrug – hier Rn 606.

Bankangestellten in einem solchen Fall seine fehlende Berechtigung konkludent vortäuschen müsste[60]. Die subjektivierende Auffassung stimmt hiermit iE überein[61]. Nicht Computerbetrug, sondern Betrug ist freilich nach dem BGH gegeben, wenn der Täter Waren mit entwendeten ec-Karten *ohne Eingabe* der PIN nur durch Fälschung der Unterschrift des Karteninhabers auf dem Kassenbeleg „bezahlt"[62]. Zu den § 263a vorausgehenden deliktischen Formen rechtswidriger Erlangung der Karte zählen nach der Rechtsprechung zB Diebstahl und räuberische Erpressung[63], nicht aber ein die Aushändigung der Karte und die Preisgabe der PIN bewirkender Betrug. Hier soll allein ein Betrug gegenüber dem Karteninhaber vorliegen, der Einsatz der Karte am Automaten dagegen straflos sein[64]. Das kann nicht überzeugen. Richtigerweise folgt auch einer durch Täuschung erzielten Erlangung von Karte und PIN ein Computerbetrug, der den (Besitz)Betrug – wenn er denn vorliegt – als mitbestrafte Vortat verdrängt.

Die aktuelle Entscheidung: Im **BGH NStZ 16, 149** zugrunde liegenden Fall rief A ältere Menschen an, gab vor, ein Bankangestellter zu sein, und berichtete ihnen von einem angeblichen Hackerangriff. Er forderte die Kontoinhaber auf, zur Überprüfung der Vorgänge Bankkarte und zugehörige Geheimzahl einem demnächst bei ihnen erscheinenden Bankmitarbeiter auszuhändigen. B, mit dem A zusammenarbeitete, nahm die Karte und Geheimzahl sowie in einem der Fälle auch das abgehobene Bargeld entgegen und hob wenig später am Geldautomaten einen größeren Betrag von dem jeweiligen Konto ab. Der BGH bestätigt zu Recht die Verurteilung wegen Betrugs bezüglich des Bargelds, beanstandet aber zu Unrecht die Annahme des LG, es liege in allen Fällen (auch) ein Computerbetrug vor. Dazu wird zwar angesichts der „verfassungsrechtlich gebotenen einschränkenden Auslegung des Tatbestands" die subjektivierende Deutung des Merkmals „unbefugt" (Rn 613), mit der man hier zu § 263a käme, mit Recht verworfen. Es wird aber für die richtigerweise verlangte betrugsspezifische Deutung dann (wieder, s. Rn 615) als Vergleichsmaßstab ein Prüfvorgang am Bankschalter für maßgeblich erklärt, der sich auf die Aspekte beschränkt, „die auch der Geldautomat abarbeitet". Da dieser nur die Übereinstimmung von Karte und PIN prüfe, die hier gegeben ist, werde der Geldautomat nicht „betrogen" (Bedenken dagegen in BGH NStZ-RR 17, 79 mit zust. Bespr. *Ladiges*, wistra 17, 255). Damit wird nicht nur der Unterschied zur zu engen computerspezifischen Deutung eingeebnet (s. *Rengier*, BT I § 14 Rn 22). Vielmehr wird auch übersehen, dass ein mit Karte und Kenntnis der Geheimzahl um Auszahlung am Schalter bittender Mensch nicht um die Angabe der geheim zu haltenden PIN, sondern um eine der Signatur auf der Karte entsprechende Unterschrift gebeten und deshalb zum Erfolg zu deren Fälschung genötigt würde. Die damit verbundene Täuschung bewirkt die Betrugsäquivalenz zum parallelen Vorgehen am Automaten. Dieser Befund ist ersichtlich unabhängig davon, ob sich der Täter Karte und PIN durch Diebstahl und Nötigung, durch räuberische Erpressung oder ob er sie sich wie im hier besprochenen Fall durch eine möglicherweise den Betrugstatbestand erfüllende Täuschung verschafft hat. Denn we-

---

60 A/W-*Heinrich*, § 21 Rn 37; G/J/W-*Bär*, § 263a Rn 16; LK-*Tiedemann/Valerius*, § 263a Rn 48 f; SK-*Hoyer*, § 263a Rn 31; iE auch NK-*Kindhäuser*, § 263a Rn 46; zur Nutzung eines einem Nichtberechtigten überlassenen **Mensakarte** s. *Raschke/Zirzlaff*, ZJS 12, 224 f.
61 *Hilgendorf*, JuS 97, 134.
62 BGH MMR 12, 127.
63 BGH NStZ 01, 316; BGH StV 02, 362.
64 BGHR StGB § 263a Anwendungsbereich 1; BGH HRRS 13, 73 (Nr 279); BGH NStZ 16, 149 mit Anm. *Jäger*, JA 16, 151, 153; Anm. *Kraatz*, JR 16, 312; Thüringer OLG wistra 07, 236, 237.

der prüfen Automat oder Bankmitarbeiter die Art des Erwerbs der Zugangsmittel nach, noch lässt sich begründen, warum – wie es der BGH offenbar will – zwischen einer Beeinträchtigung des Willens durch Täuschung und einer durch (gegebenenfalls kompulsiven) Zwang ein Unterschied zu machen sei. Auch bei Nötigung und Erpressung (anders nur zur Karte bei Diebstahl oder bei vis absoluta) geschieht die Überlassung der Zugangsmittel durch den Berechtigten ja häufig nicht anders als beim Betrug „mit dessen Willen". Auch wenn man – wie es der BGH jetzt verlangt – „die Vergleichsbetrachtung von Betrug und Computerbetrug ... um eine Gesamtbetrachtung des Geschehens ... ergänzt", muss es deshalb bei einer identischen Bewertung des Verhaltens am Automaten bleiben. Der daher gegebene Computerbetrug verdrängt den vom BGH ausschließlich angenommenen vorangegangenen Besitzbetrug an der Karte (die Erschleichung der Geheimzahl ist ohne Nötigung nicht strafbar) als mitbestrafte Vortat. Voraussetzung dafür bzw. für die Lösung des BGH ist freilich, dass der Tatbestand des Betrugs bezüglich der Karte gegenüber dem Karteninhaber überhaupt vorliegt. Das ist deshalb zweifelhaft, weil – worauf der BGH gar nicht eingeht – der bloße Besitz der Karte auch bei Kenntnis der Geheimzahl einen kaum bezifferbaren Vermögenswert hat und deshalb auch der Verlust einen nach den Maßstäben des BVerfG kaum benennbaren Schaden erzeugt. Zudem ließe sich vor Abhebung auch nur von einer allenfalls „schadensgleichen" Vermögensgefährdung sprechen, gegen deren schon betrugsbegründende Konstruktion spricht, dass der „eigentliche" Schaden in diesen Fällen erst durch das Abheben des Geldes und damit eine Täterhandlung, nicht aber *unmittelbar* durch das Opferverhalten (= die täuschungsbedingte Preisgabe von Karte und PIN) eintritt (s. zu vergleichbaren Zweifeln an der Betrugserfüllung bei erschlichener Gewahrsamslockerung und anschließender Wegnahme Rn 627). In der Kritik weitgehend übereinstimmend *Berster*, wistra 16, 73; *Böse*, ZJS 16, 663; *Bosch*, Jura 16, 451 (§ 263a); *Brand*, StV 16, 360: *Jäger*, JA 16, 153; *Kraatz*, JR 16, 312; *ders.*, Jura 16, 881 f; *Piel*, NStZ 16, 151. Vertiefend und mit lehrreicher Parallelisierung zum sog. Phishing *Ladiges*, wistra 16, 180 ff; vgl auch *Ceffinato*, NZWiSt 16, 464. Zu einem Fall willensmangelfreier Überlassung von Karte und PIN mit anschließendem Missbrauch s. hier Rn 600b mit Rn 620.

615 Überzieht der **Kontoinhaber** selbst vertragswidrig sein Konto, indem er durch Abhebungen am Bankomaten den ihm (nach § 504 BGB) eingeräumten, landläufig *Dispositionskredit* genannten[65] Kreditrahmen (und eine bisweilen darüber hinaus bestehende, ihm bekannte Toleranzgrenze)[66] überschreitet, liegt nach der subjektivierenden Auffassung § 263a unzweifelhaft vor[67]. Unter den Anhängern der vorzugswürdigen betrugsspezifischen Deutung ist die Lösung dagegen **umstritten**[68]. Teilweise wird § 263a verneint, weil das vertragswidrige Überschreiten der Kreditgrenze gegenüber einem Bankangestellten ohne dessen Täuschung möglich sei[69], nach § 505 BGB geduldete Überziehungen kaum Strafbarkeit auslösen könnten[70] und man im Übrigen bei der Prüfung der Täuschungsäquivalenz **nicht** auf einen **fiktiven Bankangestellten** abstellen dürfe, der die Interessen der Bank umfassend wahrnimmt, sondern nur auf einen **sol-**

---

65 *Rengier*, BT I § 14 Rn 38; *Rengier*, Stürner-FS S. 892.
66 *Rengier*, Stürner-FS S. 894 f: „geduldete Kontoüberziehung", § 505 BGB = „Überziehungskredit".
67 S/S/W-*Hilgendorf*, § 263a Rn 17.
68 S. *Heinz*, Maurer-FS, S. 1127 ff; *Küper/Zopfs*, BT Rn 705 ff; vgl auch *Beulke*, III Rn 386; *Hillenkamp*, BT 36. Problem, 2. Beispiel; *Kempny*, JuS 07, 1084; *Valerius*, JA 07, 781.
69 A/W-*Heinrich*, § 21 Rn 43; BK-*Schmidt*, § 263a Rn 28; *Kraatz*, Jura 10, 43; *Krey/Hellmann/Heinrich*, BT II Rn 735; SK-*Hoyer*, § 263a Rn 35; S/S-*Perron*, § 263a Rn 11.
70 *Eisele*, BT II Rn 685.

chen, der sich mit **Fragen befasst**, die auch der **Computer prüft**[71]. Damit wird nicht nur der Bankangestellte unsachgemäß zu einem personalisierten Computer degradiert[72]. Vielmehr ist auch dem daraus gezogenen Schluss der Tatbestandslosigkeit zu widersprechen[73]. Da ein Bankangestellter des kartenausgebenden Instituts nach Erschöpfung des Überziehungsrahmens den begehrten Betrag nicht ohne Weiteres auszahlen dürfte und daher den Kontostand vor Auszahlung überprüfen würde, bedürfte es einer konkludenten Täuschung darüber, dass der in Anspruch genommene Betrag noch gedeckt ist. Der Bankomat dieses Instituts verfährt idR nicht anders. Er verweigert die Auszahlung, wenn die Prüfung ergibt, dass der Dispositionskredit (und eine etwa gewährte Toleranz) erschöpft sind. Damit liegt aber täuschungsäquivalentes Verhalten vor[74]. Benutzt der Karteninhaber den Geldautomaten einer **fremden Bank**, beschränkt sich auch hier die Prüfung nicht auf den „Verfügungsrahmen"[75]. Vielmehr erstreckt sie sich im Regelfall (wie bei Bargeldabhebungen am institutseigenen Bankomaten) ebenso auf die Überprüfung des Limits wie darauf, ob die Karte gesperrt ist[76]. Daher besteht auch hier kein Anlass, die Täuschungsäquivalenz zu verneinen, selbst wenn sich im Einzelfall die Prüfung einmal nicht unmittelbar auf den Kreditrahmen erstrecken sollte. Anderenfalls kehrte man zu der zu engen computerspezifischen Deutung des Merkmals „unbefugt" zurück[77]. Daran, dass auch ein vom Kontoinhaber begangener Geldautomatenmissbrauch Strafe verdient, kann man kaum zweifeln; ihn nach § 263a zu ahnden, ist durchaus sachgerecht[78]. Dass die Banken als Opfer es dem Täter leicht machen und sich möglicherweise nicht aller zur Verfügung stehenden Selbstschutzmöglichkeiten bedienen, ist wie beim Betrug (s. Rn 487 f, 512) kein hinreichender Grund, den Schutzbereich des Tatbestands um diese Fallgruppe zu verkürzen[79].

---

71 BGHSt 47, 160, 163 mit Bespr. *Kudlich*, JuS 03, 537; BGH wistra 13, 228, 230; *Altenhain*, JZ 97, 752, 758; AnK-*Gaede*, § 263a Rn 12 f; A/R/R-*Heghmanns*, 6 Rn 197; E/R/S/T-*Saliger*, § 263a Rn 6; HK-GS/*Duttge*, § 263a Rn 17; M/R-*Altenhain*, § 263a Rn 14; *Schmidt*, BT II, Rn 686; *Schramm*, BT I § 8 Rn 28, 37; *Zöller*, Jura 03, 640; BGH NJW 13, 1017, 1018 stimmt BGHSt 47, 160 bei einem Verhalten iR einer bestehenden Vertragsbeziehung zu, nicht aber bei der Erschleichung eines (Wett-)Vertragsabschlusses; zu Recht abl. gegenüber dem Heranziehen einer solchen „Vergleichsfigur" MK-*Mühlbauer*, § 263a Rn 46; im Zusammenhang mit „Domain-Reservierungen" in gleicher Weise wie der BGH einschränkend OLG Karlsruhe NJW 09, 1287, 1288.
72 Abl. wie hier NK-WSS-*Waßmer*, § 263a Rn 40; *Rengier*, BT I § 14 Rn 22 f.
73 *Bernsau*, Der Scheck- und Kreditkartenmißbrauch durch den berechtigten Karteninhaber 1990, S. 154 ff, 191 f; *Beulke*, III Rn 387; *Eisele/Fad*, Jura 02, 311; *Lackner/Kühl/Heger*, § 263a Rn 14; LK-*Tiedemann*, 11. Aufl., § 263a Rn 51; *Lackner*, Tröndle-FS S. 53 f.
74 AA *Jäger*, BT Rn 545; *Klesczewski*, BT § 9 Rn 146; *Eisele*, BT II Rn 685; *Fischer*, § 263a Rn 14a; *Krey/Hellmann/Heinrich*, BT II Rn 735; *Küper/Zopfs*, BT Rn 706; MK-*Mühlbauer*, § 263a Rn 58; M/R-*Altenhain*, § 263a Rn 15. Auch NK-WSS-*Waßmer*, § 263a Rn 42 f und *Rengier*, BT I § 14 Rn 23, 38 verneinen eine Täuschungsäquivalenz, obwohl sie die in BGHSt 47, 160, 162 f zu findende Beschränkung auf eine Person, die nur prüft, was auch der Computer prüft, wie hier ablehnen; vgl als Beispiele dazu den Sachverhalt in den Entscheidungen OLG Schleswig NJW 86, 2652; OLG Stuttgart NJW 88, 981; LG Karlsruhe NStZ 86, 71.
75 So aber BGHSt 47, 160, 163; *Krey/Hellmann/Heinrich*, BT II Rn 735; unter „Verfügungsrahmen" ist die Festlegung des Höchstbetrages zu verstehen, den ein Kontoinhaber innerhalb eines bestimmten Zeitraums (an *einem* Tag, innerhalb *einer* Woche) abheben darf, s. *Rengier*, Stürner-FS S. 894 f.
76 So der heutige Standard, s. *Rengier*, Stürner-FS S. 899.
77 *Hillenkamp*, BT 36. Problem, 2. Beispiel; *Lackner/Kühl/Heger*, § 263a Rn 14; *Mühlbauer*, wistra 03, 249.
78 Vgl dazu *Lackner/Kühl/Heger*, § 263a Rn 14; *Maurach/Schroeder/Maiwald*, BT I § 41 Rn 233; *Otto*, JR 87, 221; *Tiedemann*, JZ 86, 865, 869; ausführlich zum Ganzen *Bernsau*, aaO S. 134 ff.
79 S. *Hillenkamp*, Vorsatztat und Opferverhalten 1981, S. 18 ff; 46 f; 180 ff; LK-*Tiedemann/Valerius*, § 263a Rn 51 iVm Rn 5; MK-*Wohlers/Mühlbauer*, § 263a Rn 10.

616 Wegen der unterschiedlichen Strafdrohung in § 263a und § 266b wird von manchen angenommen, ein Geldautomatenmissbrauch durch **den Kontoinhaber selbst** werde nicht von § 263a, sondern von dem milderen Straftatbestand des **§ 266b** erfasst[80] oder durch ihn verdrängt[81]. Auch wird vorgeschlagen, im Wege einer „Rechtsfolgenbeschränkung" das Strafmaß für § 263a dem § 266b zu entnehmen[82]. Der 2. Senat des **BGH** hat sich diesen Vorschlägen iE insoweit angenähert, als er § 263a mangels Betrugsäquivalenz verneint (s. Rn 615) und stattdessen § 266b für grundsätzlich einschlägig erklärt. Das soll dann im Falle vertragswidriger Bargeldabhebungen des Berechtigten an einem **Geldautomaten** des **kartenausgebenden Instituts** zur vollständigen **Straflosigkeit** führen, weil es bei dieser Sachlage an dem in § 266b vorausgesetzten Drei-Partner-System fehle, das die Untreueähnlichkeit erst herstelle und die erhöhte Schutzbedürftigkeit des Kartenausgebers auslöse. Missbräuchliche Barabhebungen des zahlungsunfähigen oder -unwilligen Karteninhabers an **Automaten dritter Kreditinstitute** erfüllen hiernach dagegen § 266b, weil sie sich von der Bareinlösung eines garantierten ec-Schecks bei einer Drittbank nicht wesentlich unterschieden[83]. Gegen diese Auffassung bestehen jedoch Bedenken (s. auch Rn 796). Einmal wird die codierte ec-Karte in Fällen dieser Art nicht als Scheckkarte mit der für sie vormals wesentlichen Garantiefunktion, sondern lediglich in ihrer Eigenschaft als „Automatenschlüssel" benutzt. Das zeigt sich mit der Aufhebung des Euroschecksystems zum 31.12.2001[84] noch deutlicher als zuvor, weil die ec-Karte seitdem zwar nach wie vor in der zuletzt genannten Funktion, nicht aber mehr als Scheckkarte einsetzbar ist[85]. Infolgedessen lässt sie sich nicht einmal mehr als „Scheckkarte" iS des § 266b bezeichnen[86], auch wenn sie weiterhin möglicherweise als VR-BankCard, Maestro- oder S-Card das ec-Logo trägt. Zum anderen enttäuscht der Kontoinhaber hier nicht nur das ihm von seinem Geldinstitut mit der Kartenüberlassung entgegengebrachte Vertrauen. Vielmehr greift er auch die Sicherungseinrichtungen an, mit denen seine Bank oder Sparkasse den automatisierten Geldauszahlungsverkehr zu schützen sucht. Dieser zusätzliche, über § 266b hinausreichende Handlungsunwert rechtfertigt die Anwendung des § 263a mit der dort vorgesehenen höheren Strafdrohung.

617 In der 4. Tatvariante wird die **sonst unbefugte Einwirkung auf den Ablauf** unter Strafe gestellt. Sie soll als Auffangtatbestand für strafwürdige Fälle dienen, die von den ersten drei Tatvarianten nicht erfasst oder durch die Entwicklung neuer Techniken erst möglich werden[87]. Unter sie fällt zB der Abbruch einer durch ein Mietkartentelefon hergestellten Telefonverbindung, bevor es zur Abbuchung der Gebühren auf der eingeführten Telefonkarte kommt[88]. Ihre Auffangfunktion wirkt sich namentlich

---

80 OLG Stuttgart NJW 88, 981; *Huff*, NJW 87, 815; *Joecks/Jäger*, § 266b Rn 17; *Meier*, JuS 92, 1017; *Mitsch*, JZ 94, 877, 881; S/S-*Cramer*, 26. Aufl., § 263a Rn 19; *Schulz/Tscherwinka*, JA 91, 119; *Weber*, JZ 87, 215; *Zielinski*, Anm. CR 92, 223, 227; diff. *Maurach/Schroeder/Maiwald*, BT I § 45 Rn 78.
81 NK-*Kindhäuser*, § 263a Rn 49.
82 *Bernsau*, aaO S. 181 ff; s. zum Streit *Hillenkamp*, BT 36. Problem, 2. Beispiel; dort auch zu Stimmen, die weder § 263a noch § 266b anwenden wollen.
83 BGHSt 47, 160. 164 ff; s. dazu *Beckemper*, JA 02, 545; *Fischer*, § 263a Rn 14a iVm § 266b Rn 7 ff; *Kudlich*, JuS 03, 538; *Zielinski*, JR 02, 342.
84 S. dazu *Baier*, ZRP 01, 454.
85 *Krey/Hellmann/Heinrich*, BT II, Rn 735.
86 A/W-*Heinrich*, § 21 Rn 43a; *Rengier* BT I § 19 Rn 2 (der die Debitkarten freilich statttdessen unter den Begriff der „Kreditkarte" subsumieren will, s. *Rengier*, BT I § 19 Rn 23, 25; *Rengier*, Stürner-FS S. 903); die Beibehaltung der Begriffe „Scheckkarte" in § 266b und „Euroscheck" in § 152b dient der Aburteilungsmöglichkeit von Altfällen, s. *Husemann* NJW 04, 104, 108.
87 *Fischer*, § 263a Rn 18; OLG München NStZ 08, 403, 404.
88 OLG München NStZ 08, 403 mit Bespr. *Schönauer*, wistra 08, 445; der Inhaber des Mietkartentelefons erreichte mit solchen „Sekundverbindungen" hohe Gebührenumsätze, an denen er beteiligt war. Zur Betrugsäquivalenz s. S. 405.

dann aus, wenn man für die *Verwendung* von Daten im Sinne der 2. und 3. Variante verlangt, dass die Daten in den Datenverarbeitungsvorgang eingegeben werden[89]. Dann fällt das **Leerspielen von Geldautomaten** durch die Verwendung von rechtswidrig erlangten Kenntnissen über den Programmablauf deshalb *ausschließlich* unter die 4. Variante, weil bei Betätigung der Risikotaste nur das Sonderwissen über die Daten verwendet, die rechtswidrig erlangten Daten aber nicht selbst in das Verarbeitungssystem eingegeben werden[90]. **Unbefugt** ist die **Einwirkung** bei betrugsnaher Auslegung in einem solchen Fall deshalb, weil der Glücksspieler nach den zur Teilnahme an einer Wette entwickelten Maßstäben (s. Rn 500) dem hinzugedachten Automatenbetreiber gegenüber konkludent erklären würde, dass er kein wie immer erworbenes Sonderwissen besitze, mit dem er die im Datenverarbeitungsvorgang programmierte Gewinnchance zu seinen Gunsten beeinflussen könne[91]. Ist die Programmkenntnis rechtswidrig erlangt, ließe sich die Täuschungsäquivalenz auch damit begründen, dass gegenüber dem Spielbetreiber im Verschweigen des Sonderwissens eine die dann ingerenzbedingte Aufklärungspflicht verletzende Täuschung durch Unterlassen läge[92]. Verfehlt ist es allerdings, auch die Nichtkenntnis eines Automatendefekts zum konkludenten Erklärungsinhalt oder den Wissenden hierüber aufklärungspflichtig zu machen[93].

Rechtsprechungsbeispiel: Letzteres ist richtig gesehen in **KG NStZ-RR 15, 111**[94]. Hier nutzten die Angekl. einen ihnen wohl über das Internet bekannt gewordenen Fehler der Software eines bestimmten Spielautomatentyps dazu aus, den höchstmöglichen Spielgewinn zu erzielen. Die vom KG allein erwogene Strafbarkeit nach der 4. Variante des § 263a I wird zu Recht verneint, weil sich die Angekl. im Rahmen einer „formell ordnungsgemäßen Bedienung" lediglich einen bereits bestehenden Defekt, von dem sie erfahren hatten, zunutze machten. Ein solches Vorgehen ist nach der Ansicht des KG bei der vorauszusetzenden Betrugsäquivalenz nicht unbefugt, weil die vergleichbare Ausnutzung eines bereits bestehenden Irrtums auch § 263 nicht erfüllen würde. Für dieses Ergebnis spreche auch, dass sich die Angekl. die Kenntnis des Defekts nicht rechtswidrig verschafft hatten und der Betreiber den Automaten trotz bei ihm vorhandener Kenntnis des Defekts in Betrieb hielt.

---

89 *Rengier*, BT I § 14 Rn 11, 14, 59; zum Streit s. BK-*Schmidt*, § 263a Rn 35 f; S/S/W-*Hilgendorf*, § 263a Rn 24 f.
90 *Kudlich*, PdW BT I S. 119; *Mitsch*, BT II S. 399 f; NK-WSS-*Waßmer*, § 263a Rn 65; *Theile*, JA 11, 32, 35; für „Verwendung" dagegen BayObLG JR 91, 298 mit insoweit zust. Anm. *Neumann*, 301; *Hilgendorf*, JuS 97, 131; offen gelassen in BGHSt 40, 331, 334; krit. M/R-*Altenhain*, § 263a Rn 18.
91 Auf die Parallele zum Wettbetrug – s. dazu auch BGH NJW 13, 1017, 1018 – macht zu Recht HK-GS/*Duttge*, § 263a Rn 24 aufmerksam; wie im Text *Krey/Hellmann/Heinrich*, BT II Rn 750; *Rengier* BT I § 14 Rn 60; unter Betonung, dass die Kenntnis rechtswidrig erlangt sein müsse, bejahen die Äquivalenz mit einer konkludenten Täuschung auch A/W-*Heinrich*, § 21 Rn 47; *Hilgendorf*, JuS 97, 130, 132; *Lackner/Kühl/Heger*, § 263a Rn 14a; LK-*Tiedemann/Valerius*, § 263a Rn 61; SK-*Hoyer*, § 263a Rn 45; S/S-*Perron*, § 263a Rn 17.
92 *Eisele*, BT II Rn 689; iE ebenso BGHSt 40, 331; BayObLG JR 94, 289; *Mitsch*, JZ 94, 877, 882; anders *Achenbach*, Anm. JR 94, 293; *Maurach/Schroeder/Maiwald*, BT I § 41 Rn 234; MK-*Mühlbauer*, § 263a Rn 91; *Neumann*, Anm. StV 96, 375; *Schulz*, JA 95, 538; *Zielinski*, Anm. NStZ 95, 345.
93 AA OLG Braunschweig JR 08, 435, 436 mit Anm. *Niehaus/Augustin*; wie hier OLG Karlsruhe NStZ 04, 333, 334; KG NStZ-RR 15, 111; mit Bespr. *Hecker*, JuS 15, 756; *Eisele*, BT II Rn 690; K/H-*Cornelius*, Kap. 102 Rn 103; *Klas/Blatt*, CR 12, 136, 139; *Rengier* BT I § 14 Rn 57; *Vogt/Brand*, Jura 08, 305, 306; s. hierzu auch Rn 197, 613 und *Obermann*, NStZ 15, 198 ff.
94 S. auch OLG Stuttgart ZfWG 17, 59 mit Anm. *Hambach/Berberich*.

618 Dem behandelten Geldautomatenmissbrauch verwandt ist die missbräuchliche Verwendung einer Geldkarte im electronic-cash-Verfahren[95]. § 263a kommt weiter in Betracht bei Verwendung eines Telefonkartensimulators, bei unbefugtem Telefonieren mit einem fremden Mobiltelefon, beim missbräuchlichen Einsatz von Kreditkarten im Internet und beim Einsatz einer Pay-TV-Piratenkarte, bei der Einrichtung und Nutzung von Dialern und bei missbräuchlicher Nutzung von durch password fishing (= **phishing**) erlangten Bankkontodaten[96], nicht aber beim Einwählen in ein unverschlüsselt betriebenes Funknetzwerk in der Absicht, die Internetnutzung ohne Entgelt zu erlangen[97].

619 Dass § 263a als Sonderregelung die §§ 242, 246 beim Geldautomatenmissbrauch ausschließt bzw. verdrängt, ist zutreffende Meinung[98]. Allerdings ist der den Missbrauch ermöglichende Diebstahl der Karte (s. Rn 177 f) nach dem BGH[99] keine mitbestrafte Vortat zu § 263a. Vielmehr ist hiernach Tatmehrheit gegeben. Liegt § 263 hinsichtlich derselben Vermögensposition vor, tritt nach hM § 263a zurück[100]; vorzugswürdig wäre die Annahme einer einheitlichen (dann mehraktigen) Tat (s. Rn 603). Hat der Täter eine ec-Karte betrügerisch erlangt[101], soll der nach dem BGH mit ihr durch Bargeldabhebungen begehbare § 266b mit § 263 in Tateinheit stehen[102] (s. Rn 797). Nur § 263, nicht aber § 263a ist erfüllt, wenn der Täter mit entwendeten ec-Karten im Lastschriftverfahren „bezahlt", indem er ohne Eingabe der PIN nur die Unterschrift des Karteninhabers vortäuscht (denn die Verfügung trifft ein Mensch; die EDV dient nur der Abwicklung per Kontodaten)[103]. Startet der Täter nach der Eingabe von Lohnsummen und Personalien von Arbeitnehmern mit *einer* Handlung für alle zuvor erfassten Daten den

---

95 S. dazu *Altenhain*, JZ 97, 752; *G/J/W-Bär*, § 263a Rn 19; *Rossa*, CR 97, 219; SK-*Hoyer*, § 263a Rn 41 und genauer *Rengier*, Stürner-FS S. 900 ff.

96 S. in der Reihenfolge der Aufzählung dazu LG Würzburg NStZ 00, 374; *Hecker*, JA 04, 762, 768; *Hefendehl*, NStZ 00, 348. *Busch/Giessler*, MMR 01, 586; *Hellmann/Beckemper*, JuS 01, 1095. *Laue*, JuS 02, 359; *Schmidt*, BT II Rn 678; *H. Scheffler*, CR 02, 151. *Fülling/Rath*, JuS 05, 598; *Gercke*, CR 05, 606, 608; *Krutisch*, Strafbarkeit des unberechtigten Zugangs zu Computerdaten und -systemen 2004, S. 164 ff; *Popp*, NJW 04, 3517; *ders.*, MMR 06, 84; AG Hamm CR 06, 70 mit Anm. *Werner*; *Heghmanns*, wistra 07, 167, 169; *Kögel*, wistra 07, 206; *Popp*, MMR 06, 84. Zum **Card-Sharing** = Teilen einer Smartcard eines Pay-TV-Abonnenten mit Nicht-Abonnenten s. OLG Celle StraFo 17, 76 mit Anm. *Esser/Rehaag*, wistra 17, 81. Beim Phishing ist zwischen der möglicherweise nach § 202c I Nr 1 oder § 44 BDSG strafbaren Erlangung der Daten und ihrer denkbarerweise nach § 263a strafbaren, weil unbefugten Verwendung zu unterscheiden, s. dazu *Ceffinato*, NZWiSt 16, 465 f; *Goeckenjan*, wistra 08, 128, 131 f; *dies.*, wistra 09, 47, 49 ff; zur Strafbarkeit des Anwerbens/Vermittelns von Personen, die ihr Bankkonto für Phishing zur Verfügung stellen s. BGH wistra 18, 254 f; zum Kreditkarten- und Lastschrift-Carding (echte Karte mit manipulierten Kontodaten im Magnetstreifen) s. *Ullenboom*, NZWiSt 18, 26 ff; zur materiellen **Beendigung** s. BGH wistra 15, 20; mit Bespr. *Mayer*, HRRS 15, 500; zum **Versuchsbeginn** in diesem Zusammenhang s. KG MMR 12, 845; LK-*Tiedemann/Valerius*, § 263a Rn 56 und *Stuckenberg*, ZStW 118 (2006), 906 ff, der das Erlangen der Kontozugangsdaten aber auch schon als Betrug ansieht (S. 894 ff); vgl auch Rn 897 mit Fn 43 zur Geldwäsche. Überblicke zum Missbrauch kartengestützter Zahlungssysteme finden sich bei *Eisele/Fad*, Jura 02, 305; *Heinz*, Maurer-FS, S. 1111; *Kempny*, JuS 07, 1084; *Valerius*, JA 07, 778.

97 LG Wuppertal MMR 11, 65, 66; *Oğlakcıoğlu*, JA 11, 588, 592.

98 Näher BGHSt 38, 120, 124 f; S/S-*Perron*, § 263a Rn 42; anders *Ranft*, JuS 97, 19 sowie Anm. JR 89, 165.

99 BGH NJW 01, 1508 mit Anm. *Fad*, JA-R 01, 110.

100 *Lackner/Kühl/Heger*, § 263a Rn 27; auch § 370 AO kann § 263a verdrängen, s. BGH NJW 07, 2864, 2866 f.

101 Zur zweifelhaften schadensgleichen Vermögensgefährdung in solchen Fällen s. BGH NStZ 09, 329 (noch ohne Berücksichtigung der Entscheidungen des BVerfG hierzu, s. Rn 572, 606, 776) und **Die aktuelle Entscheidung** hier Rn 614.

102 BGHSt 47, 160, 167 f; s. dazu *Mühlbauer*, NStZ 03, 650, 655 und hier Rn 614.

103 BGH MMR 12, 127 unter Berufung auf BGH NJW 03, 1404.

„Echtlauf-Lohnauszahlung", durch den die „Bankbegleitliste" erstellt wird, liegt hinsichtlich aller an diesem Tag veranlassten Überweisungen nur *ein* Computerbetrug vor[104]. Das gilt auch dann, wenn bei zeitlich aufeinander folgenden unbefugten Abhebungen an einem Bankautomaten weder die Bankfiliale noch die Karte gewechselt wird[105]. Es liegt eine einheitliche Tat nach §§ 263, 263a vor (hM Wahlfeststellung, s. Rn 603), wenn sich nicht aufklären lässt, ob Überweisungsträger durch (dann getäuschte) Bankangestellte oder nur in „automatisierter Weise" überprüft worden sind. Nach den Grundsätzen der Postpendenz wird dagegen nach § 263a bestraft, wenn feststeht, dass ein Computerbetrug vorliegt, aber ungewiss ist, ob der Täter zuvor einen Betrug begangen hat[106]. Zum Vorsatz des Gehilfen folgt der BGH seiner Rechtsprechung zum Betrug (Rn 590), verlangt vom sog. Finanzagenten aber immerhin doch, dass er einen unterstützenden Tatbeitrag zu einer in Unrechtsgehalt und Angriffsrichtung (als Computerbetrug) im Wesentlichen erkannten Haupttat für möglich hält[107].

Im **Fall 49** hat T in der Absicht, sich rechtswidrig um 10 800 € (die zugestandenen 2000 € waren an den Reisezweck gebunden) zu bereichern, das Konto des O belastet und dadurch dessen Vermögen geschädigt[108]. Sie hat auch das Ergebnis des Datenverarbeitungsvorganges des Bankomaten durch das *Ingangsetzen* seines Ablaufs[109] (Rn 605) beeinflusst. Dies geschah durch Verwendung der PIN-Nummer des O und damit von Daten[110]. Die Annahme eines Computerbetrugs hängt damit maßgeblich davon ab, ob die Verwendung der Daten **unbefugt** war. Das lässt sich mit einer subjektivierenden Deutung darauf stützen, dass die Überlassung von Karte und PIN-Nummer den AGB der Banken und damit dem Willen des Systembetreibers widerspricht[111]. Auch tritt hinzu, dass T die Beschränkung im Innenverhältnis zu O nicht eingehalten und deshalb vertragswidrig gehandelt hat[112]. Nach der zutreffenden **betrugsspezifischen** Auslegung ist dagegen entscheidend, ob ein täuschungsäquivalentes Verhalten vorliegt. Das wird zwar mit der Überlegung bejaht, der Täter müsse einem Bankangestellten eine ihm fehlende, nach außen wirksame Befugnis behaupten[113]. Da er die Verfügungsmacht aber auf Grund der – anders als in der Entscheidung BGH NStZ 16, 149 (s. dazu Rn 614 Die aktuelle Entscheidung; auch in BGH NStZ-RR 17, 79 geht es um eine täuschungsbedingte Überlassung) *willensmangelfreien* – Überlassung von Karte und PIN durch den Karteninhaber hat, muss er sie – wie bei einer gegenüber der Bank nicht beschränkten Vollmacht – auch nicht vortäuschen. Daher kann man den Täuschungswert auch verneinen[114]. Eher liegt Untreueverhalten vor. Da T's Zugang zum Vermögen des O nicht

620

---

104 BGH wistra 10, 263, 264.
105 BGH NStZ-RR 13, 13.
106 BGH NJW 08, 1394, 1395 mit Bespr. *v. Heintschel-Heinegg*, JA 08, 660; BGH NStZ 08, 396; BGH wistra 13, 271.
107 BGH BeckRS 12, 08602.
108 Vgl S/S-*Cramer*, 26. Aufl., § 263a Rn 28.
109 OLG Köln NJW 92, 125; aA *Kleb-Braun*, JA 86, 259; *Ranft*, wistra 87, 83 f.
110 Vgl LK-*Tiedemann/Valerius*, § 263a Rn 50 iVm Rn 21.
111 Ist die Bevollmächtigung Dritter vertraglich ausnahmslos ausgeschlossen, will BGH NStZ-RR 17, 79 mit Anm. *Stam*, NZWiSt 17, 238 und Bespr. *Ladiges*, wistra 17, 255, § 263a bejahen.
112 *Mitsch*, JZ 94, 877, 882; NK-*Kindhäuser*, § 263a Rn 51; S/S/W-*Hilgendorf*, § 263a Rn 16.
113 *Lackner/Kühl/Heger*, § 263a Rn 14; *Rengier*, BT I § 14 Rn 34; *Theile*, JA 11, 32, 33.
114 Vgl BGH HRRS 17, 155 (Nr. 353) (Bedenken dazu in BGH NStZ-RR 17, 79; zust. *Ladiges*, wistra 17, 255); OLG Düsseldorf NStZ-RR 98, 137 mit Anm. *Otto*, JK 99, StGB § 263a/9 und abl. Bespr. *Hilgendorf*, JuS 99, 542; OLG Köln NJW 92, 126 f; OLG Dresden StV 05, 443; BK-*Schmidt*, § 263a Rn 27; *Fischer*, § 263a Rn 13; HK-GS/*Duttge*, § 263a Rn 18; *Kraatz*, Jura 10, 42 f; LK-*Tiedemann/Valerius*, § 263a Rn 50; *Meyer*, JuS 92, 1017; M/R-*Altenhain*, § 263a Rn 14; NK-WSS-*Waßmer*, § 263 Rn 47; S/S-*Perron*, § 263a Rn 12; SK-*Hoyer*, § 263a Rn 39; ebenso bei Missbrauch einer zum dienstlichen Gebrauch überlassenen Mobilfunkcodekarte LG Bonn NJW 99, 3726 bzw **Tankkarte** OLG Celle NStZ 11, 218, 219; OLG Koblenz StV 16, 372 mit Anm. *Bosch*, Jura 15, 1010 (§ 263a); zu einer Parallele im Lastschriftverfahren s. BGH StraFo 15, 340.

auf einer rechtsgeschäftlich wirksam eingeräumten Verfügungsmacht beruht, kommt allerdings nur der Treubruchstatbestand in Betracht. Hier fehlt es aber angesichts der Begrenzung auf einen fest umgrenzten Abhebungsvorgang an der Treuepflicht[115]. Strafbar ist T daher – wenn man § 263a verneint – allenfalls wegen Unterschlagung[116], da auch § 266b entfällt. Auch O hat sich nicht nach § 266b strafbar gemacht[117]. Hat der Täter sich in solchen Fällen in den Besitz von Karte und Geheimnummer zB durch die unwahre Behauptung gebracht, er wolle nur die Kontoauszüge für den Karteninhaber abholen, diesem eine Schuld begleichen oder Unregelmäßigkeiten auf dem Konto überprüfen, soll nach der Rechtsprechung (nur) § 263 gegeben sein[118]. Das ist deshalb zweifelhaft, weil den Vermögensschaden nicht schon die Überlassung von Karte und PIN-Nummer, sondern erst die hierdurch ermöglichte Abhebung durch den Täter herbeiführt, der Schaden also nicht die unmittelbare Folge der Verfügung ist[119]. Richtigerweise (s. Rn 614) liegt in solchen Fällen (jedenfalls auch) § 263a vor, da dem Täter hier – anders als im Ausgangsfall 49 – keinerlei auf Geldabhebungen bezogene Verfügungsbefugnis eingeräumt ist[120].

621 Da im **Fall 50** der elektronische Münzprüfer defekt war, hat T den Schaden ohne Beeinflussung des Ergebnisses eines Datenverarbeitungsvorganges bewirkt. Daher kommt nur ein **versuchter** Computerbetrug in Betracht. T rechnete damit, dass er durch eine Einwirkung auf den Ablauf der Münzprüfung das Prüfergebnis in seinem Sinne beeinflussen könne[121]. Durch die Benutzung präparierter Münzen war die Einwirkung nach allen hierzu vertretenen Ansichten unbefugt, was T auch wusste. Ihm war bekannt, dass er gegenüber einer gedachten Kontrollperson die präparierten Münzen als 5-DM-Stücke hätte ausgeben müssen. Da T den Automatenbetreiber schädigen und sich an dem Gewinn rechtswidrig bereichern wollte, scheint der **Tatentschluss** demnach vorzuliegen. Das OLG Celle[122] hat das aber zu Recht verneint, weil T an den Gewinn nach seiner Vorstellung erst kommen konnte, wenn er nach Eröffnung der Spiel- und Gewinnmöglichkeit durch den Münzprüfer den Spielautomaten bediente, sich den Gewinn erspielte und ihn an sich nahm. Unter diesen Voraussetzungen fehlt es an der auf Grund der Betrugsäquivalenz zu fordernden **Unmittelbarkeit**[123] des die Verfügung ersetzenden Ergebnisses des Datenverarbeitungsvorganges für den Schaden. Daran ändert auch nichts, dass mit der Überlistung des Münzprüfers bereits eine *Vermögensgefährdung* eintritt[124]. Diese entspricht der Gewahrsamslockerung beim Trickdiebstahl, die für Betrug dort aber ebenfalls nicht ausreicht[125]. Der Versuch, die vom OLG Celle gegebene zutreffende Begründung durch die behauptete „Unwichtigkeit" des Datenverarbeitungsvorganges zu ersetzen, scheitert am elementaren Gewicht des Prüfungsvorganges für den *Vermögensschutz*[126], zu dem der Vermö-

---

115 S. S/S-*Perron*, § 263a Rn 12; anders bei der eingeräumten Befugnis, Geldbeträge für eine angemessene Lebensführung abzuheben, OLG Hamm NStZ-RR 04, 111, 112; s. auch *Kraatz*, Jura 10, 43.
116 So OLG Köln NJW 92, 127; s. dazu Rn 183 f.
117 BGH NStZ 92, 278; *Löhnig*, Jura 98, 838.
118 BGHR StGB § 263a Anwendungsbereich 1; Thüringer OLG wistra 07, 236, 237; s. dazu jetzt genauer BGH NStZ 16, 149 (Rn 614 **Die aktuelle Entscheidung**).
119 Das Thüringer OLG wistra 07, 236, 237 setzt sich hierüber unter Berufung auf *(Tröndle)/Fischer*, § 263 Rn 46 hinweg; s. auch *Stuckenberg* ZStW 118 (2006), 899 ff und hier Rn 579.
120 S. zu diesem Unterschied zutr. *Ladiges*, wistra 16, 183 f; ihm folgend *Böse*, ZJS 16, 665 f.
121 Nach OLG Düsseldorf NStZ 99, 249; JR 00, 212 mit abl. Anm. *Otto* soll bei „Überlistung" nur der Münzprüfung schon keine Einflussnahme auf den eigentlichen Datenverarbeitungsvorgang vorliegen; ebenso MK-*Mühlbauer*, § 263 Rn 92.
122 OLG Celle JR 97, 345.
123 *Lenckner/Winkelbauer*, CR 86, 659.
124 So aber *Hilgendorf*, Anm. JR 97, 349; *Mitsch*, JuS 98, 313.
125 *Krey/Hellmann/Heinrich*, BT II Rn 555, 557; zweifelnd S/S-*Cramer*, 26. Aufl., § 263a Rn 26.
126 Abl. gegen *Hilgendorf*, Anm. JR 97, 349 f daher auch LK-*Tiedemann/Valerius*, § 263a Rn 22, 65.

gensinhaber den Münzprüfer einsetzt[127]. Das OLG Celle hat daher zu Recht wegen Diebstahls verurteilt. Dabei liegt die Bejahung eines besonders schweren Falles (§ 243 I 2 Nr 2) nahe (s. Rn 229)[128].

III. Prüfungsaufbau: Computerbetrug, § 263a

Computerbetrug, § 263a 621a
I. Tatbestand
  1. Objektiver Tatbestand
    a) Tathandlung: Datenverarbeitungsvorgang beeinflussende Handlungen
- *unrichtige Gestaltung des Programms*
  - Ⓟ Unrichtigkeit
- *Verwendung unrichtiger/unvollständiger Daten*
  - Ⓟ Unrichtigkeit
  - Ⓟ Verwendung ohne Eingabe der Daten
- *unbefugte Verwendung von Daten*
  - Ⓟ Verwendung ohne Eingabe der Daten
  - Ⓟ Deutung der Unbefugtheit (Bankomatenfälle)
- *unbefugte Einwirkung auf den Ablauf*

    b) Zwischenfolge:
- *Beeinflussung des Ergebnisses einer Datenverarbeitung*
  - → Eingang der Handlung in den Verarbeitungsvorgang
  - Ⓟ Beeinflussung durch Ingangsetzen

    c) Taterfolg:
- *Vermögensschaden*
  Vermögensminderung
  → wie beim Betrug, § 263
  Ausbleiben einer Kompensation
  → wie beim Betrug, § 263
  Unmittelbarkeit zwischen Beeinflussung und Schaden

  2. Subjektiver Tatbestand
    a) Vorsatz:
- *jede Vorsatzart*

    b) Bereicherungsabsicht:
- *Absicht, sich oder Drittem rechtswidrigen Vermögensvorteil zu verschaffen*
  → wie beim Betrug, § 263

II. Rechtswidrigkeit
III. Schuld
IV. Privilegierung (Strafantrag, § 263a II iVm §§ 263 IV, 247, 248a)
V. Besonders schwerer Fall, § 263a II iVm § 263 III, IV
→ Qualifikation, § 263a II iVm § 263 V

---

127 Nicht überzeugend daher auch *Mitsch*, JuS 98, 334.
128 S. zu weiteren Delikten *Biletzki*, JA 97, 749; *Hilgendorf* und *Mitsch*, jeweils aaO; OLG Düsseldorf JR 00, 212 mit krit. Anm. *Otto*; s. zu einer Fallvariante *Jerouschek/Kölbel*, JuS 01, 780.

§ 15 Abgrenzung zwischen Betrug und Diebstahl

622 Die Abgrenzung zwischen Betrug und Diebstahl ist kein „dogmatisches Glasperlenspiel"[1]. Ob ein Betrug *oder* Diebstahl vorliegt, hat für den **Verletzten** zivilrechtliche Konsequenzen. Einerseits ist ein Gutglaubenserwerb nur der gestohlenen, nicht aber der ertrogenen Sache ausgeschlossen (§ 935 I BGB). Zum anderen ist der Versicherungsschutz häufig auf den Diebstahl beschränkt. Für den **Täter** führt § 242 möglicherweise in die Qualifikationen der §§ 244, 244a, die beim Betrug in dessen Regelbeispielen nur eine sehr begrenzte Entsprechung haben. Zudem ist ein räuberischer Diebstahl (§ 252), der schwere Raubqualifikationen (§§ 250, 251) eröffnet, nur bei § 242 als Vortat möglich[2]. Andererseits kann ein Besitzbetrug vorliegen, wo ein Gebrauchsdiebstahl (§ 248b) ausschiede. Infolgedessen ist die Abgrenzungsfrage oft von erheblichem **praktischen Gewicht**[3].

I. Sachbetrug und Trickdiebstahl

1. Ausschlussverhältnis

623 Die Abgrenzung zwischen dem sog. **Sachbetrug** und dem sog. **Trickdiebstahl** betrifft die Frage, ob eine **Vermögensverfügung** iS des § 263 oder eine **Wegnahme** iS des § 242 vorliegt. Kennzeichnend für den Betrug ist, dass die Vermögensbeschädigung auf einer **Vermögensverfügung** beruht, die das Ergebnis eines irrtumsbedingten, durch Überlistung erschlichenen **Willensentschlusses** des Getäuschten ist und die sich *ohne weitere deliktische Handlung des Täters* unmittelbar vermögensmindernd auswirkt. Im Gegensatz dazu wird der Schaden des Verletzten beim Diebstahl durch den **eigenmächtigen Zugriff** des Täters auf die Sache, dh durch deren **Wegnahme** und den damit eintretenden Gewahrsamsverlust herbeigeführt. Betrug ist ein **Selbst-**, Diebstahl ein **Fremdschädigungsdelikt**. Daraus folgert die hM zu Recht, dass ein einheitlicher tatsächlicher Vorgang in Bezug auf dieselbe Sache und gegenüber demselben Vermögensträger nicht Betrug und vollendeter Diebstahl zugleich sein kann, dass sich diese Tatbestände vielmehr **gegenseitig ausschließen**[4]. Diese

---

1 So aber *Dreher*, JR 66, 29 und GA 69, 56, wie hier *Högel*, Die Abgrenzung zwischen Diebstahl und Betrug 2015, S. 49.
2 S. AG Tiergarten NStZ 09, 271; BGH NStZ 12, 95 mit Bespr. *Jäger*, JA 11, 950; BGH BeckRS 16, 19983 mit Bespr. *Eisele*, JuS 17, 698.
3 S. *Hillenkamp*, JuS 97, 218 ff; MK-*Hefendehl*, § 263 Rn 274.
4 S. BK-*Beukelmann*, § 263 Rn 38; G/J/W-*Dannecker*, § 263 Rn 69; LK-*Tiedemann*, § 263 Rn 98; S/S/W-*Satzger*, § 263 Rn 144; ferner *Hillenkamp*, JuS 97, 220; *Krey/Hellmann/Heinrich*, BT II Rn 555 ff; SK-*Hoyer*, § 263 Rn 160; zur Abgrenzungsnotwendigkeit ausf. *Högel*, Die Abgrenzung zwischen Diebstahl und Betrug 2015, S. 37 ff. **Grundlegend** BGHSt 17, 205; 18, 221; 41, 198; LK-*Tiedemann*, § 263 Rn 98 ff. S. ferner OLG Düsseldorf NJW 88, 922; A/W-*Heinrich*, § 20 Rn 70 ff; *Beulke*, III Rn 249; *Biletzki*, JA 95, 857; *Eisele*, BT II Rn 555 ff; *Geiger*, JuS 92, 834; *Geppert*, JuS 77, 69; *Gössel*, BT II § 21 Rn 135; H-H-*Voigt*, Rn 1004; *Kindhäuser/Böse*, BT II § 27 Rn 44, 54 f; *Lackner/Kühl*, § 263 Rn 22; M/R-*Saliger*, § 263 Rn 2, 110; *Otto*, ZStW 79 (1967), 59; *Rengier*, BT I § 13 Rn 75; *Kudlich*, PdW BT I S. 84; S/S/W-*ders*., § 242 Rn 31; *Roxin/Schünemann*, JuS 69, 372, 376; *Schmidt*, BT II Rn 586 f; *Schramm*, BT I § 7 Rn 70; *Zöller*, BT Rn 153; mit etwas anderer Begründung auch MK-*Hefendehl*, § 263 Rn 273 ff, 315 ff, 875. Zur **Gegenansicht**, die Tateinheit zwischen Betrug und Diebstahl für möglich hält, s. ua *Heghmanns*, Rn 1234; *Herzberg*, ZStW 89 (1977), 367; *Joecks*, Zur Vermögens-

Exklusivitätsthese leitet sich also unmittelbar aus der gegensätzlichen Natur beider Tatbestände ab und zielt keineswegs nur ergebnisorientiert auf die Vermeidung einer wenig sinnvollen Idealkonkurrenz zwischen beiden Delikten[5].

2. Abgrenzungskriterien

Die maßgeblichen **Abgrenzungskriterien**[6] sind zunächst im Bereich der **Verfügung** zu suchen. Hier kennzeichnet vor allem die **Unmittelbarkeit** des Schadenseintritts auf Grund der Verfügung diese als *Gebeakt*. Wo dieser bewirkt, dass sich der Täter die Sache nicht noch selbst nehmen muss, ist das Bild der **Selbstschädigung** erfüllt. Zu ihm gehört nach verbreiteter Ansicht auch, dass sich das Opfer der **Verfügung** über die Sache **bewusst** und mit dem Gewahrsamsverlust **einverstanden** ist. Ist es das nicht, liegt weder Geben noch ein Einverständnis mit der als Gegenstück zu bedenkenden **Wegnahme**, sondern **Fremdschädigung** vor. Davon ist schließlich auch zu reden, wenn der Verfügende keinerlei Nähe- oder **Obhutsverhältnis** zum geschädigten Vermögen und damit keine Macht zu einer dem Vermögensinhaber zurechenbaren und ihn vertretenden Selbstschädigung hat. Das wird bei der Unterscheidung zwischen Betrug und Diebstahl in mittelbarer Täterschaft bedeutsam. Die gleichen Kriterien gelten auch für die Abgrenzung zwischen Computerbetrug und Diebstahl.

624

a) Unmittelbarkeit

Diebstahl statt Betrug ist **mangels Unmittelbarkeit** dann anzunehmen, wenn das Verhalten des Getäuschten in der Aushändigung einer Sache **ohne vollständigen Gewahrsamswechsel** besteht, sodass die fortbestehende Gewahrsamsbeziehung des Berechtigten vom Täter noch durch ein **weiteres eigenmächtiges Handeln** beseitigt werden muss[7].

625

Fall 51: A klingelt bei Frau F an der Etagentür. Als sie öffnet, behauptet A, er komme im Auftrag des E-Werkes, um den Zähler zu überprüfen. Auf Grund dieser erfundenen Angabe verschafft A sich Zutritt zur Wohnung. Während F nach seinen Anweisungen auf dem Flur den Zähler beobachtet und ihn durch Zuruf über Lauf oder Stillstand der Zählerscheibe unterrichtet, schaltet A in den einzelnen Räumen alle Lichtquellen ein und aus. Dabei sucht er rasch nach Wertgegenständen; was er für mitnehmenswert hält, steckt er ein. Mit dem Hinweis, dass ein neuer Zähler eingebaut werden müsse, entfernt er sich schließlich. Erst später

626

---

verfügung beim Betrug 1982, S. 122, 137; *Lenckner*, Anm. JZ 66, 320; *Miehe*, Unbewußte Verfügungen 1987, S. 54 ff, 102; *Timmermann*, Diebstahl und Betrug im Selbstbedienungsladen 2014, S. 134 ff, 158 f; *Walter*, Jura 02, 420. Vgl zu diesem Fragenkreis auch NK-*Kindhäuser*, § 242 Rn 53 ff, § 263 Rn 204 ff; *Offermann-Burckart*, Vermögensverfügungen Dritter im Betrugstatbestand 1994.
5 Krit. *Küper/Zopfs*, BT Rn 667; *Stuckenberg*, ZStW 118 (2006), 901 ff.
6 Krit. zu ihnen *Högel*, Die Abgrenzung zwischen Diebstahl und Betrug 2015, S. 173 ff; der aus der Kritik folgende eigene Weg kann hier mit seinen Ergebnissen nicht im Einzelnen dargestellt werden, s. die Zsf. dort S. 282 ff.
7 BGH NStZ 16, 727 mit Anm. *Kulhanek*; *Kudlich*, JA 16, 953; *Satzger*, Jura (JK) 17, 871; BK-*Beukelmann*, § 263 Rn 38; *Fischer*, § 263 Rn 76 f; G/J/W-*Dannecker*, § 263 Rn 72; LK-*Tiedemann*, § 263 Rn 106; LK-*Vogel*, § 242 Rn 119; S/S/W-*Satzger*, § 263 Rn 189, 191; krit. *Jäger*, Rengier-FS S. 227, 229 ff; zur Unmittelbarkeit bei „mehraktigen" Verfügungen s. A/R/R-*Kölbel*, 5.1 Rn 90; M/R-*Saliger*, § 263 Rn 123; OLG Stuttgart NStZ-RR 13, 175 f.

entdeckt F, dass sie auf einen Schwindler hereingefallen ist und einen erheblichen Verlust erlitten hat.

Ist F einem Betrug oder einem Diebstahl zum Opfer gefallen? **Rn 628**

626a **Fall 52:** A hat sich eine Schirmmütze mit der Aufschrift „Gepäckträger" aufgesetzt und veranlasst so durch die wahrheitswidrige Behauptung, dass sie ihr Gepäck nicht in den Wartesaal mitnehmen dürfe, die Reisende R, ihren Koffer in einem Schließfach der Bahnhofshalle unterzubringen. Nachdem R ihm die erforderliche Geldmünze zum Einwerfen übergeben hat, stellt A ihren Koffer in ein Fach mit der Nr 700, zieht den Schlüssel ab und händigt der ahnungslosen R den Schlüssel zu einem anderen (leeren) Schließfach aus. Während R sich im Wartesaal aufhält, holt A ihren Koffer aus dem Schließfach und verschwindet damit.

Betrug oder Diebstahl hinsichtlich des Koffers? **Rn 629**

627 Die diesen (Schul-)Fällen zu Grunde liegende Sachverhaltsgestaltung des „*erschlichenen Einverständnisses*" hat die Rechtsprechung wiederholte Male[8] beschäftigt.

Der BGH führt hierzu aus, dass auch ein erschlichenes Einverständnis den Tatbestand des § 242 ausschließen könne. Aber „[d]as durch Täuschung erlangte Einverständnis muss sich auf die erstrebte Gewahrsamsänderung in ihrem vollen Umfang erstrecken. Willigt der Getäuschte nur in eine Lockerung seines Gewahrsams ein und muss der Täter daher noch durch eine weitere eigenmächtige Handlung den vorbehaltenen Gewahrsamsrest brechen, so liegt darin eine Wegnahme der Sache. Die ihr vorausgegangene Vermögensgefährdung durch Ermöglichung des Diebeszugriffs ist nicht schon als Schaden im Sinne des Betrugstatbestandes anzusehen." Daher liegt in diesen Fällen nach der Rechtsprechung § 242 vor. Dem ist iE **zuzustimmen**. Zwar wird man im Einzelfall eine schadensgleiche Vermögensgefährdung auch nach den Auflagen des BVerfG zu deren Feststellung und Quantifizierung (s. dazu Rn 572, 776, 778) als Zwischenstadium nicht immer leugnen können[9]. Das darf aber nicht darüber hinwegtäuschen, dass der eigentlich gewollte und auch erreichte Schaden *hier* nicht die **unmittelbare** Folge des Verhaltens des Tatopfers, sondern des hierdurch erst ermöglichten Täterverhaltens ist, mit dem sich der Täter *erst nimmt*, was ihm zuvor noch nicht überantwortet ist. Damit ist von **Fremd**-, nicht aber von **Selbstschädigung** zu sprechen[10]. Das soll nach dem BGH auch dann noch gelten, wenn die Übergabe einer **Sache außerhalb des generellen Gewahrsamsbereichs** des Gewahrsamsinhabers unter dem Vorwand, sie nur kurz benutzen zu wollen, erreicht wird, der Täter die Sache dann aber, wie beabsichtigt, behält[11]. Der Täter erlange allenfalls Mitgewahrsam

---

8 S. **Brieftaschenfall**, OLG Köln MDR 73, 866; OLG Düsseldorf NJW 90, 923; BGH GA 87, 307; **Autowäscherfall**, BGH VRS 48, 175; **Wash-Wash-Fall**, KG NStZ-RR 13, 138 mit Anm. *Kudlich*, JA 13, 552; *Schramm*, BT I § 2 Rn 30; Falllösung dazu bei *Burghardt/Bröckers*, JuS 14, 238.
9 *Herzberg*, ZStW 89 (1977), 367; MK-*Hefendehl*, § 263 Rn 307 ff mit teilweise abw. Ergebnissen; *Stuckenberg*, ZStW 118 (2006), 901 ff.
10 *Eisele*, BT II Rn 560; *Hohmann/Sander*, BT I § 11 Rn 96; *Jäger*, BT Rn 210; *Krey/Hellmann/Heinrich*, BT II, Rn 555 ff, 570 ff; *Lackner/Kühl*, § 263 Rn 22; 25 f; LK-*Tiedemann*, § 263 Rn 106; *Rengier*, BT I § 13 Rn 84; SK-*Hoyer*, § 263 Rn 16; dass hier nichts mehr (weg)*genommen* werde – so *Rotsch*, GA 08, 68 –, überzeugt nicht.
11 BGH BeckRS 16, 19983 mit Bespr. *Eisele*, JuS 17, 698; BGH HRRS 17, 338 (Nr 786); aA AG Tiergarten NStZ 09, 271; s. dazu auch *Fischer*, § 263 Rn 77; *Hilgendorf/Valerius*, § 7 Rn 157 f.

und nehme die Sache weg, wenn er den vollständigen Verlust der Sachherrschaft des Opfers dann gegen dessen Willen vollziehe. Das ist mit dem hier vertretenen sozialnormativen Gewahrsamsbegriff (Rn 82 f) vereinbar.

Im **Fall 51** hat A die F erfolgreich getäuscht. Darin allein, das diese ihm den Zutritt zu ihrer Wohnung gestattet hat, liegt jedoch noch **keine Vermögensverfügung** im Sinne eines auf ihre wirtschaftlichen Güter einwirkenden Verhaltens. Vielmehr erleichtert F nur den Zugriff auf ihr Eigentum. F wird daher erst durch ein **weiteres eigenmächtiges Handeln** des A (= Wegnahme der Wertsachen) **geschädigt**. Es liegt **Fremd-**, nicht Selbstschädigung vor. A hat daher keinen Betrug, sondern einen Diebstahl begangen (= sog. *Trickdiebstahl*)[12].

628

Im **Fall 52** hat R ihren bisherigen Gewahrsam nicht etwa dadurch auf A übertragen, dass sie ihm den Koffer ausgehändigt und es sodann unbewusst unterlassen hat, die Herausgabe des richtigen Schließfachschlüssels zu verlangen. Das durch Täuschung bewirkte Verhalten der arglosen R hat dem A nur die Möglichkeit verschafft, den Koffer im Wege des Gewahrsamsbruchs an sich zu bringen. In der geschilderten Schlüsselmanipulation lag nur eine Gewahrsamslockerung. Darin sind sich faktischer und sozial-normativer Gewahrsamsbegriff (s. Rn 82, 92) einig. Sie führt nicht zu einem eigenständigen Betrug. Vielmehr bildet sie nur das täuschungsgeprägte Vorbereiten der geplanten Wegnahme des Koffers. Da R ohne ihr Einverständnis von der tatsächlichen Sachherrschaft über ihren Koffer ausgeschlossen worden ist, hat A sich nicht des Betrugs, sondern des **Diebstahls** schuldig gemacht[13].

629

Der BGH stellt der vorstehend behandelten Konstellation den Fall gleich, in dem der (spätere) Täter in der Absicht, sich eine bessere Möglichkeit zum eigenen Zugriff zu verschaffen, zunächst einen gutgläubigen Dritten dazu veranlasst, das Tatobjekt auf der Grundlage eines Vertrags mit dem Opfer in seinen Gewahrsam zu bringen[14]. Ähnliche Probleme wirft das Stellen einer sog. **Wechselgeldfalle** auf. Dort bedarf es indessen einer differenzierten Betrachtungsweise[15]. Legt der Täter zB den großen Schein vor sich auf den Schaltertisch, geht das Eigentum auf die Bank idR noch nicht über. Streicht er dann – wie von vornherein beabsichtigt – den Schein mitsamt dem Wechselgeld ein, liegt nur Betrug vor, weil und wenn weder Eigentum noch Gewahrsam aufseiten der Bank begründet worden sind[16].

630

b) Freiwilligkeit

Aus dem Wesen der Verfügung als eines selbstschädigenden Gebaktes wird weiter gefolgert, dass die Überlassung der Sache zwar irrtumsbedingt, im Übrigen aber **freiwillig** geschehen müsse[17]. Bei einer **vorgetäuschten Beschlagnahme** durch angebliche Kriminal- oder Vollstreckungsbeamte ist danach *nicht das äußere Erscheinungsbild* des Gebens oder Nehmens, sondern allein die Frage entscheidend, ob die irrtums-

631

---

12 S. dazu BGH MDR/D 74, 15; AnK-*Gaede*, § 263 Rn 86; *Kudlich,* PdW BT I S. 89 f; *Mitsch,* BT II S. 296 f; MK-*Hefendehl,* § 263 Rn 318.
13 Näher BGH MDR/D 66, 199; ähnlich BGH MDR/H 87, 446.
14 BGH NStZ 17, 351.
15 S. dazu RG JW 19, 321; BayObLG NJW 92, 2041 mit Anm. *Graul,* JR 92, 519; OLG Celle NJW 59, 1981; *Eisele,* BT II Rn 561 f; *Fahl,* JA 96, 40; *Hohmann/Sander,* BT I § 11 Rn 97; MK-*Hefendehl,* § 263 Rn 322 ff; *Roxin/Schünemann,* JuS 69, 372.
16 LK-*Tiedemann,* § 263 Rn 107; M/R-*Saliger,* § 263 Rn 120.
17 S. *Küper/Zopfs,* BT Rn 671; LK-*Tiedemann,* § 263 Rn 102, 120.

bedingte Hingabe der Sache oder die Duldung ihrer Wegnahme **auf einer innerlich freien Willensentschließung des Getäuschten beruht** oder nicht.

632 **Fall 53:** Der Kassenbote B hat im Auftrag des Firmeninhabers F Lohngelder bei einer Bank abzuholen. Als er die Bank wieder verlässt, tritt A auf ihn zu, gibt sich als Kriminalbeamter aus und fordert ihn unter Vorzeigen einer gefälschten Dienstmarke auf, ihm die Aktentasche mit den Lohngeldern in Höhe von rd. 20 000 EUR auszuhändigen, da diese „wegen des Verdachts der Steuerhinterziehung beschlagnahmt" seien. B erwidert, er könne der Aufforderung ohne vorherige Rückfrage bei F nicht nachkommen. Dem Hinweis des A, dass alles vom Polizeipräsidium aus geklärt werde und dass er ihm dorthin folgen müsse, schenkt B Glauben. Im Präsidium durchquert A mit B mehrere Abteilungen; schließlich weist er ihn an, auf der Bank vor dem Dienstzimmer des Polizeipräsidenten Platz zu nehmen, ihm die Aktentasche zu übergeben und zu warten, bis er hereingerufen werde. B tut, was A von ihm verlangt. Dieser selbst geht durch eine Flügeltür weiter und verschwindet sodann mit seiner Beute durch einen Notausgang.

Betrug oder Diebstahl? **Rn 635**

633 In der Übergabe der Sache an den „Hoheitsträger" liegt keine *Verfügung*, weil sich das Opfer nur der Staatsgewalt und dem vermeintlich von ihr ausgehenden Zwang fügen will. Ist der Getäuschte mit dem Gewahrsamsverlust **nicht** *aus freien Stücken* **einverstanden**, nimmt er ihn vielmehr nur unter dem **Druck der Vorstellung** hin, dass **Widerstand nicht zulässig oder zwecklos** sei, so liegt zwar noch ein selbst gefasster Willensentschluss, aber keine *freiwillig* zu Stande gekommene Vermögensverfügung iS des § 263, sondern eine **Wegnahme** iS des § 242 vor[18]. Daran ändert sich auch dann nichts, wenn der Getäuschte an der Gewahrsamsänderung durch aktives Tun selbst mitwirkt (zB durch Öffnen von Behältnissen, Hingabe der *„beschlagnahmten"* Sache usw). Maßgebend ist allein, dass sein diesbezüglicher Beitrag **nicht das Ergebnis eines innerlich freien Willensentschlusses**, sondern eine Folge des ihn bedrängenden **Zwangs** ist[19].

634 Rechtsprechung und Rechtslehre begründen die Verneinung eines Betrugs hier zumeist damit, dass es an einer *freiwilligen* Vermögensverfügung iS des § 263 fehle[20]. Die Entscheidung BGHSt 18, 221, 223 formuliert diesen Standpunkt wie folgt: „Daß für die Grenzziehung zwischen Betrug und Diebstahl die innere Willensrichtung des Verletzten maßgebend sein kann, trifft allerdings zu. Duldet dieser die Wegnahme, so kann darin eine Verfügung iS des Betrugstatbestandes nur gesehen werden, wenn das Dulden auf einem freien Willensentschluß beruht, mag er auch durch einen Irrtum beeinflußt sein. Wird dagegen der Gewahrsam ohne sein Einverständnis aufgehoben, so liegt nicht Betrug, sondern Diebstahl vor. Einen solchen nimmt die Rechtsprechung deshalb auch dann an, wenn der Täter durch die falsche Behauptung einer behördlichen Beschlagnahme die Herausgabe einer fremden beweglichen Sache fordert und sie

---

18 AA bei „eigenhändiger Übergabe" LK-*Vogel*, § 242 Rn 126; s. auch *Miehe*, Unbewußte Verfügungen 1987, S. 74 ff, der schon den Rückzug aus der „Zuständigkeit" für die Sache als Verfügung ansieht; wie hier BK-*Wittig*, § 242 Rn 23; HK-GS/*Duttge*, § 263 Rn 30; *Jäger*, BT Rn 206; *Lackner/Kühl*, § 263 Rn 26; *MK-Hefendehl*, § 263 Rn 281; S/S/W-*Satzger*, § 263 Rn 188; *Zöller*, BT Rn 153; diff. NK-*Kindhäuser*, § 242 Rn 54; krit. *Rotsch*, GA 08, 66; *ders.*, ZJS 08, 135.
19 Näher BGHZ 5, 365, 368 ff; BGHSt 18, 221, 223; BGH NJW 52, 796 Nr 26; 53, 73; 95, 3129; S/S-*Perron*, § 263 Rn 63 mwN; krit. dazu *R. Schmitt*, Spendel-FS S. 575.
20 Vgl BGHZ 5, 365, 368 ff; *Geppert*, JuS 77, 69; *Hillenkamp*, JuS 94, 771; *Krey/Hellmann/Heinrich*, BT II Rn 577 ff. *Küper*, Anm. NJW 70, 2235, *Jäger*, BT Rn 206 und SK-*Hoyer*, § 263 Rn 166 verneinen den Verfügungswillen.

erreicht, selbst wenn das Opfer die Wegnahme nicht nur duldet, sondern die Sache dem Täter auf dessen Verlangen aushändigt; denn hier ist für einen eigenen freien Willensentschluß des Opfers, das sich dem Zwang fügt, kein Raum."

> Im **Fall 53** liegt daher trotz des äußerlichen Bildes eines Gebeakts ein Diebstahl vor. Dabei ist der Grund für den Ausschluss der Freiwilligkeit der Sachverschaffung naturgemäß nicht die betrugsnotwendige Irrtumsbefangenheit des B, sondern die Tatsache, dass bei ihm von einem wenigstens im Übrigen freien Willensentschluss nicht die Rede sein kann. Für diese Annahme muss man nicht auf wenig zeitgemäße „obrigkeitsstaatliche Vorstellungen"[21], sondern kann allein darauf abstellen, dass B die Sache so oder so – und dh auch im Falle eines erwogenen Widerstandes – verloren sieht.

635

Hiervon ist allerdings nur auszugehen, wenn der Täter die Sache für „beschlagnahmt" erklärt. Droht er die Beschlagnahme nur für den Fall an, dass der Gewahrsamsinhaber die Sache nicht „freiwillig" herausgibt und leistet das Opfer dem zur Abwendung des Zwangs Folge, ist von einer für den Betrug hinreichenden Freiwilligkeit auszugehen. Denn auch ein Verfahrensdruck, der daraus rührt, dass im Weigerungsfall belastende Folgen drohen, die mit staatlichem Zwang durchgesetzt werden, hindert eine verfahrensrechtlich modifizierte Freiwilligkeit nicht. Das zeigt auch § 94 II StPO, der von der Möglichkeit einer freiwilligen Herausgabe auch angesichts einer sonst drohenden Beschlagnahme spricht[22].

> **Rechtsprechungsbeispiel:** In **BGH NJW 11, 1979** (= BGHSt 56, 196; die hier entscheidenden Aussagen sind in der amtlichen Sammlung weggelassen) erscheinen A und B bei O, um ihn wegen sexuellen Missbrauchs einer gemeinsamen Bekannten zu verprügeln. Beide führen Gaspistolen mit sich und tragen Feldjägeruniformen. Sie geben sich als Feldjäger aus und weisen O einen selbstgefertigten „Durchsuchungsbeschluss", der mit dem Schriftzug „Bundeswehr", einem Bundesadler und dem Namenszug eines Hauptmanns M versehen ist, vor. Da O nicht allein ist, nehmen A und B vom Verprügeln Abstand. Sie „konfiszieren" aber ein Messer aus einer von O auf Aufforderung geöffneten Schublade und eine einem Wohnungsinsassen gehörige Tüte mit Marihuana. Der verängstigte O leistet nach Lesen des Durchsuchungsbeschlusses keinen Widerstand, da er A und B für Feldjäger hält und einen Zusammenhang mit dem Missbrauchsvorwurf herstellt. – Der BGH hebt zwar die Verurteilung wegen „schweren Raubes" auf, weil die Feststellungen zu den Gaspistolen als Waffen nicht ausreichen. Es war weder geklärt, ob sie geladen, noch ob sie funktionsfähig waren (s. zu beiden Voraussetzungen Rn 271, 371; zur nicht ganz unzweifelhaften Zueignungsabsicht s. *Theile*, ZJS 12, 138 f), noch, ob ihr Beisichführen in einem *funktionalen Zusammenhang* mit der Wegnahme stand. Der BGH bestätigt aber die Annahme einer *Wegnahme* von Messer und Marihuana, weil bei einer vorgetäuschten Beschlagnahme für „einen eigenen, freien Willensentschluss des Opfers, das sich dem Zwang fügt", kein Raum sei. Das gelte selbst dann, wenn das Opfer die Wegnahme „nicht nur duldet, sondern die Sache dem Täter auf dessen Verlangen aushändigt." Bejaht das Gericht in der erneuten Verhandlung Waffe und funktionalen Zusammenhang, müsste es nach der hier vertretenen (Rn 709 ff) Lehre, die auch für Erpressung eine – im Fall nicht gegebene – (rest-)freiwillige Verfügung verlangt, einen Raub bejahen, könnte das nach der Rechtsprechung des BGH aber nur, wenn die Gegenstände dem *äußeren Bild nach* weggenommen wur-

---

21 *Maurach/Schroeder/Maiwald*, BT I § 33 Rn 31; s. aber *Rengier*, BT I § 13 Rn 80, der es aus solchen Gründen schon an einer „Willensbildung" fehlen lassen will.
22 S. dazu grundlegend *Amelung*, Die Einwilligung in die Beeinträchtigung eines Grundrechtsgutes, 1981, S. 111 ff; Nachweise zu solchen Fällen bei *Hillenkamp*, MedR 16, 112.

den (s. dazu *Jäger*, JA 11, 633 und *Satzger*, JK 3/12, StGB § 250 II Nr 1/11). Lag äußerlich Weggabe vor, wäre hiernach eine räuberische Erpressung gegeben. Das zeigt, wie wenig die unterschiedliche Abgrenzung zu beiden verwandten Deliktswelten (s. dazu Rn 729 ff) überzeugt. Sie wird auch nicht folgerichtig beachtet, wenn an einer *Tankstelle* nicht nur das Einfüllen des Benzins durch das Personal, sondern auch das eigenständige Betanken durch den Kunden an einer Selbstbedienungstankstelle nach „dem *äußeren Erscheinungsbild* der Tathandlungen ... bei natürlicher Betrachtungsweise ... ein Nehmen im Sinne des Gewahrsamsbruchs" sein soll (BGH NJW 12, 1092). Das ist beim Selbstbetanken nicht nur phänomenologisch schwer nachvollziehbar, sondern auch eine Aufkündigung des nach der Rechtsprechung zur Abgrenzung von Betrug und Diebstahl – um die es dort geht – maßgeblichen Kriteriums des freien Willensentschlusses. Der liegt aufgrund des (nur ertäuschten) Einverständnisses des den Tankvorgang beobachtenden Personals vor. *Deshalb* handelt es sich im *Tankfall* in beiden Konstellationen um Betrug und nicht um Diebstahl (zu einer abweichenden Begründung s. *Rengier*, BT I § 13 Rn 80; *Hecker*, JuS 11, 850).

636 Die Verknüpfung des Kriteriums der *Freiwilligkeit* mit dem Verfügungsbegriff des § 263 lässt sich allerdings, so einleuchtend und sachgerecht sie in den *Beschlagnahmefällen* auch ist, nicht einschränkungslos durchhalten[23]. Zwar ist es richtig, dass der Betrug als Selbstschädigungsdelikt voraussetzt, dass das Opfer der Täuschung einen Gegenstand aus seinem Vermögen – wenn auch täuschungsbedingt, so doch im Übrigen auf Grund eines *innerlich freien* Entschlusses – weggibt. Aus diesem regelmäßig oder doch häufig anzutreffenden Erscheinungsbild des Betrugs darf aber nicht gefolgert werden, dass es *stets* und *unter allen Umständen* an einer Vermögensverfügung iS des § 263 *fehle*, wenn zu der Irrtumsbefangenheit der Willensentschließung des Getäuschten Zwang hinzutritt, die Verfügung also nicht *frei von jedem inneren Zwang* gewesen ist.

637 Das beweist die Entscheidung BGHSt 7, 197 **(Chantagefall)** mit folgendem Sachverhalt: Frau F hatte zu dem in bestem Rufe stehenden Kaufmann K ehebrecherische Beziehungen unterhalten, aus denen ein (kurz nach der Geburt gestorbenes) Kind hervorgegangen war. Um das Ansehen des K zu schonen, hatte F den im Jahre 1944 gefallenen B (einen Bruder ihrer Freundin) als Erzeuger angegeben. In der Absicht, ihren Vater und sich auf Kosten des K zu bereichern, spiegelte F dem K nach dem Ende des Krieges vor, der als gefallen gemeldete B sei plötzlich zurückgekehrt und verlange jetzt von ihr Schweigegeld; er habe ihr angedroht, im Weigerungsfalle alles an die Öffentlichkeit zu bringen und insbesondere die Familie des K über das Vorgefallene zu informieren. K glaubte der F und zahlte an sie insgesamt 16 000 Reichsmark Schweigegeld, um die ihm peinlichen Enthüllungen seitens des B abzuwenden. Der BGH hat hier die Auffassung der Strafkammer gebilligt, dass F sich nicht der Erpressung (s. Rn 724), sondern des Betrugs zum Nachteil des K schuldig gemacht habe. Eine Drohung iS des § 253 habe nicht vorgelegen, weil F nicht den Eindruck erweckt habe, dass der Eintritt des Übels von ihrem Willen abhängig sei[24]. F habe vielmehr die Rolle einer Hilfesuchenden gespielt, die selbst vor der Ausführung einer erpresserischen Drohung habe geschützt werden wollen. Dass F durch die Täuschung in K die Vorstellung eines ihm (angeblich von B) drohenden Übels hervorgerufen und ihn so **in eine Zwangslage versetzt** habe, genüge nicht zur Bestrafung wegen Erpressung, lasse aber eine Bestrafung **wegen Betrugs** zu.

---

23 Krit. insoweit A/W-*Heinrich*, § 20 Rn 75 f; *Herzberg*, JuS 72, 570; *Rengier*, BT I § 13 Rn 77 ff; *ders.*, JuS 81, 654.
24 Vgl dazu *Wessels/Hettinger/Engländer*, BT I Rn 386; für *Küper*, GA 06, 439, 456 ff, 465 f; *ders.*, Puppe-FS S. 1217 ff liegt hier der Fall einer von ihm sog. „fraudulösen Warnung" vor, die die Qualität einer Drohung erreicht.

Wenn die Anwendbarkeit des § 263 hiernach richtigerweise nicht daran scheitert, dass der Täter (ohne dabei zu den Mitteln des § 253 zu greifen) sein Opfer durch Täuschung auch in eine psychische Zwangslage versetzt, muss man von Freiwilligkeit selbst bei hinzutretendem Zwang noch sprechen. Dass damit eine erhebliche Einschränkung des Freiwilligkeitskriteriums verbunden ist, ist richtig, dass in ihr seine Preisgabe liege, aber nicht. Denn während im **Beschlagnahmefall** das Opfer die Sache so oder so verloren sieht, schreibt sich im **Chantagefall** der Verletzte die Entscheidung über den Verlust des Geldes mit gutem Recht selbst noch zu. Dann aber lässt sich die Zahlung auch noch als freiwillige Selbstschädigung begreifen[25]. 638

Auf Grund der Notwendigkeit dieser Einschränkung wird bisweilen empfohlen, schon in den **Beschlagnahmefällen** das für richtig gehaltene Ergebnis (= Bestrafung **wegen Diebstahls** und nicht wegen Betrugs) statt aus der Verfügung aus den Merkmalen des Diebstahlstatbestandes abzuleiten und die Lösung beim **Wegnahmebegriff** des § 242 zu suchen[26].

Hierzu ist zu sagen, dass nicht der Lösungsweg als solcher, sondern das klare, vollständige **Erfassen des Sachproblems** entscheidend ist. Das aber bleibt auf beiden Lösungswegen gleich. Beginnt man mit Diebstahl, stellt sich bei der Wegnahme die *Abgrenzungsfrage* zum Betrug, beginnt man mit Betrug, dieselbe Frage bei der Verfügung zum Diebstahl. Beide Male ist – wenn man richtigerweise nicht nach dem äußeren Erscheinungsbild, sondern nach der Freiwilligkeit des Verhaltens abgrenzt – zu entscheiden, wie frei der Wille sein muss, um ein Einverständnis mit der Wegnahme (*und damit* eine freiwillige Verfügung) oder eine freiwillige Verfügung (*und damit* ein Einverständnis in die Wegnahme) zu bejahen. Um die Sachfrage der Freiwilligkeit führt demnach kein Lösungsweg herum. In den Beschlagnahmefällen ist deshalb die Entscheidung gegen ein wirksames Einverständnis zugleich die Entscheidung gegen eine freiwillige Verfügung und diese Frage nicht etwa noch „offen"[27]. Erfahrungsgemäß gelingt die Darstellung des Abgrenzungsproblems als eine Frage des „Entweder/Oder" allerdings besser, wenn man das Delikt prüft, das man bejahen will. *Innerhalb* dieser Prüfung ist das nicht gegebene Delikt als *Alternative* aufzuwerfen und abzulehnen. Beginnt man mit dem abzulehnenden Delikt[28], wirkt die Erklärung bisweilen so, als sei man in der Entscheidung des dann zu bejahenden Delikts noch frei, obwohl diese Frage inzident mit der Ablehnung schon vorentschieden ist. Dieser Ratschlag gilt natürlich nur, wenn man die Exklusivitätsthese zu Grunde legt und ihr zufolge im Beschlagnahmefall für § 263 keinen Raum mehr sieht, wenn eine Wegnahme vorliegt[29].

c) Verfügungsbewusstsein

Will man den Charakter des Betrugs als Selbstschädigungsdelikt wahren und den Betrug vom fremdschädigenden Diebstahl abgrenzen, ist schließlich beim Sachbetrug **Verfügungsbewusstsein** zu verlangen (s. Rn 518). Der Grund hierfür liegt darin, dass das Opfer einer Täuschung sich hier nicht selbstschädigend verhält, wenn ihm auf Grund der Täuschung gar nicht bewusst wird, dass es Gewahrsam überträgt oder eine Gewahrsamsverschiebung nicht hindert. Dann kann auch von einem **Einverständnis** mit dem Gewahrsamswechsel keine Rede sein. Vielmehr liegt Wegnahme 639

---
25 Ebenso M/R-*Saliger*, § 263 Rn 128; abl. *Rengier*, BT I § 13 Rn 79.
26 So *Wessels*, BT II Rn 601; ähnl. *Arzt/Heinrich*, BT § 20 Rn 76, 78; OLG Hamburg HESt 2, 19.
27 So ganz deutlich in der Falllösung bei *Samson*, Strafrecht II S. 27 f.
28 So der Ratschlag von *Rengier*, BT I § 13 Rn 85.
29 Anders *Miehe*, Unbewußte Verfügungen 1987, S. 101 ff, der bei einer vorgetäuschten Beschlagnahme Tateinheit zwischen § 242 und § 263 für möglich hält.

vor³⁰. Praktisch bedeutsam wird dies namentlich in Fällen, in denen der Täter verdeckte Ware an der Kasse eines Selbstbedienungsladens vorbeischmuggelt³¹.

Hier wird es häufig schon an Täuschung und Irrtum fehlen. Selbst dann aber, wenn ein Kunde auf eine ausdrückliche Frage der Kassiererin die verborgene Ware verleugnet, fehlt es am Betrug³². In solchen Fällen geht es dem Täter darum, „den Gewahrsam ohne Wissen und damit ohne Einverständnis des Getäuschten aufzuheben", ihm also die Wegnahme zu verschleiern, nicht aber, ihn zur Weggabe zu bewegen. Deshalb ist es richtig, statt eines Betrugs einen Diebstahl anzunehmen, wenn der Täter in seinem Einkaufswagen Waren unter Werbeprospekten verbirgt und die Kasse nach Bezahlung nur der vorgelegten Ware passiert³³. Auf die Art des Verbergens kann es nicht ankommen, sodass auch in einem toten Winkel³⁴ oder in der Originalverpackung gekaufter Ware³⁵ versteckte Gegenstände durch Diebstahl erlangt werden³⁶. Auch ein Forderungsbetrug ist dann nicht gegeben. Das liegt nicht nur daran, dass das Geschehen seinen Charakter als „Nehmeakt" nicht dadurch verliert, dass „der Berechtigte den Dieb infolge der Täuschung" entlässt³⁷. Vielmehr fehlt es auch an einem neben der Fremdschädigung selbstständigen, vom Geschädigten personal mitgestalteten Schaden³⁸. An einem auf das Tatobjekt konkretisierten Verfügungsbewusstsein fehlt es dagegen nicht, wenn jemand als Käufer in einem Selbstbedienungsladen einen Karton mit darin verpackten Babywindeln öffnet, ihn an Stelle der Windeln mit mehreren Stangen Zigaretten füllt, mit Klebestreifen wieder verschließt und den Karton sodann zwecks Bezahlung und Übereignung (zum darauf angegebenen Preis für die Windelpackung) an der Kasse vorlegt. Die bewusste und willentliche Übergabe „des Kartons samt Inhalt" durch die Kassiererin enthält dann eine irrtumsbedingte **Vermögensverfügung** iS des § 263, sodass für eine *Wegnahme* iS des § 242 kein Raum bleibt. Anders als in den Fällen verborgener Ware, in denen sich das Verfügungsbewusstsein auf diese mangels Kenntnis nicht erstrecken kann, will die Verkäuferin über die ausgetauschte Ware nur in Unkenntnis ihrer Eigenschaften (= error in obiecto) verfügen³⁹.

---

30 *Krey/Hellmann/Heinrich*, BT II Rn 558; *Küper/Zopfs*, BT Rn 669; *Rengier*, BT I § 13 Rn 64, 75; S/S-*Perron*, § 263 Rn 60, 63a; S/S/W-*Satzger*, § 263 Rn 179 f.
31 S. dazu *Hillenkamp*, JuS 97, 217, 220 ff; ferner *Beulke*, III Rn 129; *Fahl*, JuS 04, 885; *B. Heinrich*, Beulke-FS S. 396 ff; *Jäger*, BT Rn 203 ff; *Kudlich*, PdW BT I S. 93 f; *Küper/Zopfs*, BT Rn 670; *Oğlakcıoğlu*, JA 12, 904 ff; *Poisel/Ruppert*, JA 19, 353, 355 f.
32 Insoweit abw. MK-*Hefendehl*, § 263 Rn 294; wie hier H-H-*Voigt*, Rn 1006.
33 BGHSt 41, 198; OLG Zweibrücken NStZ 95, 448; zust. *Hillenkamp*, JuS 97, 221; *Hohmann/Sander*, § 11 Rn 102; MK-*Hefendehl*, § 263 Rn 292 f; M/R-*Saliger*, § 263 Rn 125; *Scheffler*, JR 96, 342; *Zopfs*, NStZ 96, 190; ein Fall, in dem auch *Miehe*, Unbewußte Verfügungen 1987, S. 54 ff, 60 f, 70 das von ihm verlangte „Mindestmaß personaler Beteiligung" und damit Betrug verneint.
34 BayObLGSt 88, 5.
35 OLG Köln NJW 84, 810; *Vitt*, NStZ 94, 134.
36 AA OLG Düsseldorf NJW 88, 922; *Fahl*, JuS 04, 889; *Otto*, BT § 40 Rn 36; *Rengier*, BT I § 13 Rn 88 f; wie hier *Jäger*, BT Rn 204; MK-*Hefendehl*, § 263 Rn 295 f; S/S-*Perron*, § 263 Rn 63a; S/S/W-*Satzger*, § 263 Rn 182; unentschieden AnK-*Gaede*, § 263 Rn 88.
37 So LK-*Lackner*, 10. Aufl., § 263 Rn 106; ebenso *Biletzki*, JA 95, 859 f; *Roßmüller/Rohrer*, Jura 94, 472.
38 *Hillenkamp*, JuS 97, 222; ebenso LK-*Tiedemann*, § 263 Rn 120; krit. *Rotsch*, GA 08, 66 ff.
39 OLG Hamm OLGSt § 263, S. 165; *Fahl*, JuS 04, 888; *Rengier*, BT I § 13 Rn 91; *Roßmüller/Rohrer*, Jura 94, 471; M/R-*Saliger*, § 263 Rn 125; einschränkend S/S/W-*Satzger*, § 263 Rn 183; für Diebstahl dagegen MK-*Hefendehl*, § 263 Rn 297 f; *Zöller*, BT Rn 158; s. zu diesem Fragenkreis auch *Brocker*, JuS 94, 205; *Rotsch*, JA 04, 537 f; *Schmitz*, JA 93, 350; *Stoffers*, JR 94, 205.

II. Diebstahl in mittelbarer Täterschaft und sog. Dreiecksbetrug

Fall 54: A beobachtet auf dem Bahnsteig des Hauptbahnhofs, dass der Reisende R sich zu einem Verkaufsstand begibt und seinen Koffer unbeaufsichtigt zurücklässt. Auf diesen Koffer zeigend, erteilt A dem gerade vorbeikommenden Gepäckträger G den Auftrag, ihm „seinen" Koffer zum Ausgang zu tragen, was auch geschieht. Dort entlohnt A den gutgläubigen G und macht sich mit seiner Beute aus dem Staub. **Rn 646**

Fall 55: A hat durch Zufall erfahren, dass Frau F das Pelzhaus P telefonisch beauftragt hat, ihren Persianermantel abzuholen und um 20 cm zu verlängern. Er wartet ab, bis F das Haus verlässt. Sodann meldet er sich bei dem Hausmädchen H, gibt sich als Bote des P aus und lässt sich von der gutgläubigen H den Pelzmantel der F übergeben, den er umgehend in Hehlerkreisen absetzt.
Betrug oder Diebstahl in mittelbarer Täterschaft? **Rn 650**

1. Dreipersonenverhältnisse

Beim Betrug kann die Verfügung des Getäuschten sein eigenes Vermögen oder das eines Dritten schädigen. Verfügender und Geschädigter brauchen nicht identisch zu sein (s. oben Rn 515).

Das zeigt sich zB in den Fällen des Selbstbedienungsladens, in denen im Betrugsfall die Kassiererin über Vermögensgegenstände des Ladeninhabers verfügt. Nur *Getäuschter* und *Verfügender* müssen personengleich sein, weil es sonst an der durchlaufenden Kausalkette zwischen den objektiven Tatbestandsmerkmalen des § 263 fehlen würde (vgl Rn 486).

Daraus ergibt sich die Möglichkeit eines sog. **Dreiecksbetrugs**, an dem drei Personen beteiligt sind (= der Täter, der irrtumsbedingt Verfügende und der Geschädigte). Dessen Konstruktion setzt freilich voraus, dass der Getäuschte **rechtlich** oder (auf Grund einer besonderen Nähebeziehung zum betroffenen Vermögen) **rein tatsächlich** im Stande war, über das Vermögen des Dritten zu **verfügen**[40] und dass trotz der Verfügung eines Vermögensfremden das Bild vom **Selbstschädigungsdelikt** erhalten bleibt. Die in solchen Fällen notwendig werdende Abgrenzung eines solchen Dreiecksbetrugs vom **Diebstahl in mittelbarer Täterschaft** im Bereich der *listigen* Sachverschaffung stößt auf Schwierigkeiten und hat zahlreiche Kontroversen ins Leben gerufen. Sie lassen sich sachgerecht nur durch den Blick auf die sich nach der Exklusivitätsthese ausschließenden Strukturen *beider* Delikte entscheiden[41].

Veranlasst der Täter den von ihm Getäuschten beispielsweise zur Hingabe einer Sache, die einem Dritten gehört, so hängt die rechtliche Beurteilung und deliktische Einordnung der Tat davon ab, ob man das Vorliegen einer dem Vermögensinhaber **zurechenbaren Vermögensverfügung** iS des § 263 bejaht[42] oder ob man annimmt, der Getäuschte habe nur die Rolle des

---
40 Vgl BGHSt 18, 221, 223 f; BayObLG GA 1964, 82; *Geppert*, JuS 77, 69; LK-*Tiedemann*, § 263 Rn 116; S/S-*Perron*, § 263 Rn 65.
41 Anders der „diebstahlsdogmatische" Ansatz von LK-*Vogel*, § 242 Rn 124 ff; wie hier AnK-*Gaede*, § 263 Rn 89.
42 Beispiel: BGHSt 18, 221.

gutgläubigen Werkzeugs bei einem **Gewahrsamsbruch** und einer (vom Hintermann inszenierten) **Wegnahme** iS des § 242 gespielt[43].

2. Abgrenzungskriterien

642 Nach allgemein anerkannter Auffassung[44] liegt keine Wegnahme, sondern eine **Vermögensverfügung** iS des § 263 vor, wenn der Getäuschte bei seiner Einwirkung auf das fremde Vermögen Rechtshandlungen vornimmt oder Gewahrsamsdispositionen trifft, zu denen er kraft Gesetzes, behördlichen Auftrags, Rechtsgeschäfts oder einer zumindest stillschweigend erteilten Ermächtigung *an sich* **rechtlich befugt** war (zB als Insolvenzverwalter, Testamentsvollstrecker, gesetzlicher Vertreter, Bevollmächtigter oder im Rahmen einer damit vergleichbaren Stellung) und die er daher **subjektiv** in dem irrtumsbedingten Glauben vornimmt, hierzu auch *konkret* berechtigt zu sein. Ist die Sachüberlassung, um deren Beurteilung es geht, durch eine solchermaßen angenommene Handlungsbefugnis gedeckt, so schließt das **Einverständnis des Getäuschten mit dem Gewahrsamsübergang** eine *Wegnahme* in derselben Weise aus wie das Einverständnis des Sacheigentümers.

643 **Fraglich** und umstritten ist indessen, ob das Verhalten des Getäuschten dem Vermögensinhaber **nur** in Fällen dieser Art, dh ausschließlich dann (wie eine eigenhändige Weggabe) zugerechnet werden darf, wenn es sich subjektiv auf eine entsprechende Ermächtigungsgrundlage stützen kann. Das wird von der von einer Mindermeinung vertretenen **Ermächtigungs-** oder **Befugnistheorie** behauptet[45]. Dem ist aber nicht zu folgen. Die zivilrechtlich orientierte Befugnistheorie begibt sich nämlich in ihrer allein möglichen subjektivierenden Fassung (s. Rn 642) der von ihr reklamierten Zurechnungsgrundlage einer objektiv bestehenden Verfügungsberechtigung im Grunde selbst. Zudem passt sie nicht zu dem *wirtschaftlich* ausgerichteten Vermögens- und Verfügungsbegriff des § 263 und trägt der Eigenständigkeit strafrechtlicher Begriffsbildung gegenüber dem Zivilrecht nicht genügend Rechnung[46]. Gegen ihren Ausschließlichkeitsanspruch spricht ferner, dass sie der Vermögensverfügung im Abgrenzungsbereich zur Wegnahme zu enge Grenzen setzt und im konkreten Fall zur Frage nach der Reichweite einer etwaigen Ermächtigung (etwa bei Hausangestellten

---

43 Vgl dazu OLG Stuttgart JZ 66, 319 mit zust. Anm. *Lenckner*, wo die ahnungslose Zimmerwirtin die Fahrzeugschlüssel zum Kraftwagen ihrer gerade abwesenden Untermieterin aus deren Zimmer geholt und sie an eine Schwindlerin ausgehändigt hatte; s. zum Streitstand *Hillenkamp*, BT 30. Problem; *Küper/Zopfs*, BT Rn 676 ff; im Ausgangspunkt übereinst. H-H-*Voigt*, Rn 1007.
44 *Fischer*, § 263 Rn 81; *Küper/Zopfs*, BT Rn 681; *Lackner/Kühl*, § 263 Rn 29; M/R-*Saliger*, § 263 Rn 130; OLG Stuttgart NStZ-RR 13, 174 (Kassenarzt gegenüber der Kasse) mit Bespr. *Bülte*, NZWiSt 13, 346; *Satzger*, JK 10/13, § 263 StGB/103. Zur Bedeutung dieser Aussage für die Falllösung s. *Rotsch*, ZJS 13, 81.
45 *Amelung*, GA 1977, 1, 14; *Backmann*, Die Abgrenzung des Betrugs von Diebstahl und Unterschlagung 1974, S. 127 ff; *Heghmanns*, Rn 1244; *Joecks*, Zur Vermögensverfügung beim Betrug 1982, S. 131, 135; *Mitsch*, BT II S. 302; MK-*Schmitz*, § 242 Rn 100 f; SK-*Hoyer*, § 263 Rn 144 ff; deutlicher iS der hier dargestellten subjektivierten – s. dazu *Kindhäuser*, ZStW 103 (1991), 417; *Küper/Zopfs*, BT Rn 682 – Befugnistheorie *Krey/Hellmann/Heinrich*, BT II Rn 587, 591; MK-*Hefendehl*, § 263 Rn 329, 332; *Otto*, BT § 51 Rn 44; *Schünemann*, GA 1969, 46; aus dem Blickwinkel (nur) des § 242 zust. LK-*Vogel*, § 242 Rn 125.
46 *Hohmann/Sander*, BT I § 11 Rn 113; *Pawlik*, Das unerlaubte Verhalten beim Betrug 1999, S. 217; zum Einwand gegen die subjektivierende Variante s. *Küper/Zopfs*, BT Rn 682, 686; ihm folgend *Rotsch*, JA 04, 534.

oder sonstigen Hilfskräften) auch keinesfalls klarere Lösungen ermöglicht als die herrschende Meinung.

Andererseits ginge es aber zu weit, die Anwendbarkeit des § 263 schon dann bejahen zu wollen, wenn der Getäuschte nur *rein tatsächlich in der Lage* war, über das Vermögen des Geschädigten zu verfügen. Anklänge einer solchen **rein faktischen Nähetheorie** finden sich in der älteren Rechtsprechung[47]. Hier würde es an einem tauglichen Abgrenzungskriterium zum Diebstahl in mittelbarer Täterschaft fehlen, der ebenfalls voraussetzt, dass das gutgläubige Werkzeug des Täters zur Einwirkung auf das fremde Vermögen im Stande war. Zudem bietet die rein tatsächliche Zugriffsmöglichkeit keinen Grund, dem Vermögensinhaber die Schädigung zuzurechnen.

644

Wo in Dreiecksfällen eine **fremde Sache** den Gegenstand der Tat bildet, ist daher mit der hM eine klare Grenzziehung zwischen *Vermögensverfügung* und *Wegnahme* nur zu gewinnen, wenn man für den fremdschädigenden **Dreiecksbetrug** neben dem rein **tatsächlichen Verfügenkönnen** ein besonderes normatives **Näheverhältnis** des Getäuschten zu dem betroffenen Vermögen voraussetzt, das schon vor der Tat bestanden haben muss und den Getäuschten in eine *engere, Zurechnung legitimierende* Beziehung zum Vermögenskreis des Geschädigten bringt als einen beliebigen Außenstehenden (sog. **Lagertheorie**)[48]. Von *Hintergrund* und *Ergebnissen* dieser Lehre entfernt man sich nur wenig, wenn man von der geforderten, Zurechnung begründenden „Kompetenz" des Verfügenden verlangt, dass sie als „Ausprägung der Selbstbindung des betroffenen Vermögensinhabers" aus dessen *Autonomie* hergeleitet erscheint[49]. Etwas wesentlich anderes will auch die kaum unbestimmtere „Lagermetaphorik" nicht sagen[50].

645

Bedeutung hat das vor allem, wo Mitgewahrsamsinhaber, Angestellte, Verkäuferinnen, Hausmädchen, Dienstboten und andere Gewahrsamshüter vom Täter in eine Sachverschiebung eingeschaltet werden.

---

47 RGSt 25, 244, 247; BGHSt 18, 221, 223 f; BayObLG GA 1964, 82; OLG Hamm NJW 69, 620; s. auch *Gribbohm*, NJW 67, 1897; der faktischen Nähetheorie nahest. *Kindhäuser*, § 263 Rn 155 ff; *Kindhäuser/Nikolaus*, JuS 06, 295; die hier (Rn 645) vertretene Auffassung lässt sich dieser Lehre – entgegen G/J/W-*Dannecker*, § 263 Rn 75 – nicht zuschlagen.

48 Vgl BGH wistra 17, 485 f mit Anm. *Jäger*, JA 17, 950 f; *Beulke*, II Rn 113; III Rn 246; BK-*Beukelmann*, § 263 Rn 35; *Geppert*, JuS 77, 69; G/J/W-*Dannecker*, § 263 Rn 74 f; *Eisele*, BT II Rn 569; *Herzberg*, ZStW 89 (1977), 367, 407; HK-GS/*Duttge*, § 263 Rn 33; *Jäger*, BT Rn 343; LK-*Tiedemann*, § 263 Rn 116; *Lenckner*, Anm. JZ 66, 320; *Maurach/Schroeder/Maiwald*, BT I § 41 Rn 80; *Rengier*, BT I § 13 Rn 103; S/S-*Perron*, § 263 Rn 66; S/S/W-*Satzger*, BT I § 7 Rn 91; *Zöller*, BT Rn 164; wohl auch *Küper/Zopfs*, BT Rn 686; *Schmidt*, BT II Rn 597 (faktische und Lagertheorie werden nicht getrennt); konkretisierend *Offermann-Burckart*, Vermögensverfügungen Dritter im Betrugstatbestand 1994, S. 148 ff, 169. Die von M/R-*Saliger*, § 263 Rn 135 geforderten Restriktionen zum Lagerbegriff stimmen mit der hier vertretenen Deutung überein; unentschieden *Hilgendorf/Valerius*, BT II § 7 Rn 161 ff.

49 So *Pawlik*, Das unerlaubte Verhalten beim Betrug, 1999, S. 206 ff.

50 S. *Pawlik* selbst, aaO S. 210, 217; trotz mit *Pawlik* übereinstimmendem Ausgangspunkt: der Verfügende muss ein vom Vermögensinhaber „abgeleitetes Recht auf Wahrheit gegenüber dem Täuschenden" haben, gelangt *Kindhäuser*, § 263 Rn 155 ff; *ders.*, ZStW 103 (1991), 398 ff, 415 ff, 420; *ders.*, Bemmann-FS S. 538 ff auf dem Boden der von ihm sog. **Wirksamkeitstheorie** zu stärker abweichenden Ergebnissen, s. hierzu krit. *Krack*, List als Tatbestandsmerkmal 1994, S. 72 ff; *Pawlik*, aaO S. 217 f; SK-*Hoyer*, § 263 Rn 147.

3. Folgerungen

646 Hiernach ist **Diebstahl** in mittelbarer Täterschaft anzunehmen, wenn der Getäuschte vor der Tat **in keinerlei Obhutsbeziehung** zu der Sache gestanden hat, um deren Erlangung es dem Täter geht, auf sie vielmehr – ebenso wie der Täter selbst – **von außen her** zugreifen muss und daher als Werkzeug ihrer **Wegnahme** erscheint.

> So liegt es im **Fall 54**, wo der Gepäckträger G in keiner engeren oder näheren Beziehung zum Koffer des R stand als der das Geschehen planmäßig lenkende A. Hier ist **Diebstahl** in mittelbarer Täterschaft zu bejahen, da A den gutgläubigen G als Werkzeug zur Ausführung der Wegnahmehandlung eingesetzt hat.

647 Im Gegensatz dazu handelt es sich um die Herbeiführung einer irrtumsbedingten **Vermögensverfügung** und einen Fall des **Dreiecksbetrugs**, wenn der Getäuschte auf Grund einer schon vorhandenen **Obhutsbeziehung** zur Sache – *bildlich gesprochen* – „im Lager des Geschädigten" stand, beim Vollzug der Vermögensverschiebung also faktisch als „Repräsentant" des Sachherrn tätig geworden ist und dabei subjektiv in der Vorstellung gehandelt hat, unter den für gegeben gehaltenen Umständen zu der konkreten Verfügung legitimiert zu sein[51].

Daraus folgt zugleich, dass nicht § 263, sondern § 242 eingreift, wenn ein Gewahrsamshüter die ihm durch seiner Aufgabenbereich gesetzten Grenzen **bewusst** überschreitet und den Gewahrsamswechsel eigenmächtig herbeiführt[52].

648 Für das erwähnte Näheverhältnis genügt es freilich nicht, dass der Getäuschte *irgendwo* „im Lager" des Geschädigten gestanden hat und in dessen Herrschaftssphäre in irgendeiner Weise beschäftigt war. Eine *engere* Beziehung zum betroffenen Vermögen existiert nur, wenn der Getäuschte gerade zum konkreten Tatobjekt eine **Obhutsbeziehung** und **Hüterstellung** gehabt hat[53]; allein das rechtfertigt es, ihn hinsichtlich der erschlichenen Weggabe und des Einverständnisses mit dem Gewahrsamsübergang als **Repräsentanten** des Sachherrn zu behandeln und den Vorgang dem Anwendungsbereich des § 263 zuzuordnen.

So ist die Obhut über die Garderobe und Wäsche der Hausherrin zwar einem Hausmädchen, nicht jedoch dem Hausgärtner anvertraut. Wird dieser durch Täuschung veranlasst, den Pelzmantel seiner Arbeitgeberin in Befolgung eines ihm vorgespiegelten Auftrags herauszugeben, wird er zum gutgläubigen Werkzeug eines Angriffs auf fremdes Eigentum (§ 242), trifft aber keine Vermögensverfügung iS des § 263.

649 Auf der anderen Seite kann jemand, der nicht im Herrschaftsbereich des Sacheigentümers tätig ist, in einem besonderen Näheverhältnis zu dessen Vermögen stehen, sofern sich zu einzelnen Vermögensgegenständen eine konkrete Obhutsbeziehung bejahen lässt.

---

51 BGHSt 18, 221, 224; näher dazu *Küper/Zopfs*, BT Rn 684; auf Letzteres verzichtet *Fischer*, § 263 Rn 83.
52 Vgl LK-*Lackner*, 10. Aufl., § 263 Rn 114; *Otto*, ZStW 79 (1967), 59, 81; anders *Rengier*, JZ 85, 565.
53 BGH wistra 17, 484, 485 mit Anm. *Jäger*, JA 17, 950 bejaht das, wenn der Getäuschte mit dem Einverständnis des Vermögensinhabers eine Schutz- oder Prüfungsfunktion wahrnimmt oder Mitgewahrsam hat.

Dies gilt insbesondere, wenn der Betreffende Allein- oder Mitgewahrsam an der fremden, in seiner Obhut stehenden Sache hat, wie es für den Finder gemäß § 966 I BGB zutrifft oder im **Sammelgaragenfall** bei dem von der Garagenverwaltung eingesetzten Wächter der Fall war, der zu jedem eingestellten Fahrzeug den Zweitschlüssel verwahrte[54].

Im **Fall 55** wird man davon ausgehen dürfen, dass es (wie im Regelfall üblich) zum Aufgabenkreis des Hausmädchens H gehörte, bei Abwesenheit der F die Obhut über deren Habe auszuüben und bei der Erledigung von Aufträgen mitzuwirken, die F im Rahmen dieses Tätigkeitsbereichs erteilt hatte. Vom Standpunkt der hM aus hat A sich somit nicht des Diebstahls, sondern allein des **Betrugs** schuldig gemacht. 650

Der Grundsatz, dass **Vermögensverfügung** und **Wegnahme** einander begrifflich und aus sachlich-systematischen Gründen ausschließen, soweit es um ein und denselben Tatvorgang geht, gilt auch für den Dreiecksbetrug[55]. Maßgebend dafür ist, dass der Getäuschte auf Grund seiner Obhuts- und Hüteraufgabe als **Repräsentant** des geschädigten Sachherrn fungiert und dass die Annahme einer mit § 263 in Tateinheit stehenden *Wegnahme* dem Sinn des Geschehens nicht gerecht würde. Rechnet man nämlich dem Sachherrn oder dem entfernteren Mitgewahrsamsinhaber das Verhalten eines solchen Repräsentanten wie eigenes Verhalten zu, so entfällt für den Betroffenen die Möglichkeit, sich insoweit auf das Fehlen seines Einverständnisses zu berufen und die durch Überlistung erschlichene **Weggabe** der Sache außerdem als eine *Wegnahme* iS des § 242 zu deklarieren. Selbstschädigung und Fremdschädigung schließen einander aus. 651

Eine Mindermeinung hält dagegen im **Sammelgaragenfall**[56] und in ähnlich liegenden Fällen Tateinheit zwischen Betrug und Diebstahl für möglich, weil der geschädigte Sacheigentümer mit dem Verlust seines (Allein- oder Mit-) Gewahrsams nicht einverstanden gewesen sei[57]. Zustimmung verdient diese Ansicht aus den oben genannten Gründen sowie auch deshalb nicht, weil sie den Anwendungsbereich des räuberischen Diebstahls (§ 252) auf typische Betrugssachverhalte erweitern würde[58]. 652

Ob eine besondere, schon vor der Tat begründete **Nähebeziehung** des Getäuschten zum Vermögen des Geschädigten auch dort zu fordern ist, wo es nicht um die Abgrenzung zwischen *Sachbetrug* und *Diebstahl* (also zwischen Verfügungsbegriff und Wegnahme), sondern um die Möglichkeit eines „Dreiecksbetrugs" in Bezug auf **Forderungen, Rechte** oder tatsächliche **Erwerbsaussichten** geht, ist umstritten und noch nicht abschließend geklärt. Da es einen „Forderungsdiebstahl" nicht gibt, kann hier die Entscheidung gegen Betrug Straflosigkeit bedeuten. 653

Die hM in Rechtsprechung und Lehre verneint diese Frage stillschweigend oder ausdrücklich[59]. Dem ist aber deshalb zu widersprechen, weil das Näheverhältnis nicht nur zur Abgrenzung von

---

54 S. hierzu BGHSt 18, 221, 224; BGH wistra 17, 485 f. und *Hillenkamp*, BT 30. Problem.
55 Vgl BGHSt 17, 205, 209; LK-*Tiedemann*, § 263 Rn 116.
56 BGHSt 18, 221.
57 *Haas*, GA 90, 204 ff; *Herzberg*, ZStW 89 (1977), 367, 387; *Lenckner*, Anm. JZ 66, 320; S/S-*Perron*, § 263 Rn 67 mwN; *Schröder*, ZStW 60 (1941), 33, 79 f; s. auch LK-*Vogel*, § 242 Rn 123; SK-*Hoyer*, § 242 Rn 64.
58 S. zu diesen Bedenken auch BGHSt 41, 198, 203 f.
59 Vgl BGHSt 17, 147, 148 f; 24, 386, 389; zur Gegenansicht s. BayObLG wistra 98, 157 mit Anm. *Otto*, JK 99, StGB § 263/51; *Schröder*, Anm. JZ 72, 707, 709.

Diebstahl und Betrug, sondern allgemein zur Wahrung der Natur des Betrugs als Selbstschädigungsdelikt zu fordern ist. Den Vorzug dürfte daher eine *vermittelnde Ansicht* verdienen, die darauf abzielt, die an das Näheverhältnis zu stellenden Anforderungen für *diesen* Problembereich in sachgerechter Weise anzupassen[60]. In Fällen des **Prozessbetrugs** reicht danach aus, dass dem Gericht durch das Gesetz die Zugriffsmacht auf das streitbefangene Vermögen der Parteien eingeräumt ist[61]. Nicht abschließend geklärt sind Fälle, in denen Forderungen aufgrund von Vorschriften namentlich des BGB[62] erlöschen, weil der **Schuldner** mit **befreiender Wirkung** an einen **Nichtgläubiger** leistet. Setzt man sich in den Sparbuchfällen (s. dazu Rn 175, 511) über die Bedenken zu Täuschung und Irrtum hinweg, wird man einen Betrug zu Lasten des Sparbuchinhabers annehmen können, weil er nach § 808 I 1 BGB seine Forderung gegenüber dem Aussteller durch einen Verfügenden einbüßt, der seinen Vertragspartner (die ausstellende Bank oder Sparkasse) repräsentiert. Ähnlich wird man es in Fällen sehen können, in denen der Schuldner aufgrund der Vorschrift des § 407 BGB durch Leistung an den bisherigen Gläubiger frei wird[63].

§ 16 Versicherungsmissbrauch, Vortäuschen eines Versicherungsfalls und Erschleichen von Leistungen

I. Versicherungsmissbrauch

654 § 265 wurde durch das 6. StrRG (Rn 11) neu gefasst[1]. Er bezweckt[2] wie § 265 aF eine Vorverlegung des Strafrechtsschutzes im Bereich des Versicherungsmissbrauchs, dehnt den Schutz über die Feuer- und Havarieversicherung[3] auf weitere **Sachversicherungen** aus und verzichtet auf das Erfordernis einer betrügerischen Absicht[4]. Warum in den Schutz des § 265 *nur* **Sach**versicherer und nicht auch zB Haftpflicht-, Le-

---

60 Näher dazu OLG Celle NJW 94, 142 mit krit. Bespr. *Krack/Radtke*, JuS 95, 17 und *Linnemann*, wistra 94, 169; LK-*Tiedemann*, § 263 Rn 117; *Maurach/Schroeder/Maiwald*, BT I § 41 Rn 81; MK-*Hefendehl*, § 263 Rn 333 ff; M/R-*Saliger*, § 263 Rn 140 ff; *Rengier*, BT I § 13 Rn 112 f; *Rönnau*, JuS 11, 984; S/S/W-*Satzger*, § 263 Rn 199 ff; für gleiche Anforderungen SK-*Hoyer*, § 263 Rn 177; gegen eine „gesonderte Prüfung" des Näheverhältnisses *Fock/Gerhold*, JA 10, 511, 513, da jede wirksame Verfügung (und nur sie) den Dreiecksbetrug begründe und die Macht zur wirksamen Verfügung „denklogisch" nicht ohne das geforderte Näheverhältnis bestehen könne.
61 S. *Eisele*, BT II Rn 572; *Kretschmer*, GA 04, 460 f; *Krey/Hellmann/Heinrich*, BT II Rn 593; *Kudlich*, PdW BT I S. 99; *Schmidt*, BT II Rn 599; S/S-*Perron*, § 263 Rn 69; *Zaczyk*, Krey-FS S. 485, 489 f; krit. *Fahl*, Jura 96, 74; krit. (auch) aus solchen Gründen zum Näheverhältnis, aber ohne überzeugendes Gegenkonzept *Ebel*, Jura 07, 897; 08, 256.
62 Zu diesen wie anderen Rechtsscheinregelungen s. *Brand*, JR 11, 96; M/R-*Saliger*, § 263 Rn 143 ff.
63 So *Rengier*, BT I § 13 Rn 116; diff. *Brand*, JR 11, 101 f.

1 Nach dem Vorbild des § 256 II E 1962, Begr. S. 427 f; s. dazu BT-Ds 13/8587, S. 87; NK-WSS-*Hoven*, § 265 Rn 1. Ein abstraktes Gefährdungsdelikt bejahend *Fischer*, § 265 Rn 2; NK-*Hellmann*, § 265 Rn 16; *Kindhäuser/Böse*, § 32 Rn 1; *Krey/Hellmann/Heinrich* BT 2 § 12 Rn 713.
2 S. zur Entstehungsgeschichte und Reform *Zopfs*, VersR 99, 265; für ersatzlose Streichung von §§ 265, 263 III 2 Nr 5 *Wirth*, Zur Notwendigkeit des strafrechtlichen Schutzes des Privatversicherungswesens durch Sondernormen 2004, der angesichts der verneinten Notwendigkeit de lege lata eine restriktive Auslegung des § 265 anrät, zusf. S. 331 ff; weitere Nachw. hierzu bei S/S/W-*Saliger*, § 265 Rn 2.
3 Zu deren Geschichte s. *Ebel*, Jura 97, 187.
4 Vgl. aus den Materialen BT-Ds 13/9064, S. 19.

bens- oder Unfallversicherer[5] einbezogen sind, entbehrt einer einsichtigen Begründung[6].

Fall 56: Der Fuhrunternehmer F „überlässt" gegen Zahlung von 30 000 € einen Lkw an A. F beabsichtigt – was A weiß –, den gegen Diebstahl versicherten Lkw der Versicherung als gestohlen zu melden. A wird, noch bevor F den „Schadensfall" der Versicherung anzeigen kann, gefasst. Sind F und A nach § 265 zu bestrafen? **Rn 661a**

655

1. Struktur und Schutzgut

Der Versicherungsmissbrauch ist weder ein Untreue- noch ein (spezieller) Betrugstatbestand. Er kann der Vorbereitung eines Betrugs dienen, wenn beispielsweise der Versicherungsnehmer die Tat selbst begeht, um den – durch die vorsätzliche Herbeiführung des Versicherungsfalls eingebüßten (§ 81 VVG) – Anspruch gegenüber der Versicherung geltend zu machen. Geschieht das, tritt § 265 auf Grund der in ihrem Wortlaut zu engen **Subsidiaritätsklausel** gegenüber dem (versuchten oder vollendeten) Betrug (ggf in einem besonders schweren Fall nach **§ 263 III 2 Nr 5**) auch dann zurück, wenn der Betrug gegenüber dem Versicherungsmissbrauch eine selbstständige Tat darstellt[7]. Der Versicherungsmissbrauch kann aber auch so begangen werden, dass es zu einem Betrug oder Betrugsversuch weder kommt noch kommen soll. So liegt es dann, wenn ein Dritter den Versicherungsfall herbeiführt, ohne dass der Versicherungsnehmer seinen Anspruch verliert[8]. Beide Varianten erweisen die zum Vergehen herabgestufte (und gegenüber § 265 aF daher mildere)[9] Vorschrift als **Auffangtatbestand**, der das **Vermögen** der Versicherung, aber **auch** die **soziale Leistungsfähigkeit der Versicherer** schützt. Dass § 265 gegebenenfalls hinter § 263 zurücktritt, legt die Vorschrift nicht einseitig auf Vermögensschutz fest[10].

656

---

5 S. dazu LK-*Tiedemann*, § 265 Rn 2; *Schüll*, Die Strafbarkeit von Versicherungsnehmer und Versicherungsvermittler nach dem StGB 2011, S. 109 ff.
6 Ausf. zur Kritik an der Vorschrift *Zopfs*, VersR 99, 268, 270; s. auch MK-*Kasiske*, § 265 Rn 7; M/R-*Gaede*, § 265 Rn 1; *Wolff*, Die Neuregelung des Versicherungsmißbrauchs 2000, S. 133 ff; *Kindhäuser*, ZStW 129 (2017), 382, 384.
7 BGH NStZ 12, 40; *Bröckers*, Versicherungsmißbrauch 1999, S. 164; *Lackner/Kühl/Heger*, § 265 Rn 6; MK-*Kasiske*, § 265 Rn 34; *Mitsch*, BT II S. 433; M/R-*Gaede*, § 265 Rn 10; S/S/W-*Saliger*, § 265 Rn 15; BGHSt 45, 211, 213 f versteht „die Tat" im prozessualen Sinn; ebenso AnK-*Gercke*, § 265 Rn 17; BK-*Wittig*, § 265 Rn 14; *Fischer*, § 265 Rn 17; *Kindhäuser*, § 265 Rn 10; NK-WSS-*Hoven*, § 265 Rn 24; SK-*Hoyer*, § 265 Rn 29; zur Subsidiarität auch gegenüber einer Teilnahme am Betrug s. G/J/W-*Sackreuther*, § 265 Rn 32.
8 BT-Ds 13/9064, S. 19 f unter Berufung auf E 1962, Begr. S. 427 f; BGHSt 51, 236, 238 f; weiteres Beispiel bei *Tiedemann/Waßmer*, Jura 00, 533, 538.
9 S. BGH wistra 98, 225.
10 So aber *Bröckers*, Versicherungsmißbrauch 1999, S. 94; *Geppert*, Jura 98, 363; NK-*Hellmann*, § 265 Rn 15; *Kindhäuser/Böse*, BT 2 § 32 Rn 1; *Rengier*, BT I § 15 Rn 2; SK-*Hoyer*, § 265 Rn 6 f; S/S/W-*Saliger*, § 265 Rn 1; nur für Schutz der sozialen Leistungsfähigkeit HK-GS/*Duttge*, § 265 Rn 1; *Jäger*, BT Rn 523; MK-*Kasiske*, § 265 Rn 4; *Otto*, BT § 61 Rn 1; wie hier BE-*Klipstein*, S. 85; *Eisele*, BT II Rn 695; G/J/W-*Sackreuther*, § 265 Rn 3; *Hörnle*, Jura 98, 176; *Lackner/Kühl/Heger*, § 265 Rn 1; LK-*Tiedemann*, § 265 Rn 4; *Mitsch*, BT II S. 427; NK-WSS-*Hoven*, § 265 Rn 3; *Rönnau*, JR 98, 442, 445; S/S-*Perron*, § 265 Rn 2. Zu den Auswirkungen des Streits auf die Frage des Schutzes ausländischer Versicherungsunternehmen s. LK-*Tiedemann*, § 265 Rn 40. Dass zumindest auch das Vermögen des Versicherers geschützt wird, genügt für die Eigenschaft als Schutzgesetz iSd § 823 II BGB (s. MK-*Kasiske*, § 265 Rn 2).

2. Tatobjekt und Tathandlungen

657 **Tatobjekt** ist eine gegen Untergang, Beschädigung, Beeinträchtigung der Brauchbarkeit, Verlust oder Diebstahl versicherte Sache (zum Sachbegriff Rn 18, 74 ff). **Versichert** ist die betroffene Sache, wenn über sie ein Versicherungsvertrag abgeschlossen und förmlich zu Stande gekommen ist, mag er auch anfechtbar oder nach § 74 II VVG wegen Überversicherung nichtig sein[11]. Belanglos ist insoweit auch, ob eine fällige Versicherungsprämie rechtzeitig gezahlt worden ist oder nicht[12]. Das gilt angesichts der (abstrakten) Gefährdung auch dann, wenn der Versicherer wegen Verzugs des Versicherungsnehmers (§ 37 II, 38 II VVG) von seiner Leistungspflicht frei geworden ist[13]. Fälle *offenkundiger* Nichtleistungspflicht, in denen der subjektive Tatbestand aber voll erfüllt ist, sind rar und sollten nicht ausgenommen werden[14]. Für die Eigenschaft der Sache, versichert zu sein, sind Einschränkungen wie ein Selbstbehalt oder persönliche Beschränkungen noch unerheblich.[15]

658 Die **Tathandlungen** des **Beschädigens** und **Zerstörens** haben hier keine andere Bedeutung als bei der Sachbeschädigung[16] (Rn 23 ff). Der Erfolg der Handlung muss jedoch unter das *versicherte Risiko* fallen (was z.B. scheitern kann, wenn ein Vollkasko-Schaden von einem nicht mitversicherten Fahrer herbeigeführt wird)[17]. Die **Beeinträchtigung der Brauchbarkeit** setzt eine nicht unwesentliche Minderung der Funktionsfähigkeit voraus, die auch ohne Substanzverletzung denkbar ist[18]. **Beiseitegeschafft** ist eine Sache nach der Vorstellung des E 1962 (Begr. S. 428) dann, „wenn sie der Verfügungsmöglichkeit des Berechtigten räumlich entzogen ist"[19]. Das Verbergen der Sache vor der Versicherung durch den Versicherten selbst reicht aus[20]. Auch liegt bei der kollusiven Übernahme der Sache ein Beiseiteschaffen durch den Abnehmer vor, wenn der Anschein des Abhandenkommens erweckt werden soll[21]. Die bloß

---

11 BGHSt 8, 343, 344 f; AnK-*Gercke*, § 265 Rn 3; A/W-*Heinrich*, § 21 Rn 126; *Joecks/Jäger*, § 265 Rn 9; MK-*Kasiske*, § 265 Rn 13; NK-WSS-*Hoven*, § 265 Rn 7; S/S-*Perron*, § 265 Rn 6; bei Nichtigkeit aA NK-*Hellmann*, § 265 Rn 21; SK-*Hoyer*, § 265 Rn 10 mit dem zweifelhaften Verweis auf „Selbstschutzmöglichkeiten" der Versicherung; *Schramm*, BT 1 § 8 Rn 62.
12 BGHSt 35, 261 f; *Geppert*, Jura 98, 384.
13 G/J/W-*Sackreuther*, § 265 Rn 9; LK-*Tiedemann*, § 265 Rn 10; NK-*Hellmann*, § 265 Rn 20; aA *Kindhäuser/Böse*, BT 2 § 32 Rn 3; *Klesczewski*, BT § 9 Rn 214; MK-*Kasiske*, § 265 Rn 13 (mit dem zweifelhaften Hinweis auf „Selbstschutzmöglichkeiten" der Versicherung); *Otto*, BT § 61 Rn 2; S/S-*Perron*, § 265 Rn 6; enger *Wolff*, aaO S. 76.
14 S/S/W-*Saliger*, § 265 Rn 4 gibt für diesen Vorschlag selbst keine „eindeutigen" Beispiele; auch hier findet sich der zweifelhafte (s. *Hillenkamp*, Vorsatztat und Opferverhalten 1981, S. 172 ff) Hinweis auf „hinreichende Selbstschutzmöglichkeiten"; nach LK-*Tiedemann*, § 265 Rn 10; S/S-*Perron*, § 265 Rn 6 soll der Fall der Nichtzahlung der ersten Prämie hierzu zählen.
15 LK-*Tiedemann*, § 265 Rn 12; MK-*Kasiske*, § 265 Rn 14; S/S/W-*Saliger*, § 265 Rn 5; abw. NK-*Hellmann*, § 265 Rn 22.
16 AA MK-*Kasiske*, § 265 Rn 16; S/S-*Perron*, § 265 Rn 8.
17 E 1962, Begr. S. 428; BK-*Wittig*, § 265 Rn 4; *Geppert*, Jura 98, 384; HK-GS/*Duttge*, § 265 Rn 6 f; LK-*Tiedemann*, § 265 Rn 13 mit Rn 11; M/R-*Gaede*, § 265 Rn 3; NK-WSS-*Hoven*, § 265 Rn 8; *Schroth*, BT S. 251; S/S-*Perron*, § 265 Rn 8; S/S/W-*Saliger*, § 265 Rn 7; *Zöller*, BT Rn 246; iE auch *Bröckers*, Versicherungsmißbrauch 1999, S. 124 f.
18 *Lackner/Kühl/Heger*, § 265 Rn 3; *Otto*, BT § 61 Rn 4.
19 Krit. hierzu NK-*Hellmann*, § 265 Rn 26 f.
20 A/W-*Heinrich*, § 21 Rn 127; BE-*Klipstein*, S. 85 f; *Geppert*, Jura 98, 384; G/J/W-*Sackreuther*, § 265 Rn 13; *Otto*, BT § 61 Rn 4; *Rengier*, BT I § 15 Rn 3; SK-*Hoyer*, § 265 Rn 17 f; enger *Lackner/Kühl/Heger*, § 265 Rn 3; aA *Mitsch*, BT II S. 430.
21 LK-*Tiedemann*, § 265 Rn 16; S/S/W-*Saliger*, § 265 Rn 10; enger HK-GS/*Duttge*, § 265 Rn 11.

wahrheitswidrige Behauptung eines Diebstahls ohne ein Wegschaffen oder Verstecken der Sache genügt allerdings nicht[22]. **Überlässt** der versicherte Sachherr durch Übertragung der Sachherrschaft oder durch Zulassen der Herrschaftsbegründung[23] die Sache einem Dritten, um ihm die Weiterveräußerung zu ermöglichen, schafft dieser Dritte die Sache beiseite. Anders lässt sich die Absicht des Gesetzgebers nicht verwirklichen, in Fällen der Kfz-Verschiebung auch den professionellen Schieber als Täter zu erfassen[24]. Dass die Tat auch durch Unterlassen begangen werden kann, lässt sich kaum bestreiten. Nicht anders als beim Betrug ist dann aber auf eine die materielle Garantenlehre einbeziehende Begründung der Garantenstellung (s. Rn 506) und die in § 13 I verlangte Entsprechung (s. Rn 503) zu achten[25].

3. Subjektiver Tatbestand

Der Täter muss den Tatbestand **vorsätzlich** verwirklichen, die Tathandlung also bewusst gegen eine Sache richten, von der er weiß, dass sie einer der aufgeführten Versicherungsarten unterfällt. Dazu muss die **Absicht** treten, sich oder einem Dritten (mit dem Versicherungsschutz „deckungsgleiche") Leistungen aus der Sachversicherung[26] zu verschaffen[27]. Es muss sich nicht um das Endziel handeln[28]. Auf die Rechtswidrigkeit der erstrebten Versicherungsleistung kommt es nicht an[29]. Den subjektiven Tatbestand erfüllt daher auch der Dritte, dessen Verhalten dem Versicherungsnehmer nicht im Rahmen des § 68 VVG zuzurechnen und daher nicht geeignet ist, den Versicherungsanspruch zu Fall zu bringen. Auch wer dem Versicherungsnehmer die ihm zustehende Versicherungsleistung verschaffen will, erfüllt folglich § 265[30].

659

4. Vollendung und Versuch

Die Tat ist **früh vollendet**. Da sie die Schadensmeldung an den Versicherer nicht voraussetzt, kann sie sich äußerlich in einem „an sich" (bei Fehlen der vorausgesetzten Absicht) unverbotenen, im privaten Lebensbereich des Täters verbleibenden Verhalten erschöpfen, wenn etwa der Versicherungsnehmer in seinem Haus die versicherte

660

---

22 *Fischer*, § 265 Rn 6; NK-WSS-*Hoven*, § 265 Rn 13.
23 *Eisele*, BT II Rn 700; S/S-*Sternberg-Lieben*, § 149 Rn 6; RGSt 59, 214, 216 f; enger *Rönnau*, JR 98, 444.
24 S. BT-Ds 13/8587, S. 65; 13/9064, S. 19; *Fischer*, § 265 Rn 7; G/J/W-*Sackreuther*, § 265 Rn 14; *Hörnle*, Jura 98, 176; S/S/W-*Saliger*, § 265 Rn 12; aA HK-GS/*Duttge*, § 265 Rn 11; *Rönnau*, JR 98, 443 f; s. auch SK-*Hoyer*, § 265 Rn 19 f.
25 Deshalb zurückhaltend *Joecks/Jäger*, § 265 Rn 28; MK-*Kasiske*, § 265 Rn 20; s. aber auch *Lackner/Kühl/Heger*, § 265 Rn 3; LK-*Tiedemann*, § 265 Rn 18f.
26 S. dazu *Fischer*, § 265 Rn 11; NK-*Hellmann*, § 265 Rn 9; S/S/W-*Saliger*, § 265 Rn 13
27 *Joecks/Jäger*, § 265 Rn 15 f; *Kudlich*, PdW Strafrecht BT I, S. 121; *Otto*, BT § 61 Rn 5.
28 E 1962, Begr. S. 428; S/S-*Perron*, § 265 Rn 13; zu weit *Bröckers*, Versicherungsmißbrauch 1999, S. 155, nach dem dolus eventualis ausreichen soll; dagegen zu Recht NK-WSS-*Hoven*, § 265 Rn 19. In Kfz-Schieberfällen unter Absprache mit dem Versicherungsnehmer wird oft Drittverschaffungsabsicht vorliegen; aA MK-*Kasiske*, § 265 Rn 23; offen G/J/W-*Sackreuther*, § 265 Rn 23.
29 LK-*Tiedemann*, § 265 Rn 23; *Maurach/Schroeder/Maiwald*, BT I § 41 Rn 201; S/S/W-*Saliger*, § 265 Rn 13; krit. dazu *Hörnle*, Jura 98, 176; *Rönnau*, JR 98, 445.
30 E 1962, Begr. S. 427; BT-Ds 13/9064, S. 19 f; AnK-*Gercke*, § 265 Rn 10; A/W-*Heinrich*, § 21 Rn 131; BE-*Klipstein*, S. 86; *Geppert*, Jura 98, 386; G/J/W-*Sackreuther*, § 265 Rn 24; *Rengier*, BT I § 15 Rn 5.

Sache mit entsprechender Absicht zerstört[31]. Die Tathandlungen stellen für das Vermögen und die soziale Leistungsfähigkeit der Versicherungeine oft nur geringe Gefahr dar. Deshalb hätte es nahe gelegen, auch in Deutschland die Möglichkeit **tätiger Reue** vorzusehen (vgl § 151 II öStGB). Anders als etwa in §§ 264 V, 264a III, 265b II[32] und § 320 hat der Gesetzgeber sich aber dagegen entschieden. Eine analoge Anwendung von § 306e kommt schon mangels planwidriger Regelungslücke nicht in Betracht[33].

661 Obwohl § 265 die Strafbarkeit bereits weit in das Vorbereitungsstadium vorverlegt, hat der Gesetzgeber auf eine **Versuchsstrafbarkeit** nicht verzichtet. Er hält sie – wenig einleuchtend – wegen der Gefährlichkeit der Tat für unentbehrlich[34]. Insoweit ist ein Rücktritt naturgemäß möglich. Tritt der Täter allerdings erst von einem schon versuchten (Versicherungs-) Betrug zurück, erfasst der Rücktritt nicht den bereits vollendeten Versicherungsmissbrauch. Seiner Bestrafung steht die Subsidiaritätsklausel dann nicht entgegen[35].

661a Im **Fall 56** ist es zu einem versuchten Betrug gegenüber der Versicherung noch nicht gekommen, weil F zur täuschenden Einwirkung auf das Vorstellungsbild des Sachbearbeiters noch nicht unmittelbar angesetzt hat. Mangels Haupttat entfällt auch eine strafbare Beteiligung des A. Eben dieses Ergebnis hielt der Gesetzgeber im Hinblick auf die beträchtlichen Schäden durch Kraftfahrzeugverschiebungen, die sich zum Nachteil der Versicherungsnehmer auswirken, für „nicht länger hinnehmbar"[36]. Die Strafbarkeitslücke ist nun durch § 265 geschlossen. F hat in der Absicht, sich die Versicherungsleistung zu verschaffen, A den gegen Diebstahl versicherten Lkw überlassen, A hat den Lkw beiseite geschafft. Seine Bestrafung setzt freilich voraus, dass es ihm wenigstens als notwendiges Zwischenziel darauf ankommt, F die Versicherungsleistung zu verschaffen. Das wird man in Fällen wie diesen idR deshalb annehmen können, weil der Deal den beiderseitigen Gewinn zur Geschäftsgrundlage hat[37]. Verneint man Absicht, liegt eine Beihilfe zum durch F begangenen Versicherungsmissbrauch vor[38].

---

31 Beispiele bei *Hörnle*, Jura 98, 176; *Rönnau*, JR 98, 445; für Tatbestandslosigkeit solcher Fälle *Schroth*, BT S. 250.
32 Für deren analoge Anwendung *Kindhäuser*, § 265 Rn 9; *Klesczewski*, BT § 9 Rn 218; *Maurach/Schroeder/Maiwald*, BT I § 41 Rn 204; MK-*Kasiske*, § 265 Rn 32; S/S-*Perron*, § 265 Rn 15; *Wirth*, Zur Notwendigkeit des strafrechtlichen Schutzes des Privatversicherungswesens durch Sondernormen 2004, S. 244 ff.
33 AA *Geppert*, Jura 98, 385; MK-*Kasiske*, § 265 Rn 32; M/R-*Gaede*, § 265 Rn 9; wie hier *Eisele*, BT II Rn 703; *Lackner/Kühl/Heger*, § 265 Rn 5; *Mitsch*, BT II S. 432; NK-WSS-*Hoven*, § 265 Rn 22 f; *Rengier*, BT I § 15 Rn 9; *Rönnau*, JR 98, 446; *Schroth*, BT S. 250; S/S/W-*Saliger*, § 265 Rn 14; G/J/W-*Sackreuther*, § 265 Rn 28 verweist auf § 153 StPO; ebenso LK-*Tiedemann*, § 265 Rn 29; diff. SK-*Hoyer*, § 265 Rn 26 f.
34 BT-Ds 13/9064, S. 26; E 1962, Begr. S. 428; zust. LK-*Tiedemann*, § 265 Rn 27; NK-*Hellmann*, § 265 Rn 39; krit. *Fischer*, § 265 Rn 13; G/J/W-*Sackreuther*, § 265 Rn 27; *Sander/Hohmann*, NStZ 98, 277; *R. Schröder*, Versicherungsmißbrauch – § 265 StGB, 2000, S. 139 ff; *Stächelin*, StV 98, 100.
35 BE-*Klipstein*, S. 85; *Fischer*, § 265 Rn 14, 17; H-H-*Voigt*, Rn 1072; NK-*Hellmann*, § 265 Rn 44; *Mitsch*, ZStW 111 (1999), 119; aA *Kindhäuser*, § 265 Rn 9; MK-*Kasiske*, § 265 Rn 34; M/R-*Gaede*, § 265 Rn 11; SK-*Hoyer*, § 265 Rn 15; S/S/W-*Saliger*, § 265 Rn 15.
36 BT-Ds 13/8587, S. 65; NK-*Hellmann*, § 265 Rn 6.
37 AA zum Beiseiteschaffen und zur Absicht *Rönnau*, JR 98, 444 f; auch MK-*Kasiske*, § 265 Rn 23 verneint hier Absicht; offen G/J/W-*Sackreuther*, § 265 Rn 23.
38 Einschr. auch insoweit *Rönnau*, JR 98, 444.

II. Vortäuschen eines Versicherungsfalls

Fall 57: Der Bauer B ist hochverschuldet. Um ihm die Versicherungssumme zu verschaffen, legt sein Sohn S ohne Wissen des B in dem gegen Brand versicherten Hofgebäude Feuer. Der gesamte Hof brennt ab. Die Beteiligung des S bleibt unentdeckt. B macht den Versicherungsanspruch geltend und erhält die Versicherungssumme von seiner Versicherungsgesellschaft ausbezahlt.
Strafbarkeit von B und S gemäß §§ 263, 265? **Rn 668**

661b

1. Das Regelbeispiel des § 263 III 2 Nr 5

Ein **besonders schwerer Fall** des **Betrugs** liegt nach § 263 III 2 Nr 5 vor, wenn der Täter die Tat dadurch begeht, dass er einen Versicherungsfall vortäuscht, nachdem er oder ein anderer zu diesem Zweck eine Sache von bedeutendem Wert in Brand gesetzt, durch eine Brandlegung ganz oder teilweise zerstört oder ein Schiff zum Sinken oder Stranden gebracht hat[39].

662

a) Tatobjekte und Vorbereitungshandlungen

Objekt der **1. Alternative** ist eine Sache von bedeutendem Wert. Hierfür ist der objektive Verkehrswert maßgeblich, der eine Höhe von mindestens 1000 € erreichen muss[40]. Versichert müssen die beiden Tatobjekte nicht sein[41]. In Brand gesetzt ist die Sache, wenn sie derart vom Feuer ergriffen ist, dass dieses auch nach dem Entfernen oder Erlöschen des Zündstoffes selbstständig weiterbrennen kann[42]. Es reicht aus, dass die Sache durch eine Brandlegung ganz oder teilweise zerstört (Rn 11), also zB durch die Explosion des Brandmittels vernichtet wird[43]. Objekt der **2. Alternative** ist ein Schiff, das zum Sinken oder Stranden gebracht werden muss. Dazu genügt, dass der Täter eine Teilüberflutung des Schiffes unter Verlust der Lenkbarkeit oder dessen Auflaufen auf den Strand herbeiführt[44].

663

b) Vortäuschung eines Versicherungsfalls

In **beiden Alternativen** müssen die beschriebenen Handlungen bereits in der alsdann vom Täter des Betrugs auch **verwirklichten Absicht** vorgenommen worden sein, einen **Versicherungsfall vorzutäuschen**. Nach dem Wortlaut liegt die Vortäuschung eines Versicherungsfalls nur vor, wenn das Ereignis, dessen Eintritt notwendige Bedingung der Leistungspflicht des Versicherers ist (= Versicherungsfall i.S.d. VVG)[45],

664

---

[39] Krit. zur Sinnhaftigkeit der Beschränkung auf die beiden Tatobjekte und Handlungen *Mitsch*, ZStW 111 (1999), 115.
[40] S. näher S/S-*Heine/Bosch*, vor § 306 Rn 15; AnK-*Gaede*, § 263 Rn 190: 1300 €; MK-*Hefendehl*, § 263 Rn 860 und SK-*Wolters/Horn*, vor § 306 Rn 11: 1200 €; *Wittig*, § 16 Rn 12: ab 700 oder 1000 €; *Klesczewski*, BT § 9 Rn 207: 500 €.
[41] S. dazu Rn 664; *Kindhäuser*, § 263 Rn 248; *Mitsch*, BT II S. 348; MK-*Hefendehl*, § 263 Rn 859; S/S/W-*Satzger*, § 263 Rn 394.
[42] Vgl BGHSt 16, 109, 110; 18, 363, 364.
[43] S. *Wessels/Hettinger/Engländer*, BT I Rn 982; *Küper/Zopfs*, BT Rn 356 f.
[44] RGSt 35, 399, 400; Definitionen hierzu bei M/R-*Saliger*, § 263 Rn 326.
[45] S. *Prölss/Martin/Armbrüster*, VVG, 30. Aufl. 2018, § 1 Rn 166; *Rüffer/Halbach/Schimikowski/Brömmelmeyer*, VVG, 3. Aufl. 2015, § 1 Rn 62.

vorgespiegelt wird. Das ist zB auch dann der Fall, wenn die (zB verbrannte) Sache oder das (zB untergegangene) Schiff fälschlicherweise als der versicherte Gegenstand ausgegeben werden. Insoweit ergibt der Verzicht darauf, dass die Sache oder das Schiff versichert sein müssen, Sinn. Zudem wird man in Übereinstimmung mit dem gesetzgeberischen Willen, den wesentlichen Regelungsgehalt des § 265 aF zu übernehmen, auch dann vom Vortäuschen eines Versicherungsfalls sprechen müssen, wenn der Versicherungsfall tatsächlich eingetreten, der Versicherungsanspruch aber nicht entstanden oder der Versicherer von seiner Leistungspflicht frei geworden ist[46] und der Täter das weiß.

665 Trotz Eintritts des Versicherungsfalls wird der Versicherer namentlich dann frei, wenn der Versicherungsnehmer den Versicherungsfall vorsätzlich herbeiführt (§ 81 I VVG). Dafür reicht ein einverständliches Zusammenwirken mit einem Dritten als Täter aus[47]. Auch ohne ein solches Zusammenwirken soll sich der Versicherungsnehmer nach der Rechtsprechung ferner das Verhalten als eigenes zurechnen lassen müssen, wenn es sich bei dem Dritten um einen sog. **Repräsentanten** des Versicherungsnehmers oder um den **wahren wirtschaftlich Versicherten** handelt[48]. Als Repräsentanten sieht die Rechtsprechung (auch im Verhältnis von Ehegatten zueinander) jeden an, der auf Grund eines tatsächlichen Vertretungsverhältnisses die Obhut über die versicherte Sache ausübt oder der sonst innerhalb des versicherten Risikos befugt ist, in einem nicht ganz unbedeutenden Umfang selbstständig für den Versicherten zu handeln und dabei dessen Rechte und Pflichten als Versicherungsnehmer wahrzunehmen[49]. Die bloße familienrechtliche Verbundenheit unter Angehörigen reicht hierfür allein ebenso wie die Ehegatteneigenschaft nicht aus[50]. Als wahrer wirtschaftlich Versicherter wird nicht schon der potenzielle Erbe, wohl aber etwa der an der Geschäftsführung unbeteiligte Alleingesellschafter einer versicherten GmbH angesehen[51]. Diesen Annahmen gegenüber ist Zurückhaltung geboten, wie sich an den stetig wachsenden Anforderungen an die Zurechnung von Handlungen Dritter in der Rechtsprechung selbst zeigt[52].

666 Mit der Vortäuschung des Versicherungsfalls[53] ist das Regelbeispiel bereits erfüllt. Ein besonders schwerer Fall kann schon im **Betrugsversuch** liegen[54].

2. Zum Verhältnis von § 265 zu § 263 I, II, III 2 Nr 5

667 Ein Betrug durch Vortäuschen eines Versicherungsfalls setzt einen Versicherungsmissbrauch nicht voraus[55]. Umgekehrt folgt einem Versicherungsmissbrauch auch kein Betrug, wenn ein Dritter den Versicherungsmissbrauch begeht, ohne den Versi-

---

46 Ebenso *Fischer*, § 263 Rn 225; LK-*Tiedemann*, § 263 Rn 302; HK-GS/*Duttge*, § 263 Rn 102; *Mitsch*, BT II S. 348; S/S/W-*Satzger*, § 263 Rn 394; *Wolters*, JZ 98, 399; *Zöller*, BT Rn 205.
47 BGH NStZ 86, 314; LK-*Tiedemann*, 11. Aufl., § 265 aF Rn 29, worauf in LK-*Tiedemann*, § 263 Rn 302 verwiesen wird.
48 S. näher zum *Repräsentanten* Prölss/Martin/*Armbrüster*, VVG, 30. Aufl. 2018, § 28 Rn 98 ff, mit Beispielen in Rn 118 ff; § 81 Rn 6; zum *wahren wirtschaftlich Versicherten* § 47 Rn 22; *Rüffer/Halbach/Schimikowski/Brömmelmeyer*, VVG, 3. Aufl. 2015, § 28 Rn 109 ff; § 81 Rn 67 ff; vgl auch M/R-*Saliger*, § 263 Rn 327; *Schramm*, BT 1 § 8 Rn 71 ff; *Wittig*, § 16 Rn 6 ff.
49 Näher BGH NJW 76, 2271; BGH StV 89, 299; BGH NJW 07, 2038.
50 BGH NStZ 87, 505; BGH NStZ 17, 290.
51 *Ranft*, Jura 85, 501.
52 S. Prölss/Martin/*Armbrüster*, VVG, 30. Aufl. 2018, § 28 Rn 100.
53 Zur empirischen Bedeutung der Versicherungsvermittler *Ossege/Riedel*, ZVersWiss 17, 369 ff.
54 Vollendung verlangt M/R-*Saliger*, § 263 Rn 328.
55 S. S/S/W-*Satzger*, § 263 Rn 396; aA BeckOK-*Beukelmann*, § 263 Rn 112; *Fischer*, § 263 Rn 222; NK-*Kindhäuser*, § 263 Rn 401.

cherungsanspruch zu Fall zu bringen⁵⁶. Einen Betrug bereitet dagegen mit einem Versicherungsmissbrauch vor, wer bezüglich einer iS des § 265 versicherten Sache den Versicherungsfall mit den dort bestimmten Handlungen herbeiführt und damit den Versicherungsanspruch verwirkt, weil er Versicherungsnehmer, dessen Repräsentant oder wahrer Versicherter ist. Darin liegt zugleich die Vorbereitung eines (Versicherungs-) Betrugs in einem besonders schweren Fall, wenn der Versicherungsmissbrauch durch die vorbereitenden Handlungen des § 263 III 2 Nr 5 verwirklicht wird. Kommt es nicht mehr zum Betrug oder wenigstens zu dessen Versuch, bleibt es bei § 265. Täuscht dagegen der Täter den Versicherungsfall in „betrügerischer Absicht" vor, tritt § 265 hinter § 263 in seiner jeweiligen Verwirklichungsform auch dann zurück, wenn es sich nicht um eine einheitliche Tat handelt (s. Rn 656). Begeht ein Repräsentant ohne Wissen des Versicherungsnehmers einen Versicherungsmissbrauch, und macht der Versicherungsnehmer seinen vermeintlichen Anspruch gutgläubig geltend, kommt für den Repräsentanten ein Betrug in mittelbarer Täterschaft in Betracht, der § 265 verdrängt⁵⁷.

Im **Fall 57** macht B einen Versicherungsanspruch geltend, der besteht. S hat mit seiner Brandstiftung den Versicherungsfall herbeigeführt. Auch ist der Versicherer von seiner Leistungspflicht nicht frei geworden, weil S als bloßer Angehöriger und denkbarer Erbe weder Repräsentant noch schon wahrer wirtschaftlich Versicherter ist (Rn 665). Daher begeht weder B noch S (in mittelbarer Täterschaft) einen (Versicherungs-) Betrug in einem besonders schweren Fall. S hat sich aber nach § 265 strafbar gemacht, weil er eine gegen (Brand-) Beschädigung versicherte Sache zerstört hat, um seinem Vater Leistungen aus der Versicherung zu verschaffen. Dass B die Leistung rechtlich beanspruchen kann, steht § 265 nicht entgegen (Rn 659). Vielmehr stand gerade auch dieser Fall dem Gesetzgeber bei der Verselbstständigung des § 265 gegenüber § 263 als strafwürdig vor Augen⁵⁸. Wendet sich in einem solchen Fall B, weil er von der Tat des S erfahren hat, in dem irrigen Glauben an die Versicherung, ihm stünde kein Anspruch zu, wird verbreitet (statt eines Wahndelikts) ein untauglicher Betrugsversuch angenommen. Die dann nur vermeintliche Erfüllung des Regelbeispiels löst dessen Strafrahmen nach zutreffender Ansicht nicht aus (s. Rn 216)⁵⁹. – Ist nach der Strafbarkeit insgesamt gefragt, ist neben § 306a auch an § 306b II Nr 2 zu denken, wenn der Täter des § 265 einen Betrug ermöglichen will⁶⁰. Richtigerweise wird man angesichts der hohen Mindeststrafe von 5 Jahren aus § 306b II Nr 2 aber den Fall ausnehmen müssen, in dem die Brandstiftung nur der Vorbereitung eines Versicherungsbetrugs dient⁶¹. Der BGH nimmt von den zu ermöglichenden Straftaten jedoch lediglich die tateinheitlich begangenen § 265 und § 303 (bezüglich des Inventars) aus, da insoweit keine „anderen" Straftaten vorlägen⁶². 668

---

56 S. BGHSt 51, 236, 238 f.
57 *Lackner/Kühl*, § 263 Rn 9.
58 E 1962, Begr. S. 427 f; BT-Ds 13/9064, S. 20; *Geppert*, Jura 98, 385 f; *Rönnau*, JR 98, 441.
59 *Tiedemann/Waßmer*, Jura 00, 539 mwN; richtigerweise ist ein Wahndelikt anzunehmen, s. LK-*Hillenkamp*, § 22 Rn 225.
60 S. MK-*Hefendehl*, § 263 Rn 862; *Stein*, in: Dencker ua, Einführung in das 6. StrRG 1998, S. 106 f.
61 *Fischer*, § 306b Rn 9a, b; *Hecker*, GA 1999, 338, 342; *Mitsch*, ZStW 111 (1999), 114 f; aA BGHSt 45, 211, 216 ff mit abl. Anm. *Schlothauer*, StV 00, 138; zust. dagegen *Radtke*, Anm. JR 00, 428; *Rönnau*, JuS 01, 328.
62 BGHSt 51, 236, 239 ff; s. zum Streit *Hillenkamp*, BT 16. Problem.

3. Prüfungsaufbau: Versicherungsmissbrauch, § 265

668a

> **Versicherungsmissbrauch, § 265**
>
> I. Tatbestand
>   1. Objektiver Tatbestand
>   a) Tatobjekt:
>   - *versicherte Sache*
>   → (auch eigene/auch unbewegliche) Sache
>   → Versicherung gegen Untergang etc
>   ⓟ Gültigkeit des Versicherungsvertrages
>   b) Tathandlung:
>   - *Beschädigen*
>   - *Zerstören*
>   - *Beeinträchtigung in der Brauchbarkeit*
>   - *Beiseiteschaffen*
>   - *Überlassung an einen anderen*
>   c) Taterfolg:
>   - *Eintritt des Versicherungsfalls*
>   → Erfolg iR des versicherten Risikos
>   2. Subjektiver Tatbestand
>   a) Vorsatz:
>   - *jede Vorsatzart*
>   b) Absicht:
>   - *Absicht, sich oder einem Dritten eine Versicherungsleistung zu verschaffen*
>   → kein Erfordernis der Rechtswidrigkeit der Versicherungsleistung
>
> II. Rechtswidrigkeit
> III. Schuld
> IV. Subsidiarität, § 265 I aE
>   ⓟ Verhältnis zu § 263 III 2 Nr 5 (Begriff der Tat)

III. Erschleichen von Leistungen

669 **Fall 58:** Durch Überklettern eines Zaunes verschafft A sich unter Umgehung der Kasse ohne Eintrittskarte Zugang zu einem noch nicht ausverkauften Fußballspiel der Bundesliga. Innerhalb des Stadions wirft er gefälschte Münzen, deren Unechtheit er erst nach Empfang erkannt hatte, in einen Zigarettenautomaten. Da die Münzen nach Umfang und Gewicht echten Euro-Münzen entsprechen, fällt eine Schachtel Zigaretten in die Ausgabevorrichtung, sodass A sie an sich nehmen kann. Wie ist der Sachverhalt strafrechtlich zu beurteilen? **Rn 682**

1. Tatbestandsüberblick

670 § 265a enthält drei **Auffangtatbestände**, die innerhalb des **Vermögensschutzes** gegenüber dem Betrug (§ 263) Lücken schließen sollen[63] und die im Verhältnis zu **schwereren Delikten mit gleicher Schutzrichtung** nur **subsidiär** gelten. Im Einzelnen erfasst § 265a die Erschleichung der **Beförderung durch ein Verkehrsmittel**,

---

63 S. dazu RGSt 68, 65; LK-*Tiedemann*, § 265a Rn 2 f; die Vorschrift ist 1935 (RGBl I 839) eingefügt worden.

des **Zutritts** zu einer **Veranstaltung oder Einrichtung** sowie der **Leistung eines Automaten** oder eines öffentlichen Zwecken dienenden **Telekommunikationsnetzes**.

Aus der gesetzlich gegenüber Tatbeständen mit schwererer Strafdrohung angeordneten **Subsidiarität**, die sich auf Delikte mit *gleicher Schutzrichtung*[64] und damit vor allem auf §§ 242, 263, 263a bezieht, folgt das Zurücktreten des § 265a namentlich in Fällen, in denen die entgeltliche Leistung nur durch Täuschung einer **Kontrollperson** zu erlangen und daher Betrug gegeben ist[65]. Da sich der BGH angesichts der weiter gefassten Subsidiaritätsklausel an der (auch für die §§ 246, 248b zu fordernden, s. Rn 327, 440) Beschränkung des Zurücktretens gegenüber Delikten mit gleicher Schutzrichtung (zu Unrecht) gehindert sieht[66], steht zu erwarten, dass er auch hier nicht anders entscheidet. Das würde beispielsweise zu dem wenig einleuchtenden Ergebnis führen, dass aus § 265a nicht zu bestrafen ist, wer während der erschlichenen Beförderung gegenüber einem Fahrgast eine gefährliche Körperverletzung (§ 224) begeht. 671

Ungeschriebenes **objektives Tatbestandsmerkmal** ist die **Entgeltlichkeit**[67] der - Leistungen, Veranstaltungen und Einrichtungen (= Theatervorstellungen, Konzerte, Fernsprechverkehr, Schwimmbäder, Tiergärten usw). Das ergibt sich aus der Vermögensschutzfunktion der Vorschrift sowie aus dem für alle vier Varianten gemeinsam geltenden Erfordernis der Absicht, das Entgelt nicht zu entrichten. Wer sich als nicht zugelassener Teilnehmer auf ordnungswidrigem Wege den Zutritt zu einer **unentgeltlichen** Veranstaltung verschafft, begeht daher möglicherweise einen Hausfriedensbruch, macht sich aber nach § 265a ebensowenig strafbar wie der, der nur die bereits erworbene Monatskarte oder den zur unentgeltlichen oder ermäßigten Nutzung berechtigenden Ausweis nicht bei sich führt[68], einen gebührenfreien Geldwechselautomaten benutzt[69] oder ein öffentliches Schwimmbad zu einer (Nacht-)Zeit aufsucht, in der es geschlossen ist. 672

---

64 AnK-*Gercke*, § 265a Rn 23; *Eisele*, BT II Rn 723; *Hilgendorf/Valerius*, BT II § 10 Rn 19; HK-GS/*Duttge*, § 265a Rn 27; *Kindhäuser*, § 265a Rn 26; NK-*Hellmann*, § 265a Rn 50; *Rengier*, BT I § 16 Rn 1; SK-*Hoyer*, § 265a Rn 38; S/S-*Perron*, § 265a Rn 14; *Zöller*, BT Rn 274; **aA** *Bock*, JA 17, 357, 361; *Hohmann/Sander*, BT I § 12 Rn 27; *Kleszcewski*, BT § 9 Rn 190; *Lackner/Kühl/Heger*, § 265a Rn 8; MK-*Hefendehl*, § 265a Rn 213; M/R-*Gaede*, § 265a Rn 23; unentschieden BK-*Valerius*, § 265a Rn 25; S/S/W-*Saliger*, § 265a Rn 22.
65 BGHSt 16, 1; OLG Düsseldorf NJW 90, 924; S/S-*Perron*, § 265a Rn 1.
66 BGH NJW 98, 465; BGHSt 47, 243, 244.
67 BK-*Valerius*, § 265a Rn 10; *Hilgendorf/Valerius*, BT II § 10 Rn 10; *Küper/Zopfs*, BT Rn 71; MK-*Hefendehl*, § 265a Rn 70; *Rengier*, BT I § 16 Rn 2; S/S/W-*Saliger*, § 265a Rn 3; s. auch LG Wuppertal CR 11, 245, 247; zum Fehlen dieses Merkmals bei mangels Genehmigung unwirksamen Verträgen Minderjähriger s. SK-*Hoyer*, § 265a Rn 29. Zur Berücksichtigung des häufigen Bagatellcharakters der Tat in der Strafzumessung s. OLG Brandenburg StV 09, 361; OLG Stuttgart NStZ 07, 38; OLG Naumburg StV 12, 734.
68 BayObLG NJW 86, 1504; OLG Koblenz NJW 00, 86 mit Anm. *Kudlich*, NStZ 01, 90; *Fischer*, § 265a Rn 9; NK-*Hellmann*, § 265a Rn 38; SK-*Hoyer*, § 265a Rn 10; S/S/W-*Saliger*, § 265a Rn 4; anders nur bei paralleler Nutzung einer übertragbaren Karte durch einen Dritten, s. MK-*Hefendehl*, § 265a Rn 98; *Kudlich*, NStZ 01, 90 f; *Zieschack/Rau*, JR 09, 244 f.
69 OLG Düsseldorf NJW 00, 158; *Kudlich*, JuS 01, 22.

2. Erschleichen als Ausführungshandlung

673 Die **Tathandlung** wird für alle Tatbestände des § 265a durch das Merkmal des **Erschleichens** umschrieben. Dieser Begriff setzt nach einhelliger Meinung weder eine Täuschung noch ein „Einschleichen"[70] voraus, ist im Übrigen aber umstritten. Zum Teil wird darunter jede unbefugte Inanspruchnahme der Leistung verstanden[71]. Nach anderer Auffassung bedarf es eines Verhaltens, das Sicherungsvorkehrungen des Berechtigten umgeht, die das Entrichten der Leistung gewährleisten sollen[72], oder das den Charakter des Verheimlichens oder der Erweckung des Anscheins einer ordnungsmäßigen Benutzung aufweist[73]. Die in solchen Wendungen anklingende Täuschungsähnlichkeit wird aus dem Begriff des Erschleichens[74] oder auch aus einer § 263a entsprechenden (s. dazu Rn 603) Betrugsnähe des § 265a hergeleitet[75], die aber in dieser Deutlichkeit hier nicht besteht. Richtigerweise ist im Hinblick auf die deliktstypischen Besonderheiten der Einzeltatbestände des § 265a wie folgt zu **differenzieren**[76]:

674 Beim **Automatenmissbrauch** und beim Erschleichen von **Telekommunikationsleistungen** genügt jede unbefugte, der Entgelthinterziehung dienende Inanspruchnahme der Leistung durch eine **ordnungswidrige Benutzung** der technischen Vorrichtungen, in der eine Überlistung des die Entgeltlichkeit sichernden Mechanismus liegt[77]. Das kann zB durch Einwerfen von Falschgeld geschehen[78]. Die Entgeltlichkeit muss sich gerade auf die in Anspruch genommene tatbestandliche Leistung beziehen. So stellt zB die Einfahrt in ein **Parkhaus** oder eine gebührenpflichtige **Parkfläche** in der Absicht, die Parkgebühren nicht zu entrichten, oft schon keine Entgegennahme einer Automatenleistung dar[79], jedenfalls aber ist diese – und ebenso der „Zutritt" (die Zufahrt) – regelmäßig kostenfrei, und auch in der späteren Ausfahrt liegt keine *Zutritts*erschleichung[80] (und wieder keine als solche kostenpflichtige Automatenleistung). Verstoßen wird dann hingegen regelmäßig gegen ein (nicht als solches strafbewehr-

---

70 BGHSt 53, 122, 126 unter Berufung auf die Begründung zu § 347 des Entwurfs eines Allgemeinen Deutschen StGB aus dem Jahr 1927, krit. zur Entscheidung *Alwart*, JZ 09, 478; *Zieschack/Rau*, JR 09, 244.
71 OLG Stuttgart MDR 63, 236; OLG Hamburg NJW 87, 2688.
72 *Lackner/Kühl/Heger*, § 265a Rn 6; *Kindhäuser*, § 265a Rn 11.
73 BayObLG NJW 69, 1042; *Bockelmann*, BT I S. 118; beides verbindend MK-*Wohlers/Mühlbauer*, 2. Aufl., § 265a Rn 45. Letzteres greift BGHSt 53, 122 mit Bespr. *Bosch*, JA 09, 470 auf.
74 *Fischer*, § 265a Rn 4; LK-*Tiedemann*, § 265a Rn 34 ff; *Mitsch*, BT II S. 448; M/R-*Gaede*, § 265a Rn 12.
75 So BK-*Valerius*, § 265a Rn 16; HK-GS/*Duttge*, § 265a Rn 1, 13; SK-*Hoyer*, § 265a Rn 5; S/S/W-*Saliger*, § 265a Rn 7.
76 Für einheitliche Auslegung dagegen *Fischer*, § 265 Rn 3 ff, 5; S/S/W-*Saliger*, § 265a Rn 5; wie hier *Mitsch*, BT II S. 448 ff; NK-*Hellmann*, § 265a Rn 14; S/S-*Perron*, § 265a Rn 8 ff; s. auch BGHSt 53, 122, 127.
77 *Arloth*, CR 96, 362; *Küper/Zopfs*, BT Rn 72; *Lackner/Kühl/Heger*, § 265a Rn 6a; OLG Karlsruhe NJW 09, 1287, 1288; LG Wuppertal CR 11, 245, 247. Zur unbefugten Nutzung von **Online-Streaming Diensten** unter Weitergabe von Passwörtern s. MK-*Hefendehl*, § 265a Rn 54 ff, 149 ff (Erschleichen verneinend).
78 LK-*Tiedemann*, § 265a Rn 42.
79 Auch Parkuhr und Parkscheinautomat erbringen keine Leistung, *Küper/Zopfs*, BT Rn 73; *Maurach/Schroeder/Maiwald*, BT I § 41 Rn 214.
80 Vgl. *Fischer*, § 265a Rn 22, 24; *Mitsch*, NZV 12, 157.

tes, u.U. aber bußgeldbewehrtes) Parkverbot, das im Falle der Bezahlung befristet aufgehoben worden wäre[81].

Nicht erfasst wird die bloße **Ausnutzung technischer Defekte**[82]. Auch reicht das bloße Herstellen einer telefonischen Verbindung zu dem Zweck nicht aus, den Hörer nach dem „Durchklingeln" (entsprechend der vorherigen Verabredung mit dem Partner oder aus Gründen der nächtlichen Ruhestörung) rasch wieder aufzulegen, um die Gebühr zu ersparen; die Leistung iS des § 265a ist nämlich erst mit dem **Herstellen der Sprechverbindung** erschlichen[83]. Das Erschleichen geschieht im Telekommunikationsnetz zB durch ein Eingreifen in die Gebührenerfassung oder den unbefugten Anschluss an das Netz, nicht aber zB durch das unbefugte Führen von Privatgesprächen auf einem Dienstapparat[84]. Beim nur nicht angemeldeten **Schwarzhören** oder **Schwarzfernsehen** fehlt es an der vorausgesetzten Überlistung von Sicherungsmechanismen[85]. Auch die Bargeldbeschaffung aus einem **Geldautomaten** durch unbefugte Verwendung der an den Kontoinhaber ausgegebenen **Codekarte** fällt nicht unter § 265a, sondern unter den Tatbestand des Computerbetrugs (§ 263a). Hier liegt zwar ein täuschungsäquivalentes Verhalten gegenüber dem Vermögensinhaber (s. Rn 614), nicht aber ein ordnungs- und regelwidriges Manipulieren des Mechanismus vor (Rn 181). Zudem ist an der Entgeltlichkeit der Leistung zu zweifeln[86].

675

Bei der **Beförderungs-**[87] und **Zutrittserschleichung** setzt der Begriff des **Erschleichens** ein Verhalten voraus, das sich entweder mit dem **äußeren Anschein der Ordnungsmäßigkeit** umgibt oder die vorhandenen **Kontrollmaßnahmen umgeht oder ausschaltet**. Während die letztere Aussage allen Voraussetzungen, die an das Erschleichen in dieser Tatbestandsvariante gestellt werden, genügt, werden an den Anschein der Ordnungsmäßigkeit unterschiedlich strenge Anforderungen gestellt[88]. Die Rechtsprechung neigt – durch das BVerfG[89] unbeanstandet – dazu, eine nur **unbefugte** Inanspruchnahme einer erschlichenen gleichzusetzen, indem sie das schlichte Nichtlösen eines Fahrscheines oder die (vorsätzlich)[90] unterlassene Entwertung ausreichen lässt[91]. Dem hat sich der BGH auf Vorlagebeschluss des OLG Naumburg, das sich die auch hier vertretene täuschungsäquivalente Deutung zu eigen machen wollte, angeschlossen[92]. Danach erschleicht eine Beförderungsleistung, wer ein Verkehrsmittel unberechtigt benutzt und sich dabei gegenüber einem gedachten objektiven Beobachter (nicht notwendig gegenüber dem Beförderungsbetreiber oder seinen Bediens-

676

---

81 BayObLG JR 91, 433 mit Anm. *Graul*; *Fischer*, § 265a Rn 14; *Lackner/Kühl/Heger*, § 265a Rn 5.
82 HK-GS/*Duttge*, § 265a Rn 16; NK-*Hellmann*, § 265a Rn 24; *Popp*, JuS 11, 391; OLG Karlsruhe wistra 03, 116, 117.
83 Vgl LK-*Tiedemann*, § 265a Rn 51; *Mitsch*, BT II S. 441; NK-*Hellmann*, § 265a Rn 29; S/S-*Perron*, § 265a Rn 10; aA LG Hamburg MDR 54, 630; *Brauner/Göhner*, NJW 78, 1469; *Herzog*, GA 75, 257.
84 *Eisele*, BT II Rn 713; MK-*Hefendehl*, § 265a Rn 155.
85 *Eisele*, BT II Rn 714; LK-*Tiedemann*, § 265a Rn 44; *Oğlakcıoğlu*, JA 11, 590 ff; S/S/W-*Saliger*, § 265a Rn 15; zum Missbrauch von Kabelfernsehanschlüssen s. *Krause/Wuermeling*, NStZ 90, 526.
86 *Krey/Hellmann/Heinrich*, BT II Rn 745; *Schroth*, NJW 81, 730 f.
87 Zu den verschiedenen Strafrechtsbezügen bei Fahrkartenkontrollen instruktiv *Mitsch*, NZV 14, 545 ff.
88 S. *Küper/Zopfs*, BT Rn 85.
89 BVerfG NJW 98, 1135; für gegenteilige Klarstellung de lege ferenda *Bock*, JA 17, 360.
90 LG Bonn StraFo 15, 81.
91 OLG Hamburg NJW 87, 2688; JR 92, 40; OLG Düsseldorf NStZ 92, 84; NJW 00, 2120; OLG Stuttgart MDR 89, 841; OLG Frankfurt a.M. NStZ-RR 01, 269; BayObLG StV 02, 428; zust. *Hagemann*, Rechtliche Probleme des Schwarzfahrens 2008, S. 89; *Rengier*, BT I § 16 Rn 6; *Wessels*, BT II Rn 637; noch weiter *Hauf*, DRiZ 95, 18 ff. Zur rechtspolitischen Debatte s. *Harrendorf*, NK 18, 250, 256 ff; *Sasse*, NJ 19, 59 f.
92 BGHSt 53, 122 mit Bespr. *Bosch*, JA 09, 470; krit. *Alwart*, JZ 09, 478; *Zieschack/Rau*, JR 09, 244.

teten) mit dem Anschein umgibt, er erfülle die nach den *Geschäftsbedingungen des Betreibers* erforderlichen Voraussetzungen[93]. So soll es zB liegen, wenn der Täter in dem Verkehrsmittel mitfährt, ohne sich um die Erlangung eines Fahrausweises zu kümmern, da ein objektiver Beobachter aus solch *unauffälligem* Verhalten auf die Rechtmäßigkeit der Benutzung des Verkehrsmittels schließen würde[94]. Diese Auslegung wird dem **Sinn** des Erschleichens aber **nicht gerecht**[95]. Das ergibt sich daraus, dass die äußere Tathandlung dann auch von dem ordnungsgemäßen Benutzer erfüllt, die handlungsbeschreibende, hier auf die Täuschungsähnlichkeit verweisende Bedeutung also aufgegeben und damit das Erschleichen seines spezifischen Unrechtsgehalts entkleidet würde[96]. Es ist daher zu verlangen, dass der Täter etwa durch „Entwertung" eines ungültigen Fahrausweises, durch Ausweichen vor einer Fahrkartenkontrolle oder ein Durchschreiten von Sperren oder Schleusen ein über bloß unauffälliges Auftreten hinausgehendes verdeckendes oder verschleierndes Verhalten an den Tag legt[97]. Um diese Einschränkung zu begründen, bedarf es der zweifelhaften[98] Erwägung nicht, wer Kontroll- und Sicherungsmaßnahmen abbaue, verdiene den Strafrechtsschutz nicht. Vielmehr ist sie aus dem Wortsinn selbst und daraus herzuleiten, dass ebenso wie ein Schwarzhören oder Schwarzfernsehen ein schlichtes Schwarzfahren für das Unrecht des Erschleichens nicht ausreicht[99]. Mangels Täuschungsähnlichkeit scheidet ein Erschleichen ebenso aus, wenn der Fahrgast länger im Verkehrsmittel verweilt, als ihn sein Fahrticket berechtigt[100]. Dies ist dagegen bei einem *kollusiven Zusammenwirken* mit einer vom Veranstalter eingesetzten Aufsichtsperson anzunehmen[101] (denn Bezugsperson der Täuschung ist der gedachte Beobachter, nicht die Aufsichtsperson); hier tritt § 265a aber zurück, falls darin eine Anstiftung oder Beihilfe zur Untreue (§ 266) liegt.

677 Wer im Rahmen einer **Protestdemonstration** gegen eine angekündigte **Fahrpreiserhöhung** einen Straßenbahnwagen *ausschließlich* zum Verteilen von Flugblättern betritt und das auch

---

93 So der Leitsatz von BGHSt 53, 122 mit der auf S. 127 zu findenden Klarstellung; dem folgen OLG Naumburg StraFo 09, 343 und OLG Hamm NStZ-RR 11, 206; krit. *Fischer*, § 265a Rn 5; eher strenger OLG Frankfurt a.M. NJW 10, 3107 mit Anm. *Krumm*.
94 OLG Koblenz NStZ-RR 11, 246, 247.
95 S. dazu ausführlich *Putzke/Putzke*, JuS 12, 500 ff, 504; iE ebenso *Roggan*, Jura 12, 303; einen Überblick über den Meinungsstand gibt *Preuß*, ZJS 13, 261 ff.
96 A/W-*Heinrich*. § 21 Rn 20; BK-*Valerius*, § 265a Rn 20 f; *Fischer*, § 265a Rn 5 ff; *Kindhäuser*, § 265a Rn 8; *Krey/Hellmann/Heinrich*, BT II Rn 722; M/R-*Gaede*, § 265a Rn 15.
97 AnK-*Gercke*, § 265a Rn 15; *Bock*, BT II S. 504 f; *Fischer*, § 265a Rn 4, 5d, 6 f; *Hefendehl*, JA 11, 406; H-H-*Voigt*, Rn 1078; *Hilgendorf/Valerius*, BT II § 10 Rn 12, 16; *Hohmann/Sander*, § 12 Rn 22; *Ingelfinger*, StV 02, 429, 430; *Klesczewski*, BT § 9 Rn 187; *Kühl/Heger*, § 265a Rn 6a; *Mitsch*, BT II S. 450; *Mosbacher*, NJW 18, 1069 f; *Ranft*, Jura 93, 84; *Schall* JR 92, 1; SK-*Hoyer*, § 265a Rn 21; S/S-*Perron*, § 265a Rn 11; S/S/W-*Saliger*, § 265a Rn 17; *Zöller*, BT Rn 268; enger *Alwart*, JZ 86, 563 und Anm. NStZ 91, 588; *Albrecht*, Anm. NStZ 88, 222.
98 S. zu ihr LG Bonn StraFo 15, 81; MK-*Wohlers/Mühlbauer*, 2. Aufl., § 265a Rn 43; SK-*Hoyer*, § 265a Rn 7; hiergegen *Hillenkamp*, Vorsatztat und Opferverhalten 1981, S. 47; *ders.*, ZStW 129 (2017), 596, 617 ff; *Schall*, JR 92, 1.
99 *Alwart*, ZIS 16, 534; HK-GS/*Duttge*, § 265 Rn 21 f; *Oğlakcıoğlu*, JA 11, 589; SK-*Hoyer*, § 265a Rn 8 f; unter Betonung der Opfermitverantwortung LK-*Tiedemann*, § 265a Rn 47.
100 S. *Mitsch*, NZV 19, 70, 73 ff (auch zu allgemeinen Fragen des Unterlassens und einer actio libera in causa); MK-*Hefendehl*, § 265a Rn 175; NK-*Hellmann*, § 265a Rn 39; aA AG Dortmund, BeckRS 17, 129465.
101 *Lackner/Kühl/Heger*, § 265a Rn 6a; *Tiedemann/Waßmer*, Jura 00, 535; aA *Eisele*, BT II Rn 716; *Rengier*, BT I § 16 Rn 8.

nach dem Anfahren bis zur nächsten Haltestelle ohne Fahrschein fortsetzt, **erschleicht** keine Beförderungsleistung, sondern begeht Hausfriedensbruch[102].

Rechtsprechungsbeispiele: Im der Entscheidung **KG NJW 11, 2600** zugrunde liegenden Fall nutzte der Angeklagte A die öffentlichen Verkehrsmittel in Berlin wiederholt bewusst ohne Fahrschein und trug in Brusthöhe an seiner Kleidung ein Schild etwa in Größe einer Scheckkarte mit dem Aufdruck „Für freie Fahrt in Bus und Bahn" und „Ich zahle nicht" sowie in der Mitte ein Foto von drei Bussen der BVG mit dem Querdruck „Streik". Das KG meint, für einen fiktiven objektiven Beobachter habe sich das Verhalten des A als völlig angepasstes und unauffälliges Nutzen des Verkehrsmittels dargestellt, sodass keine Parallele zur Entscheidung **BayObLG NJW 69, 1042** (offen und unmissverständlich ohne Entgeltzahlung) besteht. Das kleine Schild ändere nichts, weil es schwer wahrnehmbar gewesen sei und selbst bei Wahrnehmung keine eindeutige Verweigerungserklärung enthalten habe. Man könne den Text auch als bloße Provokation oder ein Eintreten für freies Fahren iS einer politischen Stellungnahme deuten. Das steht aber mit der Aussage „Ich zahle nicht" (OLG Köln BeckRS 15, 16686 mit Anm. *Satzger*, Jura (JK) 17, 362: „Ich fahre schwarz" oder OLG Frankfurt BeckRS 16, 112425 mit Anm. *Rathgeber*, FD-StrafR 17, 386894: „Ich fahre umsonst") nicht im Einklang, aus der sich dem objektiven Beobachter erschließt, dass er es mit einem „Überzeugungstäter" zu tun hat. Die Frage ist freilich, **wie deutlich** das durch Verhalten oder Erklärung (beidseitig mit Großbuchstaben bedrucktes T-Shirt? s. dazu *Jahn*, JuS 11, 1042 f, *Roggan*, Jura 12, 299 und *Oğlakcıoğlu*, JA 11, 590) gemacht werden muss, **wem gegenüber** (s. dazu OLG Köln BeckRS 15, 16686: gegenüber Mitreisenden reicht nicht) und ob notwendig in der **aktuellen Situation** (OLG Hamm NStZ-RR 11, 206, 207: frühere schriftliche Mitteilungen an die Verkehrsbetriebe, der Täter beabsichtige, künftig Beförderungsleistungen ohne Entrichtung des Fahrpreises in Anspruch zu nehmen, genügen nicht).

3. Leistungs- und Warenautomaten sowie Einrichtungen

Ein **Automat** iS von § 265a ist ein technisches Gerät, dessen mechanische oder elektronische Steuerung bewirkt, dass die abrufbare, vom Automaten selbsttätig erbrachte Leistung von der Entrichtung des Entgelts abhängig gemacht wird[103]. Bei einem *Datenverarbeitungsvorgang* können § 265a und § 263a einschlägig sein, wobei aber die Subsidiaritätsklausel zu beachten ist[104]. Bei einem **Automatenmissbrauch** ist im Rahmen des § 265a zwischen **Leistungs**- und **Warenautomaten** zu unterscheiden. Zu den letztgenannten gehören alle Geräte, die Waren, Wertzeichen, Fahrscheine, Eintrittskarten und dergleichen ausgeben. Der Geldwechselautomat ist Warenautomat[105]. Leistungsautomaten sind ua Fernsprechgeräte, Spielautomaten und Musikboxen. Bei Geldspielautomaten mischen sich die Eigenschaften: Die Gewährung des durch Gewinnchancen angereicherten Spielvergnügens ist Leistung, der Gewinn selbst Ware[106]. Der Tatbestand des § 265a erfasst zwar entgegen der noch hM[107] nicht

678

---

102 BayObLG NJW 69, 1042.
103 Bei späterer Abrechnung einer ohne Entgeltentrichtung abrufbaren Leistung entfällt § 265a, s. OLG Karlsruhe NJW 09, 1287, 1288.
104 MK-*Wohlers/Mühlbauer*, 2. Aufl., § 265a Rn 12; NK-*Hellmann*, § 265a Rn 23. Nach aA ist für Fälle des § 263a der Strafrahmen des § 265a analog heranzuziehen, MK-*Hefendehl*, § 265a Rn 28.
105 OLG Düsseldorf JR 00, 212.
106 OLG Celle JR 97, 346; OLG Düsseldorf NStZ 99, 248.
107 *Klesczewski*, BT § 9 Rn 181; *Krey/Hellmann/Heinrich*, BT II 724; *Lackner/Kühl/Heger*, § 265a Rn 2; *Maurach/Schroeder/Maiwald*, BT I § 41 Rn 214; M/R-*Gaede*, § 265a Rn 5; NK-*Hellmann*, § 265a Rn 19 ff; S/S-*Perron*, § 265a Rn 4; *Zöller*, BT Rn 257; unentschieden BK-*Valerius*, § 265a Rn 11.

nur die Leistungs-, sondern beide Arten von Automaten[108]. Auf Grund der **Subsidiaritätsklausel** ist jedoch nicht nach dieser Vorschrift, sondern wegen **Diebstahls** (§ 242 in Verbindung mit § 248a) zu bestrafen, wer durch den **Einwurf von Falschgeld** oder in anderer Weise den Mechanismus eines **Warenautomaten** missbräuchlich auslöst und sich so die Möglichkeit verschafft, Waren ohne Entgelt zu entnehmen (= *Wegnahme* in Zueignungsabsicht)[109]. Dabei ist, da das Einverständnis des Automatenbetreibers in *beiden Fällen* fehlt, nicht zwischen einem ordnungswidrigen Anstoßen des dann funktionsgerechten Ablaufs und einer funktionswidrigen Einwirkung von außen zu differenzieren[110].

Das gilt auch, wenn jemand **Geld** aus einem Geldwechselautomaten erlangt, nachdem er den eingeführten Geldschein wieder zurückzieht[111] oder Geld aus einem *Spielautomaten* entwendet, indem er dessen Antriebsauslöser durch einen technischen Trick überlistet[112] (zur Anwendbarkeit des § 243 I 2 Nr 2 bei *weiteren* Einwirkungen von außen **auf das Spielwerk** des Automaten s. Rn 238), sodass die h.M. zutrifft, nach der nicht nur eine Unterschlagung vorliegt. § 246 ist indes dann anzuwenden, wenn jemand *versehentlich* (also ohne Wegnahmevorsatz) eine falsche oder eine ausländische Münze einwirft und seinen Irrtum erkennt, ehe er sich sodann die durch den Automaten ausgeworfene Ware oder das als Gewinn erzielte Geld nach erfolgtem Spiel zueignet.

679 Unter das öffentlichen Zwecken dienende **Telekommunikationsnetz** fallen neben den Fernsprech- und Fernschreibnetzen auch die drahtlose Übermittlung und das Internet[113]. Ein Erschleichen (s. Rn 674) liegt hier nicht in einer nur unbefugten Benutzung eines fremden Anschlusses, wohl aber zB in der Verwendung einer unberechtigt selbst wieder aufgeladenen Telefonkarte[114]. Unter den Begriff der **Einrichtung**, der hier sehr weit zu ziehen ist, fällt jede Sachgesamtheit, die der Befriedigung menschlicher Bedürfnisse dienen soll und der Allgemeinheit oder einem größeren Kreis von Personen zur Verfügung steht (zB Museum, Gemäldegalerie, Planetarium oder Toilettenanlage). Wer eine **Veranstaltung** – zB ein Konzert oder eine Kinovorstellung – mit gültiger Eintrittskarte besucht, erschleicht sich den Zutritt zu ihr nicht dadurch, dass er einen besseren als den bezahlten Platz in Anspruch nimmt. Anders liegt es, wenn der Besucher einer Kunstsammlung ohne dafür gültige Zusatzkarte den Zutritt zB zu einer in einem abgegrenzten Raum befindlichen und entgeltpflichtigen Sonderausstellung erschleicht[115].

---

108 A/W-*Heinrich*, § 21 Rn 13; *Bock*, BT II S. 497; *Eisele*, BT II Rn 709; *Fischer*, § 265a Rn 11; *Hilgendorf/Valerius*, BT II § 10 Rn 5; HK-GS/*Duttge*, § 265a Rn 6 f; *Kindhäuser*, § 265a Rn 16; *Mitsch*, JuS 98, 313; MK-*Hefendehl*, § 265a Rn 31 ff; *Otto*, BT § 52 Rn 14 f; *Rengier*, BT I § 16 Rn 3; SK-*Hoyer*, § 265a Rn 12 f; S/S/W-*Saliger*, § 265a Rn 8.
109 BGH MDR 52, 563; BayObLGSt 1955, 120; s. auch *Mitsch*, BT II S. 437 f.
110 Im ersten Fall für § 265a dagegen *Otto*, BT § 52 Rn 15; s. auch SK-*Hoyer*, § 265a Rn 13; Bedenken gegen die Wegnahme äußerte *Dreher*, Anm. MDR 52, 563.
111 OLG Düsseldorf JR 00, 212 mit abl. Anm. *Otto*; *Biletzki*, Anm. NStZ 00, 424; *Kudlich*, JuS 01, 20;; aA A/W-*Heinrich*, § 21 Rn 14 f mit § 13 Rn 150 (Unterschlagung).
112 Lehrreich BayObLGSt 1955, 120; BayObLG NJW 81, 2826 mit zust. Anm. *Meurer*, JR 82, 292; OLG Koblenz NJW 84, 2424; OLG Stuttgart NJW 82, 1659; *Albrecht*, JuS 83, 101; aA AG Lichtenfels NJW 80, 2206 mit abl. Anm. *Seier*, JA 80, 681 und *Schulz*, NJW 81, 1351; A/W-*Heinrich*, § 21 Rn 14 f mit § 13 Rn 150 (Unterschlagung)
113 BK-*Valerius*, § 265a Rn 5 f; *Hellmann/Beckemper*, JuS 01, 1096; *Laue*, JuS 02, 361; S/S/W-*Saliger*, § 265a Rn 13 mit weiteren Beispielen.
114 *Krey/Hellmann/Heinrich*, BT II Rn 725; *Hecker*, JA 04, 768; zur Nutzung eines **offenen WLAN** s. LG Wuppertal CR 11, 246, 247.
115 Im 1. Fall anders NK-*Hellmann*, § 265a Rn 43; wie hier insoweit S/S/W-*Saliger*, § 265a Rn 19.

4. Vorsatz, Versuch und Verfolgbarkeit

Der **Vorsatz** muss sich auf alle Merkmale des objektiven Tatbestands[116] und insbesondere auf die **Entgeltlichkeit** der Leistung erstrecken; wer irrig annimmt, dass es sich um eine *unentgeltliche* Veranstaltung handele, befindet sich im Tatbestandsirrtum (§ 16 I 1). Gleiches gilt, wenn ein Täter beim Einsteigen in ein öffentliches Verkehrsmittel irrig annimmt, er sei im Besitz eines gültigen Fahrscheins[117]. Hinzukommen muss die **Absicht**, das Entgelt nicht oder nicht in voller Höhe zu entrichten. Hieran fehlt es bei dem, der seine ordnungsgemäß gelöste Monatsfahrkarte nur zuhause vergessen hat[118] oder der sich zur Nachtzeit den Zutritt zu einem geschlossenen Schwimmbad erschleicht. Für den **Absichtsbegriff** als solchen gilt das zu § 263 Gesagte sinngemäß[119].

680

Der **Versuch** ist mit Strafe bedroht. Der Zeitpunkt der Vollendung fällt idR mit dem Beginn der „Leistung" zusammen und lässt sich daher nicht für alle Varianten gleichmäßig bestimmen[120]. Vor allem bei der Beförderungs- und der Zutrittserschleichung zu einer Veranstaltung tritt früh Vollendung ein, aber nicht vor Beginn der Fahrt oder Vorstellung[121]. Bei einem bloßen Fahrtantritt bleibt es beim Versuch, wenn der Täter nach wenigen Metern die Fahrt abbricht oder entdeckt wird[122]. Ein Rücktritt durch nachträgliche Entrichtung des Entgelts oder Zahlung einer „Vertragsstrafe" kommt angesichts schon eingetretener Vollendung nicht in Betracht[123]. Eines **Strafantrags** bedarf es gemäß § 265a III nur unter den in §§ 247, 248a[124] genannten Voraussetzungen.

681

> Im **Fall 58** hat A keine Kontrollperson getäuscht; für die Annahme eines Betrugs (§ 263)[125] ist daher kein Raum. Er hat aber die Eingangskontrollen umgangen und sich den Zutritt dadurch verschafft, dass er die Stadionumzäunung in der Absicht überklettert hat, das Eintrittsgeld nicht zu entrichten. Dieses Verhalten erfüllt alle Merkmale der **Zutrittserschleichung** (§ 265a I). Vollendet ist die Tat mit Beginn des Spiels. Bis dahin ist Rücktritt möglich. Außerdem liegt ein **Hausfriedensbruch** (§ 123) vor. Zwischen § 265a und 123, die verschiedene Rechtsgüter schützen, besteht nach überwiegender Ansicht Tateinheit (§ 52; zum **Strafantragserfordernis** s. §§ 265a III, 123 II). – Durch den Einwurf des Falschgeldes und die Entnahme der Zigarettenschachtel hat A sich des **Inverkehrbringens** von **Falschgeld**[126] und nach der hier vertretenen Meinung des **Diebstahls** (§§ 242, 248a) schuldig gemacht, der § 265a verdrängt. Da im Einwerfen des Falschgeldes schon der Beginn des Wegnehmens liegt, stehen beide Delikte (§§ 242, 147) in **Tateinheit** (§ 52).

682

---

116 OLG Frankfurt a.M. NJW 10, 3107, 3109; LG Bonn StraFo 15, 81.
117 OLG Hamm NJW 12, 1239, 1240; OLG Koblenz NJW 00, 86.
118 OLG Koblenz NJW 00, 86; *Lackner/Kühl-Heger*, § 265a Rn 7.
119 BayObLG NJW 69, 1042; vgl Rn 583 ff.
120 S. dazu diff. S/S/W-*Saliger*, § 265a Rn 21; vgl auch LK-*Hillenkamp*, § 22 Rn 11 ff.
121 Vgl OLG Frankfurt a.M. NJW 10, 3107; S/S-*Perron*, § 265a Rn 13; teilw. abw. *Fischer*, § 265a Rn 28.
122 OLG Koblenz NStZ-RR 11, 246, 247; s. auch OLG Hamm NStZ-RR 11, 206, 207; Falllösung bei *Krell*, JuS 12, 537; *Ladiges*, JuS 12, 50 f.
123 SK-*Hoyer*, § 265a Rn 34.
124 Ein dreimaliges Schwarzfahren kann für die Bejahung des besonderen öffentlichen Interesses genügen s. KG Berlin BeckRS 16, 115973.
125 Zum Vorrang der Betrugsprüfung s. *Preuß*, ZJS 13, 257.
126 § 147; s. dazu *Wessels/Hettinger/Engländer*, BT I Rn 962.

5. Prüfungsaufbau: Erschleichen von Leistungen, § 265a

682a

Erschleichen von Leistungen, § 265a
I. Tatbestand
  1. Objektiver Tatbestand
     a) Tatobjekt:
       - *Leistung*
         eines Automaten
         ⓟ Warenautomat
         eines Telekommunikationsnetzes
       - *Beförderung durch ein Verkehrsmittel*
       - *Zutritt zu einer Veranstaltung/Einrichtung*
       - *Entgeltlichkeit der Leistung*
     b) Tathandlung:
       - *Erschleichen*
         ⓟ Erfordernis täuschungsähnlichen Verhaltens
  2. Subjektiver Tatbestand
     a) Vorsatz:
       - *jede Vorsatzart*
     b) Absicht:
       - *Absicht, Entgelt nicht (vollständig) zu entrichten*
II. Rechtswidrigkeit
III. Schuld
IV. Privilegierung (Strafantrag, § 265a III iVm §§ 247, 248a)
V. Subsidiarität, § 265a I aE
   ⓟ Reichweite der Subsidiaritätsklausel

§ 17 Subventions-, Kapitalanlage-, Kredit- und Submissionsbetrug

683 **Fall 59:** Der Frühinvalide F, der stundenweise einen kleinen Süßwarenkiosk betreibt, lebt in sehr ärmlichen Verhältnissen. Auf seinen Antrag hat das Sozialamt der Stadt S ihm zu Beginn der winterlichen Jahreszeit eine Unterstützung aus dem Sozialhilfefonds gewährt. Später stellt sich heraus, dass F, ohne vorsätzlich zu handeln, wesentliche Umstände aus grober Nachlässigkeit nicht oder nicht vollständig angegeben hatte.
Hat F sich strafbar gemacht? **Rn 690**

I. Subventionsbetrug

1. Schutzzweck und Deliktsnatur

684 § 264 schützt das **Allgemeininteresse** an einer **wirkungsvollen staatlichen Wirtschaftsförderung durch Subventionen**, deren **missbräuchliche Inanspruchnahme** verhindert werden soll[1]. Daneben ist auch das **Vermögen** der öffentlichen Hand mitgeschützt, das durch eine ungerechtfertigte Inanspruchnahme der nur in begrenztem

---

1 Ebenso OLG Hamburg NStZ 84, 218; ähnlich HK-GS/*Duttge*, § 264 Rn 3; LK-*Tiedemann*, § 264 Rn 23; S/S-*Perron*, § 264 Rn 4.

Umfang zur Verfügung stehenden Mittel und die damit verbundene Vereitelung des Vergabezwecks Schaden erleidet².

Die Bezeichnung **Subventionsbetrug** ist irreführend, da § 264 eine gegenüber § 263 **selbst-** **685** **ständige und abschließende Sonderregelung** enthält, bei der es auf eine Verwirklichung der Betrugsmerkmale gerade nicht ankommt. § 264 I Nrn 1, 3 und 4 setzen lediglich eine der Täuschungshandlung ähnliche, mit ihr aber angesichts der für Nrn 1 bis 3 auch vorgesehenen leichtfertigen Begehensweise strukturell nicht übereinstimmende Verhaltensweise und *keine* durch eine irrtumsbefangene Verfügung vermittelte *Verletzung* oder *konkrete Gefährdung* eines Angriffsobjekts voraus; die Tat bildet ein als Tätigkeitsdelikt ausgestaltetes **abstraktes Gefährdungsdelikt**³, das früher vollendet ist als der Betrug⁴.

Ergänzt und ausgefüllt wird § 264 insbesondere durch die Vorschriften des **Subventionsgeset-** **686** **zes** (SubvG), die ua die Bezeichnung der subventionserheblichen Tatsachen seitens des **Subventionsgebers** gegenüber dem **Subventionsnehmer** (§ 2 SubvG) und dessen Offenbarungspflicht bei der Inanspruchnahme von Subventionen (§ 3 SubvG) sowie die Unerheblichkeit von Scheingeschäften (§ 4 SubvG, Gedanke des § 117 BGB) näher regeln⁵.

Mit § 264 IV hat der Gesetzgeber im Kernstrafrecht erstmalig ein in der Form der **Leichtfertig-** **687** **keit** fahrlässig begehbares Vermögensschutzdelikt geschaffen. Der wesentliche Grund hierfür ist in den erheblichen Schwierigkeiten zu sehen, den Nachweis des Vorsatzes zu führen⁶. Leichtfertigkeit wird von der Rechtsprechung (zu Unrecht *nur*) als **vorsatznahe Schuldform** verstanden, die eine besondere Gleichgültigkeit oder grobe Unachtsamkeit voraussetzt⁷ und zB bei einer die Unrichtigkeit der Angaben nicht aufdeckenden Beratung durch eine juristisch gebildete und deshalb im Vergleich mit dem Täter kompetentere Person entfallen kann⁸.

---

2 AnK-*Gercke*, § 264 Rn 3; BK-*Momsen/Laudien*, § 264 Rn 7; *Eisele*, BT II Rn 725; *Lackner/Kühl/ Heger*, § 264 Rn 1; *Mitsch*, BT II S. 404; NK-WSS-*Isfen*, § 264 Rn 4; *Rengier*, BT I § 17 Rn 3; S/S/W-*Saliger*, § 264 Rn 1; *Wittig*, § 17 Rn 4; für umgekehrte Reihenfolge G/J/W-*Straßer*, § 264 Rn 3–5; nur für Vermögensschutz *Fischer*, § 264 Rn 2b; *Hellmann*, Rn 880; *Krey/Hellmann/Heinrich*, BT II Rn 757; *Ranft*, JuS 86, 445; SK-*Hoyer*, § 264 Rn 10 ff; die Bedeutung des Streits relativierend A/R/R-*Wattenberg*, 4.2 Rn 11.
3 BGHSt 34, 265, 267 f; S/S-*Perron*, § 264 Rn 5; W/J-*Dannecker/Bülte*, 2/309; anders LK-*Tiedemann*, § 264 Rn 28 f, der in § 264 ein schlichtes *Tätigkeitsdelikt* erblickt; MK²-*Wohlers/Mühlbauer*, § 264 Rn 12 f (Kumulationsdelikt); M/R-*Gaede*, § 264 Rn 5 und S/S/W-*Saliger*, § 264 Rn 2 (Eignungsdelikt); näher zum 1. WiKG und zu den Reformzielen *Hack*, Probleme des Tatbestandes Subventionsbetrug, § 264 StGB, 1982; *Heinz*, GA 1977, 193, 225; *Löwer*, JZ 79, 621; *Sannwald*, Rechtsgut und Subventionsbegriff, § 264 StGB, 1982. S. zum Ganzen auch die krit. Rechtsprechungsübersicht von *Ranft*, NJW 86, 3163.
4 BGH wistra 08, 348; OLG München NStZ 06, 630, 631; krit. dazu BGH wistra 07, 217; zur Beendigung iS der Verjährung s. OLG Rostock NZWiSt 12, 386.
5 Soweit **Subventionen** nach § 264 VII Nr 2 von der **EU** selbst vergeben werden, gilt das SubvG nicht. Ob im Europäischen Recht mit Art 4 III VO Nr 2988/98 eine § 4 SubvG vergleichbare Regelung existiert bzw. auf einen ungeschriebenen allgemeinen Grundsatz zurückgegriffen werden kann, ist umstritten; näher dazu LK-*Tiedemann*, § 264 Rn 12, 124; S/S/W-*Saliger*, § 264 Rn 25. Letzteres bezweifelt BGH wistra 18, 130 mit Anm. *Mansdörfer*, ZWH 18, 144 ff.
6 Anders G/J/W-*Straßer*, § 264 Rn 95; M-G-*Retemeyer*, § 52 Rn 49; *Tiedemann*, § 17 Rn 718; krit. hierzu („Verdachtsstrafe") *Hillenkamp*, in: *Achenbach* ua, Recht und Wirtschaft 1985, S. 237 ff, 247; *Mitsch*, BT II S. 411; MK-*Wohlers/Mühlbauer*, § 264 Rn 111; M/R-*Gaede*, § 264 Rn 7; NK-WSS-*Isfen*, § 264 Rn 3; s. auch BGHSt 43, 148, 167; zu Beweisproblemen des § 264 insgesamt s. A/W-*Heinrich*, § 21 Rn 55, 64, 73; *Detzner*, Rückkehr zum „klassischen Strafrecht" und die Einführung einer Beweislastumkehr 1998; SK-*Hoyer*, § 264 Rn 3 f; zur **Verfassungsmäßigkeit** der Vorschrift s. BK-*Momsen/Laudien*, § 264 Rn 10; NK-*Hellmann*, § 264 Rn 6 ff; S/S/W-*Saliger*, § 264 Rn 3.
7 BGH NStZ-RR 10, 311, 312; BGH NStZ 13, 406; s. auch BGHSt 43, 158, 168.
8 BGH wistra 13, 149 f; hier wird trotz Kennzeichnung der Leichtfertigkeit (nur) als „vorsatznahe Schuldform" in der Sache immerhin angedeutet, dass es schon um eine durch (objektive) Leichtfertigkeit gekennzeichnete *Verhaltensform* („Tathandlung") geht.

2. Subventionsbegriff

688 **Subventionen** iS des § 264 sind nach § 264 VII Nr 1 nur Leistungen aus **öffentlichen Mitteln** nach Bundes- oder Landesrecht an **Betriebe** oder **Unternehmen**[9] (unter Einschluss des öffentlichen Unternehmens, § 264 VII S 2), nicht dagegen an öffentlich-rechtliche Gebietskörperschaften[10]. Die Leistungen müssen wenigstens zum Teil ohne marktmäßige Gegenleistung gewährt werden und der **Förderung der Wirtschaft** dienen[11]. In Betracht kommen Hilfeleistungen in Katastrophenfällen, zinsverbilligte Darlehen, verlorene Zuschüsse uä[12]. § 264 VII Nr 2 bezieht Leistungen aus öffentlichen Mitteln nach dem Recht der EU mit ein, verzichtet hier aber auf die Voraussetzung, dass sie der Förderung der Wirtschaft dienen[13].

689 *Sozialleistungen* an **Privatpersonen** (zB Wohngeld, Kindergeld oder Ausbildungsförderung)[14] und öffentliche Leistungen, die nicht wenigstens teilweise zur Förderung der Wirtschaft, sondern für **andere Zwecke**, insbesondere für *kulturelle* Aufgaben, Bildungseinrichtungen und dergleichen bestimmt sind, werden von § 264 VII Nr 1 **nicht** erfasst[15]. Das Erschleichen solcher nach Bundes- oder Landesrecht gewährten Leistungen ist nur im Rahmen des § 263 mit Strafe bedroht. Auch die sog. **„Abwrackprämie"**, die beim Kauf eines Neuwagens bei gleichzeitiger Verschrottung eines Altfahrzeugs in der zurückliegenden Finanzkrise gezahlt wurde, fällt hierunter, da sie nur an Privatpersonen ausgereicht worden ist[16]. Das **Kurzarbeitergeld** mag zwar auch der „Förderung der Wirtschaft" dienen, gehört aber in den Bereich der sog. Subventionsvermittlung, in dem die Subvention dem Betrieb nicht zur eigenen Verwendung, sondern zur Weiterreichung an den Arbeitnehmer überlassen wird. Hier ist deshalb nur Betrug, nicht aber Subventionsbetrug denkbar[17].

690 Im **Fall 59** kommt ein Betrug (§ 263) zum Nachteil der Stadt S unter dem Blickwinkel der *Fehlleitung zweckgebundener Sozialmittel* schon deshalb nicht in Betracht, weil F **nicht vorsätzlich** gehandelt hat. **Leichtfertigkeit** ist nur im Bereich des **Subventionsbetrugs** gemäß § 264 I Nrn 1 bis 3, IV mit Strafe bedroht. Nach dem Vorstehenden fehlt es für die Anwendbarkeit dieses Tatbestandes aber schon an einer Subvention im Sinne der Legaldefinition des § 264 VII Nr 1. F hat sich daher nicht strafbar gemacht.

691 Subventionen, die auf Grund **steuerrechtlicher Vorschriften** gewährt werden, fallen wegen prinzipiellen **Vorrangs des Steuerstrafrechts** auch dann nicht unter § 264, wenn sie in Geldleistungen statt in einer bloßen Steuerermäßigung bestehen[18].

---

9 Dass sie daneben auch Privatpersonen „offenstehen", schadet nach BGHSt 59, 244 mit Anm. *Asholt*, ZWH 14, 467 und *Hellmann*, JZ 15, 724 nicht.
10 LG Mühlhausen NJW 98, 2069; s. dazu *Achenbach*, NStZ 98, 561.
11 S. dazu umfassend *Schmidt*, GA 79, 121; ferner *Kudlich/Oğlakcıoğlu*, Rn 265 f; NK-WSS-*Isfen*, § 264 Rn 7 ff; *Wittig*, § 17 Rn 22 f.
12 S. *Lackner/Kühl/Heger*, § 264 Rn 6; *Tiedemann*, § 4 Rn 713 ff.
13 S. dazu *Fischer*, § 264 Rn 12; W/J-*Dannecker/Bülte*, 2/309 f; zu EU-Subventionen im Agrarbereich s. *Janovsky*, NStZ 98, 120; *Schrömbges*, wistra 09, 249 ff. Reine Vertragssubventionen sind nicht erfasst s. BGH HRRS 19 Nr. 330.
14 S. *Fischer*, § 264 Rn 2, 10 f; *Mitsch*, BT II S. 405.
15 *Hellmann*, Rn 884; *Otto*, BT § 61 Rn 13.
16 S. dazu *Stumpf*, NJW-Spezial 09, 648; Falllösung bei *Fahl*, JA 11, 836.
17 S. *Gaede/Leydecker*, NJW 09, 3545 f; S/S/W-*Saliger*, § 264 Rn 12, 14. Gleiches gilt zB für Schlechtwettergeld, s. A/R/R-*Wattenberg*, 4.2 Rn 17; BK-*Momsen/Laudien*, § 264 Rn 18.
18 Vgl LK-*Tiedemann*, § 264 Rn 41; MK-*Ceffinato*, § 264 Rn 122; NK-*Hellmann*, § 264 Rn 17; zur Abgrenzung einer Steuervorteilserschleichung iS der Abgabenordnung gegenüber dem Betrug und dem Subventionsbetrug s. *Fuhrhop*, NJW 80, 1261.

3. Tathandlungen und Strafbarkeit

Die in § 264 I Nrn 1, 3 und 4 umschriebenen **Tathandlungen** (= unrichtige oder unvollständige Angaben, pflichtwidriges In-Unkenntnis-Lassen und Gebrauchen einer durch unrichtige oder unvollständige Angaben erlangten Bescheinigung im Subventionsverfahren) müssen sich auf vom Gesetz oder vom Subventionsgeber aufgrund eines Gesetzes[19] mit hinreichender Deutlichkeit als **subventionserheblich**[20] iS des § 264 VIII in Verbindung mit § 2 SubvG bezeichnete **Tatsachen**[21] beziehen, wobei § 264 I Nr 4 auch eine Bescheinigung über die *Subventionsberechtigung* als solche genügen lässt[22]. Da Leichtfertigkeit genügt (§ 264 IV), Täuschen aber begrifflich das Wissen um die Unwahrheit voraussetzt (s. Rn 492), sind die Tathandlungen nicht mit der Täuschung oder dem „Vorspiegeln" des § 263 gleichzusetzen[23]. Unrichtig iS des § 264 I Nr 1 sind nicht nur Angaben, die mit der Wirklichkeit nicht übereinstimmen, sondern auch solche, die nur ein unvollständiges Gesamtbild vermitteln[24]. Das Merkmal des Handelns „für einen anderen" in § 264 I Nr 1 ist weit auszulegen; es genügt, dass die Angaben *zu Gunsten* des Subventionsnehmers gemacht werden. Täter kann daher uU auch der in das Subventionsverfahren eingeschaltete Amtsträger sein, sofern ihm nicht die Erteilung des Bewilligungsbescheides obliegt[25]. Nach § 264 I Nr 2 macht sich strafbar, wer eine Verwendungsbeschränkung verletzt.

692

Vollendet ist der Verstoß gegen § 264 I Nr 1, sobald die falschen Angaben, die für den Antragsteller oder den anderen vorteilhaft sind, dem Subventionsgeber gegenüber gemacht werden[26]. Zweifelhaft und umstritten ist, unter welchen Voraussetzungen die betreffenden Angaben iS dieser Vorschrift **„vorteilhaft"** sind[27]. Nach Ansicht des BGH ist dies schon dann der Fall, wenn sie im Zeitpunkt ihres Vorbringens **geeignet** erscheinen, das Subventionsverfahren günstig zu beeinflussen; dass die Voraussetzungen für eine Subventionsgewährung *aus einem anderen Grunde* gegeben waren, der erstrebte Vorteil also auch ohne die Falschangaben hätte erlangt werden können, soll an der Tatbestandsmäßigkeit des Verhaltens nichts ändern[28]. Im An-

693

---

19 Vgl OLG Celle, StraFo 16, 525 mit Anm. *Groß/Lange*, ZWH 17, 47; *Achenbach*, NStZ 17, 692 f.
20 Näher zu subventionserheblichen Tatsachen und der Bedeutung von § 4 SubvG BGH wistra 18, 302, 305 ff; BGH wistra 18, 130 mit Anm. *Mansdörfer*, ZWH 18, 144 ff; BGH HRRS 19 Nr. 324.
21 BGHSt 44, 233; BGH NStZ-RR 11, 81; OLG Rostock NZWiSt 12, 388 mit Anm. *Reimers*; LG Magdeburg wistra 05, 155, 156 f; NK-*Hellmann*, § 264 Rn 50 ff; zum Fehlen dieser Bezeichnung bei EU-Subventionen s. W/J-*Dannecker/Bülte*, 2/310; OLG Celle StraFo 16, 525 mit Anm. *Groß/Lange*, ZWH 17, 47. Dass das Gesetz die Bewilligung von ihnen abhängig macht, genügt idR, näher S/S/W-*Saliger*, § 264 Rn 20.
22 Näher *Müller-Emmert/Maier*, NJW 76, 1657, 1659; *Schmidt-Hieber*, NJW 80, 322; BGH JR 81, 468 mit krit. Anm. *Tiedemann*; BayObLG NJW 82, 2202.
23 AA G/J/W-*Straßer*, § 264 Rn 56; NK-*Hellmann*, § 264 Rn 74; NK-WSS-*Isfen*, § 264 Rn 38; *Wittig*, § 17 Rn 38: „Täuschen"; *Fischer*, § 264 Rn 22; MK-*Ceffinato*, § 264 Rn 77; S/S/W-*Saliger*, § 264 Rn 23: „Vorspiegeln" als ungeschriebenes Tatbestandsmerkmal; auch BGH NStZ 10, 327 spricht vom „Täuschungsvorsatz".
24 BGH NStZ 06, 625, 627; 10, 327; s. zur Unrichtigkeit und Unvollständigkeit auch M/R-*Gaede*, § 264 Rn 32.
25 BGHSt 32, 203, 208; OLG Hamburg NStZ 84, 218; *Maurach/Schroeder/Maiwald*, BT I § 41 Rn 172; *Ranft*, JuS 86, 445; *Rengier*, BT I § 17 Rn 6; S/S/W-*Saliger*, § 264 Rn 27.
26 BGHSt 34, 265, 267; zur Vollendung und Beendigung s. auch BGH wistra 07, 217; 08, 348; OLG München NStZ 06, 630, 631; OLG Rostock NZWiSt 12, 386.
27 S. *Achenbach*, BGH-FS S. 608 ff.
28 BGHSt 34, 265, 270; 36, 373, 375 f; zust. *Achenbach*, Anm. JR 88, 251; *Meine*, wistra 88, 13; MK-*Ceffinato*, § 264 Rn 86; *Otto*, BT § 61 Rn 19.

schluss an OLG Karlsruhe NJW 81, 1385 steht die Rechtslehre überwiegend auf dem gegenteiligen Standpunkt[29]. Dem ist zu folgen, weil das im Betrugstorso des § 264 sich nicht unbedenklich verflüchtigende Unrecht[30] eine Auslegung verlangt, die eine Gefährdung des mitgeschützten Vermögens voraussetzt[31].

694 Da § 264 nicht nur das Vorfeld des Betrugs abdecken, sondern auch die Fälle der **erfolgreichen Subventionserschleichung** erfassen will, entspricht seine *Strafdrohung* derjenigen des Betrugstatbestandes. Für *besonders schwere Fälle* sieht § 264 II unter Aufzählung von Regelbeispielen Freiheitsstrafe von 6 Monaten bis zu 10 Jahren vor. Gemäß § 264 III gilt § 263 V entsprechend. **Tätige Reue** wird gemäß § 264 V in Anlehnung an § 24 I durch Gewährung von Straffreiheit belohnt[32]. Sie wird nicht dadurch ausgeschlossen, dass die Behörde nach Richtigstellung der Angaben die Subvention (zu Unrecht) gewährt. In einem solchen Fall fehlt es an der Kausalität der zunächst unrichtigen Angaben und der Bewilligung der Subvention[33]. Bei der Beteiligung mehrerer ist der Grundgedanke des § 24 II sinngemäß anzuwenden[34].

695 Entfällt eine Bestrafung nach § 264, bleibt ein Rückgriff auf § 263 bzw §§ 263, 22 zulässig[35]; im Übrigen wird ein Verstoß gegen § 263 durch die Bestrafung gemäß § 264 I mit abgegolten[36]. Praktische Bedeutung hat § 264 zB bei der Inanspruchnahme von Investitionszulagen[37].

II. Kapitalanlagebetrug

696 Zur Bekämpfung des Anlageschwindels dient der Straftatbestand des § 264a[38], der wie die §§ 264, 265b namentlich zur Beseitigung von Beweisschwierigkeiten[39] im **Vorfeld des Betrugs** angesiedelt ist. Über den individuellen Vermögensschutz potenzieller Kapitalanleger[40] hinaus soll diese Vorschrift dazu dienen, einer Erschütterung

---

29 Näher *Kindhäuser*, JZ 91, 492; *Lüderssen*, wistra 88, 43; M-G/B-*Bender*, § 52 Rn 18 f; *Mitsch*, BT II S. 408 f; NK-*Hellmann*, § 264 Rn 87; *Ranft*, NJW 86, 3163, 3166; S/S-*Perron*, § 264 Rn 47 mwN.
30 S. *Hack*, Probleme des Tatbestandes des Subventionsbetruges 1982, S. 112 ff; *Hillenkamp*, in: *Achenbach* ua, Recht und Wirtschaft 1985, S. 237 f, 247.
31 *Eisele*, BT II Rn 734; *Lackner/Kühl/Heger*, § 264 Rn 18; NK-WSS-*Isfen*, § 264 Rn 47; SK-*Hoyer*, § 264 Rn 58; S/S/W-*Saliger*, § 264 Rn 26; *Tenckhoff*, Bemmann-FS, S. 469 ff, 478; *Wittig*, § 17 Rn 45; krit. *Achenbach*, BGH-FS S. 611 ff.
32 Zur ratio s. A/W-*Heinrich*, § 21 Rn 59 f; *Krack*, NStZ 01, 505.
33 BGH NStZ 10, 327, 329.
34 MK-*Wohlers/Mühlbauer*, § 264 Rn 120; S/S-*Perron*, § 264 Rn 69.
35 BGH NJW 82, 2453; *Lackner/Kühl/Heger*, § 264 Rn 31.
36 BGHSt 44, 233, 243; BGH wistra 07, 217; näher A/W-*Heinrich*, § 21 Rn 75 f; LK-*Tiedemann*, § 264 Rn 185 f; aA MK²-*Wohlers/Mühlbauer*, § 264 Rn 123. Zum Verhältnis der Tathandlungen des § 264 s. BGH NStZ-RR 16, 140 f (zu *Abs 1 Nr 1 und Nr 3*); LK-*Tiedemann*, § 264 Rn 188; S/S/W-*Saliger*, § 264 Rn 43.
37 Näher dazu *Hentschel*, wistra 00, 81; M-G/B-*Küster*, § 15 Rn 6 f; BayObLG NJW 82, 457; OLG Koblenz JZ 80, 736; zur Kriminologie des Subventionsbetrugs s. *Kaiser*, § 74 Rn 24 ff.
38 S. LK-*Tiedemann/Vogel*, § 264a Rn 1 f; M-G-*Wagenpfeil*, § 27 Rn 110.
39 S. M/R-*Schröder/Bergmann*, § 264a Rn 1; NK-*Hellmann*, § 264a Rn 3; s. aber auch *Tiedemann*, § 22 Rn 1020.
40 Zur Beschränkung auf dieses Rechtsgut s. *Jacobi*, Der Straftatbestand des Kapitalanlagebetrugs 2000, S. 15 ff, 51; NK-*Hellmann*, § 264a Rn 9f; dagegen auf den Institutsschutz verweisend *Kubiciel*, JZ 18, 176.

des allgemeinen Vertrauens in den Kapitalmarkt vorzubeugen[41]. Daraus erklärt sich, dass das Gesetz hier nur Angaben in Prospekten, Darstellungen und Übersichten über den Vermögensstand gegenüber einem **größeren Kreis von Personen** erfasst, nicht aber Unredlichkeiten in Verhandlungen mit Einzelpersonen, die aus dem Schutzbereich der Norm ausgeklammert sind und für die es weiterhin bei § 263 bleibt. § 264a I, II bedroht schon das bloße **Aufstellen unrichtiger vorteilhafter Angaben** sowie das **Verschweigen nachteiliger Tatsachen** hinsichtlich der für die Anlageentscheidung **erheblichen**[42] Umstände in einer bestimmten Angebotssituation mit Strafe. Verschweigen bedeutet ein bewusstes „Nichtsagen" oder Verheimlichen, wofür nicht ausreicht, dass über bestehende Verflechtungen erst an „später" Stelle, dort aber zutreffend Auskunft gegeben wird[43]. Unrichtige Informationen kann auch verbreiten, wer einen Prospekt mit zutreffenden Angaben weiter versendet, obwohl er weiß, dass nachträglich einige Angaben unrichtig geworden sind[44].

Aufklärungspflichtig sind danach alle Umstände, die für den verständigen, durchschnittlich vorsichtigen Kapitalanleger Einfluss auf den Wert, die Chancen und Risiken einer Kapitalanlage haben. Dabei liegt es auf der Hand, dass Prospektangaben schon ihrer Funktion nach nicht auf Vollständigkeit angelegt sein können. Die Offenbarungspflicht ist daher auf die wertbildenden Umstände zu beschränken, die nach den Erwartungen des Kapitalmarkts für die Anleger bei ihrer Investitionsentscheidung von Bedeutung sind[45]. Die Tat ist **kein Sonderdelikt**[46], uU ist indes der geistige Urheber schon unmittelbarer Täter[47]. Die praktische Bedeutung der Vorschrift ist gering[48]. Zu den Einzelheiten der gesetzlichen Regelung sei auf § 264a I und II verwiesen[49]. § 264a III belohnt „tätige Reue" unter den dort genannten Voraussetzungen mit Straffreiheit[50]. Auf Grund des überindividuellen Rechtsgutsschutzes besteht zwischen § 263 und § 264a gegebenenfalls Tateinheit[51]. 697

---

41 Vgl BT-Ds 10/318, S. 22; A/R/R-*Joecks*, 10.1 Rn 7 ff; G/J/W-*Bock*, § 264a Rn 5; *Lackner/Kühl/Heger*, § 264a Rn 1; *Otto*, BT § 61 Rn 38 f; abl. gegenüber dem „Vertrauen" MK-*Ceffinato*, § 264a Rn 5, der (Rn 6) wie auch schon *Wohlers/Mühlbauer* in der Vorauflage „allein die Funktionsfähigkeit des Kapitalanlagemarkts als Institution geschützt" ansieht; zu Erscheinungsformen, zur Strafverfolgungspraxis und zu Reformvorschlägen s. *v. Schönborn*, Kapitalanlagebetrug 2003, S. 55 ff, 79 ff, 101 ff.
42 Zur nicht unbedenklichen Unbestimmtheit dieses Merkmals (und anderer) s. A/W-*Heinrich*, § 21 Rn 85 ff; zur Art. 103 II GG beachtenden Auslegung s. NK-WSS-*Momsen/Laudien*, § 264a Rn 25.
43 BVerfG NJW 08, 1726, 1727.
44 BGH(Z) ZWH 15, 347, 350 f.
45 S. BGH JR 06, 248 mit zust. Anm. *Ziemann*; *Fischer*, § 264a Rn 15; LK-*Tiedemann/Vogel*, § 264a Rn 70 ff. Bewertungen und Prognosen als „Angabe" verstehend *Fischer*, § 264a Rn 14; MK-*Ceffinato*, § 264a Rn 41; nur auf Tatsachen abstellend SK-*Hoyer*, § 264a Rn 15; NK-*Hellmann*, § 264a Rn 32 f. Bei der Beurteilung der Erheblichkeit können das WpPG, VermAnlG und die VermVerkProspV sowie die Rspr zur Prospekthaftung Indizien liefern (zurückhaltend OLG Hamm BeckRS 16, 18360).
46 S/S/W-*Bosch*, § 264a Rn 23; *Wittig*, § 18 Rn 8; BGH(Z) ZWH 15, 347, 349.
47 Vgl. LK-*Tiedemann/Vogel*, § 264a Rn 103; S/S/W-*Bosch*, § 264a Rn 23; krit. *Fischer*, § 264a Rn 22; *Darleder/Knops/Bamberger-Waßmer*, § 86 Rn 87.
48 BK-*Momsen/Laudien*, § 264a Rn 4; S/S/W-*Bosch*, § 264a Rn 3; s. aber zB BGH BeckRS 13, 04310 (mit der Forderung verfassungskonformer Auslegung, Rn 15 f); KG wistra 11, 358, 359: § 264a als Schutzgesetz iS des § 823 II BGB; *Stackmann* NJW 13, 1986 f; § 264a muss dann vorsätzlich verwirklicht worden sein, s. BGH NJW-RR 12, 404; für Abschaffung des § 264a *Zieschang*, GA 12, 616. Relevant ist aber in der gesellschaftsrechtlichen Praxis zB die Amtsunfähigkeit von Geschäftsführern und Vorständen nach § 6 II 2 Nr 3e GmbHG und § 76 III 2 Nr 3e AktG.
49 S. auch M-G/B-*Schmid*, § 27 Rn 102 ff; *Mitsch*, BT II S. 420 ff, Falllösungen bei *Hellmann*, Rn 1 ff.
50 Näher zum Ganzen *Achenbach*, NJW 86, 1835; *Joecks*, wistra 86, 142; zu § 264a im Zusammenhang mit der Einführung des Euro s. *Schröder*, NStZ 98, 552. Entfällt eine Strafbarkeit nach § 264 III, so gilt dies nicht für einen mitverwirklichten Betrug, s. auch *Kindhäuser*, § 264a Rn 13; NK-*Hellmann*, § 264a Rn 74; MK-*Ceffinato*, § 264a Rn 88; aA LK-*Tiedemann/Vogel*, § 264a Rn 100.
51 MK²-*Wohlers/Mühlbauer*, § 264a Rn 108; *Otto*, BT § 61 Rn 67; *Rengier*, BT I § 17 Rn 11; aA *Lackner/Kühl/Heger*, § 264a Rn 17 mit § 265b Rn 10.

III. Kreditbetrug

698 Die durch das 1. WiKG 1976 eingefügte Vorschrift des § 265b betrifft bestimmte Täuschungshandlungen[52] im **Vorfeld des Betrugs**[53]. Ihr Anwendungsbereich beschränkt sich aber auf Kreditgeschäfte, bei denen Kreditgeber und Kreditnehmer ein **Betrieb** oder **Unternehmen** iS des § 265b III Nr 1 sind[54].

Kredite, die an oder von Privatpersonen gewährt werden, scheiden hiernach aus. Für sie gilt lediglich § 263[55]. Das gleiche gilt für Kredite an erst zu gründende Unternehmen[56]. **Täter** eines **Kreditbetrugs** iS des § 265b I Nrn 1, 2 kann allerdings jedermann, also auch eine Privatperson und uU ähnlich wie beim Subventionsbetrug (s. Rn 692) auch ein Mitarbeiter des Kreditgebers[57] sein. Eine Begriffsbestimmung des **Kredits** findet sich in § 265b III Nr 2[58]. § 265b I Nr 1a ist mit dem Bestimmtheitsgrundsatz (Art. 103 II GG) vereinbar[59].

699 Die Tat ist ein **abstraktes Gefährdungsdelikt**. Schutzgut ist neben dem **Vermögen** des einzelnen Kreditgebers auch das **Allgemeininteresse** an der Verhütung von Gefahren, die sich aus dem Kreditschwindel für die inländische Kreditwirtschaft ergeben[60]. Daher geht § 265b dem § 263 – entgegen der Rspr – nicht vor, sondern es besteht Tateinheit[61].

700 Die tatbestandlichen **Täuschungshandlungen** sind in § 265b I näher beschrieben. Unter § 265b I Nr 2 findet sich ein echtes **Unterlassungsdelikt**. In subjektiver Hinsicht ist stets **Vorsatz** erforderlich. Einen *Leichtfertigkeitstatbestand* kennt § 265b im Gegensatz zu § 264 IV nicht. Die **Vollendung** setzt nicht voraus, dass ein Vermögensschaden eintritt[62]. **Beihilfe** ist bis zur Ausreichung der letzten (Kredit-)Leistung möglich[63]. Die Regelung zur **tätigen Reue** (§ 265b II) deckt sich im Wesentlichen mit derjenigen des § 264 V[64].

---

52 Zu ihrer Auslegung s. BGH wistra 14, 484, 485.
53 Zur Legitimation im Hinblick auf Beweisschwierigkeiten zu § 263 s. *Tiedemann*, § 22 Rn 988 ff.
54 S. dazu BGH NStZ 11, 279; LG Hamburg, BeckRS 17, 117883; A/R/R-*Hellmann*, 9.1 Rn 11 ff; BK-*Valerius/Momsen/Laudien*, § 265b Rn 5; G/J/W-*Wiedner*, § 265b Rn 26; S/S/W-*Saliger*, § 265b Rn 3; *Darleder/Knops/Bamberger-Waßmer*, § 86 Rn 106 f; *Wittig*, § 19 Rn 6–11.
55 S. zur Unterscheidung von Kreditbetrug iwS und ieS M-G/B-*Nack*, § 50 Rn 52 ff; 86 ff.
56 BayObLG NStZ 90, 439.
57 S. näher dazu *Mitsch*, BT II S. 456; einschr. MK-*Kasiske*, § 265b Rn 45.
58 Hierunter fallen zB auch „Genussscheine", s. OLG Celle wistra 08, 196, 197.
59 BGHSt 30, 285, 286 ff; s. dazu NK-WSS-*Momsen/Laudien*, § 265b Rn 10.
60 BGHSt 60, 15, 25 ff mit Anm. *Rübenstahl*, NJW 15, 426 (gleichwohl sind auch ausländische Kreditgeber geschützt); vgl auch OLG Stuttgart NStZ 93, 545; nur für Vermögensschutz *Maurach/Schroeder/Maiwald*, BT I § 41 Rn 166; SK-*Hoyer*, § 265b Rn 7 f.
61 AA BGHSt 36, 130, 131 f; BGH NStZ 11, 279, 280; *Fischer*, § 265b Rn 3, 41; *Lackner/Kühl/Heger*, § 265b Rn 10; *Mitsch*, BT II S. 455; NK-*Hellmann*, § 265b Rn 69. Wie hier LK-*Tiedemann*, § 265b Rn 15, 113; *Otto*, BT § 61 Rn 37; *Darleder/Knops/Bamberger-Waßmer*, § 86 Rn 175; für Tateinheit zwischen § 265b und bloßem Betrugsversuch auch *Kindhäuser*, JR 90, 520.
62 BGH NStZ 03, 539, 540.
63 BGH wistra 10, 219, 220.
64 Näher zum Ganzen A/R/R-*Hellmann*, 9.1 Rn 6 ff; *Lampe*, Der Kreditbetrug, §§ 263, 265b StGB 1980; M-G/B-*Nack*, § 50 Rn 86 ff; *Mitsch*, BT II S. 453 ff; zur praktischen Bedeutung, namentlich in der Insolvenz, s. W/J-*Pelz*, 9/309 ff sowie M-G/B-*Hebenstreit*, § 50 Rn 150 f; *Reiter/Methner*, VuR 03, 128; Falllösungen bei *Hellmann*, Rn 194 ff; *Wittig*, § 19 Rn 5 ff. Zur (antizipierten) tätigen Reue bei beiden Vorschriften s. *Oğlakcıoğlu/Kulhanek*, JR 14, 465 ff.

IV. Submissionsbetrug

1. Submissionsabsprachen und Submissionsbetrug

Aufträge über Waren oder gewerbliche Leistungen werden häufig im Wege einer Ausschreibung (= Submission) vergeben. Die Ausschreibung soll das für den Auftraggeber günstigste Angebot unter den Bedingungen eines freien Wettbewerbs ermitteln[65]. Dabei kommt es nicht selten zu sog. **Submissionsabsprachen**, in denen sich Anbieter darauf verständigen, welches Mitglied des von ihnen gebildeten Submissionskartells den Zuschlag erhalten und zu welchem Preis es den Auftrag bekommen soll. Durch ungünstigere Scheinangebote der übrigen Kartellmitglieder wird eine Vergabe des Auftrags an das ausgesuchte Mitglied des Kartells erreicht[66].

701

Von einem **Submissionsbetrug** iS des § 263 wird dann gesprochen, wenn die Kartellmitglieder dem Ausschreibenden die Absprache verheimlichen und ihm infolgedessen konkludent vortäuschen, dass es sich um echte Wettbewerbsangebote handle[67], der Auftraggeber dem ausgesuchten Mitglied den Zuschlag auf Grund eines entsprechenden Irrtums erteilt und dadurch einen (Eingehungs-) Schaden erleidet[68]. Bei dessen Berechnung soll nicht der eigentlich „angemessene", sondern der Preis zu Grunde gelegt werden, der sich voraussichtlich im freien Wettbewerb ohne Absprache gebildet hätte[69]. Die Berechnung dieses hypothetischen Wettbewerbspreises[70] stößt in der Praxis offenbar auf so erhebliche (Beweis-) Schwierigkeiten, dass es nur selten zur Verurteilung kommt[71].

702

2. Wettbewerbsbeschränkende Absprachen bei Ausschreibungen

Im Abschnitt „**Straftaten gegen den Wettbewerb**" erfasst § 298[72] die Angebotsabgabe auf der Grundlage **wettbewerbsbeschränkender Absprachen bei Ausschreibungen**[73] (§ 298 I) und bei freihändiger Vergabe eines Auftrages nach vorangegan-

703

---

65 S. näher *Satzger*, Der Submissionsbetrug 1994, S. 27 ff, 32 f.
66 *Oldigs*, Möglichkeiten und Grenzen der strafrechtlichen Bekämpfung von Submissionsabsprachen 1998, S. 10 ff; *Satzger*, Der Submissionsbetrug 1994, S. 38 ff. Zu mit solchen Taten oft verbundenen Korruptionsdelikten *Hohmann*, NStZ 01, 567; *König*, JR 97, 401. Zu einem möglichen Betrug an unbeteiligten Mitbewerbern BGH wistra 97, 144, 145; M/R-*Saliger*, § 263 Rn 266.
67 S. dazu BGHSt 47, 83 mit zust. Bespr. *Rönnau*, JuS 02, 545; *Rose*, NStZ 02, 41.
68 Ausführlich *Grützner*, Die Sanktionierung von Submissionsabsprachen 2003, S. 161 ff, 308; *Oldigs*, Möglichkeiten und Grenzen 1998, S. 60 ff; *Satzger*, Der Submissionsbetrug 1994, S. 57 ff; zur Übertragbarkeit der Grundsätze auf die freihändige Vergabe mit Angebotsanfrage s. BGHSt 47, 83, 87 f; krit. dazu *Satzger*, JR 02, 392; *Walter*, JZ 02, 255; Überblick bei M/R-*Saliger*, § 263 Rn 263 ff.
69 OLG Frankfurt NJW 90, 1057; BGHSt 38, 186, 190 ff, s. dazu *Hellmann*, Rn 609 ff; *Tiedemann*, § 17 Rn 747 ff.
70 BGHSt 38, 186, 194 ff.
71 Vgl BGH NJW 95, 737, aber auch BGH NJW 97, 3034, 3037 f; BGH wistra 01, 103, 104 und BGHSt 47, 83, 88; *Otto*, BT § 61 Rn 142; *ders.*, wistra 99, 42 ff. S. zur Entwicklung der Rechtsprechung und zur Schadenskonstruktion instruktiv *Moosecker*, Lieberknecht-FS S. 407 ff; *Satzger*, ZStW 109 (1997), 357 ff; s. auch A/W-*Heinrich*, § 21 Rn 104 ff; *Fischer*, § 298 Rn 3; *Grüner*, JuS 01, 882; *Regge/Rose/Steffens*, JuS 99, 160 f; *Rönnau*, JuS 02, 549 f; *Satzger*, JR 07, 391.
72 S. dazu das Gesetz zur Bekämpfung der Korruption vom 13.8.1997 (BGBl I 2038 ff); *Dahs*, Kriminelle Kartelle? Zur Entstehungsgeschichte des § 298 StGB, 1998; LK-*Tiedemann*, vor § 298 Rn 1 f; *Möhrenschlager*, JZ 96, 829 f; SK-*Rogall*, § 298 Rn 1 f; zum Phänomen der Korruption s. näher *Dölling*, in: Dölling (Hrsg.), Handbuch der Korruptionsprävention 2007, 1/1 ff; Überblick über § 298 bei *Stoffers/Möckel*, NJW 12, 3270 ff.
73 Näher zum Begriff der Ausschreibung BGHSt 59, 34 mit Anm. *Bosch*, ZWH 14, 275.

genem Teilnahmewettbewerb (§ 298 II)[74]. Es handelt sich um ein abstraktes Gefährdungsdelikt[75], das vorrangig[76] dem **Schutz des freien Wettbewerbs**, daneben aber auch des **Vermögens** des Veranstalters der Ausschreibung[77] und der Mitbewerber dient[78]. Hieraus ist zu folgern, dass § 298 einen gleichzeitig erfüllten Submissionsbetrug nicht verdrängt[79], sondern mit diesem in Tateinheit steht[80]. Nur so ist die Möglichkeit der Annahme eines besonders schweren Falls nach § 263 III zu erhalten[81]. Auf eine **Betrugsähnlichkeit** hat der Gesetzgeber weitgehend **verzichtet**[82]. Es entfällt nicht nur die Voraussetzung des schwer nachweisbaren Vermögensschadens[83]. Vielmehr sind schon Täuschung und Irrtum zwar Regel-, nicht aber zwingende Merkmale des Tatbestands. Als **Tathandlung** reicht die Absprache trotz der insoweit missverständlichen Überschrift nicht aus[84]. Vielmehr muss ein Angebot *abgegeben* worden und *zugegangen*[85] sein, das auf der Absprache beruht[86]. Darauf, ob das Angebot an Mängeln leidet, die es zwingend vom Ausschreibungsverfahren ausschließen, soll es nicht ankommen[87]. Die Absprache muss **rechtswidrig** sein. Das ist sie dann, wenn sie gegen das Kartellverbot des § 1 GWB verstößt[88]. Darauf muss sich der Vorsatz beziehen[89]. Aufgrund dieser *kartellrechtsakzessorischen* Ausgestaltung nimmt § 298 I am Wandel des § 1 GWB teil, sodass nach Auffassung der Rspr seit 2005 auch **vertikale Absprachen** zwischen einem Anbieter und dem Veranstalter erfasst sind[90]. Das hat für den BGH zur Folge, dass nicht nur Kartellmitglieder, sondern auch „Personen auf Seiten des Veranstalters" oder sogar der Veranstalter

---

74 Vgl dazu BGHSt 47, 83; hier geht es allerdings im 2. Fall um ein Verhandlungsverfahren, s. dazu *Walter*, JZ 02, 256.
75 Nach G/J/W-*Böse*, § 298 Rn 2; MK-*Hohmann*, § 298 Rn 6: Verletzungsdelikt; wie hier S/S/W-*Heine/Eisele*, § 298 Rn 2; S/S/W-*Bosch*, § 298 Rn 2.
76 Nicht vorrangig, sondern nur: *Hotz*, JuS 17, 925; *Kuhlen*, Lampe-FS S. 744 ff; MK-*Hohmann*, § 298 Rn 4 f; M/R-*Schröder/Bergmann*, § 298 Rn 1–3; SK-*Rogall*, § 298 Rn 4; S/S/W-*Bosch*, § 298 Rn 1; *Vormbaum*, Schroeder-FS S. 649 ff.
77 Näher zum Begriff BGHSt 59, 34 mit Anm. *Bosch*, ZWH 14, 275.
78 BT-Ds 13/5584, S. 13; BK-*Momsen/Laudien*, § 298 Rn 7; *Dölling*, ZStW 112 (2000), 348; LK-*Tiedemann*, § 298 Rn 9 f; NK-WSS-*Greeve*, § 298 Rn 3; krit. zu Letzterem *Hellmann*, Rn 559 (nur Schutzreflex); NK-*Dannecker*, § 298 Rn 12; *Pasewaldt*, ZIS 08, 84; zu Rechtsgut und Deliktsstruktur genauer *Rotsch*, ZIS 14, 579 ff.
79 So aber *Krey*, BT II, 12. Aufl., Rn 534b; *Wolters*, JuS 98, 1102.
80 *Achenbach*, WuW 97, 959; *Fischer*, § 298 Rn 22; G/J/W-*Böse*, § 298 Rn 41; *König*, JR 97, 402; *Korte*, NStZ 97, 516; *Lackner/Kühl/Heger*, § 298 Rn 9; M-G/B-*Gruhl*, § 58 Rn 20; *Otto*, BT § 61 Rn 151; *Pasewaldt*, ZIS 08, 90 f; *Regge/Rose/Steffens*, JuS 99, 162; SK-*Rogall*, § 298 Rn 48; für Subsidiarität des § 298 *Maurach/Schroeder/Maiwald*, BT II § 68 Rn 9.
81 BT-Ds 13/5584, S. 14; für dessen Aufnahme in § 298 *Walter*, JZ 02, 256.
82 S/S-*Heine/Eisele*, § 298 Rn 1.
83 S. *Bottke*, ZRP 98, 219.
84 LK-*Tiedemann*, § 298 Rn 26.
85 S. dazu *Kindhäuser*, § 298 Rn 6; *Kuhlen*, Lampe-FS S. 752; *Pasewaldt*, ZIS 08, 87 f.
86 SK-*Rogall*, § 298 Rn 18 f, 21 f; S/S-*Heine/Eisele*, § 298 Rn 11, 15.
87 BGHSt 59, 34, 36 f mit Nachweisen zum Streitstand und Anm. *Greeve*, NStZ 14, 403; *Kretschmer*, JR 14, 407.
88 A/R/R-*Achenbach*, 3.4 Rn 15; G/J/W-*Böse*, § 298 Rn 26; NK-WSS-*Greeve*, § 298 Rn 77 ff; *Kuhlen*, Lampe-FS S. 754 ff; LK-*Tiedemann*, § 298 Rn 33 f; *Wittig*, § 25 Rn 29.
89 *Kindhäuser*, § 298 Rn 7, 9; *Lackner/Kühl/Heger*, § 298 Rn 3, 5; LK-*Tiedemann*, § 298 Rn 43; S/S/W-*Bosch*, § 298 Rn 14; *Wittig*, § 25 Rn 38 f; Zweifel bei *Fischer*, § 298 Rn 12, 18a.
90 Dazu BGH NZWiSt 13, 139 mit Anm. *Greeve* sowie *Bosch*, JK 2/13, § 298/2; *Hohmann*, wistra 13, 105; LK-*Tiedemann*, § 298 Rn 14; MK-*Hohmann*, § 298 Rn 71; aA G/J/W-*Böse*, § 298 Rn 23 f; NK-*Dannecker*, § 298 Rn 73 ff; *L. Rengier*, Rengier-FS S. 291, 295 ff.

selbst als Täter des § 298 I in Betracht kommen. Hält man durch § 298 nicht nur den freien Wettbewerb, sondern auch das Vermögen des Veranstalters für geschützt, ist die letztere Annahme allerdings kaum schlüssig begründbar. Angesichts der weiten Vorverlegung des Vollendungszeitpunkts eröffnet § 298 III die Möglichkeit tätiger Reue[91].

3. Bestechlichkeit und Bestechung im geschäftlichen Verkehr

Ausschreibungen folgt nicht selten der Versuch, den Zuschlag durch Vorteilsgewährungen an den Entscheidungsträger zu erlangen[92]. Handelt es sich um Ausschreibungen im Bereich der öffentlichen Hand, sind in aller Regel die §§ 331 ff einschlägig. Werden im Bereich privater Ausschreibungen **Angestellte** oder **Beauftragte** eines **geschäftlichen Betriebs** bestochen, kommt **§ 299** in Betracht. Diese durch das Gesetz zur Bekämpfung der Korruption 2015 (BGBl I 2015) um eine sog. Geschäftsherrenvariante erweiterte[93] Vorschrift, die naturgemäß auch außerhalb des hier erörterten Zusammenhangs Geltung beansprucht[94], stellt in Anlehnung an die §§ 331 ff die Bestechlichkeit (§ 299 I) und die Bestechung (§ 299 II) im **geschäftlichen Bereich** unter Strafe[95]. Ihre Übernahme in das **Kernstrafrecht**[96] soll das Bewusstsein der Bevölkerung schärfen, dass es sich auch bei der Korruption im geschäftlichen Bereich um eine Kriminalitätsform handelt, die nicht nur die Wirtschaft selbst betrifft, sondern Ausdruck eines allgemein sozialethisch missbilligten Verhaltens ist[97]. **Schutzgut** des § 299 ist der **lautere und faire Wettbewerb**. Die durch eine Entscheidung des Gro-

704

---

91 BT-Ds 13/5584, S. 14 f. Skeptisch in Bezug auf den Anreiz für ein Kartellmitglied *Hombrecher*, NZKart 17, 148.
92 S. *Möhrenschlager*, JZ 96, 828. Zu den verursachten Schäden s. *Dölling*, Gutachten C, 61. DJT, 1996, C 25 ff; W/J-*Dannecker/Müller*, 18/10 ff.
93 S. hierzu *Krack*, ZIS 16, 83 ff; *Schröder-Frerkes*, Wessing-FS S. 296 ff; *Walther*, NZWiSt 15, 255; zur Auswirkung auf § 261 *Bülte*, NZWiSt 25, 281.
94 S. dazu nur *Wittig*, § 26 mit Beispielen vor Rn 1.
95 Einen Überblick über die Vorschrift geben *Kieferle*, NZWiSt 17, 391 ff; *Nöckel*, ZJS 13, 50 ff; *Roxin*, Rössner-FS S. 892 ff; Beispiele in BGH NZWiSt 16, 70 mit Anm. *Bürger*; BGH NStZ 14, 324 f; *Sinner*, HRRS 16, 196; LG Frankfurt ZWH 15, 352; LG Münster BeckRS 15, 19392; OLG Stuttgart, JR 15, 651 mit Anm. *Kretschmer* (private Arbeitnehmer sind keine Mitbewerber); zu §§ 331 ff s. *Kudlich/Oğlakcıoğlu*, Rn 371 ff; zur Diskussion de lege ferenda s. *Kubiciel*, ZIS 14, 667. Zur Bedeutung s. BGH wistra 18, 35 mit Anm. *Böhme*. Zur sog. Geschäftsherrenvariante in Abs. 1 Nr 2 und Abs. 2 Nr 2 s. *Grützner/Helms/Momsen*, ZIS 18, 299 ff; *Jansen*, NZWiSt 19, 41 ff (zur Pflichtverletzung); *Krack*, ZIS 16, 83 ff; *Lorenz/Krause*, CCZ 17, 74 f; *Schröder-Frerkes*, Wessing-FS S. 296 ff; *Walther*, NZWiSt 15, 255; zur Auswirkung auf § 261 *Bülte*, NZWiSt 15, 281. Zur Frage des Sponsorings s. *Hohmann*, Joecks-GS S. 243 ff.
96 Krit. dagegen BR-Ds 553/96, S. 6; *Dölling*, Gutachten C, 61. DJT, 1996, C 84 ff; *König*, JR 87, 401; *Wolters*, JuS 98, 1103; zur Vorgeschichte s. *Ulbricht*, Bestechung und Bestechlichkeit im geschäftlichen Verkehr 2007, S. 5 ff; zu Erscheinungsformen s. *Pragal*, Die Korruption 2006, S. 17 ff; zur Reform s. G/J/W-*Sahan*, § 299 Rn 3; *Krack*, Samson-FS S. 377 ff; Fallösung bei *Pösl/Walther*, ZJS 10, 523. Zur Auslegung der Unrechtsvereinbarung s. BVerfGK 8, 50 ff; BGH NZWiSt 16, 70 mit Anm. *Bürger*; *Grützner/Momsen*, CCZ 17, 160 ff. Zum Begriff der unlauteren Bevorzugung im Wettbewerb s. *Fomferek*, wistra 17, 174 ff.
97 BT-Ds 13/5584, S. 15; BK-*Momsen/Laudien*, § 299 Rn 1; LK-*Tiedemann*, § 299 Entstehungsgeschichte; M/R-*Sinner*, § 299 Rn 1; SK-*Rogall*, § 299 Rn 3; S/S/W-*Rosenau*, § 299 Rn 2; **Fallbeispiel** bei *Hellmann*, Rn 788 ff; *N. Müller*, NZWiSt 14, 255; *Wittig*, § 26 vor Rn 1.

ßen Senats des BGH zu § 299 im Gesundheitswesen aufgezeigte Schutzlücke[98] hat der Gesetzgeber mit den 2016 neu eingefügten **§§ 299a, b** geschlossen[99].

9. Kapitel
Erpressung, räuberische Erpressung und erpresserischer Menschenraub

§ 18 Erpressung und räuberische Erpressung

I. Erpressung

705 **Fall 60:** D hat dem E ein Gemälde von sehr hohem Wert gestohlen, das als Werk eines bekannten Meisters nur schwer abzusetzen ist. Daher verfährt D wie folgt: Mit der Androhung, dass E sein Gemälde nicht wieder sehen werde, wenn er die Polizei einschalte oder nicht zahle, bietet er dem E das unersetzliche Kunstwerk gegen ein Lösegeld von 20 000 € zum Rückerwerb an. Um Schlimmeres zu verhüten, geht E auf den Handel ein und erhält das sorgfältig verpackte Gemälde gegen Zahlung von 20 000 € zurück.
Liegt eine Erpressung oder nur ein Fall der Nötigung vor? **Rn 717, 720, 721**

1. Deliktsstruktur und Schutzgüter

706 **Erpressung** (§ 253) ist die vom Bereicherungsstreben getragene Nötigung eines anderen zur Preisgabe eigener oder fremder Vermögenswerte. In ihrer tatbestandlichen Struktur ähnelt diese Straftat dem Betrug, mit dem sie den Charakter eines **Vermögensverschiebungsdelikts** teilt. Der wesentliche Unterschied zwischen ihnen liegt darin, dass der Eintritt des Vermögensschadens bei der **Erpressung** auf einer durch **Nötigung erzwungenen** *Handlung*, *Duldung* oder *Unterlassung* beruht, während die

---

98 Nach BGHSt 57, 202 mit Anm. *Brand/Hotz*, PharmR 12, 317; *Hohmann*, wistra 12, 388; *Ihwas/Lorenz*, ZJS 12, 712; *Kölbel*, StV 12, 592; *Kraatz*, NZWiSt 12, 273 sind für die vertragsärztliche Versorgung zugelassene Ärzte weder Amtsträger (§ 334) noch Beauftragte der gesetzlichen Krankenkassen iSd § 299 II. Die Vorlagebeschlüsse finden sich in BGH NStZ-RR 11, 303 und BGH wistra 11, 375; s. dazu *Fischer*, § 299a Rn 2; *Duttge*, Steinhilper-FS S. 203 ff; *Schroth*, Imme Roxin-FS S. 327 ff; *Schuhr*, NStZ 12, 14 ff; *Tsambikakis*, Steinhilper-FS S. 217 ff; zur kriminalpolitischen Folgerung s. *Dannecker*, ZRP 13, 37 ff.
99 S. dazu das Gesetz zur Bekämpfung der Korruption im Gesundheitswesen (BGBl I 1254); *Brettel/Duttge/Schuhr*, JZ 2015, 929 ff; *Dann*, KriPoZ 16 169 ff; *Dann/Scholz*, NJW 16, 2077 ff; *Gaede/Lindemann/Tsambikakis*, medstra 15, 142; *Grzesiek/Sauerwein*, NZWiSt 16, 369 ff; *Krüger*, NZWiSt 17, 129 ff; *Schröder*, NZWiSt 15, 321 sowie die ersten Kommentierungen bei *Fischer*, NK-SSW-*Gaede* und S/S/W-*Rosenau*. Zu den § 299 gleichfalls nachgebildeten Tatbeständen des **Sportwettbetrugs** (§ 265c) und der **Manipulation von berufssportlichen Wettbewerben** (§ 265d) s. Rn 500 und krit. *Bohn*, KriPoZ 17, 88 ff; *Krack*, ZIS 16, 540 ff; erläuternd *Rübenstahl*, JR 17, 264 ff; *Satzger*, Jura 16, 1142 ff; *Swoboda/Bohn*, JuS 16, 686 ff.

Vermögensbeschädigung beim **Betrug** die unmittelbare Folge einer durch **Täuschung erschlichenen** *Vermögensverfügung* sein muss. Typisch für die Erpressung ist ihr Freikaufcharakter; das Opfer erkauft sich durch die ihm abgenötigte Leistung die Beendigung der Zwangswirkung und die künftige Freiheit von Zwang[1], bisweilen auch nur die Abwendung von Schaden wie in Fällen von „*Erpressungstrojanern*"[2]. Dabei kann das Opfer Gefahr laufen, sich selbst strafbar zu machen. Das gilt namentlich dann, wenn mit Schutzgeldzahlungen kriminelle Vereinigungen unterstützt werden[3].

Der Erpresser benutzt den Angriff auf die persönliche Entschlussfreiheit des Opfers als Mittel zur Herbeiführung der erstrebten Vermögensverschiebung. Den Schwerpunkt der Rechtsgutsverletzung bildet der Angriff auf das fremde Vermögen[4]. Die Tat in ihrer Gesamtheit ist daher ein Vermögensdelikt. **Geschützte Rechtsgüter** sind das **Vermögen** und die **persönliche Entscheidungsfreiheit**[5]. Systematisch stehen § 253 und § 255 zueinander im Verhältnis von **Grundtatbestand** und **Qualifikation**. § 253 IV sieht straferhöhende **Regelbeispiele** (s. dazu Rn 206 ff) für den Fall vor, dass der Täter *gewerbsmäßig* (s. Rn 239)[6] oder als *Mitglied einer Bande* (s. dazu Rn 296 ff) handelt.

2. Objektiver Tatbestand

Zum **äußeren Tatbestand** des § 253 gehört, dass ein Mensch durch Gewalt oder Drohung mit einem empfindlichen Übel zu einer Handlung, Duldung oder Unterlassung **genötigt** und dadurch dem **Vermögen** des Genötigten oder eines Dritten **ein Nachteil zugefügt** wird. 707

a) Nötigungsmittel

Bezüglich der **Nötigungselemente** des § 253 kann auf die Ausführungen zu § 240 verwiesen werden[7], weil sich die Tatbestände in dieser Hinsicht in ihrem Wortlaut vollständig und nach ihrem Inhalt im Wesentlichen decken. 708

Im Hinblick darauf, dass sich das abgenötigte Verhalten nach an Anhängerschaft zwar verlierender, gleichwohl aber zutr. Ansicht als **Vermögensverfügung** darstellen muss, kommt abweichend von § 240 als **Gewalt** iS des § 253 allerdings nur **vis compulsiva**, dh die willensbeugende Gewalt, nicht dagegen *vis absoluta* in Betracht[8]. Bei § 253 kann es genügen, wenn diese sich unmittelbar gegen Sachen und nur mittelbar gegen das Opfer richtet[9]. Zur **Drohung** mit einem **Unterlassen** – ein Richter droht, seine Frau, eine Staatsanwältin, *nicht* dazu zu bewegen,

---

1 *Mitsch*, NStZ 95, 499; *Rengier*, JuS 81, 654; zur Erpressung von Unternehmen durch für Abnehmer gefährliche Manipulationen an (Verkaufs-)Produkten s. anschaulich *Moseschus*, Produkterpressung 2004, S. 28 ff; zu §§ 253, 255 S. 102 ff.
2 Zur Zahlung von Lösegeld als Reaktion auf „Erpressungstrojaner" im Cyberraum *(digitale Erpressung)* s. *Ceffinato*, NZWiSt 16, 467; *Salomon*, MMR 16, 575.
3 S. dazu *Arzt*, JZ 01, 1052; A/W-*Heinrich*, § 18 Rn 21; für durchgehende Straflosigkeit des Opfers (notwendigen Teilnehmers) *Fischer*, § 253 Rn 23a; zust. BK-*Wittig*, § 253 Rn 23; M/R-*Maier*, § 253 Rn 38; zu Fragen der Rechtfertigung s. auch *Dann*, wistra 11, 127.
4 *Lackner/Kühl*, § 253 Rn 1; *Maurach/Schroeder/Maiwald*, BT I § 42 Rn 12.
5 BGHSt 19, 342, 343; 41, 123, 125; *Kindhäuser*, § 253 Rn 1; SK-*Sinn*, § 253 Rn 2.
6 S. dazu LG Düsseldorf MMR 11, 624 mit Anm. *Bär*.
7 S. *Wessels/Hettinger/Engländer*, BT I Rn 366 ff, 385 ff sowie BGH NStZ 85, 408.
8 So – näher nachfolgend – die zutr. Lehre im Gegensatz namentlich zur Rechtsprechung, s. dazu *Kudlich*, PdW BT I, S. 153 f; *Küper/Zopfs*, BT Rn 688 ff; *Rengier*, BT I § 11 Rn 13.
9 S/S/W-*Kudlich*, § 253 Rn 6; *Schramm*, BT I, S. 235.

das Verfahren gegen einen Beschuldigten einzustellen, falls er ihm nicht 5000 € zahle – wird von der Rechtsprechung auch für §§ 253, 255[10] daran festgehalten, dass sie ohne Handlungspflicht den Tatbestand erfüllt[11]. Gewinnt die Fortdauer des Übels, das der Täter nicht aufzuhalten droht, ein dem Eintritt eines neuen Übels gleichwertiges Gewicht oder verlangt der Drohende für die Abhaltung des Übels eine dem Bedrohten schwer zumutbare Gegenleistung, soll das selbst dann gelten, wenn der Handlungsspielraum des Bedrohten durch das Angebot des Täters tatsächlich erweitert ist[12]. Wie bei der Nötigung muss auch bei der Erpressung der Täter bei der Drohung mit dem Verhalten eines Dritten vorgeben, er werde den Dritten „bei Nichtvornahme der geforderten Vermögensverfügung"[13] in der befürchteten Richtung beeinflussen. Gibt der Täter vor, er werde nur gegen Zahlung von Geld den erfundenen Dritten von dessen geplanter Übelszufügung abzuhalten versuchen, soll hiernach nicht Erpressung, möglicherweise aber Betrug vorliegen[14]. Dazu ist allerdings zu bedenken, dass darin im entschiedenen Fall die Drohung liegt, etwas zu unterlassen – nämlich die Abwendung eines tödlichen Angriffs –, wozu der Täter denkbarerweise sogar nach § 323c verpflichtet ist. Mit den Aussagen zur Drohung mit Unterlassen ist diese Entscheidung daher nicht ohne Weiteres vereinbar. Dass das angedrohte Übel Dritte betreffen soll, ist auch bei der Erpressung ebenso unschädlich (s. Rn 354)[15] wie, dass die Drohung nicht ausführbar ist, solange nur das Opfer die Drohung ernst nehmen soll. **Subjektiv** muss der Täter den Bedrohten nicht unbedingt von der Ernsthaftigkeit der Drohung überzeugen wollen. Hält der Täter die Drohung für geeignet, bei dem Bedrohten Furcht vor ihrer Verwirklichung auszulösen, reicht es aus, wenn das Opfer die Ausführung nur für möglich halten soll[16]. Dass sich der Täter dabei einen Aberglauben des Opfers zunutze macht, hindert die Annahme einer Drohung nicht[17]. Wer mit einer nicht gerechtfertigten Klage bedroht wird, soll sich idR in besonnener Selbstbehauptung auf sie einlassen müssen[18]. Entsteht die Bereicherungsabsicht erst im Verlauf einer aus anderen Gründen vorgenommenen Nötigung, reicht das für eine Erpressung nur aus, wenn die Nötigung weiter aufrechterhalten, nicht aber, wenn die vorangegangene Nötigung nur ausgenutzt wird[19].

Rechtsprechungsbeispiel: Im **OLG Hamm NStZ-RR 13, 312** zugrunde liegenden Sachverhalt boten die Angekl. der Staatsanwaltschaft (StA) an, bestimmte Aktenordner als Beweismittel (nur) gegen einen Kaufpreis herauszugeben. Das OLG deutet die Aufnahme der Kaufverhandlungen so, dass darin „zugleich die konkludente Ankündigung" liege, im Falle des Scheiterns der Verhandlungen die Akten „nicht zu übergeben (mithin vorzuenthalten)." Würde in einem solchem Fall die StA den verlangten Kaufpreis zahlen, läge ein Vermögensschaden vor,

---

10 Zu § 240 s. BGHSt 31, 195, 200 ff; *Hillenkamp*, BT 7. Problem; *Wessels/Hettinger/Engländer*, BT I Rn 391 ff; eine BGHSt 31, 195 – Drohung mit Nichtaufhalten einer Strafanzeige wegen Ladendiebstahls – entsprechende Fallkonstellation zu § 253 findet sich in OLG Karlsruhe NJW 04, 3724.
11 BGHSt 44, 251, 252; OLG Oldenburg NJW 08, 3012, 3013 (Fall des Richters) mit insoweit abl. Bespr. *Kudlich*, JA 09, 901 und zust. Bespr. *Sinn*, ZJS 10, 447; s. auch *Jäger*, BT Rn 375; M/R-*Maier*, § 253 Rn 8; S/S/W-*Kudlich*, § 253 Rn 9; der Rechtsprechung zust. *Eisele*, BT II Rn 757; *Hillenkamp*, JuS 97, 822; MK-*Sander*, § 253 Rn 12; krit. *Kuhlen*, Schünemann-FS S. 625 ff; s. auch *Hartmann*, JA 98, 947; Falllösung bei *Kaspar*, JuS 12, 628.
12 BGHSt 44, 68, 74 ff – Fall *Vogel* mit Anm. *Sinn*, NStZ 00, 195; s. zu dieser Fallgruppe *Fischer*, § 253 Rn 8b; SK-*Sinn*, § 253 Rn 15; zum Fall *Vogel* s. auch *Lagodny/Hesse*, JZ 99, 316; *Liebernickel*, Erpressung ausreisewilliger DDR-Bürger, 2000.
13 So wörtlich BGH NStZ 96, 435; zur Abgrenzung von Drohung und Warnung s. *Küper*, GA 06, 439 ff.
14 BGH NStZ-RR 07, 16; *Fischer*, § 253 Rn 7.
15 S. *Esser*, Jura 04, 277; zur juristischen Person als Nötigungsopfer s. *Wallau*, JR 00, 312.
16 BGH NStZ-RR 16, 45 mit Bespr. *Kudlich*, JA 16, 236.
17 S. *Hillenkamp*, JuS 03, 163; *ders.*, Schreiber-FS S. 135, 137 f.
18 S. dazu OLG Karlsruhe NStZ-RR 96, 296; JZ 04, 102 sowie – für den Fall eines sog. **AGG-Hoppings** – *Brand/Rahimi-Azar*, NJW 15, 2996 f.
19 S. dazu BGH BeckRS 13, 01323; *Fischer*, § 253 Rn 18a; das zum Raub Gesagte (Rn 361 ff) gilt hier entsprechend, s. auch Rn 726.

da Akten keinen den Verlust kompensierenden Vermögenswert besitzen und zudem idR als Beweismittel ohnehin unentgeltlich herauszugeben sind. Letzteres kann freilich – wie die sog. Steuer-CDs zeigen – auch einmal anders liegen. Darauf, dass hier nach dem sozialen Sinngehalt eine Drohung mit Unterlassen – der Nichtherausgabe – vorliegt, geht das Gericht nicht ein. Es verneint das Nötigungsmittel der Drohung deshalb, weil es von der StA als Amtsträger erwartet werden könne, dass sie „der Bedrohung in besonnener Selbstbehauptung standhält." Die Berufung auf BGHSt 31, 195, 201, eine Entscheidung, die unter solchen Umständen die Empfindlichkeit des angedrohten Übels verneint, weil ihm die Eignung fehle, „den Bedrohten im Sinne des Täterverlangens zu motivieren", zeigt den Rückgriff auf die zu § 240 geltenden Aussagen. Inhaltlich verweist das OLG darauf, dass die normative Voraussetzung der Eignung gegenüber der StA fehle, weil ihr zur Auffindung und Sicherstellung von Beweismitteln das Instrumentarium der §§ 94 ff StPO zur Verfügung stehe. Greife dieses Instrumentarium im Einzelfall nicht ein, sei der Beweisverlust – statt ihn durch Geldzahlung auszugleichen – „hinzunehmen", da es im Strafprozess nicht darum gehen könne, eine „Sachverhaltsaufklärung um jeden Preis" zu betreiben (s. dazu – iE zust. – *Wedler*, NZWiSt 14, 246; neutrale Wiedergabe bei *Fischer*, § 253 Rn 8 f).

b) Vermögensverfügung

Im Mittelpunkt der Diskussion um den Tatbestand der Erpressung steht die Frage, ob die Anwendbarkeit der §§ 253, 255 davon abhängt, dass die durch Nötigung erzwungene Handlung, Duldung oder Unterlassung eine **Vermögensverfügung** ist. Praktische Bedeutung gewinnt dies vor allem bei der gewaltsamen *Wegnahme* von Sachen zum Zwecke des vorübergehenden Gebrauchs[20] und bei einer gewaltsamen Pfandkehr[21]. Hier wird der Nötigungsakt nicht von § 249, aber auch nicht von § 255, sondern nur von § 240 erfasst, falls man die umstrittene Frage mit der vormals hL bejaht. 709

Auf Grund der parallelen Struktur zwischen § 263 und § 253[22] als Selbstschädigungsdelikt wird in der Rechtslehre noch immer verbreitet die Auffassung vertreten, dass der Tatbestand der Erpressung eine **Vermögensverfügung** des Genötigten voraussetzt[23]. Über die an sie zu stellenden Anforderungen herrscht innerhalb dieser Meinung dann allerdings Streit (s. Rn 714). 710

Im Gegensatz dazu hält die Rechtsprechung das Vorliegen einer Vermögensverfügung bei §§ 253, 255 nicht für unbedingt notwendig. In dem Bestreben, alle als gleich gefährlich beurteilten Verhaltensweisen auch gleich schwer zu bestrafen, sucht der BGH jede durch Gewalt gegen eine Person oder durch Drohung mit gegenwärtiger Gefahr für Leib oder Leben herbeigeführte Vermögensverschiebung entweder über den Tatbestand des **Raubes** (§ 249) oder den der **räuberischen Erpressung** (§ 255) 711

---

20 BGHSt 14, 386, 390 mit abl. Anm. *Schnellenbach*, NJW 60, 2154; BGH NStZ-RR 99, 103.
21 RGSt 25, 435.
22 Krit. zu diesem Ansatz *Küper*, Lenckner-FS S. 503 f; ihm weitgehend zust. *Erb*, Herzberg-FS S. 211 ff.
23 AnK-*Habetha*, § 253 Rn 9; A/W-*Heinrich*, § 18 Rn 14 ff; *Beulke*, III Rn 411 f; BK-*Wittig*, § 253 Rn 7-7.2; *Brand*, JuS 09, 900 f; *Eisele*, BT II Rn 769 f; *Fischer*, § 253 Rn 5, 10; *Heghmanns*, Rn 1460; H-H-*Kretschmer*, Rn 956; HK-GS/*Duttge*, § 253 Rn 7, 13 f; *Hohmann/Sander*, § 13 Rn 14 ff; *Joecks/Jäger*, § 255 Rn 6; *Kleszewski*, BT § 9 Rn 277 f; *Krey*, BT II, 12. Aufl., Rn 304; *Lackner/Kühl*, § 253 Rn 3; *Maurach/Schroeder/Maiwald*, BT I § 42 Rn 6 ff; MK-*Sander*, § 253 Rn 13 ff; *Otto*, ZStW 79 (1967), 59, 85; *ders.*, BT § 53 Rn 4; *Rengier*, BT I § 11 Rn 13, 25 ff; *ders.*, JuS 81, 654; *Schmidt*, BT II Rn 765; SK-*Samson*, 4. Aufl., § 253 Rn 5; S/S-*Bosch*, § 253 Rn 8, 8a; *Schröder*, ZStW 60 (1941), 33, 83; *Zöller*, BT Rn 445.

zu erfassen. Demnach soll es ggf genügen, dass der Täter zur **vis absoluta** greift[24] und sich so die Möglichkeit verschafft, die **vermögensschädigende Handlung** – zB durch *Wegnahme* einer Sache – **selbst vorzunehmen**[25]. Von diesem Standpunkt aus läge in jedem Raub zugleich eine räuberische Erpressung; im Verhältnis zur generellen Regelung des § 255 wäre § 249 dann das *speziellere* Gesetz[26]. Wer nicht Räuber iS des § 249 ist, weil er *ohne Zueignungsabsicht* und nur mit dem Willen zur Gebrauchsanmaßung gehandelt hat, würde dennoch über § 255 „gleich einem Räuber" bestraft[27].

712 Wollte man der Rechtsprechung folgen, wäre der Tatbestand des Raubes (§ 249) gegenüber § 255 überflüssig[28]; denn dass jemand zu den Mitteln des Raubes greift, um *völlig wertlose* Sachen oder Liebhaberstücke „unter voller Werterstattung" an sich zu bringen[29], kommt in der Praxis kaum vor. Andererseits würde der ausufernde Rückgriff auf § 255 für eine Reihe von Delikten (zB im Bereich der §§ 248b, 289, 292) **Möglichkeiten der Strafschärfung** schaffen, die das Gesetz dort nicht vorsieht. Zudem führte die Anwendung nichtqualifizierter Nötigungsmittel bei einem Diebstahl[30] zur Erpressung, obwohl die Eigentumsschutzdelikte erst bei qualifizierten Nötigungsmitteln in § 249 ein erhöhtes Strafmaß vorsehen. Das **System der Wertstufenbildung** innerhalb des Strafrahmens der einzelnen Vermögensdelikte könnte dadurch weitgehend unterlaufen werden. Das kann aber schwerlich im Sinne des Gesetzes sein. Den Vorzug verdient daher die Lehre, die den Tatbestand der **Erpressung** als **selbstständigen Deliktstyp** behandelt, dem die Aufgabe zufällt, diejenigen Vermögensverletzungen zu erfassen, die nicht schon als Eigentums- oder Vermögensdelikte anderer Charakters im StGB geregelt sind. Entsprechend ihrer Parallelstruktur unterscheiden Betrug und Erpressung sich somit nur dadurch, dass die vermögensschädigende Verfügung dort durch *Täuschung erschlichen* und hier durch *Nötigung erzwungen* wird[31].

713 Dieser Lehre wird häufig entgegengehalten, bei fehlender Zueignungsabsicht (**Beispiel:** Wegnahme eines Taxis mit Raubmitteln zum Zwecke des vorübergehenden Gebrauchs unter alsbaldiger Rückgabe an den Berechtigten)[32] begünstige sie den brutalen, zur *vis absoluta* greifenden

---

24 S. dazu zust. *Kindhäuser*, § 253 Rn 21; abl. SK-*Sinn*, vor § 249 Rn 17.
25 BGHSt 7, 252, 254; 14, 386, 390; 25, 224, 228; 32, 88; 41, 123, 125; 42, 196, 199; BGH NStZ-RR 99, 103; OLG Celle BeckRS 11, 23746 mit Bespr. *Bosch*, JK 3/12, StGB § 255/11; *Jahn*, JuS 11, 1131; *Krell*, ZJS 11, 572 (s. dazu auch Rn 96, 715); zust. *Geilen*, Jura 80, 50; *Günther*, Rössner-FS S. 798 ff; *Hecker*, JA 98, 305; *Jäger*, BT Rn 376; *Kretschmer*, Jura 06, 221; *Krey/Hellmann/Heinrich*, BT II Rn 433; S/S/W-*Kudlich*, § 253 Rn 11; vor §§ 249 ff Rn 7 f; *Lüderssen*, GA 1968, 257; M/R-*Maier*, § 253 Rn 14; *Schünemann*, JA 80, 486; *Seelmann*, S. 94; *Tausch*, Die Vermögensverfügung des Geschädigten – notwendiges Merkmal der Erpressungstatbestände? 1995, S. 73 ff; krit. gegenüber der „Verfügungstheorie" auch *Mitsch*, BT II S. 602 f; NK-*Kindhäuser*, vor § 249 Rn 47 ff; § 253 Rn 16 f; diff. SK-*Sinn*, vor § 249 Rn 11 f, 17; § 253 Rn 16.
26 So BGHSt 14, 386, 390; 41, 123, 125; auch *Bock*, BT II S. 581; SK-*Sinn*, vor § 249 Rn 11, 16 f; Wahlfeststellung zwischen Raub und räuberischer Erpressung kommt danach nicht in Betracht, BGH NStZ 14, 640; BGH StV 19, 273.
27 Übersicht über den Streitstand bei *Geppert/Kubitza*, Jura 85, 276; *Hecker*, JA 98, 301 f; *Hillenkamp*, BT 33. Problem; *Küper/Zopfs*, BT Rn 691 ff; Falllösung bei *Radtke/Matula*, JA 12, 265; *Kudlich/Aksoy*, JA 14, 85 f; Skizzierung bei *Bode*, JA 17, 110; *Rönnau*, JuS 12, 888 ff.
28 S. dazu *Kindhäuser/Böse*, BT II § 18 Rn 7 ff.
29 So die Gegenargumente von *Schünemann*, JA 80, 486, 488.
30 Sog. kleiner Raub, s. dazu *Küper/Zopfs*, BT Rn 697; SK-*Sinn*, § 253 Rn 17.
31 S. dazu *Rengier*, JuS 81, 654 und JZ 85, 565; krit. *Küper*, Lenckner-FS S. 495 ff.
32 Vgl BGHSt 14, 386.

Gewalttäter, indem sie dessen Nötigungshandlung nur über § 240 erfasse, während sie denjenigen, der lediglich mit gegenwärtiger Gefahr für Leib oder Leben *drohe* und so eine Vermögensverfügung (= Übertragung des Sachbesitzes an sich) erzwinge, gemäß §§ 253, 255 wegen räuberischer Erpressung bestrafe[33]. Diese Bedenken hätten Gewicht, wenn *vis absoluta* im Vergleich zur Drohung stets das brutalere Nötigungsmittel wäre. Davon kann aber keine Rede sein. Ein Taxifahrer, der dem Täter seinen Kraftwagen überlässt, weil er mit einer geladenen und entsicherten Schusswaffe bedroht wird, hat beispielsweise eine gefährlichere Situation zu bestehen als ein anderer, den der Täter durch rasches Abschließen der Tür im Warteraum des Taxenstandes einsperrt (= *vis absoluta*)[34] und der so zur Duldung der Wegnahme gezwungen wird. Richtig ist allein, dass der strafrechtliche Vermögensschutz im hier erörterten Bereich verbesserungsbedürftig ist und dass bei der augenblicklichen Gesetzeslage weder die Auffassung der Rechtsprechung noch die hier bevorzugte Lehre zu vollauf befriedigenden Ergebnissen führen. Während die Letztere sich auf die besseren *dogmatischen* Gründe stützen kann, muss man der Rechtsprechung zugestehen, dass sie aus *kriminalpolitischer* Sicht bei der Bekämpfung der Gewaltkriminalität nicht ohne Vorzüge[35] und mit dem Wortlaut der §§ 253, 255 vereinbar ist.

Die Entscheidung für eine Vermögensverfügung, die für die **Sach-** und die **Forderungs**erpressung gleichermaßen gilt[36], verlangt die Beschreibung ihrer **inhaltlichen Beschaffenheit**[37]. Leitet man das Erfordernis der Verfügung aus der strukturellen Verwandtschaft zum Betrug und der für beide Delikte charakteristischen Selbstschädigung ab, liegt es nahe, sich unter Berücksichtigung der Besonderheiten der Erpressung an den Verfügungsbegriff des Betrugs (s. Rn 624 ff) anzulehnen. Ein **unbewusstes Unterlassen** kann dann bei der **Sacherpressung** nicht Vermögensverfügung iS des § 253 sein, weil es zum Wesen der Willensbeugung durch kompulsive Gewalt oder Drohung gehört, dass der Genötigte zu einem *willensgesteuerten, bewussten* Verhalten bestimmt wird. Das schließt auch vis absoluta als Nötigungsmittel aus. Mindestvoraussetzung ist daher ein **willensgetragenes**, die Vermögensverschiebung und -schädigung **bewusst** herbeiführendes Verhalten[38]. Da auch unterhalb der Schwelle zur vis absoluta das Nötigungselement der Erpressung erheblichen Zwang bewirkt, kann **Freiwilligkeit** nicht im gleichen Sinn wie beim Betrug gefordert werden. Maßgeblich für die Erhaltung des Selbstschädigungscharakters ist insoweit, dass der Genötigte eine für sich durchhaltbare, das Vermögen bewahrende Verhaltensalternative oder seine Mitwirkung als notwendig und die Übergabe des Vermögensbestandteils daher als *seine* Entscheidung sieht. Letzteres ist dann gegeben, wenn das Erpressungsopfer für den Zugang zu seinem Vermögen eine „Schlüsselstellung" innehat[39], die beispielsweise in der Kenntnis einer Zahlenkombination oder eines Ver-

714

---

33 Vgl *Geilen*, Jura 80, 50, 51; *Schünemann*, JA 80, 486, 488; s. dazu auch *Brand*, JuS 09, 900.
34 Vgl BGHSt 20, 194, 195; BGH GA 1965, 57.
35 Vgl dazu *Kudlich/Aksoy*, JA 14, 85 f; s. dazu auch *Hilgendorf/Valerius*, BT II § 17 Rn 16 ff, die sich nach ähnlicher Einschätzung des Streitstands anders als hier auf die Seite der Rspr. schlagen, Rn 23.
36 *Rengier*, JuS 81, 661; aA *Brand*, JuS 09, 901 f.
37 *Küper/Zopfs*, BT Rn 702 ff.
38 AnK-*Habetha*, § 253 Rn 10; *Rengier*, BT I § 11 Rn 37; S/S-*Bosch*, § 253 Rn 8; so auch SK-*Sinn*, § 253 Rn 16, der aber keine „Verfügung" verlangt; krit. A/W-*Heinrich*, § 17 Rn 17.
39 BK-*Wittig*, § 253 Rn 9; *Hauf*, BT I S. 109; H-H-*Kretschmer*, Rn 959, 962; HK-GS/*Duttge*, § 253 Rn 13; *Krey*, BT II, 12. Aufl., Rn 300, 305; *Küper*, NJW 78, 956; *ders.*, Jura 83, 288; *Lackner/Kühl*, § 253 Rn 3; *Tenckhoff*, JR 74, 492; *Zöller*, BT Rn 446; krit. dazu *Biletzki*, Jura 95, 637; *Hecker*, JA 98, 305; *Rengier*, BT I § 11 Rn 34 ff, 37.

stecks, nicht aber im bloßen Besitz des (Tresor-)Schlüssels[40] liegen kann. Auch wenn der Täter aus der Sicht des Opfers in solchen Fällen auf seine Mitwirkung angewiesen ist, ist der Schluss nicht zwingend, es komme auf die **unmittelbar** vermögensmindernde Wirkung des Opferverhaltens dann nicht an[41]. Vielmehr bleiben auch aus der Erpressung die Sachverhaltsgestaltungen ausgeschlossen, in denen die Eröffnung des Zugangs zum Vermögen nur den **fremdschädigenden** Zugriff des Täters ermöglicht[42]. Denn wenn auch das Vermögen nach der „Aufschlüsselung" für den Täterzugriff offen liegt, ist seine Schädigung *ohne* Aushändigung des geforderten Teils noch nicht „definitiv"[43]. Vielmehr hängt sie dann noch von fremdschädigendem Zugreifen ab. Bei einer mit Nötigungsmitteln erzwungenen Preisgabe der zu einer ec-Karte gehörigen Geheimnummer ist zwar dann, wenn der Täter schon im Besitz der Karte ist und die Abhebung kurz bevorsteht, die Annahme einer schadensgleichen Vermögensgefährdung (s. Rn 572) nicht ausgeschlossen. Auch hier sollte man aber nicht anders als beim Betrug (s. Rn 579, 627) die Unmittelbarkeit verneinen, da der eigentliche Schaden erst durch die von § 263a erfasste (s. Rn 606) unbefugte Verwendung der Karte herbeigeführt wird[44]. Das ist freilich ausgeschlossen, wenn eine Geldabhebung mangels Deckung des Kontos oder der Preisgabe einer unzutreffenden Geheimzahl nicht möglich ist. Dann kommt nur Versuch in Betracht[45].

In jedem Fall muss das Opfer *durch* die Zwangswirkung des Nötigungsmittels zu der vom Täter erstrebten Handlung bewegt und in diesem Sinne der Wille des Opfers gebeugt worden sein. Daran fehlt es, wenn das Opfer *nur* aus ermittlungstaktischen Gründen zahlt, nicht aber, wenn die Furcht vor der Verwirklichung der Drohung neben dem Rat der Polizei zu zahlen *mitbestimmend* ist[46].

715 **Genötigter** und **Verfügender** müssen **personengleich** sein, während *Genötigter* und *Geschädigter* nicht identisch zu sein brauchen[47]. Wie im Falle des Betrugs kann der Nachteil auch das Vermögen eines Dritten treffen, zu welchem der Genötigte auf Grund eines **Näheverhältnisses** derart in Beziehung steht, dass er tatsächlich im Stande ist, über Vermögensgegenstände des Vermögensinhabers zu verfügen (s. Rn 515, 641).

Welche Anforderungen bei einer solchen **Dreieckserpressung** im Einzelnen an dieses „Näheverhältnis" zu stellen sind, ist noch weitgehend ungeklärt[48]. Sieht man in der Erpressung ein dem Betrug strukturverwandtes Selbstschädigungsdelikt, sind auch hier die Überlegungen zum

---

40 Ihn kann man gegebenenfalls dem Opfer abnehmen; daher liegt in BGH NStZ-RR 07, 375 in beiden Tatvarianten angesichts der Lebensbedrohung Raub vor. Anders der BGH unter Rekurs auf das äußere Erscheinungsbild, s. dazu Rn 739.
41 So aber *Lackner/Kühl*, § 253 Rn 3; *Otto*, BT § 53 Rn 5; *Tenckhoff*, JR 74, 492.
42 *Hillenkamp*, JuS 90, 455 f; ebenso *Hellmann*, JuS 96, 524, in dessen Fall Erpressung zu bejahen sein dürfte; s. auch BGH NStZ 06, 38 mit krit. Anm. *Hoyer*, ZIS 06, 140.
43 So aber *Küper*, Lenckner-FS S. 506; ihm zust. AnK-*Habetha*, § 253 Rn 11; *Hohmann/Sander*, BT I § 13 Rn 29.
44 Anders BGH NStZ-RR 04, 333, 334; wie hier *Rengier*, BT I § 11 Rn 36, 38, 47 ff; diff. *Graul*, Jura 00, 208.
45 BGH NStZ 11, 212, 213; BGH HRRS 14, 313 (Nr 795).
46 BGHSt 41, 368, 371; BGH JR 99, 117; BGH NStZ 10, 215.
47 Näher BGH NStZ 87, 222; BGHSt 41, 123, 125 f; BGH NStZ-RR 97, 321 mit Anm. *Cramer*, NStZ 98, 299 und *Krack*, NStZ 99, 134; BGH NStZ-RR 11, 143, 144.
48 Übersicht bei *Ingelfinger*, JuS 98, 537 f; *Küper/Zopfs*, BT Rn 705 ff; krit. *Erb*, Herzberg-FS S. 716 ff; zu Fragen des Versuchs und der Vollendung bei der Dreieckserpressung s. *Knauer*, JuS 14, 690.

(Dreiecks-) Betrug unter Berücksichtigung der Besonderheiten der Erpressung fruchtbar zu machen[49]. Danach ist zu verlangen, dass der verfügende Dritte **im Lager** des Vermögensinhabers steht (s. Rn 645)[50], naturgemäß hier aber nicht, dass er subjektiv in der Vorstellung handelt, zu der konkreten Vermögenspreisgabe berechtigt zu sein[51]. Obwohl die Gegenmeinung eine Verfügung nicht verlangt, setzt auch sie ein „Näheverhältnis" voraus[52]. Nach Ansicht des BGH bedeutet Erpressung in solchen Fällen die „erzwungene Preisgabe von ... fremden Vermögenswerten, deren Schutz der Genötigte wahrnehmen kann und will". Deshalb müsse der Genötigte spätestens im Zeitpunkt der Tatbegehung „auf der Seite des Vermögensinhabers stehen". Das wird selbstverständlich für die „Entscheidungsträger" einer juristischen Person[53], aber auch für die „in Erfüllung ihrer Aufgaben an Stelle des Geschädigten" handelnde Polizei[54] wie für die Lebensgefährtin des Geschädigten oder für einen den Vermögensinteressen des Geschäftsherrn nicht gleichgültig gegenüberstehenden Angestellten bejaht[55] und für den Zugbegleiter gegenüber der Bahn offenbar vorausgesetzt[56]. Der Sache nach ist hierin eine Annäherung an die These zu sehen, dass es sich bei der Erpressung um ein Selbstschädigungsdelikt handelt[57].

c) Vermögensnachteil

Der Begriff des **Vermögensnachteils** in § 253 deckt sich mit dem Merkmal der Vermögensbeschädigung in § 263[58]. Die Rechtsprechung legt daher auch hier eine wirtschaftliche Betrachtungsweise zu Grunde, die aber bei § 253 nicht anders als zu § 263 (s. dazu Rn 534) normative Begrenzungen erfährt[59]. Das zeigt sich zB daran, dass sich der *Standplatz einer Prostituierten* im Sperrbezirk nicht nur als *zu ungesicherte* Aussicht auf Geschäftsabschlüsse darstellen soll, um die Voraussetzungen einer *vermögenswerten Expektanz* zu erfüllen, sondern dass das auch deshalb gelte, weil die Prostitution dort jederzeit (von Rechts wegen) unterbunden werden könnte[60]. Auch sollen die Erzwingung einen Straftatbestand erfüllender Leistungen oder des Verzichts auf einen Beuteanteil trotz ihres wirtschaftlichen Wertes keine Schädigung des Opfers bedeuten[61]. Das stimmt wie die Verneinung *strafbaren* Besitzes (von Betäu-

716

---

49 So auch BK-*Wittig*, § 253 Rn 11; *Eisele*, BT II Rn 773 f; *Esser*, Jura 04, 278; H-H-*Kretschmer*, Rn 963; *Kindhäuser/Böse*, BT II § 17 Rn 42 ff; *Klesczewski*, BT § 9 Rn 279; *Krey*, BT II, 12. Aufl., Rn 306; *Heghmanns*, Rn 1466; *Maurach/Schroeder/Maiwald*, BT I § 42 Rn 29; MK-*Sander*, § 253 Rn 23; *Rengier*, BT I § 11 Rn 30; S/S-*Bosch*, § 253 Rn 6; abw. Konzeptionen bei *Fischer*, § 253 Rn 11; *Mitsch*, BT II S. 603 ff.
50 IE nahe stehend *Röckrath*, Die Zurechnung von Drittandlungen bei der Dreieckserpressung 1991, S. 67 ff; dazu *Maurach/Schroeder/Maiwald*, BT I § 42 Rn 30.
51 *Biletzki*, JA 96, 162; *Küper/Zopfs*, BT Rn 707; *Otto*, Anm. JZ 95, 1020 f.
52 *Hilgendorf/Valerius*, BT II § 17 Rn 35; M/R-*Maier*, § 253 Rn 25; SK-*Sinn*, § 253 Rn 18; S/S/W-*Kudlich*, § 253 Rn 21.
53 BGH NStZ-RR 11, 143, 144 (Mitglieder des Aufsichtsgremiums einer Bank).
54 BGHSt 41, 368, 371.
55 Zur Lebensgefährtin s. BGHSt 41, 123, 125 f; näher, teils krit. zu dieser Entscheidung *Krack*, JuS 96, 493; *Mitsch*, Anm. NStZ 95, 499; *Otto*, Anm. JZ 95, 1020; abl. *Wolf*, Anm. JR 97, 73; dagegen zutr. *Ingelfinger*, JuS 98, 537 f; zum Angestellten s. OLG Celle BeckRS 11, 23746 mit Bespr. *Bosch*, JK 3/12, StGB § 255/11; *Jahn*, JuS 11, 1131; *Krell*, ZJS 11, 572; s. zu diesem Fall auch Rn 96. S. zum Ganzen auch *Rengier*, JZ 85, 565.
56 BGH StV 13, 445 (s. dazu Rn 400 mwN).
57 *Geppert*, JK 90, StGB, § 255/9; krit. *Kindhäuser*, § 253 Rn 24 ff, 30 f.
58 Vgl BGH StV 96, 33.
59 BGHSt 44, 251, 254 f.
60 BGH JR 12, 204, 205 f mit Anm. *Erb* und *Satzger*, JK 6/12, StGB § 32/37.
61 BGH NStZ 01, 534; BGH NStZ-RR 09, 106.

bungsmitteln) als eines geschützten Vermögensbestandteils[62] mit dem juristisch-ökonomischen Vermögensbegriff überein (Rn 567, 569). Dem entspricht es auch, wenn der mangelnden Werthaltigkeit einer Forderung kein selbstständiges Gewicht beigemessen wird, wo die Forderung rechtlich nicht besteht[63]. Der wirtschaftliche Ausgangspunkt wird demgegenüber deutlich, wenn die Rechtsprechung dem einen Nachteil abspricht, der aufgrund der Drohung nur darauf verzichtet, eine ohnehin wertlose[64], weil gänzlich uneinbringliche Forderung geltend zu machen[65]. Auch bei der Erpressung kann sich ein Nachteil nach der Lehre vom individuellen Schadenseinschlag (Rn 550 ff) ergeben[66]. Ebenso kann die Herbeiführung einer konkreten Vermögensgefährdung wie beim Betrug unter Beachtung der vom BVerfG aufgestellten Vorgaben (s. Rn 572) genügen[67]. An ihr fehlt es zB, wenn eine Geldübergabe im Rahmen einer Erpressung von der Polizei so überwacht wird, dass dem Täter keine Chance bleibt, mit dem Geld zu entkommen[68]. Durch das schädigende Ereignis gegen Dritte erwachsende Ansprüche schließen andererseits auch bei der Erpressung den Schaden nicht aus[69].

Rechtsprechungsbeispiel: Mit einer an den Kopf gehaltenen Schreckschusspistole zwang der Angeklagte A im **BGH NStZ 11, 278** zugrunde liegenden Sachverhalt die Prostituierte P in einem Wohnmobil, in dem sie ihrer Arbeit nachging, an seinem Geschlechtsteil zu manipulieren. So zu verfahren hatte er bereits vor, als er sich von P zunächst den Preis für Oral- und Vaginalverkehr nennen ließ, sich mit ihm einverstanden erklärte und so erreichte, dass P ihn in ihr Wohnmobil einließ und dort auf der Bettkante vor ihm Platz nahm. Zwei Fluchtversuche der P unterband A dadurch, dass er sie mit der freien Hand auf das Bett zurück drückte. Kurze Zeit nachdem sie sich seiner Forderung aus Angst gebeugt hatte, gelang ihr dann aber doch die Flucht. – Daraus, dass das LG nach §§ 253, 255, *250 I Nr 1b* verurteilt hatte, lässt sich schließen, dass es sich nicht um eine gebrauchsbereite (dann läge nach der Rechtsprechung des BGH § 250 II Nr 1 in Form der Verwendung einer Waffe vor, s. Rn 266, 371), sondern um eine *ungeladene Schreckschusspistole* und damit um eine Nr 1b erfüllende *Scheinwaffe* (Rn 372) gehandelt hat. Nach Ansicht des BGH scheidet eine (räuberische) *Erpressung* aus zwei Gründen aus. Zum einen liege kein erzwungener *Verzicht* auf die Geltendmachung eines *Anspruchs auf Arbeitsentgelt* aus einem Dienstvertrag und damit kein Schaden vor, weil ein solcher Anspruch nach § 1 ProstG nur bei *einvernehmlicher* Vornahme der zuvor gegen Entgelt vereinbarten se-

---

62 Offengelassen in BGHSt 48, 322, 326; BK-*Wittig*, § 253 Rn 14.1; bejahend dagegen BGH wistra 18, 41; BGH NStZ- RR 17, 244; *Wolters*, Samson-FS S. 495, 512; verneinend für den *strafbaren* BtM-Besitz *Hillenkamp*, Achenbach-FS S. 189, 205; s. hier Rn 535.
63 BGH NStZ 08, 627 mit Anm. *Kindhäuser*, StV 09, 355.
64 Zum Problem strafbaren Besitzes zB von BtM s. Rn 535 sowie BGH NStZ-RR 17, 244; BGH BeckRS 17, 123966 mit Anm. *Müller-Metz*, NStZ- RR 17, 341; BGH NStZ-RR 18, 15.
65 BGH NStZ 07, 95, 96; krit. dazu *Grabow*, NStZ 10, 371 ff; s. auch BGH NStZ 11, 278 zum Schadensersatzanspruch einer zur Dienstleistung gezwungenen Prostituierten; *Eckstein*, JZ 12, 101 ff und *Hecker*, JuS 11, 944 ff weisen aber zu Recht (s. Rn 535) auf den Vermögenswert der Arbeitskraft hin; auch in BGH StV 13, 445 steht die Frage der Werthaltigkeit im Raum, s. dazu Rn 400 mwN.
66 BGH StraFo 15, 479 mit Anm. *Bosch*, Jura 16, 218 (§ 255 StGB); auch zu § 253 darf diese von BVerfG NJW 13, 365 nicht beanstandete Lehre allerdings nicht zur Begründung des Schadens allein wegen Verletzung der Dispositionsfreiheit führen, s. Rn 551.
67 Vgl BGHSt 34, 394; BGH NStZ-RR 18, 316 f zur erzwungenen Hingabe eines Schuldscheins für eine nicht bestehende Forderung; BGH NStZ-RR 98, 233; 00, 234 f; BGH NStZ 00, 197; BK-*Wittig*, § 253 Rn 14; HK-GS/*Duttge*, § 253 Rn 17; MK-*Sander*, § 253 Rn 24 f; M/R-*Maier*, § 253 Rn 16; krit. S/S-*Bosch*, § 253 Rn 9.
68 BGH StV 98, 80; 661; s. dazu StV 99, 94.
69 BGH NStZ-RR 04, 333, 334 f.

xuellen Handlung, nicht aber bei erzwungener Leistungserbringung entstehe. Das ist im entschiedenen Fall wohl richtig, da die Annahme eines konkludenten Verzichts lebensfremd wäre. Für beide Varianten tritt hinzu, dass ein Verzicht auf mangels fehlender Erfüllungsbereitschaft *wirtschaftlich weitgehend wertlose* Ansprüche auch ohnehin keinen Schaden auslösen könnte. In den Stellungnahmen zur Entscheidung (*Eckstein*, JZ 12, 101; *Hecker*, JuS 11, 944; *Zimmermann*, NStZ 12, 211) wird aber zu Recht moniert, dass der BGH nicht als drittes die Möglichkeit wenigstens erwägt, in der Erzwingung einer Arbeitsleistung (Manipulation des Geschlechtsteils), die unter den gegebenen Umständen üblicherweise und gesetzlich nicht mehr missbilligt (s. dazu Rn 534, 535, 567) nur gegen Entgelt erbracht wird, die Tatbestandsverwirklichung zu sehen. Das hat BGH NStZ 13, 710 in einem ähnlich liegenden Fall nun nachgeholt. Im Anschluss an *Zimmermann* wird nun auch der Vermögenswert eines gegen den Willen der Prostituierten erzwungenen Geschlechtsverkehrs verneint. Die Rechtsgutsverletzung erschöpfe sich in einem solchen Fall in einem Angriff auf die sexuelle Selbstbestimmung. Diesem zweifelhaften Standpunkt stimmt *Jäger*, JA 14, 232 (zust. auch *Satzger*, JK 8/14, StGB § 253/16) mit der Überlegung zu, der in der Degradierung der Prostituierten zum Objekt liegende Menschenwürdeverstoß verbiete die Gleichsetzung einer so abgetrotzten „Leistung" mit einer vermögenswerten Verfügung. *Hecker*, Kühne-FS S. 81 ff fragt dagegen zu Recht, warum man zB einen Taxifahrer oder einen Kfz-Mechaniker durch § 253 bei einer erzwungenen unentgeltlichen Beförderungsleistung oder Reparatur schützt, eine Prostituierte bei einer abgezwungenen Dienstleistung aber nicht. Die Berufung auf die Menschenwürde kehrt sich dann im Ergebnis gegen sie (s. dazu auch *Barton*, StV 14, 418; *Schwaab*, ZJS 14, 706).

Im **Fall 60** hat D den objektiven Tatbestand des § 253 I verwirklicht: Die Ankündigung, dass E sein wertvolles Gemälde „nicht wieder sehe", wenn er sich dem Ansinnen des D nicht beuge, enthält die **Drohung** mit einem empfindlichen Übel, weil D hier zu *unterlassen* androht, was zu tun er rechtlich verpflichtet ist[70]. Dadurch ist E zur Zahlung des Lösegeldes, dh zu einer sein Vermögen *unmittelbar* schädigenden Handlung (= Vermögensverfügung) genötigt worden, was nach allen hierzu vertretenen Auffassungen als Bindeglied zwischen Nötigungsmittel und Schädigung reicht. Zu prüfen bleibt, ob es an einem **Vermögensnachteil** im Hinblick darauf fehlen könnte, dass E gegen Hingabe des Geldes das Gemälde zurückerhalten hat[71]. Dem ist der BGH[72] jedoch mit Recht – wenn auch nicht in Übereinstimmung mit einer rein wirtschaftlichen Betrachtungsweise[73] – entgegengetreten. Denn da D gemäß §§ 985, 861 BGB zur **unentgeltlichen Rückgabe** der Diebesbeute verpflichtet war, gleicht die Wiedererlangung des Kunstwerkes durch E nur den *schon vorher angerichteten Diebstahlsschaden* aus, nicht aber den Verlust des Lösegeldes. In dieser Hinsicht fehlt es an einem *anrechenbaren* Gegenwert und an den Voraussetzungen für eine Einbeziehung in die Schadensberechnung. Im Verhältnis zum **Lösegeldschaden** bildet die Rückgabe des Diebesgutes, die auf einer schon vorher entstandenen *gesetzlichen* Verpflichtung beruht, kein **kompensationsfähiges Äquivalent** (vgl dazu Rn 548).

717

---

70 Näher *Hillenkamp*, BT 7. Problem; *Puppe*, Anm. JZ 89, 596; *Wessels/Hettinger/Engländer*, BT I Rn 391.
71 So aber OLG Hamburg JR 74, 473; ebenso *Trunk*, JuS 85, 944; mit gleichem Ergebnis nach ausführlicher Auseinandersetzung mit dem Streitstand *Dehne-Niemann*, ZStW 123 (2011), 485 ff.
72 BGHSt 26, 346, 347 f; ebenso *Stoffers*, Jura 95, 113 ff; diff. *Mitsch*, BT II S. 615 f: § 253 nur bei tatbestandslosem (s. dazu hier Rn 173 aE) Vorverhalten; dazu krit. *Dehne-Niemann*, ZStW 123 (2011), 485, 500 ff.
73 S. *Graul*, JuS 99, 566.

3. Subjektiver Tatbestand

718 In **subjektiver Hinsicht** setzt die Erpressung *Vorsatz* und die *Absicht* voraus, sich oder einen Dritten **zu Unrecht zu bereichern**. Trotz der anderen sprachlichen Fassung entspricht dies sachlich der beim Betrug geforderten Absicht, sich oder einem Dritten einen **rechtswidrigen Vermögensvorteil** zu verschaffen[74]. Auf die diesbezüglichen früheren Ausführungen kann daher verwiesen werden (vgl Rn 583 ff).

719 Der Besitz kann einen vermögenswerten Vorteil darstellen, sofern diesem ein eigenständiger wirtschaftlicher Wert zukommt[75]. Einen vermögenswerten Vorteil erstrebt zB, wer vor der geplanten Zerstörung ein Fahrzeug zunächst als Fluchtmittel nutzen[76], nicht aber, wer das dem Opfer zur Verhinderung eines Hilferufs abgepresste Handy oder die einem „gegnerischen Outlaw" abgenommene „Kutte" weder nutzen noch verkaufen, sondern alsbald nach der Tat wegwerfen will[77]. Nach der Rechtsprechung wird auch dann kein Vermögensvorteil erstrebt, wenn der Vorteil aus Sicht des Täters lediglich eine „notwendige oder mögliche Folge seines ausschließlich auf einen anderen Zweck gerichteten Verhaltens" ist[78]. Wer den Abschluss eines ausgeglichenen Pacht- bzw. Mietvertrags über ein Lokal erzwingt, schädigt nicht das Vermögen des Opfers und hat nicht die Absicht, sich (stoffgleich) rechtswidrig zu bereichern, wenn er die „vereinbarte" Pacht bzw. Miete zu zahlen beabsichtigt[79]. Auch muss zwischen dem angestrebten Vorteil und dem vom Opfer erlittenen Schaden **Stoffgleichheit** bestehen[80]. Daran fehlt es bei einer eigenmächtigen Inpfandnahme von Wertgegenständen, um den Betroffenen zur Zahlung seiner Schulden zu veranlassen, sofern nicht ein Anspruch auf Herausgabe dieses Gegenstandes besteht[81]. **Rechtswidrig** ist der erstrebte Vermögensvorteil, wenn der Täter oder der Dritte nach materiellem Recht auf ihn **keinen Anspruch** hat. Dem steht es nach dem BGH gleich, wenn einem denkbaren Rückgewähr- oder Ersatzanspruch Treu und Glauben deshalb entgegenstehen, weil seine Erfüllung – wie bei der Rückgabe betrügerisch erlangter Drogen – einen strafbaren Zustand herbeiführen würde[82]. Besteht dagegen ein Anspruch – wie zB der Prostituierten gemäß § 1 ProstG nach *vereinbarungsgemäß* erbrachter Leistung[83] – und ist er fällig und einredefrei, so wird der **Vorteil** nicht dadurch rechtswidrig, dass seine Erlangung im Wege der Nötigung oder sonstwie *mit unerlaubten Mitteln* durchgesetzt wird (s. schon

---

74 BGH NStZ 89, 22; 96, 39; Überblick bei *Wittig*, JA 13, 401 ff.
75 S. BGH NStZ-RR 18, 282 f.
76 BGH NStZ 96, 39.
77 OLG Jena NStZ 06, 450; nach BGH StraFo 12, 155 gilt das beim Handy auch dann, wenn nur der Speicher durchsucht und gefundene Bilddateien kopiert werden sollen; dann soll auch keine Zueignungsabsicht vorliegen, also auch Raub ausscheiden; zust. *Hecker*, JuS 13, 468; abl. *Jäger*, JA 12, 709; *Putzke*, ZJS 13, 311. Zur Kutte s. den Hells-Angels-Fall BGH NStZ 11, 699, 701 (Rn 152) mit Bespr. *Jahn*, JuS 11, 846.
78 BGH NStZ-RR 18, 282 f.
79 BGH NStZ 14, 41; BGH NStZ 18, 213 mit Anm. *Schilling*.
80 BGH NStZ 02, 254 mit Bespr. *Baier*, JA 02, 457; NK-*Kindhäuser*, § 253 Rn 38; S/S-*Eser/Bosch*, § 253 Rn 20; BGH NStZ 18, 712 f.
81 S. BGH NJW 82, 2265; BGH NStZ 88, 216; BGH StV 99, 315; s. dazu *Bernsmann*, NJW 82, 2214; *Graul*, JuS 99, 564; aA (erst die Rechtswidrigkeit des Vorteils fehlt) BGH NStZ 17, 642 mit zust. Anm. *Kulhanek*; *Fischer*, § 253 Rn 20; bereits den Schaden bezweifelnd NK-*Kindhäuser*, § 253 Rn 28, 36; *Schramm*, BT I, S. 243.
82 BGHSt 48, 322, 326 f mit Anm. *Kühl*, NStZ 04, 387 und Fallbespr. *Käßner/Seibert*, JuS 06, 810, 812; bei strafbarem Drogenbesitz ist ein Schaden zu bejahen, s. Rn 535, aA *Hillenkamp*, Achenbach-FS S. 189, 196, 205 und Rn 535 in der Voraufl.
83 S. dazu BGH NStZ 02, 481, 482; BGH NStZ 11, 278 f; *Ziethen*, NStZ 03, 184; *Trede*, Auswirkungen des ProstG auf das Straf- und Ordnungswidrigkeitenrecht 2007, S. 40 ff, 274 ff; zu einem Bereicherungsanspruch nach teilweise misslungenem „Freikauf" einer Prostituierten s. BGH NStZ 10, 391.

Rn 586)⁸⁴. Gleiches soll für die Durchsetzung einer Forderung auch dann gelten, wenn sie bestritten wird und vor Gericht eingeklagt werden müsste. Entscheidend soll sein, dass sie nach materiellem Recht besteht⁸⁵. Auch soll es an der Rechtswidrigkeit des erstrebten Vorteils mangeln, wenn der Täter durch die erzwungene Ausstellung von Wechseln keine zweite selbstständige Verbindlichkeit begründen, sondern nur die Durchsetzung seiner bestehenden Forderung erleichtern will⁸⁶. Wer als Käufer von Rauschgift betrogen wurde, weil er statt Haschisch Schokolade erhalten hat, kann sein Geld (vor Vermischung) nach § 985 BGB herausverlangen⁸⁷ und hat zudem nach §§ 823 II BGB, 263 sowie § 826 BGB einen Schadensersatzanspruch. Macht er ihn mit Nötigungsmitteln geltend, erstrebt er keinen rechtswidrigen Vorteil. § 817 BGB steht dieser Wertung ebensowenig entgegen⁸⁸, wie die gegebenenfalls bezüglich des eingesetzten Geldes eröffnete Möglichkeit von Einziehung oder Verfall⁸⁹. Auch wer sich das ihm entwendete Diebesgut mit erpresserischen Mitteln zurückholt, soll angesichts der Tatsache, dass auch der Dieb Besitzschutz gegenüber Dritten genießt, keine *rechtswidrige* Bereicherung anstreben und folglich nur wegen Nötigung strafbar sein, wenn er sein Recht mit Waffengewalt durchsetzt⁹⁰. Da hierdurch aber eine gegenüber dem Eigentümer rechtswidrige Besitzposition (wieder) hergestellt und die Vermögenszuordnung – worauf es hier ankommt – durch den nur possessorischen Besitzschutzanspruch nicht begründet wird, kann das kaum überzeugen⁹¹. Wer irrig annimmt, dass auf die erstrebte Bereicherung ein *rechtlich begründeter Anspruch* bestehe, befindet sich – nicht anders als bei Diebstahl (s. Rn 203) und Betrug (s. Rn 582) – im **Tatbestandsirrtum**, sodass § 253 entfällt⁹²; uU kommt dann eine Bestrafung wegen Nötigung in Betracht⁹³. Der auf die Schädigung und die Rechtswidrigkeit der Bereicherung bezogene Vorsatz bleibt dagegen erhalten, wenn der Täter mit der Möglichkeit rechnet, dass der angenommene Anspruch nicht besteht und sich hiermit abfindet⁹⁴. Das gilt auch dann, wenn sich der Erpresser nur nach den Anschauungen der einschlägig kriminellen Kreise, nicht aber im Einklang mit den Wertvorstellungen der Rechtsordnung als berechtigter Inhaber eines Anspruchs gegen das Opfer fühlt⁹⁵. Wer Drittbereicherungsabsicht hat, muss nicht notwendig (Mit-) Täter sein. Fehlt es am tatherrschaftsbegründenden Umfang der Tatbeteiligung und eigenem Tatinteresse, liegt trotz dieser Absicht nur Beihilfe vor⁹⁶.

---

84 Vgl BGHSt 3, 160, 162 f; 20, 136, 137; BGH StV 00, 79, 80; BGH NStZ-RR 04, 45; BGH NStZ 11, 519 f (das Erlangte muss natürlich aus dem Vermögen des Schuldners stammen); BGH BeckRS 14, 18282.
85 BGH StV 09, 357 f; BGH NStZ-RR 09, 17, 18.
86 BGH NStZ-RR 09, 386.
87 BGH NStZ-RR 00, 234; s. dazu H-H-*Kretschmer*, Rn 967 ff.
88 BGH NJW 92, 310; BGH JR 03, 163 mit Anm. *Engländer*; Hillenkamp, JuS 03, 163; aA *Hecker*, JuS 01, 231.
89 So aber *Kindhäuser/Wallau* NStZ 03, 152, 154; *Mitsch*, JuS 03, 122, 123 f; s. dagegen BGHSt 48, 322, 329 und Rn 564.
90 BGH NStZ-RR 08, 76; zum Diebesbesitz als Vermögensbestandteil s. *Hillenkamp*, Achenbach-FS S. 189, 201 ff; s.o. Rn 535.
91 Zu Recht krit. daher *Bauer*, Jura 08, 851; *Dehne-Niemann*, NStZ 09, 37, der das für richtig gehaltene Ergebnis aber auf einen Anspruch aus § 812 I 1 BGB stützen will; dem BGH zust. *Eisele*, BT II Rn 786.
92 BGH NStZ 88, 216; BGH StV 99, 315; BGH StV 00, 78, 79 mit Bespr. *Jahn/Dickmann*, JA 00, 541; BGH JR 03, 163; BGH NStZ 02, 481; BGH BeckRS 13, 16583 mit Anm. *Hecker*, JuS 14, 366; BGH BeckRS 14, 18282 mit Bespr. *Kudlich*, JA 14, 947; BGH NJW 17, 1487 (**Parkkrallen-Fall**) mit Anm. *Kudlich/Koch*; S/S-*Bosch*, § 253 Rn 22.
93 Vgl BGHSt 4, 105, 106 f; BGH NJW 86, 1623; *Krey/Hellmann/Heinrich*, BT II Rn 464 ff; zum Irrtum dort s. *Küper*, JZ 13, 453; BGH NJW 17, 1487 mit Anm. *Kudlich/Koch*; *Bosch*, Jura (JK) 17, 990; S/S-*Bosch*, § 253 Rn 22.
94 BGH JR 99, 336 mit Anm. *Graul*.
95 S. BGHSt 48, 322, 328 f; BGH NStZ 08, 626; BGH BeckRS 17, 105591 mit Anm. *Bock*, NStZ 17, 468 und Rn 578.
96 BGH StV 98, 540; BGH NStZ-RR 11, 111, 112.

720 Im **Fall 60** hat D **vorsätzlich** und in der **Absicht** gehandelt, sich in Gestalt der 20 000 €, auf die er keinerlei Anspruch hatte, einen **rechtswidrigen Vermögensvorteil** zu verschaffen. Diese Besserstellung seiner Vermögenslage bildete die Kehrseite des dem E zugefügten Schadens; an der sog. „**Stoffgleichheit**" zwischen Vorteil und Nachteil, die durch *ein und dieselbe Vermögensverfügung vermittelt* worden sind, besteht hiernach kein Zweifel[97]. Damit ist auch der **subjektive Tatbestand** des § 253 I gegeben.

4. Rechtswidrigkeit und Vollendung

721 Die **Rechtswidrigkeit der Tat im Ganzen** ist nach der **Zweck-Mittel-Relation** des § 253 II zu beurteilen, die mit der in § 240 II getroffenen Regelung übereinstimmt; das zur *Nötigung* Gesagte gilt hier also entsprechend[98]. Die Bejahung der **Verwerflichkeit** liegt bei der Erpressung allerdings näher, da sie mit der angestrebten rechtswidrigen Bereicherung stets auf ein zumindest rechtswidriges Zwischenziel gerichtet ist[99]. Die Rechtsprechung zieht hier wie bei der Nötigung[100] einer durch „Prinzipien" konkretisierten Feststellung der Verwerflichkeit[101] eine zu dem Urteil sittlicher oder sozialer Unerträglichkeit führende Gesamtbetrachtung vor, die sich nicht an „moralischer Bedenklichkeit", sondern an der „Beachtung der Position des Opfers" orientiert[102].

> Im **Fall 60** sind alle Voraussetzungen des § 253 II erfüllt. Schuldausschließungsgründe sind nicht ersichtlich, ebenso nicht Erschwerungsgründe iS des § 253 IV. D ist daher gemäß § 253 I, II zu bestrafen.

722 Zur **Vollendung** der Erpressung genügt es, dass die abgenötigte Vermögensverfügung den **Nachteil** unmittelbar herbeigeführt hat. Die Verursachung einer schadensbegründenden Vermögensgefährdung reicht aus (s. Rn 716). Dass der Täter die erstrebte Bereicherung wirklich erreicht, ist nicht erforderlich[103]. Das nach dem BGH für die Herstellung von Tateinheit noch geeignete Stadium der Beendigung soll bei einer räuberischen Erpressung in einer Bank noch zu Beginn der Flucht mit einem

---

97 Vgl RGSt 67, 200; BGH MDR/H 80, 106; zur denkbaren Strafbarkeit eines von E beauftragten Lösegeldboten s. *Rönnau*, JuS 05, 481, 484 ff.
98 S. *Wessels/Hettinger/Engländer*, BT I Rn 405 ff; s. dazu den erpressungsnahen (*Schuster*, NZWiSt 14, 65) Fall einer (versuchten) Nötigung durch einen Anwalt in BGH NJW 14, 401 mit Anm. *Tsambikakis*; *Beckemper*, ZJS 14, 214; *Becker*, NStZ 14, 154; *Bosch*, JK 4/2014, StGB § 240/26; *v. Heintschel-Heinegg*, JA 14, 313; *Schuster*, NZWiSt 14, 64; vgl. auch *Bülte*, NZWiSt 14, 48 f, *Roxin*, StV 15, 447 ff und hier Rn 499.
99 S. A/W-*Heinrich*, § 18 Rn 18; *Joecks/Jäger*, § 253 Rn 23; nach SK-*Sinn*, § 253 Rn 29 erübrigt sich die Klausel; einschr. MK-*Sander*, § 253 Rn 36 f; zu den übrig bleibenden problematischen Fällen s. S/S/W-*Kudlich*, § 253 Rn 33; zu einem Fall eines nach der Vorstellung des Täters erlaubten Zwecks s. BGHSt 17, 328, 331 f zu § 240.
100 S. *Küper/Zopfs*, BT Rn 416 f.
101 S. aber BGHSt 39, 133, 137: Prinzip des Vorrangs staatlicher Zwangsmittel; OLG Karlsruhe NJW 04, 3724: fehlende Konnexität.
102 S. BGHSt 44, 68, 81; *Fischer*, § 240 Rn 41; insb. bei einer Drohung mit einer der Sachlage entsprechenden Strafanzeige fehlt die Verwerflichkeit, BGHSt 5, 254, 260 f; BGH BeckRS 16, 15363. Bejaht wurde sie zB bzgl. der Drohung, bei einer Bank entwendete Daten an die Finanzbehörden weiterzugeben, BGH NStZ-RR 11, 143.
103 BGHSt 19, 342, 344; *Fischer*, § 253 Rn 22; S/S-*Bosch*, § 253 Rn 23–27.

PKW andauern, weil der Täter „bis dahin noch keinen gesicherten Gewahrsam an der erpressten Tatbeute erlangt" habe[104].

Weiß der Täter nicht, dass er einen Anspruch auf den erstrebten Vorteil hat, kommt (nur) **Versuch** in Betracht[105]. Der Versuch beginnt idR mit dem unmittelbaren Ansetzen zur Nötigungshandlung (zB mit der Übergabe des Drohbriefes). Das erfolglose Bemühen, in das Haus des zu Erpressenden zu gelangen, reicht für sich allein nicht aus; hier fehlt es noch am Beginn einer *Einwirkung auf den Willen* des Opfers[106]. Ebenso liegt es, wenn die Täter durch Betrug an das Geld des Opfers gelangen und sich dabei nur vorbehalten haben, notfalls zusätzlich zur Täuschung Nötigungsmittel einzusetzen. Wird das nicht erforderlich, liegt noch kein unmittelbares Ansetzen vor[107]. Erhält der Erpresser weniger als gefordert, ist die Tat vollendet, der weitergehende, auf Erlangung der höheren Summe zielende Versuch aber fehlgeschlagen[108]. Entspricht die übergebene Sache dagegen nicht der Erwartung des Täters und gibt er sie deshalb zurück, liegt nur Versuch vor[109].

5. Konkurrenzen

Mehrere Drohungen gelten als nur *eine* Erpressung begründende rechtliche Bewertungseinheit, wenn sie der Ausgangsdrohung nur den Umständen entsprechend angepasst oder aktualisiert und zur Einforderung ein- und derselben Leistung eingesetzt werden[110]; seine Grenze findet dieser Grundsatz, wenn das Ziel bereits erreicht oder der Versuch, es zu erreichen, fehlgeschlagen ist[111]. Das **Verhältnis** des § 253 **zu anderen Tatbeständen**[112] ist umstritten. Tateinheit mit **Betrug** bei einem Zusammentreffen von Drohung und Täuschung kommt in Betracht, wenn die zur Willensbeeinflussung eingesetzten Mittel voneinander unabhängig sind und die darauf beruhende, für den Betrug unbestritten zu verlangende Vermögensverfügung sowohl dem Einfluss der Drohung als auch dem Einfluss der Täuschung zuzuschreiben und trotz der Drohung noch als für § 263 hinreichend freiwillig (s. Rn 631 ff) zu bezeichnen ist[113]. Ein **Beispiel** dafür bildet die Hingabe von Geld als Darlehen aus Furcht vor der Drohung mit einer Strafanzeige *und* im Vertrauen auf die außerdem vorgespiegelte, in Wirklichkeit aber fehlende Rückzahlungsbereitschaft des Täters[114].

723

Dient die Täuschung jedoch lediglich dem Zweck, die Ausführbarkeit der Drohung vorzuspiegeln, deren Wirkung zu verstärken oder das in Aussicht gestellte Übel in einem besonders grellen Licht erscheinen zu lassen, so bildet sie einen Bestandteil der Drohung und geht in dieser auf mit der Folge, dass der Täter nur wegen Erpressung oder räuberischer Erpressung zu bestrafen ist[115].

724

---

104 BGH NJW 14, 871 mit Anm. *Bosch*, JK 06/2014, StGB § 52/17.
105 BGH NStZ 08, 214: Fall des „umgekehrten Tatbestandsirrtums"; vgl dazu auch BGHSt 42, 268, 272 (zu § 263) und LK-*Hillenkamp*, § 22 Rn 218, 228; *Rengier*, BT I § 11 Rn 64a.
106 BGH MDR/D 75, 21 zu §§ 22, 30 II.
107 LK-*Hillenkamp*, § 22 Rn 129 f; aA BGH NStZ 02, 33.
108 BGHSt 41, 368, 371.
109 BGH StV 08, 356.
110 BGH NStZ-RR 12, 79.
111 BGH NStZ-RR 08, 239; BGH NStZ 18, 148 mit Anm. Kudlich; näher zum Fehlschlag S/S/W-*Schuhr/Kudlich*, § 24 Rn 19 f.
112 Zur Frage einer Wahlfeststellung zwischen § 242 und § 253 s. Rn 307.
113 RG HRR 1941, 169.
114 BGHSt 9, 245, 247. Zur hier wie bei allen Vermögensdelikten oft einhergehenden Steuerhinterziehung (§ 370 AO) – in Tatmehrheit – s. *Trinks*, NStZ 16, 263 ff.
115 BGHSt 23, 294.

Die zutr. Begründung hierfür ist die **Tatbestandslösung**, die bereits eine *betrugsrelevante* Täuschung verneint, wo die Täuschung nur der Unterstützung der Drohung dient. Hier ist die Täuschung nicht „wesentlicher" – und damit gleichberechtigter – „Bestandteil der Drohung"[116], sondern nur Erhärtung ihres *willensbeugenden* Kerns. Die List des Betrugs liegt daher nicht vor. Nur Betrug ist dagegen gegeben, wenn der Täter dem Opfer eine von einem Dritten drohende Lebensgefahr nur vorspiegelt und anbietet, gegen Geldzahlung darauf hinzuwirken, die Gefahr abzuwenden[117] (zur **Sicherungserpressung** s. Rn 734 ff).

6. Prüfungsaufbau: Erpressung, § 253

724a

Erpressung, § 253

I. Tatbestand
  1. Objektiver Tatbestand
     a) Tathandlung: • *Nötigen*
     b) Tatmittel: • *Gewalt*
        Ⓟ Gewaltbegriff
        Ⓟ nur vis compulsiva
        • *Drohung mit einem empfindlichen Übel*
        Ⓟ Adressat des Übels ≠ Adressat der Nötigung
        Ⓟ Drohung mit Unterlassen
     c) Nötigungserfolg: • *Handlung, Duldung oder Unterlassung*
        → Kausalität Nötigung (Zwangswirkung)
        → Verhalten
        Ⓟ abgenötigtes Verhalten = jedes beliebige Verhalten (auch unter vis absoluta) oder Vermögensverfügung
        Ⓟ wenn Verfügung:
          → Unmittelbarkeit
          → Freiwilligkeit
          → Verfügungsbewusstsein
        Ⓟ Dreieckserpressung (Näheverhältnis)
     d) Taterfolg: • *Vermögensnachteil*
        → wie Vermögensschaden beim Betrug, § 263
  2. Subjektiver Tatbestand
     a) Vorsatz: • *jede Vorsatzart*
     b) Bereicherungsabsicht: • *Absicht, sich oder Dritten zu Unrecht zu bereichern*
        → wie Bereicherungsabsicht beim Betrug, § 263

II. Rechtswidrigkeit
  1. Allgemeine Rechtfertigungsgründe
  2. Verwerflichkeit iSd § 253 II

III. Schuld

IV. Besonders schwerer Fall, § 253 IV

→ **Qualifikation, § 255**

---

116 So aber BGHSt 23, 296; wie hier HK-GS/*Duttge*, § 253 Rn 8 f, 40.
117 BGH NStZ-RR 07, 16; s. dazu Rn 708.

II. Räuberische Erpressung

Fall 61: T ist in das Haus des V eingedrungen. Er findet dort den 11-jährigen Sohn S des auf einer Couch schlafenden V vor. T stellt sich zwischen S und V und fordert S mit den Worten „Wenn du mir nicht das Geld gibst, dann steche ich deinen Papi ab" auf, ihm die Suche nach Bargeld abzunehmen. Ein Messer hat T nicht dabei und auch nicht vor, V etwas anzutun. Er rechnet aber damit, dass S seine Drohung ernst nimmt. Das tut S auch und öffnet eingeschüchtert einen Wandtresor, dessen Zahlenkombination ihm bekannt ist. Anschließend händigt er T die darin befindlichen 10 000 € aus.
Strafbarkeit des T? **Rn 733**

725

1. Tatbestandsstruktur und Nötigungsmittel

Wird eine Erpressung durch **Gewalt gegen eine Person** oder unter Anwendung von **Drohungen mit gegenwärtiger Gefahr für Leib oder Leben** begangen, so liegt eine **räuberische Erpressung** vor (§ 255).

726

Die qualifizierten Nötigungsmittel stimmen mit denen des Raubes überein (s. dazu Rn 346 ff). Allerdings scheidet vis absoluta aus (s. Rn 708; 730). Das Erfordernis der *Leibes- oder Lebensgefahr* betrifft nur die **Drohung** und nicht etwa die vom Täter verübte Gewalt[118]. Eine Drohung kann nicht nur mit eindeutigen Worten, sondern auch mit allgemeinen Redensarten oder versteckten Andeutungen ausgesprochen oder durch schlüssiges Verhalten verwirklicht werden. Der Täter muss die Gefahr für Leib oder Leben allerdings deutlich in Aussicht stellen. Dass das Opfer nur erwartet, dass es zu einer Schädigung kommt, reicht nicht aus. Das bloße Ausnutzen einer entsprechenden Angst genügt nicht den Voraussetzungen für eine Drohung[119]. Die Bedrohung mit Leibes- oder Lebensgefahr muss mit dem Erpressungsopfer oder einem Dritten einen *Menschen* betreffen. Die Drohung, den Hund des Opfers zu erschießen, reicht daher auch dann nicht aus, wenn – vom Täter unbeabsichtigt – auch das Opfer durch die Atmosphäre der Einschüchterung um sein Leben fürchtet[120]. **Gegenwärtig** ist eine Gefahr, wenn das Umschlagen in eine Verletzung unmittelbar bevorsteht oder wenn bei natürlicher Weiterentwicklung der Dinge der Eintritt eines Schadens sicher oder doch höchstwahrscheinlich ist, falls nicht alsbald Abwehrmaßnahmen ergriffen werden, wenn (also) der ungewöhnliche Zustand nach menschlicher Erfahrung und natürlicher Weiterentwicklung der gegebenen Sachlage jederzeit in einen Schaden umschlagen kann[121]. Eine Dauergefahr reicht danach aus (s. schon Rn 354). Wird die Übelszufügung an den ergebnislosen Ablauf einer nicht zu lang bemessenen (Zahlungs-) Frist geknüpft, ist die Gefahr bereits gegenwärtig[122]. Soll das angedrohte **Übel** nicht den zur Verfügung Aufgeforderten, sondern einen **Dritten** betreffen, ist auch bei der Erpressung zu verlan-

---

118 BGHSt 18, 75 f.
119 BGH StV 14, 286 f mit Anm. *Satzger*, JK 10/14, StGB § 253/17; BGH NStZ 15, 461; BGH NStZ 17, 92 mit Anm. *Lorenz*, HRRS 17, 309; BGH NStZ 17, 26 mit Anm. *Kudlich*; BGH StV 19, 106 f.
120 BGH StV 14, 287 f.
121 BGH NJW 89, 176; 1289; BGH NJW 97, 265 mit Anm. *Geppert*, JK 97, StGB, § 255/8; Anm. *Joerden*, JR 99, 120; BGH StV 99, 377 mit Anm. *Kindhäuser/Wallau* und *Zaczyk*, JR 99, 343; BGH NStZ 15, 36 mit Bespr. *Hecker*, JuS 15, 467; *Fischer*, § 255 Rn 3; HK-GS/*Duttge*, § 255 Rn 5; *Rengier*, BT I § 11 Rn 11.
122 BGH NStZ-RR 98, 135; BGH NStZ 99, 406; BGH StV 99, 377. *Blanke*, Das qualifizierte Nötigungsmittel der Drohung mit gegenwärtiger Gefahr für Leib oder Leben 2007, S. 94 f, 219 f stimmt den vorstehenden Aussagen unter der Voraussetzung zu, dass die Frist „derart kurz bemessen ist, dass die Gefahr normativ betrachtet als unmittelbar bevorstehend" angesehen werden kann (s. aber auch Rn 354).

gen, dass das Übel vom Verfügenden als erhebliches eigenes empfunden wird (Rn 354)[123], was zB dann der Fall ist, wenn auf der Grundlage gestohlener Kontobelege mit einer Anzeige von Bankkunden gedroht wird, die die erpresste Bank zugleich als eigene Geschäftsschädigung betrachten muss[124]. Wer eine **fortwirkende**, zunächst ohne Nötigungsvorsatz und Bereicherungsabsicht erfolgte **Drohung** *mit gegenwärtiger Leibes- oder Lebensgefahr* auf Grund eines neugefassten Tatentschlusses dazu benutzt, das eingeschüchterte Opfer zur Herausgabe seiner Geldbörse zu bestimmen, macht sich der räuberischen Erpressung schuldig[125], wenn er sich der fortwirkenden Drohwirkung bewusst ist[126]. Nicht anders als beim Raub muss auch bei der räuberischen Erpressung zwischen dem Einsatz der qualifizierten Nötigungsmittel und der angestrebten, den Nachteil auslösenden Verfügung ein **finaler Zusammenhang** bestehen[127].

727 Im Falle einer räuberischen Erpressung ist der Täter „gleich einem Räuber" zu bestrafen. Diese Verweisung in § 255 bezieht sich nicht nur auf den Strafrahmen des § 249, sondern auch auf die **Erschwerungsgründe** des Raubes (§§ 250, 251)[128].

Daher gelten auch die Ausführungen hierzu (Rn 369 ff) entsprechend. Danach hat die Rechtsprechung zB eine **räuberische Erpressung** in der qualifizierten Form des § 250 I Nr 2 aF bei Gegenständen zu Recht verneint, die schon nach ihrem äußeren Erscheinungsbild offensichtlich ungefährlich und deshalb nur auf Grund einer zusätzlichen Täuschung als bedrohliche Scheinwaffen anzusehen sind[129]. Das ist auch zu § 250 I Nr 1b nF die zutr. Lösung (s. Rn 374, 288)[130]. Ebenso kann für §§ 255, 250 II Nr 1 nF die Verwendung einer Schreckschusspistole als bloßes Drohmittel nicht ausreichen, soweit nur eine geladene Schusswaffe vorgetäuscht werden soll[131]. Nicht anders als beim Raub ist – entgegen der Rechtsprechung – die Phase zwischen **Vollendung und Beendigung** nicht mehr geeignet, die Qualifikationen der §§ 250, 251 auszulösen (s. Rn 370, 377, 383, 388)[132].

2. Abgrenzung zum Raub

728 Während der **Räuber** (§ 249) sein Opfer zur *Duldung der Wegnahme* von Sachen zwingt, nötigt der **räuberische Erpresser** (§ 255) den Betroffenen, *selbst* eine vermögensmindernde Handlung vorzunehmen, eine vermögenserhaltende Tätigkeit zu unterlassen oder ein vermögensschädigendes Tun zu dulden, das über die Wegnahme einer Sache hinausgeht (s. dazu schon Rn 709 ff).

729 Anders als bei der Abgrenzung zwischen Betrug und Diebstahl in Fällen einer vorgetäuschten Beschlagnahme (vgl dazu Rn 631 ff) soll es nach Auffassung der Recht-

---

123 *Lackner/Kühl*, § 255 Rn 1; S/S/W-*Kudlich*, § 255 Rn 3.
124 BGH NStZ-RR 11, 143, 144.
125 Lehrreich OLG Frankfurt NJW 70, 342; s. auch BGH NStZ-RR 12, 173, 174; BGH BeckRS 13, 01325.
126 BGH StV 14, 287.
127 S. BGH NStZ-RR 12, 173, 174 mit Verweis auf BGH NStZ 06, 508; BGH BeckRS 13, 01325; BGH StV 19, 106 f; BGH StV 19, 98 f (zur Bedeutung für den Tatentschluss). Da der BGH keine Verfügung verlangt, geht es ihm um einen Zusammenhang von Nötigungsmittel und (erlangtem) Vorteil.
128 Vgl BGHSt 27, 10, 11; BGH NJW 94, 1166 mit krit. Anm. *Kelker*, StV 94, 657; BGH NStZ-RR 06, 12; BGH NStZ-RR 12, 173, 174 (zu § 250 II Nr 3); auch ein minder schwerer Fall nach § 250 III kommt in Betracht, BGH NStZ 09, 37.
129 BGH NStZ-RR 96, 356; BGH StV 98, 77.
130 BGH StV 11, 676; OLG Köln StV 10, 636; zum insoweit zweifelhaften Sporttaschenfall BGH NStZ 11, 278 s. Rn 288.
131 BGH NStZ-RR 98, 358; BGH NStZ-RR 07, 375 ff; s. genauer Rn 382, 266.
132 S. dazu *Bachmann/Goeck*, JuS 12, 133 ff; *Küpper/Grabow*, Achenbach-FS S. 265 ff.

sprechung bei der Abgrenzung zwischen Raub und räuberischer Erpressung **nicht auf die innere Willensentschließung** des Opfers, sondern allein auf das **äußere Erscheinungsbild** des Gebens (= dann § 255) oder Nehmens (= dann § 249) ankommen[133]. Entsprechendes soll bei der Dreieckserpressung gelten[134].

Danach liegt bei einem Täter, der qualifizierte Nötigungsmittel zur **Erlangung einer Sache** einsetzt und Zueignungsabsicht hat, Raub vor, wenn sich der Täter die Sache nimmt, unter den gleichen Bedingungen im Übrigen dagegen eine räuberische Erpressung, wenn er sich die Sache geben lässt[135]. Ob dieser Gebeakt auf (Rest-) Freiwilligkeit beruht, ist gleichgültig, denn auf den Verfügungscharakter kommt es nach der Rechtsprechung gerade nicht an[136]. Das führt zu dem wenig einleuchtenden Ergebnis, dass einen *Diebstahl* begeht, wer sich unter dem Eindruck einer *vorgetäuschten Beschlagnahme* eine Sache *herausgeben* lässt (hier soll die innere Willensrichtung maßgebend sein (s. Rn 634), dagegen eine *räuberische Erpressung*, wenn er dabei zugleich das Opfer mit einer „Dienstpistole" bedroht[137]. **Fehlt** es – wie zB bei einer mit qualifizierten Nötigungsmitteln erzwungenen Gebrauchsanmaßung – dagegen an der **Zueignungsabsicht**, soll das äußere Erscheinungsbild gleichgültig sein[138]. Da Raub mangels Zueignungsabsicht ausscheidet, soll unabhängig vom Sichgebenlassen (Handlung iS des § 253) oder einem Nehmen (Duldung der Wegnahme im Sinne des § 253) Erpressung vorliegen. Der Raub ist so gesehen das durch Zueignungsabsicht und äußerliche Wegnahme geprägte speziellere Delikt gegenüber der allgemeinen Erpressung, die eingreift, wenn eines der beiden Raubelemente fehlt[139]. **Fehlt** es allerdings **auch** an der **Bereicherungsabsicht**, kann naturgemäß auch keine Erpressung vorliegen[140].

Im Gegensatz dazu stellt die „Verfügungstheorie" bei der Abgrenzung zwischen § 255 und § 249 zu Recht auf das Vorliegen oder Fehlen einer *willensgesteuerten* **Vermögensverfügung** mit der Folge ab, dass *vis absoluta* im Rahmen des § 255 als Gewaltmittel ausscheidet. Jedenfalls zur räuberischen **Sacherpressung**[141] gehört daher eine **Willensbeugung** und eine darauf beruhende Mitwirkung des Opfers in Gestalt einer *willentlichen* Gewahrsamsübertragung, deren Vorliegen durch das äußere Erscheinungsbild des „Hingebens" indiziert[142], nicht aber abschließend begründet wird. Gibt das Erpressungsopfer die Sache heraus, weil es sie – wie bei der Drohung

730

---

133 BGHSt 7, 252, 255; 41, 123, 125; BGH NStZ 99, 350; BGH NStZ-RR 07, 375; BGH NStZ-RR 11, 80; BGH HRRS 18 Nr. 495; krit. hierzu *Erb*, Herzberg-FS S. 721 ff; zu Schwankungen der Rechtsprechung s. Rn 635; auch BGH StV 12, 153 passt zur Rechtsprechungslinie nicht, s. dazu *Bohnhorst*, ZJS 12, 835; *Jäger*, JA 12, 307.
134 BGH NStZ-RR 97, 321 mit Anm. *Cramer*, NStZ 98, 299 und *Krack*, NStZ 99, 134; SK-*Sinn*, vor § 249 Rn 18.
135 In aufeinanderfolgenden *zweiaktigen* Geschehen können sich beide Tatbilder hintereinander ergeben, s. BGH NStZ 11, 519, 520.
136 Unklar daher MK-*Sander*, § 253 Rn 21; insoweit anders SK-*Sinn*, vor § 249 Rn 11, der bei vis absoluta § 253 verneint, obwohl er keine Verfügung verlangt.
137 S. dazu BGH NJW 11, 1979 und Rn 635; zu § 253 bei der Drohung mit erneuter Inhaftierung durch vermeintliche Polizeibeamte in Zivil, die etwas „vom Kuchen" eines Drogendealers abhaben wollten, s. BGH BeckRS 12, 11284.
138 BGH NStZ-RR 99, 103.
139 S. *Küper/Zopfs*, BT Rn 690 ff mwN.
140 BGH NStZ-RR 98, 235; BGH NStZ 11, 699, 701 (Hells-Angels-Fall, s. Rn 152).
141 Da es nicht nur um Abgrenzung, sondern auch um die Wahrung des Deliktscharakters geht, sollte man zur **Forderungserpressung** nicht anders entscheiden, s. dazu *Rengier*, BT I § 11 Rn 14a und hier Rn 737; diff. *Brand*, JuS 09, 899 ff.
142 Zutr. *Rengier*, JuS 81, 654, 657.

"Geld oder Leben"[143] – so oder so verloren sieht, liegt mangels durchhaltbarer Verhaltensalternative trotz äußerer Herausgabe Wegnahme vor.

731 Die bloße Preisgabe eines Verstecks oder anderer Geheimnisse (zB über die Zahlenkombination/PIN des Tresors), mit deren Hilfe dem Täter sodann die geplante Wegnahme von Wertsachen gelingt, ist noch nicht notwendig ein „Vermögensnachteil" iS der §§ 253, 255, reicht also nicht ohne weiteres aus, um diese Vorschriften an Stelle des § 249 anzuwenden[144]. Sie bedeutet auch kein Einverständnis mit der anschließenden Wegnahme durch den Täter[145]. Vielmehr ist es dessen fremdschädigender Zugriff, der den Schaden herbeiführt. Daher ist dann idR ein Raub und keine räuberische Erpressung verwirklicht[146].

732 Dieser Auffassung liegt die Annahme zu Grunde, dass sich Raub und räuberische Erpressung wie Diebstahl und Betrug ausschließen. Das eine ist Fremd-, das andere Selbstschädigungsdelikt (s. dazu schon Rn 714)[147].

733 Im **Fall 61** hat T gegenüber S eine Drohung mit gegenwärtiger Gefahr für Leib und Leben des V ausgesprochen. Dass die Drohung weder ausführbar ist noch ausgeführt werden soll, ist belanglos. Maßgebend ist allein, dass der Bedrohte die Ausführung der Drohung *für möglich hält*, infolgedessen in Furcht versetzt und dadurch zu einer entsprechenden Willensentschließung bestimmt wird[148]. Unerheblich ist auch, dass das Übel V und nicht S treffen soll, wenn nur der Genötigte dadurch unter einen der Bedrohung seiner eigenen Person vergleichbaren Handlungsdruck gerät. Das kann man bei einer gegen den eigenen Vater gerichteten Drohung sicher bejahen[149]. Da S nach dem äußeren Erscheinungsbild das Geld T übergeben und T die von S für den schlafenden Vater wahrgenommene Schutzfunktion für dessen Vermögen durch Nötigung aufgehoben hat, liegt nach der Rechtsprechung eine **Dreieckserpressung** vor[150]. Nicht anders entscheidet die Verfügungstheorie: S steht im Lager des V und trifft eine Verfügung, da er eine „Schlüsselstellung" gegenüber dem geschädigten Vermögen innehat und außer der „Aufschlüsselung" auch die Übergabe selbst vollzieht. Seine Minderjährigkeit steht der Annahme einer (faktischen) Verfügung nicht entgegen. Hierdurch ist bei V unmittelbar ein Vermögensverlust entstanden, auf den sich T's Absicht rechtswidriger Bereicherung richtet. Liegt § 255 vor, erübrigt sich eine Erörterung des § 253 II[151]. Eine Qualifikation nach § 250 I Nr 1b kommt nicht in Betracht, da hierfür die konkludente Behauptung, ein Messer bei sich zu führen, nicht ausreicht. Ein zugleich begangener Raub in mittelbarer Täterschaft scheidet nach beiden Auffassungen aus[152]. Nach der hier vertretenen Auffassung (Rn 724) liegt auch ein Dreiecksbetrug schon tatbestandlich nicht vor.

---

143 S. dazu *Samson*, Strafrecht II S. 109; richtig muss die Drohung **„Geld oder Geld und Leben"** heißen.
144 Vgl. BGH MDR/H 84, 276; BGH HRRS 18 Nr.1189; krit. *Graul*, Jura 00, 208; s. dazu schon Rn 713.
145 AA *Küper/Zopfs*, BT Rn 704.
146 S. BGH NStZ 06, 38; *Hellmann*, JuS 96, 524; *Hillenkamp*, JuS 90, 455 f; für Erpressung dagegen *Hecker*, JA 98, 305 f; *Küper*, Lenckner-FS S. 506.
147 Ausführliche Wiedergabe der Begründungen bei *Hillenkamp*, BT 33. Problem; *Küper/Zopfs*, BT Rn 690 ff; zu abw. Meinungen bei der Dreieckserpressung s. *Ingelfinger*, JuS 98, 538.
148 BGHSt 23, 294, 295 f; 26, 309, 310 f; BGH JZ 85, 1059 mit Anm. *Zaczyk*.
149 S. *S. Cramer*, Anm. NStZ 98, 300.
150 Vgl BGHSt 41, 123, 125 f; BGH NStZ-RR 97, 321; dazu *Geppert*, JK 98, StGB, § 255/9.
151 *Kindhäuser*, § 255 Rn 6; S/S-*Bosch*, § 255 Rn 1.
152 Vgl BGH NStZ-RR 97, 321; *Ingelfinger*, JuS 98, 538 auch zu abw. Meinungen.

3. Rechtsprechungsbeispiele

Nach BGH NJW 84, 501 begeht nicht eine räuberische Erpressung, sondern lediglich eine Nötigung, wer sich **einen durch Betrug erlangten Vorteil** in der Weise sichert, dass er auf Grund eines neu gefassten Entschlusses den Geschädigten mit Gewalt gegen eine Person an der Durchsetzung seiner Forderung hindert.

734

In dem betreffenden Fall hatte der Angeklagte an einer **Selbstbedienungstankstelle** Benzin im Wert von rund 150 DM in der vorgefassten Absicht getankt, ohne Bezahlung davonzufahren. Zu diesem Zweck hatte er falsche Kennzeichen an seinem Auto angebracht (zum Betrug in solchen Fällen s. Rn 580). Als der Tankwart sich ihm in den Weg stellte, um ihn am Davonfahren zu hindern, fuhr er mit Vollgas auf ihn zu, sodass dieser zur Seite springen musste.

Der BGH führt aus, der Angeklagte habe sich unter den gegebenen Umständen den bereits durch Betrug erlangten Vorteil nur **gesichert**, dem Betroffenen dadurch aber **keinen weiteren Schaden** zugefügt[153].

Aus den gleichen Erwägungen ist kein Raum für § 255, sondern nur für § 240, wenn sich jemand – wie in BGH MDR/H 87, 94 – nach einem bereits *beendeten* Diebstahl die dadurch erlangten Vorteile in der Weise zu erhalten sucht, dass er ein Herausgabeverlangen des Bestohlenen mit einer gefährlichen Drohung abwehrt[154]. Dass im zweiten Fall trotz gleicher Lage der Tatbestand erfüllt, die **Sicherungserpressung** aber als **mitbestrafte Nachtat** anzusehen sein soll, leuchtet nicht ein. Vielmehr ist die **Tatbestandslösung** vorzugswürdig, weil der Schaden schon durch die Vortat eingetreten ist; es wäre auch nicht recht einleuchtend, warum ein Verbrechen gegenüber einem Vergehen eine nicht ins Gewicht fallende Nachtat sein sollte (s. Rn 412)[155].

735

Aus diesen Gründen hätte es der BGH auch bei der Entscheidung des LG Stuttgart belassen sollen, nach der sich der Täter eines vollendeten Betrugs auch dann nur wegen Nötigung und nicht wegen Erpressung strafbar macht, wenn er bei Begehung des Betrugs schon plante, notfalls Nötigungsmittel zur Erlangung der Beute oder zur Abwehr eines anschließenden Herausgabeverlangens einzusetzen, nur das Letztere dann aber tut[156].

Nach BGHSt 32, 88, 89 ff kann sich der räuberischen Erpressung schuldig machen, wer ein Hotel unter Anwendung von Gewalt gegenüber dem Hotelportier mit seinem Gepäck verlässt, weil er nicht mehr in der Lage ist, die Hotelrechnung zu bezahlen. Der Vermögensnachteil kann in einem solchen Fall in der **Beeinträchtigung des gesetzlichen Pfandrechts des Gastwirts** (§ 704 BGB) liegen. Voraussetzung dafür ist, dass die eingebrachten Sachen des Gastes der Pfändung unterliegen (§ 704 S. 2 iVm § 562 I 2 BGB).

736

---

153 S. dazu auch *Grabow*, NStZ 14, 121; *Kienapfel*, Anm. JR 84, 388; *Seier*, JA 84, 321; BGH MDR/H 88, 452.
154 S. dazu auch BGHSt 41, 198, 203 f; BGH NStZ 12, 95 mit Bespr. *Jäger*, JA 11, 950, *Mitsch*, HRRS 12, 181 und *Satzger*, JK 9/12, StGB §§ 253, 255/15 (s. dazu schon Rn 412).
155 *Hillenkamp*, JuS 97, 219 f; *H-H-Kretschmer*, Rn 964; *Kretschmer*, JuS 13, 26; *Seier*, NJW 81, 2155 ff; zum Streitstand s. auch *Grabow*, NStZ 14, 121 ff; *Rengier*, BT I § 11 Rn 53 ff. BGH NStZ 12, 95 erklärt den Schaden durch Betrug schon für „eingetreten", spricht aber gleichwohl von einer Sicherungserpressung; anders BGH StV 18, 34 zu §§ 263, 266; für Strafbarkeit der Sicherungserpressung, die tatbestandlich vorliegen soll, tritt *Grabow*, Die Sicherungserpressung 2013, S. 178 ff, 250 f ein.
156 BGH NStZ 02, 33; s. dazu schon Rn 722 und *Kindhäuser*, § 253 Rn 48.

In dem betreffenden Fall hatte das Landgericht diesen Anknüpfungspunkt nicht erkannt, die auf § 255 gestützte Verurteilung vielmehr damit begründet, das Vermögen der Hotelleitung sei geschädigt, weil der Angeklagte den Portier genötigt habe, das *Verlassen des Hotels ohne Bezahlung* zu dulden.

Der BGH beanstandete diese Begründung zu Recht mit dem Hinweis, die Forderung des Hoteliers auf Begleichung der Rechnung sei durch die gegen den Portier verübte Gewalt nicht beeinträchtigt worden. Insoweit fehle es an der notwendigen Kausalität zwischen der Nötigungsfolge und dem in Betracht kommenden Nachteil[157]. Geeigneter Ansatz für § 255 könne hier allein das in § 704 BGB normierte Pfandrecht sein; in dieser Hinsicht bedürfe der Sachverhalt weiterer Aufklärung[158].

> **Die aktuelle Entscheidung:** Nach BGH NJW 18, 245 mit Anm. *Brandt* liegt eine räuberische Erpressung vor, wenn das Opfer, nachdem es an einem Bankautomaten die PIN eingegeben hat, von dem Täter zur Seite gestoßen wird, dieser den Geldbetrag eingibt und die daraufhin ausgegebenen Geldscheine mitnimmt. Das entspricht der Linie der Rechtsprechung, die als Nötigungserfolg der Erpressung keine Vermögensverfügung fordert, sondern eine mit *vis absoluta* erzwungene Duldung – und damit auch eine Wegnahme – genügen lässt. Für die Lehre kommt in einer solchen Konstellation hingegen grds nur eine Unterschlagung in Betracht (kein Diebstahl, Raub etc., denn der Karteninhaber hatte noch gar keinen Gewahrsam am Geld erlangt und dem Automatenbetreiber, der ursprünglich Gewahrsam hatte, ist die Ausgabe durch den Automaten wohl als Gewahrsamsbruch ausschließendes Einverständnis zuzurechnen – während an den unberechtigten Nutzer sicherlich kein Übereignungsangebot gerichtet wird). Der Fall hat aber weitere Besonderheiten: Erstens hatte das Opfer nach Ausgabe des Geldes den Täter aufgefordert, ihm das Geld herauszugeben, woraufhin der Täter dem Opfer Schläge androhte. Dass dieses die Herausgabe danach nicht weiter verfolgte, könnte doch als Vermögensverfügung angesehen und dann auch vom Standpunkt der Lehre aus eine räuberische Erpressung angenommen werden. Das setzt allerdings voraus, dass der Karteninhaber überhaupt einen Herausgabeanspruch hatte (sonst keine Verfügung über eigenes Vermögen) und selbst geschädigt wurde. Eine Dreieckserpressung zum Nachteil der Bank scheitert nämlich daran, dass der Kunde nicht „in ihrem Lager" steht (mit der Frage, ob die Rspr darin kein Problem sieht, weil sie mangels Verfügung auch keine Zurechnung fordert, hat der BGH sich leider nicht befasst). Es spricht allerdings mehr dafür, den Vorgang nicht als berechtigte Abhebung und damit auch die Ansprüche des Kontoinhabers gegenüber der Bank als nicht gemindert (sondern den sicherlich zunächst niedrigeren Kontostand als falsch) und eben diese als Geschädigte anzusehen (vgl. *Jäger*, Anm. JA 18, 309, 311), so dass es bei § 246 (und § 240) bleibt. § 263a verwirklicht der Täter am Automaten hingegen eher nicht, denn die Eingabe des Auszahlungsbetrags ist nicht „unbefugt" in dem betrugsäquivalenten Sinne, dass eine Person an Stelle des Automaten verfügungsrelevant getäuscht worden wäre (s. Rn 603, 606, 613); die hätte nämlich auch das von Gewalt dominierte weitere Verhalten wahrgenommen (s. *Brand*, Anm. NJW 18, 246; aA *Jäger*, Anm. JA 18, 309, 311).

737 Geht es wie in den vorstehenden Fällen dem Täter darum, die Durchsetzung eines gegen ihn bestehenden Anspruchs mit Nötigungsmitteln zu verhindern[159], handelt es sich um sog. **Forderungserpressungen**. Ob man auch für sie eine Verfügung des Erpressungsopfers verlangen soll, ist unter den Anhängern der Verfügungslehre strittig. Dafür spricht, dass es sich bei der

---

157 S. dazu SK-*Sinn*, § 255 Rn 6.
158 Näher dazu *Jakobs*, Anm. JR 84, 385; *Otto*, Anm. JZ 84, 143; *Sonnen*, JA 84, 319 ff.
159 S. dazu auch BGH NStZ 11, 278, 279.

Verfügung nicht lediglich um ein Abgrenzungsmerkmal zum Raub, sondern um ein tatbestandliches Charakteristikum dieses „Freikaufdelikts" handelt. Dieses Bild wird bei Anwendung von vis absoluta aber zerstört[160].

4. Prüfungsaufbau: Räuberische Erpressung, § 255

Räuberische Erpressung, § 255   737a
- **I. Tatbestand**
  - **1. Objektiver Tatbestand**
    - a) Tathandlung: • *Nötigen*
    - b) Tatmittel: • *Gewalt gegen eine Person*
      - ⓟ Gewaltbegriff
      - ⓟ nur vis compulsiva
      - ⓟ Gewalt gegen Sachen als Gewalt gegen Personen
      - • *Drohung mit gegenwärtiger Gefahr für Leib/ Leben*
      - ⓟ Adressat des Übels ≠ Adressat der Nötigung
      - ⓟ Gegenwärtigkeit
      - ⓟ Drohung mit Unterlassen
    - c) Nötigungserfolg: • *Handlung, Duldung oder Unterlassung*
      - → Kausalität Nötigung (Zwangswirkung)
      - → Verhalten
      - ⓟ abgenötigtes Verhalten = jedes beliebige Verhalten (auch unter vis absoluta) oder Vermögensverfügung (Abgrenzung Raub ↔ räuberische Erpressung)
      - ⓟ wenn Verfügung:
        - → Unmittelbarkeit
        - → Freiwilligkeit
        - → Verfügungsbewusstsein
      - ⓟ Dreieckserpressung (Näheverhältnis)
    - d) Taterfolg: • *Vermögensnachteil*
      - → wie Vermögensschaden beim Betrug, § 263
  - **2. Subjektiver Tatbestand**
    - a) Vorsatz: • *jede Vorsatzart*
    - b) Bereicherungsabsicht: • *Absicht, sich oder Dritten zu Unrecht zu bereichern*
      - → wie Bereicherungsabsicht beim Betrug, § 263
- **II. Rechtswidrigkeit**
  - 1. Allgemeine Rechtfertigungsgründe
  - 2. Verwerflichkeit iSd § 253 II
- **III. Schuld**
- → **Qualifikationen: Bestrafung gleich einem Räuber**
  - → Verweisung auf §§ 250, 251

---

160 S. dazu mit unterschiedlichen Antworten *Brand*, JuS 09, 899 ff; *Eisele*, BT II Rn 772 f.

§ 19 Erpresserischer Menschenraub

738 **Fall 62:** T betrat das Juweliergeschäft des J, ließ sich dort von J mehrere sehr wertvolle Schmuckstücke „zum Vergleich" vorlegen, zog dann – wie von vornherein geplant – eine geladene und entsicherte Pistole aus der Jackentasche und hielt sie mit dem Ausruf „Überfall, keine Bewegung" J an die Schläfe. Alsdann raffte T die Schmuckstücke an sich und ließ den vor Schreck erstarrten J zurück. Strafbarkeit des T? **Rn 745**

I. Tatbestandsstruktur und Schutzgut

739 Der **erpresserische Menschenraub** (§ 239a) ist als **Verbrechen**, dessen Versuch und Verabredung strafbar sind[1], in Tatbestandsmerkmalen und Struktur der Geiselnahme (§ 239b) eng verwandt. Im Unterschied zu dieser verfolgt der Täter des § 239a den **Zweck**, sich durch eine **Erpressung rechtswidrig zu bereichern**. Die geplante Tat muss also alle Voraussetzungen der Erpressung erfüllen. Dazu gehört auf der Opferseite nach der hier vertretenen Auffassung, dass das abgepresste Verhalten eine Verfügung wäre (s. Rn 709 ff, 745) und zudem Vermögenswert besäße, woran es zB bei einer dem Opfer angesonnenen Straftat fehlte, weil die zur Bejahung von Straftaten eingesetzte Arbeitskraft nicht zum geschützten Vermögen gehört (Rn 535)[2]. Die **1. Alternative** des Tatbestandes setzt die benannte Absicht als die Tathandlung des Entführens oder Sich-Bemächtigens lediglich begleitendes **inneres Moment** voraus, das sich mit der **Vorstellung verbinden** muss, die durch die Handlung ausgelöste Sorge des Opfers um sein eigenes Wohl oder die Sorge eines Dritten um das Wohl des Opfers zu der Erpressung **auszunutzen**. In der **2. Alternative** muss eine noch ohne solche Vorstellungen und Absicht geschaffene Entführungs- oder Bemächtigungslage vom Täter **tatsächlich** zu einer solchen **Erpressung ausgenutzt**, zu der Erpressung also wenigstens im Sinne des § 22 unmittelbar angesetzt werden[3]. Während die ursprüngliche Fassung des § 239a sich auf das für dieses Delikt charakteristische **Dreiecksverhältnis** dadurch beschränkte, dass allein die Sorge eines Dritten um das Wohl des durch die Entführung oder Bemächtigung Betroffenen ausgenutzt werden sollte, hat der Gesetzgeber 1989 das Delikt auf **Zwei-Personen-Verhältnisse** erweitert[4]. Entführungs- (Bemächtigungs-) und Erpressungsopfer können seitdem identisch sein.

Rechtsprechungsbeispiel: In **BGH NStZ-RR 12, 173** lag es so. Dort brachte A den O dazu, mit ihm zu der Wohnung des T zu fahren, um dort gemeinsam Drogen (wohl zu kaufen und) zu konsumieren. Tatsächlich wollte A – was er T ankündigte – O wegen eines ihm und einem Verwandten gegenüber begangenen Diebstahls zur Rede stellen und bestrafen. A und T bedrohten, verprügelten und beleidigten den „geständigen" O und fesselten ihn schließlich. In diesem Zustand zwangen sie ihn, den Verwandten telefonisch um Entschuldigung zu bitten. Alsdann fragten sie ihn (offenbar aufgrund eines spontanen Einfalls), „wie viel er ihnen schulde, um sei-

---
1 Zur Abgrenzung s. BGH StV 99, 593.
2 BGH NStZ-RR 09, 106; vgl auch *Heghmanns*, Rn 1530.
3 BGH NJW 97, 1082; BGH NStZ-RR 12, 173, 174.
4 Zur Gesetzgebungsgeschichte s. BK-*Valerius*, § 239a Rn 1.1 u. 1.2; LK-*Schluckebier*, § 239a Entstehungsgeschichte; *Satzger*, Jura 07, 114 f; SK-*Wolters*, § 239a Rn 1.

ne Missetat zu begleichen". Der eingeschüchterte O, der kein Geld bei sich hatte, erbot sich, Geld von seinem Konto abzuheben. Das gelang später, nachdem A, dessen herbeigerufene Freundin F und T den O in dessen Auto zu seiner Bank gebracht, ihn auf der Fahrt dahin allerdings etwa 20 Minuten lang – möglicherweise ungefesselt – allein im Auto zurückgelassen hatten. – Einen erpresserischen Menschenraub nach § 239a I 1. Alt. schließt der BGH zu Recht aus, weil A und T bei der Herstellung der Bemächtigungslage noch nicht den Vorsatz hatten, den O um Geld zu erpressen. Es kommt folglich nur die zweite Alternative in Betracht. Durch das Verbringen des O in die Wohnung des T, seine dort erfolgte Unterwerfung unter die physische Macht beider und seine Fesselung ist fraglos eine stabile Bemächtigungslage (s. Rn 743) hergestellt worden. Das LG hat § 239a I 2. Alt. gleichwohl verneint, weil es einen für diese Alternative erforderlichen Erpressungsversuch nicht mehr im zeitlich-funktionalen Zusammenhang (Rn 742) mit der Bemächtigungslage gesehen hat, da es diese durch das Zurücklassen des O im Pkw für 20 Minuten (wohl zu Recht) aufgehoben sah. Der BGH gibt demgegenüber aber zu bedenken, dass der in dieser Alternative zu verlangende Erpressungsversuch (Rn 744) bereits in der Frage liegen könnte, wie viel O ihnen schulde. Sei sie nämlich in der, wenn auch irrigen, so doch durch das Vorhaben, Drogen zu kaufen, nicht unbegründeten Erwartung abgegeben, O könne und werde sogleich zahlen, begründe sie den (untauglichen) Versuch, den O schon in der Wohnung zu erpressen. Dazu Feststellungen zu treffen, gibt der BGH dem LG in neuer Hauptverhandlung auf.

Auch wenn mit der Erpressung ein Angriff auf das Vermögen geplant oder ausgeführt wird, handelt es sich bei § 239a seinem Schwerpunkt und seiner systematischen Stellung nach **nicht** um ein **Vermögens-**, sondern um ein die persönliche Freiheit und Unversehrtheit des Opfers[5] und gegebenenfalls die Freiheit des Dritten schützendes **Delikt gegen Persönlichkeitswerte**[6]. Wegen des engen Sachzusammenhangs mit der Erpressung wird der Tatbestand gleichwohl hier in seinen Grundzügen und seinen gegenüber § 239b bestehenden Abweichungen im Überblick dargestellt[7]. 740

II. Tatbestand

Der **objektive** Tatbestand weist in den beiden Tatbestandsalternativen zwei gleichwertige Handlungsmöglichkeiten auf. Das **Entführen** unterwirft als Vorstufe[8] oder Modalität[9] des Sich-Bemächtigens das Opfer einer **Veränderung seines Aufenthaltsorts** mit der Wirkung, dass es der Herrschaftsgewalt des Täters ausgeliefert ist. Einer solchen Ortsveränderung bedarf es beim **Sich-Bemächtigen** nicht. Eines anderen Menschen[10] bemächtigt sich, wer ihn zwecks Benutzung als Geisel **physisch in seine Gewalt bringt**[11] oder eine schon – zB über das eigene Kind[12] – bestehende Ge- 741

---
5 Nur für Letzteres MK-*Renzikowski*, § 239a Rn 3 ff.
6 *Brambach*, Probleme der Tatbestände des erpresserischen Menschenraubes und der Geiselnahme 2000, S. 77; *Fischer*, § 239a Rn 2; *Hohmann/Sander*, § 14 Rn 1; *Krey/Hellmann/Heinrich*, BT II Rn 469; *Lackner/Kühl/Heger*, § 239a Rn 1; LK-*Schluckebier*, § 239a Rn 1; M/R-*Eidam*, § 239a Rn 2; *Nikolaus*, Zu den Tatbeständen des erpresserischen Menschenraubes und der Geiselnahme 2003, S. 97 f, 135, 199; S/S/W-*Schluckebier*, § 239a Rn 1; aA S/S-*Eisele*, § 239a Rn 2.
7 Zu den Einzelheiten s. *Wessels/Hettinger/Engländer*, BT I Rn 438 ff.
8 *Wessels/Hettinger/Engländer*, BT I Rn 442.
9 SK-*Wolters*, § 239a Rn 4.
10 S. dazu *Mitsch*, BT II S. 674 f.
11 BGH NStZ 96, 276; 02, 31, 32; *Küper/Zopfs*, BT Rn 466 ff.
12 S. BGHSt 26, 70, 71 f; es muss kein fremdes Kind sein, s. LK-*Schluckebier*, § 239a Rn 6, 13.

walt so verändert, dass es zu einer erheblichen Minderung der Geborgenheit des Opfers kommt[13]. Dabei genügt das In-Schach-Halten mit einer Waffe[14]. Gelingt die Begründung der Verfügungsgewalt, reichen auch Scheinwaffen als Tatmittel aus[15]. Wie das Beispiel des (Kleinst-) Kindes zeigt, ist weder eine Freiheitsberaubung noch stets die Tatsache vorausgesetzt, dass sich das Opfer von Entführung oder Bemächtigung seiner Lage bewusst wird[16]. Der Tatbestand entfällt nicht dadurch, dass sich eine Austauschgeisel zur Verfügung stellt[17]. Eine Person, die sich nur zum Schein als Geisel nehmen lässt, genügt als Tatopfer dagegen nicht[18].

742 Der Täter muss in der **1. Tatbestandsalternative vorsätzlich** und in der **Absicht** gehandelt haben, die Sorge des Opfers um sein Wohl oder die Sorge eines (beliebigen)[19] Dritten, der auch der Staat sein kann[20], um das Wohl des Opfers[21] zu einer Erpressung (s. dazu Rn 739, 745) auszunutzen. Dazu muss der Täter die beschriebene Absicht bereits zeitgleich mit der Tathandlung besitzen und einen **zeitlich-funktionalen Zusammenhang** zwischen der Entführungs- oder Bemächtigungslage und der angestrebten Erpressung planen[22]. Letzteres geschieht nach der Rechtsprechung dadurch, dass Entführungsopfer oder Dritter bereits *während der Dauer* und *unter Ausnutzung* der geschaffenen Zwangslage – also nicht erst eingeschüchtert durch die Bemächtigung nach deren Beendigung[23] – erpresst werden sollen und dass es im Drei-Personen-Verhältnis die Vorstellung des Täters ist, dass der Dritte gerade auf Grund der ihm bekannt gemachten Bemächtigungslage die geforderte Leistung erbringt[24].

743 Während es im **Entführungsfall** im Drei- wie im Zwei-Personen-Verhältnis die Regel ist, dass der Täter durch die Entführung für das Entführungsopfer eine **eigenständige Bemächtigungslage** schafft, die ihm als Grund- und Ausgangslage dafür dienen soll, das Opfer oder einen Dritten unter Ausnutzung der entstandenen Sorge um das Wohl des Opfers zu erpressen, ist die Einhaltung dieser den funktionalen Zusammenhang zwischen Bemächtigungslage und Bereicherungsversuch kennzeichnenden Ab-

---

13 *Eisele*, BT II Rn 819; *Krey/Hellmann/Heinrich*, BT II Rn 483; *Rengier*, BT II § 24 Rn 7; *Wessels/Hettinger/Engländer*, BT I Rn 444 f; *Nikolaus*, aaO S. 111 ff setzt die Umwandlung eines Personensorgeverhältnisses in ein Gewahrsamsverhältnis voraus.
14 BGH NStZ 86, 166; JZ 87, 366.
15 *Rengier*, GA 85, 318 f; BGH NStZ 99, 509 mit Bespr. *Baier*, JA 00, 191; BGH StV 99, 646 mit insoweit abl. Anm. *Renzikowski*; abl. auch BK-*Valerius*, § 239a Rn 7; *Fischer*, § 239a Rn 4a–d mit der Forderung nach einer objektiv abstrakt gefährlichen Bemächtigungslage, die bei Scheinwaffen ausscheidet; wie hier *Hohmann/Sander*, § 14 Rn 4; *Lackner/Kühl/Heger*, § 239a Rn 3; LK-*Schluckebier*, § 239a Rn 11, 14, der für beide Modalitäten List ausreichen lässt; SK-*Wolters*, § 239a Rn 4.
16 BGH StV 99, 646; A/W-*Heinrich*, § 18 Rn 35; *Mitsch*, BT II S. 674 f, 677 f; S/S-*Eisele*, § 239a Rn 7.
17 HK-GS/*Lenz*, § 239a Rn 3; LK-*Schluckebier*, § 239a Rn 7.
18 *Rengier*, BT II § 24 Rn 8; *Satzger*, Jura 07, 116; zur Beteiligung an der Erpressung s. LK-*Schluckebier*, § 239a Rn 9.
19 S. *Rheinländer*, Erpresserischer Menschenraub 2000, S. 70, 85 f.
20 *Kindhäuser*, § 239a Rn 9; S/S-*Eisele*, § 239a Rn 13.
21 S. *Lackner/Kühl/Heger*, § 239a Rn 4.
22 S. BGH, NStZ-RR 03, 328.
23 BGH NStZ 08, 569, 570; BGH NStZ-RR 09, 16, 17; BGH BeckRS 12, 10847; BGH StV 14, 284 f; BGH StraFo 14, 30; BGH StraFo 14, 32 (zu §§ 239a und b; dazu kann das erzwungene Ausstellen eines Schuldscheins genügen; s. dazu *Bosch*, JK 4/2014, StGB § 239a/12; *Hecker*, JuS 14, 368); BGH HRRS 16, 273 (Nr 546); A/W-*Heinrich*, § 18 Rn 36; *Eisele*, BT II Rn 823; *Rengier*, BT II § 24 Rn 14.
24 BGH StV 97, 302 f; BGH NStZ-RR 97, 100; BGH NStZ 99, 509; BGH NStZ 05, 508; *Küper/Zopfs*, BT Rn 470; LK-*Schluckebier*, § 239a Rn 32; *Wessels/Hettinger/Engländer*, BT I Rn 446.

folge beim **Sich-Bemächtigen im Zwei-Personen-Verhältnis** weniger selbstverständlich. Hier lässt sich in herkömmlichen Fällen räuberischer Erpressung von einem Sich-Bemächtigen häufig schon dann reden, wenn der Täter – etwa durch die Bedrohung mit einer Schusswaffe – lediglich das qualifizierte Nötigungsmittel des § 255 anwendet und „im gleichen Atemzuge" das Opfer zur Herausgabe eines Vermögensbestandteils nötigt. Damit würden zahlreiche Fälle alltäglicher räuberischer Erpressung eo ipso zum erheblich höher zu bestrafenden erpresserischen Menschenraub[25]. Um diese vom Gesetzgeber schwerlich gewollte und angesichts des frühen Vollendungszeitpunkts nur noch strafmindernde tätige Reue (§ 239a IV) zulassende Folge zu vermeiden, ist für § 239a eine der Entführungslage in Fällen des Sich-Bemächtigens **vergleichbar stabile** Bemächtigungslage zu verlangen, die der Täter für ein **weiteres** erpresserisches Verhalten auszunutzen trachtet *(unvollkommen zweiaktiges Delikt)*[26]. Dass das Entstehen einer solchen Bemächtigungslage auf den unfreiwilligen Vorschlag eines zuvor schon mit Raubgewalt konfrontierten Opfers, einen Bankomaten aufzusuchen, zurückgeht, ist ohne Belang. Entscheidend ist allein, dass sich die eigenständige Bedeutung der Bemächtigungslage darin erweist, dass über die in jeder mit Gewalt verbundenen Nötigungshandlung liegende Beherrschungssituation hinaus eine weitergehende Druckwirkung auf das Opfer sich gerade aus der stabilisierten Bemächtigungslage ergeben und der Täter beabsichtigen muss, diese Lage für sein erpresserisches Vorgehen auszunutzen[27]. Nach dem BGH[28] gilt das auch im Drei-Personen-Verhältnis[29], versteht sich hier aber regelmäßig von selbst[30]. An ihr kann es fehlen, wo mit der (angestrebten) Erpressungshandlung zugleich die Bemächtigungslage entfiele[31] oder eine nur sehr „kurzzeitige Machtausübung" vorliegt[32]. Es genügt grds nicht, wenn die abgepresste Handlung erst nach der Freilassung erfolgen soll[33]. Bei Erreichen eines Teilerfolgs kommt es darauf an, ob dieser für den Enderfolg erheblich und von eigenständiger Bedeutung ist[34]. Eine „hilflose Lage" iS von § 237 aF[35] wird mit ihr häufig einhergehen, ist aber mit ihr nicht identisch.

Während in der 1. Tatbestandsalternative die Tat bereits **vollendet** ist, wenn der Täter mit der beschriebenen Vorstellung und Absicht das Opfer entführt oder sich des Op- **744**

---

25 S. *Graul*, in: Vom unmöglichen Zustand des Strafrechts 1995, S. 345 ff.
26 BGHSt 40, 350, 359; BGH JR 98, 125 mit krit. Anm. *Renzikowski*; BGH NStZ-RR 04, 333, 334; BGH NStZ-RR 09, 16 f; BGH NStZ-RR 10, 46 mit Bespr. *Jahn*, JuS 10, 174; BGH HRRS 15, 302 (Nr 726); BGH StV 19, 98; BK-*Valerius*, § 239a Rn 12 f; *Bock*, WV-BT2, S. 139; S/S/W-*Schluckebier*, § 239a Rn 10 f; H-H-*Voigt*, Rn 312 f; krit. hierzu *Fischer*, § 239a Rn 8a; wegen mangelnder Bestimmtheit auch *Eisele*, BT II Rn 828 f; *Satzger*, Jura 07, 119; für das Abstellen auf die „Dauer der Beherrschung des Opfers" SK-*Wolters*, § 239a Rn 7.
27 BGH-NStZ 06, 448, 449; BGH NStZ-RR 15, 337; s. dazu *Satzger*, Jura 07, 115 (Beispielsfall 3).
28 BGH NStZ 99, 509 mit Bespr. *Immel*, NStZ 01, 67.
29 Enger *Rheinländer*, Erpresserischer Menschenraub 2000, S. 261; abw. Lösung bei *Nikolaus*, aaO S. 137 ff, 200 f. Nachweise zum umfassenden und krit. Schrifttum zu dieser Rechtsprechung bei *Küper/Zopfs*, BT Rn 469 ff, 471 f; *Lackner/Kühl/Heger*, § 239a Rn 4a; *Wessels/Hettinger/Engländer*, BT I Rn 446.
30 BGH NStZ 02, 31, 32; *Jäger*, BT Rn 119; krit. *Fischer*, § 239a Rn 8a.
31 *Küper/Zopfs*, BT Rn 469, 471; ihm zust. HK-GS/*Lenz*, § 239a Rn 15; *Zöller*, JA 00, 481.
32 *Immel*, Die Gefährdung von Leib und Leben durch Geiselnahme 2001, S. 218 ff, 382.
33 BGH NStZ-RR 17, 372.
34 BGH NStZ-RR 17, 176.
35 So der Vorschlag von *Brambach*, Probleme der Tatbestände des erpresserischen Menschenraubes und der Geiselnahme 2000, S. 196 ff mit daraus abgeleiteter, aber nicht überzeugender Beschränkung der Bemächtigung auf Fälle der vis absoluta.

§ 19 Erpresserischer Menschenraub

fers bemächtigt hat, bedarf es in der **2. Alternative** zwar nicht der Vollendung[36], wohl aber des Beginns der Ausführung der Erpressung iS des Versuchs. Dabei muss der Täter die ohne Erpressungsabsicht geschaffene Lage in gleicher (funktionaler) Weise ausnutzen (wollen) wie in der 1. Alternative[37]. Da das Gesetz eine **vom Täter geschaffene** Bemächtigungslage voraussetzt, kann der sogenannte **Trittbrettfahrer**, der dieses Geschehnis nur vortäuscht, nicht Täter sein[38]. Auch reicht es nicht aus, dass ein hinzukommender (Mit-)Täter der Erpressung die zuvor allein durch Dritte geschaffene Bemächtigungslage ausnutzt. Er kann freilich dadurch Täter nach § 239a I 1. Alt. werden, dass er durch sein Eingreifen die Situation des Opfers qualitativ verändert und dadurch die Bemächtigungslage nunmehr maßgeblich selbst (mit-)bestimmt[39]. Für die **tätige Reue** ist ein freiwilliges Handeln nicht erforderlich (s. § 239a IV)[40], wohl aber, dass der Täter das Opfer in seinen Lebenskreis zurückgelangen lässt und auf die erstrebte Leistung vollständig verzichtet[41]. Verursacht der Täter durch die Tat **wenigstens leichtfertig** den **Tod** des Opfers, ist die **Erfolgsqualifikation** des § 239a III gegeben. Durch die Einfügung des Wortes „wenigstens" ist durch das 6. StrRG (Rn 11) hier wie in § 251 klargestellt, dass im Einklang mit der bisherigen Rechtsprechung[42] auch die vorsätzliche Tötung erfasst wird. Zur tatbestandsspezifischen Gefahr und ihrer Verwirklichung im Todeserfolg gilt das hier zu § 251 (Rn 388) bzw zu § 239b Gesagte entsprechend[43].

745 Im **Fall 62** hat T einen schweren Raub nach §§ 249, 250 II Nr 1 begangen, indem er J unter Drohung mit gegenwärtiger Gefahr für Leib und Leben[44] die trotz der Gewahrsamslockerung noch im Gewahrsam des J befindlichen Schmuckstücke weggenommen und bei der Tat eine einsatzbereite Schusswaffe als Drohmittel verwendet hat. Ob auch ein erpresserischer Menschenraub nach § 239a I 1. Alt. in Form des Sich-Bemächtigens vorliegt, ist aus zweierlei Gründen zweifelhaft. Zum einen hat T den J bedroht, um einen **Raub** zu begehen, der nach der hier vertretenen „Verfügungstheorie" zur Erpressung in einem Exklusivitätsverhältnis steht. Legt man diese Ansicht zu Grunde, kommt hier nur § 239b in Betracht. Für die Rechtsprechung ist der Weg zu § 239a indes eröffnet,[45] denn sie sieht den Tatbestand des Raubes gegenüber der räuberischen Erpressung „nur" als speziell an[46], was in Fällen des § 249 die *Anwendung, nicht* aber das gleichzeitige *Vorliegen* einer Tat nach § 253 ausschließt, sodass der Täter nach ihrer Auffassung mit dem Raub immer auch eine räuberische

---

36 So aber *Elsner*, JuS 06, 784, 788; MK-*Renzikowski*, § 239a Rn 68; M/R-*Eidam*, § 239a Rn 19. Der Begriff „Erpressung" steht wie der des Diebstahls in § 243 (s. dazu Rn 212) für Vollendung und Versuch; wie hier BGH NJW 1997, 1082, 1083; *Eisele*, BT II Rn 832; *Satzger*, Jura 07, 117; S/S-*Eisele*, § 239a Rn 24.
37 Näher zur 2. Alt. *Mitsch*, BT II S. 698 ff; s. auch BGH NStZ-RR 12, 173.
38 *Fischer*, § 239a Rn 11a; MK-*Renzikowski*, § 239a Rn 65.
39 BGH StraFo 14, 30; BGH StraFo 14, 32 mit Bespr. *Bosch*, JK 4/2014, StGB § 239a/12; *Hecker*, JuS 14, 368.
40 *Krey/Hellmann/Heinrich*, BT II Rn 477; *Rengier*, BT II § 24 Rn 39; zu den Gründen des Verzichts auf Freiwilligkeit s. *Hillenkamp*, Streng-FS S. 266; LK-*Schluckebier*, § 239a Rn 54.
41 BGH HRRS 17, 9 (Nr 56) mit Anm. *Renzikowski*, JR 17, 316; *Schiemann*, NJW 17, 1125.
42 BGH NStZ 94, 481.
43 S. BGH NStZ 16, 214 mit Anm. *Hinz*, JR 16, 400; *Satzger*, Jura (JK) 16, 703; *Wessels/Hettinger/Engländer*, BT I Rn 448 ff; ferner *Fischer*, § 239a Rn 18.
44 Zur Bedeutung dieser Alternative im Gegensatz zur bereits zugefügten Gewalt für § 239a s. S/S-*Eisele*, § 239a Rn 12.
45 S. BGH HRRS 19 Nr 362; *Ingelfinger*, JuS 98, 533; *Klesczewski*, BT § 9 Rn 301; S/S-*Eisele*, § 239a Rn 11.
46 Vgl BGH NStZ-RR 97, 321; BGH NStZ-RR 11, 80.

Erpressung zu begehen beabsichtigt[47]. In beiden Fällen scheitert der jeweilige Tatbestand dann aber zum anderen nach der zu Recht um Restriktion bemühten Rechtsprechung an der **nicht** hinreichend **stabilisierten** und gegenüber der qualifizierten Nötigung **nur uneigenständigen Bemächtigungslage**: Das Sich-Bemächtigen durch die Bedrohung mit der Pistole geschieht durch das Raubmittel, das im unmittelbaren Anschluss die Duldung der Wegnahme erzwingt. Dann ist lediglich Raub gegeben[48].

III. Prüfungsaufbau: Erpresserischer Menschenraub, § 239a

Erpresserischer Menschenraub, § 239a   745a

A. Entführungstatbestand, § 239a I 1. Alt.
   I. Tatbestand
      1. Objektiver Tatbestand
         a) Tatobjekt: • *ein (anderer) Mensch*
         b) Tathandlung: • *Entführen*
                           → Veränderung des Aufenthaltsortes
                           Ⓟ Freiwilligkeit (Austauschgeisel)
                       • *Sich-Bemächtigen*
                           → Begründung physischer Verfügungsgewalt
                               (ohne Ortswechsel)
                           Ⓟ Bemächtigung mittels Scheinwaffe
      2. Subjektiver Tatbestand
         a) Vorsatz: • *jede Vorsatzart*
         b) Absicht: • *Absicht der Begehung einer Erpressung unter Ausnutzung der Sorge des Opfers oder eines Dritten um das Wohl des Entführungs-/Bemächtigungsopfers*
                         → zum Zeitpunkt des Entführens/Sich-Bemächtigens
                         → Ausführung der Absicht nicht erforderlich
                       Erpressungsabsicht
                         → Absicht rechtswidriger Bereicherung
                         Ⓟ Absicht, Raub zu begehen
                           (Verhältnis Raub ↔ räuberische Erpressung)
                       Ausnutzungsabsicht
                         Ⓟ zeitlich-funktionaler Zusammenhang zwischen durch Tathandlung geschaffener stabiler Bemächtigungslage und geplanter Erpressung
   II. Rechtswidrigkeit
   III. Schuld
   IV. Tätige Reue, § 239a IV
→ Erfolgsqualifikation, § 239a III

---

[47] BGH NStZ 02, 31, 32; BGH NStZ 03, 604, 605; BGH NStZ-RR 04, 333, 334; BGH NStZ 06, 448, 449; BGH NStZ-RR 09, 16, 17; BGH BeckRS 13, 01325; BGH NStZ 13, 648.
[48] Oder räuberische Erpressung, s. BGH NStZ-RR 07, 375; zur Falllösung im Einzelnen s. *Ingelfinger*, JuS 98, 531 ff; zu weiteren Fällen s. *Hartmann*, JA 98, 946, 952; *Hellmann*, JuS 96, 527 f; *Tag*, JuS 96, 909 ff; zum Versuch s. BGH JR 00, 293 mit Anm. *Dey*; zum Aufbau der Fallbearbeitung s. *Zöller*, JA 00, 476.

B. **Ausnutzungstatbestand, § 239a I 2. Alt.**
  I. **Tatbestand**
    1. **Objektiver Tatbestand**
       a) **Tatobjekt:**   • *ein (anderer) Mensch*
       b) **Tathandlung:**   • *Entführen (s. o.)*
                              → noch ohne Erpressungsabsicht
                             • *Sich-Bemächtigen (s. o.)*
                              → noch ohne Erpressungsabsicht
                             • *Erpressung unter Ausnutzung der geschaffenen Lage*
                              Ⓟ auch bei Raub (Verhältnis Raub ↔ räuberische Erpressung)
                              → zumindest Erpressungsversuch (Raubversuch) mit entsprechender Bereicherungsabsicht (Zueignungsabsicht)
    2. **Subjektiver Tatbestand**
       a) **Vorsatz:**   • *jede Vorsatzart*
       b) **Absicht:**   • *Absicht rechtswidriger Bereicherung (Zueignung)*
  II. **Rechtswidrigkeit**
  III. **Schuld**
  IV. **Tätige Reue, § 239a IV**
→ **Erfolgsqualifikation, § 239a III**

10. Kapitel
Untreue und untreueähnliche Delikte

§ 20 Untreue

746 **Fall 63:** Die Hausfrau F, die an einem Datenverarbeitungskurs teilnimmt, hat von dem Büroausstatter B einen PC gemietet, auf dem sie zunächst fleißig übt. Als F später aber die Lust am Kurs verliert, veräußert sie den PC als angeblich ihr gehörend für 500 € an den gutgläubigen Erwerber E, um mit dem Erlös Rechnungsrückstände für Strom- und Gasverbrauch zu tilgen.
Hat F sich zum Nachteil des B der Untreue schuldig gemacht? **Rn 766**

I. Übersicht zu § 266

1. Schutzgut und Deliktscharakter

747 **Untreue** (§ 266) ist die Schädigung fremden Vermögens durch vorsätzliche Verletzung einer Vermögensbetreuungspflicht. Sie ist eines der zentralen Delikte des Wirtschaftsstrafrechts[1]. Der Grund der Vorschrift ist einfach: In einer arbeitsteiligen Wirtschaftsordnung ist es sinnvoll, wenn nicht notwendig, andere in mehr oder minder weitem Umfang auch mit der Betreuung eigener Vermögensteile zu betrauen. In etlichen Zusammenhängen ordnet das Recht dies sogar an (zB elterliche Vermögenssorge für das Kind) und sieht bisweilen sogar (insb. aus Verkehrsschutzgründen) einen weiten Umfang der übertragenen Rechtsmacht vor (zB beim Prokuristen), deren Beschränkungen im Innenverhältnis nicht im Außenverhältnis wirksam sind. Auf die daraus für das Vermögen „von innen" resultierenden Gefahren reagiert das Strafrecht mit § 266[2]. **Geschütztes Rechtsgut** ist nach hM allein das **Vermögen**[3].

Soweit damit das **Vertrauen** in die Pflichttreue des Täters und die Redlichkeit des Rechts- und Wirtschaftsverkehrs **als eigenständige Rechtsgüter ausgeschieden** werden sollen[4], ist dem zuzustimmen. Der Schutz von Vertrauen ist immer nur ein – wenn auch oft wichtiger – Schutzreflex; als konturgebendes Rechtsgut eignet sich ein derart vages und notwendig spekulatives Konzept grundsätzlich nicht. Auch ist richtig, dass die **Dispositionsfreiheit** und **-befugnis** des Vermögensinhabers wie beim Betrug nicht neben das Vermögen als Schutzgut tritt[5] und die Beschränkung der Dispositionsbefugnis des Berechtigten für sich allein auch für die Feststellung eines Vermögensschadens nicht ausreicht[6]. Da aber das Opfer einer Untreue durch seine Auslieferung an die Dispositionsmacht des Täters, der das Vermögen „von innen heraus" aushöhlt[7], besonders gefährdet ist, konstituiert die Missachtung der Dispositionsfreiheit des Verletzten Handlungs- *und* Erfolgsunrecht der Untreue wesentlich mit[8]. Der Gesichtspunkt der Dispositionsfreiheit ist im Rechtsgut Vermögen teilweise enthalten; zugleich wird seine Bedeutsamkeit für die Untreue durch das Rechtsgut Vermögen begrenzt, nämlich auf wirtschaftlich werthaltige Dispositionsmöglichkeiten[9]. Der Topos der Dispositionsfreiheit ist daher einerseits bisweilen analytisch wertvoll, darf andererseits aber nicht zur weiteren Ausdehnung des ohnehin konturarmen Tatbestands herangezogen werden. Wie schmal dieser Grat ist, zeigt sich deutlich, wenn von der Rechtsprechung im Fall „schwarzer Kassen" die dem Vermögensinhaber vorenthaltene „Möglichkeit zur Disposition über das eigene Vermögen … zum Kern der von § 266 StGB geschützten Rechtsposition" gezählt[10] und Pflichtverletzung und Schaden „verwendungszweckunabhängig", und dh ohne Rücksicht darauf bestimmt werden, ob der Täter im selbstdefinierten Interesse des Berechtigten handelt[11]. Bei der sog. Haushaltsuntreue wird der Vermögensnachteil auch mit der Beeinträchtigung der „politischen Gestaltungsbefug-

---

1 S. *Schünemann*, Frisch-FS S. 837 ff; *Kudlich/Oğlakcıoğlu*, Rn 327.
2 S. *Schünemann*, I. Roxin-FS S. 341 ff; Spickhoff-*Schuhr*, § 266 Rn 4; S/S/W-*Saliger*, § 266 Rn 3.
3 Vgl BGH NJW 00, 154, 155; BVerfGE 126, 170, 200; BGH NStZ 18, 107 mit Anm. *Schlösser*; *Kraatz* JR 18, 400; AnK-*Esser*, § 266 Rn 1 ff; A/R/R-*Seier*, 5.2 Rn 10; BK-*Wittig*, § 266 Rn 3; *Bock*, BT II S. 512; G/J/W-*Waßmer*, § 266 Rn 9; LK-*Schünemann*, § 266 Rn 23; *Maurach/Schroeder/Maiwald*, BT I § 45 Rn 1; M/R-*Matt*, § 266 Rn 1; NK-*Kindhäuser*, § 266 Rn 1; NK-WSS-*Jahn/Ziemann*, § 266 Rn 4; *Schramm*, BT I § 10 Rn 2; SK-*Hoyer*, § 266 Rn 1 ff; S/S-*Perron*, § 266 Rn 1.
4 Ähnlich BVerfGE 126, 170, 200 f; LK-*Schünemann*, § 266 Rn 35; *Mitsch*, BT II S. 357. Gläubigerschutz scheidet ebenfalls aus, BGH NJW 00, 154.
5 BGHSt 43, 293, 297; BGH HRRS 19 Nr. 320; BVerfG ZWH 13, 62.
6 BGHSt 51, 100, 113 f (Fall *Kanther*); BGH NStZ 18, 107 mit Anm. *Schlösser*; *Kraatz*, JR 18, 400.
7 LK-*Schünemann*, § 266 Rn 1; *Rönnau*, ZStW 119 (2007), 887, 890.
8 *Hillenkamp*, NStZ 81, 166; *Mansdörfer*, JuS 09, 114, 115; *Ransiek*, ZStW 116 (2004), 635, 646 ff; BGH NStZ 84, 550; s. auch Fischer/*Fischer*, S. 51 f; *Kraatz*, ZStW 123 (2011), 447, 453: Schutz des Vermögens in seiner „Verfügbarkeit für den Einzelnen zur freien Disposition"; erläuternd dazu S. 465 f, 468.
9 S. auch BVerfGE 126, 170; S/S/W-*Saliger*, § 266 Rn 1; LK-*Schünemann*, § 266 Rn 23.
10 BGHSt 52, 323, 339 (Fall *Siemens*); näher dazu mit Nachw. **Rechtsprechungsbeispiel** Rn 761.
11 BGHSt 51, 100, 112 ff (Fall *Kanther*); krit. hierzu *Dierlamm*, Widmaier-FS S. 607, 609 ff; *Saliger*, NStZ 07, 545, 546 ff; *Saliger/Gaede*, HRRS 08, 57, 70.

nis" des Haushaltsgebers begründet[12], freilich betont, dass es der wirtschaftlich nachvollziehbaren Feststellung eines eigenständigen Schadens bedarf[13].

748 Da § 266 im Gegensatz zu §§ 253, 263 kein Bereicherungsstreben des Täters voraussetzt, ist die Untreue kein Vermögensverschiebungsdelikt, sondern ein reines **Fremdschädigungsdelikt**. Die Vorschrift enthält keine eigene **Verhaltensregel**, sondern ist **akzessorisch** abhängig von einer (außerstrafrechtlichen, zB zivil-, gesellschafts-, beamten- oder sozialrechtlichen) Pflichtenstellung[14]. Genuin strafrechtlich ist zunächst nur die **Sanktionsnorm**, die die Strafdrohung für Verletzungen dieser Pflichtenstellung enthält. Dass sich aus der Vorschrift selbst keine Verhaltensregel und damit zunächst auch kein Unrechtskern ergibt, macht sie **strukturell unbestimmt**[15] und führt zu Schwierigkeiten mit dem strafrechtlichen Gesetzlichkeitsprinzip (Art. 103 II GG). Eine selbstständige strafrechtliche Regelung mit unabhängiger Verhaltensregel wäre aber in keiner Weise vorzugswürdig. Selbst (und gerade) wenn sie sich sehr bestimmt formulieren ließe, würde die darin statuierte Pflicht von den weiterhin bestehenden Regeln der anderen Rechtsgebiete (an die heute angeknüpft wird) abweichen, die Adressaten der Norm (die potenziellen Täter) würden allen Regelungen gemeinsam unterliegen, könnten sich aber doch immer nur in einer Weise verhalten und hätten damit insgesamt noch weniger klare rechtliche Vorgaben als heute. Die Folge wäre ein noch weniger effizienter Rechtsgüterschutz. Die gewählte Regelungsstruktur ist daher die relativ beste, und die mit ihr verbundenen Probleme müssen in der strafrechtlichen Handhabung des Delikts gelöst werden. Das ist auch durchaus konstruktiv möglich: Die Sanktionsnorm bestimmt nämlich, (1) an welche Pflichten aus anderen Rechtsgebieten angeknüpft wird und bzgl. welcher genauen Inhalte dies geschieht[16]. Ohne die Ausgangspflichten selbst zu ändern oder zu beschneiden, wird so vom Tatbestand der Untreue nur ein Teil dieser Pflichten erfasst. Die Sanktionsnorm bestimmt (2) unter welchen weiteren Bedingungen die Strafbarkeit steht (namentlich wird ein Vermögensschaden verlangt, und der muss dem Täter als Erfolg der Pflichtverletzung objektiv zurechenbar sein). Schließlich steht das Delikt uneingeschränkt unter den Vorgaben des Gesetzlichkeitsprinzips. Nachträgliche Beschränkungen durch „restriktive Auslegung" nützen da wenig, denn die Strafbarkeit muss schon zur Tatzeit bestimmt sein (Art. 103 II GG). Genau dieses Erfordernis führt aber zu einem weiteren Kriterium: Von der Sanktionsnorm kann (3) nur solches Verhalten erfasst werden, dessen Pflichtwidrigkeit sich für eine verständige Person in der Situation des Täters zur Tatzeit eindeutig ergab (sog. **evidente** Pflichtverletzung[17]). Wo das Strafrecht eigene Verhaltensregeln aufstellt, müssen diese selbst und allgemein bestimmt

---

12   BGHSt 43, 293, 297 ff mit dazu abl. Anm. *Brauns*, JR 98, 381; BGH NStZ 03, 541, 542 mit Anm. *Wagner*; krit. *Saliger*, ZStW 112 (2000), 563, 589 ff; *ders.*, Samson-FS S. 455, 463 ff; *v. Selle*, JZ 08, 178, 180 f; zur Schadensbestimmung bei der Bildung schwarzer Kassen und der Haushaltsuntreue s. näher *Schünemann*, StraFo 10, 1, 4 ff.
13   BGH NStZ 11, 520, 521 mit Bespr. *Bosch*, JK 8/11, StGB § 266/37.
14   Eingehend zu dieser Gesetzestechnik *Cornelius*, Verweisungsbedingte Akzessorietät bei Straftatbeständen, 2016, passim; knapper Überblick bei Spickhoff-*Schuhr*, § 266 Rn 5 f, 41 ff.
15   S/S/W-*Saliger*, § 266 Rn 4; Spickhoff-*Schuhr*, § 266 Rn 6; *Hohmann*, ZIS 07, 38; eingehend zu den Folgen *Ransiek*, ZStW 116 (2004), 634.
16   S. dazu namentlich das **Rechtsprechungsbeispiel** Rn 755: Es muss um Pflichten gehen, die wesentlich dem Schutz des betreuten Individualvermögens dienen.
17   S. BVerfGE 126, 170, 211 (Rn 112); BGH NStZ 13, 715.

sein; wo es an fremde anknüpft, muss das letztgenannte Kriterium die Anwendung der Sanktionsnorm beschränken. Durch die drei angegebenen Kriterien gemeinsam bildet das Strafrecht letztlich einen eigenen Ausschnitt der Pflichtenstellung, an die es akzessorisch anknüpft, und zwar so, dass die strafrechtlichen Prinzipien dabei eingehalten werden. Dies betont der Ausdruck **„Normspaltung"** – ohne die Ausgangsnormen zu ändern wird für das Strafrecht ein Teil von ihnen „abgespalten" und mit Strafe bewehrt[18]. Im Hinblick auf diese strukturellen Voraussetzungen hat das BVerfG § 266 zu Recht für noch hinreichend konkret erachtet, (bzgl. des zweiten obigen Kriteriums) aber eine methodisch korrekte Bezifferung des Schadens verlangt und ein Verschleifungsverbot formuliert sowie geboten, die Handhabung der Kriterien insgesamt so zu entwickeln, dass sich nur bei schon zur Tatzeit bestimmter Strafbarkeit später das Risiko einer Bestrafung ergeben kann (**Präzisierungsgebot**)[19].

Die heutige Regelung, die an die Stelle der unzulänglichen Kasuistik des § 266 aF getreten ist und dem früheren Meinungsstreit zwischen der **Missbrauchs–** und **Treubruchstheorie** durch deren Vereinigung ein Ende gesetzt hat[20], beruht auf einer Gesetzesnovelle vom 26.5.1933 (RGBl I 295). Sie sieht die entsprechende Anwendung der §§ 243 II, 247 und 248a vor. Auch § 263 III ist entsprechend anwendbar (§ 266 II). Von der Einführung der Versuchsstrafbarkeit[21] hat der Gesetzgeber abgesehen.

2. Tatbestandliche Ausgestaltung

§ 266 I umfasst zwei Tatbestandsalternativen: den **Missbrauchs-** und den **Treubruchstatbestand**. Wie der **Missbrauchs-** und der **Treubruchstatbestand** sich zueinander verhalten, ist umstritten. Eine Mindermeinung beurteilt beide als selbstständig und begrifflich verschieden[22]. Zustimmung verdient jedoch die hM, die im Missbrauchstatbestand nur einen enger und präziser gefassten, *speziell* geregelten Anwendungsfall des Treubruchstatbestandes erblickt, ihm also gegenüber dem Letzteren den **Vorrang** als *lex specialis* einräumt[23]. Weil manche Zusammenhänge beim Miss- 749

---

18 Grundlegend *Tiedemann*, Tatbestandsfunktionen im Nebenstrafrecht, 1969, S. 187. S. auch *Kudlich/ Oğlakcıoğlu*, Rn 49b; AnK-*Gaede*, § 1 Rn 9; (ohne diesen Ausdruck) MK-*Joecks*, § 119 BetrVG Rn 7 ff. Man darf sich die Normspaltung allerdings nicht zu formal nur auf den Wortlaut bezogen vorstellen; wenn zB zu einer vagen arbeitsrechtlichen Vorschrift nur eine (arbeitsrechtlich akzeptierte) analoge Erweiterung ausgeblendet wird, entsteht dadurch allein noch keine hinreichend bestimmte Regel, s. Spickhoff-*Schuhr*, § 266 Rn 43.
19 S. dazu ein **Rechtsprechungsbeispiel** Rn 778. Ähnlich *Fischer*, § 266 Rn 5; LK-*Schünemann*, § 266 Rn 24; MK-*Dierlamm*, § 266 Rn 14 ff; NK-*Kindhäuser*, § 266 Rn 2 f; Spickhoff-*Schuhr*, § 266 Rn 6; S/S/W-*Saliger*, § 266 Rn 4; *ders.*, Fischer-FS S. 523, 525 ff (näher zum Verschleifungsverbot); **aA** *Kargl*, ZStW 113 (2001), 565 ff.
20 Näher dazu *Küper/Zopfs*, BT Rn 613; LK-*Schünemann*, § 266 Rn 6 ff.
21 S. BT-Ds 13/8587, S. 10, 43 und dazu krit. *Matt/Saliger*, in: Irrwege der Strafgesetzgebung 1999, S. 217; zu Konsequenzen für die Auslegung s. BVerfG wistra 09, 385, 388 mit Bespr. *Fischer*, StV 10, 95; *Jahn*, JuS 09, 859.
22 BGH NJW 54, 1616; LK-*Schünemann*, 11. Aufl., § 266 Rn 13 ff, 18; S/S-*Perron*, § 266 Rn 2; *Schramm*, BT I § 10 Rn 9.
23 Vgl BGH JR 83, 515; OLG Hamm NJW 68, 1940; A/W-*Heinrich*, § 22 Rn 79; *Bock*, BT II S. 513; *Eisele*, BT II Rn 856; G/J/W-*Waßmer*, § 266 Rn 29; *Hilgendorf/Valerius*, BT II § 11 Rn 6; *Maurach/ Schroeder/Maiwald*, BT I § 45 Rn 11; MK-*Dierlamm*, § 266 Rn 31; SK-*Samson/Günther*, § 266 Rn 5; S/S/W-*Saliger*, § 266 Rn 7; zu den daraus folgenden **Aufbaufragen** s. *Kindhäuser*, § 266 Rn 8; *Kohlmann*, JA 80, 228; *Mitsch*, JuS 11, 98; *Schmidt*, BT II Rn 736; *Wittig*, § 20 Rn 11.

brauchstatbestand plastischer werden, es stets richtig ist, die speziellere Vorschrift zuerst zu prüfen, und es „darstellungstaktisch" oft angeraten ist, erst die besonderen Voraussetzungen zu erörtern (während gemeinsame Voraussetzungen fehlen und die Prüfung dann damit endet), wird hier grds diese Prüfungsreihenfolge empfohlen und auch die folgende Darstellung entsprechend gegliedert. Die erst beim Treubruchstatbestand behandelten allgemeinen Fragen (auch zu Vorsatz etc) beziehen sich freilich auf beide Varianten gleichermaßen. Zudem wäre es auch im Gutachten keineswegs falsch, erst den Treubruchstatbestand (als „Grunddelikt") und dann die weiteren Voraussetzungen des Missbrauchstatbestands (quasi als „Qualifikation") zu behandeln.

750 Im Anschluss an die neuere Rechtsprechung[24] hat sich inzwischen die Auffassung durchgesetzt, dass die Verletzung einer **Vermögensbetreuungspflicht** nicht nur im **Treubruchstatbestand**, sondern auch im **Missbrauchstatbestand** vorausgesetzt wird[25]. Dieser Ansicht ist beizupflichten. Für sie spricht, dass sich die Wendung „... und dadurch dem, dessen Vermögen er zu betreuen hat ..." auf beide Tatbestandsalternativen bezieht und dass an die speziellere Form der Untreue keine geringeren Anforderungen als an die allgemeinere zu stellen sind. Auch trägt diese Auffassung der anerkannten Notwendigkeit Rechnung, einer Ausuferung des § 266 vorzubeugen und seinen Anwendungsbereich durch eine **restriktive Auslegung** sachgerecht zu begrenzen. Die nach wie vor breit vertretene Gegenmeinung[26] beachtet nicht hinreichend, dass ohne Verletzung einer besonderen Betreuungspflicht der Missbrauchstatbestand Fallgestaltungen erfasst, die trotz gleicher Strafandrohung im Handlungsunrecht hinter der Untreue erheblich zurückbleiben. Das spricht auch gegen eine „verdünnte" Vermögensbetreuungspflicht, die für den Missbrauchstatbestand in unterschiedlichen Abstufungen genügen soll[27]. Dass durch die Anreicherung des Missbrauchstatbestandes um die Vermögensbetreuungspflicht auch dieser an deren Akzessorietät und Bestimmtheitsproblemen teilhat, ist richtig, angesichts der tatbestandsbeschränkenden Funktion dieses Merkmals aber unbedenklich[28].

---

24 BGHSt 24, 386, 387; 33, 244, 250; BGH wistra 91, 305, 307.
25 Vgl AnK-*Esser*, § 266 Rn 10; A/W-*Heinrich*, § 22 Rn 68; BK-*Wittig*, § 266 Rn 7; *Bock*, BT II S. 249 f; *Eisele*, BT II Rn 878 f; *Fischer*, § 266 Rn 6, 21; G/J/W-*Waßmer*, § 266 Rn 30; H-H-*Koranyi*, Rn 1088; *Joecks/Jäger*, § 266 Rn 30; *Klesczewski*, BT § 9 Rn 117; *Krey/Hellmann/Heinrich*, BT II Rn 793 ff; *Lackner/Kühl/Heger*, § 266 Rn 4; *Maurach/Schroeder/Maiwald*, BT I § 45 Rn 18; M/R-*Matt*, § 266 Rn 7; NK-WSS-*Jahn/Ziemann*, § 266 Rn 64; *Rengier*, BT I § 18 Rn 3, 14; *Schramm*, BT I § 10 Rn 7; *Zöller*, BT Rn 294; nahest. NK-*Kindhäuser*, § 266 Rn 34; für Identität der Anforderungen an die Pflicht in beiden Tatbeständen BGHSt 50, 331, 341 f; MK-*Dierlamm*, § 266 Rn 31.
26 *Heghmanns*, Rn 1607; *Labsch*, Jura 87, 345; *Miehe*, JuS 80, 262; *Otto*, BT § 54 Rn 7 ff; krit. auch A/R/R-*Seier*, 5.2 Rn 55 f; *Schünemann* hat diese im LK in der 11. Aufl. (§ 266 Rn 28 f) noch vertretene Auffassung in der 12. Aufl. zwar nicht gänzlich aufgegeben, ist aber zur Überzeugung gelangt, die Ansicht der hM sei „nicht mehr rückgängig" zu machen s. LK-*Schünemann*, § 266 Rn 13 f, 144; *Schünemann*, Frisch-FS S. 846.
27 S. *Eisele*, GA 01, 377, 380 f; *Eser IV*, Fall 17 Rn 41; *Mitsch*, BT II S. 363 f; S/S-*Perron*, § 266 Rn 2; *Wegenast*, Missbrauch und Treubruch 1994, S. 134 ff; zu ihren Gefahren s. A/R/R-*Seier*, 5.2 Rn 56; zum Streitstand s. *Hillenkamp*, BT 34. Problem; HK-GS/*Beukelmann*, § 266 Rn 7; *Küper/Zopfs*, BT Rn 618 f; *Nelles*, Untreue zum Nachteil von Gesellschaften 1991, S. 218 ff, 502 ff; wie hier *Hohmann/Sander*, § 16 Rn 3; *Mitsch*, JuS 11, 100; SK-*Hoyer*, § 266 Rn 17.
28 AA *Kargl*, ZStW 113 (2001), 565, 588 ff; s. dagegen BVerfGE 126, 170, 175 f, 204 f, 209; H-H-*Koranyi*, Rn 1091; LK-*Schünemann*, § 266 Rn 24 ff.

II. Missbrauchstatbestand

1. Verfügungs- und Verpflichtungsbefugnis

Der **Missbrauchstatbestand** des § 266 ist erfüllt, wenn der Täter die ihm durch Gesetz, behördlichen Auftrag oder Rechtsgeschäft eingeräumte **Befugnis**, über fremdes Vermögen zu verfügen oder einen anderen zu verpflichten, **missbraucht** und dadurch dem, dessen **Vermögensinteressen er zu betreuen** hat, **Nachteil zufügt**. 751

Als die verlangte Befugnis begründende Rechtsverhältnisse kommen hier vor allem in Betracht: das gesetzlich vorgesehene Vermögenssorgerecht der Eltern gegenüber ihren Kindern (§ 1626 BGB), die Vertretungsbefugnis des Vormundes (§ 1793 BGB), des Betreuers (§ 1896 BGB)[29], des Testamentsvollstreckers (§ 2205 BGB), des Richters oder Rechtspflegers in Nachlasssachen[30], des Insolvenzverwalters (§§ 22, 56, 80 InsO)[31] und des Gerichtsvollziehers (§§ 753, 814 ff ZPO)[32] sowie die rechtsgeschäftlich begründete Vertretungsmacht von Bevollmächtigten (§§ 164 ff BGB, § 54 HGB)[33], Prokuristen (§ 48 HGB) und der gesellschaftsrechtlichen Organe[34]. All diesen Personen ist gemeinsam, dass aus ihrer Stellung idR eine Vertretungsmacht erwächst, die ihnen Verfügungs- und Verpflichtungsbefugnisse gegenüber fremdem Vermögen gewährt. Damit ist die „Rechtsmacht" **nicht** vergleichbar, die dem Täter nach den Regeln des **Rechtsscheins** oder des **Gutglaubensschutzes** (zB §§ 407, 932 BGB; 56, 366 II, III HGB) ermöglichen, den Vermögensinhaber bindende Rechtshandlungen vorzunehmen. Diese Fälle scheiden folglich aus dem Missbrauchstatbestand aus[35]. Erfasst bleiben allerdings Fälle fingierten Fortbestehens (§§ 168, 674 BGB) oder Fortwirkens (§§ 170 ff BGB) einer ursprünglich wirksam erteilten Vollmacht, da sich die Befugnis bei ihnen als Nachwirkung aus dieser und damit aus einem Rechtsgeschäft ableitet[36].

2. Vermögensbetreuungspflicht

Gegenstand der auch für den Missbrauchstatbestand zu verlangenden **Vermögensbetreuungspflicht** muss die *Geschäftsbesorgung für einen anderen* in einer nicht ganz unbedeutenden Angelegenheit mit einem Aufgabenkreis von einigem Gewicht und einem gewissen Grad von Verantwortlichkeit sein[37] (s. ausf. Rn 769 ff). Die Anforderungen, die § 266 in dieser Hinsicht stellt, sollten auch für den schärfer umrisse- 752

---

29 S. dazu OLG Stuttgart NJW 99, 1564; Falllösung bei *Rotsch*, ZJS 13, 75.
30 BGHSt 35, 224, 227 mit Anm. *Otto*, JZ 88, 883.
31 S. dazu zB BGH wistra 98, 150, 151.
32 Vgl dazu BGHSt 13, 274, 276; KG NStZ-RR 13, 279.
33 S. zur Bankvollmacht BGH wistra 12, 22 und einer dieser gleichstehenden Überlassung von ec-Karte und persönlicher Geheimzahl OLG Hamm wistra 03, 356; S/S-*Perron*, § 263a Rn 12.
34 S. zB BGH NJW 97, 66; BGH wistra 97, 146; LG Düsseldorf NJW 04, 3275 und BGH NJW 06, 522, 523 *(Mannesmann)*; M-G/B-*Schmid*, § 31 Rn 11; zu Organen ideeller Vereine s. *Eisele*, GA 01, 377, 386 ff.
35 A/R/R-*Seier*, 5.2 Rn 47; H-H-*Koranyi*, Rn 1096; HK-GS/*Beukelmann*, § 266 Rn 21; *Hohmann/Sander*, § 16 Rn 17; *Krey/Hellmann/Heinrich*, BT II Rn 805; *Küper/Zopfs*, BT Rn 616; MK-*Dierlamm*, § 266 Rn 34; NK-*Kindhäuser*, § 266 Rn 88; *Rengier*, BT I § 18 Rn 8 f; S/S-*Perron*, § 266 Rn 4; S/S/W-*Saliger*, § 266 Rn 20; BGH wistra 92, 66; diff. *Fischer*, § 266 Rn 20; G/J/W-*Waßmer*, § 266 Rn 84 f; LK-*Schünemann*, § 266 Rn 38 ff.
36 OLG Koblenz NStZ 12, 330; *Kudlich*, PdW BT I S. 169; NK-*Kindhäuser*, § 266 Rn 89; aA SK-*Hoyer*, § 266 Rn 80.
37 Vgl BGHSt 13, 315, 317; 24, 386, 387; 33, 244, 250; BGH NStZ 13, 40 f; *Saliger*, JA 07, 327 f; *Schreiber/Beulke*, JuS 77, 656.

nen Missbrauchstatbestand nicht weniger streng sein als innerhalb des wegen seiner Weite bedenklichen Treubruchstatbestands[38].

3. Missbrauchshandlung

753 Ein **Missbrauch** iS der *ersten* Alternative des § 266 I ist nur in der Form des **rechtsgeschäftlichen** oder **hoheitlichen Handelns** möglich. Untreuehandlungen *rein tatsächlicher* Art (zB die widerrechtliche Verwendung fremder Gelder für eigene Zwecke, das Verkommenlassen von Gegenständen durch mangelnde Pflege usw) fallen nicht unter den Missbrauchs-, sondern unter den Treubruchstatbestand[39]. Die Rechtsprechung ist in dieser Hinsicht nicht frei von Widersprüchen[40]. Den Angelpunkt für die Anwendbarkeit der *ersten* Alternative des § 266 I im konkreten Fall bildet der Vergleich zwischen dem **Innen–** und **Außenverhältnis** der Vertretungsmacht; entscheidend sind dabei die oft unterschiedlichen Rechtsschranken zwischen dem *internen* **Dürfen** und dem *externen* **Können**. Ein **Missbrauch** der Verpflichtungs- oder Verfügungsbefugnis liegt vor, wenn der Täter im Rahmen seines rechtsverbindlich wirkenden **Könnens** die Grenzen des im *Innenverhältnis* einzuhaltenden **rechtlichen Dürfens** bewusst überschreitet[41] und dadurch seine Vermögensbetreuungspflicht verletzt. Entscheidend ist für die Erfüllung des Missbrauchstatbestands, dass eine (rechtlich) **wirksame Verfügung** getroffen oder ein Anspruch (oder andere rechtliche Belastung des Vermögens) wirksam begründet wird[42].

754 Am besten lässt sich das anhand der §§ 49, 50 HGB verdeutlichen, die für den **Prokuristen** den Umfang seines **rechtlichen Könnens im Außenverhältnis** in der Weise regeln, dass abweichende Vereinbarungen und Einschränkungen **nur für das Innenverhältnis** Bedeutung haben. Handelt ein Prokurist zB der ihm erteilten Weisung, den Wareneinkauf bis zur Behebung eines finanziellen Engpasses zu drosseln und vorerst ohne Zustimmung des Firmenchefs keine neuen Wechselverbindlichkeiten einzugehen, vorsätzlich zuwider, so **missbraucht** er seine **Verpflichtungsbefugnis**. Die Wirksamkeit der Wechselverpflichtung im Verhältnis zu Dritten bleibt davon gemäß §§ 49, 50 HGB unberührt. Erwächst der Firma daraus durch Wechselproteste, Vollstreckungsmaßnahmen von Wechselgläubigern usw ein Nachteil, bezüglich dessen der Prokurist zumindest mit *dolus eventualis* gehandelt haben müsste, so ist der Missbrauchstatbestand der Untreue erfüllt. Ähnliche Regelungen wie §§ 49, 50 HGB sieht das Gesetz auch anderswo vor (vgl § 126 HGB, § 37 GmbHG und § 82 AktG).

755 Wie weit die Befugnisse des Betreuungspflichtigen im Innenverhältnis reichen und was seine Pflicht ihm konkret gebietet oder verbietet, richtet sich (soweit nicht **Gesetz** oder **Satzung** vorgehen) in **erster Linie** nach den mit dem Vermögensinhaber getroffenen **Vereinbarungen**; ergänzend sind die Sorgfaltsanforderungen heranzuziehen, die ein ordentlicher und gewissenhafter „Geschäftsmann" (vgl § 43 I

---

38 Anders *Wessels*, BT II Rn 702; für Identität BGH NJW 06, 522, 525; BK-*Wittig*, § 266 Rn 7; G/J/W-*Waßmer*, § 266 Rn 30; SK-*Hoyer*, § 266 Rn 17; S/S/W-*Saliger*, § 266 Rn 6.
39 AnK-*Esser*, § 266 Rn 103; *Jäger*, BT Rn 389; LK-*Schünemann*, § 266 Rn 46; *Zöller*, BT Rn 286.
40 Krit. dazu *Heinitz*, H. Mayer-FS S. 433; vgl auch *Arzt*, Bruns-FS S. 365.
41 Vgl BGH JR 85, 28 mit Anm. *Otto*; A/W-*Heinrich*, § 22 Rn 31; *Eisele*, BT II Rn 863; H-H-*Koranyi*, Rn 1097; *Hilgendorf/Valerius*, BT II § 11 Rn 11; *Hohmann/Sander*, § 16 Rn 19; *Kindhäuser*, § 266 Rn 40; *Klesczewski*, BT § 9 Rn 113; *Krey/Hellmann/Heinrich*, BT II Rn 802 ff; *Rengier*, BT I § 18 Rn 6; *Schmidt*, BT II Rn 732 f; *Wittig*, § 20 Rn 17; krit. hierzu *Schünemann*, Imme Roxin-FS S. 341, 345 ff.
42 BGHSt 50, 331, 341; 54, 148 (Rn 31 ff); BGH NStZ 07, 579, 580 f; NK-*Kindhäuser*, § 266 Rn. 86 ff.

GmbHG; § 347 HGB; § 93 I AktG) zu beobachten hat[43]. Nun gibt es allerdings eine Vielzahl unterschiedlichster Pflichten, denen wirtschaftlich tätige Personen unterliegen, und es müssen diejenigen herausgefiltert werden, deren Verletzung § 266 I mit Strafe bedroht. Nachdem zuvor diverse andere Ansätze zur Begrenzung der erfassten Pflichtverletzungen in der Rechtsprechung entwickelt wurden (die keineswegs überholt sind, und auf die noch einzugehen sein wird), hat der BGH in der Siemens-AUB[44]-Entscheidung ein zentrales, unmittelbar auf das geschützte Rechtsgut bezogenes Kriterium eingeführt: Nur die Verletzung solcher Pflichten, die (mindestens mittelbar) das betreute Vermögen schützen, kommen als Untreue in Betracht. Andere Pflichten genügen selbst dann nicht, wenn ihre Verletzung selbst bereits unter Strafe steht[45]. Zu achten ist freilich darauf, dass eine Strafbarkeit wegen Untreue in Betracht kommt, wenn sich der Täter zwar zunächst nur eines „Primärverstoßes" gegen eine *nicht* das Vermögen schützende Norm zB dadurch schuldig macht, dass er unter § 206 fallende Mitteilungen an ein mit deren Auswertung betrautes Unternehmen macht, dann aber entgegen seiner aus dem Treueverhältnis ableitbaren vermögensrelevanten Pflicht, nichtige Forderungen nicht zu begleichen, Zahlungen an das betraute Unternehmen leistet. Es kommt also auf den vermögensschützenden Charakter der Pflicht an, deren Verletzung den Nachteil unmittelbar herbeiführt[46].

Rechtsprechungsbeispiel: In dem der **Siemens-AUB Entscheidung** des BGH (BGHSt 55, 288, v.a. 300 f mit Bespr. *Brand*, JR 11, 400, *Jahn*, JuS 11, 183 und *Kraatz*, wistra 11, 447; Falllösung bei *Bock*, WV-BT2 S. 409 ff) zugrunde liegenden Fall hatte der Angeklagte, der Vorsitzender des Betriebsrats der Siemens AG war, Gelder des Unternehmens für die Arbeit und den Betriebswahlkampf der AUB, der er angehörte und für die er kandidierte, angenommen. Diese Zahlungen erfolgten ohne Information des Vorstands oder Aufsichtsrats und unter Verschleierung des eigentlichen Zwecks. Die Zusammenarbeit mit Vertretern der AUB (bzw das Zurückdrängen der IG Metall) führte zu wirtschaftlichen Vorteilen für die Siemens AG. In der Entscheidung ging es zunächst um eine Strafbarkeit nach § 119 I Nr 1 Alt. 2 iVm § 20 II BetrVG (und auch § 370 AO). Diese hat der BGH zu Unrecht bejaht, denn das Verhalten verstieß nicht unmittelbar gegen § 20 II BetrVG, sondern gegen dessen analoge Erweiterung und hätte daher richtigerweise nicht als von der Blankettverweisung in § 119 BetrVG erfasst angesehen werden dürfen (strafrechtliches Analogieverbot)[47].

---

43 *Baur/Holle*, JR 19, 181, 183 ff; *Esser*, NZWiSt 18, 201, 206 f *Hillenkamp*, NStZ 81, 167; *Joecks/Jäger*, § 266 Rn 23. Zu § 283 s. *Ceffinato*, ZIP 18, 457 f.
44 Die Abkürzung hatte verschiedene Bedeutungen, zB Aktionsgemeinschaft Unabhängiger Betriebsangehöriger.
45 S. neben der folgenden Entscheidung auch: Vermögensschützende Vorschriften zur **Landeshaushaltsordnung**: BGHSt 61, 48 mit Anm. *Rönnau/Becker*, JR 17, 204; *Saliger/Schweiger*, NJW 16, 260. Nicht **§ 25 PartG**, ggf aber darauf bezogene Satzung vermögensschützend: BGHSt 56, 203, 211 mit Bespr. *Jahn*, JuS 11, 1133 sowie BGH NJW 12, 3797 f und BGHSt 60, 94, 115 f (Fall *Böhr*) mit Anm. *Altenburg*, NJW 15, 1624; *Brand/Seeland*, ZWH 15, 258; krit. *Rönnau*, StV 11, 755. **§ 64 S. 3 GmbHG** vermögensschützend: *Rönnau*, Schünemann-FS S. 678 ff. **§ 4 SGB V** bzw **§ 18 KWG** vermögensschützend: BVerfGE 126, 170, 217 f und 220; dazu *Saliger*, Roxin-FS II S. 1053, 1060 f. Verstoß gegen **§ 55 AO** bzw. **§ 325 HGB** nicht ausreichend: OLG Celle BeckRS 12, 20313 mit Bespr. *Jahn*, JuS 13, 179; LG Ravensburg NStZ-RR 17, 145. Vgl. auch *Rönnau/Becker*, NZWiSt 14, 442 f. Zur Ausstrahlung der Lehre auf die Wirksamkeit einer Einwilligung trotz einer Rechtsverletzung s. *Lesch*, Wessing-FS, S. 235 ff.
46 BGH NZWiSt 13, 189, 192; s. dazu *Bülte*, NStZ 14, 683 f; *Krell*, NStZ 14, 62 und krit. *Cornelius*, NZWiSt 13, 166; S/S/W-*Saliger*, § 266 Rn 35; zum Schaden in diesem Fall s. Rn 777.
47 Näher *Kudlich* Stöckel-FS 2009, S. 93, 114.

Hier interessiert aber der weitere Gegenstand der Entscheidung, nämlich die Rolle dieses Rechtsverstoßes für die **Untreue**. (Auch wenn man die genannte Strafbarkeit richtigerweise verneint, wurden unzweifelhaft betriebsverfassungsrechtliche Pflichten verletzt. Im Arbeitsrecht besteht kein Analogieverbot, und § 266 I verweist nicht nur auf im schriftlichen Gesetz enthaltene Pflichten.) Sehr überzeugend hat der BGH entschieden, dass nur solche Pflichten für die Untreue relevant sind, die **vermögensschützenden Charakter** besitzen. § 119 BetrVG hingegen schützt das Vermögen des Arbeitgebers bzw des Betriebs nicht einmal mittelbar, sondern dient alleine dem Schutz der Betriebsratswahlen, der Integrität des Betriebsrats und damit der Arbeitnehmermitbestimmung. Ganz konsequent hat der BGH zudem darauf hingewiesen, dass den Kosten für die Siemens AG auch deren (wenngleich indirekten) Vermögensvorteile gegenüberzustellen wären; ergibt sich in der Gesamtsaldierung kein Schaden, ist der Tatbestand auch deshalb nicht erfüllt. Ähnlich hat der BGH im Nürburgringverfahren (BGH NJW 16, 2585 ff mit Bespr. *Schlösser*, StV 17, 123 ff; *Brand*, NZG 16, 690 ff; *Saliger/Schweiger*, NJW 16, 2600) entschieden, als es um die Frage ging, ob eine Verletzung europarechtlicher Beihilfevorschriften eine Untreue darstellt; der Schutz eines anderen als des betreuten Vermögens genügt nicht. In einer neueren Entscheidung zur Gewährung eines überhöhten Arbeitsentgelts (§ 37 IV 1 BetrVG) an einen freigestellten Betriebsrat stellt der BGH allerdings auf einen Verstoß gegen den „Public Corporate Governance Kodex" ab, ohne auf die Frage des vermögensschützenden Charakters einzugehen (BGH wistra 18, 514 f; mit krit. Anm. *Bittmann*, wistra 18, 495, 497; *Brand/Strauß*, GmbHR 18, 909, 912 f; *Buchholz*, StV 19, 36 ff; *Strauß* NZA 18, 1372, 1375 ff).

756 Zur näheren Bestimmung der strafrechtlichen relevanten Pflichten hat sich eine hier im Einzelnen nicht aufführbare (und in Klausuren auch nicht sinnvoll abprüfbare) **Kasuistik** herausgebildet[48], einige Zusammenhänge haben aber grundsätzliche Bedeutung und sollen im Folgen-

---

48 Näher zB zur Untreue bei **Kreditvergabe**: BGHSt 46, 30; 47, 148; *Feigen*, Rudolphi-FS S. 445; *Gallandi*, wistra 01, 281; *Keller/Sauer*, wistra 02, 365; *Knauer*, NStZ 02, 399; M-G/B-*Nack*, § 66 Rn 1 ff; *Martin*, Bankuntreue 2000; *Zimmermann*, in Steinberg ua, Das Wirtschaftsstrafrecht des StGB 2011, S. 71 ff. Zur Untreue bei **vertragsärztlicher Verordnung ("Kassenarzt")**: BGHSt 49, 17, 23 f; BGH NJW 16, 3253 (Rn 8 ff) mit zust. Bspr. *Hoven*, NJW 16, 3213; Anm. *Steinhilper*, MedR 17, 138; krit. *Kusnik/Mandera*. medstra 17, 43, 44 f; *Waßmer/Zeller*, wistra 17, 71; *Kraatz*, medstra 17, 336; s. auch BGH NStZ-RR 17, 313 mit Anm. *Meyer*, NZWiSt 18, 74, 79 f; *Röß*, NStZ 18, 441 ff; *Tekin*, ZWH 18, 110, 112 f. Zur **Geschäftsführung** einer noch nicht eingetragenen **GmbH**: BGHSt 3, 23, 25. Zu Verfügungen, die das Stammkapital einer **GmbH** angreifen: BGHSt 34, 379 und 35, 333. Zur Untreue des Direktors einer **Private Limited Company**: BGH wistra 10, 268 mit Anm. *Wegner*, GWR 10, 267; krit. *Kraatz*, ZStW 123 (2011), 447, 469 f; s. dazu auch *Schramm/Hinderer*, ZIS 10, 494; *Radtke* und *Rönnau* NStZ 11, 556, 558. Zur Untreue von AG-Vorstandsmitgliedern zum Nachteil abhängiger GmbH (**Konzernuntreue**): BGH NJW 04, 2248 *(Bremer Vulkan)*; dazu *Arnold*, Jura 05, 844; *Kasiske*, wistra 05, 81; *Krause*, JR 06, 51; *Kudlich*, JuS 04, 1117; *Ransiek*, wistra 05, 121; *Salditt*, NStZ 05, 269; *Wattenberg*, StV 05, 523; s. dazu auch *Arens*, Untreue im Konzern 2010; *D. Busch*, Konzernuntreue 2004; *Höf*, Untreue im Konzern 2006. Zur Untreue bei Gewährung von **Anerkennungsprämien** (in einer AG): BGHSt 50, 331 *(Mannesmann/Vodafone)*; dazu *Bernsmann*, GA 07, 219, 220 ff; *Braum*, KritV 04, 67; *Dittrich*, Die Untreuestrafbarkeit von Aufsichtsratsmitgliedern 2007; *Geesch*, Otto-FS S. 561; *Günther*, Weber-FS S. 311; *Hamm*, NJW 05, 1993; *Hanft*, Jura 07, 58; *Hoof*, Kompensationsmöglichkeiten innerhalb des Untreuenachteils 2018, S. 222 ff; *Hohn*, wistra 06, 161; *Jakobs*, NStZ 05, 276; *Krause*, StV 06, 307; *Kubiciel*, NStZ 05, 353; *Kudlich*, JA 06, 171; *ders.*, Streng-FS S. 68 ff; *Ransiek*, NJW 06, 814; *Schünemann*, Organuntreue 2004; *ders.*, NStZ 05, 473; *ders.*, NStZ 06, 196; *Tiedemann*, Weber-FS S. 319; *ders.*, ZIP 04, 2056; *Vogel/Hocke*, JZ 06, 568; *Wostry*, JuS 18, 1138, 1140 ff. Zur Vermögensbetreuungspflicht von **Aufsichtsratsmitgliedern**: BGH wistra 16, 314, 320; *Bramssen*, ZIP 09, 1504; *Dittrich*, Die Untreuestrafbarkeit von Aufsichtsratsmitgliedern 2007; *Krause*, NStZ 11, 57; *Lüderssen*, Lampe-FS S. 727; *Rönnau/Hohn*, NStZ 04, 113; *Saliger*, JA 07, 330; *Schilha*, Die Aufsichtsratstätigkeit in der AG im Spiegel strafrechtlicher Verantwortung 2007; *Schünemann*, Organuntreue 2004; *Schwerdtfeger*, NZG 17, 455 ff; *Tiedemann*, Tröndle-FS S. 319; *Zech*, Untreue durch Aufsichtsratsmitglieder einer Aktiengesellschaft 2007. Zur

den dargestellt werden. **Alle wirtschaftlichen Betätigungen** (keineswegs nur Risikogeschäfte) sind damit verbunden, **Risiken einzugehen**. Das ist volkswirtschaftlich sinnvoll, rechtlich erwünscht (oft sogar Teil der Pflichten zur Vermögensbetreuung) und darf **durch das Strafrecht nicht gehemmt** werden. Die Anwendung von § 266 darf daher keinesfalls von einer vermeintlichen „Pflicht zum sichersten Weg" ausgehen. Die Vorschrift enthält keine allgemeine Pflicht, den tatbestandlichen Erfolg (Vermögensschaden) zu vermeiden; sie enthält selbst eben keine Verhaltensregel (Rn 748). Ganz anders als die Delikte, die auf einer eigenen Verhaltensregel aufbauen (idealtypisch Totschlag, Körperverletzung etc), stellt § 266 nicht die Herbeiführung des Erfolgs unter Strafe, sondern die selbstständig festzustellende Pflichtverletzung (und Missbrauch der Befugnis) unter der zusätzlichen Bedingung des Erfolgseintritts. In welchem Umfang der Täter zur Abwendung von Schäden verpflichtet war, ist allein Frage seiner konkreten Vermögensbetreuungspflicht, nicht des § 266, und die Antworten divergieren stark (etwa von der Pflicht zur risikominimierenden Verwahrung oder mündelsicheren Anlage[49], über Pflichten zur Sparsamkeit oder Wirtschaftlichkeit[50], bis zum Gebot einer riskanten, Ertragschancen maximierenden Anlagestrategie). IdR wird es freilich zu den Pflichten gehören, Schäden, denen keine (nach Erwartungswert, also Wahrscheinlichkeit und Höhe) gleichwertigen Gewinnerwartungen gegenüberstehen, möglichst zu vermeiden. Schon weil aber der Tatbestand nur solche Verhältnisse als Vermögensbetreuungspflicht erfasst, die mit eigenen Entscheidungsspielräumen verbunden sind (Rn 752), kann grundsätzlich allein solches Verhalten als pflichtwidrig angesehen werden, das sich im konkreten Zusammenhang in einer das betreute Vermögen be-

---

„**Vorstandsuntreue**" in der AG: *Brammsen*, wistra 09, 85; zu beidem *Seibt/Schwarz*, AG 10, 301. Zur Untreue zum Nachteil von **Personengesellschaften**: die gleichnamige Schrift von *Soyka* 2008; BGH NJW 13, 3590 (Rn 42 ff) mit Anm. *Brand*. Zur Untreue des **Testamentsvollstreckers**: BGH GA 1977, 342 (Risikogeschäfte) und AG Düsseldorf BeckRS 16, 09807 (Erhaltung des Nachlassvermögens). Zur Verpflichtung eines **Notars** (entspr. Rechtsanwalts), anvertraute Mandantengelder sofort einem *Anderkonto* zuzuführen: BGH NStZ 82, 331; BGH NJW 15, 1191. Zu Untreuehandlungen von **Finanzbeamten**: BGH NStZ 98, 91; BGH NJW 07, 2864, 2866; BGHSt 62, 288 mit Anm. *Brand*, NJW 18, 1334, *Gehm*, NZWiSt 18, 328; OLG Stuttgart ZWH 17, 374 mit Anm. *Wittig*; allgemein zum **öffentlichen Dienst** s. *Fabricius*, NStZ 93, 414. Zur Untreue durch (vorläufige) **Insolvenzverwalter**: BGH BeckRS 16, 20475; LG Aurich BeckRS 17, 117963 mit Anm. *Bittmann*, ZInsO 17, 1874; *Weyand*, ZInsO 17, 1740; *Keramati/Klein*, NZI 17, 421 ff; *Lassmann*, NStZ 09, 473; *Schramm*, NStZ 00, 398. Zur Untreue von **Organen ideeller Vereine** (= Non-Profit): *Brand/Sperling*, JR 10, 473; s. *Eisele*, GA 01, 377; *Lassmann*, NStZ 09, 473. Zur Untreue bei **Stiftungen**: BGH wistra 10, 445 mit Anm. *Büch*, wistra 11, 20; *Lassmann*, Stiftungsuntreue 2008; *Saliger*, Non Profit Law Yearbook 2005, S. 209 ff. Zur Einrichtung **schwarzer Kassen**: BGH NStZ 00, 206; BGHSt 51, 100 *(Kanther)*; BGHSt 52, 323 *(Siemens)*; dazu wN unten Rn 761; BGH wistra 11, 301 *(CDU-Kreisverband Köln)* mit Anm. *Corsten* S. 389; BGH NStZ-RR 14, 343; BGH wistra 17, 193; *Brammsen/Apel*, WM 10, 781; *Rönnau*, Tiedemann-FS S. 713; *Saam*, HRRS 15, 345; *Saliger*, NStZ 07, 545; *Schünemann*, StraFo 10, 1, 4 ff; *Strelczyk*, Die Strafbarkeit der Bildung schwarzer Kassen 2008; *Tsagkaraki*, Die Bildung der sog. „schwarzen Kassen" als strafbare Untreue gemäß § 266 StGB, 2013; *Weimann*, Die Strafbarkeit der Bildung schwarzer Kassen gem. § 266 (Untreue) 1996; BGHSt 55, 266 *(Trienekens)*; *Saliger*, Roxin-FS II S. 266 ff. Zur Untreue durch **Stellenbesetzungen**: BGH NStZ 06, 307 und die gleichnamige Schrift von *Krell* 2015. Zur Untreue durch **zweckwidrigen Einsatz** wissenschaftlicher Mitarbeiter: BGH wistra 19, 60 ff. Zur Untreue durch Verstoß gegen das **kommunalrechtliche Spekulationsverbot**: BGHSt 62, 144 ff mit Anm. *Eisele*; *Brand*, NZG 18, 293 ff; BGH NJW 19, 378 mit Anm. *Brand*. Zu den Prüfpflichten eines **Rechtsamtsmitarbeiters** bei der Bestellung gesetzlicher Vertreter für vermeintlich unbekannte Grundstückseigentümer: BGHSt 61, 311 ff.

49 Vgl etwa BGH NJW 06, 3219, 3223 zur Abführung hoher erstrittener Summen aus einer Unfallversicherung durch den Anwalt an den gesetzlichen Vertreter eines Minderjährigen und Anlage durch diesen; s. auch *Scheja*, Das Verhältnis zwischen Rechtsanwalt und Mandant im Hinblick auf den Straftatbestand der Untreue 2006; *Schmidt*, NStZ 13, 498.

50 Vgl etwa BGH NStZ 08, 87, 89 zum Oberbürgermeister einer Stadt; zu einer Ermessensüberschreitung s. BGH NStZ 16, 600 mit Anm. *Eidam*; *Satzger*, Jura (JK) 17, 246.

nachteiligenden Weise als sachlich, wirtschaftlich oder rechtlich unvertretbar[51] darstellt (**„unternehmerische Vertretbarkeit"**)[52]. Je komplexer, wichtiger und risikobehafteter eine Entscheidung ist, desto höher werden die Anforderungen an die Verpflichteten, in einer **methodisch** geleiteten Weise die Umstände und eigenen Handlungsmöglichkeiten zu ermitteln, **Prognosen** über die Folgen dieser Optionen zu erstellen und sich dann mit nachvollziehbaren Gründen für eine dieser Optionen zu entscheiden[53]. In diesem Rahmen stehen aber alle **Beurteilungs-, Prognose- und Ermessensspielräume** den Verpflichteten selbst zu; das später urteilende Gericht darf sie nicht durch eigene Einschätzungen ersetzen[54]. Dies ist ein wesentlicher Teil dessen, was das BVerfG unter der Einschränkung auf „evidente" Pflichtverletzungen[55] versteht. Entsprechendes sollte wohl auch mit der missverständlichen Forderung, nur **gravierende** Pflichtverletzungen (s. Rn 764) als Untreue zu erfassen, ausgedrückt werden[56].

757 Die Zustimmung des Vermögensinhabers zu geschäftlichen Dispositionen, die ein gesteigertes Wagnis enthalten und als sog. **Risikogeschäfte** die Gefahr eines Fehlschlags iS einer Vermögensschädigung in sich bergen[57], kann zu einer entsprechenden **Erweiterung** der im Innenverhältnis maßgebenden **Grenzen des rechtlichen Dürfens** führen. Demzufolge fehlt es an einer Pflichtverletzung[58] und damit an einer Verwirklichung des Tatbestands, wenn und soweit der Abschluss des riskanten Geschäfts nach pflichtgemäßer Abwägung der Risiken und Chancen erfolgt und – was im Ergebnis beides auf dasselbe hinausläuft – von vornherein von den mit der Pflichtenstellung vorgegebenen Befugnissen des Verpflichteten oder von einer späteren *wirksamen* „Einwilligung" (Rn 758) des Vermögensinhabers gedeckt war. Nicht selten (insb. bei Geschäftsführern, Vorständen etc von Unternehmen) gehört es sogar zur Pflichtenstellung, sich bietende Geschäftschancen wahrzunehmen. Dann kann eine Pflichtverletzung auch darin liegen, dass die Eingehung des dazu nötigen **Risikos** in wirtschaftlich unvernünftiger Weise **gemieden** wird (und der Nachteil in der nicht realisierten tatsächlichen Gewinnchance, s. Rn 775).

758 Dabei handelt es sich bei einer solchen Einwilligung in die Untreue um ein **tatbestandsausschließendes Einverständnis**[59]. Es modifiziert nämlich die in der konkre-

---

51 Zum Konzept der rechtlichen (Un)Vertretbarkeit *Schuhr*, JZ 08, 603.
52 BGHSt 49, 163; BGH NJW 06, 454 f; OLG Köln BeckRS 16, 117223; Spickhoff-*Schuhr*, § 266 Rn 52.
53 S. dazu im Zusammenhang mit riskanten Wertpapiergeschäften der Banken *Becker/Walla/Endert*, WM 10, 875 ff; zu weiteren Leitlinien in diesem Bereich s. *Brüning/Samson*, ZIP 09, 1089; *C. Schröder*, NJW 10, 1169; allgemeiner *Kudlich*, Streng-FS, S. 67.
54 Vgl etwa BGH StV 06, 299, 301; BGH wistra 16, 314, 320 f zu Entscheidungen der Organe einer Gesellschaft über die Erschließung neuer Geschäftsfelder mit neuartiger Geschäftsidee und Technikinvestitionen.
55 BVerfGE 126, 170, 211 (Rn 112); BGH NStZ 13, 715; oben Rn 748.
56 BVerfGE 126, 170, 211 (Rn 112); BGHSt 47, 148, 150 ff; BGHSt 47, 187, 197; klarstellend zur betroffenen Fallgruppe BGHSt 50, 331, 345; vgl. auch *Beulke*, Eisenberg- FS 2009, S. 245, 252 ff; *Bittmann*, wistra 13, 1, 6 ff; *Schünemann*, ZIS 12, 183, 191; *Kubiciel*, NStZ 05, 353, 357 f; Spickhoff-*Schuhr*, § 266 Rn 45, 48 f; *Zehetgruber*, wistra 18, 489, 493 f.
57 S. zum Risikogeschäft im Einzelnen *Hillenkamp*, NStZ 81, 161 ff; ferner *Bittmann*, NStZ 11, 361 ff; *Fischer/Piel*, S. 109 ff; *Hellmann*, ZIS 07, 433 ff; *Murmann*, Jura 10, 561; *Ransiek*, ZStW 116 (2004), 634 ff; *Rose*, wistra 05, 281 ff; *Stenzel*, Risikogeschäfte und strafbare Untreue, 2016; *Waßmer*, Untreue bei Risikogeschäften 1996; krit. *Martin*, Bankuntreue 2000, S. 96 ff.
58 *Hellmann*, ZIS 07, 435; *Lackner/Kühl/Heger*, § 266 Rn 7; *Mitsch*, BT II S. 369: am Missbrauch; wie hier *Rönnau*, Tiedemann-FS S. 713, 717 f.
59 So BGHSt 50, 331, 342; 55, 266, 278; BGH NJW 00, 154, 155; BGH NJW 03, 2996, 2998; BGH NStZ-RR 12, 80; A/W-*Heinrich*, § 22 Rn 70; *Bock*, BT II S. 532; *Edlbauer/Irrgang*, JA 10, 786; *Eisele*, BT II Rn 855; *Fischer*, § 266 Rn 29, 90 ff; *Heghmanns*, Rn 1609; H-H-*Korayi*, Rn 1100; *Hillenkamp*, NStZ 81, 161, 165; *Jordan*, JR 00, 137; LK-*Schünemann*, § 266 Rn 100; *Mitsch*, JuS 11, 101;

ten Situation bestehende Pflichtenstellung, sodass gar keine Pflichtverletzung mehr entsteht, und – da § 266 den Unrechtsgehalt der Tathandlung aus einer **Pflichtverletzung** herleitet – auch (ggf trotz Schaden) kein Unrecht mehr verbleibt. Daher muss das Einverständnis des Vermögensinhabers hier *normativen* (normsetzenden) Charakter und nicht lediglich *rein tatsächliche* Bedeutung haben. Daher schließt nicht schon ein bloß „natürliches Einverständnis", sondern grds nur eine *wirksame* (ausdrückliche oder konkludente) Erklärung des Vermögensinhabers bzw seines gesetzlichen Vertreters eine **Pflichtverletzung** iS des § 266 aus[60]. Daran ist auch in Fällen eines nur **hypothetischen Einverständnisses** zu denken;[61] die Figur ist schief bezeichnet: Es genügt nicht, dass ein Einverständnis erklärt worden wäre, wenn gefragt worden wäre. Doch der Verpflichtete muss nicht für jedes eingegangene Risiko nachfragen. Vielmehr hängt es gerade von der Pflichtenstellung ab, welche Risiken (ggf. bis hin zu sicheren Verlusten) nach eigenem Ermessen (ohne Nachfrage beim Geschäftsherrn) eingegangen werden dürfen, und wann dessen Entscheidung einzuholen ist – würde er immer gefragt werden wollen, hätte er niemand anderen mit der Vermögenssorge beauftragt. Und immer ist dieses Ermessen durch pflichtgemäßes Erwägen der Interessen des Geschäftsherrn auszuüben. Wenn man das (etwas schief) als „hypothetisches Einverständnis" bezeichnet, hat die Figur bei § 266 durchaus ihren Ort. Eine **nachträgliche** Zustimmung entfaltet dagegen im Strafrecht keine Wirkung[62], kann aber uU (deklaratorisch) Indiz für eine bereits zuvor (mindestens konkludent) erteilte Zustimmung sein.

Im Rahmen des § 266 kann die *Wirksamkeit* des Einverständnisses (ähnlich wie bei Eingriffen in die körperliche Unversehrtheit) nicht ohne Rücksicht auf die **Einwilligungsfähigkeit**[63], auf etwaige **Willensmängel**, eine evtl. fehlende Aufklärung über außergewöhnlich hohe Risiken eines in Aussicht genommenen Geschäfts und die vorhandene oder mangelnde Erfahrung des Einwilligenden in kommerziellen Angelegenheiten beurteilt werden[64].

Beispiel: Die reiche, aber geschäftlich unerfahrene Fabrikantenwitwe F hat ihrem Bekannten B, den sie mit einer Generalvollmacht ausstattet, die Verwaltung ihres Privatvermögens übertragen. Nach einigen Gewinn bringenden Aktienkäufen kann B der Versuchung, sich mit dem

---

MK-*Dierlamm*, § 266 Rn 143; NK-*Kindhäuser*, § 266 Rn 66; NK-WSS-*Jahn/Ziemann*, § 266 Rn 75; *Rengier*, BT I § 18 Rn 39; *Schmidt*, BT II Rn 750; S/S-*Perron*, § 266 Rn 21; S/S/W-*Saliger*, § 266 Rn 58 ff; *Schramm*, Untreue und Konsens 2005, S. 52 ff, 57 ff; *Wittig*, § 20 Rn 57 ff; *Zöller*, BT Rn 288; anders BGHSt 9, 203, 216 = rechtfertigende Einwilligung.

60 Vgl BGHSt 34, 379, 384; G/J/W-*Waßmer*, § 266 Rn 144 ff; S/S/W-*Saliger*, § 266 Rn 46; iE nicht anders *Hellmann*, ZIS 07, 435 f; s. zur Einwilligung beschränkt Geschäftsfähiger *Schramm*, Untreue und Konsens 2005, S. 75 ff.

61 Zur denkbaren Erstreckung des Instituts der hypothetischen Einwilligung auf § 266 s. OLG Hamm wistra 12, 448 („hypothetisches Einverständnis"); *Beckemper*, NZWiSt 13, 235; *Hengstenberg*, Die hypothetische Einwilligung im Strafrecht 2013, S. 416 ff; *Schmidt*, Die Rechtsfigur der hypothetischen Einwilligung und ihre Übertragbarkeit auf die Untreue 2018, S. 201 ff; G/J/W-*Waßmer*, § 266 Rn 144a; abl. NK-WSS-*Jahn/Ziemann*, § 266 Rn 77; S/S/W-*Saliger*, § 266 Rn 58; krit. *Wittig*, § 20 Rn 60a.

62 BGHSt 60, 94, 108 (Fall *Böhr*) mit Anm. *Altenburg*, NJW 15, 1624; *Brand/Seeland*, ZWH 15, 258. Zutr. weist *Bock*, ZIS 16, 69 f aber auf die Strafzumessungsrelevanz hin.

63 Vgl BGHSt 9, 203, 216.

64 S. A/R/R-*Seier*, 5.2 Rn 92, 396; M/R-*Matt*, § 266 Rn 93; NK-*Kindhäuser*, § 266 Rn 67; S/S/W-*Saliger*, § 266 Rn 59; *Waßmer*, Untreue bei Risikogeschäften 1996, S. 32 ff; BGH NStZ 97, 124.

Geld der F an einer höchst riskanten Börsenspekulation zu beteiligen, nicht widerstehen. Zuvor hat F sich auf sein Drängen mit dem betreffenden Vorhaben einverstanden erklärt, ohne dessen Risiken auch nur andeutungsweise erkannt zu haben. Dass F nicht zu überblicken vermochte, worauf sie sich einließ, war dem B vor Einholung ihrer Zustimmung klar. – In einem solchen Fall stünde bei einem Fehlschlagen des Spekulationsgeschäfts außer Zweifel, dass das (auf fehlender Aufklärung, irrigen Vorstellungen und mangelnder geschäftlicher Erfahrung beruhende und daher) unwirksame[65] Einverständnis der F das Vorliegen einer **Pflichtverletzung** iS des Missbrauchstatbestandes nicht ausschließt, weil F (wie B wusste) nicht im Stande war, die **Tragweite ihrer Entscheidung** zu erfassen und das ihr drohende Risiko sachgerecht einzuschätzen. Sinn der Bestellung des B zum Vermögensverwalter war es ja gerade, die F wegen ihrer geschäftlichen Unerfahrenheit vor Fehlentscheidungen dieser Art zu bewahren. War das Einverständnis der F aus den genannten Gründen aber unwirksam, blieb B im Innenverhältnis an die Sorgfaltsregeln einer **Risikopolitik** gebunden, die ein ehrlicher und gewissenhafter Vermögensverwalter zu beachten hat und die es nicht gestatten, das zu betreuende Vermögen bei Spekulationsgeschäften mit einer außergewöhnlich hohen Verlustgefahr aufs Spiel zu setzen[66].

760 Dieses Beispiel zeigt, dass die **Wirksamkeit** eines Einverständnisses des Vermögensinhabers im Bereich der Untreue bei der Frage, ob es das Vorliegen einer *Pflichtverletzung* und damit bereits den Tatbestand des § 266 ausschließt, im Prinzip nach den gleichen Grundsätzen zu beurteilen ist, wie dies bei einer *rechtfertigenden* Einwilligung zu geschehen pflegt[67]; es muss sich um eine **autonome** Entscheidung des Vermögensinhabers handeln. Auch das ist eine Folge der besonderen Tatbestandsstruktur (Rn 748): Wenn die Verhaltensregel sich aus dem Deliktstatbestand ergibt, wird mittels Rechtfertigungsgründen geprüft, ob diese (allgemeine) Verhaltensregel für die konkrete Situation ausnahmsweise dispensiert war und daher (trotz Deliktstatbestandsmäßigkeit) in concreto keine Verletzung der Verhaltensregel erfolgte; hier ist das Entsprechende zu prüfen, doch schon der Deliktstatbestand setzt eine Verletzung der Verhaltensregel im konkreten Fall voraus.

761 Die **Wirksamkeit** des Einverständnisses setzt naturgemäß voraus, dass der Vermögensinhaber von den Maßnahmen des Treuepflichtigen Kenntnis hat. Dass eine Treugeberin entgegen den ein Verbot der Bestechung im geschäftlichen Verkehr enthaltenden Compliance-Vorschriften in ihrem Betrieb stillschweigend mit der Bildung „schwarzer Kassen" zur Finanzierung solcher Bestechungen einverstanden ist, darf nicht ohne konkreten Nachweis unterstellt werden[68]. Andererseits wäre ein solches Einverständnis nicht deshalb unwirksam, weil es sich auf denkbare Straftaten bezöge[69]. Die Wirksamkeit des Einverständnisses kann freilich daran scheitern, dass es selbst **gesetzwidrig** ist (so zB zustimmende Beschlüsse des Studentenparlaments zur Wahrnehmung des allgemeinpolitischen Mandats durch den Allgemeinen Studente-

---

65 Vgl dazu aber auch LK-*Schünemann*, § 266 Rn 124.
66 Vgl BGH wistra 82, 148, 150; GA 1977, 342; BGH StV 04, 424, 425; BGH wistra 12, 233 (Wertpapiergeschäfte mit hochspekulativen Optionsscheinen; *Hillenkamp*, NStZ 81, 167; LK-*Hübner*, 10. Aufl., § 266 Rn 87; *Waßmer*, Untreue bei Risikogeschäften 1996, S. 58 ff.
67 Vgl dazu AnK-*Esser*, § 266 Rn 113; *Kindhäuser*, § 266 Rn 54 f; *Wessels/Beulke/Satzger*, AT Rn 556; möglicherweise Grund für den BGH, in BGHSt 9, 203, 216 von einer *rechtfertigenden* Einwilligung zu sprechen; offen gelassen in BGHSt 30, 247, 249; wie hier *Eisele*, BT II Rn 865; G/J/W-*Waßmer*, § 266 Rn 116, 145; *Rengier*, BT I § 18 Rn 39; S/S/W-*Saliger*, § 266 Rn 59; *Wittig*, § 20 Rn 60 ff.
68 BGHSt 52, 323, 335 (Fall *Siemens*).
69 *Ransiek*, StV 09, 321; *Weber*, Seebode-FS S. 437, 442.

nausschuss)⁷⁰ oder seinerseits eine **Pflichtverletzung** iS des § 266 darstellt⁷¹. Das gilt insbesondere für die ungetreue Zustimmung der Mitgliederversammlung eines Vereins⁷² wie von Aufsichtsorganen einer Aktiengesellschaft zu Untreuehandlungen des Vorstandes oder von GmbH-Gesellschaftern zur missbräuchlichen Verschiebung von Vermögenswerten durch den Geschäftsführer einer (Einmann-) Gesellschaft⁷³. Als unwirksam sieht der BGH hier namentlich die Zustimmung zu Verfügungen an, die das Stammkapital der Gesellschaft beeinträchtigen, der Gesellschaft ihre Produktionsgrundlage entziehen oder ihre Liquidität gefährden⁷⁴.

Rechtsprechungsbeispiel: Im Fall **Siemens(-ENEL)** (BGHSt 52, 323) hatten zwei Manager, die auch für die Akquise von Neuaufträgen zuständig waren, leitende Angestellte des italienischen ENEL-Konzerns bestochen, um Aufträge zu erlangen. Die Schmiergeldzahlungen erfolgten aus einer dafür eingerichteten „**schwarzen Kasse**", in die Firmengelder „umgeleitet" wurden. Neben Ausführungen zu einer Tat nach § 299 (die der BGH aus Gründen ablehnt, die in der heutigen Gesetzesfassung entfallen sind) ging der BGH hier von einer Untreue nach § 266 I Var. 1 aus. Die Schmiergeldzahlung war gesetzeswidrig; darauf, ob sie schon deshalb pflichtwidrig iSd § 266 I war (was nach der späteren Siemens-AUB-Entscheidung bezweifelt werden muss, s. das Rechtsprechungsbeispiel in Rn 755), kam es hier nicht an, denn die Gewinnmarge der Aufträge, die erlangt wurden (und in dubio pro reo nur so zu erlangen waren), überstieg die Schmiergeldzahlungen; die Zahlung führte also zu einem Vermögensvorteil, nicht zu einem Schaden. Doch bereits das Anlegen der schwarzen Kasse verstieß gegen interne Regeln und wurde daher als pflichtwidrig angesehen (was im Hinblick auf die Frage, ob Richtlinien evt. nur pro forma formuliert und uU durch andere verbindliche Absprachen konterkariert wurden, eingehender hätte diskutiert werden können).

Nach Ansicht des BGH ist durch das Anlegen der schwarzen Kasse auch bereits ein endgültiger **Vermögensnachteil** entstanden. Was nämlich dem Zugriff der Gesellschaft entzogen wird, rechnet er auch nicht mehr ihrem Vermögen zu (s. auch BGH HRRS 19 Nr. 236), selbst wenn nach einer etablierten Praxis sicher davon ausgegangen werden kann, dass der Einsatz der Mittel nur zu einem den Betrag der Mittel übersteigenden Vorteil erfolgt. Der BGH entfernt sich hier von einer konsequent wirtschaftlichen Betrachtung. Richtigerweise wäre der unzweifelhaft entstehende Nachteil (Vermögensabfluss) mit dem Wert begründeter wirtschaftlicher Erwartungen zu saldieren. S. hierzu *Bosch*, JA 09, 233, 235; *Brammsen/Apel*, WM 10, 781 ff; *Hoof*, Kompensationsmöglichkeiten innerhalb des Untreuenachteils 2018, S. 268 ff; *Jahn*, JuS 09, 175 f; *Knauer*, NStZ 09, 153; *Kudlich/Oğlakcıoğlu*, Rn 329; *Satzger*, NStZ 09, 297, 303; S/S/

---

70 BGHSt 30, 247, 249; OLG Hamm NJW 82, 190, 192; hierzu (bei Einrichtung schwarzer Kassen) in der Privatwirtschaft *Rönnau*, Tiedemann-FS S. 713, 718 ff; s. auch BGHSt 60, 94, 109 (Fall *Böhr*: unzulässige Zustimmung der Fraktion) mit Anm. *Altenburg*, NJW 15, 1624; *Brand/Seeland*, ZWH 15, 258.
71 G/J/W-*Waßmer*, § 266 Rn 146 ff.
72 OLG Hamm wistra 99, 350, 353.
73 Vgl BGHSt 34, 379, 384 f; 35, 333, 337; 55, 266, 278; BGH NJW 97, 66; BGH NJW 00, 154, 155 mit Bespr. *Gehrlein*, NJW 00, 1089; BGH NJW 03, 2996, 2998; BGH JR 12, 443; BGH StV 17, 79 f mit Anm. *Floeth*, EWiR 16, 629; *Achenbach*, BGH-FS S. 596 ff; *Brammsen*, DB 89, 1609; *Fischer*, § 266 Rn 92 ff; *Kindhäuser*, § 266 Rn 56 ff; *Kraatz*, ZStW 103 (2011), 447, 473 ff; LK-*Schünemann*, § 266 Rn 125; MK-*Dierlamm*, § 266 Rn 146 ff; *Schramm*, Untreue und Konsens 2005, S. 91 ff; *Waßmer*, Untreue bei Risikogeschäften 1996, S. 51 ff, 80 ff; *Wodicka*, Die Untreue zum Nachteil der GmbH 1993, S. 210 ff, 249 ff, 274 ff; *Zieschang*, Kohlmann-FS S. 351; s. auch die Nachweise zu den Fällen *Mannesmann* und *Bremer Vulkan* in Fn 48.
74 BGHSt 54, 52, 57 f; BGH NStZ-RR 12, 80; BGH wistra 13, 232; krit. dazu *Beulke*, Eisenberg-FS S. 245, 256 ff; *Kraatz*, ZStW 103 (2011), 447, 472; vgl auch *Anders*, NZWiSt 17, 17 ff; *Habetha/Klatt*, NStZ 15, 672; *Tiedemann*, Mehle-FS S. 625, 633 ff.

W-*Saliger*, § 266 Rn 1; teils zust. *Rönnau*, StV 09, 246, 249; zust. Fischer/*Fischer*, S. 51 f; Fischer/*Hoven*, S. 206 f; klärend hierzu *Hohn*, Rissing-van Saan–FS S. 259, 265 ff; *de lege ferenda* für einen Unterschlagungstatbestand zur Erfassung dieser Fälle Fischer/*Perron*, S. 189 ff; Falllösungen bei *Bock*, WV-BT2 S. 399 ff; *Jäger*, BT Rn 392e, f; *Rotsch*, JA 13, 278.

762 Wer als Betreuungspflichtiger Weisungen unterworfen ist und nach Erfüllung der ihm obliegenden Beratungspflicht[75] lediglich eine **verbindliche Weisung** seines Geschäftsherrn befolgt, handelt nach der Rspr des BGH nicht pflichtwidrig, sondern pflichtgemäß. Ein *Missbrauch* seiner Verpflichtungs- oder Verfügungsbefugnis iS des § 266 sei insoweit nicht denkbar; nur *weisungswidriges* Verhalten könne hier den Untreuetatbestand erfüllen. Führe die Befolgung einer verbindlichen Weisung zu Vermögenseinbußen und Verlusten, treffe die Verantwortung dafür (kraft seiner Weisungsbefugnis) allein den Geschäftsherrn[76]. Das überzeugt, soweit die Pflichtenstellung zur Disposition des Geschäftsherrn steht und er durch die Weisung wirksam über sie disponiert, nicht hingegen bei indisponiblen gesetzlichen Pflichten. Dort kann in der Weisung nur ein Einverständnis gesehen werden und ihre Wirksamkeit und Wirkung muss sich nach den dafür beschriebenen Regeln richten[77], was im Ergebnis aber kaum zu Unterschieden führen dürfte.

763 Missbrauch und Pflichtverletzung müssen sich jeweils aus **Art** und **Inhalt** des Geschäfts ergeben. Wer zB als Vertreter oder Inkassobevollmächtigter Forderungen *auftragsgemäß* einzieht, dabei jedoch in der Absicht handelt, das Geld für eigene Zwecke zu verwenden, missbraucht seine Verfügungsbefugnis (noch) nicht[78]. Der **Verbrauch des Geldes** entgegen der Ablieferungspflicht kann indessen den Treubruchstatbestand des § 266 erfüllen.

764 Für die Pflichtverletzung im Sinne des Missbrauchstatbestandes bei einer **Kreditvergabe** ist nach dem BGH[79] maßgebend, ob die Entscheidungsträger, unter denen sich auch für den Fall des Einstimmigkeitsprinzips unterschiedliche Verantwortlichkeiten ergeben können[80], ihre banktypische Informations- und Prüfungspflicht bezüglich der wirtschaftlichen Verhältnisse des Kreditnehmers **gravierend** vernachlässigt haben. Anhaltspunkte hierfür können sich aus einer Verletzung der in § 18 KWG normierten Pflichten[81] sowie zB aus der Eigennützigkeit[82] ergeben. Macht der **Vorstand einer AG** aus deren Vermögen Zuwendungen an einen **Fußballverein**, ergibt sich die Pflichtwidrigkeit nach der anfechtbaren und vom 3. Senat im Mannesmann-Verfahren nicht geteilten[83] Auffassung des 1. Senats gleichfalls erst bei einer **gravierenden** gesellschaftsrechtlichen Pflichtverletzung (vgl Rn 756). Für eine solche sollen die fehlende Nähe

---

75 S. dazu BGH JZ 84, 682.
76 So zB BGH GA 1977, 342; S/S-*Perron*, § 266 Rn 20; *Wessels*, BT II Rn 712; näher dazu *Nelles*, Untreue zum Nachteil von Gesellschaften 1991, S. 563 ff.
77 *Waßmer*, Untreue bei Risikogeschäften 1996, S. 35 ff; einschr. *Schramm*, Untreue und Konsens 2005, S. 61 f; stets nur für diese Variante *Hillenkamp*, hier bis zur 40. Aufl.
78 BGH wistra 84, 143; S/S-*Perron* § 266 Rn 19; *Wittig/Reinhart*, NStZ 96, 467; anders LK-*Hübner*, 10. Aufl., § 266 Rn 71 mit dem nicht überzeugenden Hinweis, der *böse Wille* begründe bereits das Vorliegen einer bösen Tat; s. zum „Bösen" *Dölling*, Roxin-FS II S. 1901 ff.
79 BGHSt 46, 30, 35; 47, 148; BGH wistra 10, 21, 23 f.
80 S. dazu *Knauer*, NStZ 02, 399, 403 f.
81 BGHSt 47, 148, 149 ff mit krit. Bespr. von *Keller/Sauer*, wistra 02, 365 und *Knauer*, NStZ 02, 399; s. dazu auch *Rensiek*, ZStW 116 (2004), 671 ff.
82 BGHSt 46, 30, 34.
83 S. BGHSt 50, 331, 343 f; s. zu beiden Entscheidungen *Jäger*, BT Rn 388; eine Rückkehr zum Erfordernis „**gravierend**" fordert *Beulke*, Eisenberg-FS S. 245, 252 ff; s. dazu auch BVerfGE 126, 170, 210 f; OLG Hamm wistra 12, 448; LG Hamburg ZWH 15, 147; zum Streitstand AnK-*Esser*, § 266 Rn 88 f; *Fischer*, § 266 Rn 61 ff; S/S/W-*Saliger*, § 266 Rn 47 ff mit krit. eigener Position in Rn 50; *Wittig*, § 20 Rn 46; klarstellend G/J/W-*Waßmer*, § 266 Rn 94 ff; LK-*Schünemann*, § 266 Rn 95 ff; *Schünemann*, ZJS 12, 191 ff; einen Zusammenhang zur Lehre von der objektiven Zurechnung stellt – im Anschluss an *Schünemann*, NStZ 05, 476 – *Kraatz*, ZStW 103 (2011), 447, 479 ff her.

zum Unternehmensgegenstand, fehlende innerbetriebliche Transparenz und das Vorliegen sachwidriger Motive wie namentlich die Verfolgung rein persönlicher Präferenzen sprechen[84]. Richtig hieran ist, dass strafbares Handeln in **beiden Alternativen** des § 266 insoweit auf den *klar und evident unvertretbaren* Verstoß gegen *allgemein anerkannte Wertungen* beschränkt bleiben sollte, und dass die angeführten Kriterien hierfür Indizien sind[85]. Überschreiten Vorstandsmitglieder die in § 93 I AktG normierten äußersten Grenzen unternehmerischen Ermessens, liegt nach dem BGH das Merkmal der „gravierenden" Pflichtverletzung „gleichsam automatisch" vor[86]. Demgegenüber reicht die Berufung auf eine Verletzung des allgemeinen Schädigungsverbots für eine Treuepflichtverletzung schwerlich aus[87].

Da beide Untreuetatbestände nur eine Pflichtverletzung (Befugnismissbrauch; Treuepflichtverletzung) voraussetzen, können sie gleichermaßen durch **Tun** und **Unterlassen** verwirklicht werden[88]. Dabei ergibt sich die Garantenstellung notwendig aus der Vermögensbetreuungspflicht. § 13 I enthält also letztlich keine zusätzlichen Voraussetzungen, und es kommt in der Sache nicht auf die Unterscheidung zwischen Tun und Unterlassen an[89]. Deshalb besteht oft auch kein Anlass für eine Milderung nach § 13 II[90]. 765

Eine **Befugnis** iS der *ersten* Alternative des § 266 I kann so zB durch Schweigen im Falle des § 362 HGB oder durch das Unterlassen einer Mängelrüge (§ 377 II HGB)[91], uU auch durch

---

84 BGHSt 47, 187, 197; s. dazu MK-*Dierlamm*, § 266 Rn 175 ff; *Otto*, Kohlmann-FS S. 187; *Saliger*, JA 07, 329 f; s. zur nach § 87 AktG zu beurteilenden Ausschüttung von Anerkennungsgebühren im Fall *Mannesmann* ausführlich LG Düsseldorf NJW 04, 3275 ff, das nicht von einer „gravierenden" Verletzung ausgehen wollte; zum Problem der „Bestimmtheit" s. in diesem Zusammenhang *Lüderssen*, Schroeder-FS S. 569. Zur Adäquanz von **Wein-** und **Champagnerpräsenten** s. OLG Düsseldorf wistra 15, 484 mit Bespr. *Jahn*, JuS 15, 850 und *Bernsmann*, ZWH 16, 81.
85 Zutr. Gleichsetzung bei *Lackner/Kühl/Heger*, § 266 Rn 20b; krit. hierzu *Fischer*, § 266 Rn 64a; s. hierzu auch *Ignor/Sättele*, Hamm-FS S. 211, 220; *Jahn/Ziemann*, ZIS-FS S. 770 f; *Otto*, Tiedemann-FS S. 693, 695 ff; *Rönnau*, ZStW 119 (2007), 887, 909 ff; *Tiedemann*, R 566 und diff. S/S/W-*Saliger*, § 266 Rn 47, 49 f; ebenso BGH NStZ 13, 715 mit zust. Bespr. *Jahn*, JuS 14, 82; *Kubiciel*, StV 14, 91; *Saliger*, ZWH 14, 73; BGHSt 60, 94, 107 f (Fall *Böhr*) mit Anm. *Altenburg*, NJW 15, 1624; *Brand/Seeland*, ZWH 15, 258; OLG Celle BeckRS 12, 20313; OLG Celle StV 14, 99 mit Anm. *Brand*, ZWH 14, 23. Zu Vergünstigungen für Betriebsratsmitglieder s. in diesem Zusammenhang *Bittmann/Mujan*, BB 12, 637, 640. Handelt es sich – wie zB bei durch Satzung festgelegte Sitzungsgelder – um Entscheidungen ohne jeden Handlungsspielraum, kommt es auf das Merkmal „gravierend" nicht an, s. OLG Braunschweig NJW 12, 3800 mit Anm. *Rübenstahl*, NZWiSt 13, 267.
86 BGH NJW 17, 578 *(HSH Nordbank)* mit Anm. *Brand*; *Becker*, NStZ 17, 232; *Bittmann*, wistra 17, 121; *Kubiciel*, JZ 17, 585; *Leimenstoll*, StV 17, 394; *Nepomuck*, NZWiSt 17, 119; *Stam*, JR 17, 439; *Weiler/Lingert*, CB 17, 344; zur Übertragung der Grundsätze auf die GmbH s. *Wagner*, ZfBR 17, 549 ff.
87 So aber BGHSt 50, 331, 336, 343 f; s. dazu *Deiters*, ZIS 06, 152; *Krause*, StV 06, 308; *Ransiek*, NJW 06, 814; *Schünemann*, NStZ 06, 196; *Thomas*, Hamm-FS S. 767; s. hierzu bei Pflichtverstößen im Risikomanagement *Helmrich*, NZG 11, 1252, 1254.
88 *Lackner/Kühl/Heger*, § 266 Rn 2; S/S-*Perron*, § 266 Rn 35; S/S/W-*Saliger*, § 266 Rn 22, 40.
89 S. dazu BGHSt 52, 182, 189; 323, 334; BGH NJW 11, 3528, 3529 mit Bespr. *Becker* HRRS 12, 237; OLG Braunschweig NJW 12, 3800; zust. *Rönnau*, StV 09, 246, 247; **aA** (§ 13 gar nicht anwendbar) *Rengier*, BT I § 18 Rn 36 ff; *Hillenkamp*, hier bis zur 40. Aufl.
90 Die hM geht zu Recht von der Möglichkeit einer solchen Milderung aus, wenn in der Unterlassung nur eine deliktsuntypisch geringe Schuld liegt BGHSt 36, 227; BGH NStZ-RR 97, 357; BGH NJW wistra 07, 3366, 3367; BGH NJW 15, 1191; A/R/R-*Seier*, 5.2 Rn 80; *Fischer*, § 266 Rn 55; G/J/W-*Waßmer*, § 266 Rn 282; *Lackner/Kühl/Heger*, § 266 Rn 2; LK-*Schünemann*, § 266 Rn 202; MK-*Dierlamm*, § 266 Rn 142; NK-WSS-*Jahn/Ziemann*, § 266 Rn 97. **AA** (§ 13 II nicht anwendbar) *Eisele*, BT II Rn 884; *Rengier*, BT I § 18 Rn 38; *Schmidt*, BT II Rn 745; SK-*Rudolphi*, § 13 Rn 4, 6 (aufgegeben von *Stein*, § 13 Rn 65); *Hillenkamp*, hier bis zur 40. Aufl.
91 Näher LK-*Schünemann*, § 266 Rn 53; *Seebode*, Anm. JR 89, 301; S/S-*Perron*, § 266 Rn 16.

Verjährenlassen einer Forderung durch den mit ihrer Geltendmachung beauftragten Rechtsanwalt[92] missbraucht werden. Bei einem als Risikogeschäft einzuordnenden Vergleich liegt ein Missbrauch vor, wenn die Vertreter einer Krankenkasse auf durch einen Abrechnungsbetrug wahrscheinlich entstandene Rückzahlungsansprüche gegenüber der Witwe des Arztes in einer nach den für ordnungsgemäßes Verwaltungshandeln geltenden Normen und Grundsätzen nicht mehr vertretbaren Weise verzichten[93].

766 Im **Fall 63** war F zwar im Stande, dem gutgläubigen E nach §§ 929, 932 BGB Eigentum an dem PC des B zu verschaffen. Die rechtliche Möglichkeit dazu war jedoch nur eine **Folge der Schutzwirkung**, die das BGB zu Gunsten eines redlichen Dritten mit dem Besitz einer Sache und dem dadurch erzeugten **Rechtsschein** verbindet (vgl § 1006 I BGB). Eine *Befugnis*, über den betreffenden Gegenstand zu verfügen, lässt sich daraus nicht herleiten[94]. Infolgedessen ist hier kein Raum für die Annahme, dass F eine ihr im Verhältnis zu B zustehende *Befugnis* iS des § 266 missbraucht haben könnte. Der Tatbestand der **Untreue** in all seinen Erscheinungsformen entfällt im **Fall 63** außerdem deshalb, weil die Obhutspflicht des Sachmieters als *bloße Nebenpflicht* **keine „Vermögensbetreuungspflicht"** begründet[95]. F hat sich daher lediglich der **veruntreuenden Unterschlagung** schuldig gemacht (§ 246 II).

4. Nachteilszufügung

767 Durch die Missbrauchshandlung muss demjenigen, dessen Vermögensinteressen der Täter zu betreuen hat, ein **Nachteil** (= Vermögensschaden) zugefügt werden. Der Begriff entspricht ungefähr dem Vermögensschaden beim Betrug, ist aber etwas (insb. um nicht-realisierte tatsächliche Gewinnchancen) weiter zu verstehen (näher dazu Rn 775 ff). Der Vermögensnachteil muss auf die *Pflichtwidrigkeit zurückführbar* sein und mit ihr in einem *Zurechnungszusammenhang* stehen[96]. Ein Teil dieses Zurechnungszusammenhangs wird bereits im Erfordernis einer vermögensschützenden Pflicht (Rn 755) abgebildet.

III. Treubruchstatbestand

768 **Fall 64:** In einem kleineren Bahnhof obliegt dem im Schalterdienst tätigen S die alleinige Verwaltung der Fahrkartenkasse. Die Tageseinnahmen sind von ihm bei Dienstschluss mit der Endsumme in ein Ablieferungsbuch einzutragen und gegen Quittung der Sammelkasse zuzuführen. Zweimal monatlich erfolgt eine Gesamtabrechnung. Um persönliche Schulden zu begleichen, hat S Geld aus der Kasse entnommen, das Ablieferungsbuch unrichtig geführt und den Fehlbetrag dadurch verschleiert, dass er spätere Einnahmen unter falschen Daten verbucht hat.

Strafbarkeit des S? **Rn 785**

---

92 S. BGH JR 83, 515 mit Anm. *Keller*; LK-*Schünemann*, § 266 Rn 53.
93 OLG Karlsruhe NJW 06, 1682 f.
94 BGHSt 5, 61, 62 f.
95 Vgl BGHSt 22, 190, 191; *Maurach/Schroeder/Maiwald*, BT I § 45 Rn 31.
96 BGHSt 46, 30, 34; H-H-*Koranyi*, Rn 1104; *Mansdörfer*, JuS 09, 114, 116 f; *Perron*, Frisch-FS S. 868 ff; *Weber*, Seebode-FS S. 437, 445.

1. Treueverhältnis, Vermögensbetreuungspflicht und Pflichtverletzung

Den **Treubruchstatbestand** verwirklicht, wer die ihm kraft Gesetzes, behördlichen Auftrags, Rechtsgeschäfts oder auf Grund eines faktischen Treueverhältnisses obliegende **Pflicht zur Wahrnehmung fremder Vermögensinteressen** verletzt und dadurch dem, dessen Vermögensinteressen er zu betreuen hat, **Nachteil zufügt**. Das **Treueverhältnis** kann demnach auf denselben Grundlagen wie beim Missbrauchstatbestand beruhen, kann sich aber im Gegensatz zu diesem auch aus einem tatsächlichen Verhältnis ergeben[97]. Letzteres kommt namentlich dann in Betracht, wenn das zugrunde liegende Geschäft aus rechtlichen Gründen nichtig ist, bei Gültigkeit aber eine rechtliche Treuepflicht entstehen ließe[98]. Von einem tatsächlichen Treueverhältnis ist gleichfalls auszugehen, wenn der Geschäftsführer einer Gesellschaft die Geschäftsführung mit Einverständnis der Gesellschafter, aber ohne förmliche Bestellung nur *faktisch* inne hat und ausübt und dabei gegenüber dem formellen Geschäftsführer eine überragende Stellung einnimmt[99]. Die Treuepflicht kann auch für einen Dritten durch ein Rechtsgeschäft mit dem primär Treuepflichtigen begründet werden[100]. Die **Pflichtverletzung** kann in rechtsgeschäftlichem wie in tatsächlichem Verhalten (wie zB dem Bezahlen einer gegen einen Mitarbeiter verhängten Geldstrafe oder Geldbuße aus Bank- oder Verbandsvermögen[101], der Auszahlung von gesetzlich nicht zulässigen hohen Sonderboni an Mitglieder des Betriebsrats[102], der Entnahme eines Geldbetrags aus dem Tresor einer Sportwettfiliale zu privater Verwendung[103], einem kreditschädigenden und dadurch Schadensersatzansprüche auslösenden Interview[104] oder in der Veranlassung eines Testierunfähigen durch den Betreuer, ihn als Begünstigten einzusetzen[105]) liegen, das auch hier in **Tun** wie **Unterlassen** bestehen kann.

769

---

97 AnK-*Esser*, § 266 Rn 47; *Hohmann/Sander*, BT I § 16 Rn 25; S/S-*Perron*, § 266 Rn 30.
98 *Lackner/Kühl/Heger*, § 266 Rn 25; S/S/W-*Saliger*, § 266 Rn 25 ff; s. dazu auch *Reiß*, Das Treueverhältnis i.S. § 266 StGB, 2014, S. 507 ff.
99 Ein Fall der sog. faktischen Organstellung, s. dazu BGH NJW 13, 624 f; M/R-*Matt*, § 266 Rn 44; *Mayr*, ZJS 18, 212 ff; *Leppich*, wistra 18, 361 ff (zur Beendigung). Zur Frage einer Untreue des „Strohmann"-Geschäftsführers, wenn zugleich ein faktischer Geschäftsführer existiert s. BGH wistra 17, 65 mit Anm. *Ceffinato*; *Heuking*, BB 16, 3089; *Sahan/Altenburg*, NZWiSt 18, 161 ff.
100 BGH NStZ 00, 375, 376; aus tatsächlichen Gründen verneint im Fall einer von einem **Betreuer** zur Wahrnehmung von Forderungen gegenüber einer Versicherung **eingeschalteten Person** von OLG Hamm NZWiSt 16, 479 mit Anm. *Schumacher*.
101 S. dazu BGHSt 37, 226; OLG Frankfurt StV 90, 112; *Hillenkamp*, BT 12. Problem; *Ignor/Rixen*, wistra 00, 448; *Kranz*, ZJS 08, 471, 473 ff; *Spatschek/Ehnert*, StraFo 05, 266 ff; diff. *Otto*, Tiedemann-FS S. 693, 699 ff; *Stoffers*, JR 10, 239 ff.
102 BGHSt 54, 148, 156 ff (VW-Fall) mit Bespr. *Corsten*, wistra 10, 206; s. dazu *Bittmann/Mujan*, BB 12, 637 ff; *Zwiehoff*, Puppe-FS S. 1337 ff.
103 Im Fall des OLG Hamburg NStZ 10, 335 durch den Kassierer zum Zweck der „Entfärbung" schwarz eingefärbten Geldes, s. dazu *Jahn*, JuS 09, 1144; *Satzger*, JK 7/10, StGB § 266/35; zu einem „Griff in die Kasse" durch den Geschäftsführer einer KG s. BGH wistra 12, 237.
104 S. den Fall *Kirch/Breuer* BGHZ ZIP 06, 317; dazu *Jäger*, Otto-FS S. 593.
105 Nach OLG Celle NStZ-RR 13, 176 mit Bespr. *Kudlich*, JA 13, 710 ein Fall der mittelbaren Täterschaft mit dem Testierenden als Werkzeug. Entgegen der Ansicht des OLG Celle begründet die Veranlassung der testamentarischen Begünstigung noch keinen Gefährdungsschaden s. BGH HRRS 19, Nr. 320; BGH NStZ 18, 347 f.

770 Der Gefahr, dass die fast uferlose Weite dieses Tatbestandes[106] nahezu jede Vertragsverletzung pönalisieren könnte, suchen Rechtsprechung und Lehre mit unterschiedlichen Akzentuierungen[107] durch relativ **strenge Anforderungen** an die **Vermögensbetreuungspflicht** zu begegnen: Vorausgesetzt wird, dass die Pflicht zur Wahrnehmung fremder Vermögensinteressen einen **typischen und wesentlichen Inhalt** des rechtlich begründeten oder faktisch bestehenden Treueverhältnisses bildet[108].

Die **allgemeine Pflicht**, einen **Vertrag** zu erfüllen und dabei auf die Interessen des anderen Teils Rücksicht zu nehmen, ist keine *„Vermögensbetreuungspflicht"* iS des § 266[109]. Infolgedessen genügt das Nichterfüllen einfacher Vertragspflichten bei Kauf-, Miet-, Werk- oder Arbeitsverträgen den Anforderungen des Treubruchstatbestandes nicht[110]. Vielmehr muss die verletzte Pflicht in besonderem Maße den Vermögensinteressen des Vertragspartners dienen, gerade deshalb vereinbart sein und – als rechtsgeschäftlich eingegangene Pflicht – zugunsten des Vertragspartners Elemente einer Geschäftsbesorgung aufweisen[111]. Das ist zB bei der Nutzung einer Kreditkarte, die zum eigennützigen Gebrauch überlassen wurde, über den Tod des Kreditkarteninhabers hinaus, nicht der Fall[112]. Aus dem Auftrag einer Versicherungsgesellschaft, Berechtigte aus einer **Lebensversicherung** über die Anlage frei gewordener Gelder zu **beraten** und ihnen das Geld auszuhändigen, falls es nicht zu einem neuen Vertrag kommt, folgt keine Vermögensbetreuungspflicht[113]. Auch eine **Sicherungszession** im Rahmen einer Kreditgewährung begründet für den Kreditnehmer im Allgemeinen nur Nebenpflichten, während die Hauptpflicht sich darauf beschränkt, den gewährten Kredit zurückzuzahlen[114]. Bei **Beamten** reicht deren allgemeine Treuepflicht für § 266 nicht aus, vielmehr bedarf es insoweit einer sich aus

---

106 Für **Verfassungswidrigkeit** daher *Kargl*, ZStW 113 (2001) 589 und zw. MK-*Dierlamm*, § 266 Rn 3, dagegen NK-WSS-*Jahn/Ziemann*, § 266 Rn 24; *Ransiek*, ZStW 116 (2004), 640 ff; S/S/W-*Saliger*, § 266 Rn 4; der Streit ist durch BVerfGE 126, 170 LS 1 entschieden: Der Untreuetatbestand des § 266 Abs. 1 StGB ist mit dem Bestimmtheitsgebot der Art. 103 Abs. 2 GG zu vereinbaren, die wichtigste Aussage dieser Entscheidung, s. *Kuhlen*, JR 11, 246, 253 f.
107 S. die Gegenüberstellung bei *Küper/Zopfs*, BT Rn 619, 638 ff; zusf. BGHSt 61, 48 mit Anm. *Rönnau/Becker*, JR 17, 204; *Saliger/Schweiger*, NJW 16, 260.
108 BGHSt 1, 186, 189; 22, 190, 191; 55, 288, 297 f; BGH NZWiSt 12, 33, 34 mit Anm. *Waßmer*; BGH NStZ 13, 40 f; BGHSt 62, 144 ff mit Anm. *Eisele*; *Brand*, NZG 18, 293 ff; BVerfGE 126, 170, 208 ff; KG wistra 15, 72; BGHSt 60, 94, 104 f (Fall *Böhr*); zusf. BGH wistra 17, 153 mit Anm. *Altenburg*, NJW 15, 1624; *Brand/Seeland*, ZWH 15, 258; BGH wistra 17, 153 mit Bespr. *Bittmann*, wistra 17, 124; BGH NJW 18, 1486, 1488; *Eisele*, BT II Rn 889 ff; *Fischer*, § 266 Rn 21; HK-GS-*Beukelmann*, § 266 Rn 8 ff; H-H-*Koranyi*, Rn 1105, 1112 ff; *Krey/Hellmann/Heinrich*, BT II Rn 810 ff; *Rengier*, BT I § 18 Rn 15 ff; *Zöller*, BT Rn 295; eine Übersicht bieten A/R/R-*Seier*, 5.2 Rn 132 ff; *Fischer*, § 266 Rn 35 ff, 48 f; *Kindhäuser*, § 266 Rn 36–39; M-G/B-*Schmid*, § 31 Rn 92 ff; Spickhoff-*Schuhr*, § 266 Rn 10 f; S/S-*Ferron*, § 266 Rn 23 ff; S/S/W-*Saliger*, § 266 Rn 25 ff; *Wittig*, § 20 Rn 94 ff. Für die Ersetzung dieser Umschreibung durch „Garantenpflicht" *Jakobs*, Dahs-FS S. 49, 55 f, 58 f; krit. gegenüber den Kriterien *Kraatz*, ZStW 123 (2011), 447, 461 f; *Ransiek*, Joecks-GS S. 287, 290 ff
109 BGHSt 33, 244, 251; BVerfGE 126, 170, 209 f.
110 Vgl BGHSt 22, 190, 191; BGH wistra 98, 61 mit Anm. *Otto*, JK 98, StGB, § 266/16; BGH NStZ-RR 00, 236 mit Anm. *Otto*, JK 01, StGB, § 266/20; für den **„Sicherheitseinbehalt"** bei einem **Werkvertrag** macht das OLG München NStZ 06, 632 hiervon eine Ausnahme; krit. hierzu mwN OLG Stuttgart NJW-RR 10, 1612; zur Vermögensbetreuungspflicht bei Verwendung von Besserungsscheinen s. *Sahan/Minkoff*, ZIS 18, 317, 319 ff.
111 BGHSt 52, 182, 186 f; daran fehlt es bei der Nebenpflicht des **Arbeitgebers**, für seine Arbeitnehmer **vermögenswirksame Leistungen** zu entrichten, s. BGH wistra 10, 483, 484; BGH NStZ-RR 11, 276, 277 (= nur Nebenpflicht).
112 Vgl. BGH NStZ-RR 15, 213 mit Anm. *Jäger*, JA 15, 629; *Kudlich*, PdW BT I S. 172 f.
113 BGH StV 02, 143.
114 BGH wistra 84, 143; zur parallelen Bewertung für den **Sicherungsgeber** s. OLG Celle StV 14, 99 mit Anm. *Brand*, ZWH 14, 23. Zum Sicherungsvertrag bei einer **Grundschuld** s. *Clemente*, wistra 10, 249.

dem konkreten Aufgabenbereich ergebenden Vermögensbetreuungspflicht[115]. Eine solche ergibt sich zB für den über staatliche *Subventionen* entscheidenden Amtsträger. Den Subventionsempfänger soll eine solche Pflicht dagegen nicht treffen, da er nicht fremd-, sondern eigennützig die eigene Wertschöpfung steigern soll[116]. In einigen Zusammenhängen muss die Einordnung differenziert ausfallen und eine Vermögensbetreuungspflicht im Grundsatz zwar bejaht, zugleich aber das Bestehen auf einzelne Verhältnisse beschränkt oder das Bestehen anderer uU vorrangiger Pflichten ebenfalls anerkannt werden, so zB beim **Betriebsrat** mit Blick auf die dem Betrieb angehörigen Arbeitnehmer[117] und im **Gesundheitswesen** für den **Vertragsarzt** und dessen gegenüber medizinischen Belangen des Patienten nachrangigen Verpflichtung nach dem Wirtschaftlichkeitsgebot[118].

(Angestellten-)Tätigkeiten in einem unselbstständigen, dienenden und zuarbeitenden Pflichtenkreis[119] sowie rein *mechanische Tätigkeiten* wie die Erledigung von Botendiensten oder Schreibarbeiten begründen ebensowenig ein Treueverhältnis iS des § 266 wie Verwandtschaft, Freundschaft oder alte Bekanntschaft als solche[120]. **Mindestvoraussetzung** der Betreuungspflicht ist stets, dass es sich nach den **gesamten Umständen** des Einzelfalles um eine nicht ganz unbedeutende Angelegenheit mit einem Aufgabenkreis von einigem Gewicht und einem gewissen Grad von Verantwortlichkeit (also auch gewissen Entscheidungsspielräumen) handelt. **Anzeichen** dafür sind Art, Umfang und Dauer der jeweiligen Tätigkeit, ein etwaiger, der Missbrauchsalternative typischerweise innewohnender und ihr vergleichbarer Entscheidungsspielraum des Verpflichteten[121] und das Maß seiner Selbstständigkeit.

771

Während in der Lehre die beiden zuletzt genannten Gesichtspunkte zu Recht eine gewichtige Rolle spielen, weil der Vermögensinhaber einem Treupflichtigen nur unter der Voraussetzung einer gewissen Bewegungsfreiheit des Täters gegenüber dem Fremdvermögen in ähnlicher Weise ausgeliefert ist, wie dem, der eine Verfügungs- oder Verpflichtungsbefugnis besitzt[122], schätzt die Rechtsprechung diese Aspekte bisweilen gering. Daher bejaht sie zB bei einer vertrags- bzw gesetzwidrigen Verwendung der **Mieterkaution** durch den **Vermieter** den Treubruchstatbestand[123], obwohl „der Vermieter für den Umgang mit der Mieterkaution nach § 550b Abs. 2 S 1 BGB nur einen relativ engen Entscheidungsspielraum hat" (vgl § 551 III

---

115 BGH StV 95, 73; nahe liegend bei gleichzeitiger Erfüllung des § 370 III Nr 2 AO durch Finanzbeamtin, BGH NStZ 98, 91; s. auch LG Dresden NStZ 06, 633 für eine einem Polizeibeamten vom LKA zum **Betanken** des Dienstfahrzeugs überlassene **Kreditkarte**.
116 So BGH NJW 04, 2248, 2251 f *(Bremer Vulkan)*; BGHSt 49, 147, 155 f.
117 S. dazu *Lobinger*, in Rieble ua (Hrsg), Arbeitsstrafrecht im Umbruch 2009, S. 99, 109 ff.
118 Zur Verordnungsuntreue des Vertragsarztes s. die Kasuistik in Rn 756, ferner *Dannecker/Bülte*, NZWiSt 12, 81, 84 ff und Spickhoff-*Schuhr*, § 266 Rn 28 f.
119 Zu sog. *Handlangertätigkeiten* s. G/J/W-*Waßmer*, § 266 Rn 38; LK-*Schünemann*, § 266 Rn 42 ff; OLG Hamburg wistra 10, 155, 157 (Bankangestellte gegenüber einem Girokontoninhaber); zu Anlageberatern s. *Mölter*, wistra 10, 53, 56 ff.
120 Vgl RGSt 69, 58, 60 ff; 279, 280 f; *Wittig*, § 20 Rn 110.
121 S. zu dessen Fehlen bei Überlassung einer Visa-Karte zur freien Nutzung OLG Hamm NStZ-RR 15, 214 mit Bespr. *Jäger*, JA 15, 629.
122 *Hohmann/Sander*, BT I § 16 Rn 8; *Mitsch*, BT II S. 375; MK-*Dierlamm*, § 266 Rn 52 ff; S/S-*Perron*, § 266 Rn 23, 23a; SK-*Hoyer*, § 266 Rn 32; S/S/W-*Saliger*, § 266 Rn 10 f.
123 BGHSt 41, 224, 227 ff mit krit. Bespr. *Sowada*, JR 97, 28 und *Satzger*, Jura 98, 570; *Saliger*, JA 07, 328; zust. *Bock*, BT II S. 523; abl. Lackner/Kühl/*Heger*, § 266 Rn 12; Falllösung bei *Beulke*, III Rn 470 ff; die Entscheidung betrifft eine *Wohnraummiete*; für die *Gewerberaummiete* will BGHSt 52, 182, 185 ff mit krit. Bespr. *Bosch*, JA 08, 658 und *Kretschmer*, JR 08, 348 jedenfalls die *gesetzliche* Herleitung einer Vermögensfürsorgepflicht nicht gelten lassen; in beiden Fällen Untreue verneinend *Rönnau*, NStZ 09, 633, bejahend *Gericke*, NJW 13, 1634 f; *Pauly*, ZMR 10, 256.

BGB nF). Es verbiete sich, den Vermieter mit „Diensten der Handreichung" gleichzusetzen, wie sie von Kellnern, Lieferausträgern, Chauffeuren und Boten erbracht würden. Unter Bezugnahme auf diese Entscheidung bejaht umgekehrt das BayObLG[124] einen **Treubruch des Mieters**, der vertragswidrig ein als Mietkaution eingerichtetes Postsparbuch auflöst. Nach diesen Maßstäben soll auch ein **Abgeordneter** einen Treubruch begehen können, der unter Verstoß gegen eng gezogene Richtlinien Parlamentsbesucher aus seinem spärlich ausgestatteten „Besuchertopf" ins Theater einlädt[125]. Mit solchen Entscheidungen ist die Gefahr nicht gebannt, die Treupflichtwidrigkeit zur bloßen Vertrags- oder Regelverletzung zu verwässern[126].

772 Nach der Rechtsprechung muss ein **Notar** als unparteiischer Betreuer der an einem zu beurkundenden Rechtsgeschäft Beteiligten deren Vermögensinteressen wahrnehmen, sie über die Bedeutung und Tragweite ihrer Erklärungen belehren und sie auf Schadensrisiken hinweisen, deren sich die Gefährdeten möglicherweise nicht bewusst sind[127]. Auch macht sich ein **Rechtsanwalt**, der Gelder für sich verwendet, die er für seinen Mandanten entgegengenommen oder von seinem Mandanten zB zur Stellung einer **Kaution** erhalten hat, ebenso der Untreue schuldig, wie ein Täter, der treuwidrig Geld mit Hilfe einer ihm zur Bestreitung des angemessenen Lebensunterhalts überlassenen **Scheckkarte** mit Geheimzahl abhebt[128]. Während ein **Rechtsanwalt**, der für seinen Mandanten in Empfang genommene Gelder entgegen seiner Pflicht aus dem Anwaltsvertrag nicht auf ein Anderkonto leitet, sondern selbst verwendet, sich grundsätzlich wegen Treubruchs strafbar macht[129], soll das für einen **Versicherungsmakler**, der die entgegengenommenen Versicherungsprämien nicht auf ein Anderkonto, zu dessen Einrichtung er nicht verpflichtet ist, sondern auf sein eigenes Konto leitet, erst dann gelten, wenn er die Prämien nicht zum vereinbarten Termin an den Versicherungsgeber weitergibt. Fehlende Zahlungsfähigkeit des Maklers in diesem Zeitpunkt steht nach dem BGH dem nicht entgegen[130]. Allgemein sollen beim Einkassieren, Verwalten und Abliefern von Geld für andere die Höhe der anvertrauten Mittel und der Umstand eine Rolle spielen, ob zur Kontrolle der Einnahmen Bücher zu führen oder Abrechnungsunterlagen zu erstellen sind[131]. Ohne jede eigene Dispositionsbefugnis reicht das für die vorausgesetzte fremdnützige Vermögensfürsorge aber nicht ohne Weiteres aus. Ein hinreichendes Maß an Selbstständigkeit fehlt, wenn die zu erfüllenden Pflichten angesichts ihrer untergeordneten Bedeutung in allen Einzelheiten vorgegeben sind und keinerlei Dispositionsbefugnis besteht. So ist beispielsweise für § 266 bei dem **Bürgermeister** einer Gemeinde oder deren **Kassenlei-**

---

124 BayObLG wistra 98, 157 mit krit. Bespr. *Satzger*, JA 98, 926 und Falllösung bei *Radtke/Steinsiek*, JuS 10, 417; OLG Zweibrücken wistra 07, 275 leitet aus beiden Entscheidungen (trotz auch abw. Rechtsprechung, s. OLG Düsseldorf wistra 94, 33) eine staatsanwaltschaftliche „Obliegenheit zur Anklageerhebung" ab; s. zu dieser Problematik *Beulke/Swoboda*, Strafprozessrecht, 14. Aufl. 2018, Rn 89 f.
125 OLG Koblenz NJW 99, 3277; s. auch *Lesch*, ZRP 02, 159; s. zur Untreue von Abgeordneten durch den Ankauf von **Goldfüllern** als Bürobedarf *Soyka*, JA 11, 566.
126 LG Mainz StV 01, 296.
127 BGH NStZ 14, 517, 518 mit Anm. *Trüg*; *Jäger*, JA 14, 875; *Schlösser*, HRRS 14, 396.
128 BGH wistra 04, 61 mwN zu beiden Konstellationen im Fall des Rechtsanwalts; BGH wistra 15, 27, 28; KG NJW 07, 3366; OLG Hamm NStZ-RR 04, 111 (s. dazu auch Fall 49 mit Rn 620).
129 BGH NJW 15, 1191.
130 BGH NStZ 14, 158 mit Anm. *Krehl*; *Wagner*, ZIS 14, 364. Zur Unterlassungshaftung trotz fehlender Zahlungsfähigkeit s. *Hillenkamp*, Tiedemann-FS S. 949 ff mwN.
131 Näher BGHSt 13, 315, 319; BGH GA 1979, 143; BGH wistra 89, 60, 61.

ter, dem die Abwicklung des Zahlungsverkehrs obliegt[132], ebenso Raum wie bei dem **Leiter einer Verkaufsfiliale**[133], nicht aber, wenn ein **Bankangestellter** nur das *von anderen* vereinnahmte ausländische Geld einzusortieren und das von anderen herauszugebende Geld bereitzulegen hat[134].

Einen Ausgleich gegenüber einem eng begrenzten Spielraum soll nach der Rechtsprechung allerdings das Fehlen von Kontrolle und die dadurch dem Täter eröffnete Möglichkeit schaffen, ohne Steuerung und Überwachung durch den Treugeber auf dessen Vermögen zuzugreifen[135]. Selbst dort, wo **vertragliche Beziehungen** zur Entstehung eines Treueverhältnisses iS des § 266 geführt haben, fällt **nicht jede Einzelverpflichtung** zwangsläufig in den Schutzbereich dieser Norm. Wer zB **Gelder seines Mandanten** Gewinn bringend anlegen soll und das auch getan hat, diese Vermögenswerte bei Beendigung des Vertrages aber nicht rechtzeitig herausgibt, verletzt nicht die von § 266 erfasste Treue-, sondern nur eine schlichte Schuldnerpflicht, die sich von Herausgabe- und Rückerstattungspflichten anderer Schuldverhältnisse ohne Treueabrede nicht wesentlich unterscheidet[136]. Wer bestimmenden Einfluss auf Vergabeentscheidungen und Auftragserteilungen zB als **Ärztlicher Direktor** einer Universitätsklinik hat, muss im Rahmen seiner Treuepflicht auf günstige Vertragsabschlüsse für den Treugeber hinwirken. Hingegen ist die Pflicht, persönliche Provisionen, personengebundene Spenden oder gar Schmiergelder ggf an den Geschäftsherrn herauszugeben (§ 667 BGB), keine Treue-, sondern nur eine allgemeine Herausgabepflicht, deren Verletzung bei Beamten zu dienstrechtlichen Konsequenzen, nicht aber in die Untreue führen kann[137].

772a

Von dem **Grundsatz**, dass eine bestehende Vermögensbetreuungspflicht zugleich mit dem ihr zu Grunde liegenden Rechtsverhältnis **erlischt** und dass danach etwaige Herausgabe- oder Abwicklungspflichten bloße Schuldnerpflichten sind, kann es Ausnahmen geben. Das gilt zB für die Beendigung einer Vormundschaft oder eines Betreuungsverhältnisses[138]. Gleiches kann eine im Innenverhältnis nach § 168 BGB erloschene (Bank-)Vollmacht bewirken, wenn sie im Wege des Rechtsscheins (§§ 170–173 BGB) nach außen weiterbesteht[139]. Nicht anders liegt es bei einem Gerichtsvollzieher, der begonnene Vollstreckungstätigkeiten nach dem Verlust seiner Zuständigkeit durch eine Versetzung in den Innendienst fortführt und die eingetriebenen Beträge einbehält[140].

Das Einziehen des *„Brötchengeldes"* durch einen **Bäckerjungen** oder die Entgegennahme des Kaufpreises für Gegenstände des täglichen Lebens durch ein Lehrmäd-

773

---

132 BGH NStZ 03, 540, 541; BGH NStZ 94, 586; BGH NStZ 07, 579 mit Anm. *Dierlamm*.
133 BGH wistra 04, 105, 107.
134 BGH NStZ 83, 455. Ebenso, wenn Kreditfälle nach starren Kriterien ohne Beurteilungsspielraum zu klassifizieren sind, BGH NStZ 13, 40, sowie bei gebundener Prozessführung selbst bzgl. eines Anwalts, BGH NJW 13, 1615 f; s. dazu auch *Bosch*, JK 11/2013, § 266 I/40 und *Schmidt/Corsten*, NZWiSt 13, 470.
135 BGH wistra 08, 427, 428 (Geldtransporteur).
136 S. dazu BGH NStZ 86, 361; BGH NStZ-RR 00, 236; BGH StV 02, 142; *Beulke/Ruhmannseder*, Die Strafbarkeit des Verteidigers, 2. Aufl. 2010, Rn 424; *Schmidt*, NStZ 13, 498.
137 BGHSt 47, 295, 297 f; *Kindhäuser/Goy*, NStZ 03, 291; *Rönnau*, JuS 03, 232.
138 RGSt 45, 434; OLG Stuttgart NJW 99, 1566; OLG Celle NStZ-RR 13, 177; *Fischer*, § 266 Rn 43.
139 S. dazu OLG Koblenz NStZ 12, 330 (Rn 751).
140 BGH StraFo 13, 480, 481 mit krit. Anm. *Bittmann*, ZWH 14, 70; *Jäger*, JA 14, 311 (statt § 266 oder § 263) und krit. Bespr. *Kraatz*, JR 14, 241 ff; zum Teil enger *Reiß*, Das Treueverhältnis des § 266 StGB 2014, S. 511.

chen, das diese Dinge nebst Quittung überbringt, entspricht den Anforderungen des § 266 ebensowenig, wie die bloße Abrede, übergebene Waren weiterzuverkaufen und den Erlös abzuführen[141]. Hier reicht der Schutz des § 246 völlig aus. Anders verhält es sich beim Einziehen von Nachnahmebeträgen durch **Postbeamte** sowie bei der Inkassotätigkeit von **Schalterbediensteten** der Banken, der Post und der Bahn[142]. Auch trifft einen **Gerichtsvollzieher** iR des ihm erteilten Vollstreckungsauftrags ebenso eine Vermögensbetreuungspflicht gegenüber dem Vollstreckungsgläubiger[143] wie den **Zwangsverwalter** und den mit dem Zwangsverwaltungsverfahren befassten **Rechtspfleger** gegenüber dem Schuldner und seinen Gläubigern[144].

774 Im Rahmen der sog. **Ganovenuntreue** ist zu unterscheiden: von Untreue iS des § 266 kann keine Rede sein, wenn jemand **gesetz-** oder **sittenwidrigen Abreden**, die er mit einem anderen getroffen hat, lediglich nicht nachkommt[145]. Anderseits ist es (je nach Lage des Einzelfalles) nicht ausgeschlossen, dass sich jemand nach der *zweiten* Alternative des § 266 I aufgrund eines faktischen Treueverhältnisses strafbar macht, wenn er sich abredewidrig **an Geldern bereichert**, die sein Auftraggeber ihm zur **Verwendung für gesetzwidrige Zwecke** anvertraut hatte. Aus solchen Gründen Schädigungsfreiheit zu schaffen, ist ohne erkennbaren Gewinn[146].

2. Nachteilszufügung

775 **Folge** des pflichtwidrigen Handelns oder Unterlassens muss die Zufügung eines **Nachteils** zulasten desjenigen sein, dessen Vermögensinteressen der Täter zu betreuen hat[147]. Dafür ist die Identität der *zu schützenden* und der *verletzten* Interessen erforderlich. Die Pflichtwidrigkeit der Handlung allein reicht für den Nachteil der Untreue ebensowenig aus, wie die Irrtumsbedingtheit der Disposition des Getäuschten zur Bejahung des Betrugsschadens. Erforderlich ist ein durch die Pflichtwidrigkeit erst bewirkter Nachteil[148]. Eine verfassungskonforme Auslegung des Tatbestands darf daher den Nachteil **nicht** in dem Sinne mit der Pflichtwidrigkeit **verschleifen**,

---

141 OLG Düsseldorf NJW 98, 690; 00, 529; anders nur, wenn es sich um ein echtes Kommissionsgeschäft iS der §§ 383 ff HGB handelt.
142 RGSt 73, 235; BGHSt 13, 315, 317 ff; BGH wistra 89, 60, 61; abw. LK-*Hübner*, 10. Aufl., § 266 Rn 32, 37.
143 BGH NStZ 11, 281, 282 mit Anm. *Ceffinato*, StV 11, 418 und *Satzger*, JK 2/12, StGB § 266 I/38; BGH StraFo 13, 480, 481 mit Anm. *Jäger*, JA 14, 311; *Kraatz*, JR 14, 241.
144 BGH NZWiSt 12, 33, 34 f mit Anm. *Waßmer*.
145 Vgl BGH MDR/H 79, 456; *Eisele*, BT II Rn 887; G/J/W-*Waßmer*, § 266 Rn 101.
146 *Hillenkamp*, Vorsatztat und Opferverhalten 1981, S. 195 f; ebenso BGHSt 8, 254, 256 ff; BGH NStZ 10, 704; A/W-*Heinrich*, § 22 Rn 55; *Bock*, BT II S. 530; *Haft/Hilgendorf*, S. 125; HK-GS/*Beukelmann*, § 266 Rn 15; *Krey/Hellmann/Heinrich*, BT II Rn 807; LK-*Schünemann*, § 266 Rn 64; *Rengier*, BT I § 18 Rn 32; anders *Eisele*, BT II Rn 888; *Joecks/Jäger*, § 266 Rn 38; *Kleszczewski*, BT § 9 Rn 123; MK-*Dierlamm*, § 266 Rn 165 ff; *Kindhäuser*, § 266 Rn 35; *Maurach/Schroeder/Maiwald*, BT I § 45 Rn 28; *Schmidt*, BT II Rn 744; S/S-*Perron*, § 266 Rn 31; diff. S/S/W-*Saliger*, § 266 Rn 29; ohne Stellungnahme AnK-*Esser*, § 266 Rn 52; *Fischer*, § 266 Rn 44 ff; s. zum Streitstand *Hillenkamp*, BT 35. Problem; *Küper/Zopfs*, BT Rn 643.
147 Zum Vermögensinhaber beim Unternehmensverbund s. *Lesch/Hüttemann/Reschke*, NStZ 15, 610. Zu Personengesellschaften BGHSt 34, 222 f; BGH wistra 17, 439; LPK-*Schünemann*, § 266 Rn 221; S/S/W-*Saliger*, § 266 Rn 69; *Radtke*, NStZ 16, 639 ff; *K. Schmidt*, JZ 14, 878 ff.
148 BGHSt 43, 293, 297; 46, 30, 34; 47, 295, 301 f; 55, 288, 304; BGH NStZ 01, 248, 251; BGHSt 43, 293; NK-*Kindhäuser*, § 266 Rn 94, 99; S/S/W-*Saliger*, § 266 Rn 64.

dass Ersterer aus Letzterer gefolgert wird oder umgekehrt[149]. Zwar kann (und wird oft) die Pflicht gerade darin bestehen, Schaden vom Vermögen abzuwenden. Während der Nachteil aber *ex post* wirtschaftlich zu ermitteln ist (was oft leichter fällt), muss die Pflichtverletzung *ex ante* beurteilt werden – anhand der für den Handelnden pflichtgemäß zu erkennenden Umstände und unter Beachtung der ihm zukommenden Beurteilungs- und Entscheidungsspielräume. Der **Begriff** des **Nachteils** in § 266 I hat im Grundsatz dieselbe Bedeutung wie die **Vermögensbeschädigung** in § 263[150]. Als Nachteil ist bei der Untreue indes auch eine **pflichtwidrig unterlassene Vermögensmehrung** anzusehen, ebenso die Vernichtung einer (auch bloß rein tatsächlichen, aber konkret bezifferbaren) Expektanz[151]. Hier ist das Verschleifungsverbot besonders zu betonen: keineswegs jede mögliche, schon gar nicht eine rechtswidrige Vermögensmehrung muss der Verpflichtete realisieren – die Pflichtwidrigkeit ist selbstständig zu bestimmen und hier sogar Voraussetzung des Schadens.

Die „**schadensgleiche**" **Vermögensgefährdung**[152], die zB in der pflichtwidrigen Abgabe einer Bürgschaftserklärung liegen kann, wenn sich die zukünftige Verlustgefahr aufgrund der Eintrittswahrscheinlichkeit des Bürgschaftsfalls schon im Zeitpunkt der Erklärungsabgabe so verdichtet hat, dass sie als „schadensgleich" anzusehen ist[153], hat ihren gedanklichen Ursprung in der Untreue. Beim Betrug wäre in entsprechenden Fällen ursprünglich eher ein Versuch angenommen worden, der bei der Untreue aber nicht strafbewehrt ist. Hier muss Farbe bekannt werden, und zwar so, dass wirtschaftlich bereits eingetretene Schäden auch dann als Vollendung erfasst werden, wenn sie tatsächlich noch ungewisse künftige Ereignisse antizipieren, zugleich aber die gesetzgeberische Entscheidung gegen eine Strafbarkeit des bloßen (noch ohne Schaden gebliebenen) Versuchs respektiert wird (s. dazu Rn 572). Diese Voraussetzungen sind durch eine jahrzehntelange Rechtsprechung hinreichend bestimmt worden[154]. Nimmt man sie im Hinblick auf das zu fordernde, die Schadensgleichheit begründende konkrete Verlustrisiko ernst, besteht keine Gefahr, die Untreue zum Gefährdungsdelikt oder einen bloßen, bei der Untreue straflosen Versuch zum vollendeten Delikt zu verfälschen[155]. Auch rechtfertigen weder

776

---

149 BVerfGE 126, 170, 211 ff (Rn 113 ff), 221 ff (Rn 136 ff), 228 ff (Rn 149–156) im Anschluss an *Saliger*, ZStW 112 (2000), 563, 610, der zu diesem Problem auf Rn 777 (jetzt Rn 780) in diesem Buch verweist; eingehend dazu auch *Saliger*, ZIS 11, 902; *Kudlich*, ZWH 11, 1; BVerfG NJW 13, 365 f; OLG Köln StV 13, 639 f; *Lackner/Kühl/Heger*, § 266 Rn 16; S/S/W-*Saliger*, § 266 Rn 65 f. S. aber auch BGHSt 43, 293, 297 f.
150 Vgl BGHSt 40, 287, 294 ff; 43, 293, 297; BGH wistra 88, 26; *Fischer*, § 266 Rn 110, 115; *Fischer-Schünemann*, S. 61 ff; *Lackner/Kühl/Heger*, § 266 Rn 17; *Munz*, Haushaltsuntreue 2001, S. 61 ff; s. dazu aber auch Rn 780; krit. *Evers*, Das Verhältnis des Vermögensnachteils bei der Untreue zum Vermögensschaden beim Betrug 2018; *Perron*, Frisch-FS S. 857 ff. Zur Sicherungsuntreue vgl einerseits BGH 599 und andererseits BGH wistra 18, 126 f.
151 *Fischer*, § 266 Rn 116; MK-*Dierlamm*, § 266 Rn 210; Spickhoff-*Schuhr*, § 266 Rn 68; *Otto*, BT § 54 Rn 33; *Perron*, Frisch-FS S. 863 ff; *Rengier*, BT I, § 18 Rn 54; s. dazu auch BVerfG 126, 170, 212 ff.
152 RGSt 16, 77 f; BGHSt 44, 376, 384; 46, 30, 34; 47, 8, 11; 52, 182, 188; OLG Stuttgart NJW 99, 1564; OLG Hamm wistra 10, 76, 77; Fischer-*Schünemann*, S. 63; *Ransiek*, ZStW 116 (2004), 659 ff; *Saliger*, JA 07, 331 ff; für eine eigenständige Bestimmung der schadensgleichen Vermögensgefährdung für § 266 *Mansdörfer*, JuS 09, 114, 116 f; *Perron*, Tiedemann-FS S. 737, 739 ff; krit. *Hauck*, ZIS 11, 919 ff; vertiefend *Ensenbach*, Der Prognoseschaden bei der Untreue, 2016; *Göhler*, Der Gefährdungsschaden im Untreuetatbestand, 2016.
153 BGH HRRS 16, 280 (Nr 522). Zur **Aufgabe einer Sicherheit** s. BGH HRRS 18 Nr. 955; S/S-*Perron*, § 266 Rn 45a.
154 S. BVerfG wistra 09, 385 mit Bespr. *Fischer*, StV 10, 95; *Jahn*, JuS 09, 859; BVerfGE 126, 170, 221 ff (s. dazu Rn 778).
155 S. zur Gefahr, die Straflosigkeit des Versuchs zu unterlaufen, *Bosch*, wistra 01, 257; *Matt/Saliger*, in: Irrwege der Strafgesetzgebung 1999, S. 234 ff; *Mosenheuer*, NStZ 04, 181; *Saliger*, ZStW 112 (2000), 565 ff, 574 ff.

vermeintlich größere Unbestimmtheiten des § 266 gegenüber § 263 noch eine angeblich zu beobachtende, die Führungskräfte der Wirtschaft unangemessen bedrohende „Anwendungshypertrophie" es, die in zahllosen, die „große" Wirtschaftskriminalität gar nicht betreffenden Fällen bewährte und bei wirtschaftlicher Ausrichtung des Schadensbegriffs unverzichtbare Schadensbeschreibung durch den „Gefährdungsschaden" (jedenfalls) für § 266 preiszugeben[156]. Eine solche Preisgabe lässt sich weder in der Richtung rechtfertigen, dass die bisher unter den Begriff fallenden Sachverhalte als bloßes Versuchsunrecht ausschieden, noch umgekehrt so, dass der Begriff „entbehrlich" sei, weil in den unter ihn subsumierten Fällen bereits ein „endgültiger Vermögensnachteil" eingetreten und deshalb mit der Rede von einer schadensgleichen Vermögensgefährdung nur eine „Scheinproblematik" bezeichnet werde. Der 1. Strafsenat, der so argumentiert[157], verlangt nicht nur zu Unrecht einen „endgültigen" Schaden, sondern setzt unzulässig diesen mit einem nur prognostizierten hohen Verlustrisiko gleich. Für diesen letzteren, durch einen bereits eingetretenen „endgültigen" Verlust gerade noch nicht gekennzeichneten Fall ist der Begriff der schadensgleichen Vermögensgefährdung klärend und deshalb gerade nicht „entbehrlich"[158]. Daher ist mit dem 2. Senat an der Figur der schadensgleichen Vermögensgefährdung festzuhalten[159]. Dass man dann im Einzelfall darüber streiten kann, ob ein Gefährdungsschaden schon vorliegt[160] oder ob – etwa beim Führen **„schwarzer Kassen"** – nicht schon stattdessen ein Schaden durch Verlust eingetreten ist[161], versteht sich von selbst und ist kein Argument gegen die „Institution". Nicht folgerichtig und daher abzulehnen ist allerdings die vom 2. Senat erhobene Forderung[162], bei einem mit dolus eventualis in Kauf genommenen Gefährdungsschaden die Kongruenz zwischen objektivem und subjektivem Tatbestand aufzulösen und eine Billigung der *Realisierung* der Gefahr zu verlangen. Gibt man hierfür als Grund an, es gehe beim Gefährdungsschaden materiell um bloßes Versuchsunrecht, müsste man den Gegnern Recht geben und die schadensgleiche Vermögensgefährdung als Schadensbegründung aufgeben (s. dazu Rn 781 ff). Bei Kautionen oder Mandantengeldern (Fremdgeld) ist ein

---

156 So zu Recht *Fischer*, NStZ-Sonderheft 09, 8 f, 11 ff mit umfassenden Nachweisen zu der zitierten Kritik; s. zu ihr nur *Bernsmann*, GA 09, 296 ff; *Beulke*, Eisenberg-FS S. 245 ff; *Perron*, GA 09, 219, 222 („Allzweckwaffe"), 231 ff; *Ransiek*, ZStW 116 (2004), 634: „§ 266 passt immer"; zusf. und die Kritik zurückweisend LK-*Schünemann*, § 266 Rn 3; *Schünemann*, Imme Roxin-FS S. 341 ff; *Schünemann*, StraFO 10, 1 f; *Schünemann*, ZIS 12, 183 ff; *Sickor*, JA 11, 109 ff.

157 S. BGH JR 08, 426 (zu § 266) mit krit. Bespr. von *Beulke/Witzigmann*, JR 08, 430, 432 f; *Peglau*, wistra 08, 430; *Rübenstahl*, NJW 08, 2454; BGHSt 52, 430, 432; *Selle/Wietz*, ZIS 08, 471, 474; *Wegner*, wistra 08, 343; BGH NStZ 09, 330, 331 (zu § 263) mit insoweit zust. Anm. *Ransiek/Reichling*, ZIS 09, 315; abl. wie hier *Brüning*, ZJS 09, 300, 302 f; S/S/W-*Saliger*, § 266 Rn 66 ff, 82 ff; s. auch *Rengier*, BT I § 18 Rn 55 ff; *Satzger*, Jura 09, 518, 524 ff. Näher zur Begründung dieser Wende *Nack*, StraFo 08, 277 ff.

158 Zutr. *Fischer*, StraFO 08, 269 ff; *ders.*, NStZ-Sonderheft 2009, 8 ff.

159 BGHSt 51, 100, 113 ff; BGH StV 07, 581; BGHSt 52, 323, 336, 338; ebenso der 5. Senat, s. BGHSt 52, 182, 188 f. s. auch OLG Stuttgart ZWH 17, 374 mit Anm. *Wittig*. Das BVerfG wistra 09, 385; BVerfGE 126, 170, 221 ff erhebt keine durchschlagenden Einwände gegen diese Figur; s. dazu *Fischer*, StV 10. 95; *Jahn*, JuS 09, 859; *Saliger*, NJW 10, 3195; für Beibehaltung auch *Eisele*, BT II Rn 903 ff; G/J/W-*Waßmer*, § 266 Rn 183 ff; LK-*Schünemann*, § 266 Rn 178 ff; NK-*Jahn/Ziemann*, § 266 Rn 109; *Rengier*, BT I § 18 Rn 57.

160 ZB im Fall einer **Bürgschaft** – s. dazu *Schneider*, wistra 15, 372 ff – oder der **Erbeinsetzung** eines Betreuers durch einen Testierunfähigen, s. dazu OLG Celle NStZ-RR 13, 176 mit Bespr. *Kudlich*, JA 13, 710 und *Oğlakcıoğlu*, ZWH 13, 375.

161 Im *Kanther*-Fall (BGHSt 51, 100) hat der BGH eine konkrete Vermögensgefährdung, im *Siemens*-Fall (BGHSt 52, 323) dagegen (insoweit unter Aufgabe seiner Position im *Kanther*-Fall) einen Schaden durch Verlust angenommen; ebenso dann BGHSt 55, 266, 282 *(Trieneken)*; BGH NZWiSt 15, 37 mit Bespr. *Becker*; s. dazu *Saliger*, Roxin-FS II S. 1033 ff. Zur Grenze zwischen noch nicht schadensgleicher Gefährdung und Schaden s. BGHSt 52, 182, 188 f. S. auch Fischer-*Hoven*, S. 201 ff; *Gerhäuser*, Der Vermögensnachteil des § 266 bei Bildung schwarzer Kassen 2015.

162 S. die Nachweise in der vorstehenden Fn; gegen sie *Hillenkamp*, Maiwald-FS S. 323, 341 ff.

Nachteil bzw ein Gefährdungsnachteil anzunehmen, wenn es verbraucht wird, Gläubiger darauf zugreifen könnten, ein Zinsschaden entsteht oder eine Expektanz vernichtet wird[163].

Auch die zum Betrug entwickelten **Grundsätze der Schadensberechnung** (Rn 538 ff) gelten einschließlich der Lehre vom individuellen Schadenseinschlag[164] bei der Untreue sinngemäß[165]. Danach entsteht einer AG ein Schaden, wenn ein für die Konzernsicherheit zuständiger leitender Angestellter Forderungen einer von ihm beauftragten Firma begleicht, die deshalb nach § 134 BGB nichtig sind, weil sie das Entgelt für nach § 206 und Vorschriften des BDSG strafbare und in ihren Ergebnissen der AG schon übermittelte „Ermittlungstätigkeiten" betrafen[166]. Auch kann eine juristische Person einen Schaden erleiden, wenn den von ihr erbrachten Leistungen durch von ihrem Geschäftsführer gewerbsmäßig begangenen Betrug nach § 261 kontaminierte Forderungen oder Geldleistungen entgegenstehen[167]. Dagegen fehlt es an einem Nachteil, wenn der Vermögensinhaber bei einem Vergleich des gesamten Vermögens unmittelbar vor und nach der belastenden Handlung[168] nicht ärmer geworden ist. Das ist zB dann der Fall, wenn der eingetretene Verlust durch gleichzeitig erlangte **Vorteile**, die *unmittelbar* (s. Rn 538[169]) auf dem pflichtwidrigen Verhalten beruhen, **wirtschaftlich voll ausgeglichen** wird[170], nicht aber dann, wenn der Täter im Tatzeitpunkt höchst ungewisse Gewinne aus hochspekulativen Wertpapiergeschäften den

777

---

163 Näher S/S/W-*Saliger*, § 266 Rn 92; Spickhoff-*Schuhr*, § 266 Rn 70.
164 BGH NStZ 10, 330, 332; BGH NStZ-RR 11, 373, 374 mit Bespr. *Satzger*, JK 5/12, StGB § 263/95; BGH NStZ 18, 107 mit Anm. *Schlösser*; *Kraatz* JR 18, 400; S/S-*Perron*, § 266 Rn 43; S/S/W-*Saliger*, § 266 Rn 79; zu Bedenken gegen die einschränkungslose Weitergeltung dieser Lehre nach der nachfolgend wiedergegebenen Rechtsprechung des BVerfG s. BGH NStZ 14, 318 mit Anm. *Schmidt*, NZWiSt 14, 274; *ders.,* NJW 15, 284; BGH NStZ 14, 517, 519 mit Anm. *Trüg*; *Schmidt*, NJW 15, 284 (s. auch Rn 551 f).
165 S. zur Schadensfeststellung *Bittmann*, NStZ 12, 57; NK-*Kindhäuser*, § 266 Rn 94 ff; *ders.,* Lampe-FS S. 709, 722 ff; BGHSt 50, 299, 313 ff; zum Nachteil im Zusammenhang mit Schmiergeld- (s. dazu BGH NJW 06, 2864, 2867) und Provisionszahlungen im **Kick-back-Verfahren** s. zusf. BGHSt 49, 317, 332 ff; *Gerst/Meinicke*, CCZ 11, 96; im Zusammenhang mit dem **WM-Sommermärchen** s. *Hoven/Kubiciel/Waßmer*, NZWiSt 16, 121 ff; zur Übertragung der Grundsätze der Schadensberechnung bei der **Einstellung** von **Beamten** oder **Angestellten** zu § 263 auf § 266 s. BGH wistra 06, 307, 308 und dazu *Bernsmann*, StV 05, 576; *ders.*, GA 07, 219, 223 ff; *Saliger*, NJW 06, 3377 ff; *Schünemann*, NStZ 06, 196, 199 ff; *Vogel*, JR 05, 123 *(Fuchs-Panzer)*; vgl auch *Krell*, Untreue durch Stellenbesetzungen, 2015, S. 150 ff. Zur Bilanzierung von Vermögensnachteilen s. *Blassl*, wistra 16, 425 ff und der Schadensfeststellung bei **Aktienkäufen** *Saliger*, NJW 19, 886, 888 ff.
166 BGH NZWiSt 13, 189 mit Anm. *Satzger*, JK 6/13, § 266 I StGB 39 und krit. Bespr. *Cornelius*, NZWiSt 13, 166, *Burghardt/Bröckers*, NJW 15, 905 (nur iE zust. S. 908) sowie S/S/W-*Saliger*, § 266 Rn 74; besteht die Forderung, wird der Vermögensabfluss durch die Tilgung kompensiert, s. dazu OLG Celle BeckRS 12, 20313. Zur – zweifelhaften – Übertragung der Begründung von BGH NZWiSt 13, 189 auf Fälle der Auszahlung von Werklohn für **Schwarzarbeit** s. – abl. – *Burghardt/Bröckers*, NJW 15, 905 ff.
167 *Bülte*, NStZ 14, 680.
168 BGH NStZ 97, 543; BGH NStZ-RR 06, 175, 176; BGH wistra 07, 21 f; BGH NJW 11, 3528, 3529 mit Bespr. *Becker*, HRRS 12, 237.
169 Auch der **Nachteil** soll *unmittelbare* Folge des pflichtwidrigen Verhaltens sein müssen, s. OLG Celle BeckRS 12, 20313 mit Bespr. *Jahn*, JuS 13, 179; krit. zum Unmittelbarkeitskriterium bei § 266 *Perron*, Frisch-FS S. 863 ff; s. dazu auch *Hinrichs*, wistra 13, 166. A. *Albrecht*, GA 17, 130 ff will das Kriterium der Unmittelbarkeit durch die Anwendung der Regeln der objektiven Zurechnung ersetzen.
170 BGHSt 31, 232, 234; näher dazu *Hoof*, Kompensationsmöglichkeiten innerhalb des Untreuenachteils 2018; S/S/W-*Saliger*, § 266 Rn 73; die fehlende Kenntnis der Kompensation beseitigt sie nicht, s. BGH NStZ 18, 107 mit Anm. *Schlösser*; *Kraatz* JR 18, 400.

Konten der Geschädigten später wieder zuführt[171] oder wenn das freiwillige Opfer Dritter, wie im Fall des Spendenaufrufs des ehemaligen Bundeskanzlers *Kohl*, nur zu einer nachträglichen Schadensbeseitigung führt[172]. Ein unmittelbarer, den Vermögensnachteil kompensierender Vermögensvorteil ist nicht nur dann gegeben, wenn die Kompensation in engem zeitlichen Zusammenhang mit der Pflichtverletzung steht. Zeitgleich muss das kompensierende Ereignis nicht sein. Vielmehr ist nur vorausgesetzt, dass – anders als im Fall *Kohl* – keine weitere selbstständige Handlung mehr hinzutreten muss, um den kompensationsfähigen Vermögenszuwachs hervorzubringen[173]. Schmiergelder und Kick-Back-Zahlungen oder Ausgleichszahlungen bei Kartellpreisabsprachen sind nach der Rechtsprechung widerlegliche Indizien dafür, dass auch ein für das Vermögen günstigeres Verhalten möglich gewesen wäre[174].

778 Hat der Vermögensinhaber Anspruch auf die Erbringung einer Arbeitsleistung zu einem bestimmten Arbeitsentgelt, ist er bei einer pflichtwidrigen Erhöhung dieses Entgelts durch ein dafür unzuständiges Organ selbst dann geschädigt, wenn das erhöhte Entgelt „angemessen" ist[175]. Ebenso taugen bei einer Zahlung von „Sonderboni" Leistungen für eine Kompensation nicht, zu denen der Bonusempfänger gegenüber dem Arbeitgeber ohnehin schon verpflichtet ist[176]. Die **Rechtsprechung** beruht zwar auch hier auf dem **wirtschaftlichen Vermögensbegriff**[177], löst sich aber zu Recht (Rn 535) von einer *rein* wirtschaftlichen Betrachtung, wenn sie den Vermögensschaden verneint, wo die entstandene Lage im Einklang mit der materiellen Rechtsordnung steht, und daher in der Erfüllung eines fälligen und einredefreien Anspruchs auch dann keinen Nachteil sieht, wenn der Gläubiger die Forderung nur schwer hätte beweisen können[178]. Eine bloße Wiedergutmachung der durch die pflichtwidrige Handlung verursachten Nachteilszufügung ändert indessen auch hier an der Tatbestandsverwirklichung nichts[179]. Auch ist weder die durch pflichtwidrigen Einsatz von Bestechungsgeldern entstehende vage Chance, einen im Ergebnis vorteilhaften Vertrag abzuschließen, noch gar die darauf nur zielende Absicht des Täters ein

---

171 BGH wistra 12, 233, 234.
172 S. hierzu und zur kontroversen Beurteilung der Strafbarkeit der Entgegennahme anonymer Spenden für die CDU LG Bonn NStZ 01, 375; *Krüger*, NJW 02, 1178 und *Schwind*, NStZ 01, 349 mwN; ferner *Fischer*, § 266 Rn 164 ff; grundlegend zur Parteienuntreue *Saliger*, Parteiengesetz und Strafrecht 2005, zum Fall *Kohl* und zur *Hessen-CDU* S. 696 ff; zum Hessen-Fall s. OLG Frankfurt NJW 04, 2028; *Matt*, NJW 05, 389 und BGHSt 51, 100 mit Anm. *Bosch*, JA 08, 148 und Bespr. *Saliger*, NStZ 07, 545.
173 BGHSt 55, 288, 305.
174 BGHSt 47, 83, 88; BGH NJW 2013, 3590; LK-Schünemann, § 266 Rn 84. Zur Widerleglichkeit BGH NJW 01, 2102, 2105; Spickhoff-*Schuhr*, § 266 Rn 69. Ausf. zum Nachteil S/S/W-*Saliger*, § 266 Rn 76 f, 80 ff.
175 BGH wistra 14, 186, 188 mit Bespr. *Bittmann*, NZWiSt 14, 129; *Klemm*, NStZ 15, 223; *Trück*, ZWH 14, 361.
176 BGHSt 54, 148, 158 f *(VW-Fall)* mit krit. Bespr. *Corsten*, wistra 10, 206; zur Kompensationsproblematik in solchen Fällen s. näher *Lösing*, Die Kompensation des Vermögensnachteils durch nicht exakt qualifizierbare vermögenswirksame Effekte 2012, S. 70 ff, 164 ff; auch wo Aufwendungen unentgeltlich (ehrenamtlich) „geschuldet" sind, taugt die erbrachte Leistung nicht zur Kompensation, anders OLG Köln StV 13, 639 f.
177 BGH wistra 99, 350, 354.
178 BGH NStZ 04, 205, 206; OLG Hamm wistra 99, 420, 422 f; zum Schaden bei Erfüllung einer noch nicht fälligen oder einredebehafteten Forderung s. *Rönnau*, Schünemann-FS S. 683 ff.
179 BGH NStZ 86, 455; BGH NJW 11, 3528, 3529 mit Bespr. *Becker*, HRRS 12, 237.

zur Kompensation geeigneter Vermögenswert[180]. Bei der Ausreichung eines Kredits hat der Richter den Minderwert des Darlehensrückzahlungsanspruchs der Bank nach bilanzrechtlichen Maßstäben zu errechnen[181].

Rechtsprechungsbeispiel: Von den drei in **BVerfGE 126, 170** behandelten Verfassungsbeschwerden, die sich gegen eine Verurteilung nach dem als *zu unbestimmt* gerügten Untreuetatbestand richteten, hatte nur die dritte Erfolg. In dem ihr zugrunde liegenden Sachverhalt ging es um die Bewilligung später verlorener Kredite in Millionenhöhe durch die verurteilten Vorstände einer Bank an eine insolvenzbedrohte Gruppe, die sich mit dem Ankauf von Plattenbauten beschäftigte. Das BVerfG beanstandet insofern, dass LG und BGH der „Gefahr einer Überdehnung des Tatbestandes" durch die „Anwendung der dogmatischen Figur des Gefährdungsschadens" in verfassungswidriger Weise nicht hinreichend entgegenwirken (S. 226), wenn sie in einem solchen Fall auf „eine **konkrete Feststellung der Schadenshöhe nach anerkannten Bewertungsmaßstäben**" verzichten (S. 227). Dadurch werde an die Stelle der vom Gesetzgeber gewollten *wirtschaftlichen* Betrachtung eine weitgehend normativ geprägte gesetzt (S. 228, s. dazu auch *Rönnau*, StV 11, 761 f; zu einer Falllösung s. *Krell/Hülsen*, Jura 16, 98 ff). Das vermeiden im Anschluss an diese Entscheidung BGH wistra 11, 22 und KG StV 13, 89. *Lesenswert* macht die Entscheidung des BVerfG aber weniger dieses Ergebnis, als seine Ausführungen zur *Funktion des Bestimmtheitsgebots* (Art. 103 II GG) im Strafrecht und die akribische Prüfung (der Auslegung) aller Tatbestandsmerkmale des § 266 unter diesem Blickwinkel. Dabei formuliert das BVerfG ein an die Rechtsprechung gerichtetes **Präzisierungsgebot** „unterbestimmter" Normen sowie das **Verschleifungsverbot** (Rn 775). Im Ergebnis wird die Verfassungswidrigkeit der Untreuevorschrift in ihrer von der höchstrichterlichen Rechtsprechung gegebenen Form verneint. Das gilt vor allem auch für die innerhalb des BGH umstrittene Figur des Gefährdungsschadens, wenn er nach den Vorgaben des Gerichts bestimmt und festgestellt wird. S. zur Entscheidung ua *Beckemper*, ZJS 11, 88; *Böse*, Jura 11, 617; *Hüls*, NZWiSt 12, 12; *Kraatz*, JA 11, 434; *Krüger*, NStZ 11, 369, *Kudlich*, JA 11, 66; *Perron*, Heinz-FS S. 796 ff; *Safferling*, NStZ 11, 376; *Saliger*, NJW 10, 3195 und – sehr lehrreich – *Kuhlen*, JR 11, 246; vertiefend *Graf*, Das Vermögensstrafrecht vor den Schranken des Verfassungsrechts, 2016. Zu der die schadensgleiche Vermögensgefährdung beim *Betrug* betreffenden Entscheidung BVerfG wistra 12, 102 s. Rn 538, 578.

An dem bei §§ 253, 263 strikt durchgeführten Grundsatz, dass **gesetzliche Ersatzansprüche** gegen den Täter im Rahmen der Schadensermittlung nicht zu berücksichtigen, dh **nicht kompensationsfähig** sind, hält die Rechtsprechung in **Untreuefällen** nicht uneingeschränkt fest. So hat der BGH bei konkursfremden Verfügungen durch einen **Konkursverwalter** eine Nachteilszufügung unter der Voraussetzung verneint, dass der zum Ausgleich gewillte Täter „eigene flüssige Mittel in entsprechender Höhe zum Ersatz ständig bereithält"[182]. Unter der gleichen

---

180 BGHSt 52, 323, 338; zur Schadensfeststellung in solchen Fällen s. *Dierlamm*, Widmaier-FS S. 607, 612 ff; *Fischer*, NStZ-Sonderheft 09, 8, 17 f; *Ransiek*, StV 09, 321 ff; *Satzger*, NStZ 09, 297, 302 f; *Schünemann*, NStZ 08, 431, 433; vgl auch *Saliger*, Parteiengesetz und Strafrecht 2005, S. 218 ff; zur Tauglichkeit tatsächlich erzielter Vorteile zur Kompensation s. *R. Keller*, Puppe-FS S. 1189 ff. Zur Schädigung durch Auslösen von straf- und bußgeldrechtlichen Sanktionen s. *Solka/Altenburg*, NZWiSt 16, 212 ff; *Weber*, Seebode-FS S. 437.
181 Bei verbleibenden Unsicherheiten sollte nach BGH NStZ 10, 329, 330 eine Schätzung unter Beachtung des Zweifelsatzes vorzunehmen sein; krit. zum bilanzrechtlichen Rückbezug *Perron*, Frisch-FS S. 866 ff; s. dazu auch *Bittmann*, NStZ 13, 72; *Hefendehl*, wistra 12, 325; *Hinrichs*, wistra 13, 161.
182 BGHSt 15, 342, 344; weiterführend BGH NStZ 95, 233; zust. *Lackner/Kühl/Heger*, § 266 Rn 17; *Maurach/Schroeder/Maiwald*, BT I § 45 Rn 45; MK-*Dierlamm*, § 266 Rn 209; abl. S/S-*Perron*, § 266 Rn 42; s. dazu auch *Wittig*, Imme Roxin-FS S. 375 ff; zur Herangehensweise in einer Klausur s. *Eisele/Bechtel*, JuS 18, 98 f.

Voraussetzung macht sich ein **Anwalt** nicht strafbar, der Gelder seines Mandanten nicht einem Anderkonto zuführt oder nicht auskehrt, weil er aufrechnen will, dann aber die Erklärung der Aufrechnung versäumt[183]. Unerlässlich ist dabei allerdings die fortwährende Zahlungsbereitschaft und -fähigkeit des Täters[184]. In Fällen von (struktureller) **Ämterpatronage** ist ein Nachteil der öffentlichen Hand nicht aufweisbar, § 266 daher nicht gegeben[185].

780 **Pflichtwidrigkeit** und **Nachteil** sind bei der Untreue **eng miteinander verzahnt.** Das zeigt sich deutlich bei Risikogeschäften. Bei ihnen darf zwar nicht von einem eingetretenen Nachteil ohne Weiteres auf die Pflichtwidrigkeit zurückgeschlossen werden[186]. Verstößt der Täter hier aber gegen eine Verhaltensregel, die den Vermögensinhaber vor zu hohen Verlustrisiken schützt, ergibt sich daraus idR auch ein Vermögensnachteil iS eines Risikoschadens[187]. Das entbindet freilich nicht von seiner präzisen schadensrechtlichen Feststellung[188].

3. Vorsatz

781 Der **Vorsatz** des Täters muss sich nicht anders als sonst auf alle objektiven Merkmale der jeweils verwirklichten Tatbestandsalternative erstrecken. Bedingter Vorsatz genügt. Vorsätzlich ungetreu handelt danach nur, wer die ihm obliegende Vermögensbetreuungspflicht kennt, sie wissentlich und willentlich verletzt und dabei zumindest in Kauf nimmt, dass ein ernsthaft für möglich gehaltener Nachteil beim Vermögensinhaber eintritt. Da der Pflichtverstoß (normatives) Tatbestandsmerkmal ist, gehört die Kenntnis der Pflichtwidrigkeit zum Vorsatz[189]. Für sie reicht nicht aus, dass das Verhalten für den Täter „erkennbar pflichtwidrig" war. Vielmehr muss es „erkanntermaßen pflichtwidrig" sein, was sich zB bei einer ohne jeden Bezug zum Unternehmenszweck erfolgten Bereicherung angesichts der Evidenz der Pflichtwidrigkeit einer solchen „Selbstbedienung" aufdrängt[190]. Da sich die Pflicht nicht aus § 266 selbst, sondern aus dem Tatbestand vorgelagerten Normen ergibt, muss sich der Täter im Übrigen durch eine hinreichende Parallelwertung in der Laiensphäre des Grundes und der Grenzen seiner hieraus erwachsenden Pflicht gewahr sein[191]. Ist er es, liegt ein Verbotsirrtum fern, der darin bestünde, dass sich der Täter trotz Kenntnis seiner

---

183 BGH wistra 15, 27, 28; BGH NJW 15, 1191; OLG Hamm wistra 10, 76, 77; KG NStZ 08, 405, 406.
184 BGH MDR/H 83, 281; BGH wistra 04, 61 f; BGHSt 52, 182, 188 f; BGH wistra 15, 27, 28; BGH NJW 15, 1191.
185 S. dazu *Lindenschmidt*, Zur Strafbarkeit der parteipolitischen Ämterpatronage in der staatlichen Verwaltung 2004, S. 46 ff mit einem Vorschlag de lege ferenda S. 178.
186 *Jahn/Ziemann*, ZIS 16, 555: „Rückschaufehler".
187 *Hillenkamp*, NStZ 81, 166 f; *Waßmer*, Untreue bei Risikogeschäften 1996, S. 144 ff, 150; enger *Hellmann*, ZIS 07, 439 f; *ders.*, Kühl-FS S. 694 f; zum Risikoschaden bei Kreditgeschäften s. BGHSt 46, 30, 34; M-G/B-*Nack*, § 66 Rn 96 ff; krit. *Martin*, Bankuntreue 2000, S. 124, 128; weiterführend *Ransiek*, ZStW 116 (2004), 646 ff, 659 ff.
188 S. zum Verstoß gegen das **kommunalrechtliche Spekulationsverbot** bei Abschluss von Finanzderivaten in Form von Zinsswaps und einem daraus folgenden Schaden BGH NJW 19, 378 mit krit. Anm. *Brand*; ausf. dazu *Schneider*, wistra 18, 281 ff.
189 Str., s. *Beulke*, Eisenberg-FS S. 265; *Lackner/Kühl/Heger*, § 266 Rn 19; LK-*Schünemann*, § 266 Rn 193 f mwN; M/R-*Matt*, § 266 Rn 151 f; Spickhoff-*Schuhr*, § 266 Rn 74; zur insoweit unklaren Rechtspr. s. A/R/R-*Seier*, 5.2 Rn 86; S/S/W-*Saliger*, § 266 Rn 128; diff. *Leite*, GA 15, 527 ff.
190 BGHSt 54, 148, 164 (*VW-Fall*) mit Bespr. *Corsten*, wistra 10, 206.
191 BGH NJW 18, 179 mit Anm. *Eisele*.

Pflichtenstellung zu dem verbotenen Verhalten für befugt hielte[192]. Soweit das Einverständnis des Vermögensinhabers tatbestandsausschließend wirkt (s. Rn 758), schließt seine irrige Annahme durch den Täter gemäß § 16 I eine vorsätzliche Pflichtverletzung aus[193]. Bezüglich des Schädigungsvorsatzes gilt nichts besonderes. Allerdings ist darauf zu achten, dass das vom BVerfG aufgestellte „Verschleifungsverbot" (s. Rn 775) auch für die subjektive Seite gilt. Der Vorsatz bezüglich der Nachteilszufügung ist folglich mit dem Vorsatz zur Pflichtwidrigkeit nicht identisch, sondern auch dort selbstständig festzustellen, wo die Pflichtwidrigkeit in einem engen inneren Zusammenhang mit dem Nachteil steht[194]. Schädigungsabsicht ist möglich, aber nicht notwendig. Direkter oder bedingter Vorsatz reichen aus. Auf die Einführung einer **Bereicherungsabsicht** hat der Gesetzgeber **verzichtet**. Untreue ist ein Schädigungsdelikt.

Für den **dolus eventualis** gilt im Grundsatz nichts anderes als sonst. Die Rechtsprechung stellt allerdings an ihn seit den Tagen des RG im Zusammenhang mit der Untreue **besonders strenge Anforderungen**[195]. Bezweckte sie damit – was verbreitet angenommen wird – die Weiten und Vagheiten des objektiven Tatbestandes über die subjektive Tatseite zu „korrigieren", wäre dies der falsche Weg. Die Grenzen des objektiven Tatbestandes sind diesem selbst zu setzen[196]. Gegen die regelmäßig gegebene Begründung, der Tatrichter sei angesichts der oft komplexen und mehrdeutigen Strukturen des Wirtschaftslebens und der Weite und Unbestimmtheit des Tatbestandes der Untreue gehalten, auf die *Feststellung* des Vorsatzes besondere Sorgfalt anzuwenden *und* die *(begrifflichen) Anforderungen* der höchstrichterlichen Rechtsprechung an die *voluntative Seite* namentlich bei nicht eigensüchtigem Vorgehen des Täters nicht nur formelhaft, sondern inhaltlich zu beachten, ist aber nichts einzuwenden. Das geschieht auch in anderen Bereichen, in denen gegen die Annahme eines dolus eventualis – wie zB bei Tötungsdelikten – wiederkehrende Umstände sprechen[197].

782

---

192 S. zu der Annahme eines solchen Irrtums im *Mannesmann*-Verfahren durch das LG Düsseldorf NJW 04, 3275, 3285 die Stellungnahme in BGH NJW 06, 522, 529 (in BGHSt 50, 331 nicht mit abgedruckt) sowie *Hohn*, wistra 06, 164; *Ransiek*, NJW 06, 816; s. auch BGHSt 52, 182, 190 f. Zur Abgrenzung Tatbestands-/Verbotsirrtum s. G/J/W-*Waßmer*, § 266 Rn 223a ff, 227, 230; LK-*Schünemann*, § 266 Rn 192 f; NK-WSS-*Jahn/Ziemann*, § 266 Rn 123; zur parallelen Frage der Abgrenzung von untauglichem Versuch und Wahndelikt bei sog. *Vorfelddirrtümern* s. LK-*Hillenkamp*, § 22 Rn 210 ff.
193 *Hantschel*, Untreuevorsatz 2010, S. 92 ff.
194 BGH NStZ 13, 715 mit Anm. *Trüg* und Bespr. *Bung*, StV 15, 176; *Jahn*, JuS 13, 82; *Kubiciel*, StV 14, 91; *Saliger*, ZWH 14, 73; S/S/W-*Saliger*, § 266 Rn 127; ebenso für den *Gehilfenvorsatz* BGH HRRS 15, 97 (Nr 236) mit Anm. *Bosch*, JK 15, 766 (§ 27).
195 Vgl nur BGH NStZ 97, 543; BGH wistra 00, 60, 61; 03, 463, 464; s. dazu *Hillenkamp*, Maiwald-FS S. 323, 326 ff; ferner *Fischer*, § 266 Rn 176; *Hantschel*, Untreuevorsatz 2010, S. 63 ff; LK-*Schünemann*, § 266 Rn 190; M/R-*Matt*, § 266 Rn 149 f; NK-*Kindhäuser*, § 266 Rn 123.
196 *Beulke/Witzigmann*, JR 08, 435; *Dierlamm*, NStZ 97, 535; *Feigen*, Rudolphi-FS S. 459 f; *Fischer*, § 266 Rn 176; *Hantschel*, Untreuevorsatz 2010, S. 64 f; *Hillenkamp*, NStZ 81, 163 f; *Kindhäuser*, § 266 Rn 106; LK-*Schünemann*, § 266 Rn 190 ff; MK-*Dierlamm*, § 266 Rn 281; Spickhoff-*Schuhr*, § 266 Rn 72; S/S-*Perron*, § 266 Rn 50; S/S/W-*Saliger*, § 266 Rn 126 f; *Waßmer*, Untreue bei Risikogeschäften 1996, S. 156 ff.
197 Zur Tötungshemmschwelle s. BGH NStZ 1984, 19; 1986, 550; BGHSt 36, 1, 15. BGHSt 46, 30, 35 und 47, 148, 157 verweisen aber auch auf Entscheidungen zur Körperverletzung (BGHSt 36, 1, 9) und zur Urkundenfälschung im Rahmen einer Strafverteidigung (BGHR StGB § 15 Vorsatz, bedingter 8); s. dazu *Hillenkamp*, Maiwald-FS S. 323. 336 ff; abw. Wertung bei G/J/W-*Waßmer*, § 266 Rn 223; *Otto*, Puppe-FS S. 1247, 1268; wie hier *Hantschel*, Untreuevorsatz 2010, S. 305.

783 Besteht der Nachteil (wie idR bei sog. Risikogeschäften) in einem **Gefährdungsschaden**, soll hiernach der Grad der Wahrscheinlichkeit des Schadenseintritts allein kein Kriterium dafür sein, dass der Täter den Erfolg im Sinne des dolus eventualis auch gebilligt hat[198]. Umgekehrt soll die Tatsache, dass eine Jahre währende Schadensgefahr nicht in einen Verlust umgeschlagen ist, dafür sprechen, dass der Täter sich mit einer Schädigung nicht abgefunden, sondern auf ihr Ausbleiben vertraut hat[199]. Liegt allerdings ein erkanntes besonders hohes und schwer beherrschbares Verlustrisiko vor, ist darin nach der Rechtsprechung ein Indiz für die Billigung der schadensgleichen Gefährdung zu sehen[200]. Stets muss sich der Täter damit abfinden, dass er dem seiner Betreuung anvertrauten Vermögen Schaden zufügt[201]. Dafür genügt bei einer mit *dolus eventualis* verursachten schadensgleichen Vermögensgefährdung, dass der Täter mit der Möglichkeit eines für die Schadensbegründung hinreichenden hohen Verlustrisikos ernsthaft rechnet und sich hiermit abfindet. Weder beim direkten noch beim bedingten Vorsatz spielt dann eine Rolle, dass der Täter glaubt oder hofft, dass zB der Kredit letztlich dennoch zurückgeführt werden wird. Die spätere Schadensentwicklung ist nur noch für die Strafzumessung von Belang[202].

784 Entgegen der neueren Rechtsprechung des 2. Senats[203] ist deshalb auch eine darüber hinausgehende „Billigung der Realisierung der Gefahr" iS eines Sich-Abfindens mit einem „endgültigen" Verlust nicht zu verlangen. Der Senat sieht mit seinem Vorschlag Bedenken gegen ein in der schadensgleichen Vermögensgefährdung nach seiner Auffassung lediglich verwirklichtes Versuchsunrecht zerstreut, weil es durch einen auf wirkliche Vollendung zielenden „Tatentschluss" kompensiert werde[204]. Das ist aber eine doppelt angreifbare Lösung. Einerseits ist es dem Richter verwehrt, materielles Versuchsunrecht mit einem auf Vollendung zielenden Vorsatz zu einer vollendeten Tat zusammenzuschmieden. Wäre der „Gefährdungsschaden" nur eine Vorstufe des im Gesetz verlangten Nachteils, müsste man ihn als dem Verlust gleichwertige Schadensform stattdessen aufgeben. Andererseits liegt es nicht in Richtermacht, bei Delikten ohne überschießende Innentendenz eine solche zu „erfinden" und damit die im Übrigen bestehende und dogmatisch unauflösbare Kongruenz zwischen objek-

---

198 BGHSt 46, 30, 35; s. dazu *Beulke*, JR 05, 41.
199 BGHSt 51, 100, 121 f (Fall *Kanther*); s. dazu krit. *Bernsmann*, GA 07, 219, 229 ff; *Ransiek*, NJW 07, 1727, 1729.
200 BGHSt 47, 148, 157; zum Vorsatznachweis durch Indizien s. *Hantschel*, Untreuevorsatz 2010, S. 217 ff.
201 BGH wistra 86, 25; BGH NStZ 86, 455.
202 BGH wistra 10, 21, 23.
203 BGH NStZ 07, 704, 705 mit Anm. *Schlösser*, NStZ 08, 397 im Anschluss an BGHSt 51, 100, 121 f; OLG Hamburg NStZ 10, 336; s. zu diesen Entscheidungen *Fischer*, StraFo 08, 269; *ders.*, NStZ-Sonderheft 09, 8, 13 f; *ders.*, StV 10, 95, 99 ff; gegen ihn *Nack*, StraFo 08, 277; krit. auch *Bernsmann*, GA 07, 219, 229 ff; *Kasiske*, NZWiSt 16, 308 f; *Perron*, Tiedemann-FS S. 737, 766 f; *Rönnau*, Tiedemann-FS S. 713, 731 ff; *Saliger*, NStZ 07, 545, 550; *Schlösser*, StV 08, 548; *Schünemann*, Frisch-FS S. 852 f; *Weber*, Eisenberg-FS S. 371, 374; zust. BK-*Wittig*, § 266 Rn 59; *Ignor/Sättele*, Hamm-FS S. 211, 224 f; *Kempff*, Hamm-FS S. 255, 262 ff; der 5. Senat folgt dem 2. in BGHSt 52, 182, 189 f; BGH BeckRS 13, 10324; vgl auch A/W-*Heinrich*, § 22 Rn 78; *Bock*, BT II S. 564; *Eisele*, BT II Rn 905, 911; *Joecks/Jäger*, § 266 Rn 53; *Rengier*, BT I § 18 Rn 56a ff; S/S/W-*Saliger*, § 266 Rn 127.
204 BGHSt 51, 100, 123.

tivem und subjektivem Tatbestand aufzukündigen²⁰⁵. Deshalb ist daran festzuhalten, dass eine zutreffend begründete schadensgleiche Vermögensgefährdung ein Schaden *ist* und sich der Vorsatz in seinen beiden Komponenten nur auf das den Gefährdungsschaden begründende Verlustrisiko beziehen muss²⁰⁶.

Im **Fall 64** erfüllt das Verhalten des S alle Merkmale der *veruntreuenden* Unterschlagung. Fraglich ist, ob darin zugleich eine **Untreue** liegt. Der Missbrauchstatbestand des § 266 I entfällt mit Rücksicht darauf, dass S zur eigenmächtigen Verfügung über die ihm anvertrauten Gelder nicht befugt ist und dass Pflichtwidrigkeiten *rein tatsächlichen* Charakters allein vom **Treubruchstatbestand** des § 266 I erfasst werden. Für den Missbrauchstatbestand ist²⁰⁷ deshalb zB auch dann kein Raum, wenn ein **Schalterbeamter** Fahrkarten unter dem amtlich festgesetzten Preis verkauft, denn seine Rechtsmacht *im Außenverhältnis* reicht in dieser Hinsicht nicht weiter als seine *interne* Befugnis. Wo **Können** und **Dürfen** sich decken, der Täter also zugleich seine Vertretungsmacht im Außenverhältnis überschreitet, greift an Stelle des Missbrauchstatbestandes der **Treubruchstatbestand** ein²⁰⁸. Im Hinblick auf den *Grad seiner Verantwortlichkeit* und das *Maß seiner Selbstständigkeit* bei der Kassenverwaltung ist eine **Vermögensbetreuungspflicht** des S zu bejahen. Diese Pflicht hat S dadurch verletzt, dass er sich einen Teil des Geldes rechtswidrig zugeeignet hat²⁰⁹. **Nachteilszufügung** durch S und Vorsatz in Bezug auf alle Merkmale des objektiven Unrechtstatbestandes sind ohne Schwierigkeit festzustellen. Insgesamt hat S sich daher der **Untreue** (§ 266 I *zweite* Alternative) schuldig gemacht. § 246 II tritt im Wege der Gesetzeskonkurrenz (Konsumtion) zurück (s. Rn 326 f)²¹⁰.

785

4. Fragen des Allgemeinen Teils und Regelbeispiele

Untreue kann in beiden Varianten durch **Tun** und durch **Unterlassen** begangen werden (s. Rn 765, 769). **Vollendet** ist die Untreue mit **Eintritt des Vermögensnachteils**, der auch bei einer schadensgleichen Vermögensgefährdung gegeben ist²¹¹. Der Versuch ist nicht mit Strafe bedroht. **Täter** oder Mittäter dieses Sonderdelikts kann nur sein, wer selbst vermögensbetreuungspflichtig ist²¹². Täterschaftsbegründend ist die Pflichtverletzung allein nach dem BGH aber nicht²¹³. Außenstehende kommen lediglich als **Teilnehmer** in Betracht; nach hM ist auf sie § 28 I anzuwenden, da das

786

---

205 *Hillenkamp*, Maiwald-FS S. 335, 341 ff; *Kühne*, StV 02, 199 hat schon BGHSt 47, 148 einen „überschießenden Vorsatz" unterstellt; s. hierzu in Bezug auf BGHSt 51, 100 *Bernsmann*, GA 07, 219, 230; *Beulke*, Eisenberg-FS S. 264; *Saliger*, NStZ 07, 545, 550; *Schünemann* NStZ 08, 431; vgl auch *Marwedel*, ZStW 123 (2011), 948, 963.
206 So auch Ank-*Esser*, § 266 Rn 229; *Mitsch*, BT II S. 383 f; NK-WSS-*Jahn/Ziemann*, § 266 Rn 120; SK-*Hoyer*, § 266 Rn 119 f; krit. dazu *Fischer*, § 266 Rn 183 f; *Otto*, Puppe-FS S. 1247, 1260 ff; vermittelnd BGH NStZ 13, 715, 716 mit Bespr. *Bung*, StV 15, 176; *Jahn*, JuS 13, 82; *Kubiciel*, StV 14, 91; *Saliger*, ZHW 14, 73; G/J/W-*Waßmer*, § 266 Rn 225.
207 Entgegen einem obiter dictum in BGHSt 13, 315, 316.
208 S. *Küper/Zopfs*, BT Rn 615.
209 Näher BGHSt 13, 315.
210 *Küper*, Jura 96, 207 f.
211 Zur Beendigung iS des § 78a s. *Cordes/Sartorius*, NJW 13, 2635.
212 Vgl BGH StV 95, 73; zur Feststellung einer solchen Pflicht iR der Beihilfe zu der Tat eines unbekannt gebliebenen Haupttäters in einem Kreditinstitut s. OLG München wistra 10, 155, 156 f; zur Teilnahme s. auch *Thomas*, Rissing-van Saan-FS, S. 669 ff.
213 BGH NJW 16, 2585, 2599 f mit Bespr. *Schlösser*, StV 17, 123 ff; *Saliger/Schweiger*, NJW 16, 2600; s. dazu auch *Hillenkamp*, Schünemann-FS, S. 407, 411 f.

Bestehen einer Pflicht zur Betreuung fremden Vermögens besonderes persönliches Merkmal ist[214]. Wenn allerdings die Täterschaft eines Beteiligten, der an sich auch Tatherrschaft hatte, nur am Fehlen der Vermögensbetreuungspflicht scheitert, und er deshalb nur als Gehilfe bestraft werden kann, dann sieht die Rechtsprechung diesen Gesichtspunkt mit der Milderung nach § 27 II 2 als verbraucht an und versagt eine weitere Milderung nach § 28 I[215]. Liegen der Untreuehandlung Kollektiventscheidungen zu Grunde, treten schwierige Kausalitäts- und Zurechnungsfragen des Allgemeinen Teils auf[216].

Aus dem Kreis der **Rechtfertigungsgründe** können die *mutmaßliche* und die *hypothetische* Einwilligung sowie der *rechtfertigende* Notstand (§ 34) hier praktische Bedeutung gewinnen[217]. In § 266 II wird für **besonders schwere Fälle** auf die Regelbeispiele des Betrugs verwiesen[218]. Dieser Verweis ist nur von sehr begrenztem Sinn. Abgesehen von den Regelbeispielen des § 263 III 2 Nr 2 1. Alt.[219] und Nr 3 ist die Regelung des § 263 III für schwere Fälle der Untreue kaum einmal einschlägig[220] oder wenig sachangemessen[221], wie zB die gleichzeitig strafbegründende wie nach § 263 III 2 Nr 4 strafschärfende Wirkung der Amtsträgerschaft erweist[222]. § 243 II ist entsprechend anwendbar. Das gilt auch für § 247. Stellen die geschädigten Mitgesellschafter keinen Strafantrag, kann die Tat gleichwohl verfolgt werden, wenn auch die GmbH selbst einen Vermögensnachteil erlitten hat[223].

---

214 BGH wistra 97, 100; 07, 306, 307; BGH NStZ-RR 08, 6; 09, 102; BGH NStZ 12, 316; BGH NJW 16, 2585, 2600; KG StV 13, 91; *Fischer*, § 266 Rn 186; *Joecks/Jäger*, § 266 Rn 58; MK-*Dierlamm*, § 266 Rn 288; *Seier*, JuS 98, 49; anders S/S-*Perron*, § 266 Rn 52.
215 BGH wistra 15, 146.
216 S. BGHSt 47, 148, 156; vgl auch BGHSt 37, 106, 125 ff; 129 ff; OLG Stuttgart JZ 1980, 774; *Knauer*, NStZ 02, 399, 403; *Martin*, Bankuntreue 2000, S. 73 ff; MK-*Dierlamm*, § 266 Rn 290 ff.
217 Vgl BGHSt 12, 299, 304 mit Anm. *Bockelmann*, JZ 59, 495; *Küper*, JZ 76, 515; zur mutmaßlichen Einwilligung bei Risikogeschäften s. *Hellmann*, ZIS 07, 437; *Hillenkamp*, NStZ 1981, 167; zur Unterscheidung zwischen mutmaßlichem Einverständnis und mutmaßlicher Einwilligung s. *Hantschel*, Untreuevorsatz 2010, S. 102 f; *Schramm*, Untreue und Konsens 2005, S. 227 ff, 235 ff; zur Übertragbarkeit der aus dem Arztstrafrecht stammenden hypothetischen Einwilligung (mit möglicherweise schon tatbestandsausschließender Wirkung) auf die Untreue s. OLG Hamm wistra 12, 448; *Rönnau*, StV 11, 755 ff und – grundlegend – *Hengstenberg*, Die hypothetische Einwilligung im Strafrecht 2013, S. 406 ff, 416 ff; krit. S/S/W-*Saliger*, § 266 Rn 58.
218 Durch den dort im Mindest- und Höchstmaß erhöhten Strafrahmen wird im Regelbeispielsfall eine gleichzeitig begangene veruntreuende Unterschlagung (§ 246 II) durch die auch auf sie anwendbare Subsidiaritätsklausel des § 246 I 2 verdrängt, s. BGH NStZ 12, 628 mit Anm. *Hohmann*, NStZ 13, 161.
219 Für die auch hier als „Verlust" eine schadensgleiche Gefährdung nicht ausreicht, s. BGH wistra 07, 306, 307; vgl ferner BGH wistra 01, 348, 349 sowie BGH wistra 04, 20 mit Rn 591; Zweifel am Vorliegen einer Untreue hierzu bei *Rotsch*, wistra 04, 300.
220 Zur Gewerbsmäßigkeit finden sich zwei altruistisch motivierte und deshalb zweifelhafte Fälle, BGH NStZ-RR 03, 297; BGH NStZ 14, 85.
221 LK-*Schünemann*, § 266 Rn 218 f.
222 BGH NStZ 00, 592; BGH StraFo 13, 480; krit. dazu S/S-*Perron*, § 266 Rn 53; Spickhoff-*Schuhr*, § 266 Rn 79.
223 BGH NStZ-RR 07, 79, 80; zur hiervon abw. Lage bei der KG s. BGH wistra 12, 233, 234.

IV. Prüfungsaufbau: Untreue, § 266

Untreue, § 266

I. Tatbestand
   1. Objektiver Tatbestand[224]
      A. Missbrauchstatbestand, § 266 I 1. Alt.
         a) Tathandlung: Missbrauch der erteilten Verfügungs-/Verpflichtungsbefugnis
- *Verfügungs-/Verpflichtungsbefugnis bzgl fremden Vermögens*
  - → durch Gesetz, behördlichen Auftrag, Rechtsgeschäft
  - Ⓟ Rechtsschein/Gutglaubensschutz
- *Missbrauch*
  - → Überschreiten des rechtlichen Dürfens iRd rechtlichen Könnens
  - → durch rechtsgeschäftliches/hoheitliches Handeln
  - Ⓟ Anforderungen an tatbestandsausschließendes Einverständnis
  - Ⓟ Treuwidrigkeit bei Risikogeschäften
  - Ⓟ Missbrauch durch Unterlassen

         b) Treueverhältnis:
- *Vermögensbetreuungspflicht*
  - Ⓟ Erfordernis und Inhalt der Treuepflicht
  - Ⓟ § 28 bei Teilnehmern

         c) Tatererfolg:
- *Vermögensnachteil*
  - → grds wie Vermögensschaden beim Betrug, § 263
  - Ⓟ Verknüpfung Pflichtwidrigkeit – Nachteil

      B. Treubruchstatbestand, § 266 I 2. Alt.
         a) Treueverhältnis:
- *Vermögensbetreuungspflicht*
  - → aus rechtlichem oder faktischem Treueverhältnis
  - Ⓟ Inhalt der Treuepflicht
  - Ⓟ Ganovenuntreue
  - Ⓟ § 28 bei Teilnehmern

         b) Tathandlung:
- *Verletzung der Vermögensbetreuungspflicht*
  - → durch rechtliches oder faktisches Verhalten

         c) Tatererfolg:
- *Vermögensnachteil*
  - → wie beim Missbrauchstatbestand

   2. Subjektiver Tatbestand
      Vorsatz:
- *jede Vorsatzart*
  - Ⓟ strengere Anforderungen an dolus eventualis

II. Rechtswidrigkeit
III. Schuld
IV. Privilegierung (Strafantrag, § 266 II iVm §§ 247, 248a)
V. Besonders schwerer Fall, § 266 II iVm §§ 263 III, 243 II

786a

---

[224] S. zur Prüfungsreihenfolge auch Rn 749.

§ 21 Untreueähnliche Delikte

I. Vorenthalten und Veruntreuen von Arbeitsentgelt

1. Vorenthalten von Sozialversicherungsbeiträgen

787 § 266a fasst in seinen ersten beiden Absätzen die zuvor verstreuten Normen über das **Vorenthalten von Sozialversicherungsbeiträgen** zu einem Straftatbestand zusammen, der den **Schutz der Solidargemeinschaft** bezweckt und dem Ziel dienen soll, das Beitragsaufkommen der Sozialversicherungsträger und der Bundesanstalt für Arbeit[1] strafrechtlich zu gewährleisten[2]. Abs. 1 betrifft (durch den Arbeitgeber abzuführende) **Arbeitnehmerbeiträge**, Abs. 2 **Arbeitgeberbeiträge**. Ob durch die Vorschrift insgesamt auch das individuelle Vermögen des Arbeitnehmers geschützt ist, ist umstritten[3], für Abs. 3 aber nicht zweifelhaft. Nach § 266a können auch Fälle geahndet werden, in denen Arbeitgeber und Arbeitnehmer im Wege des einvernehmlichen Handelns verabredet haben, bei Lohnzahlungen etwa für **Schwarzarbeit** keine Sozialversicherungsbeiträge abzuführen[4]. Eine solche Vereinbarung ist unbeachtlich. Für die Beurteilung, ob ein sozialversicherungs- und lohnsteuerpflichtiges **Arbeitsverhältnis**[5] vorliegt, sind allein die tatsächlichen Gegebenheiten maßgeblich, nicht eine zur Verschleierung gewählte Rechtsform oder Abrede. Deshalb können die Vertragsparteien die sich hieraus ergebenden Beitragspflichten auch im Übrigen nicht durch eine abweichende vertragliche Gestaltung beseitigen[6].

788 § 266a ist in beiden Varianten (Abs. 1 und 2) ein **Erfolgsdelikt**[7] und erst mit Erlöschen der Beitragspflicht beendet[8]. Täter des **§ 266a I und II** können nur der Arbeitgeber und die diesem in § 266a V gleichgestellten Personen sein. Daher sind § 266a I, II **echte Sonderdelikte**[9]. Den Tatbestand des **§ 266a I** erfüllt, wer in dieser Eigen-

---

[1] S. BT-Ds 14/8221, S. 18.
[2] Näher *Martens*, wistra 86, 154; LK-*Möhrenschlager*, § 266a Rn 8; *Mitsch*, JZ 94, 877, 887; SK-*Hoyer*, § 266a Rn 3; BGH NStZ 90, 588; BGHZ 144, 311, 321; wistra 92, 144.
[3] S. befürwortend *Tag*, Das Vorenthalten von Arbeitnehmerbeiträgen zur Sozial- und Arbeitslosenversicherung 1994, S. 33 ff; ebenso LK-*Gribbohm*, 11. Aufl., § 266a Rn 5; LK-*Möhrenschlager*, § 266a Rn 10 f; aA BK-*Wittig*, § 266a Rn 2; *Fischer*, § 266a Rn 2; M/R-*Matt*, § 266a Rn 2; NK-WSS-*Fuchs*, § 266a Rn 4; S/S/W-*Saliger*, § 266a Rn 2; s. zum Streit SK-*Hoyer*, § 266a Rn 5 ff.
[4] AnK-*Esser*, § 266 Rn 51; A/R/R-*Gercke*, 12.2 Rn 32; G/J/W-*Wiedner*, § 266a Rn 19, 26; HK-GS/*Beukelmann*, § 266a Rn 16 f; M-G/B-*Heitmann*, § 36 Rn 22 f; NK-*Tag*, § 266a Rn 6, 57 f; SK-*Hoyer*, § 266a Rn 34; zur Zulässigkeit der Schätzung von Schwarzlohn und vorenthaltenen Beiträgen s. BGH NStZ 10, 635, 636 f, zur BGH-Rechtsprechung bei illegaler Beschäftigung s. *Thum/Selzer*, wistra 11, 290 ff.
[5] Zur Akzessorietät sowie zur Bedeutung des am 1.4.2017 in Kraft getretenen § 611a BGB s. *Schulz*, Neumann-FS S. 1219 ff.
[6] BGH NJW 11, 3047; BGH NJW 12, 471; BGH NStZ 16, 348; BGH HRRS 2018, 97 (Nr 240); zur „**Scheinselbstständigkeit**" s. BGH GmbHR 19, 278 mit Anm. *Brand*; *Klose*, NZWiSt 18, 12; *L. Schulz*, ZIS 14. 573 ff; *Ziehm*, NZWiSt 16, 387 ff.
[7] S. *Krack*, wistra 15, 121 ff mit Beschreibung der Folgen für Kausalität und funktionalen Zusammenhang.
[8] BGHSt 53, 31; BGH HRRS 18, 5 (Nr 75); BGH HRRS 17, 445 (Nr 1041).
[9] BGH wistra 11, 344, 346; *Lackner/Kühl/Heger*, § 266a Rn 2; MK-*Radtke*, § 266a Rn 78; SK-*Hoyer*, § 266a Rn 18; S/S/W-*Saliger*, § 266a Rn 7; zum Begriff des **Arbeitgebers** s. BGH NStZ 13, 587 f; BGH wistra 14, 24; BGH NStZ-RR 14, 246, 247 mit Anm. *Küpper*, ZWH 14, 396; BGH ZWH 14, 389, 390 mit Anm. *Küpper*, 393; BGH NStZ 17, 354; *Krumm*, NZWiSt 15, 102; *L. Schulz*, ZIS 14, 573; BGH NStZ 15, 648 mit Anm. *Trüg*; *Bürger*, wistra 16, 169 ff; zum Insolvenzverwalter als Arbeitgeber s. *Dupper/Petzsche*, wistra 16, 294.

schaft **Beiträge** des **Arbeitnehmers**[10] zur Sozialversicherung einschließlich der Arbeitsförderung der Einzugsstelle **vorenthält**, sie also nicht spätestens am Fälligkeitstag an diese abführt. Der Berechnung der Beiträge ist das in § 14 I SGB IV definierte **Arbeitsentgelt** zugrunde zu legen. Was in diesem Sinne Gegenleistung für die erbrachte Arbeit ist, können die Vertragsparteien nicht durch abweichende Vereinbarungen der Beitragspflicht entziehen[11]. Bei Schwarzarbeit berechnet der BGH die für den Schuldumfang bedeutsame Höhe der vorenthaltenen Sozialversicherungsbeiträge nach § 14 II 2 SGB IV[12]. Nach § **266a II** ist nun auch das Vorenthalten der **Arbeitgeberbeiträge** unter Strafe gestellt. Während Absatz 1 der Untreue ähnelt, hat der Gesetzgeber durch die Anlehnung des § 266a II an den Tatbestand der Steuerhinterziehung (§ 370 I AO)[13] diese Vorschrift eher betrugsähnlich ausgestaltet[14]. Das Vorenthalten, das den Erfolg dieses Tatbestandes beschreibt[15], ist deshalb nur dann strafbar, wenn der Arbeitgeber der zuständigen Stelle über sozialversicherungsrechtlich erhebliche Tatsachen wie zB die Zahl oder die Lohnhöhe seiner Arbeitnehmer entweder unrichtige oder unvollständige Angaben macht oder die Stelle über solche Tatsachen in Unkenntnis lässt[16]. Das Vorenthalten der Beiträge von Arbeitgebern zur Sozialversicherung ist bei geringfügigen Beschäftigungen in Privathaushalten als bloße Ordnungswidrigkeit von der Strafbarkeit nach § 266a ausgenommen[17]. Für den **subjektiven Tatbestand** reicht jede Vorsatzform aus[18].

Die praktische Bedeutung und die Probleme des bisher im Vordergrund stehenden § 266a I lassen sich – nicht von ungefähr[19] – am **Beispiel** einer Entscheidung des BGH in Zivilsachen[20] aufzeigen:

---

10 *Fischer*, § 266a Rn 9; BGH NStZ 96, 543; OLG Frankfurt StV 99, 32; der Arbeitnehmer muss (ggf nach den Kollisionsnormen des europäischen Sozialversicherungsrechts) in Deutschland sozialversicherungspflichtig sein, s. dazu BGHSt 51, 124, 127 f mit Bespr. *Zimmermann*, ZIS 07, 407; BGHSt 51, 224, 228 f mit Bespr. *Rübenstahl*, NJW 07 3538; BGH JZ 08, 366 mit Anm. *Heger*; EuGH NZA 18, 1253 ff; zur denkbaren **Beihilfe** des **Arbeitnehmers** (oder Dritter) s. *Wittig*, ZIS 16, 700, 702 ff.
11 BGH wistra 09, 438, 439; BGH NJW 12, 471; BGH NStZ-RR 14, 246, 247 f mit Anm. *Küpper*, ZWH 14, 396; BGH NStZ 17, 354 mit Anm. *Gehm*, NZWiSt 17, 233.
12 BGHSt 53, 71 mit Anm. *Joecks*, JZ 09, 531; BGH wistra 11, 344, 345; BGH NStZ 10, 635; G/J/W-*Wiedner*, § 266a Rn 26; s. zur Lohnschätzung bei illegaler Beschäftigung auch *Krumm*, NZWiSt 13, 97; S/S/W-*Saliger*, § 266a Rn 14 ff, 18.
13 Zum Verhältnis von § 266a und § 370 AO s. BGH NZWiSt 17, 189 mit Anm. *Rolletschke*; zum Strafklageverbrauch s. *Bülte*, NZWiSt 17, 49 ff; zur Beihilfehandlung bezogen auf § 266a und § 370 AO s. BGH NZWiSt 17, 233 mit Anm *Gehm*.
14 Näher zu dieser Tatbestandsalternative *Loose*, Das Vorenthalten von Arbeitgeberbeiträgen zur Sozialversicherung gemäß § 266a Abs. 2 StGB, 2017.
15 NK-*Tag*, § 266a Rn 94; dazu näher *Wittig*, HRRS 12, 64 f.
16 Zu den unterschiedlichen Folgen von „Unmöglichkeit" und „Unzumutbarkeit" in § 266a I und II s. BGH NJW 11, 3047 f mit Anm. *Bittmann* und krit. Bespr. *Wittig*, HRRS 12, 63.
17 S. zur Ausnahme bei geringfügigen Beschäftigungen in Privathaushalten s. BT-Ds 15/2573, S. 28; *Fischer*, § 266a Rn 19.
18 BGH NJW 02, 1123, 1125; BGHSt 47, 318, 323; zu einem **Tatbestandsirrtum** bei einer *Fehlvorstellung über die Arbeitgebereigenschaft* nunmehr BGH wistra 18, 339 mit Anm. *Rode/Hinderer*; *Bollacher*, NZWiSt 19, 59 ff; *Galen/Dawidowicz*, NStZ 19, 146; *Habetha*, StV 19, 38; *Theile*, ZJS 18, 482.
19 S. *Fischer*, § 266a Rn 2a zur Bedeutung des § 266a als Schutzgesetz iS des § 823 II BGB.
20 BGH NJW 97, 1237 mit iE zust. Bespr. von *Heger*, JuS 98, 1090 und *Hellmann*, Anm. JZ 97, 1005 sowie iE abl. Anm. *Tag*, BB 97, 1115; s. zur Lösung auch *Hellmann*, Rn 915 ff; weitere Fallbeispiele bei *Waszczynski*, ZJS 09, 596; *Wittig*, § 22 vor Rn 8; zur Prüfungsabfolge bei § 266a s. auch *Krumm*, wistra 12, 211 ff; Überblick über § 266a insgesamt bei *Wickel*, ZJS 16, 189.

Der Geschäftsführer G einer in einer wirtschaftlichen Krise befindlichen GmbH blieb die Arbeitnehmeranteile für die im März noch gezahlten Löhne schuldig. Zu diesem Zeitpunkt war die GmbH bereits zahlungsunfähig, da G zuvor mit den restlichen liquiden Mitteln in „kongruenter Deckung" Verbindlichkeiten der GmbH bedient hatte. G wurde von der Sozialversicherungsträgerin auf Schadensersatz in Höhe der vorenthaltenen Märzbeiträge verklagt.

Der BGH bejahte einen Schadensersatzanspruch gegen G aus § 823 II BGB iVm § 266a I[21]. **Arbeitgeber** ist die GmbH. Gemäß **§ 14 I Nr 1** ist das Delikt aber im Hinblick auf dieses strafbegründende besondere persönliche Merkmal auch auf G als vertretungsberechtigtem Organ der GmbH anzuwenden. Das wäre auch dann nicht anders, wenn G nur als „Strohmann" tätig wäre, der zwar im Innenverhältnis keine nennenswerten Kompetenzen, formell aber die Position eines Geschäftsführers innehat[22]. Ihm obliegt die Aufgabe, für die Erfüllung öffentlich-rechtlicher Pflichten zu sorgen[23]. Als solcher hat er bei Fälligkeit die Arbeitnehmeranteile der Sozialversicherung der Einzugsstelle vorenthalten. Da es sich bei § 266a I um ein **Unterlassungsdelikt** handelt, ist zu erwägen, ob die zum Zeitpunkt der Fälligkeit der Märzbeiträge eingetretene **Zahlungsunfähigkeit** den Tatbestand nach dem Grundsatz *nemo ultra posse obligatur* ausschließt[24]. Das wird bisweilen mit der dem strafrechtlichen Schuldprinzip nicht angemessenen, aus dem Zivilrecht abgeleiteten Begründung verneint, jedermann habe für seine finanzielle Leistungsfähigkeit ohne Rücksicht auf Verschulden einzustehen[25]. Richtigerweise ist hingegen darauf abzustellen, ob nach den Grundsätzen der **omissio libera in causa**[26] dem Täter ein Vorwurf daraus zu machen ist, dass er die Zahlungsunfähigkeit zB dadurch schuldhaft verursacht hat, dass er trotz erkennbar auf ihn zukommender Liquiditätsprobleme keine ihm möglichen und zumutbaren Rücklagen gebildet hat. Diesen Gedanken kombiniert der BGH mit der Annahme eines Vorrangs des Sozialversicherungsanspruchs vor anderen Forderungen, solange der Arbeitgeber in der Krise überhaupt noch selbst verfügen kann und darf[27]. Herleitbar sei der Vorrang aus der strafrechtlichen Absicherung gerade dieses Anspruchs, weshalb er nach den

---

21 S. *Heger*, JuS 98. 1091; auch in BGH NJW 02, 1123 geht es hierum; § 266a I als Schutzgesetz bejaht die hM im Zivilrecht, s. BGH wistra 05, 339, 340; zur Darlegungs- und Beweislast des Klägers in solchen Fällen s. BGH NJW 13, 1304; zu § 266a II als Schutzgesetz s. NK-WSS-*Fuchs*, § 266a Rn 5; OLG Saarbrücken wistra 16, 203 mit Anm. *Loose*.
22 BGH NStZ 17, 149 mit Anm. *Ceffinato*, wistra 17, 65; OLG Celle, EWiR 17, 655 mit Anm. *Baumann/Schlieker*, *Weiler*, NJOZ 17, 1066 f.
23 BGH NStZ 97, 125, zu § 14 s. G/J/W-*Wiedner*, § 266a Rn 14; zum Fall eines **faktischen Geschäftsführers** s. LG Augsburg wistra 15, 39; zur Fortführung der Geschäftsführertätigkeit trotz Verlustes des Amts nach § 6 II 2 Nr. 3e GmbHG s. OLG Bamberg, BeckRS 16, 03553.
24 S. OLG Frankfurt StV 99, 32; OLG Hamm StV 02, 545; OLG Hamm NZWiSt 18, 72f mit Anm. *Floeth*; zur Zumutbarkeit s. *Lackner/Kühl/Heger*, § 266a Rn 10; S/S-*Perron*, § 266a Rn 10; S/S/W-*Saliger*, § 266a Rn 21 f; vgl auch *Hillenkamp*, Tiedemann-FS S. 949 (zu § 283 I Nrn 5, 7); zur abw. Beurteilung iR des § 266a II s. BGH NJW 11, 3047 f mit diff. Bespr. *Wittig*, HRRS 12, 63.
25 OLG Celle JR 97, 479; aufgegeben von OLG Celle NJW 01, 2985.
26 S. dazu BGHSt 47, 318, 321 f; BGH BeckRS 18, 33540; OLG Hamm wistra 03, 73, 74; OLG Düsseldorf StV 09, 193, 194; OLG Köln BeckRS 11, 28440; A/R/R-*Gercke*, 12.2 Rn 37; A/W-*Heinrich*, § 23 Rn 14; BK-*Wittig*, § 266a Rn 17; *Fischer*, § 266a Rn 15b; G/J/W-*Wiedner*, § 266a Rn 45; *Heger*, JuS 98, 1093; LK-*Möhrenschlager*, § 266a Rn 58; *Mitsch*, BT II S. 467; MK-*Radtke*, § 266a Rn 67; SK-*Hoyer*, § 266a Rn 51 ff; *Tag*, Das Vorenthalten von Arbeitnehmerbeiträgen zur Sozial- und Arbeitslosenversicherung 1994, S. 118 ff; krit. hierzu *Hellmann*, JZ 97, 1005 f; *Renzikowski*, Weber-FS S. 334, 341 ff; S/S/W-*Saliger*, § 266a Rn 18; dazu, dass die omissio libera in causa hier zur Lösung besser taugt als zu der verwandten Frage zu § 283 I Nrn 5, 7 s. *Hillenkamp*, Tiedemann-FS S. 967. Zur abw. Beurteilung der Zahlungsunfähigkeit iR des **§ 266a II** s. *Krack*, wistra 15, 126 f.
27 BGH JZ 97, 1003; zust. *Heger*, JuS 98, 1093 f; *Hellmann*, JZ 97, 1006; s. auch LG Leipzig NStZ 98, 304.

Maßstäben der Pflichtenkollision vorrangig zu bedienen sei[28]. Obwohl dieser Argumentation ein Zirkelschluss zugrunde liegt (die Strafbarkeit wird letztlich mit der Strafbarkeit begründet) und sie dem Versicherungsträger einen vom Insolvenzrecht nicht gewährten Vorzug verschafft[29], hat auch der 2. Zivilsenat des BGH sich „mit Rücksicht auf die Einheit der Rechtsordnung" der Vorranglehre angeschlossen[30]. In der Praxis wird diese Pflichtenkollision teilweise aufgelöst, indem nach § 270 I InsO auf Antrag ein vorläufiger Sachwalter bestellt wird und Zahlungen von Sozialversicherungsbeiträgen von dessen Zustimmung abhängig gemacht werden[31].

2. Heimliches Nichtabführen einbehaltenen Arbeitsentgelts an Dritte

Einen anderen Komplex regelt § 266a III, bei dem es sich um ein untreue- und betrugsähnliches Verhalten[32] des Arbeitgebers zum Nachteil seines Arbeitnehmers und damit um ein **Vermögensdelikt**[33] handelt. Zum **Tatbestand** gehört hier ein **zweifaches Unterlassen** des Arbeitgebers: das **Nichtabführen** einbehaltener Teile des Arbeitsentgelts an einen Gläubiger des Arbeitnehmers und dessen **mangelnde Unterrichtung** hiervon im Zeitpunkt der Fälligkeit oder unmittelbar danach[34].

790

In Betracht kommen hier *einbehaltene* Teile des Arbeitsentgelts bei vermögenswirksamen Leistungen, bei einer freiwilligen Höher- oder Weiterversicherung, bei einer Lohnabtretung oder Pfändung und dergleichen. Mit Rücksicht auf die bereits in der Abgabenordnung vorhandene Regelung (§§ 370, 378, 380 AO) ist die Lohnsteuer in § 266a III 2 ausgeklammert worden[35]. Haben Arbeitgeber und Arbeitnehmer *vertraglich* Leistungen des Arbeitgebers zur Altersversorgung des Arbeitnehmers *vereinbart* und führt der Arbeitgeber sie nicht ab, so macht er sich nach § 266a III nur strafbar, wenn sich die vereinbarten Leistungen als „Entgeltteile des Arbeitnehmers" darstellen[36].

---

28 Dem folgte BGHSt 47, 318, 321 f mit insoweit abl. Bespr. von *Radtke*, NStZ 03, 154, 156; *Tag*, JR 02, 521, 522 f; BGHSt 48, 307, 311 f mit Bespr. *Bittmann*, wistra 04, 327; *Radtke*, NStZ 04, 562; *Rönnau*, NJW 04, 976 dehnte den Vorrang auf die Phase nach bestehender Insolvenzreife aus; BGH wistra 06, 17, 18 (mit Anm. *Sinn*, NStZ 07, 155) hält hieran trotz der gegenteiligen hM im Zivilrecht – s. dazu BGH wistra 05, 339, 340 – fest; s. hierzu *Kutzner*, NJW 06, 413; *Radtke*, Otto-FS S. 695, 703 ff; *Rönnau*, wistra 07, 81; *C. Schröder*, GmbHR 05, 736; *Tiedemann*, § 29 Rn 1300 ff.
29 *Fischer*, § 266a Rn 16; NK-*Tag*, § 266a Rn 70 ff.
30 BGHZ JZ 08, 44, 45 f mit Anm. *Rönnau*; s. dazu auch *Bittmann*, wistra 07, 406, beide auch zu noch ungeklärten Folgen dieser „Anpassung"; dem BGH zust. A/W-*Heinrich*, § 23 Rn 14. Zust. G/J/W-*Wiedner*, § 266a Rn 47; M/R-*Matt*, § 266a Rn 46; die Vorrangrechtsprechung zu Recht abl. dagegen MK-*Radtke*, § 266a Rn 70 ff; *Radtke*, NStZ 03, 154, 156; *Tag*, BB 97, 116 f; *dies.*, JR 02, 521, 522 f; s. zu BGHSt 47, 318 auch *Röhm*, DZWIR 03, 36; *Wegner*, wistra 02, 382; ausf. mit diff. Stellungnahme LK-*Möhrenschlager*, § 266a Rn 60 ff; SK-*Hoyer*, § 266a Rn 60 ff, 66 ff; S/S/W-*Saliger*, § 266a Rn 18 f.
31 Die Zulässigkeit dieses Antrags bejahend AG Hamburg, EWiR 17, 537 mit Anm. *Hofmann*; AG Heilbronn NZI 16, 583 mit Anm. *Hörmann*; aA AG Hannover ZInsO 15, 1111 mit Anm. *Frind*, EWiR 15, 651 f.
32 *Lackner/Kühl/Heger*, § 266a Rn 1; S/S/W-*Saliger*, § 266a Rn 1.
33 *Kindhäuser*, § 266a Rn 1; MK-*Radtke*, § 266a Rn 6; *Otto*, BT § 54 Rn 56.
34 S. näher dazu *Fischer*, § 266a Rn 22 ff; *Mitsch*, BT II S. 470.
35 Zu Einzelheiten s. S/S-*Perron*, § 266a Rn 12 ff; *Tag*, Das Vorenthalten von Arbeitnehmerbeiträgen zur Sozial- und Arbeitslosenversicherung 1994, S. 146 ff.
36 BGH HRRS 17, 262 (Nr 531) mit Anm. *Floeth*, NStZ-RR 17, 249; *Sahan*, NStZ 17, 530.

II. Missbrauch von Scheck- und Kreditkarten

791 **Fall 65:** T ist Inhaber eines Girokontos bei der Postbank. Sein Konto ist überzogen, der Dispositionskredit (§ 504 BGB) erschöpft. T gelingt es in dieser ihm bewussten Situation, an vier aufeinander folgenden Tagen unter Ausnutzung eines technischen Defekts eines Bankomaten der Postbank durch Verwendung seiner codierten Postbank-Scheckkarte und seiner Geheimnummer in 322 Einzelhandlungen Beträge von je 400 bzw 500 € in einer Gesamthöhe von 158 700 € dem Bankomaten zu entnehmen.
Strafbarkeit des T? **Rn 800**

792 **Fall 66:** T verkauft seine Kreditkarte an S. Dieser soll mit ihr Einkäufe tätigen, durch den Weiterverkauf der so erworbenen Luxusgegenstände seine Spielschulden begleichen und so sein weiteres Mitwirken an der Spielrunde, an der auch T teilnimmt, finanzieren. T meldet die Karte als verloren und macht S seine Unterschrift zugänglich, damit dieser die Einkaufsbelege mit der Unterschrift des T versehen kann. S erwirbt auf diese Weise Waren im Gesamtwert von 123 175 €.
Strafbarkeit von T und S nach § 266b? **Rn 801**

1. Zweck der Vorschrift

793 Nach § 266b macht sich strafbar, wer die ihm durch die Überlassung einer **Scheck-** oder **Kreditkarte** eingeräumte **Möglichkeit**, den Aussteller zu einer Zahlung zu veranlassen, **missbraucht** und diesen **dadurch schädigt**. Mit dieser 1986 eingefügten Vorschrift sollte einem bis dahin zum Missbrauch beider Kartentypen bestehenden Meinungsstreit, der Strafbarkeitslücken zwischen Betrug und Untreue heraufbeschwor, ein Ende gesetzt werden[37].

794 **Scheckkarten** waren (beachte Rn 795) die auf Grund von Vereinbarungen der europäischen Kreditwirtschaft einheitlich gestalteten „Eurocheque"-Karten. Mit ihnen konnte man zwar regelmäßig auch Bargeldabhebungen an Bankomaten vornehmen. Ihre ihnen ihren Namen gebende **Funktion** war es aber, dass der Kartenaussteller die Einlösung von von dem Karteninhaber ausgestellten Schecks dem Schecknehmer bis zu einem bestimmten Betrag **garantierte**. Der Missbrauchsalternative des § 266 entsprechend besaß bei diesem Verfahren der Karteninhaber nach außen die rechtliche Macht, den Kartenaussteller auch dann zur Scheckeinlösung zu verpflichten, wenn er im Innenverhältnis mangels Deckung des Kontos den Scheck nicht mehr hätte ausstellen dürfen.

2. Tatbestand

795 Mit dem auf die Vermögensbetreuungspflicht verzichtenden, im Übrigen aber **untreueähnlichen** Delikt[38] wird das **Vermögen** der Kartenaussteller geschützt. Zu-

---

37 Vgl dazu BGH JZ 87, 208; GA 1987, 263; KG JR 87, 257; 2. WiKG vom 15.5.1986 (BGBl I 721); zum Leitbild der Vorschrift s. *Rengier*, Heinz-FS S. 809 ff; S. auch *Hillenkamp*, hier bis zur 40. Aufl. Rn 794.
38 S. BK-*Wittig*, § 266b Rn 3; *Fischer*, § 266b Rn 3.

gleich ergibt sich (als Reflex) ein Schutz des unbaren Zahlungsverkehrs[39]. Dafür spricht, dass gemäß § 266b II die Regelung des § 248a hier entsprechend gilt[40]. Der **Täterkreis** ist auf *berechtigte* Karteninhaber eingegrenzt, weil nur ihnen die Möglichkeit „eingeräumt" ist, den Aussteller zu einer Zahlung zu veranlassen[41]. Für Nichtberechtigte bleibt es bei der Anwendbarkeit des § 263. Die Tat ist daher ein *Sonderdelikt* und die Tätereigenschaft wegen des dem Karteninhaber eingeräumten Vertrauens ein *besonderes persönliches Merkmal* iS des § 28 I[42]. Daher macht sich derjenige, der eine ihm (vertragswidrig) zur eigenen Verwendung überlassene Kreditkarte nach dessen Tod weiter nutzt, nicht nach § 266b strafbar[43].

Einen **Scheckkartenmissbrauch** in der oben (Rn 793) geschilderten Art gibt es **nicht mehr**, weil die europäischen Banken den **garantierten Euroscheckverkehr** zum 31.12.2001 eingestellt haben[44]. Die vormalige eurocheque-Karte (EC-Karte) wird nicht mehr ausgegeben. Wo heute das ec-Logo (nun klein geschrieben) auf an ihre Stelle getretenen Karten zu finden ist, hat es jetzt die Bedeutung von „electronic-cash"[45]. Als **Folge** dieser Entwicklung **entfällt** nicht nur der klassische **Scheckkartenmissbrauch** (iS der Rn 793)[46] **ganz**. Vielmehr wird man auch die ohnehin zu bestreitende (s. Rn 616) Möglichkeit nicht mehr behaupten können, der Kartenmissbrauch an gegenüber dem kartenausgebenden Institut fremden Bankomaten lasse sich unter § 266b subsumieren[47]. Da es der Maestro-Karte an jeder Beziehung zum Scheckverfahren fehlt, § 266b aber wie § 152a IV zwischen Scheck- und sonstigen (Kredit-) Karten ausdrücklich unterscheidet, bedeutete die weitere Subsumtion dieser Karte unter den Begriff der Scheckkarte eine verbotene Analogie[48]. Einwände aus dem Analogieverbot sprechen auch dagegen, die Maestro-Card zwar nicht als Scheck-, wohl aber als **Kreditkarte** auszugeben; denn dass sich die Abläufe beim Einsatz klassischer Kreditkarten und beim electronic-cash-Verfahren „ähnln" oder sich „vergleichen" lassen, berechtigt ebensowenig wie die Annahme, eine unterschiedliche Behandlung leuchte nicht ein, den auf Universalkreditkarten gemünzten Begriff der Kreditkarte auf die Maestro-Card anzuwenden[49]. Das ließe sich nur durch einen gesetzgeberischen Eingriff erreichen[50]. 796

---

39 *Fischer*, § 266b Rn 2; G/J/W-*Bär*, § 266b Rn 3; *Kindhäuser*, § 266b Rn 1; M/R-*Maier*, § 266b Rn 1; *Otto*, BT § 54 Rn 41; SK-*Hoyer*, § 266b Rn 3; aA (kein bloßer Reflex) BGH NStZ 93, 283; *Bernsau*, Der Scheck- oder Kreditkartenmissbrauch durch einen berechtigten Karteninhaber 1990, S. 64, 77 f; HK-GS/*Beukelmann*, § 266b Rn 1; *Lackner/Kühl/Heger*, § 266b Rn 1.
40 Dagegen *Bernsau*, aaO S. 78.
41 BGH StV 18, 35; *Bock*, BT II S. 567; MK-*Radtke*, § 266b Rn 4; NK-*Kindhäuser*, § 266b Rn 4; S/S-*Perron*, § 266b Rn 7; S/S/W-*Hilgendorf*, § 266b Rn 14.
42 *Fischer*, § 266b Rn 21; HK-GS/*Beukelmann*, § 266b Rn 3; *Maurach/Schroeder/Maiwald*, BT I § 45 Rn 75; M-G/B-*Nack*, § 49 Rn 34.
43 Mit anderer Begr (kein Schaden) OLG Hamm NStZ-RR 15, 213, wie hier Anm. *Jäger*, JA 15, 629, 631. Ähnlich bzgl. einer betrieblichen Tankkarte OLG Koblenz StV 16, 371, 373.
44 S. dazu *Baier*, ZRP 01, 454; K/H-*Cornelius*, Kap. 102 Rn 120.
45 AnK-*Esser*, § 266b Rn 5; *Fischer*, § 266b Rn 6; *Krey/Hellmann/Heinrich*, BT II Rn 735; *Wittig*, § 21 Rn 11.
46 S. *Krey/Hellmann/Heinrich*, BT II Rn 831; *Rengier*, BT I § 19 Rn 2; der Weitergebrauch des Begriffs „Scheckkarte" in § 266b hat (wie der des „Euroschecks" in § 152b) der Aufarbeitung der Altfälle gedient, s. *Husemann*, NJW 04, 104, 108, sollte nun aber aufgegeben werden.
47 So noch BGHSt 47, 160, 164 f; ihm folgend *Joecks/Jäger*, § 266b Rn 17; diff. G/J/W-*Bär*, § 266b Rn 9.
48 Die von A/W-*Weber*, 2. Aufl., § 23 Rn 48a vertretene Ansicht, die Subsumtion der Maestro-Card unter den Begriff der Scheckkarte sei „zwanglos möglich", ist in A/W-*Heinrich*, § 23 Rn 44b aufgegeben worden; wie hier *Eisele*, BT II Rn 926; K/H-*Cornelius*, Kap. 102 Rn 121; *Rengier*, BT I § 19 Rn 2.
49 Wie hier *Eisele*, BT II Rn 927; *Lackner/Kühl/Heger*, § 266a Rn 3, 4; aA *Rengier*, BT I § 19 Rn 23, 25; *ders.*, Stürner-FS S. 903 (der aber § 266b 2. Var. in den heute noch praktischen Konstellationen iE auch ablehnt); ebenso *Brand*, JR 08, 496, 498 f; *ders.*, WM 08, 2194, 2196 f, 2200 mit umfassenden Nachweisen zum Streitstand; zur Universalkarte s. auch *Fest/Simon*, JuS 09, 800 f.
50 S. zu Vorschlägen in verschiedene Richtungen *Baier*, ZRP 01, 454, 457 ff.

797 Die Fälle des **Geldautomatenmissbrauchs** durch unbefugte Verwendung einer Codekarte werden nicht von § 266b, sondern von § 263a erfasst. Das gilt auch für die wenigen verbleibenden Fälle, in denen die Codekarte mit der Scheckkarte des Kontoinhabers kombiniert war und dieser sich nach Erschöpfung seines Girokontos entgegen den Abmachungen mit seiner Bank Bargeld aus Geldautomaten verschaffte (s. dazu schon Rn 615 f). Die Kombination beider Funktionen in einer Karte war zwar im Interesse der Vereinfachung gewollt, im Grunde aber zufällig und beliebig und darf nicht darüber hinwegtäuschen, dass am Geldautomaten die Karte vom Berechtigten gerade nicht in ihrer (vormaligen) Garantiefunktion, sondern als bloßer Automatenschlüssel benutzt wurde[51]. Das gilt unabhängig davon, ob der Karteninhaber sich eines institutseigenen oder eines institutsfremden Bankomaten bedient hat[52]. Wer statt § 263a die Vorschrift des § 266b für anwendbar hielt, musste dagegen beim Abheben am institutseigenen Automaten angesichts des dann fehlenden Drei-Personen-Verhältnisses zur Straffreiheit kommen[53].

798 Bei der **Kreditkarte**[54] (zB der American-Express-Card; Diners-Club-Karte; Eurocard; Visacard) handelt es sich um einen vermögensschädigenden **Missbrauch**, wenn der Täter mit der Verwendung der Karte gegen die aus dem Kreditkartenvertrag resultierenden Pflichten verstößt, also zB durch Wareneinkäufe oder Inanspruchnahme von Dienstleistungen Verpflichtungen eingeht, obwohl er weiß, dass seine finanzielle Lage den Kontoausgleich nicht gestattet. Als Kreditkarten iS des § 266b kommen nur die oben genannten sog. **Universalkreditkarten** in Frage, **nicht** aber – wie zB die Air-Plus Kundenkreditkarte der Lufthansa oder die Ikea-Family-Card – die sog. **Kundenkarten** im „Zwei-Partner-System"[55]. Das ergibt sich aus Wortlaut und Struktur des § 266b. Im Zwei-Partner-System wird die Karte zwar für eine geldwerte Leistung, nicht aber zur **Veranlassung einer Zahlung** (an einen Dritten für dessen Leistung) und daher auch nicht zur **Auslösung einer Garantieverpflichtung** genutzt. Damit fehlt es an einer dem Missbrauch der Untreue verwandten Situation. Es wird nur ein Kredit im **Verhältnis zum Aussteller** erschlichen[56]. In solchen Fällen kann man eine Begrenzung des Strafrahmens des § 263 durch den des § 266b erwägen[57].

798a Im für **Universalkreditkarten** klassischen „Drei-Partner-System" (Kartenaussteller, Kreditkarteninhaber, Vertragsunternehmen) gibt dagegen das kartenausstellende Kreditkartenunternehmen selbst die Zusage einer garantierten Zahlung (s. § 152b IV Nr 1) an das Vertragsunternehmen[58]. In der Abgabe des abstrakten Schuldverspre-

---

51 S. zum früheren Streitstand *Hillenkamp*, BT, 9. Aufl., 36. Problem; A/R-*Hellmann*, 3. Aufl., IX 2 Rn 81 ff; *Lackner/Kühl/Heger*, § 266b Rn 3.
52 LK-*Gribbohm*, 11. Aufl., § 266b Rn 10 f; diff. AnK-*Esser*, § 266b Rn 14.
53 So BGHSt 47, 160, 165 ff; zust. *Fischer*, § 266b Rn 8.
54 Zu Zivil- und Strafrecht näher *Schur/Schur*, JA 17, 739, 740.
55 BGHSt 38, 281, 282 ff mit krit. Anm. *Otto*, JZ 92, 1139; *Ranft*, NStZ 93, 185; zust. A/R-*Hellmann*, 3. Aufl., IX 2 Rn 92 ff; *Eisele*, BT II Rn 934; *Fest/Simon*, JuS 09, 801; *Fischer*, § 266b Rn 10a; *Lackner/Kühl/Heger*, § 266b Rn 4; M-G/B-*Nack*, § 49, Rn 42; *Mitsch*, JZ 94, 885; MK-*Radtke*, § 266b Rn 26; SK-*Hoyer*, § 266b Rn 11; für Einbeziehung von Karten im Zwei-Partner-System A/W-*Weber*, 2. Aufl., § 23 Rn 48 (aufgegeben von A/W-*Heinrich*, § 23 Rn 48a); S/S/W-*Hilgendorf*, § 266b Rn 13.
56 *Krey/Hellmann/Heinrich*, BT II Rn 847; *Lackner/Kühl/Heger*, § 266b Rn 4; *Oǧlakcıoǧlu*, JA 18, 338, 341 f; *Rengier*, BT I § 19 Rn 5, 18 ff; S/S-*Perron*, § 266b Rn 5b.
57 *Kindhäuser*, § 266b Rn 12.
58 *Eisele*, BT II Rn 930; *Oǧlakcıoǧlu*, JA 18, 279, 282; *Rengier*, BT I § 19 Rn 6.

chens wird es beim Einsatz der Karte durch den Karteninhaber nach überkommener Auffassung „vertreten". Daraus resultiert dessen rechtliche Macht, das Kreditkartenunternehmen zu einer Zahlung zu veranlassen. Ist ihm das im Innenverhältnis nicht erlaubt, weil der Kredit erschöpft ist, liegt § 266b „untreueähnlich" vor[59]. In der Praxis herrscht heute allerdings ein „Vier-Partner-System" vor, bei dem neben der kartenausstellenden Bank als Lizenznehmerin der Kreditkartenorganisationen zusätzlich noch ein Aquiring-Unternehmen (gleichfalls als Lizenznehmerin der Kreditkartenorganisationen) eingeschaltet ist[60]. Die Aufgabe dieses Aquiring-Unternehmens soll es sein, die Zahlungsgarantie gegenüber dem Vertragsunternehmen abzugeben, wofür es im Gegenzug unwiderrufliche interne Ausgleichsansprüche gegen die kartenausgebende Bank erhält[61]. Deshalb ist in Missbrauchsfällen die Geschädigte die Bank. Anders als bei der Untreue müsste für einen Missbrauch durch den Karteninhaber in einem solchen „Vier-Partner-System" wohl seine *tatsächliche* Macht ausreichend sein, durch den Einsatz der Karte die Zahlungsverpflichtung des kartenausgebenden Instituts auszulösen, da er hier nicht als Stellvertreter des das Schuldversprechen abgebenden Unternehmens oder in anderer Weise für dieses rechtsgeschäftlich agieren kann[62].

Erreicht der Karteninhaber bereits die **Ausstellung** und Aushändigung der Kreditkarte durch **betrügerisches Handeln**, kann in der dann in aller Regel gegebenen, wenn auch schwer hinreichend bezifferbaren, schadensgleichen Vermögensgefährdung (s. dazu Rn 572) der für die Vollendung des § 263 nötige Erfolg liegen. Wer das verneint, muss bei Ausbleiben eines Karteneinsatzes auf Strafe verzichten[63]. Bejaht man § 263, dann kann es die durch einen § 266b erfüllenden Einsatz der Karte eintretende Vertiefung des Schadens[64] rechtfertigen, Tateinheit zwischen §§ 263, 266b anzunehmen[65]. Sieht man das Rechtsgut des § 266b allerdings nur im Vermögen (Rn 795), liegt es näher, § 263 als mitbestrafte Vortat anzusehen. Zu erinnern bleibt, dass auch der Kreditkartenmissbrauch nur vom **berechtigten** Karteninhaber begehbar ist (Rn 795)[66].

Die **Schädigung** ist wie der Nachteil bei der Untreue zu verstehen[67]. Wie dort kann es daher an einem Schaden fehlen, wenn der Täter bei Überschreitung der ihm im Innenverhältnis gezogenen Kreditlinie jederzeit willens und in der Lage ist, das Konto auszugleichen[68]. Irrt er über diese Möglichkeit, fehlt es am Vorsatz. An einem Schaden

799

---

59 *Oğlakcıoğlu*, JA 18, 338, 341; *Rengier*, BT I § 19 Rn 12.
60 AnK-*Esser*, § 266b Rn 6; BK-*Wittig*, § 266b Rn 12; *Lackner/Kühl/Heger*, § 266b Rn 4; LK-*Möhrenschlager*, § 266b Rn 20; *Rengier*, BT I § 19 Rn 14; die Kreditkartenorganisationen als Lizenzgeberinnen werden teilweise mitgezählt, sodass auch von „Fünf-Partner-Systemen" gesprochen wird, s. *Eisele*, BT II Rn 931 f.
61 So die Funktionsweise dieser Systeme nach den Recherchen von *Rengier*, Heinz-FS S. 815 ff.
62 AnK-*Esser*, § 266b Rn 17; *Eisele*, BT II Rn 922, 932; *Rengier*, Heinz-FS S. 819 ff; *ders.*, BT I § 19 Rn 17 im Anschluss an *Brand*, WM 08, 2194, 2200 und JR 08, 496, 499 f; vgl auch BK-*Wittig*, § 266b Rn 15; LK-*Möhrenschlager*, § 266b Rn 22.
63 S. A/R-*Hellmann*, 3. Aufl., IX 2 Rn 72; dazu *Rengier*, BT I § 13 Rn 197 f.
64 BGHSt 47, 160, 168; s. dazu auch BGH NStZ 09, 329.
65 *Rengier*, BT I § 19 Rn 30; *Wittig*, § 21 Rn 26; *Jäger*, BT Rn 363 sieht in § 266b eine mitbestrafte Nachtat; s. genauer hierzu *Fischer*, § 266b Rn 24 f.
66 *Krey/Hellmann/Heinrich*, BT II Rn 849.
67 *Fischer*, § 266b Rn 18; G/J/W-*Bär*, § 266b Rn 21; S/S/W-*Hilgendorf*, § 266b Rn 20.
68 BK-*Wittig*, § 266b Rn 18; *Lackner/Kühl/Heger*, § 266b Rn 6; MK-*Radtke*, § 266b Rn 73; *Otto*, BT § 54 Rn 49; vgl auch *Bernsau*, aaO S. 113 ff.

fehlt es auch, wenn der Karteninhaber, der die Karte Dritten überlässt, den Kartenausgeber schadlos stellt[69].

800 In einem **Fall 65** vergleichbaren Sachverhalt hat das BayObLG[70] den Angeklagten freigesprochen. Dabei geht es zu Recht davon aus, dass § 266 mangels Vermögensbetreuungspflicht und § 263 mangels Täuschung – auch eine Pflicht gegenüber der Bank, über den Defekt aufzuklären, wird verneint – nicht vorliegen. Zu **§ 266b** will sich das Gericht mit dem OLG Stuttgart[71] noch darüber hinwegsetzen, dass die Scheckkarte hier nicht als solche, sondern als Codekarte benutzt wurde. Scheitern müsse § 266b aber am Missbrauch deshalb, weil die hierfür im „Drei-Partner-System" typische Vertrauensbruchsituation nicht gegeben sei. Zwar könne man abweichend von BGHSt 38, 281, 282 ff bei Bankomatenabhebungen auch im Zwei-Partner-Verhältnis noch davon sprechen, dass der Aussteller zu einer Zahlung veranlasst werde. Mit der Ausnutzung eines zufälligen Defekts werde aber nicht rechtliches Können über internes Dürfen hinaus ausgeübt. – Richtigerweise ist dieses Ergebnis bereits damit zu begründen, dass es hier schon am Gebrauch einer Scheckkarte mangelt und dass sich der Missbrauch von Scheck- wie Kreditkarten auf Drei-(oder Mehr-)Personen-Verhältnisse beschränkt[72]. Dass das Bayerische Oberste Landesgericht freispricht, ist ohne Eingehen auf § 263a bzw §§ 242, 246 dann allerdings verwunderlich[73]. Möglicherweise hat für die Nichterörterung des § 263a eine Rolle gespielt, dass die bloße Ausnutzung eines Defekts kein täuschungsäquivalentes Verhalten (s. dazu Rn 613) ist.

801 Im **Fall 66** haben weder S noch T § 266b verwirklicht. Im Verhältnis zum Kartenaussteller ist **unberechtigter** Inhaber nicht nur, wer die Karte dem Berechtigten stiehlt, sondern auch, wem die Karte von diesem entgegen den Vereinbarungen zwischen ihm und dem Aussteller zur Benutzung überlassen worden ist und der sie alsdann missbraucht[74]. Daher macht sich S nicht nach § 266b strafbar. Auch die von T vorgenommene unberechtigte Weitergabe seiner Kreditkarte erfüllt nicht das Missbrauchsmerkmal. Zwar wird damit das interne Dürfen überschritten. Die Vorschrift schützt aber nicht vor jeder Art vertragswidriger Benutzung und den damit verbundenen Missbrauchsmöglichkeiten. Sie richtet sich nur gegen den an sich berechtigten Karteninhaber, soweit er unter Verwendung der Karte Leistungen in Anspruch nimmt, obwohl er weiß, dass er zum Ausgleich nicht in der Lage sein wird. Nur für dieses weder nach § 266 noch nach § 263 strafbare Verhalten ist § 266b gedacht[75].

---

69 LG Dresden NStZ 06, 633; zust. *Eisele*, BT II Rn 923; *Geppert*, JK 4/07, StGB § 266/30.
70 BayObLG StV 97, 596.
71 OLG Stuttgart NJW 1988, 982.
72 Letzterem zust. BGHSt 47, 160, 165 f.
73 S. *Achenbach*, NStZ 98, 563; *Otto*, JK 98, StGB § 266b/4; näher dazu *Hillenkamp*, BT 9. Aufl., 36. Problem, 2. Beispiel; *Löhnig*, JR 99, 362.
74 BGH StV 18, 35; *Bernsau*, aaO S. 106; *Fischer*, § 266b Rn 12; MK-*Radtke*, § 266b Rn 4.
75 S. BGH NStZ 92, 278 mit Verweis auf §§ 263, 267 und Beihilfe hierzu; A/R-*Hellmann*, 3. Aufl., IX 2 Rn 76 ff; LK-*Möhrenschlager*, § 266b Rn 43 ff; *Wittig*, § 21 Rn 10.

3. Prüfungsaufbau: Missbrauch von Scheck- und Kreditkarten, § 266b

---

Missbrauch von Scheck- und Kreditkarten, § 266b 801a

I. Tatbestand
  1. Objektiver Tatbestand
    a) Täter:
- *berechtigter Inhaber einer Scheck-/Kreditkarte*
  - → Berechtigung durch Überlassung durch den Kartenausgeber
  - ⓟ Überlassung der Karte durch berechtigten Inhaber an Dritten
  - ⓟ Behandlung der ec-Karte

    b) Tathandlung:
- *Missbrauch der Möglichkeit, den Aussteller zur Zahlung zu veranlassen*
  - ⓟ Benutzung der Kreditkarte
    - → nur im Drei-Partner-System
    - → auch im Zwei-Partner-System
  - ⓟ Benutzung der ec-Karte
    - → am institutsfremden Bankomat
    - → am institutseigenen Bankomat

    c) Taterfolg:
- *Schädigung*
  - → wie Vermögensnachteil bei der Untreue, § 266

  2. Subjektiver Tatbestand
    Vorsatz:
- *jede Vorsatzart*

II. Rechtswidrigkeit
III. Schuld
IV. Privilegierung (Strafantrag, § 266b II iVm § 248a)

---

11. Kapitel
Begünstigung, Hehlerei und Geldwäsche

§ 22 Begünstigung

Fall 67: Beim Einbruch in einen Juwelierladen hat A Schmuck und Uhren erbeutet. Noch in der Tatnacht gibt er seiner Frau F eine wertvolle Herrenarmbanduhr mit dem Auftrag, sie am nächsten Tag seinem Bekannten B als Geschenk zu überbringen. F weiß, dass die Uhr gestohlen ist und dass A dem B aus einem bestimmten Anlass Dank schuldet. Am anderen Morgen wird A verhaftet; dabei findet die Polizei auch einen Teil der Diebesbeute. Im Laufe des Tages führt F, die befürchtet, dass auch die Uhr gefunden werden könnte, den ihr erteilten Auftrag aus.
Hat F sich strafbar gemacht? **Rn 816**

802

Fall 68: T entriss einem Geldboten mit Gewalt zwei Geldbomben, die 30 000 € enthielten. Auf seiner Flucht wurde er vom Zeugen Z verfolgt. Dieser beobachtete, wie T die Geldbomben in einem Gebüsch nahe der Straße verbarg und sich dann entfernte. Z nahm die Geldbomben an sich und übergab sie der mittlerweile eingetroffenen Polizei, die das Versteck alsdann observierte. Eine Stunde später kam T mit seiner Ehefrau F zurück, die er zwischenzeitlich getroffen und gebeten hatte, für ihn die beiden Geldbomben aus dem Gebüsch zu holen. F erklärte sich dazu bereit, um ihrem Mann zu helfen. Als sie im Gebüsch vergeblich nach den Geldbomben suchte, wurde sie von der Polizei festgenommen.

Strafbarkeit der F? **Rn 822**

I. Schutzgut und Deliktseinordnung

803 Während die *persönliche* Begünstigung unter der Bezeichnung „Strafvereitelung" in §§ 258, 258a geregelt ist[1], beschränkt § 257 sich auf die *sachliche* Begünstigung[2]. Die Tat ist Vergehen; der Versuch ist nicht mit Strafe bedroht[3]. Die **Begünstigung** (§ 257) besteht darin, dass der Täter einem anderen in der Absicht **Hilfe leistet**, ihm die aus einer *rechtswidrigen* Tat (§ 11 I Nr 5) erlangten Vorteile zu sichern. Gelingen muss diese Sicherung nicht. Es handelt sich daher um ein **Gefährdungsdelikt**[4]. Die **Vortat** muss sich **nicht unbedingt gegen** fremdes **Vermögen** gerichtet haben; so kann beispielsweise die Erschleichung der Approbation als Arzt durch Urkundenfälschung, eine Bestechlichkeit oder auch – wie im Falle des Ankaufs von Kontendaten – die Ausspähung von Daten (§ 202a) oder ein Verstoß gegen § 17 UWG, aber auch der nach § 29a I Nr 2 BtMG strafbare Besitz von Betäubungsmitteln genügen[5]. Auch der Vorteil, dessen Sicherung die Tat bezweckt, braucht kein Vermögensvorteil zu sein. In aller Regel ist das jedoch der Fall, sodass der Begünstiger zumeist – ebenso wie der Vortäter – fremde Vermögensinteressen verletzt.

---

1 Vgl dazu *Wessels/Hettinger/Engländer*, BT I Rn 730 ff.
2 Näher zur bereits 1974 (BGBl I 503) erfolgten Trennung beider zuvor in § 257 zusammen enthaltenen Formen *Stree*, JuS 76, 137; krit. *Hruschka*, JR 80, 221.
3 Ausführlich zur Neufassung *Geppert*, Jura 80, 269, 327; zur kriminologischen Problematik des § 257 s. *Geerds*, GA 1988, 243.
4 S. näher *Küper/Zopfs*, BT Rn 343 ff („Gefährlichkeitsdelikt eigener Art", „verselbstständigtes objektiviertes Versuchsdelikt"); BK-*Ruhmannseder*, § 257 Rn 2; *Kindhäuser*, § 257 Rn 2; MK-*Cramer*, § 257 Rn 4; M/R-*Dietmeier*, § 257 Rn 3.
5 Enger – nur Vermögensdelikte als Vortat – *Bosch*, Jura 12, 270 f; wie hier *Fischer*, § 257 Rn 2; HK-GS/*Pflieger*, § 257 Rn 6; LK-*Walter*, § 257 Rn 18; S/S-*Hecker*, § 257 Rn 4; zum Fall der Weitergabe Liechtensteiner bzw Schweizer **Kontendaten** an den BND bzw und/oder deutsche Steuerbehörden (beachte dazu § 257 III) s. *Benkert*, Schiller-FS S. 29 f; *Ignor/Jahn*, JuS 10, 390, 393; *Sieber*, NJW 08, 881, 884; *Spernath*, NStZ 10, 307, 309; *Trüg/Habetha*, NJW 08, 887, 888; zur Strafbarkeit der den Ankauf ermöglichenden „Helfer" nach § 257 s. *Bielefeld/Prinz*, DStR 08, 1122, 1123; LG Düsseldorf NStZ-RR 11, 84; **§ 257 verneint** für die Aufkäufer zu Recht *Satzger*, Achenbach-FS S. 447, 455; *Sonn*, Strafbarkeit des privaten Entwendens und staatlichen Ankaufs inkriminierender Kundendaten 2014, S. 200 ff; zum Streitstand s. auch das Urteil des RhPfVerfGH NZWiSt 14, 421, 427 (mit Anm. *Krug*), das sich mit der Verwertbarkeit im Strafverfahren auseinandersetzt. Zum Tatbestand einer „**Datenhehlerei**" s. jetzt § 202d; dazu krit. *Berghäuser*, JA 17, 244; *Stuckenberg*, ZIS 16, 526; zuvor de lege ferenda s. *Bohnert*, Schiller-FS S. 70 ff; *Golla/von zur Mühlen*, JZ 14, 668; *Klengel/Gans* ZRP 13, 16 (und Rn 826). Zu § 29a BtMG als Vortat OLG München NStZ-RR 11, 56.

Ihrem Wesen nach schützt die Strafbestimmung des § 257 **Individual-** wie **Allgemeininteressen**⁶. Belange des Einzelnen sind betroffen, soweit der Begünstiger durch die **nachträgliche Unterstützung** der Vortat eine Entziehung der daraus gewonnenen Vorteile zu Gunsten des durch die Vortat Verletzten und die noch gegebene Möglichkeit der Schadensbeseitigung zu vereiteln sucht⁷. Um einen **Angriff auf die Rechtspflege** handelt es sich in jedem Falle, da es deren Aufgabe ist, den durch die Vortat beeinträchtigten **gesetzmäßigen Zustand wiederherzustellen**. Die Erfüllung dieser Aufgabe behindert der Täter, indem er die **Restitution erschwert** oder **vereitelt**⁸. Die Vorschrift dient zugleich generalpräventiven Zwecken, indem sie den Vortäter nach der Tat isoliert. So wie ihm bei der Tat nicht geholfen werden darf, soll ihm auch nach der Tat keine Hilfe zuteil werden⁹. Hierdurch werden mittelbar auch die durch die Vortat angegriffenen Rechtsgüter geschützt¹⁰. Ist die **Vortat im Ausland** begangen, liegt eine Begünstigung nur vor, wenn sie diese Rechsgüter verletzt¹¹.   804

Dass in der Regel die Vortat ein Vermögensdelikt ist, rechtfertigt es nicht, das Delikt nur als Vermögensdelikt zu sehen¹², wohl aber, die Begünstigung trotz ihrer Doppelnatur (= Straftat gegen die Rechtspflege mit stark vermögensbezogenem Einschlag) bei den Vermögensdelikten darzustellen und damit dort einzuordnen, wo der Schwerpunkt ihres Anwendungsbereichs liegt¹³.

II. Tatbestand

1. Merkmale der Vortat

Die Begünstigung ist eine **Anschlusstat**. **Vortat** iS des § 257 kann daher nur eine **bereits begangene** Tat sein. Sie muss den objektiven und subjektiven Tatbestand eines nicht notwendig dem Schutz fremden Vermögens dienenden (Rn 803) Strafgesetzes erfüllen, rechtswidrig sein (§ 11 I Nr 5) und dem Vortäter einen Vorteil (schon) verschafft haben, dessen Sicherung Gegenstand der Begünstigung ist.   805

Ist die Vortat **beendet**, kommt bei einer Hilfeleistung nur noch Begünstigung (gegebenenfalls iVm Geldwäsche) in Betracht¹⁴. Vollständig abgeschlossen braucht die Vortat aber nicht zu   806

---

6   *Rengier*, BT I § 20 Rn 2; SK-*Hoyer*, § 257 Rn 1 f; S/S-*Hecker*, § 257 Rn 1; aA *Altenhain*, Das Anschlussdelikt 2002, S. 269: nur das staatliche Recht zur Entziehung der Vorteile; s. auch NK-*Altenhain*, § 257 Rn 6; für eine Begrenzung des Allgemeininteresses durch den individuellen Restitutionsanspruch S/S/W-*Jahn*, § 257 Rn 4.
7   BGHSt 57, 56, 58 sieht auch darin eine „Hemmung der Rechtspflege"; krit. dazu *Altenhain*, JZ 12, 915 f.
8   Vgl BGHSt 24, 166, 167; 36, 277, 280; BGH NStZ 94, 187; A/W-*Heinrich*, § 27 Rn 1; *Amelung*, JR 78, 227, 231; *Geppert*, Jura 94, 442; 07, 592; *Hohmann/Sander*, § 18 Rn 1; *Mitsch*, BT II S. 726; *Rengier*, BT I § 20 Rn 2; *Zipf*, JuS 80, 24.
9   S. BGHSt 42, 196, 197; *Heghmanns*, Rn 1676; *Weisert*, Der Hilfeleistungsbegriff bei der Begünstigung 1999, S. 266 ff; krit. dazu *Hörnle*, Schroeder-FS S. 483 f, 489 f, 494.
10 S. *Seel*, Begünstigung und Strafvereitelung durch Vortäter und Vortatteilnehmer 1999, S. 18 ff im Anschluss an *Miehe*, Honig-FS S. 91 ff; ähnlich *Wilbert*, Begünstigung und Hehlerei 2007, S. 87 f; nur sie geschützt sieht *Klesczewski*, BT § 10 Rn 14.
11 S. *Hecker*, Heinz-FS S. 714, 721 ff.
12 AA *Otto*, BT § 57 Rn 1; wie hier *Eisele*, BT II Rn 1075.
13 Vgl BGHSt 23, 360, 361; E 1962, Begr. S. 455; *Mitsch*, BT II S. 728.
14 BGH StV 98, 25; BGH NStZ 00, 31; 08, 152; BGH NStZ 11, 637; BGH NStZ 13, 463, 464; BGH NStZ 14, 516 f mit Anm. *Becker*; BGH BeckRS 17, 109821; BK-*Ruhmannseder*, § 257 Rn 9.

sein. Begünstigung ist auch vor deren Beendigung, also zB zu einem Zeitpunkt möglich, in welchem die Diebesbeute nach soeben vollendeter Wegnahme noch nicht in Sicherheit gebracht ist[15]. Hier kann es zu Abgrenzungsschwierigkeiten und Überschneidungen zwischen **Begünstigung** und **Beihilfe zur Vortat** kommen, **wenn** man mit der wohl noch hM[16] eine (sukzessive) Beihilfe im Stadium zwischen Vollendung und Beendigung für möglich hält. Ob dann das eine oder das andere anzunehmen ist, soll von den Umständen des Einzelfalles abhängen und im Wesentlichen Tatfrage sein. Vor allem die Rechtsprechung richtet sich dabei nach der kaum zuverlässig ermittelbaren Vorstellung und Willensrichtung der Beteiligten[17]: wolle der Helfer die Haupttat fördern, soll Beihilfe, wolle er den Vorteil aus der Tat sichern, Begünstigung vorliegen[18]. Nur Beihilfe kommt allerdings in Betracht, wo die Hilfe die Erlangung des noch gar nicht erzielten Vorteils ermöglicht[19]. Eine Unterstützung, die noch der **Vortat selbst** zugute kommt und auch **ihre erfolgreiche Beendigung fördern** soll, ist nach einer anderen, die Möglichkeit der Überschneidung ebenfalls zugrunde legenden Meinung dagegen mit Rücksicht auf § 257 III stets als **Beihilfe** zu bestrafen; ein etwaiger Verstoß gegen § 257 I soll dahinter zurücktreten[20]. Als Grund hierfür wird angegeben, der Hilfeleistende könne nicht deshalb von der uU strengeren Haftung wegen Beihilfe verschont bleiben, weil er zugleich eine Vorteilssicherung erstrebe[21]. Das leuchtet ein. **In aller Regel** stellt sich das Abgrenzungsproblem nach formeller Vollendung der meisten der hier als Vortat in Betracht kommenden Delikte[22] allerdings nicht. Da das Stadium zwischen Vollendung und Beendigung unbestimmt und die Hilfeleistung nach der Tat vom Gesetzgeber durch die §§ 257, 258, 259, 261 nur ausschnittweise und unter einschränkenden Voraussetzungen unter Strafe gestellt ist, verdient die Ansicht den **Vorzug, die nach Vollendung** der Tat eine **Beihilfe grundsätzlich**[23] nicht mehr zulässt[24]. Liegt eine Überschneidung ausnahmsweise vor, ist nach Konkurrenzgrundsätzen zu entscheiden. Das gilt auch für die Fälle, in denen die erst nach der Tat wirkende Begünstigungshandlung schon vor der Vortatvollendung erbracht worden ist[25]. Hierin kann – wie in einer vor Vollendung der Vortat zugesagten Sicherungshilfe – eine § 257 III 1 auslösende Vortatbeteiligung durch psychische Beihilfe liegen[26].

807 Die Vortat muss **tatsächlich begangen** worden sein; es reicht nicht aus, dass der Täter dies nur irrtümlich annimmt. Auf ihre **Verfolgbarkeit** kommt es dagegen nach

---

15 BGHSt 4, 132, 133; aA *Otto*, BT § 57 Rn 4.
16 S. S/S-*Heine/Weißer*, § 27 Rn 20; *Wessels/Beulke/Satzger*, AT Rn 912 mwN; vgl zu § 257 auch *Beulke*, III Rn 288 f.
17 BGHSt 4, 132, 133; OLG Köln NJW 90, 587.
18 Ebenso HK-GS/*Pflieger/Momsen*, § 257 Rn 9; MK-*Cramer*, § 257 Rn 24; s. aber auch BGH BeckRS 12, 08602: bis zur „materiellen Beendigung" Beihilfe, (erst) „danach" Begünstigung nach der Maßgabe des § 257 III.
19 BGH NStZ 11, 399, 400.
20 Vgl *Bosch*, Jura 12, 272; *Hilgendorf/Valerius*, BT II § 19 Rn 14; *Maurach/Schroeder/Maiwald*, BT II § 101 Rn 6; *Laubenthal*, Jura 85, 630; *Vogler*, Dreher-FS S. 405, 417; *Wessels*, BT II Rn 746; iE ähnlich *Weisert*, Der Hilfeleistungsbegriff bei der Begünstigung 1999, S. 217 ff, 222.
21 S/S-*Hecker*, § 257 Rn 7.
22 S. zur notwendigen Differenzierung LK-*Hillenkamp*, vor § 22 Rn 34 ff.
23 Zu Ausnahmen s. LK-*Hillenkamp*, vor § 22 Rn 36 f; dazu dürfte – entgegen BVerfGK 10, 442 (s. dazu *Hillenkamp*, BT 18. Problem) – § 142 I nicht zählen.
24 S. A/W-*Heinrich*, § 27 Rn 1082; *Eisele*, BT II Rn 1082; *H-H-Kretschmer*, Rn 1165; *Joecks/Jäger*, § 257 Rn 10; LK-*Schünemann*, § 27 Rn 42; LK-*Walter*, § 257 Rn 102; *Mitsch*, JA 17, 412; M/R-*Dietmeier*, § 257 Rn 8; NK-*Altenhain*, § 257 Rn 14; *Rengier*, BT I § 20 Rn 18; S/S/W-*Jahn*, § 257 Rn 11 f; *Zöller*, BT Rn 488; ähnlich SK-*Hoyer*, § 257 Rn 25 f; s. auch B. *Wolff*, Begünstigung 2002, S. 89, 113, 120; s. zum Ganzen auch *Küper/Zopfs*, BT Rn 351.
25 S. dazu *Küper/Zopfs*, BT Rn 348 ff; B. *Wolff*, Begünstigung 2002, S. 70 f, 131, 134; differenzierend *Klesczewski*, BT § 10 Rn 39 ff.
26 BGH BeckRS 13, 10259.

hM nicht an (wichtig bei Eintritt der Verjährung oder beim Fehlen eines erforderlichen Strafantrags)[27].

Ist die Vortat ein Antragsdelikt, so bedarf es allerdings nach § 257 IV 1 zur **Strafverfolgung wegen Begünstigung eines Strafantrags**, sofern der Begünstiger als *fiktiver* Täter oder Beteiligter der Vortat nur auf Antrag verfolgt werden könnte. War die Vortat zB ein Haus- und Familiendiebstahl (§ 247), hängt die Strafverfolgung wegen Begünstigung gemäß § 257 I, IV 1 von einem Strafantrag des Bestohlenen ab, wenn dieser *Angehöriger* des Begünstigers ist oder mit ihm in *häuslicher Gemeinschaft* lebt.

2. Tathandlung

Als **Tathandlung** genügt nach umstrittener[28] aber zutreffender Meinung jede **Hilfeleistung**, die **objektiv geeignet** ist, die durch die Vortat erlangten oder entstandenen **Vorteile** dagegen zu sichern, dass sie dem Vortäter **zu Gunsten des Verletzten entzogen** werden[29]. 808

Dass die Lage des Vortäters dadurch tatsächlich verbessert und das Handlungsziel erreicht wird, ist eine Forderung, die heute zu Recht nicht mehr erhoben wird[30]. In der Beschränkung des Tatbestands auf bloße Hilfeleistung liegt der Verzicht auf den Eintritt eines Erfolgs. Auf der anderen Seite reicht die irrige Vorstellung des Täters, sein Ziel durch eine objektiv untaugliche Beistandsleistung erreichen zu können, nicht aus[31]. Bei einem solchen Verständnis würde die gesetzgeberische Entscheidung gegen die Strafbarkeit eines (untauglichen) Versuchs der zur Täterschaft aufgewerteten Beihilfe unterlaufen und der Begriff des Hilfeleistens ohne sachlichen Grund anders als in § 27 bestimmt[32].

An der **objektiven Eignung** des Handelns im vorgenannten Sinn fehlt es, wenn der Vortäter sich des **Vorteils**, den er aus der Vortat **erlangt** haben muss, bereits endgültig entäußert hatte[33], ihn aus anderen Gründen nicht mehr innehat[34], wozu nicht zählt, dass die Polizei aus der Vortat stammendes Geld nur vorläufig sichergestellt hat[35], 809

---

27 Zu einer **Auslandstat** als Vortat s. *Hecker*, Heinz-FS S. 714, 721 ff; *Sonn*, Strafbarkeit des privaten Entwendens und staatlichen Ankaufs inkriminierender Kundendaten 2014, S. 201 ff.
28 S. zum Streit *Hillenkamp*, BT 37. Problem; *Küper/Zopfs*, BT Rn 343.
29 BGHSt 4, 122; 4, 221; BK-*Ruhmannseder*, § 257 Rn 15; *Bosch*, Jura 12, 273; *Eisele*, BT II Rn 1084; *Fischer*, § 257 Rn 7; *Geppert*, Jura 07, 592; *Heghmanns*, Rn 1687; H-H-*Kretschmer*, Rn 1167; *Hilgendorf/Valerius*, BT II § 19 Rn 20 f; *Hohmann/Sander*, § 18 Rn 12; *Kindhäuser*, § 257 Rn 12; *Krey/Heinrich*, Strafrecht BT I, 15. Aufl. 2012, Rn 856; *Lackner/Kühl*, § 257 Rn 3; *Mitsch*, BT II S. 742 ff; MK-*Cramer*, § 257 Rn 16 f; M/R-*Dietmeier*, § 257 Rn 14; NK-*Altenhain*, § 257 Rn 22; *Rengier*, BT I § 20 Rn 10; *Schramm*, BT I § 12 Rn 12; S/S/W-*Jahn*, § 257 Rn 14; *Stoffers*, Jura 95, 122; *Vogler*, Dreher-FS S. 405, 421; *Zipf*, JuS 80, 24; *Zieschang*, Die Gefährdungsdelikte 1998, S. 333 ff; *ders.*, Küper-FS S. 733, 734 f; *Zöller*, BT Rn 476; iE auch LK-*Walter*, § 257 Rn 44 mit zweifelhafter Herleitung aus § 257 als „Erfolgsdelikt".
30 S. aber SK-*Hoyer*, § 257 Rn 20 f (graduelle Besserstellung durch Erschwerung der Restitution); ihm folgend AnK-*Tsambikakis*, § 257 Rn 12; *Klesczewski*, BT § 10 Rn 24 verlangt eine „konkrete Gefährdung der Restitution".
31 BGH JZ 85, 299; *Bockelmann*, BT I S. 175; schwankend A/W-*Heinrich*, § 27 Rn 6 f.
32 Zur Wiederbelebung der auch ungeeignete Handlungen einbeziehenden „Interessenförderungstheorie" s. *Weisert*, Der Hilfeleistungsbegriff bei der Begünstigung 1999, S. 74 ff, 210 ff; s. dagegen NK-*Altenhain*, § 257 Rn 20.
33 BGHSt 24, 166, 167 f.
34 BGH JZ 85, 299; NStZ 94, 187.
35 BGH NStZ 00, 259 mit Anm. *Geppert*, JK 00, StGB § 257/5; s. aber auch Rn 822.

oder ihn von Rechts wegen behalten darf (zB deshalb, weil er den Verletzten inzwischen beerbt hat).

Beispiele für Begünstigungshandlungen sind das Aufbewahren oder Mitwirken beim Verbergen der entwendeten Gegenstände, das Unkenntlichmachen gestohlener Kraftwagen durch Umlackieren, das Abheben des Geldes von einem durch Diebstahl erlangten Sparbuch[36], das Leisten von Hilfe beim Absetzen der Deliktsbeute[37], falsche Angaben gegenüber den Ermittlungsbehörden[38] und dergleichen. Erfasst ist demnach die beihilfeähnliche unselbstständige Unterstützung des Vortäters bei dessen Bemühen um Vorteilssicherung ebenso wie die „täterschaftliche" Vorteilssicherung[39]. Handlungen, die als „neutrales" Alltagsverhalten von der Beihilfe ausgenommen werden könnten, dürften hier wegen der geforderten Begünstigungsabsicht ihre Tatbestandsmäßigkeit nicht einbüßen[40].

810 Aus der Schutzfunktion des § 257 ergibt sich, dass die Hilfeleistung darauf abzielen muss, dem Vortäter die aus der Vortat gewonnenen Vorteile **gegen ein Entziehen zu Gunsten des Verletzten** zu sichern. Handlungen, die lediglich der **Sacherhaltung** (Beispiel: Füttern gestohlener Tiere), dem Schutz gegen Naturgewalten (bei Hochwasser, Sturm usw) oder der Abwehr rechtswidriger Angriffe dienen, liegen außerhalb des Begünstigungstatbestandes[41].

811 Hilfe iS des § 257 kann uU auch durch ein pflichtwidriges **Unterlassen** in Garantenstellung[42] geleistet werden, wie etwa dann, wenn Eltern nichts dagegen unternehmen, dass ihre minderjährigen Kinder gestohlene oder gehehlte Sachen ins Haus schaffen und dort aufbewahren[43] oder wenn der Fahrer eines Geldtransporters seinem Beifahrer, der mit einer entwendeten Geldkassette die Flucht antritt, durch verzögerte Benachrichtigung der Polizei einen Zeitvorsprung verschafft[44].

3. Vorsatz und Begünstigungsabsicht

a) Vorsatz

812 Der in subjektiver Hinsicht erforderliche **Vorsatz** muss die für die Tathandlung vorausgesetzte Eignung (Rn 808) und – zumindest in der Form des *dolus eventualis*[45] – die Vorstellung umfassen, dass der in Betracht kommende Vorteil *unmittelbar* aus einer rechtswidrigen Vortat iS des § 11 I Nr 5 stammt. Nähere Einzelheiten zur Person des Vortäters, zur Art der Vortat und zur Beschaffenheit des Vorteils brauchen – ähnlich wie bei der Beihilfe[46] – dem Begünstiger nicht bekannt zu sein[47]. Etwaige Fehlvorstellungen in der Hinsicht, ob eine für den Vortäter versteckte Kassette Bar-

---

36 RGSt 39, 236 f.
37 BGHSt 2, 362, 363; 4, 122, 123.
38 RGSt 54, 41.
39 *Küper/Zopfs*, BT Rn 345.
40 Vgl A/W-*Heinrich*, § 27 Rn 8; LK-*Walter*, § 257 Rn 56; *Hillenkamp*, AT 27. Problem.
41 RGSt 60, 273, 278; 76, 31, 33.
42 BGH StV 1993, 27; OLG Braunschweig GA 63, 211 (s. dazu *Bosch*, Jura 12, 274; *Dehne-Niemann*, ZJS 09, 152 ff); *Eisele*, BT II Rn 1085; *Rengier*, BT I § 20 Rn 13; S/S/W-*Jahn*, § 257 Rn 19.
43 Vgl RG DR 43, 234; BK-*Ruhmannseder*, § 257 Rn 18.1; S/S-*Stree/Hecker*, § 257 Rn 13.
44 BGH NStZ 92, 540, 541.
45 Für Beschränkung auf sicheres Wissen bei *Anwälten* (s. dazu § 261 Rn 902) *Jahn*, JuS 12, 566.
46 BGHSt 42, 135, 138; BGH NStZ 11, 399; BGH NStZ 11, 399.
47 BGHSt 4, 221, 224; RGSt 76, 31, 33 f; OLG Frankfurt NJW 05, 1727, 1735; LK-*Walter*, § 257 Rn 68.

geld oder Schmuck enthält und ob sie nebst Inhalt durch Diebstahl oder Hehlerei in dessen Hand gelangt ist, sind bedeutungslos. Ein Irrtum, der die Art der Vortat betrifft, ist allerdings dann beachtlich, wenn er aus der Sicht des Hilfswilligen die Möglichkeit einer Vorteilssicherung ausschließt[48].

b) Begünstigungsabsicht

Zum subjektiven Tatbestand des § 257 I gehört außerdem die **Absicht**, dem Begünstigten die **Vorteile** der rechtswidrigen Vortat zu **sichern**. Ob der Sicherungserfolg erreicht wird, ist belanglos; es genügt, dass der Täter ihn erstrebt. Dafür ist notwendige[49], aber nicht hinreichende[50] Voraussetzung, dass der Täter die Vorteilssicherung als mögliche Folge seines Handelns in sein Bewusstsein aufgenommen hat[51]. **Beabsichtigt** iS des § 257 I ist die Vorteilssicherung immer erst dann, wenn es dem Hilfeleistenden darauf ankommt, im Interesse des Vortäters die Wiederherstellung des gesetzmäßigen Zustandes zu verhindern oder zu erschweren. Diese Zielsetzung muss sein Verhalten im Wesentlichen bestimmt haben, braucht aber weder der einzige Zweck des Handelns noch dessen Beweggrund gewesen zu sein[52].

813

Der **Vorteil**, um dessen Sicherung es dem Hilfeleistenden geht, muss **unmittelbar** aus der rechtswidrigen Vortat erwachsen[53] und im Augenblick der Hilfeleistung *schon* oder *noch* beim Vortäter vorhanden sein[54]. Die hM[55] dehnt den Begriff der Unmittelbarkeit[56] im Bereich der Begünstigung (§ 257) *weiter* aus als im Falle der Hehlerei (§ 259); begründet wird dies damit, dass § 257 anders als § 259 nicht von „erlangten Sachen", sondern ganz allgemein nur von den „Vorteilen der Tat" spreche[57]. Geldbeträge, die aus strafbaren Handlungen stammen, sollen zB auch dann noch taugliches Objekt einer Begünstigung sein können, wenn sie über Bankkonten geleitet worden sind und zwischenzeitlich in Wertpapieren angelegt waren[58]. Ob es sich noch um die „Vorteile der Tat" iS des § 257 I handelt, ist nach Ansicht des BGH keine Frage bloßer Sachidentität, sondern von der Eigenart der Vortat abhängig. War

814

---

48 Näher BGHSt 4, 221.
49 BGH NStZ 00, 259.
50 BGH NStZ 00, 31.
51 BGH NStZ 00, 259.
52 Näher BGHSt 4, 107, 108 f; BGH NStZ 92, 540; 94, 187; GA 1985, 321, 322; OLG Düsseldorf NJW 79, 2320; BK-*Ruhmannseder*, § 257 Rn 27 f; *Hohmann/Sander*, § 18 Rn 17; *Lackner/Kühl*, § 257 Rn 5; S/S/W-*Jahn*, § 257 Rn 23; *Zipf*, JuS 80, 24; in den **Kontendaten-Fällen** iS eines notwendigen Zwischenziels der deutschen Behörden bejaht von *Ignor/Jahn*, JuS 10, 390, 393; *Trüg/Habetha*, NJW 08, 888; verneinend LK-*Walter*, § 257 Rn 77; *Spernath*, NStZ 10, 307, 309; für *Bosch*, Jura 12, 275; *Otto*, BT § 57 Rn 9 reicht sicheres Wissen, dagegen SK-*Hoyer*, § 257 Rn 31.
53 BGHSt 24, 166, 168; BGH NStZ 87, 22; BGH NStZ 11, 399, 400; *Lackner/Kühl*, § 257 Rn 5.
54 BGH NStZ 11, 399; BGH BeckRS 13, 10259.
55 BK-*Ruhmannseder*, § 257 Rn 14; *Eisele*, BT II Rn 1089 f; *Fischer*, § 257 Rn 6; *Maurach/Schroeder/Maiwald*, § 101 Rn 9; S/S/W-*Jahn*, § 257 Rn 20; im Ansatz enger *Mitsch*, BT II S. 759 ff; *Rengier*, BT I § 20 Rn 7 f.
56 Krit. zu ihm SK-*Hoyer*, § 257 Rn 13; ebenso NK-*Altenhain*, § 257 Rn 18. LK-*Walter*, § 257 Rn 32 will ihn (ähnlich wie die Rechtsprechung zum „Herrühren" in § 261) der „Kausalität" annähern.
57 Vgl zu den divergierenden Ansichten *Küper/Zopfs*, BT Rn 346; LK-*Walter*, § 257 Rn 31; *Miehe*, Honig-FS S. 91; S/S-*Hecker*, § 257 Rn 18.
58 Vgl BGHSt 36, 277, 282 mit zust. Anm. *Keller*, JR 90, 480; BGHSt 46, 107, 117; s. zur „wirtschaftlichen" Betrachtungsweise auch OLG Frankfurt NJW 05, 1727, 1734, speziell bei Betrug als Vortat BGH BeckRS 2013, 10259; unter Berufung auf Art. 103 II GG enger BGH NStZ 87, 22.

diese ein **Betrug**, soll die dort maßgebende wirtschaftliche Betrachtungsweise auch auf § 257 ausstrahlen.

Rechtsprechungsbeispiel: Noch weiter geht **BGHSt 57, 56**. Hier hatte PU dabei geholfen, zur Ermöglichung eines groß angelegten betrügerischen Handelns des P eine Scheinfirma einzurichten und dafür von P vorab einen Tatlohn von 50 000 € erhalten. Diese hatte PU mit Hilfe des Anwalts A, dem Angeklagten, an der Steuer vorbei in der Schweiz angelegt. – Der BGH sieht in dem Verhalten des A eine Begünstigung. Dazu führt er aus: „Nach dem Wortlaut der Strafnorm sind umfassend ‚Vorteile der Tat' erfasst. Er unterscheidet nicht zwischen Vorteilen ‚für' und ‚aus' der Tat, sondern beinhaltet jeglichen Vorteil, der sich im Zusammenhang mit der Tatbegehung ergibt. Nicht erforderlich ist danach, dass dieser ‚aus' der Tat resultiert. Gemessen hieran sind ‚Vorteile der Tat' nicht nur die Früchte der Vortat" – also die später von P betrügerisch erlangten Gelder – sondern auch „der (vorab) an einen Tatbeteiligten – wie vorliegend von P an PU – gezahlte Tatlohn". Dem soll nicht entgegenstehen, dass nach der Rechtsprechung des BGH einschränkend verlangt werde, dass der Vorteil *unmittelbar* durch die Vortat erlangt ist. Das Unmittelbarkeitskriterium diene nämlich nur dazu, „Ersatzvorteile (Vorteilssurrogate) auszuklammern". Bei der Entlohnung für die Tatbeteiligung handele es sich jedoch nicht um einen derartigen Ersatzvorteil; vielmehr sei auch der Tatlohn ein unmittelbarer Vorteil der Tat. Ein (einem anderen) *nur versprochener* Tatlohn erfülle diese Voraussetzung allerdings noch nicht[59].

815 Nach der Rspr.[60] muss die Hilfe des Begünstigers nicht unbedingt darauf gerichtet sein, dem Vortäter den **Besitz** der gestohlenen Sache zu erhalten. Denn der Vorteil, den ein Diebstahl vermittelt, liegt vor allem in der Möglichkeit, über die entwendete Sache nach Belieben *wie ein Eigentümer* zu verfügen. Infolgedessen ist die Begünstigung nicht auf die Sicherung des Sachbesitzes beschränkt; sie kann auch die **Sicherung der angemaßten eigentümerähnlichen Verfügungsgewalt** durch ein Mitwirken beim Absetzen oder Verschenken der Sache zum Ziel haben, vorausgesetzt, die Mitwirkung soll nicht nur der günstigen Verwertung, sondern auch und gerade dem Schutz vor sonst drohender Sachentziehung dienen[61]. In diesem Sinne soll von einer Vorteilssicherung sogar dann die Rede sein können, wenn der Täter durch einen Rückverkauf der Sache an den Eigentümer für einen dem Vortäter günstigen Absatz sorgt[62]. Stellt der Täter seinen eBay-account einem Dieb zur Verfügung, um hierüber gestohlene Ware abzusetzen, ist das nur dann eine Begünstigung, wenn auch die Absicht vorliegt, den Dieb vor der Wiederentziehung des Diebesguts zu bewahren. Die anschließende Auskehrung des Erlöses an den Dieb erfüllt § 257 nicht, weil es insoweit an der Unmittelbarkeit des Vorteils mangelt[63].

816 Hiernach sind im **Fall 67** die objektiven und subjektiven Merkmale des § 257 I erfüllt. F hat durch die Ausführung des Auftrags dem A ermöglicht, durch eine Schenkung mit der Uhr wie ein Eigentümer zu verfahren. Darauf kam es der F ebenso an, wie darauf, die befürchte-

---

59 S. dazu die – zur letzteren Aussage krit. – Bespr. von *Jahn*, JuS 12, 566; insges. abl. *Altenhain*, JZ 12, 913; *Cramer*, NStZ 12, 446; *Fischer*, § 257 Rn 6; *Satzger*, JK 10/12, StGB § 257/7.
60 BGHSt 2, 362, 363; 4, 122, 124.
61 Näher BGHSt 4, 122, 124; *Küper/Zopfs*, BT Rn 347.
62 OLG Düsseldorf NJW 79, 2320; *Fischer*, § 257 Rn 10; aA *Bosch*, Jura 12, 276; *Geppert*, Jura 07, 594; SK-*Hoyer*, § 257 Rn 33; s. dazu *Kindhäuser*, § 257 Rn 18; *Küper/Zopfs*, BT Rn 347; *Stoffers*, Jura 95, 122 ff.
63 BGH StV 08, 520, 521 mit Bespr. *Kudlich*, JA 08, 656; s. dazu auch AnK-*Tsambikakis*, § 257 Rn 10; *Bosch*, Jura 12, 277; zur fehlenden Unmittelbarkeit s. auch BGH NStZ 11, 399.

te Restitution durch die Polizei zu verhindern. Ob außerdem Hehlerei in Betracht kommt (Tateinheit zwischen § 257 und § 259 ist möglich), hängt ua davon ab, ob man den Begriff des *Absetzens* und des *Absetzenhelfens* in § 259 mit der hM auf die *entgeltliche* Veräußerung beschränkt[64]. Die Absicht, B zu bereichern, wird man bejahen können.

4. Tatvollendung

Vollendet ist die Tat bereits mit dem **Hilfeleisten** in Begünstigungsabsicht; auf den Eintritt des angestrebten Erfolges kommt es nicht an[65]. Die hM lässt zur Tatvollendung schon das *unmittelbare Ansetzen* zu einer Unterstützungshandlung ausreichen, die objektiv geeignet ist, dem Vortäter die Vorteile der Tat gegen ein Entziehen zu Gunsten des Verletzten zu sichern[66]. Diese Vorverlagerung wird daraus hergeleitet, dass es sich bei der Begünstigung um ein *unechtes Unternehmensdelikt*[67] handelt. Was sich noch im Stadium bloßer Vorbereitung bewegt, genügt danach zur Tatbestandsverwirklichung sicher nicht. Eine analoge Anwendung der für gewisse Unternehmensdelikte geltenden speziellen Rücktrittsregelung (vgl §§ 83a, 316a II aF) oder des § 261 IX[68] auf die Begünstigung ist nicht möglich, da insoweit keine planwidrige Gesetzeslücke besteht[69].

817

III. Selbstbegünstigung und Begünstigung durch Vortatbeteiligte

1. Selbstbegünstigung

§ 257 I bedroht nur die **Fremdbegünstigung** mit Strafe; die dort umschriebene Hilfe muss „*einem anderen*" geleistet werden. Die **Selbstbegünstigung** als solche ist nicht tatbestandsmäßig und daher nicht nach § 257 I strafbar. Sie unterläuft auch nicht das Solidarisierungsverbot, mit dem § 257 den Vortäter isolieren und mit dieser Aussicht von der Tat abhalten will[70]. Wer durch die Handlung, die eine Selbstbegünstigung enthält, jedoch zugleich **einen anderen Straftatbestand** verwirklicht (zB den der Falschverdächtigung oder der Urkundenfälschung), bleibt in *dieser* Hinsicht natürlich nicht straffrei.

818

---

64 Vgl RGSt 32, 214, 215 f; BGH NJW 76, 1950 mwN; anders S/S-*Hecker*, § 259 Rn 28; näher Rn 865, 868.
65 BGH StV 94, 185.
66 Näher BK-*Ruhmannseder*, § 257 Rn 21; S/S-*Hecker*, § 257 Rn 22; krit. dazu *Geppert*, Jura 80, 269, 275; 07, 593; LK-*Walter*, § 257 Rn 57.
67 SK-*Hoyer*, § 257 Rn 3; s. dazu auch LK-*Hillenkamp*, vor § 22 Rn 126 f, 129.
68 Dafür *Schittenhelm*, Lenckner-FS S. 534 ff.
69 Zutr. *Lackner/Kühl*, § 257 Rn 7; MK-*Cramer/Pascal*, § 257 Rn 27; S/S/W-*Jahn*, § 257 Rn 18; anders *Rengier*, BT I § 20 Rn 20; S/S-*Hecker*, § 257 Rn 22; s. dazu auch *Kindhäuser*, § 257 Rn 32; LK-*Hillenkamp*, vor § 22 Rn 129.
70 *Joerden*, Lampe-FS S. 771, 781 f; *Seel*, Begünstigung und Strafvereitelung 1999, S. 31.

2. Auswirkungen der Vortatbeteiligung

819 Wegen Begünstigung wird nach der Regelung in § 257 III 1 nicht bestraft, wer wegen **Beteiligung an der Vortat strafbar** ist. Dies gilt jedoch nicht für Vortatbeteiligte (= Täter, Mittäter oder Teilnehmer), die einen an der Vortat **Unbeteiligten** zur Begünstigung **anstiften** (§ 257 III 2)[71]. Aufgrund dieser Regelung ist eine denkbare Beteiligung an der Vortat vorab zu prüfen[72].

Der Strafausschluss in § 257 III 1 lässt die Tatbestandsmäßigkeit und Rechtswidrigkeit des Verhaltens unberührt. Er beruht auf der Erwägung, dass die **Begünstigung** als **nachträgliche Unterstützung der Vortat** durch eine Bestrafung wegen Beteiligung an eben jener Vortat abgegolten ist. Dieser Grundgedanke der *mitbestraften Nachtat* greift aber nur dann durch, wenn der Begünstiger wegen der Vortatbeteiligung auch **wirklich strafbar** ist[73]. Er versagt dagegen, wenn der Begünstiger wegen seiner Mitwirkung an der Vortat nicht bestraft werden kann (zB deshalb nicht, weil insoweit zu seinen Gunsten ein Schuldausschließungsgrund eingreift oder weil sich eine strafbare Beteiligung an der Vortat nicht zweifelsfrei feststellen lässt). Zu erinnern (s. Rn 806) ist daran, dass eine Vortatbeteiligung uU auch in der Zusage der späteren Hilfeleistung schon vor der Vollendung der Vortat liegen kann[74].

§ 257 III 2 enthält eine auf die überholte Schuldteilnahmetheorie zurückgreifende und daher fragwürdige[75] Regelung: Ein Vortatbeteiligter, der auf Unbeteiligte einwirkt, kann **Anstifter** zu einer Begünstigung sein, die ihm selbst zugute kommt.

Rechtsprechungsbeispiel: Im Fall des **OLG München NStZ-RR 11, 56** wurde bei A bei einer polizeilichen Kontrolle eine kleine Menge Marihuana gefunden. A lebte mit seinem Bruder B zusammen in einem Zimmer. Dort hatte A 84 g Marihuana und 68 g Haschisch zum Eigenverbrauch gelagert. B durfte hiervon „mitrauchen". Es gelang A, B unbemerkt von der Kontrolle zu berichten und ihn zu bitten, den Vorrat „verschwinden zu lassen, damit er nicht" bei einer befürchteten Hausdurchsuchung „gefunden würde". B verstaute den Vorrat in einem Rucksack und versteckte ihn in einem nur 6 bis 8 m von der Eingangstür entfernten Busch. Weiter kam er nicht, da die Polizei bereits heranrückte. Da die Beamten im Zimmer lediglich 5 g Marihuana fanden, ließen sie einen Hundeführer mit einem Rauschgifthund kommen. Als der nach ca. 45 Minuten eintraf, fand er sehr rasch den Rucksack. – Vortat einer von B möglicherweise begangenen Begünstigung ist hier A's nach § 29 I Nr 2 BtMG strafbarer Besitz des Rauschgifts. Trotz des Lagerns im gemeinsamen Zimmer und der Gestattung des Mitrauchens verneint das Gericht zunächst eine die Begünstigung nach § 257 III 1 ausschließende Beteiligung des B an dieser Tat. Erst durch das Verstecken habe er in strafbarer Weise Besitz begründet. Durch diese Handlung sei auch § 257 I erfüllt. Das ist angesichts der *objektiven Eignung* des Versteckens, dem A den Besitz zu bewahren, richtig und nicht deshalb zweifelhaft, weil das „Versteckspiel" nicht von Erfolg gekrönt war. Auch hindert – anders als zur mitgeprüften Strafvereitelung – die nur sehr kurze Zeit der Vorteilssicherung die *Vollendung* nicht. Der die versuchte Strafvereitelung erfassende persönliche *Strafausschließungsgrund* des § 258 VI er-

---

71 Zur – teils sehr restriktiven – Auslegung dieser Vorschrift s. *Lackner/Kühl*, § 257 Rn 8; NK-*Altenhain*, § 257 Rn 38 f; krit. *Seel*, Begünstigung und Strafvereitelung 1999, S. 72, 88 f.
72 BGH NStZ 11, 637; s. auch BGH NStZ 11, 399.
73 S. *Fischer*, § 257 Rn 5; M/R-*Dietmeier*, § 257 Rn 24; *Geppert*, Jura 94, 444 f; aA SK-*Hoyer*, § 257 Rn 8; zu einem Fall zweifelhafter Vortatbeteiligung s. BGH BeckRS 13, 10259.
74 BGH BeckRS 13, 10259.
75 S. *Hauf*, BT I S. 132; *Lackner/Kühl*, § 257 Rn 8; LK-*Walter*, § 257 Rn 86; s. aber auch *Seel*, Begünstigung und Strafvereitelung 1999, S. 72.

streckt sich nach dem OLG nicht auf § 257, da B über das für den Vereitelungserfolg notwendige Maß – eine Vernichtung des Vorrats hätte ausgereicht – hinausgegangen und deshalb nicht *zwangsläufig* Täter der Begünstigung bzw des § 29 I Nr 2 BtMG geworden ist (s. dazu Rn 822).

IV. Verfolgbarkeit

Unter den in § 257 IV 1 genannten Voraussetzungen wird die dem Vortäter gewährte Begünstigung nur auf Antrag, mit Ermächtigung oder auf Strafverlangen verfolgt. Maßgebend ist insoweit die objektive Sachlage, nicht die Vorstellung des Begünstigers. 820

Die Bedeutung der Verweisung auf § 248a in § 257 IV 2 ist umstritten[76]. Dem Sachzusammenhang nach kann die sinngemäße Anwendung des § 248a nicht auf den Charakter und das Gewicht der Vortat, sondern muss allein auf den **Vorteil selbst** bezogen werden, um dessen Sicherung es geht. Daraus folgt, dass die Verweisung auf § 248a nur dann aktuell wird, wenn die Begünstigungshandlung der Sicherung eines **Vermögensvorteils** von objektiv **geringem Wert** dienen soll[77]. 821

Im **Fall 68** ist zunächst zu klären, ob der von T begangene Raub mit dem Verbergen der Beute versucht, vollendet oder beendet war. Die **Beobachtung** durch Z hat den Gewahrsamswechsel faktisch nicht verhindern können. Auch in sozial-normativer Sicht hat T Gewahrsam an den Geldbomben begründet. **Vollendet** war der Raub also sicher, als F eingriff. Der BGH[78] sieht hier im Verbergen der Beute zudem einen „unabänderlichen Abschluss" des Rechtsgutsangriffs, der trotz der nicht endgültigen Beutesicherung den Raub **beende**. Dann ist auch nach der Rechtsprechung nicht mehr zwischen Beihilfe und Begünstigung abzugrenzen. Begünstigung kann in einem solchen Fall nur annehmen, wer den untauglichen Begünstigungsversuch für ausreichend hält (s. Rn 808). **§ 258 VI** ist (ebenso wie § 258 V) auf § 257 allenfalls dann **analog** anwendbar, wenn – anders als hier – die Strafvereitelung nach der Vorstellung des Täters nicht ohne gleichzeitige sachliche Begünstigung erreicht werden kann[79]. Richtigerweise fehlt es hier aber an der vorausgesetzten objektiven Sicherungseignung der Handlung, da der Vortäter T den zunächst erlangten Vorteil im Zeitpunkt der Hilfeleistung nicht mehr innehat[80]. Danach ist F straflos. 822

---

76 Vgl *Heghmanns*, Rn 1694; *Lackner/Kühl*, § 257 Rn 10.
77 *Otto*, BT § 57 Rn 16; S/S/W-*Jahn*, § 257 Rn 31.
78 BGH NJW 85, 814.
79 BGH StV 95, 586; OLG München NStZ-RR 11, 56; *Lackner/Kühl*, § 258 Rn 16 f; offen gelassen in BGH NStZ 00, 259 mit Anm. *S. Cramer*, NStZ 00, 246; s. dazu auch *Bosch*, Jura 12, 278.
80 S. dazu BGH NStZ 11, 399; s. zum Fall *Küper*, JuS 86, 862.

V. Prüfungsaufbau: Begünstigung, § 257

822a

Begünstigung, § 257
I. Tatbestand
  1. Objektiver Tatbestand
     a) Vortat:
        • *rechtswidrige Tat*
        → tatbestandsmäßige und rechtswidrige Tat
        → eines anderen
           Ⓟ Vortatbeteiligung
        → die bereits tatsächlich begangen ist
           Ⓟ Abgrenzung Begünstigung ↔ sukzessive Beihilfe bei unbeendeter Tat
        → unmittelbar aus der Vortat stammender (idR Vermögens-) Vorteil
     b) Tathandlung:
        • *Hilfe leisten*
        → gegen Entziehung des Vorteils
        Ⓟ Eignung zur Vorteilssicherung
  2. Subjektiver Tatbestand
     a) Vorsatz: • *jede Vorsatzart*
     b) Absicht: • *Vorteilssicherungsabsicht zugunsten des Vortäters*
II. Rechtswidrigkeit
III. Schuld
IV. Strafausschluss, § 257 III 1
V. Strafantrag, § 257 IV

§ 23 Hehlerei

I. Schutzgut und Wesen der Hehlerei

823 Die geltende Fassung des § 259 stellt in Übereinstimmung mit der hM klar, dass **geschütztes Rechtsgut** das **Vermögen** ist. Ein Vermögensschaden ist nicht vorausgesetzt. Die Hehlerei ist somit ein durch bestimmte Tätigkeiten gekennzeichnetes **Vermögensgefährdungsdelikt**[1]. Ihr **Wesen** besteht in der **Aufrechterhaltung** der durch die Vortat geschaffenen **rechtswidrigen Vermögenslage** durch **einverständliches Zusammenwirken** mit dem Vortäter oder dessen Besitznachfolger (= sog. *Aufrechterhaltungs-* oder *Perpetuierungstheorie*)[2].

824 Von dieser Schutzguts- und Wesensbestimmung abweichende Lehren wie die Theorie der *Restitutionsvereitelung*[3], die *Nutznießungs–* oder *Ausbeutungstheorie*[4] und die Auffassung von

---

1 Näher *Arzt*, NStZ 81, 10; *Berz*, Jura 80, 57; *Geppert*, Jura 94, 100; *Küper*, Stree/Wessels-FS S. 407; *Lackner/Kühl*, § 259 Rn 1; *Roth*, JA 88, 193, 258; S/S-*Hecker*, § 259 Rn 1; *Rudolphi*, JA 81, 1 und 90; s. auch KG NJW 06, 3016, 3017; aA *Altenhain*, Das Anschlussdelikt 2002, S. 269.
2 BGHSt GrS 7, 134, 137; 27, 45; 42, 196, 198; OLG Düsseldorf JZ 78, 35; LK-*Walter*, § 259 Rn 7; S/S/W-*Jahn*, § 259 Rn 1 (beide unter Ausschluss weiterer Rechtsgüter).
3 Vgl *Schröder*, MDR 52, 68.
4 Vgl *Geerds*, GA 58, 129; als Ergänzung anerkannt von *Klesczewski*, BT § 10 Rn 53.

einem *alle* Rechtsgüter schützenden Verbot der Nachtathilfe[5] sind durch die 1975 erfolgte Neufassung des § 259 weitgehend gegenstandslos geworden[6]. Allerdings wird der von der letztgenannten Auffassung[7] im Anschluss an eine Entscheidung des Großen Senats[8] betonte Aspekt des Schutzes allgemeiner, durch das Hehlereiunwesen beeinträchtigter **Sicherheitsinteressen** zunehmend in den Rang eines mitgeschützten Rechtsguts erhoben[9] und für die Auslegung des Tatbestandes herangezogen[10]. Auch wenn es wohl richtiger wäre, statt von einem weiteren Rechtsgut nur davon zu sprechen, dass es § 259 um den Schutz vor der Gefährdung der Restitution *und* vor dem Schaffen von Anreizen zur Vermögenskriminalität nur als zwei Seiten des im Kern *allein* beabsichtigten *Vermögensschutzes* geht[11], geschieht das in der Sache deshalb zu Recht, weil das Verbot der Hehlerei schon die – Vermögensdelikte generell fördernde – Bereitschaft des Hehlers bekämpfen will, bei der Abnahme der Beute mitzuhelfen, da mit dieser Bereitschaft der Dieb der Sorge um die gefahrlose Verwertung der Beute enthoben und so ein ständiger Anreiz für die Begehung von Vermögensstraftaten geschaffen wird. Deshalb wird der Hehler auch als „Zuhälter der Diebe" bezeichnet[12]. Auswirkungen hat diese Erkenntnis namentlich auf die Auslegung der Tathandlung des Ankaufens bzw Sich-Verschaffens (s. Rn 845 ff, 853 f).

II. Gegenstand und Vortat der Hehlerei

Fall 69: A hat dem Barbesucher B einen 500 €-Schein entwendet und damit im Lederwarengeschäft des L eine Handtasche für 100 € erworben. Diese Handtasche nebst einem 100 €-Schein aus dem von L erhaltenen Wechselgeld schenkt A seiner Freundin F, nachdem er sie zuvor über alle Einzelheiten des Geschehens informiert hat.

Liegt in der Annahme des Geschenks durch F eine Hehlerei? **Rn 837**

825

1. Tatobjekt

Tatobjekt der Hehlerei kann allein eine **Sache** (= ein körperlicher Gegenstand), nicht eine Forderung, ein Recht oder ein *wirtschaftlicher Wert* als solcher sein[13]. Das StGB kennt nur eine **Sachhehlerei**, keine Werthehlerei. Auch Daten sind kein Objekt des § 259. Deshalb lag – wenn der Datenträger dem Informanten gehörte – auch in den Liechtensteiner und Schweizer Kontendaten-Fällen keine Hehlerei der deutschen Be-

826

---

5 So *Miehe*, Honig-FS S. 91.
6 Vgl *Eser*, Strafrecht IV S. 189; *Geppert*, Jura 94, 100.
7 *Miehe*, Honig-FS S. 92, 105.
8 BGHSt 7, 134, 141 f.
9 *Eisele*, BT II Rn 1135; *Mitsch*, BT II S. 775 f; MK-*Maier*, § 259 Rn 3; *Rengier*, BT I § 22 Rn 1, 3; *Rudolphi*, JA 81, 4 ff; *Schmidt*, BT II Rn 812; *Seelmann*, JuS 88, 39; SK-*Hoyer*, § 259 Rn 2 f; S/S-*Stree/Hecker*, § 259 Rn 3; dagegen A/W-*Heinrich*, § 28 Rn 3; *Geppert*, Jura 94, 100 f; *Jahn/Palm*, JuS 09, 502; NK-*Altenhain*, § 259 Rn 3; *Roth*, JA 88, 194 ff; *Wilbert*, Begünstigung und Hehlerei 2007, S. 123; offen BK-*Ruhmannseder*, § 259 Rn 3; zum Streit s. *Küper/Zopfs*, BT Rn 484; *Küper*, Probleme der Hehlerei bei ungewisser Vortatbeteiligung 1989, S. 44 ff mwN; zum Aspekt der Unterstützung „illegaler Märkte" s. *Hörnle*, Schroeder-FS S. 485 ff.
10 BGHSt 42, 196, 197.
11 S. *Küper*, Dencker-FS S. 203, 214 mit Fn 56.
12 BGHSt 7, 134, 142; 42, 196, 200.
13 Vgl dazu *Heinrich*, JZ 94, 938.

hörden vor[14]. Seit dem 18.12.2015 ist insoweit jetzt der Tatbestand der **Datenhehlerei** (§ 202d) maßgeblich[15]. **Papiere**, die Rechte oder Ansprüche verkörpern, wie Wechsel, Schecks, Sparbücher, Fahrkarten oder Gepäckscheine, sind dagegen „Sachen", fallen also unter § 259[16].

Rechtsprechungsbeispiel: In dem Beschluss des **LG Düsseldorf NStZ-RR 11, 84** geht es um die Beschwerde eines Beschuldigten B gegen einen gegen ihn erlassenen Durchsuchungs- und Beschlagnahmebeschluss iR eines Ermittlungsverfahrens wegen Steuerhinterziehung (§ 370 I AO). Den nötigen Anfangsverdacht hatte das AG auf Daten gestützt, an die die Finanzverwaltung durch den Ankauf einer ihr von einem Informanten I angebotenen CD gelangt war, auf die I unerlaubt Daten über bei einer Schweizer Bank unterhaltene Kapitalanlagen von in Deutschland steuerpflichtigen Personen – und eben auch von B – übertragen hatte. – In Übereinstimmung mit dem im Zeitpunkt der Entscheidung freilich noch nicht erlassenen Beschluss des BVerfG NStZ 11, 103 nimmt das LG Düsseldorf an, dass der Zulässigkeit der Begründung des Anfangsverdachts weder der möglicherweise nach § 202a oder § 17 UWG strafbare Erwerb der Daten durch I noch der Ankauf dieser Daten durch die Finanzverwaltung iS eines Beweisverwertungsverbots entgegenstünden. Das wird ua damit begründet, dass die Finanzverwaltung durch den Ankauf keine Straftat begangen habe. Soweit es um eine mögliche Teilnahme an einem Geheimnisverrat gemäß § 17 UWG oder eine *Begünstigung* gehe, hält das Gericht die Verwirklichung der Tatbestände „durch die allgemeine Ermittlungsbefugnis gem. §§ 399 I, 404 AO i. V. mit §§ 161 I, 163 I StPO" für „gedeckt". Eine *Hehlerei* verneint das Gericht, „weil die angekauften Daten keine Sachen iS des § 259 I StGB" seien und sich die denkbaren Vortaten – was zur Begünstigung nicht, wohl aber zur Hehlerei schadet – nicht gegen fremdes Vermögen richteten (zur Straflosigkeit von Amtsträgern nach § 202d s. dessen Abs. 3)[17].

827 Gleichgültig ist, ob es sich um eine bewegliche oder unbewegliche[18], um eine fremde, herrenlose oder sogar eigene Sache des Täters oder Vortäters handelt. Im Gegensatz zu den Zueignungsdelikten (§§ 242 ff) ist der Anwendungsbereich des § 259 *nicht* auf *fremde bewegliche* Sachen beschränkt (wenngleich hier in der Praxis das Schwergewicht liegt).

Hehlerei ist zB an gewilderten **herrenlosen** Tieren (§§ 292, 293)[19] ebenso möglich wie an **eigenen** Sachen des Täters, die ein anderer zu dessen Gunsten im Wege der Pfandkehr (§ 289)[20] in seinen Besitz gebracht hat.

---

14 S. *Benkert*, Schiller-FS S. 29; *Busch/Giessler*, MMR 2001, 586, 590, 595; *Satzger*, Achenbach-FS S. 447 ff; *Scheffler/Dressel*, ZRP 00, 517; s. dort auch zur sog. Geheimnishehlerei nach § 17 II Nr 2 UWG, die in den Kontendaten-Fällen *(Liechtenstein/Schweiz)* von Bedeutung ist; s. zu § 259 in diesem Zusammenhang LG Düsseldorf NStZ-RR 11, 84; FG Köln BeckRS 11, 95441; *Göres/Kleinert*, NJW 08, 1353, 1357; *Ignor/Jahn*, JuS 10, 390, 391; *Kühne*, GA 10, 275, 276; *Samson/Langrock*, wistra 10, 201, 202; *Satzger*, Achenbach-FS S. 447, 455; *Schünemann*, NStZ 08, 305, 308; *Sieber*, NJW 08, 881, 883; *Spernath*, NStZ 10, 307, 309; *Stahl/Demuth*, DStR 08, 600; *Trüg/Habetha*, NJW 08, 887, 888; zum *Liechtensteiner Fall* s. auch *Kölbel*, NStZ 08, 241.
15 S. dazu BGBl I 2218, 2227 und *Roßnagel* NJW 16, 537; *Singelnstein*, ZIS 16, 432 ff; *Stamm*, StV 17, 488; *Stuckenberg*, ZIS 16, 526; informativer Vergleich zwischen §§ 202d, 259 bei *Berghäuser*, JA 17, 244. Zu Vorüberlegungen, einen Tatbestand der **Datenhehlerei** (§ 259a mit Strafbarkeitsausschluss für den Ankauf in „Erfüllung rechtmäßiger dienstlicher und beruflicher Pflichten", s. dazu jetzt § 202d III) einzuführen, s. *Bohnert*, Schiller-FS S. 70 ff; *Klengel/Gans*, ZRP 13, 16; zu § 257 s. Rn 803.
16 BGH NJW 78, 170; BayObLG JR 80, 299; OLG Düsseldorf NJW 90, 1493.
17 S. *Satzger*, Achenbach-FS S. 447 ff; zum Beweisverwertungsverbot s. auch schon LG Bochum NStZ 10, 351 mit Bespr. *Heine*, HRRS 09, 540.
18 Vgl RGSt 56, 335, 336.
19 Vgl RGSt 63, 35, 38.
20 BGH wistra 88, 25; RGSt 18, 303, 304; *Kindhäuser*, § 259 Rn 5; NK-*Altenhain*, § 259 Rn 8.

2. Zusammenhang zwischen Vortat und Hehlerei

Das Gesetz nennt als **Gegenstand** der Hehlerei **Sachen**, die „ein *anderer* gestohlen oder sonst durch eine gegen fremdes Vermögen gerichtete **rechtswidrige Tat erlangt**" hat. Um ein Vermögensdelikt im *engeren* Sinne braucht es sich dabei nicht zu handeln[21]. Als eine gegen fremdes Vermögen gerichtete Vortat iS des § 259 ist vielmehr jede (den Anforderungen des § 11 I Nr 5 entsprechende) Tat anzusehen, die unter **Verletzung fremder Vermögensinteressen** zu einem deliktischen Sacherwerb und *unmittelbar dadurch* zu einer **rechtswidrigen Vermögenslage** geführt hat. Da die Hehlerei sich nur auf Sachen bezieht, ist unter einer solchen Vermögenslage der rechtswidrige Sachbesitz zu verstehen[22].

828

Vortat zur Hehlerei kann somit nicht nur ein Zueignungsdelikt (§§ 242 ff), ein Vermögensverschiebungsdelikt (§§ 253, 263)[23], Untreue (§ 266), Wilderei (§§ 292, 293), Pfandkehr (§ 289) oder Hehlerei (= sog. *Kettenhehlerei*)[24], sondern uU auch eine Urkundenfälschung (§ 267)[25], Begünstigung (§ 257)[26] oder Nötigung (§ 240)[27] sein. Andererseits scheiden die Geldfälschungsdelikte (§§ 146 ff), die Bestechungstatbestände (§§ 331 ff), Versicherungsbetrug und Versicherungsmissbrauch bezüglich der versicherten Sache[28], § 202a[29] und Verstöße gegen die öffentliche Ordnung als solche[30] hier ebenso aus wie bloße Ordnungswidrigkeiten. Der Vortäter muss die Sache durch die Vortat erlangt haben. Dass sie durch die Vortat erst hervorgebracht wird, reicht deshalb nicht aus[31].

829

Die **Vortat** muss den objektiven und subjektiven Tatbestand eines Strafgesetzes verwirklicht haben[32], rechtswidrig begangen und in Bezug auf die Sacherlangung **rechtlich abgeschlossen** sein[33]. Ein **Versuch** genügt nur, wenn er zur Sacherlangung geführt und damit die rechtswidrige Vermögenslage schon hergestellt hat[34].

830

Ob den Vortäter ein *persönlicher Schuldvorwurf* trifft oder ob ein solcher mangels Schuldfähigkeit, infolge eines unvermeidbaren Verbotsirrtums oder im Hinblick auf das Eingreifen

831

---

21 BK-*Ruhmannseder*, § 259 Rn 9; *Fischer*, § 259 Rn 2 f; HK-GS/*Pflieger/Momsen*, § 259 Rn 6; *Jäger*, BT Rn 401; *Joecks/Jäger*, § 259 Rn 9 f; S/S-*Hecker*, § 259 Rn 6; S/S/W-*Jahn*, § 259 Rn 8; *Schmidt*, BT II Rn 819.
22 *Krey/Hellmann/Heinrich*, BT II Rn 854; *Küper/Zopfs*, BT Rn 476; S/S-*Hecker*, § 259 Rn 1, 7.
23 Vgl dazu RGSt 59, 128.
24 BGHSt 27, 45; 33, 44, 48; BGH GA 1957, 176, 177; BGHSt 59, 40 mit Bespr. *Jäger*, JA 13, 952 und *Jahn*, JuS 13, 1044.
25 Vgl BGH NJW 69, 1260; RGSt 52, 95 f; s. dazu auch *Husemann*, NJW 04, 108; abl. MK-*Maier*, § 259 Rn 34.
26 RGSt 39, 236 ff.
27 BGH MDR/D 72, 571; MK-*Maier*, § 259 Rn 36.
28 BGH StV 05, 329 mit Anm. *Rose*, JR 06, 109; BGH NStZ-RR 14, 373; klarstellend M/R-*Dietmeier*, § 259 Rn 6; s. auch AnK-*Matthies/Scheffler*, § 259 Rn 11.
29 LG Düsseldorf NStZ-RR 11, 84 (zweifelhaft).
30 Vgl BGH MDR/D 75, 543; zu § 269 als Vortat s. – verneinend – LG Würzburg NStZ 00, 374, dazu *Hefendehl*, NStZ 00, 349 f; *Otto*, JK 00, StGB § 263a/11; *Schmidt*, BT II Rn 819.
31 LK-*Walter*, § 259 Rn 27.
32 Näher BGHSt 4, 76, 78; zur Frage, wie genau die Vortat feststellbar sein muss, s. *Kudlich/Kessler*, NStZ 08, 62, 64.
33 BGHSt 13, 403, 405; BGH MDR/H 95, 881; BGH NStZ 12, 700; s. auch OLG München wistra 07, 37, 38; zur Absatzhilfe zwischen Vollendung und Beendigung der Vortat bei einer Steuerhehlerei (§ 374 AO) s. BGH NJW 12, 1746 mit Anm. *Schiemann*; *Gehm*, NZWiSt 12, 228; *Kindler*, NStZ 12, 640.
34 *Fischer*, § 259 Rn 8; LK-*Walter*, § 259 Rn 19; *Rengier*, BT I § 22 Rn 14; s. auch BGH NJW 12, 1746, 1747.

eines Entschuldigungsgrundes entfällt, ist unerheblich[35]. Es kommt auch nicht darauf an, ob der Vortäter sich auf einen *persönlichen Strafausschließungsgrund* berufen kann und ob die Vortat *verfolgbar* ist oder nicht. Stellt sich der Täter allerdings die tatsächlichen Voraussetzungen einer tauglichen Vortat nur irrig vor, ist nur ein untauglicher Hehlereiversuch gegeben[36]. Auch eine nach dem Tatortrecht wie nach deutschem Recht strafbare, nicht notwendig aber hier auch verfolgbare **Auslandstat** kann eine taugliche Vortat sein, wenn sie sich gegen fremdes Vermögen richtet[37].

832 Im Verhältnis zur Vortat bildet die Ausführungshandlung des Hehlers eine sog. **Anschlusstat**. In dieser Hinsicht bringt die Fassung des § 259 klar zum Ausdruck, dass die **Sacherlangung durch den Vortäter** der Hehlerei **rechtlich und zeitlich vorausgehen** muss. Die betreffende Sache muss den Makel des strafrechtswidrigen Erwerbs bereits an sich tragen, ehe sie Gegenstand einer Hehlerei sein kann[38]. Wo die beiderseits maßgebenden Verhaltensweisen dicht beieinander liegen oder gar zeitlich zusammenfallen, können sich Abgrenzungsschwierigkeiten zwischen **Beteiligung an der Vortat** und **Hehlerei** ergeben. Praktisch bedeutsam wird das vor allem im Bereich der Zueignungsdelikte, insbesondere bei der Unterschlagung[39].

833 Die Rechtsprechung macht die **Bestrafung wegen Hehlerei** (ggf in Tateinheit oder Tatmehrheit mit Beihilfe zur Vortat) hier davon abhängig, dass die deliktische Sacherlangung durch den Vortäter **rechtlich und zeitlich abgeschlossen** war, bevor die von § 259 erfasste Tat begangen wurde. Hinsichtlich der Zeitspanne, die zwischen der jeweiligen Betätigung liegen muss, begnügt sie sich allerdings mit so minimalen Anforderungen, dass beide unmittelbar aufeinander folgen und nahezu ineinander übergehen können[40]. Die hL stimmt dem trotz dieser in Fällen der Unterschlagung geringen Trennschärfe mit Recht zu[41]. Die Mindermeinung, die es ausreichen lässt, dass die Vortat plus eine *Verfügung zu Gunsten des Hehlers* begangen wird[42], überdehnt den Wortlaut („gestohlen ... hat") und verwischt die Grenzen zwischen Vortatbeteiligung und Anschlusstat. Wer schon zur Entstehung der rechtswidrigen Besitzlage beiträgt, beteiligt sich an der Vortat und verwirklicht nicht das Unrecht der Hehlerei[43]. Eine „Beendigung"

---

35 BGHSt 1, 47, 50; LK-*Walter*, § 259 Rn 14; S/S-*Hecker*, § 259 Rn 9; *Zöller/Frohn*, Jura 99, 379; zT abw. *Bockelmann*, NJW 50, 850 und BT I S. 162.
36 BGH wistra 93, 264, 265; BGH NStZ 99, 351.
37 S. *Hecker*, Heinz-FS S. 714, 720 f.
38 RGSt 55, 145 f; 59, 128; BGH StV 89, 435; 02, 542.
39 S. dazu BGH NStZ 94, 486; BGH NStZ-RR 11, 245, 246; BGH wistra 12, 147 (Fall einer Wahlfeststellung); BGH NJW 12, 3736 mit Bespr. *Kudlich*, JA 13, 392; OLG Stuttgart NStZ 91, 285 mit krit. Anm. *Stree*.
40 So BGHSt 13, 403 im Schrottentwendungsfall und BGH NJW 59, 1377 zum Verhältnis zwischen §§ 246, 259 für den Treibstoff-Abfüllvorgang in einem Tanklager.
41 Vgl A/W-*Heinrich*, § 28 Rn 9a; *Beulke*, III Rn 293; BK-*Ruhmannseder*, § 259 Rn 14; *Eisele*, BT II Rn 1142; *Geppert*, Jura 94, 100; H-H-*Kretschmer*, Rn 1196; *Hilgendorf/Valerius*, BT II § 21 Rn 8; HK-GS/*Pflieger/Momsen*, § 259 Rn 13; *Hohmann/Sander*, BT I § 14 Rn 23; *Jäger*, BT Rn 402; *Jahn/Palm*, JuS 09, 502; *Kindhäuser/Böse*, BT II § 48 Rn 7; *Klesczewski*, BT § 10 Rn 57; *Krey/Hellmann/Heinrich*, BT II Rn 867 f; *Lenz*, Die Vortat der Hehlerei 1994, S. 267 ff; LK-*Walter*, § 259 Rn 31; *Maurach/Schroeder/Maiwald*, BT I § 39 Rn 22; MK-*Maier*, § 259 Rn 49 f; M/R-*Dietmeier*, § 259 Rn 10; NK-*Altenhain*, § 259 Rn 15 f; *Rengier*, BT I § 22 Rn 15; *Schmidt*, BT II Rn 833; *Schramm*, BT I § 12 Rn 39; S/S-*Hecker*, § 259 Rn 14; S/S/W-*Jahn*, § 259 Rn 11; *Zöller*, BT Rn 510; offen *Kindhäuser*, § 259 Rn 15.
42 *Eser*, Strafrecht IV S. 193; *Haft/Hilgendorf*, BT S. 66; *Küper*, Stree/Wessels-FS S. 467; *ders.*, Jura 96, 205; *Otto*, BT § 58 Rn 8; S/S-*Stree*, 27. Aufl., § 259 Rn 15.
43 S. zum Streit *Hillenkamp*, BT 38. Problem.

der Vortat, insbesondere des Diebstahls (§ 242), ist allerdings auch vom Standpunkt der hM aus nicht zu fordern[44].

Erlangt iS des § 259 ist eine Sache daher dann, wenn die rechtswidrige Besitzlage beim Vortäter hergestellt ist. Das kann auch dann gegeben sein, wenn sich die Sache bei Begehung der Vortat schon im Alleingewahrsam des Vortäters befunden, dieser sodann aber (wie etwa im Falle der Unterschlagung) seinen bisherigen *Fremdbesitz* in *Eigenbesitz* umgewandelt hat[45].

834

Rechtsprechungsbeispiel: Die vorstehend umschriebene Problematik stellt sich in **BGH NStZ-RR 11, 245** (der identische Sachverhalt ist Grundlage auch der in der Kernaussage gleichlautenden Entscheidung **BGH wistra 12, 147**). Dort hatte der Angeklagte A mit E, der in Italien lebte, beschlossen, sich in Italien nach Absprache mit Leasingnehmern, die dafür entlohnt werden sollten, Leasingfahrzeuge zu beschaffen und in Nordafrika zu verkaufen. Die Leasingnehmer sollten die Fahrzeuge jeweils als gestohlen melden. In einem Teil der abgeurteilten Fälle verhandelten A und E mit den Leasingnehmern, kauften ihnen die Fahrzeuge ab und ließen sie durch in Deutschland angeworbene Fahrer nach Nordafrika bringen, wo sie verkauft wurden. In einem weiteren Fall hatte A erfahren, dass S sein fremdfinanziertes und im Sicherungseigentum der Bank stehendes Kraftfahrzeug im Ausland verkaufen und dann als gestohlen melden wollte. Er übernahm das Fahrzeug von S gegen Teilzahlung des vereinbarten Entgelts und ließ auch dieses Fahrzeug in Nordafrika verkaufen. – Das LG hatte A wegen *gewerbsmäßiger Hehlerei* verurteilt. Der BGH beanstandet das mit sehr dürren Worten. „In beiden Fällen" sei die „von § 259 I StGB vorausgesetzte **rechtswidrige Besitzlage** erst mit der Übergabe des jeweiligen Fahrzeugs an" A und E bzw A eingetreten, „die gegen fremdes Vermögen gerichtete Tat zum Zeitpunkt des abgeleiteten Erwerbs" also noch nicht – wie es die Rechtsprechung verlange – abgeschlossen. Vielmehr sei die Vortat – nämlich die *Unterschlagung* der Autobesitzer – jeweils „erst durch die Verfügung zugunsten des ‚Hehlers' begangen." Dann aber liege nur eine (hier mittäterschaftliche) Beteiligung an der Unterschlagung vor. Das ist eine (für ein examenswichtiges Klausurproblem, s. Fn 42) nicht ausreichende Lösung[46], weil es an einer hinreichenden Erörterung der Vortat(en) fehlt. Dass Leasingnehmer schon zum Abschluss des Leasingvertrages überredet worden sind, um das weitere Vorgehen zu ermöglichen, ergibt der mitgeteilte Sachverhalt allerdings nicht. In einem solchen Fall läge als Vortat ein bereits vollendeter Besitzbetrug vor (s. dazu **BGH wistra 12, 148** aE). A wäre dann als *Anstifter* hierzu *und* als *Hehler* zu bestrafen (s. Rn 881). Gibt es keine insoweit strafbare Vortat (-beteiligung), kommt eine Untreue (mit ähnlicher Vollendungsproblematik) der Leasingnehmer bzw des Sicherungsgebers (wohl) nicht in Betracht, weil bei beiden eine Vermögensbetreuungspflicht fehlen dürfte (s. dazu Rn 770 ff). Nicht ohne Weiteres ausgeschlossen ist aber auch ein Versicherungsmissbrauch nach § 265. Eine rechtswidrige Besitzlage[47] kann allerdings auch hiernach erst das Überlassen an A schaffen, auch dann träfe A also – wie der BGH annimmt – keine schon „vorbestehende" bemakelte Lage an. Daher spitzt sich die Frage in der Tat auf die Unterschlagung zu. Da der Übergabe der Fahrzeuge, in der der BGH die Unterschlagung erst sieht, in beiden Fällen Verhandlungen über den „Kaufpreis" vorangingen, war dazu aber zu klären, ob nicht schon durch den „Kaufvertrag" Fremdbesitz in Eigenbesitz umgewandelt und deshalb schon durch die „Veräußerung" der Zueignungswille hinreichend manifestiert (s. dazu Rn 309 ff), die Zueignung also doch schon vor der Übernahme der Fahrzeuge

---

44 *Fischer*, § 259 Rn 8; so aber OLG Hamburg NJW 66, 2227; für den Fall einer Steuerhehlerei (§ 374 AO) s. dazu BGH NJW 12, 1746.
45 RGSt 55, 145 ff; 58, 230; S/S-*Hecker*, § 259 Rn 12.
46 S. *Hecker*, JuS 11, 1040; *Satzger*, JK 4/12, StGB § 259/27.
47 Zu deren Fehlen bei einer Tat nach § 265 s. BGH StV 05, 329 und hier Rn 829.

vollendet und damit eine rechtswidrige Vermögenslage bereits geschaffen worden war. Das ist als Frage auch in **BGH wistra 12, 148** nicht bedacht.

3. Fortbestehen der rechtswidrigen Vermögenslage

835   Nach hM ist Hehlerei nur an solchen Sachen möglich, die **unmittelbar** durch die **Vortat erlangt** sind und hinsichtlich derer die dadurch begründete **rechtswidrige Vermögenslage** im Augenblick der Hehlereihandlung **noch fortbesteht**. Dies bedeutet, dass die *gehehlte* Sache mit der durch die Vortat *erlangten* Sache *körperlich identisch* sein muss[48]. Die **Ersatzhehlerei** ist straflos.

836   An Surrogaten (= Ersatzsachen), die *wirtschaftlich* an die Stelle einer gestohlenen Sache getreten sind, setzt sich die Rechtswidrigkeit der Vermögenslage (= auch *„Bemakelung"* genannt) nicht fort. **Taugliches Objekt** der Hehlerei können solche **Ersatzsachen** nur dann sein, wenn **ihr Erwerb** im Rahmen der „Umtauschaktion" auf einer **erneuten rechtswidrigen Tat** beruht[49]. Von diesen Grundsätzen ist auch bei **Wechselgeld**, das der Täter gegen gestohlenes Geld eintauscht, keine Ausnahme zu machen. Die Mindermeinung, die das befürwortet, indem sie von der *Sachqualität* des Geldes absieht und den **Wertsummengedanken** auf § 259 überträgt[50], löst die tatbestandlichen Grenzen der Hehlerei auf und ist mit der **Aufrechterhaltungstheorie** nicht zu vereinbaren[51].

837   Im **Fall 69** hat F nicht den von A gestohlenen 500 €-Schein, sondern die damit gekaufte **Handtasche** sowie einen Teil des von L erlangten **Wechselgeldes** als Geschenk angenommen. Die Handtasche ist als Surrogat des gestohlenen Geldes kein taugliches Hehlereiobjekt. Das gilt nach zutreffender Ansicht auch für das Wechselgeld. Handtasche und Wechselgeld sind von A auch nicht auf Grund einer erneuten Tat erlangt. An einem Betrug gegenüber L fehlt es hier, weil L kraft guten Glaubens gemäß §§ 929, 932, 935 II BGB **Eigentum am 500 €-Schein** erhalten, durch Hingabe der Handtasche und des Wechselgeldes somit keinen Vermögensschaden iS des § 263 erlitten hat (vgl dazu Rn 577). Demnach hat F im **Fall 69** keine Hehlerei begangen.

838   **Anders** verhält es sich mit Rücksicht auf die in § 935 I BGB getroffene Regelung, wenn nicht *gestohlenes Geld* eingewechselt oder sonst umgesetzt, sondern eine **gestohlene Sache anderer Art** veräußert und zu Geld gemacht wird.

839   **Fall 70:** A hat dem Barbesucher B einen Goldring aus dem Jackett entwendet und für 500 € an den gutgläubigen E, der A für den Eigentümer hielt, veräußert. Von dem Erlös überlässt A seiner Freundin F, die in alles eingeweiht ist, zwei 100 €-Scheine als Geschenk.
Sind diese Geldscheine taugliches Objekt einer Hehlerei?

---

48   BGH NJW 69, 1260; RGSt 58, 117; *Lackner/Kühl*, § 259 Rn 8; *Mitsch*, BT II S. 794 ff; *Rengier*, BT I § 22 Rn 24; *Stree*, JuS 61, 50 mwN.
49   Vgl BK-*Ruhmannseder*, § 259 Rn 13; *Eisele*, BT II Rn 1146; *Fischer*, § 259 Rn 7; LK-*Walter*, § 259 Rn 30; *Maurach/Schroeder/Maiwald*, BT I § 39 Rn 10; MK-*Maier*, § 259 Rn 51 f; S/S-*Hecker*, § 259 Rn 13.
50   *Roxin*, H. Mayer-FS S. 467; ebenso *Blei*, BT § 72 III; *Eser*, Strafrecht IV S. 192; *Rudolphi*, JA 81, 1, 4.
51   Näher RGSt 23, 53, 54; 26, 317 ff; OLG Braunschweig NJW 52, 557; *Berz*, Jura 80, 57, 61; BK-*Ruhmannseder*, § 259 Rn 13.1; *Eisele*, BT II Rn 1147; *H-H-Kretschmer*, Rn 1195; *Hilgendorf/Valerius*, BT II § 21 Rn 17; *Hohmann/Sander*, BT I § 19 Rn 28; *Krey/Hellmann/Heinrich*, BT II Rn 852 ff; M/R-*Dietmeier*, § 259 Rn 9; *Rengier*, BT I § 22 Rn 24, 27; *Zöller*, BT Rn 513; *Zöller/Frohn*, Jura 99, 380.

A hat dem E vorgespiegelt, ihm Eigentum an dem Ring verschaffen zu können. In Wirklichkeit war er dazu nicht in der Lage (vgl § 935 I BGB), sodass E bei Abwicklung des Kaufvertrags 500 € gezahlt hat, ohne dafür ein *vollwertiges Äquivalent* erhalten zu haben. Der Bestohlene B, dessen Eigentum fortbesteht, kann von E jederzeit Herausgabe des Rings fordern (§ 985 BGB). Die 500 €, die A als Erlös erzielt und von denen F 200 € in Kenntnis ihrer Herkunft an sich gebracht hat, waren somit **durch Betrug** (§ 263) erlangt, dh *ihrerseits* taugliches Objekt der Hehlerei. Zwar hatte E dem A diese Geldscheine gemäß § 929 BGB übereignet. Unter den hier gegebenen Umständen berührt das die Anwendbarkeit des § 259 jedoch nicht, weil es sich **nicht** um einen **Eigentumserwerb von Bestand**, sondern lediglich um einen *anfechtbaren* Erwerb gehandelt hat[52], der dem A seitens des E gemäß §§ 123 I, 823 II, 826 BGB wieder entzogen werden kann. Die insoweit bestehende **widerrechtliche Vermögenslage** hat F im einverständlichen Zusammenwirken mit A *vorsätzlich* und in *Bereicherungsabsicht* aufrechterhalten, sodass ihrer Bestrafung wegen Hehlerei (§ 259) nichts im Wege steht (zum Merkmal des „Sichverschaffens" durch Annahme der 200 € als Geschenk vgl Rn 845 ff).

Eine fehlerhaft erlangte Sache bleibt aber nicht zwangsläufig und nicht unbedingt für die gesamte Zeit ihrer Existenz taugliches Objekt der Hehlerei. Sie hört vielmehr auf, es zu sein, sobald die **Widerrechtlichkeit der Vermögenslage wegfällt** und ihre *„Bemakelung"* durch einen **Eigentumserwerb von Bestand endet**. Die „Bemakelung" lebt auch dann nicht wieder auf, wenn die Sache später in die Hand eines Zweit- oder Dritterwerbers gelangt, der die ursprüngliche Fehlerhaftigkeit des Verschaffungsaktes gekannt hat. 840

Fall 71: In der irrigen Annahme, es mit einem Wildhändler zu tun zu haben, hat der gutgläubige Gastwirt G gegen Zahlung des üblichen Kaufpreises von W einen Rehbock erworben, den dieser tags zuvor im Revier des J gewildert hatte. Kurz nach dem Weggang des W erfährt G von dem bei ihm einkehrenden Landarbeiter L, woher der Rehbock wirklich stammt. Da er sich scheut, in seinem Betrieb gewilderte Tiere zu verarbeiten, bietet er dem L den Rehbock für ein Drittel des Preises, den er an W hat zahlen müssen, zum Kauf an. Nach kurzem Zögern geht L darauf ein. 841
Strafbarkeit nach § 259?

W hatte den Rehbock gewildert (§ 292), ihn somit als *herrenlos* bleibende Sache (vgl §§ 960 I, 958 II BGB sowie Rn 455 f) durch eine rechtswidrige Vortat erlangt. Im Augenblick seiner Veräußerung an G handelte es sich um ein taugliches Tatobjekt iS des § 259. G hat aber keine Hehlerei begangen, weil er *gutgläubig* war und sein Verhalten den subjektiven Tatbestand des § 259 I nicht erfüllt. Im Gegensatz dazu war L als Zweiterwerber über die Herkunft des Rehbocks voll im Bilde. Die Frage, ob *er* sich im Wege des „Sichverschaffens" der Hehlerei schuldig gemacht hat, ist jedoch ebenfalls zu verneinen, und zwar deshalb, weil im Zeitpunkt *seines* Erwerbs kein taugliches Tatobjekt iS des § 259 mehr vorhanden war. Denn die rechtswidrige Vermögenslage hinsichtlich des gewilderten Rehbocks hatte mit dem Gutglaubenserwerb des G gemäß §§ 929, 932 BGB ihr Ende gefunden. Für § 935 I ist *hier* kein Raum; wild lebende Tiere in der Freiheit stehen in niemandes Besitz, können dem Jagdberechtigten im Falle des Wilderns also nicht „abhanden kommen". Bei

---

52 S. dazu SK-*Hoyer*, § 259 Rn 11; S/S/W-*Jahn*, § 259 Rn 14; zust. *Kühl/Brutscher*, JuS 11, 339 (Falllösung); aA *Arzt*, NStZ 81, 11.

einem solchen unanfechtbaren Eigentumserwerb von Bestand entfällt die bisherige „Bemakelung" der Sache. Sie lebt auch nicht dadurch wieder auf, dass L die *ursprüngliche* Fehlerhaftigkeit des Verschaffungsakts gekannt hat. Im **Fall 71** scheidet eine Bestrafung wegen Hehlerei somit für G wie für L aus (unter den gegebenen Umständen kommt bei L auch die Annahme eines *untauglichen Versuchs* iS der §§ 259, 22 nicht in Betracht)[53].

842 Ähnlich liegt es, wenn ein Kunstmaler Leinwand und Farbe stiehlt, daraus ein **Gemälde** herstellt und dieses einem Eingeweihten entgeltlich oder unentgeltlich überlässt. Hier schafft § 950 BGB in der Person des „Herstellers" die Voraussetzungen für einen **Eigentumserwerb von Bestand**, sodass § 259 bezüglich des Gemäldes unanwendbar ist[54].

III. Hehlereihandlungen

843 Die **Tathandlung** des Hehlers kann darin bestehen, dass er die *„bemakelte"* Sache **ankauft** oder sonst **sich oder einem Dritten verschafft** (Erwerbshehlerei) oder dass er sie **absetzt** oder **absetzen hilft** (Absatz- bzw Verwertungshehlerei). Alle diese Begehungsformen setzen das **einverständliche Zusammenwirken** zwischen dem Hehler und dem Vortäter oder dessen Besitznachfolger voraus; erst dieses Einvernehmen stellt die innere Verbindung zwischen Hehlerei und Vortat her[55] (s. näher Rn 854).

844 **Fall 72:** Der Dieb D hat seinem ahnungslosen Bekannten B einen Posten gestohlener Autoreifen zur Aufbewahrung übergeben. Geraume Zeit später erfährt B, dass D als „Serieneinbrecher" verhaftet worden ist. Nach Durchsicht der einschlägigen Presseberichte wird ihm klar, dass es sich bei den Autoreifen um Diebesgut handelt. Diese Situation nutzt B in der Weise zu seinem Vorteil aus, dass er die Autoreifen paarweise veräußert und den Erlös – wie geplant – für sich verwendet.

Kann B als Hehler bestraft werden? **Rn 855**

1. Sich oder einem Dritten verschaffen

845 „**Sich oder einem Dritten verschaffen**" entspricht sachlich dem Merkmal des „Ansichbringens" des § 259 aF[56]. Während beim Sichverschaffen die Verfügungsgewalt, sei es auch nur übergangsweise, auf den Täter übergeht, wird sie bei der Drittverschaffung durch das Handeln des Täters unmittelbar vom Vorbesitzer an einen Dritten weitergeleitet[57].

---

53 Vgl dazu LK-*Hillenkamp*, § 22 Rn 196, 205, 210 ff; *Wessels/Beulke/Satzger*, AT Rn 980, 991 ff.
54 Vgl RGSt 57, 159 f; BayObLG JZ 79, 694.
55 BGHSt 7, 134, 137; 10, 151, 152; 27, 45 f; 42, 196, 197; BGH NJW 13, 2212; BGH NJW 19, 1540 mit Anm. *Jahn*; *Eisele*, BT II Rn 1149; *Hilgendorf/Valerius*, BT II § 21 Rn 2, 20; krit. dazu *Hruschka*, JR 80, 221; *Roth*, Eigentumsschutz nach der Realisierung von Zueignungsunrecht 1986, S. 116 f; zusf. *Küper/Zopfs*, BT Rn 483 ff.
56 BGHSt 2, 355, 357; 6, 59, 60; vgl auch *Arzt*, JA 79, 574; *Küper/Zopfs*, BT Rn 477.
57 BGH NStZ-RR 12, 247; 13, 79.

a) Einvernehmliche Erlangung der Verfügungsgewalt

Das **Verschaffen** muss in der bewussten und gewollten **Übernahme der tatsächlichen Verfügungsgewalt** *zu eigenen Zwecken* im Wege des **abgeleiteten Erwerbs** und des **einverständlichen Zusammenwirkens** (s. Rn 853 f) mit dem Vortäter oder dem sonstigen Vorbesitzer bestehen[58]. Dabei bedarf es allerdings keines „kollusiven" Handelns in dem Sinne, dass auf beiden Seiten Unrechtsbewusstsein zu fordern wäre[59]. Es genügt vielmehr, dass das beiderseitige Einvernehmen sich auf die Erlangung der eigentümergleichen Verfügungsgewalt durch den Erwerber bezieht und dass es im Zeitpunkt des „Verschaffens" noch fortbesteht. So kann es zB bei einem Sichverschaffen von Diebesgut von einem gutgläubigen Zwischenbesitzer liegen[60].

846

Das einverständliche Geben und Nehmen muss darauf angelegt sein, dem Erwerber eine vom Vorbesitzer unabhängige, **eigentümergleiche Verfügungs-** oder **Mitverfügungsgewalt** über die Sache *zu eigenen Zwecken* zu verschaffen[61]. **Zu eigenen Zwecken** wird die Verfügungsgewalt nur dann übernommen, wenn das Verhalten darauf abzielt, die Sache *zueignungsgleich* dem Vermögen des Täters oder des Dritten einzuverleiben, für den das Tätigwerden erfolgt. In dieser Hinsicht reicht die Annahme als **Pfand** oder **Darlehen** aus[62], nicht aber die Gewahrsamserlangung zum Zwecke der Aufbewahrung, des Umarbeitens[63], der Vernichtung[64] oder des *bloßen Gebrauchs* als Entleiher oder Mieter[65]. Der sog. **Verkaufskommissionär**, der die *„bemakelte"* Sache **für Rechnung des Vorbesitzers** veräußern soll, erlangt ebenfalls keine Verfügungsgewalt *zu eigenen Zwecken*; sein Handeln lässt sich daher nur der Begehungsform des „Absetzens" zuordnen[66].

847

Wer stattdessen den Verkaufskommissionär der Alternative des „Sich-Verschaffens" zuschlägt[67], setzt diesen zu Unrecht dem Verfügungsgewalt zu eigenen Zwecken begründenden Ankäufer gleich und entzieht dem „Absetzen" dessen gewichtigste Fallgruppe. Verlangt man zu Letzterem einen Absatzerfolg, bewirkt diese Umschichtung zudem, dass das hiernach zunächst nur versuchte Absetzen zu einer vollendeten Hehlerei avanciert. Dafür gibt es keinen sachlichen Grund. Ein „Sichverschaffen" iS des § 259 liegt auch dann nicht vor, wenn jemand dem Dieb durch Zahlung von Lösegeld ein gestohlenes Kunstwerk „abkauft", **um es an den Berechtigten zurückzugeben** und im rein faktischen Sinn dessen *bisherige* Eigentümerposition wiederherzustellen. Das gilt erst recht, wenn der durch die **Vortat Geschädigte** selbst die Sache zurückkauft[68].

848

---

58 BGHSt 15, 53, 56; 27, 45, 46; BGH NStZ 95, 544.
59 OLG Düsseldorf JZ 78, 35; S/S-*Stree*, 27. Aufl., § 259 Rn 42; S/S/W-*Jahn*, § 259 Rn 17; NK-*Altenhain*, § 259 Rn 27; **aA** *Kindhäuser*, § 259 Rn 19; *Rengier*, BT I § 22 Rn 40.
60 Fall des OLG Düsseldorf JZ 78, 35; denkbar auch als Abwandlung von BGH wistra 08, 423, wenn der dort Diebesgut über ebay verkaufende „Zwischenhändler" gutgläubig, die Käufer dagegen bösgläubig gewesen wären; dass Eigentum nach § 935 BGB nicht erworben werden kann, steht dem Verschaffen (von Diebesgut) naturgemäß nicht im Wege.
61 BGHSt 33, 44, 46; BGH NJW 19, 1311; BK-*Ruhmannseder*, § 259 Rn 19.
62 BGH JR 58, 466.
63 BGHSt 10, 151, 152 f.
64 BGHSt 15, 53, 56; BGH NStZ 95, 544.
65 BGH StV 87, 197; s. zum Zueignungscharakter der Erwerbshehlerei *Küper/Zopfs*, BT Rn 476, 481.
66 BGH GA 83, 472; NJW 76, 1698; LK-*Walter*, § 259 Rn 41; s. auch schon RGSt 55, 58.
67 So *Dencker*, Küper-FS S. 9 ff; s. dazu *Küper/Zopfs*, BT Rn 482 mit Rn 9.
68 Vgl RGSt 40, 15, 47 ff zu § 257; BayObLGSt 1959, 78; *Hohmann/Sander*, § 19 Rn 44 f; zu Rückverkaufsfällen durch einen Dritten s. *Stoffers*, Jura 95, 113.

849 Typisch für die Fälle des Sichverschaffens ist, dass der Vortäter oder Vorbesitzer sich der bemakelten Sache zu Gunsten des Hehlers entäußert und diesen in die Lage versetzt, mit ihr nach eigenem Gutdünken zu verfahren. Überträgt er die Sache an eine Mehrheit von Personen, so genügt es, wenn diese (wie etwa die Mitglieder einer Gesellschaft) untereinander nur **Mitverfügungsgewalt** erlangen[69]. Überlässt der Vortäter dem anderen lediglich Mitgewahrsam, ohne sich selbst der Verfügungsgewalt vollständig zu entledigen, so liegt darin nicht ohne Weiteres ein hehlerischer Erwerb[70]. Vielmehr muss hier danach unterschieden werden, ob die gemeinsame Berechtigung darin besteht, dass beide auf Grund der getroffenen Absprache **nur gemeinschaftlich** über die Sache verfügen können, oder ob jeder für sich **unabhängig vom Willen des anderen** verfügungsberechtigt sein soll.

850 Im erstgenannten Fall scheidet Hehlerei in der Form des Sichverschaffens aus, da sich der Vortäter der Sache infolge des ihm verbliebenen Mitspracherechts nicht im eigentlichen Sinne entäußert hat. Auch der andere hat die bemakelte Sache nicht zu *eigener* Verfügungsgewalt erworben; daran hindert ihn das Mitspracherecht des Vortäters. Die für den Hehlereitatbestand wesentliche **Perpetuierung der rechtswidrigen Vermögenslage** lässt sich bei bloßer Mitverfügungsgewalt von Vortäter und Erwerber nur dann bejahen, wenn beide Teile übereinkommen, dass **jeder für sich allein**, der Erwerber also nach eigenem Gutdünken und unabhängig vom Willen des Vortäters über die Sache soll verfügen können[71].

b) Problemfälle

851 Ob man sich an hinterlegten Sachen, die sich im Gewahrsam eines zur Herausgabe bereiten Dritten befinden, die tatsächliche Verfügungsgewalt schon durch den Erwerb der entsprechenden **Auslösungsbefugnis** verschaffen kann, ist umstritten[72]. Während die überwiegende Lehre im Anschluss an BGHSt 27, 160, 163 bereits beim Erwerb eines **Pfandscheins**, der die Verfügung über das Pfand zum eigenen Nutzen ermöglichen soll, ein Sichverschaffen des Pfandes bejaht[73], wird das von einer Mindermeinung mit beachtlichen Gründen bestritten[74]. Stattdessen wird Hehlerei am Pfandschein erwogen[75]. Von der Begründung eigener Verfügungsmacht wird man in solchen Fällen erst sicher sprechen können, wenn die Auslösungsmacht einen jederzeit ungehinderten Zugriff auf die Sache gewährt. Das ist nicht ohne Weiteres bei einem Pfandschein, wohl aber bei Überlassung einer Garderobenmarke, eines Gepäckscheins oder eines Schließfachschlüssels der Fall, die die Inbesitznahme der Sache ohne Umstände gestatten.

852 Umstritten ist auch, ob im bloßen **Mitverzehr** von Nahrungs- oder Genussmitteln ein „Sichverschaffen" iS des § 259 zu erblicken ist. Die wohl hM lehnt dies mit Recht ab, soweit der zum Mitverzehr Eingeladene – wie in der Regel – **keine** vom Gastgeber

---

[69] BGHSt 35, 172, 175; BGH NStZ-RR 05, 236; *Fischer*, § 259 Rn 11; S/S-*Hecker*, § 259 Rn 18.
[70] S. BGH StV 99, 604; BGH StV 05, 87; *Küper/Zopfs*, BT Rn 478.
[71] BGHSt 33, 44, 46 f; 35, 172, 175; BGH StV 99, 604; BGH StV 05, 87.
[72] S. zum Streit *Hillenkamp*, BT 39. Problem.
[73] BK-*Ruhmannseder*, § 259 Rn 22.1; *Lackner/Kühl*, § 259 Rn 11; LK-*Walter*, § 259 Rn 47; MK-*Maier*, § 259 Rn 82; *Rengier*, BT I, § 22 Rn 46; SK-*Hoyer*, § 259 Rn 25; S/S-*Hecker*, § 259 Rn 19.
[74] *Schall*, JuS 77, 180; *ders.*, NJW 77, 2221; s. dazu auch *Joecks/Jäger*, § 259 Rn 28 f.
[75] OLG Schleswig NJW 75, 2217; *Schall*, JuS 77, 180.

unabhängige **Verfügungs-** oder **Mitverfügungsgewalt** an dem ihm Dargebotenen erlangt[76].

Nicht der Eingeladene, sondern der Gastgeber pflegt zu bestimmen, *was* und *wie viel* zum gemeinsamen Verzehr bereitgestellt wird. Letztlich ist das aber Tatfrage. Im Einzelfall *kann* es durchaus so liegen, dass der Mitverzehrende unabhängig von den übrigen Beteiligten an der Verfügungsgewalt teilhat. Wo das zutrifft, ist Raum für die Anwendbarkeit des § 259[77]. Ähnlich liegt es bei Mitverzehr, Mitverbrauch oder Mitnutzung vom Ehemann oder Lebenspartner gestohlener Gegenstände im Rahmen gemeinsamer Haushaltsführung, in der sich der Vortäter idR ein die alleinige Verfügungsmacht ausschließendes Mitspracherecht vorbehalten wird[78].

Das **Sichverschaffen** durch **abgeleiteten Erwerb** *im Einvernehmen* mit dem Vorbesitzer steht in deutlichem Gegensatz zu den Verschaffungsakten in anderen Straftatbeständen, bei denen die Erlangung der tatsächlichen Verfügungsgewalt über das Tatobjekt auf einem **eigenmächtigen Zugriff** des Täters beruht. Wer dem Vortäter beispielsweise eine gestohlene Sache widerrechtlich **wegnimmt**, kann sich je nach der Art seines Vorgehens des **Diebstahls** oder des **Raubes** schuldig machen[79], ist aber nicht Hehler. 853

Obwohl sich auch in solchen Fällen von einer **Perpetuierung** der rechtswidrigen Besitzlage sprechen lässt[80], ist das der Hehlerei eigentümliche Tatbild nicht erfüllt. Wie das „Ankaufen" deutlicher macht, geht es um einverständlichen Erwerb, mit dem der Hehler zum Gehilfen des Vortäters nach dessen abgeschlossener Tat wird[81].

Ein *einverständliches Zusammenwirken* mit dem Vortäter oder dessen Besitznachfolger fehlt nach der Rechtsprechung des BGH auch dann, wenn diesem die *bemakelte* Sache durch **Nötigung** oder **Erpressung** entzogen wird. Das verdient Beifall. Eine derartige Sachentziehung, die sich gerade *gegen* den Vortäter richtet, ist nämlich nicht von der Bereitschaft geprägt, diesem bei der Verwertung oder dem Weiterverschieben der Deliktsbeute zu helfen. Auch schafft die Aussicht, die erhoffte Beute durch Erpressung oder Nötigung zu verlieren, keinen Anreiz, Vermögensstraftaten zu begehen. Damit scheiden diese Fälle aus dem eingangs (Rn 823 f) beschriebenen, auch allgemeine Sicherheitsinteressen umfassenden Schutzbereich der Hehlerei aus[82]. Gleiches muss gelten, wenn die Sache dem Vortäter durch *Täuschung* abgelistet 854

---

76 BGHSt 9, 137, 138; BGH NJW 52, 754 Nr 24; NStZ 92, 36; A/W-*Heinrich*, § 28 Rn 10; *Fischer*, § 259 Rn 12; LK-*Walter*, § 259 Rn 48; *Mitsch*, BT II S. 800 f; **aA** aber *Maurach/Schroeder/Maiwald*, BT I § 39 Rn 31; M/R-*Dietmeier*, § 259 Rn 16; NK-*Altenhain*, § 259 Rn 33; S/S-*Hecker*, § 259 Rn 22; **Insichbringen** als stärkste Form des „Ansichbringens" (= § 259 aF); s. zum Streit auch *Küper/Zopfs*, BT Rn 479.
77 Vgl BGH NStZ 88, 271.
78 BGH StV 99, 604.
79 S. dazu *Hillenkamp*, Achenbach-FS S. 189 ff.
80 S. *Küper/Zopfs*, BT Rn 484; *Roth*, JA 88, 206 ff.
81 Diese Charakterisierung soll nach *Küper*, Dencker-FS S. 203, 219 nur für den Absatzhelfer, nicht aber für den gelten, der an einem „Quasi-Rechtsgeschäft" mitwirkt; BGH NJW 13, 2212 stellt dazu klar, dass es eine Beihilfe nach beendeter Tat nicht mehr gibt.
82 BGHSt 42, 196, 200 mit Anm. *Hruschka*, JZ 96, 1135 und *Kudlich*, JA 02, 674; s. auch BGH StV 10, 359, 361 (der eine Übertragung auf § 261 dort ablehnt); ebenso A/W-*Heinrich*, § 28 Rn 12; *Gleß*, Jura 03, 501; H-H-*Kretschmer*, Rn 1197; *Rudolphi*, JA 81, 1; *Zöller/Frohn*, Jura 99, 381 f; iE auch *Otto*, Jura 88, 606; *ders.*, JK 97, StGB § 259/16; anders LK-*Ruß*, 11. Aufl., § 259 Rn 17; S/S-*Stree*, 27. Aufl., § 259 Rn 42; RGSt 35, 278, 280 f; *Küper*, Dencker-FS S. 203, 219 nimmt nur den Fall qualifizierter Nötigung als den quasi-rechtsgeschäftlichen Charakter zerstörend aus.

wird[83], auch wenn die Aussicht, gegebenenfalls „über's Ohr gehauen zu werden", nicht in gleicher Weise demotivierend wirkt. Dass der „Perpetuierungsschutz" hierdurch verloren geht, ist richtig, gilt aber auch für die Fälle von Diebstahl, räuberischer Erpressung und Raub[84]. Wollte man *ihn* durchhalten, müsste man auch in diesen Fällen Hehlerei bejahen, was aber heute zu Recht so gut wie niemand mehr will[85].

> **Die aktuelle Entscheidung:** Vereinfacht lässt sich der verwickelte Tatablauf, der der Entscheidung BGH NJW 19, 1540 mit Anm. *Jahn* zugrunde liegt, wie folgt darstellen: O befand sich im Besitz eines – wie er wusste – gestohlenen Volvos, den er gerne ohne Offenbarung der Herkunft verkaufen, dabei selbst aber als Verkäufer nicht auftreten wollte. Es fanden sich schließlich vier Personen, die den Verkauf gegen Provision übernahmen. Den erzielten Kaufpreis von 54.000 € führten sie aber, wie schon bei der Entgegennahme des Fahrzeugs beabsichtigt, nicht an O ab, sondern teilten ihn unter sich auf. O gegenüber gaben sie vor, derjenige, der den Erlös allein entgegengenommen habe, sei mit ihm abgetaucht. – Der BGH bestätigt die Verurteilung wegen (Besitz-)Betrugs gegenüber dem O, aber auch wegen (Ketten-)Hehlerei. Die Bedeutung der Entscheidung liegt darin, dass sie die bisher in der Rechtsprechung offengelassene und in der Literatur umstrittene Frage, ob eine Täuschung das auch vom BGH vorausgesetzte einvernehmliche Zusammenwirken zwischen Vortäter (hier O) und Hehler als inneres Band zur Vortat (bei allen Varianten, also auch der des hier gegebenen Absetzens) zerschneidet, erstmalig verneint. Der Begründung der Verfügungsgewalt durch Wegnahme oder Nötigung sei die durch Täuschung nicht gleichzustellen. Sie sei, selbst wenn man das Einverständnis infolge der Täuschung als nicht im Rechtssinne frei ansehe, mit dem – man muss wohl ergänzen, faktischen – Willen des Vortäters geschehen. Mehr sei aber für den Gleichlauf des Willens nicht zu verlangen. Auch die Kennzeichnung der Hehlerei als Hilfeleistung zugunsten des Täters nach der Tat schließe „eigennütziges und gewinnsüchtiges Handeln" – und man müsste zur Schlüssigkeit wohl hinzufügen, „ausschließlich schädigendes" – als hehlerisches nicht aus. Dass aus der Erfahrung, (so) betrogen zu werden, kein Anreiz für weitere Taten erwachse (s. dazu hier Rn 824), stehe, auch wenn in der Verhinderung eines solchen Anreizes ein denkbarer Strafgrund der Hehlerei liege, dem nicht entgegen, weil das eine „Beschränkung des Schutzes der Vermögensinteressen der ursprünglich Berechtigten" nicht rechtfertige. Gleich mitverworfen wird schließlich die Ansicht, die nicht bei jeder, sondern nur bei einer Täuschung über „die Preisgabe der Sache als solche" Hehlerei ausschließen will.

855 Im **Fall 72** hatte B lediglich *Verwahrungsbesitz* im Einvernehmen mit D erworben. Die **eigentümergleiche Verfügungsgewalt** über die gestohlenen Autoreifen hat er sich dagegen erst durch einen **eigenmächtigen Zueignungsakt** in Form der *abredewidrigen* Veräußerung verschafft. Dieses Verhalten erfüllt den Tatbestand der einfachen **Unterschlagung**

---

83 So BK-*Ruhmannseder*, § 259 Rn 17.2; *Eisele*, BT II Rn 1151; *Heghmanns*, Rn 1706; *Hohmann/Sander*, BT I § 19 Rn 41; *Jäger*, BT Rn 405; *Kindhäuser*, § 259 Rn 18; *Kleszcewski*, BT § 10 Rn 68 f; LK-*Walter*, § 259 Rn 36; *Mitsch*, BT II/1 § 10 Rn 38; MK-*Maier*, § 259 Rn 72; *Rengier*, BT I § 22 Rn 35; *Schmidt*, BT II Rn 836; *Schramm*, BT I § 12 Rn 46; S/S-*Hecker*, § 259 Rn 37; S/S/W-*Jahn*, § 259 Rn 18; *Zöller*, BT Rn 514; **aA** BGH NJW 19, 1540 mit Anm. *Jahn*; *Fischer*, § 259 Rn 13a; *Krey/Hellmann*, BT II, 15. Aufl. 2008, Rn 587a; *Küper*, Dencker-FS S. 203, 219; *Lackner/Kühl*, § 259 Rn 10; M/R-*Dietmeier*, § 259 Rn 12; *Maurach/Schroeder/Maiwald*, BT I § 39 Rn 24; Falllösung bei *Kaspar*, JuS 12, 634.
84 Deshalb für Hehlerei in Fällen einfacher Nötigung oder Täuschung *Küper*, Dencker-FS S. 203, 217 ff.
85 S. dazu *Hillenkamp*, Achenbach-FS S. 189, 200 f.

(§ 246 I), nicht den der Hehlerei[86] (zum Merkmal des „Anvertrautseins" iS des § 246 II vgl Rn 321 ff).

Das **Ankaufen** ist lediglich ein Beispielsfall des „Verschaffens", muss also dessen Erfordernissen voll entsprechen[87]. Der Abschluss des obligatorischen Kaufvertrages verwirklicht somit für sich allein den Tatbestand des § 259 noch nicht[88]. Andererseits reicht es für die Vollendung aus, wenn der Ankäufer *mittelbaren Besitz* (§ 870 BGB) erlangt und mit ihm die bisherige Sachherrschaft des Vortäters ausschließt[89]. Wer eine Sache hehlerisch angekauft hat, macht sich auch dann nur deswegen strafbar, wenn er die Sache später im sich auch hierauf noch erstreckenden Einverständnis des Vortäters verkauft. Liegt darin ein Absetzen, tritt es hinter das Ankaufen zurück[90].

856

2. Absetzen und Absetzenhelfen

Fall 73: Unbekannte hatten aus dem Atelier eines bekannten Malers zahlreiche Bilder gestohlen und sie H, der von dem Diebstahl wusste, weit unter Preis verkauft. Nach dem Tod des Malers beauftragte H den A, Käufer für die Bilder zu suchen und händigte A die Gemälde zu diesem Zweck aus. A sollte sie als sog. Verkaufskommissionär für Rechnung des H verkaufen und als Provision 10 % des Verkaufserlöses erhalten. A hielt es für möglich, dass es sich bei H entgegen dessen Behauptung nicht um den Eigentümer der Bilder, sondern um einen Hehler handelte. Das war ihm aber wegen der erwarteten Provision gleichgültig. Im Rahmen seiner Verkaufsbemühungen fertigte A Fotografien der Bilder an und legte sie einer Reihe von Interessenten vor, die ihm seine Bekannte B vermittelt hatte. Bis zur Beschlagnahme der Bilder verliefen die Bemühungen des A ohne Erfolg.
Haben A und B sich der Hehlerei schuldig gemacht? **Rn 866, 870**

857

Hehlerei begeht ferner, wer die *„bemakelte"* Sache **absetzt** oder **absetzen hilft**. Diese Begehungsformen sind an die Stelle der früheren Tatmodalität *„Mitwirken zum Absatz"* getreten. Eine wesentliche Änderung oder Einschränkung des Hehlereitatbestandes war insoweit nicht beabsichtigt. Durch die Einfügung des **„Absetzens"** sollte lediglich klargestellt werden, dass Hehler auch derjenige ist, der die Sache zwar im Einverständnis mit dem Vortäter oder Vorbesitzer, aber **sonst völlig selbstständig** *für dessen Rechnung* veräußert (BT-Ds 7/550, S. 252 f).

858

a) Begriffliche Abgrenzung

Absetzen ist das Unterstützen eines anderen beim Weiterschieben der *„bemakelten"* Sache durch **selbstständiges** Handeln (= Tätigwerden für fremde Rechnung, aber „in eigener Regie"). **Absetzenhelfen** ist dagegen die weisungsabhängige, **unselbstständige** Unterstützung, die dem **Vortäter** (= dem Dieb, Räuber, Betrüger usw, aber auch dem sog. „Zwischenhehler") bei dessen Absatzbemühungen gewährt wird. Beide Begehungsformen des Hehlens betreffen zwar unterschiedliche Tätigkeiten, stehen in-

859

---

86 Näher BGHSt 10, 151, 152 f; 15, 53, 56; 27, 45, 46.
87 Vgl BGHSt 5, 47, 49; BGH NStZ-RR 05, 236.
88 Vgl RGSt 73, 104 ff; *Fischer*, § 259 Rn 10; NK-*Altenhain*, § 259 Rn 46.
89 BGH NStZ-RR 19, 14.
90 BGH NStZ 14, 577.

nerhalb des § 259 aber **gleichgeordnet** nebeneinander. Zwischen ihnen besteht kein „Stufenverhältnis"; jede von ihnen verwirklicht den Tatbestand der Hehlerei im Wege des **täterschaftlichen Handelns**[91].

860 Die Frage, warum der Gesetzgeber die dem Vortäter geleistete **Absatzhilfe** in § 259 **tatbestandlich verselbstständigt** hat und wie diese **Hehlerei durch Absetzenhelfen** (= Täterschaft iS des § 259) sich von der bloßen **Beihilfe zur Hehlerei** eines anderen abgrenzen lässt, ist wie folgt zu beantworten: § 259 setzt ein *einverständliches Zusammenwirken* zwischen dem Vortäter oder dessen Besitznachfolger und dem Hehler voraus. Wer die Vortat selbst (= als Täter oder Mittäter) begangen hat, kann nicht mit sich in einer Person „zusammenwirken", also nicht sein eigener Hehler sein[92]. Seine Bemühungen, die rechtswidrig erlangte Sache abzusetzen, werden vom Tatbestand des § 259 nicht erfasst. Wer ihn dabei unterstützt, fördert ein insoweit *tatbestandsloses* Handeln und kann *mangels Haupttat* nicht wegen „Beihilfe zur Hehlerei" bestraft werden. Um diese Lücke zu schließen, hat der Gesetzgeber das **Absetzenhelfen** (= früher das „Mitwirken zum Absatz") als besondere Form des Hehlens in den Tatbestand des § 259 aufgenommen, dh einen Fall des *bloßen Hilfeleistens* **tatbestandlich verselbstständigt** (vgl als Parallele dazu § 257 I).

861 Daraus kann aber nicht entnommen werden, dass nunmehr jede Form der unselbstständigen Absatzhilfe ohne Rücksicht darauf, *wem* sie zugute kommt und ob sie unmittelbar dem Vortäter oder lediglich dem Sacherwerber (= sog. Verschaffungshilfe) zuteil wird, **täterschaftliches Handeln** iS des „Absetzenhelfens" (§ 259) ist. Zu sachgerechten Ergebnissen führt allein die Auffassung, dass die Tatmodalität des *Absetzenhelfens* sich nur auf die (unter dem Blickwinkel des § 259 *tatbestandslosen* und insoweit nicht strafbaren) Absatzbemühungen des **Vortäters** unter Einschluss des *im Eigeninteresse* handelnden **Zwischenhehlers** bezieht. In dieser Hinsicht ist § 259 somit *restriktiv* auszulegen und auf diejenige Unterstützungstätigkeit zu beschränken, die mangels einer tatbestandsmäßigen Haupttat (vgl § 27 I) sonst straflos bleiben müsste. Jede **anderweitige Absatzförderung**, wie zB die einem Absatzhelfer gewährte[93], ist dagegen ebenso wie die „Verschaffungshilfe" als **Beihilfe zur Hehlerei** zu bestrafen (§§ 259, 27)[94]. Praktische Konsequenzen hat dies für das sog. *Milderungsprivileg* des Gehilfen (§ 27 II 2) und die Straflosigkeit einer lediglich *versuchten* Beihilfe.

b) Vollendung und Absatzerfolg

862 Fraglich ist, ob die Tatmodalitäten des *Absetzens* und des *Absetzenhelfens* das **Gelingen des Absatzes** voraussetzen[95]. Diese Frage ist naturgemäß nur dort von Bedeutung, wo es an einem Absatzerfolg fehlt. Beim Verschiffen gestohlener Fahrzeuge soll zB ein solcher schon vorliegen, wenn die Zugriffsmöglichkeiten der Eigentümer durch das Verbringen der Fahrzeuge in verplombten Containern auf das Schiff „ganz

---

91 BGHSt 26, 358, 362; 27, 45, 48; krit. dazu *Küper*, JZ 15, 1032 f.
92 BGHSt 7, 134, 137; 33, 50, 52.
93 S. zu ihr *Küper*, JZ 15, 1037 ff.
94 Ebenso BGHSt 26, 358, 362; 27, 45, 52 zu IIc der Entscheidungsgründe; BGH NStZ 09, 161; BGH wistra 14, 309; BGH NStZ 19, 276; vgl auch BGHSt 33, 44, 49; BGH NStZ 94, 486; 99, 351; BGH wistra 08, 146, 147 und BGH NJW 12, 1746 zur Absatzhilfe bei einer Steuerhehlerei; *Küper/Zopfs*, BT Rn 8; S/S-*Hecker*, § 259 Rn 33; zur Notwendigkeit, trotz „formal" voller Tatbestandserfüllung in solchen Fällen entgegen § 25 I 1. Alt. nach allgemeinen Regeln abzugrenzen, s. *Hillenkamp*, Schünemann-FS S. 407, 415 ff und zur parallelen Problematik bei § 261 hier Rn 898.
95 S. zum Streitstand *Hillenkamp*, BT 40. Problem; *Küper/Zopfs*, BT Rn 13 ff.

erheblich zu Gunsten der Empfänger der Fahrzeuge" eingeschränkt waren. Dass die Polizei dann die Container vor dem Auslaufen des Schiffs noch sichergestellt hat, soll daran nichts ändern[96].

Für das Merkmal „Mitwirken zum Absatz" in § 259 aF ließ die hM zur **Deliktsvollendung** jede Tätigkeit genügen, die geeignet war, den Vortäter oder Vorbesitzer bei seinen Bemühungen um eine wirtschaftliche Verwertung der *„bemakelten"* Sache zu unterstützen, ohne Rücksicht darauf, ob der Absatz gelungen war oder nicht[97]. Der Wortlaut der **neuen Gesetzesfassung** wird dagegen überwiegend in dem Sinne verstanden, dass es nunmehr eines *erfolgreichen* Absatzes bedürfe, und zwar in *beiden* Tatmodalitäten[98] oder zumindest doch dort, wo es um das **Absetzen** gehe[99]. Nachdem der BGH zunächst nur für den Fall des **Absetzenhelfens** an der herkömmlichen Rechtsprechung festgehalten, also keinen Absatzerfolg verlangt hatte[100], kehrte er schließlich **insgesamt zu der Aussage zurück**, dass die Vollendung einen Absatzerfolg – auch in der neu hinzugefügten Variante – nicht voraussetze[101]. Neben dem Hinweis, dass man unter „Absetzen" rein sprachlich durchaus die „darauf gerichtete Tätigkeit" verstehen könne, stützte der BGH sich auf das (nicht bestreitbare) Argument, mit der Neufassung des § 259 habe der **Gesetzgeber** insoweit am bisherigen Rechtszustand **nichts ändern** und damit auch für die Variante des Absetzens keinen Erfolg voraussetzen **wollen**.

863

Diesen Standpunkt der Rechtsprechung, der in dogmatischer Hinsicht zu Zweifeln Anlass bietet[102] und in der Rechtslehre überwiegend abgelehnt wird[103], hatte *Wessels* in diesem Lehrbuch mit der Überlegung gestützt, dass die rechtswidrige Besitzposition nicht erst in der Hand des Erwerbers, sondern schon in der Hand des Absetzenden aufrechterhalten werde und dass zudem aus kriminalpolitischer Sicht kein Anlass bestehe, die *eigenständigen* Begehungsformen des Absetzens und des Absetzenhelfens in jeder Hinsicht mit dem „Verschaffen" gleichzusetzen. Die Wesenszüge des *hehle-*

864

---

96 BGH NStZ 08, 570.
97 BGHSt 22, 206, 207; BGH NJW 55, 350; LK-*Ruß*, 11. Aufl., § 259 Rn 24 mwN; aA *Stree*, GA 61, 33.
98 OLG Köln NJW 75, 987; *Blei*, JA 74, 527; *Hohmann/Sander*, BT I § 19 Rn 65; *Küper*, JuS 75, 633; S/S-*Hecker*, § 259 Rn 29, 31.
99 So BGH NJW 76, 1698; *Bockelmann*, BT I S. 166; *Geerds*, GA 1988, 256; *Kindhäuser*, § 259 Rn 26.
100 BGHSt 26, 358.
101 BGHSt 27, 45, 47 ff; BGH NJW 79, 2621; BGH GA 83, 472; BGH NStZ 90, 539; BGH NStZ-RR 00, 266; BGH wistra 06, 16; BGH NStZ 08, 570; BGH StV 09, 411; die abweichende Ansicht in NJW 76, 1698 ist vom 2. Senat des BGH aufgegeben worden; ebenso A/W-*Heinrich*, 2. Aufl., § 28 Rn 19; LK-*Walter*, § 259 Rn 57, 60; *D. Meyer*, MDR 75, 721; *Rosenau*, Anm. NStZ 99, 352; auf dem Boden der „Interessenförderungstheorie" auch *Weisert*, Der Hilfeleistungsbegriff bei der Begünstigung 1999, S. 195 f; vermittelnd *Mitsch*, BT II S. 811 f.
102 BGH wistra 10, 229 bescheinigt der hM in der Literatur, dass sie der Rechtsprechung „mit beachtlichen Argumenten entgegentritt".
103 Vgl etwa *Beulke*, III Rn 307 f; BK-*Ruhmannseder*, § 259 Rn 29.2, 34; *Bergmann/Freund*, JuS 91, 224; *Berz*, Jura 80, 57, 65; *Eisele*, BT II Rn 1163; *Fischer*, § 259 Rn 18; *Heghmanns*, Rn 1708; H-H-*Kretschmer*, Rn 1203 f; *Hilgendorf/Valerius*, § 21 Rn 27; *Hohmann/Sander*, BT I § 19 Rn 53 ff; *Jäger*, BT R 408; *Jahn/Palm*, JuS 09, 504; *Klesczewski*, BT § 10 Rn 74, 76; *Krey/Hellmann/Heinrich*, BT II Rn 890 ff; *Kunz*, Jura 97, 155; *Lackner/Kühl*, § 259 Rn 13; *Maurach/Schroeder/Maiwald*, BT I § 39 Rn 34; MK-*Maier*, § 259 Rn 112 ff, 116; M/R-*Dietmeier*, § 259 Rn 21; NK-*Altenhain*, § 259 Rn 49; *Otto*, BT § 58 Rn 22; *Rengier*, BT I § 22 Rn 55 ff; *Roth*, JA 88, 204; *Rudolphi*, JA 81, 90, 92; *Schmidt*, BT II Rn 845, 849; *Schramm*, BT I § 12 Rn 60; *Schwabe/Zitzen*, JA 05, 195 f; SK-*Hoyer*, § 259 Rn 20 f; S/S-*Hecker*, § 259 Rn 29, 31; S/S/W-*Jahn*, § 259 Rn 27 ff; *Zieschang*, Schlüchter-GS S. 403, 408 ff; *Zöller*, BT Rn 522; *Zöller/Frohn*, Jura 99, 383.

rischen Erwerbs deckten sich nämlich durchaus nicht mit denen des hehlerischen Absatzes. Auch gebe es Formen der ohne Erfolg bleibenden **Absatzhilfe**, die dem Schuldgehalt und ihrer **Gefährlichkeit** nach andere Hehlereihandlungen erheblich überträfen, wie etwa das Zerlegen und Umschleifen unersetzlicher Kostbarkeiten, wie zB der Monstranzen aus dem seinerzeit entwendeten Kölner Domschatz, oder das „Frisieren" gestohlener Kraftwagen durch hilfsbereite Handlanger[104]. Diese Gründe haben Gewicht. Zur *Absatzhilfe* kommt hinzu, dass die Annahme ihrer Vollendung auch ohne Absatzerfolg dem Wortlaut *dieser* Variante kaum widerspricht. Auf Initiative des 3. Senats[105] hat der *BGH* nun aber seine Auffassung *revidiert* und verlangt zunächst für die Vollendung des allein verfahrensgegenständlichen **Absetzens** seitdem einen Absatzerfolg. Er beruft sich hierfür *erstens* auf den Wortlaut, da im Verkehr unter Kaufleuten, aus dem der Begriff stamme, niemand von einem Absetzen der Ware sprechen würde, wenn die Verkaufsbemühungen vergeblich verliefen. *Zweitens* sei mit der Einführung des Absetzens nur eine Klarstellung (s. dazu Rn 858), nicht aber eine Festschreibung der bis dahin bestehenden Auslegung zur Absatzhilfe durch die Rechtsprechung beabsichtigt worden. *Drittens* widerspreche es der Systematik des Tatbestandes, für die Varianten des Ankaufens und sonstigen Verschaffens den Übergang der Verfügungsgewalt zu verlangen, für das Absetzen aber nicht. Für einen Gleichklang insoweit spreche *viertens* auch die Teleologie, da die Aufrechterhaltung der durch die Vortat geschaffenen rechtswidrigen Vermögenslage in zweiter Hand erst durch das erfolgreiche Weiterverschieben eintrete. Nicht hinnehmbare Strafbarkeitslücken entstünden schließlich und *fünftens* angesichts der Versuchsstrafbarkeit nicht. Das verdient iE – allerdings ohne den überall zu findenden, befremdlichen Zusatz, das Problem habe sich durch die Kehrtwende des BGH „erledigt" – Zustimmung[106]. Obwohl die ersten beiden Argumente für die Variante der **Absatzhilfe** nicht in gleichem Maße zutreffen, sollte man auch die vom BGH anfangs (s. Rn 863) vorgenommene Differenzierung nicht wiederbeleben, sondern aus den übrigen Gründen auch für die Vollendung der Absatzhilfe nun einen Absatzerfolg verlangen. Der 3. Senat, der auch das will, führt dafür zusätzlich an, dass nur dann dem zum Täter erhobenen Absatzhelfer (s. Rn 860) nicht neben dem Strafrahmenprivileg des § 27 II 2 auch noch das des § 23 II entzogen werde[107]. Dem haben sich mittlerweile alle übrigen Senate angeschlossen[108].

---

104 Vgl dazu BGH NJW 78, 2042.
105 BGHSt 59, 40 mit Bespr. *Bosch*, JK 01/2014, § 259/28; *Jäger*, JA 13, 951; *Jahn*, JuS 13,1046. *Theile*, ZJS 14, 458. Fall 73 (Rn 857) ist an den dort zugrunde liegenden Sachverhalt bezüglich H und A angelehnt. Die Anfrage (§ 132 III GVG) des 3. Senats, ob die übrigen Senate an der überkommenen Rechtsprechung (zum Absetzen) festhalten wollen, haben der 2., 4. und 5. Senat (BGH BeckRS 13, 15924; 17708; 16033) verneint, der 1. Senat mit der ausdrücklichen Beschränkung auf das allein entscheidungserhebliche Absetzen (BGH BeckRS 13, 15726). Das ist in BGH BeckRS 15, 16557 **übersehen**. Aufgegeben ist der Vorbehalt in BGH NStZ 17, 359. Zur Frage der Vorlagepflicht bei künftigen Entscheidungen zur Absatzhilfe s. *Küper*, GA 15, 143 ff.
106 Die von *Wessels* verteidigte Gegenposition, die hier in den Vorauflagen als hinnehmbar beibehalten worden ist, habe *ich* mit der 37. Aufl. aufgegeben. Ebenso jetzt A/W-*Heinrich*, § 28 Rn 19; BGHSt 59, 40 mit lehrreichem Kommentar zu den einzelnen Argumenten *Küper*, GA 15, 129 ff.
107 BGH NStZ 13, 585 f; krit. hierzu *Jäger*, JA 13, 952; zust. *Dehne-Niemann*, HRRS 15, 72 ff; *ders.*, wistra 16, 216 ff; *Joecks/Jäger*, § 259 Rn 3b; OLG Köln BeckRS 17, 117610 mit Bespr. *Jahn*, JuS 17, 1128; für die Steuerhehlerei auch BGH NStZ 17, 359.
108 S. BGH NJW 19, 1311 mit Bespr. *Mitsch*, NJW 19, 1258. Ferner *Bosch*, Jura (JK) 19, 680 und BGH NStZ-RR 19, 180.

Rechtsprechungsbeispiel: Im **BGH wistra 14, 309** zugrunde liegenden Fall hatte P von einer unbekannt gebliebenen Person U 88 Diamanten erhalten, die U entweder selbst gestohlen oder von den Dieben hehlerisch erworben hatte. P sollte die Diamanten absetzen und dafür mit 10% des Verkaufserlöses entlohnt werden. Nach zwei vergeblichen Absatzversuchen nahm die verdeckt ermittelnde Polizistin V Kontakt mit P auf und gab sich als Kaufinteressentin aus. Zum ersten Treffen fuhr der Angekl. A , der im wesentlichen wusste, worum es gehen werde, den P mit seinem PKW und unterstützte ihn bei dessen Verhandlungen mit V verabredungsgemäß durch ein simuliertes Telefongespräch mit einem vermeintlichen Hintermann. P und V einigten sich auf einen Kaufpreis von 100.000 € und vereinbarten die Übergabe noch für denselben Tag in einem Hotel. Auch zu diesem Treffen, bei dem es nach der Übergabe zum Zugriff durch die Polizei kam, hatte A den P gefahren und bei der Übergabe begleitet. – Für den im Fall allein angeklagten A kommt – da er weder dem Vortäter U bei Absatzbemühungen geholfen noch eigene Absatzbemühungen vorgenommen hat – nur eine Beihilfe zum Absetzen durch P in Betracht. Dann müsste P die Diamanten iS des § 259 „abgesetzt" haben. Diese Haupttat scheitert nicht daran, dass unaufgeklärt geblieben ist, ob der Vortäter U einen Diebstahl oder eine Hehlerei begangen hat, da beide Delikte taugliche Vortaten sind (s. Rn 829) und der Hehler sich keine genaueren Vorstellungen über die Vortat bilden muss (s. Rn 871). Ein alternativer Vorsatz reicht angesichts der Äquivalenz beider in Betracht kommender Delikte aus. Zu Recht beanstandet der BGH aber die Verurteilung wegen Beihilfe zu einer *vollendeten* Hehlerei. Da das „Absetzen" an V *nicht geeignet* war, die rechtswidrige Besitzlage zu perpetuieren bzw. für den Eigentümer zu verschlechtern, scheidet ein vollendetes Absetzen durch die Übergabe an V aus. Auch ein Ankaufen oder Sich-Verschaffen durch die V ist aus diesem Grund nicht gegeben (Rn 865, 867). Deshalb hat der BGH eine vollendete Hehlerei in solchen Fällen auch schon verneint, als er einen Absatzerfolg für die Vollendung des Absetzens noch nicht voraussetzte. Da er das jetzt tut (s. Rn 864), tritt als Grund für die fehlende Vollendung neben die mangelnde Eignung auch das Ausbleiben des in § 259 gemeinten Absatzerfolgs. Den ersten Grund hat auch das LG nicht verkannt und deshalb gegenüber V nur Versuch angenommen. Es hat aber auf dem Boden der überholten BGH-Rechtsprechung in den beiden ersten Absatzversuchen des P trotz ausgebliebenen Erfolgs eine vollendete Hehlerei *und* eine auch dazu von A geleistete Beihilfe bejaht. Das beanstandet der BGH aber zu Recht, weil selbst dann, wenn man alle Absatzversuche des P zu einer natürliche Handlung zusammenzieht und deshalb nur *eine* Hehlerei annimmt, einem Gehilfen nur *die* Einzelhandlungen als Haupttat angelastet werden können, von denen er weiß. Waren und blieben dem A die beiden ersten Versuche unbekannt, kommt (auch) eine (ohnehin zweifelhafte) sukzessive Beihilfe nicht in Betracht. Dass er zur Vortat und zum (begleiteten) Absetzen durch P möglicherweise keine ganz genauen Vorstellungen hatte, hindert das Vorliegen eines Beihilfevorsatzes dagegen nicht. A ist daher iE zu Recht (nur) wegen Beihilfe zur versuchten Absatzhehlerei verurteilt worden.

c) Bedeutung im Einzelnen

Im Einzelnen fällt unter den **Begriff** des **Absetzens** jede im Fremdinteresse, aber *selbstständig* erfolgende **wirtschaftliche Verwertung** der *„bemakelten"* Sache, die wie im Falle des „Verkaufskommissionärs" (s. Rn 847 f) nur durch deren **entgeltliche** Veräußerung an Dritte[109], mangels „Wirtschaftlichkeit" der Verwertung nicht aber durch ein Verschenken geschehen kann[110] (s. auch Rn 868). Nach der Rechtspre-

865

---

[109] BGH NJW 76, 1950; BGHSt 27, 45, 48; BK-*Ruhmannseder*, § 259 Rn 31; *Eisele*, BT II Rn 1160; *Fischer*, § 259 Rn 15; LK-*Walter*, § 259 Rn 53; MK-*Maier*, § 259 Rn 104 f; *Rengier*, § 22 Rn 50; S/ S/W-*Jahn*, § 259 Rn 32.
[110] AA *Küper/Zopfs*, BT Rn 11; *Kindhäuser*, § 259 Rn 23; NK-*Altenhain*, § 259 Rn 50; *Roth*, JA 88, 204.

chung soll sogar die Veräußerung an den Verletzten selbst den Tatbestand erfüllen, sofern dies nicht zwecks Wiederherstellung seiner *ursprünglichen* Eigentümerposition geschieht[111]. Zur Begründung wird angeführt, dass der Absetzende auch in solchen Fällen zur Aufrechterhaltung der durch die Vortat geschaffenen widerrechtlichen Vermögenslage beitrage, indem er die wirtschaftliche Verwertung des Hehlereiobjekts übernehme und zu Gunsten des Vortäters dessen angemaßte Verfügungsgewalt realisiere. Dem ist aber mit der überwiegenden Meinung[112] entgegenzuhalten, dass die Rückveräußerung an den Eigentümer **nicht geeignet** ist, die **rechtswidrige Besitzlage** aufrecht zu erhalten. Ohne eine solche (**Eignung** zur) Perpetuierung ist aber das Unrecht der Hehlerei nicht gegeben[113]. Auch verwirklicht den Tatbestand des § 259 nicht, wer nicht für fremde Rechnung handelt, sondern eine zu eigener Verfügung erlangte Sache *im Eigeninteresse* absetzt.

866 Im **Fall 73** waren die Gemälde zunächst gestohlen und alsdann von H hehlerisch erworben, also vom Vortäter H durch eine rechtswidrige Vortat (§ 11 I Nr 5) erlangt worden, die fremde Vermögensinteressen verletzt. Ein „*Sichverschaffen*" seitens des A scheidet aus, weil A die tatsächliche Verfügungsgewalt nicht zu *eigenen* Zwecken, sondern im Einvernehmen mit dem Vortäter (auch Hehlerei ist eine taugliche Vortat, s. Rn 829, 869) zu dem Zweck übernommen hat, die Veräußerung **für Rechnung des H** vorzunehmen. In Betracht kommt allein ein **Absetzen** iS des § 259. Den Anforderungen dieses Merkmals ist dadurch Rechnung getragen, dass A den Absatz *in eigener Regie* organisieren und *selbstständig* erledigen sollte[114]. Dass die beabsichtigte Veräußerung nicht gelungen ist, steht nach einem Teil der Lehre und der überkommenen Rechtsprechung der **Vollendung** der Tat nicht im Wege. Angebote an „Interessenten" lassen auch erwarten, dass die rechtswidrige Besitzlage aufrecht erhalten wird. Auch die erforderliche Eignung (s. Rn 867) ist damit gegeben. A hat daher hiernach eine vollendete Hehlerei in der Form des Absetzens begangen. Nach der hL, der der BGH nunmehr in einem Sachverhalt, an den sich der Beispielsfall anlehnt, folgt (s. Rn 863 f), ist dagegen mangels Absatzerfolgs nur eine *versuchte* Hehlerei gegeben. Vorsatz bzw. Tatentschluss des A liegen vor, da sich sein dolus eventualis bezüglich der Vortat mit seiner Bereicherungsabsicht verbindet.

867 **Absetzenhelfen** als Hehlereihandlung iS des § 259 ist nur die weisungsgebundene, *unselbstständige* Unterstützung, die dem **Vortäter** auf Grund beiderseitigen Einvernehmens gewährt wird und die **objektiv geeignet** ist, dessen Bemühungen zur wirtschaftlichen Verwertung der „*bemakelten*" Sache zu fördern[115]. Für diese schon beim Absetzen (Rn 865) vorausgesetzte Eignung soll es nach der neueren Rechtsprechung nicht auf eine abstrakt generalisierende Betrachtung[116], sondern auf die Erfolgsgeeig-

---

111 RGSt 30, 401 f; 54, 124 f; zust. A/W-*Heinrich*, § 28 Rn 16; *Wessels*, BT II Rn 809.
112 BK-*Ruhmannseder*, § 259 Rn 32; *Eisele*, BT II Rn 1162; *Fischer*, § 259 Rn 16a; *Joecks/Jäger*, § 259 Rn 32; *Kindhäuser*, § 259 Rn 23; *Lackner/Kühl*, § 259 Rn 14; LK-*Walter*, § 259 Rn 52; *Maurach/Schroeder/Maiwald*, BT I § 39 Rn 32; *Mitsch*, BT II S. 808; MK-*Maier*, § 259 Rn 106; M/R-*Dietmeier*, § 259 Rn 23; NK-*Altenhain*, § 259 Rn 51; *Rengier*, BT I § 22 Rn 51; S/S-*Hecker*, § 259 Rn 30; S/S/W-*Jahn*, § 259 Rn 33; *Stoffers*, Jura 95, 115.
113 BGHSt 43, 110, 116; BGH wistra 14, 309 (fehlende Eignung bei „Absetzen" an verdeckten Ermittler); s. zum Streit auch *Küper/Zopfs*, BT Rn 12.
114 Vgl BGHSt 27, 45, 48; BGH NJW 76, 1698.
115 BGHSt 26, 358; 27, 45, 48; krit. zum Erfordernis der Eignung *Maiwald*, Roxin-FS II S. 1019, 1027 ff.
116 So noch BGH NStZ 90, 539.

netheit des Bemühens des Täters im konkreten Fall ankommen¹¹⁷. Auf diese Weise wird – entsprechend der zu § 257 erhobenen Forderung (s. Rn 808) – der untaugliche Versuch einer Hilfeleistung aus dem (vollendeten) Tatbestand ausgeschieden. Allerdings soll ein hier im Gegensatz zu § 257 strafbarer Versuch (§ 259 III) vorliegen¹¹⁸. Ungeeignet, die rechtswidrige Vermögenslage aufrecht zu erhalten, ist danach eine Hilfe, die dem Vortäter bei dessen Versuch geleistet wird, die Sache an den Eigentümer rückzuveräußern oder an einen vom Helfer benannten verdeckten Ermittler¹¹⁹ bzw eine nicht im Polizeidienst stehende Vertrauensperson¹²⁰ zu verkaufen. In beider Hand wird die rechtswidrige Besitzlage nicht perpetuiert.

Beispiele: Hinweise auf Absatzmöglichkeiten, Vermittlung von Kontakten mit Interessenten, Bereitstellen von Räumen zur Durchführung der Verkaufsverhandlungen, Hinschaffen des Diebesgutes zum Abnehmer oder zum vorgesehenen Umsatzort, Umwechseln gestohlenen Geldes, uU auch die tätige Förderung des Geldumsatzes durch Beraten des Vortäters¹²¹, Umlackieren gestohlener Kraftwagen, Zerlegen von Schmuck, Umschleifen von Edelsteinen usw¹²². Das *bloße Mitverprassen* des erbeuteten Geldes ist dagegen keine Absatzhilfe¹²³. Das Aufbewahren der Beute, um den späteren Absatz zu ermöglichen, genügt für sich allein ebenfalls nicht, erfüllt aber regelmäßig den Tatbestand der Begünstigung (§ 257)¹²⁴.

Im Überbringen gestohlener Sachen *als Geschenk* liegt nach zutreffender Meinung nur dann ein Absetzenhelfen iS des § 259, wenn das „Verschenken" zur Abgeltung von Diensten oder in Erwartung einer Gegenleistung erfolgt, also wenigstens zum Teil *entgeltlichen* Charakter hat¹²⁵. Gegebenenfalls ist hier § 257 an Stelle des § 259 zu prüfen¹²⁶. **868**

Vortäter iS des § 259, dem Absatzhilfe geleistet werden kann, ist zwar auch der sog. **„Zwischenhehler"**. Dazu rechnen nach dem Sinn und Zweck der Vorschrift aber nur Hehler, die **sich** die *„bemakelte"* Sache **zu eigentümergleicher Verfügungsgewalt verschafft** haben und sie sodann **im Eigeninteresse** abzusetzen suchen, in Bezug auf *diesen* Absatz also den Tatbestand des § 259 nicht verwirklichen (= kein Absetzen für *einen anderen* und für *dessen Rechnung*)¹²⁷. **869**

Dadurch, dass B dem A Kaufinteressenten zugeführt hat, kann sie sich im **Fall 73** der **Absatzhilfe** (§ 259) oder der **Beihilfe zur (versuchten) Hehlerei** des A (§§ 27, 259, 22) schul- **870**

---

117 BGHSt 43, 110, 111 mit Anm. *Endriß*, NStZ 98, 463; *Krack*, NStZ 98, 462; *Otto*, JK 98, StGB § 259/18; *Rosenau*, NStZ 99, 352; *Seelmann*, JR 98, 342; krit. BK-*Ruhmannseder*, § 259 Rn 35; abl. *Zieschang*, Schlüchter-GS S. 403, 411 ff.
118 BGHSt 43, 110; *Fischer*, § 259 Rn 27.
119 Vgl BGHSt 43, 110; zur Var. des Absetzens in diesem Fall s. BGH wistra 14, 309: Beihilfe zu nur versuchter Hehlerei.
120 BGH NStZ-RR 00, 266 mit Bespr. *Baier*, JA 00, 923; zu beidem krit. S/S/W-*Jahn*, § 259 Rn 30.
121 Vgl BGHSt 10, 1 f mit krit. Anm. *Maurach*, JZ 57, 184.
122 BGHSt 26, 358, 362 f.
123 BGHSt 9, 137, 138 f; LK-*Walter*, § 259 Rn 63.
124 Vgl BGHSt 2, 135, 137; BGH NJW 89, 1490 mit krit. Anm. *Stree*, JR 89, 384.
125 RGSt 32, 214, 215 f; LK-*Ruß*, 11. Aufl., § 259 Rn 27; *Rudolphi*, JA 81, 90, 92; aA S/S-*Stree*, 27. Aufl., § 259 Rn 32, wonach selbst *unentgeltliche* Verfügungen genügen sollen; wie hier jetzt S/S-*Hecker*, § 259 Rn 28; s. auch hier Rn 865.
126 Vgl BGHSt 4, 122, 124.
127 Vgl BGH NJW 79, 2621; BGHSt 33, 44, 48; BGH NStZ 99, 351 m. Anm. *Otto*, JK 00, StGB § 259/20.

dig gemacht haben. B hat jedoch nicht dem *Vortäter* H, sondern dem A Hilfe zum Zwecke des Absetzens der Beute geleistet; mit H ist B gar nicht in Verbindung getreten. Insoweit entfällt daher eine Absatzhilfe iS des § 259. Auch bezogen auf A liegt eine Absatzhilfe nicht vor. A ist kein Zwischenhehler; als sog. Verkaufskommissionär des H ist er vielmehr Absetzer iS des § 259 (Rn 847 f). Seine Absatzbemühungen verwirklichen den **Tatbestand der (versuchten) Hehlerei**, sodass Dritte *daran* in strafbarer Weise *teilnehmen* können. Die einem solchen **Absatzhehler** gewährte Unterstützung ist aber (wie in Rn 860 dargelegt) nach allgemeinen Regeln als *Beihilfe zur (versuchten) Hehlerei* zu bestrafen. B hat sich daher im **Fall 73** (nur) der **Beihilfe zur (versuchten) Hehlerei** des A schuldig gemacht, sodass ihr auch das in § 27 II 2 vorgesehene Milderungsprivileg zugute kommt[128].

IV. Subjektiver Tatbestand

1. Vorsatz

871 Zum **Vorsatz** des Hehlers gehört neben dem Bewusstsein des einverständlichen Zusammenwirkens insbesondere die Vorstellung, dass die den Gegenstand der Tat bildende Sache durch eine *rechtswidrige Vortat* iS des § 259 erlangt ist und dass die Rechtswidrigkeit der Vermögenslage noch fortbesteht[129]. Das erforderliche Vorsatzwissen braucht aber nicht in allen Einzelheiten konkretisiert zu sein; so reicht die Annahme irgendeiner gegen fremde Vermögensinteressen gerichteten Vortat aus[130]. *Eventualvorsatz* genügt[131]. Auf ihn darf beim Kauf von Gegenständen in Internetauktionen aber nicht schon deshalb geschlossen werden, weil zB ein Navigationsgerät zum „Schnäppchenpreis" bei einem Startangebot von 1 € zu einem Drittel des Neupreises von einem Anbieter aus Polen erworben wird. Auch liegt er nur vor, wenn sich der Täter mit der als möglich erkannten Tatbestandsverwirklichung wenigstens abfindet[132].

872 Erfährt der Täter erst *nach* der Gewahrsamserlangung, dass die Sache aus einer rechtswidrigen Vortat stammt, so hängt die Anwendbarkeit des § 259 davon ab, ob es im weiteren Verlauf des Geschehens zur Herstellung des unerlässlichen Einvernehmens mit dem Vortäter oder Vorbesitzer und zu einer Tathandlung iS des § 259 kommt[133]. Bringt der Täter eine Sache zunächst in der Absicht an sich, sie zur Verhinderung der Überführung des Vortäters zu vernichten, so begründet er damit nicht die erforderliche Verfügungsgewalt zu eigenen Zwecken. Fasst der Täter dann später doch den Entschluss, die Sache zu verkaufen, kann dieser Gesinnungswandel den vorausgegangenen Akt nicht nachträglich zur Hehlerei machen[134].

Fahrlässigkeit reicht weder für § 259 noch für die Steuerhehlerei nach § 374 AO aus, ist aber in § 148b GewO für den Fall der Hehlerei von Edelmetallen und Edelsteinen unter Strafe gestellt, wenn der Täter fahrlässig nicht erkennt, dass es sich um bemakeltes Gut handelt.

---

128 Näher BGH StV 89, 435; BGHSt 27, 45, 52.
129 BK-*Ruhmannseder*, § 259 Rn 40 f; NK-*Altenhain*, § 259 Rn 60 f.
130 BGH NStZ 92, 84; KG JR 66, 307; LK-*Walter*, § 259 Rn 71.
131 BGH NStZ 83, 264; BGH NStZ-RR 13, 79.
132 S. LG Karlsruhe MMR 07, 796 mit Anm. *Meckbach* und *Jahn*, JuS 08, 174; BGH StV 00, 258; zum dolus eventualis bei Auf- und Verkäufern von als „unverkäuflich" gekennzeichneten Warenproben (zB Parfum-Testern) s. *Kudlich/Kessler*, NStZ 08, 62, 66 f.
133 Vgl BGHSt 2, 135, 138; BGH NJW 55, 350; RGSt 64, 326 f.
134 BGHSt 15, 53, 56.

2. Bereicherungsabsicht

Der Hehler muss ferner in der **Absicht** handeln, sich oder einen Dritten zu **bereichern** (= Streben nach Gewinn in Gestalt eines geldwerten Vermögensvorteils). Ob auch der Vortäter „Dritter" in diesem Sinne sein kann, ist umstritten[135]. Für die die Frage verneinende Ansicht spricht neben der Entstehungsgeschichte des Gesetzes auch der Wortlaut des § 259, der den Vortäter als „anderen" bezeichnet und ihn von dem „Dritten" unterscheidet, dem man die bemakelte Sache verschaffen kann. Bei der Bereicherungsabsicht des Hehlers verdient diese *engere* Auffassung zumindest dann den Vorzug, wenn es dem Täter nur darauf ankommt, dem Vortäter den rechtswidrig erlangten Vermögensvorteil in der Gestalt **des Sachbesitzes** zu erhalten[136]. Derartige Fälle werden von § 257, nicht aber von § 259 erfasst[137].

873

Am subjektiven Tatbestand des § 259 kann es bei einem Austausch *gleichwertiger* Leistungen fehlen[138], wenngleich die Absicht, den üblichen Geschäftsgewinn zu erzielen, bereits genügt[139]. Wer ein – wie er weiß – gestohlenes Handy ankauft, begeht keine Hehlerei, wenn er den Marktpreis zahlt und auch nicht die Absicht hat, das Handy gewinnbringend weiter zu veräußern[140]. Der Besitz fremder Ausweispapiere ist wie überhaupt der bloße Besitz für sich allein kein *geldwerter* Vorteil, weil sonst jedes Sich-Verschaffen in Bereicherungsabsicht geschähe[141]. Hehlerei ist aber möglich, wenn der Täter mit der Besitzerlangung einen auf die Verbesserung seiner Vermögenslage hinauslaufenden Zweck verfolgt[142]. Im Unterschied zu Betrug und Erpressung muss der erstrebte Vermögensvorteil nach hM nicht **rechtswidrig** sein[143]. Hehlerei liegt deshalb zB auch dann vor, wenn sich der Darlehnsgeber das Darlehen mit Geld zurückzahlen lässt, das – wie er weiß – aus einem Bankraub stammt. Auch *Stoffgleichheit* zwischen Hehlereigegenstand und Vorteil ist richtigerweise nicht erforderlich[144].

874

Insbesondere beim *Absetzen* und *Absetzenhelfen* (vgl dazu **Fall 73**) ist es belanglos, ob der Täter die ihm in Aussicht gestellte Belohnung aus der Deliktsbeute oder aus *externen* Mitteln erstrebt. Das Handeln in Bereicherungsabsicht kennzeichnet den Unrechtsgehalt der Hehlerei, ist folglich **tatbezogen** und nicht zu den *besonderen persönlichen Merkmalen* iS des § 28 zu rechnen[145].

---

135 Bejahend BGH JR 80, 213 mit abl. Anm. *Lackner/Werle*; *Mitsch*, BT II S. 820; *ders.*, JuS 99, 375 f; S/S-*Hecker*, § 259 Rn 44; verneinend BGH NStZ 95, 595; *Beulke*, III Rn 309; *Hohmann/Sander*, BT I § 19 Rn 86; *Lackner/Kühl*, § 259 Rn 17; *Rengier*, BT I § 22 Rn 61; *Maurach/Schroeder/Maiwald*, BT I § 39 Rn 41.
136 So BGH NStZ 95, 595; *Paeffgen*, Anm. JR 96, 346.
137 *Fischer*, § 259 Rn 24; MK-*Maier*, § 259 Rn 153 ff; NK-*Altenhain*, § 259 Rn 70; S/S/W-*Jahn*, § 259 Rn 43.
138 Vgl BGH MDR/D 67, 369; OLG Hamm NStZ-RR 03, 237, 238; NK-*Altenhain*, § 259 Rn 66.
139 RGSt 58, 122.
140 BGH wistra 12, 148, 149.
141 *Otto*, Jura 85, 155.
142 BGH GA 1986, 559; BGH MDR/H 96, 118.
143 MK-*Maier*, § 259 Rn 150; S/S/W-*Jahn*, § 259 Rn 42; abw. A/W-*Heinrich*, § 28 Rn 29; *Roth*, JA 88, 259 f; diff. LK-*Walter*, § 259 Rn 78; Otto, BT § 58 Rn 28.
144 BGH MDR/H 96, 118; BayObLG JR 80, 299 mit Anm. *Paeffgen*; BK-*Ruhmannseder*, § 259 Rn 47; *Fischer*, § 259 Rn 25; LK-*Walter*, § 259 Rn 79; M/K-*Maier*, § 259 Rn 149; aA *Arzt*, NStZ 81, 10, 14; *Seelmann*, JuS 1988, 41.
145 Näher *Stree*, JuS 76, 137, 144; *Wessels/Beulke/Satzger*, AT Rn 874.

V. Vollendung und Versuch

875 **Fall 74:** A hat bei seinem Bekannten B einen angeblich ihm gehörenden, in Wirklichkeit gestohlenen Reifen für einen Lastzug untergestellt. Wenig später informiert er den B darüber, dass der Diebstahl entdeckt worden sei. Zugleich schlägt er vor, B möge den Reifen aufbewahren, bis Gras über die Sache gewachsen sei; alsdann solle durch beiderseitiges Bemühen ein Abnehmer gesucht und der Erlös geteilt werden. B ist damit einverstanden. Zu mehr kommt es nicht, weil die Polizei schon am Tage darauf den Reifen sicherstellt. Hat B sich der Hehlerei schuldig gemacht? **Rn 878**

876 Beim **Sichverschaffen** und **Ankaufen** gehört zur Vollendung, dass der Erwerber eine vom Vortäter unabhängige (Mit-) Verfügungsgewalt erlangt hat, die ihn in die Lage versetzt, selbstständig über die Sache zu verfügen. Für den Versuch gilt insoweit nichts Besonderes[146]. Es muss also auf der Grundlage der Vorstellung des Täters (§ 22) vom Ablauf der Tat der Erwerb der Verfügungsgewalt unmittelbar bevor-, oder anders ausgedrückt, es dürfen ihm keine wesentlichen Zwischenschritte mehr entgegenstehen[147]. Bezüglich des **Absetzens** und der **Absatzhilfe** ist zu unterscheiden: Bezog man mit der vormaligen Rechtsprechung, die mit einer nach wie vor verbreiteten Lehre für das Absetzen und die Absatzhilfe **keinen Absatzerfolg** verlangte (s. Rn 863 f), in die Modalitäten einer *vollendeten* **Absatzhehlerei** auch die *vorbereitende* Tätigkeit zum Zwecke des Absatzes dadurch mit ein, dass man jede vom Absatzwillen getragene „vorbereitende, ausführende oder helfende Tätigkeit" für die Vollendung genügen ließ, wenn sie „geeignet ist, den Vortäter bei seinen Bemühungen um wirtschaftliche Verwertung der bemakelten Sache zu unterstützen", blieb für Vorbereitung und Versuch wenig Raum[148]. Auch auf der Grundlage dieser, einen **Absatzerfolg nicht verlangenden** Auffassung war und ist aber der Platz für eine straffreie Vorbereitungs- wie eine (strafbare) Versuchszone zu lassen[149]. So liegt in der bloßen Aufbewahrung der Diebesbeute mit dem Versprechen, sich *demnächst* um einen Abnehmer zu bemühen, auch dann noch keine Verwirklichung dieses Hehlereimerkmals – und zwar auch nicht in der Form des gemäß § 259 III mit Strafe bedrohten **Versuchs**[150] – wenn man für die Vollendung auf einen Absatzerfolg verzichtet. Die Grenze zwischen *Vorbereitung* und *Versuch* ist unter solchen Umständen erst überschritten, wenn weitere Gegebenheiten hinzukommen, die als **unmittelbares Ansetzen** zu einer den **Absatz fördernden Tätigkeit** anzusehen sind. Für den BGH kam es für die Abgrenzung zwischen einer straflosen Hilfe bei der bloßen Vorbereitung eines Absatzes und einer strafbaren versuchten oder vollendeten Absatzhilfe dabei darauf an, ob die Hilfeleistung im Vorfeld eines im Einzelnen noch nicht absehbaren und auch noch nicht konkret geplanten Absatzes erfolgte oder sich in einen bereits festgelegten Absatzplan fördernd einfügte und damit den Beginn des Absatzvorganges dar-

---

146 S. LK-*Walter*, § 259 Rn 87; S/S/W-*Jahn*, § 259 Rn 44 ff.
147 S. *Lackner/Kühl*, § 259 Rn 19; LK-*Hillenkamp*, § 22 Rn 85, 87 f. BGH NStZ 19, 80: „die Übernahme eigener Verfügungsgewalt" muss „unmittelbar bevor(stehen)".
148 BGHSt 43, 110, 111; für Streichung der „vorbereitenden Tätigkeit" deshalb und auch wegen der Gefahr, sonst neutrale Alltagshandlungen in die Vollendung einzubeziehen, *Maiwald*, Roxin-FS II, S. 1019, 1022 ff.
149 S. *Küper/Zopfs*, BT Rn 18 mwN.
150 BGHSt 2, 135, 137.

stellte¹⁵¹. Ein **Versuch** ist danach auch mit der einen **Absatzerfolg** für Vollendung **nicht** voraussetzenden Lehre erst zu bejahen, wenn der Täter des **Absetzens** sich bereits um einen Kaufinteressenten bemüht oder in Verkaufsverhandlungen eintritt¹⁵². Je nachdem, was der Tatplan vorsieht, kann ein **Beginn tätiger Absatzhilfe** uU dann aber auch schon in der Übernahme zur Aufbewahrung als solcher liegen, wie etwa dort, wo der Verwahrer die „*bemakelte*" Sache zur nahe bevorstehenden Abholung durch einen schon bestimmten Erwerber bereithalten soll¹⁵³ und der Vortäter daher mit seinen Absatzbemühungen bereits begonnen hat. Letzteres wird man für den Versuch der Absatzhilfe nach dieser weiteren (auch hier bis zur 36. Auflage vertretenen) Auffassung generell verlangen müssen¹⁵⁴ (zu einem Fall des untauglichen Versuchs s. Rn 831).

Setzt man für die **Vollendung** dagegen einen **Absatzerfolg voraus** (Rn 864), liegt ein **Versuch** des Absetzens erst vor, wenn der Täter zur Übertragung der Verfügungsgewalt auf den Erwerber unmittelbar ansetzt¹⁵⁵, ein Versuch der Absatzhilfe jedenfalls dann, wenn der Vortäter so verfährt¹⁵⁶. Dann gesellt sich zur für den Versuch erforderlichen Handlungsunmittelbarkeit die für den Versuchsbeginn zugleich notwendige und durch sie herzustellende Gefahr der Deliktsvollendung hinzu¹⁵⁷. In einer ersten Entscheidung des BGH¹⁵⁸ nach seiner Wende zum Absatzerfolg (s. hier Rn 864) teilt das Gericht zwar die hier vertretene Auffassung, dass der Versuch der Absatzhilfe „jedenfalls" dann beginnt, wenn nach der Vorstellung des Vortäters „der Beginn des Absatzvorgangs" erreicht ist. Es will aber, weil für den Versuchsbeginn maßgeblich auf die Sicht des Absatzhelfers als Täter abzustellen sei, unter teilweiser Wiederaufnahme der vormals gebrauchten Formeln (s. hier Rn 876) nach wie vor durch das alleinige Abstellen auf das Stadium der Absatzhilfe den Versuch uU weit im Vorstadium des eigentlichen Absetzens beginnen lassen. Dadurch gerät aber in einer quasi mittäterschaftlichen Konstellation der für sie auch von der Rechtsprechung sonst geforderte Eintritt in den Versuch der „Gesamttat" zugunsten einer Wertung nach der sog. Einzellösung aus dem Blick. Das ist ebenso widersprüchlich wie sachlich verfehlt¹⁵⁹.

877

Im **Fall 74** ist B über die **reine Vorbereitung** des erst für eine *spätere Zeit* geplanten Absatzes nicht hinausgegangen. Die Voraussetzungen der Versuchsstrafbarkeit gemäß § 259 I, III sind daher nicht gegeben¹⁶⁰. Sein Verhalten verwirklicht allerdings den Tatbestand der Begünstigung (§ 257 I); die Aufbewahrung des Diebesgutes bildet ein typisches Beispiel des dort geforderten und genügenden „Hilfeleistens" (s. dazu Rn 808 ff).

878

---

151 BGH NStZ 08, 152, 153 (mit Bespr. *Bosch*, JA 08, 231) in Abgrenzung zu BGH NStZ 94, 395 und BGH wistra 06, 16.
152 BGH MDR/D 71, 546.
153 Vgl S/S-*Hecker*, § 259 Rn 46.
154 S. *Küper*, BT 8. Aufl., S. 11 mwN; *Mitsch*, BT II/1, 2. Aufl., § 10 Rn 71; BGH wistra 06, 16, 17.
155 S. BGH NStZ 19, 80.
156 *Rengier*, BT I § 22 Rn 64 f; S/S/W-*Jahn*, § 259 Rn 47 f; OLG Köln BeckRS 17, 117610 mit Bespr. *Jahn*, JuS 17, 1128; iE zust. *Dehne/Niemann*, HRRS 15, 79.
157 LK-*Hillenkamp*, § 22 Rn 85, 96 f; s. dazu auch *Küper/Zopfs*, BT Rn 20; mit anderer Begründung iE so auch *Küper*, JZ 15, 1039 ff; *ders.*, Paeffgen-FS S. 345 ff.
158 BGH NJW 19, 1311 mit zum Versuch abl. Bespr. *Bosch*, Jura (JK) 19, 680; *Mitsch*, NJW 19, 1258 ff.
159 S. zur Gesamt- und zur Einzellösung bei mittäterschaftlichem Versuch LK-*Hillenkamp*, § 22 Rn 170 ff; die Rechtsprechung folgt dort zu Recht (Rn 173) der Gesamtlösung.
160 Näher BGH NJW 89, 1490.

VI. Vortatbeteiligung und Hehlerei

879 **Fall 75:** Durch einen „todsicheren Tipp" und den Hinweis, dass er zur Übernahme der Beute gegen gute Bezahlung bereit sei, hat A die Diebeskumpane B, C und D zu einem nächtlichen Einbruch in die Werkstatt des Juweliers J bestimmt. Nach erfolgreichem Verlauf teilen die drei eine Reihe von Schmuckstücken unter sich auf; den größeren Teil der Beute überbringen sie dem A, der jedem von ihnen einen Anteil am geschätzten Erlös sofort auszahlt. Auf dem Nachhauseweg kauft B dem D eine Perlenkette ab, die dieser bei der Aufteilung erhalten hat, die B jedoch seiner Mutter schenken will.
Strafbarkeit der Beteiligten? **Rn 884**

1. Vortäterschaft und Hehlerei

880 **Täter** und **Mittäter der Vortat** können an den von ihnen erlangten Sachen nicht zugleich Hehlerei begehen[161]. Zumindest der *erste* Hehler muss, wie § 259 nF ausdrücklich klarstellt, im Vergleich zu ihnen „*ein anderer*" sein. Auch wird durch den Vortäter kein neues Rechtsgut verletzt[162]. Stiftet der Vortäter den Hehler an, liegt eine mitbestrafte Nachtat vor[163].

Ob § 259 auch bei einem späteren Rückerwerb der Beute bzw eines Beuteanteils entfällt, ist streitig (vgl Rn 882 f). Lässt sich im Strafverfahren nicht klären, ob der Angeklagte an der Vortat (zB am Betrug oder an einer räuberischen Erpressung) als Mittäter beteiligt war, steht jedoch fest, dass er einen Teil der Beute in Kenntnis der Vortat erst von deren Täter erhalten hat, so bejaht der BGH die Zulässigkeit einer Verurteilung wegen Hehlerei[164].

2. Vortatteilnahme und Hehlerei

881 **Anstifter** und **Gehilfen** der Vortat, die im Anschluss an deren Begehung hehlerisch handeln, machen sich nach hM der **Hehlerei** schuldig, und zwar selbst dann, wenn die Vortatteilnahme von vornherein darauf abzielte, sich die Beute oder bestimmte Teile daraus zur eigentümergleichen Verwendung zu verschaffen[165]. In einer Grundsatzentscheidung des GrS ist diese Auffassung mit stichhaltigen Argumenten näher begründet worden. Ihr folgt die hL[166], teils mit der bedenkenswerten Einschränkung, dass durch die Vortat kein „Anrecht" auf die Beute erworben worden ist, die Übertragung auf den Hehler durch den Vortäter also nicht in Erfüllung einer „Verbindlichkeit", sondern „frei" geschieht[167].

---

161 BGH NStZ-RR 17, 246.
162 *Lackner/Kühl*, § 259 Rn 18.
163 *Geppert*, Jura 94, 103.
164 BGHSt 35, 86, 89; BGH JZ 89, 504; OLG Brandenburg BeckRS 12, 25099 (Fall der Postpendenz); näher dazu *Geppert*, Jura 94, 100; *Küper*, Probleme der Hehlerei bei ungewisser Vortatbeteiligung 1989; ferner *Wolter*, Anm. NStZ 88, 456.
165 Vgl BGHSt 33, 50, 52; in einem solchen Fall kommt allerdings auch eine Hehlerei ausschließende Mittäterschaft an der Vortat in Betracht, s. BGH BeckRS 12, 18738 mit Bespr. *Bosch*, JK 1/13, StGB § 244a/2; *Hecker*, JuS 13, 177.
166 BGHSt 7, 134; 33, 50, 52; A/W-*Heinrich*, § 28 Rn 38; BK-*Ruhmannseder*, § 259 Rn 57; *Fischer*, § 259 Rn 31; *Hohmann/Sander*, BT I § 19 Rn 91; *Klesczewski*, BT § 10 Rn 80; S/S-*Hecker*, § 259 Rn 51; S/S/W-*Jahn*, § 259 Rn 51; diff. S/S-*Stree*, 27. Aufl., § 259 Rn 56 f.
167 So S/S-*Stree*, 27. Aufl., § 259 Rn 57; BGH NJW 87, 77; OLG München wistra 07, 37; abl. M/R-*Dietmeier*, § 259 Rn 34; *Zöller*, BT Rn 505.

3. Rückerwerb der Beute durch den Vortäter

Umstritten ist, ob **Vortäter** dann wegen Hehlerei zu bestrafen sind, wenn sie nach Aufgabe ihrer ursprünglichen Verfügungsgewalt die Beute bzw einen Beuteanteil zurückerwerben oder beim Absatz mitwirken. Für den Fall, dass ein Mittäter den Anteil eines Mitbeteiligten **nach Beuteteilung** hinzuerworben hatte, hat der BGH zu § 259 aF das Vorliegen einer Hehlerei bejaht[168]. 882

Begründet wurde dies damit, dass auch der Dieb wiederum einen Diebstahl begehe, wenn er dem Erwerber die Beute wegnehme. Warum die Beurteilung zur Strafbarkeit seines Verhaltens anders ausfallen solle, wenn er die neue Verfügungsgewalt durch *Hehlerei* statt durch *Diebstahl* erlange, sei nicht einzusehen.

Mit der heutigen Fassung des Hehlereitatbestandes lässt sich dieser Standpunkt des BGH nicht mehr aufrechterhalten, da der **Vortäter**, der allein oder als Mittäter **gestohlen** hat, nicht dadurch *„ein anderer"* iS des § 259 nF wird, dass er die Beute bzw einen Beuteanteil später wiedererlangt oder zum Absatz mitwirkt. Hinzu kommt, dass es dem Charakter der Hehlerei als Vermögensdelikt nicht entsprechen würde, hier das Vorliegen einer *erneuten* Rechtsgutsverletzung seitens des Vortäters anzunehmen[169]. Zumindest würde in Fällen dieser Art der Grundgedanke der *mitbestraften Nachtat* durchgreifen[170]. 883

Im **Fall 75** haben B, C und D sich des gemeinschaftlich begangenen Diebstahls in einem *besonders schweren Fall* schuldig gemacht (§§ 242, 243 I 2 Nr 1, 25 II). A ist in dieser Hinsicht als **Anstifter** (§ 26) zu bestrafen. Weder diese Tatsache noch seine Zusage, die Beute abzunehmen, hindern seine Bestrafung auch wegen Hehlerei (§§ 242, 243 I 2 Nr 1, 26, 259, 53)[171]. B ist dagegen als Mittäter der Vortat bezüglich des Erwerbes der Perlenkette von C trotz der zwischenzeitlichen Beuteteilung nicht wegen Hehlerei zu bestrafen. 884

VII. Verfolgbarkeit und Strafschärfung

1. Verweisung auf §§ 247, 248a

Unter den Voraussetzungen der §§ 247, 248a hängt die **Strafverfolgung** wegen Hehlerei gemäß § 259 II von einem Strafantrag des durch die Vortat Verletzten ab[172]. Im Rahmen des § 248a kommt es lediglich darauf an, ob die **gehehlte Sache** von *geringem Wert* ist[173]; dass auch die erstrebte Bereicherung geringwertig sein müsse, kann nicht zusätzlich verlangt werden[174]. Das Bagatellunrecht prägt der geringe Wert der 885

---
168 BGHSt 3, 191, 194 gegen RGSt 34, 304 ff.
169 Vgl dazu H-H-*Kretschmer*, Rn 1207; *Lackner/Kühl*, § 259 Rn 18; **anders** *Geppert*, Jura 94, 100, 104; *Kindhäuser*, § 259 Rn 6; LK-*Walter*, § 259 Rn 90; *Rengier*, BT I § 22 Rn 73: Tatmehrheit; diff. S/S/W-*Jahn*, § 259 Rn 53.
170 So BK-*Ruhmannseder*, § 259 Rn 55; *Eser*, Strafrecht IV S. 193; *Krey/Hellmann*, BT II Rn 578; S/S-*Hecker*, § 259 Rn 50; zum Rückerwerb durch den oder zu Gunsten des durch die Vortat Geschädigten s. Rn 848.
171 Zum Konkurrenzverhältnis vgl BGHSt 22, 206 ff.
172 MK-*Maier*, § 259 Rn 186.
173 Vgl BT-Ds 7/550 S. 253; *Fischer*, § 259 Rn 26; *Kindhäuser*, § 259 Rn 2; LK-*Walter*, § 259 Rn 101; *Stree*, JuS 76, 137, 144.
174 *Lackner/Kühl*, § 259 Rn 22.

weiterverschobenen Sache, selbst wenn ausnahmsweise ein größerer Vermögensvorteil angestrebt wird.

2. Qualifikationen

886 Die **gewerbsmäßige Hehlerei** (§ 260 I Nr 1) bildet einen **qualifizierten Fall** im Verhältnis zu dem in § 259 normierten Grundtatbestand. **Gewerbsmäßig** handelt, wer sich aus der wiederholten Tatbegehung eine fortlaufende Einnahmequelle von einigem Umfang und einer gewissen Dauer verschaffen will[175]. Die Gewerbsmäßigkeit ist ein strafschärfendes persönliches Merkmal iS des § 28 II, trifft den Gehilfen also nur, wenn er selbst gewerbsmäßig handelt[176].

887 Neu im Gesetz ist der Tatbestand der **Bandenhehlerei** (§ 260 I Nr 2)[177].

Zum Bandenbegriff gilt das zu § 244 Gesagte entsprechend (s. Rn 297 ff)[178]. Die Kenntnis mehrerer oder gar sämtlicher Mitglieder einer Bande setzt der BGH[179] nicht voraus, wenn nur der Täter mit wenigstens einem anderen die Bandenabrede getroffen hat. Für §§ 260, 260a kommt es anders als in §§ 244 I Nr 2, 244a I, 250 I Nr 2 (s. Rn 301) auf die **Mitwirkung** wenigstens eines anderen Bandenmitglieds am Tatort nicht an. Das ist *hier* im Gegensatz zu dort allgemeine Meinung[180], weil in §§ 260, 260a die Wendung „unter Mitwirkung eines anderen Bandenmitglieds" mit Bedacht (s. Rn 301) fehlt. Damit ist *hier* auch entschieden, dass für (Mit-) Täterschaft Tatortpräsenz nicht Voraussetzung ist (zum Streit hierzu beim Bandendiebstahl und -raub s. Rn 302). Im Übrigen setzt die Zurechnung des besonderen persönlichen Merkmals der Bandenmitgliedschaft (s. Rn 296) auch hier eine mittäterschaftliche Beteiligung an der Bandentat nicht voraus. Es kann vielmehr nach § 28 II auch den Anstifter oder Gehilfen belasten[181].

888 Die **gewerbsmäßige Bandenhehlerei** (§ 260a) ist ebenfalls durch das OrgKG als weitere Qualifikation zu § 259 geschaffen worden. Der Tatbestand kombiniert die Merkmale der Bandenhehlerei mit dem Erfordernis des gewerbsmäßigen Handelns[182]. Die Tat ist Verbrechen, kann über § 30 somit schon im Vorfeld der eigentlichen Tatausführung erfasst werden[183]. Zwischen ihr und einem schweren Bandendiebstahl nach § 244a I 2 iVm § 243 I 2 Nr 3 ist eine Wahlfeststellung möglich[184].

---

175 BGHSt 1, 383; BGH NStZ 95, 85; näher BGH NZWiSt 14, 306 mit Anm. *Floeth*; einschr. BGH wistra 16, 307; als Qualifikation gehört § 260 I Nr 1 in den Urteilstenor, BGH NStZ-RR 07, 111.
176 BGH wistra 08, 379; BGH StV 12, 339, 342.
177 S. zur Vermögensstrafe BVerfGE 105, 135.
178 BGH wistra 02, 57; zur aus Dieben und Hehlern gemischten Bande s. BGHSt GrS 46, 321; für Anpassung des Begriffs an die organisierte Kriminalität *Erb*, NStZ 98, 541 f.
179 BGH NStZ 96, 495.
180 S. BGH NStZ 95, 85; 96, 495 mit zust. Anm. *Miehe*, StV 97, 247; BGH NStZ 00, 473; *Erb*, NStZ 98, 539; S/S-*Hecker*, § 260 Rn 3; S/S/W-*Jahn*, § 260 Rn 6; krit. hierzu mit Blick auf „gemischte" Banden BK-*Ruhmannseder*, § 259 Rn 4.1.
181 BGH BeckRS 12, 18738 mit Bespr. *Hecker*, JuS 13, 177.
182 Krit. dazu *Erb*, NStZ 98, 541; zu den Voraussetzungen s. BGH StV 12, 339, 342.
183 Krit. dazu *Flemming/Reinbacher*, NStZ 13, 136.
184 BGH NStZ 00, 473; BGH HRRS 14, 458 (Nr 1065); *Bauer*, wistra 14, 475; zum das in Frage stellenden Anfragebeschluss s. *Stuckenberg*, ZIS 14, 461; *Wagner*, ZJS 14, 436; der Große Senat hat die Möglichkeit der Wahlfeststellung bestätigt, BGH NJW 17, 2842 (= BGHSt 62, 72) mit Bespr. *Kudlich*, JA 17, 870; *Stuckenberg*, StV 17, 815. S. auch BGH NStZ-RR 18, 47, 49 mit Abgrenzung zur Postpendenz, dazu Anm. *Bosch*, Jura (JK) 18, 424.

VIII. Prüfungsaufbau: Hehlerei, § 259

Hehlerei, § 259
   I. **Tatbestand**
      1. **Objektiver Tatbestand**
         a) **Tatobjekt:**
- *Sache*

         b) **Vortat:**
- *Diebstahl oder sonst gegen fremdes Vermögen gerichtete rechtswidrige Tat*
  - → nicht notwendig Vermögensdelikt ieS
  - Ⓟ Erfordernis einer bzgl der Sacherlangung abgeschlossenen Vortat
  - → Fortbestehen der durch die Vortat begründeten rechtswidrigen Vermögenslage
  - Ⓟ Unmittelbarkeitszusammenhang/Ersatzhehlerei
  - → Surrogate

         c) **Täter:**
- *Vortat = Tat eines anderen*
  - → Ausschluss des Täters/Mittäters der Vortat
  - Ⓟ Rückerwerb der Beute durch den Vor(mit)täter

         d) **Tathandlung:**
- *sich oder einem Dritten verschaffen*
  - → vom Vortäter unabhängige (Mit-) Verfügungsgewalt
  - → Verfügungsgewalt zu eigenen Zwecken
  - Ⓟ Mitverzehr
  - Ⓟ Erwerb der Auslösungsbefugnis für hinterlegte Sachen
- *Ankaufen*
- *Absetzen*
  - → selbstständiges Handeln zugunsten des Vortäters
  - Ⓟ Entgeltlichkeit
  - Ⓟ Rückveräußerung an den Eigentümer
  - Ⓟ Absatzerfolg
- *Absetzenhelfen*
  - → unselbstständige Unterstützung der Absatzbemühungen des Vortäters
  - Ⓟ Erfolgsgeeignetheit der Hilfe
  - Ⓟ Absatzerfolg
- *einverständliches Zusammenwirken mit dem Vortäter*
  - Ⓟ Entzug der Sache durch Nötigung/Täuschung

      2. **Subjektiver Tatbestand**
         a) **Vorsatz:**
- *jede Vorsatzart*

         b) **Absicht:**
- *Absicht, sich oder Dritten zu bereichern*
  - → kein Erfordernis der Rechtswidrigkeit des erstrebten Vorteils
  - → kein Erfordernis der Stoffgleichheit des erstrebten Vorteils
  - Ⓟ Vortäter als Dritter

888a

II. Rechtswidrigkeit
III. Schuld
→ **Privilegierungen (Strafantrag, § 259 II iVm §§ 247, 248a)**
   Ⓟ Bezugspunkt der Geringwertigkeit
→ **Qualifikationen, §§ 260, 260a**

§ 24 Geldwäsche und Verschleierung unrechtmäßig erlangter Vermögenswerte

889 **Fall 76:** T hat bei einem Raubüberfall 50 000 € erbeutet. Von dem Geld erwirbt er beim gutgläubigen Juwelier J für 10 000 € eine goldene Damenarmbanduhr, die er seiner Freundin schenken will, und überlässt seinem eingeweihten Bekannten B 500 €, der das Geld zusammen mit weiteren, redlich erworbenen 50 000 € zur Anschaffung eines neuen Pkw verwendet.
Sind die Damenarmbanduhr, der Pkw des B und das von J gutgläubig entgegen genommene Geld taugliche Objekte des § 261? **Rn 901**

889a **Fall 77:** Mit einem weiteren Teil des Geldes aus dem Raubüberfall (s. **Fall 76**) bezahlt T den Einkauf von Lebensmitteln für seinen täglichen Bedarf beim Kolonialwarenhändler K, die Rechnung seines Zahnarztes Z für eine dringend notwendig gewordene Zahnbehandlung und das Honorar seines „Hausanwalts" H für die Verteidigung in einer Strafsache.
Sind K, Z und H nach § 261 II Nr 1, V zu bestrafen, wenn sie die Verhältnisse des T kannten und sich ihnen der Verdacht, dass das Geld aus einem Verbrechen stammt, hätte aufdrängen müssen? **Rn 902**

I. Entstehung, Zweck und Rechtsgut

890 Mit dem Tatbestand der **Geldwäsche** (§ 261) soll die Verschleierung unrechtmäßig erlangter Vermögenswerte und die Vereitelung ihrer Wiederauffindung (Abs. 1) bekämpft und das der Tarnung dienende Einschleusen solcher Vermögensgegenstände aus dem Bereich der Organisierten Kriminalität in den legalen Finanz- und Wirtschaftskreislauf (= **Geldwäsche**)[1] unterbunden werden. Zudem soll die Strafvorschrift den häufig mit dem Täter der Geldwäsche nicht identischen Vortäter isolieren und den inkriminierten Gegenstand verkehrsunfähig machen (Abs. 2)[2].

Zur Steigerung der Wirksamkeit der Geldwäschebekämpfung dient das Gesetz über das Aufspüren von Gewinnen aus schweren Straftaten **(Geldwäschegesetz-GWG)**, das Kredit-, Fi-

---

[1] Umfassend zur Geldwäsche s. die Beiträge in *Herzog/Mülhausen*, Geldwäschebekämpfung und Gewinnabschöpfung 2006 (zum Tatbestand der Geldwäsche darin *Nestler*, §§ 13–22); zu Arten und Techniken der Geldwäsche s. A/R/R-*Herzog*, 13 Rn 5 ff; *Hoyer/Klos*, Geldwäsche, 2. Aufl. 1998, S. 8 ff; M-G/B-*Häcker*, § 51 Rn 1 ff; Überblick bei *Hombrecher*, JA 05, 68.
[2] BT-Ds 12/989, S. 26 f. Zur „Regelungsidee" und den „Regelungszielen" s. ausführlich G/J/W-*Eschelbach*, § 261 Rn 2 ff.

nanz- und Versicherungsinstituten bei Bargeschäften und Geschäften mit elektronischem Geld ab 15 000 € bestimmte Identifizierungs-, Aufzeichnungs- und Anzeigepflichten auferlegt[3]. Sie trifft mit den Rechtsanwälten, Notaren, Steuerberatern, Immobilienmaklern, Spielbanken ua auch weitere Berufsgruppen[4]. Der Gesetzgeber erwartet, dass das beim Geldwaschen „sichtbar" werdende illegale Geld den Strafverfolgungsbehörden einen Ansatz bietet, auf dieser „Papierspur" in die Strukturen der Organisierten Kriminalität einzudringen und dass es gelingt, mit der über Einziehung und Erweiterten Verfall (§ 261 VII) möglichen Entziehung der finanziellen Grundlagen den Nerv der Organisierten Kriminalität zu treffen[5].

Mit § 261 sollen **Strafbarkeitslücken** geschlossen werden, die die §§ 257 ff bei Geldwäschevorgängen vor allem deshalb offen lassen, weil die betroffenen Gegenstände nicht stets aus gegen fremdes Vermögen gerichteten Taten stammen, es sich um nicht mehr erfasste Surrogate oder nicht um Sachen, sondern um Guthaben, Forderungen und dergleichen handelt oder es an der in den §§ 257 ff jeweils vorausgesetzten Absicht mangelt[6]. Liegt neben einer Geldwäsche auch eine (versuchte) gewerbsmäßige Hehlerei vor, besteht nach dem BGH Tateinheit[7]. **Geschützt** wird die „Aufgabe der inländischen staatlichen Rechtspflege, die Wirkungen von Straftaten zu beseitigen" (BT-Ds 12/989, S. 27). Neben diesen Schutz der **Rechtspflege** tritt nach verbreiteter und zutreffender Meinung (jedenfalls)[8] in § 261 II – wie in § 257 – auch der Schutz der durch die Vortat verletzten Interessen[9], den der BGH in Zivilsachen auch durch § 261 I gewährleistet sieht. Beide Absätze gelten folglich für ihn als Schutzgesetze iS des § 823 II BGB[10]. Eine abweichende Rechtsgutsbestimmung rückt den wenig fassbaren überindividuellen Aspekt des Vertrauens in die Solidität und Sauberkeit des legalen Finanz- und Wirtschaftssystems in den Vordergrund[11]. Das ist schon deshalb abzulehnen, weil der Tatbestand auf solchem Hintergrund zusätzlich

891

---

3 Zu den Voraussetzungen einer Verdachtsanzeige nach § 11 GWG und der Haftungsfreistellung nach § 12 GWG s. instruktiv OLG Frankfurt a.M. BeckRS 13, 06607; zur Neufassung des GWG im Jahr 2017 s. *Kim*, ZWH 17, 365 ff; zur krassen Diskrepanz zwischen Verdachtsmeldungen und Verurteilungen s. *Michalke*, Fischer-FS S. 449, 453 ff.
4 S. dazu A/R/R-*Herzog*, 13 Rn 24 ff; *Burger*, wistra 02, 6; *v. Galen*, NJW 03, 117; *Gentzik*, Die Europäisierung des Geldwäschestrafrechts 2002, S. 55 ff; *Wegner*, NJW 02, 794, 2276; zu den Auswirkungen s. die empirische Studie von *Kilchling/Lukas*, Gefährdung von Rechtsanwälten, Steuerberatern, Notaren und Wirtschaftsprüfern durch Geldwäsche 2005, S. 91 ff; zur Kollision mit dem (anwaltlichen) Berufsgeheimnis s. *Hamacher*, wistra 12, 136 ff; vgl auch EGMR NJW 13, 3423.
5 BT-Ds 12/989, S. 26; zur die Erwartungen nicht erfüllenden Praxis der Gewinnabschöpfung s. *Kaiser*, wistra 00, 121.
6 S. BT-Ds 12/989, S. 26; BGHSt 50, 347, 353 f (dort auch zum Verhältnis zur Hehlerei, s. dazu auch *Schramm*, wistra 05, 245; *ders.*, wistra 08, 245); *Arzt*, NStZ 90, 2; *Flatten*, Zur Strafbarkeit von Bankangestellten bei der Geldwäsche 1996, S. 19 ff; *Krey/Dierlamm*, JR 92, 353; *Otto*, Jura 93, 329; *Schmidt*, BT II Rn 860 ff; 880a; soweit § 261 über die §§ 257–259 hinausgeht, wird die „Legitimität" des § 261 von *Helmers*, ZStW 121 (2009), 509 ff bestritten.
7 BGH NJW 19, 1311, 1315 ff.
8 BGH NStZ-RR 13, 253 leitet daraus die Geltung des deutschen Strafrechts gem. § 7 I für eine in Spanien begangene Geldwäsche mit einer gegen einen Deutschen gerichteten Vortat ab.
9 BK-*Ruhmannseder*, § 261 Rn 6; *Eisele*, BT II Rn 1172; *Jahn/Ebner*, JuS 09, 597; *Lackner/Kühl*, § 261 Rn 1; *Krey/Hellmann/Heinrich*, BT II Rn 908; *Mitsch*, BT II S. 836 f; MK-*Neuheuser*, § 261 Rn 7, 12; M/R-*Dietmeier*, § 261 Rn 2; NK-WSS-*Reichling*, § 261 Rn 12; *Rengier*, BT I § 23 Rn 4; SK-*Hoyer*, § 261 Rn 2; S/S/W-*Jahn*, § 261 Rn 7; zusf. BGHSt 55, 36, 49; HansOLG Hamburg NJW 00, 673, 674; weiter diff. NK-*Altenhain*, § 261 Rn 11 ff; nur für Schutz der Rechtspflege *Otto*, BT § 96 Rn 28; auch für Schutz der „inneren Sicherheit" LK-*Schmidt/Krause*, § 261 Rn 4.
10 BGH NJW 13, 1158 f (unter Einbeziehung von § 261 V).
11 *Lampe*, JZ 94, 125; *Schittenhelm*, Lenckner-FS S. 528; *J. Vogel*, ZStW 109 (1997), 350 ff; s. auch *Bottke*, wistra 95, 124; *Findeisen*, wistra 97, 121; zu Recht krit. A/W-*Heinrich*, § 29 Rn 5 ff.

an **Bestimmtheit** verlöre. Durch die Kombination unübersichtlich beschriebener Katalogtaten mit einer Vielfalt von Tathandlungen, die nahezu jedweden Umgang mit „kontaminierten" Gegenständen unter Strafe stellen, „bewegt sich" nach Auffassung des BGH[12] die Vorschrift ohnehin schon „an der Grenze der Verständlichkeit". Um eine ausreichende Bestimmtheit herzustellen, empfiehlt er eine „restriktive Auslegung der Tatbestandsmerkmale", mit der nur solche Verhaltensweisen als tatbestandsmäßig erscheinen, die „sich ohne Weiteres und sicher dem Wortlaut der Bestimmung unterordnen lassen"[13]. In ein solches Bemühen fügt sich eine zu vage Rechtsgutsbestimmung nicht ein. Auch die Auffassung, das ohnehin konturenlose Merkmal des „Herrührens" lasse im Hinblick auf § 261 als Auffangtatbestand „eine weite Auslegung zu"[14], passt hierzu nicht. Der **Versuch** ist nur im Falle durchgehend vorsätzlicher Tatbestandserfüllung, nicht also bei einer Kombination mit **Leichtfertigkeit** (§ 261 V; s. dazu Rn 902) strafbar[15]. Ein untauglicher Versuch ist gegeben, wenn der Täter irrig von einer Katalogtat als Vortat ausgeht[16].

Der als Umsetzung internationalen und europäischen Rechts zu sehende Tatbestand der Geldwäsche[17] ist auf Grund seiner bislang geringen Effizienz[18] anhaltenden Bemühungen um Verbesserung ausgesetzt, mit denen in der Praxis sichtbar gewordenen Anwendungsschwierigkeiten begegnet werden soll[19]. Neben einer **erheblichen Erweiterung** des **Vortatenkatalogs** ist insoweit die **Aufgabe** der Voraussetzung zu nennen, dass die **Vortat** die **Tat eines anderen** sein muss[20].

II. Tatbestand

1. Tatobjekt, Vortat und Täter

892 **Gegenstand** der Tat können alle beweglichen und unbeweglichen Sachen sowie Rechte sein (wie etwa Bargeld, Buchgeld, Forderungen, Wertpapiere, Immobilien, Edelsteine, Kunstobjekte, Kontodaten und dergleichen)[21], die aus einem **Verbrechen**

---

12 BGH NJW 08, 2516, 2517.
13 Ebenso AnK-*Sommer*, § 261 Rn 3.
14 So BGHSt 53, 205, 209 f mit krit. Anm. *Fahl*, JZ 09, 747 und *Kuhlen*, JR 10, 271; krit. auch *Bülte*, ZWH 16, 386; vgl auch BGH NStZ-RR 10, 109, 111.
15 OLG Karlsruhe NStZ 09, 269, 270; zum untauglichen Versuch s. BGH NStZ 08, 465, 466.
16 BGH BeckRS 18. 38747.
17 S. dazu BGHSt 50, 347, 354 ff; *Ambos*, ZStW 114 (2002), 236; A/R/R-*Herzog*, 13 Rn 14 ff; *Dannecker*, Jura 98, 83; *Hetzer*, ZRP 01, 266; *Hoyer/Klos*, Geldwäsche, 2. Aufl. 1998, S. 292 f; *Korte*, NJW 98, 1464; *Maurach/Maiwald*, BT II § 101 Rn 16, 19; *Nelles*, in: *Nelles*, Money, money, money 2004, S. 109 ff; *Schubarth*, Bemmann-FS S. 430 ff.
18 S. *Oswald*, wistra 97, 328; *Michalke*, Fischer-FS S. 449 ff; S/S/W-*Jahn*, § 261 Rn 2, 6; krit. auch *Dierlamm*, Mehle-FS S. 177.
19 S. zu den zahllosen Änderungen *Fischer*, § 261 Rn 1–1b; im Zusammenhang mit der Bekämpfung des Terrorismus *Hetzer*, ZRP 02, 407.
20 S. zur Neuregelung – auch des GWG – *Hund*, ZRP 97, 180; *Kreß*, wistra 98, 121; *J. Meyer/Hetzer*, NJW 98, 1020; ferner S/S-*Hecker*, § 261 Rn 7; zur neuerlichen Erweiterung des Vortatenkatalogs *Schröder*, WM 11, 769 ff.
21 Einschränkend *Geurts*, ZRP 97, 252; weiter *Cebulla*, wistra 99, 281; s. genauer G/J/W-*Eschelbach*, § 261 Rn 10 ff; *Voß*, Die Tatobjekte der Geldwäsche 2007; zu Bitcoins/Kryptowährungen als Tatobjekt s. *Herzog/Hoch*, StV 19, 412. In den Kontodaten-Fällen (Liechtenstein/Schweiz) mangelt es entgegen *Kühne*, GA 10, 276 daher nicht an einem tauglichen Gegenstand, sondern (bisher) an einer einschlägigen Vortat.

(§ 261 I 2 Nr 1) oder einem in § 261 I 2 Nrn 2–5 genannten **Vergehen**[22] im weitesten Sinne „herrühren". Dem Schutzzweck des Tatbestandes entsprechend muss dem Gegenstand allerdings ein messbarer Vermögenswert zukommen[23]. Ob auch nichtige Forderungen mit wirtschaftlichem Wert dazu gehören, ist umstritten, aber zu verneinen[24].

Die in § 261 II normierte Strafbarkeit entfällt allerdings mangels tauglichen Tatobjekts nach **Abs. 6** (zur str. Erstreckung auf Abs. 1 s. Rn 901), wenn zuvor ein – zB gutgläubiger – Dritter den Gegenstand erlangt hatte, ohne hierdurch eine Straftat (= eine Geldwäsche oder Hehlerei)[25] zu begehen. So soll es nach teilweise vertretener Auffassung auch liegen, wenn ein Bankräuber das geraubte Geld auf ein Konto einzahlt, ohne dass die kontoführende Bank eine Straftat begeht, und der Räuber alsdann die Forderung an einen in die Vorgänge Eingeweihten abtritt[26]. Gleiches soll gelten, wenn Strafverteidiger sich eine zuvor aus der Beute einer Katalogtat zur Haftverschonung hinterlegte Kaution zur Abdeckung ihrer Honorarforderung nach Abtretung des Rückzahlungsanspruchs auszahlen lassen[27]. Auch wird erwogen, den Strafverteidiger hiernach für straflos zu erklären, der sein Honorar nicht bar, sondern von einem Konto überwiesen erhält, auf das der Vortäter die „Beute" zuvor eingezahlt hat[28]. Gegen solche Konstruktionen spricht, dass gutgläubige Institutionen wie die Bank oder die Hinterlegungsstelle dann ohne Weiteres und entgegen der Zwecksetzung des § 261 als Geldwäschereien benutzt werden könnten. Richtigerweise wird man die Forderung gegen Bank oder Hinterlegungsstelle, über die der Vortäter zugunsten eines Dritten verfügt, als aus dem Tatgegenstand herrührend bezeichnen und den bösgläubigen Abtretungsempfänger daher wegen Geldwäsche belangen müssen[29]. Das gilt auch dann, wenn der Vortäter das kontaminierte Geld über das Anderkonto eines gutgläubigen Rechtsanwalts an einen bösgläubigen Dritten leitet, da dann der Vortäter die Verfügungsmacht über das Geld behält, ein Zwischenerwerb des Anwalts also nicht stattfindet[30]. 893

Der wenig bestimmte Begriff des „**Herrührens**" erfasst nach der Vorstellung des Gesetzgebers bewusst auch eine **Kette von Verwertungshandlungen**, bei der der ursprüngliche Gegenstand unter Beibehaltung seines Wertes durch einen anderen **ersetzt** wird[31]. Anders als bei der Hehlerei soll der Zugriff des § 261 damit nicht schon 894

---

22 S. hierzu im Einzelnen *Fischer*, § 261 Rn 10 ff; *Maurach/Schroeder/Maiwald*, BT II § 101 Rn 20 ff; NK-*Altenhain*, § 261 Rn 37 ff; zu Vortaten im Zusammenhang mit den „Panama-Papers" s. *Papathanasiou*, JA 17, 88.
23 AnK-*Sommer*, § 261 Rn 6; S/S/W-*Jahn*, § 261 Rn 19.
24 *Klesczewski*, BT § 10 Rn 99; MK-*Neuheuser*, § 261 Rn 31; S/S/W-*Jahn*, § 261 Rn 21; aA BK-*Ruhmannseder*, § 261 Rn 8; *Lackner/Kühl*, § 261 Rn 3; LK-*Schmidt/Krause*, § 261 Rn 10.
25 *Lackner/Kühl*, § 261 Rn 6; SK-*Hoyer*, § 261 Rn 37; M/R-*Dietmeier*, § 261 Rn 18; weiter *Eisele*, BT II Rn 1189; *Fischer*, § 261 Rn 27; *Rengier*, BT I § 23 Rn 16; S/S/W/*Jahn*, § 261 Rn 58; nur § 261 nach MK-*Neuheuser*, § 261 Rn 78; S/S-*Hecker*, § 261 Rn 21.
26 *Maiwald*, Hirsch-FS S. 636, 640; aA NK-*Altenhain*, § 261 Rn 88; SK-*Hoyer*, § 261 Rn 36.
27 BGHSt 47, 68, 79 f; zur vom BGH hier verneinten Frage der Erstreckung dieser Ausnahme auf Taten nach Abs. 1 s. Rn 901 und *Rengier*, BT I § 23 Rn 16 f; OLG Karlsruhe NJW 05, 767, 769.
28 S. *Hamm*, NJW 00, 638; krit. dazu *Lüderssen*, StV 00, 208; s. zum Problem auch Rn 900, 902.
29 A/R/R-*Herzog*, 13 Rn 100; BK-*Ruhmannseder*, § 261 Rn 37.1; *Fischer*, § 261 Rn 29; *Hilgendorf/Valerius*, BT II § 22 Rn 22; MK-*Neuheuser*, § 261 Rn 79; S/S-*Hecker*, § 259 Rn 21; aA NK-WSS-*Reichling*, § 261 Rn 57; S/S/W-*Jahn*, § 261 Rn 60.
30 BGHSt 55, 36, 56 f.
31 BGH NStZ 17, 28; zur Einschränkung bei Gegenständen in einer **Zwangsversteigerung** s. LG Aachen StV 19, 57.

nach einem „Waschvorgang" enden. Andererseits rührt aus der Vortat hiernach nicht mehr her, was in seinem Wert durch Weiterverarbeitung im Wesentlichen auf eine selbstständige spätere Leistung Dritter zurückzuführen ist[32]. Zugrundezulegen ist danach eine **wirtschaftliche Betrachtungsweise**[33]. Von ihr klingt allerdings nur wenig an, wenn es – in sprachlich nicht geglückter Form[34] – genügen soll, dass „zwischen dem Gegenstand und der Vortat ein Kausalzusammenhang" besteht, der Gegenstand sich also aus der Vortat „ableiten" lässt[35]. Das ist vor allem bei der Tatbeute, dem Lösegeld oder der Entlohnung für die Vortat wie bei dem durch die Vortat hergestellten „Produkt" (zB Falschgeld) der Fall, nicht aber bei den Tatwerkzeugen der Vortat[36].

895 Als **Beispiele** hatte der Gesetzentwurf (BR-Ds 507/92, S. 28) sehr weitgehend die folgenden Fälle beschrieben: „Zahlt ein Täter den Gewinn aus Betäubungsmittelgeschäften bar auf sein Bankkonto ein, so rührt das Bankguthaben aus der Vortat her. Bezahlt er mit dem Bankguthaben Schmuck oder Wertpapiere, dann rühren auch diese Gegenstände aus der Vortat her. Nimmt der Täter anschließend bei der Bank ein Darlehen auf und gibt er die Wertpapiere als Sicherheit, dann hat das ausgezahlte Darlehen seine Ursache ebenfalls in der Vortat. Erwirbt er mit diesem Darlehen zB ein Grundstück, rührt auch dieses aus der Vortat her. Erwirbt der Täter dagegen mit illegal erlangtem Geld Unternehmensanteile, so rühren zwar diese Anteile, nicht aber die von dem Unternehmen produzierten Gegenstände aus der Vortat her. Zur Vermischung von legalem mit illegalem Geld ist anzumerken: kauft ein Täter einen Pkw für 10 000 DM, die in Höhe von 1000 DM illegaler Herkunft sind, so rührt das Auto insoweit aus der Vortat her; auf vom Bundesgerichtshof für die Hehlerei aufgestellte Grundsätze über die Vermischung von Geld (zB BGH NJW 1958, 1244) kann zurückgegriffen werden."

896 Die Geldwäsche ist – wie die Hehlerei – eine **Anschlusstat**[37]. Deshalb muss – nicht anders als dort (s. Rn 830) – die **Vortat** in Bezug auf die Sacherlangung abgeschlossen, und dh in aller Regel **vollendet** sein[38]. Sie kann gemäß § 261 VIII auch im Ausland begangen[39], muss in ihren **wesentlichen**, einen legalen Erwerb ebenso wie eine Nichtkatalogtat ausschließenden Merkmalen festgestellt[40] und vom **Vorsatz** des Täters wenigstens in groben Zügen als – ggf gewerbsmäßige – Katalogtat erfasst wer-

---

32 BT-Ds 12/989, S. 27; *Lackner/Kühl*, § 261 Rn 5; diff. Sk-*Hoyer*, § 261 Rn 16; s. näher zu diesem schwer eingrenzbaren Begriff *Barton*, NStZ 93, 159; *Körner*, NStZ 96, 64; *Lampe*, JZ 94, 123; *Leip*, Der Straftatbestand der Geldwäsche 1995, S. 66 ff; *Otto*, Jura 93, 330; Beispiele bei A/R/R-*Herzog*, 13 Rn 79 ff.
33 *Flatten*, Zur Strafbarkeit von Bankangestellten bei der Geldwäsche 1996, S. 70 f; H-H-*Kretschmer*, Rn 1213; *Otto*, BT § 96 Rn 31; *Zöller*, BT Rn 538; OLG Karlsruhe NJW 05, 767, 768.
34 Beachtlich deshalb der Vorschlag von *Kuhlen*, JR10, 272, das „verursacht" durch „erlangt hat" iS des § 259 zu ersetzen.
35 BGHSt 53, 205, 209. Nach BGH NStZ-RR 10, 109, 111 soll das jedenfalls dann gegeben sein, „wenn das Surrogat einer unmittelbaren Beziehung zum Vortäter entstammt" (Bestechungsgelder); mit einer restriktiven Auslegung (s. Rn 891) verträgt sich das nicht; s. zum „Herrühren" A/W-*Arzt*, § 29 Rn 13 ff; *Eisele*, BT II Rn 1176 f; *Fischer*, § 261 Rn 7 ff; *Jahn/Ebner*, JuS 09, 599 f; *Rengier*, BT I § 23 Rn 7 f.
36 S/S/W-*Jahn*, § 261 Rn 37; Bestechungsgelder, die ein Dritter für den zu Bestechenden entgegennimmt, sind – entgegen *Fahl*, JZ 09, 748 – tauglicher Gegenstand, s. BGHSt 53, 205, 208 f mit insoweit zust. Anm. *Kuhlen*, JR 10, 272 f.
37 Abl. *Bülte*, ZWH 16, 384 ff, der stattdessen von einem **Kontaktdelikt** (S. 386) sprechen will.
38 LG Köln NZWiSt 13, 430 mit Anm. *Heimann*; S/S/W-*Jahn*, § 261 Rn 22 mit zu beachtender Einschränkung beim Versuch als Vortat.
39 S. dazu *Hecker*, Heinz-FS S. 714, 716 ff; *Lütke*, wistra 01, 85.
40 BVerfG wistra 06, 418, 419; BGH wistra 16, 192; *Kreß*, wistra 98, 125; enger *Bernsmann*, StV 98, 46; *Klos*, Anm. wistra 97, 236; *Zöller*, Roxin-FS II S. 1033, 1046 ff.

den[41]. Soweit sie – was leicht übersehen wird – **gewerbsmäßig** begangen sein muss, was bei **allen Vergehen** des **§ 261 I 2 Nr 4** (also zB bei §§ 242, 246, 253, 266) alternativ zur Begehung durch ein **Mitglied einer Bande** Voraussetzung ist, muss dieses persönliche Merkmal beim **Täter** der Vortat vorliegen. Handelt nur ein Gehilfe gewerbsmäßig, reicht das nicht aus[42]. Nach der Neufassung des § 261 (s. Rn 891) muss die Vortat aber **nicht** mehr die Tat „**eines anderen**" sein (§ 261 I 1, V). Danach kann nicht nur wie bisher der **Teilnehmer** an der Vortat die Geldwäsche als **Täter** begehen, sondern auch ein **Mittäter**. Der Gesetzgeber hat zudem die Strafbarkeit auf die Fälle erstrecken wollen, in denen eine **Alleintäterschaft** bezüglich der Vortat möglich, aber nicht nachweisbar ist und der Geldwäscher infolgedessen weder wegen der Vortat noch wegen Geldwäsche bestraft werden konnte[43]. Im Gefolge dieser Regelung sieht § 261 IX 2 in Anlehnung an § 257 III 1 einen **persönlichen Strafausschließungsgrund** vor, nach dem wegen Geldwäsche nicht bestraft wird, wer wegen **Beteiligung** an der Vortat, sei es auch nur auf **wahldeutiger** Grundlage[44], **strafbar** ist. Dieser Strafausschließungsgrund dehnt die Straflosigkeit über den strafbaren Vortäter auf die an der Vortat in strafbarer Weise sonst beteiligten Personen aus[45], lässt aber andererseits die Strafbarkeit von Personen zu, die den Vortäter bei dessen Geldwäsche unterstützen[46]. Dass die Vortat im Zeitpunkt der Geldwäschehandlung schon voll- oder beendet ist, setzt § 261 IX 2 nicht voraus[47]. Folgt man dem BGH[48], kann auch ein nach § 261 IX 2 strafloser Vortatbeteiligter der für eine Bande (§ 261 IV 2) nach der neueren Rechtsprechung (s. Rn 299) erforderliche Dritte sein. § 261 IX 3 sieht zum persönlichen Strafausschließungsgrund für den Fall eine **Rückausnahme** vor, dass der Täter oder Teilnehmer der Vortat den aus einer Katalogtat herrührenden Gegenstand in den Verkehr bringt und dabei die rechtswidrige Herkunft des Gegenstands verschleiert[49]. Eine solche „Selbstgeldwäsche" geschieht nach dem BGH[50] zB durch das Einzahlen von illegal erworbenem Bargeld auf ein Bankkonto selbst dann, wenn das Konto ausschließlich für eigene Zwecke des Täters geführt wird. Da die Bank mit der Einzahlung Zugriff auf den betreffenden Betrag erlange, habe der Täter – wie für das *Inverkehrbringen* vorausgesetzt – die tatsächliche Verfügungsgewalt auf einen Dritten übertragen.

---

41 BGH wistra 03, 260, 261; BGH wistra 13, 19; zusf. BGH BeckRS 18, 38747.
42 BGH NJW 08, 2516 f mit Anm. *Hoch*, StV 09, 414; BGH BeckRS 14, 18273; zur Notwendigkeit der Feststellung der Gewerbsmäßigkeit s. BGH wistra 12, 188; HansOLG Hamburg StV 13, 93 f; KG StV 13, 92.
43 S. zu einem solchen Fall nach jetzt geltendem Recht BGH BeckRS 16, 17228.
44 BGH NJW 16, 3317 mit Anm. *Ebner/Papathanasiou*, ZWH 17, 14; BGH NJW 17, 2842, 2845 (= BGHSt 62, 72) mit Bespr. *Kudlich*, JA 17, 870; *Stuckenberg*, StV 17, 815.
45 BT-Ds 13/8651, S. 11; *Hund*, ZRP 97, 181; *J. Meyer/Hetzer*, NJW 98, 1020; krit. zu dieser Erstreckung *Kreß*, wistra 98, 126.
46 S. *Schittenhelm*, Lenckner-FS S. 537 f; zur „Selbstgeldwäsche" s. *Bergmann*, NZWiSt 14, 448.
47 BGH NStZ 00, 653, 654.
48 BGH JR 06, 432, 434 f mit abl. Anm. *Krack*.
49 S. dazu *Barreto da Rosa*, JR 17, 101; *Neuheuser*, NZWiSt 16, 265; für restriktive Auslegung *Teixeira*, NStZ 18, 634, 639.
50 BGH NJW 19, 533 mit Anm. *Jahn*; *Bosch*, Jura (JK) 19, 556.

2. Tathandlungen

897 Die **Tathandlungen**, die sich vielfach überschneiden, sind in den Absätzen 1 und 2 des § 261 näher umschrieben. Für sie gilt das **Vorsatzerfordernis** uneingeschränkt. **Leichtfertigkeit** (s. zu ihr Rn 902) genügt nach § 261 V nur insoweit, als es um die Herkunft des betreffenden Gegenstandes geht[51]. Das kommt regelmäßig nur bei der Tathandlung des § 261 II Nr 1 in Betracht. Dann handelt es sich um ein *Fahrlässigkeitsdelikt*, zu dem eine Teilnahme ausscheidet[52]. § 261 I beschreibt Verhaltensweisen, die die Rechtspflege dadurch beeinträchtigen, dass der Gegenstand verborgen, seine Herkunft verschleiert (= Verschleierungstatbestand) oder seine Überführung in die Hand der Strafverfolgungsorgane vereitelt oder *konkret*[53] gefährdet (= Vereitelungs- und Gefährdungstatbestand) wird. Nach § 261 II Nr 1 macht sich strafbar, wer den Gegenstand sich oder einem Dritten verschafft, nach Nr 2, wer ihn verwendet oder verwahrt (= Isolierungstatbestand)[54].

898 Das **Verschleiern** umfasst alle irreführenden Machenschaften, die darauf abzielen, dem Tatobjekt den Anschein einer anderen (legalen) Herkunft zu verleihen oder die wahre Herkunft zu verbergen. Ein zielgerichtetes, konkret geeignetes Handeln reicht aus, erfolgreich muss es nicht sein. Heimlichkeit ist nicht erforderlich[55]. Für das **Gefährden** der **Ermittlung** der **Herkunft** und des **Auffindens**[56] wird das Herbeiführen einer konkreten Gefahr verlangt, die beispielsweise gegeben ist, wenn das inkriminierte Geld ins Ausland gebracht wird, um es dort in den Verkehr zu bringen. Wie bei der Begünstigung (Rn 809) und der Hehlerei (Rn 867) muss auch bei der Geldwäsche das Bemühen des Täters zur Erreichung des Erfolges *konkret geeignet* sein, woran es fehlt, wenn der Gegenstand einem verdeckt ermittelnden Polizeibeamten ausgeliefert werden soll[57]. In einem solchen Fall bleibt es nach dem BGH beim nach § 261 III strafbaren Versuch[58]. Für das **Sichverschaffen**[59] bedarf es wie bei § 259 der Begründung einer vom Vortäter unabhängigen Verfügungsgewalt, für die eine nur vertragliche Verpflichtung des Vortäters zu späterer Leistung nicht ausreicht[60]. Auch im Übrigen gilt insoweit das zur Verschaffungshandlung des § 259 Gesagte entsprechend (BT-Ds 12/989, S. 27), sodass ein ohne Einverständnis erfolgter Erwerb auch § 261 nicht erfüllt[61]. Ein kollusives Zusammenwirken wird für

---

51 S. zur **Leichtfertigkeit** näher BGHSt 43, 158, 165 ff mit Anm. *Arzt*, JR 99, 79; BGHSt 50, 347, 351 f; BGH wistra 15, 20 mit Anm. *Floeth*, NZWiSt 15, 196; *Mayer*, HRRS 15, 500; BGH NStZ-RR 19, 145 (Leichtfertigkeit bzgl der Gewerbsmäßigkeit der Vortat); LG Köln MMR 08, 259, 260; *Otto*, JK 98, StGB § 261/2; *Sauer*, wistra 04, 89; zur Strafbarkeit von beim sog. phishing (Rn 618) eingesetzten Finanzagenten wegen leichtfertiger Verkennung der Herkunft des Geldes s. *Neuheuser*, NStZ 08, 492, 496 f.
52 S. zu beiden Aussagen *Bülte*, Rengier-FS S. 181 ff.
53 OLG Karlsruhe NStZ 09, 269, 270; KG StV 13, 92 („konkret erschwert wird").
54 S. dazu BGH wistra 12, 188 f; zu den drei Bezeichnungen s. BVerfG NZWiSt 15, 472.
55 BGH NStZ 17, 28, 29 f; BGH NJW 19, 533.
56 S. dazu BGH wistra 16, 192.
57 S. BGH StV 99, 94 – Fall *Zlof* mit Anm. *Jahn*, JA 99, 186 und *Krack*, JR 99, 472; ebenso BK-*Ruhmannseder*, § 261 Rn 28; LK-*Schmidt/Krause*, § 261 Rn 19; S/S/W-*Jahn*, § 261 Rn 48; einen „Taterfolg" iS einer Erschwerung der Ermittlungsarbeit verlangt AnK-*Sommer*, § 261 Rn 33.
58 BGH StV 99, 95; zust. SK-*Hoyer*, § 261 Rn 23.
59 Zum Verhältnis des Drittverschaffens zum in § 261 fehlenden Absetzen s. *Bülte*, Rengier-FS S. 181, 182 ff.
60 BGHSt 43, 149, 152; zur Vollendung bei Eingang des Geldes auf einem Girokonto s. BGH HRRS 14, 382 (Nr 952).
61 S. hier Rn 846, 853 ff sowie A/W-*Heinrich*, § 29 Rn 26; *Eisele*, BT II Rn 1187; *Fischer*, § 261 Rn 24; LG Köln NZWiSt 10, 188, 189 mit Anm. *Valerius*; **diff.** *Rengier*, BT I § 23 Rn 13a; **abw.** *Lackner/Kühl*, § 261 Rn 8; NK-*Altenhain*, § 261 Rn 114; *Otto*, BT § 96 Rn 34.

beide Tatbestände nicht verlangt. Der BGH hat diesen Gleichklang für den Fall bestätigt, dass dem Vortäter des § 261 der Gegenstand (gewaltsam) weggenommen wird[62]. Anders als zu § 259 will aber der 1. Senat bei einem durch Nötigung herbeigeführten Einverständnis entscheiden. Ein aufgrund einer Nötigung oder Täuschung willensmangelbehaftetes Einverständnis soll hiernach ein Sich-Verschaffen iS des § 261 nicht ausschließen. Nur das entspreche dem Willen des historischen Gesetzgebers, der die neuere restriktive Rechtsprechung zu § 259 noch nicht kannte. Diese sei zudem durch eine Angleichung an die übrigen Hehlereihandlungen bedingt, die in § 261 keine Parallele hätten[63]. Damit ist der die Bestimmtheit des § 261 fördernde Gleichklang für eine wichtige Tathandlung ohne überzeugende Begründung preisgegeben. Dass auch damit eine Lücke geschlossen wird, ist für sich genommen kein Gewinn[64]. Liegt Hehlerei (objektiv) vor, sperrt sie § 261 nicht[65]. Bringt der Vortäter einen in § 261 I bezeichneten Gegenstand ohne Zutun eines Mitbewohners in den gemeinsamen Herrschaftsbereich der geteilten Wohnung nur ein, setzt ein **Verwahren** durch den Mitbewohner eine Übernahmehandlung voraus, durch die der Wille zur eigenen Sachherrschaft zum Ausdruck kommt[66]. Verwahren bedeutet bei Sachen nur die bewusste Ausübung des Gewahrsams oder unmittelbaren Besitzes und ist bei Forderungen durch eine der unmittelbaren Sachherrschaft entsprechende tatsächliche Verfügungsgewalt über die Forderung gegeben[67].- Einzelne Tathandlungen, wie zB das Gefährden der Ermittlung der Herkunft oder des Auffindens, werten ähnlich wie die Absatzhilfe in § 259 (s. Rn 861) nach allgemeinen Regeln als **Beihilfe** einzustufendes Handeln zur **Täterschaft** auf. Will man der dadurch heraufbeschworenen Gefahr einer Einheitstäterschaft wirksam begegnen, darf man entgegen dem BGH[68] nicht davon ausgehen, dass unter den Tatbestand subsumierbares Handeln schon um deswillen zur Täterschaft führt. Dieser aus § 25 I 1. Alt. gezogene Schluss ist dort unzutreffend, wo es dem Gesetzgeber nicht gelingt, mit dem Tatbestand ausschließlich täterschaftliches Unrecht zu beschreiben. Dann ist auch bei voller Tatbestandsverwirklichung nach allgemeinen Regeln abzugrenzen[69].

3. Tatbestandseinschränkungen

Im Rahmen von – verdeckt geführten – **Ermittlungen** kann es zur Ergreifung von Hintermännern oder zur Gewinnung weiterer Ermittlungsansätze notwendig werden, Finanztransaktionen anzuregen, durchzuführen oder geschehen zu lassen, die bei einer am Wortlaut orientierten Auslegung den Tatbestand der Geldwäsche erfüllen. **Ermittler** oder auch **Bankangestellte**, die im Einvernehmen mit den Strafverfolgungsorganen an solchen Transaktionen beteiligt sind, geraten dadurch in die Gefahr, sich wegen Geldwäsche strafbar zu machen. Der Gesetzgeber ist gleichwohl der Anregung[70] nicht gefolgt, dergleichen Handlungen vom Tatbestand auszunehmen. Eine am Schutzgut der staatlichen Rechtspflege orientierte teleologische Auslegung führt nach seiner Auffassung zu dem Ergebnis, dass Handlungen, die der Strafverfolgung

899

---

62 BGH NStZ 10, 222, 223.
63 BGHSt 55, 36, 48 ff mit zust. Bespr. *Geppert*, JK 11/10, StGB § 261/10; zust. auch *Rengier*, BT I § 23 Rn 13a.
64 S. Rn 6 und *Hillenkamp*, in: Kube u. a., Leitgedanken des Rechts 2013, S. 1156 ff; krit. bzw abl. auch *Jahn*, JuS 10, 650; *Putzke*, StV 11, 178 ff; S/S/W-*Jahn*, § 261 Rn 52 (mit Zustimmung bei bloßer Täuschung); *Rübenstahl/Stapelberg*, NJW 10, 3692.
65 BGHSt 50, 347, 352 ff mit Anm. *Herzog/Hoch*, StV 08, 524; *Schramm*, wistra 08, 245.
66 BGH wistra 12, 188 f; BGH NJW 19, 1311, 1314.
67 BGH NJW 13, 1158; BGH BeckRS 16, 17228 mit einem Beispiel auch zum **Verwenden**.
68 BGH wistra 16, 192; zur Aufwertung s. auch schon BGH StV 99, 94 (Fall *Zlof*).
69 S. dazu *Hillenkamp*, Schünemann-FS S. 407, 418 ff und – zu § 259 – Rn 861.
70 *Kraushaar*, wistra 96, 170.

dienen, außerhalb des **Schutzzwecks** der Strafnorm des § 261 liegen und daher vom Tatbestand ohnehin nicht erfasst werden[71]. Diese Überzeugung ist angesichts des in § 261 II hinzutretenden Schutzes der durch die Vortat verletzten Interessen zwar nicht zweifelsfrei. Die Straflosigkeit wird sich aber gleichwohl überwiegend aus den Grundsätzen herleiten lassen, die für die Beurteilung der Strafbarkeit auch anderer im Zusammenhang mit (verdeckten) Ermittlungen geschehender „Taten" entwickelt worden sind[72].

900 Vergleichbar ungeklärt ist auch, inwieweit **sozial-** oder **berufsadäquate** Verhaltensweisen von § 261 auszunehmen sind[73]. Lassen sich bei Geschäften des alltäglichen Lebens oder bei notwendig werdender ärztlicher oder juristischer Beratung Verkäufer, Ärzte oder Anwälte mit Geld bezahlen, von dem sich aufdrängt, dass es aus einschlägigen Vortaten stammt, führt ein strikt eingehaltenes „Isolierungsgebot" ähnlich wie die Bestrafung entsprechender „Strafvereitelungshandlungen" uU zur Verkürzung elementarer Lebenschancen des Vortäters[74]. Auch wenn § 261 ein eigenständiger Tatbestand und nicht eine besondere Form der Beteiligung an der Vortat ist[75], wird man in engen Grenzen solche Verhaltensweisen nach den Maßstäben straffrei lassen können, die für die Straflosigkeit der Teilnahme durch neutrale Alltagshandlungen gelten[76]. Auch die Entgegennahme von Unterhaltsleistungen aus kontaminiertem Geld wird man in diesen Fragenkreis einschließen müssen[77].

901 Im **Fall 76** ist die Damenarmbanduhr als vollständig mit „schmutzigem" Geld bezahltes Surrogat „bemakelt" und daher taugliches Objekt des § 261. Nimmt die Freundin des T sie in Kenntnis oder in leichtfertiger Unkenntnis (§ 261 V) der Zusammenhänge entgegen, ist sie nach § 261 II Nr 1 (ggf iVm V) zu bestrafen (Sichverschaffen). Geldwäsche kommt also auch in Fällen in Betracht, in denen § 259 wegen der Straflosigkeit der sog. **„Ersatzhehlerei"** ausscheidet. – Inwieweit ein Gegenstand noch aus einer Katalogtat „herrührt", ist aber dann zweifelhaft, wenn nur ein relativ geringer Teil „bemakelten" Wertes darin enthalten

---

71 BT-Ds 13/8651, S. 9 f; BK-*Ruhmannseder*, § 261 Rn 49; M/R-*Dietmeier*, § 261 Rn 20; zust. *Hund*, ZRP 97, 181; LK-*Schmidt/Krause*, § 261 Rn 29; NK-*Altenhain*, § 261 Rn 129 f; NK-WSS-*Reichling*, § 261 Rn 72; S/S/W-*Jahn*, § 261 Rn 72 ff; krit. *Kreß*, wistra 98, 126; eine teleologische Reduktion des § 261 schlägt *Brüning*, wistra 06, 241, 243 ff für den Insolvenzverwalter bei kontaminierter Vermögensmasse vor.
72 Vgl zB BGH StV 81, 549; *Krey*, Rechtsprobleme des strafprozessualen Einsatzes Verdeckter Ermittler 1993, Rn 440 ff, 525 ff, 551 ff, 562 ff; s. auch *Hillenkamp/Cornelius*, AT 5. und 24. Problem, jeweils Fall 2.
73 Zu einer beabsichtigten „Sozialadäquanzklausel" in der Gesetzgebungsgeschichte s. BT-Ds 11/7663, S. 7; HansOLG Hamburg NJW 00, 673, 674 f.
74 S. *Kargl*, NJ 01, 63.
75 BGHSt 43, 149, 152; BGHSt 50, 347, 357 mit Anm. *Herzog/Hoch*, StV 08, 524.
76 S. *Hillenkamp/Cornelius*, AT 28. Problem und – mit unterschiedlichen Grenzziehungen – *Amelung*, Grünwald-FS S. 9 ff; AnK-*Sommer*, § 261 Rn 44 f; A/W-*Heinrich*, § 29 Rn 39 ff; *Barton*, StV 93, 156 ff; *Eisele*, BT II Rn 1197; G/J/W-*Eschelbach*, § 261 Rn 59 ff; *Heghmanns*, Rn 1742 ff; H-H-*Kretschmer*, Rn 1217; HK-GS/*Hartmann*, § 261 Rn 5; *Kindhäuser*, § 261 Rn 17; *Kreß*, wistra 98, 126; *Lackner/Kühl*, § 261 Rn 5; *Rengier*, BT I § 23 Rn 22; *Schmidt*, BT II Rn 875; *Zöller*, BT Rn 553; für „alltägliche" Bankgeschäfte zu Recht abl. *Flatten*, Zur Strafbarkeit von Bankangestellten bei der Geldwäsche 1996, S. 118 ff, 150; ganz abl. BK-*Ruhmannseder*, § 261 Rn 39; *Fischer*, § 261 Rn 30 ff, 36, 38; *Kleszczewski*, BT § 10 Rn 119; LK-*Schmidt/Krause*, § 261 Rn 25; MK-*Neuheuser*, § 261 Rn 81 ff; NK-*Altenhain*, § 261 Rn 120 ff; S/S/W-*Jahn*, § 261 Rn 62; zum Honorar des Strafverteidigers s. Rn 902 und *Beulke*, Rudolphi-FS, S. 391 ff; *Hefendehl*, Roxin-FS S. 145 ff.
77 S. dazu A/W-*Heinrich*, § 59 Rn 50 f; *Jahn/Ebner*, JuS 09, 601.

ist. Der von B gekaufte Pkw ist mit 50 000 € „sauberen" Geldes bezahlt worden. Fraglich ist, ob die „schmutzigen" 500 € den ganzen Pkw gleichsam „vergiftet" haben. Grundsätzlich rührt ein Gegenstand auch dann aus einer Katalogtat her, wenn nur ein **Teil bemakelten Wertes** in ihm enthalten ist. Um jedoch uferlose „Ausdehnungen" zu vermeiden, wird über Mindestanteile diskutiert[78]. Das im Pkw des B enthaltene eine Prozent „bemakelten" Wertes dürfte nach der **maßgeblichen wirtschaftlichen Betrachtungsweise** nicht ausreichen, um das ganze Fahrzeug zu „kontaminieren", sodass der Pkw kein taugliches Objekt des § 261 ist[79]. – Grundsätzlich endet die Bemakelung eines Gegenstandes auch dann nicht, wenn jemand – wie hier J nach §§ 932, 935 II BGB – Eigentum an ihm erwirbt. Zum Schutz des allgemeinen Rechtsverkehrs schließt jedoch § 261 VI die Strafbarkeit *nach Abs. 2* aus, wenn ein Dritter zuvor den Gegenstand erlangt hat, ohne eine Straftat (= eine Geldwäsche oder eine Hehlerei)[80] zu begehen. Da J gutgläubig war und damit durch die Entgegennahme des Geldes keine Straftat begangen hat, kann sich gemäß § 261 VI niemand mehr – auch nicht ein Bösgläubiger – in Beziehung auf das Geld nach § 261 II strafbar machen. Nach Wortlaut und gesetzgeberischem Willen *nicht* ausgeschlossen ist allerdings eine Strafbarkeit nach *§ 261 I*. Um Spannungen mit Abs. 2 zu verhindern, sind solche Gegenstände aber **insgesamt von § 261 auszunehmen**, die einmal in makelloser Weise gutgläubig erworben worden sind[81]. Danach kann an dem von J gutgläubig erworbenen Geld keine Geldwäsche mehr begangen werden. – Ist T wegen des Raubüberfalls strafbar, kommt eine Bestrafung nach § 261 I bis V für ihn nicht in Betracht (§ 261 IX 2).

Im **Fall 77** geht dem berechtigten Anliegen des § 261 II, den Vortäter zu isolieren und den inkriminierten Gegenstand verkehrsunfähig zu machen, die allgemeine Solidaritätspflicht gegenüber einem Mitbürger, ihm die Befriedigung der notwendigsten alltäglichen Lebensbedürfnisse zu ermöglichen, allenfalls dann vor, wenn diesem – was angesichts der „Sozialhilfe" kaum je praktisch werden dürfte – keine „sauberen" Mittel zur Bestreitung seiner Bedürfnisse zur Verfügung stehen sollten. Dann ließe sich K's Verhalten im Wege **teleologischer Reduktion** von § 261 II ausnehmen. Hierfür lässt sich im Übrigen der in der neueren Rechtsprechung des BGH zunehmend aufgegriffene Gedanke anführen, dass äußerlich **neutrales** (und berufsadäquates) **Verhalten** straflos bleiben muss, wenn dessen rechtsgutsverletzende Wirkung nur bloße Folge, nicht aber Zweck dieses Verhaltens ist[82].

Dass auch **Honorarzahlungen** für eine **Strafverteidigung** ausgenommen werden können, erscheint dagegen nicht nur angesichts der Möglichkeit der Pflichtverteidigung zweifelhaft. Zwar hat das HansOLG Hamburg[83] mit beachtlichen Erwägungen[84] geltend gemacht, dass

---

[78] S. AnK-*Sommer*, § 261 Rn 29; *Barton*, NStZ 93, 159, 163; G/J/W-*Eschelbach*, § 261 Rn 37; nach OLG Karlsruhe NJW 05, 767, 769 darf der inkriminierte Anteil „aus **wirtschaftlicher Sicht nicht völlig unerheblich** sein"; für eine Totalkontamination reicht nach BGH NStZ 15, 704 mit Anm. *Bosch*, Jura 16, 110 (§ 261 I); *Krug*, NZWiSt 16, 159 bei Geld ein Anteil zwischen 5,9 % und 35 %.
[79] Für „Totalkontamination" auch in einem solchen Fall NK-*Altenhain*, § 261 Rn 76 ff; bezogen auf einen „Teilgegenstand" ebenso *Petropoulos*, wistra 07, 241, 246; ihm zust. HK-GS/*Hartmann*, § 261 Rn 15.
[80] S. *Maiwald*, Hirsch-FS S. 645 f; **diff.** SK-*Hoyer*, § 261 Rn 37; nur § 261 nach S/S-*Hecker*, § 261 Rn 21; weitere Straftaten einbeziehend S/S/W-*Jahn*, § 261 Rn 58.
[81] So A/R/R-*Herzog*, 13 Rn 101; *Klesczewski*, BT § 10 Rn 122; *Lackner/Kühl*, § 261 Rn 5; *Rengier*, BT I § 23 Rn 16 f; S/S-*Hecker*, § 261 Rn 21; **aA** BGH NStZ 17, 28, 29 unter Berufung auf BGHSt 47, 68, 80; BK-*Ruhmannseder*, § 261 Rn 35.1; *Fischer*, § 261 Rn 28; *Jahn/Ebner*, JuS 09, 601; *Mitsch*, BT II S. 848 f; *Kindhäuser*, § 261 Rn 16; NK-*Altenhain*, § 261 Rn 85; OLG Karlsruhe NJW 05, 767, 769; vermittelnd *Maiwald*, Hirsch-FS S. 642 ff.
[82] Vgl BGH NStZ 01, 430, 431; BGH StV 00, 22, 23; s. dazu auch S/S-*Hecker*, § 261 Rn 24, 27.
[83] HansOLG Hamburg StV 00, 140; s. jetzt auch BVerfG NJW 04, 1305, 1307 ff.
[84] Zust. daher *Rengier*, BT I (7. Aufl.) § 23 Rn 17; iE auch SK-*Hoyer*, § 261 Rn 25, 30 ff.

eine Subsumtion der Entgegennahme des aus Katalogtaten stammenden Verteidigerhonorars unter § 261 II Nr 1 und die daraus entstehende Gefahr der Einleitung eines Ermittlungsverfahrens gegen den Verteidiger auf Grund des Anfangsverdachts einer Geldwäsche in das Recht auf die Wahl eines Verteidigers und das Vertrauensverhältnis zwischen Verteidiger und Mandant in einer Weise eingriffen, dass das von der Verfassung gewährleistete Recht auf freie Berufsausübung des Rechtsanwalts und auf faires Verfahren gegenüber dem Beschuldigten verletzt würden. Es hat deshalb vorgeschlagen, Honorarzahlungen, die nicht unmittelbare Opferrechte auf Wiedergutmachung beeinträchtigten und – weil weder überzogen noch nur zum Schein gefordert[85] – auch nicht § 261 I erfüllten, im Wege verfassungskonformer Auslegung vom Tatbestand des § 261 II Nr 1 auszunehmen[86]. Mit diesem die grundsätzliche Gleichwertigkeit von Pflicht- und Wahlverteidigung vernachlässigenden[87] „Wahlverteidigerprivileg" ist aber zu wenig bedacht, dass die Aussicht, sich aus der „Beute" den (vermeintlich) besten Verteidiger „leisten" zu können, dem Isolierungsgebot (Rn 890) erheblichen Schaden zufügt und zur Förderung organisierter Kriminalität fraglos beiträgt. Weder die Verfassung und die durch sie gewährleistete Institution der Verteidigung noch die ratio des § 261 II gebieten daher eine so umfängliche Reduktion und vermögen auch die Rechtfertigung nicht zu tragen[88]. Straffrei bleibt der Verteidiger daher mit Gewissheit nur dann, wenn Vorsatz oder **Leichtfertigkeit** fehlen oder § 261 VI eingreift. Verneint man aus solchen Gründen die Tatbestandsmäßigkeit des Verhaltens des H nicht, wäre er nach den vom BGH zu § 261 II, V entwickelten, eine **vorsatznahe Auslegung** verlangenden Maßstäben wegen **leichtfertiger Geldwäsche** zu bestrafen, wenn sich die Herkunft des Geldes „aus einer Katalogtat nach der Sachlage geradezu aufdrängt und der Täter gleichwohl handelt, weil er dies aus besonderer Gleichgültigkeit oder grober Unachtsamkeit außer acht läßt"[89]. Diesen Standpunkt hat sich unter Zurückweisung der Argumentation des HansOLG Hamburg BGHSt 47, 68 zu eigen gemacht[90]. Die Gründe legen nahe, dass die Entscheidung bei der Bezahlung ärztlicher Behandlung mit „kontaminiertem" Geld nicht anders ausfallen, Z also ebenfalls wegen Geldwäsche strafbar sein würde[91]. Das **BVerfG**[92] hat zum **Verteidigerhonorar** einen zwischen den gegensätzlichen Ansichten hindurchsteuernden Standpunkt eingenommen. Dass die Annahme eines Honorars oder Honorarvorschusses durch einen Strafverteidiger den Tatbestand des § 261 II Nr 1 erfüllen kann, hält es für eine verfassungsrechtlich nicht zu beanstandende Auffassung. Enger als der BGH sieht das BVerfG in der Strafvorschrift des § 261 II Nr 1 aber einen Eingriff in die verfassungsrechtlich verbürgte freie Berufsausübung des Strafverteidigers, der bei einer uneinge-

---

85 Krit. hierzu *Reichert*, Anm. NStZ 00, 316.
86 Für eine begrenzte Rechtfertigungslösung dagegen zB *Ambos*, JZ 02, 80; *Bernsmann*, StV 00, 40; *Hamm*, NJW 00, 636 unter Ausschluss von Vorsatzfällen; *Hombrecher*, Geldwäsche durch Strafverteidiger 2001, S. 147 ff.
87 Gegen dieses Argument *Lüderssen*, StV 00, 206; *Wohlers*, StV 01, 426.
88 Ebenso *Fischer*, § 261 Rn 32 ff; NK-*Altenhain*, § 261 Rn 127 ff; *Schäfer/Wittig*, NJW 00, 1387.
89 BGHSt 43, 158, 168; BGH NStZ-RR 19, 146 (Leichtfertigkeit bzgl der Gewerbsmäßigkeit der Vortat); OLG Hamburg NStZ 11, 532; OLG Karlsruhe NZWiSt 16, 395 mit Anm. *Floeth*; *Bülte*, ZWH 16, 377; die Leichtfertigkeit darf sich nur auf die Herkunft beziehen, im Übrigen bleibt es beim Erfordernis des Vorsatzes, s. KG StV 13, 92 f; KG BeckRS 12, 20283; BGH HRRS 14, 431 (Nr 1005) mit Bespr. *Sebastian*, NStZ 16, 438; s. dazu auch *Schmidt*, JR 01, 451. Dazu, dass Leichtfertigkeit und grobe Fahrlässigkeit iS des Zivilrechts nicht identisch sind, s. BGHSt 50, 347, 352.
90 Zust. A/W-*Arzt*, 2. Aufl., § 29 Rn 48a; *Katholnigg*, JR 02, 30; *Neuheuser*, NStZ 02, 647; *Peglau*, wistra 01, 641; krit. *Ambos*, JZ 02, 70; *Gotzen/Schneider*, wistra 02, 121; *Hefendehl*, Roxin-FS S. 145; *Matt*, GA 02, 137; s. auch *Fad*, JA 02, 14.
91 S. dazu SK-*Hoyer*, § 261 Rn 32; S/S-*Hecker*, § 261 Rn 23.
92 BVerfG NJW 04, 1305, 1306 (= BVerfGE 110, 226); Argumente pro und contra eine Privilegierung des Strafverteidigers finden sich bei *Fernandez/B. Heinrich*, ZStW 126 (2014), S. 421 ff, 436 ff.

schränkten Anwendung des Geldwäschetatbestands die Berufsfreiheit unverhältnismäßig einschränkte und dadurch das Institut der Wahlverteidigung gefährdete. Daher müsse die Vorschrift verfassungskonform einengend dahin ausgelegt werden, dass die Honorarannahme durch einen Strafverteidiger **nur bei positiver Kenntnis** der inkriminierten Herkunft des Honorars den Tatbestand erfüllt[93]. Ein Anfangsverdacht setzt deshalb voraus, dass greifbare Anhaltspunkte dafür bestehen, dass das Geld aus einer Katalogtat *herrührt*[94] und der Strafverteidiger zum Zeitpunkt der Honorarannahme bösgläubig war. Indizien hierfür sind zB die außergewöhnliche Höhe des Honorars oder die Art und Weise der Erfüllung der Honorarforderung[95]. Diese Vorgaben sind mit der freilich nicht zweifelsfreien[96] Rechtsprechung des BGH zur Straflosigkeit neutraler Alltagsverrichtungen im Übrigen wohl vereinbar und geeignet, den bislang geführten Streit in einer die Verteidiger zufrieden stellenden Weise beizulegen[97].

Tritt ein Strafverteidiger mit seiner Verhaltensweise im Übrigen aus seiner Rolle als Organ der Rechtspflege heraus, gelten die genannten Einschränkungen nicht[98]. Durch ihren Rückbezug auf das Institut der Verteidigung sind sie auf andere Berufsfelder nicht übertragbar[99]. Auch wird bislang nicht erwogen, die einschränkende Auslegung auf eine uU tateinheitlich begangene Hehlerei auszudehnen[100]. Wohl aber muss nach einer **neueren Entscheidung** des **BVerfG** das bisher nur für den Isolierungstatbestand des § 261 II Nr 1 ausgesprochene Gebot restriktiver Auslegung jedenfalls auf den Vereitelungstatbestand des § 261 I 1 Var. 3 erstreckt werden, weil sonst die Gefahr bestehe, dass das Vorsatzprivileg nach § 261 II Nr 1 durch die ungeschmälerte Anwendung dieses Tatbestands regelmäßig leerliefe[101]. Obwohl das BVerfG die Fachgerichte insoweit nicht auf die Beschränkung der Strafbarkeit – wie zu § 261 II – auf *sicheres Wissen* um die belastete Herkunft des Geldes verpflichtet, ist diese Lösung auch auf den Vereitelungs- und Gefährdungstatbestand des § 261 I zu erstrecken. Und das gilt trotz anderer denkbarer Restriktionsmöglichkeiten auch für den Verschleierungstatbestand, da nur eine einheitliche Lösung eine dem Bestimmtheitsgebot gerecht werdende Rechtssicherheit schafft.

93　Ebenso *Beulke*, Rudolphi-FS S. 391 ff, der unterhalb sicherer Kenntnis aber schon den objektiven Tatbestand ausschließt; so iE auch *Winkler*, Die Strafbarkeit des Strafverteidigers jenseits der Strafvereitelung 2005, S. 294 ff, 301; auch S/S/W-*Jahn*, § 261 Rn 71 f setzt sich für eine teleologische Reduktion schon des objektiven Tatbestandes ein; SK-*Hoyer*, § 261 Rn 32 will bei der weitergehenden „Tatbestandslösung" bleiben. Für Erstreckung des „Vorsatzprivilegs" auf andere Berufszweige *Raschke*, NStZ 12, 606.
94　S. dazu LG Ulm StV 11, 722 (doppelter Anfangsverdacht) und im Zusammenhang mit dem Verteidigerhonorar *E. Müller*, Müller-FS 2008, S. 477, 483 ff.
95　BVerfG NJW 05, 1707, 1708.
96　S. *Rath*, Gesinnungsstrafrecht 2002, S. 3 ff, 47 ff.
97　Erste Zustimmung fand sich bei *Dahs/Krause/Widmaier*, NStZ 04, 261; s. zum Urteil des BVerfG ferner *Barton*, JuS 04, 1033; *Eisele*, BT II Rn 1191; *Fahl*, JA 04, 704 (mit Falllösung JA 04, 624); *Fischer*, NStZ 04, 473; *v. Galen*, NJW 04, 3304; *Jäger*, BT Rn 421, 424; *Matt*, JR 04, 321; *Müssig*, wistra 05, 201; s. auch A/W-*Heinrich*, § 29 Rn 48a; *Bussenius*, Geldwäsche und Strafverteidigerhonorar 2004, S. 188 ff; *Fertig*, Grenzen einer Inkriminierung des Wahlverteidigers wegen Geldwäsche 2007; *Lee*, Die Beteiligung des Strafverteidigers an der Geldwäscherei 2006; in der Arbeit von *Balzer*, Die berufstypische Strafbarkeit des Verteidigers 2004 ist die Entscheidung noch nicht berücksichtigt; krit. NK-*Altenhain*, § 261 Rn 127 f.
98　OLG Frankfurt NJW 05, 1727, 1733 mit Bespr. *Herzog/Temba/Warius*, StV 07, 542.
99　S. dazu diff. S/S-*Stree/Hecker*, § 261 Rn 25; für Übertragbarkeit auf andere rechtsberatende Berufe *Raschke*, NZWiSt 15, 478 ff; offen gelassen von BVerfG NZWiSt 15, 473.
100　OLG Hamburg NJW 00, 673, 682; BK-*Ruhmannseder*, § 261 Rn 47; LK-*Schmidt/Krause*, § 261 Rn 27; NK-*Altenhain*, § 261 Rn 128; zur Tateinheit zwischen § 259 und § 261 s. *Stam*, wistra 16, 143; für eine Übertragung auf die Begünstigung aber OLG Frankfurt NJW 05, 1727, 1735; s. dazu auch *Jahn*, JuS 12, 566.
101　BVerfG NZWiSt 15, 472 f mit Anm. *Raschke*.

III. Prüfungsaufbau: Geldwäsche, § 261

903

Geldwäsche, § 261

I. **Tatbestand**
  1. **Objektiver Tatbestand**
     a) **Vortat:**
        - *rechtswidrige Tat iSd § 261 I 2, VIII*
          → Verbrechen oder
          → Vergehen nach § 261 I 2 Nr 2–5
          → nicht zwingend Tat eines anderen
          → auch im Ausland begangene, dort strafbewehrte Tat iSd Abs. 1
     b) **Tatobjekt:**
        - *Gegenstand*
          → nicht lediglich Geld oder Sache iSd § 90 BGB
        - *aus der Vortat herrührend*
          → Erfassung der Surrogate
          Ⓟ Wertsteigerung durch Weiterverarbeitung
          Ⓟ geringer Anteil der Bemakelung
     c) **Täter:**
        - *jedermann*
          → auch Vortatbeteiligter
     d) **Tathandlung:**
        - *Verbergen/Verschleiern, § 261 I 1*
        - *Verschaffen, § 261 II Nr 1*
        - *Verwahren/Verwenden, § 261 II Nr 2*
          Ⓟ teleologische Reduktion
          → Abs. 6 auch bei Handlungen nach Abs. 1
          → Handlungen im Einvernehmen mit Strafverfolgungsorganen
          → sozial- und berufsadäquate Verhaltensweisen (zB Verteidigerhonorar)
  2. **Subjektiver Tatbestand**
     a) **Vorsatz:**
        - *jede Vorsatzart*
     b) **Kombination:**
        - *Leichtfertigkeit bzgl Herrühren aus der Vortat, § 261 V*
        - *Vorsatz im Übrigen*

II. **Rechtswidrigkeit**

III. **Schuld**

IV. **Strafausschluss/Strafmilderung**
  1. **Strafbarkeit wegen Beteiligung an der Vortat, § 261 IX 2**
  2. **Freiwillige Unterstützung der Strafverfolgungsbehörden, § 261 IX 1**

V. **Besonders schwerer Fall, § 261 IV**

Sachverzeichnis

Die Angaben beziehen sich auf die Randnummern.

Abgeleiteter Erwerb 846, 853 f
Abgrenzung zwischen
– Absatzhehlerei und Beihilfe zur Hehlerei 867 ff
– Begünstigung und Beihilfe zur Vortat 806
– Betrug und Diebstahl 622 ff, 640 ff
– Betrug und Erpressung 723 f
– Diebstahl und Gebrauchsanmaßung 156 ff
– Diebstahl und Jagdwilderei 455 ff
– Diebstahl und Sachbeschädigung sowie Sachentziehung 151 ff
– Diebstahl und Unterschlagung 69 f, 97 ff, 307
– Hehlerei und Teilnahme an der Vortat 832 f
– Raub und räuberische Erpressung 728 ff
– räuberischer Diebstahl und Raub 395
– Sachbeschädigung und Sachentziehung 41
Ablationstheorie 122
Abrechnungsbetrug 580
Absatzerfolg 862 ff
Absetzen 858 ff, 865
Absetzenhelfen 858 ff, 867
Absicht
– betrügerische A. 657, 666
– der Befriedigungsvereitelung 481 f
– der Bereicherung 583 ff, 718 f, 873 f
– der Besitzerhaltung 403 f
– der Drittzueignung 140, 166 ff
– der Entgeltshinterziehung 672, 680
– der Rechtsvereitelung 472
– der Vorteilssicherung 813
– rechtswidriger Zueignung 140 ff, 163, 355 f
Affektionsinteresse 554
Akzessorietät 748
Alleingewahrsam 97 ff
Amtsträger 596, 704
Aneignung 151 ff

Aneignungsrechte 448
Anfechtungsrechte 549
Angehörige 336
Angriff auf Kraftfahrer 414 ff
Ankaufen 856
Anmaßung der Eigentümerrechte 148, 168 ff
Anschlusstat 806, 832
Ansichbringen 845
Ansprüche
– aus nichtigen Geschäften 564, 568 ff
Anstellungsbetrug 539, 580
Anvertrautsein 321 ff
Anwartschaften 535
Apprehensionstheorie 122
Arbeitsentgelt (Vorenthalten) 787 ff
Arbeitskraft 535 f, 567
Arbeitsmittel (Zerstörung) 47
Aufbaufragen
– bei der Abgrenzung zwischen Betrug und Diebstahl 638
– beim Betrug 485, 504
– beim Untreuetatbestand 749
Aufklärungspflicht (Betrug) 505 f
Aufrechterhaltungstheorie 823
Ausgleich
– der Vermögensminderung durch ein Äquivalent 538 ff
Auslegung (berichtigende) 316
Ausnutzen
– der Hilflosigkeit (§ 243) 242
– der Verhältnisse des Straßenverkehrs 420 ff
– einer fortwirkenden Zwangslage 363 f
– eines Irrtums 509, 514 f
Ausschlussklausel (§ 243 II) 248 ff
Ausschreibung
– Ausschreibungsbetrug 580, 701 f
– wettbewerbsbeschränkende Absprachen 703 f
Ausschreibungsbetrug 580, 701 f
Aussonderung von Gattungssachen 308
Austauschverträge 559

531

Sachverzeichnis

Ausübung des Jagdrechts 449, 452
Ausweispapiere 176
Automatenkarte (Geldverkehr) 177 ff, 611 ff, 797
Automatenmissbrauch 670, 674, 678

Bagatelltaten 250, 338, 600, 600b, 821, 885
Bande
– Begriff 297 f
– Mitgliedschaft 296
– und Betrug 593, 598
– und Hehlerei 887 ff
Bandendiebstahl 295 ff
– Bande 297
– bandenmäßige Begehung 301 f
– schwerer B. 303
Bandenhehlerei 887 f
Bandenraub
– bewaffneter B. 384
– einfacher B. 378
Bankautomaten 177, 611 ff
Bauwerk 44 ff
Beendigung
– der Vortat 806
– des Diebstahls 131
Beförderungserschleichung 670, 676
Befriedete Bezirke 449
Befugnis-(Ermächtigungs-)Theorie 643
Begünstigung 802 ff
Behältnis
– Begriff 234
– Gewahrsam am Inhalt 105
– Vorsatz und Zueignungsabsicht 138, 359
Beiseiteschaffen 477, 479, 658
Beisichführen (von Waffen etc) 264, 267, 279 f, 369 f
Bemakelung 576, 836, 840, 865
Beobachtung der Wegnahme 126
Bereicherungsabsicht
– bei der Erpressung 718 f
– bei der Hehlerei 873 f
– beim Betrug 583 ff
Beschädigen 23 ff, 658
Beschlagnahme (Vortäuschung) 631 ff
Besitz (und Gewahrsam) 93, 306, 316, 318
Besitzdiener 94
Besitzentziehung 41
Besonders schwere Fälle
– der Jagdwilderei 462 ff

– der Untreue 786
– des Betrugs 591 ff, 662 ff
– des Diebstahls 205 ff
Bestandteile des Vermögens 477, 535
Bestechlichkeit/Bestechung 704 f
Betätigung des Zueignungswillens 309 ff
Betäubungsmittel *s. Drogen*
Betreffen auf frischer Tat 397
Betrug 485 ff
– Abgrenzung zum Diebstahl 622 ff, 640 ff
– Abgrenzung zur Erpressung 723 f
– Aufbaumuster 485
Betrugsarten
– Abrechnungsbetrug 580
– Anstellungsbetrug 539, 580
– Ausschreibungsbetrug 580, 701 f
– Bettelbetrug 554 ff
– Computerbetrug 601 ff
– Dirnenbetrug 534, 567
– Dreiecksbetrug 640 ff
– Eingehungs- und Erfüllungsbetrug 539 f
– Kapitalanlagebetrug 696 ff
– Komplizenbetrug 569
– Kreditbetrug 698 ff
– Parteienbetrug 580
– Provisionsbetrug 589
– Prozessbetrug 587, 653
– Selbsthilfebetrug 586
– Sicherungsbetrug 599
– Spendenbetrug 554 ff
– Submissionsbetrug 580, 701 f
– Subventionsbetrug 683 ff
– Telefonsex 534
– Wettbetrug 500 ff, 543
– Zechprellerei 494
Beweglichkeit von Sachen 78
Bewusstloser (Schlafender)
– Ausnutzung fremder Notlagen (§ 243 I 2 Nr 6) 242
– Gewahrsamswille 87
– Zwangswirkung (§ 249) 349
Bibliotheken 52

Call-in Show 580
Codekartenmissbrauch 177 ff, 611 ff, 675, 797
Computerbetrug 601 ff
Computersabotage 62

Daten
- Datenveränderung 59, 65
- Datenverarbeitung 62
- Verwendung von Daten 611
Datenveränderung 59
Dereliktion 187
Diebesfalle 118
Diebstahl 68 ff
- Abgrenzung zum Betrug 622 ff, 640 ff
- Diebstahlsobjekt 73 ff
- subjektiver Tatbestand 133 ff
- Vollendung/Beendigung 131 f
- Wegnahme 82 ff
- Zueignungsabsicht 140 ff
- zur Gebrauchsanmaßung 156 ff
- zur Sachbeschädigung/Sachentziehung 151 ff
- zur Unterschlagung 69 f, 97 ff
Diebstahlsarten
- Bandendiebstahl 295 f
- D. geringwertiger Sachen 338 f
- D. in mittelbarer Täterschaft 640 ff
- D. mit Waffen 263 ff
- Einbruchsdiebstahl 222 ff
- Einsteigediebstahl 226
- Gebrauchsdiebstahl 431
- gemeinschädlicher D. 241
- Haus- und Familiendiebstahl 334 ff
- räuberischer D. 393 ff
- Trickdiebstahl 622 ff
- Wohnungseinbruchsdiebstahl 289 f
Dirnenbetrug 534, 567
Dispositionsfreiheit 544
Dreiecksbetrug 640 ff
Dreieckserpressung 715
Drittbereicherungsabsicht 583, 590
Drittzueignung (-sabsicht)
- bei Entziehung elektrischer Energie 445
- bei Unterschlagung 307, 313 f
- beim Diebstahl 140 f, 166 ff
Drogen 20, 73, 79, 203, 716, 719
Drohen der Vollstreckung 476
Drohung
- mit einem empfindlichen Übel 708, 726
- mit gegenwärtiger Gefahr für Leib oder Leben 353 f, 726

Eigentumsdelikt 1
Einbruchsdiebstahl 222 ff
Eingehungsbetrug 539 f, 702

Einrichtung 679
Einsteigediebstahl 226
Einverständliches Zusammenwirken 843 ff, 853
Einverständnis
- bei der Diebesfalle 118
- beim Gewahrsamsbruch 104, 115 ff, 358
- beim Risikogeschäft 758 ff
Einwilligung
- bei der Sachbeschädigung 42
- bei der Untreue 758 ff
- beim eigenmächtigen Geldwechseln 202
Enteignung 156 ff
Entführen 741
Entstellen von Tatsachen 490
Entziehung elektrischer Energie 75, 444 ff
Erfüllungsbetrug 539 f
Erlangtsein (unmittelbares) 828 ff
Erpresserischer Menschenraub 738 ff
Erpressung 705 ff
- Abgrenzung zum Betrug 723 f
- Abgrenzung zum Raub 728 ff
Erpressungsarten
- Dreieckserpressung 715
- erpresserischer Menschenraub 738 ff
- räuberische Erpressung 725 ff
- Sicherungserpressung 412, 735
Ersatzsachen (Hehlerei) 835 f
Erschleichen von Leistungen 669 ff
Erwerbsaussichten 535 f

Fahrrad 432
Falsche Schlüssel 227 f
Falsche Tatsachen 496, 501
Familiendiebstahl 334 ff
Fehlbuchung und Fehlüberweisung 497
Fehlleitung zweckgebundener Mittel 553 ff
Finderlohn 187
Fischwilderei 466
Freiwilligkeit 631 ff, 714
Fremdheit von Sachen 20, 79 ff
Fremdschädigung (-sdelikt) 623, 714, 732, 748
Fundunterschlagung 314, 318
Furtum usus (Gebrauchsdiebstahl) 431

Ganoven
- -betrug 569

Sachverzeichnis

– -untreue 774
Gänsebuchtfall 167
Gaspistole 266, 370
Gattungsschulden 202
Gebäude 224
Gebrauchsanmaßung 430 ff
– Abgrenzung zum Diebstahl 156 ff
– Rückführungswille 157 f
Gebrauchsdiebstahl 431
Gebrauchsfähigkeit von Schusswaffen 271
Gebrauchsrechte 468
Geldautomatenkarte 177 ff, 612 ff, 675, 797
Geldschulden 202
Geldspielautomat 199, 238, 618
Geldwäsche 889
– Bankangestellte 899
– Ermittler 899
– Geldwäschegesetz 890
– Sozialadäquanz 900
Gemeinschädlicher Diebstahl 241
Geringwertigkeit
– Begriff 252 f, 339
– Irrtumsfälle 251, 340
– und § 243 II 248 ff
– und § 248a 250, 338 f
– Vorsatzwechsel 257 ff
Gesamtsaldierung 538
Gesetzlichkeitsprinzip 748
Gesundheitsgefährdender Raub 376 f
Gewährleistungsrechte 549
Gewahrsam
– Begriff 82, 85
– Begründung 89, 121 ff
– Bruch 115 ff
– faktischer Gewahrsamsbegriff 82, 85, 126
– Gewahrsamshüter 94, 100
– Gewahrsamswille 87
– Inhaberschaft 90
– Lockerung und Verlust 92, 109, 627
– Mitgewahrsam 96 ff
– sozial-normativer Gewahrsamsbegriff 82, 85, 126
– und Besitz 93, 316
– Verkehrsauffassung 90 f
Gewahrsamslockerung 92, 109, 627
Gewalt 347 ff, 708, 726
Gewerbsmäßigkeit
– bei der Hehlerei 886 ff

– bei der Jagdwilderei 463
– beim Betrug 593, 598
– beim Diebstahl 239
Gläubigerrechte
– Gefährdung, Vereitelung 468 ff
Gleichwertigkeit
– von Leistung und Gegenleistung 539 f, 559

Handtaschenraub 348, 360
Haus- und Familiendiebstahl 334 ff
Hausgarten (befriedeter Bezirk) 449
Häusliche Gemeinschaft 336 f
Haustiere 187
Hehlerei 823 ff
– am Pfandschein 851
– an Ersatzsachen (Surrogaten) 876
– Bandenhehlerei 887
– gewerbsmäßiges Handeln 886
– und Vortatbeteiligung 879 ff
– Zwischenhehler 860, 869
Herrenlose Sachen 20, 79, 448, 451
Herrühren 894
Hilfeleisten 803, 808 ff
hypothetisches Einverständnis 758

Identität
– von bemakelter und gehehlter Sache 835 f
– zwischen Getäuschtem und Verfügendem 485, 515
Illationstheorie 122
Inbrandsetzen/Brandlegung 663
Ingebrauchnehmen eines Fahrzeugs 434
Insolvenzstraftaten 429
Irrtum
– bei Zweifeln 512
– beim Betrug 510 ff
– im Rahmen der Jagdwilderei 457 ff
– über die Eigentums- oder Gewahrsamsverhältnisse 136
– über die Geringwertigkeit des Tatobjekts 251, 340
– über die Rechtswidrigkeit der Zueignung 203, 320, 355
– über die Rechtswidrigkeit des Vermögensvorteils 581, 719

Jagdwilderei 447 ff
– Jagdausübungsrecht 449, 452
– Jagdberechtigter 448

- Jagdrecht 448
- Wild 450
Jur.-ökonomischer Vermögensbegriff 532, 535
Juristischer Vermögensbegriff 531

Kapitalanlagebetrug 696 ff
Kirchendiebstahl 240
Kollusives Zusammenwirken 846, 897
Komplizenbetrug 569
Kontrektationstheorie 122
Kraftfahrzeuge 432
Kreditbetrug 698 ff
Kreditkarte 791, 797
Kreditwürdigkeit (Vorspiegeln) 494

Ladendiebstahl 126 ff, 639
Lagertheorie 645, 715
Leerspielen von Geldautomaten 199, 238, 618
Legitimationspapiere 174 ff
Leiche
- als Diebstahlsobjekt 77
- Gewahrsamswille 87
- Leichenfledderei 318
Leichtfertigkeit
- bei der Geldwäsche 897, 902
- beim erpresserischen Menschenraub 744
- beim Raub mit Todesfolge 389
- beim Subventionsbetrug 687

Makeltheorie 576
Manifestation des Zueignungswillens 309 ff
Missbrauch
- von Geldautomatenkarten 177 ff, 611 ff, 791 ff
- von Scheck- und Kreditkarten 764, 791 ff
Missbrauchstatbestand (Untreue) 751 ff
Mitbestrafte Nachtat im Rahmen
- der Hehlerei 883
- der Unterschlagung 328 ff
- des Betruges 599
- des räuberischen Diebstahls 412
Mitgewahrsam 96
Mitverzehr 852

Nachschlüsseldiebstahl 227
Nachstellen 450

Nichtige Forderungen 568 f
Nichtwissen 510
Nutznießungsrechte 468

Objekt
- der Hehlerei 826 f
- der Jagdwilderei 450 f
- des Diebstahls 73
Objekts- und Vorsatzwechsel 255 ff
Öffentliche Anlagen, Sammlungen 51, 55
Organisierte Kriminalität 297, 890

Perpetuierungstheorie 823, 850
Personale Vermögenstheorie 533
Persönlicher Schadenseinschlag 550 ff
Pfandkehr 467 ff
Pfandrecht 468, 736
Pfandsachen 443
Pfandschein (Hehlerei) 851
Pfändungspfandrecht 469
Präzisierungsgebot 748
Prostitution 534, 567
Provisionsbetrug 589
Prozessbetrug 587, 653

Raub 342 ff
- Beteiligung 356 ff
- finale Verknüpfung 350, 355, 361 ff
- Raubmittel 346 ff
Raubarten
- Bandenraub 378 ff
- Raub mit Todesfolge 386 ff
- schwerer Raub 366 ff
Räuberische Erpressung 725 ff
- und räuberischer Diebstahl 412
Räuberischer Angriff auf Kraftfahrer 414 ff
- Verhältnisse des Straßenverkehrs 420 ff
- Verübung eines Angriffs 417
Räuberischer Diebstahl 393 ff
- auf frischer Tat 397 ff
- Besitzerhaltungsabsicht 403 f
- Beteiligung 406 f
- Betreffen 401
- und räuberische Erpressung 412
Rechtswidrigkeit
- der Bereicherung 585, 719, 874
- der Erpressung 721
- der Sachbeschädigung 39, 42
- der Vermögenslage 828, 835 ff
- der Zueignung 200, 320, 355

535

Sachverzeichnis

– des Vermögensvorteils 585, 718 f, 874
Regelbeispiele
  s. auch Besonders schwere Fälle
– atypischer Fall 210
– Gesetzgebungsmethode 206, 209
– Regelwirkung 209 f
– Teilnahme 220
– und Qualifikation 206 f
– Versuch 211 ff
– Vorsatz 220
Repräsentantenhaftung 665, 667 f
Restitutionsvereitelung 804, 824
Risikogeschäft 757 ff, 781
Rückführungswille 157 f
Rücktritt und tätige Reue
– beim Raub mit Todesfolge 391
– beim Raub mit Waffen 369
– beim räuberischen Angriff auf Kraftfahrer 416, 426
Rücktrittsrecht 549
Rückveräußerung 172 f

Sabotagehandlungen 65
Sachbeschädigung
– Beschädigen 23 ff, 56
– Einwilligung 39
– Erheblichkeit 35
– Verunstaltung 22 f, 26
– Zerstören 36, 56
– Zustandsveränderung 24, 29
Sachbeschädigungsarten
– einfache S. 13 ff
– gemeinschädliche S. 48 ff
Sachbetrug 623 ff
Sache (Begriff) 18. 74 ff
– Beweglichkeit 78, 308
– Fremdheit 20, 79 ff, 308
– herrenlose Sachen 20, 79, 448, 451
– Tiere 18
Sachentziehung 41
Sachherrschaft 82, 87
– Sachherrschaftswille 87
– tatsächliche S. 82
Sachwerttheorie 23, 145
Sammelgut 79
Sammlung (öffentliche) 50
Sanktionsnorm 748
Schaden 538 ff
  s. auch Vermögensschaden
Schadenseinschlag (individueller) 550 ff
Scheckkarte 791 ff

Scheindrohung 353
Scheinwaffe 286 ff, 373
– mit sonstigen Werkzeugen oder Mitteln 372 ff
– mit Waffen/gefährlichen Werkzeugen 369 f, 380 f
Schlafender (Bewusstloser)
– Ausnutzung fremder Notlagen (§ 243 I 2 Nr 6) 242
– Gewahrsamswille 87
– Zwangswirkung (§ 249) 349
Schlüssel (falscher) 227 ff
Schonzeit 464
Schreckschusspistole 265, 353, 370, 381, 727
Schusswaffe 265, 369, 465
Schutzvorrichtung 233 ff
Schwarzfahren 676
Schwarzfernsehen/Schwarzhören 675
Schwerer Raub 366 ff
– Bandenraub 378 ff
– gesundheitsgefährdender Raub 376 f
Selbstbegünstigung 818
Selbsthilfebetrug 586
Selbstschädigung 515, 526 f, 623, 653, 714, 732
Sichbemächtigen (Bemächtigungslage) 741 f
Sicherungsbetrug 599
Sicherungserpressung 412, 735
Sicherungsetikett 126, 237
Sicherungsübereignung 313
Sichverborgenhalten 231
Sichverschaffen 845 ff, 897
Sichzueignen 140 ff, 313
Sinken- und Strandenmachen 662
Sittenwidrigkeit
– und Betrug 535, 564 ff
– und Veruntreuung 322
Sonderdelikt 480, 786, 788, 794
Sparbuch 174
Spendenbetrug 554 ff
Steuerstrafrecht 691
Stoffgleichheit 588, 719
Strafrechtsreformgesetz, sechstes 11
– Abgrenzung Diebstahl/Unterschlagung 97
– Bandendiebstahl 262
– Betrug 591
– Diebstahl 140, 166 ff, 224, 249, 289, 326

- Diebstahl mit Waffen usw 262, 272, 284, 286
- Drittzueignung 140, 166 ff
- Entziehung elektrischer Energie 445 f
- Fischwilderei 466
- Jagdwilderei 461 f
- Kreditbetrug 698 ff
- Raub mit Todesfolge 386, 390
- räuberischer Angriff auf Kraftfahrer 416, 426 f
- räuberischer Diebstahl 393, 408
- schwerer Raub 341 f, 373, 384
- Unterschlagung 71, 306, 315, 317, 326 ff
- Untreue 748, 786
- Versicherungsmissbrauch 654
- Wohnungseinbruchsdiebstahl 289 f

Submissionsbetrug 701 f
Subsidiaritätsklausel
- Erschleichen von Leistungen 671, 678
- unbefugter Gebrauch von Fahrzeugen 440
- Unterschlagung 71, 307, 325 ff
- Versicherungsmissbrauch 656

Substanztheorie 144 f
Substanzverletzung 23, 33
Subventionen 688
Subventionsbetrug 683 ff

Tanken ohne Zahlungsbereitschaft 80, 197, 580, 734
Tätige Reue
- räuberischer Angriff auf Kraftfahrer 416, 426
- Versicherungsmissbrauch 660

Tatsachen
- Abgrenzung zu Meinungsäußerung/ Werturteil 495
- äußere/innere ~ 493 f

Täuschung 490 ff
- durch aktives Tun 496 f
- durch konkludentes Verhalten 496
- durch Unterlassen 503 ff

Telefonsex 534
Tiere (als Sachen) 18
Todesfolge (beim Raub) 386 ff
Treubruchstatbestand 768 ff
Trickdiebstahl 623 ff

Umschlossener Raum 223
Unbefugter Gebrauch
- von Fahrzeugen 430 ff
- von Pfandsachen 443

Unbrauchbarmachen 34, 60
Unglücksfall 242
Unmittelbarkeitsbeziehung
- bei der Begünstigung 814 ff
- bei der Geldwäsche 894
- bei der Hehlerei 835 f
- beim Betrug 529, 588 f, 625 ff

Unterschlagung 305 ff
- Abgrenzung zum Diebstahl 69 f, 97 ff
- Auffangtatbestand 69, 307
- Besitz oder Gewahrsam 316 ff
- Subsidiaritätsklausel 71, 307, 325 ff
- Zueignung 309 ff

Unterschlagungsarten
- Fundunterschlagung 313, 318
- Leichenfledderei 318
- U. geringwertiger Sachen 338 f
- veruntreuende U. 321 ff

Untreue 746 ff
- gravierende Pflichtverletzung 756
- Kasuistik 756
- Missbrauchstatbestand 751 ff
- Spielräume 756
- Treubruchstatbestand 768 ff

Unvertretbarkeit 756
Ursächlicher Zusammenhang (Betrug) 513, 521 ff

Verändern des Erscheinungsbildes 37 ff
Veräußerung 478
Verbrauchsanmaßung 444
Vereinigungstheorie 146 ff
Vereiteln der Zwangsvollstreckung 474 ff
Verfügung 515 ff, 521 ff
  s. auch Vermögensverfügung
Verfügungs-/Verpflichtungsbefugnis 751
Verfügungsbewusstsein 518, 639, 714
Vergessen/Verlieren von Sachen 109 f
Verhaltensregel 748
Verkehrsanschauung
- beim Gewahrsam 90 ff

Verkehrswert 252 f, 339, 550
Vermischung von Geld 313
Vermögensbegriff 530 ff
Vermögensbetreuungspflicht 750, 769 ff, 791
Vermögensdelikt 1

Vermögensgefährdung 539, 572 ff, 577
Vermögensminderung 515, 517
Vermögensnachteil 716, 767, 775
Vermögensschaden
– Ausgleich, Kompensation 538, 548
– Begriff 538
– Berechnung 539 ff
– Dispositionsfreiheit 544
– individueller Schadenseinschlag 550 ff
– Vermögensgefährdung 539, 572, 577
– Zweckverfehlung 526 f, 553 ff
Vermögensverfügung
– Abgrenzung zur Wegnahme 623 ff
– bei der Erpressung 709 ff
– beim Betrug 515 ff, 588
– funktionaler Zusammenhang 521 ff
– mehraktige V. 527
– und Freiwilligkeit 631 ff, 714
– und Unmittelbarkeitsbeziehung 516, 588, 625, 714
– Verfügungsbewusstsein 518, 639, 714
Vermögensverlust großen Ausmaßes 594
Vermögensvorteil 583 ff, 718 f, 821, 873
Verpfändung 313
Verschaffen (Hehlerei) 846, 851 ff
Verschleifungsverbot 748
Versicherungsbetrug 597, 654, 662 ff
Versicherungsfall
– und Versicherungsmissbrauch 658
– Vortäuschen eines V. 662 ff
Versicherungsmissbrauch 654 ff
Vertretbare Sachen 202
Verunstalten 22 ff
Veruntreuende Unterschlagung 321 ff
Veruntreuung von Arbeitsentgelt 790
Verwarnungszettel 196
Verweildiebstahl 222, 231
Vis absoluta/compulsiva 352, 708, 713 f
Vollendung
– der Begünstigung 817
– der Erpressung 722
– der Hehlerei 876
– der Untreue 786
– der Wegnahme 111
– des Angriffs auf Kraftfahrer 425 f
– des Betruges 584
– des Diebstahls 131
– des erpresserischen Menschenraubs 744
– des räuberischen Diebstahls 403
– des unbefugten Fahrzeuggebrauchs 438

Vollstreckungsschuldner 480, 482
Vorenthalten von Arbeitsentgelt 787 ff
Vorsatz- und Objektswechsel 137, 255 ff
Vorspiegeln falscher Tatsachen 496
Vortat
– Beteiligung an der Vortat 819, 879 ff
– der Begünstigung 805 ff
– der Geldwäsche 896
– der Hehlerei 828 ff
Vortäuschen
– einer Beschlagnahme 633 ff
– eines Versicherungsfalls 662 ff
Vorteilssicherung 814 f

Waffe
– Begriff 265, 271
– Beisichführen 264, 267, 369
– berufsmäßige Waffenträger 269 f
– Funktionsfähigkeit 271
– Scheinwaffe 286 ff, 373
– Schusswaffe 265
Waffen- und Sprengstoffentwendung 243
Warenautomat 678
Wechselgeldfalle 630
Wegnahme
– Begriff 82, 471
– eines Taschenbuchs 195
– eines Verwarnungszettels 196
– Gewahrsam 82 ff, 471
– Vollendung 111, 131
– von Legitimationspapieren 174
Werkzeug
– Beisichführen 273
– gefährliches W. 272 ff, 369
– Scheinwaffe 286 ff, 373
– sonstiges W. 285, 372
– Verwendungsabsicht/-vorbehalt 273, 285
– zum ordnungswidrigen Öffnen 229
Wertsummentheorie 202, 836
Wettbewerbsbeschränkende Absprachen bei Ausschreibungen 703 ff
Wiederholbarkeit der Zueignung 328 ff
Wilderei 447 ff
Wildfolge 452
Wirtschaftlicher Vermögensbegriff 534
Wirtschaftsstraftaten 9 f
Wohnung 206, 224, 289
Wohnungseinbruchsdiebstahl 206 f, 224, 289 f

Zahlungsbereitschaft (Zahlungsfähigkeit/
   Zahlungswille) 493
Zahngold-Fall 77, 136
Zechprellerei 494
Zerstören
– Begriff 36
– sonstiger Sachen 36
– versicherter Sachen 658
– von Bauwerken 44
– von Gegenständen der Verehrung,
   Kunst usw 50 ff
– wichtiger Arbeitsmittel 47
Zueignung
– Abgrenzung zur Gebrauchsanmaßung
   142, 156 ff
– Abgrenzung zur Sachbeschädigung und
   Sachentziehung 151 ff
– Absicht der ~ 163 ff, 311, 320
– Aneignung 151 ff
– Begriff 140 ff
– Drittzueignungsabsicht 140, 166 ff
– Einzelfragen zur Zueignungsabsicht
   171 ff

– Enteignung 156 ff
– „gleichzeitige" ~ 326
– Jagdwilderei 450
– Manifestation der Z. 309 ff
– Rechtswidrigkeit der ~ 200, 203, 320
– Substanz-, Sachwert- und Vereinigungs-
   theorie 145 ff
– typische Zueignungsakte 313 ff
– „wiederholte" ~ 328 ff
Zulassen einer Pfändung 313
Zurückbehaltungsrechte 468
Zutrittserschleichung 676
Zwangslage
– Ausnutzen einer fortwirkenden
   Zwangslage 362, 726
Zwangsvollstreckung
– Drohen 476
– Vereiteln 475 ff
Zwangswirkung (Gewalt) 347 ff
Zweck-Mittel-Relation 721
Zweckverfehlung 526 f, 553 ff

Fälle mustergültig lösen

Die Reihe „Schwerpunkte Klausurenkurs"

- Einführung in die Technik des Klausurenschreibens
- Musterklausuren exemplarisch gelöst
- realistische Prüfungsanforderungen als Maßstab

Prof. Dr. Werner Beulke
Klausurenkurs im Strafrecht I
Ein Fall- und Repetitionsbuch
für Anfänger
7. Auflage 2016. € 20,99

Prof. Dr. Werner Beulke/
Priv. Doz. Dr. Frank Zimmermann
Klausurenkurs im Strafrecht II
Ein Fall- und Repetitionsbuch
für Fortgeschrittene
4. Auflage 2019. Ca. € 22,–

Prof. Dr. Werner Beulke
Klausurenkurs im Strafrecht III
Ein Fall- und Repetitionsbuch
für Examenskandidaten
5. Auflage 2018. € 26,99

Dr. Thomas Bode/Dr. Holger Niehaus (Hrsg)
Hausarbeit im Strafrecht
2016. € 20,99
Auch als ebook erhältlich

Alle Bände der Reihe und weitere Infos unter: **www.cfmueller-campus.de/klausurenkurs**

C.F. Müller   Jura auf den ● gebracht

Ihr Recht von A bis Z

Die Reihe „Grundbegriffe des Rechts"

- zentrale Begriffe und Themen
- in alphabetischer Reihenfolge und kommentiert
- wesentliche Inhalte systematisch aufbereitet
- Verknüpfung durch Verweise

Prof. Dr. Wilfried Küper/Prof. Dr. Jan Zopfs
Strafrecht Besonderer Teil
Definitionen mit Erläuterungen
10. Auflage 2018. € 26,99
Auch als ebook erhältlich

„Das von *Küper* 1996 begonnene Projekt eines »Wörterbuchs der wichtigen Begriffe des ›Besonderen Teils‹« […] hat damit in der Bearbeitung von *Zopfs* eine würdige Fortsetzung erfahren, die dieses zu Recht vielgelobte Werk noch einmal verbessert hat. Dem Leser kann dieses Buch auch in der neuen Auflage uneingeschränkt ans Herz gelegt werden."
Prof. Dr. Martin Asholt in GA 5/2017

Alle Bände der Reihe und weitere Infos unter: **www.cfmueller-campus.de/grundbegriffe**

C.F. Müller   Jura auf den ● gebracht